HENRI NANNEN

Lieber Sternleser!

BRIEFE AN DEN LESER
1958 1983

1958

1967

1975

1984

Liebe Sternleser!

Fragen Sie mich nicht nach dem Sinn des Lebens, fragen Sie mich nach seiner Sinnlichkeit. Wer in diesem Buch die eingedampfte Lebensweisheit eines Siebzigjährigen sucht, wird nicht auf seine Kosten kommen. Wer den Streit vermeiden und die Liebe nicht an sich herankommen lassen will, der sollte den Band gleich aus der Hand legen.

Leben ist keine Sache der Analyse, es ist erlebte Geschichte, besser noch: erlebte Geschichten. Geschichten, die Ihnen und mir die Tränen des Lachens in die Augen trieben oder uns in Zorn und Verzweiflung stürzten, die weh taten oder wohl taten, bitter schmeckten oder süß auf der Zunge zergingen, je nachdem, oft auch nach Lust und Laune.

Als ich den ersten Brief an Sie schrieb, waren wir beide gut fünfundzwanzig Jahre jünger. Erinnern Sie sich? Gingen Sie damals noch zur Schule und lasen das „Sternchen“? Oder waren Sie schon verheiratet, und sind Sie es heute noch – und mit derselben Frau, demselben Mann? Hatten Sie damals schon die gleichen Ansichten wie heute, oder haben wir beide dazugelernt?

Wer in diesen Briefen nach Widersprüchen sucht, braucht nicht lange zu blättern. Nur die Dummen denken fünfundzwanzig Jahre lang immer das gleiche. Die Posten der Rechnung untereinanderschreiben, einen Strich drunter machen und die Summe ziehen – so einfach ist das nicht.

Und so einfach haben wir beide, Sie und ich, es uns ja auch nie gemacht. Böse Briefe und begeisterte habe ich von Ihnen bekommen, keinen, den ich nicht gelesen habe, und kaum einen, über den ich mich nicht freute oder bei dem nicht auch mich die Wut packte.

Denn es ist ja nicht so, daß der Journalist für „die Leser“ schreibt. Die gibt es ja gar nicht. Es gibt immer nur den einen Leser, den Mann, der sein Magazin in der Bahn liest, die Frau, die abends, wenn die Kinder im Bett sind, noch zum STERN greift, die Kinder, die das „Sternchen“ unter der Schulbank verschlingen, und – nicht zu vergessen: die Dame unter der Frisierhaube – denn „Illustrierte“ liest man ja nur beim Friseur. Wie gut, daß es so viele Friseure gibt.

Journalismus ist eine einsame Sache: Man sitzt vor einem weißen Blatt Papier und unterhält sich mit einem einzigen Leser. In welcher Verfassung ist er gerade? Woran hat er eben noch gedacht? Packt man ihn? Blättert er achtlos weiter? Ich habe es nie vertragen können, neben einem zu sitzen, der gerade im STERN las.

Ob ich mit meinen Briefen etwas bewirkt habe? Nach mehr als dreißig Jahren Journalismus bleibt das eine quälende Frage. Aber wenn mir gelungen sein sollte, was der große Journalist Egon Erwin Kisch in seiner Sammlung „Klassischer Journalismus“ über Voltaire schrieb, dann soll’s schon gut sein: „Voltaire“, schrieb Kisch, „wollte nicht viel, wie er selbst sagte, er wollte nur die Menschen ein wenig weniger dumm, ein wenig weniger grausam und ein wenig weniger gemein machen.“

Natürlich, Anwesende ausgeschlossen. Denn bei Ihnen tat das wohl nicht nötig. Und wer bin ich, daß ich mich mit Voltaire vergleichen könnte. So nehmen Sie dieses Buch als ein Stück Zeitgeschichte, das wir gemeinsam erlebt haben. Als meine Redaktionskollegen mir die Sammlung der 325 Briefe an den Sternleser unverändert und ungekürzt zwischen zwei Buchdeckeln präsentierten, habe ich erschrocken gefragt: „Was soll das noch? Der Journalist – seine Berufsbezeichnung sagt’s – schreibt nicht für die Ewigkeit, er schreibt für den Tag.“
Nun, da ich die Briefe selbst noch einmal las, fand ich, daß es doch verdammt interessante Tage gewesen sind.

Herzlich Ihr

Hinweis zur Benutzung:

Im Anhang finden sich ein Themenregister (S. 561) und ein Namensregister (S. 569). Das Themenregister führt sowohl die Originaltitel der Briefe als auch die dazugehörigen Stichworte in alphabetischer Reihenfolge auf. Jedem Stichwort ist der Originaltitel sowie das Erscheinungsdatum beigegeben. Auf S. 575 des Anhangs finden sich sämtliche Bildlegenden mit Quellenangabe.

Richter sind auch nur Menschen

Die Verurteilung des STERN ist kein Freispruch für Verkehrsminister Dr. Seebohm

Wer von unseren Gerichten erwartet, daß sie es als ihr hohes Amt betrachten, über die Mißstände des öffentlichen Lebens unparteiisch und ohne Ansehen der Person zu Gericht zu sitzen, der muß sich nun doch eines anderen belehren lassen. Der STERN wollte der Frage auf den Grund gehen, wer für die 8000 Todesopfer an den unbeschrankten Bahnübergängen der Bundesrepublik die Verantwortung trägt. Aber das ist offenbar eine Frage, für die sich die Richter nicht zuständig fühlten. Sie hatten ein wesentlich wichtigeres Problem zu lösen: Ob es einer Illustrierten erlaubt sei, das Gesicht eines Ministers, der sich lächelnd aus allen Affären zieht, auf derselben Seite abzubilden, auf der die Katastrophe von Hollenstedt dem erschreckten Leser in die Augen springt. Also ist es immerhin das Verdienst der Hamburger Gerichte, uns darüber belehrt zu haben, daß man die Wahrheit nicht mehr sagen darf, auch nicht im Bild.

»Im Namen des Volkes! In der Strafsache gegen den Chefredakteur Henri Nannen hat das Amtsgericht Hamburg . . . für Recht erkannt: Der Angeklagte wird wegen öffentlicher Beleidigung (des Bundesministers für Verkehr Dr. Hans-Christoph Seebohm) zu einer Geldstrafe von 3000,– DM verurteilt.« So lautet der erkennende Teil des Urteils, das soeben vom Hanseatischen Oberlandesgericht in Hamburg bestätigt wurde.

Als ich im November 1955 die anklagende Reportage »Das ist fahrlässige Tötung, Herr Dr. Seebohm!« schrieb – erregt über die nicht abreißende Kette tödlicher Unfälle an unbeschrankten Bahnübergängen und empört über die Nachlässigkeit des für diesen Zustand zumindest politisch verantwortlichen Ministers –, da wußte und wünschte ich, daß diese Veröffentlichung ein gerichtliches Nachspiel haben würde. Immerhin hatte ich dem Dr. Seebohm seine Unfähigkeit und seinen Mangel an Verantwortungsbewußtsein offen attestiert.

Allerdings war ich naiv genug zu glauben, daß mir die Gerichtsverhandlung Gelegenheit geben würde zu beweisen, daß alle von mir erhobenen Vorwürfe sachlich zutrafen. Sollte nicht die Öffentlichkeit ein Anrecht darauf haben, daß endlich einmal von unabhängigen und objektiven Richtern festgestellt wird, wer für die Beseitigung der Todesfallen zuständig wäre?

Und wenn schon »im Namen des Volkes« Recht gesprochen wird, dann dürfte man wohl erwarten, daß dieses Urteil das Unrecht an der Wurzel packt. Jenes Unrecht, dem in jedem Jahr mehr als 200 Menschen unseres Volkes zum Opfer fallen.

Nichts davon steht in dem besagten Urteil. Die von der Verteidigung angebotenen Wahrheitsbeweise wurden in allen Instanzen als »nicht rechtserheblich« zurückgewiesen. Denn wie das Landgericht Hamburg sagt,

- sind die zahlreichen Unfälle an unbeschrankten Bahnübergängen gerichtsbekannt, und der Angeklagte durfte durchaus die Frage des Verschuldens der verantwortlichen Behörde aufwerfen;
- ist der vom Angeklagten gegen den Minister erhobene Vorwurf der Unfähigkeit nicht rechtswidrig, da er in Wahrnehmung berechtigter Interessen erhoben wurde;
- ist aus den gleichen Gründen die Behauptung des Angeklagten nicht strafbar, der Minister habe sich pflichtwidrig verhalten, indem er sich nicht genügend für die Beseitigung der Unglücksursachen eingesetzt habe.

Nun ist damit durchaus nicht gesagt, daß die Richter sich diese Vorwürfe gegen den Minister etwa zu eigen gemacht hätten. O nein, man sah es eben nur als »nicht rechtserheblich« an, die moralische, juristische und politische Schuld am Tode von nun fast achttausend Opfern der unbeschrankten Bahnüber-

gänge zu klären. Dafür bot der § 193 des Strafgesetzbuches einen allzu bequemen Ausweg: Äußerungen, welche in Wahrnehmung berechtigter Interessen gemacht werden, sind nur dann strafbar, wenn aus ihrer Form oder den Umständen eine beleidigende Absicht hervorgeht.
Inzwischen wird der Leser ungeduldig fragen, worauf sich denn das Urteil über 3000,– DM Geldstrafe stütze, wenn doch alle wesentlichen Punkte unserer Reportage in dem Verfahren nicht untersucht und also unbestritten blieben. Es ist demnach kein noch so massiver Vorwurf gegen die Amtstätigkeit oder Amtsuntätigkeit des Ministers, der mich zum Vorbestraften werden ließ, es ist lediglich die Zusammenstellung von zwei Bildern: der Zeichnung vom Unglück bei Hollenstedt und dem Foto des lächelnden Herrn Seebohm. Das Urteil sagt es mit diesen Worten:

○ »Hierdurch gewinnt der unbefangene Leser den Eindruck: Trotz der schrecklichen Unfälle lacht der Minister noch, er geht lächelnd und oberflächlich darüber hinweg! Hierin ist aber eine schwere Ehrverletzung des Ministers zu sehen. Er erscheint damit in den Augen anderer als ein oberflächlicher, gewissenloser Mensch.«
○ »Im vorliegenden Fall war es zur Interessenwahrung nicht erforderlich, dem Minister noch persönlich einen schweren ›Charakterfehler‹ vorzuwerfen, nämlich sich lächelnd über alle schrecklichen Folgen der Unfälle an Bahnübergängen hinwegzusetzen, als mache ihm das nichts aus.«
Nun mag man darüber streiten, ob es besonders geschmackvoll war, diese beiden Bilder zusammenzustellen, die wir heute auf der Seite 13 noch einmal zeigen – nicht ohne den lachenden Seebohm schamhaft zu verhüllen, damit solche Mißverständnisse ausgeschlossen werden.
Ich glaube aber, liebe STERN-Leser, ich sollte mich eher bei Ihnen für ein Gericht entschuldigen, das Ihre Urteilskraft so niedrig einschätzt, denn die Richter meinten offenbar allen Ernstes, Sie könnten beim Betrachten dieser beiden Bilder auf den Gedanken kommen, der Minister habe sich über das grauenvolle Unglück von Hollenstedt auch noch »ergötzt« – wie sich das Gericht an anderer Stelle wörtlich ausdrückt. Sie kennen den STERN gut genug, um zu wissen, daß wir eine solche ungeheuerliche Behauptung – wenn es dafür auch nur den Schein eines Beweises gegeben hätte – nicht in Bildern allein, sondern in deutlichen Worten ausgesprochen hätten.
Aber das war alles, was von der Anklage gegen den STERN übrigblieb.

Ein mageres Ergebnis auch für Herrn Dr. Seebohm, das mit einem halben Zentner Akten in drei Verhandlungen vor sieben Richtern zu teuer bezahlt wurde – wenn es nicht dazu herhalten sollte, so zu tun, als seien die Vorwürfe des STERN nun allesamt widerlegt.
Aber das ist nicht wahr!
○ In den zweieinhalb Jahren, die dieser Prozeß dauerte, während Herr Seebohm weiterhin lächelnd Brücken einweihte, Wahlreden hielt und verkehrspolitische Wechsel auf die Zukunft ausstellte, starben an den unbeschrankten Bahnübergängen weitere 216 Menschen.
○ Und Herr Seebohm hat immer noch nichts getan. Wozu, so frage ich, haben wir eine Demokratie, wenn es uns nicht gelingen sollte, einen solchen Minister zum wohlverdienten Rücktritt zu veranlassen.
Auch ohne die Hilfe eines Gerichtes.
Denn wie wir zu Beginn feststellen mußten: Die Justiz ist überfordert, wenn wir von ihr erwarten, daß sie das Übel bei der Wurzel packt.
Sie hat getan, was ihre beamteten Vertreter gerade noch tun konnten: Sie hat die Sache, um die es mir ging, außer acht gelassen und die Form mit 3000,– DM Geldstrafe belegt. Auch Richter sind nur Menschen – warum sollten sie sich die schier übermenschliche Mühe machen, dem Sinn des Rechtes auf den Grund zu gehen, wenn sich mit der Oberflächenweisheit der Paragraphen so trefflich urteilen und verurteilen läßt.

Aber der Satz »Fiat justitia, pereat mundus – Die Gerechtigkeit geschehe, wenn auch die Welt darüber zugrunde geht« hat dabei eine fatale Bedeutung erhalten.

Der STERN bleibt unabhängig

Nie zuvor ist die Tragik unserer politischen Situation so offenbar geworden wie in der außenpolitischen Debatte des Bundestages. Mitten durch unser Land geht die Grenze der Gewalt, und während wir uns unter dem Schutz der freien Welt unseres wirtschaftlichen Wohlstandes erfreuen dürfen, leben 17 Millionen Deutsche jenseits der Zonengrenze unter der Diktatur einer Regierung, die auf den Spitzen der sowjetischen Bajonette errichtet wurde. Diese 17 Millionen Menschen sind Deutsche, und sie haben nicht weniger Anrecht auf die Freiheit als wir.
Wie kann das gespaltene Deutschland in Freiheit wieder vereinigt werden – das und nichts anderes ist die Frage unserer Politik. Aber während dieses Ziel allen Parteien gemeinsam ist, hat die erbitterte Auseinandersetzung um den richtigen Weg eine tiefe Kluft in unser Volk gerissen. Und es mag als ein schreckliches Symbol unserer politischen Unzulänglichkeit gelten, daß die Einigkeit – die leider niemals unsere starke Seite war – sich nicht einmal dort herstellen läßt, wo es um die Einheit und den Bestand unseres Vaterlandes geht.
Statt dessen haben wir den Deutschen im Osten das erbärmliche Schauspiel einer Debatte geboten, die von der sachlichen Darstellung der gegenseitigen Standpunkte allzuoft abglitt in die Niederungen des Parteigezänkes und der persönlichen Verunglimpfungen.
Ein peinliches Beispiel war die Behauptung des Abgeordneten Helmut Schmidt, wonach der Abgeordnete Dr. Gerd Bucerius als Gesellschafter unseres Verlages eine Veröffentlichung über das Thema »Atomtod – Atomnot« in der letzten Nummer des STERN verhindert habe.
Ich brauche Ihnen, als STERN-Lesern, die politische Unabhängigkeit des STERN nicht erst zu beteuern, wir haben sie oft genug unter Beweis gestellt. Wo immer es galt, die Wahrheit und das Recht gegen die Willkür von Behörden und Parteien zu verteidigen, da haben wir zugeschlagen – ganz gleich, wo der Gegner politisch stand. Und so wollen wir es auch weiterhin halten, getreu der Satzung unseres Verlages, in der es ausdrücklich heißt: »Der STERN ist eine von allen politischen und wirtschaftlichen Bindungen unabhängige Illustrierte.«
Diesem freiwillig gewählten Gesetz unterstehen wir alle. Kein Redakteur des STERN hat jemals eine Zeile geschrieben, die er nicht allein vor seinem Gewissen zu verantworten hatte. Und kein STERN-Redakteur wird jemals einen Satz zu schreiben haben, der nicht seine eigenen, aus echter Unabhängigkeit geborenen Gedanken wiedergibt. Dieses Gesetz der Unabhängigkeit gilt auch für den Verleger Dr. Bucerius.
Nicht seine Bedenken waren deshalb für die Herausnahme der Atomreportage aus dem STERN maßgebend. Unter dem Titel »Aus Versehen« wollten wir über das Fernsehspiel des englischen Autors J. B. Priestley berichten, das die grauenhaften Folgen eines irrtümlichen Atombombenwurfes auf London zeigte. Aber inzwischen hatten wir festgestellt, daß die gleichen Fotos in derselben Woche sämtlichen deutschen Illustrierten zugegangen waren.
Und da wir glauben, daß STERN-Leser einen Anspruch darauf haben, zu diesem Thema einen dokumentarischen Beitrag zu finden, den keine andere Zeitung ihnen geben kann, lassen wir nun statt des Spieles die erschreckende Wirklichkeit sprechen. Was bisher keines Deutschen Auge sah – auf diesen Seiten wurde es Ihnen gezeigt: Die Raketen sind schon mitten unter uns.

In jeder Woche sterben zwölf

Als wir von dem Ulmer Herzspezialisten Professor Niedner hörten, daß es bei uns mehr als 25 000 herzkranke Kinder gibt, von denen in jeder Woche zwölf sterben müssen, weil wir die technischen Operationsmöglichkeiten nicht haben, da befiel uns der heilige Zorn.

Zorn über diese satte Bundesrepublik, aus der sich in jedem Sommer Scharen von Urlaubern in alle Reiseländer Europas ergießen, während daheim befähigte Ärzte vor den schuldlosen Opfern des Herztodes stehen und ihnen nicht helfen können.

Zorn ob der Trägheit unserer Herzen, die nur an das eigene Glück denken und die über der Sucht nach dem wirtschaftlichen Fortkommen, nach Fernsehtruhen, Mopeds und Autos das Leid ihrer Mitmenschen längst nicht mehr empfinden. Die sich Christen nennen und dennoch mit unbeteiligter Miene fragen können: »Soll ich meines Bruders Hüter sein?«

Zorn gegen einen Staat, der seinen Funktionären Verwaltungspaläste baut, der in jedem Land für jeden Dreck ein eigenes Ministerium unterhält und der zur Verteidigung all dieser großartigen Errungenschaften für Milliardenbeträge Flugzeuge, Kanonen und Raketen kauft – dem aber 260 000 DM zuviel sind, wenn es darum geht, hilflose Kinder vor dem Erstickungstod zu bewahren.

Aber wir haben es bei dem Zorn allein nicht bewenden lassen.

Am selben Tage, an dem wir diese schreckliche Wahrheit erfuhren, setzten wir uns mit dem Deutschen Fernsehen in Verbindung, um gemeinsam unser Volk zu einem Hilfswerk aufzurufen, das die Mittel für den Ankauf wenigstens einer Herz-Lungen-Maschine zur Verfügung stellt. Nur mit diesem von amerikanischen Forschern in jahrelanger Arbeit entwickelten Gerät läßt sich das menschliche Herz bis zu einer Stunde lang stilllegen, so daß eine komplizierte Operation möglich ist.

Worum geht es bei dieser Operation?

In den meisten Fällen haben diese Kranken ein Loch in der muskulösen Scheidewand, welche die rechte und die linke Herzkammer voneinander trennt. Durch dieses Loch vermischt sich das aus dem Körper zurückfließende verbrauchte Blut mit dem frischen Blut, das von der Lunge mit Sauerstoff angereichert wurde, um wieder in den Körper hineingepumpt zu werden. Es wird also immer weniger Blut durch die Lunge geleitet und dort mit dem lebensnotwendigen Sauerstoff aufbereitet, und immer mehr verbrauchtes Blut gerät durch das Loch in der Scheidewand unmittelbar in den Körperkreislauf. Der Sauerstoffmangel des Blutes führt schließlich zu einer inneren Erstickung.

Ist der Defekt nur geringfügig, dann läßt sich die Operation in der Unterkühlungsnarkose durchführen. Eine solche Unterkühlung des menschlichen Körpers setzt die Funktionen so weit herab, daß man das Herz bis zu acht Minuten ausschalten kann. Überschreitet der Operateur diese Frist auch nur um eine halbe Minute, dann tritt der Tod ein, weil die Gehirnzellen ohne den erneuerten Blutsauerstoff nicht länger lebensfähig sind. Eine komplizierte Herzoperation ist deshalb nach den heutigen wissenschaftlichen Erkenntnissen nicht ohne eine Herz-Lungen-Maschine möglich. Dieses Gerät kann bis zu einer Stunde die Pump-Funktionen des Herzens übernehmen und das Blut – wie eine menschliche Lunge – mit Sauerstoff anreichern.

Um unseren Lesern deutlich zu machen, um was es hier geht, baten wir Professor Niedner, bei einer solchen Unterkühlungsoperation fotografieren zu dürfen. Wir taten es wahrhaftig nicht um der Sensation willen, die der STERN als einziger seinen Lesern hätte bieten können. Deshalb erbaten wir die Erlaubnis zugleich für das Deutsche Fernsehen. Denn hier ging es allein um die Sache und nicht um einen Exklusiv-Bericht für unsere Illustrierte.

Professor Niedner hat nach langem Zögern unserem Plan zugestimmt. Denn auch ihm stand die Sorge für die zum langsamen Herztod verurteilten Kinder höher als das medizinische Pharisäertum, das vom Operationssaal als dem »Heiligtum des Chirurgen« spricht, während Hunderte sterben müssen, weil in diesem »Heiligtum« eine Herz-Lungen-Maschine fehlt.

Die erschütternden Bilder dieser Operation im STERN und im Fernsehen haben eine Lawine der Hilfe ins Rollen gebracht. Das von uns mit einer Spende von 20 000 DM beim Deutschen Roten Kreuz in Hamburg eröffnete Konto wächst von Tag zu Tag. Noch reicht der Betrag bei weitem nicht aus. Aber wir wissen, daß kein fühlender Mitmensch sich unserem Ruf versagen wird.
Um so entsetzter sind wir, daß einige Blätter geglaubt haben, ihre Konkurrenzgelüste auch in einer solchen Sache nicht unterdrücken zu können. Da lesen wir Berichte vom Münchener Chirurgenkongreß unter der Überschrift: »Herz-Lungen-Maschine allein tut's nicht.« Und dann wird die Binsenwahrheit verzapft, daß ein gut eingespieltes Team von zehn erfahrenen Ärzten für eine solche Operation nötig sei. Sonst sei die Maschine »völlig wertlos«. Aber wie sollen denn unsere Ärzte die Erfahrung gewinnen, wenn sie gar keine Herz-Lungen-Maschine zur Verfügung haben?
Da wird berichtet, daß es in der Bundesrepublik bereits acht Herz-Lungen-Maschinen gibt. Aber man verschweigt, daß es sich hier um behelfsmäßige Versuchskonstruktionen handelt, die bisher nur in Tierversuchen eingesetzt werden konnten.
Da wird von einer Maschine erzählt, die im Versuchslabor zweimal infolge Materialbruchs versagte – was im Ernstfall den Tod des Patienten bedeutet hätte. Aber auch hier handelt es sich nicht um die von uns geforderte amerikanische Konstruktion, mit der bis heute schon annähernd tausend Operationen erfolgreich durchgeführt wurden. Darunter machte allein Professor Kirklin an der Mayo-Klinik in Rochester (Ohio) 390 erfolgreiche Operationen. Ihm verdankt auch die kleine Christel Kälberer aus Ötlingen in Württemberg ihr Leben.
Und dann schreiben Journalisten, die von keiner Sachkenntnis getrübt sind, über die beim Münchener Kongreß erstmalig erörterten Versuche des japanischen Professors Ishiwaki, in einer noch weitergehenden Unterkühlung bis zu zwei Stunden gefahrlos zu operieren. »Damit würde die teure Herz-Lungen-Maschine überflüssig«, schreiben sie und warnen davor, »jetzt schon in vielen kleinen Krankenhäusern um jeden Preis Herz-Lungen-Maschinen zu beschaffen.«
Professor Ishiwaki aber ist wie jeder ernsthafte Wissenschaftler wesentlich skeptischer. Er bekennt, daß seine Methode noch im Stadium des Tierversuchs stecke und daß die Wiederbelebung nach der Operation vorläufig erst bei jedem zweiten Tier gelinge. Bis das Verfahren zur Anwendung beim Menschen reif sei, würden noch vier bis fünf Jahre vergehen.

Ein Jahr hat 52 Wochen, und in jeder Woche sterben zwölf Kinder! Sollen wir noch 260 Wochen auf die japanische Methode warten und inzwischen 3120 Kinder einem qualvollen Tod überantworten?

Niemand denkt daran, jedes kleine Krankenhaus mit einer so kostspieligen Anlage auszustatten. Aber wenn wir dem schleichenden Herztod Einhalt gebieten wollen, dann benötigt die Bundesrepublik zunächst drei einsatzfähige Herz-Lungen-Maschinen.

Machen wir STERN-Leser den Anfang! Die Geschichte wird uns und unsere Zeit dereinst nicht danach beurteilen, wie viele Bundesdeutsche in jedem Jahr nach Italien oder Mallorca gefahren sind, sondern nach unserem Verantwortungsbewußtsein gegenüber unseren Mitmenschen. Wer von uns, der sein eigenes Kind lieb hat, könnte zusehen, wie eine andere Mutter weint, weil ihr Kind dahinstirbt!

Jeder von uns ist aufgerufen. Jede Mark ist ein Baustein zu diesem Werk der Liebe. Zeigen wir uns und der Welt, daß unsere Herzen noch nicht verhärtet sind. Und vergessen wir nicht: Das Leben dieser Kinder liegt in Gottes – und in unserer eigenen Hand!

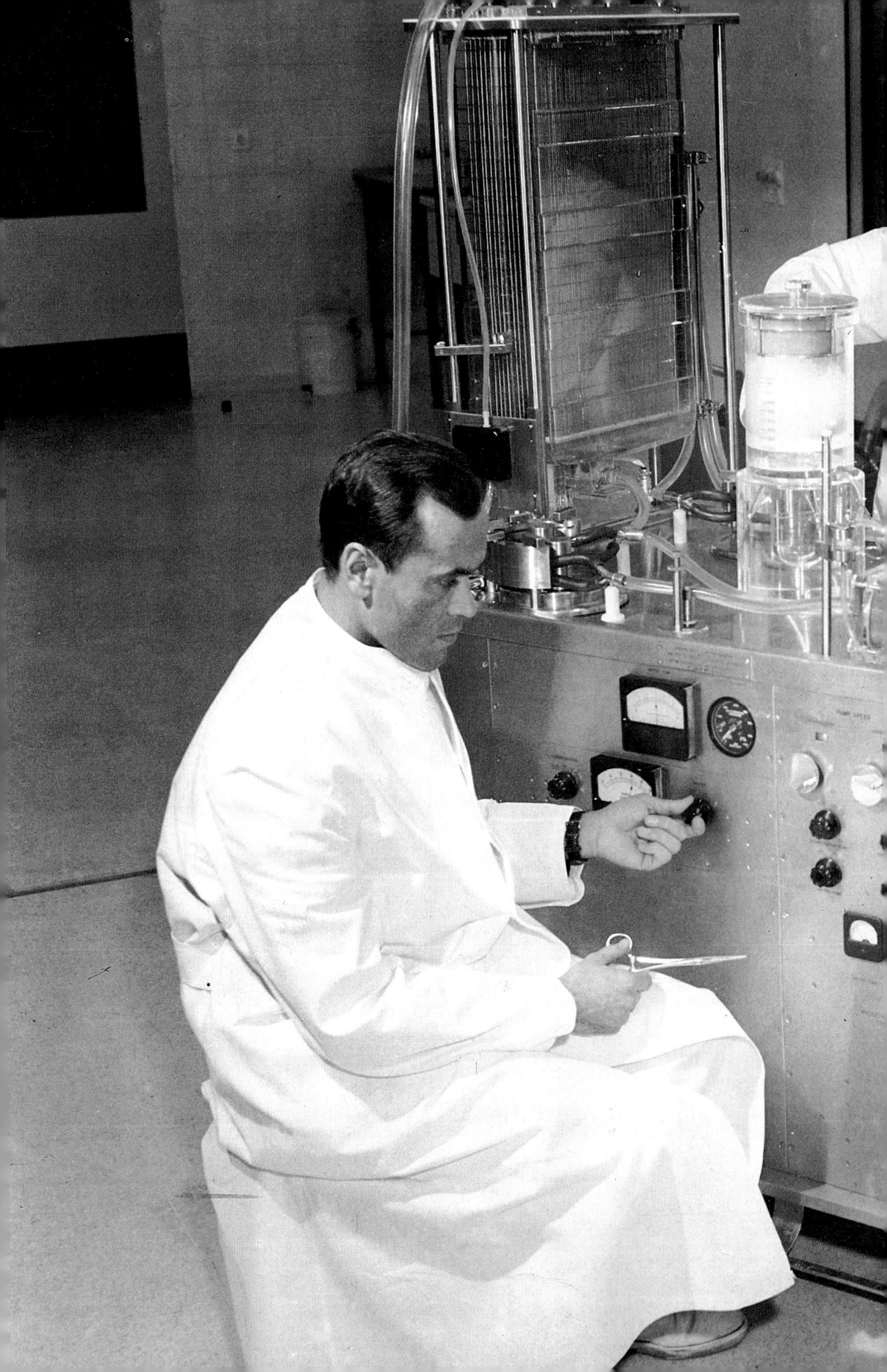

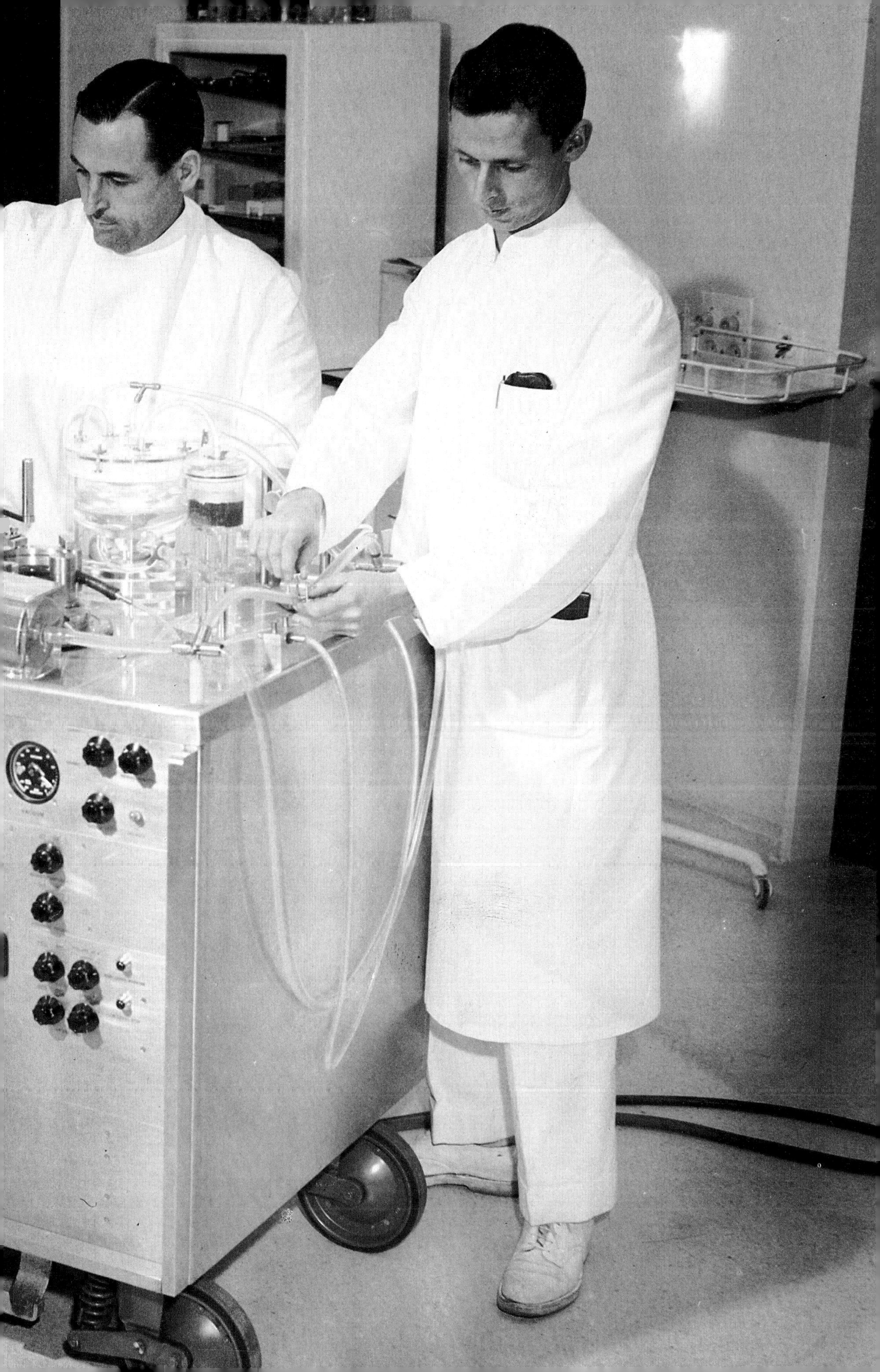

Die Außenpolitik von Waldmichelbach

Sie haben es gewiß in Ihrer Tageszeitung gelesen: In der letzten Woche sollte der STERN wieder einmal auf dem Altar der Bonner Wichtigtuereien geopfert werden.
Der Schah von Persien hatte über seinen Botschafter Esfandiary gegen unseren Bericht »Tausend und eine Macht« protestieren lassen. Und unser Außenminister von Brentano beeilte sich dienstbeflissen, dem Botschafter zu versichern, daß er diesen Bericht »aufs tiefste bedaure und schärfstens mißbillige«.
Was war geschehen?
Hatte der STERN über die Intimitäten des kaiserlichen Ehelebens berichtet, die seit Monaten von gewissen Wochenblättern ihren Lesern bis zum Überdruß serviert werden?
Wurden im STERN die Besuche Sorayas bei europäischen und amerikanischen Frauenärzten zum Anlaß gynäkologischer Spekulationen über die Zukunft des iranischen Herrscherhauses genommen?
Läßt der STERN die geschiedene Kaiserin auf Schritt und Tritt von Reportern verfolgen, die dieser unglücklichen Frau das Leben zur Hölle machen?
Nichts von alledem!
Nicht einmal die Indiskretionen, die unmittelbar aus persischen Hofkreisen kamen, und die »Enthüllungen«, mit denen selbst Angehörige der kaiserlichen Familie ihre intriganten oder finanziellen Geschäfte zu besorgen hofften, konnten uns zur Aufgabe unserer Zurückhaltung bewegen.
Statt dessen hatten wir zwei Redakteure nach Teheran geschickt, um an Ort und Stelle die machtpolitischen Hintergründe dieser Intrigen zu untersuchen. Uns war schließlich nicht unbekannt, daß nach § 37 der Verfassung des Iran der Kaiser ohne Sohn seinen Nachfolger frei bestimmen kann. Die Kinderlosigkeit Sorayas konnte also nur ein Vorwand der Politik sein.
Aber wir stellten fest:
Der Schah von Persien treibt ein Schaukelspiel zwischen West und Ost. Für die Überlassung von Stützpunkten am Kaspischen Meer sicherte er sich die Finanzhilfe der Vereinigten Staaten. Aber nur ein Bruchteil der Kredite erreicht wirklich seine Bestimmung. So konnten wir amerikanische Armee-Instrukteure beobachten, die den persischen Soldaten ihren Sold selbst aushändigten, weil sonst das Geld bei den Verwaltungsstellen verschwunden wäre.
Als Amerika sich kürzlich weigerte, seine Dollars weiter in die Taschen korrupter Politiker und Beamter fließen zu lassen – ließ der Schah westlich gesinnte Offiziere und Wirtschaftler verhaften, weil sie angeblich bestrebt gewesen seien, Persien in die Abhängigkeit einer fremden Macht zu bringen. Gemeint waren die USA.
Während einige der Verhafteten inzwischen hingerichtet wurden, öffneten sich für die bisher inhaftierten Anhänger der kommunistischen Tudeh-Partei die Gefängnistore.
Kein Wunder also, daß die Kaiserin Soraya, die in Teheran stets als Fürsprecherin einer nach Westen orientierten Politik galt, vom Hofe verschwinden mußte.
Das und nichts anderes stand in jener Veröffentlichung »Tausend und eine Macht«, deren Inhalt jetzt plötzlich zu einer »herabwürdigenden Behauptung über das Privat- oder Familienleben eines ausländischen Staatsoberhauptes« umgefälscht wird, um der Bundesregierung als Alibi für ihre längst geplante Maulkorbpolitik gegen die deutsche Presse zu dienen.
Vertreter aller politischer Parteien haben dem STERN inzwischen seine sachliche Berichterstattung bestätigt. Selbst der Vorsitzende der Hamburger CDU, Erik Blumenfeld, nannte die Methoden seines Parteifreundes Brentano »einen schlecht gewählten Anlaß für eine gefährliche Politik«.
Der offenbar unsicher gewordene Bundesaußenminister aber versuchte inzwischen, den Schwarzen Peter an den Justizminister abzuschieben. In seinem Wohnort Waldmichelbach im Odenwald

hielt Heinrich von Brentano am Pfingstmontag eine Konferenz ab, auf der er zugab, die Vorlage seines Kollegen Schäffer über den »verstärkten Ehrenschutz für ausländische Staatsoberhäupter« sei »noch nicht der Weisheit letzter Schluß«. Aber auch in Waldmichelbach beharrte der Außenminister bei seiner grundsätzlichen Bereitschaft, die Pressefreiheit um der »ungestörten Außenpolitik« willen zu beschränken.
Der Bundestag wird Herrn von Brentano darüber belehren, daß in einer parlamentarischen Demokratie kein Platz für das Verbot einer wahrheitsgemäßen Berichterstattung ist.

19. Juli 1958

Eine Welle der Hilfsbereitschaft

Wenn es noch eines Beweises bedurft hätte, daß der STERN mehr ist als eine Illustrierte und daß seine Leser mehr sind als Normalverbraucher von bedrucktem Papier – letzte Woche habe ich den Beweis in der Hand gehabt.
Es war ein Scheck über zweihunderttausend Deutsche Mark, den ich im Rathaus von Berlin dem Regierenden Bürgermeister Willy Brandt überreichen durfte. Aus dieser Stiftung soll eine Herz-Lungen-Maschine für die Kliniken der Freien Universität gekauft werden. Der Berliner Herzchirurg Professor Dr. Fritz Linder wird damit endlich imstande sein, jenen Kindern zu helfen, die mit einem lebensbedrohenden Herzfehler auf die Welt kamen und die bisher auf keine andere Weise gerettet werden konnten.
Als der STERN vor einem Jahr über das bewegende Schicksal der kleinen Christel Kälberer aus dem württembergischen Ort Ötlingen berichtete, wo hilfsbereite Mitbürger das Geld gesammelt hatten, damit Christel in der amerikanischen Mayo-Klinik von dem berühmten Professor Kirklin an ihrem kranken Herzen operiert werden konnte, da schrieb uns Frau Gerda Reinfeldt aus Berlin einen von mütterlicher Sorge erfüllten Brief. Auch ihr sechsjähriger Sohn Ingo litt an jener heimtückischen Krankheit, und während seine Altersgenossen draußen herumtollten, mußte die Mutter zusehen, wie ihr Kind nicht einmal im Zimmer richtig spielen konnte, weil es schon nach wenigen Schritten vor Erschöpfung zusammenbrach.
Wir haben uns nicht darauf beschränkt, für den kleinen Ingo eine Flugkarte nach Amerika zu kaufen. Denn ein Gespräch mit dem Herzspezialisten Professor Dr. Franz Niedner, Chefarzt der Chirurgischen Abteilung der Städtischen Krankenanstalten in Ulm, ließ uns die ganze Tragik dieses Problems erkennen: Es gibt in Deutschland nahezu dreißigtausend solcher bedauernswerter Kinder, denen nur mit einer sehr komplizierten Operation zu helfen ist. Und es gibt bei uns genügend hervorragende Fachärzte, die diese Operation durchführen könnten – wenn ihnen die Hilfsmittel zur Verfügung stünden.
Denn die Operation am geöffneten Menschenherzen ist nicht mit einem raschen Eingriff zu erledigen. Sie verlangt auch bei höchster ärztlicher Kunstfertigkeit eine gewisse Zeitspanne. Und während Operationen bis zu sechs Minuten Dauer schon heute in Unterkühlungsnarkose durchgeführt werden können, ist bei der großen Herzchirurgie nur die Herz-Lungen-Maschine geeignet, den Blutkreislauf des Patienten bis zu drei Stunden lang künstlich aufrechtzuerhalten.
Es gibt in Deutschland keine Herz-Lungen-Maschine von der Art, wie sie Professor Kirklin in seiner Mayo-Klinik in Amerika bei mehr als dreihundert erfolgreichen Operationen benutzt hat. Wir haben lediglich ein paar Apparaturen, die für die Einarbeitung der Ärzte

bei Tierversuchen nützlich sind. In zwei verzweifelten Fällen, als der Tod der Patienten nicht mehr abzuwenden schien, hat man damit auch die Operation am Menschen gewagt. Einmal glückte das Wagnis.

Aber ist es denn möglich, so fragten wir uns, daß es in diesem satten Wirtschaftswunderland an Geld für die Anschaffung von Herz-Lungen-Maschinen fehlt? Reisen nicht in jedem Sommer Millionen von Deutschen nach Italien, in die Schweiz, nach Mallorca? Wachsen in unseren Städten nicht jede Woche neue Bürobauten, neue Warenhäuser und neue Versicherungspaläste empor? Lesen wir nicht jeden Tag von den Milliardenbeträgen des Wehrhaushaltes zum Ankauf neuer Panzertypen und neuer Düsenjäger für die zweifellos notwendige Verteidigung unserer Freiheit? Aber was wäre denn das für eine Freiheit, wenn Kinder sterben müssen, weil die paar hunderttausend Mark nicht da sind, mit denen wir der ärztlichen Wissenschaft die Waffen gegen den Tod schmieden könnten!

Der STERN hat sich nie damit begnügt, bestehende Mißstände nur zu kritisieren. Und ich wußte sofort, daß Sie, liebe STERN-Leser, uns nicht im Stich lassen würden, wenn es galt, der Gleichgültigkeit des Staates die mitmenschliche Verantwortung entgegenzusetzen.

Am 12. April veröffentlichten wir unseren Spendenaufruf im STERN, dem sich das DEUTSCHE FERNSEHEN anschloß. Um Ihnen bildhaft vor Augen führen zu können, zu welchen wahrlich atemberaubenden Leistungen die Medizin heute fähig ist, wenn man ihr die notwendigen Hilfsmittel nicht versagt, bat ich Professor Niedner für den STERN-Fotografen Reinhardt Überall und für den Kameramann des Fernsehens um die Erlaubnis, einer Herzoperation in Unterkühlungsnarkose beiwohnen zu dürfen. Professor Niedner hat lange gezögert, ehe er seine Einwilligung gab. Aber es war nötig, wenn wir den Aufruhr der Herzen gegen die allgemeine Verständnislosigkeit entfachen wollten.

Und so erlebten STERN-Leser und Fernsehzuschauer jene mit ungeheurer Spannung angefüllten sechs Minuten, in denen die Hände des Arztes das zuckende Herz eines kleinen Mädchens öffneten, um ein angeborenes Loch in der Herzscheidewand zu verschließen. Bei jedem Schlag hatte das Herz durch dieses Loch verbrauchtes Blut in den Kreislauf gepumpt und den kindlichen Körper damit langsam vergiftet. Gebannt sahen wir den Tod auf der Schwelle des Operationssaales stehen, und als unmittelbar vor Ablauf der äußersten Frist von sechs Minuten die Stimme des Operateurs sagte: »Das Herz ist geschlossen!«, als ein befreiendes Aufatmen durch uns alle ging und als Professor Niedner dann erklärte, daß die Medizin Tausenden von herzkranken Kindern helfen könnte, wenn wir nur Herz-Lungen-Maschinen hätten – da wußte ich, daß unser Aufruf nicht ungehört verhallen würde.

Eine Welle der Hilfsbereitschaft geriet in Bewegung!

Die Landesregierung von Nordrhein-Westfalen stellte dem Düsseldorfer Herzchirurgen Professor Derra die Mittel für eine Herz-Lungen-Maschine zur Verfügung. Der Deutsche Gewerkschaftsbund beschloß auf seiner Jahresversammlung die Stiftung einer Maschine, die wahrscheinlich nach Frankfurt kommen wird. Die Münchner Chirurgischen Kliniken erhalten die Kaufsumme vom Deutschen Einzelhandelsverband, und das Kabinett von Baden-Württemberg bewilligte einen entsprechenden Betrag für die Universität Freiburg.

Und weniger als einen Monat nach Veröffentlichung unseres Aufrufs waren auch auf dem vom Deutschen Roten Kreuz treuhänderisch verwalteten STERN-Konto die Spenden auf 227 000 DM angestiegen.

Wir hätten es nicht mit Menschen zu tun haben müssen, wenn sich bei unserem Vorhaben nicht zuletzt doch noch eine Schwierigkeit ergeben hätte. Unsere Herz-Lungen-Maschine sollte in die Obhut des Arztes gegeben werden, der mit seiner sachkundigen Unterstützung unsere Aktion eigentlich erst ermöglicht hatte: Prof. Dr. Franz Niedner in Ulm. Aber die Gemeindeväter der Stadt zögerten, die Spende entgegenzunehmen, weil sie befürchteten, daß durch den Zulauf ortsfremder Herzpatienten die Kapazität der Städtischen Krankenanstalten in Ulm überfordert würde. Für Erweiterungen und auch für die Ausbil-

dung eines Ärzteteams seien aber keine Zuschüsse zu erwarten. Es gelang weder Professor Niedner noch mir, diese Ulmer Bedenken auszuräumen.
Aber Professor Niedner zeigte sich zum zweitenmal als ein Mann, der zuallererst auf das Wohl der Kranken bedacht ist. Mit seinem Einverständnis wird die erste Herz-Lungen-Maschine aus den Spenden der STERN-Leser noch in diesem Jahr in Berlin aufgestellt werden. Dort verfügt der Berliner Herzchirurg Professor Dr. Fritz Linder über ein ausgebildetes Ärzteteam, das schon mehr als hundert Herzoperationen in Unterkühlungsnarkose durchgeführt hat. Schon stehen Hunderte von Patienten auf einer Warteliste – sie bedürfen jener komplizierten Operation, die erst durchgeführt werden kann, wenn unsere Maschine die tödliche Sechs-Minuten-Grenze überwinden hilft.

Und mehr als die Hälfte dieser Kranken kommen von jenseits der Zonengrenze. Die Berliner Herz-Lungen-Maschine aber soll allen kranken Menschen zur Verfügung stehen, gleichgültig, aus welchem Teil unseres Vaterlandes sie kommen. So wird sie zugleich der menschlichen Wiedervereinigung unseres zerrissenen Vaterlands dienen.

23. Juli 1958

Der STERN – ein Zeichen von Unkultur?

In dieser Nummer beginnt ein Tatsachenbericht von Jürgen Thorwald, und dabei fällt mir etwas ein, was ich mir schon lange einmal vom Herzen schreiben wollte. Es geht dabei um die Illustrierten.
Für gewisse Leute scheint es neuerdings nämlich zum guten Ton zu gehören, gegen die Illustrierten zu Felde zu ziehen. Sie rümpfen die Nase, sprechen von einer allgemeinen Verwilderung des Geschmacks, und daran sind natürlich die Illustrierten schuld. Wenn man diese Leute fragt, welche Illustrierte sie denn gelesen hätten, bekommt man meist die arrogante Antwort, so etwas läsen sie überhaupt nicht. Illustrierten seien nur für »Lieschen Müller« gut, sie selbst hätten höchstens beim Friseur oder beim Zahnarzt gelegentlich hineingeschaut.
Die Leute, die so reden, lassen sich leicht in drei Kategorien einteilen:
Die einen sind jene Moralapostel, denen der Anblick eines Mädchenbeins bereits die Gänsehaut über den Rücken jagt. Sie setzen voraus, daß in Illustrierten nur halbnackte Filmschauspielerinnen abgebildet, schlüpfrige Geschichten ausgebreitet und arglose Leser mit Sensationen verwirrt werden.
Die anderen sind vom geistigen Hochmut der Halbgebildeten aufgeblasen. Es sind die eingebildeten Klugschwätzer, deren Gerede über Psychologie und die neueste Dior-Linie, über Thomas Mann, die letzten Börsenkurse, die moderne Kunst und die Dienstmädchenknappheit nicht darüber hinwegtauschen kann, daß ihre Köpfe und ihre Herzen leer sind wie ausgeblasene Hühnereier.
Und dann sind da noch die ewig Erfolglosen, die ganz schlicht vom Neid zerfressen werden. Die verkannten Dichter, deren Bücher unter Ausschluß der Öffentlichkeit erscheinen und die ihren intellektuellen Unmut darum auf den Kulturseiten der Tagespresse abladen. Oder die Hohenpriester der »Nachtprogramme« bei den Rundfunkstationen, deren gepflegte Langeweile dem Hörer bei Tage nicht angeboten werden kann, weshalb sie ihre geistige Selbstbefriedigung denn auch nach zehn Uhr abends zu betreiben pflegen.
Diese Leute also haben sich zusammengetan, um die Illustrierten als Zeichen

der Unkultur abzustempeln, und wenn man ihnen glaubte, dann müßte man sich eigentlich schämen, wenn einem am Mittwoch ein Zipfel des neuen STERN aus der Manteltasche schaut. Aber gemach, lieber STERN-Leser, ich kann Ihnen die Schande ersparen. Denn es gibt auch Urteile aus berufenerem Munde.
Da rühmt zum Beispiel der Nobelpreisträger Dr. Werner Forssmann »den brillanten und flüssigen Stil« eines Tatsachenberichts. Der Baseler Universitätsprofessor Dr. Rudolf Nissen bekennt, er habe »in den letzten Jahren nichts gelesen, was ihn so gefesselt habe«. Und der große Freiburger Arzt Prof. Dr. Hans Kilian spricht von der »lebensnahen Schilderung eines dramatischen Geschehens, das jeden Leser packen muß«.
Sie alle sprechen von Jürgen Thorwalds »Jahrhundert der Chirurgen«, dessen deutschsprachige Buchausgabe inzwischen eine Auflage von 260 000 Exemplaren erreicht hat und das in Übersetzungen bisher in USA, England, Frankreich, Dänemark, Norwegen, Holland, Spanien, Finnland, Italien, Jugoslawien, Japan und Polen erschienen ist.
Eine Illustrierte aber war es, die Jürgen Thorwald die jahrelange Arbeit an diesem Stoff ermöglichte, und in einer Illustrierten erschien dieser große internationale Erfolg zuerst. Diese Illustrierte war der STERN.
In diesem Heft nun beginnt auf Seite 18 ein neuer Tatsachenbericht von Jürgen Thorwald: »Das Jahrhundert der Detektive.« Die dramatische, spannende, bunte und bewegte Geschichte der Kriminalpolizei in allen großen Ländern der Welt. Anderthalb Jahre arbeitete Jürgen Thorwald sich durch die ungeheure Fülle des Materials hindurch, das ihm der Sohn des in Portugal verstorbenen Sammlers der Kriminalgeschichte Dr. Robert Ashton hinterlassen hatte. Und doch – ohne den weltweiten Apparat einer Illustrierten wäre die Ergänzung und sorgfältige Dokumentierung dieser Arbeit nicht möglich gewesen. In den Archiven Amerikas und Englands, Frankreichs und Argentiniens und sogar in der Moskauer Lenin-Bibliothek forschten unsere Rechercheure. Hunderte von Interviews vervollständigten die Geschichte der Verbrechensbekämpfung zu einem Bild, wie es bisher noch nie gezeichnet werden konnte.

Ich kenne die Geschichte, und ich kenne Jürgen Thorwald – deshalb erlauben Sie mir die Prophezeiung, daß auch dieser Bericht ein großer internationaler Erfolg werden wird.

30. Juli 1958

Ohne Wahrheit keine gute Politik

In derselben Woche, als die Kurzschluß-Politik des amerikanischen Außenministers John Foster Dulles uns bis an den Rand des Krieges brachte, wurde in Bonn am Rhein die Lex Soraya seines deutschen Kollegen Heinrich von Brentano sang- und klanglos zu Grabe getragen.
Und in derselben Woche begann vor dem Bundesgerichtshof in Karlsruhe ein Ermittlungsverfahren gegen den Bonner Journalisten Mainhardt Graf Nayhauß, weil er über eine Prügelei zwischen betrunkenen Beamten des Verfassungsschutzamtes berichtet hatte.
Nayhauß hatte jene würdigen Hüter unserer Verfassung, die im Suff betriebsinterne Dinge ausplauderten, gleich bei Rang und Namen genannt. Namen und Dienststellungen dieser zwielichtigen Gestalten aber sind angeblich ein Staatsgeheimnis.
Auf den ersten Blick scheinen die drei Fälle nichts miteinander zu tun zu haben. Aber wenn man näher hinsieht, dann ergeben sich doch interessante Parallelen.

Es geht nämlich jedesmal ganz einfach um die Wahrheit. Um jene Wahrheit, die Herr Dulles nicht sehen will, die Herr von Brentano verbieten möchte und die deshalb der Journalist Graf Nayhauß auch nicht schreiben darf.

Die Wahrheit im ersten Falle heißt, daß die Politik des Westens, der den Orient weiter in seiner Botmäßigkeit halten möchte, längst gescheitert ist. Zwar haben die früheren Kolonialmächte England und Frankreich den arabischen Völkern inzwischen die äußerliche Selbständigkeit gegeben, aber was nützt eine solche Schein-Unabhängigkeit, wenn die Schahs, Scheichs, Paschas und Könige allein und selbstherrlich über das Schicksal ihrer Völker zu entscheiden haben, und wenn diese Herrscher im Grunde doch nichts anderes sind als Marionetten in der Hand ausländischer Puppenspieler.

Denn die arabischen Völker bestehen nicht mehr, wie man bei uns offenbar immer noch glauben möchte, aus lauter schicksalsergebenen Analphabeten. Es gibt eine zumeist im Westen erzogene Intelligenzschicht, die nicht länger zusehen will, wie die Husseins, Feisals und Reza Pahlewis das Volk und dessen natürlichen Reichtümer ausbeuten, die Arbeitskraft und die militärische Potenz ihrer Länder aber jeweils für diejenige Macht einsetzen, die ihnen die größten persönlichen Vorteile dafür verspricht.

Ist es ein Wunder, wenn diese jungen arabischen Nationalisten ihre Hoffnung auf den einzigen Mann setzen, dem es gelang, das Joch abzuschütteln, auf Gamal Abdel Nasser? Und ist es ein Wunder, wenn sie gegen die alten Kolonialmächte mißtrauisch sind? Weder Nasser noch die Aufständischen im Irak und im Libanon sind Kommunisten. Aber es wird Herrn Dulles wohl noch gelingen, sie dazu zu machen, wenn er glaubt, man müßte einer Volksbewegung mit Truppenlandungen begegnen.

»An dem Öl, das aus der arabischen Erde quillt«, schrieb STERN-Reporter Wolfgang Schraps bereits im April dieses Jahres nach einer Reise durch den Nahen Osten, »an diesem Öl kleben die Interessen der britischen und amerikanischen, der französischen und holländischen Ölgesellschaften. Sie unterstützen das korrupte System der arabischen Mächtigen, das Allah Allah sein läßt und Öl in goldene Pfunde verwandelt. Wie lange noch wird dieses Spiel gelingen? Mit jedem Tag, der vergeht, wächst in der arabischen Bevölkerung der Haß gegen den Westen – und das ist die Chance Moskaus, die Chruschtschow mit Geschick zu nutzen versteht. Die Uhren Arabiens zeigen 5 Minuten vor 12. Wem schlagen sie die Stunde?«

Das ist die Wahrheit, die Herr Dulles nicht hören wollte, nachzulesen im STERN vom 26. April 1958 unter der Überschrift »Allah ist Allah – aber Öl ist Öl«.

Und wie war es mit der Lex Soraya? Auch da sollte nichts anderes als die Wahrheit unterdrückt werden, und Herr von Brentano ließ sich diensteifrig zum Büttel eines politisch ebenso haltlosen wie verrotteten Systems machen. Denn die Scheidung des Schah Reza Pahlewi von seiner Kaiserin Soraya war wohl nur ein erwünschter Vorhang vor der wirklichen Krise in Persien, über die Hans Wehrle und Gerd Heidemann in ihrem Bericht aus Teheran »Tausend und eine Macht« zum erstenmal authentische Einzelheiten veröffentlichten. Deshalb hat denn auch die kaiserlich-iranische Regierung nichts gegen die seit Jahren in gewissen Wochenzeitungen laufenden Soraya-Schnulzen unternommen, weil sich die Verwaltungsmisere und die politische Korruption ihres Systems noch am vorteilhaftesten mit der, ach, so rührseligen Geschichte vom gebrochenen Herzen verdecken lassen. Aber als der STERN den Vorhang wegriß und die Dinge beim Namen nannte, da erhob sich prompt das große Lamento.

Wie sollte das auch ein Außenminister in Waldmichelbach beurteilen können. Herr von Brentano kennt Teheran – im Gegensatz zu den Verfassern unserer Reportage – nur vom Hörensagen. Und was von den Berichten seines Botschafters zu halten ist, das scheint uns doch recht zweifelhaft, seit wir wissen, daß der Vertreter der Bundesrepublik Deutschland in Teheran noch vor nicht allzulanger Zeit ein loyaler Angestellter der persischen Staatsbank war.

Die Wahrheit ist eben manchmal bitter, deshalb will man sie lieber nicht hören.

Und doch läßt sich ohne die Erkenntnis der Wahrheit weder eine vernünftige Außenpolitik noch eine demokratische Innenpolitik betreiben.

Oder glaubt die deutsche Justiz – um mit dem dritten Fall dieser Woche abzuschließen –, daß man den Unrat im Bonner Verfassungsschutzamt am besten dadurch ausmistet, daß man den Mann vor Gericht stellt, der mit seiner Lampe in diesen Stall hineingeleuchtet hat? Man sollte einem Journalisten nicht vorwerfen, daß er unser eigenes Nest beschmutze, solange die Leute, die dieses Nest bauen und es zu verwalten haben, nicht selbst für Sauberkeit sorgen. Aber darüber demnächst mehr!

6. August 1958

Sinekure für Schläger vom Amt

Wenn Sie fortan ohne Arbeit durchs Leben kommen wollen und dennoch gut essen und trinken, wenn Sie es satt haben, jeden Morgen früh aufzustehen und sich den Tag lang zu plagen, und wenn Sie dabei dennoch nicht auf die Annehmlichkeiten des Daseins, wie eine komfortable Wohnung und die alljährliche Urlaubsreise verzichten möchten, dann kann ich Ihnen einen guten Rat geben:

Am besten gehen Sie in irgendeine Bar – es kann auch eine ganz gewöhnliche Kneipe sein – und lassen sich langsam vollaufen, bis Ihr Blutalkoholgehalt etwa 1,2 Promille beträgt. Sie merken das daran, daß Sie sich plötzlich stark und überlegen fühlen und daß die Frage »Was kostet die Welt?« Ihnen keine besonderen Rätsel mehr aufgibt.

Sobald Sie diesen Zustand erreicht haben, gehen Sie auf die Straße, halten das nächstbeste Auto an, möglichst eines, in dem neben dem Mann am Steuer eine Dame sitzt. Wenn der Fahrer Sie fragen sollte, was Sie von ihm wünschen – kümmern Sie sich nicht um den Mann, sondern gehen Sie an die andere Seite, zerren Sie die Dame aus dem Wagen und verprügeln Sie wortlos Ihr Opfer. Sie haben dann für Ihr Leben ausgesorgt und werden aus Steuergeldern eine Belohnung von etwa einer Viertelmillion Mark erhalten.

Vorausgesetzt, daß Sie Richter sind.

Der Erfinder dieses Rezeptes ist nämlich der Landgerichtsdirektor Johannes Kuwatsch, Vorsitzender der Dritten Strafkammer beim Landgericht Frankfurt, und er hat die probate Methode an sich selbst mit bestem Erfolg ausprobiert.

Richter Kuwatsch fuhr in einer Oktobernacht des letzten Jahres vom fröhlichen Umtrunk am Steuer seines Volkswagens nach Hause, als er an einer Straßenkreuzung von einer Verkehrsampel aufgehalten wurde, die eben von Grün auf Gelb umschaltete. Zwar war die nächtliche Kreuzung menschenleer, und auch auf der kreuzenden Straße zeigte sich kein Fahrzeug – aber so ein Richter weiß eben, was sich gehört.

Nicht so der Fahrer eines anderen VW, der den Kuwatsch einfach überholte und nach kurzem Anhalten über die Kreuzung fuhr. Richter Kuwatsch, der inzwischen Rot sah, hupte erst empört, gab dann Gas und brauste hinterher. Nach etwa zwei Kilometern hatte er den fremden Wagen eingeholt und setzte sich schräg vor seine Nase.

Was dann folgte, gaben die Insassen des so jäh gestoppten Wagens, der deutsch-amerikanische Kaufmann Hugo Leibold und seine Frau, noch in derselben Nacht auf dem Frankfurter Polizeipräsidium zu Protokoll: »Der Beschuldigte (Kuwatsch) stieg aus seinem Wagen«, so erzählte Hugo Leibold, »und kam auf meinen Wagen zu. Ich drehte die Scheibe herunter, da sagte der Mann: ›Ich bin der

Verkehrsrichter Kuwatsch, was fällt Ihnen ein, bei Rot über die Kreuzung zu fahren, zeigen Sie mir Ihre Papiere.‹ Während ich rechts heranfuhr und mich dann bückte, um meine Papiere aus der Wagentasche zu ziehen, war Kuwatsch um den Wagen herumgelaufen auf die andere Seite, wo das Fenster offen war. Als meine Frau, der die Sache nicht geheuer vorkam, auf englisch etwas zu mir sagte, schlug Kuwatsch ihr mit der Hand ins Gesicht und schrie: ›Du hältst das Maul!‹ Meine Frau wollte das Fenster hochkurbeln, worauf Kuwatsch die Tür aufriß und noch zweimal mit der Faust zuschlug.« Die auf solche Weise richterlich gemaßregelte Ehefrau Leibold fügte dem Protokoll am anderen Morgen ein ärztliches Attest bei, das ihr mehrere Blutergüsse und eine Rippenprellung bescheinigte.

Die nächtliche Amtshandlung brachte dem Landgerichtsdirektor Kuwatsch vor dem Frankfurter Schöffengericht eine Verurteilung zu 1000 Mark Geldstrafe wegen tätlicher Beleidigung und Körperverletzung ein, obwohl der wieder nüchtern gewordene Kuwatsch inzwischen versucht hatte, den Prozeß dadurch abzuwenden, daß er den Geschädigten Geld bot.

Dieser Tage nun folgte dem Strafprozeß das Dienststrafverfahren gegen den Richter Kuwatsch, das mit dessen Entlassung aus dem Amt endete. Und damit beginnt die Sache eigentlich erst, für den Kuwatsch lohnend und für uns Steuerzahler interessant zu werden.

Denn der Landgerichtsdirektor a. D. Johannes Kuwatsch, der heute 45 Jahre zählt und fortan nicht mehr zu arbeiten braucht, erhält dennoch für fünf Jahre 75 Prozent seines Gehaltes und sodann bis zu seinem 65. Lebensjahr die halben Bezüge. Bei dem Jahreseinkommen eines Landgerichtsdirektors von rund 20 000 Mark macht das 5mal 15 000 und 15mal 10 000 Mark, also insgesamt 225 000 Mark – in Worten: zweihundertfünfundzwanzigtausend gute Deutsche Mark!

Sie sehen also, lieber STERN-Leser, ich habe Ihnen nicht zuviel versprochen, als ich Ihnen das Rezept des Richters Kuwatsch zur Sicherung Ihres Lebensabends empfahl. Sollte Ihnen allerdings die Methode zu umständlich sein, dann brauchen Sie die Bar oder die Kneipe, in der Sie sich betrinken, erst gar nicht verlassen. Schlagen Sie die Barfrau oder den Wirt zusammen – auch das bringt immerhin eine Lebensrente von 195 000 Mark. In diesem Falle müßten Sie allerdings Bürgermeister sein.

Wie Siegfried Werder, der stellvertretende Oberbürgermeister von Kassel. Er schlug einen Barbesitzer k. o., wurde Bürgermeister a. D. und lebt seitdem von unserem Geld.

»Vernunft wird Unsinn, Wohltat Plage«, hat Goethe gesagt – aber was wußte schon der alte Goethe von unserem modernen Rechtsstaat.

13. August 1958

Verirrt im Steuerparagraphendschungel

In Neustadt an der Weinstraße hatte die Stadtverwaltung bei ihren Angestellten und Arbeitern seit Jahren die Steuerabzüge falsch berechnet. Und zwar hatte man sich – es ist kaum glaublich und dennoch wahr – nicht zum Nachteil, sondern zugunsten der Steuerzahler geirrt. Es war kein böser und kein guter Wille dabei im Spiel gewesen, es war ein schlichter Irrtum im Irrgarten unserer verzwickten Steuerparagraphen. Niemand hatte etwas gemerkt, die Stadt hatte gezahlt, und die Lohn- und Gehaltsempfänger hatten ihr Geld guten Gewissens verbraucht.

Nun ist mit des Geschickes Mächten ja kein ew'ger Bund zu flechten, und so trat denn auch in Neustadt an der Weinstraße

das Schicksal eines Tages in Gestalt des Finanzamtes auf den Plan. Dreihundert Angestellte und Arbeiter in städtischen Diensten wurden aufgefordert, eine Steuernachzahlung von 18 000 Mark aufzubringen.
Betriebsratsvorsitzender Johann Niethammer hielt diese Forderung für unbillig. Wenn die Stadtverwaltung den fatalen Irrtum schon verschuldet habe, dann müsse sie auch die Nachzahlung leisten, argumentierte der streitbare Niethammer vor dem Landesarbeitsgericht in Mainz. Aber dort war man anderer Meinung. Zwar habe die Stadtverwaltung durch die falsche Berechnung der Steuerabzüge ihre Sorgfaltspflicht gegenüber dem Arbeitnehmer verletzt, jedoch könne von einer zum Schadensersatz verpflichtenden Fahrlässigkeit nicht die Rede sein. Denn – so meinten die Richter – unsere Steuergesetzfahndung sei nun einmal keine ganz einfache Sache, und auch geschulte Kräfte könnten sich in dem Wirrwarr der Vorschriften leicht verirren.
So haben denn die städtischen Angestellten und Arbeiter in Neustadt an der Weinstraße das Nachsehen. Sie müssen sich nun nicht nur die berichtigten und also erhöhten Steuersätze abziehen lassen, sondern zusätzlich noch die 18 000 Mark Nachzahlung in Raten über zwei Jahre. Woraus zu folgern ist, daß jeder Arbeitnehmer gut daran täte, wenn er künftig seine Lohntüte nur noch unter Assistenz eines Steuerberaters in Empfang nähme. Denn es könnte ja auch geschehen, daß sich ein Finanzamt einmal zum Nachteil des Steuerzahlers irrte. Wehe ihm, wenn er dann nichts merkte und den Steuerbescheid rechtskräftig werden ließe! Der wohlklingende Grundsatz unserer Verfassung »Alle Menschen sind vor dem Gesetz gleich« gilt nämlich nur für den Bürger und nicht für den Staat. Rechtskräftig gewordene Steuerbescheide können generell nur zuungunsten des Steuerzahlers und zum Vorteil des Finanzamtes berichtigt werden, nicht aber umgekehrt.
Wie weh das tut, könnte Ihnen STERN-Leserin Erna Todt aus Cuxhaven berichten. Mutter Todt hatte 1945 ein Grundstück geerbt, aber zugunsten ihrer Tochter Magda auf die Erbschaft verzichtet. Tochter Magda hatte denn auch die Erbschaftssteuer an das Finanzamt bezahlt.
Im Jahre 1953 beschloß man, das Grundstück zu verkaufen, und da Tochter Magda sich die Verhandlungen und Formalitäten nicht zutraute, trat sie ihrer Mutter das Verfügungsrecht über das Grundstück ab. Darüber schlossen die beiden Frauen in völliger Unkenntnis der steuerlichen Auswirkungen einen Vertrag.
Kurz darauf verlobte sich die Tochter, und Mutter Todt gab ihr den Verkaufserlös aus dem Grundstück, damit Magda sich ihren neuen Hausstand einrichten konnte.
In diesem Augenblick meldete sich das Finanzamt und forderte außer der bereits kassierten Erbschaftssteuer eine Schenkungssteuer in Höhe von 20 000 Mark für die inzwischen aktenkundig gewordene Abtretung des Grundstücks an die Mutter.
Als nun Mutter und Tochter erkannten, was sie sich da in ihrer steuerlichen Unerfahrenheit eingebrockt hatten, hoben sie die Abtretung noch im gleichen Jahr durch Anfechtung des Vertrages auf. Das Geld war ja sowieso von der Tochter für ihren Hausstand verwendet worden.
Eine solche Anfechtung eines unter irrtümlichen Voraussetzungen geschlossenen Vertrages ist rechtlich durchaus zulässig, wenn beide Partner »bei verständiger Würdigung des Falles« – das hieße hier: wenn ihnen die steuerlichen Folgen klar gewesen wären – den Vertrag gar nicht abgeschlossen hätten. Und daran bestand wohl kein Zweifel.
Was aber dem Staatsbürger nach dem Gesetz recht ist, das braucht dem Staate selbst noch lange nicht billig zu sein. Und so erklärte das Finanzamt diese rechtsgültig erfolgte Aufhebung des Vertrages einfach für »steuerlich unbeachtlich«, nahm jedoch die tatsächliche Verwendung des Geldes durch die Tochter befriedigt zur Kenntnis und setzte für diesen Vorgang eine weitere Schenkungssteuer in Höhe von 20 000 Mark fest.
Auf diese Weise müssen Erna Todt und ihre Tochter Magda für die gleiche vermaledeite Erbschaft dreimal Erbschafts- und Schenkungssteuer zahlen, nämlich:
1. für die Vererbung des Grundstückes auf die Tochter,

2. für die Abtretung des Grundstückes an die Mutter,
3. für die Verwendung des Verkaufserlöses durch die Tochter.

Zur Zahlung der dreimaligen Steuer verbleibt nicht nur kein bares Geld, sondern Mutter und Tochter werden auch noch ihr restliches Vermögen verlieren.
Der Schuldige an beiden Fällen, der verhängnisvollen Steuerberechnung in Neustadt an der Weinstraße wie der dreimal zu zahlenden Steuer in Cuxhaven, ist der Gesetzgeber, der den Paragraphendschungel unserer Steuerbestimmungen geschaffen hat und sich hartnäckig vor der Großen Steuerreform drückt. Solange diese Reform nicht zustande kommt, müssen wir uns nach der Formel richten:
Das Gesetz ist ein Netz
mit Maschen, engen und weiten.
In den engen bleiben die Dummen hängen,
durch die weiten schlüpfen die Gescheiten.
Daß Sie, lieber STERN-Leser, immer zu den Gescheiten gehören mögen, wünscht Ihnen . . .

20. August 1958

Stoppt die Gladiatoren!

Auch Journalisten können irren. Peinlich wird's erst, wenn sie es hernach nicht zugeben wollen. Unserem Sonderkorrespondenten im Irak, Dr. Hans Germani, ist ein solcher Irrtum unterlaufen. Als er mit einigen Kollegen von anderen deutschen Zeitungen im zerstörten Palast des getöteten Königs nach den Resten einstiger Herrlichkeit suchte, fanden die Reporter nicht nur Feisals zerbeulte schwarze Melone mit dem Etikett von des Königs Hutmacher in London, sondern ihnen geriet auch eine Karte mit handschriftlichen Notizen des britischen Kolonialministers Alan Lennox-Boyd in die Hände. Mag es die unleserliche Handschrift des Ministers oder die Erregung der Stunde gewesen sein: Die Korrespondenten lasen den Text »This is the damsel I told you about in London« – zu deutsch: »Das ist das Mädchen, von dem ich Ihnen in London erzählte«.
Inzwischen ist dem Kabel unseres Korrespondenten nun auch ein Foto der Karte mit langsamerer Post nachgereist, und als wir das Bild hier in der Redaktion betrachteten, kamen uns doch Zweifel an der korrekten Entzifferung des Textes. Eine Rückfrage der Britischen Botschaft beim Kolonialministerium in London klärte den Fall. Der Text lautete in Wirklichkeit »This is the new family venture I told you about in London« – »Dies ist das neue Familienunternehmen, von dem ich Ihnen in London erzählte«.
Das »Familienunternehmen« ist ein Hotel in Venedig, das von der schottischen Bierbrauerfamilie Guinness gebaut wurde. Da die Gattin des Kolonialministers Lennox-Boyd eine geborene Guinness ist, durfte er das Hotel wohl mit Recht ein Familienunternehmen nennen und es seinen Freunden empfehlen.
Es tut uns aufrichtig leid, daß der ehrenwerte Kolonialminister Ihrer Britischen Majestät durch die falsche Entzifferung seiner Handschrift in einen zwielichtigen Verdacht geriet. Für uns ist es einfach ein Gebot der journalistischen Selbstachtung, daß wir den Irrtum unseres Korrespondenten sofort richtigstellen und uns bei Mr. Lennox-Boyd für die ihm widerfahrene Kränkung entschuldigen. Damit entfallen auch die Schlußfolgerungen, die wir an die falsche Lesart der Karte geknüpft hatten.
Was würden Sie davon halten, wenn es plötzlich einem Unternehmer in Frankfurt oder Hamburg oder München einfallen würde, ein Zirkuszelt zu errichten, in dem Menschen vor einem zahlreich erschienenen Publikum den Tod versuchten. Käme es uns nicht wie ein Rückfall

in die Zeiten tiefster Barbarei vor, wenn man heute noch wie im alten Rom Menschen gegen Löwen kämpfen ließe mit der sicheren Aussicht auf ihr blutiges Ende?

Ich nehme es gern in Kauf, mich bei gewissen Leuten unbeliebt zu machen, wenn ich den Unterschied zwischen diesen grausamen Spielen und den Verirrungen unserer Sportbegeisterung nicht einzusehen vermag. Was den Gladiatoren ihre Löwen, das ist heute den Bergsteigern ihre Eiger-Nordwand und den Rennfahrern ihr Nürburgring.

Nun mag man mir entgegnen, daß es nur die Rennfahrer selbst angeht, wenn sie mit ihrem Leben spielen. Aber abgesehen davon, daß vor drei Jahren in Le Mans 82 Unbeteiligte tödlich verunglückten, gibt doch die Todesliste allein des Jahres 1958 zu denken. Den Tod vor Tausenden von neugierigen Zuschauern starben:

3. Mai: Werner Engel, Hamburg, beim Schlußrennen in Zandvoort;

18. Mai: William Scott-Brown, England, beim Großen Preis von Belgien;

30. Mai: Pat O'Connor, USA, beim 500-Meilen-Rennen von Indianapolis;

3. Juni: Erwin Bauer, Stuttgart, beim ADAC-1000-km-Nürburgring-Rennen;

22. Juni: Jean Brussin, Frankreich, beim 24-Stunden-Rennen von Le Mans;

6. Juli: Luigi Musso, Italien, beim Großen Preis von Frankreich;

13. Juli: Ronald Campbell, Australien, beim Rennen in Cadours;

3. August: Peter Collins, England, beim Großen Preis von Deutschland.

Geht diese Liste wirklich nur die Toten und die Unentwegten an? Die Frau des englischen Rennfahrers Stirling Moss sagte, daß sie in den zehn Monaten ihrer Ehe um Jahre gealtert sei. Aus Angst! Die Mutter des Deutschen Graf Berghe von Trips bekannte, daß sie jeden Abend darum betet, ihr Sohn möge ein Ende machen mit dem grausamen Spiel. Und Juan Manuel Fangio, weiß Gott ein harter Mann und kein Feigling, gab das Rennen auf, weil es »einfach keinen Sinn mehr hat«. Die Motoren sind zu stark, die Wagen zu leicht, und die Geschwindigkeiten könnten mühelos noch weiter gesteigert werden – nur der Mensch ist an der Grenze. An der Grenze des Todes.

Wir aber säumen die Bahn und sehen zu. Neugierig fiebern wir der Gefahr entgegen, in die ein anderer sich begibt. Und wenn einer der Gladiatoren des Rennsports mit zerschmettertem Schädel am Rande der Arena liegt, dann glotzen wir dumm und erschrocken dem Sterbenden ins Angesicht. Daß es so kam, hatten wir ja nicht gewollt.

Wollten wir es wirklich nicht? Dann begreife einer, warum in jedem Jahr Tausende von Menschen in Grindelwald vor den Fernrohren stehen und die mörderische Eiger-Nordwand absuchen. Siebzehn Menschen brachte dieser Berg den qualvollen Tod. Aber auch hier gibt es noch immer die Unentwegten, und in diesem Jahre trugen sie sogar knallrote Sturzhelme und Anoraks, damit man sie farbfilmen solle wie Artisten unter der Zirkuskuppel. Wenn aber der Berg oder das Wetter stärker sind als die Sucht nach dem Rekord, wenn die Wand sie nicht mehr loslassen will, dann erwarten diese Wahnwitzigen selbstverständlich, daß Rettungskolonnen ihnen zu Hilfe kommen. Was kümmert's ihren Ehrgeiz, daß auch die Retter ihre Frauen und Kinder haben.

Da unten aber genießt das Publikum den Nervenkitzel durchs Fernrohr. Wenn gerade keiner in der Wand ist, dann richtet man die Gläser auf den kleinen Punkt oberhalb der gefährlichen »Spinne«, wo seit einem Jahr der Italiener Longhi an seinem Seil baumelt. Und während die Zeitungen voll sind von den »alpinistischen Großtaten« an der Eiger-Nordwand, spricht keiner davon, daß ein 18jähriger Junge irgendwo im Eigergebiet in Schnee und Geröll begraben liegt. Ein Junge, der auf seinen Freund gewartet hatte, um mit ihm die Mordwand zu besteigen. Und der dann ungeduldig wurde und allein ging.

Ich meine, es wäre höchste Zeit, daß wir uns besinnen.

Das falsche Tabu der Ärzte

Sind Sie schon einmal einem »Tabu« begegnet? Mir ist es in der letzten Woche passiert. Ich saß mit einigen Professoren und Doktoren der Medizin vor der Fernsehkamera, und wir unterhielten uns über die Frage, ob die Presse das Recht oder sogar die Pflicht habe, ihren Lesern Einblick zu gewähren in die Forschungs- und Behandlungsmethoden der modernen Medizin. Wir saßen unter den Jupiterlampen um den bekannten »runden Tisch«, vor uns standen die Mikrophone, und zwischen uns stand das Tabu.

Was ein Tabu ist, kann ich Ihnen nicht besser erklären, als es der Große Brockhaus im 11. Band auf Seite 384 tut: »Tabu sind Gegenstände, Personen oder Handlungen, die eine besondere, dem Wesen nach unfaßbare Macht in sich tragen. Der Kontakt mit ihnen ist gefährlich. So gilt alles, was mit Krankheit und Tod zusammenhängt, bei vielen Naturvölkern als tabu. Auch das Betreten bestimmter heiliger Stätten kann tabu sein.«

Und damit sind wir auch schon beim Thema unserer Diskussion, denn einer unserer prominentesten Medizinmänner, der Heidelberger Chirurg Professor Dr. K. H. Bauer, hat kürzlich die Beziehungen zwischen Arzt und Öffentlichkeit mit fast denselben Worten gekennzeichnet: »An der Schwelle zum Operationssaal beginnt des Chirurgen Heiligtum. Pressekameras und Fernsehgeräte fürs Publikum entheiligen ihn. Wo es um Menschenleben geht, sollte kein Raum sein für den Reizhunger der Massen!«

Der erhobene Zeigefinger des Heidelberger Professors galt dem STERN und dem Fernsehen. Wir hatten im März gemeinsam über eine Operation am geöffneten Menschenherzen berichtet – allerdings nicht, um die heiligen Operationsräume mit unziemlicher Neugier zu betreten, sondern um mitzuhelfen, daß diese Heiligtümer mit den modernsten Apparaten und Instrumenten ausgerüstet werden können. STERN-Leser und Fernseher stifteten dann auch bis heute 267 000 Mark zur Anschaffung der ersten Herz-Lungen-Maschine, die in Deutschland für komplizierte Operationen am menschlichen Herzen eingesetzt werden kann.

Das schien nun einem der professoralen Teilnehmer an unserer Fernsehdiskussion gar nicht zu gefallen. Der Direktor der Chirurgischen Universitäts- und Poliklinik Hamburg-Eppendorf, Professor Dr. Zuckschwerdt, meinte gönnerhaft, unsere Aktion sei zwar recht verdienstlich gewesen, aber es spräche nicht gerade für unseren Sachverstand, daß diese Herz-Lungen-Maschine ausgerechnet dort aufgestellt würde, wo schon zwei andere stünden.

Es wird Sie vielleicht interessieren, was mir der Direktor der Chirurgischen Klinik der Freien Universität Berlin, Professor Dr. Fritz Linder, dazu soeben schreibt:

Die Bemerkung von Herrn Zuckschwerdt braucht Sie in keiner Weise zu beunruhigen. Wir besitzen bisher zwei Herzpumpen, deren Einsatz im Versuch immer noch Risiken zeigte, so daß uns eine Anwendung am Menschen nicht ratsam erschien.

Erst durch Ihre Spende waren wir in der Lage, die Gibbonsche-Herz-Lungen-Maschine zu kaufen und bereits nach Deutschland zu verschiffen. Bei einem Besuch führender amerikanischer Herzkliniken, von dem ich eben zurückgekehrt bin, hat mir Prof. Kirklin selbst an der Mayo-Klinik die Vorteile dieses erneut verbesserten Gerätes demonstriert. Damit glauben wir endlich, unser herzchirurgisch erprobtes Ärzteteam in Kürze mit einer Herz-Lungen-Maschine, die dem letzten Wissensstand entspricht, voll einsetzen zu können.

Daß dies so schnell möglich ist, ohne irgendeinen Bürokratismus, wird allein Ihrer Stiftung zu verdanken sein.

Ich glaube, dem Brief Professor Linders brauche ich nichts mehr hinzuzufügen, außer daß ich seinen Dank an die STERN-Leser und die Fernseher weitergebe. Tausende von herzkranken Kindern, die schon vom Tode gezeichnet wa-

ren, dürfen nun wieder hoffen. Und das nur, weil es uns mit Hilfe eines einsichtsvollen Arztes gelang, das Tabu des Operationssaales zu durchbrechen. Aber dafür hat man denn auch gegen den Professor Dr. Niedner, der uns die STERN-Reportage und den Fernsehfilm ermöglichte, bereits ein ärztliches Ehrengerichtsverfahren gestartet!
Herr Professor Zuckschwerdt machte noch einen anderen Einwand, der zunächst ganz einleuchtend klingt: »Für die Gesunden mögen solche Veröffentlichungen im Sinne der Vorbeugung ja ganz nützlich sein, aber wir haben es mit Kranken zu tun. Und da stören sie nur das Vertrauen zum Arzt und führen oft sogar zu einer Schockwirkung.«
Lesen Sie dazu, was mir Herr Eberhart Zelt aus Wolfsburg schreibt, und lassen Sie mich Herrn Zelt danken, daß er die Veröffentlichung seines Briefes ausdrücklich gestattete:
Ich selbst leide seit 1941 an Multipler Sklerose, einer, wie Sie wissen, zur Zeit noch unheilbaren Krankheit. Und ich sage ›ja!‹ zu Ihrer Forderung nach medizinischer Aufklärung. Mit dem Schweigen wird von vielen Ärzten mehr Unheil angerichtet als mit beratender Offenheit. Ich unterstreiche das Wort ›beratend‹, denn ein Kranker, dem offen die Wahrheit gesagt und zugleich auch dargelegt wird, wie aufopfernd viele Forscher und Ärzte bemüht sind, den Weg zur Heilung zu finden, der wird bestimmt mehr Vertrauen haben und mutvoller das Schwere aufnehmen.
Ich selbst habe es diesem Drumherum-Reden der Ärzte zuzuschreiben, daß ich im Anfangsstadium meines Leidens eine Frau an mich gebunden habe, die ich – gerade weil ich sie liebe – niemals dieser Belastung ausgesetzt hätte, wenn die Ärzte offen zu mir gewesen wären.
Das also schreibt ein Mann, der nach dem gegenwärtigen Stand der ärztlichen Wissenschaft unheilbar krank ist. Wieviel mehr gelten seine Worte für alle jene, denen eine gewissenhafte Berichterstattung über die Leistungen der modernen Medizin neue Hoffnung geben kann.
Allerdings zeigt dieser Brief auch, welche Verantwortung die Presse auf sich lädt, wenn sie sich den Fragen zwischen Leben und Tod zuwendet. Falsche Hoffnungen zu wecken wäre ebenso gefährlich, wie das Vertrauen zur Kunst des Arztes zu stören. Denn der echte Arzt ist selber ein Teil der Medizin, an der sein Patient genesen soll.
Aber gerade deshalb ist es nötig, das Tabu zwischen Arzt und Öffentlichkeit zu überwinden.

3. September 1958

Die Diktatur der Abstrakten

Es ist in diesem Sommer genau 22 Jahre her, da geschah in Deutschland etwas, das uns noch heute die Schamröte ins Gesicht treiben kann.
Längst waren die Bücher von Thomas Mann und Stefan Zweig, von Heinrich Heine und Franz Werfel auf den Scheiterhaufen des Herrn Goebbels verbrannt. Schauspieler wie Albert Bassermann und Fritz Kortner, Dirigenten wie Fritz Busch und Bruno Walter und Sänger wie Josef Schmidt und Richard Tauber hatten ins Ausland gehen müssen. Die Komponisten Felix Mendelssohn, Jacques Offenbach und Paul Hindemith waren von den deutschen Musikbühnen verbannt.
Da holte Adolf Hitler zum Schlag gegen die bildende Kunst, gegen Malerei und Plastik aus.
Im Englischen Garten in München war das »Haus der Deutschen Kunst« entstanden, von den Münchnern respektlos

»Palazzo Kitschi« genannt, und den Professor Adolf Ziegler hatte sein Führer zum Präsidenten der Reichskunstkammer gemacht. Dieser Ziegler war dem Hitler aufgefallen, weil er dessen geliebte und durch Selbstmord geendete Nichte Geli Raubal nach einer Fotografie höchst naturgetreu zu malen verstanden hatte. Naturgetreue Postkartenmalerei aber war das Gebot der Stunde, und so hing denn auch in der »Ersten Großen Deutschen Kunstausstellung« Zieglers bis auf jede Hautpore und jedes Haar genau gemaltes Bild »Die vier Elemente« – vier nackte Damen, die von den Besuchern bald in »Die vier Sinne« umgetauft wurden, der fünfte, der Geschmack, fehlte eben.

Die Komödie dieser armseligen Ausstellung wurde zur Tragödie durch eine andere Bilderschau, die wenige Straßen weiter unter dem Titel »Entartete Kunst« gezeigt wurde. Hitler hatte die deutschen Museen und Sammlungen ausrauben lassen, um in einer als Schrekkenskammer aufgemachten Ausstellung all das an den Pranger zu stellen, was nicht in sein politisches Programm und in seinen pedantischen Kunstverstand hineinging.

Bilder und Plastiken, die Ausdruck echter menschlicher Ergriffenheit waren, fand man hier mit den zweifelhaften Erzeugnissen einer irregeleiteten Phantasie bunt vermischt. Ein ganz nach innen gewandtes Mädchenbildnis von Karl Hofer hing neben dem aus Tapetenresten, Kofferzetteln, Straßenbahnfahrscheinen und einem alten Gardinenring zusammengeklebten »Ringbild«, mit dem der »Dadaist« Kurt Schwitters aus Hannover »dem Bürger in die Fresse hauen« wollte. Ein Saal mit Werken von Lovis Corinth, mit dem gegeißelten Christus an der Mittelwand, hätte die Feierlichkeit eines Kirchenraums haben können, wären nicht die demagogischen Spottschriften an den Wänden gewesen, die auf den johlenden Pöbel berechnet waren, der nichts verstand und sich über alles amüsierte. Bilder von Emil Nolde, Paul Klee, Max Beckmann und Oskar Kokoschka waren mit Plastiken von Barlach, Lehmbruck, René Sintenis und vielen anderen in den engen Räumen des Münchner Kunstvereins sinnlos und bösartig wie in einem KZ zusammengepfercht. Nach Schluß der Ausstellung aber versteigerte man die Kunstwerke, um die uns die Welt beneidet hatte, für ein Butterbrot ins Ausland.

Als der Spuk des »Dritten Reiches« zu Ende gegangen war, und als es sich auch in der Kunst wieder zu regen begann, war praktisch jeder ein Verfolgter des Naziregimes gewesen, ein Meister wie Kokoschka oder Beckmann ebenso wie die Hersteller von »Gemälden« aus Drahtgitter und Scheuerlappen, der große Bildhauer Lehmbruck ebenso wie die Erzeuger sonderbarer Klempnerware aus Abfallblech und Leitungsrohr, die nun ihre bisher unterdrückten »Meisterwerke« einem erstaunten Publikum darboten.

Und nun begann die Gleichmacherei noch einmal, diesmal aber von der anderen Seite her.

Hatte Hitler in der naturgetreuen Postkartenmalerei den Ausdruck einer »erhabenen und zum Fanatismus verpflichtenden Mission« gesehen – nun wurde mit dem gleichen Fanatismus jeder Künstler verfemt, auf dessen Bildern auch nur noch Reste von Naturformen zu erkennen waren.

Wer heute einen Baum malt wie van Gogh oder eine noch in ihrer natürlichen Struktur erkennbare Landschaft wie Cézanne oder gar den Körper einer Frau wie Corinth, wer die Welt anschaut und sie künstlerisch verdichtet, wer sie nicht auseinandermontiert in ihre atomaren Bestandteile, der wird von den offiziellen Kunstmanagern niedergeschrien; Künstler wie Beckmann, Kokoschka und Hofer, die sich nicht einfach von dem lästigen Zwang der Natur freimachen, sondern sich mit ihr auseinandersetzen, gelten bereits als »klassisch« – was nichts anderes heißen soll als »hoffnungslos überholt«. Aber dort, wo der Mensch, wo die Natur aus den Formungen der Maler und Bildhauer ausgetrieben ist, dort liegt die wahre Zukunft der Kunst, künden die Propheten der Moderne. Und ihr Oberprophet, der Professor Will Grohmann, schreibt denn auch über eine Malerin: »Noch malt sie die Landschaft der Toscana und Stilleben mit Krügen. Hoffentlich wird sie bald das Klima der Toscana und das Leere der Krüge malen.«

Keine Sorge, Herr Professor Grohmann, das Leere wird schon gemalt: In Paris sind zur Zeit die »Monochromisten« der letzte Schrei. Sie bemalen ein Stück Leinwand mit nichts als blauer Farbe, rahmen es ein, nennen es »Vision Nr. 5.«, und bewundernd stehen die Kenner vor dieser Einfallslosigkeit.

Der Mensch aber, der den Künstlern einmal als das von Gott gesetzte Maß aller Dinge galt, ist für die modernen Kunstaugen nichts als ein Zufallsprodukt der Natur oder besser: der Biochemie, um deren Formeln und ihre symbolhafte Niederschrift es dem abstrakten Künstler weit mehr zu gehen scheint als um eine Anschauung der Welt, als um eine Weltanschauung.

Weltanschauung? Der moderne Künstler rümpft über dieses Wort die Nase. Wie der Mensch überwunden ist, so wird auch die Welt nicht mehr angeschaut und erlebt, sondern nur noch als Rohstoff oder als Ballung elementarer Kräfte angesehen. Die Vielfalt der Formen, die die Natur sich in ihrer unendlichen Fülle leistet, wird von der Kunst einfach »abstrahiert«. Die Überlegung ist etwa so: Warum erweckt eine herabhängende Trauerweide ein trauriges, eine verwehte Dünenlinie ein sehnsüchtiges, eine lodernde Flamme ein erregendes Gefühl? Warum erscheint eine Eiche stark, ein welkendes Blatt vergänglich, eine Gewitterwolke drohend? Es ist nicht das Holz der Weide, nicht der Sand der Düne und nicht der Wasserdampf der Wolken. Es sind nur die Formen und die Farben der Dinge, die uns diese Eindrücke vermitteln. Also kann man die Formen und Farben auch von den Naturgegenständen ablösen, sie abstrahieren und mit ihnen eine neue Welt schaffen.

Es ist nichts als die Anmaßung des Menschen, der die Welt in chemischen und physikalischen Formeln erfaßt zu haben glaubt. Die Analyse, die Auflösung der Dinge in ihre Grundbestandteile und Urkräfte, wird von der Wissenschaft auf die Kunst übertragen. Unsere Physiker spielen am Schalthebel des großen Kraftwerkes »Welt« herum, das jeden Tag auseinanderfliegen kann. Die alte fromme Ordnung ist zum Teufel gegangen. Der Mensch ist nicht mehr das Maß aller Dinge, sondern nur noch das tödlich bedrohte Objekt der von ihm beschworenen Kräfte – der Zauberlehrling wird den Besen, den er gerufen hat, nicht mehr los.

Wer anders als die Kunst könnte denn in dieser ebenso entgötterten wie entmenschlichten Welt wieder eine Wertordnung schaffen? Statt dessen gebärden sich die Manager der Moderne vollends als die großen Auflöser und Zertrümmerer. Und wehe, wenn einer anders malt oder bildhauert, als es die allgemeine Regel vorschreibt. Er wird einfach nicht ausgestellt. Denn Trumpf ist die international konfektionierte Kunstmode, deren gegenstandslose Produkte von Tokio bis Buenos Aires, von New York bis Paris und von Havanna bis Hamburg einander bis zum Verwechseln ähnlich sehen.

Wenn Sie die nächste Seite umschlagen, sehen Sie, was auf der sogenannten Kunstbiennale in Venedig gezeigt wird: eine symbolische Zukunftsvision von verbogenen Eisenträgern und Metallgerippen – das ist der Weisheit letzter Schluß. Das bleibt übrig vom Menschengeist und seiner perfekt funktionierenden Welt, wenn ein Betriebsunfall passiert.

Aber eines noch zum Schluß: Tausendmal schlimmer als alle diese Verirrungen wäre der Versuch, ihnen mit Unterdrükkung oder gar mit Verboten zu begegnen. Was uns zu beunruhigen hat, ist nicht die Tatsache, daß ein Maler leere Flächen geschickt aufteilt und seine Dekorationen als künstlerische Offenbarungen ausgibt. Auch nicht, daß ein anderer glaubt, er könne für das atomare Vabanque-Spiel und die Zerrissenheit unserer Zeit nur die zerplatzte Form als künstlerisches Symbol anerkennen.

Aber wir sollten uns dagegen wehren, daß die mächtigen Manager in den Ausstellungen, im Kunsthandel und in der Kritik alles diffamieren und niederhalten, was ihrer Geisteshaltung den Tribut nicht zollen will.

Tödliche Liebesqual

Hinter dem 17jährigen Untersekundaner Sönke Kern aus Schleswig, der in der letzten Silvesternacht seinen um zwei Jahre älteren Mitschüler Armin Berg erschoß, weil der ihm seine Freundin weggenommen hatte, sind die Tore des Jugendgefängnisses ins Schloß gefallen. Vier Jahre lang wird Sönke Kern allein sein, allein mit sich und mit den Gedanken an seine Tat.

Als der STERN unmittelbar nach dem schrecklichen Geschehen jener Nacht die Hintergründe des Falles aufzuhellen versuchte, da erhob sich in der kleinen Beamtenstadt Schleswig ein Sturm der Entrüstung. Man sah nicht die menschlichen Verstrickungen, die zu der Verzweiflungstat des Jungen geführt hatten, man sah nur die Schande, die Sonke Kern über die Stadt und deren ehrwürdige Dom-Schule gebracht hatte.

STERN-Reporter Joachim Heldt, dessen sorgsame Beobachtungsgabe Sie aus seinen Berichten über unsere Rußlandreise kennen, hatte die Verständnislosigkeit kritisiert, mit der hier Eltern und Lehrer den seelischen Konflikten der jungen Menschen gegenüberstanden. Er schrieb: »Schüler sind Kinder, und Kinder haben einfach keine Probleme, vor allem nicht in dieser Kleinstadt, deren Bürger noch mehr als anderswo mit ihrer eigenen Reputation abendfüllend beschäftigt sind.«

Und Joachim Heldt entdeckte noch etwas anderes: Im Burggraben von Schleswig hatten kapitulierende deutsche Soldaten 1945 ihre Waffen versenkt. Die Schleswiger Schüler fischten in den folgenden Jahren die Pistolen wieder aus dem Schlamm. Sie veranstalteten Schießübungen, und die Eltern wußten davon.

Die *Schleswiger Nachrichten* empörten sich: »So sollte in dieser Sensationsmache unterstrichen werden, mit Schleswigs Jugend sei es schon so weit gekommen, daß sie mit Pistolen feiere und zum Tanz gehe!«

Nun, bei der Verhandlung gegen Sönke Kern vor der Jugendkammer des Flensburger Landgerichtes lagen allein 11 Pistolen auf dem Richtertisch, und man erfuhr, daß weitere 35 Pistolen und Revolver nach Sönkes Verhaftung von seinen Mitschülern bei der Polizei abgegeben wurden.

Der Prozeß wurde unter Ausschluß der Öffentlichkeit geführt. Ich glaube, man sollte dem Vorsitzenden Landgerichtsdirektor Dr. Völker für diese Entscheidung dankbar sein. Er wollte erreichen, daß die jungen Menschen, der Angeklagte Sönke Kern und seine 16jährige Freundin Maika Bachmann, vor Gericht freier sprechen konnten und daß auch die Zeugen, Schüler und Schülerinnen der Schleswiger Dom-Schule, in ihrer Aussage nicht gehemmt würden durch die öffentliche Neugier.

Vielleicht waren die drei Richter, die Sönke Kern verurteilten, der Staatsanwalt, der ihn anklagte, und der Verteidiger, der die seelische Vereinsamung Sönkes schilderte – vielleicht waren diese fünf »Gerichtspersonen« überhaupt die ersten Menschen, die sich eingehend und verständnisvoll mit der Qual eines Jungen befaßten, der mit sich und der Welt nicht mehr fertig wurde, weil sein erstes großes Gefühl kein Echo fand, weil seine erste Liebe zerbrach.

Maika und Sönke hatten sich im Januar 1957 auf einem Hausball kennengelernt. Sönke brachte sie nach Hause, und von da an trafen sie sich an jedem Donnerstag. »Ich habe ihn einmal sehr gern gehabt. Aber Liebe? – nein, Liebe war das doch nicht«, sagte die aparte und selbst unter dem Eindruck des tragischen Geschehens ein wenig kühl wirkende Maika Bachmann jetzt vor Gericht. Aber wenige Stunden vorher hatte Sönke Kern, der um dieses Mädchens willen einen anderen tötete, noch bekannt: »Maika war meine erste Liebe!«

Als das Mädchen sich im Herbst des letzten Jahres von ihm abzuwenden begann, weil sie die ewigen bohrenden Gespräche des Jungen, sein dauerndes Fragen, ob sie ihn auch wirklich liebe, als quälend empfand, da sah Sönke Kern seine Welt

zusammenbrechen. Immer tiefer verstrickte er sich in sein Gefühl, er scheute sich nicht, Maikas Freundinnen zu fragen, was er denn tun könne, um die Verlorene zurückzugewinnen.
Wie hart, wie abständlich klingt die Zeugenaussage der 17jährigen Gisela: »Sönke lief auf der Straße hinter Maika und mir her und benahm sich dabei so auffällig, daß sich die Leute umsahen. Einige Tage vor Silvester traf ich ihn, als ich gerade zu Maika ging. Er wartete über zwei Stunden draußen vor der Tür und fragte mich, was denn nun sei. Mehr aus Mitleid habe ich mit ihm über Maika gesprochen – aber wir fanden seine Anhänglichkeit eigentlich ekelhaft und widerlich.«
Sönke Kern hatte niemanden, der ihm in seiner Not half. Die Lehrer der Dom-Schule waren Fremde, der Vater war ein viel zu beschäftigter Mann, und mit der Mutter konnte er über solche Dinge nicht reden – er war ganz allein. Als er in der Silvesternacht sah, wie der Primaner Armin Berg »seine Maika« nach Hause brachte, und als er zu sehen glaubte, wie Armin das Mädchen zu küssen versuchte – »ich selber hatte ein Vierteljahr gewartet, ehe ich den ersten Kuß von Maika bekam« –, da verlor er seine Beherrschung.
»Wenn Sönke Kern einen Menschen, einen einzigen Menschen um sich gehabt hätte, im Elternhaus, in der Verwandtschaft, in der Schule – dann wäre die Tat niemals geschehen!« sagte der Verteidiger, und das Gericht meinte in seiner Urteilsbegründung: »Wenn dieses schreckliche Ereignis eine Warnung für alle Erziehungsberechtigten ist, dann hat es nicht nur Böses ausgelöst.«
Das ist nichts anderes, als was Joachim Heldt vor acht Monaten im STERN schrieb: »Sönke Kern wird seine Tat büßen. Die Schuldfrage aber müssen sich die Erwachsenen stellen. Die Verantwortung für die Jugend nimmt uns keiner ab.«

17. September 1958

Ein Forum für Ulbricht

Es war eine merkwürdige Mischung von Gehetztsein und Glück, die ich in den Augen meines alten Kriegskameraden Dr. Hans K. entdeckte, als wir uns jetzt nach vielen Jahren in Berlin wiedersahen. Es war nicht die Nervosität des vielbeschäftigten Arztes, es war eher der Blick des Verfolgten, und es war nicht die Zufriedenheit des Satten, sondern das Glück des Befreiten.
Der »fliegende Doktor« war im Krieg alles andere als ein Feigling gewesen. Er hatte selber seinen Flugzeugführerschein gemacht und sich von unserem Stuka-Geschwader zu den Transportfliegern versetzen lassen, um mit seiner Ju 52 in den Kessel von Demjansk zu fliegen. Er hatte unter dem Beschuß der Stalinorgeln Verbandsplätze eingerichtet und Verwundete herausgeflogen. Schließlich hatte es ihn dann bei Tula erwischt. Tausenden konnte er bis zu seiner eigenen Verwundung das Leben retten.
Und nun war Hans K. geflüchtet. Mitten im Frieden war er davongelaufen, hatte Haus und Praxis in Mecklenburg verlassen und war nach Westberlin geflohen. Vier Minuten fährt man mit der S-Bahn vom Bahnhof Friedrichstraße im Osten bis zum Lehrter Bahnhof im Westen, und wenn man die U-Bahn nimmt, sind es nur zwei Minuten von dem einen Deutschland in das andere. Und doch ist es in unseren Tagen für viele die weiteste und bitterste Reise, die das Schicksal überhaupt für einen von uns bereithält.
Es war nicht so, daß dem Doktor K. in seiner mecklenburgischen Heimat Gefahr für Leib und Leben gedroht hätte. Er sollte nicht etwa verhaftet werden, er hatte sein gutes materielles Auskom-

men, wohnte in einem Häuschen für sich und fuhr sogar sein eigenes Auto. Die Patienten aus den vier Dörfern, die zu seinem Gebiet gehörten, hingen treu an ihm und an seiner Frau, die ihnen beigestanden hatte in jener harten Zeit, als es keine Medikamente gegeben hatte und keinen Verbandstoff, kein Krankenhaus weit und breit und keine Schwestern.
Nun hatte er diese Patienten allein gelassen. Seine Frau und die drei Jungen, acht, zwölf und vierzehn Jahre alt, waren vorausgefahren, und dann ging er selbst, mit nichts als einer Aktentasche, so, als wolle er einen Krankenbesuch machen, und ließ seine Heimat hinter sich, seine gesicherte Lebensstellung, sein Haus, seine Einrichtung, seine Bücher – und seine Kranken.
»Aber ich konnte einfach nicht anders«, sagte er, und es klang, als beantworte er damit die Vorwürfe, die er sich selbst wohl noch machte. »Muß ein Arzt denn seine eigenen Kinder opfern, um seinen Patienten helfen zu können?«
Und dann brach es aus ihm heraus: die Erbitterung über die Welt der Lüge, in der er zwölf Jahre gelebt hatte und in der seine Jungen aufwuchsen. »Wir danken der großen Sowjetunion!« hatten sie immer wieder hören, lesen und unterschreiben müssen – und jedermann wußte, daß es da nichts zu danken gab. »Vorwärts, auf dem Weg zum Sozialismus!« hieß es auf den Transparenten und Spruchbändern – aber an diesem Wege erstreckten sich die KZ-Lager und Zuchthäuser für die Andersdenkenden.
Die Söhne des Arztes hatten Schwierigkeiten in der Schule und in der sogenannten Freien Deutschen Jugend, denn ihre Familie gehörte nicht der privilegierten »Arbeiter-und-Bauern-Klasse« an. Man warf den Jungen vor, daß ihr Vater sich nicht genügend »gesellschaftlich betätige«, worunter die Kommunisten die Teilnahme an Schulungsabenden und Parteiveranstaltungen verstanden. Daß der Arzt Tag und Nacht zu seinen Patienten unterwegs war, zählte da nicht.
»Nein, ich wollte nicht, daß meine Kinder kommunistisch erzogen werden – in der Anbetung des Staates, in der Knechtschaft des Menschen und im Haß gegen alles Persönliche! Deshalb bin ich geflüchtet, und meine Patienten werden mich verstehen, sie werden begreifen, daß ich nicht anders handeln konnte.«
Ein paar Tage später traf ich bei Bekannten in einem Westberliner Vorort mit einem jungen Mädchen zusammen, das irgendwo in der Mark Brandenburg als Lehrerin tätig ist. Sie war nur übers Wochenende zu Besuch gekommen. Meine Bekannten hatten mir schon von ihr erzählt, sie pflegte regelmäßig nach Westberlin zu kommen, und dann saß sie den ganzen Sonntag im Garten und las und las, was im freien Westen geschrieben wird, sie lud sich auf wie ein leergebrannter Akkumulator. Abends fuhr sie dann wieder in die Sowjetzone zurück.
Sie hätte das nicht nötig gehabt. Ihre Schwester ist in Bayern mit einem sehr gut verdienenden Kaufmann verheiratet – es fehlt nicht an Angeboten ihres Schwagers, den ganzen grauen Zonenalltag wie eine lästige Fessel abzustreifen und zu ihm in sein Landhaus nach Bayern zu kommen. Aber sie hatte das immer wieder abgelehnt. »Warum bleiben Sie«, fragte ich, »es flüchten doch so viele?« – »Eben darum bleibe ich«, sagte sie. »Ja, aber diese dauernden Lügen«, warf ich ein. »Man gewöhnt sich daran«, lächelte sie, »sie laufen an einem ab wie Regen an der Ölhaut. Natürlich muß ich dauernd irgendwelche Resolutionen gegen die westlichen Kriegsbrandstifter unterschreiben, natürlich hängt mir die politische Schulung zum Halse heraus, aber was hilft's? Das Entscheidende ist, daß ich meine Schulkinder weiter unterrichten kann. Im täglichen Zusammensein mit den jungen Menschen ist doch manches möglich. Viele Eltern kennen mich genau, und sie würden es mir nie verzeihen, wenn ich ginge. Übrigens – ich würde im Westen wahrscheinlich gar nicht als politischer Flüchtling anerkannt. Ich bin aktives Mitglied in der SED, im FDGB, im DFD und in der GST, wenn ich mich nicht so gründlich tarne, könnte ich die Stellung gar nicht halten.«

Am späten Sonntagabend habe ich dieses Mädchen zum Bahnhof gefahren. Sie reiste wieder zurück in die Zone, und ich muß gestehen, ihre Mitgliedschaft in der SED konnte der Achtung, die ich für die junge Lehrerin empfand, wenig anhaben.

Aber sollten wir die Lehrerin loben, um den Arzt zu tadeln? Dürfen wir in unserer westdeutschen Geborgenheit darüber urteilen, wer von beiden richtig gehandelt hat?
Als der Rektor der Jenaer Universität, Professor Hämel, Arzt und Lehrer zugleich, kurz nach der 400-Jahr-Feier seiner Hochschule in den Westen floh, da hat sich wohl jeder von uns die Frage gestellt: War das richtig? Hätte er, der freiheitlich gesinnte Mann, dableiben sollen, hätte er mit den Wölfen heulen sollen und retten, was noch zu retten ist? Ich glaube, auch in diesem Falle steht es uns nicht zu, darüber zu rechten. Aber wir sollten uns etwas anderes fragen: Tun wir hier in der Bundesrepublik eigentlich genug, um die Lage unserer Landsleute unter Ulbrichts Knute zu erleichtern?
Die westdeutschen Universitäten haben die Einladung zur Jubiläumsfeier nach Jena einfach abgelehnt. Wie denn, wenn die Antwort nun so gelautet hätte: »Wir danken für die Einladung und werden gern kommen, wenn Sie unserem Rektor Gelegenheit zu einer kurzen unzensierten Begrüßungsansprache geben.« Falls eine der westdeutschen Magnifizenzen nicht gewußt hätte, was man in Jena sagen sollte, hätte man sich vorher eine Predigt von Bischof Dibelius in der Ostberliner Marienkirche anhören können – da ist zu hören, wie man auch unter totalitärer Herrschaft in würdiger Weise die Wahrheit sagen kann. Der Geist westlicher Freiheit wäre wenigstens für ein paar Stunden durch die Universität Jena geweht.
Aber niemand fuhr hin. Ungestört konnten die Kommunisten dort ihre gewohnten Propagandasprüche klopfen. Freilich, möglicherweise wären die westdeutschen Rektoren wieder ausgeladen worden, wenn sie ihre Redewünsche kundgetan hätten.
Dann allerdings hätte sich wieder einmal erwiesen, daß mit Herrn Ulbricht weder zu reden noch zu verhandeln ist, und daß die Pankower Parole »Deutsche an einen Tisch« nur erfunden wurde, um uns über die wahren Absichten der Zonenregierung zu täuschen. Wir sollten dann aber auch nicht mehr zögern, endlich einmal mit aller Deutlichkeit an der Kasse des Kreml anzufragen, was uns die Abberufung des sowjetischen Staatsbürgers und wirklichen Machthabers der sogenannten Deutschen Demokratischen Republik, Walter Ulbricht, kosten würde. Und wir sollten bereit sein, dafür einen hohen Preis zu zahlen.
Unser Außenminister hat einmal gesagt, er würde sich selbst mit dem Teufel an einen Tisch setzen, wenn es um die Befreiung unserer Brüder im Osten ginge. Wenn man sich mit dem Teufel zusammensetzt, dann kann man allerdings nicht damit rechnen, ungeschoren davonzukommen. Wir werden einige geheiligte Vorurteile zerbrechen müssen, wir werden im Falle einer Wiedervereinigung ebensowenig darauf bestehen können, daß die Zone einfach unserem politischen und wirtschaftlichen System einverleibt wird, wie wir umgekehrt nicht wünschen, in einem Deutschland Moskauer Prägung aufzugehen.
Herr Ulbricht spricht immer wieder von den »demokratischen Errungenschaften«, auf die ein vereinigtes Deutschland unter keinen Umständen verzichten dürfe. Ich habe ihm im Sommer des vorigen Jahres einen Brief geschrieben und vorgeschlagen, er möchte unseren Reportern Gelegenheit geben, diese »Errungenschaften« zu fotografieren. Mein Vorschlag wurde abgelehnt, weil man uns die nötige Objektivität nicht zutraue. Ich mache Herrn Ulbricht an dieser Stelle einen anderen Vorschlag: Der STERN ist bereit, zwei Monate hindurch in jeder Nummer vier Seiten einem Redaktionskollegium der DDR für Berichte über diese »demokratischen Errungenschaften« zur Verfügung zu stellen. Wir werden an diesen Berichten nicht ein Komma ändern, wenn man auch unseren Reportern erlaubt, aus Mitteldeutschland frei zu berichten.
Sehen wir uns doch ruhig einmal genau und vorurteilslos an, was es mit jenen »Errungenschaften« auf sich hat, die jede Woche 5000 Menschen über die Zonengrenze treiben, als sei hinter ihnen die Pestilenz ausgebrochen.

Nicht Menschen, sondern Amtspersonen

Das Sprichwort »Wem Gott ein Amt gibt, dem gibt er auch Verstand« gehört wahrhaftig zu den dümmsten Aussprüchen des viel zitierten Volksmundes. Bisher ist der meiste Unsinn in dieser Welt von Leuten veranstaltet worden, die ein Amt hatten. Und meistens hatten sie noch eine Uniform dazu.

Das fängt ganz unten an und hört ganz oben auf, sozusagen ohne Ansehen der Person. Denn die Person, oder besser: die Persönlichkeit, oder noch besser: der Mensch – die treten in den Hintergrund, wenn das Amt und die Uniform in Aktion treten.

Stehen Sie einmal vor einem Schalter. Im Finanzamt, auf der Post oder bei einer »Zulassungsbehörde«. Der Herr Meier, der hinter dem Schalter sitzt, ist abends oder sonntags wahrscheinlich ein ganz umgänglicher Mann. Hier aber ist er kein Mensch, sondern eine Amtsperson. Eine Amtsperson, die kraft ihres Amtes uns warten lassen, unseren Antrag ablehnen oder annehmen kann. Eine Amtsperson, die Macht über uns hat.

Und Macht macht böse.

Beim Militär haben wir das alle erfahren. Hauptfeldwebel, die uns beschimpften und kujonierten nach dem Grundsatz: Der Wille des Mannes muß gebrochen werden! Kommandeure, die mit ganzen Bataillonen das gleiche veranstalteten, was der Rekrutengefreite mit seiner Stube praktizierte. Und weil das schließlich in der Konsequenz zu einer Weltkatastrophe geführt hat, besann man sich beim Aufbau der neuen Bundeswehr auf den »Bürger in Uniform«.

STERN-Redakteur Kurt Wolber, Obergefreiter des letzten Krieges, hat in dieser Woche einmal bei der Bundeswehr nach dem Rechten gesehen. Er berichtet darüber in diesem Heft, und Sie können sich überzeugen: Bei den Soldaten scheint es geglückt zu sein, dem Menschen auch in der Uniform seine natürliche Würde zu erhalten. Die Leute reden miteinander wie normale, vernünftige Männer, der Rekrut mit dem Feldwebel, der Leutnant mit dem General. Natürlich, Disziplin muß sein, Ordnung muß sein, und wenn einer sich die Fingernägel nicht säubert, dann muß man ihn allein aus hygienischen Gründen dazu anhalten.

Dafür scheint es mir, als habe sich die uniformierte Wichtigtuerei vom Militär in die Reihen anderer Amtspersonen geflüchtet, zum Beispiel in die der Polizei. Und da ist denn vom Wichtigtun zum brutalen Mißbrauch der Macht oft nur ein Schritt.

Oder finden Sie, daß der Münchner Polizist Karl Bühringer sich richtig verhielt, als er kurzerhand einen 15jährigen Lehrling erschoß, weil der einen »schweren Stein« gegen ihn aufgehoben hatte? Er forderte den Jungen angeblich zweimal auf, den Stein wegzuwerfen, ehe er schoß. Er hätte also Zeit gehabt zu zielen. Aber er schoß nicht auf die Beine, sondern traf den 15jährigen mitten in den Bauch. Und was man zur Aufklärung dieses Falles bisher von den Verantwortlichen der Münchner Polizei hörte, das war mit der ganzen Arroganz der Ämter und Behörden »verlautbar!«

Ich habe nichts gegen die Polizei. Sie regelt den Verkehr, fängt Diebe und Mörder, und die meisten Polizeibeamten tun ihren schweren und oft gefährlichen Dienst korrekt und schlecht bezahlt. Aber die Fälle mehren sich, in denen gerade jungen Polizisten das Uniformbewußtsein und das Machtgefühl ihres Amtes zu Kopfe stiegen. Die Fälle mehren sich bedenklich:

In Mannheim überfuhr ein 23jähriger Polizeimeister eine junge Frau, als er in rasender Fahrt einen »Verkehrsübertreter« jagte. Das Opfer landete mit gebrochenen Beinen, einem gebrochenen Arm und dreifach gebrochenem Schultergelenk im Krankenhaus. Dem Polizisten wurde von seinen Vorgesetzten »ganz besonderer Ehrgeiz im Dienst« bescheinigt.

In Hamburg fuhr ein Funkstreifenwagen an einer Frau »vorbei«, die Frau fiel aufs Pflaster und stürzte sich zu Tode. In Essen-Werden starb ein 76jähriger Mann

unter den gleichen Umständen. Der Polizeibericht schwieg darüber.
In Nürnberg verursachten betrunkene Polizisten mit ihrem Einsatzwagen einen schweren Unfall. Als ein Vorübergehender die blutenden Verletzten verbinden wollte, herrschte ihn der Streifenführer an: »Hauen Sie bloß ab, Sie Gartenzwerg!« – Das ist genau der Ton, den ich meine, aber lassen Sie mich aufhören, sonst könnte ich solche und ähnliche Fälle bis zur letzten Seite dieses Heftes fortsetzen.
Nur einen Fall noch: In München wurde ein Polizist gerufen, weil ein Schweinezüchter, der mit seinem Futterwagen in die Stadt kam, einen Omnibusfahrer gottsjämmerlich verprügelte. Als der Polizist erkannte, daß es sich bei dem Delinquenten um den bekannten Preisringer und Catcher Bene Trinkgeld handelte, zog er sich zurück. Bei Bene Trinkgeld hätten weder das Amt noch die Uniform etwas ausrichten können, und Münchens Polizeipräsident hat diesen Rückzug denn auch gedeckt.
Und die Moral von der Geschicht? Was nicht im Menschen steckt, das steckt auch nicht im Amt und nicht in der Uniform!
Darum laßt uns Schluß machen mit der Vorstellung, daß ein Amt zum Handeln ohne Verstand berechtige, daß ein uniformierter Bürger einem zivilen Bürger etwas zu befehlen habe und daß ein Deutscher hinter dem Schalter arrogant, ein Deutscher vor dem Schalter aber unterwürfig sein müsse. Denn es ist nicht wahr, daß der Mensch des Menschen Feind ist. Des Menschen Feinde sind Ämter und Uniformen, wenn sie Gewalt über ihn haben.
Die gleichen Ämter aber, wenn sie mit Verstand und Höflichkeit gehandhabt werden, können des Menschen Freund und Helfer sein. Sollten unsere Behörden nicht wissen, wie man so etwas macht, dann mögen sie die in den »Basler Nachrichten« erschienene *Amtliche Aufforderung der Steuerverwaltung des Kantons Basel-Stadt* lesen, die folgendermaßen lautet:
Wir danken den Steuerpflichtigen, die sich die Mühe genommen haben, ihre Steuererklärung rechtzeitig fertigzustellen und einzusenden. Wer dies noch nicht getan hat, ist gebeten, seine Erklärung nun möglichst bald abzugeben. Wo dem triftige Gründe entgegenstehen, bitten wir um Einreichung eines begründeten Gesuches. Spätestens Anfang Oktober müßten wir sonst eine Mahnung erfolgen lassen und für die Kosten des Mahnverfahrens leider eine Gebühr von 3 Franken in Anrechnung bringen.
Was glauben Sie, lieber STERN-Leser, wieviel leichter das Leben wäre, wenn auch bei uns die Amtspersonen und Behörden in einem so menschlichen Ton reden und schreiben würden. Leider liegt Basel in der Schweiz. Aber da wir nicht alle nach Basel ziehen können, sollten wir doch versuchen, den Baseler Geist auch bei uns einzuführen.

1. Oktober 1958

Die Geschäfte des Herrn Asbach

Erinnern Sie sich noch an das »gesunde Volksempfinden«?
Es gab einmal eine Zeit bei uns, da galt das geschriebene Recht nicht viel, da schob man die Paragraphen großzügig beiseite, die Urteile wurden nach dem freien Ermessen einiger vom Staat korrumpierter Richter gesprochen, und begründet wurden sie mit dem Schlagwort: »Recht ist, was dem Volke nützt!«
An die Stelle der korrupten sind nun die korrekten Richter getreten, wenngleich es in vielen Fällen dieselben Personen geblieben sind. Das Recht wird nach dem Buchstaben des Gesetzes gespro-

chen, und somit schiene alles in bester Ordnung.

Aber ist wirklich alles in Ordnung?

In München stand der Gastwirt und Metzgermeister Max Sellmeir (50) vor Gericht. Er betreibt die Imbißstuben auf dem Münchner Hauptbahnhof, und seine Geschäftsdevise scheint zu lauten: »Die Seele einer Frau, der Magen einer Sau und der Inhalt einer Wurscht – die bleiben ewig unerforscht!«

Allerdings ging es bei Sellmeir weniger um die Wurst als um jene *Fleischpflanzerl,* die man in Norddeutschland *Frikadellen* und in Berlin *Buletten* nennt. Bei Sellmeir bestanden sie zu einem Drittel aus ekelhaften Abfällen. Alte unverkäufliche Bratwürste, verdorbene Fleischreste und sogar die Häute von liegengebliebenen Wiener Würstchen befanden sich in der »Masse«, aus welcher der Gastwirt seine »Pflanzerl« briet, die er nicht nur an hungrige Reisende, sondern auch an einige Krankenhäuser und Altersheime, an eine Speisewagengesellschaft und an die Münchner Bereitschaftspolizei lieferte.

Jedoch hielt der saubere Sellmeir für die Reisenden noch eine besondere Delikatesse bereit: eine in des Wortes wahrstem Sinne wärmende Suppe. Denn diese Suppe wärmte nicht nur den Magen der Gäste, sie hatte schon im Kessel zum Warmhalten der übrigen Speisen gedient. Gekochtes Gemüse, Kartoffeln und Gulasch wurden nämlich in alten blechernen Gurkeneimern aufbewahrt, die auf dem schmutzigen Boden herumstanden. Brauchte man sie, dann hängte man den Eimer zum Aufwärmen in die heiße Suppe.

Und nun saß Max Sellmeir, der auf diese Weise einen monatlichen Umsatz von 120 000 Mark zu erzielen pflegte, auf der Anklagebank.

Und was glauben Sie, was ihm geschah?

Der Amtsgerichtsrat Dr. Andreas Popp verurteilte den schon dreimal einschlägig vorbestraften Wirt, dessen Imbißstube der Staatsanwalt schlicht und deutsch einen Saustall genannt hatte, zu einer Gefängnisstrafe von ganzen 3 Monaten, noch dazu mit Bewährungsfrist, und zu 10 000 Mark Geldstrafe! Und der Verurteilte, bei dessen Umsätzen diese zehntausend Mark nichts als ein kleines Trinkgeld für die Justiz bedeuten, verließ als freier Mann die Stätte des Gerichts.

Ich weiß nicht, ob Amtsgerichtsräte auf Bahnhöfen einen Imbiß zu nehmen pflegen, ob sie gelegentlich im Speisewagen fahren und ob sie sich, wenn sie des Rechtes müde geworden sind, in Krankenhäusern oder Altersheimen mit wärmender Fleischsuppe laben lassen. Aber mir scheint, daß dem Amtsgerichtsrat Popp eine Portion gesunden Volksempfindens sehr viel besser bekommen dürfte. Und wenn es so etwas gäbe wie ein Gericht der öffentlichen Meinung, dann würde ich jedenfalls diesen Dr. Popp vor seine Schranken stellen und ihn dazu verurteilen, sich 3 Monate von den Fleischpflanzerln des Herrn Sellmeir zu ernähren.

Und zwar ohne Bewährungsfrist!

Aber vorläufig ist es wohl noch so, daß die Amtsgerichtsräte die öffentliche Meinung maßregeln und nicht umgekehrt. In Lübeck besorgte das der Amtsgerichtsrat Dr. Mix, indem er haargenau und kategorisch festlegte, in welchen Grenzen die Allgemeinheit ein Recht habe, öffentliche Mißstände zu erfahren.

Nun ging es in Lübeck allerdings nicht um Fleischpflanzerl, sondern um einen leibhaftigen, wenn auch gewesenen, Minister. Des meerumschlungenen Schleswig-Holsteins ehemaliger Sozialminister Hans Adolf Asbach (54) fühlte sich von dem Journalisten Bruno Arnold beleidigt. Der Journalist hatte in einer Wochenzeitung die bürokratische Nachlässigkeit des Ministers bei der Planung einer sozialen Wohnsiedlung kritisiert und dann geschrieben, daß Hunderte von Familien weiter in Munitionsbunkern und Notbaracken leben müßten, weil Minister Asbach offenbar zu sehr mit seinen anderen Sorgen beschäftigt sei.

Bei den »anderen Sorgen« handelte es sich nach Arnolds Darstellung um verschiedene, zum Teil recht kostspielige, private Bauvorhaben des Herrn Asbach, von denen eines sogar behördlich gestoppt werden mußte, weil der Minister die gesetzlichen Bauvorschriften einfach ignoriert hatte. Aber dafür waren dem ehemaligen Flüchtling Asbach schon zwei Häuser bei Eutin gebaut, und in Bayern richtete er sich gerade für den

Abend seines politischen Wirkens einen bescheidenen Alterssitz im Werte von 80 000 Mark ein. »Drei Häuser in zehn Jahren«, so schloß Reporter Bruno Arnold seinen Bericht, » – doch recht erstaunlich für einen Minister, der mit nichts ankam.«
Dabei hatte der journalistische Kritiker den ganzen Umfang der ministeriellen Erwerbstätigkeit noch gar nicht erkannt, denn Asbach besaß inzwischen noch zwei weitere Häuser, im ganzen also fünf. Wie sollte er sich auch noch um Flüchtlingssiedlungen kümmern können, da er doch in jedem zweiten Jahr ein eigenes Haus bauen mußte und außerdem alle Mühe hatte, sich auf dem heftig umstrittenen Posten des Landesvorsitzenden im *Bund der Heimatvertriebenen und Entrechteten* zu behaupten.
Es muß hier wohl erwähnt werden, daß dieser Minister Hans Adolf Asbach mit der bekannten Weinbrandfirma gleichen Namens nichts zu tun hat. Wie man sieht, handelt es sich bei ihm nicht um einen Asbach-Uralt, sondern um einen Asbach-Neureich.
Dennoch verurteilte Amtsrichter Mix den Journalisten Bruno Arnold wegen seiner Kritik zu einer Geldstrafe von 500 Mark. »Im Namen des Volkes«, wie es zu Beginn jeder Urteilsverkündung heißt. Und er begründete sein Urteil so: »Wer einem Minister unterstellt, daß er sich nicht ausreichend um seine Amtsgeschäfte kümmere, weil er von privaten Sorgen zu sehr in Anspruch genommen ist, der beleidigt ihn und macht sich strafbar!«
Nun waren der Angeklagte und sein Anwalt allerdings bereit gewesen, die Wahrheit dieser Behauptung zu beweisen, und sie beriefen sich dabei unter anderem auf das Zeugnis des Ministerpräsidenten, der den Asbach ja schließlich wegen mangelhafter Führung seines Ministeriums aus dem Kabinett entlassen hatte. Aber der Amtsgerichtsrat Dr. Mix fand solchen Beweis ganz unerheblich. Denn, so sagte er, selbst wenn dem so sei, »gehört eine Kritik an politischen Dingen nur in eine politische Zeitung und nicht in ein Unterhaltungsblatt«.
So sprach der Richter Mix, und die Verhandlung wurde geschlossen.
Für den Journalisten Arnold sind 500 Mark nahezu ein Monatsgehalt. Er muß es auf dem Altar der Justiz opfern, weil er sich erdreistete, einem Minister seine Pflichtvergessenheit anzukreiden. Dem Metzgerwirt Max Sellmeir aber, der seine Gäste mit stinkendem Fleisch versorgte, hat die gleiche Justiz für ein Zwölftel seines Monatsumsatzes den Ablaß erteilt.
Vielleicht würde ein bißchen gesundes Volksempfinden unseren Richtern gar nicht schaden. Sonst bliebe die Justiz ein allzu schlechter Ersatz für die Gerechtigkeit.

8. Oktober 1958

Maulkörbe für die Presse?

Das hat uns gerade noch gefehlt: Fritz Schäffer, der aus einer Verlegenheit des Kanzlers zum Justizminister ernannt wurde, nachdem er als Finanzminister an seiner eigenen Sparsamkeit gescheitert war, zieht jetzt durch die Lande und läßt die Köpfe rollen. Das heißt, er möchte gern. Nachdem nämlich eine Bevölkerungsumfrage ergeben hat, daß jene »Hack-die-Rübe-ab«-Mentalität, mit der aller staatlich sanktionierte Mord beginnt, bei uns immer noch nicht ausgestorben ist, hält Herr Schäffer es für besonders geschmackvoll, die schwierige Frage der Todesstrafe zum Thema von Wahlversammlungen zu machen. Und es ist besonders bezeichnend für ihn, daß er den Tod nicht nur für gemeine Verbrecher fordert, die aus niedrigen Beweggründen

morden, sondern auch für politische Straftaten wie Hoch- und Landesverrat. Wo aber bei Fritz Schäffer der Geheimnisverrat beginnt, das zeigt der Entwurf für ein neues Pressegesetz, den er justament in dem Augenblick aus der Schublade holt, in welchem die Bonner Korruption die Spalten der Zeitungen zu füllen beginnt. Wer weiß denn auch, ob die Justiz jemals in die Verlegenheit gekommen wäre, sich überhaupt mit dieser Korruption beschäftigen zu müssen, wenn nicht die Presse gewesen wäre, die das heiße Eisen aufgenommen hätte.
Denn die Justiz liebt nun mal keine heiße Eisen. Und deshalb auch hängte man dem Bonner »Spiegel«-Korrespondenten Mainhardt Graf von Nayhauß ein Verfahren an, weil er die ungesetzlichen Methoden aufdeckte, mit denen das Bundesamt für Verfassungsschutz seinem Namen Unehre zu machen pflegt.
Da gab es als erstes den Fall Cebotarev. Das Ehepaar Cebotarev war unter Bedrohung an Leib und Leben mit einem Spionageauftrag von Osten her in die Bundesrepublik eingeschleust worden. Der erste Weg, den die zur Spionage erpreßten Cebotarevs gingen, führte zur deutschen Polizei. Sie offenbarten sich und baten um Schutz. Aber die Amerikaner, die in solchen Dingen auf deutschem Boden immer noch ihre Hand im Spiele haben, hatten andere Pläne mit den Cebotarevs. Die Flüchtlinge sollten in den Osten zurück – nun mit einem amerikanischen Spionageauftrag. Die Leute weigerten sich, sie wollten ganz einfach ihre Ruhe haben. Daraufhin wurden sie auf Wunsch der Amerikaner von deutschen Verfassungsschützern aus amerikanischem Gewahrsam abgeholt. Sie sollten nun mit List und Tücke bei Nacht und Nebel über die Grenze abgeschoben werden – ihren östlichen Peinigern direkt in die Hände. Glücklicherweise merkten die Cebotarevs im letzten Moment, was man mit ihnen vorhatte.
Ich habe bis heute nichts davon gehört, daß die beamteten Menschenräuber zur Rechenschaft gezogen worden seien. Aber gegen den Journalisten Nayhauß wurde ein Ermittlungsverfahren vor der Bundesanwaltschaft eingeleitet, um herauszubekommen, wer ihn über diese ungeheuerliche Sache informiert hat.
Ein weiteres Ermittlungsverfahren betrifft die Prügelei, in die betrunkene Angehörige des Verfassungsschutzes in einem Kölner Lokal gerieten. Auch da verfolgt man nicht die Verfassungsschützer, die im Suff betriebsinterne Dinge ausplauderten, sondern den Journalisten Nayhauß, der diese Geschichte der Öffentlichkeit preisgab. Denn – so argumentiert man – die Namen der Verfassungsschützer sind geheim.
Vielleicht wäre im Interesse einer so verstandenen Staatsräson auch jene Bonner Korruptionsaffäre besser geheim geblieben, die nach Andeutungen von unterrichteter Seite bis in die höchsten Ämter reicht und die inzwischen zur Verhaftung des Ministerialrats Kilb führte, der lange Jahre Adenauers Adjutant gewesen ist.
Nun hat der Staatsanwalt sich dieser Sache angenommen, und es liegt uns fern, in ein schwebendes Verfahren einzugreifen. Aber wenn die Justiz in dem zähen Dickicht der politischen und wirtschaftlichen Beziehungen nicht weiterkommen sollte, so bin ich sicher, daß Graf Nayhauß so frei sein wird, die Öffentlichkeit eines Tages über die wahren Hintergründe aufzuklären.

Dieser Graf Nayhauß, wie kaum ein anderer Journalist mit dem scharfen Skalpell begabt, hat seit dem 1. Oktober die Bonner Redaktion des STERN übernommen. Er paßt zu uns, weil auch wir STERN-Redakteure uns nie gescheut haben, den öffentlichen Dreck auszumisten, auch wenn er unter den Stühlen von Ministern, Staatssekretären und anderen Herren lag.
So hat denn niemand anders als der STERN schon vor zwei Jahren unter der Überschrift »Da sind wir von den Sokken!« den Schund an Waffen und Ausrüstung angeprangert, den gewisse Firmen der Bundeswehr für teures Geld angedreht hatten. Wir haben als erste den Staatsanwalt auf die Herren des Beschaffungsamtes aufmerksam gemacht, die sich mit Fernsehgeräten, Freßpaketen und Urlaubsreisen bestechen ließen, das Geld der Steuerzahler mit vollen Händen aus den Fenstern ihrer Amtsstuben in die Gärten ihrer Gönner zu werfen.
Und wir werden auch weiterhin bemüht sein, der »öffentlichen Hand« auf die

Finger zu klopfen, wo immer sie diese Finger in schmutzigen Geschäften hat.
Den billigen Vorwurf derer, die unsere Aufmerksamkeit fürchten und den STERN deshalb ein Revolverblatt nennen, hat ausgerechnet die Justiz selber widerlegt. In insgesamt 56 Verfahren, in denen ich bis heute als Angeklagter vor Gericht stand, wurde ich 55mal freigesprochen, weil ich den Wahrheitsbeweis für jede Zeile antreten konnte, die wir geschrieben hatten. Und die einzige Verurteilung verdanke ich nicht etwa der Tatsache, daß ich den Minister Seebohm der fahrlässigen Tötung an unbeschrankten Bahnübergängen beschuldigte, sondern lediglich dem zufälligen Umstand, daß wir sein lächelndes Konterfei unmittelbar neben einer auf das Konto seiner ministeriellen Nachlässigkeit zu verbuchenden Bahnkatastrophe abgebildet hatten.
Wenn es nach Fritz Schäffer und seinem neuen Pressegesetz geht, soll die Aufdeckung amtlicher Affären für die Journalisten in Zukunft zu einer lebensgefährlichen Sache werden. Was nämlich die gescheiterte »Lex Soraya« für das Privatleben ausländischer Staatsoberhäupter einführen wollte, das soll jetzt allgemein für jede Person gelten, die durch eine kritische oder herabsetzende Veröffentlichung in Wort und Bild »in ihrer persönlichen Sphäre verletzt wird und damit einen immateriellen Schaden erleidet«.
Das deutsche Recht kannte diesen »immateriellen Schaden« bisher nicht. Inzwischen aber hat der Bundesgerichtshof in zwei Fällen Personen, die einen solchen konkret gar nicht feststellbaren Schaden geltend gemacht haben, einen Ersatz ihrer gekränkten Ehre in Geld zugesprochen. Und während in allen Rechtsstaaten die Gerichte nach den bestehenden Gesetzen zu richten haben, ist Justizminister Schäffer umgekehrt der Meinung, daß die Rechtsprechung von Karlsruhe nunmehr auch in der Gesetzgebung berücksichtigt werden müsse.
Was dabei herauskommt, ist klar: Entweder wird die Presse schweigen, oder sie muß zahlen. Denn welche berechtigte Kritik etwa an der Amtsführung eines Ministers wäre denkbar, ohne daß der Kritisierte behaupten könnte, hier sei seine persönliche Sphäre verletzt! Oder aber es beginnt der »Ehrenhandel«, das heißt der Handel mit der Ehre. Und wenn Frau Müller sich getroffen fühlt, weil in einem Film eine Frau Müller mit einem unehelichen Kind auftaucht, dann wird sie zusammen mit sämtlichen unehelichen Kindsmüttern namens Müller Schadensersatz fordern oder sich die weitere Aufführung des Films teuer abkaufen lassen. Halten Sie das nicht für eine Übertreibung, genau diesen Fall hat es schon gegeben! Und wie oft erlebten wir es, daß eine Person, die in einer STERN-Veröffentlichung wahrheitsgemäß geschildert wurde, eine einstweilige Verfügung gegen den Weiterdruck androhte, wenn wir nicht einige Tausendmarkscheine auf den Tisch legten.
Wir haben das niemals getan, und wir brauchten es auch gar nicht zu tun, weil wir in einer rechtlich gesicherten Demokratie lebten, in der man die Wahrheit straflos sagen kann.

Das aber soll nach Fritz Schäffers Willen jetzt anders werden. Und Sie könnten sicher sein, daß es ihm dabei nicht um die Kindsmütter geht. Dieses Gesetz ist nichts anderes als ein Gesetz zum Schutze von Politikern gegen die unerwünschte Kontrolle durch die Öffentlichkeit.
Und es ist kein Wunder, daß Herr Schäffer sich dabei noch der Beihilfe des sogenannten Deutschen Presserats versehen möchte. Denn in diesem Presserat fungiert an verantwortlicher Stelle der Berliner Professor Dovifat, den seine Studenten Professor Doof nennen. Nicht ganz zu Unrecht, wie mir scheint, wenn man bedenkt, daß sich hier der gleiche Mann ein pressepolitisches Amt anmaßt, der einmal geschrieben hat: »Die Presse ist ein Führungsmittel des nationalsozialistischen Staates.«
Aber der Staat des Herrn Dovifat ist zerbrochen, und der des Herrn Schäffer wird hoffentlich nie erstehen. Der Kanzler sollte sich lieber einen anderen Justizminister suchen. Denn solange es keine Gerechtigkeit gibt, werden wir uns ja wohl mit der Justiz begnügen müssen.

Amerika ist ganz anders

Auf meinem Tisch liegt ein Brief des STERN-Lesers Werner Reitzner aus Düsseldorf-Oberkassel, der uns schrieb: »Sie haben vor einem Jahr einen großen Bericht über Ihre Reise durch die Sowjetunion gebracht, die Sie zusammen mit dem Redakteur Joachim Heldt und dem Fotografen Eberhard Seeliger gemacht haben. Mir ist diese Reportage deswegen so lebhaft in Erinnerung, weil ich seitdem eine wirkliche Vorstellung vom Leben in der Sowjetunion habe und weil damals der STERN versucht hat, ein Bild von diesem ungeheuer weiten Land und seinen Menschen zu zeigen, ohne sich dabei abgenutzter Propagandaklischees zu bedienen.

Ich schreibe Ihnen heute, weil ich weitere solche Reportagen im STERN lesen möchte. Ich möchte einfach *mehr* wissen, als ich aus Aufsätzen, Kommentaren und Berichten in Tageszeitungen erfahren kann. Wie Welt ist ja nun einmal nicht so, wie politische Propagandisten es uns glaubhaft machen wollen: Es gibt nur Gutes auf der einen Seite des Eisernen Vorhangs, nämlich auf unserer Seite, und es gibt nur Schlechtes auf der anderen. Mir ist diese Lesart zu simpel, und sie ist außerdem, wie Sie mir zugeben werden, verlogen . . . !«

Ich konnte Herrn Reitzner auf seinen Brief antworten, daß zwei STERN-Reporter bereits seit Ende Mai durch Amerika unterwegs sind. Das sagt sich leicht hin: durch Amerika unterwegs. Amerika, wir vergessen das so leicht, ist ja nicht ein Land, sondern ein Kontinent, und unsere Bundesrepublik hätte einunddreißigmal darin Platz.

Ehe wir den STERN-Fotografen Eberhard Seeliger und den STERN-Redakteur Günter Dahl im Frühjahr losschickten, machten wir ein recht ungewöhnliches Experiment: Ich schrieb damals an tausend STERN-Leser – die nach Alter und Beruf einen repräsentativen Querschnitt durch unsere Leserschaft bildeten – einen Brief und bat sie, uns diese Frage zu beantworten: »Sie haben in den letzten zehn Jahren viel über Amerika gehört und gelesen. Was möchten Sie jetzt durch den STERN über die USA erfahren, was interessiert Sie am meisten?«

Diese Frage war ungewöhnlich, weil es ja schließlich zu unserem Beruf gehört, die Interessen unserer Leser zu kennen, weil wir eine Nase für das haben sollten, was der Leser wissen will. Wir haben es trotzdem unternommen, diese Frage zu stellen – und wir sind froh darüber, daß wir es getan haben; denn die Antworten der befragten Leserinnen und Leser zeigten: Sie hatten die Frage als einen Vertrauensbeweis gewertet, einen Beweis jenes gegenseitigen Vertrauens, das zwischen dem STERN und seinen Lesern immer herrschte. Uns erfüllte das mit Dankbarkeit und Freude.

»Zeigt uns die Amerikaner, wenn sie so sind wie wir«, schrieb uns eine STERN-Leserin aus Bad Gandersheim, »zeigt sie uns, wenn sie anders sind als wir, und sagt uns, warum sie anders sind, und ob sie wirklich fortschrittlicher, moderner und uns überlegen sind. Zeigt uns nicht nur Stars und Millionäre, nicht die Auswüchse, sondern das Typische.« Natürlich hatten viele bestimmte Fragen über Amerika, die sie beantwortet haben wollten.

Unser Redakteur Günter Dahl und unser Fotograf Eberhard Seeliger sind jetzt zurückgekommen – mit 12 400 Bildern und mit 13 Heften voll Notizen von Begegnungen, Erlebnissen und Eindrükken. Sie werden versuchen, diese Fragen zu beantworten. Sie kamen mit dem Nummernschild ihres amerikanischen Autos, das sie in Colorado gekauft und nach einer Fahrt von 23 000 Kilometern in New York wieder verkauft haben; mit Koffern voll greifbarer, und mit einer erdrückenden Menge unwägbarer, unfaßbarer Dinge, und erfüllt von erregenden Eindrücken, Erinnerungen und Erlebnissen. Was sie als erstes zu sagen hatten, war: Amerika ist ganz anders. Und diese Worte haben wir über ihre Reportage geschrieben, die in diesem Heft beginnt.

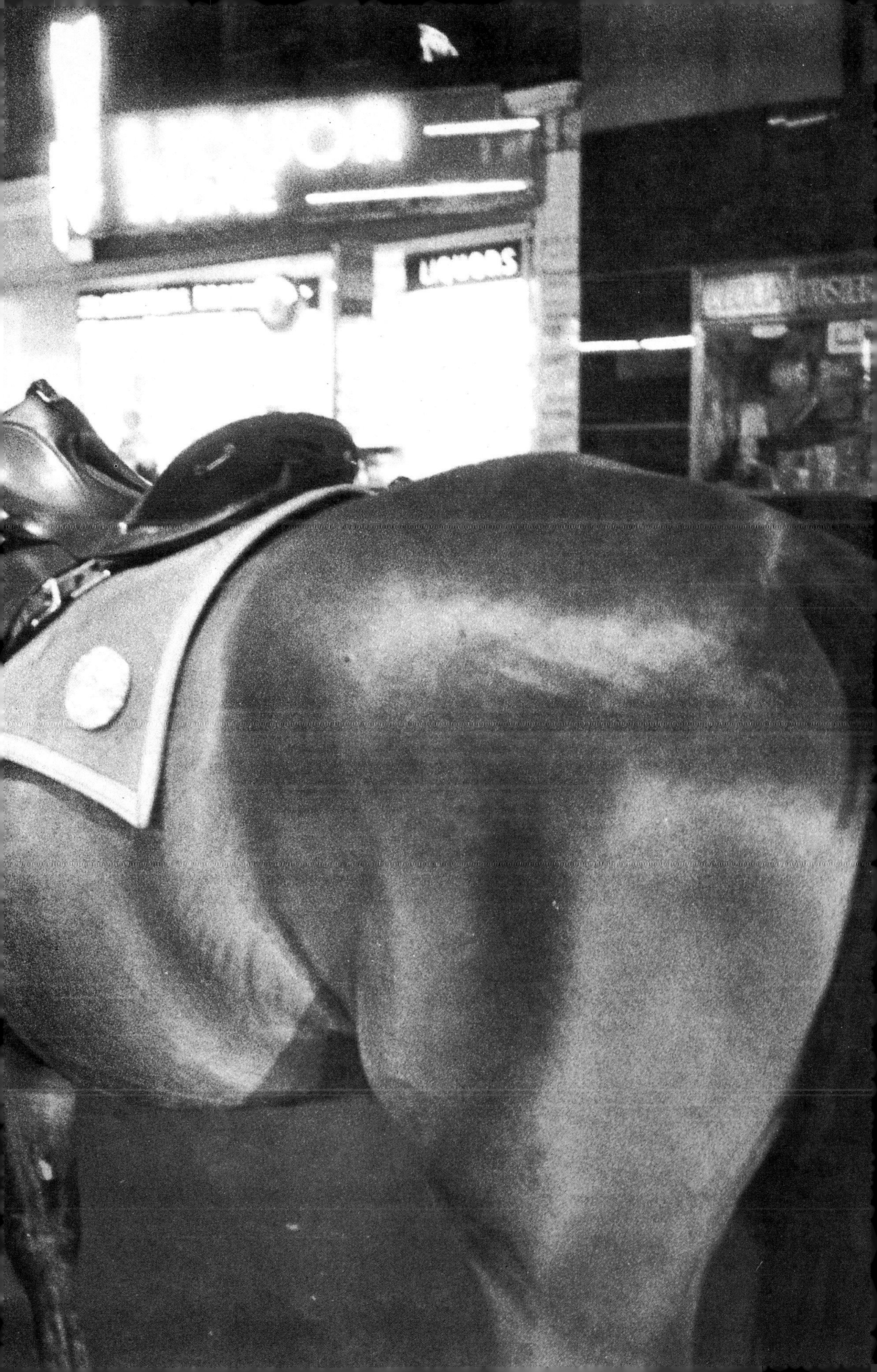
LIQUORS

Vier Monate in diesem riesigen Kontinent Amerika sind gar nichts, wenn man zusammenrechnet, was unsere beiden Reporter nicht gesehen haben. Aber vier Monate können auch viel sein, wenn man sich wie Eberhard Seeliger und Günter Dahl auf die Suche macht nach der Antwort auf die Frage: Wofür leben diese Menschen denn eigentlich da drüben, wovor fürchten sie sich, was ist ihnen wichtig?
Seit dem Befehl »No fraternisation« – keine Verbrüderung – des Besatzungsgenerals Eisenhower an seine Soldaten in der amerikanischen Zone Deutschlands sind erst dreizehn Jahre vergangen. Wissen Sie noch, wie das damals war, wenn ein »Ami« in Nürnberg oder in Karlsruhe seine Zigarettenkippe auf die Straße warf? Ausgehungerte Deutsche bückten sich danach.
»Die deutsche Großmutter steht hoch im Kurs«, schrieben mir Dahl und Seeliger in einem ihrer Briefe von drüben, »wenn wir mit Amerikanern zusammenkommen, erleben wir fast immer das gleiche. Nach zehn Minuten kam die Feststellung: ›*My father was a German*‹, oder ›*My grandmother is born in Germany*‹. Eine Woge von Sympathie schlägt uns entgegen, und um diese Sympathie zu verscherzen, braucht man in Unterhaltungen mit dem Mann auf der Straße nur eins zu tun, nämlich die politischen Fähigkeiten Adenauers zu bezweifeln. Dann ist man hier sofort erledigt. Dann werden sie sauer und finden es genauso schlimm, als wenn man über George Washington, den US-Nationalhelden, lästern würde.
Das Wohlwollen unserem Lande gegenüber ist allerdings nicht geographisch untermauert. Dieselben Leute, die ihre hessische Oma abgestaubt haben und voller Stolz präsentieren, finden gar nichts dabei, uns zu fragen: Aus Hamburg kommen Sie, ja, sagen Sie mal, liegt das in Westdeutschland oder in dem Teil, wo die Russen sind? – Sie geben freudig viel Geld aus, wenn ihr Präsident ihnen sagt, das hilft, den Kommunismus zu bekämpfen. Aber rechte Vorstellungen, wie der Kommunismus gerade bei uns, im sowjetisch besetzten Teil Deutschlands, praktiziert wird, haben wohl nur ganz wenige Amerikaner.
Wir erzählten einigen Dutzend Texanern, daß man zwar von Berlin nach San Antonio reisen könnte, aber nicht ins benachbarte Potsdam. Das hielten sie für einen komischen Witz und lachten sich halbtot. Aber geglaubt haben sie es uns nicht. Das paßt genausowenig in ihre Vorstellungswelt von uns, wie es eben doch eine Reihe von ihnen gibt, die nicht in unsere Vorstellungen von Amerika hineinpassen, und denen wir hier auf der Spur sind, um diese Vorstellungen zu korrigieren . . .«
Dies stand, wie gesagt, in einem der Briefe von Dahl und Seeliger.

An den Anfang dieser Reportage haben wir ein gefährliches Abenteuer gestellt, das Seeliger und Dahl in der kalifornischen Wüste zu bestehen hatten, ein Abenteuer, das nicht in unsere Vorstellung von Amerika hineinpaßt. Aber das wollen wir ja gerade mit diesem Bericht sagen: Amerika ist ganz anders.

22. Oktober 1958

Herz nur, wenn's die Bequemlichkeit nicht stört

Im bayerischen Fürstenfeldbruck ist vor einiger Zeit eine ungeheuerliche Geschichte passiert: Gegen elf Uhr abends fuhr der Elektromechaniker Anton Renner, 25 Jahre alt und verheiratet, mit seinem Auto ziemlich schnell die Dachauer Straße entlang. Renner war betrunken.
Zur gleichen Zeit radelte auf der gleichen Straße der Rentner Franz Rötzer in gleicher Richtung. Autofahrer Renner sah den Rentner Rötzer zu spät. Sein

Wagen erfaßte den Radfahrer und warf ihn aufs Pflaster. Nun ist Autofahrer Renner wegen Fahrens ohne Führerschein und wegen Verkehrsgefährdung vorbestraft. Er hat sogar das rechte Bein bei einem Verkehrsunfall verloren – allerdings ohne seine Schuld. Er bekam 10 000 Mark Entschädigung. Davon hatte er sich das Auto gekauft, mit dem er jetzt den Rentner umfuhr. Eines war dem Anton Renner klar: Diesmal würde er nicht nur schwer bestraft werden, sondern auch seinen Führerschein verlieren. Sein Opfer würde gegen ihn aussagen.

Da tat Renner das Unfaßbare: Er legte den Rückwärtsgang ein und fuhr über sein bewußtloses Opfer. Er schaltete die Scheinwerfer aus und fuhr nun vorwärts noch einmal auf den Rentner zu. Dessen Körper verklemmte sich im Vordergestänge des Autos. Renner fuhr an und schleifte den Mann über 35 Meter weit mit. Dann löste sich der Körper vom Fahrzeug. Das Auto rollte nochmals über Franz Rötzer hinweg: Nun mußte er tot sein.

In den nächsten Tagen steht Autofahrer Renner unter Mordanklage vor dem Schwurgericht des Landgerichts München II. Er wird beschuldigt, den Rentner nach dem Unfall in voller Absicht getötet zu haben, um ihn, den Zeugen seines Verkehrsvergehens, auf ewig zum Schweigen zu bringen.

Angewidert wenden wir uns alle von einem solchen Verbrechen ab. Wie kann ein Mensch so gewissenlos sein, einen anderen sterben zu lassen, nur um seines eigenen lächerlichen Führerscheins willen?

Gewiß, hier ist der Egoismus, die Rücksichtslosigkeit gegenüber anderen nur wegen der eigenen Bequemlichkeit zum Exzeß geworden. Aber lassen Sie mich noch ein paar andere Fälle erzählen.

Auf der Bundestraße 19, in der Nähe von Stuttgart, stürzte ein Motorroller mit zwei Personen, weil die Straße von einer Baustelle verschmutzt war. Der Soziusfahrer blieb am Straßenrand neben der zertrümmerten Maschine liegen. Er hatte sich ein Knie gebrochen und blutete aus vielen Wunden. Der Rollerfahrer stellte sich an die Fahrbahn, winkte den vorbeifahrenden Autos und zeigte dabei auf seinen verletzten Beifahrer, der vor Schmerzen stöhnte. Es war hellichter Tag, jeder konnte sehen, was passiert war. Zwanzig Wagen zählte der enttäuschte Rollerfahrer, vom chromblitzenden Straßenkreuzer bis zum Volkswagen, eine ganze Wirtschaftswunderkarawane; alle fuhren eilig an der Unfallstelle vorbei, ohne sich um den blutenden Menschen im Straßendreck zu kümmern. Da geschah das »Wunder«: Ein liebevoll für die Urlaubsreise geputzter, alter und klappriger Wagen hielt, und ihm entstieg ein Franzose. »Ihr Freund muß sofort ins Hospital«, stellte er fest und fuhr die beiden Verunglückten in die nächste Stadt, ohne sich um die häßlichen Blutflecken auf seinen sauberen Polstern zu kümmern.

Ungefähr zur gleichen Zeit wurde der Arzt Dr. Trenkler in einer Berufungsverhandlung vor der Bielefelder Strafkammer aus Mangel an Beweisen freigesprochen. Dr. Trenkler hatte es abgelehnt, einen stark blutenden Verletzten, der ihn nachts um Hilfe bat, zu behandeln, weil der Mann den Nachtzuschlag von 16 Mark nicht gleich bezahlen konnte. Dr. Trenkler war in der ersten Instanz wegen unterlassener Hilfeleistung zu zwei Monaten Gefängnis verurteilt worden. Die Behandlung habe bis zum nächsten Morgen Zeit gehabt, stellte jetzt ein ärztlicher Gutachter in der Berufungsverhandlung fest und verhalf seinem Mit-Mediziner Dr. Trenkler mit dieser Erklärung zum Freispruch. Aber konnte der angeklagte Dr. Trenkler das in jener Nacht wissen? Er hatte mit dem Hilfesuchenden nur über die Haussprechanlage verhandelt.

Ebenfalls wegen unterlassener Hilfeleistung stand jetzt Dr. Albert Hofstetter in München vor dem Richter. In der Maria-Ward-Straße war ein neunjähriger Junge vom Fahrrad gestürzt und ohnmächtig und blutend auf dem Pflaster liegengeblieben. Eine Hausfrau, die den Unfall beobachtet hatte, lief ein paar Häuser weiter zur Wohnung Dr. Hofstetters. Sie wurde von der Frau des Arztes mit knappen Worten abgewiesen. Ihr Mann lag gerade in der Badewanne, und sie wollte ihn nicht stören. Funkstreifenbeamte, die inzwischen eingetroffen waren, zeigten den Arzt wegen unterlassener Hilfeleistung an. Das Amtsgericht München schickte ihm einen Strafbefehl über hundert Mark. Der Arzt legte dagegen Einspruch ein und mußte freigesprochen werden, weil seine Frau vor Gericht aussagte, sie habe ihrem Mann erst später, als er aus dem Bad kam, von dem Unfall erzählt.

Gewiß, zwischen dem Mann, der einen Menschen überfuhr, um nicht auf seinen Führerschein verzichten zu müssen, und zwischen den anderen drei Fällen liegen Welten. Aber etwas, so scheint mir, ist allen gemeinsam. Sind sie nicht alle Beweis dafür, daß wir zuerst an unsere Bequemlichkeit denken und dann an andere Menschenleben?

Natürlich heißt das nicht, daß wir alle herzlos und schlecht sind wie vielleicht der betrunkene Autofahrer Anton Renner. In den meisten Fällen ist es wohl einfach nur Gedankenlosigkeit, die uns so handeln läßt. Denn für allzu viele geht die Menschlichkeit von heute nur so weit, wie ihre eigene Bequemlichkeit nicht gestört wird. Die blutbeschmutzten Autopolster, der Umweg von der vorgesehenen Fahrtroute, die gestörte Nachtruhe, die 16 Mark Nachtgebühr und ein ununterbrochenes Bad, das alles ist für viele eben so wichtig, daß sie den gequälten Mitmenschen darüber vergessen.

Zeit ist Geld! Herz oder Gefühl leistet man sich gern, wenn es keine Zeit kostet, oder wenn man es bequem von der Steuer absetzen kann: ein Scheck für den Tierschutzverein, ein Scheck für die Flüchtlingshilfe. Wie wenige sind es aber, die auf die alarmierenden Nachrichten über die Tausende von Flüchtlingen in Berlin damit reagierten, daß sie von ihrer oft schon wieder recht passablen Wohnung einen Raum zur Verfügung stellten, ganz einfach nur, um vielleicht ein paar Heimatlosen einige deprimierende Wochen im Lager zu ersparen?

Das Schicksal der Sputnik-Hündin Laika rührte unser aller Herzen an, und wir greifen auch sofort zum Telefon und alarmieren die Feuerwehr, wenn sich eine Katze in einem Baum verstiegen hat und nicht wieder herunterkommt. Wir zeigen also, daß wir Herz haben – wenn nur die eigene Bequemlichkeit nicht gestört wird.

Wir sind also nicht schlechter und herzloser geworden, sondern gedankenloser und bequemer. Eine Hilfeleistung darf heute auf keinen Fall persönliche Mühe machen, keine Unbequemlichkeit und besonders kein Opfer an Zeit bedeuten.

Was kann man tun, um viele aus ihrer satten, wirtschaftswunderlichen Gleichgültigkeit aufzurütteln? Vielleicht genügt es, eine Minute daran zu denken, daß jeder von uns eines Tages im Staub neben der Straße liegen kann und auf irgend jemanden angewiesen ist, der ihm hilft.

30. Oktober 1958

Der Rentenschein trügt

Vor vielen Wochen schrieb mir Herr Karl Wiedemann aus Oberhöchstadt im Taunus. Sein Brief war ein Notruf an die Öffentlichkeit und zugleich ein Appell an den STERN, das »Reichsgericht des kleinen Mannes« – so nannte uns einmal ein Leser.

Er habe, so schrieb mir Karl Wiedemann, nach 33 Arbeitsjahren als Kontrolleur bei den Adlerwerken und nach vorangegangenen acht Jahren Dienst in der kaiserlichen Marine bei der Landesversicherungsanstalt in Kassel eine Altersrente beantragt. Nach 16 Monaten geduldigen Wartens habe er noch immer keinen Bescheid erhalten, daß ihm die Rente zustehe, geschweige denn in welcher Höhe. Nicht einmal eine Entschuldigung oder Erklärung schickte man ihm. Er wurde nur aufgefordert, Nachfragen zu unterlassen, denn seine Sache werde bearbeitet.

»Muß ich heute auf meine wohlverdiente Altersrente wie auf ein Almosen warten?« fragte Karl Wiedemann sich und uns mit Recht.

Auch der Brief, den mir Herr Max Malkmus aus Braunschweig geschrieben hatte, war ein solcher »Rentenfall«. Wie kommt es, so fragte er, daß ich als Wanderversicherter (der seine Beiträge teils an die Invaliden-, teils an die Angestelltenversicherung bezahlt hatte) einen zu niedrig angesetzten Rentenbescheid erhielt? Und wie kommt es, daß man keine Zeit findet, den Fehler zu berichtigen?

Der STERN-Redakteur Kurt Wolber – seinen Bericht finden Sie auf den Seiten 10 bis 13 – stellte nach vielen Interviews mit führenden Sozialpolitikern fest:

Den Fall Wiedemann gibt es 500 000mal in der Bundesrepublik;

der Fall Malkmus erreicht mit einigen Variationen sogar die Millionengrenze.

Was dies für die unmittelbar Betroffenen bedeutet, kann man sich nur mit einiger Phantasie vorstellen. Etwa so:

Die 500 000 Wiedemanns, die noch auf ihre Rente warten, bilden eine Schlange, einer hinter dem anderen, mit einem Meter Abstand. Die Schlange reicht von Hamburg bis Nürnberg, und sie rückt so langsam voran, daß ihr augenblicklich letzter Mann kaum vor neun Monaten am Schalter »drankommt«.

Die eine Million Malkmus' – deren Rente falsch berechnet wurde – reichen mit ihrer Schlange von Hamburg bis Genua, und sie steht noch dazu vor einem geschlossenen Schalter. Denn alle Arbeit der Versicherungsanstalten konzentriert sich zunächst einmal auf die Wiedemanns, die häufig auf Wohlfahrtsunterstützung angewiesen sind, solange ihre Rente noch nicht erreicht ist.

Diese Tatbestände sind nicht nur für jene älteren Menschen empörend, die unmittelbar davon betroffen sind. 20 Millionen Arbeitende trauern bei jeder Lohn- oder Gehaltsabrechnung resignierend den Abzügen nach, die in den großen Töpfen unserer Sozialversicherung verschwinden. Sie sind die Rentner von morgen und übermorgen, und ein Chaos in der Rentenversicherung trifft auch sie früher oder später.

Sie wissen, daß der STERN sich immer bemüht, objektiv zu bleiben – auch wenn er heiße Eisen anpackt. Aber bei einem in so anklagenden Zahlen fixierten Skandal schien es kaum mehr nötig, die Beschuldigten, nämlich die leitenden Männer unserer Sozialversicherungen, zu hören. Es war gut, daß wir es trotzdem taten. Sie bewiesen uns, daß sie bis zum Beginn des Jahres 1957 fast alle Restbestände der Nachkriegszeit aufgearbeitet hatten. Herr Wiedemann hätte damals nach vier Monaten seinen Rentenbescheid erhalten, sofern die Unterlagen für seine Beitragsleistungen nicht durch den Krieg verlorengegangen waren.

Sie bekannten offen, daß in ihren Ämtern immer noch Reste von Beamtenübermut und Bürokratismus anzutreffen seien. Aber sie bemühen sich, die Wartezeit bei einem Rentenantrag auf vier Monate herabzudrücken.

Sie gaben zu – so der Direktor der Bundesversicherungsanstalt für Angestellte in Berlin, Dr. Schmidt –, daß sie die Fälle Malkmus auf die lange Bank schieben. Sie bekannten sich zu ihrem Irrtum und der Auslegung des Gesetzes, so daß nun eine Million Renten ein zweites Mal neu bearbeitet und berechnet werden müssen. Wir verwalten – so sagten sie – nur das Geld der Versicherten, und wir dürfen keinem zuviel geben; ist das Gesetz unklar, dann muß eben das Bundessozialgericht entscheiden.

Aber dieses Gesetz ist nicht nur unklar. Es ist in seinen Prinzipien ein hervorragendes Gesetz, um das uns die Sozialpolitiker vieler Staaten beneiden. In einzelnen Bestimmungen jedoch ist es ein Kind unseres perfektionistischen Zeitalters, das selbst aus Renten, Steuern und Verkehrsvorschriften eine Geheimwissenschaft der Spezialisten machen möchte.

Als das Rentengesetz Anfang 1957 im Bundestag beraten wurde, sahen die Fachleute in den Versicherungsämtern die Gefahr des Perfektionismus riesengroß auf sich zukommen – je länger die Beratungen dauerten, desto mehr, weil immer wieder neue Zusatzklauseln hinzukamen. Dieses Spiel endete mit einer bezeichnenden Szene in den Wandelhallen des Bonner Parlaments.

»Verzichtet auf Finessen und Zusatzanträge«, sagten die Fachleute, »denn wir können mit diesem Gesetz nicht mehr arbeiten.«
Die Abgeordneten hörten sie an und berieten lange. Dann sahen sie auf die Uhr. Sie zuckten bedauernd die Schultern: »In fünf Minuten ist die entscheidende Abstimmung, nun ist es zu spät; wir können nichts mehr ändern.«
Sie wollten nichts ändern. Denn die Wahl zum Bundestag war nicht mehr fern, und sieben Millionen Rentenempfänger würden dabei ihre Stimmen abgeben. Damit begann die Misere der deutschen Rentenversicherung.
Sie wird am augenfälligsten, wenn man sich vorstellt, daß eine einzige Rente bis zu 50 Lochkarten des elektronischen Rechners verbraucht, ehe der Apparat mit der Ausrechnung anfangen kann.
»Das Rentengesetz«, sagte uns Wilhelm Rothe, ein führender Funktionär des Deutschen Gewerkschaftsbundes, »ist so kompliziert, daß der Laie nie selbst eine auch nur oberflächliche Berechnung anstellen kann.«
Ich finde, wir sollten mißtrauisch sein gegen Gesetze, die uns zum wehrlosen Objekt einer mechanisierten Bürokratie machen. Jetzt bleibt uns nur noch, die Mängel, die dieses Gesetz von seiner Technik her hat, zu mildern. Zu diesem Zweck müssen:
Vorschüsse für die wartenden Rentenberechtigten weit großzügiger als bisher genehmigt werden;
die Rentenanträge künftig so frühzeitig gestellt werden dürfen, daß mit dem 65. Geburtstag der Geldbriefträger auch schon die erste Monatsrente ins Haus bringen kann;
und schließlich müssen die kompliziertesten Sonderregelungen, soweit sie die Rente nur um Pfennigbeträge verändern, aus dem Gesetz entfernt werden.
Nur dann wäre es möglich, die Wartezeiten auf ein erträgliches Maß zu bringen. Eile tut not! Nicht alle Rentner haben Zeit zu warten.

6. November 1958

Mit Phantasie wider die deutsche Spaltung

Auf meinem Schreibtisch liegt eine Einladung zum Bundespresseball. In freundlichen Worten werde ich gebeten, der Bundes-Pressekonferenz in Bonn mitzuteilen, ob ich an diesem Ball teilnehmen will.
Der Bundespresseball wird jedes Jahr von den in Bonn akkreditierten Journalisten veranstaltet. In Bonn selbst kann man ihn nicht abhalten, es fehlt der passende Raum – woher sollte er in dieser liebenswerten kleinen rheinischen Pensionärstadt auch kommen. Die Bundesorgane haben sich ihre Betonklötze zwar in die rheinische Landschaft am Rande Bonns gesetzt, aber Gesellschaftsräume, die gibt es natürlich nur für die Bedürfnisse der alten Stadt Bonn. Man ist da auf die große Bundeskarawane nicht eingerichtet, und die Ureinwohner Bonns denken wohl insgeheim an den Tag, da Bundesregierung und Bundestag an ihren legitimen Platz, nach Berlin, ziehen. Weil das Gott sei Dank so ist, sah man sich anderenorts nach Räumen für den Bundespresseball um. Man prüfte die Möglichkeiten in allerlei Städten, und schließlich verfiel man auf Bad Neuenahr. Der Bundespresseball wird also in Bad Neuenahr sein.
Zur gleichen Zeit, zu der die Einladungen für Bad Neuenahr herausgingen, lehnte die Bundesregierung einen Vorschlag der SPD ab, jetzt nach Berlin zu übersiedeln. Es sei zu riskant, und es koste wohl auch zu viel. Vielleicht wäre der Umzug wirklich zu riskant, weil der Weg vom Bundesgebiet nach Berlin durch die Sowjetzone läuft – ich glaube nicht an ein Risiko, aber ich kann mich

irren. Vielleicht muß Bonn wirklich provisorisch Sitz der Bundesorgane bleiben. Aber dann bitte, meine Herren in Bonn, nur so viel Provisorium wie unumgänglich nötig! Warum, so frage ich, ist es zum Beispiel nötig, auch den hauptstädtischen Presseball »provisorisch« in Bad Neuenahr nahe Bonn abzuhalten und nicht dort, wo er normalerweise immer war: in Berlin.

Ich fürchte, allzu viele bei uns haben sich – vielleicht unbewußt – daran gewöhnt, Bonn als »normal« und Berlin als »provisorisch« anzusehen, nicht nur die Veranstalter des Bundespresseballs.

Niemand wird mir jemals plausibel machen können, warum ausländische Botschafter ihre Antritts- und Abschiedsbesuche in Deutschland beim Bundespräsidenten nicht dort machen, wo so etwas in aller Welt gemacht wird, nämlich in der Hauptstadt des Landes, also in Berlin.

Ich werde nie begreifen, weshalb Verträge der Bundesrepublik mit ausländischen Staaten nicht grundsätzlich in der Hauptstadt Berlin unterzeichnet werden, sondern im »provisorischen« Bonn. Wer in aller Welt versteht, daß das deutsche Parlament sich dreizehn Jahre nach Hitlers Ende sein Reichstagsgebäude in Berlin, das 1933 in Flammen aufging, noch nicht wieder errichtet hat? – Sollte es daran liegen, daß man sich an Bonn zu gewöhnen beginnt? Dann wird es aber höchste Zeit, Alarm zu schlagen und allen einzuhämmern, daß es auf die Dauer so nicht weitergeht!

Herr Bundestagspräsident Gerstenmaier! Wie wäre es, wenn Sie jede Sitzung des Parlaments in Bonn mit der Formel begännen: »Ich eröffne die 37. Sitzung des Deutschen Bundestages, die 35., die wir außerhalb unserer Hauptstadt Berlin abzuhalten gezwungen sind.« Das, mit aller Selbstverständlichkeit gesagt, wirkt mehr als manche salbungsvolle Rede über die deutsche Spaltung.

Meine Herren Bundesminister! Wie wäre es, wenn Sie auf allen Briefbogen Ihrer Ministerien vor die Ortsangabe »Bonn« die Worte »zur Zeit« druckten! Tausendmal machten Sie dann jeden Tag aller Welt auf die selbstverständlichste Weise klar, was zu sagen ist.

Herr Innenminister Schröder! In der Zeit zwischen den beiden Weltkriegen reiste ich drei Jahre hintereinander in den großen Ferien nach Ungarn. Wenn die ungarischen Zöllner die Pässe zurückgaben, lag im Paß eine Postkarte, auf der die Grenzen Ungarns von 1918 zu erkennen waren. Auf der einen Seite der Karte war ein großes Papprad. Drehte man daran, dann rutschten die Gebietsteile, die Ungarn an die Tschechei, an Österreich, an Jugoslawien und an Rumänien abgetreten hatte, an den Kartenrand, und das Rumpf-Ungarn nach 1918 wurde sichtbar. Um seine Grenzen standen die Worte geschrieben: »Nem, nem, soha!« Und das heißt: »Nein, nein, niemals!« Ihr Paßkontrolldienst, Herr Minister, sollte sich etwas Ähnliches einfallen lassen.

Meine Herren von der Bonner Stadtverwaltung! Wäre es nicht eine gute Idee, wenn Sie deutlich und freimütig bekennen würden, daß Sie sich lediglich als Statthalter Berlins betrachten, bis eines Tages die deutsche Einheit kommen wird! Gewiß, es gibt in Bonn eine Straße namens »Berliner Freiheit«. Aber sie wird in den Berichten kaum genannt. Wie wäre es, meine Herren, wenn Sie sich entschließen würden, die Koblenzer Straße, an der das Auswärtige Amt, viele andere Bundesbehörden und ausländische Missionen liegen, in »Berliner Straße« umzubenennen? Überall in der Welt, wo jetzt von der Koblenzer Straße in Bonn geschrieben wird – gewissermaßen als der Nachfolgerin der alten Berliner Wilhelmstraße –, würde dann von Berlin die Rede sein.

Ich höre schon die Einwände: »Das sind alles kleine Dinge.« Aber das Große bereitet sich immer im kleinen vor! Mit jener Hartnäckigkeit, die moderne Werbepsychologen anwenden, wenn sie ihre Ware an den Mann bringen wollen, müssen wir operieren. Nicht nur große Einheitsreden mit hohlem Pathos am Sonntag, sondern durch kleine Selbstverständlichkeiten im Alltag wirken wir glaubhaft und schaffen die Voraussetzungen für eine erfolgreiche Wiedervereinigungspolitik.

Immer häufiger geht in der Welt das böse Wort um, die Deutschen hätten sich mit der Spaltung ihres Landes längst abgefunden.

Schlimm genug, daß die politische Lage im Augenblick offenbar keine Möglichkeiten bietet, politisch aktiv zu werden. Die Sowjets lassen nicht erkennen, um welchen Preis sie bereit wären, der deutschen Einheit zuzustimmen. Und wie mißtrauisch und argwöhnisch wir Deutschen selbst bei unseren westlichen NATO-Verbündeten immer noch betrachtet werden, das hat wohl mit hinreichender Deutlichkeit die Haltung der englischen Öffentlichkeit beim London-Besuch des Bundespräsidenten bewiesen. Nur wer davor die Augen verschließt, wird jetzt schon politische Fühler zu den Sowjets in Sachen Wiedervereinigung verlangen.

Aber niemand in aller Welt kann Anstoß daran nehmen, daß wir immer wieder auf die unhaltbare Lage in Deutschland hinweisen.

Berlin ist das Normale, Bonn das Provisorische!
Vielleicht ist es wirklich zu riskant und zu kostspielig, die Bundesorgane jetzt nach Berlin zu legen. Aber es ist doch weder riskant noch kostspielig, tagtäglich den Unsinn der deutschen Spaltung anzuprangern. Was wir brauchen, sind guter Wille und Phantasie. Wir alle sollten uns jetzt rühren. Und wir alle sollten handeln.

13. November 1958

Hitlers Mörder sind unter uns

Sie finden auf den nächsten Seiten einige Dokumentaraufnahmen, von denen Sie wahrscheinlich sagen werden »Solche Bilder will ich nicht mehr sehen!« Auch wir wollen diese Fotos nicht mehr sehen, und wir haben lange überlegt, ob wir sie drucken sollten.

Mit Recht werden Sie einwenden, daß Sie mit all den grauenhaften Verbrechen, die hier bewiesen sind, nichts zu tun hatten. Und dieses Recht hat gerade der STERN oft und nachdrücklich vertreten, wenn er sich gegen den unsinnigen Vorwurf der deutschen Kollektivschuld zur Wehr setzte. Was da an Unmenschlichkeiten geschehen ist, mag im deutschen Namen verübt worden sein – niemals geschah es mit Wissen oder gar mit Billigung des ganzen Volkes. Es ist deshalb weder juristisch noch moralisch gerecht, alle Deutschen in einen Topf zu tun und diesen Topf für die ganze Welt sichtbar mit einem Giftzeichen zu versehen – eine Kennzeichnung, die selbst ein so untadeliger Deutscher wie Professor Heuss noch nach 13 Jahren in London zu spüren bekam.

Man sagt uns nach, daß wir allzuleicht geneigt seien, die böse Vergangenheit von uns wegzuschieben und zu vergessen. Aber ist das verwunderlich nach all den Jahren, in denen wir einer unterschiedslosen Verdammung ausgesetzt waren und in denen Verbrechen gegen die Menschlichkeit geradezu als ein Merkmal des deutschen Nationalcharakters galten? Hat es unser Gewissen nicht eher verhärtet, als wir erleben mußten, daß man Unmenschlichkeiten, wenn sie von Franzosen, Amerikanern oder Engländern begangen wurden, nicht einmal erwähnen durfte? Haben unsere Ankläger vergessen, daß die sowjetischen Mörder von Katyn auch dann noch auf der Richterbank saßen, als es schon lange klargeworden war, daß man diese Verbrechen uns Deutschen nicht auch noch zur Last legen konnte?
Wie oft haben wir damals, als das Recht vom politischen Ressentiment des Siegers verdunkelt war, gewünscht, daß deutsche Richter nach unseren eigenen Gesetzen die reinliche Scheidung vollziehen möchten zwischen unserem Volk und jenem Gesindel, das den deutschen Namen mit dem Blut der schuldlosen

Opfer seines Hasses besudelt hatte. Und es ist kein Zweifel daran möglich, daß deutsche Urteile in den ersten Jahren nach der Ernüchterung oft härter ausgefallen wären als die Schuldsprüche der Alliierten.

Inzwischen sind dreizehn Jahre vergangen. Unsere eigenen Nachkriegserlebnisse, die gnadenlose Austreibung von Millionen Deutschen aus ihrer Heimat, das Unrecht der deutschen Spaltung und schließlich die Ereignisse in Ungarn, in Ägypten und in Algerien haben manche dazu verleitet, das eigene Unrecht gegen das andere aufzurechnen und sich mit der Feststellung zu trösten, daß die anderen auch nicht besser seien als wir.

So kommt es, daß alle Rechtsbegriffe sich verwirrt haben. Zwar sitzen Leute wie Speer und Schirach noch in Spandau, aber die Witwe des schrecklichen Heydrich erhält bereits eine Staatspension. Dem Oberreichsanwalt beim Volksgerichtshof und Urheber zahlloser Todesurteile Ernst Lautz wird ein monatlicher »Unterhaltsbeitrag« von 700 Mark aus Steuergeldern gezahlt. Und dabei ist es kaum ein paar Jahre her, daß man den kleinsten PGs alle beruflichen Chancen zerschlug.

Aber die Mörder sind immer noch unter uns.

Der Fall Sommer hat gezeigt, daß sie unerkannt in unserer Mitte leben. Im Schörner-Prozeß wurden amtierende Oberlandesgerichtsräte nicht vereidigt, weil sie der Mittäterschaft verdächtig sind. Als der Dr. Eisele unbehelligt verschwinden konnte, tauchte eine Liste von KZ-Ärzten auf, die Häftlingen zu »Versuchszwecken« eiternde Wunden beigebracht hatten und die Gefangene mutwillig mit Fleckfieber infizierten, um sie »unter wissenschaftlicher Beobachtung« sterben zu lassen. Einige von ihnen leiten heute als Chefärzte staatliche und städtische Krankenhäuser.

Und wenn jetzt in Warschau Erich Koch vor Gericht steht – vor einem offenbar objektiven und rechtsstaatlichen Gericht übrigens –, dann müssen wir uns doch fragen: Wo sind denn die Männer geblieben, die auf unseren Fotos zu sehen sind und die ihre »Befehle« mit solcher Genugtuung ausführten, daß sie sich dabei auch noch fotografieren ließen? Die Henker können doch nicht alle gefallen sein, denn meistens waren sie ja nicht die Tapferen, die dem Tod an der Front ins Auge sahen, sondern die menschlichen Schakale und Aasgeier, die hinter der kämpfenden Truppe ihr Mütchen kühlten.

Glauben Sie mir, auch ich wünsche nichts mehr, als daß endlich Schluß gemacht wird mit der politischen Diffamierung und daß ein Strich gezogen wird unter diese grauenhafte Vergangenheit, aber ich traue den Leuten nicht, die diesen Strich ziehen wollen, indem sie das Geschehene einfach vergessen. Eine Meinungsumfrage hat festgestellt, daß es zumeist die gleichen Leute sind, die heute am lautesten nach der Todesstrafe schreien. Sie wollen den Mörder ausmerzen, damit er nicht irgendwann einmal freikommen und dann wieder morden könnte. Aber die Mörder von gestern, die niemals gesühnt haben, die sollten einfach vergessen sein!

Ich will nicht, daß deutschfeindliche Zeitungsschreiber und Filmfabrikanten im Ausland weiterhin die Möglichkeit haben, den Namen unseres ganzen Volkes in den Dreck zu ziehen, weil wir selbst uns nicht dazu entschließen können, unser eigenes Nest gründlich zu säubern, mir ist die Vorstellung unerträglich, daß unser Leben und das unserer Kinder noch auf Jahre hinaus vergiftet wird, weil sich aus jedem Verfahren neue Hinweise und Belastungen ergeben, so daß ein KZ-Prozeß dem anderen folgen müßte. Darum will auch ich, daß ein Ende gemacht wird!
Aber nicht, solange ich das unheimliche Gefühl haben muß, daß sich hinter meinem harmlosen Nachbarn ein Scheusal verbergen kann. Daß die Hand des Arztes, der mich behandelt, vielleicht die Hand eines Mörders ist. Daß mein Nebenmann im Kino ein Genickschuß-Spezialist aus jenen Jahren sein könnte. Und daß Männer über uns richten, die einst aus politischem Haß oder aus Angst vor

ihren Auftraggebern Unschuldige aufs Schafott brachten.

Deshalb haben wir diese Fotos gedruckt, um zu zeigen, daß man mit seiner Vergangenheit nicht fertig wird, indem man ihr davonläuft. Und deshalb wünschen wir, daß die von den Justizministern geplante Zentralstelle für die Verfolgung von Verbrechen aus der Nazizeit mit allen Vollmachten ausgestattet wird und schnellstens aufzuräumen beginnt.

20. November 1958

Korruption in Bonn

In Bonn kann man offenbar ein pflichtgetreuer Ministerialbeamter und zugleich ein strafwürdiger Missetäter sein. Ja, es kann geschehen, daß einen die Erfüllung der dienstlichen Pflichten erst eigentlich mit den Strafgesetzen in Konflikt bringt.

So jedenfalls stellt sich das Verhalten des Botschafters Herbert Blankenhorn dar, gegen den der Staatsanwalt Anklage wegen Verleumdung und übler Nachrede erhoben hat, und dem die Bundesregierung ohne Rücksicht auf die gerichtlichen Feststellungen soeben auf einer Pressekonferenz bescheinigte, er habe sich »pflichtgemäß verhalten«.

Man erinnert sich: Herr Blankenhorn ist hinreichend verdächtig, seinen Rivalen, den zum Botschafter vorgeschlagenen Ministerialrat Dr. Hans Strack, einfach dadurch aus dem Wege geräumt zu haben, daß er ihn der passiven Bestechung beschuldigte. Strack sollte von den Ägyptern 3000 Pfund und wertvolle Geschenke erhalten haben, um den deutsch-israelischen Wiedergutmachungsvertrag zu torpedieren. Zusammen mit Blankenhorn spannen an dieser Intrige der Botschafter von Maltzan und der Staatssekretär Hallstein.

Es ist jetzt mehr als vier Jahre her, daß der Ministerialrat Dr. Strack seine Unschuld bewies, aber noch immer schwebt das Verfahren gegen die Verleumder. Und wenn der verleumdete Dr. Strack nicht so zäh gewesen wäre und es abgelehnt hätte, sich seine gerichtliche Ehrenrettung für einen Botschafterposten in Bagdad abkaufen zu lassen, dann wäre es wohl auch jetzt noch nicht soweit. Immerhin erfuhren wir auf diese Weise, zu welch verblüffenden Tauschgeschäften Botschafterposten gelegentlich gut sein können.

Nun ist also von der Ersten Großen Strafkammer des Landgerichts Bonn ein Termin für die Hauptverhandlung gegen Blankenhorn und Genossen anberaumt worden. Und das ausgerechnet in einem Augenblick, wo der Hauptangeklagte als Botschafter der Bundesrepublik nach Paris gehen soll. Und was tut die Bundesregierung? Sie greift in das schwebende Verfahren ein und läßt auf einer Pressekonferenz erklären, Herr Blankenhorn hätte nur seine Pflicht getan.

Um aber noch deutlicher zu machen, welche ungeheuerliche Mohrenwäsche hier vor sich ging, beantwortete ein Sprecher des Justizministeriums die Frage eines Journalisten, ob denn ein Bundesbeamter pflichtgemäß handeln und sich dennoch gegen die Strafgesetze vergehen könne, schlicht und unverfroren mit »Ja!«.

Was, um Himmels willen, sind das für Pflichten? Und zu wessen dienstlichen Aufgaben gehört es in Bonn, die Ehre eines Bürgers ungestraft in den Schmutz zu ziehen? Hat nicht der Bundesjustizminister erst vor wenigen Wochen ein Gesetz zum verstärkten Schutz der persönlichen Ehre angekündigt? Was also treibt sein Ministerium heute dazu, die Dinge umzukehren und den Ehrenverleumder gegen das Gericht schützen zu wollen?

Es ist die verflixte Misere, in die Konrad Adenauers Bundesregierung durch eini-

ge Vorkommnisse geriet, welche den Staatsanwalt geradezu als reißenden Wolf in die Bonner Idylle einbrechen ließen.
Da ist einmal der Herr Kilb. Ehemaliger persönlicher Referent des Bundeskanzlers.
Er ließ sich mit einem schnittigen Mercedes 190 SL beleihen, und dafür wandelte er die vom Kanzlerbesuch in Teheran mitgebrachte Bestellung der persischen Regierung auf 750 *deutsche* Omnibusse einfach in eine Bestellung auf ebenso viele *Mercedes*-Omnibusse um. Der böse Wolf nahm ihn in Untersuchungshaft.
Vor zwei Wochen gesellte sich zu ihm der Ministerialrat Dr. Josef Siemer vom Bundesarbeitsministerium. Ihm hatten die Wilhelmshavener Olympia-Werke einen Ford 15 M zur Verfügung gestellt, und der auf diese Weise beweglich gemachte Dr. Siemer hatte den Liebesdienst reichlich vergolten. So forderte er unter anderem auf einem Bogen des Bundesarbeitsministeriums 600 000 DM aus einem Sonderfonds des Wohnungsbauministers zugunsten der Olympia-Werke an. Nun sitzt auch er.

Und die bereits hinter Gittern installierte Beschaffungsabteilung des Bundesverteidigungsministers freut sich schon darauf, daß ihre trübe Gesellschaft bald durch den lustigen Kilb und den kauzigen Siemer aufgefrischt werde.
Und wer steht noch da draußen vor dem Tor? Vor dem Gefängnistor, meine ich.
Es ist niemand anders als Herr Blankenhorn, der neue deutsche Botschafter für Paris, sowie sein erst kürzlich aus Gesundheitsgründen zurückgetretener Amtsvorgänger Maltzan und der Staatssekretär Hallstein. Jedenfalls meint das Bonner Landgericht, daß die Herren im Falle einer Verurteilung mit mehr als drei Monaten Gefängnis rechnen müßten, so daß ihre Straftaten nicht unter die Amnestie fallen.
Aber den Kanzler ficht das nicht an. Nachdem er den bestochenen Kilb schon zum harmlos Irrenden deklarierte, hat er nun den Kabinettsbeschluß durchgesetzt, der Blankenhorns Vergehen zur Pflichterfüllung stempelt und den Ehrenmann zum Vertreter der Bundesrepublik in Frankreich bestimmt. Womit es bei Paris läge, seine Eignung als Rangierbahnhof für straffällig gewordene Diplomaten zu erweisen.
Einer allerdings war dagegen. Außenminister Heinrich von Brentano, der dem Botschafter Blankenhorn die Gunst des Kanzlers seit jeher neidet, setzte Konrad Adenauer in einem sechsseitigen Brief auseinander, weshalb Herr Blankenhorn nicht Botschafter in Frankreich werden dürfe. Aber wie der Regierungschef mit seinem Außenminister umzugehen pflegt, mag man aus der Tatsache erkennen, daß er diesen Brief gar nicht beantwortete. Und als er erfuhr, daß die beiden Angeklagten Blankenhorn und Hallstein gerade zu Besprechungen mit ihrem Anwalt in Bonn weilten, lud er sie demonstrativ zum Empfang des kanadischen Ministerpräsidenten Diefenbaker ein.
Wer nun allerdings glaubt, da könne man wieder einmal sehen, wie in der parlamentarischen Demokratie Korruption und Günstlingswirtschaft gedeihen, der möge sich ernsthaft fragen, ob dieser Brief an Millionen Leser in einem »Führerstaat« hätte geschrieben werden können. Solange es dem Justizminister nicht gelingt, der Presse das Maul zu verbinden, solange Staatsanwälte wie witternde Wölfe das Dickicht durchstreifen und solange unabhängige Richter das letzte Wort zu sprechen haben, können wir getrost in die bundesdeutsche Gegenwart blicken.

Die Auswüchse des Föderalismus

Haben Sie in Ihrer Bekanntschaft einen schleswig-holsteinischen Menschen? Ist Ihr Friseur vielleicht zufällig Baden-Württemberger? Oder sollte Ihnen die absolute Verschiedenheit eines nordrhein-westfälischen von einem rheinland-pfälzischen Menschen noch gar nicht aufgegangen sein? Dann allerdings steht es schlecht um Sie. Denn dann sind Sie ein bundesverfassungsfeindlicher Zentralist, und es wird höchste Zeit, daß sich der Verfassungsschutz einmal um Sie kümmert.

Am Ende glauben Sie gar, unser westdeutsches Provisorium sei nur deshalb aus elf eigenständigen Ländern zusammengebastelt worden, um außer den 519 Mitgliedern des Bundestages nebst 17 Ministern und 10 690 Ministerialbürokraten in Bonn auch noch 11 Landesministerpräsidenten, 92 Landesministern und 1337 Landtagsabgeordneten zu politischer Wichtigkeit zu verhelfen.

So etwas zu glauben – und es außerdem noch für überflüssig zu halten –, wäre allerdings purer Landes- oder, besser gesagt, Länderverrat. Denn zu welchem Einheitsbrei würde unsere Kultur zusammengekocht, wenn etwa die höheren Schulen in Bayern den gleichen Lehrplan hätten wie die in Schleswig-Holstein. Ist es nicht ein schöner Ausdruck unserer bundesdeutschen Vielfalt, daß, wenn der Vater versetzt wird, die Kinder sitzenbleiben – oder mit kostspieligen Nachhilfestunden auf den neuen Lehrplan umgequält werden müssen? Und wie langweilig wäre es, wenn man nicht gleich an der Uniform des Polizisten erkennen könnte, daß man eine Landesgrenze überfahren hat.

Aber lassen wir den bitteren Scherz beiseite. Ohne Zweifel gibt es Dinge, die in München, in Frankfurt oder in Hannover ganz verschieden aussehen. Die Leute an der Ruhr können nicht erwarten, daß für die mit Kohle und Stahl verbundenen Probleme bei den Bayern das richtige Verständnis herrscht. Die Sorgen der bayerischen Landwirtschaft wiederum sind für Hamburg und Bremen weniger interessant als die Frage, wie man die deutsche Seeschiffahrt gegen die Konkurrenz der niederländischen Häfen schützt. Und der Weinbau in Rheinland-Pfalz ist mit der Viehzucht in Schleswig-Holstein ganz gewiß nicht über den gleichen wirtschaftspolitischen Kamm zu scheren. Das alles sind echte Belange der Länder, und zu ihrer Wahrung mögen die Landesregierungen und Länderparlamente berufen sein.

Nun leben wir 1958 im Jahr der Landtagswahlen. Vor vier Monaten wurde für den Landtag in Düsseldorf gewählt, vor acht Wochen für den in Kiel, am 23. November fanden die Wahlen für das Wiesbadener und das Münchner Parlament statt, und bis Jahresende werden auch in Berlin die Stimmzettel noch ausgefüllt. Nun sollte man wohl meinen, daß bei den dazugehörenden Wahlkämpfen die Landespolitiker über die wirtschaftlichen und verwaltungstechnischen Probleme ihrer Länder gesprochen und sich in immer besseren Vorschlägen zur Lösung dieser Probleme überboten hätten.

Aber weit gefehlt!

In Nordrhein-Westfalen war weniger von den wachsenden Kohlenhalden als vom Kampf gegen den Atomtod die Rede. In Schleswig-Holstein rangierte die Frage, auf welche Weise gewinnbringende Industrie im Lande anzusiedeln sei, hinter der Überlegung, ob die NATO gestärkt werden müsse. In Hessen redet man sich die Köpfe darüber heiß, was hinter dem neuen Plan des polnischen Außenministers Rapacki steckt. Und als die Bayern wählten, war es soweit, daß man sich über die Zweckmäßigkeit von Friedensvertragsfühlern Schäffers in Ostberlin stritt. Von wirklicher Landespolitik also weit und breit keine Spur!

Es sind ja auch keineswegs die Landespolitiker, die bei diesen Wahlkämpfen in vorderster Front stehen. In Würzburg warf Konrad Adenauer den Sozialdemokraten mangelnde Liebe zu Deutschland vor, in Frankfurt konterte Ollenhauer mit der nicht weniger abgestandenen Behauptung, der Kanzler sei ein Separatist.

Da wird die Bundesrepublik in die Landtagswahlkämpfe getragen, und so geschieht es, daß der Kanzler und die Minister, die in Bonn zu unserem gemeinsamen Wohl regieren sollten, dauernd auf der Achse sind. Alle Reden werden zum Fenster hinaus gehalten, weniger auf das öffentliche Wohl als auf den Beifall der Wähler bedacht. Die Regierung verteilt Wahlgeschenke, anstatt politische Entscheidungen zu treffen, und die Opposition braucht nur in den unerschöpflichen Vorrat ihrer Versprechungen zu greifen – wer könnte sie schon zur Einlösung zwingen. Der Stimmenfang ist die oberste Devise.

Und was noch bedenklicher ist: Die Männer aus Regierung und Opposition, die Minister wie die Abgeordneten, beschimpfen und entzweien sich in diesen dauernden Wahlkämpfen mehr, als einer gedeihlichen Zusammenarbeit guttun könnte. Kein Wunder, daß wir nicht einmal mehr zu einer gemeinsamen Außenpolitik finden, ohne die eine Wiedervereinigung unseres gespaltenen Vaterlandes in immer weitere Ferne rückt.

Wahrhaftig, es wäre an der Zeit, diese Jahrmärkte der politischen Eitelkeiten abzuschaffen, diese Hahnenkämpfe der obersten Parteiführer, diese Rock-'n'-Roll-Turniere der Berufsdemokraten und Funktionäre.

Laßt uns alle vier Jahre unseren Bundestag wählen und den Kampf um die großen Linien unserer Politik führen. Um die Außenpolitik und um alle Fragen, die in die Zuständigkeit des Bundes fallen. (Hoffen wir, daß das Schulwesen recht bald dazugehören möge!) Und dann möge die Regierung für vier Jahre in Ruhe und Frieden arbeiten.

Mitten in der Legislaturperiode des Bundestages aber sollten die Wahlen zu allen Landesparlamenten an einem gemeinsamen Termin durchgeführt werden. Der Einwand, gerade eine solche massierte Länderwahl käme einer verkappten Abstimmung über die Bundespolitik gleich, ist gewiß auszuräumen. Voraussetzung wäre nur, daß man den Bundesrat – die Ländervertretung in Bonn – von seiner Mitwirkung in Fragen der Außen- und der Verteidigungspolitik befreit.

Um aber sicherzustellen, daß bei den Landtagswahlen nur die Fragen der Landespolitik zur Diskussion stünden, brauchte man als Versammlungsredner zu den Wahlkämpfen nur solche Politiker zuzulassen, die in dem betreffenden Land auch wahlberechtigt sind. Kandidieren aber sollte nur, wer dort mindestens fünf Jahre wohnt.

Dann könnte der Wähler die Männer seines Vertrauens ohne Ansehen der Parteien wählen, jene Männer nämlich, die er in seiner engeren Umgebung als tüchtige Landespolitiker kennt – ohne daß er gleich Rückwirkungen auf die große Bundespolitik zu befürchten braucht. Warum sollte ich nicht bei der Bundestagswahl für die CDU stimmen, wenn ich mit Adenauers Außenpolitik einverstanden bin – für den Landtag aber einen Sozialdemokraten wählen können, wenn ich weiß, daß dieser Mann die Belange meiner Heimat und meines Berufsstandes kennt und tatkräftig vertreten wird. Dann erst hätten wir die Demokratie von unten her, die wir so notwendig brauchen.

4. Dezember 1958

Menschen und Minister im Hotel

Kennen Sie das? – Einmal ausschlafen dürfen außer der Reihe, obwohl kein Sonntag ist und kein Feiertag? Wenn es gar nicht darauf ankommt, ob man pünktlich ist oder ganz einfach liegenbleibt – als sei in der Nacht die Schule abgebrannt oder das Büro überschwemmt, oder als streike die U-Bahn? Und niemand wartet auf einen.

Ich genieße dieses Vergnügen gelegentlich auf Reisen. Wenn die erste Bespre-

chung erst gegen Mittag arrangiert werden kann, und der Friseur im Hotel macht auch nicht vor 11 Uhr auf. Draußen gibt's nichts zu sehen, der Himmel ist grau, langsam ist man auch schon heimisch geworden im fremden Bett, und das Telefon auf dem Nachttisch schweigt ganz still, weil doch niemand weiß . . .
Nun, letzten Dienstag schlief ich also im Zimmer 205 des Hotels »Mainzer Hof« in Mainz am Rhein, und es war erst kurz nach sieben. Als plötzlich das Telefon stürmisch läutete, obwohl ich niemanden gebeten hatte, mich zu wecken.
Am anderen Ende der Portier.
»Ach . . . Verzeihung, mein Herr, dürften wir wohl wissen, wann wir mit dem Zimmer rechnen können . . . entschuldigen Sie nur, wenn wir Sie gestört haben, es ist uns ja selber sehr unangenehm, aber . . .«
Mir war, ich muß es gestehen, vom Schlaf noch ganz wirr im Kopf, und die sich überschlagenden Entschuldigungen des Portiers waren auch nicht eben dazu angetan, die Situation klar erscheinen zu lassen. Wahrscheinlich habe ich irgendwas sehr Unfreundliches gebrummt, und der Portier zog sich zurück mit der Beteuerung, daß es ihm ja auch sehr peinlich sei.
Das gleiche wiederholte sich gegen 8 Uhr noch einmal, immerhin gelang mir jetzt die präzise Frage, ob mein Zimmer etwa nicht ordnungsgemäß bestellt, bezahlt oder weiß sonst was sei, ob man mich denn, verdammt noch mal, nicht ruhig schlafen lassen könne! Erschreckt schwieg der Mann am anderen Ende und hängte den Hörer ein.
Es war vielleicht eine Viertelstunde vergangen, da drückte jemand, wie aus Versehen, meine Türklinke herunter. Als kurz darauf wieder ein Mensch den Flur entlangschritt – er ging nicht, er schritt, und ich zählte vom Aufzug bis zu meiner Zimmertür siebenzehn Schritte – und die Klinke zuerst sanft drückte, um dann durch energisches Rütteln festzustellen, daß die Tür verschlossen war, da konnte es sich schon nicht mehr um ein Versehen handeln.
Kurz vor 9 Uhr meldete sich der Herr Hoteldirektor persönlich. Er muß es gewesen sein, denn als ich das wild läutende Telefon zum Schweigen gebracht hatte und den Hörer ans Ohr hielt, da erfolgte zunächst ein zweimaliges vornehmes Räuspern. Und dann kam es, mit dem Timbre gepflegter Gastlichkeit in der Stimme:
»Ach, bitte, Sie werden verzeihen«, tremolierte der Herr Direktor, »es ist leider gestern abend versäumt worden, Ihnen zu sagen, daß wir Sie bitten müssen, Ihr Zimmer bis 9 Uhr zu räumen. Das Zimmer muß noch gerichtet und frisch überzogen werden, nicht wahr . . .«
»Aber wozu denn, ich reise ja heute!« wagte ich einzuwenden.
»Ach so . . . Sie wissen also noch gar nicht?« ließ sich der Direktor vernehmen, und seine Stimme gewann einen so strafend erstaunten Ton, daß ich urplötzlich aus dem Bett sprang, denn da mußte etwas Schreckliches passiert sein, das mein Verbleiben im Hotel offenbar ganz unmöglich machte – und ich wußte nichts, aber auch gar nichts davon?
Der Hoteldirektor hatte eine Kunstpause eingelegt, wohl um meine Spannung zu erhöhen. Und dann kam die Aufklärung. Sie kam mit fester Stimme – mit stolzer Stimme würde ich sagen, wenn ich nicht das Gefühl gehabt hätte, als richte sich der veränderte Ton lediglich gegen mich, während die Devotion nun einem anderen galt. Immer noch schien es, als hielte der Sprecher zumindest die linke Hand an der Hosennaht.
»Es ist . . . wir haben, ä-hmm . . . ja, also wir haben nämlich heute den Herrn Bundesaußenminister als Gast . . .«, er wartete die Wirkung seiner Worte ab und fiel dann unversehens in die dritte Person:

»Die Ankunft des Herrn Bundesministers ist auf 9.30 Uhr angesagt, und vielleicht wollen der Herr Minister sich vorher noch ein bißchen frisch machen . . .?«
Was wußte ich, ob Herr von Brentano die Absicht hatte, sich »frisch zu machen«. Hatte man mir etwa deshalb seit sieben Uhr frech den Nerv getötet, weil ein Minister sich ausgerechnet in meinem Badezimmer die Hände waschen wollte?
»Sie verstehen, mein Herr, 205 ist unser bestes Zimmer, und der Herr Minister . . .«

Ich verstand – und obwohl 205 an diesem Dienstag m e i n Zimmer war, nach den Hausregeln aller Hotels in allen Ländern der Erde bis mindestens um 12 Uhr mittags m e i n Zimmer, von mir bestellt und bezahlt, und was, in drei Teufels Namen, scherte mich überhaupt der Minister – dennoch tat mir der schwitzende Mann da unten am Telefon leid, den der deutsche Untertanengeist so arg am Wickel hatte, daß er dem Herrn Minister sein bestes Zimmer offerieren wollte und konnte es doch nicht tun, ohne daß er mich, den Gast, aus dem Morgenschlummer riß und quasi an die Luft setzte.
»Sie können in einer halben Stunde über das Zimmer verfügen«, sagte ich.
Der Fahrplan muß dem Armen einen Streich gespielt haben, denn als ich herunterkam, saß Heinrich von Brentano bereits in der Halle und rauchte und plauderte mit den Herren seiner Begleitung. Vielleicht hatte er sich gar nicht »frisch machen« wollen, jedenfalls machte er keine Anstalten, das nun geraumte Zimmer aufzusuchen.
Draußen hielten zwei Polizeiwagen mit Blaulicht. Ein Chauffeur hantierte eifrig mit einem schwarz-rot-goldenen Stander an einem schwarzen Minister-Mercedes. Ein paar Passanten waren stehengeblieben und fragten neugierig, wer denn da angekommen sei.
Aber wie es da drinnen aussah! Kein Vorwurf für Herrn von Brentano, er hatte bis dahin noch keinen Gast zum Einzelvorbeimarsch befohlen, er führte die Kaffeetasse mit der Hand zum Munde und benahm sich auch sonst so, wie sich ein Mann benimmt, von dem die Schauerleute im Hamburger Hafen sagen »He hett ok man blot'n Mors ut twee Hälften!« Dieser profanen Meinung allerdings schienen die schwarzbefrackten Untertanen im »Mainzer Hof« nicht zu sein. Der Direktor scheuchte den Chefkellner, der brachte die Ober auf Trab, und die Pagen stolperten vor Eifer über ihre eigenen Füße.
Es ist mir denn auch erst nach einer Stunde gelungen, mein Frühstück zu bestellen. Und als ich einen der vorbeieilenden Fräcke bescheiden fragte, ob ich denn wohl ein Löffelchen fürs weiche Ei bekommen könnte, da bedauerte er kühl: »Einen Moment, mein Herr, Sie sehen doch, der Herr Bundesaußenminister . . .«
Da habe ich meinen Koffer in die Hand genommen und bin still hinausgegangen.

11. Dezember 1958

Weil der Vater Hitler schmähte . . .

Wenn Sie das für Ihren Wohnort zuständige Gericht betreten – ich wünsche Ihnen, daß Sie selten oder nie Gelegenheit dazu haben –, dann werden Sie am Eingang, im Treppenhaus oder auf einem Flur mit einiger Sicherheit einer steinernen Dame begegnen, die in der Rechten ein Schwert, in der Linken aber eine Waage hält. Bei dieser Dame handelt es sich um die Göttin Justitia, und zum Zeichen dessen trägt sie vor den Augen eine Binde.
Wozu allerdings Justitia diese Binde benötigt, darüber gibt es durchaus verschiedene Deutungen. Die offizielle Lesart behauptet, man könne wirkliche Gerechtigkeit nur ohne Ansehen der Person üben, und deshalb dürfe Frau Justitia den Menschen, über dessen Schicksal sie zu befinden habe, nicht zu Gesicht bekommen. Aber die andere Erklärung meint, man könne über einen Menschen gar nicht urteilen, ehe man ihn angesehen habe, und deshalb sei die Binde nichts als ein Symbol für die Blindheit der Justiz, die nur nach Paragraphen und Formeln richte und ohne lebendige Beziehung zu den Menschen.

Lassen Sie mich Ihnen zwei Geschichten erzählen, und dann mögen Sie selbst ent-

scheiden, welche von den beiden Deutungen richtig ist.
Die erste Geschichte beginnt am Abend des 24. Februar 1945 in einer Gastwirtschaft in Boffalora unweit von Mailand in Italien. Boffalora heißt zu deutsch »der Ort, wo die Büffel weiden«. Aber zu jener Zeit weideten auf den Wiesen des Dorfes nicht die Büffel, sondern deutsche Flak-Kanoniere waren dabei, eine Auffangstellung auszuheben, in der man den heranrückenden Feind aufzuhalten gedachte.
Chef der 5. Batterie war der Oberleutnant Paul Göttig, aktiver Offizier und ein Bulle von Kerl, der das Brett, das man ihm in der Nationalsozialistischen Erziehungsanstalt verpaßt hatte, noch immer sichtbar vor dem Kopf trug. »Stur, gewalttätig und scharf nationalsozialistisch« lauten die Eigenschaftsworte, mit denen ihn seine Soldaten schildern.
Der 24. Februar 1945 war ein Sonnabend, und Oberleutnant Göttig hatte die Zugführer und Unteroffiziere seiner Batterie für 21 Uhr zu einem Kameradschaftsabend in die Trattoria des Dorfes befohlen. Seit einer Woche befand sich bei der Einheit auch der Leutnant Karl Heinz Thum, Leiter eines Funkmeßtrupps der 3. Flak-Brigade (mot.). Er war zu Göttigs Batterie abkommandiert, um die Funkmeßgeräte zu überprüfen. Selbstverständlich lud man ihn zu dem Kameradschaftsabend ein.
Es gab Wein, und man trank ihn wie Bier, den öligen Wermut dazwischen, und was diese Mischung nicht schaffte, das bewirkte am Ende der Grappa, der scharfe, aus Weintreber gebrannte Schnaps. Man ließ den Führer leben und trank auf den Endsieg. Die Kraft des Glaubens, den zu beweisen die Flak-Batterie bis dahin selten eine kämpferische Gelegenheit gehabt hatte, und die nun durch die monatelangen Rückzüge arg geschwächt war, lebte wieder auf im Gesang, und als man weit nach Mitternacht daran ging, die leeren Schnaps- und Weinflaschen mit der 08 von der armseligen Theke der Trattoria herunterzuschießen, da hatte man den Krieg sozusagen schon gewonnen.
Nur einer war anderer Meinung. Der Leutnant Karl Heinz Thum schrie plötzlich laut und vernehmlich: »Aufhören! Ihr seid ja alle verrückt! Der Hitler hat uns verraten und verkauft, wär' er nur draufgegangen am 20. Juli, aber so werden wir alle noch dran glauben müssen!«
Da nahm der Batteriechef Oberleutnant Paul Göttig seinem Wachtmeister Erwin Huber die Dienstpistole ab und schoß damit den Leutnant Thum in den Kopf.
Vor wenigen Tagen nun hat das Bundessozialgericht in Kassel als letzte Instanz entschieden, daß die drei Kinder des toten Leutnants Thum, die 19jährige Ellen, der 15jährige Peter und die 13jährige Gisela, keinen Anspruch auf eine Rente haben.
Obgleich das Bundesversorgungsgesetz bestimmt, daß jeder, »der durch eine militärische oder militärähnliche Dienstverrichtung gesundheitlichen Schaden erlitten hat«, versorgungsberechtigt ist und daß der Anspruch auch für die Hinterbliebenen bestehe.
Wer aber wollte behaupten, daß Karl Heinz Thum – im Privatberuf Chemiker – anders als infolge seiner »militärischen Dienstverrichtung« jemals nach Boffalora gekommen wäre.
Daran zweifeln selbst die Gerichte in drei Instanzen nicht. Und sie bestätigen den Hinterbliebenen mit rücksichtsvoller Großzügigkeit sogar, daß die Sauferei und das Schießen auf Flaschen und der ganze alkoholisierte Wahnwitz dieser Nacht zum »Militärdienst« gehört hätten. Nur die politische Auseinandersetzung nicht. Denn im Augenblick, da der Leutnant Thum den Führer schmähte, habe er das militärische Dienstverhältnis sozusagen unterbrochen und als Zivilist gehandelt.
Ich verstehe, lieber STERN-Leser, Sie glauben mir das nicht recht, und deshalb will ich lieber wörtlich aus dem Urteil zitieren, das vom Bundessozialgericht soeben bestätigt wurde. Da heißt es wörtlich:
Es war in der früheren Wehrmacht üblich, derartige Abende zu veranstalten, bei denen es infolge Alkoholgenusses nicht ohne Exzesse, und zwar auch in Form der hier erfolgten Schießereien auf Gläser und Flaschen, abzugehen pflegte . . . Die Teilnahme an dem von Oberleutnant Göttig angeordneten Kameradschaftsabend ist also dem militärischen Dienst zuzurechnen.

Jedenfalls, solange es sich um Saufen, Singen und Flaschenschießen handelte. Den Tod aber durfte der Leutnant Thum gewissermaßen außerdienstlich empfangen, damit dem Staat keine Unterhaltspflicht gegenüber seinen Kindern erwächst. Denn, so urteilt das Gericht weiter:
Der ursächliche Zusammenhang mit der militärischen Dienstverrichtung ist von dem Augenblick an als unterbrochen zu behandeln, als der damalige Leutnant Thum sich mit dem damaligen Oberleutnant Göttig in eine politische Auseinandersetzung einließ . . . Mit dem militärischen Dienst stand es nicht mehr in ursächlichem Zusammenhang, wenn sich, wie hier, Wehrmachtsangehörige wegen ihrer grundsätzlichen politischen Auffassungen stritten und hierbei einer der Streitenden von dem anderen durch Pistolenschuß so schwer verletzt wurde, daß kurz darauf der Tod eintrat . . . Der Tod hätte sich auch in der Heimat unter Zivilisten ereignen können.
Daß Göttig in diesem Augenblick der Dienstvorgesetzte des Leutnants Thum war, daß er am nächsten Tage angab, er würde eine solche Schmähung des Führers in jedem Falle und auch bei völliger Nüchternheit mit Erschießen ahnden, daß Leutnant Thum mit der Dienstpistole erschossen wurde – all das sahen die Richter als rechtlich unerheblich an. Der Dienst ging nur bis zum Schießen auf Flaschen und Gläser. Als es ernst wurde, starb ein Zivilist, und für Zivilisten wird nicht gezahlt!
Das also ist die eine Geschichte. Und die andere?
Die ist in drei Sätzen erzählt:
Auf Anordnung des Landessozialgerichtes Schleswig-Holstein erhält Frau Lina Heydrich, die Witwe des Gestapochefs, monatlich ihre Kriegsopferrente. Heydrich starb durch ein Attentat, nachdem sein grausamer Terror Hunderttausende in den Tod getrieben hatte. Die Justiz von 1958 aber attestierte diesem skrupellosen Henker den Soldatentod – jenen allein vom Staate mit einer Rente honorierten Tod, den die gleiche Justiz dem erschossenen Leutnant Thum absprach. Und während Frau Heydrich monatlich kassiert, wurde den Kindern Ellen, Peter und Gisela Thum, die inzwischen zu Vollwaisen geworden sind, die Hinterbliebenenrente verweigert.

Nun, lieber STERN-Leser, mögen Sie selbst entscheiden, warum Justitia eine Binde vor den Augen trägt.

18. Dezember 1958

Über die ärztliche Standesehre

In der vergangenen Woche habe ich meinen 12jährigen Sohn Christian gegen die Kinderlähmung impfen lassen. Es ist jetzt die beste Zeit dazu, denn man braucht insgesamt drei Einspritzungen, von denen die zweite drei bis sechs Wochen und die dritte mindestens sieben Monate nach der ersten erfolgen sollen. Da der Impfstoff bereits nach der zweiten Injektion zu wirken beginnt, erreicht man jetzt noch einen wirksamen Schutz für die warmen Sommermonate, in denen die Ansteckungsgefahr bekanntlich am größten ist. Die dritte Ampulle, die eine über mehrere Jahre anhaltende Immunität gegen Lähmungserkrankungen bewirkt, soll dann im nächsten Oktober gespritzt werden.
Ich hätte das alles gewiß als eine Privatangelegenheit betrachtet, über die hier kein Wort zu verlieren gewesen wäre, wenn man mir in der Klinik nicht eine sehr merkwürdige Frage gestellt hätte, die nun allerdings mit dem STERN in unmittelbarem Zusammenhang steht. Und zwar war es ausgerechnet der Oberarzt, der wissen wollte, wie ich es denn über mich brächte, die Gesundheit meines

Kindes den Ärzten anzuvertrauen, während doch im gleichen Augenblick im STERN der Roman »Ich schwöre und gelobe« erschiene – ein Roman, durch den das Vertrauensverhältnis zwischen Arzt und Patient auf eine geradezu unverantwortliche Weise gefährdet werde.
Für STERN-Leser, die keine Romanleser sind, muß ich erklären, weshalb »Ich schwöre und gelobe« seit Wochen das heißumstrittene Thema ist, wo immer Ärzte an einem Gespräch teilnehmen. Der Roman zieht nämlich zum erstenmal die bittere Konsequenz aus der Erkenntnis, daß irren zwar menschlich ist, bei Ärzten meistens jedoch tödlich. Im Mittelpunkt der Handlung steht ein Chefarzt, der mit eitler Selbstsicherheit und unbekümmerter Hand operiert, obwohl ihm die chirurgischen Fähigkeiten ganz und gar abgehen. Dieser elegante Dr. Feldhusen, dem die Frauen unter dem Messer sterben, ist ein Mann, der wohl zum Gesellschaftslöwen taugt, nicht aber zum Leiter eines Krankenhauses. Und so nimmt denn das Unheil seinen Lauf.
Leider kann ich nicht zugeben, daß dieses Unheil der ebenso unbekümmerten Phantasie eines Roman-Autors entsprungen ist, denn im Gegensatz zu jenen Romanen, deren gesamte Handlung frei erfunden ist, sind hier zwar die Personen erfunden, nicht aber das Geschehen. Und da man das »in Ärztekreisen« längst gespürt hat und überdies zu wissen glaubt, daß hier ein Fachkollege (nämlich ein erfahrener Chirurg und Gynäkologe) seine Feder im Spiel hat, deshalb fühlen sich gewisse Leute auch so betroffen.
Dabei ist natürlich gar nicht zu begreifen, weshalb unser Vertrauen zur Medizin davon abhängig sein sollte, ob es unter tausend tüchtigen und verantwortungsbewußten Ärzten auch einmal einen Scharlatan gibt. Aber auf den müßte man doch mit Fingern zeigen dürfen! Und wenn der STERN über die tausend tüchtigen und aufopfernden Ärzte, über die tausend großartigen Taten der medizinischen Wissenschaft berichtet hat und immer wieder berichten wird – weshalb sollte er dann nicht auch über jenen Dr. Feldhusen berichten dürfen, der wahrhaftig kein Produkt der Phantasie ist. Oder wollte das jemand behaupten zu einer Zeit, da jede Woche in einem Prozeß von der Fahrlässigkeit, dem fachlichen oder charakterlichen Versagen einzelner Ärzte die Rede ist? Das Tabu, das die Ärztevereinigungen um ihren Stand aufgerichtet haben, ist zerbrochen, seit Mediziner mutwillig Menschenversuche machten, und es bröckelt jedesmal weiter, wenn Ärzte verunglückten oder todkranken Patienten ihre Hilfe verweigern, wenn Tampons in operierte Bäuche eingenäht werden und Wundbenzin in Injektionsspritzen eingefüllt wird.
Warum also sollten wir auf unsere Politiker aufpassen und unsere Richter unter die Lupe nehmen – den Ärzten aber, von denen unsere Gesundheit und unser Leben abhängen können, sollten wir wie die Papuas nur mit ehrfürchtigem Staunen begegnen dürfen? Wer bei uns den Amtsgerichtsrat Meier oder den Staatsanwalt Müller kritisiert, verliert deshalb noch lange nicht den Anspruch auf Gerechtigkeit für sich und seine Angehörigen bis ins dritte und vierte Glied. Das ist ja gerade die Spekulation der Medizinmänner, daß sie sich unsere angstvolle Ergebenheit so leicht erpressen, weil wir ihnen eines Tages doch ausgeliefert sind. Was anderes wollte der Oberarzt mit seiner Frage, als ich ihm meinen Sohn zum Impfen brachte? Und es wunderte mich nur, daß ausgerechnet ein Oberarzt die Frage stellte; denn der Roman »Ich schwöre und gelobe« handelt ja nicht nur von dem Versager Dr. Feldhusen. Ebensogut könnte man ihn das Hohelied des unbekannten Krankenhausarztes nennen. Und dann heißt der Held der Geschichte Dr. Hans Neugebauer und ist ein Oberarzt.

Wie dem auch sei, wir werden nicht aufhören, der ärztlichen Wissenschaft unsere Ehrfurcht zu zollen. Und wer immer ihr ehrlich dient, sei unserer Achtung gewiß. Aber daß einer ein Arzt ist, das allein wird ihn nie vor unserer kritischen Aufmerksamkeit bewahren. Wir halten nämlich nicht viel von dem sogenannten Berufsethos. Wer als Mensch seinen Wert hat, der braucht es nicht, und wer als Mensch nichts taugt, der sollte auch keine Gelegenheit haben, sich hinter irgendeiner »Standesehre« zu verkriechen.

Übrigens hatte ich für meinen Oberarzt ein gutes Beispiel zur Hand: eben jenen amerikanischen Oberarzt Dr. Jonas Salk, der in den dunklen Jahren ruhmloser Entbehrungen das Kinderlähmungs-Serum entwickelte und es dann an seiner eigenen Familie ausprobierte. Das ist ein Arzt nach meinem Herzen, dem ich mich bedenkenlos anvertrauen würde. Und wer heute seine Kinder gegen Kinderlähmung impfen läßt, der hat es mit diesem Dr. Salk zu tun und nicht mit Herrn Dr. Feldhusen.
Kinder in aller Welt sind inzwischen mit dem Salk-Serum geimpft. Allein in Deutschland sind es über 600 000. Und doch ist das nur ein Viertel der Jahrgänge zwischen dem ersten und sechsten Lebensjahr, die ganz besonders gefährdet sind. Noch immer sind viele Eltern mißtrauisch, weil es 1955 in Amerika zu einer Reihe von Erkrankungen und Todesfällen bei geimpften Kindern kam. Aus falscher nationaler Scham wurde die Ursache damals totgeschwiegen: Einige Schwarzhändler hatten während der sommerlichen Polio-Epidemie das damals noch sehr knappe Serum verdünnt und verschmutzt in den Handel gebracht. Offiziell hieß es, ein von Menschen unverschuldeter Herstellungsfehler in einem Werk sei die Ursache gewesen. Hätte man die Wahrheit gesagt und erklärt, daß eine Panne bei der Herstellung wegen der scharfen Prüfung gar nicht möglich ist, daß nunmehr aber auch der Handel lückenlos überwacht wird – dann wäre das Mißtrauen gar nicht erst entstanden.
Die Erfahrungen nach mehr als drei Millionen Impfungen haben bisher keinerlei ernsthafte Impfschäden gezeigt. Keines der Kinder, die alle drei Injektionen empfangen haben, ist seitdem an Kinderlähmung erkrankt. Wo sich Kinder nach der zweiten Injektion bei ungeimpften Kindern ansteckten, verlief die Krankheit harmlos und ohne Lähmungserscheinungen.

Ich meine, die scharfe Kritik an Dr. Feldhusen sollte uns nicht hindern, vor diesem Dr. Jonas Salk ganz tief den Hut zu ziehen.

25. Dezember 1958

Ein Bergmann aus dem Erzgebirge

Unter meinem Tannenbaum steht in diesem Jahr ein Geschenk, das ich erst vor wenigen Tagen in einem Päckchen aus der Ostzone bekommen habe.
Liebesgabenpakete von hüben nach drüben sind, so möchte ich hoffen, inzwischen etwas Alltägliches oder zumindest Allweihnachtliches geworden. Aber ein Päckchen mit dem Klebezettel DRESDEN in meiner Weihnachtspost – ich muß gestehen, daß ich zunächst ein wenig mißtrauisch und verwundert war. Wer mochte der Absender sein?
Das Geschenk ist ein holzgeschnitzter Bergmann aus dem Erzgebirge. Im goldgeknöpften schwarzen Kittel, weißen Hosen und dem hohen grünen Schachthut steht er vor mir, hält das Geleucht in seiner Rechten und in der Linken eine lange Tabakspfeife. Wenn ich ihm das Bergleder hinten lüpfe und eine Räucherkerze in seinen hohlen Bauch stelle, dann beginnt aus seinem kreisrunden Mund der duftende Rauch zu strömen, als sauge er ihn mit gemütlichem Bedacht aus seiner Pfeife.

Die Figur lag in dem Päckchen, eingewickelt in Zeitungen aus Pirna in Sachsen. Ich bin nie dort gewesen, auch Verwandte von mir wohnen nicht in der Gegend, und auf dem Päckchen selbst war kein Absender angegeben. So glättete ich das zerknüllte Zeitungspapier und fing darin zu lesen an.

Das Blatt begrüßte auf der ersten Seite die sowjetischen Berlinvorschläge allen Ernstes als ein »hochherziges Weihnachtsgeschenk der SU an das deutsche Volk«. In den Artikel hatte man das Bild eines Mädchens gestellt: Hannelore Gessner, Arbeiterin im »Volkseigenen Betrieb Mitteldeutsche Kammgarnspinnerei«, versprach, »als Dank für Chruschtschows großen Freundschaftsbeweis täglich 200 Gramm Garn mehr zu spinnen«. Auf der Jahresversammlung der Einkaufs- und Lieferungsgenossenschaft der Friseure war offensichtlich nicht über Haarwasser und Rasiercremes gesprochen worden, sondern man hatte eine Entschließung gefaßt, in der »die Forderung nach einer atomfreien Zone als das wichtigste Anliegen unseres Berufsstandes« bezeichnet wurde. Und der Volkspolizeibericht meldete die Verhaftung eines Geschäftsinhabers, weil er »durch Gerüchtemacherei Unruhe unter unsere Werktätigen brachte und sie von ihren gesellschaftlichen Pflichten abhielt«.

Es ist eine fremde Welt, die diese Zeitung aus dem Deutschland jenseits der Zonengrenze in unser vorweihnachtliches Haus brachte. Eine fremde und bedrückende Welt.

Aber dann fand ich den Brief. Er hatte sich zwischen Packpapier und Karton geschoben. Er stammt von einer Frau, die ich nie in meinem Leben gesehen habe. Ich weiß nur, daß sie eine Bäuerin in einem Dorf am Rande des Erzgebirges ist und daß sie eine Nachbarin hatte mit drei kleinen Kindern. Um diese Nachbarin ging es, als Frau Lotti B. mir im Sommer dieses Jahres zum ersten Male schrieb.

Es war eine verzweifelte Hoffnung, die jenen Brief diktiert hatte, denn Frau B. mußte seit Monaten mit ansehen, wie ihre Nachbarin, die Mutter der drei kleinen Kinder, an Krebs zugrunde ging.

Vor zwei Jahren – ihr Mann war gerade in einer Bauernversammlung gewesen – hatte die bis dahin kerngesunde Frau abends im Rundfunk den Vortrag eines Frauenarztes gehört, der über den Krebs sprach. Als sie beim Schlafengehen ihre Brust betastet, fühlt sie die verdächtigen Knoten, von denen der Arzt gesprochen hat. Die erste Operation erfolgt noch in derselben Woche, die histologische Untersuchung bestätigt den furchtbaren Verdacht. Ein Jahr danach muß wieder operiert werden, aber es ist zu spät, schon ist die ganze linke Körperhälfte befallen.

Was Frau Lotti B. auf den Gedanken gebracht hat, daß westdeutsche Ärzte ihrer Nachbarin vielleicht noch helfen könnten, hat sie mir nie geschrieben. Vielleicht war es die politische Drangsalierung, die mit der Krankheit einherging und die alles Heil nur mehr vom Westen erhoffen ließ. Der Mann der Kranken war einer der fünf Einzelbauern im Dorf, die sich der Sozialisierung immer noch widersetzten. Man hatte seine beiden landwirtschaftlichen Angestellten zur Kündigung gezwungen. Hätten ihm nicht die Nachbarn abwechselnd geholfen, er wäre den Sorgen um die todkranke Frau, die Kinder und den Hof nicht gewachsen gewesen.

»Vielleicht gibt es bei Ihnen drüben bessere Mittel«, hieß es in dem Brief von Frau B., »deshalb schreibe ich Ihnen. Ob ich mich nun persönlich gefährde, ist mir heute gleich, denn ich habe selbst zwei Kinder im Alter von 6 bis 8 Jahren. Bitte helfen Sie unserer kranken Nachbarin, wir alle hier in unserem Dorf hoffen darauf.«

Ich konnte Frau B. keine tröstliche Gewißheit geben. Ich mußte ihr sagen, daß der Westen in der Behandlung dieser heimtückischen Krankheit keine besseren Methoden kennt als der Osten. Zufällig wußte ich, daß die Charité in Ostberlin über eine hochintensive »Kobaltbombe« zur Bestrahlung von Krebsgeschwüren verfügt. Ich hatte das erfahren, als wir im Westen der Stadt die von STERN-Lesern gestiftete Herz-Lungen-Maschine installierten, mit der Professor Linder nun schon elf hoffnungslos erkrankte Kinder mit Erfolg operiert hat. Er operiert auch Patienten von jenseits der Zonengrenze. Und in der gleichen Weise können in besonderen Fällen Krebskranke aus Westberlin in der östlichen Charité behandelt werden. Die Verbindung zwischen den Ärzten ist Gott sei Dank noch intakt, wenn es um Menschenleben geht. So durfte ich es trotz der politischen Zerreißung unseres Vaterlandes erleben, daß ein hervorragender Facharzt in Ostberlin sich auf

meine Bitte einer Patientin aus dem Erzgebirge anzunehmen versprach.
Der Brief in dem Weihnachtspäckchen war der Dank für dieses selbstverständliche Bemühen, das der Tod inzwischen allerdings zunichte gemacht hat. Die Kranke starb, ehe man sie nach Berlin bringen konnte.
»Aber unser Briefwechsel war doch nicht ganz umsonst«, schreibt Frau B., »denn nun haben wir doch die Gewißheit, daß wir nicht ganz verlassen sind. Darum wünsche ich Ihnen von Herzen eine recht frohe Weihnachtszeit. Und der Bergmann soll Ihnen einen kleinen Gruß aus unserer Heimat bringen.«
»Aus unserer Heimat«, schreibt Frau B. Ich meine, wir sollten zu Weihnachten ein wenig daran denken, daß auch unsere Heimat nicht nur die lichterglänzenden Straßen der westdeutschen Wohlhabenheit sind. Und daß wir das Tor nur aufmachen können, wenn wir zuvor unsere Herzen geöffnet haben.

1. Januar 1959

Unheimliches China

Haben Sie schon von der »Sonnabendnacht-Ehe« gehört? Wußten Sie, daß der kommunistische Alptraum von übermorgen bereits Wirklichkeit geworden ist?
In China hat man angefangen, die Bevölkerung nach Männern und Frauen getrennt in Arbeitslagern unterzubringen, damit man sie wie militärische Bataillone in die Produktionsschlacht werfen kann. Die Familien werden zerrissen. Die Kinder in eigene Kindergärten gesteckt, wo sie von den arbeitsunfähigen Alten verwaltet werden. Mütter sehen ihre Kinder nur einmal in vier Wochen. Die Liebe ist ausgestorben, aber damit die Rasse nicht ausstirbt, werden am Samstagabend in den riesigen Schlafkombinaten einige Räume abgeteilt, in denen die Ehepaare zusammen schlafen können. Die anderen Bewohner des Schlafsaals müssen dann für ein paar Stunden den Raum verlassen.
Wenn Sie im letzten STERN versäumt haben, den Bericht »Unheimliches China« nicht nur anzusehen, sondern wirklich auch zu lesen, dann holen Sie das bitte heute noch nach. Sie wissen, daß mir Superlative wenig liegen, aber diese Reportage gehört zu den erregendsten Dingen, die wir jemals veröffentlicht haben. Übrigens stehe ich mit dieser Meinung nicht allein. Gestern schickte die amerikanische Illustrierte LIFE zwei Redakteure zu uns, um Rolf Gillhausens Fotos für Amerika zu erwerben. STERN-Reporter Gillhausen ist nämlich für die Leser dieser größten Illustrierten der Welt ebensowenig ein Unbekannter wie für die STERN-Leser. Sie erinnern sich: Als die tragische Revolution in Ungarn ausbrach, war Gill der erste Mann an den Brennpunkten der Ereignisse. Seine Fotos erschienen damals im STERN, in bedeutenden Illustrierten aller europäischen Länder und in einem LIFE-Sonderheft. Dem Kreml aber waren diese Dokumentarbilder so unbequem, daß die sowjetische Propaganda allen Ernstes die Version verbreitete, STERN-Reporter Gillhausen habe in Ungarn gegen Honorar Menschen aufhängen und totschlagen lassen, um das Massaker fotografieren zu können.
Mit Rolf Gillhausen war Joachim Heldt jetzt in China. Sie kennen seine farbige Schilderung unserer Rußlandreise im vergangenen Jahr. Vielleicht erinnern Sie sich an die Arbeiterhochzeit in einer Vorstadt Moskaus, in die wir zufällig hineingerieten. Die ganze herzliche russische Gastfreundschaft nahm uns gefangen, und niemals wären wir aus dem fröhlichen Kreis der auf offener Straße tanzenden Menschen losgekommen, wenn Jochen Heldt nicht das erlösende

Wort gefunden hätte: »Unsere Seelen bleiben hier, aber unsere Körper müssen jetzt leider gehen.«
Was Joachim Heldt damals über Rußland schrieb, das hat die Funktionäre der sowjetischen Propaganda offenbar ganz mächtig aufgebracht. Sie zerrten unsere von »Intourist« gestellten Reisedolmetscher später vor die Mikrophone von Radio Moskau – und der gute Slawa und die arme Marina mußten bestätigen, daß wir ihrer sanften Überwachung einige Male entwischt waren und dabei fotografiert hatten, was dem Auge des Touristen eigentlich verborgen bleiben soll. Aber weder den drei Rundfunksendungen in deutscher Sprache unter dem spannenden Titel »Auf den Spuren der Verleumder« noch den spaltenlangen Kommentaren der Moskauer Presse gelang es, in Joachim Heldts Berichten auch nur eine einzige sachliche Unrichtigkeit nachzuweisen. Bis auf eine: Der wodkaselige Hotelportier in Kursk, der durchaus mit uns »Brüderchenschaft« trinken wollte, hieß nicht Grigorij, sondern Alexej Sergejewitsch. Und selbstverständlich war der Sowjetmensch keineswegs betrunken.

Rolf Gillhausen und Joachim Heldt sind nicht direkt von Hamburg nach Peking geflogen. Sie bestiegen in Brüssel die sowjetische Düsenmaschine Tu 104 und waren vier Stunden später in Moskau. Dann reisten sie zwölf Tage mit der transsibirischen Eisenbahn durch den ganzen roten Kontinent über den Ural durch Sibirien über Omsk, Irkutsk, Charbin, Mukden nach Peking und von dort durch das riesige unheimliche China.
Über sein Wiedersehen mit Moskau und die Begegnungen auf der Reise berichtete Joachim Heldt schon im vorigen Heft. Wenn Sie diesen Bericht versäumt haben und den letzten STERN nicht auftreiben können, dann schreiben Sie mir eine Postkarte, daß ich Ihnen einen Sonderdruck schicke.

Wer aber meinen sollte, China gehe uns doch nichts an, dem darf ich zwei Zahlen nennen: Jeden Monat kommt zu den 650 Millionen Chinesen eine weitere Million hinzu. Im Jahre 2000 wird jeder zweite Mensch auf Erden ein Chinese sein.
Und das werden unsere Kinder noch erleben!

8. Januar 1959

Kranke am Steuer

Am Dienstag der vergangenen Woche passierte in einer westdeutschen Großstadt ein Unglück, das wegen seiner äußeren Umstände unsere ganze Aufmerksamkeit finden sollte. Aus »bisher nicht geklärter Ursache« brach der Wagen des 57jährigen Rechtsanwalts Dr. Theodor D. auf völlig gerader und hindernisfreier Strecke plötzlich aus seiner Fahrbahn aus, überfuhr den Bordstein und raste mitten in eine Gruppe von drei kleinen Mädchen hinein, die eben dabei waren, ihre Hula-Hoop-Reifen auszuprobieren. Wie durch ein Wunder kamen die drei kleinen Mädchen mit dem Leben davon, aber es war ein schreckliches Wunder – zwei von ihnen werden sich fortan ohne Beine durch dieses Leben bewegen müssen.
Der Polizeibericht enthielt, wie gesagt, keine Erklärung für die Ursache des Unfalls. Dafür teilte er etwas anderes mit: Rechtsanwalt Dr. D. wurde tot hinter dem Steuer seines Autos hervorgezogen. Der Wagen hatte schließlich einen Laternenpfahl gestreift und war umgefallen.
Ein Reporter des STERN, der diesem merkwürdigen Unfall nachging, machte schließlich auch den Hausarzt des Verunglückten ausfindig. Ich habe mit diesem Arzt inzwischen ein längeres und

sehr vertrauensvolles Telefongespräch geführt, und wenn ich Ihnen darüber berichte, werden Sie gewiß verstehen, weshalb ich ganz gegen meine Gewohnheit in diesem Fall den Namen der Stadt verschweigen und den Verunglückten nur mit seinem Anfangsbuchstaben bezeichnen möchte.
»Ich habe es gewußt«, sagte der Doktor, »und ich habe meinem Patienten immer wieder gesagt, daß es eines Tages geschehen würde. Er litt an schweren Kreislaufstörungen mit Störungen der Hirndurchblutung, die seine Reaktionsfähigkeit manchmal bis zu sekundenlanger Lähmung herabsetzten. Für mich ist es auch kein Rätsel, daß er tot, aber unverletzt hinter seinem Steuer saß. Er war mit Sicherheit schon tot, als der Unfall geschah.«
Aber um Himmels willen, so werden wir denken, wenn der Arzt dieses Unheil kommen sah und bei dem Patienten kein Gehör für seine Warnungen fand – gibt es denn keine Pflicht des Arztes, den Kranken der zuständigen Verkehrsbehörde zu melden, um die Allgemeinheit zu schützen? So wie jeder Arzt einen Seuchenkranken melden muß, der für seine Umgebung zur Gefahr werden kann?
Man muß sich doch nur vorstellen, was geschehen wäre, wenn die Ärzte der Heidelberger Ludolf-Krehl-Klinik den mit einer Pocken-Infektion aus Indien zurückgekehrten Dr. Krump in ein Isolierzimmer getan und im übrigen über die Sache geschwiegen hätten. Wahrscheinlich wäre in Heidelberg eine Epidemie ausgebrochen. Denn ohne die Meldung der Ärzte hätte ja die Gesundheitsbehörde nicht sofort umfangreiche Schutzimpfungen durchführen können.
Nun werden Sie – und besonders die Autofahrer unter Ihnen – gewiß einwenden, ich möge nicht gleich den Teufel an die Wand malen und einen einzelnen herzkranken Autofahrer mit dem Verbreiter der Pocken vergleichen. Der Einwand ist richtig, aber leider in umgekehrtem Sinne. Denn die Opfer der Pocken in unserem Land und unserem Jahrhundert sind an zehn Fingern abzuzählen, aber in jeder Woche werden durchschnittlich 278 Verkehrsopfer nicht erst ins Krankenhaus, sondern gleich ins Leichenhaus geschafft.
Nur 12 Prozent der Unfälle sind auf technische Mängel zurückzuführen, an 88 Prozent trägt menschliches Versagen die Schuld. Das sind 244 Tote in jeder Woche!
Allein die Hälfte dieser Toten kommt auf das Schuldkonto von nur 4 Prozent aller Kraftfahrer. Einer verschwindend geringen Zahl von Auto- und Motorradfahrern verdanken wir also wöchentlich 122 Verkehrstote.
Das sind 6344 Tote im Jahr, die den wenigen typischen »Unfällern« zum Opfer fallen.
Ich meine, das sollte wahrhaftig ein Grund sein, sich mit diesen Leuten ein wenig näher zu befassen. Und das hat man denn auch getan. Ich will Sie nicht weiter mit Prozentzahlen langweilen, aber Sie dürfen mir glauben, daß dabei die vielzitierten »Verkehrsrowdys« im Verhältnis zu den Kranken kaum eine Rolle spielen.
Denn bei uns kann bis heute jeder Epileptiker unangefochten Auto fahren. Schwere Gleichgewichtsstörungen, völlige Ertaubung, Nachtblindheit, Störungen der Hirndurchblutung – das alles sind vor dem Gesetz keine zwingenden Gründe, den Führerschein abzugeben, den man einst als gesunder junger Mensch erworben hat. Ist es da ein Wunder, daß der Rechtsanwalt Dr. Theodor D. nur einer unter 186 Autofahrern war, die der Herztod im vergangenen Jahr auf den Straßen der Bundesrepublik am Steuer ihres Wagens überraschte? Selbst Schwachsinn schützt in unserem so überaus wohlorganisierten Staat vorm Steuer nicht, wenn die Verblödung erst nach dem Erwerb des Führerscheins eingetreten ist.
Man sollte also nicht länger so tun, als sei es ein Problem, die Unfallzahlen sofort und wirksam zu senken. Wer logisch denken kann, braucht nur aus den wirklichen Unfallursachen der letzten Jahre die Schlüsse zu ziehen. Dann ergeben sich drei Notwendigkeiten:
1. Die Verbesserung der Straßen – worüber demnächst zum Leidwesen unseres für sein Amt untauglichen Bundesverkehrsministers noch einiges zu sagen sein wird.
2. Die Ausschaltung der für den heutigen Verkehr untauglich gewordenen

Führerscheininhaber. Da regelmäßige Untersuchungen von neun Millionen Kraftfahrern einen zu großen Aufwand erfordern würden, sollte der Bund die ärztliche Meldepflicht für bestimmte Kankheiten einführen. Wer davon betroffen ist, kann alle zwei Jahre durch einen Test nachweisen, daß er keine Gefahr für seine Mitmenschen darstellt.
3. Schärfste Bestrafung durch langdauernden Führerscheinentzug in allen Fällen von Trunkenheit am Steuer.
Zum letzten Punkt hat der Amtsgerichtsrat Sprang in Ratzeburg soeben allerdings eine bemerkenswerte Illustration geliefert. Er verurteilte Herrn Karl Kröger zu 30 Mark Geldstrafe und beließ ihm den Führerschein, obwohl dieser Herr Kröger mit 1,3 Promille Alkohol einen Unfall verursachte und an der Fahrerflucht nur dadurch gehindert werden konnte, daß sich eine Zeugin quer über den Kühler seines Wagens legte. Vom Unfall bis zu diesem unbegreiflichen Urteil vergingen eineinhalb Jahre.
Dafür ist Herr Kröger auch der Polizeichef von Ratzeburg. Und wird es bleiben.

15. Januar 1959

Affäre Ludwig: Tips für den Staatsanwalt

Wenn der Oberstaatsanwalt Erwin Fischer in Karlsruhe diese Zeilen liest, wird er wissen, daß er eine Wette verloren hat.
Wer unter Ihnen unseren Dokumentarbericht »Die Affäre Ludwig« verfolgt, kennt Oberstaatsanwalt Fischer als den Mann, der in dieser heißen Sache beim Bundesgerichtshof die Ermittlungen führt. Fünfzehn Wochen sitzen der Kapitänleutnant der Bundesmarine Horst Ludwig, der Obermaat Fritz Briesemeister und der Versicherungsangestellte Werner Jäger jetzt schon in Untersuchungshaft. Ehefrau Hanni Jäger, die Schwester des Kapitänleutnants, wurde inzwischen »bedingt« zu ihren Kindern entlassen – sie steht unter Beobachtung und muß sich jeden Tag bei der Polizei in Mannheim melden. Den Grund zu diesen Verhaftungen gab der Generalbundesanwalt am 27. Oktober des vorigen Jahres in einer Erklärung bekannt, in der es u. a. heißt:
Auf Grund erheblichen Beweismaterials besteht der dringende Verdacht, daß die genannten vier Beschuldigten im Dienste des sowjetrussischen Nachrichtendienstes gestanden haben. Ihre Aufträge bezogen sich vorwiegend auf militärische Angelegenheiten, hatten aber auch politischen Nachrichtendienst zum Gegenstand.

Soweit also der »dringende Verdacht« des Generalbundesanwalts. Sein Dezernent Fischer aber ist mit Hilfe der Kriminalpolizei seit nahezu drei Monaten bemüht, diesen Verdacht zur Gewißheit zu verdichten.
Der Mann nun, mit dem der Oberstaatsanwalt Fischer die Wette einging, heißt Gerd Heidemann, und Sie können seinen Namen im Impressum des STERN unter den Fotoreportern finden. Gerd Heidemann ist nicht nur ein guter Fotograf, er ist bei uns sozusagen das, was ein Staatsanwalt bei der Justiz ist: Spurensucher, Beweiserheber, Kriminalist und Reporter in einer Person. Und auch er ist auf den »Fall Ludwig« angesetzt.
Die Wette aber, die der hohe Justizbeamte und der STERN-Reporter lächelnd schlossen – nicht um Geld oder Geldeswert, sondern als sportliche Geste und sozusagen »aus Spaß an der Freude« –, ging darum, daß Heidemann meinte, es müsse ihm doch einmal gelingen, den Oberstaatsanwalt zu fotografieren, wie er sich jeden Mittwochmorgen die neuesten Informationen über den Fall Ludwig aus dem STERN holt.

Oberstaatsanwalt Fischer bestritt nicht, daß er sich den STERN gleich nach Erscheinen zu kaufen pflegt, und er konnte auch schlecht bestreiten, daß unsere Ermittlungen in der Affäre Ludwig den Ermittlungen der Polizei oft um einige Nasenlängen voraus sind. Aber sich fotografieren lassen . . . »da müßten Sie schon sehr geschickt sein, mein lieber Herr Heidemann, wenn Sie es fertigbringen wollten, jemals ein Bild von mir zu machen. Und was den STERN angeht – das Exemplar, das ich heute früh bekommen habe, werde ich heute abend zu Hause lesen, und da können Sie mich schlecht fotografieren«.

Nun, hier ist das Bild. Und wenn es – aus großer Entfernung geschossen – auch nicht gerade ein Meisterporträt ist, so ist es doch ein Dokument, und der Oberstaatsanwalt wird sich darauf schon erkennen. Ich bin auch ganz sicher, daß er in der Nummer 1 des STERN, die er da in Händen hält, ein paar Dinge über Horst Ludwig und dessen Familie erfahren hat, die ihm die Polizei bis dahin nicht verraten konnte.
Und weil der Oberstaatsanwalt ein sportlich denkender Mann ist, hat er es eigentlich verdient, daß wir ihm die verlorene Wette noch mit ein paar interessanten Informationen versüßen.
Sie suchen, verehrter Herr Oberstaatsanwalt, seit langem nach den Kopien der Berichte, die der Kapitänleutnant Ludwig über seinen Schwager Werner Jäger an den sowjetrussischen Nachrichtendienst gab. Ja, hätten Ihre Beamten nur rechtzeitig den Kinderkleiderschrank der Familie Jäger auseinandermontiert! Dann wären ihnen nämlich sechs Schnellhefter mit Durchschlägen in die Hände gefallen. Wie gesagt, dort lagen sie bis vor kurzem versteckt – inzwischen könnte man sie im Keller des Hauses Jean-Becker-Straße 8 in Mannheim finden, wenn man die Kartoffeln ein wenig beiseite schaufelt. Ihre Beamten müßten sich aber schon sehr beeilen, denn nicht nur Sie lesen den STERN, sondern auch die »bedingt« freigelassene Hanni Jäger. Und was für einen Eindruck würde es machen, wenn Frau Jäger noch Zeit hätte, das Zeug zu verbrennen – wie Frau Briesemeister Zeit dazu hatte. Oder wenn es ihr gelänge, den Kram wegzuschaffen – wie es ihrem 14jährigen Sohn Detlef gelang, einen Packen Filme aus seiner Hosentasche in den Ofen zu praktizieren, während acht Kriminalbeamte die Wohnung durchsuchten und zwei von ihnen gerade die Schulmappe des Jungen auf den Boden entleerten.
Erinnern Sie sich an die Panne, die Ihren Beamten passierte, als Sie zwecks Sicherstellung der Prozeßkosten eine Pfändung in der Jägerschen Wohnung anordneten? Als die Polizisten endlich begriffen hatten, daß nur Wertsachen, wie der Fernsehapparat und die Waschmaschine, beschlagnahmt werden sollten, brachten sie die Möbel wieder zurück. Sie brachten auch eine verschnürte Couch zurück, die noch heute die Kreideaufschrift »Pfandgut – Kriminalamt« trägt. Und noch heute liegen im Bettkasten dieser Couch die unentdeckten Tagebücher des Landesverräters Werner Jäger.
Wahrhaftig, von den 39 Tagen, welche die Meldung über den spionierenden Kapitänleutnant von Berlin nach Bonn unterwegs war, bis zur Tatsache, daß Hanni Jäger noch heute unbemerkt mit Weimar telefonieren kann, hat eine einzige Kette von Schlampereien den Fall Ludwig längst zur »Affäre Ludwig« gemacht.

Da fehlte eigentlich nur noch, daß die Hauptbelastete Hanni Jäger ihre »bedingte« Freiheit im Westen an den Nagel hängt und zu ihren Auftraggebern nach Ostberlin flüchtet. Zwar läßt die Bundesanwaltschaft Frau Jäger polizeilich überwachen und gibt der Familie wöchentlich nur 60 DM frei. Weiß sie aber auch, daß inzwischen von den Westberliner Konten des Spionageringes mehrfach größere Summen an eine Deckadresse gingen und daß Frau Jäger unter den Augen der Polizei das Stadtgebiet von Mannheim verließ, um dieses Geld abzuholen?
Ich meine, wir inszenieren hier keine Komödie und drehen keinen Spionagefilm. Es geht um unseren Staat und um unser aller Sicherheit. Darum sollten Sie den STERN auch weiterhin aufmerksam lesen, Herr Oberstaatsanwalt!

Oder soll ich Ihnen den STERN-Reporter Heidemann einmal ausleihen?

Juden brauchen kein Tabu

Ich habe nach dem Krieg einige Jahre in Oberbayern auf dem Lande gelebt. Der Ort hieß Oberfischbach, eine Wegstunde von Bad Tölz entfernt, er bestand nur aus ein paar verstreut liegenden Höfen. Deutsche Zeitungen gab es damals noch nicht, zu einem Militärregierungsblatt hatte ich keine Lust, und so habe ich lieber Holz geschlagen, gezimmert, Dächer repariert und Mist gefahren – wie's gerade so kam. Schließlich war ein Liter Milch am Abend wichtiger als eine Lohntüte am Monatsende.

Ich kann nicht sagen, daß ich mich zwischen den Einheimischen nicht wohl gefühlt hätte. Natürlich hat man mich dort für einen Preußen angesehen, und mehr als einmal, wenn ich mit meinem Fuhrwerk den engen Hohlweg zur Isar hinunterfuhr und auf halber Strecke dem Milchfahrer Jackl begegnete, hat er über den »Saupreiß'n« geflucht, vor dem er seinen Wagen zurücksetzen mußte. Ich hab's hingenommen, und mit der Zeit hat sich der alte Jackl an mich gewöhnt.

Inzwischen ist noch mehr Zeit vergangen, und wenn ich heute noch gelegentlich zum Skifahren nach Oberfischbach komme und es fiele dort jemandem ein, mich als Saupreußen zu titulieren, dann würde ich mich natürlich sogleich an meinen Bürgermeister Max Brauer in Hamburg wenden. Ich bin sicher, daß er unverzüglich den »Staatsnotstand« proklamieren und ein Flugzeug nehmen würde, um in Bonn mit dem Bundeskanzler und dem Bundesaußenminister zu beraten, wie diese kollektive Verleumdung und Beleidigung aller Norddeutschen zu ahnden sei.

Und Konrad Adenauer (CDU) würde mit Max Brauer (SPD) gewiß darin übereinstimmen, daß dieses »ungeheuerliche Geschehen« schnellstens ungeschehen zu machen sei, schon weil es »Dynamit für das deutsche Ansehen im Ausland bedeuten könnte«. Vielleicht würde man, wenn die ordentlichen Gerichte versagten, den Generalbundesanwalt bemühen, und wenn auch der nichts ausrichten könnte, dann müßte eben der Bundestag ein »Sondergesetz gegen die Verunglimpfung Norddeutscher in Bayern« beschließen. Nur weiß ich nicht, ob so viel Windmacherei die Beliebtheit der Hamburger an der Isar auch wirklich steigern würde.

Sie meinen, das alles sei doch recht übertrieben? Nun ja – aber hat nicht auch der Hamburger Bürgermeister Brauer übertrieben, als er wegen der obskuren Broschüre eines Herrn Friedrich Nieland, der doch leicht als ein Herr Niemand zu durchschauen war, nach Bonn flog und den Bundeskanzler alarmierte?

Dieser Friedrich Nieland ist ohne Zweifel ein verbohrter Antisemit, auch wenn er nie ein Hakenkreuz am Revers getragen hat. Vierzig von seinen 62 Jahren hat er dazu benutzt, um neben seiner Tätigkeit als Holzkaufmann noch Bücher und Zeitschriften »zur Judenfrage« zu sammeln. Nun glaubt er, aus diesem Wust von Papier schließen zu können, daß es eine geheimnisvolle Verschwörung von ein paar hundert Juden gebe, die eifrig bemüht seien, den dritten Weltkrieg zu entfesseln. Er kann auch »beweisen«, daß Hitler, als er die Juden Europas in die Gaskammern schickte, nur ein Werkzeug dieser internationalen Judenverschwörung gewesen ist.

Nieland ließ seine Erkenntnisse in 2000 Exemplaren drucken und verschickte sie an Minister und Abgeordnete. Offenbar hat der Holzhändler nunmehr beschlossen, Politiker zu werden.

Hätte dieser Mann mich auf der Redaktion mit seinen Ideen heimgesucht – Gott sei Dank kam er nicht auf den Gedanken –, dann hätte ich ihn zehn Minuten aus Höflichkeit angehört als einen jener sonderbaren Heiligen, die in Abständen das Perpetuum mobile erfinden, eine neue Atomtheorie entdecken und sich mit Marsmenschen unterhalten. Es wäre mir aber nie in den Kopf gekommen, daß Herr Nieland und seine konfusen Ideen »staatsgefährdend« sein könnten und daß man seinetwegen einen Richter bemühen müßte.

Wir Deutschen haben die Schuld am Tode von Millionen jüdischer Mitmenschen zu tragen. Ich weiß, daß es deshalb ein anderes Ding ist, ob bei uns die Preußen, die Bayern oder die Juden beschimpft werden. Dennoch weigere ich mich zu glauben, daß der Holzhändler Nieland uns heute dazu bringen könnte, noch einmal mit dem Jahr 1933 zu beginnen und den schrecklichen Totentanz in KZs, Vernichtungslager und in das allgemeine Chaos anzutreten.

Inzwischen haben sich sechs Richter in zwei Instanzen mit dem Fall Nieland befaßt. Vielleicht hatten sie erwartet, daß ein Psychiater den Angeklagten zum harmlosen Irren erklären würde. Aber der Gutachter Prof. Dr. Lang-Lüddeke bezeichnete Nieland als strafrechtlich voll verantwortlich und billigte ihm, wie das »Hamburger Abendblatt« vermeldet, sogar zu, daß er »aus einem echten Pflichtgefühl und gerade zum Erhalt der demokratischen Freiheit« jenes wirre Geschreibsel verfaßte. Ich zitiere das Gutachten mit allem Vorbehalt, weil dieser Satz mir mehr über die geistige Verwirrung des Gutachters als über die des Begutachteten auszusagen scheint.
Die Richter jedenfalls standen vor der Notwendigkeit, Herrn Nieland mit den Paragraphen des Gesetzes zu messen, und sie fanden weder eine juristisch faßbare »öffentliche Beleidigung« noch gar eine »Staatsgefährdung« in seiner Broschüre. Deshalb sprachen sie ihn frei. Und kein Hahn hätte nach seinen abstrusen Ideen gekräht, wäre nicht der Unverstand der Politiker gewesen, die den Fall Nieland inzwischen zu einer Haupt- und Staatsaktion aufgedonnert haben.
Und die damit genau das Gegenteil von dem bewirkten, was sie bewirken wollten.
Ich möchte nicht mißverstanden sein: Den Mörder Dr. Eisele und den Lehrer Zind, der sich zu der verbrecherischen Behauptung verstieg, es seien noch zuwenig Juden vergast worden, möge die ganze Schärfe des Gesetzes treffen. Aber ich meine, wir sollten es vermeiden, aus dem Gefühl unserer Schuld heraus unsere jüdischen Mitbürger nun mit einem Tabu oder gar mit dem Paragraphenzaun eines Sondergesetzes zu umgeben. Wir schützen sie damit nicht, sondern wir jagen sie in ein Getto besonderen Rechtes, und den Antisemiten fällt es dann nicht schwer zu behaupten, daß sie Fremde seien.
Als ich noch in der Schulbank saß, teilte ich sie ein Jahr lang mit einem Kameraden, der mich bei den Mathematikarbeiten abschreiben ließ, während ich ihm beim deutschen Aufsatz half. Daß er aus einer jüdischen Familie stammte – wen von uns Fünfzehnjährigen interessierte das?
Mein Schulkamerad gehört zu den wenigen, die davongekommen sind. Er arbeitet heute auf einer Fischzuchtfarm am See Genezareth. Aber wenn wir uns je wieder begegnen könnten, dann möchte ich, daß wir, wenn auch nicht so unbefangen, so doch durch das Verhängnis weiser geworden, wieder zusammensitzen und daß der eine im anderen wie einst nur den Menschen sieht.
Nicht mehr und nicht weniger!

29. Januar 1959

Zur Ehe verurteilt

Dem Nürnberger Oberlandesgericht blieb es vorbehalten, eine Ehe als ein hartes Opfer zu bezeichnen, das man von einem deutschen Mann in schwerer Zeit füglich erwarten könne.

Der Fall, um den es geht, begann vor vielen Jahren im sudetendeutschen Teil der Tschechoslowakei. Damals vertrugen sich Tschechen und Deutsche noch einigermaßen, und die Verhetzung war noch nicht auf den Höhepunkt gestiegen, den

sie später erreichte. Damals war es noch möglich, daß der Deutsche Hans Klingenberg ein Mädchen liebte und heiratete, das aus dem tschechischen Volksteil des Landes kam.
Heute ist von dieser Ehe nichts übriggeblieben als ein Stoß dicker Akten, deren Inhalt zusammengefaßt wurde in ein paar Blättern im Kanzleiformat, säuberlich mit einem blau-weißen Bindfaden geheftet und mit einem Gerichtssiegel verziert. Diese Blätter enthalten das Urteil, das Hans Klingenberg auferlegt, seine Ehe weiterzuführen, obwohl dieser zur Ehe verurteilte Mann seine Frau seit 15 Jahren nicht mehr gesehen hat und sie wohl auch nicht wieder sehen wird.
Ein Senatspräsident und zwei Oberlandesgerichtsräte haben dieses Urteil unterschrieben, und wenn man ihre Dienstjahre zusammenzählt, dann haben sie gemeinsam wohl ein halbes Jahrhundert dem Recht gedient. Gegen ihren Beschluß gibt es keinen Einspruch mehr. Trotzdem hat Hans Klingenberg das Gefühl, daß ihm Unrecht geschehen ist.
Er lebt jetzt in einer kleinen Stadt in Bayern. Seine Frau und seine drei Kinder sind in Eger, und sie haben alle die tschechische Staatsangehörigkeit, nachdem es der Frau 1945 gelungen war, als Tschechin anerkannt zu werden und in der Heimat zu bleiben.
Der Mann freilich war um diese Zeit schon ein Jahr in russischer Gefangenschaft. 1943 war er zum letztenmal in Urlaub gewesen. 1949 entließen ihn die Russen – natürlich nicht nach der Tschechoslowakei, sondern nach Deutschland, und als er versuchte, wieder zu seiner Familie zu kommen, winkten die Tschechen ab. Er bekam keine Einreise. So ging er zu seiner Mutter, die als Flüchtling in einer süddeutschen Kleinstadt eine Unterkunft gefunden hatte.
Zunächst gingen Briefe hinüber und herüber. Bitte komm! schrieb der Mann. Aber sie enttäuschte ihn. »Mir geht es gut«, schrieb sie. »Was soll ich bei einem arbeitslosen kranken Mann in Deutschland? . . . Die Kinder verstehen kein Wort Deutsch.« Und damit Hans Klingenberg nicht etwa auf den Gedanken käme, zu seiner Familie nach Eger zu fahren, warnte sie ihn gleich: Er spreche nur mangelhaft tschechisch, und als Deutscher würde er wohl nur Arbeit in den Kohlengruben finden.
Von solchen Briefen lebt keine Ehe und die Liebe schon gar nicht. Jeder ging seine Wege – Hans Klingenberg, der nie die Wahl gehabt hatte, sich zwischen Ost und West zu entscheiden, und seine Frau, die zwar damals freiwillig in ihrer Heimat geblieben war, jetzt aber ebenfalls nicht mehr die Möglichkeit hatte, durch den Eisernen Vorhang zu schlüpfen. Als auch der Briefwechsel schließlich abstarb, weil man einander nichts mehr zu sagen hatte, reichte der Mann Anfang 1954 die Scheidung ein, um sich wieder eine Frau suchen zu können. Das Landgericht Regensburg hatte dafür Verständnis; zwanzig Monate später wäre er ein freier Mann gewesen, wenn nicht . . .
Die Frau in Böhmen legte nämlich Berufung ein. Ihr Mann war inzwischen Beamter geworden. Vielleicht würde sie doch zu ihm kommen, wenn es keinen Eisernen Vorhang gäbe. Vielleicht!
Dieses Vielleicht genügte dem Oberlandesgericht in Nürnberg, das Urteil umzustoßen. Die Richter verübelten dem Manne, daß er nicht acht Jahre lang wie ein Eremit in der Wüste gelebt hatte, und orakelten dann: »Es ist nicht ausgeschlossen, daß die ČSSR Anträgen auf Ausreisegenehmigungen zum Zwecke der Familienzusammenfügung früher oder später . . . stattgeben wird.« Dann, so mutmaßten sie, könnte möglicherweise aus der papierenen Ehe wieder eine Lebensgemeinschaft werden. Bis dahin müsse eben der Mann allein durchs Leben gehen.
»Bei gutem Willen« – so heißt es in dem Urteil – »müßte es dem Kläger (Hans Klingenberg) möglich sein . . . alles in seinen Kräften Stehende zu tun, um die Familie zusammenzuführen.« Wahrscheinlich bin nicht nur ich geneigt, die Richter zu fragen, was ein einzelner kleiner Mann tun müßte, um in den Eisernen Vorhang ein Loch zu schneiden. Die Richter könnten ihm vielleicht helfen, wenn sie Abschriften ihres Urteils an Mr. Eisenhower, Weißes Haus, Washington, und an Gospodin Chruschtschow, Kreml, Moskau, schickten. Denn von den Entschlüssen dieser beiden Herren hängt es letztlich ab, ob die Hoffnungen

der Richter überhaupt in Erfüllung gehen können und ob Hans Klingenberg je in die Lage kommen wird, mit seiner ihm noch immer gesetzlich angetrauten Frau zum zweitenmal eine Lebensgemeinschaft aufzubauen.
Sie haben schon recht, die Richter, wenn sie grundsätzlich und von hoher Warte herab mahnen, die Ehe sei »eine Lebensgemeinschaft mit der Verpflichtung zu gegenseitiger Achtung, Fürsorge, Hingabe und Treue in guten und in bösen Tagen«. Die Frage ist nur, ob im Falle des Hans Klingenberg nicht die Verhältnisse stärker waren, als es alle Ideale sein konnten.
Daß man als Richter eine Scheidungsklage von einer weniger hohen Warte entscheiden kann, dafür gibt es ein sehr demonstratives Beispiel aus München.
Eines späten Montagabends im vergangenen Jahr geriet die Filmschauspielerin Susanne Cramer ins Handgemenge mit ihrem eifersüchtigen Ehemann Helmut Lohner. Am Dienstag reichte sie die Scheidung ein, und am Mittwoch kurz nach der Mittagsstunde war das Pärchen aller Fesseln ledig. Die Ehe dauerte 143 Tage, die Scheidung von der ersten Ohrfeige bis zum Urteil 34 Stunden. Zwar schreibt die Prozeßordnung vor, daß frühestens zwei Wochen nach Zustellung der Klageschrift die erste mündliche Verhandlung sein darf, aber ausnahmsweise kann es auch schneller gehen. Für Filmstars hatten die Münchner Richter sofort Zeit. Der Mann aus dem Sudetenland aber mußte dreieinhalb Jahre warten, ehe die Richter ihm sagen, daß es für ihn keine Scheidung gibt.
Das Grundgesetz, meine ich, müßte doch für alle gelten. Und dort heißt es im Artikel 3: »Alle Menschen sind vor dem Gesetz gleich.« Von einem Unterschied, der zwischen Filmstars und Flüchtlingen zu machen sei, steht dort nichts.
Gründlich, wie unsere deutschen Statistiker sind, führen sie ziemlich genau Buch über die Ehescheidungen. Sie haben ausgerechnet, daß jede 25. Ehe im Laufe der Zeit zerbricht. Es zeigte sich aber auch, daß Flüchtlingsehen zu den beständigsten gehören. Geteilte Not ist offenbar ein besserer Ehekitt als geteilte Freuden. Aber im Fall des Hans Klingenberg hatte es die Frau vorgezogen, die Not nicht zu teilen. Das müßten auch die Richter bedenken.

5. Februar 1959

Die Lehren meines Vaters

Erinnern Sie sich noch an die Zeiten, als bei uns Studienräte die Straßen fegen mußten, weil sie »bei der Partei« gewesen waren? Und als berufsmäßige Straßenkehrer spazieren gingen, weil man sie als ehemalige PGs nicht mehr für würdig hielt, den Dienst am Besen zu verrichten?
Sie meinen, das sei lange her?
Nun, im Münchner Rathaus ist man immer noch dabei, den politischen Irrtum als Verbrechen zu bestrafen – auch wenn dieser Irrtum inzwischen fünfundzwanzig Jahre zurückliegt.
Vor wenigen Tagen hatte das Stadtparlament in München darüber zu beschließen, ob man eine Vorschrift aus dem Jahre 1947 aufheben solle, wonach ehemalige Mitglieder der NSDAP nicht bei einer städtischen Bezirksinspektion beschäftigt werden können. Man sollte meinen, es hätte darüber keiner langen Debatte bedurft. Statt dessen aber meldeten sich elf Redner zum Wort, stritten sich mit Bierernst und heißen Köpfen über diese »Grundsatzfrage«, und am Ende gab es das, was man in Parlamenten eine Kampfabstimmung nennt: Die Vernunft siegte mit ganzen vier Stimmen Mehrheit. Künftig darf also ein ehemaliger kleiner Nazi darüber wachen, daß die Rettiche auf dem Viktualienmarkt Preis-

schilder tragen und die Eichstriche an den Bierkrügen nicht von frevelnder Hand tiefer gesetzt werden.
Natürlich nur die kleinen Nazis – denn um die großen braucht sich das Münchner Stadtparlament nicht mehr zu sorgen, die geben sich mit dem Posten eines Bezirksinspektors längst nicht mehr ab. Die sind inzwischen Stadträte, Bürgermeister, Richter und Minister geworden. Immerhin verdient festgehalten zu werden, was der Münchner Stadtrat Hofmann (SPD) in dieser denkwürdigen Rathausdebatte im Januar 1959 von sich gab: »Ich für meine Person«, meinte er in seinem miserablen Stadtratsdeutsch, »bin nicht gewillt, einen Strich unter die Vergangenheit zu machen. Warum konnte es den Fall Zind, den Fall Eisele und den Hamburger Fall Nieland geben? Weil heute Tausende und aber Tausende in Deutschland immer wieder gewillt sind zu sagen, man sollte einen Strich unter die Vergangenheit machen . . . Wir sind aber nicht gewillt, schlankweg zu sagen: Die wichtigen Stellen in den Bezirksinspektionen, die nun einmal die Kontaktstellen der Stadtverwaltung mit der Bevölkerung sind, werden schlechthin für jeden PG freigegeben.«
Als ich diese verworrene Rede des Münchner sozialdemokratischen Stadtrats Hofmann las, da mußte ich an einen anderen Mann denken, der einst Opfer der gleichen – wenn auch umgekehrten – Intoleranz geworden war. Und der Zufall will es, daß auch dieser Mann ein sozialdemokratischer Stadtrat gewesen ist. Er war mein Vater.
Im April 1933 erließen die Nazis das »Gesetz zur Wiederherstellung des Berufsbeamtentums«. Damals haben sie meinen Vater hinausgeworfen. Er war Kriminalkommissar in Emden in Ostfriesland. Und wenn es erlaubt ist, ohne Eitelkeit seinen eigenen toten Vater zu rühmen: Er war ein Berufsbeamter in der korrektesten Bedeutung des Wortes. Den einen Fehler hatte er allerdings immer gehabt: Er kam nicht aus dem, was man vor 1914 eine »gutbürgerliche Familie« nannte. Er war ein Arbeiterkind gewesen, eines unter sieben Geschwistern, und die wären wohl nicht alle satt geworden, hätte der Älteste nicht ein paar Groschen hinzuverdient, in der Frühe vor der Schule mit Zeitungstragen und am Nachmittag mit Pferdeputzen und schwerer Landarbeit.
Und weil er seine Herkunft auch später nie vergaß, hat er als Stadtrat – man nannte es bei uns Bürgervorsteher – sein Teil dazu getan, das soziale Unrecht jener Zeit auszugleichen.
Aber die Nazis waren, um die Redeweise des Herrn Hofmann zu gebrauchen, »nicht gewillt«, einen sozialdemokratischen Kriminalkommissar »schlankweg in seinem Amt zu belassen«. Und ich werde es nie vergessen, wie zwei tief beschämte Polizisten an unserer Haustür klingelten und sagten, sie seien gekommen, um den Polizeidegen meines Vaters abzuholen. Schweigend und mit einer ganz unpathetischen Gebärde zerbrach mein Vater den Degen über dem Knie und gab die Stücke den beiden Abgesandten.
Daran mußte ich denken, als ich die Rede des Stadtrats Hofmann las, der einem ehemaligen PG auch weiterhin das bescheidene Amt eines Bezirksinspektors verwehren will.
Ich weiß, er wird mir jetzt entgegnen, daß es doch wohl ein erheblicher Unterschied sei, ob jemand wegen seiner Mitgliedschaft bei der NSDAP oder wegen seiner Zugehörigkeit zur SPD von öffentlichen Ämtern ferngehalten werde. Das wäre am Ende ein ungeheuerlicher Vergleich!
Aber ist es das wirklich?
Die vielen Deutschen, die Hitler und seine Partei wählten, taten das sicher nicht, weil er die Gaskammern und den Krieg proklamiert hätte, sondern weil er Arbeit und Brot versprach, Wohnungen, Straßen, Volkswagen und was sonst einem von Not und Arbeitslosigkeit zermürbten Volk wie eine goldene Zukunft erscheinen mußte.
Gewiß hat sich das als ein verhängnisvoller Irrtum erwiesen, aber dieser Irrtum allein ist kein strafwürdiges Verbrechen. Wie könnte man von einem Privatmann ein besseres politisches Urteil erwarten als von den ausländischen Staatsmännern, die mit Hitler wie mit einem honorigen Partner verhandelten. »Man muß Hitlers nationale Leistung bewundern«, schrieb noch 1937 ein prominenter Ausländer, »und ich hoffe, daß unser

Land – wenn es je eine Niederlage erleben sollte – einen Mann fände, der ebenso leidenschaftlich bemüht wäre, uns unseren Mut wiederzugeben und uns auf unseren Platz unter den Nationen zurückzuführen.«

Der prominente Ausländer, der dieses schrieb, heißt Winston Churchill. Aber ich bin fast sicher, daß Herr Churchill auch kein Bezirksinspektor in München werden will.

Man sollte endlich aufhören, den politischen Irrtum und das politische Verbrechen zu verwechseln. Mörder wie Eisele, wie Sorge und Schubert haben keinen Anspruch darauf, daß man einen Strich unter ihre Vergangenheit zieht. Aber der ehemalige Parteigenosse Huber, der sich nichts zuschulden kommen ließ, hat diesen Anspruch!

Sonst könnte es sein, daß unsere Demokratie eines Tages an Blutvergiftung zugrunde geht. Kein Körper verträgt es, wenn man lebendige Glieder allzulange abschnürt.

12. Februar 1959

Die Tragödie der »Wilhelm Gustloff«

Noch immer habe ich den leise wimmernden Ton im Ohr, den man tagelang für ein Funkzeichen der Überlebenden des dänischen Schiffes »Hans Hedtoft« hielt. Die grönländische Station »Julianehaab« hielt die Zeichen auf Tonband fest. Es war die allerletzte Hoffnung, daß nicht alle fünfundneunzig Menschen den Tod gefunden hatten, die an Bord von »Hans Hedtoft« waren, als das Schiff im Eissturm zermalmt wurde. Niemand weiß zur Stunde, ob die Funkzeichen wirklich von einem der Rettungsboote stammten oder ob es das Landesignal für ein silberglänzendes Passagierflugzeug war, das gerade – voll zufriedener, sorgloser Menschen – irgendwo auf der Welt zur planmäßigen Landung ansetzte. Solche Signale sind zuweilen weit weg vom Flugplatz zu hören, wenn besondere atmosphärische Bedingungen herrschen.

Es war ein Ton, der die ganze Hilflosigkeit des Menschen vor den Gewalten der Natur auszudrücken schien, jene Hilflosigkeit, die uns zuweilen lähmend überfällt, während wir uns gerade so selbstsicher als Herren über Zeit und Raum fühlen. Unsere Raketen fliegen zum Mond, unsere Passagierflugzeuge umkreisen fast mit Schallgeschwindigkeit die Erde, mit Atomkraft können wir Berge versetzen und Meere schaffen – und müssen dann hilflos zusehen, wie fünfundneunzig Menschen spurlos im Eisorkan verschwinden.

Als in der vergangenen Woche die Nachrichten vom Untergang der »Hans Hedtoft« durch die Welt gingen, waren drei STERN-Redakteure gerade mit dem Bericht über eine andere Schiffskatastrophe beschäftigt. Auch dieses Schiff ist in einer Sturmnacht bei eisiger Kälte gesunken. Aber der Rumpf dieses Schiffes wurde nicht von einem Eisberg aufgerissen, sondern von – Torpedos. Und über 4000 Menschen sind dabei ums Leben gekommen.

Ich meine den Untergang der »Wilhelm Gustloff«.

Ich glaube zu wissen, welche Empfindungen und Vorstellungen dieser Name bei den meisten unserer Leser auslöst. Wohl die gleichen, die wir auch hatten: Grauen, Entsetzen und vor allem Mitleid mit den unschuldigsten Opfern dieses Krieges, mit den Frauen und Kindern. Das riesige Schiff war überfüllt mit Flüchtlingen aus Ostpreußen, die den vorstoßenden russischen Panzern entkommen wollten. Über 6000 Menschen befanden sich an Bord, als die »Gustloff« am 30. Januar 1945 ihren Liegeplatz am Kai in Gotenhafen verließ und in der

Ostsee einem russischen U-Boot vor die Torpedorohre lief.
Das alles ist bekannt. Aber was auf diesem Schiff im einzelnen geschah, was sich nach den Treffern abspielte, hat noch niemand aufgeschrieben.
Kann das überhaupt beschrieben werden? Die Panik, die Todesangst, das grauenhafte Zugrundegehen von Tausenden und auch die Bewährung vieler im Augenblick des Todes?
Wir glaubten: nein? Voller Skepsis betrachteten wir die tausend eng beschriebenen Seiten eines Manuskriptes, das eines Tages auf unserem Redaktionsschreibtisch gelandet war. Der Verfasser stellte sich als Joachim Brock vor, heute ist er Arzt in Stuttgart, damals war er Leutnant zur See. Er saß uns gegenüber und sagte, er sei ein Überlebender von der »Gustloff«.
Das Manuskript wurde reihum von Lektoren und Redakteuren gelesen, und danach standen wir vor der üblichen Frage: abdrucken oder ablehnen?
Noch nie ist eine Entscheidung so schwergefallen, denn das, was wir hier zu lesen bekommen hatten, war interessant – grauenvoll interessant. Dieses war die nackte, ungeschminkte Schilderung einer Katastrophe von unvorstellbaren Ausmaßen, ein Erlebnisbericht, in dem nichts beschönigt oder schonungsvoll übergangen wurde, nicht das Heldentum einzelner im Strudel der Katastrophe und auch nicht die Lebensgier vieler im Angesicht des Todes, bei der alle Formen von Stille und Anstand nicht mehr galten. Sollte das wirklich die Wahrheit sein?

Wir begannen uns nach anderen Quellen umzusehen. Und Dr. Brock wartete geduldig. Er hatte sich mit der Niederschrift seiner Erlebnisse dreizehn Jahre Zeit gelassen, da kam es ihm auf ein paar Wochen nicht mehr an.
Alles, was über die »Gustloff« zu erfahren war, wurde von uns gesammelt. Wichtiges und Unwichtiges. Technische Daten, Schiffspläne, die Namen der Besatzungsmitglieder, militärische Lageberichte, Wetterberichte und Passagierlisten, soweit es sie gab. Die Ergebnisse dieser Nachforschungen bestätigten, was Dr. Brock bereits aufgeschrieben hatte.
Aber bei den vielen Gesprächen, die wir mit Überlebenden hatten, tauchten drei Namen auf: Maria Reiser, Kurt Reiser und Hans Schottes. Zunächst waren es nur Andeutungen und lückenhafte Erzählungen, in denen diese drei Namen vorkamen. Viele widersprachen sich, andere klangen zunächst ganz unwahrscheinlich, bestätigten sich dann aber, und schließlich ergab alles zusammen das Bild und die erschütternde Lebensgeschichte von drei Menschen, die alle Höhen und Tiefen einer aus den Fugen geratenen Zeit erlebt und erlitten haben. Auch sie waren auf der »Gustloff«, drei unter Tausenden, aber an ihnen hat sich das Schicksal auf dieser Unglücksfahrt tragisch erfüllt. In diesem Heft beginnen wir mit dem Abdruck unseres Berichtes über die größte Schiffskatastrophe aller Zeiten.
Im Eismeer wird immer noch nach den Opfern der »Hans Hedtoft« gesucht. Nein, kein Vergleich mit der »Gustloff« – solange Schiffe auf Meere hinausfahren, wird es vorkommen, daß das eine oder das andere nicht wieder heimkehrt. Das werden die besten Seeleute und die vollkommensten Geräte nie ganz verhindern können. Eisberge wird es immer geben. Sorgen wir dafür, daß es nie wieder Torpedos gibt.

Kein Visum nach Bad Lauscha

Herr Kurt Schultz aus Frankfurt-Niederrad hat sich über den STERN geärgert. »Sie schicken Ihre Reporter monatelang durch die Sowjetunion, durch Amerika und China«, schrieb er. »Wir wissen aus dem STERN inzwischen, wie es in Sibirien aussieht, bei den amerikanischen Mormonen und in der chinesischen Volkskommune ›Sputnik‹. Aber was heute wirklich in Leipzig los ist, das kann man aus dem STERN nicht erfahren. Warum fahren Ihre Leute eigentlich nicht einmal durch die deutsche Sowjetzone?« Ja, warum fahren sie wohl nicht? Lassen Sie mich erzählen, was unserem Sportredakteur Helmut Sohre widerfuhr.

Freund Sohre wollte die Skimeisterschaften der Deutschen Demokratischen Republik im thüringischen Bad Lauscha besuchen. Er wollte für den STERN an Ort und Stelle Material über den DDR-Skispringer Helmut Recknagel aus Zella-Mehlis sammeln, denn Recknagel gilt zur Zeit als der beste Skispringer der Welt. Er fährt in diesen Tagen zur Generalprobe für die Olympischen Winterspiele 1960 nach Squaw Valley in den USA.

Wir glaubten nicht, daß Sohre irgendwelche Schwierigkeiten haben könnte. Wir interessierten uns für den Sportsmann Recknagel, für seine Sprungtechnik, seine Familie und seine Arbeit und in diesem Fall nicht für die Politik der DDR. Sohre kennt Recknagels Trainer Hans Renner noch aus der Zeit, da Renner als Wehrmachtsleutnant startete.

Nun konnte Sohre sich freilich nicht einfach in Hamburg in den Zug setzen und in Bad Lauscha wieder aussteigen. Als Journalist braucht er eine besondere Reisegenehmigung, die das Presseamt beim Ministerpräsidenten der Deutschen Demokratischen Republik in Berlin W 8, Thälmannplatz, erteilt.

Sohre telefonierte am 30. Januar mit diesem Presseamt. Am Telefon vernahm Sohre – er stammt hörbar aus Sachsen – heimatliche Laute: Im DDR-Presseamt sprach Herr Römer aus Sachsen. Römer bat unseren Freund Sohre, seinen Wunsch per Fernschreiber zu übermitteln. Wir hielten das für eine reine Formalität. Eine halbe Stunde später lag Sohres Fernschreiben in Ostberlin beim Presseamt vor.

Es dauerte drei Tage, da rief Herr Römer in Hamburg beim STERN an. »Es tut mir leid«, sagte er, »Sie können nicht nach Lauscha reisen, Sie verstehen – die China-Serie im STERN . . .« In der entwaffnenden Art, die wir so häufig an ihm bewundern, gab Sohre im Idiom seiner Väter durch den Draht zurück: »Ich will ja nicht nach China, ich will nach Lauscha!«

Und dann entwickelte sich unter dem Eisernen Vorhang hindurch ein harter Disput zwischen den beiden Sachsen, die ihr Schicksal und ihre politische Überzeugung in zwei so verschiedene Himmelsrichtungen verschlagen hat.

Römer: »Sie sind beim STERN, Herr Sohre, und wissen Sie, da haben Ihre Kollegen Gillhausen und Heldt einen China-Bericht geschrieben, also wissen Sie, der gefällt uns überhaupt nicht. Überhaupt nicht, Herr Sohre.«

Sohre: »Nicht Heldt und Gillhausen wollen nach Lauscha, sondern ich. Und was hat denn Helmut Recknagel mit China zu tun? Überhaupt, was regt ihr euch für die Chinesen auf?«

»China gehört zum sozialistischen Lager wie wir«, trumpfte Römer in Ostberlin auf.

»Das verstehe ich nicht«, sagte Sohre. »Weil Sie über Gillhausens und Heldts China-Reportage verärgert sind, bekomme ich keine Einreiseerlaubnis nach Thüringen? Glauben Sie, daß mir die französische Regierung die Einreise in ihr Land verweigern würde, wenn ihr ein STERN-Bericht über Amerika nicht gefallen hätte?«

»Ja, aber China gehört zum sozialistischen Lager wie wir auch«, beharrte Kollege Römer.

»Schade«, resignierte Sohre. »Ich wollte Recknagels Geschichte an Ort und Stelle

schreiben, um Unklarheiten zu vermeiden. Wenn es aber so ist . . .«
Römer bedauerte: »Es tut mir leid, ich sage es ja, es geht nicht um Ihre Person. Aber die chinesische Volksrepublik steht uns wirklich sehr nahe.«
Wie nahe sich die DDR und China stehen, das hatte ich just einen Tag, bevor Freund Sohre sein entmutigendes Gespräch mit Ostberlin führte, mit eigenen Augen gesehen. Sie werden sich erinnern, daß unsere China-Reisenden Heldt und Gillhausen vor drei Wochen über die »Kapitalisten« Chinas berichteten, die ihr Eigentum dem Staat schenkten. Heldt suchte hinter der glückselig lächelnden Maske der einstigen Millionäre zu ergründen, was diese Leute wohl dazu gebracht hat, auf ihr Eigentum zu verzichten.
Zu diesem Kapitel des China-Berichtes bekam ich den Brief eines STERN-Lesers, dem eine Fotokopie beigefügt war. In dem Begleitschreiben hieß es: »Zu Ihrer Darstellung darf ich mir erlauben, Ihnen anbei die Fotokopie des Briefes vom ›Amt für Betriebsneuordnung‹ Dresden zur Illustration dessen zu übersenden, wie in der deutschen Sowjetzone verfahren wurde, und wie man da ›Kapitalisten‹ zum Verschenken ihres Vermögens zwang.«
Das Dokument ist so einzigartig, daß ich es im Wortlaut zitieren will:

»Mit Ihrem obigen, an Herrn Ministerialrat Falkenberg gerichteten Schreiben behaupten Sie der Wahrheit zuwider, daß Sie nicht auf die 240 000 Mark verzichtet hätten. Uns liegt jedoch vom Leiter des Kriminalamtes Zwickau, unterzeichnet von Herrn Kriminalrat Seidel, ein Schreiben vor, wonach Sie dort eine Erklärung abgegeben haben, aus welcher hervorgeht, daß Sie mit sofortiger Wirkung auf Ihre Teilhaberschaft bei der Firma ›Tefag‹, Crimmitschau, sowie Ihren Kapitalanteil bei diesem Unternehmen in Höhe von 240 000 Mark verzichteten.
Auf Grund dieser Erklärung, so heißt es in dem Schreiben weiter, sind Sie aus der Schutzhaft entlassen worden.
Damit ist erwiesen, daß Sie absichtlich in Ihren Eingaben falsche Erklärungen abgeben, weshalb wir Sie dringend ersuchen müssen, von jeglichen weiteren Eingaben abzusehen, da für uns die ›Tefag‹-Angelegenheit restlos geklärt ist.
im Auftrage: gez. Schubert«

Ist es nun Dummheit oder Frechheit, die diesen Brief diktierte? Hier haben wir schwarz auf weiß, was Heldt und Gillhausen in China nur ahnen konnten: Wer Besitz hat, wird in »Schutzhaft« genommen, bis er »freiwillig« auf sein Eigentum verzichtet. So machen sie es in Schanghai in China, und so machen sie es in Crimmitschau in Sachsen.
Einen Unterschied gibt es allerdings: Die Chinesen ließen unsere Reporter durch ihr Land reisen, obgleich wir vorher durchaus kritisch über die Sowjetunion berichtet hatten. Sie ließen uns sogar ihre Gefängnisse besichtigen, wo jene »Kapitalisten« sitzen, die ihr Eigentum nicht freiwillig verschenken wollten.
Die DDR aber erlaubt es nicht einmal, daß unser Freund Sohre in Lauscha die DDR-Skimeisterschaften besucht.

26. Februar 1959

»Wer schützt uns vorm Verfassungsschutz«

Ich hoffe, Sie haben es nicht versäumt, den Artikel »Wer schützt uns vorm Verfassungsschutz?« im STERN aufmerksam zu lesen. Wir hatten einigen Anlaß, diese Frage zu stellen, denn schon ist es wieder soweit, daß ein Spinnennetz von Geheimagenten des Staates unser Land überzieht. Schon kann es wieder geschehen, daß freie Bürger der Bundesrepublik wehrlos den Verdächtigungen von zweifelhaften Spitzeln ausgesetzt sind.

Und schon mußten wir es erleben, daß bei Nacht und Nebel die Polizei an Haustüren klopfte, die Bewohner verhaftete und daß am nächsten Tag ein Beauftragter des Bundesinnenministers Dr. Gerhard Schröder die Verhafteten in aller Öffentlichkeit als »Spione des sowjetischen Nachrichtendienstes« bezeichnete. Das alles geschah, ohne daß gegen die Beschuldigten auch nur die Spur eines stichhaltigen Beweises gegeben war – wenn man davon absieht, daß die sogenannten Verfassungsschützer wieder einmal weiße Mäuse gesehen hatten.
Als sich dann aber die absolute Unschuld jener Mitbürger herausstellte, die von der Bundesregierung öffentlich mit Namen genannt und in ihrem Ruf und Beruf schwer geschädigt waren, da zögerte man so lange, das Unrecht durch eine ebenso öffentliche Ehrenerklärung wiedergutzumachen, daß schließlich die Gerichte sprechen mußten. An Schadenersatz und Haftentschädigung wurden insgesamt 475 080,62 Deutsche Mark berechnet.
Eine runde halbe Million – zu zahlen aus dem Steuersäckel des Volkes!

Denn der Minister Dr. Schröder, dem das Bundesamt für Verfassungsschutz untersteht, erklärte zutreffend, es sei rechtlich nicht möglich, die Beamten, die das Ganze verursacht hatten, nun auch für die finanziellen Schäden verantwortlich zu machen, die der Bundesrepublik daraus entstanden seien.
Doch wird jetzt jedermann verstehen, wie wir zu der bangen Frage kamen, wer uns denn nun vor den Übergriffen solcher Verfassungsschützer bewahren soll. Und niemand wird sich noch groß wundern, wenn er erfährt, daß zwei Tage nach Erscheinen unserer Veröffentlichung im STERN der Präsident eben dieses Bundesamtes für Verfassungsschutz seine Koffer packte und nach Ostberlin entfloh.
Sie werden es, lieber STERN-Leser, längst erraten haben: Der Artikel »Wer schützt uns vorm Verfassungsschutz?« erschien am 18. Juli 1954, die darin geschilderte Affäre lief unter dem Kennwort »Vulkan«, und der Präsident des Amtes, das diesen Vulkan eine Maus gebären ließ, war Dr. Otto John.

Der STERN taufte ihn sogleich »das doppelte Ottchen« und nannte ihn längst einen Deserteur, als Johns Vorgesetzter, Bundesinnenminister Dr. Schröder, vor der Presse noch unter ausdrücklichem Vorbehalt erklärte: »John scheint vom Berliner Arzt Dr. Wohlgemuth überlistet und über die Sektorengrenze gelockt worden zu sein.« Die 75jährige CDU-Abgeordnete Helene Weber nannte das »nicht einmal einen schlechten Kriminalroman, sondern eine Kindergartenerzählung«, und der Bundesgerichtshof hat sich dieser skeptischen Beurteilung inzwischen angeschlossen.
Nun aber hat der STERN in der vergangenen Woche einen neuen Artikel unter der gleichen Überschrift veröffentlicht. Und wieder packte der Präsident des Bundesamtes für Verfassungsschutz, der nun nicht mehr Otto John, sondern Hubert Schrübbers heißt, seine Koffer zu einer Reise.
Am Sonnabendmittag erschien er mit seinem Anwalt und einer Vollmacht seines Ministers auf dem Landgericht Hamburg, um in seinem und Dr. Gerhard Schröders Namen gegen den STERN eine »einstweilige Verfügung« zu beantragen, die uns einen weiteren Vertrieb des Heftes untersagen sollte.
Obwohl nun die Gerichte am Sonnabend nicht zu tagen pflegen, gelang es zu diesem hohen Zwecke doch, drei ansonsten mit Pressesachen nicht befaßte Richter zusammenzurufen, die sich ad hoc zur Zivilkammer 3 konstituierte – wobei kein Geringerer als der hamburgische Landgerichtspräsident als Beisitzer fungierte.
Und während der oberste Verfassungsschützer Hubert Schrübbers noch auf dem Gerichtsflur mit eilendem Füllfederhalter eine eidesstattliche Erklärung verfertigte, in der unsere Behauptungen widerlegt werden sollten, kam niemand auf die Idee, in der wenige hundert Meter entfernten STERN-Redaktion anzurufen, damit wir uns vor dem Richtertisch verantworten könnten.
»Wegen besonderer Dringlichkeit ohne mündliche Verhandlung“ – also ohne dem Beschuldigten Gelegenheit zur Vorlage seines Beweismaterials zu geben, wurde der Gerichtsbeschluß erlassen, nach dem uns »einstweilig« verboten

wurde, die beanstandete Veröffentlichung weiter zu verbreiten.
Aber die Nürnberger hängen keinen, sie hätten ihn denn!
Der Beschluß des Gerichts mußte unwirksam bleiben, denn die gesamte Auflage des STERN mit weit über einer Million Exemplaren war bereits ausgeliefert. Längst rollten die Züge und die Lkws auf allen Straßen, und so kam es, daß Sie in der letzten Woche Ihren STERN ungehindert kaufen konnten, obwohl Rundfunk und Tagespresse meldeten, daß der Verkauf verboten sei. Dabei war er nur uns verboten, nicht aber den ungezählten Zeitungskiosken und Händlern, denen er buchstäblich aus den Händen gerissen wurde.
Als so ungezielt erwies sich das gerichtliche Vorgehen der beiden Volljuristen Dr. Gerhard Schröder und Hubert Schrübbers!
Ich zweifle nicht daran, daß es Leute gibt, denen die Beschäftigung der Illustrierten mit Soraya oder Heinz Pohlmann lieber ist als die kritische Durchleuchtung der Ämter und Behörden. Beim STERN werden diese Leute auch in Zukunft wenig Glück haben. Und vielleicht sollten wir den Herren Dr. Schröder und Schrübbers doch auch ein wenig dankbar sein, daß sie auf diese Weise wieder einmal klarmachten, welche Zeitung in Deutschland den Mut hat, heiße Eisen anzupacken.
Keine Sorge, daß wir uns verbrennen könnten! Gegen diese einstweilige Verfügung haben wir inzwischen Widerspruch eingelegt, und das angekündigte Strafverfahren wird uns die erwünschte Gelegenheit geben, den Wahrheitsbeweis für unsere Darstellung anzutreten. Es wäre nicht das erste Mal, wenn dabei der Ankläger zum Angeklagten würde.

5. März 1959

Es war nicht Schröder, sondern Lehr

Über die Beschlagnahme des STERN ist in den letzten beiden Wochen so viel geredet und geschrieben worden, daß ich glaube, uns selber stünde jetzt das Schweigen an, bis die Gerichte ihr Urteil gesprochen haben. Wir wissen, daß wir mit guten Gründen eine gute Sache vertraten.
Einer guten Sache aber ziemt es, daß man Irrtümer bekennt, wenn sie einem unterlaufen sind. In meinem letzten Brief war folgender Absatz zu lesen:
»Und schon mußten wir es erleben, daß bei Nacht und Nebel die Polizei an Haustüren klopfte, die Bewohner verhaftete und daß am nächsten Tag ein Beauftragter des Bundesinnenministers Dr. Gerhard Schröder die Verhafteten in voller Öffentlichkeit als ›Spione des sowjetischen Nachrichtendienstes‹ bezeichnete.«
Der Vorwurf, daß auf diese Weise Unschuldige diffamiert wurden, besteht zu Recht, aber die Adresse war falsch: Die hier geschilderte Vulkan-Affäre ereignete sich nicht unter dem Innenminister Dr. Schröder, sondern unter seinem Amtsvorgänger Dr. Robert Lehr.
Noch einem anderen Mann ist in unserem Bericht über den Verfassungsschutz Unrecht geschehen: dem Ministerialdirigenten Dr. Heck vom Bundeswirtschaftsministerium. Als die zu landesverräterischen Beziehungen gelangte Frau Marx sich dem Dr. Heck als ihrem Vorgesetzten offenbarte, tat der nur seine Pflicht, indem er den Sicherheitsbeauftragten des Ministeriums unterrichtete.
Ich habe keinen Augenblick gezögert, beide Herren wegen dieser Irrtümer um Entschuldigung zu bitten. Wer das Recht für sich in Anspruch nimmt, eine scharfe Klinge zu führen, der muß auch bereit sein, dem zu Unrecht Verletzten Genugtuung zu geben. Das ist ein Gebot der journalistischen Selbstachtung.

Im übrigen wollen wir das Florett, mit dem der STERN seit jeher gegen den Übermut der Ämter und Behörden streitet, keinesfalls ins Futteral stecken. Der Untertanengeist, der jede amtliche Maßnahme als gottgegeben hinnimmt, ist unsere Sache nicht. Und wir freuen uns, daß sich viele deutsche Tageszeitungen mit entschiedenen Kommentaren an unserem Thema beteiligt haben.

12. März 1959

Nicht nach Italien, der Südtiroler wegen

Ich habe heute etwas gegen die Italiener vorzubringen, aber ehe ich das tue, muß ich Ihnen wohl ein Geständnis machen:
Ich liebe die Italiener!
Wann immer bei uns über die Bewohner des sonnigen Stiefels geschimpft wird, verteidige ich sie. Nennt einer sie schmutzig, dann beweise ich ihm, daß die Anzahl der Badezimmer auf hundert Wohnungen in Rom anderthalbfach höher ist als in München. Nennt einer sie feige, dann möchte ich ihn wohl fragen, ob er als Deutscher lieber für Triest gestorben wäre, wenn er es den Italienern schon übelnimmt, daß sie ihre Haut nicht gern für Danzig zu Markte tragen wollten.
Ich bin – Sie dürfen mich steinigen! – in Neapel nicht häufiger betrogen worden als in Hamburg, nur daß es in Hamburg mit sehr viel weniger Charme geschah. Dafür ging es in Hamburg auch um höhere Summen. Und was das »dolce far niente« angeht, das »süße Nichtstun«, für das es bei uns nur die prosaische Bezeichnung Faulheit gibt, so habe ich zwar nirgendwo auf der Welt die Bau- und Straßenarbeiter so oft plaudern und rasten gesehen wie in Italien – nur: Am nächsten Morgen war der Bau jedesmal ein Stück höher, und die Straße war ein Ende länger.
Nun ist das alles gewiß kein Grund, ein Land und seine Leute zu lieben, wenn es zur Liebe überhaupt eines Grundes bedürfte. Aber der Tag, an dem aus meiner (unter Deutschen weitverbreiteten) Vorliebe für Italien die (unter Deutschen sehr viel seltenere) Liebe zu den Italienern wurde, ist mir noch sehr genau erinnerlich:
Es war im Mai 1950, als wir mit dem Auto über den Apennin gerollt waren und unmittelbar vor Florenz in den »Giro d'Italia« hineingerieten.
Dieses Radrennen, in seiner Bedeutung nur der »Tour de France« vergleichbar, schlägt in jedem Frühsommer ganz Italien in seinen Bann. Die Strecke geht von Mailand über annähernd viertausend Kilometer kreuz und quer durch Italien bis nach Rom. Drei Wochen liegen zwischen Start und Ziel. Wo immer man in diesen Wochen mit einem Italiener spricht, hat er nichts anderes im Kopf als das Radrennen, sei er Straßenkehrer oder Priester, Kommunist oder Anhänger der »Democrazia Cristiana«. Mittags und abends, zur Zeit der Rundfunknachrichten, sind die Straßen in den Städten leer, nur vor den Radiogeschäften bilden sich riesige Ansammlungen, weil jeder erfahren will, wie das Rennen steht.

Noch nie war bis zum Jahre 1950 der Sieg einem Nichtitaliener zugefallen. Die ganze Hoffnung lag diesmal bei Gino Bartali, den man seiner Frömmigkeit wegen den »radelnden Mönch« nannte. Und wie es die Art der Italiener ist, hatten sie die Namen ihrer Favoriten überall auf Straßen und Wände gemalt, mit einem »W« versehen, was soviel heißt wie »Evviva!« – Er lebe hoch! Hoch Bartali! stand an allen Mauern, vom Brenner herunter bis nach Sizilien, und unter dem Namen des Berühmten las man die Namen der lokalen Matadore, in Florenz andere als in Mailand, und wieder ande-

re in Rom. Aber überall stand Gino Bartali an erster Stelle.
Wenn ich mich recht erinnere, führte er die ersten drei Tage denn auch mit einigem Vorsprung. Aber der Brave war damals schon 38 Jahre alt, ein reifes Alter für einen Radrennfahrer, und so machte sich am vierten Tage die Ermüdung bemerkbar, Bartali fiel zurück, und – welch ein nationales Unglück! – der Schweizer Hugo Koblet kam nach vorn. Noch trösteten sich die Italiener, wenn man sie teilnahmsvoll nach den Aussichten des Rennens fragte: »Warten Sie nur, in den Bergen, da wird sich's schon zeigen, daß Bartali noch der alte ist, und daß es ihm keiner gleichtut.«
Es war ein Trugschluß. Zwar schaffte er es noch einmal, die Spitze zu gewinnen, und anderthalb Tage fieberte Italien um jede Minute, die er dem Schweizer abgewann, aber dann machte sich das Alter endgültig bemerkbar, immer mehr fiel er zurück, und während der Schweizer nun mit immer größerem Abstand das Feld anführte, radelte Gino Bartali verzweifelt hinterdrein, vorbei an den Mauern, die seinen Namen trugen, über die Straßen, auf denen mit weißer Farbe das »Hoch Bartali!« wie ein Hohn in seine Augen stach. Als die Fahrer sich Rom näherten, wußte jeder, der Kampf war für Italien zum erstenmal in der Geschichte des »Giro« verloren.
Schmähten die Römer den armen Bartali deswegen?
Nein. Statt dessen schrieben sie an ihre Mauern: »Fa niente, Gino, per noi tu sei sempre un grande campione« – »Macht nichts, Gino, für uns bleibst Du immer ein großer Held!«
Muß man nicht ein Volk lieben, das mit soviel Großmut und soviel Herz verlieren kann?
Ach, wenn die Italiener nur mit ebensoviel Herz gewinnen könnten!
Auf den nächsten fünf Seiten dieses Heftes finden Sie einen Bericht über Südtirol, das die Italiener 1919 gewannen und das sie seitdem »Alto Adige« (Provinz Ober-Etsch) nennen. Die Geschichte dieses Gebietes und seiner rein deutsch-österreichischen Bevölkerung ist seitdem die Geschichte des Übermuts der italienischen Sieger. Was immer ein Staatsvolk tun kann, um eine Minderheit zu unterdrücken, zu überwandern, auszusiedeln und rechtlos zu machen, das ist hier in Südtirol geschehen.
Die Zusicherung des freien Gebrauchs der deutschen Muttersprache in Schulen, Ämtern und Dokumenten, die Gleichberechtigung der Südtiroler bei der Besetzung öffentlicher Ämter – das alles steht nur auf dem Papier. Ein deutschstämmiges junges Mädchen, das bei der Post in Bozen angestellt werden will, muß zum Beweis seiner italienischen Sprachkenntnisse einen Prüfungsaufsatz schreiben mit dem demütigenden Thema »Warum ich stolz darauf bin, eine Italienerin zu sein«.
Und während in Rom, in Mailand und Bologna der aufgehetzte Straßenpöbel stürmisch nach der Beseitigung auch der letzten Spuren des Deutschtums in »Alto Adige« schreit, rüsten sich überall in Italien die Fremdenverkehrsbetriebe zur Aufnahme der deutschen Gäste. 6 Milliarden DM, das sind sechstausend Millionen Mark, haben Deutsche und Österreicher im letzten Jahr nach zuverlässigen Statistiken in Italien ausgegeben.
Die italienische Regierung scheint nicht die Absicht zu haben, die Versprechungen, die man Südtirol einst gemacht hat, nun auch einzulösen. Die italienische Regierung scheint nicht einmal in der Lage zu sein, die zunehmenden antideutschen Ausschreitungen zu verhindern.
Ich denke, wir sollten dem Treiben einer Handvoll nationalistischer Dummköpfe und der Uneinsichtigkeit der italienischen Regierung nicht mit großen Gefühlsaufwallungen begegnen. Die Zeit der Fackeln, der Fahnen und der Feuerräder ist vorbei, und Europa läßt sich auch am Brenner nicht aufhalten.
Aber warum sollten wir uns in der kommenden Urlaubssaison eigentlich für unser eigenes Geld ins Gesicht schlagen lassen? Wie ich meine italienischen Freunde kenne, sind 6 Milliarden DM eine wirksamere Waffe gegen die Unvernunft als ein Protest bei der UNO.
Wenn Sie mich fragen – und morgen beginnt mein Urlaub, so daß dieser Brief für ein paar Wochen der letzte ist –, ich möchte mir die Liebe zu Italien und seinen Menschen nicht nehmen lassen. Eben deshalb fahre ich in diesem Jahr nicht hin.

Nur Propaganda aus Genf

Interessieren Sie sich für die Genfer Konferenz? Seien Sie ehrlich, sagen Sie: nein! Ich komme aus dem Urlaub, draußen scheint die Sonne einen herrlichen Sommer ein, die Geschäfte gehen gut, uns geht's gut – und bei solchen Konferenzen ist ja doch noch nie was herausgekommen.
Selbst Herr Chruschtschow hat neulich zugesagt, Konferenzen seien nicht imstande, Grenzen zu verschieben oder politische Machtverhältnisse zu ändern, sie seien nur dazu da, daß man sich über die Dinge, so wie sie nun einmal sind, klar wird.
Aber wie sind die Dinge wirklich?
Wenn man die Propagandawalzen in Genf hört, dann scheint es, als seien alle Beteiligten wild entschlossen, die Augen vor der Wirklichkeit zuzumachen und die Dinge so darzustellen, wie jeder sie dem anderen gern vorspiegeln möchte.
Da behaupten die Sowjets, es gebe zwei deutsche Staaten, die souverän seien, und man müsse diesen Staaten die Wiedervereinigung selbst überlassen, denn man könne sich doch nicht gut in die Angelegenheiten souveräner Staaten einmischen. Sie sagen das mit einem frommen Augenaufschlag, als ob Herr Ulbricht der gewählte Kanzler dieses mitteldeutschen »Staates« wäre, ein geliebter Herr, der »sein Haupt könnt' kühnlich legen jedem Untertan in Schoß«.
Und dabei wissen die Sowjets doch genau, daß die Macht dieser »DDR-Regierung« nur auf ihren eigenen Bajonetten ruht, daß die Pankower Befehlsempfänger nichts tun oder lassen, was ihnen nicht von Moskau befohlen oder verboten wird. Warum also geben sie es nicht zu? Warum lassen sie nicht mit sich selbst verhandeln, wo doch Verhandlungen mit ihren Stiefelputzern gar keinen Sinn haben können?
Weil sie nicht eingestehen mögen, daß niemand anders als der Kreml die deutsche Wiedervereinigung unter den gegenwärtigen Umständen verhindern will. Ob nun der Kommunismus darauf aus ist, die Welt blutig oder unblutig zu erobern, oder ob die Sowjets wirklich nur um ihre eigene Sicherheit fürchten – das Resultat ist jedesmal dasselbe: Sie denken nicht daran, ihren europäischen Vorposten aufzugeben, wenn sie nicht dazu gezwungen werden.
Als ich vor anderthalb Jahren in Moskau mit einem Abgeordneten des Obersten Sowjet sprach, da kam es ganz offen zutage: »Seien wir doch ehrlich«, meinte der Genosse, »wir beide wissen doch ganz genau, daß ein wiedervereinigtes Deutschland sich irgendwann auf die Seite des Westens schlagen würde. Und dazu sollten wir unsere Hand reichen? Für wie dumm hält man uns eigentlich?«
Unter vier Augen gab mein Gesprächspartner sogar selbst eine Erklärung für die eingestandene Tatsache, daß nicht einmal die Deutschen in der Zone ihre sowjetischen Verbündeten lieben. Der Westen mit seinem höheren Lebensstandard sei zweifellos attraktiver, die Erinnerung an die sowjetische Besetzung und an die Gefangenenlager möge zumindest bei den Älteren ein unüberwindliches Hindernis für eine echte deutsch-sowjetische Freundschaft sein, und sicherlich habe auch Ungarn den Deutschen einen Schock versetzt. »Aber was hätten wir denn tun sollen«, meinte er lakonisch, »hätten wir zulassen sollen, daß Ungarn eine amerikanische Raketenbasis würde? Politik ist schließlich ein Spiel um die Macht – warum sollten wir unsere Trümpfe einfach aus der Hand geben?«

So also liegen die Dinge wirklich, und das ist die Wahrheit hinter dem sowjetischen »Friedensvertrag« – selbst unter den harten Bedingungen dieses Diktats denken die Sowjets gar nicht daran, einer Vereinigung Deutschlands zuzustimmen, weil dieses Deutschland doch eines Tages auf die andere Seite geraten könnte. Und nur weil sie wissen, daß der Westen ihn sowieso ablehnt, haben sie ihren »Friedensvertrag« auf den Tisch gelegt und reden scheinheilig von der deutschen Souveränität.
Und der Westen?

Er versucht den kommunistischen Tricks mit seiner eigenen Spiegelfechterei beizukommen. Da sitzt zum Beispiel am Ratstisch der »Vereinten Nationen« der künstlich aufgeblasene Inselgeneral Tschiang Kai-schek, und die Wirklichkeit eines kommunistischen Staates von 600 Millionen Chinesen wird einfach nicht zur Kenntnis genommen. In Genf dagegen streitet man sich um den Tisch, an dem der diplomatisch nicht anerkannte Herr Bolz mit seiner DDR-Delegation sitzen darf, und Herr von Brentano bleibt zu Hause unterm Sonnenschirm.
Und dann legt man Pläne vor, in denen es heißt, das wiedervereinigte Deutschland könne selbst entscheiden, ob es zur NATO oder zum Warschauer Pakt gehen wolle. Als ob ein einziger westlicher Politiker auch nur im Angsttraum damit rechnen könnte, daß Deutschland sich dem Warschauer Pakt anschließen würde. Warum gibt man denn nicht zu, daß auch der Westen die Wiedervereinigung Deutschlands nur unter Bedingungen zulassen will, die Deutschland in das westliche Kräftepotential einbeziehen.
Was aber wollen die Deutschen?
Nun, soweit es die Westdeutschen angeht, möchten sie wohl am liebsten in Ruhe ihren gutgehenden Geschäften nachgehen. Zwar tun sie in Genf auch so, als ob die Wunde der deutschen Spaltung in jedem einzelnen von uns brenne – aber Ihnen, lieber STERN-Leser, brauche ich nicht zu sagen, wie die Dinge wirklich liegen. In Wirklichkeit können die meisten von uns nach einem guten Abendbrot bestens schlafen. Und Wiedervereinigung wollen wir nur, wenn es uns deswegen nicht schlechter geht und die Amerikaner uns weiterhin schützen.
Wie aber sollten Verhandlungen zum Ziel führen, wenn keiner seine wahre Absicht kundgibt und jeder so tut, als wolle er nur das Beste, während er in Wahrheit nur sein eigenes Bestes will?
Wir können den Russen ihre Verhandlungsmethoden nicht vorschreiben, aber der Westen sollte sich endlich Klarheit über Moskaus wirkliche Absichten verschaffen und dann seine eigenen Pläne unmißverständlich auf den Tisch legen. Daß dies in geheimen Gesprächen leichter möglich ist als unter dem Dröhnen der Propagandamaschine von Genf, haben wir bereits in der vorigen Woche geschrieben.

Wenn die Sowjets lediglich Sicherheit wollen, wenn sie unter »Koexistenz« wirklich nichts anderes verstehen, als daß jeder nach seiner Façon selig wird, und sie selbst im eigenen Hause in Ruhe ihren Kommunismus aufbauen – dann soll man ihnen diese Sicherheit geben und nach einer Lösung suchen, die eine Bedrohung der Sowjetunion unmöglich macht. Man möge sie aber nicht im Zweifel darüber lassen, daß ein geteiltes Deutschland auf die Dauer eine Bedrohung des Weltfriedens und damit auch der Sowjetunion wäre.

Wenn aber die Gefahr fortbesteht, daß es den Kommunisten letzten Endes doch um militärische oder politische Eroberung der Welt geht, dann wird es allerdings Zeit, daß der Westen die Offensive ergreift und sich das Gesetz seines Handelns nicht länger durch Chruschtschow-Reden und sowjetische Ultimaten vorschreiben läßt. Dann heißt es agieren – und nicht nur reagieren!

Adenauer schadet der Demokratie

Das von der Grauen Eminenz des deutschen Kaiserreiches, Geheimrat Holstein, auf den entlassenen Bismarck geprägte Wort »Wenn der Felsblock beiseite geräumt wird, tritt das Gewürm zutage« scheint nun auch auf Konrad Adenauer anwendbar zu sein. Der Kanzler selbst hat die bundesrepublikanische Demokratie vor ihren westlichen Freunden und vor ihren östlichen Feinden zu einer labilen und politisch unreifen Einrichtung gestempelt, die nur unter seiner straffen Führung dem Westen ein zuverlässiger Verbündeter und gegenüber dem Osten ein sicheres Bollwerk bleiben könne. Er scheute sich nicht, die Männer seines und unseres Vertrauens als unfähig zu erklären für jenes Amt, mit dem er nun seit Wochen ein entwürdigendes Spiel treibt. Und als sich der Felsblock Adenauer nach diesen Wochen des Hin und Her wieder auf den von ihm schließlich allein beanspruchten Platz wälzte, da krümmte sich zwar der getretene Wurm der CDU-Abgeordneten – aber er gab nach.

Ich weiß nicht, ob in unserer durch die Selbstherrlichkeit von Führerbefehlen abgestumpften Zeit die Folgen dieser Kanzlerentscheidung so weitreichend sein werden, daß meine Enkel eines fernen Tages in der Schule lernen, am 5. Juni 1959 habe die parlamentarische Demokratie in Westdeutschland durch Selbstmord geendet. Aber ich weiß, daß es von heute an sehr viel schwerer sein wird, einem Kommunisten klarzumachen, worin das Wesen einer freiheitlichen Demokratie besteht: nämlich darin, daß ein Volk sich seine Regierung selbst wählt – und daß es sie nach Hause schickt, wenn sie ihm nicht mehr paßt. Es könnte ja sein, daß mir mein Gegner dann sagt, bei ihm zu Hause gebe es immerhin noch die Möglichkeit, einen überfällig gewordenen Ministerpräsidenten zum Leiter eines Kraftwerkes in Kasachstan zu machen.

Kein Zweifel darüber, daß Konrad Adenauer ein Staatsmann von hohen Graden ist. Was er in Zeiten bitterster Not und gefährlichster Krisen für das deutsche Volk – für das ganze deutsche Volk und nicht nur für die Bundesrepublik – geleistet hat, findet wenige Beispiele in der Geschichte. Aber auch Churchill war ein großer Staatsmann, und kein Engländer zweifelte je daran, daß dieser Mann, der Blut und Tränen nicht fürchtete, England durch die dunkelsten Stunden seiner Geschichte hindurchgeführt hat. Und dennoch, als die neue Zeit heranbrach, die einen neuen Mann forderte, hat die klassische englische Demokratie keinen Augenblick gezögert, ihren Helden in den wohlverdienten Ruhestand zu versetzen.

Man mag dem entgegenhalten, daß für uns leider im Augenblick keine neue Zeit heranbricht, daß die alten Schwierigkeiten unvermindert andauern, ja daß die Lage ernster denn je sei und daß gerade deshalb die bewährte Kraft des alten Mannes unserem Volk erhalten bleiben müsse. Aber es fragt sich, ob das Schauspiel, das wir in den letzten Monaten erleben mußten, ein Beweis für die ungebrochene Kraft dieses Mannes ist. Wer heute ja und morgen nein sagt, wer heute Ludwig Erhard zum Bundespräsidenten machen will, um ihn morgen als einen politischen Knaben hinzustellen, der das Ziel der Klasse nicht erreicht hat, wer das Volk verwirrt, indem er durch sein zynisches Spiel mit der Macht die selbstgewählte demokratische Staatsordnung dieses Volkes in Frage stellt – kann man von einem solchen Mann noch die richtigen außenpolitischen Entscheidungen erwarten?

Als ich hörte, daß Konrad Adenauer sich entschlossen hatte, Kanzler zu bleiben, da fiel mir eine Stelle aus dem Deutschlandbericht des amerikanischen Journalisten William Schlamm ein. Der Verfasser kritisiert da die unverzeihliche Entscheidung der Alliierten, das weit in der sowjetischen Zone gelegene Berlin als »Viermächtestadt« zu akzeptieren, ohne darauf zu bestehen, daß dann auch die Nachschublinien unter westliche Kontrolle gestellt werden müßten. »Ein Offizieranwärter«, so sagt Schlamm, »der bei einer Prüfung eine solche Konstruktion für möglich hielte, würde natürlich in jeder Offizierschule der Welt durchfallen. In seinem unergründlichen Ratschluß hielt sie aber der alliierte Oberbefehlshaber in Europa, General Eisenhower, für möglich und akzeptierbar.«

Dieser General Eisenhower ist heute Präsident der mächtigsten Nation des Westens. Und er hat bis heute nicht bewiesen, daß er ein entscheidungsfreudigerer Politiker geworden ist als damals, da er den Sowjets das Herzstück Europas preisgab. Dafür stand hinter ihm und seinen Entscheidungen als Präsident die staatsmännische Kraft seines Außenministers John Foster Dulles. Dulles ist tot, und in Amerika mehren sich die Stimmen, die nun auch seine Politik begraben möchten. Was ist menschlich verständlicher, als daß Konrad Adenauer glaubte – und gewiß wurde er beim Gespräch mit dem ratlosen Eisenhower in dem Glauben bestärkt –, er müsse jetzt als Testamentsvollstrecker seines toten Freundes Dulles auf dem Posten bleiben.

Das ist menschlich verständlich, aber es scheint mir dennoch politisch falsch zu sein. Denn um einem unsicher werdenden amerikanischen Präsidenten von Deutschland her das Kreuz zu steifen – dazu dürfte selbst die starke Hand des Alten von Rhöndorf nicht hinreichen. Schon gar nicht aber sollte er die amerikanischen Vertreter einer flexibleren Politik mit jenen Bundestagsabgeordneten verwechseln, die er nur anzublicken braucht, um sie zur Räson zu bringen. Wie leicht könnte das zur Folge haben, daß Amerika eines Tages, dieser Bevormundung überdrüssig, den lästigen Mahner abschüttelt und sich mit den Sowjets auf unsere Kosten einigt.

Flexibel heißt nicht unsicher und nicht widerstandslos. Es heißt biegsam und unzerbrechlich. Der starre Widerstand bricht, wenn er nicht gehalten wird von der federnden Kraft eines beweglichen Geistes. Wenn aber der Vertreter einer starren Politik auch noch bekundet, daß ihr nur zu trauen sei, solange sie in seinen Händen liegt – was soll denn werden, wenn sich diese Hände eines Tages zum letzten Gebet schließen? Ich würde mein Vertrauen in die Sicherheit unserer Generation und in die Zukunft unserer Kinder verlieren, wenn man mich glauben machen könnte, daß es außer dem 83jährigen Adenauer keinen fähigen Regierungschef in unserem Staate gäbe.

Und wenn der als selbstbewußter Sieger aus seiner Fraktionssitzung kommende Kanzler verkündet – so, als gäbe es für ihn die Ungewißheit des menschlichen Schicksals nicht –, er würde den Wahlkampf 1961 selber führen, dann frage ich mich, ob er gut daran getan hat, die gewählten und wieder zu wählenden Vertreter des Volkes auf solche Weise politisch zu entmannen.

Mag sein, daß der tiefe Graben zwischen CDU und SPD es der Regierungspartei unmöglich machte, das von Dr. Adenauer selbst spöttisch herausgeforderte konstruktive Mißtrauensvotum im Parlament einzubringen. Vielleicht wollen die Abgeordneten der CDU den neuen Kanzler nicht mit der Unterstützung jener Sozialdemokraten wählen, deren verhängnisvoller Deutschland-Plan bisher nur in Moskau begrüßt wurde.

Aber mir bleibt es dennoch eine schmerzliche Erfahrung, daß in unserer jungen Demokratie der strafende Blick eines zornigen Greises genügt hat, um 270 vom Volke gewählte und beauftragte Männer gegen ihre eigene laut geäußerte Überzeugung zum Umfallen zu bringen. Auch wenn sie nachher resignierend sagen: »Es war eine Katastrophe – aber was sollten wir machen, wir können ihn ja nicht totschlagen!«

Adenauers moralische Verkalkung

Als ich in der letzten Woche nach dem Streit zwischen Adenauer und Erhard aus Bonn abfuhr, da mußte ich an meine Großmutter denken. Nicht, weil sie wie der Bundeskanzler das ehrfurchtsgebietende Alter von 83 Jahren erreicht hat, sondern wegen einer Szene, die sich zutrug, als ich noch ein kleiner Junge in meiner Heimatstadt Emden war.

Meine Großmutter stammte aus einer holländischen Seefahrerfamilie, und in ihrer »guten Stube« stand auf dem Vertiko unter einem Glassturz das Hochzeitsgeschenk ihrer Eltern, ein vergoldetes Denkmal des Befreiers der Niederlande von spanischer Unterdrückung, Wilhelm von Oranien. Er ritt auf einem Pferd, das mehr einem friesischen Ackergaul als einem feurigen Streitroß glich, den Zweispitz auf dem Haupt, die linke Hand lässig am Zügel, und in der ausgestreckten Rechten hielt er das Schwert zum Angriff erhoben. Im Sockel des Denkmals war eine Uhr eingelassen, und jeden Mittag, wenn es mit dünnen silbernen Schlägen zwölf geschlagen hatte, hörte man, gedämpft durch die gläserne Hülle, die niederländische Hymne »Wilhelmus von Nassauen« erklingen.

Eines Tages beim Reinemachen war meiner Großmutter ein Bild mit schwerem Rahmen aus der Hand gerutscht, hatte den Glassturz zerbrochen und dem Oranier den Schwertarm abgeschlagen. Das Unglück war groß, wenn man bedenkt, daß für meine Großmutter kostbare Erinnerungen mit diesem Stück verbunden waren, und wenn man ermißt, welchen Zauber das Wunderwerk auf mich, den kleinen Jungen, stets ausgeübt hatte. Und noch heute sehe ich meine Großmutter, wie sie mit ihren feinen, ein wenig zitternden Altfrauenhänden das abgeschlagene Stück an die Bruchstelle hielt und sagte: »So hat's gesessen – ob man es wohl wieder anleimen kann?«

Natürlich konnte man den Bruch kitten, und das geschah denn auch am selben Tag. Für einen Fremden mochte nun nichts mehr von der Zerstörung zu sehen sein. Aber für mich hatte der streitbare Mann auf dem Pferd fortan seine magische Gewalt verloren, und als ich am nächsten Mittag zu Besuch kam, um »das Lied« zu hören, und wir feststellten, daß auch die Spieluhr nicht mehr funktionierte, da war aller Zauber dahin – die Geschichte entschwand rasch meinem Gedächtnis.

Und nun, als ich aus Bonn abfuhr, fiel sie mir wieder ein. Mochte man es dort auch mit Mühen geschafft haben, den politischen Bruch ein zweites Mal wieder zu kitten – der große alte Mann, der zehn Jahre hindurch das Gesicht dieses Staates bestimmte, hat für mich seine magische Gewalt verloren wie einst Wilhelm von Oranien auf dem Vertiko meiner Großmutter. Und niemand anders als er selbst ist dabei, seinen eigenen Ruhm noch zu seinen Lebzeiten zu demontieren.

Als Konrad Adenauer sich überraschend entschieden hatte, Bundeskanzler zu bleiben, da rechtfertigte er diese Entscheidung mit haargenau derselben Sorge um die Kontinuität seiner Außenpolitik, die ihm wenige Wochen vorher zur Begründung des umgekehrten Entschlusses gedient hatte. Als er dann aber mit erschreckender Menschenverachtung zu erkennen gab, daß er mehr und mehr nur noch seine eigene Person als kompetent zur Führung unseres Staates ansieht, da habe ich an dieser Stelle gefragt, ob man von einem Mann, der heute *ja* und morgen *nein* sagt, noch richtige außenpolitische Entscheidungen erwarten darf.

Und das scheint mir nach den inzwischen eingetretenen Ereignissen immer deutlicher die entscheidende Frage zu sein.

Derselbe Adenauer, der sich nie gescheut hat, in seinen Reden gegenüber der Sowjetunion harte Worte zu gebrauchen und ihr in seiner Politik harte Tatsachen entgegenzusetzen, bemäntelt plötzlich seine Abneigung gegen Berlin als Ort der Bundespräsidentenwahl mit der Furcht, die Sowjets könnten dadurch provoziert werden. Welcher Gegensatz zu dem stets zurückhaltenden Theodor Heuss, der bei seinem letzten Berlinbesuch die Antwort auf diese Spiegelfechterei gab, als er sagte: »Ich bin meiner Natur nach kein Provokateur, aber ich lasse mich auch nicht provozieren. Ich weiß, daß ich in dieser Stunde hierhergehöre!«

Derselbe Adenauer, dessen Anliegen stets und überall Europa hieß, setzt nun sein Vertrauen immer einseitiger auf die Achse Bonn-Paris, an deren anderem Ende der General de Gaulle sitzt, der ebenso dabei ist, um seiner ehrgeizigen Atompläne und um des französischen Abenteuers in Algerien willen die europäische Verteidigung empfindlich zu schwächen, indem er den Amerikanern die Stationierung atombewaffneter Flugzeuge in Frankreich verbietet.

Und während sein außenpolitisierender Protegé Heinrich von Brentano eben noch betont hat, es bestünden keine Meinungsverschiedenheiten im westlichen Lager und niemand habe Grund, die Loyalität der Engländer anzuzweifeln, gibt Konrad Adenauer dem britischen Premier eine schlechte Note im »europäischen Betragen«. Wogegen er dem amerikanischen Außenminister großzügig attestiert, der Mann habe auf ihn »einen guten Eindruck« gemacht. Solche Überheblichkeit mag von des Kanzlers deutschen Untertanen bewundert werden, im Ausland wirkt sie bestenfalls lächerlich.

Derselbe Adenauer schließlich, der seine einsamen Beschlüsse stets mit dem Ernst der politischen Lage begründet, hat keine Hemmungen, im Augenblick der stärksten außenpolitischen Spannungen eine Staatskrise heraufzubeschwören. Er tut es, weil er seinen persönlichen Machtanspruch durch die Popularität Ludwig Erhards gefährdet sieht und weil dieser wahrhaft europäisch denkende Wirtschaftspolitiker die plötzliche Zuneigung seines Kanzlers zu den wirtschaftlich egoistisch denkenden Franzosen nicht ganz zu teilen vermag und deshalb darauf besteht, daß ihm weder Dr. Adenauer noch der Außenminister in seine Zuständigkeit hineinreden.

Bundestagspräsident Gerstenmaier hatte wahrhaftig recht, als er feststellte, daß dieser Streit nun nicht mehr nur eine Sache der Regierungspartei sei, sondern daß seine politischen Auswirkungen an die Sicherheit des Staates rühren. Aber dann gab es zum zweitenmal im Schoße der Parteifraktion eine faule »Bereinigung«. Und wieder erinnert sie fatal an den kleinstädtischen Streit zwischen Frau Kripgans und der Frau Puvogel, der mit einer Zeitungsannonce beigelegt wird: »Ich erkläre hiermit, daß ich bei meinen Verleumdungen gegen Frau P. nicht die Absicht hatte, dieselbe zu beleidigen.«

Ich habe es stets als unfair angesehen, dem Kanzler sein hohes Alter vorzuhalten. Wenn ich allerdings noch einmal meine Großmutter bemühen darf, so sagte sie mir an ihrem 83. Geburtstag: »Alter allein ist weder ein Verdienst noch eine Entschuldigung, mein Junge, das Alter kommt leider ganz von selber.« Wenn es aber soweit kommt, daß Starrsinn und Verwirrung klare Entschlüsse verhindern, dann sollte es selbst für einen einstmals großen Staatsmann Zeit sein, abzutreten und für einen Nachfolger zu sorgen.

Ein böser Kritiker des Kanzlers hat dieser Tage von »moralischer Verkalkung« gesprochen. Nun, ich glaube, daß gegenüber den Sowjets, deren Politik jenseits aller Moral steht, ein politischer Gesundbeter wie F. D. Roosevelt weit weniger erfolgreich bleiben mußte als der von keinen Skrupeln geplagte Konrad Adenauer. Aber wir Deutschen haben nun einmal schlechte Erfahrungen mit Männern, die unseren Staat auf ihre eigene Figur zuschneiden möchten. Einst hatten wir GRÖFAZ, den »größten Feldherrn aller Zeiten« – wir sollten ihn nicht durch GRÖKAZ, den »größten Kanzler aller Zeiten«, ersetzen.

Ein Polizist hat nicht immer recht

Als schlichter Staatsbürger habe ich einen Anlaß, mich zu freuen. Im Stuttgarter Amtsgericht hat sich nämlich ein Richter gefunden, der mit der Gepflogenheit gebrochen hat, daß in einem Strafverfahren die Aussage eines Polizisten mehr wiegen müsse als die eines nicht uniformierten gewöhnlichen Sterblichen.

Der Fall begann mit einer alltäglichen Szene im Verkehr: Ein Mann mit Namen Wilfried Heiss ging in der verkehrsreichen Innenstadt Stuttgarts über die Fahrbahn. Die Ampel zeigte für ihn Grün. Aber ehe er noch den Fuß auf den Gehweg der anderen Seite setzen konnte, mußte sie wohl auf Rot umgesprungen sein. Polizeimeister Hans Weisser, der dort nach Verkehrssündern pflichtgemäß Ausschau hielt, nahm Anstoß und schritt ein.

Hätte der Polizeimeister gewußt, daß am Ende dieses Vorfalls für ihn ein richterlicher Tadel stehen könnte, dann hätte er vermutlich darauf verzichtet, sich dieser Lappalie wegen als allmächtige Obrigkeit in Szene zu setzen. Als der Fußgänger Heiss nämlich bestritt, bei Rotlicht die Straße überschritten zu haben, wurde Weisser barsch, verlangte den Personalausweis und forderte sein Opfer auch noch auf, mit zur Wache zu kommen. Der somit festgenommene Heiss war auch gewillt, diesem Befehl zu folgen, aber er wollte sich, wie es sein Recht und seine Pflicht ist, noch schnell einiger Zeugen versichern, die bereit waren, seine Aussagen zu bekräftigen. Darauf aber konnte der Polizeiwachtmeister wohl nicht warten. Er holte die Handschellen hervor, und weil sein Delinquent offenbar noch immer nicht begreifen wollte, daß er keinem »Freund und Helfer« in die Hände gefallen war, verkantete er zunächst einmal die Fessel so, daß Heiss vor Schmerzen in die Knie ging. Auf der Wache hatte man es weniger eilig, den Fall aufzuklären; erst nach zwei Stunden entließ man Heiss. Augenzeugen des Vorfalls, die in ihrer Empörung bis zur Wache mitgegangen waren, wurden unterdessen von Weisser mit der Bemerkung eingeschüchtert: »Wenn es euch nicht paßt, dann könnt ihr auch gleich reinkommen.«

So stark fühlte sich der Polizeimeister – und er hatte auch allen Grund dazu. Er wußte ja, wie das alles weitergehen mußte: Protokoll, die übliche Anzeige bei der Staatsanwaltschaft, Strafbefehl vom Amtsgericht und, wenn es hochkommt, nach einem Einspruch eine mündliche Verhandlung, bei der man in strammer Haltung, Mütze unterm Arm, wieder einmal mehr die Rechte zum Schwur erheben würde – um etwas zu beeiden, was man ohnehin die ganze Zeit behauptet hatte. Ein Polizist hat eben immer recht – richtig gesehen, richtig gehört, richtig gehandelt –, und darum ist auch gegen seinen Eid kein Kraut gewachsen.

Vielleicht ist es ein Restbestand aus dem alten Obrigkeitsstaat, daß bei uns ein Mensch in dem Augenblick, da er eine Uniform anzieht, den Anspruch erheben darf, in seinen Amtsgeschäften unfehlbar zu sein. Vor allem für die Verkehrsgerichte ist der Polizist der klassische Zeuge schlechthin, obwohl dieser Mann in Uniform oft genug in seinen Aussagen befangen sein mag: Wenn er nämlich zugeben müßte, daß er sich mit seiner Anzeige geirrt hat, oder wenn er sich sogar selbst eine Rechtswidrigkeit hat zuschulden kommen lassen. Es stößt sich auch niemand daran, daß für den Polizisten das Erheben der rechten Hand und das »so wahr mir Gott helfe« längst zur Gewohnheit werden mußten – wie die Zigarette nach dem Frühstück. Er macht das alle Tage, wenn's sein muß ein paarmal, und fast jeden Tag schreiben mir STERN-Leser, daß ein Verkehrsrichter sie auf Grund des üblichen Polizistenschwurs ihrer Meinung nach zu Unrecht verurteilt habe. Sie konnte ich immer nur mit dem Hinweis trösten, daß es in unserem Lande üblich sei, zu schweigen und zu bezahlen, sofern man einen Polizisten als Zeugen der Anklage gegen sich hat. Wer es anders versucht, macht sich meist

nur unnötigen Ärger und unnötige Kosten. Verurteilt wird er am Ende doch.
Auch Wilfried Heiss bekam seinen Strafbefehl. Weil er »erst nach Anlegen der Schließe« mit auf die Wache gegangen sei, sollte er seinen Widerstand gegen die in Polizeimeister Weisser verkörperte Staatsgewalt mit 100 Mark sühnen. Er tat es nicht, sondern erhob Einspruch.
So kam es zur mündlichen Verhandlung. Dabei stellte sich heraus, daß Weisser die Ampel, um derentwillen der Streit entstanden war, von seinem Standplatz gar nicht hatte beobachten können. Als der Richter sich die Zeugenaussagen angehört hatte, die des Uniformierten und die des Zivilisten, verzichtete er auf den üblichen Polizisteneid. Weisser brauchte nicht – oder vielmehr durfte nicht schwören. Der Richter sprach den Angeklagten frei und bürdete der Staatskasse alle Kosten auf, einschließlich des Honorars, das Heiss seinem Anwalt bezahlen muß. Denn Weisser habe sich so verhalten, »wie man es von einem Polizeibeamten nicht gern sieht«. Im übrigen sehe das Gericht sich außerstande, dem Polizeibeamten mehr zu glauben als den anderen Zeugen.
Diesen Satz müßte man eigentlich in allen Gerichtssälen plakatieren, auch wenn mit diesem Urteil eines Amtsrichters der polizeiliche Anspruch, ein Monopol auf die reine Wahrheit zu besitzen, noch keineswegs gebrochen sein dürfte. Es ist sicherlich auch nicht das erste Urteil dieser Art, aber es gibt uns Staatsbürgern neuen Mut, gegen jene Polizei-Automatik anzukämpfen, die jede Anzeige mit einer Verurteilung abgeschlossen haben möchte. Aus Gründen der Staatsräson, die sich damit bescheinigen läßt, daß sie sich nie irrt.

Wir alle wissen, daß die Einsichtigen in der Polizei sich seit Jahren bemühen, vom hohen Roß dieser Autorität ins Volk herunterzusteigen. Es würde für sie leichter sein, wenn sie auf das Privileg des Polizisteneides verzichten könnten.

13. August 1959

Das Wiener Weltjugendfestival

Auf den nächsten drei Seiten hätten wir Ihnen gern gezeigt, wie die Freie Welt in Wien bei den kommunistischen Weltjugendfestspielen ihre große Chance genutzt hat. Wir hätten Ihnen gern gezeigt, wie sich mit Zweifel beladene junge Menschen aus dem Ostblock mit jungen Menschen aus dem Westen trafen, wie sie diskutierten, wie sie sich kennenlernten und wie sich die Vertreter der kommunistisch beherrschten Länder davon überzeugten, daß die demokratische Freiheit kein leerer Wahn ist. Wir hätten gern – aber es war ganz anders.
Zum erstenmal hatten es die kommunistischen Agitatoren des Festivals gewagt, den Eisernen Vorhang hinter sich zu lassen und Wien, eine westliche Hauptstadt, zum Tagungsort zu wählen. Es war für sie ein Risiko. Was aber drei Fotografen und zwei Reporter des STERN eine Woche lang zwischen den Quartieren der 112 Delegationen aus der ganzen Welt, zwischen dem Prater, dem Ring, dem Messegelände und dem Stadion erlebten – dessen müssen wir uns einfach schämen. Wir – das ist der ganze Westen, der sich in der geistigen Auseinandersetzung mit dem Kommunismus so haushoch überlegen glaubt.
Auf den folgenden Bildseiten begegnen Sie der lachenden Selbstsicherheit junger Menschen, die weit davon entfernt sind, ihren kommunistischen Agitatoren und Aufpassern aus Moskau und Pankow zuzurufen: »So wie ihr den Westen schildert, so ist er nicht!« 15 000 Jugendliche aus den Ostblockstaaten und aus den entwicklungsfähigen Ländern, die

nach neuen Eindrücken und nach neuen Erlebnissen hungerten, fanden in einer westlichen Hauptstadt das bestätigt, was die kommunistische Propaganda ihnen eingehämmert hatte: Frieden und Freundschaft gedeihen nur unter dem Sowjetstern.
Sie wurden nicht vom Sog des westlichen Geistes mitgerissen, sondern landeten vereint im Keller der kommunistischen Selbstherrlichkeit.
Es begann mit Kleinmut: Wien hat mehr aus geschäftlichen als aus Gründen der Überzeugung die Festspiele aufgenommen, denn es liefen Verhandlungen über die Verminderung der Reparationslieferungen an Rußland. Die Wiener Zeitungen veröffentlichten demonstrativ keine Nachrichten über die Festspiele. In der Hofkirche wurde unter der Leitung von Hochwürden Professor Granditsch, dem Jugendseelsorger der Erzdiözese Wien, ein Sühnegottesdienst gehalten, in dem die Festival-Teilnehmer als Kommunisten und Antichristen verdammt wurden. Die Reformation und das Freimaurertum mußten als Geburtshelfer des Kommunismus herhalten. Diese Beispiele einer verantwortungslosen Torheit ließen sich beliebig fortsetzen.

Versetzen Sie sich, lieber STERN-Leser, in die Lage eines jungen Russen, der mit viel Vorbehalten, aber auch mit dem Wunsch nach Begegnungen in den Westen kommt. In Wien begegnet ihm eisige Ablehnung. Über ihm kreist – wie es geschah – tagaus, tagein ein Flugzeug, dessen Spruchband ihn auffordert, an Ungarn und an Tibet zu denken; an Ereignisse also, die er dank der Propaganda in seiner kommunistischen Heimat als gerechtfertigt ansieht. Oder versetzen Sie sich in die Lage der jungen Bauarbeiterin aus der Sowjetzone, die stolz auf ihre Leistung ist und der während einer Diskussion ein schnöseliger Student aus der Bundesrepublik zuruft, bei uns wäre sie mindestens Sekretärin.

Oder versetzen Sie sich in die Lage des Senegalnegers, der im westlichen Informationszentrum auf die Bitte nach Auskunft mit der Antwort abgespeist wird, er solle sich an seine Gesinnungsgenossen wenden.

Bei so viel Unverstand ist es kein Wunder, daß die hoffnungsvollen Ansätze in Wien eben nur Ansätze blieben.
Zwanzig italienische Teilnehmer entzogen sich den kommunistischen Isolierungsmaßnahmen durch ihre demonstrative Abreise. Polnische Delegierte machten aus ihrem Willen zur Meinungsfreiheit kein Hehl. Dreißig Tschechen trennten sich auf Nimmerwiedersehen von ihrer Delegation. Zum erstenmal bei den kommunistischen Festivals mußten die Veranstalter darauf verzichten, Resolutionen zu verfassen – weil nie die gewünschte Einstimmigkeit zustande kam. Dieses Wunder haben nicht etwa die westlichen Gastgeber vollbracht, dieses Wunder ist das Werk einer amerikanischen Delegation, die sich aus einer prokommunistischen New Yorker Gruppe und aus einer demokratischen Gruppe aus Chicago zusammensetzte. Die Amerikaner versuchten in öffentlicher Aussprache, sich gegenseitig zu überzeugen, und rissen die anderen so weit mit, daß Professor Bernal aus England, einer der Drahtzieher der kommunistischen Weltfriedensbewegung, zugeben mußte: »In meiner Diskussionsgruppe überwogen die antikommunistischen Stimmen.«
Das waren – wie gesagt – nur Ansätze. Die große Begegnung der Jugend aus Ost und West hat nicht stattgefunden. Und während der Westen bei den Weltjugendfestspielen in Wien seine Einfallsarmut bewies, zeigte Amerikas Vizepräsident Richard Nixon in der Sowjetunion, wie groß der Wert der persönlichen Begegnung ist.
Was, denken Sie, wäre geschehen, wenn Nixon in seiner Fernsehansprache in Moskau etwa folgendes gesagt hätte: »Sie glauben nicht, daß unsere Arbeiter so leben, wie wir es auf der Amerikanischen Ausstellung zeigen. Sie glauben nicht, daß wir den Frieden ebenso wollen wie Sie. Weil Ihnen Ihre Propaganda ein falsches Bild vom Westen zeigt. Nun gut, überzeugen Sie sich selbst! Ich lade im Namen des Präsidenten hunderttausend junge Menschen aus der Sowjetunion auf unsere Kosten für ein Jahr nach Amerika ein. Sie sollen bei amerikanischen Familien jeweils zwei Monate wohnen und so durchs ganze Land kommen. Schreiben Sie an den Kreml, schreiben Sie an Niki-

ta Chruschtschow, daß auch Sie nach Amerika fahren wollen!«
Ob Chruschtschow seinem Gast ins Wort gefallen wäre? Und wenn – die Wirkung einer solchen Einladung hätte er nicht totschlagen können.
Richard Nixon hat in Moskau den deutschen Bundeskanzler als einen Mann des Friedens bezeichnet. Auch das werden die propagandistisch gleichgeschalteten Sowjetmenschen nicht ohne weiteres glauben. Und wie leicht könnten wir zeigen, daß diese Feststellung nicht nur eine Redensart ist. Nutzen Sie die Gelegenheit, Herr Bundeskanzler, die der Westen in Wien versäumte! Laden Sie offiziell über die deutsche Botschaft in Moskau 10 000 junge Sowjetbürger für ein paar Monate zu einem kostenlosen Aufenthalt in die Bundesrepublik ein. Geben Sie einem Volk, das die Deutschen nur als Eroberer und Deutschland nur als ein Zwangsarbeiterlager kannte, die Möglichkeit, sich bei der Begegnung mit den jungen Menschen Westdeutschlands davon zu überzeugen, daß auch wir heute nur ein Ziel kennen: in Frieden und Freiheit zu leben!

3. September 1959

Chruschtschows Griff nach Berlin

Mir ist – ich gestehe es offen – zunächst ein Stein vom Herzen gefallen, als vor einigen Wochen die Nachricht kam, daß Ike Eisenhower und Nikita Chruschtschow einander besuchen wollen. Aber als der Stein dann unten war, habe ich angefangen nachzudenken, und da kam mir ein anderes Gipfeltreffen in den Sinn, das einer in der Krise zitternden Welt einst die Entspannung bringen sollte: der Besuch des britischen Premierministers Neville Chamberlain bei Hitler in Godesberg im September 1938. Damals forderte Hitler die Angliederung des Sudetenlandes mit den Worten ». . . das ist meine letzte territoriale Forderung in Europa«, und es gelang ihm, seinen Besucher zu überzeugen, daß dieser Anspruch doch gar so unbillig nicht sei, um so mehr, wenn man durch seine Erfüllung die gefährdete Welt endgültig beruhigen könnte. Die beharrliche Weigerung der tschechoslowakischen Regierung wurde schließlich sogar im Westen als ein Zeichen uneinsichtiger Starrheit angesehen, und so gingen die Westmächte denn auch bei der Münchner Konferenz kurzerhand über den Einspruch der Tschechen hinweg und stimmten der Abtretung der sudetendeutschen Gebietsteile zu – um nach kaum einem halben Jahr tatenlos zusehen zu müssen, wie Hitler sein Wort brach und nunmehr die gesamte Tschechoslowakei annektierte.
Inzwischen zweifelt weder in London und Paris noch bei uns in Deutschland ein vernünftiger Mensch daran, daß dies der letzte Augenblick gewesen ist, in dem die Westmächte Hitler hätten Einhalt gebieten müssen. Aber damals stand das deutsche Volk bis auf verschwindende Ausnahmen geschlossen hinter seinem Führer – nicht zuletzt, weil es fasziniert war von Hitlers außenpolitischen Erfolgen. Und wir erinnern uns noch sehr gut, wie Chamberlain nach seiner Friedensreise auf dem Londoner Flugplatz als »guter alter Neville« herzlich gefeiert wurde und wie die Franzosen ihrem von der Münchner Konferenz heimgekehrten Ministerpräsidenten Daladier auf den Champs-Élysées stürmische Ovationen bereiteten.
Ist die Lage heute nicht ganz ähnlich zu beurteilen? Heute konzentriert sich Nikita Chruschtschow auf die »Beseitigung des Krebsgeschwürs Westberlin« und behauptet, das sei die vordringlichste Maßnahme zur Befriedung der Welt und zur Rettung des Friedens. Und schon gibt es Menschen in den westlichen Ländern

und sogar bei uns, die meinen, dieses Berlin lohne keinen Krieg. Und schon mehren sich im Westen die Stimmen, die den Anspruch der DDR auf das mitten in ihrem Gebiet liegende Berlin als gar nicht so unbillig ansehen. Sie sagen, nicht Chruschtschows Forderung nach einer »Freien Stadt Westberlin« gefährde den Frieden, sondern es sei die starre ablehnende Politik der Bundesregierung, die eine Entspannung verhindere.
Denn ohne Zweifel meint es Chruschtschow ernst. Hinter ihm steht der geschlossene Block der kommunistischen Völker, wie damals hinter Hitler das geeinte Deutschland stand. Und wenngleich heute Chruschtschow wie damals Hitler die außenpolitischen Erfolge zur Faszination seiner Anhänger braucht – und der Westen hat sie ja beide mit solchen Erfolgen reichlich bedient –, so fragen sich viele Leute immerhin, ob man ihm nicht doch am Ende mit einem Nachgeben in der Berlinfrage den Mund stopfen könnte. Denn der Westen starrt auf die sowjetischen Fernraketen wie einst der gallische Hahn auf den Kreidestrich des deutschen Westwalls, und wie die schutzlosen Briten auf Hitlers Luftwaffe starrten.
Ach, als ob es Herrn Chruschtschow nur um Berlin ginge – er hat ja selber nicht einmal gesagt, daß dies seine »letzte territoriale Forderung« sei.
Was also sollte man tun? Ich meine, man sollte aus der Geschichte lernen. Damals, als die Westmächte den Frieden um jeden Preis retten wollten, hat es genau elf Monate gedauert, bis aus dem kalten Krieg dennoch ein heißer wurde. Und heute, zwanzig Jahre nach diesem verhängnisvollen Tag, wissen wir, daß nichts anderes als Hitlers falsche Einschätzung Englands und Frankreichs diesen Kurzschluß verursacht hat. Denn als am 3. September 1939 vormittags um 9 Uhr der britische Botschafter Henderson das Ultimatum seiner Regierung in der neuen Reichskanzlei überreichte, da erst wurde sich Hitler seines gefährlichen Spieles bewußt und fragte die Umstehenden verzweifelt: »Was nun?« Doch da war es zu spät.
Sollte der Westen diese Lehre der Geschichte nicht beherzigen und früh genug klar genug machen, daß es ihm nicht weniger ernst ist als Herrn Chruschtschow? Gewiß, weltgeschichtliche Konstellationen wiederholen sich nicht, und man sollte vorsichtig sein mit Vergleichen. Aber die Reden Nikita Chruschtschows waren in den letzten Monaten von der gleichen verdächtigen »Entschlossenheit« wie die Hitlerreden der Jahre 1938/39. Was damals Prag war, könnte heute leicht Berlin werden, und wer garantiert uns denn dafür, daß Hitlers Anspruch auf Danzig nicht eines Tages in Chruschtschows Verlangen nach Hamburg oder nach dem Ruhrgebiet eine Parallele findet? So absurd ist keine Forderung, daß ein Diktator sie nicht stellen und begründen könnte. Warum, so wird er vielleicht sagen, sollten denn der Hafen Hamburg und das Industriepotential des Ruhrgebiets allein dem Westen zugute kommen, wo doch die Rote Armee den größten Blutzoll zur Niederwerfung Nazideutschlands beigetragen hat . . .
Wer den Anfängen nicht wehrt, ist bald am Ende. Und darum gebe es Gott, daß der amerikanische Präsident weniger naiv sein möge als seinerzeit der britische Premier, der beim Verlassen des Flugzeuges seinen Regenschirm schwenkte und den begeisterten Londonern verkündete, er habe soeben mit Hitler zusammen »den Frieden für unser Zeitalter« gesichert.
Immerhin, Hitler mochte glauben, daß er die Welt in der Tasche hatte. Er war ja aus seinen vier Wänden nie herausgekommen, ohne von einer heilrufenden Masse in seinem Wahn bestärkt zu werden. Nikita Chruschtschow aber wird Amerika sehen. Er wird nicht nur in den hermetisch abgeschlossenen Räumen des Weißen Hauses verhandeln, er wird durchs Land reisen, Fabriken besichtigen, mit den Menschen sprechen, und wir können nur hoffen, daß er ähnliche Eindrücke mit nach Hause nehmen wird, wie sie Nixon in der Sowjetunion hatte: Das Volk hüben wie drüben wünscht nichts sehnlicher als den Frieden. Sollte aber Chruschtschow fortsetzen wollen, was Stalin begann, der ein Land nach dem anderen unter das kommunistische Regime zwang – dann wird er in Amerika wohl auch erfahren müssen, daß diese Friedensliebe gepaart ist mit dem harten

Willen, dem Westen seine Lebensform unversehrt zu erhalten.

So werden sich bei dieser Zusammenkunft beide Männer vor der Geschichte bewähren müssen, und diese Bewährung wird ganz simpel darin bestehen, daß der eine beweist, er sei kein Chamberlain, der den Frieden um jeden Preis einkaufen wollte – und der ihn eben deshalb verlor –, der andere aber sollte das Schicksal Hitlers bedenken, dem die Augen erst aufgingen, als in Europa bereits die Lichter erloschen waren.

17. September 1959

Bei Chruschtschow zu Hause

Ich schreibe diesen Brief, während schon die Druckmaschinen laufen. Möge es der selige Gutenberg geben, daß wir den größten Teil der Auflage noch erreichen – weniger mit diesem Brief als mit dem, was der eigentliche Anlaß zu diesen Zeilen ist.
In dieser Woche nämlich, und zwar in der letzten Sekunde dieser Woche, ist dem Reporter Walter Carron etwas gelungen, was vor ihm noch kein westlicher Reporter geschafft hat, er fotografierte den sowjetischen Regierungschef Nikita Chruschtschow mit seiner Familie in seinem Landhaus bei Moskau.
Ich brauche Ihnen, lieber STERN-Leser, nicht zu sagen, daß ich kein intimer Freund des Herrn Chruschtschow bin. Aber er ist nun einmal eine weltgeschichtliche Tatsache, und selbst der amerikanische Präsident trägt dieser Tatsache Rechnung, indem er diesen Nikita Sergejewitsch Chruschtschow mit seiner Familie in die Vereinigten Staaten eingeladen hat. Wie sollte es nicht Aufgabe einer Illustrierten sein zu zeigen: Wer ist dieser Mann, wer sind seine Angehörigen und wie sieht es bei ihm zu Hause aus?

Sie finden den achtseitigen Sonderbericht Walter Carrons als Einlage in der Mitte dieses Heftes. Wir müssen dafür das »Sternchen« auslassen, denn das doppelte Einlegen in einer Million und vierhunderttausend STERN-Exemplaren würde keine Druckerei der Welt jetzt noch schaffen.

1. Oktober 1959

Gleichberechtigung im Ehealltag

Einer Posaune wegen ist im Hause eines meiner Freunde der Ehekrieg ausgebrochen. Eine Zeitlang sah es so aus, als würde das blinkende Stück Messing auch noch diese Ehe zerblasen, nachdem es in vorgeschichtlichen Zeiten angeblich die Mauern der festen Stadt Jericho hatte einstürzen lassen. Dabei sollte auf dieser Posaune nur der sechzehnjährige Sohn des Hauses blasen, den seine Freunde Freddy nennen.
Bei diesem Posaunenkrieg ging es nämlich um die Gleichberechtigung. Freddys

Mutter hatte vor ein paar Wochen einen Vordruck unterschrieben, den der Sohn aus der Schule mitgebracht hatte; sie meldete damit Freddy für einen Musiklehrgang an, der von der Schule geleitet und zu dem sogar noch das Instrument gestellt wird. Sie erfüllte ihrem Sohn damit einen Herzenswunsch; Jazzmusik ist für ihn zur Zeit so etwas wie eine Weltanschauung.

Der Krieg begann damit, daß Freddys Vater am Familientisch feierlich die Unterschrift seiner Frau für ungültig erklärte. »Mein Sohn«, sagte er, »wird sich später nicht mit Jazzmusik sein Brot verdienen. Er soll seine Zeit dazu benutzen, um Mathematik und Englisch zu büffeln.«

Freddys Mutter gab sich nicht so leicht geschlagen. Welche Frau tut das schon? Als sie mit vielen guten und manchmal auch weniger guten Worten nichts ausrichtete, fiel das Wort von der Gleichberechtigung.

Sie ahnte gar nicht, auf welches juristische Glatteis sie sich damit begab, obwohl der Artikel 3 Absatz 2 des Grundgesetzes klar sagt: »Männer und Frauen sind gleichberechtigt.« Dazu kommt noch der Artikel 117: »Das dem Artikel 3 Absatz 2 entgegenstehende Recht bleibt bis zur Anpassung . . . in Kraft, jedoch nicht länger als bis zum 31. März 1953.« Und dieser Tag, das läßt sich kaum bestreiten, ist längst verstrichen.

Der Vater jedoch hätte im Bewußtsein seines guten Rechtes als Familienvorstand die Paragraphen 1628 und 1629 aus dem Bürgerlichen Gesetzbuch zitieren können. Sie wurden als »Gesetz über die Gleichberechtigung von Mann und Frau« mit dem 1. Juli 1958 in Kraft gesetzt, und dort wird eindeutig entschieden: »Die Vertretung des Kindes steht dem Vater zu.« Ferner: »Können sich die Eltern nicht einigen, so entscheidet der Vater; er hat auf die Auffassung der Mutter Rücksicht zu nehmen.«

Sie sehen, lieber STERN-Leser, wenn man eine solche Sache erst einmal juristisch betrachtet, dann geht es gar nicht mehr um eine Posaune. Sie wird zum berühmten und zugleich ein wenig lächerlichen Stein des Anstoßes, weil weder die Frau noch der Mann darauf verzichten wollen, das letzte Wort zu haben.

Unsere Gesetzgeber, in diesem Fall die Abgeordneten des Bundestages, haben vor zwei Jahren über den Wortlaut dieser Familienverfassung sehr lange diskutiert. Sie sagten sich, wohl aus eigenen ehelichen Erfahrungen heraus, daß letzten Endes eben doch einer der beiden Ehegatten die Entscheidung haben müsse. Vielleicht weil die Männer im Bundestag in der Mehrzahl sind, beschlossen sie, daß dies der Ehemann sei. Das mit der »Rücksicht auf die Auffassung der Mutter« war nur noch ein Trostpflaster; diese Bedingung erfüllte der Ehemann nämlich bereits, wenn er die Meinung seiner Frau auch nur angehört hatte.

Und das soll die berühmte Gleichberechtigung sein, werden Sie, liebe STERN-Leserin, nun mit Recht fragen. Sie ist es natürlich nicht. Falls meine Freunde auf den Gedanken gekommen wären, über Freddys Posaune tatsächlich die Gesetze entscheiden zu lassen, dann hätte die Mutter zwar auch noch das Recht gehabt, den Streit aus dem Hause und vor einen Vormundschaftsrichter zu tragen; der aber wäre dann endgültig im Dickicht des Gesetzes hängengeblieben – nämlich in dem Widerspruch, der zwischen der theoretischen Gleichberechtigung im Grundgesetz und dem praktischen Vorrecht des Vaters im Bürgerlichen Gesetzbuch seit 1958 bis vor kurzem bestand.

So mußte nun das Bundesverfassungsgericht entscheiden. Nicht gerade über Freddys Posaune, sondern weil die Vormundschaftsrichter in vier anderen Fällen keinen Ausweg mehr fanden. Die höchste Kontrollinstanz unseres Rechtes entschied dann auch, daß die beiden Paragraphen 1628 und 1629 des Bürgerlichen Gesetzbuches ungültig sind, weil sie das Grundgesetz verletzen.

Damit hat der Vater nicht mehr das letzte Wort. Sein Traum vom Oberhaupt der Familie ist endgültig ausgeträumt. Sie hat in Zukunft zwei Oberhäupter – und das ist insofern eine schlechte Zahl, als nicht einmal die Abstimmung eine Entscheidung bringen kann. Der Bundestag müßte nun eigentlich eine neue Familienverfassung ausarbeiten, die als perfekte Hausordnung überall anwendbar wäre und jeden Haustyrannen und jede

Xanthippe bändigt. Zum Zwecke der wahren Gleichberechtigung.
Ein so perfektes Gesetz gibt es Gott sei Dank nicht. Mit ihm müßte nämlich auch noch die kleinste Ehestreitigkeit ihren passenden Paragraphen bekommen. Nichts ist dagegen einzuwenden, daß Rechte und Pflichten der Eheleute vom Gesetz festgelegt werden, denn ihre Unterschriften auf dem Standesamt besiegeln ja auch einen Vertrag. Er kann aber keineswegs schon festlegen, wer in der künftigen Ehe die Hosen anhaben soll. Schließlich ist eine Ehe mehr als eine Firma, in der sich zwei Teilhaber zum gemeinsamen Haushalten und zur Kinderaufzucht zusammentun. Über diesem bürgerlichen Vertrag steht das, was Ursache und Sinn einer Ehe überhaupt ist: die Liebe zweier Menschn. Sie läßt sich weder in Paragraphen fassen, noch kann man von einem Richter dazu verurteilt werden. Ohne sie gibt es nie eine Gleichberechtigung, und wenn sie zehnmal im Grundgesetz und im bürgerlichen Recht verankert wäre.

Wo diese Liebe fehlt, ist auch der Spruch eines Vormundschaftsrichters nur Flickwerk. Zwar könnte er vielleicht Freddy zu einer Posaune verhelfen, aber die Eltern würde er damit kaum einander näherbringen. Ein Sieg vor diesem Richtertisch kann leicht zu einer Niederlage werden, bei der die Frau ihren Ehemann und das Kind seinen Vater verliert, weil hinter der richterlichen Entscheidung schon drohend eine künftige Scheidung steht.
So also geht es nicht. Trotzdem dürfen wir auf die Gleichberechtigung nicht verzichten, denn sie würde die Unfreiheit für die Hälfte aller Menschen zu einer Art Erbsünde machen. Wir haben uns zu sehr daran gewöhnt, alle Entscheidungen, die jeder für sich zu fällen hat, dem Staate zuzuschieben. Er hat mit dem Grundgesetz das Seinige bereits getan. Jetzt ist es an uns allen, das Unsrige zu tun. Gleiches Recht wird in jeder Ehe entweder alltäglich verdient und gewährt, oder es wird nie mehr sein als eine blutleere juristische Konstruktion.
Unsere Juristen sind mit der Gleichberechtigung freilich wieder dort, wo sie vor zwei Jahren schon standen. Was sich unsere Abgeordneten im Bundestag damals mit viel Amtsaufwand, vielen Sachverständigenurteilen und Reden zurechtgelegt haben, erwies sich als eine juristische Fehlkonstruktion. Aber das ist nicht so schlimm; wir bezahlen ja unsere Steuern dafür.

8. Oktober 1959

Sonderrecht für trunkene Richter?

Sie halten es sicher für selbstverständlich, daß ein Oberinspektor, der beim Finanzamt unsere Steuern einzieht, sein eigenes Einkommen auch versteuert. Zwar wird er keinen Pfennig zuviel bezahlen, denn wer kennt schon besser als er die Wege zu Ermäßigungen, aber geschenkt wird ihm nichts. Er bekommt keinen Hausrabatt. Auch sein Steueraufkommen wird ja nach Gesetzen berechnet, und vor dem Gesetz sind wir doch alle gleich. So steht es wenigstens im Grundgesetz.
Sind wir es auch vor dem Strafgesetz? Um Ihnen, lieber STERN-Leser, die Antwort auf diese Frage zu erleichtern, muß ich Ihnen eine Geschichte erzählen: Es fuhr ein Mann am Steuer seines Wagens auf der Bundesstraße 357. Im Magen hatte er sieben große Glas Bier und auf dem Tachometer 70 Stundenkilometer. Als er einen anderen Wagen rammte, kam die Polizei, verhörte ihn und nahm ihm zwei Stunden nach dem Unfall eine Blutprobe ab. Sie ergab einen Alkoholgehalt von 1,7 Promille.

Sie werden jetzt mit Recht sagen, das sei eine leider sehr alltägliche Geschichte, und das einzig Verwunderliche daran sei, daß es nach den harten Urteilen unserer Gerichte gegen betrunkene Autofahrer noch immer so viele dumme oder auch unverantwortliche Leute gebe, die sich nach einer Zecherei hinter das Lenkrad setzen. Nun, auch dieser Mann kam vor seinen Richter, und er wurde bestraft. Mit 100 DM (in Worten: einhundert).

Wer so billig wegkommt, ist doch wohl ein Glückskind, dessen Name und Rang nicht verheimlicht zu werden braucht. Es ist der Amtsgerichtsrat Wollersheim aus Bonn, und er war bisher als Verkehrsrichter tätig.

Als Erzieher der Kraftfahrer konnte unser Mann freilich dieses Urteil nicht annehmen. Er legte Berufung ein und erhielt so vor der Zweiten Großen Strafkammer des Landgerichts Koblenz Gelegenheit, seine gründliche Kenntnis der Materie auch einmal in eigener Sache zu verwerten. Er sagte:

Die Blutprobe sei ihm erst zwei Stunden nach dem Unfall abgenommen worden, und in dieser Zeitspanne sei ja der Alkohol erst richtig ins Blut gegangen; nach der üblichen Rechnung habe er also beim Unfall nur 1,1 Promille gehabt – und das sei strafrechtlich nicht mehr erfaßbar.

Die eigentliche Ursache des Unfalls sei ein geplatzter Reifen am linken Vorderrad gewesen.

Da die Strafkammer weder in der Lage war zu beweisen, daß der Reifen erst durch den Unfall platzte, noch daß der Mann am Steuer in diesem Augenblick mehr als den gerade noch amtlich zugelassenen Alkohol im Blut hatte, mußte sie ihn freisprechen – nach dem alten Grundsatz, daß in einem Zweifelsfall dem Angeklagten geglaubt werden muß.

Es wäre wohl sehr ungerecht, den Koblenzer Richtern zu unterstellen, sie hätten ihrem Bonner Kollegen bei diesem bemerkenswerten Urteil einen Hausrabatt gewährt. Ihr Amt schreibt ihnen ja vor, ohne Ansehen der Person zu urteilen. Und wenn Sie, lieber STERN-Leser, je der Meinung sein sollten, einem gewöhnlichen Staatsbürger hätte das Gericht diese entlastenden Argumente nicht abgenommen, dann bezweifeln Sie damit die Unabhängigkeit unseres Richterstandes. Vielleicht wurde dieses Urteil in der Abgeschlossenheit eines Beratungszimmers nur zähneknirschend gefällt – so, wie der Bundesfinanzminister wohl auch reagieren würde, wenn ihm seine Oberinspektoren eines Tages auf Grund ihrer Gesetzeskenntnisse beweisen, daß sie keine Steuern mehr bezahlen müßten.

Manchmal sieht es allerdings so aus, als werde gerade bei solchen angeblichen Kavaliersdelikten am Steuer mit unterschiedlichen Ellen gemessen. Es gab in der letzten Zeit zu viele Fälle, die scheinbar dafür sprechen, daß ein hohes Amt und Beziehungen nicht ohne Wirkung bleiben.

Das erweiterte Kölner Schöffengericht mußte sich mit dem Amtsgerichtsdirektor Friedrich-Wilhelm Becher aus Euskirchen beschäftigen, der mit 2,4 Promille sein Auto gefahren, zwei Unfälle gehabt hatte und von der Polizei nur mit Gewalt zur Blutprobe gebracht werden konnte. Amtsgerichtsdirektor Becher erhielt zwei Wochen Haft mit Bewährung und 200 Mark Geldstrafe.

Das Amtsgericht Düsseldorf sprach Dr. Anton Pauly, Rechtsanwalt und Bürgermeister dieser Stadt, frei, obwohl er nach einer Grundsteinlegung mit Bier, Schnaps und Sekt auf der Autobahn in Schlangenlinien und einmal sogar auch auf den Grünstreifen gefahren war. Solche Fahrunsicherheit – so entschied der Richter – könne auch auf Übermüdung zurückzuführen sein.

Gegen den Lübecker Landgerichtsrat Hans-Joachim Fischer läuft seit dem 28. Februar ein Verfahren wegen Trunkenheit am Steuer. Bis jetzt wurde nicht gegen ihn verhandelt, wohl aber hat ihm ein bekannter Hamburger Psychiater bereits gutachtlich die Zurechnungsunfähigkeit zur Zeit der Tat bescheinigt.

Der Senatsdirektor Dr. Fritz Georg Kook in der Berliner Verkehrsverwaltung fiel der Polizei zu früher Morgenstunde auf der Heimfahrt von einem Fest auf, weil er sich übergeben mußte. Die Blutprobe ergab 1,3 Promille. Auf den Einwand, seine Übelkeit sei durch ein aufgeplatztes Zahngeschwür entstanden, wurde ihm der Führerschein ohne Strafverfolgung zurückgegeben.

Sicher gibt es für alle diese Entscheidungen mehr oder weniger gute Gründe, aber der schlechteste Grund wäre, wenn man dabei Rücksicht auf die Stellung eines Beschuldigten im öffentlichen Leben genommen hätte. Es gehörte schon immer zur Praxis der Gerichte, einen intelligenten Schuldigen härter zu verurteilen, weil er doch das Ungesetzliche seines Tuns besser erkennen müsse als ein Dummkopf.
Wenn es also schon ein Sonderrecht für prominente Alkoholsünder am Steuer geben soll, dann kann das doch nur bedeuten, daß man sie noch härter anfaßt als die Bürger ohne Rang und ohne großen Namen.

Der Verkehrsrichter Wollersheim pflegte sich, wenn er im schwarzen Talar seines Amts Recht zu sprechen hatte, durchaus an diesen Grundsatz zu halten. Als er einmal einen Bonner Journalisten aburteilen mußte, der das gleiche getan hatte, dessen nun auch der Richter beschuldigt war, ließ er sich die Gelegenheit nicht entgehen, den Pressemann daran zu erinnern, daß ein Vertreter der öffentlichen Meinung durch die 46 000 jährlichen Trunkenheitsunfälle in der Bundesrepublik mehr als jeder Normalbürger gewarnt sein müsse. Das war ein gutes Wort, aber es muß ihm dann, als er es selbst hätte brauchen können, wohl wieder entfallen sein.

15. Oktober 1959

Auch Mörder haben Rechte

In diesem Heft werden Sie ein merkwürdiges Dokument finden. Es ist der Bericht des zum Tode durch Erhängen verurteilten Günther Podola, geschrieben in der Todeszelle des Gefängnisses im Londoner Stadtteil Wandsworth.
Es gibt wenig Zweifel daran, daß dieser Günther Podola ein Mörder ist. Und er ist, nach allem, was wir von ihm wissen, sicher keines falschen Mitleids wert. Ein Erpresser, wahrscheinlich ein Dieb, in jedem Fall ein wahrhaft unerfreulicher Zeitgenosse.
Ich kann Ihnen auch nicht sagen, ob das, was Podola schreibt, die Wahrheit ist oder ein letzter zynischer Versuch, seine Mitwelt zu bluffen. Immerhin schrieb er seinen Bericht im Angesicht des Todes – 48 Stunden bevor der britische Innenminister Butler überraschend die Hinrichtung aufschob.
Mit Recht werden Sie mich fragen, warum denn der STERN diesen Bericht abdruckt, wenn nicht um einer unerlaubten Sensation willen. Nun, ich war in der letzten Woche in London, und ich habe die Erregung der kühlen Engländer über den Fall Podola erlebt. Sie war stärker als selbst das Wahlfieber. Und diese erregte Diskussion um Podola hatte mit Sensation wenig zu tun.

Als nämlich bekannt wurde, daß

○ Podola, der noch am Morgen vor seiner Verhaftung gesund war, acht Stunden später als ein blutunterlaufenes Nervenbündel in ein Krankenhaus eingeliefert wurde;
○ die Polizei drei Tage lang verhinderte, daß ein Anwalt zu Podola vorgelassen wurde, weil der Häftling angeblich nicht vernehmungsfähig war;
○ der Delinquent nicht am Tage nach der Verhaftung – wie es das Gesetz vorschreibt – seinem Richter vorgeführt wurde, sondern erst am fünften Tage, und das in aller Eile, obwohl Podola sich nicht auf seinen Beinen halten konnte und von zwei Detektiven halb getragen werden mußte;
○ am gleichen Tage Innenminister Butler eine Anfrage im Unterhaus zu erwarten hatte und nunmehr die Beantwortung verweigern konnte mit der Feststellung, das »richterliche Verfahren« sei

nun eröffnet und verbiete ihm eine Stellungnahme.
Als das alles bekannt wurde, da taten sich ein paar höchst angesehene Londoner Geschäftsleute zusammen und bestellten diesem Podola auf ihre Kosten einen Anwalt, »weil in unserem Lande auch der Unwürdige sein Recht finden soll«.
Diesen Londoner Bürgern ging es ebensowenig um Podola, wie es uns um die Person dieses Mannes geht. Aber es scheint, als habe auch der Prozeß im ehrwürdigen Londoner Old Bailey dem Recht nicht zu seiner Wirkung verholfen.
Von sechs medizinischen Sachverständigen haben vier dem Angeklagten Gedächtnisschwund attestiert. Der Ankläger aber redete auf die Geschworenen ein und zitierte »betrunkene Autofahrer, die in Zukunft nicht mehr verurteilt werden könnten, wenn Podola nicht gerichtet würde«.
Es steht fest, und Podolas Anwalt Mr. Morris Williams hat es mir bestätigt, daß der Angeklagte kein Wort zu seiner Verteidigung gesagt hat. Wie leicht hätte er sich darauf hinausreden können, daß der Schuß gegen den Polizisten Purdy losgegangen sei, als dieser ihm seine Waffe aus der Tasche ziehen wollte. Und es steht fest, daß Podola keine Revisionsverhandlung und kein Gnadengesuch wünschte. Anwalt Williams hat den Antrag »aus eigener menschlicher Verantwortung« gestellt.
Zwei Tage, nachdem ich das Manuskript des Todeskandidaten in Händen hatte, wurde die Hinrichtung durch Innenminister Butler aufgeschoben. Hat ihn die Empörung der britischen Bürger über dieses unzulängliche Gerichtsverfahren dazu veranlaßt? Oder erfolgte der Hinrichtungsstopp am Ende wegen der bevorstehenden Wahlen?
Wir wissen es nicht.
Aber wir haben wieder einmal erfahren, wie problematisch die Todesstrafe ist. Ginge es nach dem Richter Mr. Edmund Davies, dann würde Podola am 16. Oktober »an seinem Genick aufgehängt, bis der Tod eintritt«. So lautet die traditionelle Urteilsformel.
In der Hand eines dem menschlichen Irrtum unterworfenen Mannes lag es, ihn dem Henker zu überantworten. Ein anderer, ebenso fehlbarer Mensch rettete ihn zunächst vor dem Strick, um ihn noch für eine Weile im Schatten des Galgens stehenzulassen.
Es geht nicht um den Lumpen Podola.
Es geht darum, daß keines Menschen Hand rein und stark genug ist, um das Schwert der Rache zu führen.

22. Oktober 1959

Zum Verbot der Doppelstecker

Auf die Gefahr hin, es mit sämtlichen Malerinnungen zu verderben, muß ich gestehen, daß ich übers Wochenende die Fensterrahmen zu Hause in eigenhändiger Schwarzarbeit weiß lackiert habe. Nicht, weil ich dem Handwerker seinen Verdienst nicht gönnte, sondern weil ich nach mehreren Telefongesprächen mit einem Malermeister das Gefühl hatte, es würde erst noch einer kniefälligen Ehrenerweisung bedürfen, bis ich mit dem Erscheinen seiner Seltenheit des Herrn Anstreichers rechnen dürfte.
Glücklicherweise ist Selbermalen nicht strafbar. Aber wehe, wenn es bei Ihnen zu Hause einmal an der Lichtleitung hapert. Da bleibt nur Kerze, Warten auf den Morgen oder auf den Elektriker. Denn der hat ein Monopol, und Sie können bestraft werden, wenn Sie sich an Ihrer eigenen Leitung zu schaffen machen. Monopole haben es an sich, daß sie gelegentlich mißbraucht werden – so wie es

jetzt mit dem generellen Verbot aller sogenannten Doppelstecker geschieht. Sie dürfen vom 1. November an in der Bundesrepublik nicht mehr verkauft werden. Künftig müssen Sie also für jedes Gerät Ihres Haushalts einen eigenen Steckkontakt anbringen lassen. Wenn Sie Rundfunkhörer, Fernseher, Besitzer einer Steh- oder Tischlampe, eines Heizofens, eines Staubsaugers, elektrischer Küchengeräte und einer Waschmaschine sind – nun, dann können Sie sich selbst ausrechnen, wie teuer man Ihnen Ihre Sicherheit verkauft.

Man – das ist in diesem Falle der Verband Deutscher Elektrotechniker (VDE). Ein Fachverband also, der sich um die Funktionsfähigkeit aller elektrischen Dinge kümmert, dem aber auch Umsätze und Gewinne seiner Mitglieder nicht gleichgültig sein dürfen.

Daß ausgerechnet dieser Verband entscheidet, wieviel Geld wir für die Sicherheit unserer elektrischen Anlagen ausgeben müssen, entspricht zwar nicht ganz den in einem demokratischen Land üblichen Gepflogenheiten, aber schließlich stammt das Gesetz, das den VDE dazu legitimiert, auch aus dem Jahre 1935. Aus einer Zeit also, als die parlamentarischen Rechte der deutschen Volksvertreter sich bereits mit dem gemeinsamen Gesang des Horst-Wessel-Liedes erschöpften.

Auf Grund des § 13, Absatz 2, dieses Gesetzes »zur Förderung der Energiewirtschaft« und einer weiteren Verordnung aus dem Jahre 1937 prüft und entscheidet der VDE, wo für uns Stromverbraucher die Sicherheit aufhört und die Gefahren anfangen. Was er verwirft und was seinen Vorschriften nicht entspricht, darf nicht verkauft werden. Jedes Geschäft, das nach dem 1. November noch Mehrfachstecker anbietet, kann deswegen von der Gewerbepolizei zur Rechenschaft gezogen werden. Gegen die schon im Gebrauch befindlichen Stecker gibt es keine gesetzliche Handhabe, aber wenn sie verlorengehen oder beschädigt werden, gibt es keine neuen mehr. An ihre Stelle sollen neue Steckdosen mit mehreren Anschlüssen treten.

Einschließlich der Küchen gibt es in der Bundesrepublik fünfzig Millionen Wohnräume. Die Neuanschaffung einer vorschriftsmäßigen Mehrfachsteckdose kommt mit Arbeitslohn auf runde fünfzehn Mark. An Hand dieser beiden Zahlen läßt es sich ausrechnen, wieviel Mist selbst Kleinvieh liefern kann. Wenn auch nur in jedem zweiten Wohnraum eine neue Steckdose angebracht wird, so wenden wir dafür die Kleinigkeit von 375 Millionen Mark auf. Sind wir wirklich schon reich genug, um uns einen so teuren Spaß leisten zu können?

Zugestandenermaßen gibt es einige Typen von Verteilersteckern, die teuflisch gefährlich sind. Es gibt andere, wie die sogenannten Schuko-Verteiler, gegen die von der Elektrotechnik her nichts einzuwenden ist. Daß sie durch mehrere Stecker zu schwer belastet werden könnten, ist kein echtes Argument, und daß sie unschön wirken, braucht den VDE, der sich um die Sicherheit bemüht, nicht zu beunruhigen.

Tatsächlich ist mit diesem Typ bisher noch niemand zu Schaden gekommen. Tatsächlich sind auch in keinem Land der Erde die Bräuche der Elektrobranche so streng wie bei uns. Warum hat man nicht nur die wirklich gefährlichen Typen verboten? Oder ist der Zweck dieser Vorschrift am Ende nur, uns das vom Stromtod gefährdete Leben so teuer wie möglich zu verkaufen? Hat man beim VDE nicht bedacht, daß nun wahrscheinlich eine Unzahl laienhafter Bastler sich an die Arbeit macht, um selbst neue Steckdosen an die eigenen vier Wände zu praktizieren? Mir scheint, man hat wieder einmal den Teufel mit dem Beelzebub ausgetrieben.

Alle diese Fragen versuchte ein STERN-Redakteur durch eine telefonische Anfrage beim VDE in Frankfurt zu klären. Dort bestand man darauf, die Fragen schriftlich vorgelegt zu bekommen – eine Vorsichtsmaßnahme, die eigentlich nur bei Interviews mit Regierungschefs üblich ist. Als dann die Fragen eingereicht waren, teilte man dem STERN mit, der Sachbearbeiter sei für einige Zeit verreist und wir müßten uns gedulden. Wenn es in einem so mächtigen Verband nur einen einzigen Mann gibt, der diese neuen Vorschriften erklären und verteidigen kann – wie schlecht muß es dann um die Sache selbst bestellt sein.

Wenn Gutachter zu Richtern werden

Auch Sie können unversehens zum Gegenstand eines ärztlichen Gutachtens werden – und sei es nur, weil Sie durch Krankheit oder Unfall gezwungen sind, eine Rente zu beantragen. Dieses böse Wort »Gegenstand« ist dabei nicht einmal fehl am Platz, denn der untersuchende Arzt stellt Sie als einen von vielen aus seiner täglichen Parade menschlicher Gebrechen auf den medizinischen Prüfstand.
Dieser Prozedur mußte sich auch ein Mann unterziehen, der eine Rente als Kriegsbeschädigter bezog. Er hatte als Berufssoldat den Sprung vom Unteroffizier zum Offizier geschafft und war schließlich Hauptmann geworden. Seine letzte Blessur wurde ihm zunächst mit dem Silbernen Verwundetenabzeichen gelohnt und später, vom demokratischen Staat, mit einer Rente.

Jeder kann verstehen, daß der ehemalige Hauptmann und jetzige Regierungsinspektor Fritz Edler aus Detmold auf diesen pekuniären Dank des Vaterlandes einigen Wert legte. Er hatte deshalb auch nichts dagegen einzuwenden, als das Versorgungsamt von ihm verlangte, daß er sich im Krankenhaus Bethel von Fachärzten ein weiteres Mal untersuchen lasse.
Der medizinische Prüfstand zu Bethel muß in jenen Tagen unter Hochspannung gelitten haben. Zwar hielt sich Edler zwei Tage in dem Krankenhaus auf, aber die beiden Ärzte Dr. Carsten Jaspersen und Dr. Ebel konnten sich ihm und seinem Gebrechen nur in großer Eile widmen, und die eigentliche Untersuchung dauerte gerade eine Viertelstunde lang.
Diese kurze Zeit genügte ihnen zu erkennen, daß Edler seine Leiden maßlos übertreibe. Sie ließen sich diese Überzeugung weder durch den Widerspruch des »Gegenstandes« noch durch einige ältere Gutachten ärztlicher Kollegen nehmen. Man trennte sich unter unfreundlichen Worten, aber die Ärzte behielten insofern das letzte Wort, als sie ja kraft ihres Amtes noch ihr Gutachten schreiben durften. Damit war Edler seine Rente los.
Wie sehr die Sachverständigen unser Rechtsleben beherrschen, lehrt mich immer wieder der tägliche Posteingang unserer Redaktion. Verzweifelte Menschen, die bei solchen Auseinandersetzungen unterliegen, bitten den STERN um seine Hilfe; sie hoffen, daß ein Appell an die Öffentlichkeit ihr Schicksal wenden könnte. Fast immer müssen wir sie enttäuschen – vor allem aber, wenn ihr Urteil im Grunde nicht vom Richter, sondern schon zuvor durch einen Gutachter gefällt wurde. Dagegen hilft ihnen keine Berufung und keine Revision; die drei oder vier Blatt Papier haben das Gewicht eines riesigen Felsblocks, den eine höhere Macht ihnen auf den Lebensweg gewälzt hat.
Als der Regierungsinspektor Edler das Gutachten der beiden Ärzte als Fotokopie zu sehen bekam, hatten die Beamten des Versorgungsamtes einige Sätze überdeckt. Er durfte sie also nicht lesen, obwohl sie nur seine eigene Person, seinen eigenen Gesundheitszustand und seine Forderung nach Rente betreffen konnten. Erst als sich Edler einen Anwalt nahm, der die Akten beim Sozialgericht einsah, erfuhr er, wie wenig freundlich ihn die beiden Ärzte beurteilt hatten. Sie hatten unter anderem geschrieben:
»Edler, der als aktiver Berufssoldat offenbar nur unter den Kriegsverhältnissen zu dem Range eines Hauptmanns emporstieg, ist damals (1944) den ihm gestellten Anforderungen nicht gerecht geworden, wie er sich heute anscheinend den Anforderungen eines Beamten im mittleren gehobenen Dienst auch nicht voll gewachsen fühlt . . .«
Nun kann man natürlich mit einigem Recht fragen, was solche Werturteile in einem Gutachten über eine Kriegsbeschädigung zu tun haben. Sie sind alles andere als medizinische Feststellungen, und sie sollten nur beweisen, daß dieser Fritz Edler notwendigerweise ein Simulant sein müsse. Sie waren zudem noch

sachlich falsch, denn in den Unterlagen, die über die Person des Fritz Edler vorlagen, befanden sich 25 Zeugnisse über seine Leistungen als Hauptmann und als Beamter, alle mit dem Prädikat »sehr gut«. Edler konnte nicht umhin, in diesem Gutachten die billige Rache für den Wortwechsel bei der Untersuchung zu sehen. Er stellte deshalb Strafantrag wegen übler Nachrede gegen die beiden Ärzte.

Es half ihnen nichts, daß ein Mitglied des Bundestags sich für sie verwendete. Auch Atteste ärztlicher Kollegen, die dem Dr. Jaspersen bescheinigten, daß er zu krank sei, um an einer Verhandlung teilnehmen zu können, verzögerten nur die Entscheidung. Jetzt, vor dem Bielefelder Schöffengericht, hatten die beiden Ärzte nur die Wahl, zu ihrem Gutachten zu stehen und möglicherweise dafür verurteilt zu werden, oder aber den beleidigenden Passus zurückzunehmen. Sie wählten das letztere, und sie kamen mit diesem Vergleich noch billig weg, obgleich sie alle Gerichtskosten bezahlen.

Dieser Ausgang der Affäre müßte eine Warnung sein für alle Sachverständigen, die nicht bescheidene Diener des Gerichts, sondern selbstherrlich Richter sein möchten. Sie müssen wissen, daß man sie notfalls für jedes Wort ihrer Aussage zur Verantwortung ziehen kann – so wie jeden Zeugen. Niemand verlangt von ihnen, daß sie unfehlbar sind, obwohl sie sich leider selbst oft genug dafür halten. Sie können und sie dürfen irren, wie jeder Mensch, aber um so weniger Anrecht haben sie, Werturteile für die bare Münze ihrer Wissenschaft auszugeben.

Es gibt übrigens gerade aus dem Fall Edler noch ein Beispiel dafür, wie schwankend der Boden sein kann, auf dem ärztliche Gutachten entstehen. Zur selben Zeit, als Dr. Jaspersen laut ärztlichen Bescheinigungen zu krank war, um an einer Gerichtsverhandlung als Angeklagter teilzunehmen, konnte er in Bethel weiter seine aufreibende Arbeit tun, nämlich Menschen untersuchen und Gutachten verfassen.

4. November 1959

Wucher mit der Butter

Da auch Sie nicht vom Brot allein leben, kann es Ihnen nicht entgangen sein, daß in den letzten Wochen das Leben erheblich teurer geworden ist. Für Kartoffeln, Butter und Fleisch, also für drei der wichtigsten Grundnahrungsmittel, bezahlen Sie zur Zeit Wucherpreise.

In Hamburg verlangt man vom Verbraucher für einen Zentner guter Speisekartoffeln bis zu 16 Mark. Im Vorjahr waren es zwischen acht und elf Mark.

Für ein Kilo Butter nimmt man uns acht Mark ab, und aller Voraussicht nach wird dieser Preis noch steigen. Vor einem Jahr zahlten wir sieben Mark.

Das Kilo Schweinefleisch kostet eine halbe Mark mehr als im Vorjahr, und dementsprechend ist auch die Wurst teurer.

Wie immer in solchen Fällen sucht man nach einem Schuldigen. Die Verbände der Bauern, der Händler, der Fleischer und das verantwortliche Ministerium schieben sich mit viel Eifer und einer Flut von Zahlen gegenseitig den Schwarzen Peter zu. Weil ihn aber keiner behalten will, landet er am Ende bei einer Instanz, von der man weiß, daß sie ihn nicht mehr loswerden kann: beim lieben Gott, der uns den heißen und regenarmen Sommer geschickt habe.

Das ist so ziemlich die dümmste aller Ausflüchte. Für uns, die wir als Verbraucher letzten Endes immer alle Zechen bezahlen müssen, gehört es im 20. Jahrhundert nicht mehr zu den unerforschlichen Ratschlägen Gottes, wenn die Preise unserer wichtigsten Lebensmittel steigen. Wir halten uns in solchen Fällen an den dafür zuständigen und verantwortlichen Minister für Ernährung und Landwirtschaft.

Es ist bezeichnend, daß man in Politikerkreisen augenzwinkernd seit Jahren von einem Ministerium »für die Ernährung der Landwirtschaft« spricht. Seit Jahren ist es nämlich bemüht, die Preise für die landwirtschaftlichen Erzeugnisse nicht absinken zu lassen. Mit Hilfe von Subventionen und Zöllen werden den Bauern Mindestpreise gesichert, die hoch genug sind, um auch die unwirtschaftlichen Betriebe noch über Wasser zu halten. Dagegen haben die Verbraucher noch kaum gespürt, daß dieses Ministerium etwas zum Schutze ihres Geldbeutels unternommen hätte. Sicher gäbe es diese Klage nicht, wenn es so zweigeteilt wäre, wie es in den meisten Kabinetten üblich ist – nämlich, daß die Ernährung (und damit der Verbraucher) von einem anderen Minister betreut wird als die Landwirtschaft.
Im Sommer 1958 hätte eigentlich die Butter auf dem Ladentisch billiger werden müssen, denn die Molkereien wußten damals fast nicht mehr, wohin mit dem fettigen Segen. Das übergroße Angebot hätte die Preise gesenkt, wenn nicht der Bundesernährungsminister den Überschuß laufend weggekauft hätte – mit unseren Steuergeldern natürlich. Am Ende des Sommers 1958 hatte seine Einfuhr- und Vorratsstelle über 15 000 Tonnen in Kühlhäuser eingelagert. Die Bauernverbände hatten ihrerseits weitere 10 000 Tonnen auf Eis gelegt, und die Mittel dafür konnten sie um so leichter aufbringen, als die Milch mit Subventionen bedacht wird – ebenfalls aus Steuermitteln.
Diesen Berg von 25 000 Tonnen Butter haben wir Verbraucher inzwischen abgetragen und aufgegessen, und wir haben sie auch dann als frische deutsche Markenbutter gekauft, wenn zwischen dem Euter und dem Butterbrot mehr als drei Monate Frist lagen. Hauptsache war: Der Preis wurde gehalten.
Damals tröstete man den Verbraucher, ein stabiler Preis garantiere ihm eine gleichmäßige Versorgung in gleichbleibender Qualität. Den Erfolg sehen wir jetzt: Selbst das zuständige Ministerium gesteht, daß in diesem Jahr einige tausend Tonnen Butter fehlen könnten. Vom Preis aber, den man uns heute abverlangt, spricht es schamhafterweise gar nicht. Auf ihn hat das Ministerium angeblich keinen Einfluß, weil er sich ja aus Angebot und Nachfrage ganz allein entwickelte.
Seltsamerweise gilt dieses Gesetz des freien Handels immer dann, wenn die Preise nach oben gehen. Als dagegen im vergangenen Jahr die Hausfrauen aus Schleswig-Holstein ihren Butterbedarf im kleinen Grenzverkehr billig in Dänemark decken wollten, wußte man gleich ein Gegenmittel und machte die Grenze zu.
Aber gegen Wucherpreise weiß das Ministerium offenbar kein Mittel. Es wäscht seine Hände in Unschuld und weist darauf hin, daß es Ende Juli dieses Jahres mehrmals die Einfuhr großer Buttermengen freigegeben habe. Das Übel war nur, daß um diese Zeit die europäischen Butterländer bereits ausverkauft waren. Man kann darüber streiten, ob die ministeriellen Hände dem kritischen Auge des Verbrauchers wirklich rein erscheinen, aber leer sind sie auf keinen Fall.

Sie könnten voll sein, wenn unsere Ernährungsminister sich nicht aus den Kreisen der Landwirtschaft rekrutierten. Sonst wüßten sie nämlich aus bitteren Kriegs- und Nachkriegserfahrungen, daß man in einem Lebensmittelgeschäft eine Mangelware in Notzeiten nicht erhält, wenn man in den Jahren des Überflusses dort nichts gekauft hat. Was hätte es ernstlich geschadet, wenn die Bundesrepublik in den letzten Jahren regelmäßig Butter im Ausland gekauft hätte? Die Verbraucher hätten einen geringeren Preis bezahlt und dafür mehr gegessen. Vielleicht wären einige unwirtschaftlich arbeitende Bauernbetriebe in Not geraten, aber in einem künftigen europäischen Wirtschaftsgebiet werden sie ohnehin nicht bestehen. Niemand verlangt von einem Minister, daß er die ungewöhnliche Trockenheit eines Sommers monatelang vorausahnt. Wohl aber gehört es zu seinen Amtspflichten, daß er uns auch gegen solche Naturereignisse

absichert, indem er die ausländischen Lieferanten nicht völlig vernachlässigt.
Genau das geschah seit Jahren und geschieht noch immer – ob es sich um Fleisch, Kartoffeln oder Butter handelt. Nur kein Überangebot; lieber die Preise hoch, die Grenzen dicht geschlossen. Der Verbraucher ist Kavalier: Er schweigt und zahlt. Außerdem ist er nicht organisiert genug, um mit Drohungen lästig fallen zu können. Das einzige Rezept, das ihm jetzt angeboten wird, ist der Rat, weniger zu kaufen, weil dann mangels Nachfrage die Preise sinken müßten. Solange es sich um Kaviar handelt, läßt sich dieser Rat wohl befolgen, bei Grundnahrungsmitteln ist er eine Zumutung.
Dieses System der Ernährung aus eigener Scholle ist so anfällig, daß es nicht einmal einer ernsten Mißernte bedarf, um die Preise hochzujagen. Die Kartoffelerträge dieses Jahres bleiben nur unwesentlich hinter denen des Vorjahres zurück, aber in manchen Gegenden fielen bestimmte Sorten aus. Das Geschrei darüber genügte, um alle Spekulanten auf den Plan zu rufen. Sie hätten nicht spekulieren können, wenn in des Ministers Schublade ein Plan gelegen hätte, der diesem Notfall vorbeugt.
Sie, lieber STERN-Leser, werden sich gewundert haben, warum ich bisher nur von einem Minister sprach und keinen Namen nannte. Das Leidige ist nämlich, daß diese Kritik gar nicht auf einen einzigen Mann zu konzentrieren ist. Bis Juli hieß der Verantwortliche Dr. h.c. Heinrich Lübke, der jetzt unser Bundespräsident ist. Dann regierte an seiner Statt zwei Monate lang der Staatssekretär Theodor Sonnemann. Der jetzige Minister Werner Schwarz trat erst Mitte September sein Amt an. Unter diesen Umständen wird wahrscheinlich der liebe Gott den Schwarzen Peter behalten.

12. November 1959

34 000 Lehrer fehlen

Wenn Sie dieses Heft gekauft haben und fänden die Seiten 14 bis 19 unbedruckt und leer – wären Sie mit der Entschuldigung zufrieden, daß plötzlich ein paar unserer Reporter und Redakteure erkrankt seien? Doch wohl nicht!
Was Sie dem STERN keinesfalls verzeihen würden, damit müssen Sie sich beim Staat leider abfinden.
»Mein Junge geht hier in Dortmund in die Kreuz-Schule«, schrieb mir kürzlich eine Mutter. »Fast jeden Tag kommt er früher als vorgesehen nach Hause, weil sein Klassenlehrer krank ist. Heute war wieder nach drei Stunden Schluß. Morgen ist schulfrei, weil die Lehrer Konferenz haben. Vor den Herbstferien war der Lehrer mit einer anderen Klasse im Landschulheim. Vierzehn Tage lang hatte mein Junge deshalb täglich nur zwei bis drei Unterrichtsstunden. Die Lehrkräfte wechseln ständig.«
Ich brauche diesen Brief gar nicht zu zitieren, denn ich habe mit meinem Sohn Christian die deutsche Schulmisere am eigenen Leibe erlebt. Als wir ihn zu Ostern 1952 einschulten, lud man uns vorher zu einer Elternversammlung ein und schilderte uns in erhabenen Worten die Vorteile eines neuen Schulsystems, der sogenannten Jenaplan-Schule. Sie sollte im Gegensatz zur alten Pauk-Methode das Wissen sozusagen »spielerisch« vermitteln. Welchem Vater, der an die eigene Schulzeit denkt, hätten solche Töne nicht verlockend geklungen? Aber das Spiel bestand leider darin, daß Christians Lehrerin jedes Jahr ein Kind bekam, und wenn sie nicht gerade im Wochenbett lag, dann hatte sie Mandelentzündung.
Wer in einem solchen Fall zum Schulleiter geht, um sich zu beschweren, findet dort zwar viel Verständnis, aber keine Hilfe. Der Schuldirektor steht nämlich

selbst hilflos vor solchen Zuständen. Er kann Ihnen vorrechnen, daß alle Lehrer seiner Schule ihre 25 bis 30 pflichtgemäßen Wochenstunden im Klassenzimmer stehen. Daraus werden praktisch oft 60 Arbeitsstunden, weil jeder Unterricht einer gewissen Vorbereitung bedarf, und weil hinterher auch die schriftlichen Arbeiten noch korrigiert werden müssen. Wenn ein Lehrer krank wird, auf Klassenreise oder zu einer Tagung fährt, springen andere für ihn ein – aber diese Selbsthilfe der Schulen hat natürlich ihre Grenzen.

Der Schulleiter schickt deshalb die protestierenden Eltern guten Gewissens der nächsthöheren Instanz auf den Hals. Ein Vater, der beharrlich genug ist, diesen Instanzenweg bis zum Ende zu gehen, erfährt schließlich von höchster Stelle, nämlich vom Kultusministerium seines Landes, an dieser Misere sei eben der Mangel an Lehrern schuld.

Man sieht: Auch hier kommt wieder einmal die Armut von der Powerté; das heißt, unseren Kindern fehlen die Lehrer, weil es nicht genug Lehrer gibt. »In den Schulen unserer Stadt«, schrieb mir der Vorsitzende der Schulpflegschaften von Erlangen im Namen von 500 Eltern, »stehen Klassenzimmer leer, während im Raum nebenan 50 und mehr Kinder, teilweise verschiedener Altersstufen, unterrichtet werden müssen.«

7000 Stellen für Lehrer sind in der Bundesrepublik unbesetzt. Wenn jetzt noch in allen anderen Ländern das neunte Schuljahr eingeführt wird, fehlen dadurch weitere 11 000 Lehrer. Reduziert man außerdem – was dringlich wäre – die Klassen auf höchstens 35 Schüler, dann brauchen wir nochmals 16 000 Lehrer. Das ergibt nach Adam Riese 34 000 unbesetzte Pulte und Millionen Kinder, die mit mangelhafter Schulbildung ins Leben geschickt werden.

Es sieht nun keineswegs so aus, als würde sich dieser Zustand in absehbarer Zeit ändern. Man darf es den zehn Kultusministern unserer Länder glauben, daß sie sich schon lange über dieses Problem Gedanken machen, aber es wäre besser, wenn sie im Laufe der Jahre etwas erreicht hätten. Statt dessen klagen sie darüber, daß sich zu wenig junge Leute für den Lehrerberuf begeistern.

Man soll uns nicht damit kommen, der Lehrerstand sei in Deutschland eben unpopulär. Es gab in den letzten zehn Jahren einen Stand, der weit stärker in Mißkredit geraten war: der Wehrstand. Unstreitig ist er wieder attraktiv. Vielleicht liegt es daran, daß er einen und nicht zehn Herren hat, einen Bundesminister und nicht zehn Länderminister.

Wenn es diesen Bundes-Kultusminister gäbe, dann hätte er vielleicht sein Veto einlegen können, als kürzlich das Bundesinnenministerium behauptete, bei uns streben zu viele junge Leute eine akademische Ausbildung an. Wo sollen denn die Lehrer unserer Kinder herkommen, wenn nicht von den Universitäten und Hochschulen? Niemand bestreitet, daß dort die Hörsäle und Seminare überfüllt sind. Der Herr Bundesinnenminister aber zeigt nicht etwa Wege zu Ausbildungsmöglichkeiten, sondern er schlägt allen Ernstes vor, den Zugang zum Studium zu erschweren. Er handelt also nach demselben Prinzip wie sein Kollege Seebohm, der das Chaos auf unseren ungenügenden Straßen am liebsten dadurch heilen würde, daß er die Zahl der Autos verringert.

Eine Zeitlang gab es wenigstens in Berlin eine Schule, die ihren Stundenplan fast lückenlos einhalten konnte und nicht über den Mangel an Lehrern zu klagen brauchte. Es war die Menzel-Oberschule unter der Leitung des damaligen Oberstudiendirektors Rolf Müller. Sein Rezept kann freilich kaum zur Nachahmung empfohlen werden. Er meldete nämlich seiner vorgesetzten Behörde regelmäßig rund 100 Schüler mehr, als tatsächlich auf den Bänken saßen. Davon hatte er selbst keinen Nutzen, wohl aber die Schüler, denn das Gymnasium erhielt dadurch vier Lehrer mehr zugeteilt, als ihm nach Vorschrift zustand.

Der Oberstudiendirektor Müller verstieß gegen diese Vorschriften, weil er sich seinen Schülern mehr verantwortlich fühlte als der vorgesetzten Bürokratie. Er wurde deshalb auch beurlaubt, und man leitete gegen ihn ein Dienststrafverfahren ein. Er muß sich verantworten, weil er 50 000 Mark zuviel in den Köpfen seiner Schüler investiert hat.

Finden Sie nicht, daß es viel mehr Müllers unter den Schulleitern geben müßte?

Nicht weniger, sondern mehr müssen studieren

Brauchten die Schildbürger einen Innenminister – ich würde ihnen unseren Dr. Gerhard Schröder empfehlen.

Da reden wir nun seit Jahren davon, daß uns die Russen in der Ausbildung ihrer Ingenieure, Physiker, Chemiker und Elektroniker weit voraus sind. Wir hören mit Bedrückung, daß in der UdSSR 2,4 Millionen junge Menschen studieren, während auf unseren Hochschulen knapp 180 000 Hörer eingeschrieben sind. Bei einem Bevölkerungsverhältnis von 1 : 4 kommt also gerade ein bundesdeutscher Student auf dreizehn sowjetische. Zudem ist auf unseren Universitäten so wenig Platz, daß die Studenten auf den Bänken und Treppen ihrer Hörsäle gedrängt wie die Heringe sitzen, daß viele von ihnen ihre Seminararbeiten auf den Knien schreiben und an den medizinischen und physikalischen Geräten Schlange stehen müssen, um wenigstens einmal praktisch üben zu können, was sie theoretisch gelernt haben.

Was aber empfiehlt der Bundesinnenminister Dr. Gerhard Schröder? Er meint, man solle die Zahl der Studenten senken, indem man jeden vierten rigoros »herausprüft«. Und mit der ihm eigenen Demagogie sucht er die Zustimmung der Wähler zu seinem Plan: Schließlich koste jeder Student den Staat im Jahr gut 3000 Mark, und man solle die Steuergelder doch nicht an Unfähige oder Bummelanten verschwenden.

Jeder einfache Volksschullehrer könnte dem Innenminister beweisen, daß dies eine Milchmädchenrechnung ist. Da gibt es einmal unter den Begabten die sogenannten Prüfungsversager. Sie kämen nie zu einem sinnvoll aufgebauten Studium, wenn man sie von Semester zu Semester in die Nervosität neuer Examen jagen würde. Wäre es übrigens in der Vergangenheit nach Dr. Schröder gegangen, dann hätte man einen Darwin, einen Sauerbruch und einen Edison aus ihrem Studium »herausgeprüft«, denn sie zeigten – wie unzählige andere Talente und Genies – nicht schon im Jünglingsalter, was in ihnen steckte.

Und wer sagt denn, daß nur die Bildung von Wert ist, die dem Studenten mit einem Prüfungsschein bestätigt wird? Wirkliche Bildung kann nur aus der Fülle kommen, und sie ist auch dann nicht verschwendet, wenn eine Studentin etwa nach dem vierten Semester heiratet oder wenn ein Werkstudent im fünften Semester in einen praktischen Beruf geht, weil er des Babysittens, Teppichklopfens und Kistenschleppens müde geworden ist.

Herr Dr. Schröder aber redet von »Herausprüfen« in einem Augenblick, in dem die Personalchefs aller größeren Industrieunternehmen sich die Haare raufen: Sie sichern sich ihre künftigen Chemiker und Physiker schon viele Monate vor den Abschlußprüfungen. Denn die Industrie hat längst erkannt, was Herrn Dr. Schröder offenbar verborgen geblieben ist: daß nämlich der Satz »Wissen ist Macht« noch nie eine so aktuelle Bedeutung gehabt hat wie in unseren Tagen. Und daß die Macht der Wissenschaft für die Zukunft unserer Welt im guten wie im bösen Sinne entscheidender sein wird als die Macht des Militärs.

Aber wir haben einen Bundesverteidigungsminister, und einen Bundesminister für Wissenschaft und Forschung haben wir nicht.

Eben dort liegt auf unserem Ausbildungswesen der föderalistische Schatten, über den zu springen sich auch Herr Dr. Schröder nicht traut. Zehn Kultusminister der deutschen Länder und ihr Berliner Kollege lassen die Regimenter der deutschen Wissenschaft getrennt marschieren – wie sollten sie da wohl die Schlacht um unsere Zukunft vereint schlagen können? Das ist doch genauso, als gäbe es in der Bundeswehr schwäbische und niedersächsische Divisionen mit eigenem Reglement und eigenen Waffen! Statt dessen haben wir längst die westeuropäischen Streitkräfte in der NATO zusammengeschlossen. Nur an die hessische Physik und an die bayrische

Chemie scheint man bei uns noch zu glauben.
Die Welt, in der wir morgen leben, wird von Wissenschaft und Technik beherrscht sein. Man kann darüber streiten, ob diese Zukunft das ideale Zeitalter sein und ob es uns glücklicher machen wird. Sicher ist, daß wir ihm nicht entrinnen können, und daß wir nur bestehen werden, wenn die unaufhaltsam wachsende Menschheit sich die Erde in immer stärkerem Maße untertan macht.
Um zu ermessen, mit welcher Rasanz diese Entwicklung gerade in unserer Epoche abläuft, brauchen wir nur einen Blick in die Vergangenheit zu tun. Etwa fünfzigtausend Jahre lang verstand der Mensch nicht, sich schneller fortzubewegen, als ein Pferd galoppieren konnte. Erst vor wenig mehr als 100 Jahren stieg er in die erste Eisenbahn. Heute fliegt er schneller als der Schall. Als der Bundeskanzler geboren wurde, konnten die Menschen nur hören, was in ihrer unmittelbaren Umgebung »auf Hörweite« laut wurde. Heute sitzen wir im Sessel, telefonieren mit Australien oder lauschen einem Konzert, das in Amerika gespielt wird. Erst seit zwanzig Jahren reicht unser Auge durch Fernsehen und Radar weiter als unser natürliches Blickfeld.
Und dabei stehen wir erst am Anfang einer noch stürmischeren Entwicklung, in die der STERN gerade in diesem Heft einen vorausschauenden Blick zu tun wagt. Unsere wissenschaftlichen Mitarbeiter Adalbert Bärwolf und Dr. Theo Löbsack haben Forscher und Ingenieure in West und Ost über die voraussichtliche Zukunft unseres Lebens und unserer Welt befragt: jene Zukunft, die langsam beginnt, zur Gegenwart zu werden.
Die in lockerer Folge erscheinende Serie wird keine utopischen Phantastereien enthalten, so überraschend ihre Ergebnisse auch manchem Leser erscheinen mögen. Hier schildern nüchterne Wissenschaftler, wie sie sich auf Grund ihrer Forschungsergebnisse von heute mit an Sicherheit grenzender Wahrscheinlichkeit die Welt von morgen vorstellen.
Von der Fürsorge unseres Staates für Wissenschaft und Forschung aber wird es abhängen, ob wir und unsere Kinder in dieser Welt von morgen gute oder schlechte Tage haben werden. Die Bundesrepublik, die jährlich 9 Milliarden (neuntausend Millionen) für die Verteidigung und 13 Milliarden (dreizehntausend Millionen) für die soziale Wohlfahrt seiner Bürger ausgibt, glaubt die Förderung der Wissenschaften den Ländern überlassen und sich mit einem Zuschuß von 700 Millionen aus der Verantwortung herausmogeln zu können.

Ich will dem Bundesinnenminister Dr. Schröder nicht zumuten, daß er den STERN liest. Ich weiß, er tut es nicht gern. Aber vielleicht nimmt er sich einmal das Märchen vom Aschenbrödel vor. Da schneiden sich die eitlen Stiefschwestern die Zehen ab, um in Aschenbrödels Schuhen tanzen zu können. Nichts anderes empfiehlt Herr Dr. Schröder der deutschen Wissenschaft.
Mir scheint, er wäre besser bei seinem innenpolitischen Leisten geblieben.

25. November 1959

Schlamm als STERN-Kolumnist

Auf meinem Schreibtisch liegt seit einigen Wochen ein dicker Ordner mit der Aufschrift ANTI-SCHLAMM. Jeden Tag wächst der Umfang dieses Ordners um ein paar Zentimeter, jeden Tag kommen Zeitungsausschnitte, Broschüren, Briefe – einige unterschrieben und viele anonym – hinzu. Lassen Sie mich die Überschriften einiger Zeitungsartikel zitieren: »Schlamm in allen Gassen« – »Aufforderung zum nationalen Selbstmord« – »Die

Grenzen des Wahnsinns sind überschritten« – »Hinaus aus Deutschland mit dem Schlamm!«
Das sind Zitate aus westdeutschen Zeitungen. Im Machtbereich des Herrn Ulbricht liest es sich noch deutlicher: »Bonn erstickt im eigenen Schlamm« – »Adenauers Geheimagent plant Verbrechen gegen die Menschheit« – »Strauß und Schlamm sind potentielle Mörder«. Und so weiter.
Es sind jetzt fünf Monate her, daß mir das Manuskript des bis dahin in Deutschland so gut wie unbekannten William S. Schlamm in die Hände geriet. Ich erhielt es weder aus der Geheimkanzlei des Bundeskanzlers, noch hat es mir Franz Josef Strauß in einem dunklen Bonner Hausflur zugesteckt. Es kam per Post von einer Münchner literarischen Agentur, zusammen mit einem mittelmäßigen Roman, ein paar abgestandenen Kurzgeschichten und einem Tatsachenbericht über die Krankheiten verschiedener »großer Männer«. Ich nahm das Paket mit nach Hause.
Von dem Roman hatte ich nach wenigen Seiten genug, die Kurzgeschichten ließen mich bald gähnen, und was den Tatsachenbericht anging – nun, die Tatsachen kannte ich bereits aus alten Zeitungen.
Daß ich in jener Nacht dennoch nicht zum Schlafen kam, lag an dem Manuskript jenes William S. Schlamm, das den wenig attraktiven Titel »Die Grenzen des Wunders« trug. Da war endlich jener kantige Stein, den man nur in den bleiern daliegenden Teich der bundesrepublikanischen Politik zu werfen brauchte, um die fetten Regierungskarpfen und die träge dahinschleichenden Oppositionsplattfische einmal kräftig durcheinander zu wirbeln.
Ich warf den Stein und druckte das Manuskript im STERN ab.
Seitdem gibt es in Deutschland eine echte politische Diskussion. Seitdem wurde Schlamms Deutschlandbericht als Buch in mehr als 100 000 Exemplaren verkauft. Seitdem sind die Vorträge, die er vor Industriellen, vor Arbeitern und vor Studenten hält, bis auf den letzten Platz gefüllt. Seitdem hat ein Institut für Meinungsforschung in der Bundesrepublik eine Umfrage veranstaltet, nach der 76 Prozent der Bundesbürger die politischen Thesen William S. Schlamms mit aller Entschiedenheit ablehnen. Und in der vergangenen Woche forderte der pfälzische SPD-Vorsitzende Oberregierungspräsident z. D. Franz Bögler sogar »die Ausweisung des Austro-Amerikaners Schlamm aus dem Bundesgebiet«.
Ich habe diesen William Schlamm inzwischen persönlich kennengelernt. Er ist kein finsterer Kriegshetzer und kein Einpeitscher des nationalen Selbstmordes. Er liebt das Leben wie Sie und ich, hat den Charme des Wieners alter Schule und dazu einen blitzgescheiten Verstand. Und was er meint, ist auf eine einfache Formel zu bringen:
Solange der Westen sich duckt, wenn Herr Chruschtschow nur hustet, werden wir eine Position nach der anderen verlieren.
Drehen wir den Spieß um: Setzen wir die Sowjets unter Druck, und wir werden eine Position nach der anderen gewinnen.
Ich glaube nicht, daß William Schlamm in allen Punkten recht hat. Aber ich glaube, daß seine brillanten Formulierungen und seine entschiedene Meinung zur Stellungnahme zwingen. Deshalb beginnen wir mit einer Reihe von Artikeln William Schlamms zur deutschen Situation.
Und weil der STERN keiner politischen Partei verpflichtet ist, werden wir nicht nur dem Schlamm, sondern auch dem »Anti-Schlamm« das Wort erteilen. Sie mögen sich dann Ihre eigene unabhängige Meinung bilden.

Vom Unsinn des Schilderwaldes

»Strafe muß sein«, sagte der Polizist, als er meinen Wagen kurz nach Mitternacht in einer fast menschenleeren Vorortstraße anhielt. Ich hatte die Verkehrsampel eines Übergangs für Fußgänger passiert, während das rote Licht noch leuchtete. Nun kenne ich diesen Übergang genau und weiß, daß dort eine Druckknopf-Ampel steht, die von den Fußgängern bedient werden kann, wenn sie die Straße überqueren wollen. Ich hatte vorschriftsmäßig gehalten, der einsame Passant, der die Ampel betätigt hatte, war längst auf der anderen Seite, aber so eine Ampel, die am Tage mit ganzen Fußgängerkolonnen zu rechnen hat, stellt sich eben so rasch nicht um. Da weit und breit kein Mensch zu sehen war, und da es keine Querstraße gibt, aus der unerwartet etwas auftauchen könnte, fuhr ich los.
»Rot bleibt Rot«, sagte der Polizist, der mich hundert Meter weiter stoppte. Und nachdem er mich rundherum berochen hatte, ob auch kein Hauch von Alkohol spürbar war, crleichterte er meine Brieftasche um fünf Deutsche Mark.
Und da wir gerade im Schillerjahr leben, mußte ich an den Hut des Landvogts Geßler aus »Wilhelm Tell« denken, vor dem der Bürger seine Reverenz zu erweisen hat. »Was kümmert uns der Hut, komm laß uns weitergehn«, hatte Vater Tell zu seinem Sohn gesagt, und es war ihm ebensowenig gut bekommen, wie es dem deutschen Autofahrer bekommt, wenn er eine sinnlos weiterleuchtende Verkehrsampel überfährt.
Dabei gefährdet der deutsche Schilderwald von Verboten und Geboten den Fußgänger so gut wie den Autofahrer. Wenn an einer Baustelle das Schild »30 km« auch am Sonntag nicht entfernt wird, während kein Mensch dort arbeitet, wenn jede geringfügige Verengung der Fahrbahn mit unsinnigen Geschwindigkeitsbegrenzungen bedacht wird, wenn hier das Überholen, dort das Betreten, da das Stehenbleiben und anderswo das Halten verboten wird – wer will sich wundern, daß angesichts einer solchen Inflation von Schildern die Aufmerksamkeit erlahmt und ein Zeichen auch dort nicht ernst genommen wird, wo es wirklich vor Gefahren warnt.
So ist Vernunft bei uns längst zum Unsinn geworden. Zum unsinnigen Kleinkrieg zwischen Polizei und Bürger: Während die eine lauert und kassiert, bleibt dem anderen nichts übrig, als zu zahlen. Und wer statt des »Tell« von Schiller den »Götz« von Goethe zitiert, der macht sich auch noch der Beamtenbeleidigung schuldig.
Ein Leser schrieb mir, daß er bei einer sonntäglichen Spazierfahrt durch das Donautal an den hellen Felswänden neben der Straßc cinige Bergsteiger beobachtet habe, die dort in einem Klettergarten mit Seil und Mauerhaken für Hochgebirgstouren trainierten. Er sah auch einen Streifenwagen und einige Polizisten zwischen den vielen Zuschauern. Auch er hielt am Straßenrand. Was er aber nicht sah, war ein Halteverbotschild, und das hatten gleich ihm ein halbes Dutzend Kraftfahrer nicht bemerkt.
Erst als sich noch mehr Wagen angesammelt hatten, taten die Polizisten das, was sie für ihre Pflicht hielten. Sie forderten nicht etwa zum Weiterfahren auf, sondern einer notierte vom vorderen Ende der Schlange her alle Autonummern, damit niemand ungerupft entfliehe, indessen der andere sie vom Schwanze her mit dem Gebührenblock aufrollte.
Was unterscheidet diese Methode eigentlich von den Gebräuchen jener adeligen Herren, die 500 Jahre früher dort in ihren Burgen über der Donau auf die Wagenzüge der Pfeffersäcke lauerten? Wer von den hier Bestraften mag anschließend vor sich selbst bereut und Besserung gelobt haben? Jede Strafe soll erziehen, aber was hier und täglich an tausend anderen Stellen der Bundesrepublik gleichzeitig im gleichen Stil praktiziert wird, verleitet den korrektesten Menschen dazu, künftig mit List und Tücke der Polizei so viele Schnippchen wie möglich zu schlagen. Diese Methode mag die Amtskassen füllen, aber die

Achtung vor dem Gesetz und damit die Sicherheit auf unseren Straßen verringert sie nur.
Nun gibt es neuerdings eine Entscheidung des Bundesgerichtshofs, die unsere Hüter des Gesetzes bestimmen müßte, mit Anzeigen vorsichtiger zu sein. Ein Kraftfahrer, der von seiner Unschuld überzeugt war und dem es weder an Geld noch an Zeit noch an Nerven mangelte, hatte gegen eine Strafverfügung Einspruch erhoben, und die Richter hatten ihn freigesprochen. Das Material der Polizei reichte für einen Schuldspruch nicht aus. Weil es ein Freispruch mangels Beweises war, mußte der Kraftfahrer zunächst alle Kosten tragen. Er bezahlte sie auch, aber er forderte sie anschließend von der Polizei zurück. Das Bundesgericht gab ihm recht. Weil die Polizisten nicht zuverlässig genug gearbeitet hatten und ihre Strafanzeige unbegründet war, hatten sie ihre Amtspflicht verletzt und waren zum Ersatz des Schadens verpflichtet.
Damit wir uns nicht mißverstehen: Die Polizisten mußten keineswegs in die eigene Tasche greifen. Ihre Behörde zahlte – mit Steuergeldern. Immerhin ist das Urteil ein Warnschild – eines mehr im deutschen Schilderwald, aber diesmal gilt es für die andere Partei.

9. Dezember 1959

Dank an Jochen Heldt

Mein Freund Joachim Heldt, dessen Indienbericht im vorigen Heft zu Ende gegangen ist, suchte dieser Tage einen Arzt auf, um sich für den Abschluß einer Lebensversicherung untersuchen zu lassen. Der Doktor fühlte ihm den Puls, durchleuchtete seine Lungen, machte ein Elektro-Kardiogramm und sage achselzuckend: »Mein Lieber, so nimmt Sie keine Versicherung.«
Joachim Heldt, 33 Jahre alt und kein Kind von Traurigkeit, ließ sich so rasch nicht entmutigen. Als Reporter hat er oft genug erfahren, daß man dem ersten Anschein nicht gleich trauen soll. Er wählte eine andere Versicherung und ging zu einem anderen Arzt. Der sah ihm in den Hals, prüfte seine Reflexe – Sie kennen das, ein paar Schläge mit dem Gummihammer unter die Kniescheibe – und machte auch ein Elektro-Kardiogramm. Das Resultat war das gleiche: Herzmuskelschaden infolge Überanstrengung; Therapie: sofort die Schreibmaschine wegstellen und zwei Monate ins Sanatorium.
Nun ist unser Freund Heldt wahrhaftig alles andere als ein blasser Schreibtischredakteur. Als er bei einer Reportage in Argentinien einmal von einem Leibwächter Peróns tätlich angegriffen wurde, warf er den ganzen Zweizentnermann kurzerhand durchs Fenster auf die Straße. Glücklicherweise fand die Geschichte im Parterre statt, und es spricht für das Recht des Stärkeren, daß sich der Protokollchef der argentinischen Regierung schließlich beim STERN für den eingestandenen Übergriff jenes Bravos entschuldigte.
Wenn unser Patient nicht bald wieder gesund wird, hätte ich übrigens ernsthafte Sorge, wie die STERN-Redakteure ihr nächstes Fußballspiel ohne Jochen Heldt im Tor gegen die Auswahlelf unserer Drucker bestehen sollen. Die Sprechchöre unserer Sekretärinnen „Der Heldt – der hält!“ haben bisher jedenfalls immer wahre Wunder gewirkt.
Aber seinen sportlichen Lorbeeren stehen seine journalistischen keineswegs nach. Wer heute Berichte deutscher Korrespondenten aus der Sowjetunion liest, wird nicht vergessen haben, daß es Joachim Heldt war, der mit unserem Fotografen Eberhard Seeliger und mit mir (als Mercedes 190-SL-Fahrer und Dolmetscher-Ablenker) schon 1957 sechs Wochen kreuz und quer durch die

Sowjetunion bis nach Sibirien fuhr und darüber im STERN berichtete. Wir waren die ersten westlichen Journalisten, die mehr zu sehen bekamen, als das offizielle Programm des sowjetischen Reisebüros »Intourist« vorsah, und Jochen Heldts Berichte sind dem Kreml denn auch so in die Knochen gefahren, daß der »Sowjetische Rundfunk in deutscher Sprache« sich an drei aufeinanderfolgenden Abenden mit uns befaßte.
Weil es aber an der Objektivität unserer Berichte nichts auszusetzen gab, erteilten die Sowjets unserem Reporterteam Joachim Heldt und Rolf Gillhausen im September 1958 anstandslos das Visum zur Durchreise nach Rotchina.
Was Joachim Heldt und Rolf Gillhausen als Reporter hier geleistet haben, brauche ich keinem STERN-Leser zu erzählen. Das Bild dieses unheimlichen Landes, dessen Entwicklung für die Zukunft unserer Welt wahrscheinlich mehr Bedeutung haben wird als die ganze russische Oktoberrevolution (im Jahre 2000 wird jeder fünfte Mensch auf der Erde ein Chinese sein, denn in jedem Monat wächst die Bevölkerung Rotchinas um eine Million) – dieses bedrückende Bild ist dem europäischen Leser zum ersten Male in den Worten Joachim Heldts und in den Bildern Rolf Gillhausens gezeigt worden. Im Anschluß an die STERN-Veröffentlichung brachte das Deutsche Fernsehen an drei Abenden den Film, den die beiden STERN-Reporter auf ihrer Reise gedreht hatten.
Dieser Film ist seither von den Fernsehsendern Großbritanniens, Frankreichs, Italiens und vom »Columbia Broadcasting System« in Amerika gesendet worden. Die Amerikaner zeichneten ihn mit dem Preis für den »besten Dokumentarfilm des Jahres« aus, und das Deutsche Fernsehen wird die China-Reportage am 27. Dezember, am 3. und am 10. Januar noch einmal wiederholen. Inzwischen liegt der Bericht »Unheimliches China« von Joachim Heldt und Rolf Gillhausen, so wie er im STERN erschienen ist, als Buch in allen Buchhandlungen vor.
Was lag für die am Schicksal unserer Welt interessierten Reporter näher, als sich nun dem Land zuzuwenden, das noch wie ein Vakuum zwischen den zwei Machtblöcken auf seine politische Zukunft wartet: Indien. Unter ungeheuren Anstrengungen bemüht sich die Regierung Nehrus, des wirtschaftlichen Elends dieses riesigen Gebietes Herr zu werden. Aber Indien schafft es nicht allein. Hier wird sich entscheiden, ob der Westen noch verheißungsvolle Ideen und genügend Kraft hat, diese Ideen durchzuführen – oder ob die heute noch unterentwickelten Länder, die gebannt auf das Beispiel Chinas starren, dem Kommunismus anheimfallen werden.
»Die Russen machen es besser!« warnte Joachim Heldt in seinem Bericht, und der Satz, mit dem er in der vorigen Nummer seine spannend erzählten und von menschlicher Wärme durchstrahlten Betrachtungen abschloß, lautete: »Es ist längst nicht mehr nur ein Gebot der Nächstenliebe, den Hungernden in dieser Welt zu helfen – es ist ein Gebot der Vernunft. Die Freiheit, für die wir zu leben glauben, verlangt auch finanzielle Opfer. Es ist die Frage: Wieviel D-Mark ist uns das Recht auf die persönliche Freiheit in der Welt wert?«
Der Aufruf, den Joachim Heldt und Rolf Gillhausen an mehr als 12 Millionen STERN-Leser richteten und der wiederum durch ihren unerhört eindrucksvollen Fernsehfilm »Aufstand gegen die Not« unterstützt wurde, ist nicht ungehört verhallt. Unter dem Protektorat von Bundeswirtschaftsminister Erhard, der selbst Indien besucht hat, und mit tatkräftiger Hilfe des STERN-Redakteurs Dr. Gerd Hennenhofer ist eine Organisation im Werden, die Mittel für die Entwicklungshilfe beschaffen soll. Und der entscheidende Anfang ist bereits gemacht: Die deutschen Konsumgenossenschaften haben bei ihren Mitgliedern und Angestellten eine Spendenaktion angekurbelt, die 3 Millionen D-Mark für Indien erbringen soll.
Am Tage bevor Joachim Heldt ins Sanatorium ging, kam er noch mit einer persönlichen Bitte zu mir. Sie betraf die Anweisung einer größeren Geldsumme für das Kinderkrankenhaus bei Bombay. Sie erinnern sich sicher an das erschütternde Bild der vielen kleinen Kinder, die von ihren elenden Eltern ausgesetzt waren. Und es wird Ihnen wie mir gegangen sein: Das Bild des mit seiner Puppe spielenden blinden Mädchens, dem die eige-

nen Eltern die Augen herausgerissen hatten, um das Kind zum Betteln zu schicken – dieses Bild werden wir so bald nicht wieder vergessen. Ich habe den vielen STERN-Lesern zu danken, die diesem von privater Hilfe existierenden Waisenhaus Pakete mit Wäsche, mit Kleidern und mit Spielzeug geschickt haben. Und ich danke von Herzen dem ungenannten Spender, der das blinde Mädchen, dessen Leben noch dazu von einem Gehirntumor bedroht ist, auf seine Kosten in Deutschland operieren lassen will.

Ich meine aber, wir sollten auch dem Reporter Joachim Heldt danken, der durch seinen Bericht die Trägheit unserer Herzen aufgerührt hat. Lassen Sie mich ihm auch in Ihrem Namen baldige Genesung wünschen.

14. Dezember 1959

Skandal um die »Fröhliche Kinderstube«

So gerne ich Ihnen in diesen vorweihnachtlichen Tagen von erfreulichen Dingen berichtet hätte – ich kann es nicht. Ich kann nicht von erwartungsvoll leuchtenden Kinderaugen schreiben, wenn ich das Bild eines Kindes nicht aus meiner Erinnerung löschen kann – ein Foto, das Sie in unserer Nr. 48 gesehen haben und das ich Ihnen auf der nächsten Seite noch einmal zeigen muß. Es wurde Anfang April 1956 aufgenommen, als der zweieinhalbjährige Hans-Jürgen Brüss völlig vernachlässigt und nahezu verhungert in das Kreiskrankenhaus in Bad Oldesloe eingeliefert worden war.

Dieses Kind kam aus dem Heim »Fröhliche Kinderstube«, die in Wirklichkeit eine Folterstube war. Was dort geschah, wie die zwei Heimleiterinnen die wehrlosen kleinen Geschöpfe quälten, schilderte unser Bericht. Daß die beiden ihre Strafe finden würden, stand außer Zweifel, und die Kieler Große Strafkammer hat das Urteil über eine der beiden Frauen schon gesprochen. Ihre Mitschuldigen aber, die eine ebenso große Verantwortung trifft, traten in dem Prozeß als Zeugen auf, und angeblich gibt es im ganzen dicken Strafgesetzbuch keinen Paragraphen, mit dem man sie zur Rechenschaft ziehen könnte. Es sind dies Beamte der Segeberger und der Kieler Behörden, die von Amts wegen verpflichtet waren, über das Wohl dieser Kinder zu wachen.

Als die Behörden der Heimleiterin Traubmann vor sieben Jahren die Konzession für ein Kinderheim gaben, machte man nicht viel Federlesens. Frau Traubmann legte einige Zeugnisse vor – das genügte. Man wußte beim Kreisjugendamt in Bad Segeberg und beim Landesjugendamt in Kiel, daß diese Frau ein Kinderheim in Westberlin betrieb. Aber niemand fragte dort nach, und so erfuhr auch niemand, daß dieses Heim einen schlechten Ruf hatte.

In den darauffolgenden Jahren wurde das Heim nur ein einziges Mal amtlich kontrolliert: Die Kreisfürsorgerin stellte sich nach vorheriger Anmeldung ein, ließ sich vier ausgesuchte Säuglinge vorführen, ein gutes Essen vorsetzen und ging dann nicht mal mehr durchs Haus.

Als Westberliner Kinder dorthin zur Erholung geschickt wurden und nach ihrer Rückkehr über die Zustände im Heim berichteten, verlangte das Berliner Jugendamt, daß dieses Heim überprüft werde. Das Segeberger Jugendamt aber tat nichts – oder vielmehr noch etwas Schlimmeres: Es verschickte Prospekte der »Fröhlichen Kinderstube«, in denen sie als der ideale Aufenthalt für Säuglinge und Kleinkinder angepriesen wurde.

Im übrigen pochten die Ämter auf ihre Berichte, die am grünen Tisch vorschriftsmäßig über das Heim geschrieben und in den Aktenschränken abgelegt wurden. Ein praktischer Arzt, der Dr.

Wilhelm aus Bühnsdorf, in dessen Praxisbereich das Heim lag, lieferte dafür Unterlagen. Er hat offenbar nie etwas Beanstandenswertes festgestellt. Das Kreisgesundheitsamt verließ sich auf das Kreisjugendamt, das angeblich zuständig war. Der oberste ärztliche Beamte des Kreises, Obermedizinalrat Dr. Kemmerer, sah das Heim nie richtig von innen, und mit dem Dr. Wilhelm sprach er nur einmal am Telefon darüber. Auch das Landratsamt schritt nicht ein; als ihm der Bericht eines pensionierten Lehrers über die schrecklichen Verhältnisse in der »Fröhlichen Kinderstube« vorgelegt wurde, besann es sich keineswegs auf seine Pflicht und überprüfte das Heim, sondern schrieb zurück, der Lehrer sei »als Phantast und weltfremder Mensch« bekannt.
»Wir setzten Vertrauen gegen Vertrauen«, sagte der damalige Leiter des Kieler Gesundheitsamtes, Dr. Glaser, als er dem Gericht das Versagen der Behörden erklären sollte. Dieses Vertrauen war von großzügiger Einseitigkeit. Es erlaubte der »Fröhlichen Kinderstube«, vom Kostgeld der Kinder einen teuren Wagen anzuschaffen und mehrere Rassehunde zu halten, die dank bester Ernährung und sorgfältigster Pflege dann auch bei Hundeschauen mehrmals prämiiert wurden.
Es war wohl auch eine Folge dieses großzügig gewährten Vertrauens, daß der Segeberger Kreisarzt, der Obermedizinalrat Dr. Kemmerer, noch immer von dem Skandal nichts wußte, als der kleine Hans-Jürgen bereits vierzehn Tage wegen lebensgefährlicher Unterernährung im Oldesloer Krankenhaus behandelt wurde. Dr. Kemmerer fiel aus allen Wolken, als ein Journalist ihn aus diesem Grund über die Zustände in der »Fröhlichen Kinderstube« interviewen wollte. Es ist kaum anzunehmen, daß der Medizinalrat etwa der Presse für diesen Dienst dankbare Gefühle entgegenbringt. Ihr pflegen Behörden ja auch nur selten so viel Vertrauen zu schenken wie den beiden Leiterinnen dieses Kinderheims. Wie oft fanden gerade Redakteure des STERN alle Türen der Ämter verschlossen, wenn sie sich bemühten, Mißständen auf die Spur zu kommen. Wie oft wurden sie dann beschuldigt, Skandalreporter zu sein – als hätten sie den Skandal verschuldet oder als bereite es ihnen Vergnügen, darüber zu schreiben. Daß die Presse in einem demokratischen Staat nicht nur das Recht, sondern sogar die Pflicht hat, als Vertreter der öffentlichen Meinung die Arbeit unserer Behörden kritisch zu überwachen, wird von ihnen in der Praxis fast nie anerkannt.
Diese Pflicht gebietet zu verlangen, daß die Akten der »Fröhlichen Kinderstube« nach dem Kieler Prozeß nicht geschlossen werden. Gegen einzelne Beamte liefen zwar schon Ermittlungen der Kieler Staatsanwaltschaft, aber sie wurden wieder eingestellt, weil man ihnen die »Gefährdung des körperlichen Wohls von Kindern« (§ 170 StGB) nicht nachweisen könne. Die Ämter würden es am liebsten sehen, wenn sie die ganze Affäre durch Disziplinarverfahren sozusagen »unter sich« erledigen könnten.
Dazu darf es nicht kommen. Wer so gefehlt hat, muß es sich gefallen lassen, in aller Öffentlichkeit zur Rechenschaft gezogen zu werden. Wer von Amts wegen für kleine und wehrlose Kinder zu sorgen hat, der muß wissen, daß er sie durch Gleichgültigkeit und Schlamperei schädigt – ob es sich um eine Kinderschwester in einem Heim oder um einen Medizinalrat in seinem Amt handelt.

Die profanierte Weihnacht

Wenn Sie bei einem Deutschen im Ausland das Heimweh erwecken wollen, dann brauchen Sie ihn nur an Weihnachten zu erinnern. Er träumt dann vom Tannenbaum, von den Liedern der stillen Nacht und von der verhaltenen Freude des Gebens und Nehmens. Zwei Redakteure des STERN, die in diesen Tagen von einer Reise durch Australien zurückkamen, schildern in diesem Heft, wie bei den Deutschen in diesem Erdteil die festlichen Tage des Dezembers als eine unverlierbare Erinnerung an die Heimat gefeiert werden.

Mögen andere Völker diese Tage anders feiern – mit Tanz, Ausgelassenheit und Tafelgenüssen –, uns war es stets in seiner stillen Form ein teures Fest. Um so mehr müssen wir uns davor hüten, es noch teurer werden zu lassen und es zu einem Fest des Geldausgebens und des Protzertums zu machen.

In einer Zeitschrift, die sich keineswegs nur an Millionäre wendet, sah ich in diesen Wochen Vorschläge der Redaktion für Geschenke, von denen keines weniger als den Wochenverdienst eines Arbeiters, etliche aber über 1000 Mark kosteten. Die Wirtschaftsstatistik meldet jetzt schon triumphierend, die Umsätze im Weihnachtsgeschäft hätten eine neue Rekordhöhe erreicht. In den Spielwarengeschäften blieben (wenn überhaupt etwas liegenblieb) die billigen Dinge unbeachtet. Die wenigsten Kunden fragten bei ihren Einkäufen noch nach den Preisen. Man nahm, was gefiel, und es wäre ein Wunder, wenn die Verkäufer diese Konjunktur nicht mit angehobenen Forderungen genutzt hätten. Sogar der Weihnachtsbaum war in diesem Jahr teurer als je – angeblich der Dürre wegen oder weil das Standgeld erhöht worden sei, in Wahrheit aber nur, weil es bei uns üblich geworden ist, sich wie ein Krösus zu gebärden. Man hat's ja – die Minderzahl, die es nicht hat, übersieht man.

Der Wirtschaftsminister unseres Bundesstaates sagte dieser Tage: »Die Gefahr droht nicht von den Preisen. Sie droht von der Maßlosigkeit, die unser ganzes Volk mehr und mehr erfaßt.« Es ist, als hätten wir die Vergangenheit völlig vergessen: die Zeit, da wir den Weihnachtskuchen aus dem getrockneten Satz des Malzkaffees backten und ihn mit Butteraroma, Süßstoff und einer außerplanmäßigen Zuteilung von Milchpulver eßbar zu machen versuchten.

Damit soll nichts gegen die gebratene Gans gesagt sein, wohl aber sehr viel gegen die Einbildung, Weihnachten sei um so schöner, je mehr Geld man dafür aufgewendet habe. Diese Einbildung ist schuld daran, wenn unter vielen Bäumen die Krippe keinen Platz mehr findet; ihr Wunder ist eben weniger greifbar als das Wirtschaftswunder. Ein Fest der Liebe ist es dann freilich nicht mehr; der prächtigste Aufwand ist oft nur die glänzende Fassade, hinter der sich die Leere des Herzens verbirgt. Es gibt zu viele Eltern, die nicht mehr die Zeit finden, sich ihren Kindern zu widmen, weil sie diese Zeit brauchen, um das Geld für die Geschenke zu verdienen, mit denen sie die fehlende Liebe ersetzen müssen.

So seines Wesens beraubt, droht aus dem gemütstiefen Fest der Familie eine öffentliche Festivität zu werden. Der Weihnachtsbaum steht auf der Straße – Wochen, ehe er eigentlich brennen dürfte. Er leuchtet der Mutter beim Einkauf im Warenhaus, den Kindern im Gasthaus bei der Vereinsfeier und dem Vater im Lohnbüro, wenn er seinen Verdienst abholt. Der Weihnachtsmann kommt nicht mehr vom Himmel hoch, sondern in Kompaniestärke vom Arbeitsamt. Ist das noch die deutsche Weihnacht, von der man in Australien träumt?

Sie kann es nicht mehr sein. Der heimliche Glanz wird öffentlich vorweggenommen, und der Zauber geht in der allgemeinen Unrast unter. Wir erreichen noch den Vorhof der Weihnacht mit Müh und Not, aber wenn die Stunde gekommen ist, die Lichter anzuzünden, dann sind wir ausgepumpt und der Erwartung nicht mehr fähig. Dann feiern wir unsere fröhliche Weihnacht, indem

wir das Rundfunk- oder Fernsehgerät einschalten und uns mit perfekt vorfabrizierter Stimmung berieseln lassen.
Trotzdem gibt es neben dieser wilden Betriebsamkeit bei uns noch das Schenken in der Stille. Zu seinem Wesen gehört es, daß niemand davon spricht; die Liebe verträgt es nicht, auf dem Markt der Eitelkeit herumgezeigt zu werden. Aber wenn man durch Zufall davon erfährt, sollte man doch darüber berichten.
In diesen Tagen reisten 70 Männer und Frauen von weit her nach Braunschweig, um die Bewohner eines früheren Luftschutzbunkers kennenzulernen. Diese Besucher hatten während des Sommers Ferienkinder als Gäste aufgenommen, darunter auch solche aus diesem Bunker, und sie hatten von dem Elend erfahren, das wir in unserem Land neben dem Wohlstand so geflissentlich übersehen. Sie kamen mit Geschenken für ihre kleinen Ferienfreunde und mit weiteren Einladungen für den nächsten Sommer, denn es war ihnen in ihrer Heimat gelungen, mehrere Organisationen zu überzeugen, daß diesen Bunkerkindern auch künftig noch geholfen werden müsse.
Sie brachten außerdem noch die Grüße eines vierjährigen Jungen mit, der zwar in dem Braunschweiger Bunker zu Hause ist, zur Zeit aber noch in ihrem Dorf seiner Genesung entgegensieht; wahrscheinlich verdankt er ihrer Hilfe sein Leben, denn als sie erfahren hatten, daß er durch einen Unfall schwer verletzt war, hatten sie Geld gesammelt, mit dem sie vier Operationen bei einem Spezialisten in Düsseldorf bezahlten.
Es darf nicht verschwiegen werden: Diese 70 Besucher kamen aus Schweden. Sie kümmern sich um Zustände, die eigentlich unser Kummer sein müßten. Darüber sollten wir in diesen stillen Tagen ein wenig nachdenken, sofern uns das »Frieden auf Erden und den Menschen ein Wohlgefallen« mehr bedeutet als nur eine dekorative Phrase.

30. Dezember 1959

STERN-Bilanz 1959

Können Sie es verstehen, daß ich in diesen Tagen noch einmal die 52 STERN-Hefte des Jahres 1959 durchgeblättert habe? Ihnen waren diese rund 4000 Seiten ein Spiegel der Ereignisse und Gedanken unserer Zeit; für uns Redakteure aber sind sie das Ergebnis unserer Arbeit, und nur an ihnen läßt sich messen, ob wir unsere journalistische Pflicht erfüllt haben: nämlich zur rechten Zeit das rechte Wort zu finden und auszusprechen.
Weil wir uns bemüht haben, dies stets zu tun, war der STERN nicht immer eine bequeme Lektüre; er nimmt Stellung und verlangt auch von Ihnen, daß Sie Stellung nehmen zu den Fragen unserer Tage. Als unsere Zeitschrift in diesem Jahr das wohl heißeste Eisen unserer Politik anfaßte – indem wir die Frage stellten, ob die Deutschen in der Bundesrepublik eine Wiedervereinigung überhaupt ernstlich wollen und welchen Preis sie dazu zu zahlen bereit sind –, da prophezeite mir einer aus dem Kreis der Bonner Prominenz einen üblichen Mißerfolg. »Begnügen Sie sich doch mit einer Skandalchronik der Filmsternchen«, sagte er, »das ist ja auch eine Form von Gesellschaftskritik. Etwas anderes machen Illustriertenleser nicht mit.«
Er irrte sich gewaltig, und um dies zu beweisen, werde ich ihm gelegentlich einen Stapel Leserbriefe zeigen, etwa an die hundert, die jeden Tag zum Thema Wiedervereinigung über meinen Schreibtisch gehen. Viele sind vier oder fünf eng mit Maschine beschriebene Seiten lang, und wenn darin auch nicht nur Vernünftiges gesagt wird, so widerlegen sie doch eindeutig sein Bild von den STERN-Lesern und zugleich die Behauptung, die

Deutschen machten sich keine Gedanken um ihre Zukunft.
Diese Diskussion ist in der Jahresbilanz des STERN ein Posten, auf den Leser und Redaktion stolz sein dürfen. Es gibt andere, die weniger gewichtig, aber dennoch für eine silvesterliche Rückschau nicht unerheblich sind. Nur wenige lassen sich hier aufzählen.
STERN-Reporter fischten aus dem Toplitzsee falsche Pfundnoten, die am Ende des Zweiten Weltkrieges dort als Staatsgeheimnis versenkt worden waren – für die Presse der ganzen Welt eine Sensation, für die STERN-Leser aber eine Bestätigung des Berichtes »Geld wie Heu«. Ein anderer STERN-Reporter deckte in dem Zwergstaat Andorra einen Umschlagplatz für gestohlene Kraftwagen auf, und er sorgte an Ort und Stelle dafür, daß einige Diebe verhaftet wurden; jetzt erst wurden zwei von ihnen in Baden-Baden zu längeren Gefängnisstrafen verurteilt. Ein STERN-Redakteur schilderte unter der Überschrift »Der Scheck heiligt das Mittel«, welch übler Schwindel mit angeblichen Heilmitteln bei uns möglich ist – und immerhin leiteten einige Stellen daraufhin Strafverfahren gegen Hersteller und Verkäufer dieser Mittel ein.
Wer heiße Eisen anfaßt, verbrennt sich auch einmal die Finger. Es wäre ein Wunder, wenn der STERN sich in diesem Jahr 1959 nie geirrt hätte; falls dies geschah, dann hat er sich nicht gescheut, seinen Fehler öffentlich zuzugeben und zu berichtigen. Freilich hatte er nur sehr selten Gelegenheit, diese Tugend zu üben – ich sage sogar: leider. Denn als Staatsbürger wäre es uns Redakteuren wohler, wenn unsere ständige Kritik am Übermut der Ämter und Behörden weniger berechtigt wäre.
Als wir im Sommer über das schreckliche Unglück am Bahnübergang von Lauffen in Württemberg berichteten, geschah dies unter der Überschrift: »Ihr laßt den Armen schuldig werden«. Wir verlangten damals: »Der Schrankenwärter darf nicht auch noch für die Fehler der Bundesbahn verantwortlich gemacht werden.« Diese Fehler zählten wir auf: Die Fahrpläne von Bus und Bahn waren ein gefährliches Spiel mit Sekunden und machten auf die Dauer einen Zusammenstoß fast unvermeidlich; eine genaue Vorschrift, wann eine Schranke zu schließen ist, gibt es bei der Bundesbahn nicht; die technische Ausrüstung des Schrankenpostens 47 war ungenügend.

Wir hatten vergebens gehofft, mit dieser Anklage eine Entgegnung der Bundesbahn herauszufordern. Jetzt, da vor der Heilbronner Großen Strafkammer das Unglück seine schreckliche Sühne finden soll, erfahren wir die Gründe dieser Schweigsamkeit. Unsere Vorwürfe sind jetzt auch die des Gerichts, und höhere Beamte der Bundesbahn blieben als Zeugen unvereidigt, weil die Möglichkeit besteht, daß auch sie für den Tod von mehr als 40 Menschen verantwortlich gemacht werden müssen.

Mit diesen Zeilen habe ich einen aus der großen Zahl der STERN-Berichte des abgelaufenen Jahres herausgegriffen. Es ist dabei auch nicht wichtig, daß der STERN wieder einmal recht behalten hat. Wesentlicher ist in diesem Fall, daß wir Redakteure unabhängig und frei von jeder Bindung für die öffentliche Meinung sprechen konnten und daß diese Stimme Gehör gefunden hat. Mehr möchte ich auch im beginnenden Jahr weder beanspruchen noch erreichen.

Kritik beleidigt Beamte

Kürzlich fehlte einem STERN-Reporter in Süddeutschland für seinen Bericht noch der Rufname eines städtischen Amtsrates. Mit einem simplen Telefongespräch hoffte er, diesem Mangel abzuhelfen. Welch ein Irrtum! Der Beamte selbst war verreist, und sein Amt verweigerte jede Auskunft, weil dazu nur die Pressestelle der Stadt befugt sei. Dort wußte man den Vornamen zwar auch nicht, aber der Pressereferent versprach, ihn zu ermitteln, sofern man ihm Ton und Inhalt unseres Berichts vorher verrate.

So mißtrauisch können Behörden gegen den STERN sein; sie sehen in der öffentlichen Diskussion ihrer Arbeit bereits einen bösen Angriff. Wenn es nach ihnen ginge, bliebe dem Bürger nur noch das Recht, schweigend seine Steuern zu zahlen.

Sagen Sie nicht, das sei übertrieben. Die Geschichte, die ich heute erzählen muß, spricht leider dafür, daß ich recht habe. Sie spielt in einer kleinen bayerischen Stadt, aber sie kann sich jeden Tag und überall wiederholen.

In Günzburg an der Donau veröffentlichte die örtliche Zeitung als »Eingesandt« eine ausführliche und wohl auch sachkundige Kritik an der Stadtplanung. Was darin zwei Architekten und Bürger dieser Stadt unter Berufung auf ihre demokratischen Pflichten und Rechte den Rathausbehörden vorwarfen, erforderte eine Antwort. Die Günzburger aber warteten zunächst einmal vergebens.

Nach einiger Zeit meldete sich in der Zeitung ein weiterer Bürger mit einem Leserbrief zu Wort. Er warf dem Günzburger Gesundheitsamt vor, daß es eine epidemische Krankheit, die gerade diese Gegend heimsuchte, zu spät und nicht energisch genug bekämpft habe. »Wie viele der Betroffenen«, so heißt es in der Zuschrift dieses Lesers, »hätten vor der Krankheit bewahrt werden können, wenn die Gesundheitsbehörden weniger Zurückhaltung (oder was sonst?) gezeigt hätten? Nicht nur als Vater von zwei erkrankten Buben interessiert mich die Antwort auf diese Frage, sondern auch als Mitglied des örtlichen Beratungsausschusses einer großen Ersatzkasse.«

Als auch auf diese Fragen keine Behörde antwortete, wurde es dem Werbeleiter Kurt Lange aus Günzburg zu bunt; er glaubte, es sei nun an ihm, in die Bresche zu springen und die von den Bürgern bezahlten Beamten an ihre Auskunftspflicht zu erinnern. Auch er schrieb einen Leserbrief, und die Zeitung veröffentlichte ihn.

Darin hieß es: »Man erwartet, wie es unter wohlerzogenen Menschen selbstverständlich ist, daß eine gestellte Frage einer Antwort gewürdigt wird und sachlicher Vorwurf entweder zurückgewiesen oder entkräftet wird. Ersteres zu verweigern, gilt als unhöflich, andererseits gilt es nicht als charakterfest, Vorwürfe einfach einzustecken . . .«

Der Kurt Lange bekam seine Antwort, aber weder von den Stadtplanern noch vom Gesundheitsamt. Auf die Fragen selbst ging die Antwort gar nicht ein, denn ein Staatsanwalt diktierte sie, und ein Amtsgerichtsrat schrieb seinen Namen darunter. Es war ein Strafbefehl. Mit 80 Mark oder vier Tagen Gefängnis sollte Kurt Lange dafür büßen, daß er den Leiter des staatlichen Gesundheitsamtes in Günzburg, den Regierungsmedizinalrat Dr. Leiner, als »nicht wohlerzogen, unhöflich und nicht charakterfest bezeichnet« und damit beleidigt habe. Dr. Leiner hatte nämlich Strafantrag gestellt, weil er sich – ohne genannt zu sein – getroffen fühlte.

Die Beleidigung muß man in dem Brief des Kurt Lange mit jener Lupe suchen, mit der Anno dazumal der Obrigkeitsstaat die Botmäßigkeit seiner Untertanen überprüfte. Da diese Zeiten längst vorbei sind, erhob Kurt Lange Einspruch gegen den Strafbefehl. In einer öffentlichen Verhandlung vor dem Amtsgericht wollte er entschieden haben, ob der Bürger eines demokratischen Staates das Recht habe, von seinen Behörden Rede und Antwort zu verlangen.

Aber dazu kam er nicht mehr. Vor Beginn der Verhandlung rechnete man ihm vor, daß er – ob er nun gewinne oder verliere – sicherlich weitere Gerichtsinstanzen in Anspruch nehmen müsse und daß dann die Kosten auf über 2000 Mark anwachsen könnten. Er müßte einsehen, daß die Gegenseite den längeren Atem haben würde und daß er so viel Geld nicht für die Verteidigung seiner demokratischen Rechte riskieren dürfe. So stimmte er einem Vergleich zu, der zwar nicht recht und nicht billig, für ihn aber wenigstens billiger ausfiel.

Für die Demokratie aber ist es ein teurer Vergleich. Er nimmt dem Bürger die Lust, sich in einer öffentlichen Sache einzusetzen, und er zeigt den Behörden eine scheinbar legale Möglichkeit, jede öffentliche Kritik im Keime zu ersticken. Auch wenn sie sachlich begründet und sachlich vorgetragen wird – irgend jemand kann sich ja immer beleidigt fühlen . . .

Um gleich klarzustellen, daß der STERN nicht gewillt ist, sich mit solchen Möglichkeiten abzufinden, sehe ich mich gezwungen, selbst in die Fußstapfen des Bürgers Kurt Lange zu treten. Soviel ich weiß, hat das Günzburger Gesundheitsamt die Fragen, die in dem Leserbrief gestellt waren, noch immer nicht beantwortet. Nun denn: Auch ich halte es unter wohlerzogenen Menschen für selbstverständlich, »daß eine gestellte Frage einer Antwort gewürdigt wird«. Und auch ich halte es für unhöflich, die Antwort zu verweigern, und für wenig »charakterfest, Vorwürfe einfach einzustecken«. Falls man mir nun auch einen Strafbefehl schicken sollte, darf ich gleich ankündigen, daß der STERN sich einige Instanzen mehr leisten kann als Kurt Lange.

Der hatte übrigens in seinem Brief auch beanstandet, daß die Beamten des Günzburger Bauamtes in ihren Mußestunden für private Kunden Baupläne ausarbeiteten, die sie dann in den Dienststunden als Behördenvertreter selbst genehmigten. Gegen diesen konkreten Vorwurf wehrte sich niemand. In der nächsten nichtöffentlichen Stadtratssitzung wurde dann beschlossen, daß solche Nebenbeschäftigungen künftighin der schriftlichen Erlaubnis des Oberbürgermeisters bedürften. Offenbar hielt man es auf dem Rathaus nicht für sehr attraktiv, auch in dieser Sache den Richter zu bemühen.

13. Januar 1960

Der Käufer macht den Marktpreis

Dieser Tage schrieb mir ein Leser aus Köln, es sei höchste Zeit, daß der STERN einmal hinter die Kulissen des Karnevals leuchtete, um zu erhellen, wie uns heutzutage das Geld aus der Tasche gezogen werde. Diese Klage ist nicht neu, aber er rechnete mir in seinem Brief auf Heller und Pfennig vor, daß diesmal für ihn und seine Frau das närrische Treiben bis zum 1. März um 200 Mark teurer sein werde als im Jahr zuvor, obwohl das Vergnügen, das ihm dafür geboten werde, vermutlich geringer sei.

Am Rhein und an der Isar gehören Karneval und Fasching wohl zu den Lebensnotwendigkeiten. Aber bei aller Narrheit, die man dort in den nächsten Wochen übt, ist man offenbar nicht verrückt genug, um die wieder einmal gestiegenen Weinpreise auf den Getränkekarten übersehen zu können.

Trotzdem kann ich die Empörung des Lesers aus Köln nicht teilen. Zu jeder Preistreiberei gehören nämlich zwei: einer, der zuviel fordert, und einer, der zuviel bezahlt. Wenn jeder Karnevalsnarr so vernünftig wäre, ein paar Veranstaltungen aus seinem Kalender zu streichen, dann würden auch die Veranstalter bald von ihren Forderungen einiges abstreichen müssen.

Vor Preissteigerungen kann den Verbraucher nämlich niemand besser schützen als er selbst. Solange er aber der Meinung ist, das Teuerste sei immer das Beste (und damit für ihn gerade gut genug), kann ihm niemand helfen. Die Geschichte von dem Textilgeschäft, das ein und denselben Mantel zu 97 Mark und zu 137 Mark anbot (nur das eingenähte Etikett war ein anderes) und prompt nur den teureren Posten verkaufen konnte, ist leider keine Erfindung, sondern ein aufschlußreiches Experiment am Kunden. In dieselbe Reihe gehört es, wenn eine namhafte Fabrik von Elektrogeräten es schon für notwendig hält, auf ihren Prospekten ihre im Vergleich zur Konkurrenz niedrigen Preise zu entschuldigen, indem sie erklärend auf ihre kostensparenden Fertigungsmethoden hinweist.

Auf diese Großzügigkeit des Verbrauchers spekuliert natürlich auch gelegentlich der Karneval. Wenn die Veranstalter mit den Wirten über die Finanzierung ihrer Prunksitzung verhandeln und dabei die Karte der Weine zusammenstellen – an denen sie beide verdienen wollen –, dann können sie es sich leisten, zwei gute Tropfen ohne großen Aufschlag als billigste Weine anzubieten. Sie bestellt nämlich kaum jemand – sei es, weil man der Qualität nicht traut, sei es, weil sie nicht standesgemäß scheinen. Um so mehr werden die teureren Sorten verlangt, und es bleibt dem Geschick des Veranstalters überlassen, an die richtige Stelle der Preistafel jene minder guten Weine zu placieren, die man billig und reichlich genug eingekauft hat, um damit das große Geschäft zu machen. Nur der Elferrat auf dem Podium hält sich an die wohlfeilste Sorte; er weiß ja Bescheid.

Zugegeben, dies Bescheid-Wissen ist eine Kunst für sich geworden, aber sie lernt sich, wenn man erst wieder bereit ist, den Pfennig zu ehren, um des Talers wert zu sein. Die Mauer der Preise ist nämlich nicht ohne Lücken, und es liegt am Verbraucher, wie weit er diese Breschen verbreitert, indem er Waren und Preise genau prüft und vergleicht, ehe er kauft. Was ihm beim Butterpreis in den letzten Wochen des vergangenen Jahres gelang, könnte er bei vielen anderen Artikeln seines Bedarfs erreichen. Die »Preisbrecher« – Produzenten und Kaufleute, die ihre Gewinnspannen nach vernünftigen Maßstäben kalkulieren – gibt es bei uns in vielen Branchen und nicht nur in Frankreich, wo der Einzelhändler Edouard Leclerc in seinen Läden die Preise der Konkurrenz häufig um ein Fünftel unterbieten kann.

Wohin es führt, wenn Preissteigerungen nicht mehr aufgefangen werden können, haben wir in Deutschland schon zweimal erlebt. Im November 1923 zahlten wir für ein Brötchen 30 Milliarden Mark, und im Frühsommer 1948 kostete eine amerikanische Zigarette 20 Reichsmark. Obwohl so innerhalb eines Vierteljahrhunderts zweimal die Ersparnisse der Deutschen jeden Wert verloren haben, liegen heute bei den Kreditinstituten wieder über 40 Milliarden Mark als Sparguthaben auf der hohen Kante. Natürlich zeichnet sich keineswegs die Gefahr ab, daß man dafür eines Tages wieder nur noch ein Brötchen kaufen könnte, aber wir sind immerhin so weit gekommen, daß die Zinsen unserer Spargroschen nur noch ausreichen, um den Verlust an Kaufkraft zu decken. Wer vor einem Jahr 100 Mark auf sein Sparkonto einzahlte, besitzt zwar jetzt 103 Mark, aber wenn er mit diesem Betrag heute etwa Lebensmittel einkaufen würde, bekäme er weniger dafür als vor einem Jahr ohne seine Zinsen.

Dessen ungeachtet tragen die sparsamen Deutschen jeden Monat mehr als eine halbe Milliarde Mark auf die Sparkassen. Dieses Vertrauen darf nicht noch einmal enttäuscht werden. Es genügt aber nicht, sich nur auf Regierung und Bundesbank zu verlassen. In einer Demokratie muß der Staatsbürger selber etwas tun, wenn sein Geld den Wert behalten soll. Das beginnt damit, daß seine gewählten Vertreter in den Parlamenten mit den öffentlichen Mitteln viel mehr knausern müßten, und es endet beim täglichen Einkauf der Hausfrau, durch deren Hand der größte Teil des Volkseinkommens fließt. Sie vergißt am häufigsten, daß in unserer freien Marktwirtschaft der Verkäufer für seine Ware verlangen kann, soviel er will – von wenigen Ausnahmen abgesehen –, daß aber sie als König Kunde dafür die Möglichkeit hat, den Markt mit ihrem Geld zu regieren.

Der Staat als Gebührenhai

Auch wenn Sie mich künftig für einen Pfennigfuchser halten sollten, so verstehe ich doch, daß man sogar wegen ein paar Groschen gegen die Obrigkeit zu Felde ziehen kann. Denn jenem Ingenieur aus einem Ort bei Regensburg, von dem ich Ihnen heute berichte, ging es nicht um das Geld, sondern um einen behördlichen Zopf aus der Zeit des Untertanenstaates. Er ist nämlich der Meinung, daß es einer demokratischen Behörde nicht zustünde, dem Staatsbürger unfrankierte Briefe als »portopflichtige Dienstsache« ins Haus zu schicken.

Es begann damit, daß der Ingenieur sich beim Landratsamt in Regensburg eine neue Zulassungsnummer für seinen Wagen holen mußte. Den Kraftfahrzeugbrief behielt die Behörde zur weiteren Bearbeitung, versprach aber, ihn demnächst mit der Post zu schicken. Er kam aber nicht an. Zwei briefliche Anfragen beim Amt blieben ohne Echo. Auch ein drittes Schreiben, diesmal direkt an den Landrat, trug dem Mann keine Antwort ein.

Erst als er sich beschwerdeführend an die vorgesetzte Stelle, nämlich die Regierung der Oberpfalz, wandte, meldete sich der Landrat. Er teilte mit, daß sein Amt den Kfz-Brief mit der Post dem Eigentümer zugeschickt habe, daß aber die Annahme ebenso verweigert worden sei wie auch diejenige einer Benachrichtigung, daß der Kfz-Brief abgeholt werden könnte. Beides war nämlich als portopflichtige Dienstsache versandt worden, und der Ingenieur pflegte solche Sendungen aus grundsätzlichen Erwägungen seit Jahren zurückgehen zu lassen.

»Ihre Dienststelle«, schrieb er an den Landrat, »erhebt für die Umschreibung eines Fahrzeuges Gebühren.« Deshalb sähe er nicht ein, warum er darüber hinaus noch das Porto für unfrankierte Briefe bezahlen müsse. Und weil der Landrat hart blieb und den Schein noch immer nicht portofrei schickte, beschwerte sich der Mann ein weiteres Mal bei der oberpfälzischen Regierung.

Dort war man über soviel Hartnäckigkeit nicht gerade erfreut, aber ein Regierungsdirektor nahm sich des Falles an, prüfte die Rechtslage und wies die Beschwerde zurück. Für diesen Bescheid berechnete er 15,– DM als Kosten, denn nach seiner Meinung hatte der Staatsbürger die Behörde unnötig in Anspruch genommen. Ein Einspruch gegen diese Entscheidung landete seltsamerweise wieder beim gleichen Beamten, der ein zweites Mal prüfte und natürlich wieder zum gleichen Ergebnis kam. Nur daß er diesmal 22,50 DM an Gebühren verlangte. Das Staatsministerium des Innern in München jedoch, an das sich der Ingenieur nun wandte, hatte ein weniger einnehmendes Wesen. Dort strich man zwar auch nichts von der Berechtigung ab, Postsendungen unfrankiert abzuschikken, aber der ablehnende Bescheid – von einem Ministerialdirigenten verfaßt – war wenigstens kostenlos.

Ein solches Spiel mit steigendem Gebühreneinsatz mißfiel unserem Staatsbürger aus begreiflichen Gründen: Mit dieser Methode kann nämlich eine Behörde darauf spekulieren, daß jedem Beschwerdeführenden über kurz oder lang der Atem ausgeht. Dies aber sei – so sagte sich der Ingenieur – keinesfalls im Sinne von Artikel 17 des Grundgesetzes. Dort heißt es nämlich: »Jedermann hat das Recht, sich einzeln oder in Gemeinschaft mit anderen schriftlich mit Bitten oder Beschwerden an die zuständigen Stellen und an die Volksvertretung zu wenden.« Von Gebühren ist darin nicht die Rede. Diesen Grundsatz unserer Verfassung konnte schließlich auch eine bayrische Behörde nicht aufheben. Deshalb wandte sich der Ingenieur an das Verwaltungsgericht.

Diesen vorläufig letzten Waffengang verloren die Behörden. Nicht etwa, daß ihnen das Recht abgesprochen worden wäre, auch künftighin unfrankierte Briefe zur Post zu geben; dies zu entscheiden, fühlte sich das Verwaltungsgericht Regensburg nicht zuständig. Aber die Möglichkeit, eine Beschwerde mit einer

Geldforderung zu honorieren, wird den Ämtern mit diesem Urteil zunächst einmal geschmälert. Darin heißt es: »Der Beschwerdeführer macht nämlich nicht sein eigenes Recht geltend, sondern er teilt der Aufsichtsbehörde lediglich einen Sachverhalt mit, der seiner Meinung nach einen Mißstand in der allgemeinen Sachbehandlung der unteren Behörden beweist.« Mit guten Gründen hob das Verwaltungsgericht die beiden Bescheide in der Kostenfrage auf, und der Ingenieur muß die Gebühren – die man bei ihm bereits vom Gerichtsvollzieher kassieren lassen wollte – keineswegs bezahlen. Dafür zahlt der Freistaat Bayern die Kosten des Gerichtsverfahrens.
Ihnen, lieber STERN-Leser, mag an dieser Geschichte mißfallen, daß ihr Held nur einen halben Sieg gewann. Es werden ja nach wie vor portopflichtige Dienstsachen von den Behörden zur Post gegeben.
Dennoch wird auf die Dauer dieser Zopf fallen, denn der Aufwand, den er verursacht, ist größer als die Ersparnis, die der Staat sich davon verspricht. Der Aufwand beginnt mit zwei Stempeln und einem Siegel, die von der Behörde auf jeder Sendung angebracht werden müssen. Er setzt sich bei der Post fort: Alle Dienstsachen müssen dort aussortiert und in Listen für jeden Briefträger einzeln registriert werden. Dieser Bote kann die Sendung auch nicht einfach in den Hausbriefkasten stecken; er muß ja kassieren und anschließend über seine Einnahmen abrechnen. Trifft er den Empfänger nicht an, muß er auch noch eine Benachrichtigung hinterlassen. Rechnet man dazu den Ärger, den dieser wenig schöne Brauch beim Bürger immer aufs neue hervorruft, dann sollte den Behörden der endgültige Rückzug nicht mehr schwerfallen. Der Hamburger Staat hat deshalb auf dieses Vorrecht bereits verzichtet. Schließlich könnte der Bürger ja auch auf den Gedanken kommen, gleiches mit gleichem zu vergelten, indem er Porto und Überweisungsgebühren abzieht, ehe er seine Steuergelder abliefert.

27. Januar 1960

Beim Funk herrscht fader Proporz

Hören Sie Rundfunk oder sehen Sie fern? Denken Sie einmal nach, ob Ihnen dabei nicht einiges aufgefallen ist:
Wann immer der Rundfunk ein paar Sätze aus einer Adenauer-Rede zitiert, dann können Sie mit der Stoppuhr in der Hand darauf warten, daß ein auf die Sekunde ebenso langes Zitat aus einer Rede von Ollenhauer oder einem anderen SPD-Politiker gesendet wird. Stirbt ein katholischer Bischof, und der Rundfunk überträgt die Trauerfeier, dann ist spätestens zwei Tage danach eine Sendung aus der Evangelischen Akademie fällig.

Haben Sie es schon einmal erlebt, daß im Deutschen Fernsehen ein Minister wegen seiner Amtsführung angegriffen wurde? Daß ein unabhängiger Mann die Regierung kritisierte oder der Opposition die Leviten las? Nein, Sie haben es nicht erlebt, und Sie werden es auch nicht erleben.
Denn Rundfunk und Fernsehen sind bei uns »Anstalten des öffentlichen Rechts«, und über ihr Programm wachen Programmbeiräte und Kuratorien. Darin sitzen Vertreter der Parteien, der Kirchen, der Arbeitgeber, der Gewerkschaften. Sie haben ein entscheidendes Wort mitzureden, wenn ein Rundfunk- oder Fernseh-Intendant gewählt oder abberufen wird. Wehe dem Intendanten, der ein Programm mit eigener Meinung machen würde. Er kann ja gar nicht für oder gegen etwas sein, ohne jeweils einen Teil dieser »Beiräte« gegen sich zu haben.

Wie sollte ein Intendant es wagen, Mißstände aufzudecken, die eine der beteiligten Gruppen lieber zugedeckt ließe? Könnte es etwa geschehen, daß auf Ihrem Bildschirm ein Mann erschiene, der die Gewerkschaften mit allem Ernst beschuldigte, sie gefährdeten unsere Währung, weil sie verantwortungslose Lohnforderungen nur noch zu dem Zweck betrieben, um ihre Mitglieder bei der Stange zu halten? Wäre bei einem unserer Rundfunksender ein Vortrag denkbar, der den Unternehmern vorwürfe, sie hätten über ihrer maßlosen Investitionspolitik versäumt, den arbeitenden Menschen einen gerechten Anteil am wachsenden Sozialprodukt zu gewähren?
Oder könnten Sie sich vorstellen, daß ein Fernseh-Intendant das salbungsvolle »Wort zum Sonntag« einmal durch eine echte Diskussion über die Frage ersetzte, was uns das Christentum heute noch bedeutet? Eine Diskussion, bei der auch die Meinung vertreten werden könnte, daß es gerade die Kirchen und die Pfarrer seien, die das Christentum in unserer Zeit zu Grabe trügen?
Nein, das alles ist unvorstellbar, denn auch für Intendanten hört der Mut auf, wo der berufliche Selbstmord beginnt.
Und deshalb beten die Männer, die das deutsche Rundfunk- und Fernsehprogramm verantworten sollten, allabendlich zu ihrem Schutzheiligen, daß er sie gnädig durch das Minenfeld der Meinungen in die gefahrlosen Gefilde von Peter Frankenfelds Hokuspokus und Robert Lembkes verbindlichem Charme geleite. Der Schutzheilige heißt St. Proporz, der Heilige des Ausgleichs, und sein Wahlspruch lautet, jedem etwas zu geben und keinem wehe zu tun.
Und um Himmels willen keine heißen Eisen anfassen!
Manchmal aber geschieht es, daß in einer Direktsendung doch einmal der Vorhang der Langeweile zerreißt. Ich kann mich an keine erregendere Fernsehsendung erinnern als als jenen »Internationalen Frühschoppen«, bei dem der umstrittene William S. Schlamm an Werner Höfers Gasttisch saß. Da prallten die Meinungen scharf aufeinander, da blieb keiner dem anderen und uns Zuschauern etwas schuldig. Da zeigte sich, was mit der Veröffentlichung des Deutschlandberichtes von William S. Schlamm im STERN begonnen hatte: Die leidenschaftliche Diskussion über die Schicksalsfragen unseres Volkes war endlich in Gang gekommen.
Zwischen den deutschen Funkhäusern aber begannen ob dieser Ungeheuerlichkeit die Telefondrähte zu glühen, und wenige Tage später sagte der Intendant eines Fernsehsenders die geplante Diskussion zwischen Schlamm, Carlo Schmid und Franz Josef Strauß ab – und selbst der heilige Proporz konnte ein so gefährliches Unternehmen wohl nicht genügend absichern.
Nun, der STERN hat dieses wichtige Gespräch weitergeführt. Ich selbst habe den Anti-Schlamm interpretiert, jenen Mann, der um der Entspannung willen bereit war, auf die Gebiete jenseits der Oder-Neiße zu verzichten und der an die Wiedervereinigung nicht mehr glaubt. Inzwischen haben sich die prominentesten deutschen und ausländischen Politiker an dieser Diskussion beteiligt.
Und ich meine, wir STERN-Redakteure dürfen stolz auf unsere Leser sein, die in unzähligen Briefen bezeugen, wie sehr sie diesen freien Kampf der Überzeugungen schätzen. Von uns erwartet man weder Leisetreterei noch vorgekaute Meinungen. Der STERN wird auch weiterhin ein Forum sein, auf dem jeder zu Wort kommt, der wirklich etwas beizutragen hat zur Klärung der Probleme, die unser Volk bewegen.
Auch William S. Schlamm, den die einen feiern, während ihn die anderen ausweisen wollen, hat auf diesem Forum Platz. Er sagt seine Meinung, die durchaus nicht unsere Meinung zu sein braucht. Und selbst wenn er uns angreift, wie in diesem Heft auf Seite 55, wollen wir ihm nicht das Wort verweigern.

Die »Ehre« von Horst Ludwigs Vater

Im grauen Zweireiher, ein mokantes Lächeln über der roten Krawatte, trat der Kapitänleutnant Horst Ludwig vor den 3. Strafsenat des Bundesgerichtshofes. Der erste Spion aus den Reihen des Offizierkorps der Bundeswehr, in seinem Gefolge der ihm unterstellte Marine-Obermaat Fritz Briesemeister, begleitet von der Verwandtschaft seines Kaleu, dem Ludwig-Schwager Werner Jäger und dessen Ehefrau Hanni.

Der Prozeß, in dessen Verlauf dem Ludwig das Lächeln langsam verging, brachte nichts, was Sie nicht schon im Januar 1959 unter der Überschrift »Die Affäre Ludwig« im STERN lesen konnten. Vielleicht erinnern Sie sich auch, daß ich Ihnen in meinem Brief vom 15. 1. 1959 schilderte, wie der untersuchende Oberstaatsanwalt am Bundesgerichtshof, Dr. Ernst Fischer, an jedem Mittwoch den STERN kaufte, um sich über die neuesten Ermittlungen unseres Reporters Gerd Heidemann zu unterrichten. Was Heidemann damals mit kriminalistischem Spürsinn und monatelangem Fleiß herausbekam, hat sich in diesen Tagen vor dem Bundesgerichtshof als Wahrheit erwiesen.

Wenn Sie nun der Ansicht sind, der STERN dürfe in jedem Fall die Wahrheit öffentlich und ungestraft berichten – jedenfalls, soweit diese Wahrheit nicht die Sicherheit und den Bestand unseres Staates gefährdet –, dann ist das ein Irrtum. Zwar gibt es in unserer Demokratie keinen Zensor, dem jede STERN-Seite zur Prüfung vorgelegt werden müßte, aber dafür gibt es andere probate Mittel, mit denen eilfertige Gerichte die von der Verfassung garantierte Pressefreiheit zur Farce machen können.

Dem STERN geschah dieses, weil er sich damals schon mit einem Verwandten des Ludwig befaßte, der heute nicht auf der Anklagebank saß, obgleich sein Bild als Schatten über der ganzen Verhandlung schwebte: mit Horst Ludwigs Vater Emil Ludwig, der jenseits der Zonengrenze in Weimar ein Fotogeschäft unterhält und der seinen Sohn zur Spionage anstiftete, um sein Geschäft behalten und in Freiheit leben zu dürfen.

Daß es so war, stellte jetzt das höchste Gericht der Bundesrepublik fest; dennoch müßte ich eigentlich »von Rechts wegen« für meinen heutigen Brief mit »einer Geldstrafe in unbeschränkter Höhe oder einer Haftstrafe bis zu sechs Monaten« büßen, denn ich wiederhole hier, was mir durch ein Urteil zu sagen noch immer verboten bleibt, obwohl es die Wahrheit ist: daß auch Emil Ludwig, der Vater, sich mit Spionage abgab und daß er sich wirtschaftliche Vorteile dafür gewähren ließ.

Dieses Verbot steht nämlich in einer »einstweiligen Verfügung« der 23. Zivilkammer des Hamburger Landgerichts vom 9. Januar 1959. Das Verbot erging, um die Ehre eben jenes Emil Ludwig zu schützen, der jetzt nur deshalb nicht auf der Karlsruher Anklagebank saß, weil er für unsere Justiz unerreichbar ist.

Für ihn waren damals unsere Gerichte viel leichter erreichbar. Es genügte, daß der SED-Anwalt Dr. Kaul den Verbotsantrag in Hamburg stellte und daß Emil Ludwig aus Weimar an Eides Statt versicherte, er habe von der Spionagetätigkeit seines Sohnes nichts gewußt. Das Hamburger Gericht stieß sich nicht daran, daß diese schriftliche Erklärung in einem Prozeß mit politischem Hintergrund und von einem Mann abgegeben wurde, der für bundesdeutsche Richter immer unerreichbar bleiben würde. Merkte das Gericht denn nicht, daß Emil Ludwig in seinem Prozeß gegen den STERN ausgerechnet durch jenen Anwalt vertreten wurde, der in der Bundesrepublik alle juristischen Staatsaffären der sogenannten DDR vertritt? Dieser Dr. Kaul wollte mit seinem Prozeß gegen den STERN doch nur beweisen, daß seine eigentlichen Auftraggeber – nämlich die Regierung in Pankow – keine Agenten beschäftigt. Er benutzte denn auch den Hamburger Gerichtsbeschluß, um auf der Pressetribüne des Bundestages ein Flugblatt zu

verteilen, das den STERN-Bericht unglaubwürdig erscheinen ließ.
Das Verbot erging, ohne daß wir dazu überhaupt gehört, geschweige denn, daß wir aufgefordert wurden, den Wahrheitsbeweis für unseren Bericht vorzulegen. Ein simples Ortsgespräch hätte genügt, um innerhalb von 20 Minuten unsere Dokumente und Zeugen in den Gerichtssaal zu zitieren. Das sieht zwar die Zivilprozeßordnung nicht vor, sie verbietet es aber auch nicht.
Die 23. Kammer des Hamburger Landgerichts mag jetzt ihr Urteil von damals mit der Begründung rechtfertigen, sie sei eben einer falschen eidesstattlichen Erklärung des Emil Ludwig zum Opfer gefallen, und dagegen sei kein Kraut gewachsen. Aber darum geht es gar nicht. Viel schlimmer ist, daß offenbar mit dieser Methode der einstweiligen Verfügungen die Pressefreiheit von Fall zu Fall jeweils leicht zur Strecke gebracht werden kann. Wenn ein solcher Verbotsantrag nämlich gestellt wird, dann *können* die Gerichte zwar die beklagte Zeitung zu einer Stellungnahme auffordern, aber sie *müssen* es nicht. In der Praxis tun sie es nur in den seltensten Fällen. Damit aber wird die vom Grundgesetz garantierte Freiheit, durch Wort, Schrift und Bild seine Meinung frei zu verbreiten, durch Gerichtsbeschlüsse zum leeren Wahn.
Sie, lieber STERN-Leser, haben sicher schon davon gehört, daß der Bundesjustizminister Dr. Schäffer seit Jahr und Tag an einem sogenannten Ehrenschutzgesetz bastelt, das der Presse zusätzliche Zügel anlegen soll. Nach dem bis jetzt konzipierten Entwurf hätte der ehrenwerte Emil Ludwig auf Grund der Hamburger Gerichtsentscheidung beim STERN vor einem Jahr schon ein »Schmerzensgeld« in Höhe von rund 10 000 Mark für seine verletzte Ehre verlangen und auch kassieren können. Er säße dann heute – wenn Schäffers Gesetz schon in Kraft wäre – händereibend und um einiges reicher in Weimar, und kein Richterspruch aus der Bundesrepublik könnte ihm seine Beute wieder abjagen. Dem STERN wäre bestenfalls die Genugtuung geblieben, daß die Wahrheit am Ende doch gesiegt hat.
Fürwahr, eine teure Wahrheit!

10. Februar 1960

Für Schulen ist die DDR ein weißer Fleck

Als ich gestern abend nach Hause kam, saß mein Sohn Christian – er ist inzwischen 14 geworden – noch hinter seinen Schulbüchern. Das kleine Taschenradio, das ich ihm aus Amerika mitgebracht hatte, spielte mit voller Lautstärke. Die Ellenbogen aufgestützt, das Gesicht in beiden Händen, die Zeigefinger in die Ohren gestopft, brabbelte der Krischan irgend etwas Unverständliches vor sich hin. Ich stellte das Radio ab.
»Luang Prabang – Luang Prabang – Luang Prabang«, murmelte Krischan.
»Was ist das?« fragte ich voller Mitleid. Welcher Vater ist ohne Mitleid, wenn er an die eigene Schulzeit denkt.
»Das weißt du nicht?« sah mein Sohn erstaunt zu seinem unwissenden Vater auf. »Luang Prabang ist die Residenzstadt des Königreichs Laos. Seine Hauptstadt heißt Vien . . . – warte mal« – er blickte rasch ins Buch – »Vientiane heißt die Hauptstadt.«

Und dann schnurrte er herunter, was er offenbar eben gelernt hatte: »Laos ist ein Teil des früheren französischen Indochina. Außerdem gehörten dazu das Königreich Kambodscha und die Republik Vietnam. Vietnam wurde nach dem Indochinakrieg geteilt in Nord- und Südvietnam . . .«
»Wozu brauchst du das?« fragte ich.

»Wir schreiben morgen eine Erdkundearbeit über Hinterindien«, sagte Krischan.
Als ich heute früh in die Redaktion kam, lag auf meinem Tisch der Brief eines Lehrers der Stuttgarter Heustigschule.
»Gestatten Sie mir«, schrieb der Absender, »daß ich heute mit einer vielleicht etwas merkwürdigen Bitte an Sie herantrete. Ich bin Lehrer und möchte demnächst in meiner Klasse eine besondere Gemeinschaftskunde-Stunde geben. Das Thema soll lauten ›Herr Merkle besucht seine Tochter in Magdeburg (Erlebnisse auf einer Interzonenreise)‹. Nachdem ich mich in Stuttgart bei den zuständigen Film- und Bildstellen ausgiebig erkundigt habe, ist hier aber kein Anschauungsmaterial über das Leben in der Sowjetzone zu bekommen. Das hat mich einigermaßen erschüttert. Nun möchte ich bei Ihnen anfragen, ob Sie mir da aus der Klemme helfen können. Ich denke da an einige Bilder, die ich unter ein Episkop legen oder an die Wand hängen könnte. Da ich selbst aus der Sowjetzone stamme, ist es mir ein Herzensbedürfnis, meine Buben für die Probleme des anderen Deutschland zu interessieren.«
Soweit der Brief des Lehrers Hans Neumann.
Von Hamburg fliegt man gute 12 000 Kilometer, ehe man in Laos ist. Aber wenn man statt des Flugzeuges das Auto oder die Eisenbahn nimmt, dann beginnt bereits 50 Kilometer elbaufwärts ein Land, von dem unsere Kinder in der Schule offenbar weniger erfahren als von jenem fernen hinterindischen Königreich. Obwohl man jenseits der Elbe unsere Sprache spricht, und obwohl das Land viele Jahrhunderte lang Bestandteil des Deutschen Reiches war, gehört es offenbar nicht zum Lehrplan unserer Schulen.
Es fehlt an Bild- und Anschauungsmaterial über die gegenwärtigen Verhältnisse zwischen Elbe und Oder. Selbst Primaner wissen nicht genau, in welchem Teil Sachsens die Städte Leipzig, Dresden und Chemnitz liegen. Manche Grundschüler haben noch nie gehört, daß Eisenach und Erfurt deutsche Städte sind. Und an der Oder gar hören bei den meisten Schülern und bei vielen Studenten selbst die Elementarkenntnisse auf.
Natürlich gibt es genug Archive bei Organisationen und sogar eines in einem Bonner Ministerium, wo alles säuberlich registriert wird, was man über das Leben jenseits der Zonengrenze und über den Staat des Herrn Ulbricht erfahren kann. Das alles nimmt dann die Form wissenschaftlicher Dokumentation an, mit vielen Zahlen, Fußnoten und Tabellen, aber es bleibt leider blutleere Theorie ohne jene Anschaulichkeit, die nicht nur Schulkindern, sondern auch Erwachsenen erst zu echtem Miterleben verhilft. »Gemeinschaftskunde«, wie sie uns allen guttäte, läßt sich damit nicht treiben.
Wenn es in der Bundesrepublik ein Bundes-Kultusministerium gäbe, dann wäre dort vielleicht schon einmal jemand auf den Gedanken gekommen, den der Lehrer Hans Neumann aus Stuttgart hatte. Aus dem Material, das die Reporter der Illustrierten in den letzten beiden Jahren zusammengetragen haben, ließe sich nämlich noch am ehesten ein aktuelles »Heimatkundebuch« zusammenstellen – sofern man unter Heimat das ganze Deutschland versteht und nicht nur den Sichtkreis vom eigenen Kirchturm.
Ich glaube, da kann ich getrost für meine Kollegen von den anderen Illustrierten sprechen: Hilmar Pabel von der »Quick«, Hannes Betzler von der »Münchner Illustrierten«, Jochen von Lang und Erich Lessing vom STERN würden ihre Bilder und Reportagen gern und kostenlos für ein solches Buch zusammentun.
Vielleicht darf ich die Ständige Konferenz der Kultusminister der deutschen Länder bitten, sich dieser Sache anzunehmen. Sie ist wichtiger als die Frage, ob das Schuljahr zu Ostern oder im Herbst zu beginnen hat. Denn nur so läßt es sich verhindern, daß für unsere Kinder jener Teil Deutschlands, der sich DDR nennen muß, immer mehr zu einem weißen Fleck auf der Landkarte wird.
Sonst wüßten unsere Kinder zwar, wie in der Bretagne die Fischer leben und wie stolz die Spanier sein können. Und daß Luang Prabang die Residenzstadt des Königreiches Laos ist. Aber jenes Weimar, das einmal die Residenzstadt des deutschen Geistes war, bleibt ihnen nicht nur unerreichbar, es wird bald auch nicht mehr vorstellbar sein.

Brief aus der DDR

Eigentlich müßte ich diesmal das kleine Foto über diesen Zeilen durch das Bild einer Frau ersetzen, die als Hausfrau und Schneiderin irgendwo in Deutschland lebt. Ich würde mich aber hüten, dies zu tun, selbst wenn ich ein Foto von ihr besäße, denn ich würde sie damit für viele Jahre ins Zuchthaus bringen. Diese Frau hat sich nämlich von Verwandten zu Weihnachten 19 Nummern des STERN schenken lassen, hat sie gelesen und an »dritte Personen« – wie es juristisch so schön heißt – weitergegeben. Das ist in der Heimat dieser Frau, nämlich in der Sowjetzone, ein Staatsverbrechen.
Sie erinnern sich, daß ich in der letzten Nummer des STERN an dieser Stelle verlangte, daß unsere Kinder in den Schulen mehr über diesen Teil Deutschlands erführen. Wenn ich nun den Dank- und Antwortbrief dieser Frau an ihre Verwandten im Westen in Auszügen wiedergebe, so geschieht das, um zu zeigen, wie wenig wir alle vom Alltag in der DDR wissen und wie bruchstückhaft die Vorstellungen sind, die wir vom Leben der Menschen drüben haben. Sie schreibt:
19 Sterne auf einmal genau am Heiligabend! Geheult habe ich vor Freude. Sogar das Sternchen ist für uns noch Sauerstoff in unserem luftleeren Raum. Nach den ewigen Schlagzeilen vom Frieden und vom Sozialismus in der DDR (*D*iktatur *d*er *R*ussen) sind diese Blätter für uns Erholung und noch mehr.
Um den Austausch der Hefte hätten wir uns beinahe in der Wolle gehabt; nun haben wir uns nach dem Abc unserer Vornamen geeinigt. Nach uns bekommen sie die Pfennigfuchser; wir nennen sie so, weil sie in diesem Staat für jeden Pfennig alles mitmachen, obgleich sie gegen ihn sind. Von denen bekommen wir sie erst nach langer Zeit und meist als fliegende Blätter zurück. Wahrscheinlich geben auch sie die Hefte »im Vertrauen« weiter. Macht nichts, alle sollen den Unterschied zwischen unserer und Eurer Freiheit kennenlernen. Man sagt immer, wir kleinen Leute sind machtlos in der Weltpolitik. Ich denke aber, die Wahrheit, immer wieder verbreitet, ist nicht so unbedeutend. Wenn viele Menschen nur nicht so feige wären.
Die einzelnen Teile des Stern lassen wir dann noch unauffällig in der HO, im Konsum, in der Sparkasse usw. liegen. Was glaubt Ihr wohl, mit welch affenartiger Geschwindigkeit sie in die Taschen der Genossen wandern, wenn die sich unbeobachtet glauben. Mir ist es schon passiert, daß mich eine Genossin mit meiner eigenen Zeitung bestechen wollte, weil sie in aller Eile ein Kleid von mir gemacht haben wollte und bei ihrer Üppigkeit nichts von der Stange bekommt. Ich habe großzügigst abgelehnt und tat nur höchst verwundert, wie gerade sie dazu käme? »Ach Gott«, sagte sie, »man hat so seine Beziehungen, und man muß auch mal die andere Seite hören.«
Was sagt Ihr denn zu unserer neuen Fahne? Läßt Euch das Wirtschaftswunder Zeit, darüber nachzudenken? Nicht böse sein, ich gönne es Euch von Herzen, wenn es Euch gutgeht.
Kürzlich fragte ich einen Fußballer, unter welcher Flagge er gerne nach Rom fahren würde. »Wir treiben nicht Sport, um uns als Reklameschild fürs Ausland aufputzen zu lassen«, meinte er. Unter unserer Fahne würde er aber keinesfalls mitmachen. Dann könnte er ja gleich unter der sowjetischen mitgehen, sagte er. »Schade, daß die Westdeutschen nachgegeben haben. Das sind ja pflaumenweiche Brüder . . .« Der Mann war von der Grenzpolizei, und meine Gesinnung kannte er nicht. Ich hatte ihm nur erzählt, daß ich im Fußballtoto mitmache, weil dabei keine Politik im Spiele sei und weil es die einzige Einrichtung bei uns sei, mit der sie uns nicht beschummeln könnten.
Vom Sender Freies Berlin hören wir oft Übertragungen aus dem Abgeordnetenhaus. Wie oft haben wir es schon vernommen: » . . . und bekunden freien Willens, daß Deutschland in Freiheit wiedervereinigt werden muß . . .!« Bei Euch sagt man das leider schon im Leier-

ton. Wir aber dürfen so etwas gerade noch denken. Hier genügt schon eine Geste, daß man uns anklagt. Sage ich doch neulich auf der Post, während ich eine Marke aufklebe: »Sie schmeckt auch nicht mehr so wie früher.« Sofort regte sich unser 150prozentiger Postvorsteher auf. »Früher war wohl alles besser, was?« fragte er drohend. Ich dachte mir: Da mußt du noch viel von unseren grünen Klößen essen, ehe du mich fängst!

Sozialismus ist bei uns das Wort für jede Lebensfrage. Läuft ein guter Film, dann sagen wir: Das ist Sozialismus. Spielt irgendwo eine Kapelle der Volksarmee, ist das Sozialismus. Die Bauern sagen: »Wenn wir gut sch . . . können, das ist auch Sozialismus.« Wir haben so genug von diesem Sozialismus, daß er uns mit unserem schlechten Kaffee täglich wieder hochkommt. Könnt Ihr Euch das vorstellen?

Wenn wir wenigstens mehr von Euch erfahren können. Ich weiß nicht einmal, was Euer Großer macht. Er kommt doch in alle Welt hinaus. Wir dürfen nicht einmal lesen, was in diesen Ländern passiert. Wieviel Geld habe ich schon Westbesuchern für Zeitungen und Porto mitgegeben. Wie oft sind wir enttäuscht worden. Manches ist wohl kassiert worden, aber eine Karte hinterher hätte uns auch schon gefreut.

Ich habe in meinem Leben noch keinen so langen Brief geschrieben, und dabei darf ich beim Schreiben nicht einmal husten, sonst kleckst mein Füller (Marke Fortschritt). Aber nun muß ich aufhören, denn um diesen Brief ohne Gefahr abschicken zu können, muß ich noch in die Nachbarschaft fahren und ihn dort in den Kasten werfen. Deshalb schreibe ich auch ohne Absender.

Soweit der Brief. Erläutern muß man ihn nicht, denn mit anderen Stichworten und einem anderen Vorzeichen hätte er vor 25 Jahren auch schon geschrieben werden können. Die meisten von uns kennen noch den Griff der Diktatur; er bleibt wohl stets derselbe, wie auch der Protest des Menschen gegen das Erstikken.

Die Frau will nicht unser Mitleid. Sie und Millionen, die so denken, wollen nur, daß wir um ihre Unfreiheit wissen und daß wir sie nicht abschreiben, als verlorenen Posten in der deutschen Bilanz.

24. Februar 1960

Zuviel Milde für Rüpel

Verlaß auf die Faust dich, sie führt zum Ziel, es ist die Kampfart im höheren Stil«, heißt es in einem norwegischen Volksstück. Nach diesem Rezept richtete sich offenbar eine Bande jugendlicher Straßenräuber in Frankfurt. Sie nannten sich »Die Lederjacken« und verübten mehr als zwanzig Raubüberfälle. Dabei mißhandelten sie Passanten so schwer, daß acht Verletzte ins Krankenhaus eingeliefert werden mußten.

Wer nun meint, die Justiz habe diesen Wegelagerern für absehbare Zeit das Handwerk gelegt, der rechnet nicht mit der Milde unserer Richter. Zwar hatte der Staatsanwalt in Frankfurt Jugendstrafen bis zu drei Jahren ohne Bewährung gefordert, aber dennoch kam keiner der Schläger hinter Gitter. Die Angeklagten, die monatelang die Mainanlagen unsicher gemacht hatten, erhielten vom Jugendgericht Strafen zwischen drei Monaten und einem Jahr, aber diese Strafen wurden samt und sonders zur Bewährung ausgesetzt. Höhnisch lachend verließen die sechzehn Rowdies das Gerichtsgebäude.

Was soll man zu einem Urteil sagen, mit dem das Schöffengericht Ahrensburg zwei stadtbekannte Schläger bedachte: In einem Wirtshaus hatten die 19 und 22 Jahre alten Burschen ohne jeden Anlaß einen doppelt beinamputierten Schwerkriegsbeschädigten zusammengeschlagen. Begründung: »Du lebst ja nur auf unsere Kosten.« Der Arzt stellte die Folgen von etwa zwei Dutzend schweren Boxhieben fest, außerdem war dem hilflosen Mann eine Prothese abgerissen worden. Das Gericht war offenbar der Meinung, derart extreme Brutalität sei nur durch ebensolche Milde zu kurieren, und verurteilte den älteren der Täter zu vier Monaten Gefängnis – zur Bewährung ausgesetzt – sowie zu einer Geldstrafe von 600 Mark. Weitere hundert Mark mußte der Verurteilte seinem Opfer als Schmerzensgeld zahlen. Der 19jährige kam noch billiger weg. Ihn, der wie sein Mitschläger von Beruf Maurer und folglich recht gut bei Kasse ist, kostete der Scherz nur 500 Mark Geldstrafe und hundert Mark Schmerzensgeld.

Bei allem Respekt vor der Weisheit unserer Richter – es ist mit normalem Verstand nur schwer zu begreifen, warum in jedem zweiten und dritten Verkehrsstrafverfahren die sogenannte Abschrekkungstheorie mit harten Strafen praktiziert wird, obwohl noch niemand durch Abschreckung vor Irrtümern und Fehlreaktionen bewahrt worden ist, während die Justiz bei hemmungslosen Rowdies, wo Abschreckung sinnvoll wäre, solche abschreckenden Urteile offenbar mit Bedacht vermeidet.

Dabei kann jedermann in einschlägigen Veröffentlichungen des Statistischen Bundesamtes nachlesen, daß die Jugendkriminalität rapide zunimmt und daß die Zahl der jugendlichen Straftäter schon seit 1957 die Zahl der erwachsenen Straffälligen übersteigt. Hinzukommt, daß die jugendlichen Verurteilten überwiegend wegen Gewalttaten vor dem Richter standen, die erwachsenen Gesetzesbrecher dagegen zu einem großen Teil wegen Verkehrsstraftaten, die durchaus nicht immer Böswilligkeit oder gar Brutalität voraussetzen. (In wieviel Fällen stünden statt der Verkehrsteilnehmer besser die für den Zustand unserer Straßen Verantwortlichen vor Gericht!)

Die Ursachen dieser Entwicklung sind nicht so rätselhaft, wie es auf den ersten Blick scheinen mag, da es doch den meisten Jugendlichen nicht an materiellen Gütern mangelt, sei es nun dank dem Wohlstand der Eltern oder durch eigenen Verdienst.

Aber gerade das ist der Grund: Sie haben alles oder doch fast alles, und obendrein Langeweile samt Tatendrang und Geltungssucht. Da wird dann das Klauen und Demolieren von Autos, das Randalieren, das Anpöbeln und Verprügeln harmloser Passanten zum Freizeitsport – auch für wohlerzogene Knaben, die vormittags gesittet die Schulbank eines Gymnasiums drücken.

Wir mögen uns fragen, ob hartes Durchgreifen der Polizei und der Gerichte das einzige Mittel gegen diese sogenannte Wohlstandskriminalität der Jugendlichen ist. Aber welchen Erfolg verspricht denn das ganze Gerede über die Verantwortung der Familie, über mangelnde Nestwärme und die Gefährdung jener Kinder, die sich selbst überlassen sind, weil beide Eltern arbeiten? Ein Staat, der es ablehnen muß, in die »Familienplanung« seiner freien Bürger einzugreifen, muß sich mit den möglichen Folgen dieser Freiheit auseinandersetzen. Und wo weder Fürsorge noch Aufklärung helfen, da ist die Abschreckung von Rüpelbanden durch harte Strafen doch wohl der Gefährdung friedlicher Bürger vorzuziehen.

Der Polizei, die den »humanitären« Zug der Richter gegenüber jugendlichen Randalierern kennt, ist es denn auch kaum zu verargen, wenn sie sich gelegentlich tatenlos aus solchen Affären herauszieht.

So geschah es in Oberhausen, wo Halbwüchsige nach dem Wahlspruch »vereint sind auch die Halbstarken mächtig« den Friedensplatz im Stadtzentrum beherrschen. Sie schlugen Passanten zusammen, demolierten Autos und versperrten Gästen den Eintritt zu Lokalen. Die Besitzerin eines Hotels beschwerte sich bei der Polizei. Antwort: Da können wir auch nicht viel tun. Was getan wurde, war denn auch wenig genug: Die Polizei stellte die Personalien der randalierenden Jugendlichen fest und ließ sie dann wieder laufen.

Es wäre freilich nicht ganz gerecht, über die jugendlichen Rüpel herzuziehen und den Gerichten Härte anzuempfehlen, ohne zu erwähnen, daß auch unter Erwachsenen, die es besser wissen sollten,

neuerdings Umgangsformen zu beobachten sind, die total dem nackten Faustrecht ähneln.
Ich möchte diesen Leuten wünschen, daß es ihnen ergeht wie jenem Hamburger Kohlenhändler, der jüngst auf der Autobahn Hamburg-Lübeck, von einem anderen Autofahrer wegen grob verkehrswidrigen und gefährlichen Fahrens zur Rede gestellt, kurzerhand einen Gummiknüppel hervorzog und auf den Kritiker seiner Fahrweise einzudreschen begann. Er war an den Falschen gekommen. Der andere war kein schwächerer als Albert Westphal, ehemals Deutscher Meister im Schwergewicht der Berufsboxer. Ein rechter Haken genügte, der gummiknüppelbewehrte Kohlenhändler wachte erst Stunden später mit einem Kieferbruch im Krankenhaus auf.
Aber nicht jeder, der von Rüpeln angegriffen wird, verfügt über die trainierte »Rechte« eines Berufsboxers. Die Rechte des Bürgers jedenfalls bedeutet so lange nichts gegen das Faustrecht von Gangstern, wie unsere Richter diese hartfäustigen Burschen mit Samthandschuhen anfassen.
Auf einen groben Klotz gehört ein grober Keil!

2. März 1960

Raubrittertum auf Parkplätzen

Ernsthafte Männer in Ministerien, Parlamentsausschüssen und Rathäusern diskutieren zur Zeit die Frage, ob ein Auto aufhört, ein Kraftfahrzeug zu sein, sobald es am Abend unter einer Laterne zum Übernachten abgestellt wird.
Wer da glaubt, er könne sich über solche Haarspaltereien lustig machen, dem wird bald das Lachen vergehen. Sofern er nämlich Besitzer eines Autos, nicht aber einer Garage ist, geht es um sein Geld. Haben Sie, lieber STERN-Leser, bisher Ihren Wagen nachts auf der Straße gelassen – weil es für Ihr Auto in der Nähe kein freies Nachtasyl mehr gibt –, so werden Sie dem Staat für die Laternengarage demnächst ein Standgeld zu entrichten haben.
Damit solche Beutelschneiderei der öffentlichen Hand ihre rechtliche Begründung erhält, untersucht der Gesetzgeber schon jetzt, wieweit das abendliche Abstellen eines Wagens unter der Laterne noch einen »Gemeingebrauch« der Straße darstellt, den man niemandem verwehren kann, und wann es anfängt, eine »Sondernutzung« zu sein, für die der Staat eine besondere Gebühr erheben kann. Für die Behörde scheint die Frage schon geklärt zu sein; sie meint, die Straße sei zum Fahren da und allenfalls noch zum gelegentlichen Parken. Ein Auto aber, das man abschließt und für zehn Stunden stillegt, verwandele sich in diesem Augenblick von einem Verkehrsmittel in ein Verkehrshindernis.
Um die moralische Begründung sind die Gesetzgeber nicht verlegen: Sie wollen durch diese Vorschrift die Fahrbahn für den fließenden Verkehr frei machen – als ob das Verkehrschaos unserer Städte ausgerechnet um Mitternacht seinen Höhepunkt erreichte. Wenn es um nichts anderes ginge, dann würden einige Parkverbotsschilder in Hauptverkehrsstraßen den gleichen Zweck billiger erfüllen, und man könnte sich die Einrichtung all jener Ämter sparen, die künftig in den Städten damit beschäftigt würden, die Gebühren für Laternengaragen festzusetzen, zu kassieren und die Standplätze nächtens zu kontrollieren.
Aber das Verkehrsproblem unserer Zeit ist ein Tagesproblem. Heute besitzt jeder fünfzehnte Einwohner der Bundesrepublik einen Pkw. In Frankreich und Großbritannien fährt jeder zehnte sein Auto. Die Fachleute rechnen bei uns in den nächsten vier Jahren mit einer Ver-

doppelung des Kraftverkehrs. Es gehört keine Prophetie dazu, sich das Verkehrschaos vorzustellen, das etwa um 8 Uhr morgens, um die Mittagszeit oder zwischen 5 und 7 Uhr abends im Jahre 1964 unsere Straßen verstopfen wird.

Was aber wird dagegen getan? Man stümpert hier und bastelt da, doch für eine wirklich großzügige Straßenplanung fehlt es offenbar an Geld.
Dabei ist der Kraftfahrer es nachgerade gewöhnt, daß man ihn bei jeder Gelegenheit schröpft. In Hamburg kassierten allein die Parkuhren während der letzten drei Jahre beinahe 2 Millionen Mark. Dieser Betrag wurde zunächst dazu benutzt, neue Parkuhren (und damit weitere Einnahmequellen) zu beschaffen. Nun ist wenigstens dieses Geld ein zweckgebundener Betrag, das heißt, er muß zur Anlage und Pflege von Parkplätzen und Parkhäusern Verwendung finden. Aber wo will man Parkplätze schaffen, wenn dafür keine Grundstücke in unseren Städten vorhanden sind? Also summen sich die Beträge an – außer der Sparkasse ist niemandem damit geholfen.
Hat aber der Kraftfahrer durch seine Abgaben erst einmal zur Schaffung eines Parkplatzes beigetragen, so begegnet er dort dem Parkwächter, der ihm aufs neue in die Taschen greift. Dieses offiziell geduldete Raubrittertum auf unseren Parkplätzen wäre einer besonderen Untersuchung wert. Mit Bewachung hat das gar nichts zu tun; denn ich würde mich anheischig machen, von jedem bewachten Parkplatz einen Wagen zu entwenden, ohne den Parkwächter zu mehr als zu einem freundlichen Lächeln zu veranlassen.
Mit dem gleichen freundlichen Lächeln kassiert der Staat seit Jahr und Tag seine Kraftverkehrs- und Mineralölsteuern, ohne diese Einnahmen in voller Höhe der Verbesserung unserer Straßenverhältnisse zukommen zu lassen. Mehr als die Hälfte dessen, was wir dem Tankwart bezahlen, fließt in die Kasse des Staates, und so manches Loch im öffentlichen Etat, das mit Verkehr gar nichts zu tun hat, wird damit gestopft.
Ist also der »fließende Verkehr« eine Geldquelle, die etliche Milliarden im Jahr erbringt, so ist man nun auf den Gedanken verfallen, auch noch aus dem »ruhenden Verkehr« neue Einnahmen zu ziehen. Wie kommt schließlich auch ein Auto dazu, in der Nacht zehn Stunden auf öffentlichem Grund und Boden zu stehen, ohne einen Kolben aufs Wohl unseres Staates zu heben?
In Hamburg, in Bayern und Nordrhein-Westfalen sind die Überlegungen, mit welcher Paragraphen-Spitzfindigkeit sich diese neue Steuer rechtfertigen ließe, schon sehr weit gediehen. Da schlechte Beispiele gute Sitten verderben, werden die anderen Bundesländer wohl bald nachfolgen.
So wird denn wohl bald der Abend hereinbrechen, an dem an Stelle der vielbesungenen Lili Marlen unter der Laterne ein Beamter steht, der Ihre Autonummer kontrolliert, um festzustellen, ob Sie sich nicht gegen die Landes-Laternen-Gebühren-Verordnung vergangen haben.

9. März 1960

Die Deutschen – immer 150prozentig

Der deutsche Krampf läuft wieder einmal auf Hochtouren.
Deutsch sein heißt bekanntlich, eine Sache um ihrer selbst willen tun – und übertreiben. Wenn wir Nationalisten sind, sind wir es ganz – und ginge die Welt darüber zugrunde. Wenn wir Europäer sind, sind wir es ganz – notfalls unter Aufopferung des letzten Restes an nationalem Schamgefühl. Gewisse Deutsche im Osten sind viel bessere Kommunisten als selbst Herr Chruschtschow im

Kreml, und wir – na, die Demokraten müßten erst noch erfunden werden, die unsere demokratische Gesinnung in den Schatten stellen könnten.
Im Augenblick sind wir Anti-Antisemiten. Ich will erst gar nicht die Geschichte von dem Berliner Kraftfahrer erzählen, der eine Jüdin zur Frau hat und den der Staatsanwalt nach einem Ehekrach wegen »antisemitischer Bemerkungen« verhaften ließ. Das geschah in Berlin, welches früher zu Preußen gehörte. Da wäre es denn doch gelacht, wenn sich ein Münchner Richter von einem Berliner Staatsanwalt lumpen ließe. Und also verurteilte der Amtsgerichtsrat Dr. Benedikt Höfner den Elektriker Ferdinand Grieser, weil der am Langwieder See ein selbstgebasteltes Modell des ehemaligen Schlachtschiffes »Bismarck« vom Stapel gelassen hatte.
In dem Urteil war keine Rede davon, daß dieser Miniatur-Stapellauf etwa geeignet gewesen wäre, in unserem Volke militaristische Empfindungen wiederaufleben zu lassen. Mit solchen Vorwürfen beschäftigt sich kein deutsches Gericht, seitdem wir offiziell wieder »wehrwillig« geworden sind. Es waren nicht die Kanonen des Schlachtschiffes, an denen die Polizei vorschriftsmaßig Ärgernis genommen hatte, es war das winzige Fähnchen an dem originalgetreuen Schiffsmodell, das ein ebenso winziges und originalgetreues Hakenkreuzlein zierte.
Dem Angeklagten nützte es nichts, daß er auf die Flugzeug- und Schiffsmodelle hinwies, mit denen die amerikanische Bastelindustrie unsere Spielzeugläden überschwemmt. Auch diese Modelle verflossener deutscher Luft- und Seegeltung tragen an den dafür vorgesehenen Stellen das Hakenkreuz. »Wenn man für politische Instinktlosigkeit bestraft werden könnte«, donnerte Richter Höfner in seiner Urteilsbegründung, »dann müßte der Angeklagte eine Geldbuße bekommen, die er gar nicht mehr bezahlen könnte!«
Mir scheint, hier hat der Herr Amtsgerichtsrat ein Eigentor geschossen.
Und was der einstigen Reichshauptstadt und der ehemaligen »Hauptstadt der Bewegung« recht ist, warum sollte es der Freien und Hansestadt Hamburg nicht billig sein. Da gibt es im Stadtteil Harburg Straßen, deren Gehwege in bestimmten Abständen von gußeisernen Abdeckplatten unterbrochen werden, unter denen das Regenwasser aus den Dachrinnen der Häuser in die Gosse abgeleitet wird. Und damit kein Fußgänger auf diesen Abdeckplatten ausgleite, hat man sie mit einem erhabenen Muster versehen – mit vielen kleinen, aber ganz deutlich sichtbaren Hakenkreuzen.
Solches geschah im Jahre 1908. Kaiserliche Stiefel marschierten darüber hinweg. Was bedeutete ihren Trägern schon das Hakenkreuz? Den Gummischuhen der Weimarer Republik bot das Muster nicht minder willkommenen Schutz vorm Ausrutschen. Und auch die Harburger Kommunistenkämpfe gegen die heraufkommenden Nazis gingen an den symbolträchtigen Abdeckplatten spurlos vorüber.
Als 1933 Herr Hitler an die Macht kam und der deutsche Bierernst traurige Urständ zu feiern begann, nahm man zum erstenmal Anstoß. Es ging schließlich nicht an, daß das Zeichen der »nationalen Erhebung« weiterhin mit Füßen getreten wurde. Man nahm Anstoß, aber dann vergaß man die Geschichte wieder. Die Platten blieben liegen, und nicht einmal der Feuersturm der Bombennächte vermochte ihnen etwas anzuhaben. Bis 1945 der ganze nationale Spuk verschwand und die Engländer kamen. Die Alliierten erließen das »Gesetz über die Verwendung von Kennzeichen verbotener Organisationen«, und wieder einmal sollten die Abdeckplatten dran glauben. Aber womit sollte man 1945 die Regenrinnen abdecken, wo doch jedes Stückchen Blech teures Geld kostete? Also geriet die Sache wiederum in Vergessenheit.
In diesen Tagen aber kann der Wanderer durch Harburg vermelden, daß eifrige Straßenarbeiter dabei sind, das gußeiserne Ärgernis schnellstens zu entfernen. Wer weiß, sonst könnte noch ein Auslandsjournalist kommen und aus den Abdeckplatten gefährliche Rückschlüsse auf die Integrität unseres Staates ziehen. Woher, so frage ich mich, kommt dieser eilfertige deutsche Minderwertigkeitskomplex? Kommt er allein aus der Schuld, die wir ohne Zweifel auf uns geladen haben? Kann man denn Schuld til-

gen, indem man ihre Symbole auslöscht? Ich glaube es nicht. Mir scheint, der deutsche Krampf hat seine tiefste Ursache nicht in der Vergangenheit, sondern in der unmittelbaren Gegenwart, und zwar in der Unaufrichtigkeit unseres politischen Lebens.
Da beteuern wir als zu hundertfünfzig Prozent aufgeklärte Demokraten, die Gleichheit aller Menschen zu achten, aber tief innen steckt die Abwehr gegen alles Andersartige, gegen den Juden so gut wie gegen den Neger. Aber keiner traut sich, darüber zu reden, denn Neger sind »auch Menschen«, und Juden sind tabu.
Da verkündet unsere Regierung, sie habe der Gewaltanwendung abgeschworen und wolle die deutsche Heimat im Osten nur mit friedlichen Mitteln wiedergewinnen, aber dieselbe Regierung duldet in ihren Reihen Herrn Oberländer, der die Erschießungskommandos in Lemberg für singende Nachtigallen gehalten hat. Und sie duldet Männer auf Richterstühlen, deren Hand Todesurteile gegen Menschen unterschrieben hat, die kein größeres Verbrechen begingen, als eine Flasche Milch zu stehlen oder ein zur Vergasung bestimmtes jüdisches Kind zu verstecken.

Wir sollten einen Lumpen einen Lumpen nennen, auch wenn er Levi oder Kohn heißt. Und wir sollten für unsere Bundeswehr Ausbildungsstätten in Spanien errichten, wenn das zur Verteidigungsbereitschaft unseres Landes notwendig ist, ganz gleich, ob die britische Presse in ein Geheul ausbricht. Aber Herrn Oberländer sollten wir hinausfeuern, und die Blutrichter dazu.
Wir sollten das Gesetz unseres Handelns in uns selber finden und uns weniger um alberne Äußerlichkeiten kümmern. Wir sollten aufatmen und ehrlich sein. Sonst könnte es noch passieren, daß uns eines Tages vor uns selber übel wird.

16. März 1960

Die Raketen des Herrn Larsson

Ich glaube, Sie sind in der letzten Woche Zeuge einer Weltsensation geworden, ohne daß es Ihnen so recht zum Bewußtsein gekommen ist. Zugegeben, auch wir waren unserer Sache nicht ganz sicher, als wir die Geschichte des schwedischen Raketenkonstrukteurs und Doppel-Agenten Nils Werner Larsson zum erstenmal aus seinem eigenen Mund hörten.
Da war in unserer Berliner Redaktion ein Mann aufgetaucht, der behauptete, bis vor wenigen Tagen an verantwortlicher Stelle für den Verteidigungsrat der Warschauer-Pakt-Staaten gearbeitet zu haben. Jetzt sei er gekommen, um uns das Geheimnis der sowjetischen Raketen zu enthüllen, von denen er selber eine auf dem Versuchsgelände in der Wüste bei Krasnyj Jar südöstlich von Stalingrad habe starten sehen.
Nun muß man wissen, daß in den Redaktionen großer Zeitungen mit schöner Regelmäßigkeit Leute auftauchen, die »fliegende Untertassen« gesehen, ein »Perpetuum mobile« konstruiert oder irgendeinen anderen Stein der Weisen gefunden haben wollen. Solche Leute hört man sich höflich an, bedauert, nichts für sie tun zu können, und schickt sie nach Hause.
Der behäbige 42jährige Schwede mit dem rosigen Gesicht eines Landpfarrers, mit den zwei flinken graublauen Augen unter einer mächtigen Stirn gehörte offensichtlich nicht zu diesen »Spinnern«. Wenn er mit weit ausholender Bewegung sein eisgraues Haar zurückstrich, konnte man ihn eher für den Heldentenor einer Provinzbühne halten. Hätten Sie ihn gesehen – ich möchte wetten, es wäre Ihnen so gegangen wie mir: Ich hätte diesem gemütlichen Mann ohne Zögern meine Brieftasche zur Aufbewahrung gegeben. Dafür war die Geschichte, die Nils Werner Larsson erzählt hat, um so abenteu-

erlicher. Er hatte sich als junger Konstrukteur im schwedischen Heeres-Waffenamt 1943 vom englischen Geheimdienst anheuern lassen, um in die deutsche Raketenproduktion einzudringen. Nach Kriegsende, als Amerikaner und Russen die deutschen Raketenexperten als willkommene Beute unter sich aufteilten, hatte sich Larsson zunächst aus der Affäre gezogen, um sich erst 1952 wieder eines sowjetischen Angebots zu erinnern und nun auf eigenes Risiko, aber mit Wissen des amerikanischen Nachrichtendienstes, das Geheimnis der sowjetischen Rakete zu ergründen.
Das sei ihm gelungen, erzählte Larsson unserem Berliner Korrespondenten, und dann diktierte er eine Reihe technischer Angaben auf Tonband. Zum Beweis seiner »Echtheit« legte er seinen schwedischen Reisepaß mit Visum-Stempeln der Sowjetunion und der »DDR« auf den Tisch, zeigte die Mitgliedskarte Nr. 15/4611 der »Kammer der Technik der DDR« und zog ein Dokument aus der Tasche, das ihn als korrespondierendes Mitglied der Kommission für Wehrtechnik der Warschauer-Pakt-Staaten auswies.
Als unser wissenschaftlicher Redakteur Adalbert Bärwolf das nach Hamburg geflogene Tonband mit den Angaben Larssons über die neuen sowjetischen Raketen abhörte, sprang er plötzlich an jener Stelle des Berichts, die von der Kombination einer atomaren Brennkammer mit einem chemischen Antriebsaggregat handelt, auf und entschied: Mit dem Mann muß ich selber sprechen.
Was Adalbert Bärwolf aus Larsson in drei Wochen intensivster Arbeit an technischen Angaben und abenteuerlicher Lebensgeschichte herausholte und wie wir diese Angaben durch Recherchen und Gegenüberstellungen mit westlichen Raketenfachleuten nachprüften, das haben Sie im letzten STERN gelesen. Die entscheidenden Punkte lassen sich rasch zusammenfassen:

Die dem Westen bisher bekannten chemischen Raketen mit flüssigem und festem Treibstoff haben eine beschränkte Antriebsgeschwindigkeit. Versuche der Amerikaner, atomgetriebene Raketen zu bauen, ergaben zwar eine enorme Ausströmgeschwindigkeit, jedoch verfügten die aus der reinen Atomrakete austretenden Gase nicht über die notwendige »Masse«, um den erforderlichen Rückstoß zu erreichen. Nach Larssons Angaben ist es den Sowjets gelungen, einen Atomreaktor mit einer chemischen Brennkammer zu einer einzigen Raketenstufe zu verbinden, die im Vergleich zu den bekannten amerikanischen Raketen die doppelte Schubkraft entwickelt.
Daß die Amerikaner den Abschuß einer solchen Rakete bisher nicht feststellen konnten, erklärt Larsson damit, daß die Sowjets den aus der Rakete entströmenden Verbrennungsprodukten vorher einen chemischen Stoff zusetzen, der diese Verbrennungsgase durch Kondensationskerne bindet, so daß sie in einem Umkreis von 50 km um die Abschußstelle unmittelbar nach dem Start der Rakete zu Boden sinken und nicht als radioaktive Wolke in der Atmosphäre festgestellt werden können.
Aus diesem Grunde ziehen die Sowjets nach dem Abschuß an eine mindestens 60 km entfernte neue Stelle um, während sie das Gebiet der radioaktiv verunreinigten Abschußrampe durch aus der Wolga gepumptes Wasser entseuchten. Die Beobachtungsanlagen sind deshalb unterirdisch angelegt und hermetisch abgeschlossen.
Kaum war die letzte Nummer des STERN mit dieser Darstellung, mit einem nach Larssons Angaben gezeichneten Aufriß des sowjetischen Raketenversuchsgeländes Krasnyj Jar und mit Larssons phantastischer Lebensgeschichte erschienen, als auch schon die Fernschreiber der internationalen Nachrichtenagenturen zu spielen begannen. Am Freitag der vorvergangenen Woche stellten wir Larsson der internationalen Presse vor.
Noch in der Nacht zum Samstag schalteten sich die US-Atomraketenkommission und die amerikanische Weltraumbehörde mit offiziellen Erklärungen ein. Der Leiter der Raketenabteilung der US-Atomenergiekommission, Oberstleutnant H. R. Schmidt, bezeichnete Larssons Angaben als »deprimierend, aber nicht unglaubwürdig«. Aus Stockholm und Oslo meldeten die Nachrich-

tenagenturen Einzelheiten aus Larssons Leben, die seine Geschichte bestätigten. Der norwegische Oberst Christie, seinerzeit Verbindungsoffizier im Stabe General Eisenhowers, gab an, er sei es gewesen, der Larsson mit dem englischen Geheimdienst in Verbindung gebracht habe. Die schwedische Polizei verweigerte jede Auskunft, weil der Fall Larsson »der Geheimhaltung unterliege«. Schließlich erschienen am Montag der vergangenen Woche zwei Beamte des amerikanischen »Technical Intelligence«, die den Schweden abholten.
Ich bin in all diesen Tagen und Nächten kaum vom Fernschreiber weggekommen, aber ich muß gestehen, daß auch für meinen Kollegen Bärwolf und mich eine Frage bis heute ungeklärt blieb:
Was hat den Mann bewogen, uns diese Geschichte zu erzählen? Ist er, wie er selber angibt, ein »westlicher Klaus Fuchs«, der für den Ausgleich zwischen Ost und West sorgen will, indem er die Geheimnisse der im Raketenbau führenden Sowjets preisgibt? Ist er ein östlicher Agent, der vom Kreml geschickt wurde, um uns Angst zu machen? Aber schließlich wissen wir ja, daß »Lunik« auf dem Mond gelandet ist und daß die letzte Rakete den Pazifik erreichte. Kann es uns erschrecken, wenn wir nun erfahren, mit welchen Mitteln das geschah?
Oder ist dieser Larsson mit dem Gehabe eines Heldentenors doch nur ein genialer Schwindler, dem selbst die Experten bisher nicht auf die Schliche gekommen sind?
Ich weiß es noch nicht.
Aber ich meine, Sie hätten ein Anrecht, diese aufregende Geschichte mitzuerleben.

23. März 1960

Kain, wo ist dein Bruder Abel?

In dieser Woche, da die Plakate der Reisebüros uns wieder einmal den »Sizilianischen Frühling« verheißen, beginnt der STERN mit einer Reportage, die jener plakatierten Verlogenheit mitten ins Gesicht schlägt. Unsere Reporter Gordian Troeller und Marie-Claude Deffarge haben hinter der Illusion für sonnenhungrige Touristen die nackte Wahrheit des sizilianischen Alltags aufgedeckt.
Ich bin sicher, daß von dieser erschrekkenden Reportage eine tiefe menschliche Erschütterung ausgehen wird. Und ich hoffe nur, daß ihr eine ebenso tiefe politische Erschütterung folgen möge.
Da reden wir immer von der Hilfe für die »Entwicklungsländer« und denken dabei an die Not in Indien oder im dunkelsten Afrika. Aber hier in Sizilien, unmittelbar vor unserer Tür, vegetieren Menschen in einem Elend, wie es entsetzlicher kaum vorzustellen ist. Da werden minderjährige Mädchen zu Huren erzogen und kleine Jungen zu Bettlern und Taschendieben, denn wovon soll man sonst leben? Da schlafen Brüder mit ihren Schwestern, denn wie sollte es anders sein, wenn sieben Familienmitglieder sich in ein einziges Bett teilen müssen? Da sammeln Unternehmer die Arbeitskarten ganzer Dörfer ein, um die staatliche Subvention in ihre Taschen zu stecken – dafür dürfen dann die fiktiven Arbeiter ein Jahr lang von nichts und sechs Monate von der Arbeitslosenunterstützung leben. Familien mit neun Kindern von 110 Mark im Monat!
Und dies geschieht in einem Land, das sich die Wiege Europas nennt! In einem Staat, der christlich-demokratisch regiert wird und zur NATO gehört! Unter den Augen einer Kirche, die gerade hier ihren verschwenderischen Pomp entfaltet! Man möge mich einen Kommunisten oder einen Feind des Christentums nennen – ich bin weder das eine noch das andere –, aber wenn dies die Freiheit wäre, für die der Westen kämpft, dann hätten wir den Kampf schon verloren. Und

wenn solches die Liebe zu den Menschen zuließe, die Christus auch seiner Kirche anbefohlen hat, dann wäre dieses Kirchenchristentum nichts als eine abscheuliche Heuchelei.
Die Verantwortlichen sollen mir nicht mit dem Einwand kommen, unsere Reporter hätten bedauerliche Einzelfälle verallgemeinert. Wir werden in dieser Reportage den Nachweis erbringen, daß nur das Elend wahrhaft allgemein ist in Sizilien. Wir werden die Zahlen der Arbeitslosen nennen und die Hungerlöhne der Arbeitenden. Wir werden den Prozentsatz der Tuberkulösen ebensowenig verschweigen wie die korrupten Methoden, mit denen »demokratische« Politiker ihre Wahl manipulieren. Wir werden zeigen, daß dieses herrliche sonnige Land ein einziger Schandfleck ist für das westliche Europa.
Wir tun es nicht, um den Glauben an das Christentum und an die Freiheit zu untergraben, sondern im Gegenteil, um die Verantwortung des christlichen Abendlandes wachzurufen. Es genügt nicht, daß wir in Freiheit Geld verdienen und unseren Urlaub planen, und es genügt nicht, daß wir das Christentum bei jeder Gelegenheit im Munde führen. Hier und heute wird Europa beweisen müssen, daß es der Freiheit würdig ist. Hier und heute wird man auch das Christentum an seinen Früchten erkennen und nicht an den frommen Redensarten seiner kirchlichen Würdenträger.

Dieses Heft enthält noch einen weiteren Bericht, der an die tiefsten Fragen menschlicher Verantwortung rührt.
Seitdem die erste Atombombe auf Hiroshima fiel und 240 000 Tote zurückließ, ist unendlich viel über diese von Menschen bewußt ausgelöste Katastrophe geschrieben worden. Präsident Truman, der den Befehl zum Abwurf der Bombe gab, hat zu seiner Rechtfertigung darauf hingewiesen, daß eine Weiterführung des Krieges ohne Atombombe mindestens eine halbe Million Menschen – amerikanische Soldaten und japanische Soldaten und Zivilpersonen – das Leben gekostet hätte. Eine Rechnung, die für Politiker und Generäle aufgehen mag.
Wie aber sind die Flieger von Hiroshima, zwölf junge amerikanische Männer, und wie sind ihre Kameraden, die drei Tage später eine zweite Bombe nach Nagasaki flogen und dort weitere 73 000 Menschen töteten, mit ihrem Gewissen fertig geworden? Sie sind die einzigen, die etwas über die seelische Belastung aussagen können, die ein Mensch empfindet, wenn er Werkzeug einer kaltblütigen, unterschiedslosen und im Grunde unsoldatischen Massenvernichtung durch die schrecklichste Waffe des modernen Krieges wird.
Es sind jetzt genau zehn Jahre her, daß ich bei einer Reise durch die Vereinigten Staaten versuchte, die Spuren der Flieger von Hiroshima wiederaufzufinden. Ein Wall des Schweigens machte diesen Versuch zunichte. Als Hans Herlin seinen Bericht »Verdammter Atlantik« beendet hatte, in dem er das Schicksal der deutschen U-Boot-Besatzungen schilderte, fuhr er nach drüben, weil die Nachricht gekommen war, daß der ehemalige Major Claude Robert Eatherly in eine Nervenheilanstalt eingeliefert worden sei. Dieser Mann, von dem es hieß, er habe bei sinnlosen Überfällen den Tod durch eine Polizistenkugel gesucht, war der Pilot der Pfadfinder-Maschine gewesen, die den beiden Bombern den Weg nach Hiroshima und Nagasaki gewiesen hatte.
Hans Herlin schreibt nun in seinem Bericht »Kain, wo ist dein Bruder Abel?« die Lebensgeschichte dieses Mannes, dessen Name noch immer von allen offiziellen Stellen mit abweisendem Schweigen umgeben wird. Er sprach mit den Besatzungsmitgliedern der Atombomber, mit jenen, die ins Zivilleben zurückgekehrt sind, und anderen, die heute noch mit tausendfach unheilvolleren Bomben an Bord über den Himmel Amerikas fliegen. Er sprach mit dem Pfarrer, der vor dem Flug die Männer und ihre Bomben gesegnet hatte und der selber ein Gebet für die dritte Bombe vorbereitet hatte, obwohl es sie gar nicht gab. Er sprach mit jenen, die nicht wußten, was sie taten, und jenen, die die Befehle gaben und sehr gut wußten, was geschehen würde.
Es ist die Geschichte davon, was uns alle hätte treffen können – oder noch treffen kann. Wenn wir uns nicht rechtzeitig besinnen.

Alt heißt nicht schon altes Eisen

Dieser Tage schrieb mir ein Mann, er sei durch die Entscheidung einer Behörde zum Tode verurteilt. Zum Tod durch Nichtstun, oder zum »Pensionierungstod«, wie ihn der Hamburger Universitätsprofessor Jores nennt.

Dieser Mann, der mir sein Leid klagte, spricht neun Sprachen. Er hatte sich vor einiger Zeit beim Bundesverteidigungsministerium um einen geeigneten Arbeitsplatz beworben. Als nun die Bundeswehr für die Piloten der Luftwaffe Sprachlehrer suchte, weil die Verkehrssprache im Funkverkehr der Flieger ja Englisch ist, zog man in Bonn aus der Kartei der Bewerber auch den Namen dieses Mannes. Er wurde aufgefordert, sich in Uetersen, einer kleinen Stadt in Schleswig-Holstein, vorzustellen und sich dort vom Leiter der Sprachlehrgänge prüfen zu lassen. In der Klausur einer stillen Kasernenstube mußte der Bewerber eine Arbeit in englischer Sprache schreiben. Dann unterhielt sich der Schulleiter mit ihm noch einige Zeit in Englisch. Fast war die Anstellung perfekt, als in diesem Gespräch der Mann noch nach seinem Alter gefragt wurde. Nun kam es heraus: über 65.

Der Prüfer sagte zu dem Mann: »Für eine Lehrtätigkeit sind Sie zu alt. Als Sie sich bei mir vorstellten, nahm ich an, Sie seien höchstens Ende Fünfzig. Sie hätten nach meiner Überzeugung Ihren Aufgaben hier in jeder Weise gerecht werden können, denn Sie besitzen glänzende Sprachkenntnisse. Aber unsere Vorschriften, leider . . .«

Nun hätte man sich ja schon im Bonner Verteidigungsministerium an diese Vorschriften erinnern können, als man die Karte des Bewerbers mit seinem Geburtsdatum aus dem Kasten nahm. Aber durch diesen Fehler wird wenigstens bekannt, daß es diese Vorschriften in der staatlichen Verwaltung überhaupt gibt.

Die Verwaltung gleicht damit einem Arzt, der für sich selber ein Heilmittel als gesundheitsschädlich ablehnt, das er sonst seinen Patienten zu verordnen pflegt. Ich erinnere mich an einige Aufrufe von Ministern, in denen die Wirtschaft ermahnt wurde, auch älteren Menschen eine Chance und einen Arbeitsplatz zu geben. Wie aber kann man von anderen verlangen, was man selber zu tun unterläßt.

Dazu kommt, daß der Staat sich in diesem Fall auch noch als schlechter Rechner entpuppt. Er hätte mit dem Bewerber einen Vertrag abschließen können, der ihm keine ungewöhnlichen Verpflichtungen auferlegt hätte. Nun wird er künftig nicht nur den Sprachlehrer bezahlen, der dann die Stelle bekam, sondern über kurz oder lang auch noch den Abgewiesenen; irgendeine Fürsorgekasse wird dem Mann mit den neun Sprachen das sogenannte Existenzminimum gewähren müssen – ohne jede Gegenleistung.

Diesen Luxus können wir uns trotz unseres vielzitierten Reichtums nicht leisten, und wir sollten es schon deshalb nicht, weil wir damit etliche hunderttausend Menschen unglücklich machen; nicht nur die Arbeitslosen, sondern ebenso die vom Gesetz zwangsweise in Pension Geschickten: Arbeiter, Angestellte, Beamte. Sie müssen sich unnütz und ausgestoßen vorkommen, selbst wenn sie keine Not zu leiden brauchen. Wer als älterer Mensch keine Aufgabe mehr hat, dem droht jener »Pensionierungstod«, über den Professor Jores gründliche Untersuchungen angestellt hat. Er droht vor allem dann, wenn jemand von einem Tag zum anderen in das Nichtstun entlassen wird. Der Kieler Professor Horstmann meint: „Wer lange gesund leben will, muß im Trab bleiben.« Aber der einzig mögliche Trab ist für viele Ältere der Gang zum Rentenschalter oder zum Fürsorgeamt. Dabei hat eine Rundfrage des Emnid-Instituts in der Bundesrepublik ergeben, daß die Hälfte aller Männer über 65 gern weiterarbeiten möchte.

Nichts liegt mir ferner, als zu verlangen, daß künftig schematisch die Grenze für das Ruhegeld des Alters um ein paar Jahre nach oben verschoben wird. Schließlich zahlen viele Millionen Menschen ih-

re Beiträge zu den Sozialversicherungen seit Jahr und Tag nach Berechnungen, die ihnen spätestens mit ihrem 65. Geburtstag auch die erste Rente sichern sollen. Wer sich aber noch jung genug fühlt zu arbeiten, dem sollte man diese Chance geben – und erst recht demjenigen, der diese Grenze noch nicht einmal erreicht hat. Daß Plätze genug für alle vorhanden sind, beweisen in unseren Tageszeitungen die vielen Seiten mit Stellenangeboten. Unsere Gesellschaft macht ein schlechtes Geschäft, wenn sie Zehntausende Mark in die Ausbildung etwa eines Chemikers investiert – nämlich von der ersten Schulbank bis zum Ende seines Studiums im dreißigsten Lebensjahr –, um ihn nach 35 Jahren Arbeit zur Zwangsruhe auf eine Parkbank zu setzen.
Den Ausfall, den unsere Volkswirtschaft durch die brachliegende Arbeitskraft älterer Menschen jedes Jahr erleidet, schätzen Sachverständige auf über hundert Millionen Mark. Wie man ihn vermindern könnte, zeigt neuerdings ein Plan der württembergischen Hotels und Gaststätten, die Rentner und Frühinvaliden für leichtere Arbeit einstellen möchten – der Not und nicht dem eigenen Trieb gehorchend, weil der Personalmangel chronisch geworden ist. Diese Reserve an Arbeitskräften ist sogar größer, als aus unseren Statistiken hervorgeht. Nicht nur, daß die älteren Jahrgänge mehr als 50 % der Arbeitslosen stellen. Man vermindert ihre Zahl noch künstlich dadurch, daß man 60jährige Arbeitslose vorzeitig in den Rentnerstand versetzt, wenn sie längere Zeit keine Anstellung gefunden haben.
So gern viele von ihnen arbeiten möchten, so fürchten sie doch, daß sie um die Früchte dieser Arbeit betrogen werden, denn sie können dadurch einen Teil ihrer Pensionen und Unterstützungen verlieren. Also müßten etliche Gesetze und Verordnungen geändert werden. Dazu braucht der Apparat unseres Staates bekanntlich immer sehr viel Zeit. »Bei der nächsten Rentenreform wollen wir daran denken«, sagt man an zuständiger Stelle. Vielleicht ist es zweckmäßig, bei dieser Gelegenheit alle, die es angeht (so auch das Verteidigungsministerium), an folgendes zu erinnern: Bundeskanzler Adenauer steht im neunten Jahrzehnt seines Lebens. Nach Gesetz und Brauch wäre er seit 20 Jahren pensioniert.

20. April 1960

Elefant in der Moskauer Botschaft

Der Journalist ist auch im Urlaub nicht davon entbunden, seine Augen und Ohren offen und die Schreibmaschine »im Anschlag« zu halten. Um so mehr, wenn es gilt, ein paar bundesdeutsche Elefanten abzuschießen, die unversehens in den Porzellanladen der Weltpolitik geraten sind.
Der erste Elefant heißt Heinrich Schneider. Er ist stellvertretender Bundesvorsitzender der FDP, außerdem führt er die Demokratische Partei an der Saar. Nach einer Rede, die er vor kurzem auf dem Parteitag der Freien Demokraten in Aachen gehalten hat, wird man ihn schon einen »Führer« nennen dürfen, ohne mit dem Beleidigungsparagraphen des Strafgesetzbuches in Konflikt zu kommen. Und was ein rechter Führer ist, der braucht natürlich auch Geführte, er braucht ein Volk, er braucht ein Reich. Also verkündete Herr Schneider: »Wir müssen den absoluten Willen haben, eine Massenpartei zu werden!«
Nun wird man es dem freidemokratischen Schneider von Saarbrücken nicht übelnehmen dürfen, daß ihm der Zug des deutschen Wählers zum Zweiparteiensystem, also zu einer Entscheidung zwischen CDU und SPD, nicht sonderlich behagt. Was aber will er anstellen,

damit seine FDP sich von einer achtbaren Partei liberaler Individualisten zu einer politischen Massenbewegung mausert?
Hören wir ihn selbst:
»Der Politiker der Gegenwart wird geboren durch den Erfolg, und dieser Erfolg heißt: Anhänger gewinnen! Wir müssen eine Sprache finden, daß die Masse mit uns mitgeht. Deshalb müssen auch die nationalen deutschen Interessen stärker in den Vordergrund unserer Politik gerückt werden. Was uns gehört, können wir nicht aufgeben. Dazu gehört auch das uns völkerrechtlich wirksam zurückgegebene Sudetengebiet. Der Anschluß des Sudetenlandes im Jahre 1938 hat dieselbe rechtliche Wirksamkeit wie das zwischen dem ›Dritten Reich‹ und dem Vatikan abgeschlossene Konkordat!«
Also sprach Heinrich Schneider.
Wohlgemerkt, das sind nicht die Worte eines Mannes, der im Sudetenland geboren wurde, der seine Jungenjahre in den grünen Tälern zwischen Eger und Leitmeritz verlebte, der dort zur Schule ging, dessen Kinder in dieser stets gefährdeten deutschen Diaspora aufwuchsen, bis ihr Land schließlich – Nationalsozialismus hin, Nationalsozialismus her – in das große Vaterland heimkehren durfte. Hier spricht nicht der Mann, der schließlich bei Nacht und Nebel mit den Seinen flüchten mußte und der es nun nicht verwinden kann, daß seine alte Heimat nicht mehr zu Deutschland gehören soll. Nein, dies ist nichts als kalte Berechnung eines Parteistrategen, der mit der nationalen Trommel zu seinem persönlichen Erfolg kommen, der die Heimatsehnsucht der Vertriebenen in die Kassen seiner Partei sammeln will und der an Stelle der Vernunft die Masseninstinkte anspricht.
Ich möchte nicht mißverstanden sein; auch ich halte das Recht des Menschen auf seine Heimat für unabdingbar. Allerdings hat bis heute niemand die Frage gestellt, wie viele Vertriebene wirklich zurückkehren würden, wenn Polen und die Tschechoslowakei ihre Grenzen öffnen und die aus diesen Gebieten stammenden Deutschen als gleichberechtigte Mitbürger aufnehmen würden.
Denn mehr ist auf absehbare Zeit nicht zu erhoffen, mag auch die friedliche Rückführung jener Gebiete, die 1937 innerhalb unserer Grenzen lagen, in ein wiedervereinigtes deutsches Staatsgebiet das Endziel aller deutschen Außenpolitik bleiben. Politik aber ist die Kunst des Möglichen, und sie bedarf sorgsamster Handhabung. Wohin uns die politische Kraftmeierei gebracht hat, das sollten gerade die Heimatvertriebenen nun zur Genüge erfahren haben.
Wer sich jedoch heute als deutscher Politiker ausdrücklich auf die Rechtsgültigkeit von Verträgen beruft, die Hitler einer verängstigten Welt durch Waffendrohung aufgezwungen hat, und wer dies aus dem eingestandenen Grunde tut, Anhänger für eine Massenpartei zu gewinnen, der darf sich nicht wundern, wenn das Mißtrauen gegen Deutschland selbst bei unseren Freunden wächst. Hat nicht kürzlich erst der britische Premierminister in Washington gesagt, er traue zwar Adenauer, aber habe Sorge vor dem, was nach ihm käme?
Wir mögen über solche Sorgen lächeln, aber wir müssen mit ihnen rechnen. Vor uns liegt die Gipfelkonferenz, auf der das Schicksal Berlins und damit Deutschlands zur Debatte steht. Nie war das politische Porzellan so zerbrechlich, so kostbar. Hüten wir uns vor den Elefanten!
Der zweite Elefant sitzt in der Konsularabteilung der Moskauer bundesdeutschen Botschaft. Wie er heißt, weiß ich nicht, aber offensichtlich deckt ihn Botschafter Dr. Kroll mit seinem breiten Rücken. Lassen Sie mich kurz erzählen, was geschah:
Als Konrad Adenauer 1955 nach Moskau reiste, handelte er bekanntlich für die Aufnahme diplomatischer Beziehungen zwischen Deutschland und der Sowjetunion die Rückkehr der deutschen Kriegsgefangenen und die Repatriierung der noch in der UdSSR zurückgehaltenen deutschen Staatsbürger ein. Diese Rückführung wird seitdem in aller Stille und von beiden Seiten korrekt durchgeführt. Das Abkommen ist in der Sowjetunion veröffentlicht worden, und wer als deutscher Staatsangehöriger in die Bundesrepublik zurückkehren will, meldet sich bei der bundesdeutschen Botschaft in Moskau. Wenn der Antragsteller Urkunden beibringen kann, die ihn als deutschen Staatsbürger auswei-

sen, dann steht seiner Rückkehr nichts im Wege.
Am 12. Juni 1959 schrieb der im Wolgagebiet geborene volksdeutsche Sowjetbürger Johann Hoppe an die Botschaft, er habe während des Krieges die deutschen Staatsbürgerrechte erworben und möchte nun in die Bundesrepublik übersiedeln. Er selbst besitze zwar keine Urkunde mehr, aber vielleicht könne seine in Westdeutschland lebende Schwester noch Unterlagen auftreiben.
Die »Unterlagen« gingen nach Moskau und wurden von der deutschen Botschaft säuberlich verpackt an Herrn Johann Hoppe geschickt. Als er das Päckchen empfing – es war beschädigt, und Johann Hoppe mußte es unter Zeugen auf seinem Postamt öffnen: Was fiel heraus? Die »Medaille für den Winterfeldzug im Osten 1941/42«.

Jawohl, der von den Sowjets zu den deutschen Linien einst übergelaufene Johann Hoppe war auf diese originelle Weise nun doch noch zu seinem »Gefrierfleischorden« gekommen. Mit freundlicher Hilfe der Botschaft der Bundesrepublik Deutschland in Moskau. Und damit für die Umstehenden auch ja kein Zweifel bestehen konnte, wer dieser zwar von deutschen Eltern stammende, doch in Rußland geborene und aufgewachsene Johann Hoppe sei, lag gleich die Verleihungsurkunde dabei, mit dem Hakenkreuz gestempelt und gesiegelt und vom »Führer und Reichskanzler« unterschrieben. Der ehemalige Sowjetsoldat Hoppe hatte mit der deutschen Wehrmacht gegen die »bolschewistischen Untermenschen« gekämpft und war nach deutschem Recht deutscher Staatsangehöriger geworden.
Daß der stellvertretende sowjetische Außenminister Puschkin in einer Protestnote den Vorfall so interpretierte, als wolle die deutsche Botschaft damit die Hitler-Politik fortsetzen, das mag uns kaltlassen. Aber was wird mit Johann Hoppe geschehen?

Botschafter Kroll hat inzwischen erklärt, daß leider alle Urkunden aus der Nazizeit das Hakenkreuz als »Hoheitsabzeichen« trügen. Man habe dem Hoppe »diese Gegenstände nicht übersandt, damit er sich damit brüsten könne, sondern nur um ihm ein Beweismittel an die Hand zu geben, daß er nach deutschem Recht die deutsche Staatsbürgerschaft erworben habe«.
Aber mußte es ausgerechnet ein Orden sein, der dem armen Hoppe bestätigte, daß er gegen den Staat gekämpft hat, in dem er geboren wurde und von dem er nun seine Rückführung nach Deutschland erwartet? Gibt es in der Bundesrepublik keine Behörde, die eine andere Urkunde ausstellen konnte?
Mir scheint, für Botschafter Kroll ist der »Elefantenorden 1. Klasse« fällig.
Zum Halse heraus zu tragen.

22. Juni 1960

Eichmann und ein Ende

Zumindest in einem Punkt gerät der Staat Israel jetzt in die Gefahr, das Erbe der Nazis anzutreten: Die Methode, mit der israelische Geheimagenten am 11. Mai in Buenos Aires den Mordbeamten außer Dienst Adolf Eichmann fingen, gleicht aufs Haar der Entführung des Journalisten Berthold Jakob, den zwei Gestapospitzel im März 1935 auf Schweizer Gebiet überwältigten und betäubt in einem Taxi über die deutsche Grenze brachten. Nun besteht freilich zwischen Berthold Jakob und Adolf Eichmann ein wesentlicher Unterschied. Der eine, ein deutscher Jude, hatte als Journalist das Geheimnis der nationalistischen Fememorde aufgedeckt. Er war 1935 ins Ausland entkommen, und der um seinen Ruf und um die Vertragswürdigkeit seines Re-

gimes besorgte Hitler wollte diesen unbequemen Zeugen sobald wie möglich mundtot machen. Der andere aber, ein Buchhalter des Todes, der Millionen von Juden für die Vernichtung in den Gaskammern von Auschwitz, Maidanek und Belsen »erfaßt« hat, soll noch ausführlich reden, bevor er den tausendfach verdienten Tod erleidet.
Hätten ihn die Juden (so, wie es in den Zeitungen stand) seit vielen Jahren um den halben Erdteil verfolgt, und hätte ein israelischer Kommandotrupp ihn auf offener Straße erschossen – niemand hätte den Rächern sein Verständnis versagt. Nun aber zeigt sich die Weltmeinung besorgt: Israel habe durch die gewaltsame Entführung Eichmanns die Souveränität eines Mitglieds der UNO-Familie mißachtet.
Ist es nur darum, daß amerikanische und englische Zeitungen den israelischen Staat des Völkerrechtsbruches bezichtigen und Eichmanns Auslieferung an die Bundesrepublik verlangen?
Ich meine, wenn je ein Volk das Recht hatte – das moralische Recht –, sich über völkerrechtliche und formaljuristische Bedenken hinwegzusetzen, um seinen Mörder zur Strecke zu bringen, dann haben es doch wohl die Juden. Millionen von ihnen sind durch Eichmanns Listen in den Tod gegangen. Sollten die Überlebenden sich darauf verlassen, daß Argentinien diesen Mann auslieferte, nachdem die argentinische Regierung sich bisher in ähnlichen Fällen darauf hinausredete, daß »politische Vergehen« nicht unter die Auslieferungsbestimmungen fielen? Sollten die Israelis in Kauf nehmen, daß Eichmann während eines zeitraubenden Auslieferungsverfahrens erneut untertauchte und verschwand?
Nein, wenn Israel das Völkerrecht nur gebrochen hätte, weil es keinen anderen Weg gab, um einen Verbrecher seinen gerechten Richtern zu überantworten, dann würde wohl kein Hahn nach diesem Völkerrechtsbruch krähen. Wenn es aber andererseits den Israelis auf nichts anderes ankäme, als daß Adolf Eichmann seine Taten sühnt, dann könnten sie ihn ebensogut einem internationalen Gerichtshof überstellen.
Nun wäre ein ordentlicher Prozeß nicht denkbar, ohne daß der Angeklagte selber zu Wort kommt. Und da es aus mannigfachen Gründen kaum einem der Beteiligten gleichgültig sein dürfte, was die Aussage des Angeklagten Adolf Eichmann ans Licht bringt, liegt der Fall viel komplizierter:
Was und vor welchem Gericht auch immer Eichmann aussagt – die deutsche Schuld an dem grausamsten und perfektesten Völkermord der Geschichte wird noch einmal in aller Breite aufgerollt werden. Daran könnte Israel gerade zum gegenwärtigen Zeitpunkt interessiert sein, weil eine solche Demonstration die Bundesrepublik moralisch verpflichten müßte, die demnächst auslaufenden Wiedergutmachungsleistungen an Israel fortzusetzen. Hat man etwa aus derartigen Erwägungen Eichmann erst jetzt gefaßt, obwohl man ihn längst hätte finden können, wenn man nur gewollt hätte?
Wenn Eichmann frei sprechen kann, wird er aber auch erzählen, daß die vorgenannte »Lösung der Judenfrage« zunächst eine Auswanderung der Juden aus Deutschland vorsah. Diese Auswanderung scheiterte, weil sämtliche europäischen und außereuropäischen Länder ihre Grenzen gegenüber den Juden sperrten. Man verlangte von den Einwanderern »Vorzeigegelder«, um sicherzugehen, daß sie ihren Gastländern nicht zur Last fielen. Und als ein Teil des den Juden geraubten Vermögens vom SD bereitgestellt wurde, um diese »Vorzeigegelder« aufzubringen, da waren weder die Amerikaner noch die palästinensische Schutzmacht England bereit, ihre Einwanderungsquoten zu erhöhen. Und das, obwohl Hitler längst angekündigt hatte, er würde »die Judenfrage *so oder so* lösen«.
Man möge mich nicht mißverstehen: Die Juden sind in deutschen Vernichtungslagern gestorben, nicht in englischen oder amerikanischen!
Wenn Eichmann frei sprechen kann, wird er auch von jenem teuflischen Geschäft berichten, das er auf Himmlers Befehl im Kriegssommer 1944 den Alliierten vorschlug: »Ich verkaufe ihnen eine Million Juden gegen 10 000 Lastkraftwagen, tausend Tonnen Kaffee und etwas Seife.« Man lehnte das makabre Angebot ab, obwohl man wußte, daß nun auch für diese Million Juden der Weg in

die Gaskammern von Auschwitz führte. Es ist begreiflich, daß weder Engländern noch Amerikanern an solchen Erörterungen gelegen ist. Israel würde gewiß nicht zögern, die Westmächte damit zu seinen moralischen Schuldnern zu machen, und selbst vor einem internationalen Gerichtshof wäre die Peinlichkeit dieser Diskussion kaum zu umgehen. Allein ein deutsches Gericht ließe bei der schuldbewußten Befangenheit der Deutschen erwarten, daß sich das Verfahren auf die unmittelbare Verantwortung Eichmanns und seiner Auftraggeber beschränkte.
Schon aber erwächst ein anderer Verdacht aus dem Anspruch der israelischen Regierung, den Fall Eichmann als Untersuchungsführer, Ankläger und Richter in eigener Regie durchzuführen:
Eichmann und sein kleiner Stab hätten ohne jüdische Mithelfer die »der Endlösung zugeführten« Millionen von Juden gar nicht »erfassen« können. Und es seien prominente Vorkämpfer des Judenstaates gewesen, die Hunderttausende europäischer »Assimilationsjuden« auslieferten, um dafür Zehntausende von jungen jüdischen Männern und Mädchen für den Aufbau Israels »freizukaufen«.
Ich meine, wenn je die Wahrheit zutage kommen soll, dann darf es nur die ganze Wahrheit sein. Nichts Ärgeres könnte dem israelischen Staat geschehen, als daß er nach der gewaltsamen Entführung Eichmanns noch in einem zweiten Punkt das Erbe der Nazis anträte: Der Prozeß gegen Adolf Eichmann darf keine Parallele zum Prozeß gegen den Reichstagsbrandstifter van der Lubbe werden.
Eichmann kann selbst im fairsten Prozeß nur mit der Todesstrafe rechnen. Aber sein Urteil sollte von einem unabhängigen und über jeden Zweifel erhabenen Gericht gefällt werden. Es darf unter keinen Umständen später einmal eine »Eichmann-Legende« geben.

29. Juni 1960

Pleite mit Seebohms Tempo-Test

Mit der höheren Mathematik hat es bei mir schon von jeher gehapert. Wurzeln ziehen, Logarithmentafeln handhaben und arithmetische Reihen aufstellen – das blieb mir immer ein Buch mit sieben Siegeln.
Aber das kleine Einmaleins und ein bißchen logisches Denken habe ich mir aus der Schulzeit bewahrt. Und deshalb hätte ich Herrn Doktor Seebohm – der ein Verkehrsminister ist und ein gelernter Bergassessor dazu – leicht vorrechnen können, daß sein Experiment der Geschwindigkeitsbeschränkung ein böses Fiasko ergeben müßte.
Wenn man nämlich die simple Wahrheit bedenkt, daß ein Auto auf der Fahrt etwa von München nach Hamburg bei einer Geschwindigkeit von 60 Stundenkilometern genau doppelt so lange unterwegs ist, als wenn es mit 120 Stundenkilometern führe, dann weiß man auch, daß sich bei Halbierung der Geschwindigkeit zu jeder Tages- und Nachtstunde die doppelte Anzahl von Fahrzeugen auf den Straßen bewegt. Denn es wird ja die Strecke, die sich ein Autofahrer vorgenommen hat, nicht verkürzt. Hätte Herr Doktor Seebohm logisch gedacht und das kleine Einmaleins angewandt, dann müßte er nicht nur die Geschwindigkeit beschränkt, sondern auch jedem Autofahrer verboten haben, mehr als fünfzig Kilometer am Tage zu fahren.
Aber was theoretisieren wir, wo wir doch jetzt die praktische Erfahrung haben. Als das Pfingstexperiment vorüber war, manipulierte man in den ersten Meldungen mit 42 Toten, gegenüber 102 Toten des Vorjahres. Das schien den Beschränkern recht zu geben, zumal die Autos

sich inzwischen vermehrt hatten und die Polizei einen »Verkehr wie noch nie« meldete.
Eine Woche später las man's schon anders. Da hatte sich nämlich herausgestellt, daß es doch an hundert Verkehrsopfer gewesen waren und daß die Anzahl der Karambolagen ohne tödlichen Ausgang sich kaum feststellen ließ. Und das, obwohl jeder Kraftfahrer seit Wochen unter dem psychologischen Eindruck der Ankündigungen, der Warnungen durch Presse und Rundfunk gestanden hatte, und obwohl es ein »Polizeiaufgebot wie noch nie« gab.
Leute, die von dem menschlichen Verhalten unter solchen Bedingungen etwas verstehen – sogar die in Deutschland so sehr angesehenen Professoren der Psychologie –, warnten: Schon die 50-km-Beschränkung in den Städten bewirkte nur anfangs ein Absinken der Unfallzahlen. Als sich die Autofahrer aber daran gewöhnt hatten und als jeder unerfahrene Fahrer glaubte, er könne die 50 km nun auch an jeder Straßenecke ausnutzen, da stiegen die Zahlen wieder an. Was aber sollte erst werden, wenn auch auf den Landstraßen und Autobahnen jeder Fahrer mit einem Auge in die Ferne schweifen und mit dem anderen am Tacho kleben müßte? Wenn die unablässige Beachtung der Kilometergrenze und die Zähflüssigkeit des Verkehrs den Mann am Steuer auf langen Strecken frühzeitig ermüden würden?

Die Warnungen der Fachleute, denen sich auch der hessische Verkehrsminister Franke anschloß, verhallten ungehört. An dem langen Wochenende von Fronleichnam über den 17. Juni und den darauf folgenden Sonntag startete man ein neues Experiment.
Wieder hatten die Zeitungen, die Spruchbänder der Verkehrswacht, die Lautsprecherwagen der Polizei, der Pfarrer auf der Kanzel und der Schallplatten-Jockey im Rundfunk das Gemüt der Kraftfahrer tagelang bearbeitet. Es regnete nicht, die Straßen waren griffig und rutschfest, über den Autobahnen kreisten Hubschrauber der Bundeswehr, und alle paar Kilometer hatte das Rote Kreuz eine Station für Erste Hilfe eingerichtet. Und dennoch zählte eine unvollständige Statistik am Montagmorgen 91 Tote und mehr als 2000 Verletzte.
Hatten etwa die Kraftfahrer das Geschwindigkeitsverbot nicht beachtet? O nein, selbst die Polizei bestätigte, daß sie nur einen verschwindend kleinen Prozentsatz an Sündern festgestellt hatte.
Dafür fanden die Bonner Experten denn auch rasch einen neuen Sündenbock. Da es nicht die Schnellfahrer gewesen sein konnten, die an den kilometerlangen Staus auf den Autobahnen und an der rettungslosen Verstopfung vieler Zufahrtsstraßen und fast aller Grenzübergänge schuld waren, mußten es die »Langsamfahrer« gewesen sein.
Und allen Ernstes verkündete das Verkehrsministerium, es seien offenbar viele Autofahrer »böswillig langsam gefahren«, und man werde sich wohl überlegen müssen, ob man nicht in Zukunft außer den Zu-Schnell-Fahrern auch die Zu-Langsam-Fahrer bestrafen müsse.

Man stelle sich das vor: Da gibt es erwachsene Menschen, die wahrhaftig glauben, es hätte so etwas wie eine geheime Verschwörung der Autofahrer gegeben. Jeder habe gern die Qual des stundenlangen Schrittfahrens in unabsehbaren Kolonnen auf sich genommen – nur, um's dem Herrn Bundesverkehrsminister einmal zu zeigen!
Mir scheint, es gibt nur einen »Langsamfahrer« in Deutschland, und der heißt Seebohm. Als er sein Amt übernahm, schrieben wir das Jahr 1949. Seitdem ist das deutsche Straßennetz um ganze 4,3 Prozent erweitert worden. In der gleichen Zeit stieg die Zahl der zugelassenen Kraftfahrzeuge um 350 Prozent.
Es liegt mir natürlich fern, den Bundesminister für Verkehr einen »böswilligen« Langsamfahrer zu nennen. Vom Minister zum Staatsbürger beleidigt sich's in Deutschland ungestrafter als umgekehrt, und Herr Doktor Seebohm hat gegen mich schon einmal den § 187a des Strafgesetzbuches ins Feld führen wollen, wonach mit Gefängnis nicht unter drei Monaten bestraft wird, wer »einer im öffentlichen Leben stehenden Person« übel nachredet.

Aber sachliche Kritik an der Amtsführung eines Ministers und an seinen Fä-

higkeiten ist in unserer Demokratie gottlob nicht verboten. Lassen Sie es mich also sachlich sagen.
Herr Doktor Seebohm mag ein guter Bergassessor sein. Er ist ein passionierter – wenn auch kein guter – Sonntagsredner. Aber ein tüchtiger Verkehrsminister ist er ganz sicher nicht. Er fährt zu langsam.
Ich meine, es wird Zeit, daß die »öffentliche Person« Seebohm sich endlich ins Privatleben zurückzieht.
Das wünscht Ihnen und sich und allen Verkehrsteilnehmern . . .

6. Juli 1960

Die Folgen des Eichmann-Prozesses

Wenn Sie ein paar Seiten weiterblättern, werden Sie ein Bild finden, das mich sehr erschüttert hat, als ich es zum erstenmal in der Hand hielt. Ein Kind, ein Junge von etwa vier Jahren, sitzt im Abenddunkel vor dem Haus und wartet. Es ist nur eine steinerne Hütte, weit draußen vor der Stadt, wo der Lärm des Verkehrs noch schwach herüberdringt und wo man die Lichter der Straßen nur als schmalen Streif am schwarzen Horizont erkennen kann. Aber für den kleinen Buben ist es sein Elternhaus, hier ist er daheim, und dies ist der Platz, an dem er jeden Abend wartet, bis der Vater von der Arbeit zurückkommt.
Seit Tagen hat das Kind umsonst gewartet. Seit Tagen merkt es an den verweinten Augen der Mutter, an den bedrückten Gesichtern der älteren Brüder, daß etwas geschehen sein muß, irgend etwas Schreckliches, Unbegreifliches. Sie haben ihm gesagt, daß der Vater verreist sei. Es ist spät geworden an diesem Abend und kalt. Der kleine Junge hat Angst, daß er wieder vergeblich gewartet hat. Er umklammert seinen kleinen Hund, damit irgend etwas Warmes bei ihm sei. Gleich wird man ihn hereinrufen und ins Bett schicken. Die Mutter und die Brüder werden ihm gute Nacht wünschen, aber niemand wird ihm sagen, daß er den Vater nicht mehr sehen wird – heute nicht und niemals mehr.
Das Kind heißt Ricardo Francisco Klement, es ist der Sohn von Adolf Eichmann.
Ich weiß, Sie denken wohl auch, es sei unerlaubt, ein solches Bild zu drucken. Es könnte so aussehen, als wollten wir Mitleid heischen für die falsche Seite. Mitgefühl am Ende für einen Mann, den es nicht gerührt hat, daß er Hunderttausende Familien auseinanderriß, daß er Millionen Menschen einem gräßlichen Tod in Erschießungsgräben und Gaskammern auslieferte. Greise, Väter, Mütter, und auch die kleinen Kinder verschonte er nicht – Kinder wie diesen vierjährigen Ricardo Francisco, der nach seinem Vater bangt und der nicht weiß, daß dieser Vater ein Mörder ist.
Sie meinen, hier solle man doch jede falsche Sentimentalität beiseite lassen, und außerdem sei gewiß kein Fotograf zufällig des Weges gekommen, als der kleine Ricardo und sein Hund auf die Heimkehr Adolf Eichmanns warteten. Vielleicht habe ein von Skrupeln nicht geplagter Reporter das Foto sogar gestellt, eine zynische Spekulation auf die Tränendrüsen von Illustriertenlesern.
Mag sein, daß es so gewesen ist. Aber glauben Sie, daß der vierjährige Ricardo etwas davon weiß? Ändert es das Schicksal dieses Kindes?

Lassen Sie mich eine andere Geschichte erzählen, ehe wir darauf eine Antwort finden. Am gleichen Tage, an dem dieses Bild bei uns ankam, meldete die französische Abendzeitung »France-Soir«, daß man in der Nähe von Haifa einen siebenjährigen israelischen Jungen gerade noch vom Tode erretten konnte, nachdem ihn

seine Spielgefährten an einem Baum aufgehängt hatten. Der Landarbeiter, der im letzten Augenblick dazukam, als die Kinder eben zu begreifen begannen, was sie angerichtet hatten, der Landarbeiter, der kurz entschlossen mit seiner Sense den Strick durchschnitt, während die verschreckten Buben davonliefen, bekam von dem wieder erwachten Opfer dieser kindlichen Justiz eine seltsame Geschichte zu hören: »Wir haben den Prozeß Eichmann gespielt«, sagte der kleine Doubi, »und ich war Adolf Eichmann.«
Und noch eine dritte Nachricht gehört hierher. Als die Welt darüber zu diskutieren begann, ob die Israelis berechtigt gewesen seien, Adolf Eichmann aus Argentinien zu entführen und ihn in Israel vor Gericht zu stellen, da sagte der israelische Ministerpräsident David Ben Gurion: »Nach meiner Ansicht liegt die Bedeutung dieses Prozesses darin, daß unsere Jugend, die erst nach den furchtbaren Ereignissen aufgewachsen ist, die ganze Geschichte der Judenverfolgung und -vernichtung durch die Nationalsozialisten kennenlernt.«
Und davon will ich sprechen.
Der kleine Ricardo Francisco Klement und der nicht viel ältere Mordechai Kaplan, den seine Freunde zärtlich Doubi nennen – sie wissen nichts von dem Schrecklichen, das in unserer Generation geschehen ist. Mein vierzehnjähriger Sohn Christian weiß es, aber seine Vorstellungskraft kann nicht ausreichen, es zu begreifen. Bei Ihren Kindern wird es nicht anders sein.
Müssen wir diesen Zustand beklagen? Soll die Last unserer Generation nun auf unsere Kinder fallen? Die Schuld der Henker und das Leid der Opfer sind unsere Sache. Wir haben unsere Ohren verschlossen, als der Schrei »Juda verrecke!« durch Deutschland hallte. Wir haben die Augen zugemacht, als unsere jüdischen Mitbürger, mit dem gelben Stern gezeichnet, durch die Straßen schlichen und dann eines Tages ganz verschwanden.
Sollen unsere Kinder – und die Kindeskinder der Opfer dieses Wahnsinns – nun aus spaltenlangen Prozeßberichten erfahren, daß man Menschen nackt auf Leichenberge trieb, um sie zu erschießen, daß man sie in Gaskammern »liquidierte«, mit Leichenaufzügen vor die Verbrennungsöfen transportierte, daß man den geschändeten Toten die Goldzähne herausbrach und ihnen die Haare abschnitt, um das Gold zu verkaufen und aus den Haaren Matratzen zu machen – sollen unsere Kinder das in allen Einzelheiten erfahren?
Werden Ricardo Klement und Mordechai sich nie mehr begegnen können, ohne daß Schuldgefühle und Haß zwischen ihnen stehen? Werden Ihre Kinder und mein Junge ihr ganzes Leben lang das Wort »Juda« nicht aussprechen können, ohne die Scham des Verbrechens zu empfinden – oder aus dem trotzigen Aufbegehren gegen dieses Schuldgefühl einem neuen antisemitischen Komplex zu verfallen? Es steht uns gewiß nicht zu, mit Israel darüber zu rechten, wie es den Prozeß gegen Adolf Eichmann führen will. Das Deutschland von heute ist nicht mehr das Deutschland Hitlers, aber wir, die erwachsenen Deutschen des Jahres 1960, sind die gleichen, die von 1933 bis 1945 geschwiegen haben. Wir dürfen es keinem Israeli verargen, wenn er nicht danach fragt, wie sich Engländer, Amerikaner, Franzosen oder auch Juden unter ähnlichen Umständen verhalten hätten. Unserer Generation bleibt das Kainszeichen eingebrannt.
Aber ich möchte den israelischen Ministerpräsidenten beschwören, daß er seine Vorstellung vom Eichmann-Prozeß als einem Anschauungsunterricht für die Jugend revidiert. Unsere Kinder – auch Francisco Ricardo Klement! – sind ohne Schuld. Etwas anderes anzunehmen hieße den nationalsozialistischen Vererbungsmythos auf eine makabre Art mit dem alttestamentarischen Grundsatz vereinen, wonach die Sünden der Väter heimgesucht werden an den Kindern bis ins dritte und vierte Glied.
Adolf Eichmann wird hängen. Ein einziger Fall genügt, um den Buchhalter des millionenfachen Mordes seinem Henker zu überantworten. Je leidenschaftsloser und je rascher dieser Prozeß geführt wird, desto besser für unsere Jugend. Denn die Welt wird nicht gesunden, ehe sich Ricardo Klement und Mordechai Kaplan die Hand reichen. Ohne Haß und ohne Scham.

Alles in Butter mit der Butter?

Es muß einmal eine Zeit gegeben haben, in der die Butter auf unserem Brot so etwas wie ein Prinzip der Ordnung und der Qualität darstellte. Woher sonst sollte die Redensart »Es ist alles in Butter« auf uns gekommen sein?
Diese Zeit ist vorbei, seitdem außer Hühnern auch noch das Rindvieh unter die Botmäßigkeit der Bürokratie geraten ist. Und wie das »Deutsche Frischei« vom Hühnerpopo über das Sortieren und Abstempeln bis zum Verbraucher einen langen Instanzenweg durchlaufen muß, so kann sich heute auch die Butter, wenn sie auf unseren Frühstückstisch kommt, kaum noch an das Euter einer Kuh erinnern.
Die Butter, die wir in diesen Wochen essen, kommt nämlich aus dem Kühlhaus und ist nahezu ein halbes Jahr alt. Inzwischen wurde sie vom Bundesernährungsministerium »marktreguliert«.

Diese »Marktregulierung« ist gewiß eine volkswirtschaftliche Notwendigkeit. Landwirtschaftliche Produkte werden nun einmal – wie die Natur es will – in der einen Jahreszeit überreichlich, in der anderen dagegen zu knapp erzeugt. Und daß es nützlich ist, den Überfluß der fetten Monate für die knappen Zeiten aufzusparen, das wird kein vernünftiger Mensch bestreiten wollen, dem an einigermaßen gleichbleibenden Preisen gelegen ist. Und daran sind Erzeuger wie Verbraucher interessiert.
Aber die Vernunft hört genau da auf, wo das Verwalten zwar den Butterpreis konstant hält, wo die Verwaltung aber so viel kostet, daß wir an Steuern das Vielfache dessen »zubuttern« müssen, was sonst die saisonbedingten Preisschwankungen ausmachen würde. Und wenn sich zudem auch noch die Qualität entscheidend verschlechtert, dann darf man wohl eher von einem Skandal als von wirtschaftlicher Vernunft sprechen.
Der erste Akt des Butterdramas begann im vergangenen November. Da wurde – wen wollte es nach dem dürren Sommer wundern – die Butter knapp. Macht nichts, sollte man meinen, unsere tüchtigen Beamten von der »Einfuhr- und Vorratsstelle für Fette« hatten gewiß rechtzeitig für genügende Buttereinfuhren gesorgt. Sie hatten nicht. Und als sie schließlich an den galoppierenden Preisen merkten, daß ihre Vorräte nicht reichten, und als dann auch der Bundestag unruhig wurde, da zogen sie in ihrem Schreck die Einfuhrschleuse auf, so weit es nur ging.

Ergebnis: Es kam so viel billige Auslandsbutter herein, daß schließlich nicht einmal die teure, von deutschem Rindvieh erzeugte Winterbutter verkauft werden konnte. Die wanderte also in die Kühlhäuser.
Und als der Winter zu Ende war und die Kühlhäuser eigentlich leer sein sollten, um die überschüssige Butterproduktion des Frühjahrs und des Sommers aufzunehmen, da waren sie bis unters Dach voll. Und als dann noch die bundesdeutschen Kühe in den ersten sechs Monaten dieses Jahres rund 30 000 Tonnen Butter mehr produzierten, als unsere Marktregulierer erwartet hatten, da waren die Herren mit ihrer wirtschaftlichen Vernunft am Ende.

Das Bundesernährungsministerium erklärte schlicht, es sitze auf einem Butterberg von 40 000 Tonnen – das ist mehr, als die Bundesbürger in einem Monat essen – und wie es den loswerden solle, wisse es auch nicht. In der Tat, helfen könnte da nur eine Dürre-Periode wie im Vorjahr, die sich naturgemäß nicht auf dem Verordnungswege erzeugen läßt, oder ein Generalstreik der milchspendenden Kühe, der freilich auch nicht zu erwarten ist, da es dem Rindvieh an volkswirtschaftlichem Sachverstand mangelt.
Was geschieht also? Es wird »umgewälzt«. Zu deutsch heißt das: Die frische Butter, die wir alle gern auf dem Tisch hätten, kommt in die Kühlhäuser, und die dort seit dem Winter eingelagerte Butter kommt auf den Markt, immer die

älteste, versteht sich, damit sie gegessen wird, ehe sie ranzig ist.
Der erste Schub, rund 1700 Tonnen dieser Kühlhausbutter, wird gerade verkauft. Sie wurde von den Marktregulierern im vergangenen Winter mit 6 Mark je Kilo bezahlt, heute gibt man sie an den Großhandel zum Kilopreis von DM 5,20 ab. Macht an Verlust, die Lagerkosten nicht gerechnet, 13,6 Millionen Mark – zahlbar, wie stets in solchen Fällen, vom Steuerzahler.
Und was hilft's? Ein wenig mögen die Vorräte dabei abnehmen, zumal man uns die alte Butter durch einen Preisnachlaß von ganzen zehn Pfennigen aufs halbe Pfund schmackhafter machen will. Im übrigen, so ließ man aus Bonn zaghaft verlauten, werde nach »langfristigen Berechnungen« die Butterproduktion im Herbst wohl etwas zurückgehen, so daß mit dem »stufenweisen Abbau des Butterbergs« gerechnet werden könne.
Und während der Landwirtschaftsverband in Westfalen darüber klagt, daß der Butterverbrauch in der Bundesrepublik pro Kopf und Jahr mit 7,8 Kilo leider immer noch unter dem Butterverbrauch der Jahre 1935 bis 1938 läge, in denen »auf den Kopf der Bevölkerung 8,1 Kilo Butter kamen«, wird vom Butterhandel sogar vorgeschlagen, man soll doch den Überschuß einfach mit Verlust ins Ausland abschieben, damit bei uns Angebot und Preise stabil bleiben.
Und keiner kommt auf den Gedanken, zum Nutzen der deutschen Verbraucher dasselbe zu tun, was jedes Textilgeschäft seit Jahrzehnten im Sommerschlußverkauf praktiziert: durch eine entscheidende Verbilligung der Ware die Lager zu räumen.
An der Fassade eines alten Hauses in der Stadt Goslar ist in Holz geschnitzt die »Butterhanne« zu sehen. Mit der rechten Hand schlägt sie eifrig die Milch in ihrem Butterfaß, mit der linken aber rafft sie den Faltenrock hoch über ihren blanken Hintern. Nicht anders machen es die Ernährungsbürokraten gegenüber uns Verbrauchern.

Mir scheint es, wir sollten ihnen einmal kräftig hineintreten. In diesem Sinne

20. Juli 1960

Dem Lottoglück nachgeholfen?

Spielen Sie im Lotto? Tippen Sie im Toto? Träumen Sie manchmal davon, daß am Sonntagabend das Glück zu Ihnen kommt – mit einem Hauptgewinn, der in die Hunderttausende geht?
Dann vernehmen Sie die Geschichte von dem Mann, der aus solchen Träumen jäh erwachte – im Untersuchungsgefängnis nämlich –, obwohl ihm kein Staatsanwalt nachweisen konnte, daß er sich der Glücksgöttin auf unsittliche Weise genähert hatte.
Der Mann wohnt bei Heidelberg, ist ein bescheidener Verwaltungsangestellter und hat in seinen mehr als vierzig Lebensjahren nie etwas mit der Polizei oder dem Gericht zu tun gehabt. Bis er eines Montagmorgens entdeckte, daß auf seinem Lottoschein genau jene sechs Zahlen aus der Reihe 1 bis 49 angekreuzt waren, die man tags zuvor aus der großen Lostrommel gezogen hatte. Unser Mann schrieb also an das Staatliche Zahlenlotto in Stuttgart, man möge ihm freundlichst den Hauptgewinn auf sein Bankkonto überweisen.
Dies geschah nicht. Wohl konnte der Mann den eigentlichen Wettschein A als Beweis seines richtigen Tips vorzeigen, aber in der Lottozentrale war das Durchschreibeexemplar nie angekommen. Ohne diesen Beleg, den sogenannten B-Schein, zahlt nämlich die Wettgesell-

schaft nicht, denn nur mit der Kopie kann sie sich gegen Betrüger schützen, die etwa erst nach Bekanntwerden der Gewinnzahlen ihren Lottoschein noch verändern wollen.

Solche Betrüger gibt es nicht gerade selten. Wenn man sie schon beim Versuch im Büro der Wettgesellschaft entlarvt, werden sie häufig ohne Strafanzeige nach Hause geschickt. Unser Mann aber war sich offenbar keiner Schuld bewußt. Er bestand darauf, er habe seinen Schein ordnungsgemäß abgeliefert und auch später nicht geändert. Sollte der Kontrollschein bei der Annahmestelle verlorengegangen sein, so wolle jedenfalls nicht er den Verlust tragen. Er verlangte sein Geld – und da man es ihm verweigerte, drohte er mit einer Klage.

Die Wettgesellschaften haben für solche strittigen Fälle einen oft erprobten Ausweg: Sie erstatten Anzeige wegen versuchten Betruges. Aus dem Kläger eines Zivilprozesses wurde unser Mann auf diese Weise zum Angeklagten in einem Strafprozeß. Und der Staatsanwalt nahm ihn denn auch gleich in Untersuchungshaft – wegen Verdunkelungsgefahr. Das Ende war ein Freispruch. Niemand konnte dem Mann nachweisen, daß er seinen Schein nachträglich gefälscht hatte. Aber ebensowenig konnte natürlich unser Mann seine Unschuld beweisen.

Zwar bezeugte der Stempel der Annahmestelle auf dem Wettschein A, daß der Angeklagte den Teil B ordnungsgemäß abgeliefert hatte. Aber es hätte ja sein können, daß er ihn heimlich wieder an sich gebracht hatte, oder daß der Lottoeinnehmer ihm den Schein versehentlich zurückgegeben und daß unser Mann ihn dann vernichtet hatte.

Um jedoch seine Unschuld zu beweisen, hätte der bedauernswerte Angeklagte den weiteren Verbleib eben jenes B-Scheines aufklären müssen, den er ordnungsgemäß abzuliefern hatte und mit dem er sich gar nicht mehr befassen durfte – wollte er sich nicht schuldig machen. Übrigens bewahrte man in dem Kiosk, wo er zu wetten pflegte, die vereinnahmten Kontrollscheine in einem schlichten Karton auf; vielleicht hatte der Wind sie verweht?

So stand der Freispruch nur auf dem Papier – ein Freispruch mangels Beweisen. Er enthob die Lottogesellschaft jeder Verpflichtung, einen Gewinn auszuzahlen. Er bürdete dem Lottospieler rund 1000 Mark Kosten auf für Straf- und Zivilprozesse. Er vernichtete seinen Ruf, denn das Endergebnis bedeutete doch: Gesessen hat er schon, man konnte ihm nur nichts beweisen. Und das alles, auch wenn der Mann ehrlich gewettet hatte.

Nach englischem Recht hätte dieser Mann den Gerichtssaal ohne Makel verlassen. Dort kennt man die oft so vernichtende Unterscheidung zwischen dem Freispruch »mangels Beweises« und demjenigen »wegen erwiesener Unschuld« nicht. Dort ist ein Mensch ganz einfach unschuldig, solange er nicht schuldig ist. Das mag unbequem sein, wenn man an Herrn Pohlmann denkt, dem die Schuld am Tod der Nitribitt nicht nachzuweisen war. Aber diese Unbequemlichkeit wäre zu ertragen, wenn man an die unzähligen Menschen denkt, die durch eine böswillige Verleumdung oder durch einen zufälligen Verdacht plötzlich mit dem Richter Bekanntschaft machen.

Und das kann Ihnen oder mir heute oder morgen passieren. Gewiß, wenn uns das Gericht keine Schuld nachweisen kann, wird es uns freisprechen müssen – aus Mangel an Beweisen. Es sei denn, der Fall würde eindeutig aufgeklärt, indem man den wahren Täter fände.

Mit dem sogenannten Alibi ist es ja meist so eine Sache. Oder wissen Sie zufällig genau, daß Sie am Freitag vor sechs Wochen um 19.35 Uhr gerade bei Tante Emma waren und so den Mord, die Brandstiftung, den Diebstahl oder den Betrug gar nicht begangen haben können?

Wenn Sie mich fragen, ich weiß nicht, wo ich am Freitag vor sechs Wochen abends um fünf Minuten nach halb acht gewesen bin.

Was übrigens das Lotto angeht, so hat dieses staatlich konzessionierte Glücksspiel im letzten Jahr 1,4 Milliarden (eintausendvierhundert Millionen) eingenommen. Die Hälfte davon kassierte der Staat. Die Chance aber, von der anderen Hälfte etwas abzubekommen, verhält sich zu den Nieten wie 1 zu 14 Millionen.

Wenn Sie auf der Autobahn von Frankfurt nach Karlsruhe fahren, dann entspricht sozusagen jeder Zentimeter dieser Strecke einer Tippmöglichkeit. Nur einer dieser vierzehn Millionen Zentimeter wird später den Hauptgewinn bringen. Wenn Sie also vom großen Glück träumen, dann müßten Sie schon Ihr Fünfzig-Pfennig-Stück im Fahren so aus dem Wagenfenster werfen, daß es ausgerechnet auf dem entscheidenden Zentimeter liegenbleibt.

27. Juli 1960

Lumumba und die Jungfrau

Wenn Sie schwache Nerven haben sollten – und das wäre in diesen Wochen keine Schande –, dann lesen Sie meinen Brief besser nicht zu Ende. Er handelt von dem Sowjetmenschen Nikita Chruschtschow und dem Kongo-Neger Patrice Lumumba, er beginnt mit der Politik – aber das kalte Grausen kommt jedesmal gleich hinterher.
Vielleicht gehören auch Sie zu den friedlich gesinnten Bundesbürgern, denen die Fernseh-, Wochenschau- und Zeitungsberichte von den Weltreisen des händeschüttelnden und kinderküssenden Chruschtschow bereits die Angst vor der »Koexistenz« genommen haben. Man trägt ja zur Zeit Entspannung in Westeuropa, und es gehört einfach zum guten Willen, wenn schon nicht von dem jovialen Grinsen Nikitas, so doch von dem mütterlichen Charme seiner Frau Nina gefesselt zu sein.
Nun, diese ehrenwerte Dame ist immerhin die Ehefrau eines vielfachen Mörders. Als Stalin 1937 seinen bedingungslos ergebenen Funktionär Chruschtschow zur Säuberung des Parteiapparates in die Ukraine schickte, da rief Nikita Sergejewitsch Chruschtschow den Obersten Sowjet und das Zentralkomitee in Kiew zu einer Sitzung zusammen, hielt eine donnernde Rede – und ließ die Teilnehmer der Sitzung an den Ausgangstüren festnehmen und die meisten von ihnen kurzerhand erschießen. Viele Tausende von »Klassenfeinden« folgten ihnen in die Massengräber von Winniza.
Kein Wunder, daß sich der inzwischen alt und gipfelkonferenzwürdig gewordene Chruschtschow zu Kerlen wie Fidel Castro und Patrice Lumumba hingezogen fühlt. Dem einen, dessen kubanische Revolutionstribunale noch immer am laufenden Band erschießen, sicherte er notfalls den Einsatz sowjetischer Raketen gegen die Amerikaner zu. Dem anderen, der seinen Regierungsantritt mit einer Nacht der langen Messer feiern wollte, versprach er »jede Unterstützung der gerechten Sache des fortschrittlichen kongolesischen Volkes«.
Was es nun mit diesem fortschrittlichen kongolesischen Volk auf sich hat, dafür kann ich Ihnen zwei nicht gerade nervenschonende Geschichten erzählen, deren Wahrheit ein vor wenigen Wochen aus dem Kongo zurückgekehrter Beauftragter des Bonner Ausschusses für die Zusammenarbeit mit den Entwicklungsländern bezeugt:
Im Herbst 1959, also vor knapp einem Jahr, veranstaltet die belgische Verwaltung einen Wettbewerb »Das schöne Dorf«. Das sauberste und in hygienischer Hinsicht fortschrittlichste Negerdorf soll prämiiert werden. Den ersten Preis gewinnt eine Siedlung im Bezirk von Leopoldville, etwa 25 Kilometer vor der Hauptstadt. Der Gouverneur und sein Stab setzen sich ins Auto und fahren hinüber, um dem Gemeinderat im Rahmen einer kleinen Feier eine Plakette und einen Goldpreis zu überreichen. Als der Festakt vorbei ist, tritt der Dorfälteste vor den Gouverneur und bittet ihn, nun auch seinerseits ein Geschenk des

Dorfes entgegenzunehmen. Man wolle sich für die Ehre revanchieren, deshalb habe der Gemeinderat eine Jungfrau ausgesucht, die der Gouverneur als Zeichen der Dankbarkeit annehmen möge.
Der Belgier, arg in Verlegenheit, versucht den Kongolesen klarzumachen, daß er als Beamter ein solches Geschenk nicht annehmen dürfe. Außerdem sei er verheiratet, und . . . nun, man habe da in Europa so seine strengen Bräuche. Die Kongolesen sind verwundert und gekränkt. Als sie nicht nachgeben wollen, willigt der Gouverneur schließlich ein – man kann das Mädchen ja nach einigen Tagen wieder nach Hause schicken.
Da öffnet sich die Tür, und herein kommen sieben baumlange Neger. Auf hölzernen Tabletts tragen sie die Jungfrau – geschlachtet, zerteilt und frisch gebraten.
In der Nähe von Stanleyville starb vor zwei Jahren ein weißer Missionar, der sich besonders um die Heranbildung farbiger Lehrer verdient gemacht hat. Er starb in dem Bewußtsein, das Christentum in heidnische Seelen gepflanzt zu haben und fünf Schüler zu hinterlassen, die seine Gedanken weiterverbreiten würden.
Einen Tag nach der Beerdigung fand man das Grab des weißen Missionars geöffnet. Dem Leichnam fehlte der Kopf. Eine polizeiliche Untersuchung ergab, daß die fünf Schüler – inzwischen selber Lehrer – den Kopf abgetrennt und gemeinsam das Gehirn verspeist hatten, um so klug zu werden wie ihr Meister.
Das also sind die »fortschrittlichen« Bundesgenossen des Herrn Chruschtschow. Ich weiß, man könnte jetzt lange Betrachtungen darüber anstellen, ob die Belgier nicht selber schuldig sind, weil sie ihre »Zivilisationsaufgabe« im Kongo versäumten. Man könnte auch fragen, ob das Braten von Jungfrauen unmoralischer sei als die Scheußlichkeiten, mit denen westlich zivilisierte Völker ihren Gegnern zu Leibe rücken. Sicher werden die Antworten nicht gar so schmeichelhaft für uns sein.
Aber was mich aufgeregt hat, das ist die widerwärtige Verlogenheit, mit der Nikita Chruschtschow und seine Spießgesellen den Fortschritt, die »gerechte Sache« und die Zukunft für sich in Anspruch nehmen. Und der Gleichmut, mit dem der Westen sich diese Heuchelei bieten läßt.
Was aber können wir tun?
Wir haben uns mit einer gemeinschaftlichen realistischen und geschickten Politik gegenüber den Entwicklungsländern zu bewähren. Wir müssen ihnen helfen; denn wir müssen mit ihnen leben. Wir dürfen dabei nicht vergessen, daß die Menschen in diesen Ländern anders sind als wir. Nicht schlechter und nicht besser – nur anders. Deshalb sollten wir nicht darauf bestehen, alle unsere westlich-demokratischen Patentrezepte auf die Entwicklungsländer zu übertragen.
Wenn wir uns gemeinsam bemühen, wenn wir es dabei an ein bißchen propagandistischem Geschick nicht fehlen lassen, dann werden falsche Sirenenklänge eines Chruschtschow und das wilde Tam-Tam eines Lumumba ihre Faszination bald verlieren.
Von mir aus möge dann Lumumba Chruschtschows Gehirn oder Chruschtschow Lumumbas Gehirn oder sollen beide zusammen das Gehirn von Fidel Castro verspeisen.

Der Selbstbetrug der ewigen Jugend

Wenn Sie mich fragen würden, was ich meiner Frau und mir für die Zeit in etwa zwanzig Jahren wünsche, dann ist es vor allem dies: Ich möchte, daß es uns gelingt, mit einigem Anstand alt zu werden.

Ein Gespräch über diese Dinge ist eine sehr persönliche Sache, und Sie dürfen es mir deshalb nicht als einen unerlaubten Eingriff ins eigene Privatleben auslegen, wenn ich Ihnen verrate, daß meine Frau gerade in dieser Woche vierzig wird. Wie sehr hat sich die Welt, und wie sehr hat sich das Bild des Menschen in diesen vier Jahrzehnten verändert.

Denn als meine Mutter vierzig Jahre zählte, da war sie – wenn ich mich recht erinnere – sehr viel erwachsener, als wir es heute sind. Und betrachte ich gar das Foto meiner Großmutter, die um die Jahrhundertwende ihren vierzigsten Geburtstag feierte, dann sieht mich aus einem hochgeschlossenen schwarzen Kleid mit Fischbeinkragen das Gesicht einer würdigen älteren Dame an.

Es gibt gewiß keinen Grund, über diesen Fortschritt zu einer länger dauernden Jugend betrübt zu sein, die wir der Medizin, dem Sport, der Kosmetik und einer gesünderen Lebensweise verdanken. Aber dennoch: Mit Vierzig ist man kein Teenager und mit Fünfzig kein Twen mehr; und wer auch zwischen sechzig und achtzig nicht begreifen will, daß die Uhr unsere Stunden unbarmherzig summiert, bei dem mag der fromme Selbstbetrug eines Tages zur makabren Komödie werden.

Ich habe diese Komödie mit angesehen, als ich kürzlich in New York war und im Hotel *Plaza* wohnte. Da saßen sie beim Nachmittagstee zu Hunderten im Palmengarten, die sechzig- und siebzigjährigen Backfische in großgeblümten Musselinkleidern, und über den aufgepuderten alten Gesichtern mit den strahlenden Belladonna-Augen thronten die kunstvollen Hutgebilde, blühende Gärten aus sattfarbenen Wachsblumen. Die hauchzarten Schleier in Blaßlila und Babyrosa wehten, wenn sich die Damen mit lebhaften Gesten unterhielten, und gelegentlich übertönte ihr Kichern die dezente Teemusik und das Geklapper der Tassen und der hotelsilbernen Löffel, die sich durch Kuchen und Schlagsahne gruben.

Zwischen den verstaubten Palmen aber stolzierten mit abwesender Miene ein paar ältere Herren, liefen ein wenig ziellos hin und her, kauften sich eine Zeitung am *Newsstand*, fragten an der *Reception* nach Post und setzten sich schließlich auf die sammetbezogene Bank an der großen Treppe, um jedesmal nervös an der Brille zu rücken oder zur Krawatte zu greifen, wenn sich die Tür drehte und ein wirklich junges Mädchen die Stufen heraufkam.

Ich hatte, immer wenn ich durch diese Halle ging, ein Gefühl wie auf einem Autofriedhof.

Und das gleiche Gefühl beschlich mich vor wenigen Tagen wieder, als mir unser junger Redaktionskollege Kurt Will – er ist eben 25 geworden – die Fotos auf den Tisch legte, die er in Antibes in Südfrankreich von Lilian Harvey, dem gefeierten Star aus der großen Zeit des deutschen Films, gemacht hatte. War das die Harvey, für die in den dreißiger Jahren alle Herzen in Deutschland schlugen, die bezaubernde Wiener Wäscherin Christl aus dem Film »Der Kongreß tanzt«, das süße Mädel aus »Zwei Herzen im Dreivierteltakt«, war das der »blonde Traum« unserer jungen Jahre?

Ich hatte Lilian vor vier Jahren zuletzt gesehen, als der STERN bei den Filmfestspielen in Berlin unter dem Titel des viel gesungenen Kongreßschlagers »Das gab's nur einmal« ein Wiedersehen all der alten Filmstars von Henny Porten über Fern Andra bis zu Carl Ludwig Diehl und Hans Albers veranstaltete. Die Tränen der Wehmut, die an diesem Abend im überfüllten Berliner *Titania-Palast* geweint wurden, werde ich nie vergessen. Ich höre noch den Aufschrei, mit dem die in Amerika verheiratete Fern Andra dem strahlenden Helden des

Stummfilms, Ludwig Trautmann, um den Hals fiel – er pflegte einst vierspännig aus dem Atelier auf sein Schloß zu fahren, um dort von goldenen Tellern zu speisen, und war nun ein armer kranker Rentenempfänger geworden und ist inzwischen gestorben. Und die Lieder aus alten Filmen, die nächtliche Gäste auf dem Kurfürstendamm anstimmten, als sie Liane Haid erkannten, klingen mir noch im Ohr.

Aber ich vergesse auch das Unbehagen nicht, das Lilian Harvey um sich zu verbreiten begann, als wir sie am Flugzeug empfingen und sie gleich fragte, ob wir denn nur die Stars von damals eingeladen hätten – sie wolle doch ihre Karriere nicht verderben, sie träte nur auf, wenn Maria Schell und Romy Schneider ebenfalls auf dem Programm stünden. Sie hielt sich noch immer für den großen Star von einst.

Und nun lagen Kurt Wills Fotos auf meinem Tisch. Realistische Fotos, ohne Schmeichelei und ohne Retusche. Und als ich an damals dachte, da diese Frau von Millionen umschwärmt und geliebt wurde, und als ich daran dachte, daß wir alle damals um ein Vierteljahrhundert jünger waren, da schienen es mir grausame Fotos zu sein.

Durften wir diese Bilder veröffentlichen?

Lesen Sie, was Kurt Will über seinen Besuch bei Lilian Harvey erzählt, und Sie werden mir zustimmen, daß es hier gar nicht um diese Frau allein geht. In diesen Bildern wird ein Problem unserer Zeit angerührt, über das ein wenig nachzudenken uns allen guttäte.

Denn was hier einer Schauspielerin widerfährt, geschieht es nicht allenthalben um uns herum? Im Familienleben, in der Wirtschaft und sogar in der Politik? Überall die panische Furcht, aus dem Rennen geworfen zu werden, beiseite treten zu müssen, die Gewalt über den Betrieb zu verlieren.

Die letzte Rolle spielt jeder allein – nicht nur der Schauspieler. Und wenn unser Leben nichts war als Rennen und Betrieb, dann wird diese letzte Rolle nichts anderes sein können als ein Monolog der Angst.

Es liegt wohl nur an uns selber, ob wir das Alter zu fürchten haben oder nicht.

10. August 1960

Mädchen – ohne Uniform!

Wenn es nach dem Willen des Mannheimer Verwaltungsdirektors Kihm geht, dann werden wir demnächst wohl eine Neuauflage des »NS-Krampfader-Geschwaders« erleben, so ein Mittelding zwischen Frauenschaft und weiblichem Arbeitsdienst. Herr Kihm verwaltet die Städtischen Krankenanstalten am Neckarufer, und wie allen Krankenhausdirektoren bereitet ihm der Personalmangel schlaflose Nächte. Auf dem Krankenhaustag in Stuttgart schlug er deshalb vor, man solle im Zeichen der Gleichberechtigung doch auch gleiche Pflichten für die Frau schaffen. Was uns Männern der Wehrdienst, das sei den Mädchen und Frauen der »Hilfsdienst im stufenweisen Einsatz vom Putzen und Flicken über das Servieren und Umbetten bis zur verantwortungsvollen Unterstützung der Schwestern und Ärzte«.

Die Mädchen sollen – so will es Herr Kihm – »an ihrem Wohnort erfaßt und in Wellen eingezogen« werden, damit die Krankenhäuser nicht wieder an Personalmangel leiden, wenn der erste Jahrgang entlassen wird. An eine Kasernierung ist gütigerweise nicht gedacht, die Hilfspflichtigen dürfen zu Hause wohnen und werden normal entlohnt. Ob dem stufenweisen Einsatz ebensolche Beförderungsmöglichkeiten von der Unterpflichtdienstführeranwärterin bis zur

Bundeshilfspflichtführerin entsprechen, und ob eine Reservedienstpflicht vorgesehen ist, darüber hat sich Herr Kihm vorläufig nicht geäußert.
Um so mehr verbreitet er sich über den sittlichen Nährwert der von ihm propagierten Einrichtung. Die Arbeit im Krankenhaus werde zweifellos jedem jungen Mädchen klarmachen, daß Fernsehtruhe und Auslandsreise nicht allein der Lebensinhalt sein könnten. »Außerdem«, so sagt Herr Kihm, »könnte der Dienst bei uns für manche ein Anlaß sein zur Besinnung und Vorbereitung auf die Aufgaben als Hausfrau und Mutter.«
Womit denn der moralische Vorwand gefunden wäre für den Versuch, möglichst billig einzukaufen, was nach Marktwert heute teuer bezahlt werden muß: menschliche Arbeitskraft.

Nun bedrückt ja dieser Mangel an Arbeitskräften nicht nur die Krankenhausdirektoren. Deshalb hatte Schleswig-Holsteins Ministerpräsident Kai Uwe von Hassel schon vor Jahresfrist den Pflichtdienst in Haus- und Landwirtschaft zum Wahlschlager für den Landtagswahlkampf machen wollen. In unseren arbeitsintensiven bäuerlichen Betrieben fehlen die helfenden Hände überall, der Mechanisierung sind natürliche Grenzen gesetzt, Maschinen zum Kinderhüten und Hühnerfüttern stehen noch aus, und die meisten Mädchen vom Lande gehen lieber in die Fabrik mit ihrer geregelten Arbeitszeit und den verlockenden städtischen Amüsements.

In der Großstadt aber weiß heute jede Hausfrau, wie schwer es ist, eine Hilfe zu bekommen. Als meine Frau kürzlich annonciert hatte, meldeten sich ganze drei Mädchen telefonisch. Die erste kam mit einem Taxi vorgefahren, ging beobachtend einige Male vor dem Hause auf und ab, und als sie uns im Garten beim Rasenmähen erblickte, fuhr sie still wieder von dannen. Sie hatte wohl gefürchtet, zu gelegentlichem Unkrautzupfen mißbraucht zu werden. Die zweite fragte schon an der Tür mißtrauisch »Haben Sie etwa Kinder?« Dann durchforschte sie mit prüfendem Blick unser bescheidenes Einfamilienhaus und meinte schließlich: »Nein, das ist ja eine Villa (sie sagte es mit ›F‹ wie Filla) – ich gehe nur auf Etage.«
Die dritte haben wir persönlich leider nicht erlebt. Sie schickte uns einen kurzen Brief auf gehämmertem Papier, auf dem links oben in feingesetzten Buchstaben der Name *Helmtraud Edelmann* gedruckt stand, und darunter, mit der Schreibmaschine getippt, *Raumpflegerin.* Ich sah sie schon vor mir, wie sie durch unsere Räume schreiten würde, in der linken Hand den Eimer, in der rechten den Besen und den Putzhelm auf den blonden Locken. Aber in dem Brief stand, daß Helmtraud es sich anders überlegt habe, sie wolle »die Saison auf einer Nordseeinsel noch mitnehmen«. Im Herbst würde sie wieder einmal anrufen. Schade.
Aber als ich, durch Herrn Verwaltungsdirektor Kihm angeregt, meine Frau fragte, was sie denn von einem hauswirtschaftlichen Pflichtjahr hielte, da hob sie beide Hände: Sie brauche eine wirkliche Hilfe, mit erzwungener Arbeitsleistung habe sie nichts im Sinn. Wir haben es dann schließlich geschafft, mit ein wenig Geduld, angemessener Bezahlung, Wäsche außer dem Hause, Ölheizung, versiegeltem Parkett und einem freundlichen Zimmer, an dessen Südfenster unsere Waltraut lesend sitzt, wenn uns der Gärtnerschweiß von der Stirn rinnt.
Immerhin, was konnten wir dem Mädchen auch schon bieten, wo doch kürzlich im »Kölner Stadt-Anzeiger« neben 200 Mark netto, grundsätzlich freien Sonntagen, Zimmer mit Radio, Fernsehgerät und eigenem Bad noch die Benutzung eines Opel Kapitäns übers Wochenende offeriert wurde. Wie gut, daß Köln so weit von Hamburg ist.
Man braucht sicher nicht darüber zu streiten, daß es für manche junge Dame nur nützlich wäre, wenn sie das Kochen, das Kinderhüten, die Hühneraufzucht und die Krankenpflege beizeiten lernte. Und gewiß werden einige von Ihnen, liebe STERN-Leserinnen, auch sagen: »Es kann diesen Teenagern von heute gar nichts schaden, wenn sie sich mal die lakkierten Finger gehörig dreckig machen müssen!«
Aber sind dazu staatliche Zwangsmaßnahmen vonnöten? Steht es so schlecht um unsere Gemeinschaft und um die Er-

ziehung im Elternhaus, daß wir nach dem Einberufungsbefehl für unsere Töchter rufen, um die elterliche Verantwortung dem weiblichen Pflichtdienst-Feldwebel zu übergeben? Ich meine, wir sollten den jungen Mädchen die Unbeschwertheit ihrer Jahre und die eigene Entscheidungsfreiheit gönnen, solange es irgend geht. Unsere Mütter sind großartige Hausfrauen geworden, auch ohne ein Pflichtjahr.
Übrigens wäre die Einführung dieses weiblichen Pflichtdienstes – von der Verfassungswidrigkeit ganz abgesehen – ein wirtschaftlicher Unsinn. Wie oft haben wir Männer früher gesagt: »Wenn die deutsche Wehrmacht ein Privatunternehmen wäre, dann müßte sie längst pleite sein.« Die erzwungene Arbeit aller ist nun einmal weit weniger effektiv als die freiwillige Arbeit derer, die Lust und Liebe dazu haben. Und wenn man mit der ideellen und materiellen Förderung aller hauswirtschaftlichen und pflegerischen Berufe endlich Ernst machen würde, dann würden Lust und Liebe zu solchen weiblichen Berufen auch wieder wachsen.

Vor einem bürokratischen Apparat aber, der jedes Jahr rund eine halbe Million Mädchen erfassen, mustern, einberufen und verteilen müßte, möge uns die Vernunft bewahren.

17. August 1960

Apropos Sirikit und Tschombé

Eines der nettesten Komplimente, die je einem Journalisten gemacht wurden, brachte STERN-Reporter Max Scheler diese Woche von einer Reise heim. Das Kompliment stammte vom König Bhumibol von Thailand, und es lautete schlicht und einfach: »Wir beide haben doch eigentlich den gleichen Beruf.«
Max Scheler war nach Lausanne gefahren, damit wir Ihnen heute zeigen können, wie sich das thailändische Herrscherpaar zusammen mit seinen Kindern am Genfer See von den Strapazen der Staatsbesuche erholt. Der 33jährige Bhumibol und die 27jährige Sirikit, König und Königin aus dem Märchenland und dennoch zwei junge und liebenswerte Menschen unserer Zeit, haben sich Europas Herzen im Sturm erobert. Nie sah man eine reizvollere Frau unter einer Königskrone – und wenn ich ihren Charme beschreiben will, muß ich wohl bei meinen englischen Kollegen vom »Daily Express« eine Anleihe machen: Sie nannten Königin Sirikit in einer vierspaltigen Überschrift »Her royal sweetness«, was mit »Ihre königliche Lieblichkeit« nur unvollkommen zu übersetzen ist.
Daß König Bhumibol ein passionierter Jazzmusiker ist, hat längst in allen Zeitungen gestanden. Daß er ebenso begeistert fotografiert, konnte man in Washington, in London und in Bonn beobachten, wo der König bei der Abfahrt seines Sonderzuges jedesmal die Kamera hervorholte, um Präsident Eisenhower, Königin Elizabeth und den Herzog von Edinburgh oder unseren Bundespräsidenten Lübke und dessen Frau auf den Film zu bekommen.

So geschah es auch jetzt wieder. Wann immer Max Scheler die mädchenhafte Königin und ihre vier Kinder im Garten beim Spiel und beim Zeltbauen knipste, da klickte neben ihm die Kamera des Königs. Und später, beim Tee, revanchierte sich Bhumibol dann für das Album, in dem wir die schönsten STERN-Fotos von seiner Deutschlandreise zusammengestellt hatten: Er zeigte Max Scheler seine eigene Fotoausbeute. Darunter fanden sich, vom König »schnappgeschossen«, nicht nur die Prominenten

unseres Staates, sondern auch alle vier STERN-Reporter, die während des Staatsbesuches auf das Königspaar angesetzt waren. »Ich habe eben ein paarmal zurückgeschossen«, sagte Bhumibol lächelnd.
»Aber es ist wirklich so, daß unsere beiden Berufe vieles gemeinsam haben«, beteuerte der König. »Sehen Sie, ich mache Staatsbesuche und werbe um Verständnis für mein Land. Und wenn ich daheim meine Fotos veröffentliche, dann wird man bei uns wiederum Deutschland besser kennenlernen.«
Glücklicherweise kam Max Scheler gleich auf die Idee, den König um eine Auswahl seiner Fotos für den STERN zu bitten. Eine der königlichen Aufnahmen, die Königin Sirikit zeigt, wie sie den jubelnden Nürnbergern zuwinkt, finden Sie auf Seite 8 in diesem Heft. In der nächsten Nummer bringen wir eine weitere Serie von bezaubernder Intimität – »Fotos: König Bhumibol von Thailand«.

Nicht alle STERN-Reporter sind in dieser Woche so königlich-kollegial behandelt worden. Rolf Gillhausen, der mit Egon Vacek in Kuba war, als die Ereignisse um Fidel Castro ihrem dramatischen Höhepunkt zustrebten, wurde gleich ein paarmal verhaftet, ehe er dahinterkam, daß er ein falsches Hemd trug. Das Hemd war khakifarben, und diese Sorte hat unserem Freund Gill schon bei seinen Reisen durch die Sowjetunion, durch Rotchina und Indien gute Dienste getan. In Kuba aber waren die Khakihemden einst die Uniform der verhaßten Polizei des Diktators Batista, den Fidel Castro vor zwei Jahren gestürzt hatte. Aber selbst nachdem Gillhausen die Hemdenfarbe gewechselt hatte, wurde es jedesmal brenzlig, wenn er auf die Frage »Deutschland Ost oder West?« zugab, daß sein Kanzler Adenauer heißt. Eisenhower und Adenauer stehen nämlich zur Zeit in Kuba sehr viel schlechter im Kurs als Chruschtschow, den die Desperados der kubanischen Revolution bei ihren pathologischen Haßtiraden gegen Amerika als Freund und Rückendeckung ansehen. Und nach dem Motto »Die Freunde meiner Freunde sind auch meine Freunde« gelten drüben nur die sowjetzonalen Deutschen als gute Deutsche.
In der gleichen Woche schickten die STERN-Reporter Otto von Loewenstern und Alfred Strobel ihre erste Reportage vom Krisenherd Katanga. Ich weiß nicht, ob dort schon der dritte Weltkrieg begonnen hat oder ob alles mal wieder in Ordnung ist, wenn diese Zeilen erscheinen – die Situation ändert sich ja von Stunde zu Stunde. Als Loewenstern in Elisabethville eintraf, so schreibt er, gab es da nur eine einzige Flagge des »Unabhängigen Staates Katanga«, die gerade gehißt wurde, als die beiden STERN-Reporter das Regierungsgebäude betraten. Später, als Präsident Tschombé für den STERN vor der Fahne fotografiert werden wollte, war das nur so zu bewerkstelligen, daß Tschombé den Befehl gab, die Fahne wieder herunterzuholen. Loewenstern und einer von Tschombés Ministern mußten die Fahne halten, und ebenso selbstbewußt wie einfältig ließ sich der schwarze »Staats«chef dann von Strobel fotografieren.
Fast hätte auch das zu einer diplomatischen Verwicklung geführt, denn wenig später gab es große Aufregung: Die Fahne war verschwunden. Zum Glück fand sie sich wieder, als zusammengerolltes Bündel neben dem Eingang zum Regierungsgebäude, wo der ordnungsliebende Loewenstern sie deponiert hatte. Immerhin haben unsere beiden Reporter doch auch ein wenig hinter die Fahne geblickt und erzählen Ihnen auf Seite 14, was es mit dieser unabhängigen Staatsgründung wirklich auf sich hat.
Sie sehen also, lieber STERN-Leser, die ganze weite Welt gehört dem, der sich darin tummelt. Unsere Reporter tun das jede Woche für Sie. Wäre es nicht ein Grund für uns, ein bißchen stolz und zufrieden zu sein?
Ach nein! Wir hätten Ihnen doch gern noch aus Magdeburg, aus Dresden und aus Frankfurt an der Oder berichtet. Aber das liegt für einen Reporter heute weiter weg als Kuba und der Kongo. Es sei denn, der STERN würde sich verpflichten, Reportagen aus dem anderen Deutschland vorher in Pankow zensieren zu lassen. Mit dem Werbeslogan »Dem STERN-Leser gehört Deutschland« ist es also vorderhand noch nichts.

Der Tod aus dem Gashahn

Dies ist kein Brief, sondern eine Anklage! Eine Anklage gegen die Fahrlässigkeit des Staates und der Behörden, die unser Leben in jeder Kleinigkeit mit Vorschriften und Verboten einengen und die keinen Finger rühren, wenn es um Menschenleben geht.
Versuchen Sie einmal, Ihr Haus nach Ihrem eigenen Geschmack anstreichen zu lassen – die Baupolizei wird Sie bald darüber belehren, daß bei uns nicht jeder so kann, wie er möchte. Wofür gäbe es sonst eine Bauordnung? Die schreibt Ihnen vor, ob Sie vor Ihrem Hause auf eigenem Grund einen Baum pflanzen dürfen oder nicht und ob Sie Ihr Haus mit einem Satteldach oder einem Flachdach zu decken haben.

Aber ob Ihnen durch eine staatlich konzessionierte Gesellschaft der Tod ins Haus geliefert wird, das kümmert diese Herren nicht.
Was dem Hamburger Postassistenten Gerhard Dörntge am Montag der vergangenen Woche widerfuhr, das kann morgen Ihnen und mir geschehen. Gerhard Dörntge, 31 Jahre alt und seit sieben Jahren glücklich verheiratet, verlor an diesem Tage alles, was seinem Leben Glück und Ziel gegeben hatte.
Der junge Beamte, eben zum Lehrer an eine Post-Fachschule berufen, hatte am frühen Morgen seine Neubauwohnung im Hamburger Stadtteil Barmbek verlassen. An diesem Montag sollte er den ersten Vortrag vor seinen Schülern halten. Kein Wunder, daß er ein wenig nervös war, daß der Abschied flüchtiger ausfiel als an anderen Tagen. »Toi, toi, toi«, hatte die junge Frau Gertrud gesagt und ihren Mann geküßt, »ich drück' dir die Daumen!« Die Kinder, der sechsjährige Karlheinz, der vierjährige Gerhard und der kleine Günther, eben 15 Monate alt, lagen noch in ihren Betten. Und Gerhard Dörntge war mit seinen Gedanken längst bei seinem ersten Unterricht.
Am frühen Nachmittag kam er nach Hause. Es war alles gutgegangen. Fröhlich pfeifend schloß er die Wohnungstür auf. Was gibt es Schöneres für einen Mann, als wenn er mit dem Erfolg im Beruf das Glück von Frau und Kindern sichern kann . . .
Als Gerhard Dörntge das Leuchtgas roch, fiel die Angst über ihn her. Er stieß die Tür zum Badezimmer auf, aber da war niemand. Er lief weiter, und dann stand er in der Küche – da lagen sie vor ihm, ausgestreckt auf den Steinfliesen, seine Frau Gertrud und die Jungen, Karlheinz und Gerhard und der kleine Günther, eben 15 Monate alt.
Jede Hilfe kam zu spät. In vier Zinksärgen wurde das Glück des jungen Familienvaters noch am gleichen Abend ins Leichenhaus getragen. Und zwei Tage später hatte die Polizei den Vorfall geklärt: Eine locker sitzende Gewindemutter am Hauptgashahn wurde als die Ursache des Unglücks ermittelt. Als Frau Dörntge Wasser aufsetzen wollte, mußte sie den Haupthahn aufgedreht haben. Aber dann war, ehe sie die Flamme entzünden konnte, wohl etwas dazwischengekommen – vielleicht waren die Kinder aufgewacht und hatten nach der Mutter gerufen. Und während sie die Kinder ankleidete, strömte das Gas aus dem defekten Hahn. Die Fenster der Küche waren geschlossen. Frau Dörntge kam nicht mehr dazu, sie zu öffnen, ohnmächtig muß sie zu Boden gestürzt sein und im Fallen den kleinen Günther mitgerissen haben. Die beiden älteren Kinder sind wenig später in der Nähe des Küchenfensters zusammengebrochen. Wahrscheinlich hatten sie den Gasgeruch gespürt und versucht, das Fenster zu öffnen.
So rekonstruierte die Polizei, was an diesem Morgen geschehen war. Die Akte Dörntge, kaum angelegt, konnte wieder geschlossen werden.

Nur die Pressestelle der Hamburger Gaswerke hatte noch ein paar Tage zu tun. Man beteuerte, die modernen Gasgeräte seien durchaus sicher, das Gewinde müsse mit Gewalt gelockert worden sein. Zwei Tage später fand sich die Gewindemutter in der Hosentasche des toten Karlheinz, und da sie keine Spuren von Gewalt aufwies, bequemte man sich zu der Feststellung, die Mutter könnte sich durch den ständigen Gebrauch des Gashahns gelöst haben. Dann redete man noch etwas von Sicherheitsvorschriften für Gasgeräte und ermahnte schließlich die Hausfrauen, bei verdächtigem Gasgeruch sofort den Störungsdienst der Gaswerke anzurufen.

Als ob die Manager der deutschen Gasanstalten nicht wüßten, daß es ein erprobtes Mittel gibt, dem schleichenden Gastod ein für allemal Einhalt zu gebieten: die Entgiftung des Leuchtgases.

1600 Menschen sterben alljährlich in der Bundesrepublik durch Leuchtgas. Undicht gewordene Rohre, schadhafte Gasherde, Erlöschen der Flamme durch überkochendes Wasser und gelockerte Gashähne sind die Ursache. Zieht man die Zahl der Selbstmörder ab, dann bleiben immer noch mehr als tausend Gastote im Jahr. Und wie viele kommen durch Explosionen ums Leben, weil ein Selbstmörder das Gas ausströmen ließ, bis das ganze Haus in die Luft ging!

Die Stadt Basel in der Schweiz hat vor zwei Jahren eine Gasentgiftungsanlage gebaut. Die Kosten für den Kubikmeter Gas sind dadurch um 1,3 Pfennig gestiegen. Aber im Wirtschaftswunderdeutschland ist das wohl zuviel, auch wenn man für ein paar Mark im Jahr mehr als tausend Menschen vor dem Tode bewahren kann. Wahrhaftig, eine makabre Rechnung!

Was heute dem Postassistenten Gerhard Dörntge geschah, kann morgen Ihnen und mir passieren. Deshalb klagen wir an!

Der Bundestag, der die Größe der Häubchen für Speiseeisverkäuferinnen gesetzlich geregelt hat, der Staat, der uns auf allen Lebensgebieten bevormundet, möge uns endlich vor der fahrlässigen Tötung schützen, die jeden von uns bedroht. Selbst im totalsten aller Kriege haben sich beide Seiten gescheut, die Gaswaffe anzuwenden. Wie lange noch soll es erlaubt sein, daß Monopolbetriebe, gegen die sich der Verbraucher allein nicht wehren kann, uns das Giftgas jeden Tag unmittelbar ins Haus liefern!

14. September 1960

Gefährliche Flüchtlinge

Versuchen Sie einmal, sich vorzustellen, Sie währen Barbara Johnson und lebten in Columbus im amerikanischen Staat Ohio. Verzeihen Sie, ich weiß natürlich, daß Barbara nur eine Frau sein kann, aber es hat sich bei der Presse nun einmal eingebürgert, vom Leser zu sprechen und die Leserin einzubeziehen. Und da immer die Damen zuerst kommen, habe ich eben mit Barbara Johnson angefangen.

Sie können sich aber, wenn Sie ein männlicher Leser sind, ebensogut in die Rolle von Harry Johnson hineindenken, der je nach seinem Alter der Mann, der Sohn oder der Vater von Barbara sein mag. Ihren Beruf brauchen Sie nicht zu ändern, es kommt für unsere Geschichte nicht darauf an, ob Sie Arzt, Elektriker oder Bauer sind. Bleiben Sie also bei Ihrer gewohnten Tätigkeit, nur – Sie leben jetzt in Columbus, heißen Johnson und sind amerikanischer Staatsbürger.

Morgens, beim Frühstück, lesen Sie den *Columbus Citizen,* das ist Ihre Lokalzeitung. Sie lesen darin, daß im Jeffersonpark ein Liebespaar ermordet wurde und daß die neue Brücke über den Scioto River morgen dem Verkehr übergeben wird. Und auf der ersten Seite, da, wo die politischen Nachrichten stehen, lesen Sie auch ein paar Zeilen über Deutschland. Von Deutschland wissen Sie nur, daß es

weit drüben über dem Ozean liegt, viele tausend Meilen von Columbus entfernt. Vor Jahren gab es einen Krieg gegen diese Deutschen; Ihr Vetter ist in dem Krieg gefallen, aber das ist lange her, und Sie haben ihn kaum gekannt. Immerhin, es muß ein mörderischer Krieg gewesen sein, und diese Deutschen sollen damals schreckliche Dinge getan haben, weshalb sie in jenen Jahren im *Columbus Citizen* nur die Hunnen genannt wurden.
Sie wissen aber noch etwas mehr über Deutschland. Sie haben gelesen, daß der Krieg das Land geteilt hat und daß die östliche Hälfte von den Kommunisten besetzt ist. Mitten in dieser östlichen Hälfte liegt die ehemalige Hauptstadt der Deutschen, Berlin, und wegen Berlin gibt es von Zeit zu Zeit Ärger.
Nun hat man Ihnen gesagt, daß dieses Berlin die vorderste Verteidigungslinie des Westens sei und daß auch die Leute in Westberlin Amerikas Verbündete sind. Wenn also die Kommunisten versuchen sollten, Berlin zu nehmen, dann müßten amerikanische Soldaten zu seinem Schutz eingreifen. Das ist recht so, denn wenn die Russen erst einmal Berlin hätten, dann würden sie bald auch Deutschland erobern und damit Europa. Dann aber wäre die ganze westliche Welt in Gefahr. Nun, das ist kein sehr angenehmer Gedanke, denn Ihr Sohn Clifford ist gerade im militärischen Alter, und wenn es wegen Berlin zum Kriege käme, dann wäre er dabei. Außerdem ist Ihnen bekannt, daß die Sowjets Raketen haben, die bis nach Amerika reichen.
Sie, Barbara oder Harry Johnson, sind also dringend daran interessiert, daß es nicht zu diesem Krieg kommt. Hoffentlich, so werden Sie denken, haben diese Deutschen wenigstens aus ihrer Vergangenheit gelernt und spielen nicht unnötig mit dem Feuer an dieser leicht entzündbaren Grenze.
Und nun lesen Sie in Ihrem Blatt, daß die Deutschen in dem gefährdeten Berlin ein Treffen der Heimkehrer und eine Kundgebung der Heimatvertriebenen veranstalten und daß die Kommunisten Straßensperren errichten und mit Gegenmaßnahmen drohen. Sie lesen, daß der Westberliner Bürgermeister Brandt auf einer Massenkundgebung die kommunistische Regierung als »Kümmerlinge« bezeichnet hat und daß ein Abgeordneter des westdeutschen Parlaments mit Namen Hermann Ehren in Düsseldorf verkündete, die Oberschlesier wollten zwar keinen Krieg, aber notfalls würden sie für die Freiheit kämpfen wie einst am Annaberg. Schließlich seien die Oberschlesier immer Deutschlands beste Soldaten gewesen.
Sie wissen nicht, was der Annaberg bedeutet, aber Sie haben das unheimliche Gefühl, daß diese Deutschen immer noch nichts gelernt haben und daß sie wirklich mit dem Feuer spielen. Und wenn es zu brennen anfinge, dann müßte Ihr Sohn kämpfen, und dann wären Ihr Land und Ihr Haus von sowjetischen Raketen bedroht.
Ich wette, Sie denken: Wenn diese verdammten Wichtigtuer das Unglück selber heraufbeschwören, dann sollen sie auch alleine sehen, wie sie damit fertig werden. Das denken Sie, wenn Sie Barbara oder Harry Johnson sind und in Columbus im amerikanischen Staate Ohio wohnen.
Und ich glaube, nicht viel anders denken in der Tat Millionen Amerikaner, Millionen Franzosen, Millionen Engländer. Die keiner Sympathie mit dem Kommunismus verdächtigte Londoner »Times« hat es so ausgedrückt:
Ohne Leidenschaft beurteilt, ist Berlin für den Westen eine politische und strategische Last . . . In der Frage der Verteidigung Berlins können die westlichen Staatsmänner nur eine Haltung einnehmen, die von ihrer Wählerschaft gebilligt wird . . . Das schließt nicht die Ausnutzung dieser Verteidigungsbereitschaft für eine Politik ein, welche die Rückgabe der heute unter polnischer und tschechoslowakischer Herrschaft stehenden Gebiete an Deutschland fordert . . . Amerikaner, Briten und Franzosen halten eine solche Politik für suspekt.

Und wir Deutschen?
Seit zwei Wochen schreiben unsere Zeitungen, daß wir hart bleiben müssen, daß der Westen jetzt die »Generalprobe Berlin« zu bestehen habe, und was weiß ich sonst noch.
Und das alles wegen ein paar Berufsflüchtlingen, die ausgerechnet in Berlin die Trommel schlagen wollen?

Ich möchte nicht mißverstanden sein: Die Heimatvertriebenen sind alles andere als »Revanchisten«. Herr Ulbricht lügt, wenn er behauptet, sie seien nach Berlin gekommen »als Vorauskommando eines im Hitlergeist geplanten Rachekrieges gegen die DDR und damit gegen die Sowjetunion«. Er lügt, wenn er die Zone einen »souveränen Staat« nennt, und er lügt, wenn er sagt, daß Westberlin »auf dem Territorium der DDR liegt«.
Aber müssen wir deshalb ausgerechnet in diesem so unendlich gefährdeten Berlin Massenkundgebungen veranstalten, auf denen pathetisch die »friedliche Rückkehr der geraubten Gebiete« verlangt wird, obwohl wir doch ganz genau wissen, daß weder die Sowjets noch die Tschechen und schon gar nicht die Polen diese Gebiete freiwillig räumen werden? Wir müssen es nicht.
Und wenn wir es dennoch tun, dann dürfen wir uns nicht wundern, wenn unsere Verbündeten uns eines Tages sagen: »Macht euren Dreck alleine!«

Seien Sie ehrlich, würden Sie anders reagieren, wenn Sie Barbara oder Harry Johnson wären und in Columbus im amerikanischen Staat Ohio wohnten?

21. September 1960

Mercator macht's möglich

In dieser Woche hätte es leicht geschehen können, daß die gesamte Auflage des STERN von der Polizei beschlagnahmt worden wäre. Kaum war nämlich das farbige Titelblatt mit den ungezählten Geldscheinen gedruckt, als unser Verlagsjurist mit allen Zeichen des Entsetzens in die Redaktion gelaufen kam.
Es sei, so erklärte mir der rechtskundige Doktor, nach dem Paragraphen 360 Ziffer 6 des Strafgesetzbuches untersagt, Abbildungen zu verbreiten, die unserem Papiergeld zum Verwechseln ähnlich sind. Offenbar habe der Gesetzgeber vorausgeahnt, daß eines Tages gewiefte Schwindler an Stelle von Fünfzig- und Hundertmarkscheinen einfach Teile des STERN-Umschlags in Zahlung geben könnten.
Nun haben Sie sicher bemerkt, daß von einer Verwechslungsgefahr eigentlich schon deshalb keine Rede sein kann, weil die Geldscheine auf unserem Titelbild um gut zwei Zentimeter in der Breite kleiner sind als das Originalgeld. Zudem ist das Papier der Staatsdruckerei wesentlich dünner, und schließlich ist kein einziger Schein auch nur annähernd unversehrt, sie sind alle übereinandergelegt und am Rand beschnitten. Dennoch, so meinte unser Jurist, die Staatsanwaltschaft sei in solchen Dingen sehr empfindlich, und eine gewisse Gefahr könnte in der Abbildung des einen 50-Mark-Scheines liegen, der am linken Rand des Titelbildes direkt unter dem STERN-Siegel zu gut zwei Dritteln sichtbar ist. Und er werde, so fügte der Anwalt hinzu, vom STERN dafür bezahlt, daß er eine drohende Gefahr eher übertreibe als bagatellisiere.
Was war zu tun? Eine Million und vierhunderttausend Umschläge waren gedruckt! – das dauert bei vier Farben selbst auf den modernsten Druckmaschinen vier Tage und drei Nächte. Das komplizierte Kursbuch des Vertriebs einer so gewaltigen Auflage drohte durcheinander zu geraten, und am Ende hätten Sie am Dienstag vergebens auf Ihren STERN gewartet.

Ein rasch herbeigerufener juristischer Sachverständiger konnte die Bedenken nicht mit Sicherheit ausschließen. Wieder ging es allein um den bewußten Fünfziger, den ein geschickter Fälscher vielleicht hätte ergänzen können, um damit sehr unaufmerksame oder arg kurzsichtige Verkäufer zu täuschen. – So mußten also sämtliche Titelblätter mit den beiden Zeilen *mercator notiert* überdruckt werden.

Was aber hat es mit diesem *mercator* auf sich?
Mit *mercator,* dem lateinischen Wort für Kaufmann, sind die Artikel des Münchner Journalisten Dieter Stolze (31) gezeichnet, dem es gelungen ist, sogar mir klarzumachen, was man mit seinem Geld anfangen muß, damit aus wenig viel und aus viel noch mehr wird.
Das will nun freilich etwas bedeuten, denn im Rechnen und später in der höheren Mathematik war ich stets das Schwarze Schaf meiner Klasse. Und weil das mit dem Rechnen so geblieben ist, versieht bei uns zu Hause meine Frau das Amt des Finanzministers. Sie behauptet denn auch, soweit es das Geldausgeben beträfe, könne ich nicht einmal addieren.
Nun lese ich gelegentlich die Münchner »Abendzeitung«, und da fand ich denn unter dem Pseudonym *mercator* zum erstenmal Wirtschaftsberichte, die mich faszinierten. Das war kein unverständliches Börsenchinesisch, sondern ein leicht faßlicher und spannender Lesestoff, und er war um so spannender, als man hier lesen konnte, ob und warum und wie man sparen solle und was man mit dem ersparten Geld anfangen müsse, damit es fruchtbar sei und sich mehre.
Ich habe es dann einfach einmal probiert. Und als ich dahintergekommen war, auf welche Weise man dem Finanzamt Steuervergünstigungen und Sparprämien aus der Nase ziehen kann, da war ich entschlossen, diese nützlichen Kenntnisse Ihnen, liebe STERN-Leser, nicht vorzuenthalten.
Sagen Sie nicht, Sie wüßten das alles schon oder Sie hätten einen guten Steuerberater. Ich habe auch einen, aber *mercator* hat sich für mich als sehr viel nützlicher erwiesen. Denn das Addieren (das Aufeinanderlegen von Zehnmarkscheinen mit Hilfe eines Sparbuches) und das Subtrahieren (das Absetzen von Sonderausgaben und Sparprämien von der Steuer) sind ja nur die niederen Formen des gewöhnlichen Rechnens. Wirklich spannend aber wird es erst, wenn es an das große Einmaleins der Wertpapiere und Börsenkurse geht.
Wußten Sie zum Beispiel, daß ganze 35 Mark, vor drei Jahren in Daimler-Benz-Aktien angelegt, heute mit 1000 Mark zu Buch stehen? Und wenn Sie damals 35 000 Mark hätten anlegen können, dann wären Sie heute Millionär!
Keine Sorge, auch dieses große Einmaleins wird Ihnen jetzt leichtgemacht. Dieter Stolze ist nämlich keiner von den »gelernten“ Wirtschaftswissenschaftlern. Er hat sich eines Tages einfach zwei Aktien für 500 Mark gekauft und fand es sehr aufregend, daß diese Aktien nach wenigen Wochen 620 Mark wert waren. Und als sie dann zwei Monate später auf 370 Mark fielen, fand er es noch aufregender und begann, sich mit der Sache zu befassen. (Im Vertrauen: Er hat die beiden Aktien behalten, und ihr Wert beträgt heute das Zwölffache.)
Seitdem hat er als *mercator* einen sechsten Sinn für gewinnbringende Geldanlagen entwickelt. Kleine Sparer und große Spekulanten, Kaufleute und Bankiers beachten seine Tips.
Und ich meine, wenn ich schon davon profitiere, warum sollten Sie es nicht auch tun.

28. September 1960

Schlamms Provokationen

Der Kolumnist eines Blattes hat ein Anrecht darauf, daß seine Artikel ungekürzt und unverändert abgedruckt werden. Auch wenn er William S. Schlamm heißt und dann und wann Dinge sagt, die dem und jenem unbequem sein mögen.
Aber offenbar kann man diesen Schlamm nicht immer unwidersprochen drucken. Jedenfalls dann nicht, wenn er, wie in seiner heutigen Kolumne auf Seite 84, eine allgemeine Beunruhigung heraufbeschwört, die nur Kurzschlußhandlungen zur Folge haben kann.

Die Westdeutschen, so meint William S. Schlamm, schlafen den Schlaf der Satten mitten im warmen Spätsommer, noch vor dem Winter des Kalten Krieges, dem sich ums Jahresende ihr Untergang anschließen wird. Die einzige Alternative, sagt Schlamm, sei der »überaus tapfere Einsatz«. Die Deutschen müßten »sich selbst aufs Spiel setzen« oder »schamlos untergehen«!

Aber ist das eine Alternative? Und was heißt denn »Einsatz«? Was heißt »sich aufs Spiel setzen«? Soll die Bundeswehr ihre Panzer anwerfen und sich nach Berlin in Marsch setzen, weil Herr Ulbricht die Sektorengrenze für Bundesbürger sperrt?

Wenn Herr Schlamm das meint, soll er es doch sagen. Aber ich halte es für Taschenspielerei, wenn er den Wecker rasseln läßt und dem erschreckten Schläfer dann auch nicht sagen kann, was für ihn auf dem Tagesprogramm steht. Unruhe um der Unruhe willen ist nichts anderes als Nervosität.

Was ist geschehen?

Die Zonenbehörden haben die Bewegungsfreiheit innerhalb Berlins für westdeutsche Bürger aufgehoben. Das ist ein klarer Bruch der Viermächtevereinbarungen aus dem Jahre 1945, die eine gemeinsame Verwaltung der alten Reichshauptstadt durch die USA, England, Frankreich und die Sowjetunion vorsahen. Diese auf dem Papier noch gültige Abmachung ist die einzige vertragliche Garantie für die Sicherheit der zweieinhalb Millionen Berliner in den Westsektoren.

Wie aber sieht es in Wirklichkeit aus?

Berlin ist gespalten, die Viermächtekontrolle praktisch aufgelöst. Ostberlin ist heute die Hauptstadt jener DDR, mit der wir dank ihrer von den Sowjets verliehenen Macht rechnen müssen, auch wenn sie mangels demokratischer Legitimation kein rechtmäßiger Staat ist. Und Herr Ulbricht wird nicht müde zu betonen, daß auch Westberlin auf dem Territorium der »souveränen Deutschen Demokratischen Republik« läge.

Das ist nun freilich nicht wahr, denn die Westmächte sind in Berlin nicht durch die Gnade der Sowjets oder ihrer sowjetzonalen Trabanten, sondern weil sie Deutschland im Kriege besiegt und ihren Anteil an der Besetzung Berlins durch die Hergabe weit größerer Gebiete eingetauscht haben, die ursprünglich von amerikanischen und englischen Truppen erobert wurden.

Aber hält sich denn der Westen an jene Vereinbarungen von 1945? Er tut es ebensowenig. In Westberlin tritt jedes Jahr der Deutsche Bundestag zusammen, obwohl Westberlin nach dem Grundgesetz nicht zur Bundesrepublik gehört. Seit wann tagen Parlamente außerhalb ihres Hoheitsgebietes? Und auf welchen völkerrechtlichen Tatbestand stützt sich Minister Erhard, wenn er bei der Eröffnung der Berliner Industrieausstellung verkündet: »Ob es Ulbricht wahrhaben will oder nicht, ich befinde mich hier auf dem Boden der Bundesrepublik«?

Solche starken Worte haben denn auch den Bürgermeister und Kanzlerkandidaten Willy Brandt nicht schlafen lassen. In einem Interview mit der »Bild«-Zeitung legte er Ulbricht nahe, sich auf den Kopf zu stellen und mit noch mehr Schikanen aufzuwarten. Er, Willy Brandt, würde ihm die Suppe schon versalzen.

Mir scheint, daß Kinder, die im dunklen Wald laut zu singen anfangen, damit nicht eben ihre Unerschrockenheit beweisen. Wenn der Räuber Ulbricht hinter dem Baum hervortritt und mit einer neuen Blockade Westberlins aufwartet, dann soll uns Willy Brandt doch einmal sagen, wie er ihm die Suppe versalzen will. Herr Ulbricht läßt nämlich in Moskau kochen.

Auch Minister Erhard wird kaum erklären können, auf welche Weise er den von ihm proklamierten Besitzanspruch der Bundesrepublik auf Westberlin durchzusetzen gedenkt. Jedenfalls nicht mit Hilfe der Westmächte, die einen solchen Anspruch ausdrücklich verneint haben. Man sollte meinen, Minister läsen hierzulande nicht nur den Bonner »Generalanzeiger«. In allen New Yorker und Pariser Zeitungen wiederholten sich nämlich in den letzten Wochen die Warnungen vor jeder Provokation in Berlin.

Die Situation, so verworren sie aussehen mag, ist im Grunde klar. Eine Bundesrepublik wird es nur so lange geben, wie die Freiheit Berlins unangetastet bleibt.

Entziehen sich die Westmächte – und das heißt vor allem Amerika – ihrer Verpflichtung zum Schutze des freien Berlin, dann hätten allerdings nicht nur die Menschen in der Bundesrepublik das Gefühl, wieder einmal die schwächeren Verbündeten gehabt zu haben. Jeder europäische Staat wäre dann der sowjetischen Erpressung ausgesetzt.
Die Garantie für Berlin aber liegt nicht in irgendwelchen papiernen Verträgen. In unserer Welt haben Verträge nur so lange einen Sinn, wie alle Beteiligten guten Willens sind. Da man das nach dem ersten Berlin-Ultimatum bei den Sowjets nicht mehr voraussetzen kann, kommt es allein darauf an, daß die militärische Macht des Westens stark genug ist, die Unversehrtheit Westberlins zu gewährleisten.
Insofern ist also Westberlin der Testfall für die Nato. Jeder ernsthafte Angriff auf Westberlin muß für die Sowjets die Gewißheit eines Krieges bedeuten.
Aber so weit geht ja nicht einmal Herr Schlamm, daß er einen direkten Angriff der Sowjets oder der sowjetzonalen Volksarmee voraussagt. Was ihm und was uns allen auf die Nerven geht, sind die dauernden Drohungen und Schikanen, gegen die Proteste gar nichts und Druckmaßnahmen offenbar nur wenig auszurichten vermögen.
Gewiß, vielleicht war es zu wenig, auf die Sperrung der Sektorengrenze nur mit einem Ein- und Durchreiseverbot für Zonenfunktionäre zu reagieren und westdeutschen Kaufleuten den Rat zu geben, nicht in die Zone zu reisen. Die Aufkündigung des Interzonenhandels wäre schon ein härterer Schlag – aber es stünde leider zu befürchten, daß die Zone nicht nur von neutralen Ländern, sondern auch von einigen Nato-Partnern die Waren geliefert bekäme, die wir ihr verweigerten. Außerdem hat ein solcher Wirtschaftsboykott seine weiche Stelle: Man will das Regime treffen, trifft aber wahrscheinlich nur die Versorgung der Zonenbevölkerung. Ulbricht wird die Kochtöpfe, nicht die Kanonen sparen, wenn wir ihm den Stahl nicht mehr liefern.
Aber William S. Schlamm meint ja auch, der westdeutsche Bürger solle erst gar nicht auf die Obrigkeit warten, sondern »die Angelegenheit seines Volkes selber in Bewegung bringen«. Was heißt das? Will er uns an die Gewehre treiben? Warum sagt er nicht, was er denkt – wenn er hier überhaupt zu Ende gedacht hat? Schlamm wirft mir vor, den falschen Leuten die falsche Frage gestellt zu haben, als ich schrieb, was wohl die Johnsons in Columbus/Ohio sagen würden, wenn die Deutschen an dem Explosivpunkt Berlin unnötig mit dem Feuer spielten. Und da ist er denn auch gleich wieder mit einem logischen Trick bei der Hand. Er meint, man müsse die Johnsons fragen, ob sie um Berlin einen Krieg führen wollten, wenn das Geschick dieser Stadt die Deutschen selber nicht einmal in Unruhe versetzt. Gewiß nicht. Aber heißt das etwa, sie würden mit Freuden ihre Söhne opfern, wenn die Deutschen jene Unruhe nicht zügeln könnten, die Schlamm ihnen zur Bürgerpflicht machen möchte?
William S. Schlamm weiß ganz genau, daß ohne die amerikanischen Johnsons, die Duponts aus Frankreich und die Browns aus England die Freiheit Berlins nicht verteidigt werden kann. Hat er nicht gelesen, was die »Times« schrieb: *In der Frage der Verteidigung Berlins können die westlichen Staatsmänner nur eine Haltung einnehmen, die von ihrer Wählerschaft gebilligt wird.*
Aber wenn ihm meine Frage nicht gefällt, dann weiß er vielleicht eine andere zu beantworten: Was meint wohl Herr Schlamm, werden die Delegierten der Uno-Versammlung, in denen Asiaten und Afrikaner einen immer größeren Block bilden, von seiner Forderung nach der deutschen Unruhe halten? Ich glaube nicht, daß es in Djakarta oder Neu-Delhi besonders interessiert, ob Herr Müller aus Bonn nach Ostberlin fahren darf. Würde der Westen deshalb mobilmachen, wer wäre dann wohl der Kriegstreiber in der gewiß nicht unwichtigen Meinung der Welt?
Lassen Sie mich zusammenfassen und noch einmal ganz deutlich sagen:
Die Freiheit Westberlins muß unter allen Umständen und notfalls mit allen Mitteln verteidigt werden.
Verteidigen heißt nicht provozieren. Auch wenn Chruschtschow und Ulbricht ebensowenig provoziert zu werden brau-

chen wie ein »Kassenschränker« zum Einbruch, sollten wir ihnen dennoch keinen billigen Vorwand liefern.
Berlin steckt wie ein Pfahl im Fleische des Ostblocks. Wenn es der Ausgang des Krieges mit sich gebracht hätte, daß Düsseldorf unter kommunistische Herrschaft geraten wäre, dann würden wir nicht weniger empfindlich reagieren auf alles, was dort geschähe.
Politik ist keine Angelegenheit der großen Worte, sondern der tatsächlichen Macht.
Deshalb sollte das Schicksal Berlins nicht unnötig belastet werden mit antisowjetischen »Kampfgruppen«, Propaganda-Organisationen, Rundfunksendern usw. Propaganda und Spionage, in denen der Westen dem Osten durchaus nichts nachzugeben brauchte, können von anderen Punkten aus betrieben werden.
Berlin – das bedeutet doch wohl: die Berliner! Zweieinhalb Millionen Menschen, die weder von William S. Schlamm noch von irgend jemandem sonst »aufs Spiel gesetzt werden« wollen. Wer sie liebt, der sollte alles tun – und manches unterlassen –, damit die Berliner in Ruhe und Freiheit leben können.
Aber könnten die Berliner denn nicht in Frieden leben, wenn man den sowjetischen Vorschlag einer »entmilitarisierten Freien Stadt Westberlin« annähme, deren Status notfalls von der Uno garantiert würde?
Sie könnten es nicht. Und die Sowjets wissen genau, warum sie diesen Vorschlag machen, der – nicht zuletzt dank der lästigen deutschen Unruhe – auch in der übrigen Welt schon populär zu werden beginnt:
In unserer Welt, wir sagten es schon, haben Verträge nur dann einen Sinn, wenn alle Beteiligten guten Willens sind – oder wenn eine übergeordnete Macht die Einhaltung der Verträge durchsetzen könnte. Weder sind die Sowjets guten Willens noch hätte die Uno im Ernstfall genügend Macht.
Ein nur mit papiernen Garantien ausgestattetes Westberlin inmitten einer hochgerüsteten kommunistischen Umwelt wäre allen Erpressungen ausgesetzt und könnte vor allem seine menschlichste Aufgabe nicht mehr erfüllen: Zufluchtsort für Flüchtlinge zu sein.
Die Sowjets spekulieren mit diesem Vorschlag darauf, daß die Alliierten im Endeffekt immer vor dem Kriege zurückzuken würden, solange in Berlin nur Deutsche schikaniert werden. Lassen Sie uns darauf vertrauen, daß Herr Chruschtschow im Endeffekt davor zurückschreckt, durch einen Angriff auf die alliierten Soldaten in Berlin den Atomkrieg zu riskieren.
Deshalb müssen die Westmächte in Berlin bleiben. Und wir sollten ihnen ihre heikle Lage nicht durch unnötigen Lärm erschweren.

5. Oktober 1960

Der Ärger mit dem Ladenschluß

Die Post wird nur noch einmal am Tage zugestellt. Der Milchmann kommt auch nicht mehr bis vors Haus. Und letzte Woche hat unser Kaufmann erklärt, mit dem Schicken der Ware sei es nun leider vorbei, sein Junge müsse zur Bundeswehr einrücken, und eine Aushilfe sei nicht zu bekommen.
Wenn Sie in ein Gasthaus gehen, werden Erinnerungen aus den Jahren vor der Währungsreform wach. Kollege kommt durchaus nicht immer gleich – und wenn er kommt, dann würde ich Ihnen empfehlen, nicht erst lange auf der Speisekarte zu suchen, sondern Ihre Bestellung parat zu halten, knapp und klar wie bei einem militärischen Rapport. Gegen die

Verärgerung von Kellnern sind selbst Geschäftsführer sehr empfindlich. Sie bekommen nämlich keine neuen.
Das ist des Deutschen Wirtschaftswunder: Er hat eine gute Stellung, verdient nicht schlecht und könnte sich manches leisten – wenn er's nur könnte. Aber er kann es nicht, denn da ist niemand, der es ihm leisten will. Dienstleistungen werden bei uns ganz kleingeschrieben. Postboten sind Mangelware, Putzfrauen gibt's nicht, Kellner sind rar, und auf Handwerker kann man warten, bis man schwarz wird.
Dafür haben wir den freien Samstag.
Samstag gehört Vati mir, haben die Gewerkschaften proklamiert. Auf Millionen von Plakaten warb ein fröhlich dreinblickender Blondschopf mit dieser Parole für das freie Wochenende. Und soweit Vati es nicht vorzieht, am Sonnabend einem zweiten Beruf nachzugehen, schwarzzuarbeiten oder einem anderen Arbeitgeber für doppelten Lohn zu dienen, gehört er an diesem Tage tatsächlich der Familie.
Was aber macht man am Sonnabend? Man kauft ein. Wozu arbeitet man schließlich die Woche über wie ein Pferd. Nun endlich hat man Zeit, sich in Ruhe ein neues Oberhemd zu kaufen, gemeinsam mit der Gattin nach einem Fernsehapparat Ausschau zu halten und vor gefüllten Schaufenstern zu überlegen, welcher Wintermantel einem am besten stünde.
Keine Sorge, lieber STERN-Leser, bald kann auch dieser Spaß ein Ende haben. Sonnabends einkaufen? Haben Sie denn nicht daran gedacht, daß auch Einzelhändler, Warenhausmanager und Verkäufer ihren freien Samstag haben möchten? Schon kündigten Hamburger Einzelhändler an: Wir wollen sonnabends schließen! Und wenn sich vorerst auch noch die Verbände und sogar einige Bundestagsabgeordnete skeptisch zeigen – Sie können sich darauf verlassen, damit wird man uns immer wieder kommen.
Wenn wir Verbraucher uns nicht ganz energisch dagegen wehren!
Aber haben denn die Verkäufer nicht recht, wenn sie einen freien Wochentag beanspruchen? Sollen denn alle anderen Berufszweige von der modernen Rationalisierung und Automatisierung und von was weiß ich welchen Errungenschaften profitieren, und nur die Leute hinterm Ladentisch sollen leer ausgehen?
Sie sollen nicht, und sie müssen auch nicht!
Zählen Sie einmal, wie viele Lebensmittelgeschäfte, die alle die gleichen Waren führen, in der Hauptstraße Ihres Stadtviertels liegen. Zählen Sie einmal die Geschäfte, in denen Sie die gleichen Oberhemden, die gleichen Anzüge, die gleichen Staubsauger und das gleiche Schweinekotelett kaufen können. Ich meine, der Einzelhandel ist bei uns maßlos übersetzt, und solange er das ist, soll mir keiner sagen, daß es am Personalmangel läge, wenn bei uns der Käufer nicht so bedient wird, wie er es erwarten kann.
Nun wird man einwenden, Konkurrenz müsse sein. Konkurrenz steigere die Qualität und senke die Preise, denn der Verbraucher kaufe durchaus nicht wahllos, er wisse schon, warum er sein Schnitzel beim Metzger Müller und nicht beim Metzger Meier kaufe.
Jawohl, Konkurrenz muß sein. Aber warum denn nur in bezug auf Qualität und Preise? Warum nicht auch im Dienst am Kunden?
Soll doch Metzger Müller seinen Laden am Samstag schließen. Dann wird Metzger Meier den seinen eben offenhalten, und Herr Müller wird es schon in der Ladenkasse zu spüren bekommen, was ihm seine Bequemlichkeit einbringt. Aber das wollen natürlich etliche Einzelhandelsfunktionäre keineswegs. Als gute Deutsche rufen sie nach dem Vater Staat, der die Ladenschlußzeiten für alle verbindlich anordnen soll.
Der Kaufmann, der einen guten Kunden abends durch die Hintertüre hereinläßt und Angst haben muß, von seinem Konkurrenten angezeigt zu werden, ist eine typisch deutsche Erscheinung. In England etwa, wo es Zahnprothesen auf Staatskosten gibt und jeder Angestellte und jeder Arbeiter ein Recht auf ausgedehnte Teepausen hat – wo also soziale Erwägungen ganz großgeschrieben werden –, ist noch nie jemand auf die Idee gekommen, den Einzelhändlern vorzuschreiben, wann sie ihre Läden auf- und

zuzumachen hätten. In Italien sind die meisten Kolonialwarenhandlungen bis spät am Abend geöffnet, in Moskau gibt es in allen Stadtteilen Lebensmittelgeschäfte, die erst um 24 Uhr schließen, und in New York habe ich mir schon um Mitternacht einen Regenmantel gekauft. Soll der Verkäufer 16 Stunden und mehr hinter dem Ladentisch stehen? Natürlich nicht. Die Festlegung einer angemessenen Arbeitszeit für Angestellte dürfen wir getrost den Gewerkschaften und dem Gesetzgeber überlassen. Warum aber sollte nicht im Handel wie in der Industrie im Schichtwechsel gearbeitet werden?
Wahrscheinlich würden dann einige Geschäfte eingehen, weil sie die erhöhten Kosten für Doppelschichten nicht tragen können. Mögen sie eingehen – das wäre dann der erste Schritt zur Rationalisierung des Handels. Wem der freie Wettbewerb im Dienst am Kunden nicht paßt, der soll sich in unserer vollbeschäftigten Wirtschaft einen bequemeren Druckposten suchen.

12. Oktober 1960

Die Maßhalte-Predigten

Wieviel Kilo Kaviar haben Sie im letzten Monat gegessen? Oder bevorzugen Sie Austern? Ließen Sie die Windeln Ihres Neugeborenen bei Dior in Paris entwerfen? Oder zogen Sie es vor, Ihr Geld mit ebenso leichten wie teuren Damen zu verprassen? Irgend etwas unverantwortlich Leichtfertiges müssen Sie und ich jedenfalls getan haben: Sowohl unser großer Kanzler wie unser breiter Vizekanzler haben uns soeben wegen unserer gierigen Leichtfertigkeit heftig gescholten.
»Es gibt kaum ein unzufriedeneres Volk als die Deutschen«, grollte Konrad Adenauer in seiner ersten öffentlichen Rede nach dem Urlaub. Und es werde ihm »bang ums Herz bei dem Gedanken, daß man es den Deutschen vielleicht nicht abgewöhnen kann, immer mehr und mehr haben zu wollen«.
Wirtschaftsminister und Vizekanzler Erhard grollte noch drastischer: »Das deutsche Volk verträgt es nicht, daß es ihm gutgeht. Dann verliert es jedes Maß und schlägt über die Stränge.«
Darüber, wer da eigentlich über die Stränge schlägt, war man sogar im Ausland nicht ganz einer Meinung. Die Pariser Zeitung »Le Monde« schrieb zum Beispiel:
Was Dr. Adenauer und Professor Erhard die »Unersättlichkeit der Deutschen« nennen, ist in Wirklichkeit nichts anderes als die natürliche Reaktion eines Volkes auf Jahrzehnte der Unsicherheit und der Entbehrungen. Es ist immer leicht, vom Gipfel der Macht, der amtlichen Ehren und des Wohlstandes herunter die Genußsucht der anderen zu brandmarken - und zu vergessen, daß man selber seinen politischen Erfolg mit der Parole »Wohlstand für alle« gemacht hat. Außerdem sind es sehr wenige Deutsche, die sich eines übermäßigen Reichtums erfreuen. Obwohl sich der Lebensstandard beständig erhöht, können die meisten Bürger der Bundesrepublik ihre »materialistischen Tendenzen« nur befriedigen, indem sie mit jeder Mark rechnen.
Falls unser gelehrter Wirtschaftsminister Professor Erhard es vergessen haben sollte – das durchschnittliche Einkommen einer vierköpfigen Familie in der Bundesrepublik betrug im vergangenen Jahr etwas über 600 Mark monatlich, und so viel auch nur dann, wenn mindestens zwei Familienmitglieder verdienen. Davon kann man ganz ordentlich leben. Über die Stränge schlagen kann man damit bestimmt nicht. Daß viele Deutsche den Drang haben, noch etwas mehr zu verdienen – daß sie also »unzu-

frieden« sind –, ist verständlich und in Ordnung.
Was würde nämlich aus unserer Wirtschaftspolitik und ihrem Apostel, dem Wohlstandsprofessor Erhard, wenn die Bundesdeutschen es sich plötzlich einfallen ließen, nach seiner neuesten Parole zum einfachen Leben zurückzukehren?
Das deutsche Wirtschaftswunder wuchs nicht aus dem Verzicht, sondern aus dem großen Hunger der Deutschen nach Lebensgütern – und aus ihrem hungrigen Fleiß. Ich habe das im 10. Kapitel des berühmten Buches von Ludwig Erhard »Wohlstand für Alle« nachgelesen:
Mutet es nicht pharisäerisch an, wenn sich die wohlhabenderen oder gar reicheren Schichten unseres Volkes über die Genußsucht und Begehrlichkeit derjenigen ereifern, die im Grunde genommen keinen anderen Wunsch haben, als es jenen gleichzutun . . .
Erst der Wille zum Verbrauch gestattet es, daß sich die Produktion ohne Störung fortentwickeln kann. Nur wenn vom Verbrauch her ein fortdauernder Druck auf die Wirtschaft ausgeübt wird, bleibt in ihr das Streben nach Rationalisierung und Leistungsverbesserung lebendig.
Es scheint, als hätte »Le Monde« ihre Kritik bei Ludwig Erhard selber abgeschrieben – oder ist es am Ende so, daß der Bundeswirtschaftsminister die Geister nun nicht los wird, die er einst gerufen hat?
Nun, an seiner und des Kanzlers Warnung vor einer Übersteigerung der Ansprüche ist schon etwas dran. Die Konjunktur unserer Wirtschaft läuft auf hohen Touren. Arbeitskräfte sind knapp geworden, die Gewerkschaften fordern höhere Löhne bei weniger Wochenstunden, die Industrie will jetzt Gewinne machen, um neue Produktionsstätten für den künftigen Verbrauch zu schaffen. Und der Verbraucher will schon heute kaufen, was er erst morgen – oder gar in zwölf Monatsraten – bezahlen möchte. Wenn aber alle an der Wirtschaft beteiligten Kreise immer nur Forderungen stellen, und wenn wir heute schon ausgeben, was wir erst im nächsten Jahr verdienen, dann müssen die Preise steigen.
Um es an einem ganz simplen Beispiel zu zeigen: Der Schuster kauft beim Schneider einen Anzug auf Raten, dafür kauft der Schneider ein Paar Schuhe auf Raten. Der Anzug wird getragen, die Schuhe abgelaufen – aber um neuen Stoff und neues Leder zu kaufen, brauchen beide Kredit. Und Kredite kosten Geld. Nun weiß ich natürlich, daß Anzüge selten und Schuhe nie auf Raten gekauft werden – aber übertragen Sie dieses Beispiel auf Kühlschränke, Fernsehgeräte und Autos, und Sie haben das Beispiel einer Wirtschaft, in der die Produktion nicht mehr im Verhältnis zur Kaufkraft steigt.
Ein bißchen mehr Verbraucherdisziplin könnte uns also nicht schaden.
Aber macht es denn der Staat, machen es die Gemeinden und die öffentlichen Körperschaften anders? Und wird Konrad Adenauer dafür sorgen, daß die Regierungspartei nicht im Wahljahr wiederum in Versuchung gerät, ihre Aussichten durch »großzügige« Staatsausgaben zu verbessern?

Die Zeit mag gekommen sein, den Deutschen zum Sparen zu raten. Aber dann sollten der Kanzler und sein Vizekanzler nicht wie die eifernden Bußprediger auf den Marktplatz laufen und uns der Völlerei und der Unersättlichkeit bezichtigen. Dann sollten Sie mit uns wie mit erwachsenen Leuten vernünftig reden.
Und sollten nicht vergessen, daß Maßhalten und Selbstdisziplin oben zu beginnen haben.

Troeller wird die Wahrheit sagen

Erinnern Sie sich noch an die »Lex Soraya«? Das war vor gut zweieinhalb Jahren, und es hatte mit einer Reportage im STERN begonnen. Mich sollte es nicht wundern, wenn wir eine ähnliche Affäre erleben, sobald das Heft, das jetzt vor Ihnen liegt, auch in Teheran eingetroffen ist. Denn heute beginnt im STERN der Bericht »Ein Schah, drei Kaiserinnen – und was dahintersteckt«. Und niemand wird sagen können, daß dies eine bei Hofe genehme Lektüre sein wird.

Damals, vor zweieinhalb Jahren, hatte unsere Geschichte mit Soraya selber wenig zu tun gehabt, denn das unglückliche Mädchen wohnte schon nicht mehr im Marmor-Palast. Immerhin befaßten sich die Wochenzeitungen spaltenlang mit der traurigen Liebesromanze des Schah, als hätten sie im Schlafzimmer des Herrschers ihre Sonderkorrespondenten versteckt. Aber STERN-Leser scheinen kritischer zu sein, sie haben sich niemals darüber beschwert, daß wir sie mit gynäkologischen Vermutungen über die diversen Gattinnen des Schah verschonten.

Statt dessen hatten die STERN-Reporter Hans Wehrle und Gerd Heidemann einen nicht weniger spannenden Bericht geliefert. Er befaßte sich mit den Intrigen am kaiserlich persischen Hof, geißelte die Korruption in der Beamtenschaft und deckte die Schaukelpolitik des Schah zwischen Washington und Moskau auf.

Kein Wunder, daß dem Schah dieser Bericht höchst peinlich sein mußte. Deshalb ließ er über seinen Bonner Botschafter Esfandiary, den Vater der Soraya, gegen den STERN Strafantrag stellen. Da nach deutschem Recht zu einer solchen Strafverfolgung die Zustimmung der Bundesregierung nötig ist, wandte sich Exzellenz Esfandiary an den Bundesaußenminister. Herr von Brentano erklärte denn auch beflissen, er »bedauere und mißbillige« diese Veröffentlichung, weil darin »unter grober Entstellung des Sachverhalts schwere Beleidigungen des iranischen Staatsoberhauptes« enthalten seien.

Später, als wir wegen dieser kühnen Unterstellung gegen Herrn von Brentano Verfassungsbeschwerde erhoben, mußte der Minister allerdings zugeben, daß er die STERN-Reportage noch gar nicht gelesen hatte, als er sie so voreilig mißbilligte.

Wie denn, wenn in unserer Welt, die nun einmal zwischen West und Ost geteilt ist, ein dem Westen verbündeter Herrscher bei seinem eigenen Volk das Vertrauenskonto überzieht – sollte das nicht ein legitimes Thema für eine ernsthafte deutsche Zeitung sein? Ohne Zweifel ist es ein Skandal, wenn in einem Entwicklungsland die vom Westen hineingepumpten Millionen in die Taschen einiger weniger Familien fließen – aber es scheint mir nicht erlaubt, die Reporter, die solche Methoden aufdecken, deshalb als Skandalreporter zu verdammen.

Aber Herr von Brentano kannte ja nicht, was er verdammte. Und um die Sache noch weiter zu versimpeln, brachte sein Kollege Fritz Schäffer einen Gesetzentwurf ein, der einfach jeden unter Strafe stellte, der »in herabwürdigender Weise über das Privat- oder Familienleben ausländischer Staatsoberhäupter berichtet, ohne Rücksicht darauf, ob die Behauptung wahr oder unwahr ist«.

Dieser unter dem Namen »Lex Soraya« bekanntgewordene Gesetzentwurf wurde vom Kabinett angenommen, vom Bundesrat verworfen und ist seitdem in der Versenkung verschwunden. In der gleichen Versenkung verschwand das mit so großem Aplomb angekündigte Ermittlungsverfahren der Staatsanwaltschaft gegen den STERN.

Nun werden Sie mich fragen, ob es denn überhaupt nötig sei, daß die Presse sich in despektierlicher Weise nicht nur mit der Politik, sondern auch noch mit dem Privatleben von Staatsoberhäuptern befaßt. Nichts anderes sollte schließlich durch die »Lex Soraya« verhindert werden. Aber vielleicht denken wir einmal gemeinsam kurz darüber nach, ob wir je etwas »Herabwürdigendes« über das Privatleben von Präsident Eisenhower, Königin Elizabeth oder General de Gaulle gelesen haben, um nur die drei wichtigsten ausländischen Staatsoberhäupter zu nennen und von unserem ehrenwerten Heinrich Lübke ganz zu schweigen.

Aber Faruk von Ägypten trieb es so arg, daß ihn seine Offiziere davonjagten – und wer will behaupten, daß sich damit die politische Konstellation des Nahen Ostens nicht entscheidend verändert hätte? König Feisal vom Irak und sein leichtlebiger Onkel wurden ermordet, obwohl der deutsche diplomatische Vertreter in Bagdad noch wenige Tage vorher nach Bonn gemeldet hatte, die Lage sei völlig stabil. Und als die Presse schon längst von den Skandalen des argentinischen Expräsidenten Perón munkelte, begleitete der bundesdeutsche Botschafter den Diktator noch auf dessen Vergnügungsreisen.

Vor einigen Monaten berichtete eine deutsche Zeitung über die verbrecherischen Umtriebe des dominikanischen Staatsoberhauptes Trujillo. Dieser Herr ließ seine Gegner sogar im Ausland durch Meuchelmörder beseitigen, während sein Sohn die amerikanischen Gelder dazu verwandte, seinen Freundinnen Cadillacs und Nerzmäntel zu schenken. Aber aus Bonn wurde der Redaktion des Blattes nahegelegt, die Veröffentlichung einzustellen.

Vielleicht sollte man Herrn von Brentano empfehlen, nicht nur die Berichte seiner Botschafter zu lesen und die Veröffentlichungen der Presse einfach zu »mißbilligen«. Diplomaten sind meist gezwungen, auf Empfängen mit ihresgleichen höfliche Worte zu wechseln. Reporter aber schauen dem Volk aufs Maul. Und wie oft ist es in den letzten Jahren gerade dem Westen passiert, daß er sich mit Regierungen zu arrangieren trachtete und nicht spürte, daß in den Völkern längst neue Kräfte erwacht waren. Faruk, Feisal und Perón, Batista in Kuba und Menderes in der Türkei sind nicht die einzigen Beispiele.

Schah Resa Pahlewi wird ihnen wahrscheinlich bald folgen. Auch wenn seine Botschaft in Paris einem Journalisten, der sein Visum abholt, diskret dreitausend Dollar in den Paß zu legen versucht. Auch wenn der Schah selber unter die Schnulzenschreiber geht und der Weltpresse seine Memoiren unter dem irreführenden Titel »Meine drei Kaiserinnen« anbietet, um sich darin fast ausschließlich in sentimentalem Pathos über seine politische Mission zu verbreiten, so daß der Pariser »France-Soir« die Veröffentlichung nach zehn Tagen abbrechen mußte, weil die gelangweilten Leser sich betrogen fühlten.

STERN-Reporter Gordian Troeller kennt Persien aus langjähriger Erfahrung. Er ist jetzt eben von einer dreimonatigen Reise zurückgekehrt, und er bekam sein Honorar vom STERN und nicht von der persischen Botschaft. Lassen wir uns von ihm berichten, was hinter der Geschichte vom Schah und seinen drei Kaiserinnen steckt.

9. November 1960

Wo steht die SPD?

Sie haben es alle in der Zeitung gelesen: In Bonn wurde der Bundestagsabgeordnete der SPD Alfred Frenzel (61) unter dem dringenden Verdacht der Spionage für den Ostblock verhaftet. Frenzel hat gleich nach seiner Festnahme gestanden. Dieser Fall läßt zunächst weder auf seine Partei noch auf den Bundestag einen Schatten fallen. Lumpen gibt es allerorten, und niemand kann seinem Nachbarn ins Herz sehen. Wir sind nicht für Sippenhaftung und nicht für Verallgemeinerungen.

Dennoch ist die Entlarvung des Spions im Parlament ein Alarmzeichen, das uns zwingt, frühere Urteile zu überdenken.
Ein paar Tage zuvor erst war man einem Spionagering von acht Personen auf die Spur gekommen, die der sowjetzonale Staatssicherheitsdienst auf das Bundesministerium für Verteidigung angesetzt hatte. Die Spur endete bei Roselie Kunze, einer recht hübschen 30jährigen Sekretärin im Führungsstab der Marine im Verteidigungsministerium. Um die aus Pankow ferngelenkte Agentin zu überführen, attachierte man sie einem leibhaftigen Admiral beim letzten Marinemanöver, von wo es für ihre Arbeitgeber gewiß einiges zu berichten gab. Die rothaarige Roselie ging prompt in die Falle.
Mag sein, daß man auch im Falle Frenzel nicht ganz ohne solche Tricks gearbeitet hat. Es gibt Anzeichen dafür, daß der Abgeordnete schon länger im Verdacht stand und beobachtet wurde. Nun darf aber ein Mitglied des Bundestages nicht ohne die Zustimmung des Parlaments verhaftet werden, es sei denn, man erwische den Abgeordneten auf frischer Tat oder spätestens 24 Stunden danach. Hätte der Generalbundesanwalt erst die Aufhebung der Immunität Frenzels beantragen müssen, so wären gewiß manche Spuren verwischt worden – vielleicht wäre es Frenzel sogar geglückt, zu seiner in Prag verheirateten Tochter zu entkommen. Da mag es einiger Regie bedurft haben, bis man zwei Kuriere just in dem Augenblick fing, da sie neues Frenzel-Material in der Tasche hatten, so daß des Abgeordneten »frische Tat« gegeben war.
Sei's drum, wenn je der Zweck die Mittel heiligte, dann in diesem Falle, wo der Verräter nicht nur im Bundesparlament, sondern sogar noch im Verteidigungsausschuß saß.
Und da wird denn wohl auch von einigen anderen Mitteln zu reden sein, die wir an sich gar nicht so sonderlich schätzen, weil sie nach Gesinnungsschnüffelei riechen. Zum Beispiel von der »Persönlichkeitsdurchleuchtung« der sogenannten Geheimnisträger.
Offiziere der Bundeswehr, die mit militärischen Geheimnissen zu tun haben, werden selbstverständlich vom *Militärischen Abschirmdienst* zuvor auf Herz und Nieren geprüft. Undenkbar, daß ein Mann Offizier würde, dem eine kommunistische Vergangenheit anhinge. Undenkbar auch, daß ein Soldat, dessen Eltern in Prag lebten oder dessen Sohn bei der Volkspolizei Dienst täte – undenkbar, daß ein solcher Mann Zugang zu Geheimdokumenten bekäme. Er wäre ja allen Erpressungsversuchen hilflos ausgeliefert. Die STERN-Reportage über den Kapitänleutnant Horst Ludwig hat es bewiesen: Die Pankower scheuten nicht davor zurück, den in Weimar lebenden Vater des Bundeswehroffiziers so lange mit Enteignung und Prügeln unter Druck zu setzen, bis er seinen Sohn für die Spionagetätigkeit gewann.
Was aber für Angehörige der Bundeswehr gilt, wieso sollte es nicht für Abgeordnete gelten, die als Mitglieder des Verteidigungsausschusses Anspruch darauf erheben, geheimste Dokumente der Landesverteidigung, wie das Dokument MC 70, zu kennen?
Dieses Dokument enthält nichts weniger als die Verteidigungsplanung aller Nato-Länder bis zum Dezember 1960 mit allen Bewaffnungsdetails und sämtlichen Stellenplänen bis hinunter zur letzten Kanone und bis zum letzten Kompaniechef.
Dem Bundesverteidigungsminister ist von der SPD und auch von der Presse wiederholt vorgeworfen worden, daß er dem Verteidigungsausschuß dieses Dokument nicht in vollem Umfang zugänglich gemacht habe. Das entspräche nicht dem Brauch in einer parlamentarischen Demokratie. Heute kann man Herrn Strauß für eine »undemokratische« Verschwiegenheit nur dankbar sein. Denn in jenem Ausschuß saß der Abgeordnete Alfred Frenzel.

Dennoch hat Frenzel zumindest den Teil des Dokuments MC 70 gekannt, der die militärischen Anforderungen der Nato an die Bundesrepublik betrifft. Und natürlich hatte er als Ausschußmitglied die Möglichkeit, durch Rückfragen und Unterhaltungen mit den Sachbearbeitern des Bundesverteidigungsministeriums sich ein in etwa vollständiges Bild zu verschaffen. Ein Bild, das nun wohl auf den Arbeitstischen der Spionagechefs in Prag, Moskau und Ostberlin liegen dürfte.

Wenn aber schon die Geschäftsordnung des Bundestages eine genaue Durchleuchtung der Mitglieder des Verteidigungsausschusses nicht vorsah, so darf man zumindest an die SPD die Frage richten, wieso sie einen Mann von der Vergangenheit und den persönlichen Lebensumständen des Herrn Frenzel in diesen Ausschuß delegieren konnte.
Der Glasschmelzer Alfred Frenzel gehörte schon im sudetenländischen Reichenberg zum ultralinken Flügel der Sozialdemokraten. Er emigrierte 1938 nach London und diente während des Krieges bei einer in England aufgestellten tschechischen Luftwaffeneinheit. Und nach dem Kriege billigte er sogar die von den tschechischen Exilpolitikern geforderte Ausweisung der Deutschen aus dem Sudetenland. Kein Wunder, daß auch später seine guten Prager Beziehungen nicht nur seiner dort verheirateten Tochter galten.
Der Parteivorstand der SPD, der dem übers Wochenende rasch ausgeschlossenen Genossen Frenzel nun »Verrat am deutschen Volk und an der Partei« vorwirft – dieser Parteivorstand mag nicht geahnt haben, welchem biedermännischen Schuft er zu solcher nachrichtendienstlichen Schlüsselstellung verhalf. Aber mir scheint, wenn es um die Sicherheit unseres Lebens geht, dann ist auch Fahrlässigkeit strafbar.
Sie ist es um so mehr in einem Augenblick, da die sozialdemokratische Opposition offiziell auf die wehrpolitische Linie der Bundesregierung einzuschwenken beginnt. Trifft diese Sinneswandlung etwa nur für die ersten Bänke der SPD-Fraktion zu? Und was tut sich auf den hinteren Bänken? Sitzen da noch mehr Überzeugungsgegner jeglicher Verteidigung? Sitzen da Leute, die wie ihre englischen Labour-Genossen den einseitigen Verzicht des Westens auf die Atombewaffnung fordern? Sitzen da am Ende Parteigänger des IG-Metall-Vorsitzenden Brenner, der seine Vorstellungen von Politik notfalls mit dem Kampfmittel des Streiks durchsetzen möchte?
Mit der neuerdings von Herbert Wehner vertretenen Politik der Stärke und mit dem jugendlichen Bürgersinn Willy Brandts ist es allein nicht getan. Wenn etwa im Juni 1961 der 3. Strafsenat des Bundesgerichtshofes über den Verräter Alfred Frenzel zu Gericht sitzt, stehen die Wahlen zum neuen Bundestag unmittelbar vor der Tür. Bis dahin möchten wir nicht nur über den Kopf der SPD Bescheid wissen, bis dahin möchten wir auch wissen, wo sie mit ihren Füßen steht.

14. Dezember 1960

Bonn gegen Belegschaftshandel

Alle Jahre wieder, wenn sich Weihnachten nähert, weichen in Deutschland und auch anderswo einige tausend Schuljungen und -mädchen vom Pfad der strengen Tugend ab und fälschen Vaters Unterschrift: unter schlecht benoteten Mathematikarbeiten beispielsweise, die daheim besser nicht bekannt werden, wenn nicht der weihnachtliche Geschenksegen darunter leiden soll. Meistens kommt's raus, und die Folge ist ein veritabler Familienskandal, denn Unterschriftenfälschen ist immerhin schon etwas mehr als nur ein Dummerjungenstreich.
Alle vier Jahre wieder, wenn die Bundestagswahlen sich nähern, beginnen rund 500 erwachsene Männer und Frauen genauso hanebüchen zu mogeln wie besagte Schuljungen vor Weihnachten; mit einem Unterschied allerdings: Den Damen und Herren Bundestagsabgeordneten – in deren Händen immerhin zu einem guten Teil Deutschlands Schicksal liegt – droht weder Strafe noch Skandal, wenn sie schummeln, wenn sie ein Ge-

setzchen hier und ein Gesetzchen da fabrizieren, ausschließlich zu dem Zweck, dieser oder jener Wählergruppe wohlzugefallen und solches Wohlgefallen in Spenden und Stimmen umzumünzen – im nächsten Jahr wird ja gewählt.

Es droht ihnen kein Skandal, aber es ist einer – das Gesetz gegen den Betriebs- und Belegschaftshandel nämlich, das erste Wahlbonbon, das Bundestag und Bundesrat heuer verteilten. Es fehlte nicht an warnenden Stimmen: Die zuständigen Länderminister erklärten das Gesetz von vornherein für undurchführbar, der Rechtsausschuß des Bundesrats bezeichnete es als wahrscheinlich verfassungswidrig – es nützte alles nichts, die Einzelhändler sollten endlich ihr seit fast einem Jahrzehnt ersehntes Bonbon bekommen, und unbeirrt hoben Regierungspartei wie Opposition die Hand zur Abstimmung – im nächsten Jahr wird ja gewählt.

Fortan soll also verboten sein, was den ziemlich aufgeblähten und deshalb nur mäßig gut florierenden Einzelhandel seit langem ärgert: daß nämlich ein gut Teil Ware auf anderem Wege als über die Ladentheke und die Registrierkasse des Einzelhändlers zum Verbraucher gelangt.
Freilich, es gibt viele Waren-Wege, die am Einzelhändler vorbeiführen, der sogenannte Belegschaftshandel ist nur einer davon. Da wird also – hier vom Betriebsrat, dort von der Firma selbst – in großen Posten eingekauft, direkt ab Fabrik oder Großhandel mit entsprechendem Rabatt. Dann wird die Ware ohne nennenswerten Aufschlag an die »Belegschaftsmitglieder« weiterverkauft, die auf diese Weise ihren Fernseher, Wintermantel, Schnaps oder Staubsauger ein ganzes Ende billiger bekommen als im Laden. Das sollen sie nun nicht mehr dürfen.

Es wird sie nicht viel scheren. Heute hat ohnehin schon jeder vierte oder fünfte Bundesbürger »seinen« Großhändler, bei dem er von der Waschmaschine bis zur Standuhr fast alles »mit Prozenten« kaufen kann, und diejenigen, denen solche Preisvorteile bisher vom Belegschaftshandel geboten wurden, nun, die werden bald auch »ihren« Großhändler gefunden haben, und damit wäre dann alles beim alten und der Einzelhandel trotz des wunderschönen neuen Gesetzes nicht besser dran.

Zu allem Überfluß ist das Wahlbonbon für den Mittelstand hinterm Ladentisch aber auch noch verfassungsrechtlich außerordentlich bedenklich. Das Grundgesetz garantiert jedem Bundesbürger die Freiheit der Berufsausübung und die Gleichheit vor dem Gesetz. Es kann also so ohne weiteres niemandem verboten werden, seinen Handelsberuf vornehmlich bei Betriebsbelegschaften »auszuüben«, und man darf dem einen Bundesbürger nicht verbieten, zu verbilligten Preisen zu kaufen, wenn es dem anderen erlaubt bleibt. Kurzum, das famose Gesetz wird mit einiger Sicherheit bei einer Überprüfung durch das Bundesverfassungsgericht platzen – wenn nicht der Bundespräsident schon vorher ein Einsehen hat und es gar nicht erst abzeichnet.

Mir klingt noch das vielfältige Gejammer deutscher Politiker aller Sorten in den Ohren, Amerika sei alle vier Jahre monatelang politisch lahmgelegt – während des Präsidentschaftswahlkampfes nämlich. Das mag betrüblich sein, noch jammervoller ist es jedenfalls, wenn hierzulande zu Wahlzeiten nutzlose und rechtlich zweifelhafte Gesetze unbesehen beschlossen werden, nur weil ein paar Verbandsfunktionäre mit stimmkräftigem Anhang danach schreien.

Sie schreien nicht alle, erfreulicherweise. Der Kölner Einzelhandelsverband hat dieser Tage den Volksvertretern vorexerziert, daß in einer freien Wirtschaftsordnung nicht wahlfeile Schutzgesetze, sondern ganz andere Methoden die rechte Abhilfe gegen allfällige Konkurrenznöte sind:

Der Verband hat rundheraus erklärt, er habe nichts dagegen, wenn seine Mitglieder solche Waren, die das Publikum vielfach verbilligt vom Großhändler bezieht, ebenfalls mit einem kräftigen Preisnachlaß über den Ladentisch reichen, wenn sie wollen und können – und können

müssen sie's ja wohl, denn sonst wäre dieser Freibrief sinnlos.
So geht es also auch, und ich bin überzeugt, so geht es sogar besser. Der Kölner Einzelhandelsverband hat mit seiner Entscheidung die Bonner Volksvertreter nachgerade beschämt. Vielleicht merken sie es – und geben es auf, weiterhin mit gefälligen Gesetzen nach Wählerstimmen zu werfen.

21. Dezember 1960

Droht der perfekte Polizeistaat?

Seit ein paar Tagen frage ich mich, was wir Bundesdeutschen wohl verbrochen haben, daß man uns ausgerechnet unterm Tannenbaum den perfekten Polizeistaat bescheren will.
Ich hätte Ihnen gern einen weihnachtlicheren Brief geschrieben – aber da liegt er nun vor mir, der Gabensack aus Bonn, und herausschauen tut nichts als die verdammte deutsche Neigung, zu verbieten, zu bestrafen und möglichst alles unter die Kontrolle der Obrigkeit zu bringen.
Es beginnt mit einem Gesetzentwurf des Innenministers Dr. Schröder, wonach jeder Mann und jede Frau, die aus dem anderen Deutschland in die Bundesrepublik kommen, zuvor auf ihre freiheitliche Gesinnung und auf ihre verfassungsfreundliche Unbedenklichkeit zu prüfen seien.
Nun mag einer meinen, wir hätten unseren Gegnern überzeugendere Argumente entgegenzusetzen als ein stures Einreiseverbot. Aber davon hält der Minister wenig. In einer amtlichen Erläuterung seines Gesetzentwurfs schließt er messerscharf: *Der Kommunismus verfolgt seine Ziele in erster Linie nicht mit geistigen Mitteln. Daher sind wir in der Wahl der Waffen nicht frei.*
Wie solche Waffen aussehen, beschreibt Dr. Hans Wohlrabe, der als Chefarzt des Tuberkulosekrankenhauses der Altmark gelegentlich zu medizinischen Kongressen in die Bundesrepublik reisen durfte: »Es liegt ganz im Ermessen der Volkspolizisten, ob die Kontrolle Minuten oder Stunden dauert. Man wird über die persönlichsten und über die lächerlichsten Dinge befragt. Gepäck, Waschbeutel und Brieftasche werden ausgekramt, private Fotos ungeniert betrachtet oder den ›Kollegen‹ zur Begutachtung vorgelegt. Einschließlich des Inhalts eines Marmeladenglases ist mir bei solchen Kontrollen schon alles umgestülpt worden. Es gilt nur eines: ruhig bleiben und freundlich antworten, obwohl man innerlich vor Wut und Scham kocht.
Wenn dann der letzte Schlagbaum hinter fünf östlichen Kontrollen sich schließt, gehört das Gefühl, alles wieder einmal überstanden zu haben, zu dem Schönsten, das man auf einer solchen Reise erlebt. Der flüchtige Blick des westlichen Zöllners in die Papiere, das freundliche ›Ich wünsche eine gute Reise‹ und gar nichts weiter, das läßt den Gegensatz Ost-West so deutlich spüren wie sonst kaum etwas. In diesem Augenblick beginnt die Freiheit!«
Das also soll nun anders werden, denn Minister Schröder will an der Zonengrenze Agenten fangen, und die Waffen dazu läßt er sich eingestandenermaßen vom Gegner vorschreiben.
Der Dr. Wohlrabe, der auf seinem ärztlichen Posten in der Zone aushielt, bis seine Freiheit unmittelbar bedroht war, hält diesen »westlichen Eisernen Vorhang« für den besten Trumpf, den man den Kommunisten in die Hände spielen konnte. »Ein bitteres und trauriges Weihnachtsgeschenk für die Menschen in Mitteldeutschland, die die Zusammenhänge wegen der äußeren Umstände nicht voll begreifen und deshalb annehmen werden, der Westen sei in vielen seiner Methoden auch nicht besser als der

Osten.« Bundesinnenminister Dr. Schröder aber beeilt sich, in jener amtlichen Erläuterung zu versichern: *Der normale Reiseverkehr bleibt unberührt. Nur Verfassungsfeinden soll Einreise und Ausreise verboten werden.*

Wird uns der Minister erklären, wie man so etwas macht? Tragen Verfassungsfeinde Abzeichen? Melden sie sich freiwillig zur Kontrolle? Wie schwer ist es schon, Bankräuber und Mörder zu fangen – Ausgestoßene der Gesellschaft! Wieviel schwerer erwischt man Agenten, hinter denen ein Staat mit allen seinen Hilfsmitteln steht, mit falschen Pässen, falschen Enteignungsbescheiden und notfalls sogar mit gefälschten Zuchthauspapieren?

Aber sollte das Dr. Schröder nicht wissen? Es sind doch kaum vierzehn Tage vergangen, da wurde ein Mann verurteilt, der als Amtsbote in Schröders Ministerium ein und aus ging, aus einer Kleiderbürste eine Miniaturkamera hervorzog und die geheimsten Dokumente seines Ministers fotografierte. Glaubt Herr Dr. Schröder allen Ernstes, er könne mit Kontrollen an der Zonengrenze erreichen, was ihm im eigenen Haus nicht gelang?

Die zweite Überraschung aus Bonn ist eine erweiterte Neuauflage der »Lex Soraya«, die bekanntlich »herabwürdigende Berichte« über das Privatleben ausländischer Staatsoberhäupter unter Strafe stellen wollte, gleichgültig, ob diese Berichte wahr sind oder nicht. In dem von der Großen Strafrechtskommission soeben fertiggestellten Entwurf für ein neues deutsches Strafgesetzbuch ist dieser »Schutz der Intimsphäre« nun auf jedermann ausgedehnt worden. Die öffentliche Erörterung fremder Privatangelegenheiten soll, wenn es sich um ehrenrührigen Klatsch handelt, mit Gefängnis bis zu zwei Jahren bestraft werden. Man mag über diesen deutschen Hang zur Vielbestraferei noch lächeln – gefährlich wird die Sache, wenn man liest: »Eine Beweiserhebung über die Wahrheit der Behauptung ist unzulässig.« Womit dem Gericht rundweg verboten wird, die Wahrheit zu erforschen. Nun hat der Beklagte keine Chance, den Beweis für seine Behauptung anzutreten, aber dafür wird dem Beleidigten auch die Möglichkeit genommen, vor Gericht zu beweisen, daß die Behauptung falsch sei. Grotesker geht's freilich nimmer.

Der deutsche Polizeistaat wäre nicht vollständig ohne die Mitwirkung des Bundesverkehrsministers Dr. Seebohm. Da dessen Straßenbauplanung inzwischen rettungslos hinter der Motorisierung zurückgeblieben ist, mußte der Minister sich schon etwas ganz besonders Originelles einfallen lassen. Und so schlägt er denn rechtzeitig zu Weihnachten ein Gesetz vor, nach dem Verkehrsdelikte unterschiedlichster Art zusätzlich mit der entschädigungslosen Einziehung des Autos bestraft werden können.

Wir werden es also künftig nicht nur dem Ermessen des Richters Müller, sondern auch der Aussage des Polizisten Schulze überlassen müssen, ob unser Auto enteignet wird oder nicht. Haben Sie es schon einmal erlebt, daß ein Polizist unter seinem Diensteid ausgesagt hat, die Beschaffenheit der Straße sei schuld an einem Unfall gewesen? Und wenn – wird dann die Straße oder Herr Dr. Seebohm konfisziert?

Mir scheint, die Herren haben eines vergessen: Sie sollten rechtzeitig vor der Wahl bei Strafe verbieten, eine andere Partei als die CDU zu wählen. Es wäre doch schade, wenn sie den Polizeistaat mit soviel Mühe am Ende für den Mehrzweck-Willy aus Berlin eingerichtet hätten.

Es gibt keine Erzähler mehr

Es ist ein paar Wochen her, da flog ich mit der »Lufthansa« von Hamburg nach Rom. Nun gehört es zum Kundendienst der großen Fluggesellschaften, daß sie ihre Passagiere nicht von anonymen Robotern fliegen, verpflegen und bedienen lassen. Kurz bevor die Viermotorige auf die Piste rollte, trat der Steward ans Bordmikrophon, forderte uns höflich auf, den Sitzgurt festzuschnallen und zum Start das Rauchen einzustellen, machte uns mit Flugroute, Flughöhe und Besatzung bekannt und beendete seine Durchsage mit den Worten: » . . .Kommandant unserer Maschine ist Flugkapitän Moldenhauer, in der Kabine betreuen Sie Fräulein Barbara Klöss und Fräulein Hertha Ebinger, mein Name ist Felix Krull.«

Die kleine Bordküche mit dem Mikrophon ist in der »Superconstellation« hinten, und wie von einem unsichtbaren Faden gezogen drehten sich in diesem Augenblick die Köpfe der meisten Passagiere; nur wenige, die nicht Thomas Manns unsterbliche Schelmengeschichte vom Hochstapler Felix Krull kannten. Schmunzelnd in Erinnerung und mit einer gewissen Selbstgefälligkeit wandten wir uns um; nun wollten wir sehen, ob der junge Mann, der da nach vorn kam, unserer eigenen Vorstellung von dem Romanhelden des großen Erzählers Thomas Mann glich – Felix Krull, der hübsche, leichtsinnige, liebenswürdig verschlagene und bei den Frauen ach so erfolgreiche Hotelpage und Weltreisende.

Er war es nicht, er war blond und sah gar nicht leichtsinnig aus, war von zurückhaltender Kühle, eher ein Tief- als ein Hochstapler. Ich hatte die Geschichte schon vergessen, als es an Weihnachten, nachdem ich zwei Tage Zeit zum Lesen gehabt hatte, ein Gespräch mit Freunden gab über die Romane, die jeder von uns auf seinem Gabentisch gefunden hatte. Da fielen mir die beiden Felix Krulls wieder ein – der von Thomas Mann und der von der Lufthansa.

Und da fiel mir auch ein, wie ein anderer großer Erzähler, Stefan Zweig, einmal die Unsterblichkeit des Romanciers umschrieb. Der Satz steht, glaube ich, in seinem »Balzac«, und ich muß ihn aus dem Gedächtnis zitieren: Wer Menschen zu schaffen vermag, die so lebendig sind, daß ihre bloße Namensnennung das Bild eines mitten unter uns Lebenden zu beschwören scheint – einem solchen Autor allein, sagte Zweig, kann die »gottähnliche Schöpfung« gelingen.

Ich frage Sie nun: Wie viele lebendige Menschen gibt es in der zeitgenössischen Romanliteratur Deutschlands?

Zugegeben, die Madame Bovary Flauberts, die Nana von Zola, die Effi Briest von Fontane und der Felix Krull von Thomas Mann sind Genieschöpfungen. Wir können unsere Ziele und Wünsche, unsere Forderungen gar, nicht so hoch stecken.

Aber wir müssen sie auch nicht zu niedrig setzen. Wir hatten in den zwanziger Jahren ein paar beachtliche Erzähler, das heißt Menschenschöpfer – Feuchtwanger, Heinrich Mann, Döblin, Wassermann, Werfel, Stefan und Arnold Zweig, Thiess, Fallada, Bruno und Leonhard Frank. Wir haben auch heute wieder einige bedeutende Dichter und Schriftsteller. Wie kommt es, daß sie, mit wenigen Ausnahmen, nicht erzählen können?

Können sie nicht – oder wollen sie nicht? Oder – wagen sie es nicht?

Ja, eine wirkliche Geschichte zu erzählen, ist in deutschen Landen ein Wagnis geworden. Was ein »literarischer Roman« ist, bestimmen bei uns ein paar Dutzend Literaten und Kritiker. Sie gehören fast ausschließlich dem Verein zur gegenseitigen Beweihräucherung an. Wer lebendige Menschen schildert, ist ihnen als fader Naturalist verdächtig. Wer gerade deutsche Sätze schreibt, kann nur krumme Absichten haben. Und wer gar mit einer spannenden Handlung den Leser packt, wird rasch mit dem Makel der »Unterhaltungsliteratur« abgestempelt.

Zwar sprechen diese selbstbestellten Literaturpäpste nicht von »abstrakter« Literatur, aber sie fordern den Roman, in dem die Fabel keine wesentliche Rolle mehr spielt. Statt dessen werden dem Leser Bewußtseinssplitter, schwebende Gedanken, Gefühlsassoziationen und handlungslose Dialektik geboten. Und das Stottern eines sprachlichen Exhibitionismus wird zum Postulat der modernen Literatur erhoben.

Damit wir uns gleich richtig verstehen, will ich zwei Beispiele anführen.

In dem von der Kritik als wesentlichste Neuerscheinung des letzten Jahres gelobten Roman »Halbzeit« von Martin Walser heißt es auf Seite 670: *Summen Drähte im Kopf Platten drehen Vulcano Martini die Adern entlang frei wird kinetische wird Energie frei fällig ist ein Protest gegen Schwere folglich Kündigung des Gleichgewichts des Bleigewichts des Bleichgesichts. Was willst du, Fernando, so trüb und so bleich? Luise Brachmann 1777 bis 1822 schlag nach Binsen Lehm und Zwirn . . .* – nein, Himmel, Hinterteil und natürlich Zwirn: Ich kann es Ihnen nicht zumuten.

Da gibt es den höchst begabten Alfred Andersch, der eine Erzählung »Die Rote« geschrieben hat; sie hat Hand und Fuß, hätte es jedenfalls, wenn nicht auf Seite 44 und dann sporadisch der »alte Pietro« auftauchte, der also spricht: *silbern, schwarz, kalt, die papierschnitzel, die frühe, aus dem haus treten, dunkel, habe ich die pfeife, den tabak, die streichhölzer. der rinnstein, naß, feucht, schwarz, dunkel, nur silber, ost, alles kalt in mir. olio sasso . . .* und dann noch fünfzehn Zeilen Olio Sasso. Der alte Pietro – niemand erfährt, wer er ist – geistert nur durch das Buch, um geistreich zu erscheinen; der unbekannte alte Pietro hofiert die bekannten und für den Autor wichtigen Kritiker, eine abstrakte Karikatur unter Karikaturen aus Fleisch und Blut.

Sie werden mich fragen, wer solchen dunklen Unsinn liest – denn nach den Umsätzen im Weihnachtsgeschäft muß er ja zumindest gekauft worden sein; ob er freilich gelesen wird, ist ein ander Ding.

Das Geheimnis, warum Bücher dieser Art gelobt, gekauft und verschenkt werden, liegt in der Anziehungskraft, die das Unverständliche nun einmal auf naive Gemüter ausübt. In Schopenhauers Nachlaß gibt es eine von ihm aus dem Spanischen übersetzte Schrift: »Balthasar Gracians Hand-Orakel und Kunst der Weltklugheit«, erschienen 1653 in Madrid. Darin findet sich ein Kapitel »Über die Kunst, anderen eine hohe Meinung von sich einzuflößen«. Und das Rezept lautet schon damals:

Keinen allzu deutlichen Vortrag haben. Die meisten schätzen nicht, was sie verstehen; aber was sie nicht fassen können, verehren sie. Um geschätzt zu werden, müssen die Sachen Mühe kosten: Daher wird gerühmt, wer nicht verstanden wird. Viele loben etwas, und fragt man sie, so haben sie keinen Grund anzuführen. Woher dies? Alles Tiefverborgene verehren sie als ein Mysterium und rühmen es, weil sie es rühmen hören.

Rühmen hören – von wem? Von eben jenen Kulturpäpsten und Kritikern, die vom »literarischen Roman« reden wie von des Kaisers neuen Kleidern. Und natürlich gibt es Gründe für ihr heuchlerisches Getue.

Der erste scheint mir ihre eigene Unsicherheit zu sein. Eine gute von einer schlechten Erzählung zu unterscheiden, ist schwer; die Erzählung von der Nicht-Erzählung zu unterscheiden dagegen leicht. Ich habe in deutschen Blättern schon Kritiken gelesen, in denen Autoren wie Cronin, Maugham, Graham Greene, Hemingway und Maurois als Vertreter einer antiquierten Kunstform des 19. Jahrhunderts bezeichnet wurden, während jede zeitgenössische Stammelei den Wertstempel »moderner Roman« erhielt.

Zum zweiten wollen die Kulturgeneräle, die den heutigen Literaturbetrieb in Presse, Rundfunk und Verlagen befehligen, beweisen, wie verdammt fortschrittlich sie sind. Unter Hitler war die »entartete Kunst« verboten; nun glauben sie, daß nur das »Entartete« Kunst sei.

Zum dritten schließlich halten sie das Publikum für so dumm, daß sie annehmen, alles, was dem Leser gefällt, müsse minderwertig sein. Dabei vergessen sie, daß alle großen Romanciers, von Balzac bis Thomas Mann, von Tolstoi bis Mauriac, Erfolgsautoren gewesen sind. Sie vergessen auch, daß in Deutschland von der Ta-

schenbuchausgabe Pascals über hunderttausend Exemplare verkauft wurden.
Es gibt noch viele Gründe für den heuchlerischen Snobismus der Literaturpäpste – sie wären alle nicht wichtig, würden die deutschen Autoren diesem Geschmacksdiktat nur widerstehen.
Die meisten freilich können es nicht besser. Sie sind keine Erzähler, sondern Politiker und Philosophen und Dichter. Und weil sie meinen, etwas »aussagen« zu müssen, glauben sie auch, erzählen zu können. So verehrungswürdig der politische Schriftsteller, der Philosoph oder der Dichter sein mag: Er ist noch lange kein Erzähler. Und er hört auf, verehrungswürdig zu sein, wenn er – da sich der Roman nun einmal besser verkauft – seine philosophischen Theorien oder politischen Dogmen in ein Dutzend Personen aufspaltet und sie auf die Treppe einer Handlung stellt, die sich schließlich selbst verschlingt wie die Rolltreppe in einem Warenhaus, oder, bestenfalls, ein lyrisches Gedicht in das ansprechende Weihnachtspapier des Romans verpackt.
Indes, ich kann nicht glauben, daß es bei uns keine Romanciers geben sollte, die es wagen, den Menschen zu schildern, wie er ist, mit seinen Schönheiten und seinen Scheußlichkeiten, seiner Gesundheit und seinen Gebresten. Romanciers, die sich bewußt sind, daß die vielgelästerte Spannung – welche übrigens alle großen Romane, von »David Copperfield« bis »Krieg und Frieden«, auszeichnet – durchaus nicht allein von äußeren Ereignissen bestimmt sein muß. Die aber auch wissen, daß sie den Leser nicht ungestraft langweilen dürfen.

Ich maße mir nicht an zu bestimmen, was Literatur ist, obschon ich ziemlich sicher bin, daß es der Roman, der das Menschenantlitz verhüllt, nicht sein kann. Was wir uns wünschen, ist eine neue Kunst des Erzählens. Was wir brauchen, ist nicht Felix Krull, der Steward, sondern Felix Krull, der Romanheld.

4. Januar 1961

Die Wandlung des Heinrich Hellwege

Daß ich zum Journalismus kam, geschah vor ziemlich genau vierzehn Jahren in Hannover, und zwar an einem Ort, der in der Historie normalerweise keine Erwähnung findet. An solchem Ort gab es in jenen Tagen noch keine von den zahlreichen Papiersorten, die inzwischen – von *Klopasammetweich* bis zu *Deutsches Edelkrepp* – ein Zeichen unseres Wohlstandes und unserer Weltgeltung geworden sind. Damals hatte man sich mit Zeitungspapier zu begnügen, säuberlich in handgroße Vierecke geschnitten und auf eine Schnur gereiht.
Auf einem dieser Blätter begann eine spannende Kurzgeschichte. Ich fing zu lesen an, fand zum Glück auch die Anschlußstücke und geriet schließlich an den Namen des Verfassers, Gerd Schulte, in dem ich einen Kriegskameraden wiedergefunden zu haben glaubte. Ich nahm mir vor, noch am gleichen Tag in der Redaktion der Zeitung nach ihm zu fragen.
Er war es. Wir saßen in seinem kärglich möblierten Redaktionsbüro, er hatte eine Flasche mit Zuckerrübenschnaps aus dem Schreibtisch geholt, und wir erzählten einander, wie es uns ergangen war, seitdem wir uns irgendwo in Rußland aus den Augen verloren hatten. Gerd Schulte leitete das Feuilleton der »Hannoverschen Presse«, die damals noch eine Militärregierungszeitung war; ich befand mich auf der Durchreise von München nach Hamburg.
Als wir beim vierten oder fünften Glas waren – das Zeug schmeckte teuflisch, aber es machte warm gegen den Wind,

der durch die mit Pappe nur unvollkommen abgedichteten Fenster pfiff –, sah plötzlich ein englischer Offizier zur Tür herein und fragte: »O, Mister Schulte, please, what's *really* in German?«
Auf diese Weise lernte ich Henry Ormond kennen, den Assistenten des britischen Presseoffiziers in Niedersachsen. Drei Tage später hatte ich die Lizenz zur Herausgabe einer Tageszeitung in Hannover, einer »überparteilichen bürgerlichen Zeitung«.
Nun, das Überparteiliche wollte ich wohl besorgen – damit aber auch das Bürgerliche zu seinem Recht käme, stellte man mir von jeder der »bürgerlichen Parteien« einen Lizenzträger zur Seite. So wurde ich sorgfältig zwischen CDU und FDP eingepackt.
Der vierte Mann aber – und eigentlich erzähle ich die ganze Geschichte nur seinetwegen – vertrat die »Niedersächsische Landespartei«.
Unter dieser Bezeichnung hatte der Gemischtwarenhändler Heinrich Hellwege aus Neuenkirchen im Landkreis Stade eine Partei gegründet, welche die Schmach der bedingungslosen Kapitulation endlich austilgen sollte. Allerdings handelte es sich dabei nicht um die Kapitulation von 1945, sondern um die von 1866, als preußische Truppen den letzten König von Hannover zur Abdankung gezwungen und aus dem Königreich der Welfen eine ordinäre preußische Provinz gemacht hatten.
Unser Niedersachse also hieß Wolfgang Kwieczinsky. Er war ein altgedienter Lokalredakteur, und ich habe niemanden kennengelernt, der seiner Verachtung Preußens auf eine originellere Art Ausdruck gegeben hätte.
Kwieczinsky hatte einen Hund, eine unsägliche Promenadenmischung, Hector mit Namen. Für einen Hund waren es wahrhaftig schlechte Zeiten damals. Heringsgräten fraß er nicht, und die seltenen Knochen wurden von den hungernden Menschen so gründlich abgenagt, daß für einen Hund nichts mehr übrigblieb.
Wolfgang Kwieczinsky aber erwischte dank seiner Verbindungen zum Landvolk der »Niedersächsischen Landespartei« von Zeit zu Zeit doch noch einen Leckerbissen für Hector.
Und dann pflegte er uns einen Dressurakt vorzuführen, in dem die politische Gesinnungskonsequenz von Herr und Hund über alle animalischen Bedürfnisse einen einmaligen Sieg davontrug.
Er hielt den Knochen in der hocherhobenen Hand, warf ihn in die Luft, und der Hund stürzte sich mit lautem Freudengeheul auf die seltene Beute. Dann aber kam der Clou:
»Hector!« rief Kwieczinsky und legte einen unheilvollen Ton in seine Stimme, »der Knochen ist von einem Preußen!«
Und mit einem Satz wich Hector zurück, als hätte er sich die Schnauze am Höllenfeuer verbrannt. So streng waren damals in der »Niedersächsischen Landespartei« die Bräuche!

Nur eine Sorte Menschen gab es, die waren den NLP-Politikern und ihren Anhängern noch suspekter als alle Preußen zusammen, das waren die Flüchtlinge. Wo immer es galt, die angestammten Rechte der Bauern und der glimpflich durch den Krieg gekommenen Besitzbürger gegen diese Hungerleider zu verteidigen, da war die NLP zur Stelle.

Später allerdings, als die Bundesrepublik gegründet war, da mochte man sich mit der Landespolitik nicht mehr begnügen. In Bonn lockte die Macht: Abgeordnetensitze und Ministersessel winkten. Und also machte man aus der NLP die DP, aus der »Niedersächsischen Landespartei« die »Deutsche Partei«. Und Heinrich Hellwege kam zu einem Ministerposten, und der Bergassessor Dr. Seebohm wurde Verkehrsminister, und auch Herr von Merkatz ging nicht leer aus, von Botschafterposten und dergleichen ganz zu schweigen.
Aber die Zeit stand nicht still. Der Sog der beiden großen Parteien CDU und SPD ist so stark geworden, daß die DP bei der nächsten Bundestagswahl die Aussicht hat, draußen zu bleiben, weil sie allein keine 5 % der Wählerstimmen erreichen wird.
Zwar hat der Dr. Seebohm, der sich notfalls beschneiden lassen würde, um Minister bleiben zu können, schon bei der CDU Unterschlupf gefunden. Aber was soll mit Heinrich Hellwege und seinen Getreuen werden?

Nun, lieber STERN-Leser, blicken Sie in diesen Tagen in die Zeitung, da werden Sie von der geplanten Vereinigung der DP mit dem BHE lesen können. Den Berufsflüchtlingen sind nämlich inzwischen auch die politischen Felle weggeschwommen. Und so tun sich denn ausgerechnet die erklärten Gegner von ehedem zusammen, um noch einmal den Hunger nach Einfluß und Macht und fetten Posten zu stillen.

Ob sich wohl einer von ihnen vor der Gesinnungstreue des alten Niedersachsen Kwieczinsky und seines Hundes Hector schämen würde?

11. Januar 1961

Der Staat leimt seine Bürger

»Der Führer hat immer recht« – kennen Sie das noch? Ach, werden Sie sagen, was soll uns das, es ist ja lange vorbei. Ist es wirklich vorbei?

Der Führer ist jetzt sechzehn Jahre tot, und wenn er nicht gestorben wäre, dann wäre er heute einundsiebzig. Stellen Sie sich vor, einundsiebzig und das Bärtchen unter der Nase! Ich bin sicher, er würde es zu einem sarkastischen Grinsen verziehen, wenn er erführe, wieviel von seinem Geist unter uns lebendig geblieben ist.

»Der Führer hat immer recht« – so gilt es freilich nicht mehr. Aber versuchen Sie doch einmal, den *Führer* durch einen anderen Autoritätsbegriff zu ersetzen: durch den Staat, die Regierung, das Finanzamt. »Das Finanzamt hat immer recht« – klingt das nicht schon ganz zeitgemäß?

Gehen wir der Sache auf den Grund:

Wenn Ihnen das Finanzamt durch eine fehlerhafte Berechnung zuviel Steuern abgezogen hat, und Sie merken das nicht gleich, so erlischt nach einer Frist von vier Wochen Ihr Anspruch auf Rückerstattung. Hat sich aber das Finanzamt einmal ausnahmsweise zu seinen Ungunsten geirrt, dann darf es noch nach fünf Jahren mit einer Nachforderung kommen. Sie sehen, ein Finanzamt mag sich irren – am Ende behält es immer recht.

Und wie verhält sich's mit der Polizei?

In Hamburg haben drei Polizeibeamte, die einen Streifenwagen fuhren, eine Reihe von Autofahrern erpreßt. Sie stellten Verkehrsübertretungen oder Alkoholgenuß fest und überließen es dann dem Autofahrer, ob er seinen Führerschein oder einen Hundertmarkschein loswerden wollte. Nachdem die Polizisten ihr Gehalt mit dieser Methode nicht unerheblich aufgebessert hatten, gerieten sie eines Nachts an den Falschen. Die Hamburger Polizeibehörde tat sehr richtig damit, daß sie die ungetreuen Beamten sofort festnehmen ließ. Natürlich handle es sich um einen bedauerlichen Einzelfall.

Aber ist die Sache damit erledigt?

Man muß sich doch fragen, wie es geschehen konnte, daß nicht der allererste Autofahrer, dem dieses Ansinnen gestellt wurde, sofort zur Staatsanwaltschaft lief.

Und wenn er es getan hätte?

Sie würden wohl nicht danach fragen, wenn Sie wüßten, wie es manchmal zugeht, wenn so ein Verkehrssünder abgeurteilt wird. Da stehen sie draußen vor der Tür des Gerichtssaales, die Polizisten, und wenn es zum Verhör kommt, treten sie ein, nehmen die Mütze unter den linken Arm und alles auf ihren Diensteid, was nötig ist, um den Angeklagten zu überführen. Wer zahlte da nicht lieber hundert Mark in bar?

Was aber der Polizei recht ist, sollte das ihrem Dienstherrn, dem Staat, nicht billig sein?

Im Schwarzwalddorf Pfaffenweiler spielte der Maurerpolier Fridolin Simon im

Zahlenlotto – einem Glücksspiel, das der Staat zu eigenem Nutz und Frommen veranstaltet, während das Strafgesetzbuch jedem seiner Bürger die Teilnahme an staatlich nicht konzessionierten Glücksspielen bei Gefängnisstrafe bis zu sechs Monaten verbietet.
In der Ausspielung vom 6. November des vergangenen Jahres gewann Maurer Simon mit fünf richtigen Zahlen in der Gewinnklasse II und hatte somit Anspruch auf 1397,35 DM. Am 14. November, während Simon bei der Arbeit war, brachte der Postbote ihm ganze 30,50 DM ins Haus. Die Lottozentrale hatte sich augenscheinlich versehen, die dreißig Mark und fünfzig Pfennig waren genau der Betrag für die Gewinnklasse III. Simon ging noch am gleichen Abend zu seiner Annahmestelle nach Villingen. Dort sagte man ihm, die Sache würde schon in Ordnung kommen. Dennoch schrieb er am nächsten Morgen an die Lottozentrale nach Stuttgart. Die Antwort war verblüffend:
Wir haben uns zwar geirrt, aber da es sich um einen Gewinn über 500 Mark handelt, hätten Sie gemäß Ziffer XV Abs. 4 der beiliegenden Spielbedingungen Ihren Gewinnanspruch durch eingeschriebenen Brief oder persönliche Vorsprache spätestens am 8. Tage nach der Ausspielung, also spätestens am 14. November 1960, bei der Gesellschaft in Stuttgart geltend machen müssen.
Dem Maurer Fridolin Simon hätte es nichts genützt, wenn er auch die 30 engbedruckten Seiten der Spielbedingungen auswendig gekannt hätte. Er konnte ja den Irrtum der staatlichen Lottogesellschaft erst am 14. November abends feststellen. Dennoch wird er, der bedauernswerte Fridolin, bis auf dreißig Mark und fünfzig Pfennige leer ausgehen.
Denn der Staat, der immer recht hat, besteht auf den Buchstaben dieses Rechtes.
Wie wenig es den Staat anficht, wenn er sogar in seiner Eigenschaft als Hitlers unmittelbarer »Rechtsnachfolger« den Bürger aufs Kreuz legen kann, das erfuhr der Landwirt Josef Daßberger in Burglengenfeld in der Oberpfalz.
Im Juni 1940 hatten Beauftragte des Reichsführers SS und Chefs der Deutschen Polizei, Heinrich Himmler, den Vater Daßbergers gezwungen, einen Teil seines Ackerlandes für den Bau einer Kaserne herzugeben. Als Kaufpreis wurden 16 300 Reichsmark festgesetzt. Die Eintragung ins Grundbuch verzögerte sich bis 1944. Mit dem Bezahlen und dem Kasernenbauen aber wurde es nichts mehr; denn nun hatte Heinrich Himmler andere Sorgen.
Der Krieg ging vorbei, und das Land verfiel als NS-Vermögen dem Freistaat Bayern, wenn auch Bauer Daßberger niemals einen Pfennig dafür bekommen hatte. So pachtete denn der Sohn des inzwischen verstorbenen Bauern für 200 Mark im Jahr seinen eigenen Acker vom Staat und betrieb im übrigen die Annullierung des seinerzeit unter Zwang geschlossenen Vertrages.
Statt dessen aber überwies ihm der bayerische Staat zu Weihnachten 1959 – also neunzehn Jahre nach dem Zwangsverkauf – den Betrag von 1730 DM. Das sei der durch die Währungsreform 10:1 abgewertete Kaufpreis zuzüglich der inzwischen aufgelaufenen Zinsen.
Daßberger nahm das Geld nicht an. Er wolle seinen Acker wiederhaben, sagte er.
Darüber könne man reden, ließ ihn jetzt der bayerische Finanzminister Eberhard wissen. Allerdings müsse er dann den heutigen Wert des inzwischen zum Bauland gewordenen Grundstücks bezahlen. Der heutige Wert wird von Sachverständigen auf etwa 80 000 DM geschätzt.
Wie sagte doch der Führer, der nun schon sechzehn Jahre tot ist? »Recht ist, was dem Staate nützt«, sagte der Führer. Warum sollte ein bayerischer Finanzminister anderer Meinung sein?

DGB stützt wilden Streik in Belgien

Wenn Sie zu den Beitragszahlern des Deutschen Gewerkschaftsbundes gehören, dann können Sie jetzt erhobenen Hauptes sagen: Ich habe das Meine dazu getan, daß in Belgien Straßen aufgerissen, Autos umgeworfen, Menschen zu Krüppeln geschlagen und der Müll von drei Wochen nicht abgefahren wurden. Zwar hat Sie keiner gefragt, aber es sind dennoch Ihre Beitragsgelder, aus denen der Bundesvorstand des DGB die Kassen der streikenden belgischen Sozialisten mit einer halben Million Mark aufgefüllt hat.

Dazu wäre nicht viel zu sagen, wenn es bei dem Streik in Belgien um den Stahlarbeiter-Ecklohn, um Urlaubsgeld oder um einen freien Samstag ginge. Es geht um nichts dergleichen. Das Streik-Ziel der sozialistischen belgischen Gewerkschaften (die christlichen Gewerkschaften beteiligen sich nicht) ist sehr viel simpler: Sturz der Regierung.

Auch dagegen wäre noch nichts zu sagen, wenn diese Regierung etwa das Parlament entmachten und eine Diktatur errichten wollte – in diesem Falle, und nur in diesem Falle gilt der Generalstreik in aller Welt als ein zulässiges politisches Kampfmittel.

Doch die belgische Regierung Eyskens will weder das Parlament ausschalten, noch hat sie irgendwelche anderen undemokratischen Ambitionen. Im Gegenteil, sie stützt sich auf eine solide parlamentarische Mehrheit und tut, was sie für nötig hält, um Belgien, das am Rande des Staatsbankrotts steht, wirtschaftlich zu sanieren.

Belgien war am Ende des Krieges, verglichen mit Frankreich oder Deutschland, relativ gering zerstört; der einzige Atlantikhafen des Kontinents, der intakt war und allen gewinnbringenden Verkehr auf sich zog, war das belgische Antwerpen; und dann fand sich auch noch in der Kongo-Provinz Katanga Uran, das die USA für gute Dollars kauften – die Belgier hatten ihr Wirtschaftswunder schon, als das übrige Europa gerade erst begann, sich mit Marshall-Plan-Dollars wieder aufzurappeln.

Es war ein trügerisches Wunder. Im gleichen Maße, in dem das übrige Europa neu aufbaute, blieb Belgien zurück – mit veralteten, nicht mehr konkurrenzfähigen Industrien, mit Produktions- und Verwaltungsmethoden von vorgestern und einer ständig wachsenden Verschuldung des Staates. Als dann noch der Kongo verlorenging, da war die Pleite nicht mehr zu vertuschen. Die Regierung entwarf ein rigoroses Sparprogramm, das praktisch jeden Belgier irgendwo zwackt: Neue Steuern auf Dividendengewinne und bewegliches Vermögen verärgerten die Geschäftsleute, die denn auch als erste protestierten. Heraufsetzung des Pensionsalters und einige Änderungen des Sozialversicherungssystems erbosten die Arbeiter.

Kein Wunder, daß allgemeine Unruhe und Unzufriedenheit entstanden, zumal kaum jemand das höchst umfangreiche und komplizierte Gesetzeswerk gelesen hatte und die absurdesten Dinge darin vermutet wurden.

Und diese Gelegenheit, diese allgemeine Unruhe, gedachten die Linkssozialisten zu nutzen, um die ihnen seit langem verhaßte christlich-soziale Regierung zu stürzen. Auf legalem, demokratischem, parlamentarischem Wege hatten sie keine Chance: Das Parlament nahm die Reformvorschläge der Regierung mit 115 gegen 67 Stimmen an. Übrig blieb nur die Gewalt, der Generalstreik, der nur im technischen Sinne ein Streik, in Wirklichkeit aber ein gewaltsamer Aufstand gegen einen durchaus demokratischen Staat ist.

Und diesen illegalen Aufstand, der zeitweise bürgerkriegsähnliche Formen annahm, meint der Deutsche Gewerkschaftsbund unterstützen zu sollen.

Das Geld sei ja nur zur Linderung der durch den Streik entstandenen sozialen Not, versichert der DGB-Vorstand beschwichtigend.

Das ist natürlich nichts als Larifari und Sand in die Augen. War der Streik etwa

beendet, als der DGB das Hilfe-Ersuchen der belgischen Kollegen mit einer halben Million beantwortete? Lindert es soziale Not, wenn der Vorsitzende der Gewerkschaft ÖTV, Kummernuß, ankündigt, selbstverständlich würden nach Deutschland umgeleitete belgische Schiffe in deutschen Häfen boykottiert, also nicht entladen? Dazu der DGB: Darauf haben wir keinen Einfluß, die Einzelgewerkschaften sind autonom. Und verlegen und verschämt, wie man nach einem solchen Husarenstreich nun einmal ist, sagt ein Vertreter des DGB-Bundesvorstandes auf unsere Frage nach der finanziellen Streikhilfe auch noch wörtlich: »Verstehen Sie doch, wir haben uns ja gar nicht mit dem Streik identifiziert; das ist halt üblich so, wegen der internationalen Solidarität, die anderen haben ja auch alle was gegeben, die Schweden, die Engländer und so weiter. Wie hätte es dann da ausgesehen, wenn ausgerechnet wir uns geweigert hätten?« Nun, ich könnte mir denken, daß Belgiens Bürger, die im Kriege genug von uns Deutschen erlitten haben, sich in ihrer überwältigenden Mehrheit höflichst dafür bedanken, wenn ihnen nun auch noch für deutsches Geld ihre Läden in Brand gesteckt, ihre Bahnanlagen zerstört und ihre Telefonleitungen zerschnitten werden.
Drüben in Moskau aber sitzen sie und lachen sich ins Fäustchen. Hat nicht Karl Marx, der gemeinsame Prophet aller Sozialisten und Kommunisten, vorausgesagt, daß sich die kapitalistische Welt ganz allein in Streiks und Aufständen und Bürgerkrieg zerfleischen würde? Da kann man leicht von Koexistenz reden und von der Vermeidbarkeit des Krieges. Wozu einen einzigen roten Soldaten opfern – der blöde Westen besorgt seinen Untergang schon selber.
Nicht nur bei Goethes Kanonade von Valmy – auch hier und heute bei den politischen Rohrkrepierern von Brüssel geschieht ein Stück Weltgeschichte. Und wenn Sie zum Deutschen Gewerkschaftsbund gehören, können Sie sagen, Sie seien dabeigewesen.

24. Januar 1961

Der Volkskammerpräsident in Marburg

Was am Freitag, dem 13. Januar, in der bundesdeutschen Universitätsstadt Marburg geschah, war eine erbärmliche Ohnmachtserklärung ungelernter Demokraten gegenüber dem kommunistischen Staat von Pankow.
Draußen am Stadtrand, in dem etwas miefigen Fachwerksaal des Kurhauses Marbach, wo sonst Laienbühnen spielen und die Freiwillige Feuerwehr ihre Stiftungsfeste feiert, versuchte an diesem Abend der Pankower Volkskammerpräsident Dr. Johannes Dieckmann seine Vorstellung von den »realen Möglichkeiten der Wiedervereinigung« an den westdeutschen Mann zu bringen. Eingeladen hatte ihn der Chemiestudent Klaus Horn, Vorsitzender von 21 Mitgliedern des Marburger Liberalen Studentenbundes.
Auf den Anmarschwegen zum Kurhaus aber rauchten die Fackeln des Widerstandes gegen diese »Schändung der Meinungsfreiheit«. Sowjetzonale »Spalterflaggen« wurden verbrannt. Sprechchöre brüllten, und über symbolischen Särgen schwankten Transparente mit der Aufschrift »Dieckmann raus!« Kaum hatte die Veranstaltung begonnen, da splitterten auch schon die Fensterscheiben des Kurhauses. Sie zersplitterten, weil wütige Studenten es vorzogen, ihrem politischen Protest gegen Johannes Dieckmann mit Steinen statt mit Argumenten Ausdruck zu geben.
Es ging dabei mehr in die Brüche als ein bißchen Glas. Was an diesem Schwarzen

Freitag angeschlagen wurde, ist das Fundament, auf das wir vor zwölf Jahren unseren Staat gebaut haben – die Überzeugung nämlich, daß wir die bessere Sache vertreten und deshalb die sachliche Auseinandersetzung mit Moskaus Statthaltern in der Sowjetzone nicht zu scheuen brauchen.
So aber geschah es, daß Johannes Dieckmann, ein kreidebleicher Dieckmann, der die Fragen der Studenten im Saal mehr fürchten mußte als die Steine der tobenden Demonstranten auf der Straße, seinen Diskussionspartnern im heuchlerischen Triumph zurufen konnte: »Gejohle, Steinwürfe, es fehlt nur, daß noch geschossen wird – ich danke für diese Belehrung in Demokratie!«
Wer ist nun dieser Dr. Johannes Dieckmann, und wie kam der Marburger Chemiestudent Klaus Horn dazu, ihn einzuladen?
Ich kenne Herrn Horn nicht, ich weiß nur, daß er 24 Jahre alt ist. Und mit vierundzwanzig Jahren hat man ein Recht zu glauben, daß man die Welt verändern könnte. Zu diesem Zweck begibt man sich dann »direkt in die Höhle des Löwen«. Man weiß noch nicht, daß die meisten Löwen nur bellende Hunde sind, und daß die Welt ist wie der Schwanz eines Hundes: Sooft man ihn gerade biegt, wird er wieder krumm.
Der Student Horn fuhr also im Frühjahr 1960 mit einigen Kommilitonen nach Leipzig, um dort mit Studenten aus der sowjetzonalen Liberal-Demokratischen Partei zu diskutieren. Das hessische Kultusministerium griff den jungen Leuten mit einem Reisekostenzuschuß von etwas über tausend Mark unter die Arme. Unter den Kopf griff ihnen niemand, das heißt: Weder die Verantwortlichen des Kultusministeriums noch die Politiker der FDP, denen Horns Studentenbund nahesteht, machten sich Gedanken darüber, welche politischen Greenhorns sie da gen Osten sandten.
Die jungen Leute kamen mit Johannes Dieckmann ins Gespräch, dem LDP-Vorsitzenden und Präsidenten der »Volkskammer der DDR«, einer als Parlament aufgemachten Jasage-Institution des totalen Staates. Und dieser 67jährige Leipziger Ehrendoktor Johannes Dieckmann stach so wohltuend von der Bilderbuchvorstellung ab, die man hierzulande von Vertretern der proletarischen Weltrevolution hat, daß er den Marburgern wohl als geeigneter Referent für ein »gesamtdeutsches Gespräch« erschien.
Kein Wunder bei naiver Betrachtung: Johannes Dieckmann ist Pastorensohn aus Fischerhude bei Bremen. Der Hauptmann des Ersten Weltkrieges und spätere Mitarbeiter Gustav Stresemanns liebt noch heute das weltmännische Gehabe des Politikers der zwanziger Jahre. Indes, das hinderte ihn 1949 nicht, seine eigene Liberal-Demokratische Partei im Auftrage der sowjethörigen SED zu säubern und dabei viele seiner Freunde eiskalt über die Klinge springen zu lassen. Nach dem Aufstand vom 17. Juni 1953 telegrafierte Johannes Dieckmann dem sowjetischen Oberkommandierenden seinen »unauslöschlichen Dank« für den brutalen Einsatz der Roten Armee. Diesen traurigen Opportunisten luden die Studenten nach Marburg ein.
Die frostige Periode nach der Pariser Gipfelkonferenz hatte den Plan zunächst verzögert. Als aber Konrad Adenauers Bemerkung von dem »Chruschtschow, mit dem man doch vernünftiger reden kann als mit Stalin« ein neues Tauwetter zu verheißen schien, da meldete sich auch der eingeladene Dr. Dieckmann wieder.
In Marburg begann nun das große Lamentieren, mit dem bundesdeutsche Parteifunktionäre gewöhnlich ihre politische Hilflosigkeit übertönen.
Zunächst schloß die FDP den »Parteischädling« Horn kurzerhand aus. Aber auch die führenden Männer der CDU und der SPD kamen nicht auf den Gedanken, daß man den Jüngling mit seiner 24jährigen Weisheit nun nicht wieder allein lassen durfte. Denn hier gab es die einmalige Chance, vor aller Welt zu beweisen, daß Pankow für eine deutsche Politik letzten Endes gar nicht zuständig ist.
Man hätte dem Dr. Dieckmann deshalb nicht gleich unseren Bundestagspräsidenten Gerstenmaier gegenüberstellen sollen. Das wäre für einen Mann ohne demokratische Legitimation zuviel Ehre gewesen. Aber wußte man denn nicht, daß aus Dieckmanns Amtsbereich in den letzten Jahren ein paar Leute geflüchtet

sind, die ihm die politischen Hosen in aller Öffentlichkeit hätten ausziehen können? Es wäre wahrhaftig nicht schwer gewesen, ihn sachlich in die Klemme zu bringen. Vor allen deutschen Fernsehkameras hätte man es tun sollen!
Wieviel atemberaubender als der Busen der Lysistrata, wenn ein politischer Realist das ganze verblasene Geschwätz von der »innerdeutschen Ko-Existenz« beiseite gewischt und unzweideutig erklärt hätte, daß uns die Wiedervereinigung niemals den Preis unserer Freiheit und nicht einmal die Gefahr einer »Volksdemokratisierung« Westdeutschlands wert ist. Ist denn das überhaupt zu denken: eine Regierung Ulbricht und eine Regierung Adenauer oder Brandt unter dem gemeinsamen Dach eines »konföderierten« deutschen Staates?
Herrn Dieckmann wäre von seinen »realen Möglichkeiten« der Wiedervereinigung wohl keine einzige mit Anstand realisierbare übriggeblieben.

31. Januar 1961

Verleumder im Bayerischen Rundfunk

Wenn Sie nördlich der Mainlinie wohnen und den Münchner Sender nur undeutlich empfangen können, dann mag es sein, daß Sie mit dem Ausdruck »hinterfotzig« nicht viel anzufangen wissen. Die »Fotze« ist im Süden, was das »Maul« im Norden und die »Schnauze« in Berlin. Hat man die Schnauze vorn, ist alles in Ordnung, hat man sie hinten, dann ist man für eine leitende Stellung im Bayerischen Rundfunk geradezu prädestiniert.
Denn »hinterfotzig« heißt nach Schmellers »Bayerischem Wörterbuch«, 2. Auflage, Band 1, Seite 78, soviel wie: hintermäulig, unverschämt, betrügerisch.
Lassen Sie mich dazu eine Geschichte erzählen:
Vor etwa zwei Monaten kamen zu mir zwei Reporter des Senders München und sagten, sie wollten für den Jugendfunk eine Sendung über die Entstehung einer Illustrierten machen. Ob ich ihnen dazu einiges erzählen könnte.
Wir setzten uns nach Redaktionsschluß zusammen, stellten ein paar Gläser auf den Tisch und das Mikrophon dazu. Wir unterhielten uns wie vernünftige Menschen, tranken unseren Whisky, und obwohl das Tonband lief, nahm keiner von uns ein Blatt vor den Mund. Wozu auch – meine Mitarbeiter und ich haben immer noch eine besessene Freude an unserer eigenen Arbeit, und unsere Geheimnisse verkaufen wir ohnehin jede Woche am Zeitungsstand.
Wer beschreibt unser Erstaunen, als wir kürzlich am Sonntag eine zweistündige Sendung aus dem Kolpingsaal in Eichstätt hörten, die unter dem Titel »Tatsachenbericht über eine Illustrierte« übertragen wurde.
Es begann mit einem Chanson, das jedem Nachwuchskabarett zur Ehre gereicht hätte, und mit der Feststellung, daß mindestens 50 % aller Westdeutschen wöchentlich eine Illustrierte lesen. Was aber die Hälfte aller Deutschen tut, kann ja wohl nur eine Kulturschande sein. Und so ergriff die wackeren Jugendfunker plötzlich ein wahrer *furor moralis,* und mit verteilten Rollen und einer Gehässigkeit ohne Beispiel begannen sie draufloszulügen, als hätten sie sich des leibhaftigen Gottseibeiuns persönlich zu erwehren.
Nach der Methode »alle Illustrierten in einen Topf« gibt es also bei uns nur etwas über Soraya und den Pfauenthron, über Hitlers Zahnbürste und den Busen der Lollobrigida zu lesen. Dokumentarberichte sind erfundene Geschichten, die Bildseiten grenzen an Pornographie, Retuschen dienen dazu, aus Weiß Schwarz, aus Männchen Weibchen und aus Herrn

Ollenhauer einen Atomstrategen zu machen. Und hinter allem steht das Geschäft, steht die perfide Absicht, dem dummen Publikum jede Woche fünfzig Pfennig aus der Tasche zu ziehen – die es wahrscheinlich besser in den Klingelbeutel von Eichstätt tun sollte.
So weit, so gut. Uns rührt das nicht besonders. Wir halten unsere Leser nicht für so dumm. Und wenn jede Woche mehr als zwölf Millionen den STERN lesen, dann gilt uns das als eine Verpflichtung zu sauberer, umfassender und ehrlicher Berichterstattung. Dazu gehören für uns die ernsten so gut wie die heiteren Themen, die politischen Hintergründe so gut wie die amüsanten Vordergründe. Außerdem wissen STERN-Leser, daß wir unabhängig sind und den Verantwortlichen auf die Finger schlagen, wenn es nötig ist. Und daß wir uns nicht scheuen, gelegentlich auch unter Ministersesseln ein Feuer anzuzünden. Alles das, was Funk und Fernsehen nicht können, weil sie ihre nach allen Seiten hin gebundenen Programmbeiräte vorher fragen müssen. Und weil sie nach dem Motto leben »Wasch mich, aber mach mich nicht naß!«
Warum also empöre ich mich über die Sendung des Bayerischen Rundfunks aus Eichstätt?
Weil diese journalistischen Dreckfinken eine Fälschung begangen haben, die einem Betrug am Hörer gleichkommt: Immer wenn sie eine faustdicke Lüge erzählt hatten, ließen sie dafür als Kronzeugen eine Stimme aus dem Lautsprecher auftreten – und diese Stimme war meine Stimme.

Sinnlos aus dem Zusammenhang gerissene halbe Sätze jenes Interviews, das ich seinerzeit guten Glaubens gegeben hatte. Dinge, die im Gespräch eine ganz andere Bedeutung gehabt hatten, wurden benutzt, um die kindischen Unterstellungen der halbstarken Eiferer zu bestätigen. Am Ende hatte ich alles zugegeben: Illustrierte werden ohne Rücksicht auf die geistige Volksgesundheit aus gewinnsüchtigen geschäftlichen Motiven zum Zwecke der Jugendverderbnis und der Leserverdummung gemacht.
Ich muß sagen, an dieser Methode hätte Joseph Goebbels seine reine Freude gehabt. Ob die Juden oder die Illustrierten oder die Radfahrer unser Unglück sind – teuflischer hätte es auch der Minister mit dem Pferdefuß nicht beweisen können.
Wie harmlos nimmt sich dagegen der Norddeutsche Rundfunk aus, der seit einigen Wochen mit sauren Trauben handelt, indem er behauptet, der STERN habe den aus dem Zuchthaus Waldheim entlassenen Oberschüler Hermann Flade »gekidnappt«, um mit seiner Geschichte Sensation zu machen. Dem Rundfunk aber hätten wir die Gelegenheit zu einem Interview nur unter der Bedingung gegeben, daß in der Sendung auf die Veröffentlichung im STERN hingewiesen würde.
Die Wahrheit ist so viel simpler. Wir hatten Hermann Flade angeboten, daß ihm die Schriftstellerin Eva Müthel bei der Abfassung seines Erlebnisberichtes helfen würde. Eva Müthel hat selber sechs Jahre in Waldheim gesessen, und ihr erschütterndes Buch »Für Dich blüht kein Baum« hat seitdem alle unsere Herzen bewegt. Diese Autorin bot die Gewähr, daß der Bericht über Flades Erlebnisse in Waldheim, abseits jeder Sensation, eine würdige Form fand und daß alles vermieden würde, was die noch in der Zone inhaftierten politischen Gefangenen gefährden könnte.

Schließlich hat der STERN dafür gesorgt, daß Hermann Flade ohne finanzielle Not sich in der Bundesrepublik einleben und sein Studium aufnehmen kann. Dieses Angebot hat Hermann Flade in aller Freiheit angenommen.

Dennoch haben wir unmittelbar nach Flades Heimkehr die gesamte deutsche Tagespresse ohne Gegenleistung mit Nachrichten und Fotos versorgt und dem Rundfunk am nächsten Tag ohne jede einschränkende Bedingung ein Interview mit Flade ermöglicht.

Ein übereifriger Rundfunkmensch, der bei diesem Interview aus völlig freien Stücken den STERN erwähnte und daraufhin von seinem Intendanten »wegen unerlaubter Werbung« zur Rechenschaft gezogen wurde, suchte schließlich seinen Kopf zu retten, indem er behauptete, er hätte das Interview von uns nur unter der

Bedingung dieser »STERN-Reklame« bekommen.
So wurde eine Notlüge zur offiziellen Version des Rundfunks, die er ungestraft verbreiten kann, weil das Statut des NDR im Gegensatz zum Pressegesetz eine Berichtigungspflicht nicht vorsieht. Die Leute, die dieses Rundfunkstatut gemacht haben, rechneten offenbar mit der Ehrenhaftigkeit des Intendanten.

7. Februar 1961

Zu hohe Löhne sind gefährlich

Wer bis heute nicht gewußt hat, wie man das deutsche Wunder verwirtschaften, unseren Wohlstand abbauen und die deutsche Industrie auf dem Weltmarkt mattsetzen kann, dem hat die angesehene amerikanische Wirtschaftszeitung »The Wall Street Journal« in diesen Tagen eine deutliche Lektion erteilt.
»Wir müssen versuchen, in Deutschland eine milde Inflation zu erzeugen«, schreibt das Blatt. »Was wir brauchen, sind drei oder vier aggressive Gewerkschaftsfunktionäre in der Bundesrepublik. Wenn dort die Löhne und Preise nur um 5 Prozent steigen, dann werden die amerikanischen Waren auf dem Weltmarkt gegenüber den deutschen Erzeugnissen wettbewerbsfähiger, und wir könnten eine gute Milliarde Dollar mehr auf der Aktivseite unserer Zahlungsbilanz haben.«
Niemand wird es den Amerikanern übelnehmen, daß sie nach Wegen suchen, ihren wankend gewordenen Dollar zu stützen. Und da Westdeutschland nach dem Kriege seine Wirtschaft mit amerikanischer Hilfe aufgebaut hat, darf man nun wohl auf der anderen Seite des Atlantiks mit Gegenleistungen rechnen. Solange es sich dabei um eine vorfristige Abzahlung unserer Schulden handelt, um erhöhte deutsche Beiträge zur Verteidigung des Westens und um unsere Beteiligung an Hilfsprogrammen für Entwicklungsländer – solange ist dagegen nichts zu sagen. Die Vorstellung, daß die Amerikaner den Schutz unserer Freiheit gewährleisten sollen, während wir im Windschatten dieser Protektion unsere Schäfchen ins trockene bringen, ist ohnehin absurd. Ernste wirtschaftliche Schwierigkeiten in den USA wären auch für uns der Anfang vom Ende.
Wenn aber unverantwortliche Ratgeber eine Aufweichung der westdeutschen Währung propagieren, dann ist das ein falsches und gefährliches Mittel. Und man sollte meinen, es gäbe bei uns niemanden, der seine Hand dazu reichen würde.
Man sollte meinen . . .

Der Artikelschreiber des »Wall Street Journal« hat offenbar andere Informationen. »Die amerikanischen Gewerkschaften«, so schreibt er, »haben ihre deutschen Kollegen in der Vergangenheit schon wiederholt mit technischen Ratschlägen versehen, wie man die westdeutschen Lohnkosten hinauftreiben kann.« Und an anderer Stelle heißt es verschämt, man dürfe über solche Dinge natürlich in der Öffentlichkeit nicht so laut reden, denn die Deutschen würden wegen ihrer trüben Erfahrungen allein schon bei dem Wort »Inflation« heftig reagieren, und zudem stünden in diesem Jahr die Bundestagswahlen bevor, so daß Adenauer sich mit allen Mitteln gegen solche Pläne wehren würde. Nun, die deutsche Öffentlichkeit hat vor wenigen Tagen erfahren, daß die Wallstreet-Journalisten sich ganz umsonst Sorge gemacht haben, ob es bei uns drei oder vier aggressive Gewerkschaftsfunktionäre gibt. Es gibt deren mindestens sechzehn, und sie haben nicht nur 5 Prozent Lohnerhöhung gefordert, sondern gleich bis zu 20 Prozent.

Man fragt sich, wie das möglich ist. Schließlich wissen die Gewerkschaften genau, daß überspitzte Lohnerhöhungen, die in keinem Verhältnis zur Steigerung der Produktivität stehen, die Preise hinauftreiben müssen. Eine Umfrage, die vor wenigen Wochen bei zehntausend Arbeitnehmern durchgeführt wurde, hat eindeutig ergeben, daß der Arbeiter an Lohnerhöhungen nicht interessiert ist, wenn Preissteigerungen den höheren Lohn wieder auffressen.
Aber das ist eine Logik für normale Gehirne, nicht für Gewerkschaftsfunktionäre. Die stehen nämlich neuerdings vor einem ganz anderen Problem: Mit steigendem Wohlstand ist das Interesse der Arbeiter an gewerkschaftlicher Aktivität merklich zurückgegangen. Es gilt für die Funktionäre also, vor der schwindenden Zahl der Mitglieder und der wachsenden Zahl der Nichtorganisierten ihre eigene Existenzberechtigung drastisch nachzuweisen. Und diesen Dreh haben sie nun herausgefunden: Sie nehmen die Lohnerhöhungen für sich in Anspruch, während sie die daraus resultierenden Preissteigerungen der Bundesregierung in die Schuhe schieben.
Kein Wunder, daß die Führer der Bauernverbände nicht zögern, dieses probate Mittel auch für sich in Anspruch zu nehmen. Anstatt darüber nachzudenken, wie man unsere vielfach mittelalterliche bäuerliche Wirtschaft modernisiert, wie man die Flurbereinigung vorantreibt und die dörflichen Kleinbetriebe zu Maschinen-Genossenschaften zusammenfaßt und damit die Produktivität steigert, verlangt man von der Bundesregierung die Erhöhung der Subventionen des »Grünen Plans« von 1,6 Milliarden um weitere 400 Millionen Mark, zu denen dann noch über Steuererleichterungen ein gleich hoher Betrag kommen soll. Und nicht genug mit diesen zweitausendvierhundert Millionen Mark aus Steuergeldern, dazu schreit man noch nach Importbeschränkungen für Lebensmittel, die schließlich auch noch der Verbraucher aus seiner Tasche bezahlen muß.
Und das alles geschieht mit dem gleichen Unterton der Erpressung, mit dem die Gewerkschaften operieren. Wenn die Bundesregierung nicht wolle, so werde man ihr bei der Wahl schon die Quittung dafür ausstellen.
Mir scheint, für uns Verbraucher ist es an der Zeit, der Bundesregierung laut und deutlich zuzurufen: »Landgraf, werde hart!« Diese Bundesregierung unter der Wirtschaftsführung von Professor Erhard hat es fertiggebracht, aus einem zerschlagenen Deutschland einen blühenden Staat mit gesunder Wirtschaft zu machen. Eine Wirtschaft, um die uns heute sogar die Amerikaner beneiden. Die pessimistischen Voraussagen der Opposition haben sich allesamt nicht erfüllt. Jeder von uns, der Arbeiter wie der Bauer und der Angestellte wie der Unternehmer, hat heute ein höheres Realeinkommen als vor zehn, fünf, vor drei und vor zwei Jahren.
Und wir werden auch im nächsten Jahr genausoviel mehr verdienen, wie unsere Arbeitsproduktivität steigt. Daß dieser Zuwachs allen gleichermaßen zugute kommt und nicht in die Taschen von ein paar Geschäftemachern fließt, dafür zu sorgen ist die legitime Aufgabe der Gewerkschaften und der Verbände.
Man kann nun einmal nicht mehr verteilen, als vorhanden ist. Wer das dennoch will, der stellt einen ungedeckten Scheck auf die Zukunft aus und leistet der Inflation Vorschub.

Hitler und die Schuld der Deutschen

Das Deutsche Fernsehen hat in den letzten Monaten eine Gruppe von Televisions-Historikern bemüht. In Abständen von vierzehn Tagen projizieren sie den Irrsinn und die Schrecken des Dritten Reiches in unsere Wohnungen. Ich frage mich, wozu das geschieht, solange man sich konsequent um die Beantwortung der entscheidenden Frage drückt. Es ist die Frage, die uns in selbstgerechter Verachtung das Ausland stellt und die auch unsere Kinder immer wieder aufwerfen: »Wie konntet ihr darauf hereinfallen? Auf dieses Regime, auf diesen dahergelaufenen Anstreicher, auf diesen Teppichbeißer?«
Die Verwirrung, die den jugendlichen Zuschauer angesichts dieser unbewältigten Darstellung befallen muß, habe ich an meinem eigenen Sohn deutlich ablesen können. »Sollte ich mit meinen fünfzehn Jahren«, so schien er sich zu fragen, »heute klüger sein als damals die große Mehrheit der erwachsenen Deutschen?«
Und in der Tat, selbst die ältesten Alten Kämpfer müßten dunkelrot anlaufen vor Scham, daß sie es nicht schon in jenen Jahren gemerkt haben, was uns heute auf dem Bildschirm gezeigt wird: dieser heiser belfernde Hitler, dieser zynische Goebbels, die groteske Karikatur eines »Reichsmarschalls« und die dem Regime hündisch ergebenen Generale, Industriellen und Politiker – sie hätten uns doch schon damals stutzig machen müssen. Die öffentlich-rechtlich beauftragten Fernsehdemokraten vertrauen denn auch darauf, daß den Deutschen solches zum zweitenmal nicht widerfahren wird, nachdem sie uns die Symptome des Unheils jetzt so deutlich vor Augen geführt haben.

Aber ich fürchte, diese Sendereihe bewirkt eher das Gegenteil. Was die Jungen verwirrt, lassen sich die alten Nazis als bequeme Entschuldigung dienen. Sie sagen einfach: »So war es ja gar nicht.« Und leider haben sie recht, es war nicht nur so.
Wie aber war es wirklich?
Die Demokratie von Weimar stand vor dem Staatsbankrott. Zur Novemberwahl 1932 hatten sich fünfundfünfzig Parteien gestellt, zwölf gelangten in den Reichstag und machten mit ihrem Gezänk das Parlament funktionsunfähig. Die ständig wechselnden Kabinette regierten mit Notverordnungen. Im Rheinland standen vierzehn Jahre nach dem verlorenen Krieg noch immer fremde Truppen. Und in den Städten formierten sich aus dem Heer der sechs Millionen Arbeitslosen die grauen Kolonnen der Hungermärsche.
Und dann kam ein Mann, der versprach, dieses verzweifelte Schicksal zu wenden. »Arbeit und Brot« hieß seine Parole. Gewiß, dieser Hitler hatte ein Buch geschrieben, aus dem man die Gefährlichkeit seiner politischen Vorstellungen wohl hätte ersehen können. Die Methoden seiner Anhänger schienen auch nicht gerade die allerfeinsten zu sein. »Deutschland erwache!« schrien sie auf den Straßen und dann »Juda verrecke!« Aber vielleicht war das alles nur Propagandageschrei, das verstummen würde, sobald die revolutionäre Bewegung unter die Verantwortung einer staatstragenden Partei gestellt würde.
Nur aus dieser Überlegung läßt sich das Verhalten jener durchaus ehrenhaften und demokratisch gesinnten Abgeordneten des Deutschen Reichtags erklären, die im März 1933 dem »Ermächtigungsgesetz« zustimmten, das Hitler erlaubte, weitgehend ohne parlamentarische Kontrolle zu regieren. Ein gewissenhafter Politiker wie unser Altbundespräsident Theodor Heuss wird diesem Gesetz sicher nicht gegen seine eigene bessere Überzeugung zugestimmt haben.
Und nicht anders erklärt sich, was Winston Churchill noch im September 1937 über Hitler sagte: »Wenn unser Land einmal am Boden liegen sollte, dann möchte ich hoffen, daß wir einen Mann finden wie ihn, ebenso entschlossen, uns Kraft zu geben und uns auf den uns gebührenden Platz unter den Nationen zurückzuführen«.

So fing es an. Mit Erfolgen auf der ganzen Linie. Mit einer neuen sozialen Sicherheit. Mit Arbeiterschiffen, die nach Madeira und in die norwegischen Fjorde fuhren. Mit der Faszination von Fahnen, Fackeln und Fanfaren. Und mit der außenpolitischen Duldung – wo nicht gar der beflissenen Unterstützung – jener ausländischen Regierungen, die zuvor mit ihrer Unduldsamkeit geholfen hatten, den demokratischen Staat von Weimar auszuhöhlen.
Und erst als die Westmächte merkten, daß er zu mächtig wurde und daß von dieser Macht nun auch ihnen Gefahr drohte, da entdeckten sie das Monstrum Hitler. Wie sollte der deutsche »Mann auf der Straße« klüger gewesen sein als selbst ein Churchill? Dem einfachen Deutschen standen weder die Informationsmittel noch die intellektuelle Urteilsfähigkeit zur Verfügung, die einen Politiker wie Theodor Heuss frühzeitig in die innere Emigration gehen ließen und die den britischen Premierminister Churchill schließlich zum Führer des internationalen Kreuzzuges gegen den Nazismus machten. Dann aber, als es zu spät war – und als die große Mehrheit der Deutschen immer noch nicht ahnte oder nicht glauben konnte, was etwa in den Konzentrationslagern geschah –, da befand man sich im Krieg. Und von einem kriegführenden Volk kann man schwerlich objektive Reaktionen erwarten, weder im Taumel der Siege noch in der Drangsal der Niederlagen. Das alles mindert nicht die Strafwürdigkeit der verantwortlichen Verbrecher. Es löscht auch unsere Mitverantwortung nicht aus. Aber es macht sie zu einer tragischen Schuld. Diese Tragik hätte das Deutsche Fernsehen zu seinem Thema machen sollen.
So aber haben die Fernseh-Historiker nichts anderes getan, als was im Zeichen Eichmanns nun wieder zeitgemäß werden wird. Schon schlägt in Washington der Film »Operation Eichmann« alle Kassenrekorde. Schon hat Hollywood seinen Streifen über die Nürnberger Prozesse abgedreht, und die Verfilmung von William Shirers Buch »Aufstieg und Untergang des Dritten Reiches« geht noch diese Woche ins Atelier. Und ich bin sicher, man wird die Deutschen wieder alle über einen Kamm scheren.
Aber ich frage Sie: Ist mein Bruder, ist Ihr Sohn und Ihr Vater in Hitlers dreimal verfluchtem Krieg gefallen, damit Juden vergast und Häftlinge mit Typhus infiziert würden? Das ist doch einfach nicht wahr! Sie glaubten, für eine gerechte Sache zu kämpfen. Und ihr Sterben hat ihren Irrtum geheiligt.
Die Verbrecher soll man greifen und ohne falsches Mitleid verurteilen. Denen aber, die arglos schuldig wurden, möge man endlich die Gnade des Vergessens zuteil werden lassen.

11. April 1961

Entwicklungshilfe – aber nützliche!

Als wir Kinder waren, teilte sich uns das Jahr nach seinen Festen ein. Zu Ostern begann die Schule, in den Pfingstferien machten wir den ersten Familienausflug, aber die Höhepunkte waren doch Weihnachten und die Geburtstage – denn da bekam man etwas geschenkt.
Nun waren die Geschenke, mit denen Eltern, Onkel und Tanten uns bedachten, durchaus nicht alle von der gleichen Wirkung auf unser kindliches Gemüt. Wir unterschieden nämlich sehr genau zwischen »richtigen« und »nützlichen« Geschenken. Zu den richtigen gehörten das Indianerzelt, ein Luftgewehr und die elektrische Eisenbahn. Die nützlichen waren so unromantische Dinge wie Oberhemden, ein Paar Schuhe oder ein neuer Anzug. Wir wären keine Kinder

gewesen, wenn wir den »unnützen« Dingen nicht den Vorzug vor den nützlichen gegeben hätten. Den jungen Völkern in Afrika, von denen fast jeden Monat eines den Geburtstag seiner Unabhängigkeit feiert, geht es nicht anders, als es uns Kindern ging. Sie brauchen notwendig Entwicklungshilfe, aber sie denken dabei zuerst an Schießgewehre und Düsenjäger. Und die alten in der Industrialisierung zurückgebliebenen Völker wie Inder, Perser und all die anderen, die in Amerika und Europa ihren Weihnachtsmann und ihren Knecht Ruprecht sehen – sie haben die gleiche Vorliebe für friedliches und kriegerisches Spielzeug.
Uns aber predigt man seit vielen Monaten täglich, daß wir moralisch verpflichtet seien, diesen Ländern beizustehen. Jährlich 4 Milliarden DM werden als bundesdeutscher Beitrag zum westlichen Entwicklungsfonds gefordert. Jährlich 4000 Millionen sauer verdientes Steuergeld. Gelänge es uns damit, den hungernden Kindern in Afrika Milch und Brot zu geben, den notleidenden Bauern in Persien eiserne Pflüge zu verschaffen und in Indien eine Kleinindustrie zu errichten, die den Elenden zu Arbeit und Verdienst verhilft – die 4 Milliarden wären nicht zuviel.

Statt dessen aber bauen die Inder mit unserem Geld monströse Stahlwerke, deren Wirtschaftlichkeit höchst zweifelhaft ist. In Ghana gründet man die »Ghana Airlines«, eine Luftverkehrsgesellschaft, für die die neuesten amerikanischen Supermaschinen gerade gut genug sind. In Persien steckt die korrupte Staatsbürokratie des Schah den Löwenanteil der Gelder in die eigenen Taschen, und im Kongo bezahlte Herr Lumumba jedem Parlamentarier, der für ihn stimmte, die stattliche Summe von 3000 Dollar aus UNO-Geldern. In Ländern, wo man Straßen nur vom Hörensagen kennt, werden die Regierungsmitglieder mit chromblitzenden Cadillacs versorgt. Und kaum ein schwarzer Staatshäuptling ist zufrieden, wenn er nicht zur Feier der Unabhängigkeit eine Panzerparade abnehmen kann.
Mir scheint es an der Zeit, mit aller Deutlichkeit zu sagen: Das alles bitte nicht für unser Geld!

Wir haben es nämlich nicht auf der Straße gefunden. Wenn das jährliche Arbeitseinkommen des Deutschen heute im Durchschnitt 8500 DM beträgt (das Jahreseinkommen des Inders liegt unter 500 DM), wenn jede zweite Familie in der Bundesrepublik einen Fernsehapparat besitzt, wenn eine Million Arbeiter bei uns im eigenen Auto fahren, und wenn wir über reichliche Industriegüter und Nahrungsmittel verfügen – dann kommt das schließlich nicht von ungefähr. Gewiß, die Alliierten haben uns nach dem verlorenen Krieg eine großzügige Starthilfe gegeben. Doch was daraus geworden ist, das verdanken wir unserem Fleiß und unserer Tüchtigkeit.
Welchen Sinn aber hätte es, finanzielle Starthilfen an Entwicklungsländer zu geben, deren Regierungen nicht bereit sind, die notwendigen sozialen Reformen im eigenen Land durchzuführen, ohne die eine wirtschaftliche Gesundung unmöglich ist. Wo der Müßiggang den Menschen heiligt, wo die Verwaltung in der Korruption erstickt, wo wie in einigen mittel- und südamerikanischen Ländern 75 Prozent des Bodens einer wahrhaft plutokratischen Clique von zwei Prozent der Grundbesitzer gehören, da fällt jede finanzielle Unterstützung in ein Faß ohne Boden. Und das Spielen mit dem Schießgewehr mag jungen Nationen soviel Spaß machen wie allen Kindern, aber ich sehe nicht ein, weshalb wir es bezahlen sollten. Ich bin entschieden für »nützliche« Geschenke.
Nützlich sind Schulen, Lehrwerkstätten, landwirtschaftliche Genossenschaften, mittelständische Handwerksbetriebe und Industrie und vor allem der Bau von Straßen. Da könnten wir helfen. Mit Geld und mit Erfahrungen. Die Voraussetzung ist, daß wir uns solche Länder aussuchen, deren Regierungen einverstanden sind, die Hilfe mit uns gemeinsam zu planen und uns ein Mitspracherecht bei der Verwendung der Gelder einzuräumen.
Wichtiger als Geld aber sind die Menschen: Ingenieure, Lehrer, Land- und Forstwirte, Verwaltungsfachleute und Werkmeister. Und da hätten unsere Verantwortlichen noch einiges zu bedenken: Bei unserer Überbeschäftigung verdient nämlich jeder sein Geld am liebsten da-

heim. Geht er nach draußen, muß er unter Umständen fürchten, Pensionsdienstjahre einzubüßen oder den Anschluß an die westdeutsche Konjunktur zu verlieren. Es ist nutzlos, darüber zu jammern, daß unsere jungen Leute keinen Abenteuergeist mehr verspüren und daß sie vor allem auf Sicherheit sehen: Gebt ihnen diese Sicherheit, wenn sie in die Entwicklungsländer gehen. Zahlt ausgezeichneten Fachleuten für diese Arbeit Sondergehälter und rechnet ihnen die Dienstjahre an, die sie im Kampf gegen die Not der Welt verbringen.
Noch sterben in jedem Jahr etwa 25 Millionen Menschen an Hunger und Unterernährungskrankheiten. Die Entwicklungshilfe ist also mehr eine menschliche als eine politische Aufgabe. Schickt man die besten Helfer, und wählt man sich die richtigen Partner aus, dann versteht sich das Politische im Sinne der Sicherung von Freiheit und Unabhängigkeit der jungen Nationen von selbst. Entwicklungshilfe mit politischen Auflagen könnte die Empfänger höchstens zu Erpressungsversuchen verleiten. Denn darin unterscheiden sich die jungen Völker von den Kindern: Sie glauben, sich ihre »Eltern« selber aussuchen zu können. Gibt mir der Westen nicht mein Spielzeug, gibt es mir vielleicht der Osten. Aber die Rechnung geht nicht auf: Während die Sowjetunion und ihre Satelliten bisher etwa 3 Milliarden Dollar für die Entwicklungsländer zusagten, haben allein die USA 30 Milliarden und die westeuropäischen Staaten 13,7 Milliarden Dollar aufgewandt.
Bangemachen gilt also nicht!

25. April 1961

Dr. Dohrn und die Not der Mutterschaft

Als kürzlich der Name des Dr. med. Axel Dohrn durch die Zeitungen ging, und es war davon die Rede, daß dieser Arzt etwa 1300 Frauen auf deren eigenen Wunsch sterilisiert habe, da bin ich zunächst tief erschrocken. Sollte es schon wieder soweit sein, daß man zwischen erwünschtem und unerwünschtem Leben unterscheidet oder gar zwischen »lebenswertem« und »lebensunwertem« Leben? Wer maßte sich das Recht zu solcher Unterscheidung an? Der Staat, der Arzt, ein medizinisches Gremium oder gar die Patientinnen selbst?
Es schien mir gar nicht so verwunderlich, daß die für das Krankenhaus Großburgwedel bei Hannover Verantwortlichen sich von diesem Chefarzt Dr. Dohrn schnellstens trennen wollten und ihn fristlos entließen.
Aber dann fiel mir das Protokoll eines Ärztekolloquiums in die Hände, das von der Deutschen Gesellschaft für Ehe und Familie in Frankfurt abgehalten wurde. Da las ich folgende lapidare Feststellung: *Auf eintausend Geburten in der Bundesrepublik kommen heute etwa dreitausend Schwangerschaftsunterbrechungen. Nur ein geringer Prozentsatz davon geschieht legal, das heißt aus gesundheitlichen Gründen. Alle anderen sind im Sinne des Strafgesetzes »kriminelle Aborte«.*
Auf eintausend Geburten dreitausend Unterbrechungen. Nur jedes vierte Kind also wird geboren. Unschwer auszurechnen, wie enorm die Zahl der Fehlgeburten in der Bundesrepublik sein muß – bei 968 432 Geburten im letzten Jahr also die dreifache Zahl. Und der größte Prozentsatz dieser Fehlgeburten ist künstlich eingeleitet, geschieht heimlich in Angst vor Strafe, wird bei zweifelhaften Medizinern, bei Kurpfuschern und »weisen Frauen« in schmutzigen Hinterzimmern abgemacht.
Bedenkt man, welches menschliche Leid und welche Gefahr für die Volksgesundheit sich hinter diesen Angaben verbergen, dann liegt da ein Problem, das wahr-

haftig die ernsthafteste öffentliche Aufmerksamkeit verdient.
Fachleute geben denn auch die Zahl der Abtreibungstoten in der Bundesrepublik mit jährlich 40 000 an, eine Schätzung, die fast das Dreifache unserer Verkehrstoten beträgt. Und wohlgemerkt, dabei handelt es sich nicht um die getöteten Kinder, sondern um die Frauen, die bei diesen Eingriffen ihr Leben lassen.
Aber haben wir nicht den § 218 des Strafgesetzbuches, der die Abtreibung unter schwere Strafe stellt? Heißt es nicht eben, daß diese Strafen in dem Entwurf für das neue Strafgesetzbuch noch erheblich verschärft werden sollen? Und doch konnte auf einer Tagung der Katholischen Akademie in Stuttgart niemand der Feststellung eines bekannten Kriminalisten widersprechen: »Noch jede Frau, die in Deutschland ihr Kind weghaben wollte, fand auch ihren Abtreiber.«
Die Zahl der von unseren Gerichten durchgeführten Strafverfahren aber steht in keinem Verhältnis zu diesen Behauptungen. Es scheint, als seien Polizei und Staatsanwaltschaft an der Verfolgung dieser Verbrechen gar nicht so interessiert. Was aber ist das für ein Gesetz, das um der Reputation des Gesetzgebers willen verschärft wird, während die Strafverfolgungsbehörden sich offenbar scheuen, es anzuwenden?
Zu Recht bezeichnen die christlichen Kirchen beider Konfessionen die Abtötung des keimenden Lebens als schwere Sünde. Aber wie wenige von den verzweifelten Frauen, die etwa im dritten Monat eine Fehlgeburt künstlich einleiten, bedenken dabei, daß hier ein Mensch getötet wird, ein winziger Mensch mit Armen und Beinen, mit einem Mund, der nun niemals sprechen, und mit Augen, die nie mehr sehen werden.
Was aber, wenn das Leben der Mutter nach Meinung des Arztes durch die Austragung der Schwangerschaft gefährdet erscheint? Was gar, wenn das Kind die Frucht einer Vergewaltigung ist? Oder wenn die wirtschaftlichen und sozialen Verhältnisse der Familie nicht so sind, daß der kleine Mensch in der Liebe und Fürsorge seiner Eltern aufwachsen kann?
Das Gesetz kennt nur die medizinische Indikation. Nur wenn ein von der Ärztekammer eingesetztes Kollegium in der Geburt eine akute Gefahr für das Leben oder die Gesundheit der Mutter erblickt, darf die Schwangerschaft abgebrochen werden. Die katholische Kirche aber verbietet den Eingriff selbst in diesem Falle. Dem Menschen stehe es nicht zu, lehrt sie, zwischen dem Leben des Kindes und dem Leben der Mutter zu wählen. Welch hartes Gebot wird da dem Arzt und den Eltern auferlegt, wenn es sich etwa um die Mutter von fünf unmündigen Kindern handelt, die bei der sechsten Geburt zu sterben droht.
Die landläufige Meinung denkt, wenn von Abtreibung die Rede ist, zumeist an ledige Mütter, die sich von ihrer »Schande« befreien wollen. Die Wirklichkeit aber ist anders. Mehr als Dreiviertel aller Eingriffe werden an Ehefrauen vorgenommen, die schon drei und mehr Kinder geboren haben. »Denn jede Mutter will nur so viele Kinder haben« – so schreibt eine Patientin ihrem Arzt – »wie sie zu tüchtigen Menschen erziehen kann. Wo der Verdienst nicht reicht, wo die Wohnung zu klein ist, wo die Eltern sich nicht genügend um ihre Kinder kümmern können, da kommt manches gute Kind nachher vom rechten Wege ab.«
Der Dr. Dohrn hat sich denn auch in seiner Praxis nur mit solchen Frauen befaßt, die bereits Mütter mehrerer Kinder sind. Er lehnt die Schwangerschaftsunterbrechung als unsittlich und als medizinisch unsauber ab. Und er weiß, daß ein solcher Eingriff die Frauen nur der Angst vor der nächsten Schwangerschaft ausliefert. Deshalb hat er nach sorgfältiger Prüfung aller Umstände diese Patientinnen sterilisiert. Das gegen Dr. Dohrn von der Staatsanwaltschaft eingeleitete Ermittlungsverfahren ist inzwischen eingestellt worden. Eine gesetzwidrige Handlung liegt also nicht vor. Gleichwohl mag man über die sittliche Berechtigung dieser Methode verschiedener Meinung sein. Weil wir uns nicht für befugt halten, darüber zu richten, geben wir in diesem Heft Herrn Dr. Dohrn selbst das Wort.
Inzwischen haben wir mit anderen Ärzten gesprochen. Wir haben Juristen, Psychologen und Theologen zu diesen Fra-

gen gehört. Und mit jedem Tag der Befragung wurde uns klarer, daß wir hier auf eines der brennendsten Probleme unserer menschlichen Gesellschaft gestoßen sind: Darf der Mensch in die Geheimnisse der Natur eingreifen, oder ist er gar dazu verpflichtet? Schließlich ist der Kampf der Medizin gegen den Tod doch auch ein Eingriff in die Natur. Die meisten Seuchen, die Schrecken vieler Krankheiten und die hohe Säuglingssterblichkeit hat der Mensch überwunden – darf er der Fruchtbarkeit, die unsere Erde zu übervölkern droht, tatenlos zusehen?
Aber sprechen wir nicht von Bevölkerungspolitik. Bleiben wir beim einzelnen und seiner Familie. Nur die Verhütung unerwünschter Empfängnis und eine verantwortungsvolle Geburtenregelung führe zu gesunden und glücklichen Familien – sagen die meisten Frauenärzte. Und schon heißt es in einer Veröffentlichung der Evangelischen Akademie Hamburg:
Es genügt nicht, über dieses Thema hinter halb oder ganz verschlossenen Türen Beratungen zu führen. Die Ärzte und die Kliniken müssen bekannt sein, in denen vernünftiger Rat und sachgemäße Unterweisung in allen die Geburtenordnung betreffenden Dingen erfolgt. Nur so kann wirkliche Verantwortung geweckt und der Abtreibungsnot ein Ende bereitet werden.

Im Sinne der Erweckung dieser Verantwortung möge die Artikelserie verstanden sein.

2. Mai 1961

Die USA versagten in Kuba

Wenn man William S. Schlamm glauben darf, ist selbst das schlechte Wetter eine Teufelei der Kommunisten. Wer einen warmen und trockenen Sommer haben möchte, täte demnach gut daran, sich für eine Invasion in die Sowjetzone bereitzuhalten.
Man mag darüber lächeln, solange es sich um die von Herrn Schlamm alle paar Wochen vorausgesagten Randstörungen über der Bundesrepublik handelt. Wenn aber die meteorologische Station in Washington sitzt und sich Amerikanischer Geheimdienst nennt, und wenn Präsident Kennedy als Wettermacher der Weltpolitik sich darauf verläßt, dann wird die Sache gefährlich.
Das hat sich soeben in Kuba gezeigt.
Als die STERN-Reporter Gordian Troeller und Claude Deffarge von ihrer viermonatigen Reise durch Mittelamerika just in dem Augenblick zurückkehrten, da bei uns die Zeitungen das »siegreiche Vordringen« der kubanischen Rebellen verkündeten, da wußten wir nach einem kurzen Gespräch, daß diese Invasion scheitern würde.
Denn im Gegensatz zum Amerikanischen Geheimdienst, der die Meinung vertrat, Kuba sei reif für eine Rebellion gegen Castro, hatten unsere Reporter die Verhältnisse gesehen, wie sie wirklich sind: Nur eine verschwindend kleine intellektuelle Minderheit in Havanna ist gegen Castro. Das Volk aber hängt an diesem Mann mit begeisterter Ergebenheit.
Wie erklärt sich die falsche Prognose des Amerikanischen Geheimdienstes?

Unter dem Regime des von Fidel Castro gestürzten Diktators Batista herrschte der mörderischste Terror. Zehntausende von Gegnern Batistas sind von seinen Henkern auf die grausamste Weise verstümmelt und umgebracht worden. Aber dieses Regime erfreute sich der wohlwollenden Duldung der Vereinigten Staaten. Denn es sorgte für »Ordnung« in einem Land, das sich wirtschaftlich in den Händen einiger Großgrundbesitzer be-

fand, die mit dem amerikanischen Big Business eng verbunden waren.
Daneben aber gab es ein riesenhaftes Landproletariat, das unter den elendesten sozialen Bedingungen sein Leben fristen mußte. Die einseitig auf den Anbau von Zuckerrohr ausgerichtete Landwirtschaft der Insel bedurfte nur in den vier Erntemonaten der menschlichen Arbeitskraft – einer mit 2 bis 5 Mark pro Tag bezahlten Arbeitskraft –, die übrigen acht Monate blieben etwa drei Millionen Landarbeiter ganz ohne Verdienst. An eine Reform von oben war nicht zu denken, denn »oben« saßen ja die Feudalherren. Wer läßt schon Reformen gegen seine eigenen Interessen zu, wenn er diese Reformen verhindern kann?
Die Revolution kam also von unten. Und es lag in ihrer Natur, daß sie sich nicht nur gegen die Schergen Batistas und gegen die Landbesitzer richtete, sondern auch gegen das ausländische Kapital, das die kubanische Wirtschaft im eisernen Griff hielt.
Hätte der damalige US-Präsident Eisenhower die Interessen der amerikanischen Politik rechtzeitig von den geschäftlichen Interessen einiger Kapitalgesellschaften getrennt, dann wäre es wohl noch möglich gewesen, die kubanischen Revolutionäre zu Freunden zu gewinnen.
Kuba brauchte eine neue Sozialstruktur, um den Lebensstandard der breiten Massen zu heben. Daß es dem Arbeiter in den »kapitalistischen« Ländern des Westens besser geht als in jedem kommunistischen Land, hätte der völlig undoktrinäre Castro rasch begriffen. Wir wissen denn auch, daß er auf die amerikanische Unterstützung gewartet hat und daß er vor Freude tanzte, als er bei seinem Besuch in den Vereinigten Staaten im April 1959 eine freundliche Presse hatte.
Dann aber ließen Amerikas Politiker die kubanische Revolution im eigenen Saft schmoren.
Waren es die Massenhinrichtungen von Batistaleuten, die das State Department gegen Fidel Castro einnahmen? Man hätte doch die lateinamerikanische Mentalität kennen müssen – schließlich hatten auch die kühlen Nordamerikaner nach ihrem Sieg über Nazideutschland einige Dutzend politischer Verbrecher hingerichtet. War es der ungebührliche Ton, den die Langbärte gegenüber den Vertretern der Kirche anschlugen? Zu Zeiten Batistas hatte man von Protesten der Kirche gegen die Mordtaten des Regimes wenig gehört. Es waren also doch wohl mehr die Public-relations-departments der großen Zucker- und Ölkonzerne, die Amerikas öffentliche Meinung gegen Castro aufbrachten.
So wurde der ungebärdige Revolutionsführer langsam aber sicher in die Arme des sowjetischen Imperialismus getrieben.
Und als man dann auch noch in New York einen Hotelier Weltpolitik machen ließ, indem er für die Beherbergung Castros und seiner UNO-Delegierten eine Vorauszahlung von 10 000 Dollar verlangte, da war es endgültig um die politischen Nerven der Kubaner geschehen. Castro setzte sich demonstrativ ins Negerviertel Harlem ab. Dort besuchte ihn Chruschtschow ebenso demonstrativ. Und nun glaubten die Kubaner zu wissen, von wo sie Verständnis und Hilfe zu erwarten hatten.
Natürlich hat Amerika das Recht, die Bolschewisierung Kubas zu verhindern. Ein sowjetisches Raketenmutterschiff unmittelbar vor der Küste der Vereinigten Staaten wäre eine unerträgliche Vorstellung.
Aber das verhindert man nicht durch mißglückte Invasionsversuche von Exilkubanern. Und noch weniger durch das offene Eingreifen amerikanischer Marinesoldaten, die zwar Kuba in wenigen Tagen nehmen, die Sache des Westens in Lateinamerika aber für immer diskreditieren würden.
Wenn ich lese, was unsere Reporter aus Kuba berichten, dann möchte ich meinen, daß es für die USA auch heute noch nicht zu spät ist, den Kubanern vernünftige Vorschläge und finanzielle Hilfe für den Aufbau ihrer Wirtschaft anzubieten. Vorausgesetzt, daß Castros Sieg über die Rebellen nicht zu maßlosen Racheakten und zu neuen antiamerikanischen Exzessen führt.

Den kommunistischen Polen leistet Amerika Hilfe, um ihnen den Rücken gegenüber Moskau zu steifen. Sollte man nicht alles tun, damit Kuba gar nicht erst zu einem Satelliten Moskaus wird?

»Wenn meine Macht den Feind nicht besiegen kann, muß ihn meine Liebe überwinden.« Herr Schlamm mag diesen Satz zynisch nennen. Aber mir scheint, ein verantwortlicher Politiker dürfe sich nicht durch bloße Kommunistenfurcht den Blick trüben und die Hände binden lassen.

9. Mai 1961

Zum Tode Gary Coopers

In einem Haus, viele tausend Kilometer von Ihrer und von meiner Wohnung entfernt, liegt ein Mann auf seinem Lager und weiß, daß er sterben muß, und es gibt kein Mittel, das den Tod von ihm abwenden könnte. Der Mann heißt Gary Cooper. Er ist der letzte aus der großen Zeit des amerikanischen Films, nachdem im November Clark Gable starb.

Hätte diesen Gary Cooper eine Kugel aus dem sechsschüssigen Colt erreicht, wäre er vom Pferd gestürzt oder hätte ihn ein Nebenbuhler erschossen, wir hätten uns nicht gewundert. So kannten wir ihn, reitend über die Prärie, saufend an den Bars der Goldgräberstädte und dann mit einer lässigen Bewegung den Whisky vom Kinn wischend. Ein Kerl, der den Kampf der Männer nicht scheute und nicht die Liebe der Frauen.

Doch wir lesen nichts von alledem. Wir erfuhren zunächst aus spärlichen Zeitungsnotizen, daß Gary Cooper wegen einer Nackenwirbelverletzung die Dreharbeiten abbrechen mußte. Dann sollte ihm der »Oscar« für seine Verdienste um die Filmindustrie verliehen werden. Aber er selbst erschien schon nicht mehr zu dieser Ehrung. James Stewart kam an seiner Statt, und dem Airforce-Brigadegeneral Stewart stürzten die Tränen aus den Augen, als er die kleine goldene Statuette für seinen Freund Cooper in den Händen hielt.

Da wußten wir, daß es schlecht um Gary Cooper stand.

»Gib dem Glück die Sporen!« hieß die Geschichte, die der Schauspieler 1957 über sein Leben geschrieben hat, und die der STERN damals abdruckte. Aus jeder Zeile sprach die heiße Freude an diesem Leben, sprach die Einfachheit und Bescheidenheit, die den ehemaligen Cowboy aus Montana auch dann nicht verließ, als ihm Hollywood gezeigt hatte, was er wert war.

Und nun ein vom Krebs zerstörter hilfloser Mensch, der nicht weiß, wohin vor Schmerzen. Der Held mit dem Sheriff-Stern vor einem Lagerfeuer im weiten Arizona – hier liegt er unter Morphium, und hinter dem Arzt steht der Priester.

Ich glaube, man kann von uns nicht sagen, daß wir die Traumfabrik Film und ihre Vertreter allzuoft mit sentimentaler Verehrung behandelt hätten. Im Gegenteil, wir sind respektlos genug, um Stars und Sternchen menschlicher zu finden, als es ihrem Nimbus guttut.

Aber ich muß jetzt an einen deutschen Film denken, der 1934 in Wien gedreht wurde und »Vorstadtvarieté« hieß. Luise Ullrich spielte die Tochter eines Tingeltangeldirektors, und Mathias Wieman war ein Lehrer, und die beiden liebten sich. Als der Lehrer ins Feld zog, und als es ans Abschiednehmen ging, da wollte er, daß die Braut nicht länger in dem kleinen Vorstadtvarieté auftreten und ihre bescheidenen Liedchen singen sollte.

»Sieh mal«, sagte er, »ich bin ein Lehrer, und es ist eine schöne Aufgabe, junge Menschen ins Leben zu führen. Aber was du da machst, dazu bist du mir einfach zu schad!« Da packte die Luise ein heiliger Zorn, und sie gab es ihrem Lehrer nicht schlecht: »Du, also so aner bist du. A feiner Herr bist du. Aber des will i dir sagen, an jeden Abend a hundert oder zwahundert Menschen a Freud ma-

MAR

AL

chen, des ist a genau so ehrliche Arbeit wie deine!« Und drehte sich um und ging.
Der Gary Cooper hat niemals den »Hamlet« gespielt, gewiß. Aber war er nicht einer, der drei Jahrzehnte hindurch Millionen Menschen die Möglichkeit gab, ein paar Abendstunden aus ihrem armseligen oder gleichförmigen Leben herauszutreten in ein anderes kühneres, wilderes Leben? Am Tage waren sie Buchhalter oder Standesbeamte, abends ritten sie als Viehhirten mit Gary Cooper im Sattel ungezähmter Mustangs, schossen sich mit Banditen herum oder gingen am heißen Mittag durch die gespenstisch verlassene Stadt im Wilden Westen. Die Illusion für eine Mark achtzig – wer brachte sie vollkommener und schöner in die Herzen all derer, die niemals Helden waren und sich ein Leben lang wünschten, Helden zu sein?
Als am 6. Oktober 1927 der erste Tonfilm »Sunny Boy« in Amerika seine glanzvolle Premiere hatte, war Gary Cooper gerade dabei, den Film »Der lädierte Engel«, einen seiner unzähligen Stummfilme, zu drehen. Die Regisseure und Drehbuchschreiber beschlossen fix, dem Signal der neuen Zeit zu folgen: Nach 59 Minuten und 45 Sekunden Stummfilm wurden die Hauptdarsteller plötzlich gesprächig. Bei der großen Hochzeitsszene mit seiner Partnerin Nancy Caroll vor dem Geistlichen sagte Cooper weithin hörbar »ja« und Nancy sagte ebenfalls »ja«. Damit war sein erster »Tonfilm« beendet.
Und dann kamen alle die großen Filme, angefangen von »Bengali« (1935) über »Zwölf Uhr mittags« (1952) über »Ariane« (1957) bis zu dem »Mann aus dem Westen« und »Sie kamen nach Cordura« in unseren Tagen.
Zweimal war Gary Cooper bei den Filmfestspielen in Berlin. Seine Frau Rocky, mit der er jetzt beinahe dreißig Jahre verheiratet ist, und seine Tochter Maria waren bei ihm. Sie waren immer eine Familie, diese drei, und sie machten nie ein Hehl daraus, daß sie nicht nur glücklich waren, sondern auch miteinander alt geworden sind. Am 7. Mai 1961 hätte Gary Cooper seinen sechzigsten Geburtstag feiern können. Aber er kam nicht mehr zum Feiern.
Als die Nachricht von seiner schweren Krankheit uns erreichte, haben wir unseren Autor Will Tremper nach Hollywood geschickt. Der Gedanke, daß unser eigener Mann zu den Reportern und Fotografen gehört, die Gary Coopers Haus in einer Nebenstraße des »Sunset-Boulevard« umlagern, ist mir fast unheimlich. Aber als Chronisten können wir uns nicht aussuchen, bei welchem Ereignis wir dabeisein wollen oder wo wir lieber still beiseite gingen.

16. Mai 1961

Die Wahlversprechungen Willy Brandts

Ich hätte über den Mann gern etwas Freundliches geschrieben. Seine Gegner haben ihm in den letzten Wochen übel mitgespielt, und sie haben sich dabei nicht der fairsten Methoden bedient. Sie nannten ihn einen hergelaufenen Emigranten. Sie logen über ihn, daß er mit der Waffe in der Hand gegen Deutsche gekämpft hätte. Und sie warfen ihm allen Ernstes vor, daß er davongegangen ist, als wir Zurückgebliebenen die Hand zum Deutschen Gruß erhoben. Der Mann heißt Willy Brandt. Er gab Heimat und Sicherheit auf, weil er nicht hilflos zusehen wollte, wie der Name unseres Volkes besudelt wurde. Und er kam zurück, als noch nicht abzusehen war, daß dieser Name einmal wieder guten Klang haben würde.
Der Mann ist heute Regierender Bürgermeister von Berlin, und er hat die Sache seiner unglücklichen Stadt vor der Welt

mit Würde vertreten. Die Deutschen in der Bundesrepublik haben Sympathie für diese Stadt Berlin. Sie wissen vielleicht gar nicht, daß ihre Sympathie aus einem unruhigen Gewissen kommt. Zwar sind sie froh, daß sie selber keinen Mangel leiden, aber sie spüren doch die Ungerechtigkeit, die darin liegt, daß die Zone und Berlin allein die Folgen des Krieges erdulden müssen.
Deshalb sprechen sie mit Wärme von Berlin. Ein bißchen Mitleid ist darin und ein bißchen Bewunderung – und ein bißchen »Gott sei Dank, daß wir in Düsseldorf wohnen!« Und im Herrgottswinkel ihres nunmehr beruhigten Gewissens hängt ein kleines Bild von Willy Brandt.
Die Sozialdemokraten schienen nicht schlecht beraten, als sie diesen Mann zu ihrem Kanzlerkandidaten machten.
Nun weiß niemand besser als der Regierende Bürgermeister, daß es im kommenden Herbst eine neue Krise um Berlin geben wird. Diese Unruhe wird gefährlicher sein als das letzte Mal. Denn der Westen steht nun nicht mehr einem Chruschtschow gegenüber, der Gipfelkonferenzen braucht, um seine Position in Moskau zu festigen. Diesmal ist seine Brust gebläht von den Erfolgen der Sowjetmacht in Kuba, in Laos und im Weltenraum.
Erinnern Sie sich, was Churchill sagte, als er die Führung der britischen Nation im Augenblick der Niederlagen und der drohenden Invasion übernahm? »Ich kann euch nichts versprechen als Blut und Tränen«, sagte Churchill. Da erwachten auch diejenigen, die über ihren persönlichen Angelegenheiten die Not der Stunde noch nicht begriffen hatten.
Und was verspricht uns Willy Brandt?
Fernsehgeräte für Rentner. Pensionen in Höhe von 75 % des Arbeitseinkommens. Blauen Himmel über dem Ruhrgebiet und steuerfreie Zündhölzer in der Küche.
Höhere Löhne und niedrigere Preise. Schach dem Verkehrstod und moderne Waffen für die Bundeswehr. Und Entwicklungshilfe. Und mehr Wohnungen. Und mehr Urlaub.
Sportplätze für die Jugend und kostenlose Behandlung für die Kranken. Steuerfreien Kaffee für die Alten und zinsgünstige Kredite für junge Ehepaare. Und billigere Eier. Und eine gesunde Währung.
Und dies und das und für jeden was.

Als ich diesen Neckermannkatalog zum erstenmal im Rundfunk hörte, vorgetragen mit einer fanatischen Feierlichkeit und unterstrichen mit Faustschlägen aufs Rednerpult, da kam mir die Parodie einer Goebbelsrede in den Sinn: ». . . wir werden die Schwangerschaft der deutschen Frau auf drei Monate herabsetzen und den Fettgehalt der Marmelade auf 18 Prozent erhöhen!«
Den Gegner möchte ich sehen, der da nicht erblaßt.
Nun hat aber Willy Brandts Gegner es immerhin zuwege gebracht, daß ein am Boden zerstörtes Volk in wenigen Jahren wieder aufgestanden ist. Und dieses Volk ist heute nicht nur satt, es wohnt in Millionen neugebauter Wohnungen und verbraucht mehr Fleisch und Butter und Kaffee und weniger Brot und Kartoffeln als je zuvor.
Aber es hat ein unruhiges Gewissen. Noch immer ist es geteilt, und der Zeitpunkt seiner Wiedervereinigung wird immer ungewisser. Sollte man nicht wenigstens das der Regierung ankreiden können?
»Ich werfe der bisherigen Regierung vor«, beginnt also Willy Brandt siebenmal seine tönende Klage. Und schon im ersten Vers heißt es: »Wie von uns vorausgesagt, ist das Ziel aller deutschen Politik, die Wiedervereinigung in Frieden und Freiheit, ferner gerückt und schwieriger geworden.«
Aber gibt er ein Rezept, wie man dieses Ziel aus der Ferne in die Nähe holt?
Ich war vor Monaten Zeuge eines Gesprächs, das Willy Brandts Parteigenosse Professor Carlo Schmid mit einem CDU-Abgeordneten führte. »Die Konsequenz Ihrer Politik«, sagte Professor Schmid, »wäre die Aufgabe Berlins. Ich habe als Kompaniechef im Ersten Weltkrieg gelernt, daß man eine vorgeschobene Stellung nur hält, wenn man das ganze Gebiet in absehbarer Zeit zurückgewinnen will. Sonst verliert man allein beim Essenholen zu viele Leute. Sie glauben nicht an die Wiedervereinigung. Warum also wollen Sie Berlin unter Opfern halten?«

Da fragte ich den Professor Schmid, dessen kluger Charme mich fast überzeugt hätte, ob er mir denn wohl konkret sagen könnte, was er als Bundeskanzler tun würde, um die Wiedervereinigung zu erreichen.
»Ja, wissen Sie«, lehnte sich der Professor zurück und klemmte die Daumen in die Ärmelausschnitte seiner Weste, »mit den Russen muß man eben Schach spielen können.«
Schach spielen, das war's, und dann kam nichts mehr. Und nun sollten wir von Willy Brandt ein konkreteres Rezept erwarten?
So zieht er denn durch die Lande und bezaubert seine Zuhörer mit seinem Lächeln, mit Fernsehgeräten, steuerfreien Zündhölzern und blauer Luft. Eine Partei, die der dauernden Opposition müde geworden ist, hat sich der Politik begeben und streut Versprechungen unters Volk.

Willy Brandt weiß, daß er sie nicht wird einlösen müssen.

30. Mai 1961

Unrecht per Prozeßrecht

Stellen Sie sich vor, Sie liegen am Samstagnachmittag auf der Couch. Im Garten hören Sie die Kinder spielen, der Hund schnarcht friedlich auf dem Teppich. Plötzlich stehen drei Kriminalbeamte vor Ihnen: »Ziehen Sie sich an, kommen Sie mit!«
Verwirrt stehen Sie auf. Sie wissen genau, daß Sie weder einen Mord begangen noch Wechsel gefälscht haben. Sie wissen es – aber was interessiert das die Kriminalisten? Sie haben einen Haftbefehl, und das genügt ihnen. Ein paar Stunden später finden Sie sich in Häftlingskleidung in einer vergitterten Zelle wieder. Ein Sittlichkeitsverbrecher begrüßt Sie kameradschaftlich: »Na, Mensch, was haste denn ausgefressen?«
Das gibt es nicht, meinen Sie? Das gibt es! Der Bonner Ministerialdirektor Dr. Otto Stalmann könnte ein Lied davon singen. Bestechungsgelder sollte er genommen haben. Riesensummen. Sieben Tage später war er zurück in seiner Wohnung. Der Verdacht gegen ihn ließ sich nicht erhärten. Aber nun soll er sehen, wie er mit seinem beschädigten Ruf fertig wird.
Die Staatsanwaltschaft, der die Panne offensichtlich peinlich war, zögerte denn auch nicht, sofort zu beteuern, daß die Verdachtsmomente gegen Herrn Stalmann keineswegs ausgeräumt seien. Man würde weiter ermitteln.
Was heißt das – ermitteln? Es heißt, daß ein Verdacht besteht. Mehr nicht. Und die Staatsanwaltschaft täte gut daran, in solchen Fällen vor der Öffentlichkeit eindeutig zu erklären, daß ein Mann so lange unschuldig ist, bis ihm ein Gericht seine Schuld bewiesen und ihn abgeurteilt hat. Nur so könnte vermieden werden, daß eine im Zuge der Ermittlung notwendig werdende vorläufige Verhaftung sogleich zu einem endgültigen Rufmord an dem Betroffenen wird.
»Die Würde des Menschen ist unantastbar; sie zu achten und zu schützen, ist Verpflichtung aller staatlichen Gewalt.« Das steht in unserem Grundgesetz, auf das alle Beamten, auch Staatsanwälte und Polizisten, ihren Diensteid geleistet haben.
Mir scheint, dieser Satz sollte nicht nur im Grundgesetz, sondern mit großen Buchstaben an der Wand jedes Dienstzimmers stehen. Vielleicht hätten ihn dann auch die Münsterschen Kriminalisten, die 1958 die mordverdächtige Maria Rohrbach einvernahmen, nicht so leicht vergessen.
Maria Rohrbach stand jetzt zum zweiten Male in Münster vor Gericht. Lächelnd,

offenbar nicht ohne Stolz auf seinen Erfolg, berichtete einer der Kriminalbeamten, wie es ihm 1958 gelungen war, die Verdächtige in 17stündigen Dauerverhören, die nur durch eine Heringsmahlzeit unterbrochen wurden, fertigzumachen. »Sie warf sich weinend vor uns auf die Knie und versuchte, unsere Hände zu küssen. ›Quälen Sie mich doch nicht weiter!‹ rief sie.« Dieser systematisch herbeigeführte Nervenzusammenbruch war dann für den Kriminalisten »das Geständnis«.

Und dieses »Geständnis« reichte der Staatsanwaltschaft, und es reichte dem Gericht. Das Gericht benötigte allerdings noch ein paar Sachverständigen-Gutachten, um Maria Rohrbach zu lebenslänglich Zuchthaus zu verurteilen.

In dem Wiederaufnahmeverfahren, dessen Zeugen wir jetzt wurden, platzten die meisten dieser 1958 unter Eid abgegebenen Sachverständigen-Gutachten an Fehlern und Leichtfertigkeiten. Zeugen fielen reihenweise um oder sie wurden auf Widersprüchen ertappt. Das alles geschah in einem Prozeß, in dem es um Mord und folglich um lebenslänglich Zuchthaus ging – wie mag es da gelegentlich zugehen, wenn »nur« ein Betrug, »nur« ein paar Jahre Gefängnis zur Debatte stehen?

Gewiß, Richter können irren. Und wenn es das Unglück will, dann kann sich so ein Irrtum sogar durch drei Instanzen schleppen bis zum rechtskräftigen Urteil. Für eben diesen Fall aber – so wird der Laie vom Sachverständigen belehrt – sei in unserer Rechtsordnung immerhin die Wiederaufnahme des Prozesses vorgesehen. Und der Fall Rohrbach zeige ja, daß Irrtum und Leichtfertigkeit im Wiederaufnahmeverfahren korrigiert werden können.

So, zeigt er das, der Fall Rohrbach? Ist er wirklich ein Beweis dafür, daß unsere Rechtsordnung auch dem Verurteilten Schutz bietet, der durch unglückliche Umstände zu Unrecht hinter Gitter geraten ist? Das Gegenteil beweist er! Maria Rohrbach verdankt ihr Wiederaufnahmeverfahren nicht im mindesten unseren menschenfreundlichen Gesetzen, sondern ausschließlich ihrem tatkräftigen Verteidiger und ihrem Glück. Sie hatte Glück, daß die Todesstrafe abgeschafft ist – sonst lebte sie nicht mehr –, und vor allem hatte sie Glück, daß der Sommer 1959 ganz ungewöhnlich heiß und trokken war. Sonst wäre nämlich nie, in einem ausgetrockneten Tümpel, der Schädel ihres ermordeten Mannes gefunden worden, den sie – laut erstem Urteil – anderthalb Jahre zuvor im Küchenherd verbrannt haben sollte.

Man kann sich ausrechnen, welche Chancen einer hat, dem kein heißer Sommer oder sonst ein Zufall zu Hilfe kommt. Selbst wenn es ihm gelänge, vom Gefängnis aus die »neuen Tatsachen oder Beweise« herbeizuschaffen, ohne die ein abgeschlossenes Verfahren nicht wieder eröffnet wird, ist ihm nicht viel geholfen. Ein kleiner Formfehler nur im Antrag auf Wiederaufnahme, und alles ist hin. Nicht nur der Antrag, sondern auch die neuen Beweise. Sie mögen noch so überzeugend sein – ist der Antrag einmal abgelehnt, dann sind sie nicht mehr »neu«, und damit sind sie wertlos. Der Verurteilte bleibt eingesperrt, und die Justiz kann ruhig schlafen.

Denn wer entscheidet über eine Wiederaufnahme? Das Gericht, dessen Urteil angefochten werden soll. Die gleichen Richter sollen sich also selbst bescheinigen, daß sie geirrt, daß sie einen Menschen zu Unrecht eingesperrt haben. Sie müßten Übermenschen sein, wenn ihnen dieses Eingeständnis nicht peinlich wäre. Der Landgerichtsrat Dr. Möllers aus Essen, der sich dazu in der Presse äußerte, scheint allerdings der Meinung zu sein, wer einmal rechtskräftig verurteilt sei, der habe es auch, ob schuldig oder nicht, zu bleiben. Mit einem rechtskräftigen Urteil, so schrieb Möllers, »sagt die Gemeinschaft zu dem Angeklagten: ›Wir haben nun alles in unserer Macht Stehende getan, um dir Recht werden zu lassen, es muß zwischen uns nun wieder Friede herrschen, wenn nicht all unser Mühen umsonst gewesen sein soll‹«.

Des weiteren ist es laut Möllers »unbedingt erforderlich, daß die Gemeinschaft streng darüber wacht, daß dieser Friede erhalten bleibe, und zwar grundsätzlich auch dann, wenn dieser Friede im Einzelfall der Gerechtigkeit zuwiderlaufen sollte. Insoweit hat sich der einzelne eben den lebenswichtigen Interessen der Gemeinschaft unterzuordnen und eventuell auch ein Unrecht in Kauf zu nehmen.«

So also ist das. Wir haben gefälligst Unrecht klaglos hinzunehmen, weil das lebenswichtig für die Gemeinschaft sei! Eine schöne Gemeinschaft, die darauf angewiesen wäre! Es gibt solche »Gemeinschaften«, nicht weit von hier, nur ein wenig weiter östlich, wo Angeklagten Selbstbezichtigungen abverlangt werden – zum Wohle der Gemeinschaft. Nur amtiert Herr Landgerichtsrat Möllers nicht dort, sondern bei uns.
Der STERN wird in der nächsten Woche einen Dokumentarbericht veröffentlichen, der aufzeigt, was Ihnen und mir passieren kann – wenn nicht endlich unser aus dem Jahre 1877 stammendes Strafprozeßrecht reformiert wird.

13. Juni 1961

Der Westen setzt auf die falschen Freunde

Ein wenig Demokratie gibt es genausowenig wie ein wenig Schwangerschaft. Gottlob haben wir solche und andere unumstößliche Prinzipien, bitte schön: Die Freiheit ist unteilbar, lieber tot als Sklav', keine Experimente, der HSV, der wird nicht untergehen. Wir stehen fest auf dem Boden, denn wir sind gewichtig, weil satt.
Keine Angst, dies wird nicht die 37. Strophe vom bösen Lied über des Wunders liebstes Kind. Der einmal ärmste Sohn im Atlantischen Bündnis, der längst sein getreuester geworden ist, möchte den Kapitän des Bootes, in dem wir nach einem viel benutzten Klischee doch alle sitzen, nur fragen: Warum sind gute, brave und freiheitsliebende Demokraten eigentlich nicht beliebter auf der Welt? Warum verlieren wir im Fernen und im Nahen Osten, in Afrika und selbst auf dem amerikanischen Kontinent Verbündete und Positionen? Warum?
Wenn die Polizei so arbeiten könnte wie die Verbrecher, wäre sie erfolgreicher. Sie kann es nicht, denn dann würden am Ende die Gerechten mehr leiden als die Ungerechten. Wenn die westliche Demokratie sich kommunistischer Methoden bedienen würde, wäre sie ebenfalls erfolgreicher. Sie kann es nicht, ohne ihren Sinn und Wert zu verlieren. Nur: Verrät man schon das Prinzip, wenn man die Methoden den Gefahren anpaßt?
Geben wir es ruhig zu. Den westlichen Polit-Doktoren ist in den letzten Jahren so mancher Patient unter dem scharf, steril, aber wenig kunstvoll geführten Messer geblieben: Ägypten, Kuba, Laos. Und schon haben wir allen Grund, ängstlich nach Korea, Persien und Algerien zu sehen.
Als alle Welt Narrimans Märchenhochzeit am Nil feierte, prangerten wir den aufgeblasenen König Faruk und sein Regime der Korruption und Perversion an und prophezeiten, seine Zeit sei abgelaufen. Unsere Regierung in Bonn hat uns damals zurechtgewiesen. Unsere Berichterstattung gefährde wichtige Handelsverträge. Verträge mit wem? Mit einem Faruk, der dann ein Jahr später aus dem Lande gejagt wurde!

Als alle Welt zusammen mit Soraya um verlorenen Pfauen-Mann und -Thron schluchzte und dann den Wechsel der Sorbonne-Studentin Farah Diba vom Hörsaal in den Thronsaal ebenso gerührt feierte, berichteten wir von der Korruption in Teheran und dem Elend der Massen. Nicht ungerügt: Von wohlmeinenden deutschen Politikern wurden wir beschuldigt, das Nest eines westlichen Bündnispartners beschmutzt zu haben. Und der kaiserlich-iranische Generalkonsul in Hamburg, Malayeri, verglich uns in strengem Abscheu und schlichter Einfalt mit Kommunisten.

Die Ereignisse haben unseren Bericht inzwischen bestätigt.
In Südkorea haben Radikalinskis eine schwache, aber ehrenwerte demokratische Regierung gestürzt, und sie sind dabei, eine Militärdiktatur zu zimmern. Da sie sich streng antikommunistisch geben und die einzige echte Macht im Lande darstellen, handeln die Amerikaner recht, wenn sie sich mit ihr zu arrangieren suchen.
Aber da bricht man doch schon mit dem scheinbar so geheiligten Prinzip – und das nicht zum erstenmal. Warum konnte man sich mit dem autoritären Nasser, der über das einzig stabile Land im Nahen Osten herrscht, nicht verbünden, wohl aber mit dem Massenmörder Batista auf Kuba? Unterstützt man nicht auf Formosa den Diktator, den General Tschiang Kai-schek? Und in Südvietnam den Mandarin Ngo Dinh Diem, der Konzentrationslager unterhält und Wahlen fälscht?
Und was hat man getan, um Laos für den Westen zu retten? Nein, so demokratisch war das alles gar nicht und auch nicht so prinzipientreu. Es war nur ungeschickt. Man hatte auf die falschen Pferde gesetzt.
Wir wissen, daß ein Diktator schneller und wirkungsvoller Politik betreiben kann. Er kann zum Beispiel verhindern, daß – wie in Südkorea – Millionen Menschen von Baumrinden leben müssen. Er kann befehlen, daß sie die Handvoll Reis für das Existenzminimum erhalten. Und er kann es durchsetzen, daß sie niemals mehr verlangen.
Wenn der Westen versucht, die hungrigen Mäuler jenseits unserer brechend voll gedeckten Tafeln zu stopfen, hemmen ihn die selbstgezimmerten Spielregeln demokratischer Politik. Er kann nicht einfach befehlen: »Antreten zum Essenfassen«, und danach: »Mund zu, zurück ins Joch.« Er muß mit der Regierung der Hungernden einen Hilfsvertrag abschließen, und er geht niemals sicher, ob seine Hilfe auch die Hungernden erreicht. Er kann und will zudem nicht verhindern, daß Hilfe neue Bedürfnisse schafft.
Wir wissen, daß viele Millionen Dollar an Hilfsgeldern in die Privatschatullen korrupter Politiker geflossen sind, die sich die Hilfe in Naturalien und Materialien, die sich Kontrollen als »Einmischung in die internen Angelegenheiten ihrer Staaten« verbitten konnten, denn das sei ja schließlich nicht demokratisch. So konnte der Playboy der Dominikanischen Republik, Rafael Trujillo junior, die amerikanischen Hilfsgelder für sein armes Land in Nerzmäntel und Sportwagen für die Hollywood-Stars Kim Novak und Zsa Zsa Gabor umsetzen. Und das hoffnungsvolle Früchtchen des soeben umgebrachten Diktators Trujillo senior schickt sich auch als neuer starker Mann sogleich an, mit Verlockungen und Drohungen West und Ost neue Hilfsgelder aus der Nase zu ziehen.
Aber kein Land ist ganz korrupt. Es gibt überall ehrliche Mittelsmänner. Man muß sie nur suchen, denn oft stehen sie abseits vom Rampenlicht. Müssen wir wirklich die Bündnis- und Hilfswürdigkeit zunächst nur unter dem Gesichtspunkt prüfen: Ist der Hungernde auch strammer Demokrat und forscher Antikommunist? Warum haben wir nur so viel Scheu vor dem Wort neutral? Wir hätten unter vielen Neutralen Partner finden können. Jetzt aber flüchten schon einige unserer Partner in eine Neutralität, die dann sehr oft keine echte mehr sein kann.
Unsere Demokratie läßt die Menschen Menschen sein, mit all ihren Fehlern, und wir möchten das nicht um einen Deut geändert wissen. Unsere Freiheit birgt das Risiko in sich. So wünschen wir es. Aber anderswo ist das eben anders. Da arbeitet man gerade so viel, wie die Handvoll Reis kostet, oder nagt an Baumrinden. Wer diesen Hungernden die Handvoll Reis sichert, wer ihnen Menschen schickt, die helfen und nicht befehlen oder verdienen wollen, der wird politisch in der Vorhand sein. Erlauben wir diesen Völkern doch Übergangslösungen, auch wenn sie nicht in unser demokratisches Korsett passen. Nennen wir nicht gleich kommunistisch und nichtförderungswürdig, was sich da an Genossenschaften und Bodenreformen versucht.
Wir sind nicht so weltfremd, in der harten Tagespolitik generell zu fordern: Liebet eure Feinde. Wir raten nur: Suchet endlich eure Freunde.

Privatisierung statt staatlichen Leerlaufs

Wer von uns »des Führers Rock« getragen hat, sei es als Blitzmädel oder als Soldat in Krieg oder Frieden, der wird sich auch an den Satz erinnern: »Wenn das hier ein Privatunternehmen wäre, es müßte längst pleite gegangen sein!«
Da wurde Butter bei 40 Grad im Schatten waggonweise in die Ukraine geschafft. Die Winterbekleidung kam gerade rechtzeitig zum ersten Lerchenschlag. Und wie im großen so im kleinen: Man »faßte«, was einem zustand, ob man es brauchte oder nicht. Und man ging damit um, wie man mit den Sachen anonymer Eigentümer umzugehen pflegt.
Sollte es bei den Leuten in Adenauers Rock anders geworden sein? Im niedersächsischen Celle streiten sich der Standortälteste der Bundeswehr und der Oberkreisdirektor um die Unkosten, die der Truppe beim Löschen von Waldbränden entstanden sind. Da spielen dreizehn verlorene Taschentücher zu je 55 Pfennig und drei Paar Socken à 3,35 DM eine aktenkundige Rolle. Inzwischen beschäftigt der Fall den Bundesverteidigungsminister persönlich.
Wer wundert sich da, wenn ein Offizier der Panzerbrigade 18 bewegte Klage führt, er habe neben der Ausbildung seiner Soldaten täglich mindestens vier Stunden mit dem Papierkrieg zu tun. Die Versetzung eines Gefreiten von einer Kompanie in die andere innerhalb des gleichen Bataillons erfordere die Ausfüllung eines Formblattes in siebenfacher Ausfertigung. Eine davon gelange bis ins Truppenamt nach Bonn.
Keine Sorge also, daß nicht jede Veränderung und jeder Verlust umständlich zu Papier gebracht, mit Ein- und Ausgangsstempel versehen, registriert und schließlich abgelegt werden. Nur, daß gerade dieser Bürokratismus die entsetzlichste aller Verschwendung an Nerven und Arbeitskraft ist – das werden die Papierstrategen nie begreifen.
So aber geht es überall, wo bürokratisch geplant wird, wo Funktionen ausgeübt und Dienststunden abgesessen werden.
Sie mögen es mir nicht glauben, aber es ist dennoch wahr: Auf meinem Schreibtisch liegt eine schriftliche Mahnung des Finanzamtes Bernkastel an den Steuerpflichtigen Peter Hank über eine Restschuld von 0,02 DM (in Worten: zwei Deutsche Pfennig). Die Mahnung ist mit 7 Pfennig frankiert. Der Schuldner wird damit aufgefordert, diese 0,09 DM binnen drei Tagen auf anhängender Zahlkarte einzuzahlen, »widrigenfalls das Zwangsbeitreibungsverfahren eingeleitet wird«.
Mag dieser methodische Wahnsinn ein Einzelfall sein, so bleibt er doch symptomatisch für die Unbeweglichkeit behördlicher Apparate, in denen Verantwortung, Phantasie und Entschlußfreudigkeit durch gedruckte Vorschriften ersetzt werden.
Deshalb sprechen wir denn auch vom Wirtschaftswunder und nicht vom Behördenwunder. In der freien Wirtschaft hat die Eigenverantwortlichkeit des einzelnen, des Unternehmers wie des Angestellten und des Arbeiters, den bundesdeutschen Schornstein wieder zum Rauchen gebracht. Da ist keiner, der einen Anstellungsanspruch auf Lebenszeit hätte und dafür bis zum Pensionsalter schlecht bezahlt würde. Da gibt es keine ersessenen Rechte, keine automatische Beförderung und keine Entlohnung nur nach Dienstjahren. Da weht der Wind der freien Marktwirtschaft, da verdienen die Tüchtigen viel und die weniger Tüchtigen weniger, und wer nichts taugt, der wird gefeuert.
Daß unverschuldete Minderleistung infolge von Krankheit und Alter niemanden in Not bringt und daß der Wettbewerb nicht zur Ausbeutung der Arbeitskraft verleitet, dafür sorgen Sozialgesetzgebung und Gewerkschaften.
Nun lassen sich Bundeswehr und Finanzämter wohl kaum verprivatisieren. Auch das Schulwesen würde in Privathand am Ende einen noch größeren Wirrwarr ergeben, als ihn unsere kulturelle Kleinstaaterei schon jetzt zuwege gebracht hat. Bei Post und Eisenbahn könnte ich

dagegen schon das Beispiel der nordamerikanischen Telefon- und Eisenbahngesellschaften anführen, die sich neben unserer Bundespost und Bundesbahn durchaus sehen lassen können.
Aber da hat vor wenigen Tagen der Oppositionsführer in der Hamburger Bürgerschaft, der frühere CDU-Bürgermeister Dr. Kurt Sieveking, einen Antrag gestellt, der die Privatisierung gerade dort ansetzen will, wo die Behörde in ihrer Unbeweglichkeit am gründlichsten versagt hat. Der Senat möge, so fordert Dr. Sieveking, eine Privatgesellschaft mit der gesamten technischen Planung der Verkehrsprojekte im Gebiet der Hansestadt beauftragen.
Man stelle sich vor: Eine weder an Beamtenrecht noch an Haushaltsvorschriften gebundene Gesellschaft stellt die besten Fachleute zu besten Gehältern ein. Für ein Beamtenbutterbrot sind solche Leute nämlich nicht zu haben. Aber da die Gesellschaft ihnen ja weder eine Anstellung auf Lebenszeit noch Pensionsberechtigung geben muß, kommt sie per Saldo billiger weg. Und sie kann Leute, die sich nicht bewähren, rasch wieder loswerden.
Diese Gesellschaft, besetzt mit Verkehrsplanern, Straßenbauingenieuren, Sachverständigen für den U-Bahnbau, Zeichnern und einem Minimum an Verwaltungskräften, plant nach einer von der Bürgerschaft aufzustellenden Dringlichkeitsliste baureife Verkehrsprojekte wie Straßendurchbrüche, Überführungen, Verkehrskreisel, U-Bahntunnel, Stadtautobahnen usw. Der Senat braucht dann nur nach seiner jeweiligen Finanzlage und nach den Gegebenheiten der Baukonjunktur in die Schublade zu greifen und das durchgeplante Projekt in Angriff zu nehmen.
Mir scheint, Dr. Sieveking hat das Ei des Kolumbus gefunden. Ich frage mich nur, warum dieser Plan auf Hamburg beschränkt bleiben soll. Der Bundes-Seebohm hätte eine solche Verkehrsplanungsgesellschaft mindestens so nötig. Dann endlich könnte zügig, ohne bürokratische Hemmungen und unabhängig von jahreszeitlichen oder konjunkturellen Stauungen geplant werden. Denn eine Privatgesellschaft könnte ja ihren Personalbestand dem jeweiligen Auftragsvolumen anpassen. Und nie mehr würden Haushaltsgelder, die für den Straßenbau eingeplant sind, verfallen oder verplempert, weil die Planung nicht mitkommt.
Vielleicht sollte man sogar noch weiter gehen und sich ein Beispiel an Italien und Amerika nehmen, wo Autobahnen und Highways von der Privatindustrie finanziert und gebaut werden. Der Kraftfahrer zahlt seine Benutzungsgebühr – nicht mehr, als der deutsche Autofahrer an Steuern aufbringt, die hierzulande weitgehend für andere Zwecke Verwendung finden.

27. Juni 1961

Keine Illusionen in der Deutschlandpolitik

Was ein richtiger Deutscher ist, der kennt sein Italien, hat Kurt Tucholsky einmal bissig bemerkt. Wie aber steht es mit unserer Kenntnis von Deutschland und den Deutschen?
Halten wir uns noch immer für das Salz der Erde, das Volk der Dichter und Denker, an dessen Wesen die Welt genesen muß?
Ich meine, wir sind ein gutes Stück bescheidener geworden. Manchmal vielleicht zu bescheiden. Das Wort »Vaterland« klingt uns wie ein etwas peinlicher Anachronismus. Nicht einmal in den Programmen unserer politischen Parteien kommt es noch vor. Statt dessen offeriert man uns Steuererleichterungen, Kindergeld, billigere Fernsehgeräte und mehr Urlaub.

Nur wenn es ans Leiden geht, dann pochen wir noch auf unser nationales deutsches Weh. Wir trauern um die verlorenen Ostgebiete (wenn wir von dort stammen), wir beklagen die Teilung Deutschlands (bei offiziellen Anlässen), und wir sprechen von der Bedrohung Berlins (in der Zeitung). Und da werden zum Bedecken der nationalen Wunden denn auch die alten Requisiten wieder hervorgeholt: die Fahnen und die Fackeln, die Trommeln und die Fanfaren.
Aber sie bleiben Requisiten.
Was geht in unseren Herzen vor, daß wir lügen müßten, wenn wir behaupten wollten, wir litten mehr unter der Zerstückelung unseres Landes als unter sinkenden Börsenkursen, einer entgangenen Beförderungschance oder der ausbleibenden Lohnerhöhung? Und daß wir dennoch glauben, die Welt mit dem uns angetanen Unrecht dauernd in Atem halten zu müssen. Sind wir so schizophren geworden, weil unser Volk in kaum einem halben Jahrhundert durch alle Höhen und Tiefen seiner Geschichte gegangen ist?
Im Untergrund unseres Bewußtseins empfinden wir wohl so etwas wie eine dumpfe Angst vor der Zukunft, aber was hilft's, wir haben ja alle unsere persönlichen Tagessorgen, und im übrigen: Der Adenauer oder der Brandt, die werden es schon machen.
So glauben wir, die Geschichte, die wir Deutschen so oft strapaziert haben, hätte uns nun einfach entlassen, wir könnten uns vor ihr drücken an unsere Arbeitsstelle, in unsere Neubauwohnung, auf den Campingplatz oder an den Strand von Rimini.

Aber die Geschichte geht weiter, und sie lief noch nie so schnell wie in unseren Tagen. Wer sich »für Politik nicht interessiert«, für den könnte es eines Morgens ein schreckliches Erwachen geben. Denn die Macht, die uns bedroht, fragt wenig nach unseren persönlichen Interessen. Sie kümmert sich nicht um Beförderungschancen, um Urlaub, um die neue Wohnungseinrichtung oder was sonst gerade unser Anliegen sein mag. Sie würde, wenn wir sie siegen lassen, uns mit Ketten unter das Joch des totalen Staates und der totalen Politik zwingen. Uns, die wir dem demokratischen Staat und der freiheitlichen Politik teilnahmslos unser Interesse versagten.
Was also sollen wir tun?
Ich meine, wir müßten uns zunächst klarwerden über uns selbst. Nüchtern und ehrlich sollten wir Bestand aufnehmen über unsere nationale Existenz, über unsere Aufgabe und unsere Möglichkeiten. Das geht nicht ohne ein gesundes Selbstbewußtsein, aber ebensowenig ohne die Erkenntnis der tatsächlichen Gegebenheiten.
Die Grenzen unseres Staates sind gegeben, und wir selbst haben einiges dazu getan, daß sie heute so eng sind. Wozu also Illusionen über eine Rückkehr der Vertriebenen in die ostpreußische, schlesische oder sudetendeutsche Heimat? Ohne Krieg werden weder die Sowjets noch ihre Satelliten diese Gebiete freigeben. Ein Krieg aber würde mit Sicherheit den endgültigen Untergang der Deutschen besiegeln. Lassen wir also die Fahnen, die Fackeln, die Trommeln und die Fanfaren in der Requisitenkammer. Sie wenden unser Schicksal nicht, sie verschärfen nur den nervösen Haß des Ostens gegen die Bundesrepublik. Und sie machen uns schließlich auch bei unseren westlichen Verbündeten suspekt.
Es könnte unsere Aufgabe und unsere Chance sein, durch Einsicht in die unabwendbaren Tatsachen und durch realpolitisches Verhalten zur Entspannung zwischen Ost und West beizutragen. Wir wollen uns doch nichts vormachen: De Gaulle hat die Oder-Neiße-Grenze längst ausdrücklich anerkannt, und weder ein Engländer noch ein Amerikaner werden die leiseste Möglichkeit eines Krieges riskieren, damit Breslau oder Königsberg wieder deutsch würden. Die Hoffnung auf Wiedervereinigung aber können wir so lange in den Schornstein schreiben, wie wir den Sowjets, den Polen und den Tschechen Anlaß zu der Befürchtung geben, ein vereintes Deutschland würde bei ehester Gelegenheit an ihre neuen Grenzen klopfen.
Stoppen wir also die Verantwortungslosigkeit derer, die den Vertriebenen immer wieder Illusionen machen, die weder der weltpolitischen Lage noch unseren eigenen realistischen Einsichten entsprechen. Es gibt kaum ein nationales Unglück der Deutschen in diesem Jahr-

hundert, das nicht aus solchem Illusionismus entstanden wäre. Und immer haben es die ausbaden müssen, die nicht rechtzeitig dagegen aufgestanden sind, weil sie sich »für Politik nicht interessieren«!
Ich glaube, meinen Lesern diese Wahrheit zumuten zu dürfen, auch wenn sie für viele eine schmerzliche Wahrheit ist.
Was also befürchten Herr Adenauer, Herr Brandt und Herr Mende von ihren Wählern, daß sie sich darum reißen, auf Vertriebenenkundgebungen mit vagen Versprechungen Stimmenfang zu betreiben?
Die Bilder auf den Seiten 10 bis 13 dieses Heftes sollten uns zu denken geben. Ein vitaler Amputierter, der seiner Umwelt mit endlosen Querelen nach einem neuen Arm auf die Nerven geht, darf sich nicht wundern, wenn man ihm im Ernstfall auch den Herzinfarkt nicht mehr glaubt.
Unser Herzinfarkt heißt Berlin. Die Freiheit Berlins – freilich ohne die Belastung seiner gefährdeten Situation durch Propagandasender, Agentenzentralen und deklamatorische Bundestagssitzungen – ist heute noch eine reale Forderung.
Sorgen wir dafür, daß die utopischen Trommler und Fanfarenbläser sie uns nicht endgültig verspielen.

15. August 1961

Protokoll eines Telefonanrufs aus Moskau

Die Leser der Moskauer »Sowjetskaja Kultura« erfuhren in der letzten Woche, daß auch der Chefredakteur des STERN, Henri Nannen, den Flug des Kosmonauten Major German Titow für eine großartige wissenschaftliche und technische Leistung hält. Mehr erfuhren die Leser der »Sowjetskaja Kultura« nicht. Der STERN-Leser hat einen Anspruch darauf, den vollständigen Wortlaut des Telefongespräches zu erfahren, das geführt wurde, als in der Redaktionskonferenz am letzten Dienstag um 14 Uhr Chefredakteur Nannen aus Moskau am Telefon verlangt wurde. Hier das Gespräch, wie es das Tonbandprotokoll ergibt:
MOSKAU:
»Hier ist die Redaktion der ›Sowjetskaja Kultura‹. Mein Name ist Lipinskaja. Bitte, Herr Chefredakteur, wir möchten von Ihnen gerne für unsere Zeitung wissen, was halten Sie von dem Raumflug des sowjetischen Kosmonauten, Major German Titow?«
HAMBURG:
»Ich halte diesen Flug für eine ganz großartige wissenschaftliche und technische Leistung, aber ich hoffe, daß diese Leistung nicht dazu mißbraucht wird, die politischen Anschauungen der Sowjetunion jenen Menschen aufzuoktroyieren, die unter anderen Bedingungen leben möchten – aber, wie gesagt, ich finde, Major Titow hat eine bewundernswerte Leistung vollbracht.«

MOSKAU:
»Wie erklären Sie sich den gewaltigen Vorsprung, den die sowjetische Wissenschaft gegenüber der amerikanischen Weltraumforschung hat?«
HAMBURG:
»Ich glaube, daß die Sowjetunion ihre technischen Bemühungen mehr konzentriert hat auf einen solchen einmaligen und spektakulären Erfolg . . .«
MOSKAU:
»Wieso sagen Sie einmalig . . .?«
HAMBURG:
»Ich meine einmalig im Sinne von einzigartig – während Amerika seine Kraft sehr viel mehr für die Produktion von Konsumgütern eingesetzt hat, die das tägliche Leben des einzelnen Bürgers erleichtern und froher machen.«
MOSKAU:
»Wie meinen Sie das?«

HAMBURG:
»Um ein Stichwort zu sagen: mehr Eisschränke und weniger Sputniks.«
MOSKAU:
»Aber warum glauben Sie denn, daß die Amerikaner sich so bemühen, den Vorsprung der Sowjetunion aufzuholen? Sie haben doch sicher auch gehört, daß Präsident Kennedy dazu aufgefordert hat.«

HAMBURG:
»Man hat inzwischen erkannt, welcher Prestigewert in diesen Dingen liegt. Ich meine die faszinierende Wirkung auf die unterentwickelten Völker. Diese Wirkung ist ein Politikum, das haben die Amerikaner inzwischen hoffentlich auch erkannt.«
MOSKAU:
»Sind Sie nicht viel eher der Meinung, daß Nikita Sergejewitsch Chruschtschow recht hat, wenn er sagt, die sowjetischen Wissenschaftler haben den Schlüssel zum Kosmos in der Tasche? Es ist doch . . .«
In diesem Augenblick war das Gespräch unterbrochen. Nach etwa zehn Minuten war Moskau wieder in der Leitung.
MOSKAU:
»Wir waren unterbrochen.«
HAMBURG:
»Ja, ich habe Ihre letzte Frage nicht ganz verstanden. Was meinen Sie mit dem Schlüssel zum Kosmos?«
MOSKAU:
»Ja, Nikita Sergejewitsch meint damit die Überlegenheit der sowjetischen Wissenschaftler, d. h., daß sie den Schlüssel zum Kosmos in der Tasche haben. Finden Sie, daß das richtig ist?«
HAMBURG:
»Die Überlegenheit der sowjetischen Raumfahrt in diesem Augenblick ist unzweifelhaft. Aber ich glaube, es wäre sehr viel wichtiger, dem ganzen sowjetischen Volk, und zwar jedem Sowjetbürger, der es möchte, die Möglichkeit zu geben, zu reisen, wohin er will, auch in den Westen, um mit eigenen Augen zu sehen, wie andere Völker leben. Das scheint mir wichtiger, als daß einer oder zwei oder drei in den Weltraum fliegen. Ich finde, der Schlüssel zum anderen Menschen ist wichtiger als der Schlüssel zum Kosmos.«
MOSKAU:
»Ich danke Ihnen, Herr Chefredakteur. Auf Wiedersehen.«
HAMBURG:
»Auf Wiedersehen, alles Gute.«

29. August 1961

Es wird keinen Krieg wegen Berlin geben

Um das vorauszusagen, bedarf es keiner prophetischen Gabe. Die Deutschlandpolitik ist in den letzten Jahren vom Osten wie vom Westen mit einer so makabren Folgerichtigkeit betrieben worden, daß man nur genau hinzuhorchen brauchte, um zu erfahren, was schon vor vierzehn Wochen an dieser Stelle zu lesen stand:
. . . daß es spätestens im Herbst zu einer neuen Krise um Berlin kommt. Und diese Unruhe wird gefährlicher sein als das letzte Mal.
Gab es denn wirklich bei uns einen Menschen, der glaubte, Herr Ulbricht hätte sich den täglichen Aderlaß von rund zweitausend Flüchtlingen auf die Dauer gefallen lassen können? Mich hat es gewundert, daß er nicht schon viel früher zum Stacheldraht griff, um die Wunde zu vernähen, aus der sein Staat sich verblutete. Und meinten wir ernsthaft, Nikita Sergejewitsch Chruschtschow würde mit unendlicher Geduld zusehen, wie ausgerechnet die besiegten Deutschen sein Märchen vom sozialistischen Paradies Tag für Tag Lügen straften?
Da man von niemandem erwarten kann, daß er sich ohne Not selbst aufgibt, mußte man wissen, daß die Sowjets den mit-

teldeutschen Aufstand vom 17. Juni zusammenknüppeln, daß sie die ungarische Revolution mit Panzern niederwalzen und daß sie eines Tages Ostberlin von Westberlin abschnüren würden. Die Kommunisten wegen dieser Maßnahmen tadeln, hieße ihnen vorwerfen, daß sie nicht freiwillig Selbstmord begehen wollten.
Man mag Politik mit heißem Herzen betreiben – aber der Kopf sollte besser kühl bleiben. Die besondere Gefährlichkeit der gegenwärtigen Berlinkrise liegt denn auch darin, daß sie wieder einmal große Gefühle bewegt und dabei die politische Problemstellung völlig verschiebt.
Es gab in diesen Wochen kaum eine Rede, kaum einen Leitartikel und kaum ein Gespräch, in denen nicht die bange Frage anklang, was der Westen im Falle eines bewaffneten Zugriffs der Kommunisten gegen Westberlin tun werde. Würde Amerika marschieren? Würden die im Schußbereich sowjetischer Raketen wohnenden Engländer kämpfen wollen? Und wären die Franzosen bereit zum »mourir pour Berlin«?
Diese Fragestellung ist falsch. Denn nichts spricht dafür, daß die Sowjets den Weg der Gewalt gehen werden. Sie werden das Risiko eines Krieges nicht eingehen, weil niemand heute einen Krieg gewinnen kann. Und sie brauchen es nicht einzugehen, weil Herr Chruschtschow bei konsequenter Weiterführung der bisherigen Deutschlandpolitik des Westens darauf vertrauen kann, daß ihm die Stadt Berlin in spätestens zwei Jahren wie eine reife Pflaume in den Hut fällt.
Es ist die Naivität, die Fahrlässigkeit und die Arroganz der westlichen Politik, die uns diese beklemmenden Aussichten beschert hat.

Mit der Naivität begann es, als der Krieg eben zu Ende war. Der Westen hatte den Teufel Hitler mit dem Beelzebub Stalin ausgetrieben. Wer immer aber zu einer solchen Teufelsaustreibung gezwungen ist, darf zum guten Ende nicht versäumen, dem gehörnten Gehilfen so gewaltig in den Hintern zu treten, daß der Beelzebub sich nicht zu einem neuen Satan auswachsen kann. Die Amerikaner haben das nicht fertiggebracht. Ihr Versäumnis spricht für ihren ehrlichen Anstand – es spricht nicht für ihren politischen Weitblick.
Die Fahrlässigkeit mußte schon bedenklicher stimmen. Sie trat zutage, als die Vereinigten Staaten – noch im Alleinbesitz der Atombombe – ruhig zusahen, wie sich die Sowjetunion unter Mißachtung des Selbstbestimmungsrechtes der Völker ein Gebiet nach dem anderen einverleibte. Der Westen rüstete noch ab, als schon zu sehen war, wann ihn das bewaffnete Potential der Kommunisten überflügeln würde. Und nie konnte ein Zweifel daran bestehen, daß die Sowjetunion solche Überlegenheit zu schamloser Erpressung ausnützen würde.
Die Arroganz des Westens schließlich ist nur aus der geistigen Lähmung zu verstehen, die ihn befiel, als er plötzlich vor der vermeintlichen Übermacht der Sowjets stand wie das bewußte Huhn vor dem Kreidestrich. Anstatt nämlich alle Kräfte zusammenzunehmen und entschlossen die Freiheit der Welt zu bewahren, verzettelten sich die Franzosen in Afrika, abenteuerten die Briten im ungeeignetsten Augenblick am Suezkanal, hatten die Amerikaner alle Mühe, die Raketenentwicklung ihrer verschiedenen Wehrmachtsteile auf einen Nenner zu bringen. Und während man die eigenen Schwächen und Schwierigkeiten munter in alle Welt hinausposaunte, wurde gegenüber den Sowjets die *Politik der Stärke* proklamiert.
Die Deutschen aber zogen nach Berlin an die Front des Kalten Krieges und machten die Stadt zum *Pfahl im Fleische des Ostens.*
Man mag diese Politik für richtig halten, aber dann darf man sich nicht wundern, wenn der Osten so reagiert, wie er es am 13. August getan hat. Ich frage mich nur, welchen anderen Maßstab es für die Richtigkeit einer Politik geben könnte als ihren Erfolg. In diesem Falle ist der Erfolg ein Konzentrationslager für 16 Millionen Deutsche.
Die Bundesdeutschen und die Bürger von Westberlin aber sind in diesen Wochen durch alle Höhen und Tiefen des Mutes und der Kleinmütigkeit gegangen. Nachdem sie sich zunächst vom Westen verraten fühlten, hat ihnen schließlich der Besuch des amerikanischen Vizepräsidenten wieder die Gewißheit gegeben,

daß Washington marschieren läßt, wenn Moskau oder Pankow ihre Hand nach dem freien Teil Berlins oder nach den Verbindungswegen zwischen Westberlin und der Bundesrepublik ausstrecken sollten.
Aber Moskau und Pankow werden nichts dergleichen tun. Sie werden lediglich einen Friedensvertrag miteinander abschließen, und alle drei Westmächte haben bereits erklärt, daß dies kein Grund zum Einschreiten sei.
In diesem Friedensvertrag werden die Russen dem Walter Ulbricht die Souveränität über das Territorium der sogenannten DDR übergeben, und dazu gehört auch der Luftraum über diesem Territorium. In den Luftsicherheitsbehörden und an den Kontrollpunkten der Autobahn werden dann keine Sowjets mehr sitzen, sondern Volksarmisten und Volkspolizisten. Die Westmächte haben gesagt, daß sie sich auch damit abfinden werden.
Die Volksarmisten und Volkspolizisten werden sich gewiß sehr korrekt verhalten und keinen Grund zur Klage geben. Aber in drei, vier Monaten werden sie vielleicht die Geschwindigkeit auf den Verbindungsstraßen nach Westberlin auf 50 Stundenkilometer beschränken.
Wäre das ein Grund zum Kriege? Doch wohl nicht.
Dann wird plötzlich die Schleuse bei Magdeburg kaputt sein, und die Reparatur dauert mehrere Wochen.
Nun, da könnte man wohl nichts machen.
Eines Tages werden sie für Warentransporte irgendeine komplizierte Bescheinigung verlangen. Die Bescheinigung gibt es auf Antrag, natürlich – aber das alles ist so langwierig und so umständlich, daß mancher bisherige Auftraggeber der Westberliner Wirtschaft es vorziehen wird, anderswo einzukaufen.
Aber es erwartet doch wohl niemand im Ernst, daß die Westmächte wegen einer solchen Bescheinigung zu den Waffen greifen.
Nein, es wird keinen Krieg wegen Berlin geben. Aber Gott schütze die Berliner vor dieser Art von Frieden. Ihr Leben wird durch immer neue Schikanen zur Hölle werden. Und jede dieser Schikanen reicht bestenfalls zu einem Protest der Westmächte, einen casus belli gibt keine ab.
Die Kommunisten müßten rechte Dilettanten sein, wenn sie es mit dieser Salami-Taktik nicht fertigbrächten, Stück für Stück der Freiheit abzuschneiden, bis ihnen die Stadt schließlich ganz zufällt.

Es wäre müßig, an dieser Stelle darüber zu lamentieren, wenn es keine Alternative gäbe. Ich bin davon überzeugt, daß es sie gibt.
Der Westen muß nur von der Reaktion endlich zur Aktion übergehen!
Hätte Präsident Kennedy unmittelbar nach der Wiener Zusammenkunft erklärt, er habe es nun satt, die dauernden sowjetischen Drohungen anzuhören und lade deshalb zu einer Konferenz über Deutschland ein – wie hätten sich die Sowjets dieser Konferenz wohl entziehen wollen? Die Flüchtlingszahlen hätten dann wohl nicht die von der Torschlußpanik bewirkte Höhe erreicht, der Weg in die Freiheit aber wäre mit großer Wahrscheinlichkeit heute noch offen.
Das ist nun vorbei. Doch deshalb ist es für Verhandlungen keineswegs zu spät. Vorausgesetzt, daß es keinem der Verhandlungspartner allein darum geht, die eigenen Positionen auf jeden Fall zu halten, um die des Gegners aufzuweichen. Und daß keiner dem anderen die politische oder militärische Selbstaufgabe zumutet.

Was in diesen Verhandlungen mindestens erreicht werden muß, ist eine Garantie der vier Mächte für die Unversehrtheit Westberlins und seiner Verbindungswege zur Bundesrepublik. Die Sowjets könnten sich diese Rechte in einem Friedensvertrag mit der Zone ebenso vorbehalten, wie sich die Westmächte im Deutschlandvertrag mit der Bundesrepublik gewisse Vorbehalte sicherten. Eine Garantie der Ulbrichtregierung wäre in keinem Fall das Papier wert, auf dem sie geschrieben stünde.

Gäbe die Sowjetunion diese Zusicherung und würde sie durch die Anwesenheit der westlichen Schutzmächte in Berlin bestätigt, so sollten wir bereit sein, dafür einen fairen Preis zu zahlen: All die unerfreulichen, aber im Zeitalter der

ideologischen Auseinandersetzung leider nicht zu entbehrenden Einrichtungen wie Propagandasender und Abwehrzentralen sollten aus Berlin in die Bundesrepublik verlegt werden.
Und da wir auch von kommunistischen Nerven nicht mehr verlangen dürfen als das, was menschliche Nerven ertragen können, sollten die Vertriebenenverbände nicht ausgerechnet in Berlin die Revision von Grenzen fordern, für deren Erhaltung die Sowjetregierung ebenfalls ihr Wort verpfändet hat.
Was immer die Sowjets noch verlangen mögen, um ihr berechtigtes Sicherheitsbedürfnis zu befriedigen – der Westen sollte darüber mit sich reden lassen, solange nicht seine eigene Sicherheit in Frage gestellt wird, und solange diese eine Bedingung gewahrt bleibt: daß kein Mensch, der in der freien Welt lebt, noch unter die Botmäßigkeit des Kommunismus gezwungen wird.
Vor einigen Wochen hätten wir Deutschen wohl noch eine zweite nicht weniger wichtige Forderung stellen und notfalls zu einem Preis aushandeln können: die Freizügigkeit jener Deutschen, die unter Ulbrichts Regime leben. Mir wäre das die Anerkennung der DDR und eine Rüstungsbeschränkung für die Bundeswehr wert gewesen.
Aber machen wir uns nichts vor, wir haben den Zeitpunkt versäumt. Würde die Sperrmauer durch Berlin jetzt fallen, dann dürfte eine Massenflucht aus der Zone einsetzen, die das Ende der kommunistischen Machthaber auf deutschem Boden bedeuten müßte. Und also wird die Mauer bleiben.
Man soll mich nicht falsch verstehen. Hätten wir die Macht, den Ulbricht und sein Gesindel mit der Peitsche aus unserem Lande zu treiben – ich wäre der erste, der zu dieser Peitsche griffe. Wir haben die Macht nicht, und kein westliches Bündnis wird sie uns verschaffen. Sprechen wir also mit Ulbrichts Auftraggebern in Moskau, und wenn sie von uns verlangen, den Spitzbart einen ehrenwerten Mann zu nennen, so wollen wir das tun – wenn dadurch auch nur das Schicksal eines einzigen Deutschen in seinem Machtbereich gemildert wird. Wo es um Menschen geht, darf das Prestige keine Rolle mehr spielen.
Die Stunde ist gekommen, in der Ost und West sich zusammenfinden müssen, wenn nicht über ihrem Streit die Welt untergehen soll. Uns Deutschen aber wird in dieser Stunde die große Rechnung präsentiert werden.
Vergessen wir nicht, daß Großbritannien durch diesen Krieg sein Kolonialreich verlor. Und wer in Kenia oder Ghana geboren wurde, für den bedeutet auch das eine verlorene Heimat.
Vergessen wir nicht, welchen Blutzoll die Franzosen seit Jahren in Indochina und in Afrika entrichten, wo der Krieg sie um die Früchte jahrzehntelanger Arbeit gebracht hat.
Vergessen wir nicht, daß der Ausgang des Krieges den Amerikanern die Sorgen der gesamten freien Welt aufgeladen hat.
Diesen Krieg haben wir begonnen. Nun ruft uns das Schicksal zur Kasse, und es ist an uns, die lange aufgeschobenen Schulden mit Anstand und Würde zu begleichen. Niemand wird von uns verlangen, was wir Polen, Tschechen, Holländern, Belgiern und was wir vor allem den Juden abgefordert haben. Im Gegenteil, wir werden wieder atmen können, wenn der Alpdruck des Kalten Krieges von uns genommen ist. Und vieles spricht dafür, daß eine Lockerung der Spannungen auch das Leben unserer Landsleute in der DDR erleichtern würde.
Die Westmächte aber dürften den Pakt nicht mit unserer Münze bezahlen, ohne ihn dann auch mit ihrer eigenen Existenz zu garantieren.
Dann muß es sicher sein, daß kein Ulbricht uns mehr schikanieren kann. Und wenn die Schleuse bei Magdeburg oder die Autobahnbrücke bei Halle nicht in angemessener Zeit wiederhergestellt wäre, dann sollten die Amerikaner der DDR ein unbewaffnetes Bataillon Pioniere zur Hilfeleistung schicken.
Wer immer sie angriffe, müßte wissen, daß er den Krieg riskiert.

STERN-Gäste in Berlin

Was seit Monaten zu befürchten war, nun ist es eingetreten: Das Alter hat von dem scheinbar alterslosen Dr. Adenauer seinen Tribut gefordert.
Konnte man des Kanzlers Ausspruch »Wenn die SPD gewinnt, muß man auswandern« noch für ein Zeichen seines listigen Vergnügens an ungehobelten Bosheiten halten – schon die Apostrophierung seines Gegners als Willy Frahm zeigte einen bedenklichen Mangel an menschlichem Anstand. So billig hatte es der Politiker Adenauer in seinen guten Jahren nicht geliefert.
Nun aber, da er den Zugriff der Kommunisten gegen Berlin zu einer beabsichtigten Wahlhilfe Chruschtschows für die SPD stempeln möchte, »weil die Sowjets doch immer nur mich angreifen und nicht diesen Herrn Brandt« –, nun scheint es für den alten Herrn wohl an der Zeit zu sein, einem Amte zu entsagen, das an Ganglien und Gefäße einfach zu große Anforderungen stellt.
Freilich ist zu befürchten, daß der Sechsundachtzigjährige seine letzten Kräfte zu nichts als zu seiner Selbstbehauptung in diesem Amt gebrauchen wird. Seine Partei steht deshalb vor der ernsten Frage, ob sie es zulassen will, daß der Greis den Mythos zerstört, den der Mann geschaffen hat. Wenn sich die CDU vor dieser Frage drückt, wird sie der Wähler beantworten. Ein politischer Fall Sauerbruch* hat uns schließlich gerade noch gefehlt.
Auf den nächsten Seiten dieses Heftes berichten wir über eine Aktion, die der STERN sofort nach dem 13. August startete, um der neutralen Welt der jungen Völker noch vor der Belgrader Konferenz zu zeigen, auf welche schamlose Weise das Selbstbestimmungsrecht der Deutschen in Ostberlin und in der Zone vergewaltigt wird.
Die bedeutendsten Zeitungen von 39 afrikanischen und asiatischen Ländern, die nach dem Kriege unabhängig geworden sind, wurden eingeladen, ihre Chefredakteure als Gäste des STERN nach Berlin zu entsenden.
Diese jungen Völker haben in den letzten Jahren begonnen, in der UNO eine immer wichtigere Rolle zu spielen. Der Block ihrer Stimmen wiegt schwer in der Waagschale der Entscheidungen, und nicht von ungefähr bemüht sich Chruschtschow darum, in ihren Augen als Befreier vom westlichen Kolonialismus zu gelten. Nun gab es die Gelegenheit, einem Ghanaer, einem Nigerianer, einem Mann aus Dahomey, aus Liberia oder Somali zu zeigen, wie ein kommunistischer Staat sein Gebiet mit Stacheldraht umgibt – nicht, um äußere Feinde abzuwehren, sondern um die eigenen Bürger gegen ihren Willen in einem KZ zusammenzuhalten.
Es ist ja nicht ganz leicht, den jungen Völkern, die durch blutige Revolutionen oder geduldigen Widerstand oft durch Jahrzehnte hindurch den Abzug fremder Truppen aus ihren Ländern erzwungen haben, die deutsche Situation klarzumachen. Ihnen zu erklären, weshalb wir Deutschen geradezu auf die Anwesenheit westlicher »Besatzungstruppen« in Berlin bestehen müssen, wenn wir unsere Freiheit retten wollen. Wie sollten wir ihnen begreiflich machen, daß ein »Friedensvertrag«, wie ihn die Kommunisten für Deutschland fordern, etwas Schlechtes ist?
Was keine Regierungspropaganda je erreicht hätte – der Anblick der nach innen gekehrten Stacheldrahtbewehrung auf der Ostberliner »Chinesischen Mauer« hat den Vertretern der jungen Völker bewiesen, daß die verlogenen Kommunisten mitten im alten Europa eine neue Kolonialherrschaft aufrichten.
Nicht bei jedem unserer Gäste traf diese Erkenntnis so mitten ins Herz wie bei unserem Kollegen Joseph Wilson aus Togo, dem am Brandenburger Tor die blanken Tränen über die schwarze Haut liefen. Vater und Mutter Wilson sprachen noch Deutsch, und in ihren Erzählungen war

* Ferdinand Sauerbruch (1875–1951), bedeutender deutscher Chirurg, ließ sich im Stadium fortgeschrittenen Altersstarrsinns nicht vom Operieren zurückhalten und brachte dabei mehrere Patienten ums Leben.

oft von der deutschen Kolonialzeit die Rede gewesen. In ihrem Wohnraum hatte ein Bild gehangen, auf dem der deutsche Kaiser zu sehen war, wie er unter dem gleichen Brandenburger Tor hindurchritt, vor dem nun der junge Joseph Wilson als Chefredakteur der »Vérité Togolaise«, der größten Zeitung des unabhängigen Togolandes, stand. Wie sollte er seinen Lesern, wie sollte er vor allem seinen Eltern berichten, daß diese Deutschen, die zu achten und zu lieben man ihn gelehrt hatte, einander nun an eben jenem Brandenburger Tor mit aufgepflanzten Bajonetten gegenüberstanden?
Joseph Wilson wurde seiner Tränen nicht mehr Herr.
Wie anders reagierte Mustafa el-Alaoui, der Chefredakteur der marokkanischen Zeitung »Morgenröte«. Ein aufgeklärter, zutiefst skeptischer Mann, der uns zunächst mit großer Reserviertheit begegnete. »Hättet ihr euch nicht den Amerikanern verkauft, wäret ihr neutral geblieben, dann dürfte euch Deutschen das erspart geblieben sein. Ich wüßte nicht, wieso amerikanische Panzer moralisch anders zu beurteilen sind als sowjetische.«
Am zweiten Tag seines Besuches ging Mustafa el-Alaoui nach Ostberlin und traf sich dort mit einem Mann von »Radio DDR«, den er aus Rabat kannte. Der sowjetzonale Propagandist wollte von dem arabischen Journalisten ein Interview, der Marokkaner sagte es für den nächsten Tag zu. Ein junger Student, den wir als Dolmetscher gewonnen hatten, kam mit allen Zeichen des Entsetzens zu mir gelaufen und fragte, was zu tun sei.
»Nichts«, sagte ich. Denn ich halte wenig von Propaganda und viel von Information.
Deshalb bat ich unseren marokkanischen Kollegen, ein paar Stunden vor dem Interview in den Ostsektor zu gehen und mit den Leuten auf der Straße zu sprechen. Mustafa el-Alaoui kam am Abend zurück, er hatte das Interview verweigert. »Haben Sie mit den Deutschen drüben gesprochen?« fragte ich ihn. »Mit wenigen. Die meisten hatten Angst zu reden.«
Für Paul Ramasindraibe aus Tananarive, der Hauptstadt der Inselrepublik Madagaskar, wäre Berlin weiterhin eine Insel irgendwo im roten Meer geblieben. Die Leser seiner Zeitung »Areno« hätten allenfalls vom Zank der großen Mächte erfahren, und das hätten sie allenfalls mit verständnislosem Kopfschütteln hingenommen.

Paul Ramasindraibe aber stand an der deutschen Klagemauer, er schrieb danach: »Brüder auf Madagaskar, ich habe Angst vor dem Kommunismus. Glaubt mir, der Kommunismus, so wie ich ihn in Ostberlin gesehen habe, ist mit unserer Lebensauffassung nicht vereinbar. Man fragt sich, ob der Mann, der den Befehl gab, seine Mitbürger einzusperren, eine Seele hat.«

Der Pakistani Mascarenhas aber kabelte seiner Zeitung »Morning News« in Karatschi:

»Wenn die Lichter am Kurfürstendamm jemals verlöschen sollten, wird es das Signal sein, daß für uns alle ein Zeitalter der Dunkelheit begonnen hat.«

Die Nacht nach der Wahl

Wählt Adenauer, denn Chruschtschow will ihn stürzen! Das ist der letzte Slogan dieses Wahlkampfes, und es wird der erfolgreichste sein. Kaum drei Wochen, nachdem der Kanzler den Zugriff Chruschtschows auf Berlin zu einem Wahlmanöver für die SPD versimpelt hat, bedienen sich die Wahlmanager der CDU des gleichen Chruschtschow, um die Kanzlerschaft des Sechsundachtzigjährigen zu retten.
Sie sagen nicht:
Wählt Adenauer, denn er hat eine geschändete und geschlagene deutsche Nation wieder zu Ansehen in der Welt gebracht.
Sie sagen nicht:
Wählt Ludwig Erhard, denn er hat uns mit seiner sozialen Marktwirtschaft aus dem Zusammenbruch des Krieges zum Wohlstand von heute gebracht.
Sie sagen nicht:
Wählt Paul Lücke, denn unter seiner Amtsführung sind im letzten Jahr 575 000 neue Wohnungen gebaut worden.
Sie könnten, weiß Gott, so manches Verdienst ihrer zwölfjährigen Regierung aufzählen und sich damit an die Vernunft der Wähler wenden. Aber sie wenden sich in diesem letzten Appell lieber an die Gefühle und sagen: »Ein Mann, den der Kreml beschimpft, hat es allein deshalb verdient, daß ihr ihn wieder zum Kanzler macht.«
Sie möchten den Haß gegen den Friedensbrecher Chruschtschow ummünzen in Liebe zu Konrad Adenauer, und ich zweifle nicht, daß es ihnen gelingt. *Verstand ist stets bei wenigen nur gewesen,* heißt es bei Schiller, und Schiller kannte seine Deutschen.
Nun wird man nicht leugnen, daß auch der sozialdemokratische Kanzlerkandidat Willy Brandt von dem Sturm der Gefühle einigen Wind in seine Segel hat fahren lassen. Schließlich ist er der Regierende Bürgermeister der drangsalierten Stadt Berlin, und leicht wandeln sich Mitgefühl und Bewunderung gegenüber den Berlinern in Sympathie und Zustimmung für Willy Brandt. Es kommt hinzu, daß die unbegreifliche No-Existenz der Bundesregierung in den ersten Tagen nach dem 13. August dem Berliner Bürgermeister reichlich Gelegenheit zum außenpolitischen Extemporieren bot. Und niemand kann sagen, daß Willy Brandt seine Sache schlecht gemacht hätte.
So dürfte denn die Anrufung des unheiligen Nikita Sergejewitsch Chruschtschow der CDU/CSU zwar den gewohnten Wahlsieg sichern - ob es aber für die absolute Mehrheit reicht, das bleibt bis zum Montagmorgen unsicher. Zum erstenmal wird deshalb die Nacht nach der Wahl für alle politisch denkenden Menschen in Deutschland eine schlaflose Nacht werden.
Folgende Möglichkeiten zeichnen sich ab:
1. Die CDU/CSU erhält - was freilich im Augenblick nicht wahrscheinlich ist - über 50 Prozent aller Stimmen. Dann können wir der Herrschaft Konrad Adenauers bis in sein 90. Lebensjahr sicher sein, und keiner, der dem Patriarchen nicht genehm ist, wird zur politischen Verantwortung zugelassen. Allerdings gibt es eine Gruppe innerhalb der CDU-Führung, die den derzeitigen Kanzler nach gewonnener Wahl in den verdienten Ruhestand versetzen und Ludwig Erhard zum Regierungschef machen will. Ich schätze diese Chance nicht sehr hoch ein.
2. Die CDU/CSU wird die stärkste Partei, bedarf aber zur Bildung einer Mehrheitsregierung eines Partners. Das ist im Augenblick, da diese Zeilen geschrieben werden, die wahrscheinlichste Möglichkeit. Dann wird der ehrgeizige Erich Mende seinen Preis für eine Koalition verlangen, zahlbar in Ministersesseln.
3. Die SPD bricht mit Willy Brandt aus ihrem 32-Prozent-Käfig aus. Alle Anzeichen sprechen für einen Stimmenzuwachs zwischen 6 und 8 Prozent. Damit könnte also auch die SPD mit der FDP koalieren und nach zwölf bitteren Oppo-

sitionsjahren endlich zur Macht kommen.
Nun hat zwar Erich Mende vor der Wahl gesagt, er denke an kein Zusammengehen mit der SPD. Wir wissen aber, daß in der Umgebung Brandts hohe Wetten gehalten werden: Noch in der Nacht zum Montag würden die Koalitionsgespräche mit der FDP beginnen. Natürlich werde Mende in diesem Fall einen höheren Preis fordern. Man spricht von sieben der insgesamt siebzehn Kabinettsposten und von der Vizekanzlerschaft für Mende.
Während also die Splitterparteien wie GDP, DRP und DFU in keinem Falle zum Zuge kommen – so daß jeder, der für sie stimmen will, völlig umsonst zur Wahlurne geht –, spricht manches dafür, daß der bisher durch keine politische Leistung qualifizierte Herr Mende schließlich darüber entscheiden wird, wie die neue Bundesregierung aussieht. Wäre er ein verantwortungsbewußter Politiker, dann hätte er wohl im Wahlkampf die politischen Bedingungen genannt, unter denen er eine Koalition mit jeder der großen Parteien eingehen würde. Da er das nicht tat, muß er sich's schon gefallen lassen, daß man ihn in der Nacht nach der Wahl in den Armen des Meistbietenden vermutet.
Wie aber, wenn sich in der schwersten Krise seit Kriegsende die Männer aus CDU und SPD zu der Erkenntnis durchringen würden, daß der politische Notstand unseres Volkes nur durch eine Regierung der nationalen Konzentration überwunden werden kann? Uns jedenfalls hat es zuversichtlich gestimmt, daß man auf jeden Kabinettsposten den jeweils besten Mann stellen könnte, ohne die berechtigten Interessen der beiden Parteien außer acht zu lassen.

7. November 1961

Brentano tritt zurück im Zorn

Die Brentanos werden für die deutschen Lexika bleiben, was sie waren: honorige Romantiker. Der Rücktritt Heinrichs vom Posten des Außenministers im Geschäftsführenden Kabinett Adenauer bleibt sein stärkster Auftritt und eines der wenigen Male, wo er getreten hat und nicht getreten wurde.
So hat die Krise um die Regierungsbildung mit Ausnahme des Alten Mannes zwar keinen Mann gesehen, aber immerhin einen Herrn. Nach sechs Jahren im Amt beschloß der außenpolitische Gehilfe Konrad Adenauers, was der Kanzler selbst längst hätte beschließen sollen: die Sache über die Person zu stellen.
Indes, in der Sache hat Bonn nun kaum noch was zu melden. Während Chruschtschow seine Superbombe explodieren läßt, während die Note der Sowjets an Finnland gespenstische Erinnerungen aus den letzten Tagen vor dem Zweiten Weltkrieg wachruft, hat Konrad Adenauer frei von Scham und politischem Anstand das Spiel seines Machthungers bis zu Ende gespielt und damit die deutsche Politik fürs erste unglaubhaft gemacht.

Die Stunde, in der dieses Heft in Druck geht, kennt noch keine neue Regierung. Wie immer aber eine Koalitionsregierung von CDU/CSU und FDP auch aussehen mag, sie wird eine geschwächte Regierung sein – ausgehöhlt vom gegenseitigen Mißtrauen der Partner, eine Regierung der kontrollierten Ratlosigkeit. Selbst wenn der Kanzler heute nicht mehr Adenauer, sondern Erhard hieße – hat nicht der zu häufige Wechsel zwischen Ärgernisnehmen und dann-doch-wieder-Zurückweichen den Bundeswirtschaftsminister als den Gummilöwen ge-

zeigt, zu dem ihn sein Kanzler schon immer öffentlich abwertete?
Wir haben an dieser Stelle vor der Wahl geschrieben, daß Herr Mende als Doppelzünglein an der Waage die schlechteste aller möglichen Lösungen sei, weil auf diese Weise der Wählerwille beider großen Parteien, der Union wie der Sozialdemokraten, verfälscht oder mißachtet würde.

Aber der Atem der Weltgeschichte muß wohl noch etwas heißer wehen, ehe in Bonn ein Kabinett der nationalen Konzentration für alle Deutschen sprechen kann.

28. November 1961

Springers Geschäft mit der Angst

Zum Volkstrauertag lieferte der Hamburger Zeitungskönig Axel Cäsar Springer die Gänsehaut. Sein »Bild« und seine »Welt am Sonntag« meldeten mit Balkenüberschriften: »Strauß legt die Hand auf 50 000 Privatwagen – Bundeswehrbeamte mustern Autos – VWs werden erfaßt.«
So hatte es schon einmal angefangen. Und dann war die Rationierung der Lebensmittel gekommen. Und dann der Krieg. Wer die Schlagzeilen las, dem kroch an diesem kalten Novembermorgen die Furcht unter den Kragen.
Was in den Meldungen stand, war allerdings eine zur Sensation aufgeblasene Selbstverständlichkeit, die jeder politisch orientierte Bundesbürger seit dem 27. September kannte. Da hatte der Bundestag Durchführungsbestimmungen zu dem schon vor fünf Jahren beschlossenen »Bundesleistungsgesetz« erlassen, das im Verteidigungsfall die Bereitstellung privater Kraftfahrzeuge für die Bundeswehr vorsieht.
Der Gesetzgeber, der die Bundeswehr wollte, konnte nicht wünschen, daß sie im Ernstfall ohne Waffen oder Transportmittel bleibt. Er wird aber auch vom Steuerzahler nicht verlangen, daß er in normalen Zeiten fürs Militär riesige Autoflotten finanziert. Deshalb das Bundesleistungsgesetz.
Ein solches Gesetz gibt es in jedem Staat, der über eine Armee verfügt. Was sollte bei uns daran falsch sein, oder ungerecht, oder alarmierend!
Nichts!
Aber Furcht und Zorn verkaufen sich offenbar gut. Und so macht man ausgerechnet am Volkstrauertag ein bißchen in Panik. Prompt tönte es denn auch über die roten Rundfunksender: Da sähe man ja, wie recht Chruschtschow mit seiner Warnung vor einem Bonner Angriffskrieg habe.
Es waren das »Bild« und die »Welt« Springers, die im Sommer den Flüchtlingsstrom aus der Zone propagandistisch so ausschlachteten, daß den Zonenmachthabern kaum etwas anderes übrigblieb, als die Mauer zu bauen.

Was für ein Süppchen ist es, das Axel Cäsar Springer kochen möchte, wenn seine Redakteure die Kriegspsychose genügend angeheizt haben?

5. Dezember 1961

Zur Spionage verführt

Sie finden in diesem Heft einen ausführlichen Bericht über den Moskauer Spionageprozeß gegen die beiden Studenten Walter Naumann und Peter Sonntag aus Heidelberg. Wir haben uns allerdings nicht damit begnügt, die Meldungen der sowjetischen Nachrichtenagentur TASS abzudrucken oder nur zu berichten, was im Gerichtssaal geschah. Wir wollten wissen, ob an der Sache wirklich etwas dran war oder ob es sich nur um einen Schauprozeß handelte.

Für uns steht nunmehr fest: Es war kein Schauprozeß. Wir wissen aus eigenen Ermittlungen, daß die beiden Jungen in ihren Geständnissen die Wahrheit sagten. Die Prozedur des sowjetischen Militärgerichtshofes war fair, die Nachrichtengebung korrekt. Das Strafmaß jedoch – die Studenten wurden jeder zu drei Jahren Gefängnis und neun Jahren Arbeitslager verurteilt – scheint uns in keinem vernünftigen Verhältnis zur Schuld der Angeklagten zu stehen.

Sie werden mich fragen, was uns bewogen hat, die Ergebnisse unserer Ermittlungen zu veröffentlichen. Will der STERN den Sowjets propagandistische Waffenhilfe leisten? Halten wir die Spionage im allgemeinen oder gar die Spionage gegen die Sowjetunion im besonderen für eine Todsünde?

Nichts von alledem! Solange die Sowjets bei uns spionieren – und dafür gibt es jede Woche neue Beweise –, soll der Westen alles tun, um nicht ins Hintertreffen zu geraten. Wir selbst haben keine kriegerischen Absichten, und nichts kann uns lieber sein, als wenn unser Aufklärungsdienst feststellt, daß auch die Sowjets keine haben. Wäre es anders, so sollten wir das möglichst früh und möglichst gründlich erfahren. Ich hoffe, daß der Westen für diese Arbeit immer genügend clevere, tüchtige Leute findet, die wissen, was sie tun, und die für ihr Risiko hoch bezahlt werden.

Was sich da in Heidelberg getan hat, läßt uns allerdings die Haare zu Berge stehen. Amerikanische Agenten eines privat finanzierten »Kreuzzuges für die Freiheit« haben halbgare Studenten einfach in ihrer Do-it-yourself-Spionage verbraten. Wüßten wir nicht, daß es sich um unzuständige Leute handelt, wir müßten zittern bei dem Gedanken, die westliche Spionage wäre auf die Hilfe des Studenten-Schnelldienstes angewiesen.

Ich habe Verständnis dafür, daß die Amerikaner uns nicht mit ihren Atombomben spielen lassen. Mögen sie die Verfügungsgewalt über die Sprengköpfe für sich behalten. Aber dann sollten sie bitte auch nicht mit den Brauseköpfen unserer Jugendlichen spielen.

Wenn sie es aber durchaus nicht lassen können, dann sollte sich eine deutsche Behörde finden, die diesen Menschen-Verheizern kräftig auf die Finger haut!

12. Dezember 1961

Die Justiz und der Ehrenschutz

Wenn sich die Prophezeiungen des nordrhein-westfälischen Justizministers Dr. Otto Flehinghaus erfüllen, dann wird der Journalismus demnächst durch die Hofberichterstattung aus Bonn abgelöst. Der Herr Minister verkündete Vorschläge der Länder für ein neues Ehrenschutzgesetz. Danach wird mit Gefängnis bis zu zwei Jahren bestraft, wer »ohne verständigen Grund« ehrenrührige Behauptungen aufstellt oder verbreitet, die geeignet

sind, die soziale Geltung des Betroffenen zu schmälern.
Ob die Behauptungen wahr sind oder nicht, soll dabei keine Rolle spielen!
Damit nun jeder weiß, was gemeint ist, führt Herr Flehinghaus gleich ein paar Beispiele an. Strafwürdig sind danach Behauptungen wie diese:
Herr Müller von nebenan habe eine Hilfsschule besucht;
Herr Meier von gegenüber habe im Zuchthaus gesessen;
Herr Schulze aus dem Erdgeschoß lasse seine Familie darben und verprügele seine Frau.
Solche Behauptungen, meint der Herr Minister, griffen in besonders krassem Maße in das Recht des einzelnen ein, in seiner Intimsphäre in Ruhe gelassen zu werden.

Nun bedarf es, um die Intimsphäre ehemaliger Hilfsschüler oder Zuchthäusler zu schützen, keines neuen Gesetzes. Vorwürfe dieser Art gelten auch heute schon als Beleidigung. Wer allerdings seine Frau prügelt, den schützen – wenn's erweislich wahr ist – keine Paragraphen vor dem öffentlichen Verruf.
Ich fürchte nur, es geht unseren ehrenschutzbeflissenen Politikern gar nicht um Müller, Meier und Schulze. Viel eher um den Abgeordneten Müller, den Staatssekretär Meier und den Minister Schulze.
Und da melde ich meine Bedenken an. Sonst servieren sie uns eines Tages den lieben alten Dr. Nowack als taufrischen Finanzminister in Schleswig-Holstein, und niemand darf sagen, daß derselbe Nowack in Rheinland-Pfalz wegen ungetreuer Verwaltung von Landesvermögen mit sechs Monaten Gefängnis bestraft wurde.
Ein Ehren-Naturschutzpark für Politiker, der von Journalisten nur mit umgeschnalltem Maulkorb betreten werden darf, wäre das Ende der Demokratie. Die großen Bestechungsfälle und die politischen Skandale der letzten Jahre sind von Zeitungsleuten aufgedeckt worden. Beschneidet man der Presse das Recht zur wahrheitsgemäßen Kritik, dann wird die Korruption bald fröhliche Urständ feiern.

19. Dezember 1961

Schluckimpfung muß sein!

Wenn Sie diesen STERN in Händen halten, dann ist es nicht mehr weit bis zum Heiligen Abend. Die Wochen der Vorbereitungen, die Tage der letzten eiligen Einkäufe in überfüllten Läden liegen hinter uns, und während unsere Kinder den Glanz des Lichterbaumes kaum erwarten können, ist es für uns nur noch die große Atempause, der wir erschöpft zustreben.
Ist das Weihnachten? Ist das Christgeburt und Heilige Nacht? Sieht so das Fest der Liebe aus?
Nun ja, die Spielzeugläden sind leergekauft. Und es sind in diesem Jahr nicht nur die teureren Pelze, Bücher, Küchenmaschinen und Schlafanzüge gewesen, die zuerst an den Mann oder die Frau gebracht wurden. Auch für unsere Kinder konnte nichts gut und teuer genug sein. Was anders aber als die Liebe zu den Kleinen käme denn wohl in all dem elektrischen, automatischen und ferngesteuerten Spielzeug zum Ausdruck?
In diesen Tagen las ich ein paar Zahlen, die unser ganzes weihnachtliches Getue Lügen strafen:
Während wir mit über viertausend Neuerkrankungen an Kinderlähmung einen makabren Weltrekord halten, beträgt die Zahl der in der Bundesrepublik gegen Polio geimpften Kinder und Jugendlichen ganze 3,8 Prozent der Bevölkerung.
In England, Schweden und Belgien sind es zwischen 50 und 60, in Dänemark 80 Prozent.

In der Sowjetunion habe es in diesem Jahr praktisch keine Kinderlähmungsepidemie mehr gegeben, erklärte vor wenigen Tagen das Moskauer Polio-Institut. Im vergangenen Jahr hatten sich 77,5 Millionen Jugendliche im Alter bis zu zwanzig Jahren impfen lassen.
Nur bei uns geht es nicht weiter. Die Schluckimpfung, mit der Amerikaner und Russen gute Erfahrungen machten, ist noch umstritten. Aber jeder Arzt hat die Möglichkeit, das unbestritten wirksame und unschädliche Salk-Serum zu spritzen.
Weihnachten ist das Fest der Kinder. Die Gabentische sind voll unter den Lichterbäumen in unseren Stuben. Sind unsere Herzen so leer, daß wir zu bequem sind, unseren Kindern vor der schrecklichen Geißel der Kinderlähmung Sicherheit zu geben? Sind wir so grausam, so verantwortungslos?
Wir sind es zu 96,2 Prozent. Sonderbar, unverständlich – aber wahr.

26. Dezember 1961

Die GEMA schröpft die Tonbandkunden

Wenn es so weitergeht, werden Sie demnächst einen Waffenschein vorweisen müssen, wenn Sie ein paar Schuhe kaufen wollen. Es könnte ja sein, daß Sie eines Tages jemandem mit diesen Schuhen in den Hintern treten.
Das etwa muß die Logik sein, mit der das Amtsgericht Charlottenburg den Besitzer eines Tonbandgerätes dazu verurteilte, jährlich 10 DM als pauschalierte Tantieme an die GEMA zu zahlen.
Diese GEMA vertritt die Urheberrechte an allen Musikstücken, deren Komponisten noch nicht 50 Jahre tot sind. Mit ungekürztem Namen heißt das Unternehmen »Gesellschaft für musikalische Aufführungs- und mechanische Vervielfältigungsrechte«. Der schlichte Titel Musikschutzverein wäre den Herren sicher zu simpel gewesen.

Nun ist es durchaus rechtens, daß die Herren Orff und Egk, Herr Michael Jary und die Großnichte von Franz Lehár über die GEMA zu ihrem Obolus kommen, wann immer ein von ihnen komponiertes oder ihnen vererbtes Musikstück öffentlich erklingt. Die Konzertveranstalter zahlen, der Rundfunk führt ab, die Schallplattenindustrie führt ab (pro Langspielplatte 1,65 DM). Ganz gleich, ob die liebenswerte Heidi Brühl nicht auseinandergehen will, oder die Wiener Philharmoniker die Ballettmusik zu »Abraxas« von Werner Egk spielen.
Zweitens ist es auch durchaus wahrscheinlich, daß der Besitzer eines Tonbandgeräts dann und wann urheberrechtlich geschützte Musik aus dem Radio oder von Schallplatten auf seine Bänder überspielen wird.
Aber drittens darf man ihm doch wohl kein Geld abnehmen, nur weil er *wahrscheinlich* sündigen wird. Es könnte ja auch sein, daß er sich mit Tonbandaufnahmen von Klein-Rudis ersten Lauten begnügt oder mit Volksliedern, von Tante Lisbeth gesungen. Und schließlich soll es Tonbandfreunde geben, denen der tantiemenfreie Mozart (über 50 Jahre tot) mehr bedeutet als die Herren Orff und Egk, von Jary ganz zu schweigen.
Nein, was sich die GEMA da ausgedacht hat und was das Berliner Gericht mit seinem Urteil sanktionierte, das könnte ein paar komische Parallelen heraufbeschwören. Wie wär's zum Beispiel mit einer vorsorglichen Bestrafung aller Autokäufer? Wer will bestreiten, daß jeder irgendwann einmal zu schnell fährt oder falsch parkt, und nicht immer erwischt man ihn dann.
Aber da ist nichts komisch. Mir scheint das Berliner Urteil eher ein schreckliches Beispiel zu sein, wie manche Richter die Gesetze dem anpassen, was sie selbst für »die Wirklichkeit« halten.

23. Januar 1962

Shirers Anti-Deutschen-Polemik

Wer ein feiner New Yorker sein will, der wohnt in einem englischen Landhaus. Es ist mit französischen Möbeln des 18. Jahrhunderts eingerichtet, die von einem schottischen Stubenmädchen abgestaubt werden. Eine bretonische oder allenfalls schwedische Nurse betreut die zwei bis drei Kinder, ein irischer Chauffeur besorgt den Rolls-Royce.

Ein britischer Journalist hat es brühwarm von einem New Yorker Innendekorateur, und der »Daily Express« berichtet es der Mitwelt: Das Fernsehen gilt bei den Vornehmen von Manhattan nicht mehr als fein. An den langen Winterabenden sitzt die Dame des Hauses im Bibliothekssessel, der Gatte schaukelt im Schaukelstuhl und der Kanarienvogel im garantiert vierzehnkarätig goldenen Vogelbauer. Alle, bis auf den Kanarienvogel, lesen. Auch die Kinder, die europäisch wohlerzogenen.

Was aber liest ein feiner New Yorker? Was liest die Dame der amerikanischen Gesellschaft? Auch das hat der »Daily Express« durch eine diskrete Umfrage bei den zweitausend reichsten Familien New Yorks festgestellt. Es ist Amerikas höchsteigener Beitrag zur Bewältigung der deutschen Vergangenheit: das Buch »Aufstieg und Fall des Dritten Reiches« von William L. Shirer.

Und weil sich so was so erfolgreich druckt, läßt die nicht minder feine amerikanische Zeitschrift »Look« den gleichen William L. Shirer nun erzählen, was wohl geschehen wäre, wenn Hitler den Krieg gewonnen hätte.

Nun kommt Hitler über Amerika wie einst der Filmaffe King Kong über New York. Ein Monstrum, bei dessen Anblick schwangere Frauen mißgestaltete Kinder gebären. Ein wildgewordener Teppichbeißer, dessen Geschrei zwar keinen vernünftigen amerikanischen Hund, wohl aber die blöden Deutschen aller Zeiten hinter dem Ofen hervorlockt.

Denn Hitler – das sind bei Shirer die Deutschen schlechthin. Sie waren schon zu Luthers Zeiten eine bösartige Nation. Sie wurden als solche erkennbar unter Bismarck und Wilhelm II. Unter Hitler zeigten sie der Welt ohne Scham ihr verbrecherisches Gesicht. Und unter Adenauer trachten sie es ebenso verschämt zu verbergen. Aber sie bleiben, die sie sind.

Shirers Buch, das diesen Pferdefuß noch nicht so deutlich sehen läßt, ist inzwischen auch bei uns erschienen. Die Presse unserer westlichen Verbündeten beeilte sich, es als ein fundamentales Werk über die jüngste deutsche Geschichte zu feiern.

Vom STERN wird sich Herr Shirer gefallen lassen müssen, daß wir seine Qualifikation als Historiker etwas gründlicher untersuchen. Wir tun es in zwei Folgen.

30. Januar 1962

Brennt in der Hölle ein Feuer?

Auf den Artikel »Brennt in der Hölle ein Feuer?« – veröffentlicht in Nr. 2 des STERN vom 14. Januar – ist der bei uns in solchen Fällen obligate Entrüstungssturm inzwischen losgebrochen.

Die Veröffentlichung hatte sich kritisch mit der Frage beschäftigt, welche Erwartungen die Christen dem bevorstehenden Zweiten Vatikanischen Konzil entgegenbringen dürfen. Zugegebenermaßen eine Frage, die einen Ungläubigen

überhaupt nicht interessiert. Dem gläubigen Christen muß sie um so brennender erscheinen, als in einer vom bolschewistischen Materialismus wie von der westlichen Wohlstandsgeilheit geprägten Welt die Zersplitterung der christlichen Kirchen nicht gerade den Bestand des Glaubens gewährleistet.
Der Artikel war kritisch, der Autor verhehlte nicht seine bittere Enttäuschung über die römische Kurie, die nach einigen versöhnlichen Gesten nun wieder bestrebt scheint, die Alleingeltung der Una Sancta Ecclesia zu zementieren, indem sie alle andersgläubigen Christen einfach als Irrgläubige abtut.
Zugleich wurde die Frage gestellt, wie weit es der katholischen Kirche in der Bundesrepublik gelungen sei, ihre religiösen, sozialen und politischen Vorstellungen zu Maximen der staatlichen Gesetzgebung zu machen. Und der Verfasser meinte, sie habe es in der christlich-demokratischen Regierungspartei weitgehend zuwegegebracht, die evangelischen Massen unter die katholische Fahne zu scharen. So etwa beim Jugendwohlfahrts- und beim Bundessozialhilfegesetz, die beide auf katholisches Betreiben nach den Grundsätzen der katholischen Soziallehre geändert wurden. So in der Frage des Eherechts, das in seiner jetzigen Form – Verhinderung der Scheidung selbst bei völlig zerrütteten Ehen – einen Rückschritt ins Mittelalter darstelle.
Es war vorauszusehen, daß diese Fragestellung zu einer lebhaften Diskussion führen würde. Aber wie gesagt – bei uns scheint nun einmal jede Diskussion mit einem Entrüstungsschrei und mit einer vorweggenommenen Abwertung des Gesprächspartners zu beginnen.
In Dutzenden von Kirchenblättern, in Erklärungen bischöflicher Ordinariate und in Kanzelabkündigungen wurde dem STERN unterstellt, er habe den Papst verleumdet und den Glauben beleidigt. In »offenen Briefen« verschiedener Gliederungen der Union und in einem Verdikt des Hamburger CDU-Landesvorstandes wurde immer wieder die Frage nach der Autorschaft des Artikels erhoben, und es wurde gefragt, ob der CDU-Abgeordnete Dr. Gerd Bucerius, Verleger des STERN, und ob der Chefredakteur Henri Nannen den Artikel vor der Veröffentlichung gelesen hätten und ihn billigten.
Es gibt keinen Grund, die Frage nach der Autorschaft unbeantwortet zu lassen. STERN-Redakteur Jürgen von Kornatzki, 34 Jahre alt, evangelischer Christ nicht allein durch Taufe, sondern aus innerer Überzeugung, hat den Artikel geschrieben. Und auf die zweite offene Frage liegt die Antwort ebenso offen: Der Artikel stand im STERN, also fühlen sich die Verleger und der Chefredakteur dafür uneingeschränkt verantwortlich.
Uneingeschränkt heißt nicht unkritisch. Ich selbst habe am Ton des Artikels einiges auszusetzen.
Ich meine, man sollte von einer Kirche, die zweitausend Jahre abendländischer Kultur getragen hat, mit etwas mehr Ehrfurcht sprechen, als es mein Mitredakteur Kornatzki getan hat. Aber ich glaube, daß eine öffentliche Diskussion über Fragen der Lebensmoral und der Religion in unserer, dem Erfolg und dem Erwerbsstreben zugewandten Zeit ein Positivum in sich bedeutet.
Wenn ich dabei den ein wenig respektlosen Ton meines Mitarbeiters bedauere, so muß ich mir von ihm als einem evangelischen Christen immerhin vorhalten lassen, daß es Martin Luther gewesen ist, der den Satz prägte, man müsse, wolle man den Eingang nicht nur zum Ohr, sondern auch zum Herzen des Lesers finden, »dem Volke aufs Maul schauen«.
Und der Heidelberger Katechismus von 1563, das Bekenntnisbuch der deutschen Calvinisten, geht in seiner eifernden Deutlichkeit noch sehr viel weiter als Luther. Er nennt die katholische Messe im Vergleich zum Abendmahl der Protestanten »eine vermaledeite Abgötterei«. Ein Satz übrigens, den noch heute jeder Konfirmand der evangelisch reformierten Kirche zu lernen hat, obgleich er zweifellos nach dem § 166 unseres Strafgesetzbuches als »Religionsbeschimpfung« mit Gefängnis bis zu drei Jahren bedroht ist.
Mögen das Relikte aus der Zeit des Grobianismus sein – gar so zimperlich sind auch die Streiter von heute nicht.
Vor mir liegt ein Stapel von Ausschnitten aus Bistumsblättern, Kirchenboten und Erbauungsschriften. Da schreit es mich

mit fetten Schlagzeilen an und läßt von »journalistischer Sudelküche« bis zu »zynischem Schwindel« keine Beleidigung aus. Dazwischen liegen »schmuddelige Sexualität verbrämt mit Konfessionshetze« und ähnliche stilistische Leistungen – man staunt, was sich in den letzten acht Buchstaben unseres Alphabets von S bis Z an sprachlicher Perversion alles unterbringen läßt.
Den Millionen STERN-Lesern aber besorgt es der in Münster erscheinende katholische »Zeitschriftendienst«:
Eine weitere Leserschicht zu erfassen, blieb dem »Stern« vorbehalten: es ist der riesige Komplex der auf primitive, unbegründete Weise mit der Gegenwart Unzufriedenen, der Neinsager aus Unbehagen an der Weltlage . . . Diese Leute, deren Denken affektbestimmt und logisch unsauber ist, müssen auch triebmäßig zu unsauberen Gelüsten neigen . . .
Da also, geneigter Leser, sind Sie selber angesprochen. Indem Sie dieses Heft des STERN in Händen halten, offenbaren sich schon Ihre unsauberen Gelüste. Aber trösten Sie sich, die Herren – denen offenbar die »Maisheiligen von Münster« und ihre karitativen Schwindelgeschäfte noch im Magen liegen – schließen mich nicht weniger in ihre unfrommen Wünsche ein:
Ziemlich einmalig ist auch die Funktion des Chefredakteurs als selbstgefälligen Spitzenreiters einer Sorte von arrogant-demagogischer Politik . . .

So geht es weiter. Kein sehr brillantes Deutsch, aber man weiß, was gemeint ist.
Und während die »Neue Bildpost« über *soviel klägliche Dummheit der Sternredakteure* lacht, wertet das »Regensburger Bistumsblatt« eben diese Dummheit zur *kulturkämpferischen Raffinesse* auf. Die »Kirchenzeitung« des Erzbistums Paderborn glaubt sogar, in unserem Artikel eine *publizistische Megatonnen-Bombe* sehen zu müssen. In fast jedem Fall aber wird nach dem *sofortigen Verbot* des STERN, nach dem *Staatsanwalt,* der *Polizei* und sogar nach *tatkräftiger Selbsthilfe* gerufen.
Fürwahr, wenn wir noch immer in einer freiheitlichen Demokratie leben – diesen Herren verdanken wir es nicht.

Die infamste Verleumdung allerdings blieb dem Herausgeber des Kirchenboten für das Bistum Osnabrück, Prof. Walter Wittler, vorbehalten. Er schreibt in seinem Blatt am 21. Januar:
Hier (im STERN) *begegnet uns der Stil des berüchtigten »Schwarzen Korps«, ein Stil, wie er heute ähnlich in antikirchlichen Pamphleten der Ostzone zu finden ist. Ich besuchte vor einiger Zeit in Leningrad das Museum für Religionsgeschichte und Atheismus in der Kasankathedrale. Dort ist die gesamte Unterkirche mit über 4000 Ausstellungsgegenständen ausschließlich dem Kampf gegen die katholische Kirche gewidmet. Mein erster Eindruck bei der Lektüre des Stern-Artikels war: Hier herrscht die gleiche Atmosphäre: zynische Verfälschung und Verzerrung der Wahrheit, absolute Blindheit gegenüber allen positiven Werten der Kirche und des kirchlichen Lebens.*
Wie schlecht muß dieser Professor Wittler seine eigene Sache einschätzen, daß er es nötig hat, mit solchen Sottisen zu kämpfen. Muß es uns noch wundern, daß er schon einen Tag später, am 22. Januar, in einem persönlichen Brief allem abschwört, was er da geschrieben hat? Nun heißt es plötzlich:
Ferner möchte ich Ihnen erklären, daß ich in meinem Artikel nicht behauptet habe, in der Redaktion des Stern werde mit den Methoden der Nazis und der Kommunisten gearbeitet. Auch habe ich den Stern nicht mit dem Leningrader Museum für Religionsgeschichte und Atheismus oder mit der nationalsozialistischen Zeitung »Der Schwarze Korps« verglichen . . .
Der aufmerksame Leser braucht den oben wörtlich zitierten Auszug aus dem »Kirchenboten« vom 21. Januar nur mit dem ebenso wörtlichen Zitat aus dem Brief vom 22. Januar zu vergleichen, um zu ermessen, wozu ein Osnabrücker Professor fähig ist, wenn ihm die Angst vor der eigenen Courage ins Gedärm fährt.
Herr Wittler weiß nämlich spätestens seit dem Abend des 21. Januar, daß wir ihm seinen Ausflug nach Leningrad und ins »Schwarze Korps« nicht so ohne weiteres hingehen lassen. Er wird sich dort verantworten müssen, wo man in einem Rechtsstaat für solche Verleumdungen einzustehen hat – vor seinem gesetzlichen Richter.

Was übrigens das »Schwarze Korps« angeht:
Wie leicht hätten wir es gehabt, zurückzuschlagen und die makabre Rolle vieler deutscher Kleriker im Dritten Reich zu untersuchen. Doch das hat vor uns bereits ein katholischer Historiker in einer Zeitschrift von unbestrittener Katholizität getan: Ernst-Wolfgang Böckenförde im vorjährigen Februarheft des »Hochland«.
Da erfahren wir denn zu unserem Schrecken, daß selbst ein als Widerstandskämpfer gerühmter Kardinal seine Aversion gegen die Nazis erst entdeckte, als eines seiner Klöster für die Unterbringung von Bombenflüchtlingen bereitgestellt werden sollte. Und an anderer Stelle hören wir von einem leibhaftigen Erzbischof, der seinem Führer gelobte, er werde ihm »gläubige Soldaten stellen für seinen gerechten Krieg«.
Eines der Bistumsblätter aber, die heute den STERN der Konfessionshetze beschuldigen, schrieb noch am 9. März 1941:
... Hört mir also auf mit dem englischen Christentum, es hat nichts mit dem göttlichen Heiland zu tun. Und so geschieht ihm recht, was ihm jetzt geschieht ...
Erinnern Sie sich noch, was damals geschah? Der unbarmherzige Bombenkrieg gegen Frauen und Kinder, der schließlich tausendfach gegen unsere Heimat zurückschlug! Eine Zeitung aber, die im Namen Jesu Christi erschien, schrieb das Ungeheuerliche:
Gott hat es zugelassen, daß das Vergeltungsschwert gegen England in unsere Hände gelegt wurde. Wir sind die Vollstrecker seines gerechten göttlichen Willens.
Das nenne ich Konfessionshetze. Und wenn mir einer sagt, das sei im Kriege geschrieben, und da sei auch ein katholischer Kirchenzeitungsredakteur den Anfechtungen der Zeit erlegen, dann darf ich nur zitieren, was am 19. Juli 1951 in der Kinderbeilage des Trierer Bistumsblattes »Paulinus« geschrieben stand. Den lieben Kleinen wurde da ins Herz geredet:
Ihr kennt doch alle eine Menge anderer Kinder, mit denen Ihr Fußball spielt und Eis lutscht und ins Kino geht und mit denen Ihr Euch prächtig vertragt. Und alle diese Kinder wollen einmal in den Himmel kommen, genau wie Ihr. Aber: Sie sind evangelisch. Das ist eine furchtbare Sache ...
Nun soll mir noch einer kommen und meinen Mitredakteur Jürgen von Kornatzki beschuldigen, er wolle einen Keil zwischen Protestanten und Katholiken treiben!
Wir sind doch im Grunde dankbar, daß die politische Entwicklung gleich in den ersten Jahren nach dem Krieg die religiöse Spaltung in unserem Volk überbrückte. Das Verdienst daran haben Männer wie der Katholik Adenauer und der erste Bundestagspräsident, der evangelische Oberkirchenrat Ehlers. Es wäre verhängnisvoll, wenn diese politische Einigkeit der Christen nun durch Machtansprüche der einen oder kulturkämpferische Maßnahmen der anderen Seite gefährdet würde. Deshalb möchte ich die dringende und herzliche Bitte äußern, daß Männer beider Kirchen, denen an einer ehrlichen Zusammenarbeit gelegen ist, im STERN das Wort zu einem sachlichen Gespräch nehmen.
Denn unser Thema ist weder die Abrechnung mit der Vergangenheit noch das Wiederaufreißen des religiösen Zwiespalts. Im Gegenteil, wir fragen, was geschehen könnte, damit die christlichen Kirchen in brüderlicher Einheit den Ungeist, die Gleichgültigkeit und die Trägheit der Herzen in unserer Wohlstandsgesellschaft überwinden.
Sie werden es weder mit salbadernden Reden noch mit welt- und lebensfremden Ehegesetzen noch mit der Diffamierung Andersgläubiger schaffen. Hier und heute müssen die Christen es sich gefallen lassen, daß man sie an ihren Taten erkennt. Nicht an ihren Reden, nicht an ihrer Mitgliedschaft in der CDU und nicht an der Häufigkeit des Kirchganges, sondern einzig und allein an ihren Taten.
Wie man den Baum an seinen Früchten erkennt, und wo er keine Frucht bringt, ist er es wert, daß man ihn abhaue und werfe ihn ins Feuer.

Hier und heute müssen die Christen beweisen, ob die Liebe, der Glaube und die Hoffnung in ihnen noch groß genug sind, um die Welt zu besiegen – und wenn die Welt voll Teufel wär.

Die Schuld an der Flutkatastrophe

Die letzten Wellen der großen Flut waren noch nicht verebbt, da erschienen auf den Bildschirmen die Verantwortlichen aus Senat und Staat, um das in Bewegung zu setzen, was man später mit selbstzufriedenem Pathos »die Welle der Hilfsbereitschaft« nannte.
Man brauchte Decken und Mäntel, wollene Unterwäsche und Anzüge, und man brauchte Geld und immer wieder Geld. Der Hamburger Bürgermeister genierte sich nicht, um Spenden zu bitten, damit die Überlebenden der Flut Fahrkarten kaufen könnten, um zu ihren Verwandten zu reisen.
Dabei ging wenige hundert Meter vom Überschwemmungsgebiet das Wirtschaftswunderleben weiter, als ob nichts gewesen wäre. In der Hamburger Innenstadt barsten die Schaufenster der Geschäfte vor Lebensmitteln, Textilien, Decken, Daunenbetten, Seidenkissen, und was man will.

Ich denke nicht an Beschlagnahmen. Ich denke daran, daß die Behörden in diesen Geschäften hätten kaufen und aus dem Staatssäckel bezahlen können, was notwendig war, um rasch und ausreichend zu helfen.
Anstatt auf Hilfssendungen aus Süddeutschland zu warten, anstatt mühsam Tausende von getragenen Kleidungsstücken zu sortieren, an Stelle dieser ganzen empörenden Bettelei um alte Sachen und Almosen, hätte man die Geschädigten in wenigen Stunden wärmen, ernähren und kleiden können. Und statt sie auf dem nackten Boden von Schulklassen und alten Kasernen unterzubringen, hätte man ihnen in Hotels und Pensionen in ganz Norddeutschland ein menschenwürdiges Unterkommen schaffen können.
Wozu, so frage ich, haben wir denn sonst unseren Staat?
Wozu, so frage ich, zahlen wir denn sonst unsere Steuern?
Die Überlebenden der Flut hatten um so mehr Anspruch auf die Hilfe der Behörden, als diese Behörden die nicht wegzuleugnende Schuld am Ausmaß dieser Katastrophe tragen.
Gewiß, sie hatten einen »Deutschen Küstenplan«. Aber der basierte auf überholten Vorstellungen. Man hatte die Veränderungen der Küste und die Erkenntnisse der Hollandkatastrophe von 1953 nicht genügend berücksichtigt. Und obwohl es in Holland 1352 Tote gegeben hatte, fehlte es an der deutschen Nordseeküste an Geld oder Baukapazität für die Deiche.
Es gab nicht einmal einen vernünftigen Alarmplan!
Heute wissen wir, daß die Retter schon bereitstanden, als die Opfer noch schliefen. Daß die Behörden alarmiert waren, als die Kinder, die nachher als Wasserleichen angeschwemmt wurden, noch in ihren Betten lagen.
Und das alles, weil kein Hydrographisches Institut und keine Senatsdienststelle auf die Idee kam, in Rundfunk und Fernsehen mit aller Deutlichkeit vor dem zu warnen, was da auf uns zukam.
Nein, es ist empörend! Es ist empörend von Anfang bis zum Ende.
Und es läßt sich durch noch so viele Beileidsbekundungen und Trauerfeiern, durch noch so viel Halbmastflaggen und noch so viele Bundespräsidenten- und Ministerreden nicht vertuschen, daß hier unser Staat und seine Beauftragten auf der ganzen Linie versagt haben.
Hoffentlich holen sie nun schnellstens nach, was sie bisher versäumten.
Wozu hätten wir sie sonst gewählt, und wozu bezahlen wir sie sonst?

Nazi-Richter richten noch immer

Es geht mir wie Ihnen, ich mag von den Verbrechen der Nazis nichts mehr hören.
Die Verantworung für mein eigenes Tun und Lassen will ich gern tragen – aber was habe ich mit Einsatzgruppenleitern, Oberreichsanwälten oder Mördern im Arztkittel zu schaffen? Es muß einmal ein Ende haben mit der gemeinsam zu tragenden Schuld. Eichmann ist tot, und ein Leben in Scham und Schande ist kein erträglicher Dauerzustand für ein Volk.
Dennoch bin ich dagegen, daß über die Vergangenheit einfach der Mantel des Vergessens gebreitet wird. Damit nicht unter dem Mantel ein Verwesungsgeruch hervordringt, der uns auf Jahre hinaus die Luft zum Atmen verpestet.
Ich habe außerdem keine Lust, im Kino neben einem zu sitzen, der ein paar tausend Juden mit Genickschuß in die Grube gestoßen hat. Ich möchte nicht unversehens in die Hände eines Arztes geraten, der früher mit denselben Händen hilflose Kranke und wehrlose Häftlinge »abspritzte«. Und ich will keinem Richter ausgeliefert sein, der eine polnische Fremdarbeiterin zum Tode verurteilte, weil sie im Alter von 21 Jahren und im Zustande der Schwangerschaft ein paar Kleider gestohlen hatte.

Nun sind bei uns die Konzentrationslager wohl abgeschafft, und die Einsatzgruppenleute – soweit man sie nicht entdeckt und eingesperrt hat – besitzen wenigstens keine Genickschußpistolen mehr. Auch Blausäure zum Vergasen ist in der Bundesrepublik nicht im Handel, und die Henker mit der medizinischen Vorbildung entbehren des »Menschenmaterials«, dessen »lebensunwertes Leben« sie beseitigen könnten.
Nur die Richter richten noch immer.
Und wenn sie auch nicht mehr über das Fallbeil gebieten, so verfügen sie doch über den gleichen ungebrochenen Geist, aus dem sie ihre Urteile fällten. Das Gesetz wolle es so, sagten sie damals. Das Gesetz habe es so gewollt, verteidigen sie sich heute. Da ist nicht sehr viel Unterschied.
Man muß nur in den alten Akten lesen, um zu spüren, woher dieser Geist weht. Da heißt es in der Begründung des Todesurteils gegen das einundzwanzigjährige schwangere Polenmädchen, die Angeklagte habe zwar beim Bombenangriff alle ihre Habseligkeiten verloren und seit einem Jahr nur noch ein einziges Kleid und ein zerrissenes Unterhemd besessen, gleichwohl habe sie doch »mit der typischen Frechheit einer Polin« gestohlen, so daß Gnade nicht am Platze sei. Man liest diese unbegreifliche Formulierung, schaut auf die Unterschriften und meint noch die Stimme des Staatsanwaltes Dr. Tyrolf zu hören, wie er sich in der Verhandlungspause zu den Richtern Tiede und Möller herüberbeugt: Man solle sich doch mit der Polenschlampe nicht lange aufhalten, der gehöre die Rübe herunter und damit basta!
Die beiden Richter sind noch heute im Amt. Otto Möller als Amtgerichtsrat, Günther Tiede inzwischen zum Landgerichtsdirektor befördert. Und der Anklagevertreter von damals, Dr. Walter Tyrolf, sitzt heute als Direktor der Großen Strafkammer 10 des Hanseatischen Landgerichtes vor. Keiner von den dreien wollte die goldene Brücke in den bezahlten Ruhestand betreten, die der Bundestag allen belasteten Richtern bis zum 30. Juni offengehalten hat.
Sie sollten die Akten des Falles Anna Jozefowicz auf Seite 18 und den folgenden Seiten dieses Heftes in aller Ausführlichkeit lesen. Kein Romanschriftsteller könnte eine dramatischere Geschichte erfinden als diesen Kampf um das Leben eines erbarmungswürdigen Mädchens, das man aus seiner polnischen Heimat nach Deutschland in ein Arbeitslager verfrachtet hatte, das ein bißchen flüchtige Liebe gleich mit einer Schwangerschaft bezahlte und dem man wenige Tage nach der Niederkunft um 11 Uhr morgens mitteilte, daß es um vier Uhr nachmittags sterben solle, wie das Gesetz es befahl.

Und lesen Sie, mit welchem Gesetzeseifer die Richter Dr. Schlodtmann und Dr. Prinz den einfältigen ostpreußischen Brotwagenfahrer Alfred Fischer vom Leben zum Tode brachten, weil der für 25 Mark von einem Soldaten ein Paar Handschuhe gekauft hatte, die aus der Wollsammlung gestohlen waren.
Auch Schlodtmann und Prinz richten heute wieder. Und der staatsanwaltschaftliche Einpeitscher des Urteils Ernst Löllke amtiert am Landgericht Hamburg als Ankläger in politischen Prozessen. Sie alle berufen sich auf Recht und Gesetz. Und auch der hamburgische Justizsenator Biermann-Ratjen, den seine Freunde »Biermann-Ratlos« nennen, weiß diesmal guten Rat. Er meint, Herr Löllke hätte damals gar nicht anders handeln können – wenn er nicht seinen Dienst quittieren wollte.
Wenn also einer zu wählen hat, ob er seinen Dienst quittieren oder einen im Sinne der Anklage unschuldigen Menschen hinrichten lassen soll, dann gibt es nach Meinung dieses Senators offenbar nicht viel Federlesens: Man schickt den anderen lieber aufs Schafott, ehe man sich selbst in Pension begibt.
In was für einem Staat leben wir denn? Und wer sind unsere Oberen, daß sie die Blutrichter mit ihrem Mantel decken? Wer ist unser Justizminister, der den Wolfgang Immerwahr Fränkel zum Generalbundesanwalt machte, einen Ankläger, der den Richtern mit psychologischen Tricks die Todesurteile entlockte, wenn der Angeklagte Schnaps gestohlen, schwarzgeschlachtet oder als Jude mit einem arischen Mädchen geschlafen hatte?
Bundesjustizminister Stammberger will von der bösen Vergangenheit seines Generalanklägers nichts gewußt haben. Aber des Ministers Vorgänger in Amt und Koalition, Dr. Thomas Dehler, sagt, Wolfgang Immerwahr Fränkel habe nichts verschwiegen. Zwei konkrete Belastungsfälle seien vor seiner Ernennung im Bundesjustizministerium »in allen Einzelheiten durchgesprochen« worden. War das der Grund, aus dem Herr Stammberger und sein Ministerium das Disziplinarverfahren gegen Fränkel zunächst unter allen Umständen vermeiden wollten? Fürchtete man, daß Fränkel auspacken würde, wenn er um seine Pension zu kämpfen hätte?
Oder war die Begründung ernst gemeint, die der Justizminister im Gespräch mit »Associated Press« von sich gab: Bei Fränkel habe der »subjektive Tatbestand« gefehlt, was zu deutsch heißt: Weil Fränkel die damaligen Gesetze nicht mißachtet und somit keine bewußte Rechtsbeugung begangen hat, konnte er sich selbst für unbelastet halten.
Recht und Gesetz – wie leicht sagt sich das in einem Atemzug. Sollte selbst der Bundesminister für Justiz nicht wissen, wie sehr es geradezu das Wesen einer Diktatur ausmacht, daß Recht und Gesetz sich immer weiter voneinander entfernen?
Nur indem Hitler das Unrecht in Gesetze und Führerverordnungen faßte, und indem er einstmals unabhängige Richter zu Exekutionsbeamten dieser Gesetze degradierte – nur so erreichte er sein Ziel. Nur so hat auch Stalin sein Ziel erreicht. Und nur so hält sich Ulbricht an der Macht.
Wirksamer läßt sich das Recht nicht beugen als mit dem geschriebenen Gesetz. Und das Ergebnis sind jedesmal Konzentrationslager, Folterkammern und Massengräber.
Aber hätten denn die Fränkels, die Schlodtmanns, Tiedes und Löllkes überhaupt anders handeln können? Die Antwort auf diese Frage hat der erste Generalbundesanwalt, Dr. Max Güde, in einer Rede im März 1960 gegeben:
Viele der Todesurteile hätten nicht zu ergehen brauchen. Sie hätten nicht ergehen dürfen, selbst auf der Grundlage der Gesetze nicht, nach denen sie gefällt wurden . . . Ich kenne keinen Fall, in dem einem Richter, der menschlich urteilte, ein Schaden an Leib und Leben zugefügt worden wäre.
Von dem Richter Max Güde, der einst selbst der NSDAP als Mitglied angehörte, gibt es denn auch kein einziges unmenschliches Urteil.
Minister Stammberger, der dieses alles offenbar nicht weiß, ist bei seiner Suche nach »subjektiven Tatbeständen« inzwischen auf eine frappierende Idee gekommen. Man wolle die kommunistischen Staaten einschließlich der Zone um Einsicht in die dort liegenden Akten bitten.

Wenn sie sich dann weigern, hätten sie das Recht verwirkt, uns wegen der weiteren Verwendung belasteter Richter Vorwürfe zu machen.
Die Zone hat den Schwarzen Peter elegant zurückgespielt. Der SED-Generalstaatsanwalt Streit meinte jovial, darüber ließe sich reden, wenn aus Bonn Beauftragte des Ministeriums nach Ostberlin kämen. Vielleicht wird das Zonenregime dann ein paar Blätter aus dem nach Ostdeutschland verlagerten Aktenberg der Sondergerichte, des Volksgerichtshofes und der Oberreichsanwaltschaft herausrücken. Man käme damit immerhin ein Stückchen auf dem Wege zur völkerrechtlichen Anerkennung der DDR durch die Bundesrepublik voran.
Aber glaubt der Bundesjustizminister im Ernst, der kommunistische Gegner würde sein Munitionslager mit einem einzigen Knall in die Luft jagen, wenn anders er die Möglichkeit hat, aus diesen Munitionsvorräten noch ein jahrelanges Störungsfeuer gegen die Bundesrepublik zu unterhalten?
Mir scheint, der Bundestag wird nicht umhin können, den mit untauglichen Mitteln unternommenen Versuch einer Reinigung der deutschen Justiz mit tauglichen Mitteln zu wiederholen.
Das letzte Mal hat man die belasteten Juristen vor die Wahl gestellt, ob sie freiwillig von ihrem Posten zurücktreten oder Gefahr laufen wollten, eines fernen Tages mit ungekürzten Ruhestandsbezügen von Amts wegen pensioniert zu werden. Für Leute, bei denen selbst der Bundesjustizminister den subjektiven Tatbestand des Unrechtsbewußtseins verneint, war das wohl ein etwas naives Ansinnen. Zumal die Gefahr einer Zwangspensionierung nicht sehr hoch eingeschätzt wurde, weil es zu solchen Maßnahmen gegen unabsetzbare Richter eines verfassungsändernden Parlamentsbeschlusses bedurft hätte.
Diesmal mache man Ernst und fasse den entscheidenden Beschluß zuvor: Wer als Richter oder Staatsanwalt nach dem 31. Oktober 1962 im Amt verbleibt, obwohl er an einem Todesurteil mitgewirkt hat, das nach objektiver Rechtsnorm ungerechtfertigt ist, wird seines Amtes enthoben, verliert für sich und seine Hinterbliebenen jeden Anspruch auf Ruhestandsbezüge und wird außerdem wegen Anstellungsbetruges zur Rechenschaft gezogen.
Die Sauberkeit unserer Justiz sollte uns den nach diesem Beschluß einsetzenden Sturm auf die Pensionskassen wert sein.

21. August 1962

Der Raub der Volkacher Madonna

In Volkach vor Würzburg ist dieser Tage eine der schönsten Madonnen Tilman Riemenschneiders geraubt worden. Die Bilder auf den folgenden Seiten zeigen die ganze Köstlichkeit dieser spätmittelalterlichen Schnitzerei. Sie zeigen aber auch auf eine erschütternde Weise, mit welcher brutalen Gewalt das 2,80 Meter hohe Bildwerk von der Wand gerissen und durch die Kirche geschleift wurde.
Abgebrochene Engelsflügel, Teile des Rosenkranzes und die Hände der musizierenden Putten liegen verstreut auf dem Weg, den die Kirchenräuber genommen haben. Wir müssen befürchten, daß das Kunstwerk beim Hinüberwuchten über die mannshohe Kirchhofsmauer und beim Abtransport mit dem dort wartenden Pritschenwagen noch erheblich Schaden gelitten hat.
Die Polizei der Bundesrepublik und mit ihr alle internationalen Polizeidienststellen fahnden fieberhaft nach den Tätern. Der Kunsthandel ist alarmiert, jeder Händler und jeder Sammler kennt das

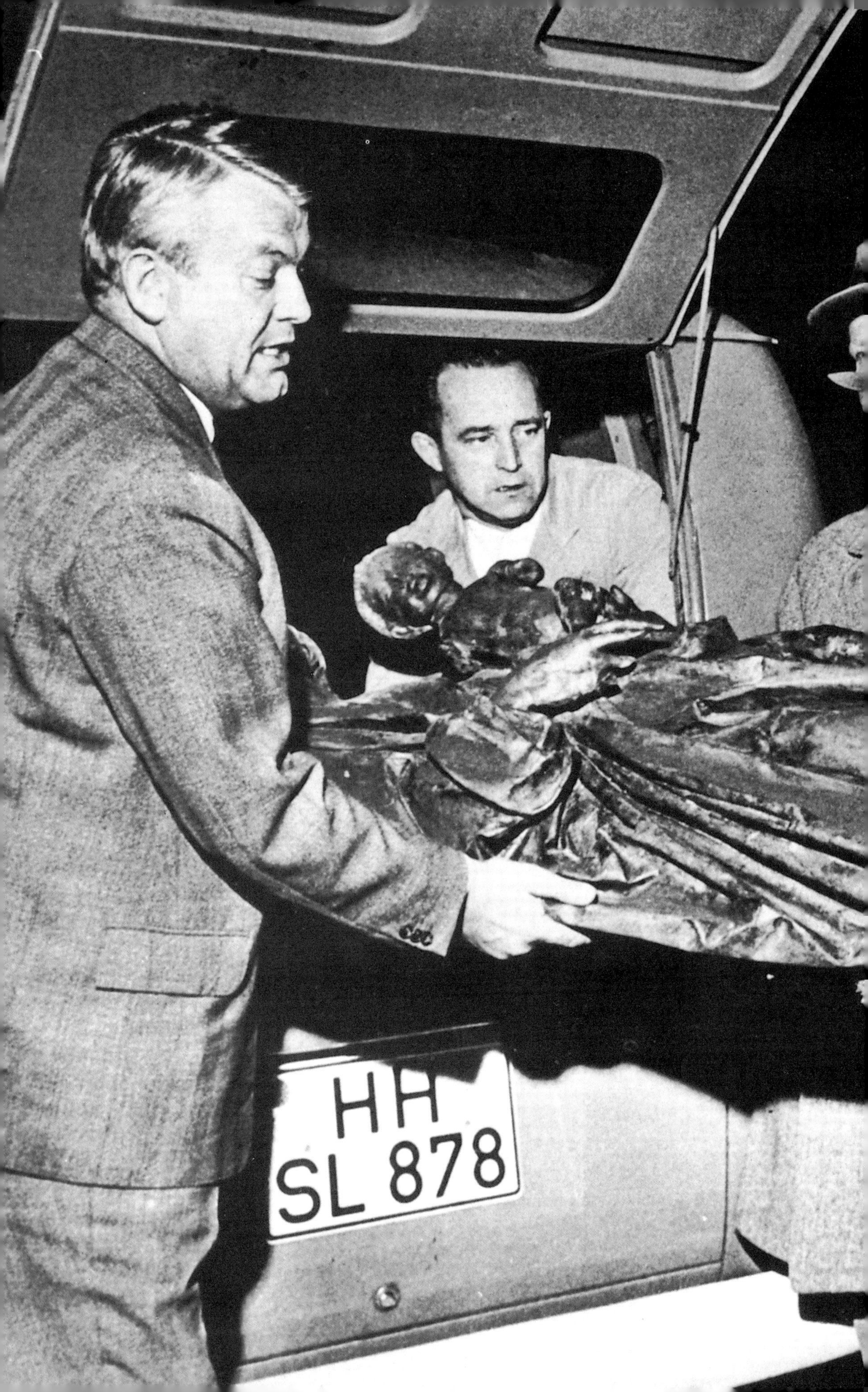
HH
SL 878

Werk. Die vorliegende Veröffentlichung im STERN gelangt in die Hände von über zehn Millionen Lesern, und die großen Illustrierten der Welt haben unsere Bilder bereits angefordert. Niemand also würde fortan die Rosenkranzmadonna oder Teile von ihr kaufen. Das gleiche gilt für die beiden anderen geraubten Plastiken, eine Pietà und eine »Anna Selbdritt«.
Damit wäre die Beute für die Täter wertlos, gäbe es nicht noch eine andere Möglichkeit, sie zu Geld zu machen: die Versicherungserpressung.
Es ist in den letzten Monaten geradezu Mode geworden, Kunstwerke zu stehlen, um sie der jeweiligen Versicherung unter der Hand gegen ein Lösegeld zum Rückkauf anzubieten. Ehe die Versicherung etwa für einen gestohlenen Rembrandt zwei Millionen zahlen muß – die das Bild dann doch nicht ersetzen –, ist sie meistens bereit, das verschwundene Bild an einem verschwiegenen Ort gegen Zahlung von ein paar hunderttausend Mark in Empfang zu nehmen und die Polizei aus dem Spiel zu lassen. Auf diese Weise sind im letzten Jahr Bilder von Rembrandt, Cézanne, Renoir, Picasso – insgesamt Kunstwerke im Werte von etwa 30 Millionen Mark – verschwunden und wieder aufgetaucht.
Was aber die »Madonna im Rosenkranz« von Tilman Riemenschneider aus der Wallfahrtskirche von Volkach angeht, so haben weder die Kirchenräuber noch wir von dieser Methode etwas zu erhoffen, denn – keines der gestohlenen Bildwerke war überhaupt versichert!
Wir wollen hier nicht untersuchen, ob das ein Versäumnis ist und wen die Schuld daran trifft. Eine Versicherungssumme, und wäre sie noch so hoch, könnte man ohnehin nicht über den Altar hängen. Viel schlimmer als die mangelnde Versicherung ist die mangelnde Sicherung – die Täter brauchten die Bildwerke nur vom Wandhaken zu nehmen. Und der 71jährige Mesner Jäcklein wohnt zwar neben der Kirche, aber was sollte er ausrichten, er hat weder eine Alarmklingel noch ein Telefon nach dem anderthalb Kilometer entfernten Volkach. Und der nächste Landpolizeiposten ist in Gerolzhofen, zehn Kilometer weit.
Das also ist die Lage: So leicht den Kirchenräubern in den Weingärten von Volkach ihre Tat gemacht wurde, so aussichtslos ist für sie jeder Versuch, den Raub zu Geld zu machen. Kein Käufer kauft, keine Versicherung zahlt.
Das Netz der polizeilichen Fahndung aber wird sich immer dichter zusammenziehen. Denn eine zentnerschwere Figur, 2,80 Meter hoch und 1,90 Meter breit, läßt sich nicht verstecken wie eine seltene Briefmarke oder wie ein gestohlener Brillant.
Und damit wächst die Gefahr von Tag zu Tag. Die Gefahr, daß die Täter – wenn sie die Sinnlosigkeit ihres Raubes erkennen oder sich von der Polizei in die Enge getrieben fühlen –, daß sie dann noch rasch versuchen, das Bildwerk aus dem Wege zu räumen. Daß sie es zersägen, verstümmeln. Daß sie es verbrennen.
So ist die paradoxe Wahrheit: Je unsinniger die Tat, je näher die Entdeckung der Täter, desto wahrscheinlicher wird es, daß wir das innige Antlitz der Madonna im Rosenkranz nie mehr sehen werden.
Als ob wir nicht schon genug Kunstwerke durch den Krieg verloren hätten! Wo sind sie geblieben, die »Schönen Madonnen« Schlesiens? Hat nicht der Brand der Bombennächte zur Genüge unsere alten Städte zerfressen und unsere Kirchen geschändet? Und nun sollten wir ein paar Diebe zu fangen suchen, auf die Gefahr hin, daß dabei die unwiederbringliche Schönheit dieses Madonnengesichtes zerstört wird?
Ich meine, das sollte verhindert werden, auch wenn die Polizei dabei leer ausgeht. Deshalb haben wir uns entschlossen, für die Rückgabe der Riemenschneider-Madonna, und sei sie auch beschädigt, die Summe von 100 000 DM auszusetzen.
Der STERN wird diese hunderttausend Mark ohne Ansehen der Person demjenigen aushändigen, der uns in die Lage versetzt, die »Madonna im Rosenkranz« der Gemeinde Volkach zurückzugeben. Wir sichern den Tätern oder ihren Mittelsleuten absolute Verschwiegenheit zu. Wir werden es zu verhindern wissen, daß die Polizei sich in diesen ernsthaften Versuch der Wiederbeschaffung einer der schönsten spätgotischen Bildschnitzereien einschaltet.
Ich weiß, man wird mir vorhalten, daß damit ein Verbrechen belohnt werde.

Aber ich wiederhole es: Moralische Vorhaltungen bringen die unersetzlichen Kunstwerke nicht wieder zum Vorschein. Und polizeilicher Eifer mag die Täter einkreisen, aber er gefährdet das Werk.
Der zweite Vorwurf wird lauten, daß wir damit weitere Kunstdiebstähle geradezu provozieren. Ich sehe auch diesem Vorwurf mit Ruhe entgegen und gebe ihn an jene Besitzer von Kunstwerken weiter, die nun immer noch nicht begriffen haben, was die Stunde geschlagen hat. Wer künftig keine ausreichenden Sicherheitsvorkehrungen trifft, hat sich den Verlust selber zuzuschreiben.

Noch einmal: Die Kirchenräuber von Volkach haben mein Wort, daß wir sie der Polizei nicht verraten werden. Sie sind intelligent genug, um zu wissen, daß ich es mir nicht leisten kann, dieses vor der Öffentlichkeit gegebene Wort zu brechen. Sie mögen mich auf einer unserer verschiedenen Leitungen anrufen, sie mögen mir ins Pressehaus nach Hamburg schreiben oder sich an einen Geistlichen oder an einen Rechtsanwalt wenden, die gegenüber der Polizei nicht zur Auskunftserteilung gezwungen werden können. Sie mögen mich besuchen oder Vermittler schicken, die ihren Auftrag glaubhaft nachweisen können.
Ich wiederhole mein Wort: Sie können mit hunderttausend baren D-Mark ins Dunkel der Anonymität zurücktreten, wenn sie uns oder der Pfarrgemeinde Volkach oder dem Mainfränkischen Museum in Würzburg die »Madonna im Rosenkranz« zurückgegeben haben.

4. September 1962

Ballonfahrt mit Hindernissen

Ums Haar hätte ich in dieser Woche einen Nachruf zu schreiben gehabt. An dem Haar hing das Leben unseres Reporters Dieter Heggemann, 37, und mit ihm hing daran der Brüsseler Kaufmann und Ballon-Hobbyist Albert Vanden Bemden, 44.
Zwar handelte es sich, wenn man genau sein will, um nicht weniger als sechzehn Haare, von denen jedes die Dicke eines mittleren Schiffstaues hatte – aber was helfen die einem schon, wenn sie allesamt auf und nieder und hin und her über den scharfen Grat eines Felsens scheuern, und wenn das Ganze sich in 3000 Meter Höhe abspielt. Aber lassen Sie uns die Geschichte chronologisch betrachten.
Dieter Heggemann ist einer von den Reportern, in denen das Jagdfieber erst erwacht, wenn die Sache gefährlich wird. Von ihm stammen die aufregendsten Bilder der Hamburger Sturmflut, auf brechenden Deichen fotografiert. Wenn irgendwo Tunnels gesprengt, Brückenpfeiler auf dem Meeresboden gegründet oder Düsenjäger in der Luft mit Sprit versorgt werden, ist Heggemanns Kamera dabei. Übrigens war er es, der fast ein Jahr vor der offiziellen Premiere den VW 1500 auf der geheimgehaltenen Versuchsbahn abschoß.
Aber als er mit der Idee kam, an einem Ballonflug über die Alpen teilzunehmen, da war ich eigentlich dagegen. Ballonfahrer erinnern mich immer an Turnvater Jahn, ich weiß nicht warum, aber ich stelle sie mir mit Pumphosen, Vollbärten und, eben, mit Ballonmützen vor. Ein altmodischer Sport im Zeitalter der Rakete. Und die Alpen – was soll's, jeder Fluggast der Lufthansa, der Swissair oder der Alitalia hat sie schon von oben gesehen, wenn er von Frankfurt nach Mailand oder von München nach Zürich geflogen ist. Sollte man ein paar Luftaufnahmen mehr machen?
Ich hatte nicht mit Heggemanns Hartnäckigkeit gerechnet und nicht mit dem Kameratrick, mit dem er seinen Flug sel-

ber fotografieren wollte. Und natürlich hatte ich auch mit dem Absturz nicht gerechnet, der uns zwei Tage um sein Leben fürchten ließ, bis er gesund, wenn auch humpelnd, wieder in unsere Mitte trat. Aber nun soll er selbst erzählen:
Die Angst begann am Abend vor dem Start. Als ich noch einmal auf die Festwiese in Mürren ging, sah ich mir den Ballonkorb an. Er war ein Meter breit, ein Meter lang und ein Meter hoch. Und in diesem Ding sollten zwei erwachsene Menschen in 4000 Meter Höhe freihändig stehen!

Am nächsten Morgen wurden 940 Kubikmeter Wasserstoff in unseren Ballon gefüllt. Ich stand daneben und lutschte Pfefferminzbonbons. Rauchen war mir streng verboten. Ich mußte sogar meinen elektrischen Belichtungsmesser zu Hause lassen, weil Wasserstoff so hochexplosiv ist und der kleinste Funke zur Katastrophe führen kann.

Das alles hatte ich ganz schnell vergessen, als ich mit Albert, dem belgischen Piloten, im Ballonkorb stand und senkrecht in die Höhe getragen wurde. Wir schütteten den jubelnden Menschen auf der Festwiese noch zwei Säcke voll Sand auf die Köpfe und wurden schnell vom Wind nach Südosten über Jungfrau und Mönch hinweg getragen. 4000 Meter hoch, 5200 Meter. Es war das Schönste, was ich je erlebt habe.
Ich hatte am Abend vorher mit Albert Freundschaft geschlossen und dabei ziemlich viel getrunken. Und nun stand ich im Ballon. Wie gesagt, ich hatte viel getrunken. Was sollte ich jetzt machen? Der Bordrand war nur einen Meter hoch. Und als ich es getan hatte, rief Albert: »Zwanzig Meter sind wir eben gestiegen. In dieser Höhe machen jede zehn Gramm etwas aus.«

Und dann passierte es: Der Berg war 30 Meter höher, als unser Ballon flog. Unser Höhenmesser zeigte knapp 3000 Meter. Ich wollte den Zusammenstoß mit dem Berg noch schnell fotografieren, aber Albert schlug mir gerade noch die Kamera aus der Hand und schrie: »Beine raus!« Wir streckten unsere Beine über den Korbrand und versuchten, den harten Anprall gegen die Wand abzufangen. Unsere Beine knickten ein. Von oben regnete es Felsbrocken, die der Ballon von der Felswand schrammte. Dann bekamen wir wieder Auftrieb, und der Ballon raspelte an der Felswand hoch, glitt über den Grat hinweg auf die andere Seite des Berges. Und dort ging es wieder abwärts wie mit einem Fahrstuhl. Wir trieben auf einen steilen Hang zu, der Korb schlug auf, und wir flogen im hohen Bogen zwischen die Felsen. Wir waren in Italien. Der Ballon hauchte sein letztes Wasserstoffgas aus.

Das erste, was meine Sinne wahrnahmen, war der durchdringende Geruch von Kirschwasser. Meine Schnapsflasche war zersplittert, und das kostbare Kirschwasser tränkte nun ein einsames Edelweiß. Ich pflückte es ab und steckte es an meine Jacke. Von 20 Meter weiter unten hörte ich Albert rufen: »Bist du verwundet?« Mir tat zwar alles weh, aber meine Knochen waren noch heil. Auch Albert war nichts passiert. In 200 Meter Umkreis suchten wir unsere Sachen zusammen. Meine Kameras waren zerschlagen. Alberts Meßinstrumente sahen nicht besser aus. Aber eine Gewißheit hatten wir: Das Ziel war erreicht, die Alpen hatten wir überquert.

Als ich sechs Stunden später weiter unten in einer Baracke auf die Bergungskolonne wartete, tönten aus dem Radio italienische Nachrichten. Die Arbeiter hörten gespannt zu. Immer wieder kam das Wort »Ballone« vor, und mit einemmal fielen mir die Arbeiter um den Hals. »Non é morte, non é morte, va bene!« In den Nachrichten waren Albert und ich für tot erklärt worden. Dabei hatte ich mir bei dem Aufprall nur Fuß und Knie gestaucht.

Für den Zoll hatte unsere Alpenüberquerung weit größere Probleme aufgeworfen: In der Schweiz waren wir gestartet, der Ballon gehörte einem Franzosen, Besatzung waren ein Belgier und ein Deutscher, die Kameras stammten aus der Bundesrepublik, Österreich und der Sowjetzone – und das alles zusammen lag jetzt auf italienischem Hoheitsgebiet. Das Einfachste war: erst einmal alles be-

schlagnahmen. Die Gendarmen griffen sofort nach meinen Filmen. – Sie werden sich beim Entwickeln gewundert haben, wie wenig darauf zu sehen ist. Es waren meine unbelichteten Reservefilme. Die Aufnahmen vom Flug über die Alpen trug ich in meiner Wattejacke.
Soweit Dieter Heggemann.
Alles weitere erzählen seine Fotos auf den nächsten Seiten.

30. September 1962

STERN stiftet »Deutschen Erzählerpreis«

Die Buchmesse in Frankfurt hat ihre Tore geschlossen, und der Büchermarkt in der Bundesrepublik ist um annähernd fünfundzwanzigtausend Neuerscheinungen reicher. Welche Lust – so sollte man meinen –, welche Lust, Verleger zu sein oder Buchhändler oder etwa Romanredakteur des STERN. Greift nur hinein ins volle Menschenleben, und wo ihr's packt, da ist es interessant.

Aber ach, die Zeiten Goethes, in denen das »volle Menschenleben« noch den Dichtern Stoff für ihre Werke gab, sind lange vorbei.

Hörte man in Frankfurt auf den Messeständen und abends in den Hotelhallen den Gesprächen der Literaturmanager zu, dann mochte man zwar das Gefühl haben, auf einen orientalischen Teppichbasar geraten zu sein. Da war weniger von Literatur die Rede als von Auftragsproduktion, Buchgemeinschaftsausgaben, Fernsehrechten und anderen kommerziellen Auswertungsmöglichkeiten. Geriet man aber unter die Schriftsteller und Kritiker, dann konnte man dagegen meinen, es gäbe bei uns keinen Romancier mehr, dem das »volle Menschenleben« auch nur im geringsten erzählenswert erschiene. Der erzählende Roman sei nun wirklich gestorben, hieß allenthalben die Devise.

Geschichten erzählen sei eine unmoderne Sache geworden, sagte man uns. Handlung sei unliterarisch. Das Berichten komme den Reportern zu, nicht den Schriftstellern. Und die »Fabel« habe im modernen Roman nichts mehr zu suchen. Die Sprache aber dürfe nicht länger der Mitteilung dienen, sondern dem geistigen Abenteuer. Wer gar von einem Roman Spannung erwarte, wer mit den Figuren wie mit lebendigen Menschen umgehen wolle, der möge doch gefälligst zur Illustrierten greifen.

Nun, wir machen jede Woche eine Illustrierte für mehr als zehn Millionen Leser. Nahezu sieben Millionen davon warten auf den Dienstag, um die Fortsetzung des Romans zu lesen.

Was sind das für Menschen? Sind sie anspruchsloser als Tageszeitungsleser und Bücherkäufer, oder sind sie intelligenter? Sind sie jünger, älter, liberaler oder konservativer?

Nichts von alledem. Die Meinungsforscher, denen wir die oben genannten Zahlen verdanken, geben uns auch über die Zusammensetzung unseres Leserkreises Auskunft. Sie sagen, daß sich die Leser des STERN nicht anders verhalten als die oberen zwei Drittel des Bildungs-Querschnitts unserer Bevölkerung. Das sind die Tageszeitungsleser, die nicht allein mit dem Heimatblatt vorliebnehmen. Das sind die Buchleser, die im Roman weniger die Erfüllung einer literarischen Theorie suchen als eben das von Goethe gepriesene »volle Menschenleben«, das der Schriftsteller mit seiner Erzählkunst in ihnen vollzieht.

Sie mögen, lieber STERN-Leser, nun selber entscheiden, ob Sie sich in diesem von den Demoskopen gezeichneten Bildnis wiedererkennen. Die Ansprüche, die Sie demnach an die Literatur stellen, sind weder unbillig, noch brauchen Sie sich ihrer zu schämen. Wer sagt

denn, daß das Abenteuer des Menschenlebens kein geistiges Abenteuer sei? Jedenfalls geschieht es in Ihrem Interesse, wenn der STERN in diesem Jahr einen Preis ausschreibt, der als »Deutscher Erzählerpreis« erstmalig zur Buchmesse des nächsten Jahres verteilt werden soll. Und es geschieht, wie wir glauben, auch für unsere Literatur. Denn wenn die Kunst des Erzählens stürbe, hätte bald auch der Leser in dieser Literatur nichts mehr zu suchen.
Deshalb wollen wir es denen, die uns den Beweis erbringen, daß die Erzählkunst noch lebt, so fürstlich lohnen, wie es in unserer unfürstlichen Zeit eben möglich ist. Wir setzen aus:

1. Preis 50 000 DM
2. Preis 20 000 DM
3. Preis 10 000 DM

Bei unserer Suche wird uns eine vom STERN unabhängige Jury helfen. Ihr gehören an:
DR. JOACHIM KAISER,
Redakteur, München
DR. ERICH KÄSTNER,
Schriftsteller, München
PROFESSOR DR. WALTHER KILLY,
Ordinarius für Germanistik, Göttingen
DR. RUDOLF WALTER LEONHARDT,
Redakteur, Hamburg
PROFESSOR LUDWIG MARCUSE,
Literaturkritiker, Tegernsee
MARCEL REICH-RANICKI,
Literaturkritiker, Hamburg
PROFESSOR DR. KARL LUDWIG SCHNEIDER,
Ordinarius für Germanistik, Hamburg

Es spielt übrigens keine Rolle, ob der Autor unter seinem Namen schreibt oder unter einem Pseudonym, ob er selbst seine eigene Arbeit einschickt, oder ob ein Verleger ein ihm anvertrautes Manuskript zum Wettbewerb stellt. Wichtig allein ist, daß es überhaupt noch Romane aus dem Deutschland von 1962 gibt. Und zwar Romane, die nicht nur für Intellektuelle geschrieben, die nicht nur gekauft, sondern auch gelesen werden.
Dabei sollte der Autor bedenken, daß nicht jeder Roman das Zerschneiden in Wochenrationen verträgt. Wer ein Buch liest, kann zurückblättern, kann sich zurechtsuchen, selbst in einer vielschichtigen Handlung. Wer eine Fortsetzung in der Hand hat, hat nichts als diese – und die bisher erzählte Geschichte, soweit sie ihm so eindringlich geschildert wurde, daß er sich ihrer »bewußt inne ist«. Viele Personen, dauerndes Umschalten von einer Figur zur anderen, von einem Schauplatz zum anderen, tut einem »Fortsetzungsroman« nicht gut.
Im übrigen wäre es ein Irrtum zu glauben, daß es den »Illustriertenroman« als Gattung gäbe. Wie es ein Irrtum ist, jedem Roman literarischen Rang zuzuerkennen, der nur wegen seiner ereignisarmen Langeweile oder seiner unterkühlten Gefühlsverfremdung in keine Illustrierte paßt. Balzac und Dickens hätten für den STERN geschrieben, wenn es ihn damals schon gegeben hätte. Fallada, Feuchtwanger und Zweig würden wir jeden Tag drucken – wenn wir nicht die Hoffnung hätten, die Erzähler unserer unmittelbaren Gegenwart zu entdecken.

11. November 1962

In Sachen »Spiegel«

Während dieses Heft zum Druck geht, hat die gegen den »Spiegel« angelaufene Polizeiaktion zwar Verwirrung in den Köpfen einiger Politiker und Literaten ausgelöst, auch beginnt man in den Spalten der Tagespresse fleißig über die Bedrohung der Pressefreiheit zu räsonieren – aber bis zur Stunde weiß niemand, ob die Veröffentlichung über das Manöver »Fallex 62« wirklich den Tatbestand des Landesverrats erfüllte oder

nicht. Das zu beurteilen wird Angelegenheit des Bundesgerichtshofes sein.
Eines aber ist seit vielen Monaten klar, nur hatten es die meisten der nun plötzlich erschreckten Politiker und Pressefunktionäre bis dato vornehmlich dem »Spiegel« überlassen, diese Wahrheit auszusprechen: In einer durch Tradition gefestigten Demokratie wäre ein Franz Josef Strauß schon lange kein Minister mehr. Ein Mann,

- der in sinnlos betrunkenem Zustand andere Politiker bedroht und der sich am nächsten Morgen an sein dummes Geschwätz nicht mehr erinnern kann,
- der sich auf einer Dienstreise zu einem NATO-Partner von einem international berüchtigten Hochstapler begleiten läßt,
- der es offenbar nicht wagen kann, gegen die verleumderischen Andeutungen des Passauer Verlegers Kapfinger zu klagen, der sich im Gegenteil von diesem ehemaligen Spezi als »Metzgerburschen« betiteln lassen muß,
- ein Minister schließlich, unter dessen Amtsführung persönliche Bekannte ohne fachliche Qualifikation zu reichen Leuten wurden,

einen solchen Mann hätte eine gesunde Demokratie einfach abgestoßen, wie ein gesunder Körper einen verfaulten Blinddarm abstößt. Da braucht man erst gar nicht an den Fall des britischen Landwirtschaftsministers Dugdale zu erinnern, der zurücktrat, weil ein untergeordneter Beamter sich ohne Wissen des Ministers unkorrekt verhalten hatte. »Es geschah in meinem Amtsbereich«, sagte der Minister, »als letzter Verantwortlicher habe ich die Konsequenzen zu ziehen.«
Nicht so in der Bundesrepublik. Was muß da alles passieren, bis einem Minister etwas passiert! Hätte es noch eines Beweises für die Unsicherheit unserer Demokratie und für den mangelnden politischen Instinkt unserer öffentlichen Meinung bedurft – solange Herr Strauß im Amt ist, kann dieser Beweis als erbracht gelten.
Nun gibt es aber nach den Erkenntnissen der Medizin gegen viele Krankheiten kein besseres Mittel als ein reinigendes Fieber. Einem solchen Fieber käme die Empörung der öffentlichen Meinung gleich. Eine Empörung, die das Parlament zwingen würde, sich eines Ministers zu entledigen, der sich von übelriechendem Verdacht nicht selbst befreien kann.
Aber nun errege mal einer ein Fieber in der Bundesrepublik. Dieser Staat, als Provisorium gemeint, aber sich täglich als Perfektum gebärdend, ist noch immer vom Bazillus des Obrigkeitsdenkens durchseucht. Seine Bürger sind politisch gleichgültig, lassen sich ihr Gewissen gern von der Staatsmacht ersetzen, und bei ihnen gelten Alter und Stärke ohne Frage mehr als Weisheit.
In jedem anderen Land – die kommunistischen Staaten und Franco-Spanien ausgenommen – hätte die Aufdeckung der FIBAG-Affäre zu einem Entrüstungssturm geführt, vor dem sich kein Minister auf seinem Posten hätte halten können.
Was aber geschah bei uns?
Als die CDU ihren freidemokratischen Koalitionsfreunden ganz unverblümt mit einer Änderung des Parteienfinanzierungsgesetzes drohte, da beeilte sich Erich Mendes FDP, besorgt um ihre Parteikasse, dem FIBAG-Bericht zuzustimmen, in dem die Weste des Herrn Strauß gewaschen und die Kontrollfunktion des Parlaments verraten wurde.
In jedem anderen Land hätte der Bericht über den »Onkel Aloys«, der sich an Rüstungsgeschäften bereicherte, zum sofortigen Rücktritt des Verteidigungsministers geführt. Zumindest hätten am Morgen nach der Aufdeckung dieses Skandals die Zeitungen kein wichtigeres Thema gehabt.
Nicht so bei uns.
So indolent, so krank ist unsere Demokratie, daß sie kaum über eine funktionierende Opposition verfügt. Die eigentlich dazu berufene SPD hat mehr als einmal gezeigt, daß sie nach der Methode »Haust du meinen Juden, hau ich deinen Juden« leicht einzuschüchtern ist. Auch wenn dieser »Jude« bei der CDU makabrerweise Globke heißt.
So hat denn das Versagen der parlamentarischen Oppostion und das Fehlen einer oppositionellen Presse von einigem Format dem »Spiegel« die Rolle des professionellen Opponenten geradezu aufgedrängt. Und wenn die Kritiker des Nachrichtenmagazins manchmal den

Eindruck haben, seine Artikel seien mit der Giftspritze geschrieben – so giftig wird man eben in einsamer Wächterfunktion gegenüber einem indolenten Apparat. Der »Spiegel« eine Giftspritze? Nun, akuten Vergiftungserscheinungen pflegt man seit jeher mit Gegengiften zu Leibe zu gehen.
Aber weder gegen das FIBAG-Gift noch gegen die stinkende Geschichte des Onkel Aloys hat die Gegengiftspritze des »Spiegel« gewirkt. Wie man dem Hitler bei aller gebotenen Verachtung doch den Bau der Autobahnen zum Verdienst rechnet, so mußte man dem Strauß zugute halten, daß er immerhin ein tüchtiger Verteidigungsminister sei.
Nun hat der »Spiegel« mit seiner Veröffentlichung über »Fallex 62« auch diesen Ruhm zerstört. War es am Ende Landesverrat, zu enthüllen, daß die Organisation der Bundeswehr durchaus noch kein Ruhmesblatt für den Verteidigungsminister ist? Oder sollte der »Spiegel« sich wirklich in der Wahl seiner Mittel vergriffen und dabei Dinge an die Öffentlichkeit gebracht haben, die im Interesse unserer Sicherheit besser in einen Panzerschrank gehörten?
Wer immer diese Frage untersucht, sollte die Beweggründe des »Spiegel« in Betracht ziehen. Rudolf Augstein und seine Redakteure sind keine Landesverräter, die gegen Geld oder aus Dummheit militärische Geheimnisse an den Gegner verraten. Sie wollten die Bevölkerung der Bundesrepublik gegen einen Mann alarmieren, dessen politischen Ehrgeiz sie mit Recht für ein deutsches Unglück halten.
Noch vor kurzem sprach man in Bonn von Erhard als dem »Übergangskanzler« und Franz Josef Strauß als dem eigentlichen kommenden Mann. Als ob einer, der sich im Suff nicht zu beherrschen weiß, auf dem Posten des Verteidigungsministers nicht schon gefährlich genug wäre.
Über die Methoden, mit denen die Polizeiaktion gegen den »Spiegel« ausgelöst wurde, herrscht zur Stunde noch Unklarheit. Noch sind keine Bundeswehroffiziere oder Bundestagsabgeordnete verhaftet worden, obwohl die Bundesanwaltschaft dem »Spiegel« die Bestechung von Geheimnisträgern schon öffentlich vorwirft. Noch widersprechen einander die Angaben der Bundesanwaltschaft, des Bundesverteidigungs- und des Bundesjustizministeriums in wesentlichen Punkten. Noch ist nicht klar, ob hier ein ausgesprochenes »Gefälligkeitsabkommen« zwischen dem Bundesverteidigungsminister und einer Strafverfolgungsbehörde wirksam wurde.
Was ein militärisches Geheimnis ist, sagt das Gesetz nicht im einzelnen. Nach gängiger Rechtsübung wird dazu das Bundesverteidigungsministerium gutachtlich gehört. Die Richter des Bundesgerichtshofes werden sich darüber klar sein müssen, daß hier der neuralgische Punkt des ganzen Verfahrens liegt.
Wenn am Ende Franz Josef Strauß bestimmte, ob der »Spiegel« Landesverrat begangen hat oder nicht, dann wäre das ein bedrohlicherer Schlag gegen die Rechtsstaatlichkeit und damit gegen den Bestand der Bundesrepublik, als es die Preisgabe einer offensichtlich unzureichenden Verteidigungskonzeption sein könnte. Denn was gäbe es noch zu verteidigen, wenn die Unabhängigkeit des Rechts erst einmal dahin wäre.

9. Dezember 1962

Strauß versucht sich zu wehren

Franz Josef Strauß hat mir eine Erklärung zugeschickt und einen drei Seiten langen Brief geschrieben. Brief und Erklärung befassen sich mit meinem Artikel zur »Spiegel«-Affäre und mit der Kolumne, in der Sibylle meinte, »ein Minister sollte ein Herr sein oder sich wenigstens wie einer benehmen«. Dazu erklärt Herr Strauß:
»1. Es ist unrichtig, daß ich anläßlich eines Empfanges auf Schloß Brühl am 24. Oktober 1962 infolge des Genusses alko-

holischer Getränke aktionsunfähig und meiner Sinne nicht mehr mächtig gewesen bin.

Richtig ist vielmehr, daß ich mich infolge der mit der Kuba-Krise verbundenen Überarbeitung in einem Zustand der Übermüdung und allgemeinen physischen Überlastung befand, die in Verbindung mit der nervlichen Hochspannung der letzten Monate sowie mit den Folgen eines seit mehreren Jahren in ärztlicher Behandlung stehenden Kriegsleidens zu einem Augenblick der physischen Schwäche nach Verlassen des Empfangs führte. Dies hat mich allerdings nicht daran gehindert, während des ganzen Abends mit einer Reihe von politischen Persönlichkeiten der verschiedenen Richtungen eine intensive Unterhaltung zu führen, deren ich mich mit größter Aufmerksamkeit und Konzentration widmete.

2. Unrichtig ist ferner, daß ich an diesem Abend Partei-Gegner ›beschimpft und bedroht‹ hätte.

Richtig ist dagegen, daß ich, wie auch andere Teilnehmer des Gespräches an meinem Tisch, eine leidenschaftliche Debatte über aktuelle politische Fragen geführt habe. Dabei habe ich die Methoden der gegen mich seit Jahren laufenden Diffamierungskampagne dargestellt und an Hand von Beispielen erörtert, wie es aussehen würde und wohin der politische Kampf entarten würde, wenn wir alle Gerüchte und Berichte über politische Gegner in gleicher Weise verwenden würden, wie das mir gegenüber laufend geschieht. Dies konnte bedenkenfrei geschehen, weil es jahrelanger Übung entsprach, an solchen parlamentarischen Abenden offenherzig zu diskutieren in der Gewißheit, daß über Inhalt und Art der Gespräche Diskretion gewahrt werden würde. Gerade dies war und ist Sinn und Zweck der schon von Bundespräsident Heuss eingeführten parlamentarischen Abende.

3. Unrichtig ist schließlich, daß ich ›zehn Tage lang das Parlament zum Narren gehalten und aus einer Lüge in die andere gestolpert bin‹.

Ich habe vielmehr in der ›Spiegel‹-Affaire von Beginn an den Standpunkt vertreten, daß der Ablauf der Ereignisse und wesentliche Einzelheiten aus ihm nur in einem Gesamtbericht der Regierung dargestellt werden können, weil es sich einerseits um einen geheimen Staatsvorgang handelt, andrerseits die Prüfung von Einzelheiten längere Zeit beansprucht. Der Herr Bundeskanzler hat in der Zwischenzeit selbst angeordnet, daß die beteiligten Ministerien einen Gesamtbericht für die Regierung zu erstellen haben und daß bis dahin keine weitere Auskunftserteilung über Einzelheiten erfolgen darf.

Eine Rechtspflicht zur Auskunftserteilung besteht für die Regierung weder gegenüber dem Parlament, noch gegenüber der Öffentlichkeit, besonders weil hier die Gefahr des Eingriffs in ein schwebendes Verfahren bestand und besteht. Es bleibt also der Regierung und ihren Mitgliedern, also auch mir, überlassen, wann sie den staatspolitisch richtigen Zeitpunkt für eine uneingeschränkte Aufklärung gegenüber Parlament und Öffentlichkeit für gegeben halten.«

Soweit die Erklärung, die der Bundesminister Strauß am 24. 11. in der Münchner Lazarettstraße 33 zu Papier brachte. Wer also künftig nach Empfängen einen Minister sucht und findet ihn im Garten, wo er sich unter den Büschen erbricht, der muß wissen, daß es sich dabei nicht um Trunkenheit, sondern um Schwäche handelt. Was muß in Franz Josef Strauß vorgegangen sein, daß er sich zu solchem Eingeständnis verstieg? Hat er, dessen dickes Fell bisher allen Anschuldigungen standhielt, die Ungeheuerlichkeit des Vorwurfs gespürt: Der Verteidigungsminister der Bundesrepublik betrunken in jener Nacht, in der die ersten sowjetischen Raketenschiffe auf die amerikanische Blockadeflotte zuliefen?

In seinem Brief an mich beklagt sich der Minister, daß ich seinen »politischen Standort« nicht mit sachlichen, sondern mit persönlichen Argumenten angegriffen hätte. Glaubt er denn, es könne einer über Politik schreiben, ohne sich mit der persönlichen Eignung und dem Charakter der Menschen zu befassen, welche diese Politik machen?

Den Charakter des Politikers Strauß kennzeichnet es, daß er sich auf einen »geheimen Staatsvorgang« beruft, um den Eindruck zu verwischen, er habe als Minister das Parlament und die Öffentlichkeit tagelang über die Umstände der »Spiegel«-Affäre belogen. Aber der Verächter des Parlaments und der Öffentlichkeit, als der er sich jetzt gibt, gehorchte durchaus nicht der Staatsräson und nicht dem Gebot des Kanzlers, als er im Bundestag jenes erbärmliche Lügenspektakel aufführte, gegenüber dem selbst 144 deutsche Professoren ihre Zurückhaltung aufgaben. Sie nannten es »eine Kette von Irreführungen, kurzlebigen Dementis und unwahren Beteuerungen«.

Woher sonst wohl hätten wir eine Regierungskrise gehabt, wenn nicht durch die persönliche Unwahrhaftigkeit des Ministers Strauß, der genau wußte, daß er sich gegen Recht und Gesetz eines demokratischen Staates vergangen hatte. Und der sich nicht scheute, für seine Verfehlung zwei schuldlose Staatssekretäre zu opfern.

Was nun aber den »staatspolitisch richtigen Zeitpunkt für eine uneingeschränkte Aufklärung gegenüber Parlament und Öffentlichkeit« angeht, so scheinen zumindest in diesem Punkt die verschiedenen Regierungsmitglieder verschiedener Meinung gewesen zu sein:

Bundesaußenminister Schröder entlarvte den Selbstverteidigungsminister in der Sitzung des Fraktionsvorstandes der CDU/CSU. Als Strauß die Behauptung wiederholte, der deutsche Militärattaché in Madrid, Oberst Achim Oster, habe gebeten, mit ihm verbunden zu werden, weil er nur die Stimme seines Ministers am Telefon identifizieren könne, da öffnete Gerhard Schröder sein Aktenköfferchen und entnahm ihm einen Bericht des Kanzlers der Deutschen Botschaft. Danach hatte Bundesverteidigungsminister Strauß von sich aus nachts in Madrid angerufen und nach der Privatnummer von Oberst Oster gefragt.

Dem Bundesjustizminister Stammberger schließlich blieb es vorbehalten, seinen Kabinettskollegen vollends zu entblößen: Niemand anders als Strauß habe »in der ganzen ›Spiegel‹-Affäre die Dinge bis ins letzte in der Hand gehabt«.

Und als dann Strauß in seiner Not verkündete, er habe immerhin den Kanzler unterrichtet, aber der habe ihm Schweigen geboten, da zögerte Konrad Adenauer keinen Augenblick, auch diese Darstellung als »unwahr und frei erfunden« zu bezeichnen.

Die Wahl in Bayern hat dem Franz Josef Strauß eine politische Galgenfrist verschafft. Die Entstalinisierung hat in Georgien, der Heimat Stalins, auch erst begonnen, nachdem in den aufgeklärten Provinzen des sowjetischen Reiches die Standbilder des Diktators längst gestürzt waren. Was den Georgiern zusteht, sollte es unseren bayerischen Mitbürgern nicht frommen? Ich finde, es hat etwas Rührendes, wie sie ihrem, an gelegentlichen Schwächeanfällen leidenden, starken Mann anhängen.

3. Februar 1963

Was hat Brandt bei Chruschtschow zu suchen?

Nun wissen wir also, was wir zu erwarten hätten, wenn Willy Brandt jemals Bundeskanzler würde. Dem zur Audienz bei Chruschtschow aufgepumpten Gummielefanten wurde die Luft abgelassen, noch ehe er den westöstlichen Porzellanladen betreten hatte.

Die Geschichte nimmt ihren Anfang in einer Kneipe am Kurfürstendamm. Dort sitzen am Mittag des 13. Januar zwei Biedermänner unerkannt hinter ihren Biergläsern und tuscheln. Obwohl einer der Herren ein Sekretär der Ostberliner Sowjetischen Botschaft ist, findet hier kein Landesverrat statt, vielmehr han-

delt es sich um einen Akt der großen Politik, denn der andere Gesprächsteilnehmer ist der Berliner Senatspressechef und politische Intimus des Regierenden Bürgermeisters, Herr Egon Bahr.
Es geht darum, daß Willy Brandt den zum Parteitag der SED anreisenden Chruschtschow hat wissen lassen, er möge nicht an der Mauer haltmachen, sondern sich in Westberlin über die Probleme der geteilten Stadt informieren. Nun hat der Ministerpräsident der UdSSR diesen Ball aufgefangen und gibt ihn zurück. Wie wäre es denn, fragt der beauftragte Sowjetmensch den Egon Bahr, wenn der Herr Regierende Bürgermeister zu einem Gespräch mit dem Herrn Ministerpräsidenten in das Gästehaus der Deutschen Demokratischen Republik käme.
Herr Bahr fragt seinen Regierenden, wie es denn wäre, der fragt die alliierten Stadtkommandanten, wie es denn wäre, die wiederum fragen ihre Missionschefs, und derweilen konsultiert Herr Brandt den Bundeskanzler in Bonn und den Parteivorstand der SPD dortselbst. Und nachdem alle zwar nichts dafür, aber auch nichts dagegen haben, sagt er zu, am Donnerstagabend um 20 Uhr bei Nikita Sergejewitsch zu erscheinen.
Was mag der Politiker Willy Brandt von einem solchen Gespräch erwartet haben? Glaubte er bei einem Manne Verständnis zu finden, der den 13. August »einen glücklichen Tag des Sozialismus« nannte?
Wollte er das Herz eines Mannes erweichen, der die Auseinanderreißung zahlloser Familien mit der zynischen Bemerkung abtat, »daß sich die Völker jetzt nicht so sehr nach der Familienzusammengehörigkeit als nach der Ideologie unterscheiden«?
Was wollte Herr Brandt mit einem Mann besprechen, der die deutsche Gegenwart mit dem russischen Bürgerkrieg gleichsetzt, »nur daß wir diese Zeit seit 40 Jahren hinter uns haben, während ihr in dieser Etappe noch mitten drinsteckt«?
Glaubte Willy Brandt im Ernst, er könnte einen Mann umstimmen, der noch an jedem Tage die Parole ausgab, das wiedervereinte Deutschland würde »ein einheitliches kommunistisches Deutschland« sein?
Sie wissen, lieber STERN-Leser, daß ich nicht zu den kalten Kriegern gehöre. Ich bin für Verhandlungen, für konkrete harte Geschäfte, in denen etwas angeboten und etwas gefordert wird.
Aber was hatte der Berliner Bürgermeister denn anzubieten? Die Außenpolitik Berlins wird durch den Bund besorgt. Willy Brandt hatte nichts vorzubringen als seine eigene unverbindliche Meinung. Solche unverbindlichen Gespräche aber konnten nur dazu dienen, das Parteitagsprogramm der SED zu bereichern und das Prestige des Herrn Chruschtschow zu erhöhen.
Hätte der Senat den sowjetischen Ministerpräsidenten nach Westberlin eingeladen, hätte er ihm zugesichert, daß er mit den Ehren empfangen würde, die dem Regierungschef einer der vier für Berlin verantwortlichen Großmächte zustehen – nichts wäre dagegen einzuwenden gewesen. Und wenn Chruschtschow abgelehnt hätte, so wäre der Schwarze Peter in seiner Hand geblieben. Wer es ablehnt, sich zu informieren, verliert das Recht zu urteilen.
Nun, Willy Brandt war anderer Meinung, und das soll ihm niemand verwehren. Seine Pflicht aber wäre es gewesen, nun auch nach dieser Überzeugung zu handeln.
Statt dessen ließ er sich am späten Donnerstagnachmittag von den bis dahin nicht unterrichteten CDU-Senatoren unter Führung des Bürgermeisters Amrehn ins Bockshorn jagen und sagte den für acht Uhr zugesagten Besuch viertel vor sieben Uhr wieder ab. Kein Wunder, daß dieses „Rin in die Kartoffeln – raus aus die Kartoffeln“ ihn zum Gespött des Ostberliner Parteitages werden ließ.
Doch damit nicht genug. Nachdem er vor der CDU-Minderheit kampflos kapituliert hatte, sprach Willy Brandt davon, er sei einfach einer politischen Erpressung erlegen. Er hätte doch nicht mit einer zerbrochenen Senatskoalition vor Chruschtschow hintreten können!
So endete die Springprozession des Berliner Regierenden Bürgermeisters zum Großen Khan der Kommunisten: Nachdem er jeweils einen Schritt vor und zwei zurückgegangen war, begann er zunächst am Tage nach dem abgesagten Rendezvous im Rundfunk über die verpaßte Ge-

legenheit zu lamentieren, wiederholte tags darauf im Fernsehen seine Bereitschaft zu einem Gespräch und ließ sich schließlich – als ihm Chruschtschow nun die kalte Schulter zeigte – vom Senat einen Generalablaß für seine mißglückten Bemühungen erteilen.
Das mag für den Berliner Wahlkampf noch einmal ausreichen, aber für den Posten des Bundeskanzlers dürfte sich der voreilige Zauderer Brandt nun disqualifiziert haben. Er gehört offenbar zu den Leuten, die zu viel Luft und zu wenig Atem haben.
Und dabei hatten wir einen neuen Kanzler noch nie so nötig wie eben jetzt, da Konrad Adenauer sich anschickt, Europas Erstgeburtsrecht für das Linsengericht einer Altmännerfreundschaft an Charles de Gaulle zu verkaufen.

14. Juli 1963

STERN-Aktion »fertighaus 63«

Es geht mir wie Ihnen, wir alle haben ein paar besondere Wünsche ans Leben, ein paar Träume – oft bleiben es ja nur Träume –, und bei den meisten gehört der Traum vom eigenen Haus dazu.
Da mögen Freunde kommen und uns sagen, es sei vernünftiger, in einer Mietwohnung zu wohnen, man sei unabhängiger, weil freizügig, man gerate mit Behörden nicht in Streit und könne alle Sorgen den professionellen Hauswirten überlassen, außerdem sei eine Mietwohnung viel wirtschaftlicher.
Die Freunde haben recht, aber seit wann sind Träume wirtschaftlichen Überlegungen unterworfen? Also baut man, sobald man kann.
»Wer baut, muß zweimal bauen«, sagt das Sprichwort und meint damit, man könne beim zweitenmal die Fehler vermeiden, die man beim erstenmal macht. Ich habe dieses erste Mal am eigenen Leibe erlebt, vielleicht kann ich den Baulustigen unter meinen Lesern einiges ersparen, wenn ich davon erzähle.
Zuerst kamen wieder die Freunde und sagten, ich möge den Kalkulationen der Architekten nicht vertrauen, sondern lieber gleich 50% Mehrkosten draufschlagen. Auch mit der Einhaltung des Fertigstellungstermins dürfe ich keinesfalls rechnen. Und wenn ich etwa auf den Gedanken kommen sollte, während der Bauzeit irgendein Detail zu ändern, etwa eine Tür zehn Zentimeter breiter zu machen oder die Badewanne um 180 Grad zu drehen, was eine Verlängerung des Abflußrohres um etwa zwei Meter bedingen würde – na, dann sollte ich mal sehen, wie sie mich drankriegen; für die zehn Zentimeter Tür und die zwei Meter Rohr würden sie mir an Arbeitsstunden, Überstunden und Zuschlägen so viel berechnen, daß man damit und aus dem zusätzlich in Rechnung gestellten Material leicht ein halbes Haus bauen könnte.

So nämlich laute die Rechnung der Bauunternehmer und der Architekten: Sie kalkulierten niedrig (aber was heißt bei den heutigen Baupreisen schon niedrig), um den Auftrag zu bekommen. Da die meisten Bauherren sich allein nach Plänen und Zeichnungen keine rechte Vorstellung vom fertigen Haus machen könnten, sei damit zu rechnen, daß sich nach Baubeginn doch noch eine Reihe von Änderungswünschen ergäben. Das mache in der Unternehmerkalkulation dann den Posten »Unvorhergesehenes« aus. Allein, nicht vorherzusehen sei dieser Posten nur von dem fälschlich als Bau»herr« bezeichneten Opfer einer sehr wohl vorhersehenden und vorausberechnenden Geschäftspolitik von Bauunternehmern und Architekten. Denn natürlich sei der Architekt nicht etwa der Sachwalter des Bauherrn, weil ja mit den steigenden Baukosten auch das prozentual davon abhängige Architektenhonorar steige.

Sie werden verstehen, daß Freunde mit solchen Redensarten einem auf die Nerven gehen können. Waren es Mißgunst und Neid, daß sie mir die Freude verderben wollten? Und für welchen Dummkopf hielten sie mich denn? Schließlich konnte man doch alles genau überlegen und großzügig vorausberechnen, und mit dem Architekten mußte man eben vorher Fraktur reden und nicht hinterher lamentieren.

»Lieber Herr Hoffenreich«, so begann ich also meine Ansprache an den Architekten (den Namen habe ich unwesentlich geändert, sonst bekäme der Mann keine Aufträge mehr und ich einen Schadensersatzprozeß), »lieber Herr Hoffenreich, ich möchte ein Haus bauen, in dem man wohnen kann. Das heißt: schalldichte Wände, schalldichte Decken, zugfreie Fenster, Türen, die schließen, Putz, der nicht nach einem Jahr von der Wand fällt . . . kurz: Nehmen Sie an Material das beste, wählen Sie handwerklich sorgfältigste Arbeit – dafür kann ich auf unnützen Luxus und modischen Schnokus gern verzichten.« Der Mann versprach es mir in die Hand, dann dachte er an seine Kalkulation.

Das erste, wobei ich ihn erwischte, war eine Deckenkonstruktion, von der ich wenige Tage zuvor in einer Bauzeitschrift gelesen hatte (ich las jetzt vornehmlich Bauzeitschriften), sie sei nur mit dem Resonanzboden einer Geige zu vergleichen. Jeder Schritt über einer solchen Decke halle durchs ganze Haus. Als ich Herrn Hoffenreich darauf verwies, meinte er, diese Decke sei sehr preisgünstig, aber wenn ich etwas mehr anlegen wollte . . . Ich legte das Eindreiviertelfache dessen an, was in der Kalkulation stand.

Solche Unterhaltungen wiederholten sich in jeder Woche. Als das Haus fast fertig war, zeigte mir Herr Hoffenreich einige Muster von Türdrückern zur Auswahl. »Dieser hier kostet 7 Mark, dieser 14,80 und dieser 21 Mark.« Als ich ihn fragte, welcher denn in der Kalkulation stünde, sah er mich leicht verwirrt an: Bei den Summen handelte es sich um die jeweiligen Mehrkosten. Den in der Bauausschreibung kalkulierten Türdrücker wollte mir Herr Hoffenreich erst gar nicht zeigen, »der wird Ihnen sicher nicht gefallen«, meinte er schamhaft. Und so ging es mit den Fenstergriffen und Wasserhähnen und mit tausend anderen Dingen, ach, was soll ich Ihnen viel erzählen, es genügt ja die Feststellung, daß die Endabrechnung des Bauvorhabens genau um 64,7% über der Vorauskalkulation lag.

Damals habe ich mir gesagt, warum bloß kann man ein Haus nicht wie ein Auto fertig kaufen, nachdem man es angesehen, untersucht, befühlt, beklopft und probegefahren hat?

Nun, man konnte schon. Es gab ja Fertighäuser, die schon in allen Zeitungen angepriesen wurden. Man hätte fragen können, wo ein solches Haus stand, hätte sich's ansehen können, und wenn man darin schon nicht »probewohnen« konnte, so würden einem sicher doch die Eigentümer und Bewohner eines solchen Hauses gern Auskunft geben.

Aber, ehrlich gesagt, da ging es mir wieder wie Ihnen, ich hatte gegen diese Fertighäuser einfach ein Vorurteil. Für mich hatten sie etwas von Baracken an sich, und wer je beim Arbeitsdienst, beim Militär oder gar nach dem Krieg in einem Lager war, der möchte solche Erinnerungen nicht gar so gern in seinen privaten vier Wänden konservieren.

Bis ich eines Tages in Wohldorf bei Hamburg in ein richtig zauberhaftes, modernes Bungalowhaus geriet, das mit den modernsten technischen Errungenschaften ausgestattet war und über eine Küche verfügte, die das Herz jeder Hausfrau höher schlagen ließ. »Schwedenhaus«, sagte der Hausherr lakonisch, »hab' ich bei einem Geschäftsfreund in Stockholm gesehen und mir dann nach Katalog gekauft.«

Natürlich hatte es mit den deutschen Baubehörden einigen Ärger gegeben, und um die Hypothek einer Bank zu bekommen, hatte der Hausherr erst das Gutachten einer Technischen Hochschule beibringen müssen, in dem ihm bescheinigt wurde, daß die Lebensdauer dieses Fertighauses nicht geringer sei als die eines herkömmlichen Steinhauses. Aber dann hatte er sein Schwedenhaus innerhalb von zwei Monaten stehen gehabt, lobte die Qualitäten der Wärmedämmung, die sich im letzten kalten Winter bewährt hatten, und als wir im

Zimmer der sechzehnjährigen Tochter den Plattenspieler auf volle Lautstärke gestellt hatten, die Tür schlossen und durchs Haus gingen, da konnte ich mich überzeugen, daß Schallschluckwände kein ungelöstes technisches Problem mehr sind.
Also schien das Fertighaus doch die Lösung aller Eigenheimprobleme zu sein. Was lag näher, als darüber im STERN eine Serie zu veröffentlichen.
Als ich meinen Plan in der Redaktionskonferenz zur Diskussion stellte, ergab sich, daß ich einen Fachmann unter meinen Mitarbeitern hatte. STERN-Reporter Gerhard Jäger dämpfte meinen Optimismus. Das Fertighaus sei bei uns in Deutschland durchaus noch in der Entwicklung, von etwa hundertfünfzig Firmen, die in den Zeitungen Fertighäuser anbieten, verfüge kaum ein Drittel über ausgereifte Baumuster, und nur wenige Firmen seien finanziell in der Lage, ausreichende Stückzahlen in genügender Variation aus genormten Elementen aufzulegen, um wirklich gegenüber der herkömmlichen Bauweise Vorteile zu bieten.
Aus der Diskussion in dieser Redaktionskonferenz entstand nach sorgfältiger Prüfung des deutschen Fertighausangebots die mit vielen Fotos, Hausansichten, Plänen und Grundrissen illustrierte Serie über Fertighäuser, die der STERN im letzten Jahr veröffentlichte. Der Erfolg war überwältigend: Tausende von Briefen, in denen nach Materialien, Herstellerfirmen, Preisen usw. gefragt wurde – zeitweise mußten wir ein eigenes Büro zur Beantwortung dieser Fragen einrichten. Kein Wunder, daß andere Blätter das Thema begierig aufgriffen.
Aber war damit den Lesern, die ihren Traum vom eigenen Haus verwirklichen wollten, nun auch gedient? Konnten sie aus Abbildungen und Beschreibungen erfahren, ob dieses oder jenes Haus sich für ihre speziellen Bedürfnisse eignete? Gab es denn in Deutschland oder anderswo keine Möglichkeit, viele verschiedene Fertighäuser an einem Platz zu sehen, hineinzugehen, Wände abzuklopfen, Türen und Fenster zu öffnen und zu schließen, die Küchen zu inspizieren, zu horchen, ob man den Schritt im Nebenzimmer oder das Lachen im Obergeschoß hört und festzustellen, ob diese Fertighäuser wirkliche Häuser oder doch nur getarnte Baracken sind?

Nein, es gab diese Möglichkeit nicht. Da war einmal eine Ausstellung gewesen mit ein paar Prototypen, die wieder abgerissen wurden. Niemand hatte die Bauausführung überwacht, niemand außer den Ausstellern wußte, wieviel die Ausstellungsstücke wirklich gekostet hatten. Niemand hatte diese Häuser wirklich durchfinanzieren müssen, und die Baubehörde hatte keine Einwände gehabt, denn diese Schauexemplare sollten ja an Ort und Stelle keinen Wohnzwecken dienen.

Die Idee, eine Probe aufs Exempel zu machen und eine richtige Siedlung von Fertighäusern hinzustellen, kam mir im Januar dieses Jahres. Der erste, der sie bei einem Besuch in der STERN-Redaktion aufgriff, war der Bundesminister für den Wohnungsbau Paul Lücke. Was dann geschah, ist ein Wunder an gutem Willen von seiten aller Behörden und ein Beweis für die Erkenntnis, daß der Kapazitätsverknappung auf dem Wohnungsbaumarkt nur mit neuzeitlichen Fabrikationsmethoden beizukommen ist.
Vierzig Häuser entstanden in achtzig Tagen. Sie stehen in einer städtebaulich und gärtnerisch durchdachten Siedlung, so daß sie trotz ihrer Verschiedenartigkeit ein organisches Ganzes bilden. Jedes dieser Häuser zeigt dem Interessenten sein Äußeres und sein Inneres, und keine Kalkulation bleibt unklar, kein »unvorhergesehener« Posten verborgen. Diese Häuser sind keine Ausstellungsstücke, sie sind gebaut, um bewohnt zu werden.

Und damit ist nicht nur die erste internationale Fertighaus-Ausstellung geschaffen, sondern es sind auch Normen gesetzt worden. Normen der Qualität und des Preises, der Lieferfähigkeit und Zuverlässigkeit der Herstellerfirmen, der Beleihbarkeit durch Banken und Hypothekenanstalten. *»fertighaus 63«* ist der Anfang einer Entwicklung, die es uns allen leichter machen wird, den Traum vom eigenen Haus zu verwirklichen.

Das »Unrecht« des Dr. Dohrn

Die Vorstellung, daß die deutsche Frau für den Kochtopf und fürs Kinderkriegen bestimmt sei, ist nun doch kein Monopol des Herrn Hitler geblieben. Der Generalstaatsanwalt und drei Richter im niedersächsischen Celle haben sich zumindest im zweiten Punkt dieser Meinung angeschlossen. Sie bemühten das in einigen Bundesländern immer noch geltende NS-Erbgesundheitsgesetz und dekretierten, daß eine Ehefrau, die sich ihrem Manne anders als nur zum Zweck des Kinderkriegens hingibt, dadurch eine »ungehemmte Genußsucht« bezeuge.

Folgendes ist geschehen:

Der Chefarzt des Krankenhauses Großburgwedel, Dr. Axel Dohrn, hat nicht länger untätig zusehen können, wie Frauen zu ihm kamen, die schon drei oder vier Kinder geboren hatten und nun in jedem Jahr von einer neuen Schwangerschaft heimgesucht wurden. Daß diese Überempfänglichkeit für viele Frauen kein Segen, sondern eine Heimsuchung ist, wird nur von lebensfremden Theoretikern bestritten.

Der Facharzt Dr. Dohrn weiß zudem, daß allein in der Bundesrepublik jährlich mehr als zwei Millionen Frauen durch Abtreibung der Leibesfrucht einen Ausweg aus dieser Zwangslage suchen. Und er weiß, wie lebensgefährlich solche Abtreibungen sind, zumal sie in den seltensten Fällen von ärztlicher Hand unter einwandfreien operativen Bedingungen vorgenommen werden. Dr. Dohrn kennt natürlich auch die neueren Versuche, durch sogenannte Anti-Baby-Pillen eine zeitlich begrenzte Sterilität der Frau zu erreichen. Er hält diese hormonale Umstimmung des weiblichen Körpers für medizinisch bedenklich. Und als Chirurg weiß er, daß man durch einen einfachen und ungefährlichen Eingriff die Eileiter der Frau unterbinden und damit weitere Schwangerschaften ausschließen kann. Allerdings: Eine solche Operation ist endgültig.

Dr. Dohrn entschließt sich dennoch zu diesem Weg. Aber bevor er operiert, versichert er sich der Zustimmung beider Ehepartner. Und damit die Zustimmung nicht leichtfertig gegeben und eines Tages bereut wird, nimmt er den Eingriff nur bei Frauen vor, die mindestens drei Kinder haben.

Dr. Dohrn macht kein Geschäft daraus. Die von ihm operierten Frauen sind vornehmlich Kassenpatientinnen. In fünfzehn Jahren seiner Tätigkeit bringt es der Großburgwedeler Chefarzt Dr. Dohrn kaum zu einem bescheidenen Wohlstand. Er tut auch nichts heimlich. Bei jeder Behandlung wird ordnungsgemäß ein Krankenblatt angelegt und der Operationsverlauf gewissenhaft eingetragen. Ein übelwollender Kollege geht eines Tages zur Staatsanwaltschaft und zeigt den Dr. Dohrn an, weil sein Tun ein Vergehen gegen das Erbgesundheitsgesetz und gegen den Paragraphen 226a des Strafgesetzbuches sei. Dieser Paragraph stellt jede Operation als simple »Körperverletzung« unter Strafe, wenn der Eingriff gegen die »guten Sitten« verstößt.

Was aber gute Sitten sind, darüber gibt es offenbar verschiedene Ansichten. Der Oberstaatsanwalt in Hannover jedenfalls stellt das Ermittlungsverfahren gegen Dr. Dohrn ein. Er vermag in dessen ärztlicher Tätigkeit keine strafbare Handlung zu erblicken.

Nicht so sein Vorgesetzter, der in Celle residierende Generalstaatsanwalt Rudolf Biermann, der es sich zur Aufgabe gestellt hat, »die Rudimente des Anstands im deutschen Volk wiederherzustellen«. Er übernimmt das Verfahren gegen Dr. Dohrn, will den Arzt anklagen und braucht denn auch mehrere Jahre, um die Anklageschrift fertigzustellen. So lange ist Dr. Dohrn ein geächteter Mann.

Kein Wunder, wird der Celler Generalstaatsanwalt sagen, denn Dr. Dohrn gab zwar in all den Jahren unumwunden zu, daß er die ihm vorgeworfenen Operationen ausgeführt habe – wenn man ihn aber nach den Namen der von ihm operierten Patientinnen fragte, berief er sich auf seine ärztliche Schweigepflicht.

Wie sollte es wohl auch anders sein. Diese ärztliche Schweigepflicht ist ja nicht eingeführt worden, um zu verhindern, daß der Hausarzt Dr. Schmidt den Schulzes erzählt, Müllers Fritzchen liege mit einer Halsentzündung im Bett. Gerade in heiklen Situationen soll der Kranke sich seinem Arzt rückhaltlos offenbaren können, weil er weiß, daß solches Vertrauen durch die ärztliche Schweigepflicht gerechtfertigt wird.
Generalstaatsanwalt Rudolf Biermann tut dennoch das Unerhörte: Er droht, die Krankenblätter aller in den letzten 15 Jahren in Großburgwedel gynäkologisch behandelten Frauen zu beschlagnahmen. Da wird die Krankenhausverwaltung weich und gibt die Krankenblätter von Dr. Dohrns Patientinnen heraus.
Keine der von Dr. Dohrn operierten Frauen ist je gekommen und hat erklärt, daß sie den Eingriff gern ungeschehen machen würde. Keine hat sich dem Staatsanwalt als Zeugin gegen den Arzt zur Verfügung gestellt. Im Gegenteil, als das behördliche Eindringen in die private Intimsphäre ruchbar wird, zeigt eine Patientin den Celler Generalstaatsanwalt wegen Anstiftung zum Bruch der ärztlichen Schweigepflicht an.
Aber auch in Celle hackt eine Krähe der anderen kein Auge aus. Die Herren des Oberlandesgerichtes, der Senatspräsident Eckart Hannemann und seine Richter Hoppe und Hausing, lehnen die Eröffnung eines Hauptverfahrens gegen den Kollegen Biermann ab. Begründung: Die gegen den Generalstaatsanwalt protestierende Patientin sei »derart mit der Straftat des Dr. Dohrn verbunden, daß ihr Verhalten sittlich zu mißbilligen ist und deshalb ihr Anspruch auf Wahrung ihres Privatgeheimnisses hinter dem öffentlichen Interesse an der Verfolgung, gegebenenfalls Sühne einer Straftat des Dr. Dohrn zurücktreten muß«.
Man hält einen Augenblick den Atem an: Da sprechen drei Richter eines deutschen Oberlandesgerichtes von der »Straftat« eines Mannes, der zu diesem Zeitpunkt nicht nur nicht verurteilt, sondern noch nicht einmal unter Anklage gestellt ist. Erst nach diesem skandalösen Vor-Urteil und nachdem Dr. Dohrn sich über die nun schon viereinhalbjährige Hinziehung des Ermittlungsverfahrens beschwert hat, ist ihm vor wenigen Tagen vom Generalstaatsanwalt die Anklageschrift zugestellt worden.
Die Richter von Celle aber haben das moralische Gesetz, nach dem der Dr. Dohrn abgeurteilt werden soll, bereits installiert. Sie bezeichnen es als »ungehemmte Genußsucht«, wenn Eheleute miteinander schlafen, ohne den erklärten Willen zur Zeugung zu haben.
Ich habe nicht gefragt, ob diese Richter verheiratet sind oder nicht. Ich will es auch nicht wissen. Ich wüßte nämlich sonst nicht, ob ich eher ihre Frauen bedauern oder ihre Heuchelei beklagen sollte.
Aber wir Männer werden uns wohl von den muffigen Moralisten aus Celle nicht verbieten lassen, unsere Frauen zu lieben. Auch wenn wir nicht jedes Jahr ein Kind in die Welt setzen wollen.

10. Oktober 1963

Lücke gibt die Mieten frei

In diesen Wochen werden in weiten Teilen der Bundesrepublik die Mieten freigegeben. Freigabe bedeutet Erhöhung der bisher gestoppten Mieten, besonders für Altbauwohnungen. Ein guter Grund, auf den Mann zu schimpfen, der dafür die Verantwortung trägt: Bundeswohnungsbauminister Paul Lücke.
Aber da ist etwas, das uns stutzig machen sollte.
Hierzulande richten sich die Versprechungen der Politiker meist nach dem größten Glück der größten Wählerzahl.

Oder nach dem, was die Wähler für ihr Glück halten. Unrentable Kohlenzechen werden aus Rücksicht auf mächtige Bergarbeitergewerkschaften nicht geschlossen. Flüchtlingswähler werden von den Politikern aller Parteien in ihrer vergeblichen Hoffnung auf Heimkehr bestätigt. Den Bauern wird ein Grüner Plan nach dem anderen unterbreitet, obwohl man genau weiß, daß nur eine Verminderung des Bauernstandes um ein paar hunderttausend unwirtschaftliche Betriebe unsere Landwirtschaft wieder konkurrenzfähig machen kann.

Was also ist in diesen Wohnungsbauminister Lücke gefahren, daß er sich an die Gepflogenheiten unserer Gefälligkeitsdemokratie nicht hält und das Unpopuläre tut? Wieso bedenkt er nicht, daß die Mieter den Mietshausbesitzern an Zahl um ein Vielfaches überlegen sind? Wie kann er Millionen von Mietern verärgern und damit Millionen von Wählern?

Ich glaube es Ihnen sagen zu können: weil dieser Paul Lücke kein politischer Kleintaktiker ist, sondern ein Mann der vernünftigen Überlegungen und der sachlichen Entschlüsse. Er weiß nämlich, daß die Aufhebung der Wohnungs-Zwangswirtschaft letzten Endes den Mietern wie den Vermietern zugute kommen wird. Genauso wie Professor Erhard den Produzenten u n d den Verbrauchern das Leben erleichterte, als er die Zwangsbewirtschaftung aufhob. Das haben ihm inzwischen auch die Sozialdemokraten bestätigt.

Die meisten Althausbesitzer sind alles andere als reiche Leute. Seit vielen Jahren haben ihre Mieteinkünfte nicht ausgereicht, die Häuser instand zu halten. Manche Nervosität zwischen Vermieter und Mieter resultiert daraus. Der Althausbesitz verfällt auf diese Weise von Jahr zu Jahr, und damit verfällt Volkseigentum. Für verfallene Häuser müssen neue gebaut werden. Finanziert man sie frei, dann sind ihre Mieten ohnehin ungebunden und entsprechen den gepfefferten Baupreisen. Ersetzt man die verfallenden Althäuser durch Sozialen Wohnungsbau, so sind dafür öffentliche Mittel erforderlich, also Steuergelder. Die haben wir alle aufzubringen, Arbeitgeber wie Arbeitnehmer, Mieter wie Vermieter.

Wenn wir aber den erhaltungswürdigen Althausbesitz instand setzen und pflegen wollen, wenn moderne Bäder installiert und arbeitsparende Heizungen eingebaut werden sollen, dann ist das nur durch eine angemessene Erhöhung der Mieten zu schaffen. Die Miete sollte die Kosten dieser Instandhaltung decken und dem Hausbesitzer sein Kapital immerhin so verzinsen, wie es die Sparkasse dem Sparer verzinst.

Welchen Grund gäbe es auch in einer gerechten Wirtschaft, den Hausbesitzer zu zwingen, das Wirtschaftsgut »Wohnung« unter seinem Preis zu verkaufen oder zu vermieten? Vom Mieterbund wird argumentiert, daß die Wohnung nicht ein beliebiger Marktartikel sei. Den Preis von Autos, Waschmaschinen und Fernsehgeräten könne man getrost dem Spiel von Angebot und Nachfrage überlassen. Weil ja niemand gezwungen sei zu kaufen, was er nicht bezahlen kann. Ohne menschenwürdige Wohnung aber sei das Leben nicht lebenswert, und ein Staat, der seinen Bürgern dieses Recht auf Wohnung nicht garantiere, sei eben kein sozialer Staat.

Das ist freilich nicht zu bestreiten. Aber auch Brot gehört zu den lebensnotwendigen Dingen, und Fleisch und Schuhe gehören dazu. Und doch käme niemand auf den Gedanken, die Bäcker, die Fleischer und die Schuhfabrikanten zu zwingen, diese lebensnotwendigen Dinge unter den Herstellungskosten abzugeben. Wieso hat ein Mietshausbesitzer weniger Anspruch auf Kostendeckung und angemessenen Gewinn als Bäcker, Fleischer, Schuhmacher?

Ist denn aber der Staat nicht verpflichtet, jedem Bürger seine familiengerechte Wohnung zu sichern? Und wenn ein Bürger – etwa ein kinderreicher Familienvater – die angemessene Miete nicht zahlen kann, muß da der Staat nicht helfen?

Er muß es, und er tut es auch. Sieben Millionen Wohnungen sind seit Kriegsende in der Bundesrepublik gebaut worden. Seit 1953 wird in jeder Minute – Tag und Nacht – eine neue Wohnung fertig. Das Ende der Wohnungsnot ist greifbar nahe. In den 397 sogenannten weißen Landkreisen und kreisfreien Städten, in denen die Zwangsmieten aufgehoben

werden, gibt es schon jetzt praktisch kein Wohnungsdefizit mehr.
Ich weiß, daß diese Feststellung vielfach angezweifelt wird. Aber die Methode der Berechnung ist unangreifbar: Auf der einen Seite steht die Zahl der Wohnparteien. Das sind nicht nur alle Familien, sondern auch die Hälfte aller bisher alleinstehenden Personen, der Untermieter, der Studenten, Junggesellen usw. Dieser Zahl der Wohnparteien wird die Zahl der verfügbaren Wohnungen gegenübergestellt. Dabei werden Bruchbuden, Behelfsheime, Baracken, Kellerwohnungen und Nissenhütten nicht mitgezählt.
Wenn sich nach dieser Berechnung ergibt, daß in einem »weißen» Kreis praktisch niemand ohne Wohnung ist, so bedeutet das allerdings noch nicht, daß jeder bereits die für ihn passende Wohnung hätte. Viele Familien wohnen in zu kleinen Wohnungen. Dafür gibt es eine große Zahl von geräumigen Altbauwohnungen, die von alleinstehenden Personen oder älteren Ehepaaren blockiert werden. Sie dachten nicht im Traum an eine Veränderung, solange sie für vier oder mehr Zimmer in einem Altbau weniger zahlten als für eine Zweizimmerwohnung in einem Neubau. In manchen Altbauwohnungen kassieren die Hauptmieter von ihren Untermietern mehr, als sie selbst an den Hausbesitzer bezahlen.
Wenn also jede Familie die für ihre Bedürfnisse passende Wohnung bekommen soll, dann muß der Wohnungsmarkt in Bewegung gebracht werden, damit eine gewisse Umschichtung erfolgen kann. Das ist nur möglich, wenn das gegenwärtige Drei-Klassen-Mietrecht beseitigt wird. Heute zahlen

- die Mieter frei finanzierter Wohnungen eine besonders teure Miete,
- die Althausmieter unverhältnismäßig wenig, und
- die Kostenmieten des Sozialen Wohnungsbaus rangieren dazwischen.

Ein solches System ist nicht nur ungerecht, es würde auch die unbefriedigende Wohnraumverteilung einfrieren. Denn wer verzichtet schon gern auf Vorteile, auch wenn er sich ihrer auf Kosten seiner Mitbürger erfreut. Nur wenn die Höhe der Miete sich allein nach Größe und Beschaffenheit der Wohnung richtet, können Angebot und Nachfrage sich nach marktwirtschaftlichen Gesetzen einpendeln.
Damit es auch im Wohnungswesen eine »soziale« Marktwirtschaft wird, tritt gleichzeitig mit dem Abbau der Zwangswirtschaft das Gesetz über Wohnungsbeihilfen in Kraft. Dieses Gesetz gewährt jedem Mieter einen Rechtsanspruch auf Beihilfe, wenn ihm nach seinem Einkommen die Bezahlung einer angemessenen Miete für eine familiengerechte Wohnung nicht zugemutet werden kann.
Das Gesetz über die Wohnbeihilfen gilt für alle Arten von Wohnungen, gleichgültig ob Altbau oder Neubau. Es gilt auch für Eigenheime, deren Belastung die Finanzkraft ihrer Eigentümer übersteigt. Es hat mit Sozialhilfe oder gar Almosen nichts zu tun. Wer die Voraussetzungen erfüllt, hat auf diese Miet- oder Lastenbeihilfe einen klaren Rechtsanspruch, wie etwa beim Lohnsteuerjahresausgleich.
Im übrigen sind dem Mietwucher und der willkürlichen Kündigung von Mietverhältnissen nach wie vor Schranken gesetzt. Der erste Hausbesitzer, gegen den Minister Lücke Strafantrag stellte, zog seine wucherischen Forderungen sofort zurück. Das wird ihn vor der Strafverfolgung nicht bewahren, denn schon der Versuch ist strafbar.
Es hätte nahegelegen, auf einen Minister zu schimpfen, der die Verantwortung für eine gewiß nicht populäre Mieterhöhung auf sich nimmt. Aber mir scheint, wir sollten uns lieber mehr solcher Politiker wünschen wie Paul Lücke. Männer mit Sachverstand und dem Mut zu sachlichen Entscheidungen. Keine Stimmenfänger, die ihren Wählern nach dem Munde reden und deren Versprechungen wir am Ende selber bezahlen müssen.

»Mein Mann John« von Jackie ist gefälscht

Der von der »Quick« veröffentlichte Bericht »Jacqueline Kennedy: Mein Mann John« ist eine Fälschung. »Mrs. Kennedy hat diesen Bericht weder geschrieben noch autorisiert. Sie hat ihn nicht einmal gelesen.« Das ist die Stellungnahme des Weißen Hauses, gegeben durch den Pressechef des Präsidenten, Pierre Salinger. Jacqueline Kennedys persönliche Sekretärin Pamela Turnure fügte hinzu: »Man wird verstehen, daß wir unter den gegenwärtigen Umständen keine offiziellen Schritte unternehmen wollen. Wir bedauern, daß eine solche Veröffentlichung erschien.«

Geschrieben hat den mit Jacqueline Kennedys Namen gezeichneten Bericht der Agent Frank Feldmann in Düsseldorf, Worringer Straße 87, Telefonnummer 35 21 71. Er will ihn »unter Benutzung persönlicher Äußerungen von Jacqueline Kennedy« verfertigt haben, und er sagt, daß er diese Äußerungen durch seinen New Yorker Beauftragten Bach im Weißen Hause habe überprüfen lassen.

Herr Bach, der mit vollem Namen Julius Sebastian Bach heißt und in New York 249 East 48th Street wohnt, ist nicht der Beauftragte des Herr Feldmann. Er ist ein literarischer Agent, für den der Düsseldorfer Frank Feldmann als deutscher Vertreter tätig war, bis Julius Sebastian Bach diese Zusammenarbeit eines Tages beendete, weil Feldmann eine »difficult personality« sei.

Julius Sebastian Bach erinnert sich noch sehr genau an die Sache mit den persönlichen Äußerungen der Jacqueline Kennedy:

Es sind nun zwei Jahre her, da wollte eine deutsche Wochenzeitung eine Artikelserie über »die großen Frauen der Welt« schreiben. Den Leuten lag daran, diese Artikel mit möglichst vielen Zitaten zu versehen, damit der Leser den Eindruck gewänne, der Verfasser habe sozusagen in täglichem Umgang mit diesen großen Frauen gestanden. So wandte man sich unter anderem an den Agenten Feldmann mit der Bitte, Zitate von Jacqueline Kennedy zu beschaffen. Feldmann gab die Bitte an Julius Sebastian Bach weiter, und der schickte eine gelegentliche Mitarbeiterin namens Marjorie Smith in ein Zeitungsarchiv. Marjorie Smith schrieb, was sie an Äußerungen aus den letzten zehn Jahren fand, zusammenhanglos auf zehn Blatt nieder, schickte sie nach Deutschland und kassierte dafür hundert Dollar. Von einer Überprüfung durch das Weiße Haus ist weder Bach noch Smith etwas bekannt.

Kaum war der amerikanische Präsident John F. Kennedy unter den Kugeln seines Mörders verblutet, da erinnerte sich in Düsseldorf Frank Feldmann an seinen Zitatenschatz. Er fabrizierte daraus eine rührselige Geschichte von primitiver Aktualität. Und im letzten Absatz dieser Geschichte heißt es – als hätte Jacqueline Kennedy den gewaltsamen Tod ihres Mannes schon damals vorausgeahnt:

Wir haben beide einen unabhängigen Charakter. Deshalb fürchtete ich zunächst, daß es in unserer Ehe Schwierigkeiten geben könnte. Aber von Anfang an war ich mir über eines klar: Alles könnte ich ertragen, nur das eine nicht – ihn zu verlieren.

Frank Feldmann beeilte sich, seine Geschichte unter Jacqueline Kennedys Namen für teures Geld an gutgläubige Leser zu bringen. Er vergab die englischen Veröffentlichungsrechte an die Agentur »London International Press« des Mr. Terence Feeley, die französischen und italienischen Rechte an »Paris International Press«, die einem Monsieur Robert Monteux gehört und in Paris XI, 33 Rue de la Fontaine au Roi, domiziliert. Terence Feeley in London hatte Hemmungen, diesen Bericht anzubieten. In England druckt man zwar ohne Scheu Memoiren der Christine Keeler, auch wenn sie nicht von ihr selbst geschrieben sind, aber mit einem Namen wie Jacqueline Kennedy mochte man doch so leicht keinen Mißbrauch treiben. Anders Herr Robert Monteux in Paris. Er hatte solche Hemmungen nicht. Im Sommer pflegt er der nackt badenden Brigitte Bardot mit dem Teleobjektiv auflauern zu lassen, um solche Bilder an Magazine zu vertreiben. In der letzten Novemberwoche verkaufte er den angeblich »vor dem Attentat von Jacqueline Kennedy geschriebenen« Artikel an die Boulevardzeitung »France Dimanche« und an ein Mailänder Wochenblatt.

In der Bundesrepublik aber wollte Frank Feldmann das große Geschäft selber machen. Seine Fälschung erschien in feierlicher Aufmachung unter dem schwarzen Titelblatt der »Quick« in der letzten Woche an allen Kiosken.
Dabei wäre es einer sorgfältigen Redaktion nicht schwergefallen, die mangelhafte Authentizität des Manuskriptes festzustellen. Ein Artikel von Jacqueline Kennedy, der noch in keiner großen amerikanischen Zeitschrift veröffentlicht war? Schon das mußte mißtrauisch machen. Schließlich gibt es in jeder guten Bibliothek den amerikanischen »Reader's Guide«. Undenkbar, daß er einen Artikel von Jacqueline Kennedy – gäbe es ihn wirklich – nicht verzeichnet hätte.
Der letzte Bericht von Jacqueline Kennedy, damals noch Jacqueline Lee Bouvier, war eine Reportage über die Krönung der englischen Königin Elizabeth. Sie erschien im »Washington Times-Herald« im Jahre 1953. Und die einundzwanzigjährige Jacqueline Lee Bouvier war 1951 die Gewinnerin des »16. Prix de Paris« gewesen, den die große amerikanische Zeitschrift »Vogue« ausgeschrieben hatte. Wir drucken ein Stück ihres damals preisgekrönten Artikels »Menschen, denen ich gern begegnet wäre« auf der nächsten Seite ab. Jeder, der die kühle, beherrschte Sprache dieses Artikels liest, mußte spüren, daß die gleiche Jacqueline nicht die Verfasserin der Rührschnulze des Frank Feldmann sein konnte. Aber es scheint, als sei ein gewisser Teil der bundesdeutschen Presse durchaus entschlossen, aus Jacqueline Kennedy eine zweite Soraya zu machen. Es ist die gleiche Art von Presse, die noch in der Todeswoche des Präsidenten mit einer Schlagzeile über angebliche Schwierigkeiten in der Kennedy-Ehe auf den Markt kam und deren Erzeugnisse gerade noch rechtzeitig von den Zeitungshändlern wieder zurückgeholt werden konnten.
Was über John und Jacqueline Kennedy berichtet werden kann, hat vor wenigen Monaten im STERN gestanden. Mein Kollege Egon Vacek hatte den Präsidenten im Weißen Haus besucht, und da John F. Kennedy unmittelbar vor seiner Reise nach Deutschland stand, hatte der Präsident sich Zeit zu dieser Unterhaltung genommen. Und dann war Egon Vacek bei den anderen Kennedys. Bei Robert, dem Justizminister, und seiner Frau Ethel und seinen acht Kindern, bei Edward, dem jüngsten Kennedybruder, bei seiner Frau Joan, seinen drei Kindern, seinen Ponys und seinen Hunden. Und er war bei Mrs. Joseph P. Kennedy, der Mutter der Familie. Sie verbarg nicht ihren Stolz darüber, daß sie sagen konnte »mein Sohn, der Präsident«, und nicht ihren Schmerz, daß das Schicksal ihr auch ein krankes Kind beschieden hat, ihre Tochter Rosemary, die seit Jahren in einer Nervenheilanstalt lebt. Kaum drei Wochen vor dem Mord an ihrem Sohn hat Mutter Kennedy in einem Interview gesagt: »Früher pflegten die Leute sich zu schämen, wenn sie ein geistig zurückgebliebenes Kind hatten. Aber das sollte man heute nicht tun. Man soll ein solches Kind nicht beiseite stoßen und verstecken.« Und dann rief sie zur Hilfe für diese Kranken auf und zu Spenden für einen Fonds, für den die Familie Kennedy seit 1946 mehr als 16,5 Millionen Dollar zusammengebracht hat.
Nun, da alles über die Kenndys gesagt ist, sollten wir sie in Ruhe lassen. Wir sollten die Trauer einer Familie respektieren, auch wenn es die Familie des auf so spektakuläre Weise ermordeten Präsidenten der Vereinigten Staaten ist.
Ein letztes Wort über Jacqueline und John Kennedy erscheint in diesem Heft. Theodore H. White, ein Freund der Kennedys, schrieb es für die amerikanische Illustrierte »Life« und für den STERN.

Zum Tode Jochen Heldts

Joachim Heldt ist tot. Am Abend des 25. Dezember war sein Wagen an einer Weggabelung bei Wolkenstein in den Dolomiten ein Stück von der tief verschneiten Hauptstraße abgekommen. Als er zurücksetzen wollte, griffen die Reifen auf dem schneeglatten Weg nicht mehr. Joachim Heldt stieg aus, um den Wagen anzuschieben, dabei versagte sein Herz. Er war 37 Jahre alt.

Das ist eine Meldung, wie sie der Redakteur Heldt nicht anders formuliert hätte. Er wußte, daß der Journalist nicht Worte machen soll, sondern seinen Lesern mitteilen, was wann wo und wie geschah. »Und wenn er's kann, sollte er auch das Warum nicht vergessen«, hat Theodor Fontane gesagt und resigniert hinzugefügt, »oft freilich kann er's nicht, weil viele Dinge geringe Ursachen haben, die dem Berichterstatter verborgen bleiben, daß man sie den Philosophierern zur Erklärung lassen muß«.

Joachim Heldt hat nie ein Philosophierer sein wollen. Er war ein Reporter. Einer von der rar gewordenen Sorte, die nicht Leitartikel schreiben von dem, was sein müßte, sondern Berichte von dem, was ist. Er hatte Augen zu sehen und Ohren zu hören, und er hatte jenes empfindliche Organ, die »unbelichtete Seelenplatte«, auf der sich die Wirklichkeit abbildet. Und indem er vor seinen Lesern diese Wirklichkeit aufscheinen ließ, regte er sie an, hinter der Wirklichkeit die Wahrheit zu suchen.

Joachim Heldt wollte dem Leser das Denken nicht ersparen. Er bot ihm keine vorgedachten Erklärungen an und keine Rezepte zu leichtem Weltverstehen, er gab ihm *facts and figures*. Aber das waren nicht die nackten Tatsachen eines Polizeireports und nicht die trockenen Zahlen einer Statistik. Es waren immer Szenen eines packenden Welttheaters, und wenn Joachim Heldt in Bombay landete und auf wenigen Seiten die Fahrt vom Flugplatz zum Hotel beschrieb, dann wußte man schon, wie dieses Land roch und schmeckte, ob seine Menschen erbärmlich waren oder stolz, ob glücklich oder gequält. Der Reporter Heldt analysierte nicht. Er beschrieb, was er mit allen Sinnen auffaßte, in einem ganz unsensationellen, eher unterkühlten Ton; und unversehens war man als Leser mittendrin in dieser fremden Welt und sah und hörte und langweilte sich nie.

Wer von unseren Lesern, wer von den Zuschauern des Deutschen Fernsehens erinnert sich nicht an die Indien-Reportagen von Joachim Heldt und Rolf Gillhausen. Wer erinnert sich nicht an das kleine blinde Mädchen, das auf dem Tisch saß und mit seiner Puppe spielte, und als die Puppe den tastenden Händen entfiel, blickten die toten Augen ins Leere, und es war mehr hilflose Verzweiflung darin, als sehende Augen sie je hätten ausdrücken können.

Plötzlich wußte man, was das ist: ein unterentwickeltes Land. Ein Land, in dem bärtige Nichtstuer als Heilige und Kühe als höhere Wesen umherlaufen, während man den Menschen für nichts achtet und unerwünschte Kinder im Staub der Straße aussetzt.

Und wie war das im roten China, wo Joachim Heldt eine unzählbare Masse von blaugekleideten Arbeitern und Arbeiterinnen in einem gewaltigen Tal umherkrabbeln sah, wie sie mit ihren Händen und mit dem Spaten dem Fluß ein neues Bett gruben, wie sie in Körben auf gebeugten Rücken die Erde davontrugen, Zehntausende von Kubikmetern insgesamt, einer neben dem anderen zur Kette gereiht. Tausende und Abertausende von schnellfüßigen Menschen, aus der Ferne winzig anzusehen. In einem Gespräch zwischen Heldt und Gillhausen wurde dann das Wort von den »Blauen Ameisen« geprägt, das inzwischen in der Welt zu einem Begriff geworden ist wie Churchills Wort vom »Eisernen Vorhang«.

Nie ist die grandios organisierte Sinnlosigkeit eines menschenverachtenden Systems treffender gekennzeichnet worden als in diesem Wort von den »Blauen Ameisen«.

Als die Krankheit zum erstenmal nach Joachim Heldt griff, als die Ärzte ihn vor der Überanstrengung seines Herzens warnten und ihm die weiten, strapaziösen Reisen verboten, begann er die Serie »Gott in Deutschland«, eine Untersuchung über die Religiosität in unserer Zeit.
Fast ein Jahr hat er gearbeitet, ehe er die erste Zeile schrieb. Er lebte im Kloster und ging in die Kirchen, er sprach mit Gläubigen und mit denen, die gern glauben möchten, es aber nicht können. Er diskutierte mit Pfarrern, Sektierern und Gottlosen, er zog mit der Heilsarmee auf die Reeperbahn und stieg mit den Zeugen Jehovas treppauf und treppab. Und er las Bände um Bände theologischer Literatur.
Und dann schrieb er seinen Bericht. Einen Bericht, der die ganze sentimentale Verlogenheit entlarvte, mit der hierzulande das Christentum betrieben wird. Und dennoch sprach aus diesem Bericht eine tiefe Frömmigkeit – die Ehrfurcht vor dem, was die Augen des Reporters nicht sehen und was seine Ohren nicht hören können.
Joachim Heldt ist tot. Wir werden die Lücke schließen müssen, die sein Tod in unserer Redaktion gerissen hat. Ausfüllen können wir sie nicht.

5. April 1964

Höcherl – der Weißwurst-Fouché

Der Untersuchungsausschuß des Bundestages in Sachen Telefon-Affäre hat seinen Abschlußbericht vorgelegt. Wir wissen nun mit Sicherheit, daß der Verfassungsschutz die Telefone von Bundesbürgern überwachen, Gespräche abhören und Briefe öffnen ließ, ohne daß es dafür eine Rechtsgrundlage gab.

Es sind genau sechs Monate her, daß der Bonner STERN-Korrespondent Peter Stähle diese Sache ans Licht brachte. Und daß Bundesinnenminister Hermann Höcherl auf meine konkreten Fragen im STERN wütend erklärte, es gäbe solche Abhöraktionen gar nicht.
Vielleicht hat er nicht falsch gerechnet, wenn er dachte, man müsse nur erst einmal alles abstreiten – bis die Sache untersucht sei, habe sich der heiße Brei längst abgekühlt. Er hat sich in der Tat abgekühlt, und ich mache mir gar keine Illusionen, daß sich einer der Verantwortlichen heute noch den Mund daran verbrennen könnte.
Dennoch sollten wir uns einen Augenblick darüber klarwerden, was das heißt: Ein Journalist stellt Fragen, und ein Minister antwortet, aber die Antwort ist eine Lüge.
Und nichts geschieht. Nichts, als daß ein parlamentarischer Untersuchungsausschuß noch einmal bestätigt: Ja, so ist es, der Journalist hat zu Recht eine Frage gestellt, und der Minister hat gelogen.
Und das ist nun schon der zweite. Der erste, der über seine Lügen aus dem Kabinett herausgestolpert war, ist schon wieder groß im Kommen. Wenn die Presse korrekt berichtet hat – man weiß das ja bei der Presse nie so genau –, nannte Bundeskanzler Erhard den Franz Josef Strauß auf dem Parteitag in Hannover seinen »lieben Freund«.
Nun ja.

Ludwig Erhard war denn auch mit der Rechtfertigung Hermann Höcherls rasch bei der Hand. Als ihn bei dem Gespräch mit der Jugend ein junges Mädchen fragte, warum er den durch die Telefon-Affäre und durch seine Unwahrhaftigkeiten suspekt gewordenen Innenminister nicht entlassen habe, meinte Erhard treuherzig, die Untersuchung des Oberlandesgerichtspräsidenten a. D. Silberstein habe ja keine Anhaltspunkte für ei-

nen Mißbrauch der Gewalten des Verfassungsschutzes ergeben.
Ob Ludwig Erhard auch die bisher unveröffentlichten Teile des Silberstein-Berichtes kannte?
Apropos Silberstein. Minister Höcherl hat bei verschiedenen Gelegenheiten darauf hingewiesen, daß dieser Oberlandesgerichtspräsident a. D. eigentlich meine Erfindung sei. Ich hätte im ersten Novemberheft des STERN einen parlamentarischen Untersuchungsausschuß angeregt und als Alternative auf den englischen Richter Denning hingewiesen. Im sogenannten Denning-Report waren die Beziehungen des britischen Verteidigungsministers Profumo zu dem Playgirl Christine Keeler untersucht worden. Es sollte nun wohl auch in der Bundesrepublik einen von den Parteien unabhängigen, juristisch erfahrenen und allseits geachteten Mann geben, der aufklären könnte, ob und inwieweit sich die Verfassungsschützer gegen die Grundrechte des Bürgers vergangen hätten.
Nun ist der Herr Silberstein gewiß ein höchst ehrenhafter Mann. Nichts soll mir ferner liegen, als ihm den guten Willen abzusprechen. Aber welches unabhängige, demokratisch bestimmte Gremium hat ihn denn eingesetzt?
Der Herr Höcherl selber hat es getan. Das heißt, der Angeklagte hat sich seinen eigenen Richter etabliert. Herr Höcherl selber konnte darüber bestimmen, welches Material in seinem Verfassungsschutzamt diesem Richter vorgelegt wurde, wer von seinen Verfassungsschützern Aussagegenehmigung erhielt und wer nicht.
Fürwahr, ein »Gericht«, das einem Rechtsstaat Hohn zu sprechen scheint. Aber es ist nicht der bewußte Hohn eines Rechtsverachters, es sind nur die ungezielten Abwehrbewegungen eines Polizeiministers, der sich erwischt sieht. Ein Weißwurst-Fouché*, der sich aus der Affäre ziehen möchte.
Dem Untersuchungsausschuß des Bundestages und seinem Vorsitzenden, dem Abgeordneten Schmidt-Vockenhausen, muß es als Verdienst angerechnet werden, daß sie sich durch solches Finassieren nicht bange machen ließen. Nicht durch dunkle Andeutungen, der Ausschuß könne durch seine Verhöre selbst in die Gefahr des Landesverrates geraten, und auch nicht dadurch, daß man plötzlich alliierte Spezis ins Spiel brachte, die angeblich gegen die Offenlegung ihrer Geheimdienstpraktiken protestiert hatten.
Eines der letzten Manöver war der Versuch, den Hauptzeugen Bethke dadurch abzuqualifizieren, daß man ihm unterstellte, er habe sich von mir für seine Aussagen eine Anstellung beim STERN versprechen lassen.
Wie denn, war der ehemalige Frankfurter Außenstellenleiter des Verfassungsschutzes Wolfgang Bethke etwa arbeitslos, als er sich anschickte, vor dem Telefon-Ausschuß zu berichten, wie leichtfertig Verfassungsschützer mit dem Grundgesetz umzugehen pflegen? O nein, Bethke war in München Angestellter des Bundes der Kriegsbeschädigten, Hinterbliebenen und Sozialrentner.
Aber so steht es bei uns um die demokratischen Rechte des Staatsbürgers, daß dieser Mann befürchten mußte, er würde seinen Posten verlieren, wenn er vor einem Ausschuß des Deutschen Bundestages die Wahrheit sagte und sich damit in Gegensatz zu der in Bayern mächtigen CSU setzte. Da habe ich ihm dann allerdings gesagt, daß wir für ihn einstehen würden, damit er in völliger Unabhängigkeit seine Aussagen machen könnte.
Nein, ich habe nicht die Illusion, daß diese Telefon-Affäre wie ein reinigendes Gewitter in unserer Demokratie gewirkt haben könnte. Ich mache mir ja auch keine Illusion über die Chancen, die freiheitlicher Sinn und demokratische Bürgergesinnung in unserer Generation noch haben. Wir sind eben zu oft überwacht und abgehört und getreten und belogen worden. Wir haben zu oft mit den Wölfen geheult und mit den Geprügelten geschwiegen. Und, meinen Sie nicht auch, wenn man ihn mit Himmler vergleicht, dann ist der Höcherl doch eigentlich ein ganz passabler Kerl!
Aber wenn ich meinen 18jährigen Jungen ansehe und seine Freunde, dann bin ich ganz beruhigt: Bei denen werden auch die Höcherls nichts mehr zu bestellen haben.

---

* Joseph Fouché (1759-1820) war zehn Jahre lang Napoleons Polizeiminister.

Kein Foto von Zech-Nenntwich

Als die beiden STERN-Reporter Münch und Heggemann den flüchtigen Zech-Nenntwich in Kairo aufspürten, wird manch einer gesagt haben, »da sieht man's wieder, daß die Polizei bei uns nichts taugt«. Der »Kölner Stadt-Anzeiger« stellte resignierend fest, die Polizei sei nun einmal »bürokratisiert und langsam«. Die »Neue Ruhr-Zeitung« meinte, da hätten sich »gewisse Polizei- und Justizbeamte wohl bis auf die Knochen blamiert«. Und die »Süddeutsche Zeitung« fragte sich, »ob es nicht angesichts so spektakulärer Erfolge der fleißigen, schnellen und scharf kombinierenden STERN-Reporter« so aussähe, als sei »die Polizei auf dem besten Wege, den Journalisten das Feld abzutreten«.

Mir scheint, ich muß die Polizei vor solchen Vorwürfen in Schutz nehmen. Sie hat weder personell noch finanziell noch juristisch die Möglichkeiten, die etwa der STERN-Redaktion offenstehen.

Zunächst personell: Ein Rechercheur des STERN verdient durchschnittlich doppelt soviel wie ein Kriminalkommissar. Ist es da ein Wunder, daß wir unter den qualifizierten Kräften die besten aussuchen können?

Sodann finanziell: Wenn ein STERN-Reporter mit New York telefonieren muß, dann telefoniert er eben, und wenn er nach Kairo fliegen muß, dann fliegt er. Ich habe es bei der Fahndung nach der geraubten Volkach-Madonna selbst miterlebt, wie beschränkt die Möglichkeiten der Kriminalpolizei sind. Ein kostspieliges Telefongespräch bedarf der Genehmigung, die Notwendigkeit einer Dienstreise muß ausführlich begründet werden. Kein Wunder, wenn man da gelegentlich zu spät kommt.

Und schließlich juristisch: Unsere Polizeibeamten können nicht einfach in fremde Länder fahren und dort amtlich tätig werden. Das ist aus staatsrechtlichen Gründen nicht erlaubt, und wir gesetzestreuen Deutschen nehmen solche Vorschriften sehr ernst. Anders als die französische Geheimpolizei, die Herrn Argoud aus München entführte. Anders als die Israelis, die den Endlöser Adolf Eichmann in Buenos Aires einfach chloroformierten, um ihn in Tel Aviv wieder aufwachen zu lassen.

Was nun »Interpol« angeht, jene in Paris domizilierende internationale Polizeiorganisation der freien Welt, so hat die jahrelange Praxis dieser Behörde bewiesen, daß sie den Mord an Juden und KZ-Häftlingen als eine »politische Angelegenheit« ansieht, für die sie nicht zuständig ist. Darum hat denn das Bundeskriminalamt in Wiesbaden nach Zech-Nenntwichs Flucht erst gar kein Fahndungsersuchen an »Interpol« gestellt.

Es hätte ja doch keinen Zweck gehabt, meinte ein Sprecher des Bundesinnenministeriums.

Obwohl es sich, wie derselbe Sprecher mit Nachdruck betonte, nach Auffassung der Bundesrepublik bei Zech-Nenntwich um keinen politischen, sondern um einen kriminellen Täter handelte.

Vielleicht aus diesem Grunde entschloß sich das Bundeskriminalamt am 24. April dann doch noch, die schweizerische »Interpol«-Zentrale um die Festnahme des in Zürich gelandeten Zech-Nenntwich zu bitten. Aber der war in Basel gelandet. Und so fand man ihn nicht.

Nun ist er bei den Ägyptern. Bei denen ist Mord nach zehn Jahren verjährt. Und der Mord an Juden gilt eher als Verdienst denn als Verbrechen. Dafür bekommt Ägypten von uns Entwicklungshilfe.

Aber vielleicht kriegen sie den Zech-Nenntwich ja doch noch:

Der niedersächsische Justizminister Dr. von Nottbeck ist nämlich inzwischen auf die Idee gekommen, das Auslieferungsbegehren mit Zechs unpolitischen Delikten wie Bestechung, Betrug und Untreue zu motivieren. Eigentlich sollte ihn Ägypten dann ausliefern, sagt man sich in Hannover – und die deutsche Justiz müßte den politischen Mordprozeß gegen Zech-Nenntwich einstellen, um ihn wegen einiger Vermögensdelikte zu verurteilen.

Aber die Hannoveraner hängen keinen, sie hätten ihn denn. Und als es darum ging, »Interpol« einzuschalten, ist man partout nicht auf die »unpolitischen Delikte« verfallen.
Statt dessen ist das Justizministerium dem Zech-Nenntwich ganz böse, daß der etwas von einer »Organisation« gefaselt hat, die ihm geholfen habe. Zech-Nenntwich hat gesagt, seine Hintermänner seien jederzeit über die Absichten der Justiz unterrichtet gewesen. Als der Generalstaatsanwalt Mützelburg seine Verlegung von Braunschweig in ein besser gesichertes Gefängnis nach Hannover erwogen habe, sei dies das Signal zur Flucht gewesen. Aber der niedersächsische Justizminister Dr. Arvid von Nottbeck meint, »der Mann lügt, wenn er das Maul aufmacht«.
Eigentlich hätte Zech-Nenntwich ja auch gar nicht fliehen können. Um das zu verhindern, hatte ihm ja die Gefängnisbehörde bei seiner Einlieferung den Bundespersonalausweis abgenommen. Gegen Quittung. Der liegt noch heute in der Haftanstalt Braunschweig. Nach seinem Reisepaß hatte keiner den Delinquenten gefragt. Und eine Haussuchung war nicht vorgenommen worden.

Nun ja, wer denkt auch immer gleich an alles.
So konnte Zech-Nenntwich von seinen Hintermännern den Paß aus seiner Wohnung holen und ihn am 13. März von der Bonner Botschaft der Vereinigten Arabischen Republik mit einem Einreisevisum versehen lassen. An diesem 13. März lief noch der Prozeß gegen den in Untersuchungshaft sitzenden Zech-Nenntwich. Aber der Justizminister bestreitet entschieden, daß es solche Hintermänner gibt.
Nun, was man versäumt hat, kann man ja nachholen. Und so hat denn das Auswärtige Amt seinen Botschafter in Kairo aufgefordert, den Paß des bundesdeutschen Staatsbürgers Hans Walter Zech-Nenntwich einzuziehen.
Aber der Zech-Nenntwich ist in Kairo plötzlich nicht mehr aufzufinden. »Und wir haben nicht einmal ein Bild von ihm«, jammerte ein Sprecher der Botschaft.
Ob wir ihnen eins schicken sollen?

31. Mai 1964

Die Hantler von Bonn

Sie werden in diesem Heft unter anderem siebzehn Seiten mit Bildern finden, über die Sie herzlich lachen können. Wenn es allerdings nur zum Lachen reicht, wenn hinter Scherz, Satire, Ironie nicht auch etwas von der tieferen Bedeutung sichtbar würde, dann hätte unser Experiment seinen Sinn verfehlt.
STERN-Fotograf Stefan Moses hat mit den Ministern des Bundeskabinetts und einigen anderen prominenten Politikern das angestellt, was man in der modernen Kunst »verfremden« nennt. Jedesmal, wenn er ein paar Portraits in der üblichen Pose fotografiert hatte, drückte er seinem Modell eine gewaltige Hantel in die Hände, groß und schwarz und schwergewichtig aussehend. Was ein bundesdeutscher Minister, ein Oppositionsführer, ein Bonner Bundestagspräsident mit einem solchen Ding vor der Kamera vollbringen, sehen Sie auf Seite 30 und den folgenden Seiten.
Der Begriff des »Verfremdens« einer Person, das Wort sagt es schon, heißt den Menschen in fremde Umstände versetzen, ihm fremde Antriebe geben, ihn auf diese Weise zu ungewohnten und zunächst vielleicht sogar »befremdlichen« Reaktionen zu veranlassen. Aber eben diese Isolierung von den gewohnten Umständen bringt es mit sich, daß auf einmal das Eigene und Unverwechselbare der

Person, die Individualität ihres Wesens, deutlicher hervortritt.
Politiker hinter Schreibtischen und Rednerpulten sind wie abgenutzte Klischees, die kaum noch einen Eindruck hinterlassen. Was unser Auge tausendmal sah, danach hungert es nicht, das konsumiert es kaum noch mit Bewußtsein. Erhards Zug an der Zigarre, Willy Brandts Blick ins deutsche Auge, Erlers beim Reden skandierende Rechte, Lübkes Griff zum Manuskript, das sind eingefahrene Gesten, die kaum noch etwas über ihren Urheber aussagen. In unserer von Demoskopen und Werbepsychologen gemanagten Welt weiß man kaum noch, ob solche Posen ursprünglich oder einstudiert sind.
Was aber fängt eine bundesdeutsche Haupt- und Staatsperson an, wenn einer sie plötzlich zum Hanteln auffordert, und das nicht fürs Familienalbum, sondern für den STERN mit seiner Millionenauflage? Ich gestehe, daß ich skeptisch war, als Stefan Moses mit seiner Idee kam. Und ich muß mich bei unseren Politikern entschuldigen, daß ich sie für humorloser hielt, als sie sind.
Immerhin, hier und da sind die Fotos doch entlarvend. Das muß nichts Böses bedeuten, denn wer liefe schon gern mit einer »Larve« herum, obwohl er sein Gesicht getrost vorzeigen kann. Aber daß einer sich am Ende gesagt hat, es könne ihm beim Wähler vielleicht schlechter bekommen, wenn er sich ziere, und schließlich habe ja auch Gerhard Schröder gehantelt, und sogar ein so unbezweifelbar ernsthafter und würdiger Mann wie der Alois Hundhammer aus Bayern – nun, es wäre wohl nicht fair, wenn ich Ihnen nun noch eine Art »Hantlungskunde« an die Hand geben und sagen wollte, was mir bei jedem Bild auffiel. Sehen Sie sich nur aufmerksam an, wie sie stemmen, drücken, jonglieren oder gar nichts mit dem Ding anzufangen wissen. Je mehr Sie hingucken, um so mehr werden Sie ganz neue Höcherls, Dehlers, Mendes entdecken. Und wer weiß, vielleicht sind dies die wahren und nicht die, die Sie bisher vom Fernsehschirm kannten?

Was immer sich die Hantler von Bonn dabei gedacht haben mögen, auf jeden Fall haben sie unerwartete Zivilcourage gezeigt. Hut ab vor ihnen – und denen, die das Hanteln nicht für opportun hielten, eine knappe Verbeugung.

14. Juni 1964

Die Würde von Politikern

Der Bundesrepublik droht Gefahr. So wackere Männer wie Hans Zehrer und Ernst Müller-Meiningen junior haben sie entdeckt. Der eine ist nomineller Chefredakteur der »Welt«, der andere politischer Kommentator der »Welt«. Die Gefahr, von der die Rede ist, kommt diesmal ausnahmsweise nicht von Osten, sie kommt von innen. Es ist die »Lächerlichkeit«, die »makabre Würdelosigkeit«, durch die unser Staat angeblich in seinem Bestand bedroht wird.

Worum handelt es sich? Etwa darum, daß wir einen Bundespräsidenten haben, der seine Reden mit einiger Mühe vom Blatt abliest und der, wenn ihm die Blätter durcheinandergeraten, solches gelegentlich erst auf der Hälfte der falschen Seite bemerkt? Der an die »Witwe« Jean Cocteaus ein Beileidstelegramm schickt, das rechtens nur von dem langjährigen Lebensgefährten des homophilen Dichters, dem Schauspieler Jean Marais, hätte in Empfang genommen werden können?
O nein, das ist's nicht. Mögen Heinrich Lübkes Reden zuweilen auch ein wenig simpel sein, so entbehren sie doch nicht der einfältigen Würde, die hierzulande etwas gilt und die durchaus als staatstra-

gendes Element angesehen werden kann. Makabre Würdelosigkeit? Spielt man darauf an, daß in unserer Regierung ein Minister saß, von dem die »Zeit« und der »Spiegel« ungestraft schreiben konnten, er habe »Geld ohne Gegenleistung genommen« und sei »der Korruption schuldig«? Und fürchtet man, daß dieser Franz Josef Strauß schon wieder im Kommen ist?
O ja, es ist wohl Grund zur Sorge gegeben, wenn man sieht, wie der Bundeskanzler sich nun mühen muß, diesen Mann mit allerlei Vertrauensbeweisen und Zugeständnissen bei Laune zu halten. Brachte Ludwig Erhard zur rechten Zeit die Kraft nicht auf, sich von Strauß zu distanzieren, ist er jetzt gezwungen, sich mit ihm als dem Chef der CSU zu arrangieren.
Aber von alledem ist bei Hans Zehrer und Ernst Müller-Meiningen junior nicht die Rede.
Gelten ihre Bedenken dann vielleicht jenem anderen Bundesminister, der von Zeit zu Zeit den Mund so weit aufreißt, daß vor seinem bramarbasierenden Sudetengeschrei wieder einmal die *morschen Knochen* der übrigen Welt *erzittern*? Sehen sie die Gefahr darin, daß die Politik der Bundesregierung auf diese Weise durch ihre eigenen Minister unglaubhaft gemacht wird?
Ach nein, das alles ist es nicht. Das nicht und nicht die Doppelzüngigkeit, mit der unsere Parteistrategen den Bauern höhere und den Verbrauchern niedrigere Preise versprechen. Und auch die verlegene Verlogenheit ist es nicht, mit der sie auf Vertriebenenkundgebungen so tun, als sähen sie für die »friedliche Wiedergewinnung der Heimat« zu unseren Lebzeiten eine reelle Chance.
Nicht Einfalt und Korruption, nicht Großmäuligkeit und Wählerbetrug sind es, die unseren Staat gefährden. Was die Bundesrepublik angeblich zu zersetzen droht, ist die Lächerlichkeit, und bei Hans Zehrer liest sich das so:
Da schickt eine Hamburger Illustrierte ihren Fotoreporter zu den führenden Ministern und Politikern unseres provisorischen Staatswesens. Es sind immerhin Herren, die einen Namen repräsentieren und natürlich auch ein Amt . . . Der kesse Junge drückte den Herren eine große Papphantel in die Hand und sagte ihnen: »Nun heben Sie sie mal schön hoch, und dann knipsen wir Sie!« . . . Aber nun geschieht das Seltsame. Die Herren nehmen die Pappattrappe, stellen sich in Positur, der eine vor einer Weltkarte, der andere unter dem Bild Bismarcks, und sie hanteln. Bauch raus, Arme hoch, der Hosenbund zeigt das Hemd über dem Nabel, und der Kopf verschwindet neben den wattierten Schultern. Sie hanteln, und man sieht dazu den erhobenen Finger des Reporters, der jeden Hundebesitzer an das Kommando erinnert: »Schönmachen vor Herrchen!« Und selbst Herr Professor Ludwig Erhard läßt sich fotografieren, wie er offensichtlich wohlwollend in dem Album dieser Zelluloidpamphlete blättert.
Soweit Hans Zehrer, und bei Ernst Müller-Meiningen junior steht es nicht viel anders. Und dann beschwören sie beide die Weimarer Republik, die angeblich an der Respektlosigkeit gewisser Journalisten vor den geheiligten Vertretern des Staates zugrunde gegangen sei. Offenbar hat der inzwischen demokratisch verfremdete Hans Zehrer ganz vergessen, daß er als Herausgeber der »Tat« im Staat von Weimar zu den entschiedensten Verächtern der parlamentarischen Demokratie und des »Stimmzettels für die Dummen« gehörte.
Erich Kuby, in Sachen Demokratie um einiges besser legitimiert, schrieb inzwischen an die »Süddeutsche Zeitung«:
Die Bilder unserer Politiker mit der Hantel sind alles andere als ein Versuch, die Dargestellten dem »Gespött« preiszugeben. Mir ist kein schlagenderes Beispiel dafür gegenwärtig, was der Verfremdungs-Effekt psychologisch bewirken kann. Und zwar im guten und im bösen . . . Ist dieser Schröder lächerlich? Für mich ist Schröder, nachdem ich diese Aufnahmen gesehen habe, um Etagen hinaufgerutscht, desgleichen in all seiner Menschlichkeit Dehler, und sogar Höcherl habe ich nach allem, was er politisch geboten hat, nicht für so raffiniert, so schlitzohrig, für so wenig provinziell gehalten, wie er uns nun durch Stefan Moses entgegentritt. Hier wurde nichts weniger, scheint mir, als ein Examen veranstaltet, das einige mit Glanz bestanden haben und andere nicht.

Und was dem Stefan Moses das Hanteln, war seinem amerikanischen Kollegen Philippe Halsman das Springen. Auf den nächsten Seiten sehen Sie ein höchst amüsantes Experiment, das Halsman schon vor fünf Jahren mit vielen Großen dieser Welt anstellte. Er wurde damit eigentlich der Erfinder dieser psychologisch-fotografischen Methode, den Menschen hinter seiner Verkleidung zu entdecken.
Da springen sie nun, die Vertreter mächtiger Weltreiche: der Vizepräsident der Vereinigten Staaten Richard Nixon und der US-Präsidentschaftskandidat Adlai Stevenson. Es springt ein Großer aus dem Weltreich der Medizin: Selman Waksman, für die Erfindung des Streptomycins mit dem Nobelpreis ausgezeichnet. Es springt ein so würdiger Mann wie der berühmte Theologe Professor Paul Tillich, und die Vertreter des Weltreichs der Kunst und aller seiner Provinzen springen: der Maler Marc Chagall, der Architekt Walter Gropius und der Dichter John Steinbeck. Und es springt der Physiker Robert Oppenheimer, einer der bedeutendsten Wissenschaftler unserer Zeit.
Aber freilich, was bedeuten alle diese Namen gegen Eugen Gerstenmaier, Theodor Blank und Hans-Christoph Seebohm.
Übrigens, da springt noch ein anderer: John McCloy, ehemaliger US-Hochkommissar in Deutschland und Berater der Präsidenten Eisenhower und Kennedy. Wäre er gesprungen, als er noch in Godesberg residierte – ich hätte nicht sehen mögen, wie viele deutsche Politiker und Publizisten ihm beflissen nachgehupft wären.

11. Oktober 1964

Soll man Strauß totschweigen?

Als ich vor wenigen Tagen aus dem Urlaub wiederkam, fand ich einen alten Feind als neuen Kollegen vor: Franz Josef Strauß wird künftig alle vierzehn Tage im STERN eine Kolumne schreiben.
Dazu lag auf meinem Tisch der entsetzte Brief eines alten Freundes: Rudolf Augstein fragte mich, ob ich nicht versuchen wolle, »jetzt oder möglichst bald aus der Sache wieder herauszukommen«. Doch ehe ich ihm antworten konnte, judizierte er in seinem »Spiegel«, es könne sich nur um ein gesinnungsloses Show-business handeln, wenn der gleiche Henri Nannen, der den Politiker Strauß so entschieden bekämpft habe, ihm nun im STERN eine Plattform einräume.
Es schien, als sollten darüber aus guten Freunden erbitterte Feinde werden, und eben das wäre es, was dem Franz Josef Strauß so passen möchte – er hätte den ersten Sieg schon erfochten, noch ehe seine erste Kolumne gedruckt ist.
So ist's wohl an der Zeit, die Dinge wieder ins rechte Verhältnis zu rücken: Natürlich hat sich meine Einstellung zu Franz Josef Strauß nicht geändert. Ich halte ihn nach wie vor für einen sehr gebildeten, über dem parlamentarischen Durchschnitt intelligenten Politiker von großer Durchschlagskraft. Auf die Gefahr hin, daß Freund Augstein künftig nur diesen ersten Satz zitiert, mache ich hier einen Punkt. Denn bis hierher handelt es sich um eine Nachricht, deren Tatsachengehalt jederzeit nachprüfbar ist. Oder will man allen Ernstes einen Politiker zur bedeutungslosen Randerscheinung abwerten, der über die von ihm beherrschte CSU den Bundeskanzler unter ständigem Druck hält? Will man dem blendenden, immer wieder auf neuen Gebieten bewanderten Strauß die Intelligenz absprechen? Dem Bauern die Schläue?
Zur Nachricht nun der Kommentar: Ich halte Strauß dennoch nach wie vor für einen politisch gefährlichen Mann, gegen

dessen Rückkehr ins Kabinett alle Kräfte mobilisiert werden sollten. Denn dieser Strauß hat eine geradezu erotische Beziehung zur Macht. Er ist von ihr gefährdet, und deshalb ist er so gefährlich. So wie er gebaut ist, würden die einsamen Entschlüsse Konrad Adenauers und die trotzigen Alleingänge Ludwig Erhards nichts sein gegen den Rausch der politischen Macht, der einen Bundeskanzler Strauß korrumpieren möchte.

Aber wie denn, diesem Mann bietet der STERN die Möglichkeit, alle vierzehn Tage zu Millionen Lesern zu sprechen? Sollte man ihn nicht besser totschweigen?

Wenn Journalismus die Fortsetzung der Politik mit anderen Mitteln wäre, könnte das wohl ein Weg sein. Aber seit wann gehört Nachrichtenunterdrückung zu den erlaubten Griffen in unserem Handwerk? Was sollte man dann noch gegen »Bild« vorbringen?

Einen Mann totschweigen, von dem jeden Tag die Tageszeitungen voll sind, weil seinetwegen jeden Tag in Bonn eine neue Koalitionskrise auszubrechen droht? Über den heute Herr Barzel und morgen die FDP eine Erklärung abgibt, während Professor Erhard bedauert, sich über Straußens Rückkehr ins Kabinett »noch nicht äußern zu wollen«? Welch kindlicher Wunderglaube an die Selbsthypnose nach Coué. Nicht weniger läppisch als die Methode, mit Anführungsstrichen oder dem Beiwort »sogenannt« die Existenz der DDR leugnen zu wollen.

Apropos DDR. Niemand wird dem STERN vorwerfen wollen, er habe es im Kampf gegen den illegitimen Staat von Pankow an Entschiedenheit fehlen lassen. Dennoch habe ich Herr Blecha, dem Leiter des »Presseamtes beim Ministerpräsidenten der DDR«, vor einem Jahr angeboten, ihm für eine bestimmte Zeit in jeder Nummer des STERN acht Seiten zur Verfügung zu stellen. Vor dem Forum unserer Leser wollten wir uns mit den Funktionären von drüben auseinandersetzen. Wir wollten wissen, was solche Begriffe wie »sozialistische Errungenschaften« bedeuten. Um aber die Ideologie dieses Staates am Prüfstein der Tatsachen messen zu können, machte ich zur Bedingung, daß STERN-Reporter ebenso ungehindert aus der DDR berichten könnten wie aus Frankreich oder Italien. Herr Blecha meinte, diesem Projekt könne man »erst nähertreten, wenn der STERN seine grundsätzliche Einstellung zur DDR revidiert«.

Da habe ich Herrn Blecha etwas gehustet.

Ich hätte auch Herrn Strauß etwas gehustet, wenn er an seine Kolumnen irgendeine andere Bedingung geknüpft hätte als die, daß der STERN sie ungekürzt und unverändert abdruckt.

Aber so wenig wir uns vor den Funktionären von drüben gefürchtet haben, so wenig fürchten wir uns vor Franz Josef Strauß. In all den letzten Monaten hat er aus dem bayerischen Hinterhalt schießen können. Wann immer ein Artikel in seinem »Bayern-Kurier« erschien, in dem Schröders Außenpolitik angegriffen wurde, konnte Franz Josef Strauß hinterher je nach Kampflage schweigen, sich zu dem Artikel bekennen oder sagen, er habe ihn nicht einmal gelesen. Nun steht er in der Arena. Rechtzeitig vor dem Wahlkampf. Nun muß er zu den Fragen, die er bisher von hinten anheizen konnte, offen sprechen. Dann kann man ihn endlich beim Wort nehmen und zur Verantwortung ziehen. Und wir werden ihm nichts schenken.

Allerdings: Wer glaubt, der »Holterdipolter aus der bayerischen Provinz« (Rudolf Augstein im »Spiegel«) werde sich nun ehestens selbst entlarven, unterschätzt die Straußsche Intelligenz. Natürlich wird er gemessen und bescheiden auftreten, darauf rechnend, daß vor staatsmännischer Zurückhaltung mancher Unentschlossene eher kapituliert als vor lautstarker Kraftmeierei. Das erste Ziel, das er ansteuern mag, ist die ein wenig verwunderte Zustimmung seiner Leser: So übel ist der doch eigentlich gar nicht, und was er sagt, hat Hand und Fuß.

Nun, auch was Goebbels einst im »Reich« schrieb, klang zuweilen ganz vernünftig.

Aber schreiben wir heute 1940? Ist bei uns heute nicht erlaubt, was damals verboten war: daß Journalisten ihr Handwerk gewissenhaft betreiben und die Worte der Politiker an ihren Taten und an den Tatsachen der Politik messen?

Das geschieht weniger durch Polemik als durch Information. Als der STERN aus Bonn berichtete, der bundesdeutsche Verteidigungsminister Franz Josef Strauß sei in jener Nacht, als die ersten sowjetischen Raketenschiffe auf die amerikanische Kuba-Blockadeflotte zuliefen, betrunken gewesen, da hat diese Information mehr zum Sturz des Verteidigungsministers beigetragen als manche erregte Anti-Strauß-Deklamation an anderem Ort.

Und es war nichts als eine Nachricht, die dies bewirkte.

Nein, wir werden ihm nichts schenken. Wir werden ihm vorhalten, daß nicht nur Außenminister Schröder allen Ernstes befürchtet, Strauß könne der SPD ein Koalitionsangebot machen, wenn anders es für ihn keine Rückkehr nach Bonn gäbe. Und die Regierungsgeilheit möge wohl der rechte Kitt zwischen ihm und Herbert Wehner sein. Aber wir werden Franz Josef Strauß auch den Platz einräumen, auf diese Frage zu antworten. Oder zu schweigen, wenn er etwas zu verschweigen hat.

Im übrigen wird die persönliche Meinung im STERN auch weiterhin als Meinung deklariert und mit dem Namen des Verfassers gezeichnet. Ein Blatt, zu dessen politischen Mitarbeitern Sebastian Haffner, Paul Sethe, Erich Kuby und Gert von Paczensky gehören, wird seinem Publikum auch weiterhin die Orientierung zwischen unterschiedlichen Meinungen zumuten dürfen. Der Leser, ein erwachsener Mensch, der nicht bevormundet werden will, kann sich seinen Vers selber machen.

Die bewußte Gleichschalterei von Stil und Inhalt, das heimliche Verwischen der Grenzen zwischen Nachricht und Kommentar sind so wenig unsere Sache wie der mit diesen Mitteln vornehmlich betriebene hämische Rufmord. Wer einen Minister, gegen dessen Politik er nichts Rechtes einzuwenden findet, durch die ausführliche Beschreibung seines Badezimmers und die Farbe seines Morgenmantels zum Homosexuellen stempelt, ohne auch nur die Spur eines Wahrheitsbeweises für diese unausgesprochene Behauptung antreten zu müssen, und wer dem Nachfolger dieses Ministers anstelle einer politischen Wertung noch rasch die zwölf Jahre zurückliegende Romanze mit seiner Sekretärin anhängt, der macht als Gralshüter journalistischer Ehrenhaftigkeit allenfalls eine schlechte Figur.

Haben am Ende die »Spiegel«-Redakteure den moralischen Ablaßzettel für Rudolf Augstein gleich mitbekommen, als sie im Schatten des drohenden Prozesses seinem Hauptankläger Konrad Adenauer einen Prachtband mit fleißig zusammengetragenen Glückwunschadressen überbrachten?

Stünde im STERN nur zu lesen, was in das politische Wunschbild seines Chefredakteurs paßt, und hinge jedem Andersdenkenden ein Geifer an – das Blatt wäre mir selber bald zuwider. Und um einen Gegner wie Franz Josef Strauß totzuschweigen, bin ich wohl einfach nicht feige genug.

6. Dezember 1964

Berufe im Wandel

Wenn Ihnen jemand sagen würde, daß Sie Ihren Beruf umsonst erlernt hätten, weil man mit Ihren Kenntnissen in zehn oder fünfzehn Jahren gar nichts mehr anfangen kann – wahrscheinlich würden Sie nur ungläubig lächeln. Und dennoch wird schon bis zum Jahre 1970 jeder vierte Beschäftigte in der Bundesrepublik seine bisherige Tätigkeit oder seinen erlernten Beruf aufgeben müssen. So bald wird die Technik unsere Lebensumstände ändern, und wer sagt Ihnen denn, daß Sie nicht betroffen sind? Das ist kein blinder Alarm, sondern die ganz nüchterne Feststellung von Soziologen und Berufswissenschaftlern, mit denen eine Sonder-Redaktion des STERN seit mehr als einem Jahr eng zusammenarbeitet. Ein internationales Kollegium von Praktikern und Professoren aus allen europäischen Ländern und aus Amerika hat die Ergebnisse verglichen. Die Probleme sind in allen hochzivilisierten Ländern die gleichen. Aber es scheint, als zöge man anderswo die Konsequenzen rascher und entschiedener. So gibt es denn ein weiteres Feld, das die Presse pflügen muß, weil unsere Regierung es brachliegen läßt.

21. Februar 1965

Illustriertendemokratie?

Vor sieben Jahren hat der STERN die erste große Reportage aus Polen gebracht. In der Folge haben wir nicht aufgehört zu sagen, daß es keinen Frieden und keine dauerhafte Wohlfahrt in Europa geben kann, wenn die Deutschen sich nicht mit ihren Nachbarn im Osten verständigen. »Wir sollten«, so schrieb ich 1961, »nicht unentwegt von der ›friedlichen Wiedergewinnung der verlorenen deutschen Ostgebiete‹ reden, wo doch jeder weiß, die Polen müßten Selbstmörder sein, wenn sie freiwillig jene ehemals deutschen Gebiete wieder hergäben, die ihnen von den Alliierten zugewiesen wurden, nachdem sich die Sowjetunion das halbe Vorkriegspolen einverleibt hatte.«*

In einem Bericht aus Oels analysierte der STERN 1962 den wirklichen Tatbestand: Die aus Oels vertriebenen Deutschen leben heute in der Bundesrepublik, nicht als »Flüchtlinge«, sondern als Lehrer, Kaufleute, Ärzte, Arbeiter, Handwerker – jedenfalls als vollberechtigte Mitbürger. Und die Polen, die heute in Oels wohnen, sind zu 62 Prozent dort geboren und betrachten die Stadt, die sie Olesnica nennen, als ihre angestammte Heimat. Das ist die Wirklichkeit, von ihr muß man ausgehen, wenn man das Verhältnis zwischen der Bundesrepublik und Polen in Ordnung bringen will.

Aber in der »Deutschen Soldatenzeitung« wurden wir dafür als Verräter beschimpft. Und im Parlament wandte sich der Baron von Guttenberg gegen »jene Art von Journalismus, welche die politischen Bemühungen der Bundesregierung und ihrer westlichen Verbündeten verantwortungslos aufs Spiel setzt«. Der Baron, den man gern als den Anführer der »Gaullisten« im Deutschen Bundestag bezeichnet, hatte wohl vergessen, daß ausgerechnet Charles de Gaulle der erste westliche Verbündete war, der die Oder-Neiße-Linie anerkannte und daß es seither im Westen keine einzige ernsthafte Stimme gegen die für uns so bittere Wahrheit dieser Grenze gegeben hat.

In der gleichen Sache wagte es kürzlich der Fraktionsvorsitzende der Sozialdemokraten, Fritz Erler, seine »persönliche Meinung« zu äußern: Er sagte, daß es wohl »nützlich wäre, wenn Deutsche und Polen einmal ohne fremde Vormünder miteinander sprächen . . . denn die Oder-Neiße-Linie ist weder von den Deutschen noch von den Polen gezeichnet worden, sondern von anderen, möglicherweise auch mit der Nebenabsicht der dauernden Verfeindung unserer beiden Völker. Und deshalb muß man auch mit unserem polnischen Nachbarn darüber sprechen, daß nur eine Lösung, die auch die innere Zustimmung der Deut-

* Der Gebietsumfang Polens betrug vor dem Zweiten Weltkrieg 389 000 Quadratkilometer. Davon mußte Polen 1945 an die Sowjetunion 181 000 Quadratkilometer abtreten, das sind 46% seines ursprünglichen Gebietes. Im Austausch dafür wurden den Polen einschließlich Danzig 103 000 Quadratkilometer zugesprochen, also 78 000 weniger als sie an die Sowjets verloren hatten.

schen finden kann, auf die Dauer Freundschaft zu unserem östlichen Nachbarn zu schaffen vermag«. Das sagte Fritz Erler am 14. Januar auf einer Pressekonferenz in Berlin.
Sofort erscholl das Geschrei der Gegenseite, das sei »ein Dolchstoß gegen das Recht der Vertriebenen auf ihre Heimat«, gefährde die Politik der Bundesregierung und ihrer Verbündeten, und überhaupt könne nur eine gesamtdeutsche Regierung mit den Polen verhandeln. Wie es zu dieser gesamtdeutschen Regierung kommen soll, wußte allerdings niemand zu sagen. Dafür hat es inzwischen Charles de Gaulle unmißverständlich gesagt: Eine Wiedervereinigung Deutschlands kann nur Ergebnis einer gesamteuropäischen Entspannung sein, sie ist nicht möglich, wenn nicht die europäischen Nachbarn Deutschlands in Ost und West zustimmen.
Herr Barzel, der Vorsitzende der CDU/CSU-Fraktion, aber nannte die von Erler vorgeschlagenen Gespräche mit den Polen schlichtweg »Blech«.
Und da wir uns im Wahljahr befinden, beeilte sich die SPD denn auch zu beteuern, daß man »bei solchen Gesprächen selbstverständlich vom deutschen Rechtsstandpunkt ausgehen müsse, demzufolge das Deutsche Reich völkerrechtlich in den Grenzen von 1937 fortbestehe«. Und Herbert Wehner meinte gar, Erler habe doch nur Vorsondierungen angeregt und dabei selbst festgestellt, daß es sich nicht um einen aktuellen Vorschlag handele.
Man fragt sich, welcher Grad von Ernsthaftigkeit den Äußerungen unserer Politiker zuzumessen ist, wenn die Furcht vor Stimmenverlusten ihnen unversehens das eigene Wort im Mund herumdreht.
Politiker eines anderen Formats sind allerdings nicht gar so zimperlich im Umgang mit der Presse. Der amerikanische Außenminister Rusk wandte sich um die Jahreswende an die Korrespondenten der deutschen Zeitungen in Washington. Offenbar war die amerikanische Regierung es müde geworden, der Bundesregierung zu empfehlen, sie möge endlich neue Gedanken zur Ostpolitik entwickeln und nicht immer nur formalistisch auf ihrem »völkerrechtlichen« Standpunkt beharren. Was das offizielle Bonn nicht hatte hören wollen, erfuhr die Bevölkerung der Bundesrepublik nunmehr aus dem Mund des amerikanischen Außenministers über die deutschen Zeitungen.
Jene Bonner Politiker, die so beschwörend darauf hinweisen, daß nur das Parlament der Ort verantwortlicher politischer Auseinandersetzungen sei, mögen diese Berichte wie eine kalte Dusche empfunden haben. Sie werden sich daran gewöhnen müssen, daß im Zeitalter der Massenkommunikationsmittel die Demokratie eine lebendigere und interessantere, aber auch eine anstrengendere Sache wird als zu jener Zeit, da der Abgeordnete nach der Wahl sein Mandat nach Hause trug und sich für die nächste Sitzungsperiode vom Wähler nicht mehr hineinreden zu lassen brauchte.
Heute können sich die Regierenden und die Oppositionspolitiker über das Fernsehen, die Illustrierten und die Tageszeitungen direkt an ihre Wähler wenden. Und Wähler, die durch die gleichen Massenkommunikationsmittel auf interessante Weise über die wirklichen Verhältnisse in der Welt und in ihrem eigenen Land informiert werden, reagieren natürlich anders als ein Haufen von Versammlungsteilnehmern, denen der Redner mit emotionellem Aufwand die rechten Scheuklappen verpaßt.
Der US-Außenminister Rusk hatte vor einigen Monaten den Berliner Regierenden Bürgermeister aufgefordert, er möge ihm doch einmal seine Gedanken zur Ostpolitik aufschreiben. Und Willy Brandt machte tatsächlich neue Vorschläge: Man solle gemeinsam mit den Ländern Osteuropas Verkehrs- und Versorgungsunternehmen planen, damit auf diese Weise die politische Erstarrung durch wirtschaftliche Vernunft überwunden werden könne.

Die CDU war elektrisiert. Das durfte doch nicht sein – wollte etwa der »Kanzlerkandidat der SPD« dem unentschlossenen Erhard die Schau stehlen? Sofort beeilte man sich, den Berliner Bürgermeister ins Gedränge zu bringen. Wir müßten zwar den östlichen Völkern freundschaftlich gesinnt sein, nicht aber ihren Regierungen, meinte CDU-Bar-

zel, denn »unser Mühen gilt den Völkern, nicht ihren Unterdrückern«.
Nun ist Politik bekanntlich die Kunst des Möglichen, aber Herr Barzel blieb uns die Erklärung schuldig, wie er die Polen, die Rumänen, die Ungarn und die Tschechen von ihren kommunistischen Regierungen trennen will, um ihnen dann zu helfen.
Aber so sind eben die Vorstellungen der Leute, die glauben, das Problem Ulbricht damit lösen zu können, daß sie die Bezeichnung DDR in Anführungsstriche setzen. Da lobe ich mir die Illustriertendemokratie: Einen von seiner Regierung befreiten Polen kann man nicht fotografieren, denn den gibt es nicht.
Dafür gibt es Herrn Berthold Beitz, den Generalbevollmächtigten Alfried Krupps, der vor wenigen Wochen aus Warschau zurückkam und einen Plan auf den Tisch legte, nach dem die Firma Friedrich Krupp gemeinsam mit einigen osteuropäischen Staaten Industriewerke errichten will. Die ersten Fabriken sollen in Warschau, Posen, Kattowitz und Radom entstehen. Krupp will die Maschinen und das leitende technische Personal, Polen das Gelände, die baulichen Anlagen und die Arbeiter stellen.
Und auf einmal findet niemand mehr etwas Böses daran, die Bundesregierung stimmt zu, und selbst die Vertriebenenverbände können nichts dagegen einwenden. Im Grunde ist jedermann erleichtert, einfach weil dieser Plan eine reale, vernünftige Sache ist, eine echte Entspannung, die uns alle aufatmen läßt. Berthold Beitz hat mir mehr als einmal gesagt, wie sehr er die objektive Berichterstattung des STERN über Polen schätzt, und sein Urteil gilt mir mehr als das Geschrei der Berufsflüchtlinge um Herrn Seebohm und seinen SPD-Kontrahenten Wenzel Jaksch.
Vor zwei Monaten, als noch niemand etwas vom Ulbricht-Besuch in Kairo ahnte, kam STERN-Reporter Jörg Andrees Elten von einer Reise durch Israel und Ägypten zurück. Im STERN schrieb er über das Debakel der deutschen Nahostpolitik; er enthüllte die Folgen des persönlichen Geheimvertrages, den Konrad Adenauer mit Israels Ben Gurion geschlossen hatte. In einer Suite des Waldorf Astoria Hotels in New York hatte der Bundeskanzler dem damaligen israelischen Ministerpräsidenten Kriegsgerät im Werte von 320 Millionen Mark geschenkt. Dafür mochte er wohl hoffen, die Israelis würden von der Bundesrepublik nun fürs erste keine diplomatischen Beziehungen verlangen und Bonn nicht bei seinen arabischen Freunden in Verlegenheit bringen. Natürlich durften die das nicht erfahren, ebensowenig wie die Israelis erfahren durften, daß die deutschen Raketenbauer mit wohlwollender Duldung der Bundesregierung an Nassers Vernichtungswaffen basteln.
Aber weder die Israelis noch die Ägypter schwiegen. Jeder war ja brennend daran interessiert, das Verhältnis seines Gegners zu den mit Wiedergutmachungs- oder Entwicklungshilfe-Millionen so freigebigen Deutschen zu stören.
»Die Bundesregierung sitzt zwischen den Stühlen«, schrieb Jörg Andrees Elten, »und wird von beiden Seiten beschuldigt, ein infames Doppelspiel im Nahen Osten zu treiben. Sie muß sich vorwerfen lassen, in einem Gebiet, das von kriegerischen Spannungen erfüllt ist, zur Aufrüstung beider Parteien beigetragen zu haben.«
Noch ehe die Empörung der Betroffenen sich zu einer erneuten Kritik am »Illustriertenjournalismus« formuliert hatte, erwies sich die Richtigkeit dieser Analyse: Ulbricht fährt nach Kairo, um die Früchte zu ernten, die der Gärtner aus Rhöndorf gesät hat. Und das Parlament, über Adenauers Geheimabkommen nicht unterrichtet und über das gute Einvernehmen zwischen der Kairoer Deutschen Botschaft und Nassers deutschen Raketenbauern wissentlich getäuscht, hat nun nichts als das Nachsehen. Die Beziehungen mit Ägypten sind ohnehin auf dem Nullpunkt, und was die Israelis angeht, so steht ein Tabu gegen das andere: Man hat seinen Schuldkomplex gegenüber den Juden und möchte wiedergutmachen, aber doch auch nicht zuviel, weil das bei arabischen und deutschen Antisemiten Sympathien und Stimmen kosten könnte.
Mehr als zu anderen Zeiten werden im Wahljahr in unserem Parlament Entscheidungen vornehmlich aus taktischen Erwägungen getroffen. Man redet an der Sache vorbei zum Fenster hinaus und

denkt an die Wähler, oder man treibt sein Spielchen mit dem Partner und mit dem Gegner, der vielleicht schon der Koalitionspartner von morgen ist.

Wir haben es jüngst erlebt. Der Abgeordnete Wienand von der SPD, kein krakeelender Hinterbänkler, sondern immerhin der Stellvertretende Vorsitzende des Verteidigungsausschusses, hatte im STERN die Rüstungswirtschaft des Herrn von Hassel kritisiert. *Milliarden vertan, weil unzweckmäßig geplant und unwirtschaftlich durchgeführt* – so lautete, auf einen kurzen Nenner gebracht, sein Urteil. Der Verteidigungsminister – da finde ich nun wirklich keinen anderen Ausdruck – haute den armen Wienand kurzerhand in die Pfanne. Mit falschen Zahlen, halben Wahrheiten und ganzen Unwahrheiten. Und die Sozialdemokraten, diesmal in ihrer Rolle als *die beste CDU, die es je gab,* ließen ihren Wehrexperten Wienand in Hassels Pfanne braten, offenbar aus höheren, koalitionstaktischen Erwägungen. Denn wer als SPD-Politiker schon mit dem Gedanken spielt, er könne vielleicht eines Tages mit der CDU gegen die CSU die Regierung bilden, der wird sich in seinem legitimen Drang zur Macht doch nicht von der Tölpelhaftigkeit eines Michael Kohlhaas Wienand beirren lassen.

Der STERN ist dem in Bedrängnis geratenen Wehrexperten inzwischen mit dokumentarischen Unterlagen zu Hilfe gekommen.

Dafür darf uns Minister von Hassel unter dem Schutze seines Amtes ungestraft einer Fälschung bezichtigen: Der Inspekteur der Luftwaffe, General Panitzki, hatte über den aus Italien stammenden Jagdbomber »Fiat G 91« die ergreifende Tatsache berichtet, daß gelegentlich die Motoren dieses Flugzeuges in der Luft stehenblieben, so daß alle G-91-Flugzeuge vier- oder fünfmal stillgelegt werden mußten.

Wie entledigt man sich als Minister einer solchen Peinlichkeit? Man sagt einfach: »Es werden dem General Panitzki Äußerungen unterstellt, die er nicht getan hat.« Herr von Hassel weiß genau, die Immunität, die er als Landtagsabgeordneter genießt, schützt ihn vor einem Strafantrag wegen übler Nachrede, und eine Unterlassungsklage des STERN gegen diese Verleumdung ließe sich leicht über Jahre verschleppen. So bleibt uns nichts als die Umkehrung der Beweislast: Der STERN hat korrekt zitiert, und Herr von Hassel sagte ganz einfach die Unwahrheit. Nun mag er uns verklagen.

Aber wie denn, fühlt sich der STERN etwa schon als Parteiblatt der Sozialdemokraten? So fragten mich neun Abgeordnete der CDU in einem Fernschreiben. Wahrscheinlich war ihnen aufgefallen, daß unsere Informationen häufiger der Regierungspartei als der Opposition Kopfschmerzen bereiten.

Wären die Herren in einer klassischen Demokratie aufgewachsen, so hätte sie das wohl weniger irritiert. Schließlich bestimmt die Regierungspartei die Politik, und wo immer sie Fehlentscheidungen trifft, hat das konkrete Folgen. Kritik an einem Plan der Opposition, der ohnehin keine Aussicht auf Verwirklichung hat, ist weder sehr interessant noch unbedingt nützlich. Aber wer die Macht hat, der bedarf der Kontrolle in besonderem Maße. Um so mehr, wenn einer auf die Macht so selbstverständlich reflektiert wie die CDU/CSU seit nunmehr 16 Jahren.

Und noch mehr, wenn sie um die Macht so bangt wie die Regierungspartei in diesem Wahljahr. So sehr, daß sie sogar ihren eigenen Wohnungsbauminister am liebsten verleugnen möchte, weil er eine Politik betreibt, die zwar sachlich richtig und zweckmäßig, aber leider unpopulär ist. Der STERN hat keinen Augenblick gezögert, die vernünftige Politik des CDU-Wohnungsbauministers Paul Lücke zu vertreten. Täte das ein Parteiblatt der Sozialdemokraten? Soviel man im Parlament vernehmen konnte, schürten die Sozialdemokraten den öffentlichen Unmut über die Wohnungsbaupolitik der Regierung nach dem bewährten Grundsatz: Haust du meinen Erler, hau ich deinen Lücke.

Aber das sind nun einmal die Schattenseiten der Parlamentarischen Demokratie, die dennoch die beste aller möglichen Regierungsformen ist, solange die Parteien miteinander streiten und der Wähler die Wahl hat. Weil die menschlichen Fehler sich kompensieren, weil kein einzelner sein Fehlverhalten zur Norm erheben kann.

Wer allerdings glaubt, es genüge, wenn die Demokraten allein im Parlament säßen, der hat das Wesen der Demokratie gründlich mißverstanden. Weder das Gegeneinander noch das Miteinander der Parteien darf zum Selbstzweck werden. Die Gefahr, daß ein sich selbst überlassenes Parlament die Möglichkeit entdeckte, den politischen Kuhhandel an die Stelle der Herrschaft durch das Volk zu setzen, ist gar nicht von der Hand zu weisen. Wenn die Parteien darangehen, die Macht im Staate auf dem Wege des Ämtertausches und der gegenseitigen Konzessionen untereinander aufzuteilen, wäre die Demokratie bald erstickt.
Wir Zeitungsleute sind nicht frei von Fehlern und Versuchungen. So wenig wie jedermann. Aber vielleicht haben wir den Politikern die größere Unabhängigkeit voraus. Wir werden sie dazu benutzen, der Demokratie in unserem Lande möglichst viel Luft zu schaffen. Durch vorurteilslose, sorgfältige und kritische Information unserer Leser. Das wäre die »Illustriertendemokratie", auf die wir stolz sein dürften.
In der Woche, da General de Gaulle vorschlug, die Volksrepublik China an den Verhandlungstisch zu bringen, sprach Edgar Snow für den STERN mit Chinas Parteichef Mao Tse-tung. STERN-Leser können sich somit in diesem Heft selbst informieren, wie der Mann beschaffen ist, der das Gesicht der dritten Weltmacht prägte.

11. April 1965

Strauß – beim STERN entlassen

In der vorletzten Woche erschien in »Quick« und »Bild« unter der Überschrift »Der Versager des Jahres« ein heftiger Angriff gegen Bundesaußenminister Schröder. Ein Mann, der von sich sagt, er kenne die Vorgänge im Auswärtigen Amt aus eigener Anschauung, schiebt Gerhard Schröder die Alleinschuld am Versagen unserer Nahostpolitik zu. Obwohl dieser Artikel vieles in den Schatten stellt, was hierzulande an politisch persönlicher Diffamierung bisher üblich war, trägt er statt eines Verfassernamens lediglich drei Sterne.
Aber dieses Kainszeichen der Heimtükke kann die Merkmale Ihrer Regie nur schlecht verbergen, Herr Strauß!
Hatten Sie vergessen, daß Sie mich genau zehn Tage vor Erscheinen des Artikels am Telefon fragten, wie mir denn zumute sei, nachdem sich unser »Mann des Jahres« nun als der »Versager des Jahres« erweise? Hatten Sie damit gerechnet, daß geheim bleiben könnte, was von allem Anfang an sechs Beteiligte wußten? Die Wahrheit ist, daß Sie diesen Angriff gegen den Außenminister mit geplant, verabredet und inszeniert haben. Einen Angriff, der mit gezielt falschen Informationen einen Mann vernichten sollte, der Ihnen im Wege steht. Sie sind mit Gerhard Schröder nicht anders umgegangen, als Sie mit Ludwig Erhard umgehen möchten, sobald Sie die Zeit für gekommen halten. Ich war wirklich erschrocken, als Sie vor meinem Besuch beim Kanzler am 16. Februar eine selbstverfertigte Zusammenstellung peinlichster Anti-Erhard-Zitate aus der Schublade zogen. Zeigen Sie dieses Material dem Bundeskanzler, und es wird sich herausstellen, ob der Satz zutrifft, den Sie mit eigener Hand und rotem Stift daruntergeschrieben hatten: »Gummilöwe in Aktion«.

Ich werde es jedenfalls nicht zulassen, daß Sie weiterhin als Kolumnist im STERN wohlanständige Belanglosigkeiten von sich geben, um desto besser getarnt auf anderen Bäumen als politischer Heckenschütze in Stellung zu gehen.

Vergnügen mit Adrienne Mans

Kürzlich hat einer, dem unsere ganze Richtung nicht paßt, den STERN einen »Vergnügungsdampfer« genannt. Der das schrieb, hat es in der Wochenzeitung »Christ und Welt« geschrieben und scheint dennoch kein Christ von Welt gewesen zu sein, sondern ein echter deutscher Sauertopf. Wo sonst wird es einer Illustrierten als Zeichen der Geringschätzung angehängt, wenn sie ihren Lesern neben Information hier und da auch ein wenig Vergnügen bereitet? Wo sonst als in der journalistischen Provinz.

Aber da hätte ich ja fast meinen Freund Rudolf Augstein vergessen. Der hat uns im »Spiegel« mit der gleichen Vokabel bedacht, als Franz Josef Strauß für den STERN Kolumnen zu schreiben begann. Nun, da der Bayernführer bei uns von Bord gegangen ist, glaubt Rudolf Augstein in seinem politischen Kampf gegen Strauß der Galionsfigur einer Jayne Mansfield nicht entraten zu können. Ist der »Spiegel« nun auch ein »Vergnügungsdampfer«?

Wie dem auch sei, ich habe heute ein ganz besonderes Vergnügen. Diesmal besteht es nicht darin, der öffentlichen Hand ein wenig auf die Finger zu klopfen, Feuerchen unter Ministersesseln anzuzünden oder gar in Bausch und Bogen »eine neue Regierung« zu fordern. Diesmal handelt es sich nur um einen Roman, den ich Ihnen ankündigen möchte.
Der Roman läuft in diesem Heft schon in der zweiten Folge, aber da er ein wenig kompliziert anfängt, werden Sie schon noch mitkommen, wenn Sie heute beginnen. Es lohnt sich. Es wird ein richtiger psychologischer Thriller, der Spannung, Aufregung und nicht zuletzt Vergnügen verspricht.
Der Roman heißt »An den Ufern der Nacht«, die Autorin ist Adrienne Mans. Es ist ihr erster Roman. Wer ist Adrienne Mans?
Sie ist 1918 in Batavia geboren, der Vater holländischer Seefahrtskommodore mit einem Schuß Malaienblut, die Mutter entstammt einer nach England verschlagenen französischen Familie. Adrienne wuchs in englischen, holländischen und Schweizer Internaten auf, studierte in Cambridge und Lausanne. Sie schreibt über sich selbst:

»Mein Mann nahm mich Ende des Krieges als Beutegut mit nach Deutschland. Er ist Pommer und hat meinen Roman noch nicht gelesen. Meine Tochter ist mit einem Mediziner verheiratet; sie haben mich schon zur Großmutter gemacht, meine Enkelin wird in diesen Tagen vier Monate alt. Mein Sohn, Oberprimaner, will Rechts- und Staatswissenschaften studieren und ist mein strenger und sehr kritischer Korrektor.
Ich hatte ein paar Kurzgeschichten geschrieben, aber zu einem Roman hat die Zeit nie gelangt. Sie wissen ja, Beruf, Krieg, Ehe, Kinder. Ich war lange Jahre Dolmetscherin bei der Luftfahrt und arbeite heute noch als Übersetzerin in einem internationalen Industriekonzern. Erst als die Kinder erwachsen waren, habe ich mich hingesetzt und jede freie Zeit genutzt, abends, sonntags, immer. Mein Mann hat keine Notiz davon genommen. Nun, ist mir auch lieber, als wenn ich gegen sein überlegen mitfühlendes Grinsen hätte anschreiben müssen.

Als der Roman fertig war, habe ich ihn weggeschickt, ohne irgend jemandem aus meiner Familie zu sagen, an wen. Aber mein Sohn, der Oberprimaner und angehende Jurist, hat es dann doch aus mir herausgefragt. Da war ich schon drei Wochen ohne Antwort.
›An den STERN?‹ Er lachte mich ohne Mitleid aus: ›Und da wunderst du dich, daß die dir nicht gleich telegrafiert haben? Die werden doch keine unbekannte Autorin drucken! Paß auf, nach weiteren vier Wochen bekommst du das Manuskript mit einer vorgedruckten Ablehnung zurück.‹
Ich glaubte zu fühlen, daß er recht hatte. Aber er hatte meinen Widerspruchsgeist

gereizt. Ich wettete um eine Flasche Champagner, daß mir die Redaktion wenigstens einen Brief schreiben würde. ›Wenn der Brief länger ist als zehn Zeilen, bekommst du sogar drei‹, meinte er lakonisch.
Er tat mir richtig leid, mein Oberprimaner, als er die Wette einlösen mußte. Mit seinem Taschengeld kommt er nämlich nie hin. Aber Wettschulden seien Ehrenschulden, meinte er, und da gäbe es keine Ausrede.
Apropos Ausrede. Mein Mann sagte, jetzt wolle er den Roman auch lesen.«
Soweit Adrienne Mans über ihren ersten Roman. Und, wie gesagt, ich habe das Vergnügen, Ihnen bei der Lektüre viel Vergnügen zu wünschen. Womit der »Vergnügungsdampfer« in See stechen könnte.

22. Juni 1965

Das Leben vor der Geburt

In der letzten Woche hat die Illustrierte »Revue« auf sechs Seiten Bilder eines menschlichen Fötus veröffentlicht. Heute finden Sie im STERN die Reportage des schwedischen Fotografen Lennart Nilsson »Das Leben vor der Geburt«. Es dürfte keine weitere Woche vergehen, und der »Rheinische Merkur« wird entrüstet fragen, ob die deutschen Illustrierten nun von einer Fötus-Welle erfaßt worden seien. Mir scheint, ich bin Ihnen ein Wort der Erklärung schuldig.
Der STERN hat diese Reportage von »Life« gekauft. Sie war dort zuerst erschienen, und wir erwarben die deutschen Veröffentlichungsrechte. Das ist eine Methode, die durchaus auf Gegenseitigkeit beruht; die drei großen Illustrierten der Welt, »Life«, »Paris Match« und der STERN, helfen einander auf kollegiale Weise, und wir sind nicht wenig stolz darauf, daß es eine STERN-Redakteurin war, die zuerst herausgefunden hat, daß die Ermordung des Präsidenten Kennedy von dem Kleiderhändler Abraham Zapruder auf einem Amateurfilm festgehalten worden war. So konnten wir unseren Freunden von »Life« in ihrem eigenen Land behilflich sein.
Daß der STERN Lennart Nilssons Fotos von der Entwicklung des menschlichen Lebens im Mutterleib erworben hatte, war unter Journalisten kein Geheimnis geblieben. Schließlich hatten sich andere Blätter, darunter die »Revue«, vergebens um die deutschen Abdruckrechte bemüht. Daß wir, wie »Life«, diese durchaus einmalige Reportage nicht verstecken, sondern durch ein Titelbild ankündigen würden, war ebenso leicht zu erfahren. Die »Revue« erfuhr es. Und da die technische Produktion eines farbigen Titels in mehr als 1,8 Millionen Exemplaren einige Zeit braucht, konnten die Revue-Leute eben diese Zeit nutzen, um in sieben Tagen ein Plagiat dessen herzustellen, wozu Lennart Nilsson sieben Jahre gebraucht hatte. Man besorgte sich ein paar Lehrbuchfotos von Präparaten, ein Institut borgte einen in Spiritus konservierten Fötus, und – nun sträubt sich allerdings die Feder – man fotografierte das Ganze in einem mit Wasser gefüllten Kondom, das dann im Text als »künstliche Fruchtblase« ausgegeben wurde.
Die Verantwortung, mit der eine Redaktion arbeitet, setzt nirgendwo so zwingende Grenzen wie im medizinischen Bereich. Der STERN hat deshalb den »deutschen Krebsarzt« Dr. Issels niemals propagiert, und er hat seinen Lesern auch keine anderen Wundermittel gegen die in ihrem Spätstadium immer noch unheilbare Krankheit angepriesen. Weder das japanische »Bamfolin« noch das geheimnisvolle Serum des Belgiers

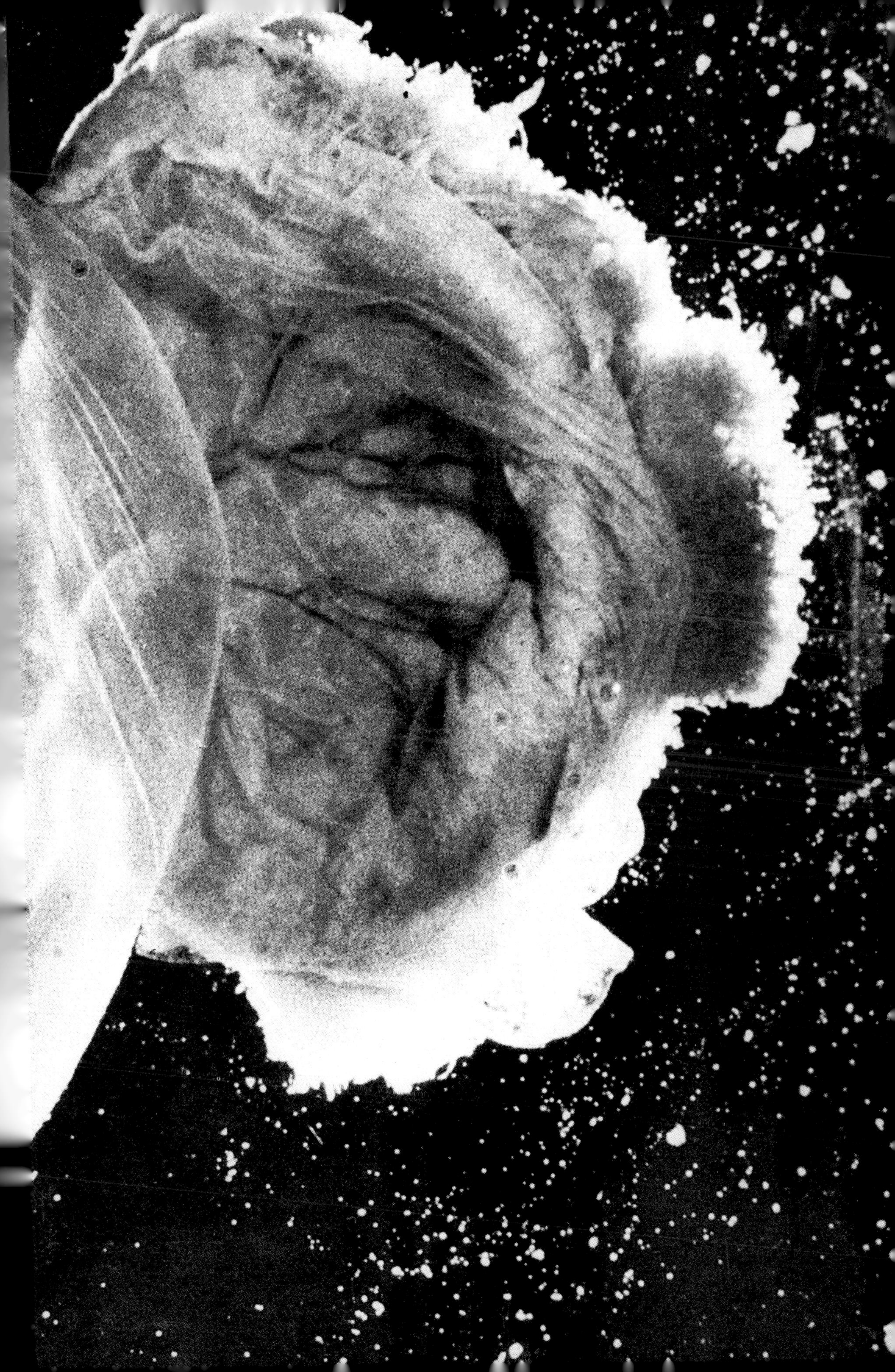

Gaston Naessens wurde von uns »zur Diskussion gestellt«.
Der Dr. Issels war ein juristisches und ein medizinisches Problem – sein juristischer Freispruch konnte die fehlenden medizinischen Erfolge nicht ersetzen. Sowohl Naessens' »Anablast« als auch das »Bamfolin« haben wir untersucht. Beides erwies sich als Schwindel. Darüber haben wir unsere Leser informiert, als anderswo der Rummel noch im höchsten Schwunge war.
Wir – wer ist das in diesem Falle? Welche fachliche Qualifikation gibt einer Zeitungsredaktion das Recht, Urteile in ärztlicher Sache zu fällen? Man meint das zu kennen: Da halten sich die Journalisten irgendeinen abgebrochenen Medizinstudenten, der ihnen die Fachausdrücke liefert, und dann wird unter der Devise »Ärztlicher Ratgeber« munter drauflosgeschrieben. Über was unterhalten sich die Menschen lieber als über ihre Krankheiten; der Identifikationswert medizinischer Themen ist durch nichts zu übertreffen. Viel klüger formuliert das Dr. med. Georg Schreiber in seinem Artikel »Medizin und Massenpresse« im »Deutschen Ärzteblatt«: »Letzten Endes strebt der Leser nach medizinischer Vollinformation aus stetiger Angst vor einem unbedingt herannahenden Unabwendbaren, vor einem frühzeitigen Tode. Man will wissen, was denn die Medizin vollbringen kann, um das Unabwendbare wenigstens hinauszuzögern.«
Dem STERN-Leser wird diese »medizinische Vollinformation« geboten dank eines Arbeitskreises von 23 deutschen Medizinern – Ordinarien medizinischer Universitätsfakultäten, Professoren, Chefärzten und niedergelassenen Ärzten aller Fachrichtungen. Wann immer der »Arzt im STERN« erscheint, steht dahinter kein »Medizinschriftsteller«, sondern ein Facharzt von Rang. Daß sein Name nicht genannt wird, ist ein Gebot ärztlicher Standesvorschriften. Ich halte diese Vorschriften für überholt, aber es ist nicht meine Sache, daran zu rütteln. Die von gewissen Blättern gern verbreitete Ansicht, daß Schulmediziner gegenüber »revolutionären Entdeckungen« blind seien, ist barer Unsinn. Weder Robert Koch noch Jonas Salk, der das Serum gegen die Kinderlähmung fand, waren Außenseiter. Sie waren Schulmediziner. Aber mit Medizinern ist das wie mit anderen Menschen auch, manchmal hat mancher einen blinden Fleck. Aber dagegen gibt es ein probates Mittel: Wir befragen in jedem Fall mehrere.
Auf diese Weise wurde der STERN die erste deutsche Zeitschrift, die Fotos von einer Operation in Unterkühlungsnarkose veröffentlichte. STERN-Reporter fotografierten sie im Pariser Militärhospital Val de Grâce, ehe selbst medizinische Fachzeitschriften in der Bundesrepublik über diese revolutionäre Operationstechnik berichten konnten. Und STERN-Leser spendeten im Jahre 1958 die Summe von 267 000,– DM, mit der die erste amerikanische Herz-Lungen-Maschine für die Freie Universität in Berlin angeschafft und ein Berliner Ärzteteam in der Operationstechnik am offenen Herzen ausgebildet werden konnten.
Als die Gynäkologen in unserem Ärztekreis Lennart Nilssons Fotos vom Leben vor der Geburt sahen, waren sie ebenso überwältigt wie der Direktor der Stockholmer Universitäts-Frauenklinik, der ausgerufen hatte: »Das ist wie der erste Blick auf die Rückseite des Mondes. Nie zuvor wurden Fotos *in utero* gemacht, bei denen man in der natürlichen Umgebung Entwicklungen erkennen kann, die uns ganz neue Aufschlüsse geben.« Sie alle waren übereinstimmend der Meinung, daß die Reportage den STERN-Lesern nicht vorenthalten werden sollte. Weil diese Fotos mehr als alle theoretischen Erklärungen die Ehrfurcht vor dem Leben zu erwecken vermögen.

Wenn Kinder Krieg spielen . . .

Sie finden auf den folgenden Seiten eine Serie von Bildern, für die der STERN keine Lorbeeren beansprucht. Die Fotos wurden in Lüneburg aufgenommen, sie hätten genausogut in Winsen oder in Gifhorn entstehen können. Anderswo nicht. Noch nicht.

In den genannten Orten liegen Bundesgrenzschutz-Einheiten, die in diesen Wochen Berliner Ferienkinder im Rahmen der Aktion »Ein Platz an der Sonne« zu sich eingeladen haben. Drei Wochen verbringen die Berliner Jungen, 14- bis 16jährige, in den Stuben, auf den Exerzierplätzen und im Manövergelände des Bundesgrenzschutzes.

Auf den ersten Blick ein rührender Gedanke. Auf den zweiten Blick eine makabre Erinnerung. Berliner Jungen, die Enge der umschnürten Großstadt gewohnt, erleben den weiten Himmel der Lüneburger Heide, fahren mit Jeeps durchs Gelände, wandern – o nein, da ist es schon, das alte Bild von damals: Sie marschieren, das MG auf der Schulter, die schmalen Gesichter unter den viel zu großen Stahlhelmen, sie nehmen volle Deckung, robben sich an den Feind heran, schießen auf Menschen – keine lebenden Menschen, aber immerhin werden wir sehen, daß diese »Pappkameraden« in der Vorstellung der Jungen nicht irgendwelche Phantome sind, sondern Russen, Kommunisten, Sowjets oder wie man solche Untermenschen immer nennen mag. Schlagen Sie die Seiten um, und das Bild wird Ihnen wieder vor Augen stehen: letztes Aufgebot eines verlorenen Krieges, Werwölfe, hungrige Kinder in viel zu weiten Uniformen, den Mut der Angst in den Augen, die Panzerfaust in der Hand, der Führer empfängt sie im Hof der Reichskanzlei, heftet ihnen das Eiserne Kreuz an den Rock, tätschelt ihre Wangen, und dann gehen sie wieder durch die Trümmer, lauern den russischen Panzern auf, bis eine Granate ihre kindlichen Leiber zerfetzt.

Den Jungen, die da in der Lüneburger Heide im Jahre 1965 Krieg spielen, soll niemand einen Vorwurf machen. Sie sind ganz normale, ganz gesunde Buben. Wer von uns, als wir vierzehn waren, hätte da nicht begeistert mitgemacht. Und soll keiner glauben, daß englische oder französische oder auch russische Jungen anders reagierten. Und dennoch, da sind Unterschiede.

Die Jungen kommen aus Berlin. Wenn sie auf Fahrt gehen wollen, heißt es: Das geht nicht, da ist die Zone. Wenn sie auf dem Müggelsee segeln wollen, dann heißt es: Das geht nicht, der gehört zum russisch besetzten Gebiet. Und wenn sie ihre Tante in Werder oder Adlershof oder Mahlsdorf besuchen wollen, dann geht auch das nicht, denn da ist die Mauer. Und die ist von den Russen gebaut. Das stimmt zwar nicht, denn die Mauer ist von Deutschen errichtet, und die Zone geriert sich inzwischen als ein deutscher Staat, aber für Vierzehnjährige sind das da drüben eben doch schon die Russen. Und so unrecht haben sie ja nicht, was wäre jener deutsche Staat ohne die Russen, die ihn schufen und die ihn garantieren.

Ist es ein Wunder, wenn sich bei Berliner Kindern die Begriffe »Feind« und »Rußland« unmerklich übereinanderschieben? Wir haben die Jungen gebeten, uns etwas über ihr schönstes Ferienerlebnis in Lüneburg aufzuschreiben. Und da steht es nun, was der 16jährige Hans-Joachim Sch. empfand, als ihm einer der Ausbilder im Gelände ein MG in die Hände gab: »Plötzlich glaubte ich, ein anderer Mensch zu sein. Solche Kraft schien von der Waffe auszustrahlen. Ich fühlte mich stark genug, notfalls ganz Rußland damit zu erobern.« Und ein anderer, Michael D., 14 Jahre alt und Schüler der 8. Klasse, will es gleich mit einer ganzen »Garnison Russen« aufnehmen.

Ob einer der Jungen die Bilder der letzten Kriegsjahre gesehen hat? Die Leichenhügel vor Stalingrad, die endlosen Kolonnen von abgerissenen Gefangenen in der schneebedeckten Steppe, die Tausende von Erfrorenen am Wege? Und das waren keine Russen, das waren

Deutsche, und es ist nicht längst verstaubte Historie, es war erst gestern, es waren die Väter dieser Jungen, die nun plötzlich wieder die geheimnisvolleKraft zu spüren glauben, die von einer Waffe ausgeht.

Wäre es nicht die Schuldigkeit der Offiziere und Unterführer des Bundesgrenzschutzes gewesen, ihren Berliner Jungen zu erklären, was für eine verdammt bittere und ernste Sache es ist, wenn man mit dem Gewehr auf Menschen schießen muß, weil anders man sein Leben und seine Freiheit nicht mehr verteidigen kann? Hätte es eine bessere Gelegenheit gegeben und aufmerksamere Schüler, um den Unterschied zu demonstrieren zwischen dem Schießbefehl Ulbrichts, der die eigenen Landsleute an der Mauer abknallen läßt, und der Notwendigkeit, unser Land vor solcher Unfreiheit zu bewahren?

Statt dessen stehen sie da und sehen den Jungen über die Schulter, wie die in kindlichem Unverstand von der »Eroberung« Rußlands bramarbasieren. Mir scheint, hier haben die Verantwortlichen des Bundesgrenzschutzes eine Niederlage erlitten. Ehe der äußere Feind sie bedrängte, sind sie dem inneren erlegen. Wie gesagt, der STERN erwartet für diese Reportage keine Lorbeeren. Ich weiß, daß man im Ausland diese Bilder herumzeigen wird und sagen: »Seht, es ist schon wieder soweit!« Und daheim höre ich schon das böse Wort vom Beschmutzen des eigenen Nestes.

Dennoch. Wir müssen den Anfängen wehren. In diesem Jahr waren es 20 Berliner Jungen, die auf so fatale Weise der Faszination eines MGs erlagen. Es hätten im nächsten Jahr zweihundert oder zweitausend sein können. Ulbricht und seine sowjetischen Beschützer haben gewiß keinen Grund zur Empörung. Sie säen den Wind jeden Tag. An uns ist es, und besonders an unseren Soldaten, darüber zu wachen, daß kein Sturm daraus wird.

17. August 1965

Schlesinger über Kennedy

Wenn Theodor Mommsen an Cäsars Tisch gesessen und Friedrich Sieburg mit Napoleon vor Moskau biwakiert hätte, wieviel leichter hätten sie es gehabt, ihre Biographien zu schreiben, und, wer weiß, vielleicht wäre unser Geschichtsbild um einige Nuancen farbiger, lebendiger – und wohl auch richtiger ausgefallen.
Historiker, das ist die Regel, sind auf das Quellenstudium in Büchern, Dokumenten, zeitgenössischen Berichten angewiesen. Aber aus dem Staub der Archive erstehen keine Gestalten von Fleisch und Blut, es gehört schon ein gut Teil von der Phantasie des Schreibenden dazu.
Auf der anderen Seite: Wie viele Berichte von Zeitgenossen gibt es etwa über Adenauer – und doch erschöpfen sich die meisten im Anekdotischen, sind viele aus zu großer Nähe gesehen, von der Verehrung verzeichnet, von der Abneigung verzerrt. Da fehlt bisher noch das Koordinationssystem des Historikers, mit dem – vorbei an den Umständen und Zufälligkeiten des Tages – der Punkt bestimmt wird, den Adenauer einmal in der Geschichte unserer Zeit einnehmen wird.
Der erste Bericht über John F. Kennedy, mit dessen Abdruck der STERN heute beginnt, ist von einem Mann geschrieben, der auf Zeugnisse aus zweiter Hand nicht angewiesen war. Arthur M. Schlesinger jr. gehörte zum Kreise der Freunde des Präsidenten, er war unmittelbar dabei, wenn im Weißen Haus Geschichte gemacht wurde, und nicht selten hatte er

seine Hand als Berater des Präsidenten dabei im Spiel.
Wie sein Vater war Arthur M. Schlesinger jr. Geschichtsprofessor in Harvard geworden, hatte schon 1946 als 28jähriger mit einer Biographie des Präsidenten Jackson den Pulitzer-Preis für Geschichte gewonnen und war eben dabei, ein auf sieben Bände angelegtes Werk über die *Ära Roosevelt* zu schreiben, als John F. Kennedy ihn 1959 zunächst für seinen Wahlkampf und dann als *Special Assistant to the President* ins Weiße Haus holte.
Arthur M. Schlesinger jr., dessen unermüdliche Energie der Präsident oft hervorhob, wenn er selbst von intellektuellen Zweifeln geplagt oder von der physischen Bedrängnis seines alten Kriegsleidens gepeinigt wurde, dieser zähe, immer wieder wache Mitarbeiter Schlesinger war zugleich ein aufmerksam beobachtender und sorgfältig registrierender Historiker. Er hatte nicht vorgehabt, ein eigenes Buch über die Ära Kennedy zu schreiben, er wollte seine Notizen später einmal dem Präsidenten geben, »der wird seinen Pulitzer-Preis schon selber gewinnen«, hatte er gelegentlich gesagt. Aber nach dem Mord von Dallas fiel ihm die Aufgabe einfach zu: »Auf einmal wurde mir klar, daß ich der einzige Historiker gewesen war, dem das Schicksal für einige Jahre die Möglichkeit gegeben hatte, Geschichte dort zu erleben, wo sie geschah. Ich meine, daß ich es sowohl dem toten Präsidenten als auch meinem Beruf schuldig war, das alles aufzuschreiben.«
Einige Politiker, die sich heute gern auf Kennedy berufen, werden den Bericht mit nicht geringer Sorge lesen. Die ersten beiden von »Life« veröffentlichten Kapitel, in denen Kennedy seine Meinung über Lyndon B. Johnson und Dean Rusk sagte, haben in Amerika Aufsehen erregt. Nicht anders wird es bei uns sein, wenn von den bundesdeutschen Belangen die Rede ist.

Aber die Historie fragt nun einmal nicht nach Empfindlichkeiten.

29. August 1965

Kinder an der Panzerfaust

Wenn man dem Brigadegeneral im Bundesgrenzschutz, Siegfried Noffke, glauben könnte, dann hätte der dreiundzwanzigjährige STERN-Reporter Ralf Döring zwei Bundesgrenzschutz-Einheiten in Lüneburg und Winsen einfach überfahren. Dann hätte er – sehen Sie sich das Bild meines jungen Kollegen auf der nächsten Seite genau an –, dann hätte er Kammerbullen zur Herausgabe von Maschinengewehren an Kinder veranlaßt, hätte Schützenpanzer durchs Gelände fahren, Grenzjäger in Anschlag gehen und Wachen ins Gewehr treten lassen. Die ganze Abteilung hätte auf sein Kommando gehört, nebst Unteroffizieren und Offizieren.
Denn, so sagt General Noffke, diese Bilder sind alle gestellt. Nie hätten die Berliner Ferienkinder an Geländeübungen teilgenommen, nie sei ihnen das Kriegshandwerk als eine feine Sache dargestellt worden, und nur einmal, nur »für einen Augenblick«, habe man ihnen ein Gewehr in die Hand gegeben, um ihnen das Gewicht der Waffe zu demonstrieren.
Und die Bilder – wie erklärt der General, daß sie zustande kamen? Nun ja, Herr Döring habe Anweisungen gegeben, wie es gemacht werden solle, legt an, gebt Feuer und so weiter, und in Gruppen rechts schwenkt marsch – der dreiundzwanzigjährige ungediente Döring! –, und man habe getan, was der Reporter befahl, und das alles habe sich hinter dem Kraftfahrzeugschuppen auf dem Kasernenhof zugetragen. Der General hatte wohl nur die beiden Bilder in der vorletzten Ausgabe des STERN gesehen

und geglaubt, auf den anderen Filmen sei nichts drauf. Aber was ein rechter General ist, der hat natürlich nicht nur eine Erklärung, sondern auch einen Sündenbock bei der Hand. Und so spricht denn General Siegfried Noffke von dem »fast unverständlichen Verhalten« seiner Untergebenen, das nur »wegen der bisher immer guten Presseberichte über den Bundesgrenzschutz zu erklären ist«.

Da haben wir's. Hätte der STERN diesen groben Unfug des Bundesgrenzschutzes mit Berliner Ferienkindern gutgeheißen, hätte er unter die Bilder geschrieben, was etwa die »Hannoversche Presse« unter dem Foto eines Zwölfjährigen am MG schrieb, oder was die »Neue Ruhr Zeitung« über den Besuch von Vierzehnjährigen bei einem Raketenartillerie-Bataillon der Bundeswehr berichtete, dann sähe die Sache ganz anders aus.

»Bei Kakao und Kuchen«, heißt es in der »Hannoverschen Presse«, habe der Oberleutnant Schütte eine Gruppe Berliner Ferienkinder in der Bundeswehrkaserne in Osterode begrüßt. »Die Kinder wurden in zwei Gruppen aufgeteilt, und schon ging es an die ›Arbeit‹ . . . Für die Jungen war ein Schießen mit einem MG besonders interessant.« Und dann, unter dem Foto, das wir auf dieser Seite nachdrucken: »Thomas Kucharski scheint ein ›echter‹ MG-Schütze zu sein, denn er machte alles vorschriftsmäßig und feuerte Platzpatronen auf Pappkameraden ab.«

Vorschriftsmäßig schießt ein Zwölfjähriger auf Pappkameraden. Herrgott, ist denn keiner dagewesen, der den Kindern gesagt hat, daß 4,4 Millionen Deutsche im letzten Krieg gefallen sind? Verblutet, von Granaten zerrissen, mit heraushängendem Gedärm langsam verreckt, erfroren in der russischen Steppe, zu Tode gequält und verhungert in Gefängnislagern? Schießt man bei uns schon wieder auf Pappkameraden?

Bei der »Neuen Ruhr-Zeitung« sind es ausnahmsweise nicht Berliner Ferienkinder, sondern es ist eine Jugendgruppe aus Dinslaken, die mit Panzerfäusten auf einen alten englischen Panzer schießen darf und zuschaut, wie tückische Tretminen in die Luft gehen. Oberleutnant Jülich von der Bundeswehr ist dabei, und nicht von ungefähr ist der Leiter der Jugendgruppe ein Mitglied des *Deutschen Soldatenbundes*. Und was schreibt die Zeitung? »Höhepunkt dieser Übung aber waren die Sprengung einer einzelnen Panzermine und die Detonation zweier dieser Minen kurz nacheinander. Mit leisem Bedauern ließen sich die begeisterten Pfadfinder bald darauf zurückbringen.«

Mit leisem Bedauern . . .

Ich brauche mich hier nur an die Eltern unter den STERN-Lesern zu wenden, die selber Kinder in diesem Alter haben. Wollen Sie wirklich, daß Ihre Kinder der Faszination von MGs, von Panzerfäusten und Tretminen erliegen? Wollen Sie, daß Ihre Kinder glauben, mit der Waffe in der Hand ließen sich die Probleme dieser verwirrten Welt am einfachsten lösen? Sie wollen es nicht.

Dann werden Sie mit mir der Meinung sein, daß der STERN gut daran getan hat, diesen hirnverbrannten Unfug aufzudecken und der Kriegsspielerei von Kindern Einhalt zu gebieten. Denn alle Tricks der ertappten Verantwortlichen können nicht darüber hinwegtäuschen: Die Bilder auf diesen Seiten sind echt. Die Aufsätze sind echt, in denen Kinder schilderten, wie sie nicht einmal, sondern mehrfach mit Waffen hantierten, wie sie ins Gelände marschierten und auf einen »imaginären Feind« feuerten. Das alles geschah längst, ehe der STERN-Reporter auf der Bildfläche erschien. Die Aufsätze sind echt, in denen Kinder sagten, daß sie sich mit dem MG stark genug fühlten, um »notfalls ganz Rußland damit zu erobern«. Und niemand wird behaupten können, daß der Reporter den Kindern dabei die Hand geführt habe. Im Gegenteil: Inzwischen stellte sich heraus, daß einer dieser fatalen Aufsätze von einem Grenzschutzsoldaten verfaßt wurde.

Ich habe im vorletzten STERN geschrieben, daß wir nicht erwarten könnten, mit diesen Bildern Lorbeeren zu ernten. Ich habe gewußt, daß man uns vorwerfen würde, wir beschmutzten damit das eigene Nest. Und ich habe diese Vorwürfe in Kauf genommen. Weil ich meine, wenn man Schmutz im eigenen Nest findet, dann soll man ihn hinausschaufeln, ganz gleich, was die Welt darüber spricht.

Denn das ist es, was uns von kommunistischen und anderen Diktaturen unterscheidet und was unsere Freiheit ausmacht: daß wir nicht lügen müssen, wo die Wahrheit schmerzlich ist.

Die STERN-Reportage von den Berliner Ferienkindern beim Bundesgrenzschutz ist eine peinliche Wahrheit. Bundesinnenminister Hermann Höcherl, dessen Beauftragte zunächst den Vertuschungsmanövern des Generals Noffke auf den Leim gegangen waren, hat mir mitgeteilt, daß er die Verlautbarung seines Ministeriums annullieren lasse und einen unabhängigen Richter mit der Untersuchung der Vorgänge betrauen wolle. Ich bezweifle nicht, daß damit den militärischen Spielereien von Kindern ein Ende gesetzt wird.

5. September 1965

Angelika Kurtz ein Opfer der Presse?

Das Mädchen Angelika Kurtz ist nicht nur ein Opfer der deutschen Teilung, es scheint auch ein Opfer journalistischer und politischer Verantwortungslosigkeit zu werden.

Kein Zonengericht, keine Besatzungsmacht, sondern ein Kammergericht in Westberlin hat geurteilt, daß die in der Zone lebende Mutter Angelikas das Recht hat, ihre Tochter zu sich zu nehmen. Der Bundesgerichtshof, die oberste Rechtsinstanz in der Bundesrepublik, hat entschieden, daß dieses Urteil zu Recht ergangen ist.

Das ist, wenn man bedenkt, daß das Kind einst von seiner Mutter weggegeben wurde und bei den Eltern des unehelichen Vaters aufwuchs, ein schreckliches Urteil.

Aber es ist unumstößliches Recht. Und wohin wir kommen, wenn die Gerichte nicht mehr nach dem Gesetz, sondern nach dem sogenannten gesunden Volksempfinden urteilen, das haben wir alle erlebt. Niemand kann wünschen, daß ungeachtet bestehender Gesetze eines Tages wieder aus »politischer Zweckmäßigkeit« das Abhören eines englischen Rundfunksenders unter Strafe gestellt und schließlich die Ermordung unerwünschter Häftlinge im Konzentrationslager legalisiert würde. Das Gesetz ist in einem Rechtsstaat heilig, und wer die öffentliche Meinung mit gefühlsbetonten Argumenten dagegen aufzuwiegeln versucht, stößt uns auf die abschüssige Bahn, an deren Ende größeres Unrecht als der Fall Angelika Kurtz steht.

Nun hätte sich im Fall Angelika Kurtz aber sicher etwas arrangieren lassen, wenn sich nicht die Massenpresse des Mädchens bemächtigt und es zum Opfer eines Prestigestreits zwischen Ost und West gemacht hätte. Gerade wenn man bedenkt, daß zwischen der Mutter und ihrem Kind bisher keine menschlich nahe Beziehung entstehen konnte, ist anzunehmen, daß es Mittel und Wege gegeben hätte, die Mutter zum Verzicht auf Angelika zu bewegen. Und wenn man ferner bedenkt, daß der gesamtdeutsche Minister seit zwei Jahren Häftlinge aus ostzonalen Zuchthäusern freikaufen konnte, dann ist es undenkbar, daß Dr. Erich Mende im Rahmen dieses humanen Geschäfts nicht auch einen Preis für Angelika Kurtz hätte aushandeln können.

Vorausgesetzt, die Presse hätte den Fall nicht an die große Glocke gehängt.

Nun aber ist der Kampf zwischen »Bild«-Zeitung und ostzonalem Fernsehen auf der ganzen Linie entbrannt. Niemand will zurückstecken. Schreibt die »Bild«-Zeitung »SED setzt Angelikas Mutter unter Druck«, dann erscheint prompt die Mutter auf den zonalen Bildschirmen und beteuert, daß nur die Sehnsucht nach ihrem Kind sie treibe. Und so geht

es weiter. Je sentimentaler die Argumente auf beiden Seiten, desto gnadenloser wird dabei das Kind zum Opfer des politischen Machtkampfes.
Es ist wie vor dem 13. August 1961, als die täglichen triumphierenden Schlagzeilen der »Bild«-Zeitung über »neue Flüchtlingsrekorde« den SED-Staat immer nervöser machten und ihn schließlich geradezu zwangen, eine Mauer aufzurichten, wenn er nicht ausbluten und seine Ohnmacht vor aller Welt zugeben wollte.
Und es ist wie vor wenigen Wochen, als ein Grenzsoldat der Zone zu drei Jahren Zuchthaus verurteilt wurde, weil er auf einen Flüchtling so ungenau gezielt hatte, daß keine Kugel den Flüchtenden traf. Denunziert wurde dieser anständige Grenzsoldat dadurch, daß westdeutsche Zeitungen es sich nicht verkneifen konnten, über diese trotz Beschuß gelungene Fluchtaktion lauthals zu jubeln.
Den törichtsten Beitrag zum Fall Angelika Kurtz allerdings leistete sich Vertriebenenminister Ernst Lemmer. Er forderte in einer Wahlversammlung in Schwäbisch Hall, man solle den Fall Angelika Kurtz vor die Menschenrechts-Kommission der Vereinten Nationen bringen.
Ein Minister der Bundesrepublik also ruft eine internationale Behörde gegen das Urteil des höchsten Gerichts der Bundesrepublik an. Warum? Etwa weil er die vom Bundesgerichtshof gutgeheißene Gesetzesauslegung des Westberliner Kammergerichts für menschenrechtswidrig hält? Das kann nicht sein, denn das Gesetz läßt dem Gericht keinen anderen Weg offen.
Also ist das Gesetz schlecht und muß geändert werden?
Jawohl! Das Gesetz, nach dem der uneheliche Vater mit seinem Kind nicht verwandt ist – und nur nach diesem Gesetz mußte im Falle Angelika Kurtz zugunsten der in der Zone lebenden Mutter entschieden werden –, dieses Gesetz ist allerdings veraltet und schlecht. Aber nicht die Vereinten Nationen können das ändern, sondern der Deutsche Bundestag, in dem Ernst Lemmers CDU die Mehrheit hat. Sie aber hat sich gegen eine Änderung dieses Gesetzes bisher gesträubt.

Man sieht, so wird ein Kind geopfert, wenn es um Schlagzeilen und Wahlpropaganda geht.

7. September 1965

Wer hilft den Contergan-Kindern?

Wer gegen den Krebs ist und gegen Herzinfarkt, der wird es mit seiner Entscheidung am 19. September nicht leicht haben. Die SPD verspricht, eine »Gesundheitsrakete« zu starten, wenn nur Willy Brandt erst Kanzler ist. Die Regierungsparteien fragen in Zeitungsanzeigen »Wann ist Krebs heilbar?« Und auch der DFU darf man nicht unterstellen, daß sie etwa für die Verbreitung der venerischen Krankheiten wäre.
So bleibt uns nur übrig, die vielversprechenden Bewerber um unsere Wählergunst an ihren Taten zu messen. Und dazu gibt es in der Bundesrepublik einen erschütternden Anlaß.
Vor fünf Jahren brach über uns die Katastrophe der körperlichen Mißbildungen bei Neugeborenen herein, die man nach dem damals vielgebrauchten Schlafmittel »Contergan-Kinder« nennt, obwohl bis heute nicht mit letzter Sicherheit nachgewiesen wurde, daß dieses Mittel tatsächlich die alleinige Ursache des Unglücks war, das in der Bundesrepublik mehr als zehntausend Väter und Mütter getroffen hat.
Solange aber dieser Nachweis gerichtlich nicht erbracht ist und solange man den

Verantwortlichen der pharmazeutischen Fabrik keine Nachlässigkeit bei der Erprobung des Mittels anlasten kann, darf nach den unverrückbaren Gesetzen eines Rechtsstaates die Herstellerfirma für den Schaden nicht haftbar gemacht werden.

Wer aber hilft den Eltern?
Wenn ein Mann im Kriege seinen Arm verloren hat, dann wird ihm eine Prothese angemessen. Ein Contergan-Kind aber, dem Arme und Beine fehlen, braucht nicht vier, es braucht bis zu vierzig Prothesen. Denn um die nötige Fertigkeit mit den künstlichen Gliedern zu erlangen, muß das Kind sie dauernd tragen. Und da es wächst, werden die Prothesen jeweils nach ein bis zwei Jahren unbrauchbar. Eine Familie, deren Ernährer monatlich tausend Mark verdient, ist mit einem mißgebildeten Kind zum Hungern verurteilt. Denn zu den Kosten der Prothesen kommen Operationen, Heilmittelkosten für die Unterbringung in Krankenhäusern und Spezialschulen.
Was da geschehen ist, ist ein nationales Unglück.
Und die Nation, von deren »formierter Gesellschaft« in Kanzlerreden so viel geschwafelt wird, was tut sie? Mit dieser »formierten Gesellschaft« kann doch wohl nur unser Staat gemeint sein, an dessen Spitze die Bundesregierung steht.

Was also tut die Bundesregierung?
Nichts!
Sehen Sie die Bilder auf den Seiten 22 bis 30 an. Das sind Kinder, denen Arme und Beine fehlen. Aber sie haben ein Herz wie Ihr und mein Kind. Ihre Seele empfindet Lust und Schmerz, wie Sie und ich sie empfinden. Sie weinen und sie lachen, auch wenn sie nur ein hilfloses Bündel Mensch sind. Und die meisten von ihnen haben einen wachen Verstand, der bohrt und fragt: »Warum bin ich nicht, wie die anderen Kinder sind?«
Was für ein erbärmlicher Staat, der diesen Ärmsten seine Hilfe versagt. Was für eine erbärmliche Regierung, die jedem Interessenverband Geld und Steuersubventionen in den Hals stopft, die aber vor solcher Hilflosigkeit ihren Beutel verschließt, weil die paar tausend Eltern von Contergan-Kindern als Wähler nicht sonderlich ins Gewicht fallen.

17. Oktober 1965

Das verpflanzte Gedächtnis

Die Dreißigjährigen unter uns werden es noch erleben, daß ein Mensch, dem beide Nieren herausoperiert werden müssen, deshalb nicht zu sterben braucht. Und noch ehe sie fünfzig sind, werden sie in der Zeitung lesen, daß es zum ersten Male gelungen ist, ein lebendes Herz von einem Menschen in einen anderen zu verpflanzen. Mädchen mit dem Geburtsjahr 1965 werden keine Angst mehr vor Fehlgeburten haben, weil es möglich sein wird, zu früh geborene Kinder in einer künstlichen Gebärmutter ausreifen zu lassen.

Nichts ist so erregend, so wunderbar und zugleich so beängstigend wie der Durchbruch der modernen Biologie und Medizin zu bisher unbekannten Ufern.

Denn nicht nur ungeborene Kinder wird man aufziehen können. Nicht nur defekte Organe wird man ersetzen, wie heute die schadhaften Teile eines Autos einfach ausgetauscht werden. Schon ist es möglich, die Persönlichkeit eines Menschen zu verändern. Wir können Kriminellen ihre Triebhaftigkeit durch eine verhältnismäßig simple Gehirnoperation nehmen. Wir verabreichen ängstlichen

Patienten Mutpillen und beseitigen Depressionen durch Psychopharmaka.
Und die Idee des amerikanischen Biologen James S. Hayes, den gesamten Bewußtseinsinhalt eines hochbegabten Sterbenden auf seinen Sohn oder einen anderen jungen Menschen zu übertragen, ist in den Bereich der Wirklichkeit gerückt, seitdem es McConnen im Tierexperiment gelang, Erinnerungen und Erfahrungen aus Hirnzellen zu extrahieren und in ein anderes Gehirn zu verpflanzen.
Der amerikanische Nobelpreisträger für Medizin H. J. Muller hat vorgeschlagen, die erbliche Veranlagung der Menschheit durch planmäßige Auswahl der Erbfaktoren zu verbessern. In »Sperma-Bänken« soll menschlicher Samen ausgewählter Spender zur künstlichen Befruchtung angeboten werden. Kataloge würden die Interessenten über die Qualität des ihnen angebotenen Erbgutes informieren, und die Frau könnte wählen zwischen einem mit hoher Wahrscheinlichkeit musikalisch veranlagten oder einem sportlich begabten Sohn. Karajan oder Uwe Seeler hieße dann die Frage, die durch konsequente Erbauswahl zu lösen wäre. Übrigens haben amerikanische Frauen bereits während des Koreakrieges, durch die Vorschläge Mullers angeregt, den Wunsch geäußert, Samendepots ihrer Männer anzulegen, um von ihnen auch dann noch Kinder zu bekommen, wenn sie fallen sollten. Das können wir heute schon.
Dürfen wir es auch?
Dürfen wir alles, was wir können?
Dürfen wir dem Schöpfer so ins Handwerk greifen? Ist unser sittliches Verantwortungsgefühl in gleichem Maße gewachsen wie unsere naturwissenschaftlichen Erkenntnisse und Fähigkeiten?
Kommen wir zurück auf unser erstes Beispiel, den Fall des Patienten, dem beide erkrankten Nieren entfernt werden müssen. Es gibt heute künstliche Nieren, an die der Patient wöchentlich zweimal – bis zu seinem Lebensende – angeschlossen wird, um sein Blut von den Stoffwechselgiften zu befreien.
Aber diese künstlichen Nieren sind noch immer so selten – und ihre Anwendung ist so teuer –, daß nicht alle Menschen, die nach Ausfall beider Nieren damit am Leben erhalten werden könnten, Zugang zu einem solchen Gerät finden. In Seattle (USA) entscheidet ein anonymes Laiengremium darüber, welche Patienten gerettet werden und welche – die Mehrzahl! – sterben müssen.
Dürfen wir das? Dürfen sich Menschen so zu Herren über Leben und Tod machen? Und nach welchen Gesetzen urteilen sie?
Aber was anderes sollten wir tun? Fragen über Fragen.
Eines Tages wird man alternde Menschen so mit »Ersatzorganen« versorgen können, daß ihr Leben wesentlich verlängert wird. Aber eine Zeitlang wird auch das wieder nur in einer relativ begrenzten Zahl von Fällen möglich sein, gleich, ob es sich um künstliche Organe oder um noch lebende Organe von Unfalltoten handelt.
Wird es möglich sein, den sofort aufblühenden Schwarzmarkt mit Ersatzlebern, -nieren und -herzen in Schranken zu halten? Wird sich vorübergehend so etwas wie ein »biologischer Feudalismus« etablieren? Eine Gesellschaftsordnung, in der nur eine kleine (politische oder wirtschaftliche) Elite das Privileg zum legitimen Bezug der lebensrettenden und -verlängernden Ersatzorgane genießt?
Und was wird, wenn es gelingt, durch die Steuerung der Geschlechts-Chromosomen vorherzubestimmen, ob das zu erwartende Kind ein Junge oder ein Mädchen wird? Wird das im großen ganzen ausgeglichene Zahlenverhältnis zwischen Jungen und Mädchen dadurch erheblich gestört?
Und wer will diktatorische Regierungen daran hindern, dem Brot einen hormonalen Empfängnishemmer beizumengen und das Mittel, das die Wirkung dieses Antibabyhormons aufhebt, nur an besonders ausgewählte »lizenzierte« Ehepaare auszugeben? Immerhin hat ein westlicher Biologe, der amerikanische Nobelpreisträger Francis Harry Compton Crick, bereits gesagt, die damit zu erreichende Verbesserung der Erbgesundheit sei »im Interesse des Gemeinwohls mindestens ebenso wünschenswert wie die Einrichtung des Führerscheins«.
Es gab bis heute keine zusammenfassende allgemeinverständliche Darstellung der realen Möglichkeiten, welche die

moderne Biologie und die moderne Medizin uns eröffnen. Der amerikanischen Illustrierten »Life« gebührt das Verdienst, diese naturwissenschaftliche Revolution erstmals dargestellt zu haben. Ein Gremium von Universitätsprofessoren und hochqualifizierten Redakteuren hat in monatelanger Arbeit experimentiert und fotografiert. Der STERN und seine wissenschaftlichen Mitarbeiter haben den europäischen Beitrag zu diesem Thema erarbeitet.
Ich verspreche Ihnen nicht zuviel, wenn ich sage, daß die in diesem Heft auf der nächsten Seite beginnende Veröffentlichung eines der erregendsten Dokumente menschlicher Größe und menschlicher Gefährdung sein wird.

31. Oktober 1965

Lob für Gerhard Schröder

Wenn der Streit um Gerhard Schröder längst vergessen ist, wird eines übriggeblieben sein: die Erkenntnis, daß in der Bundesrepublik ein Außenminister ins Feuer geraten kann, weil er die höchste Tugend des Diplomaten geübt hat – Verschwiegenheit.
Kam denn keiner auf den Gedanken, daß die Skepsis Gerhard Schröders gegenüber den Franzosen gute Gründe haben konnte? Daß er Absichten und Äußerungen de Gaulles kennt, die einen deutschen Außenminister zu äußerster Zurückhaltung verpflichten? Und daß es nur die Staatsräson sein mag, die Schröder daran hinderte, den General selber als Eideshelfer seiner kühlen Frankreichpolitik in den Zeugenstand zu rufen? Denn nicht immer war er so kühl. Gerhard Schröder ist in Wahrheit der eigentliche Urheber des deutsch-französischen Freundschaftspaktes, den Konrad Adenauer gern als sein Lebenswerk bezeichnet. Als der Kanzler noch zögerte, weil er seine Empörung über das englisch-französische Suez-Abenteuer nicht überwinden konnte (das nach seiner Meinung ein amerikanisches Eingreifen in Ungarn verhindert hat), als Konrad Adenauer noch hoffte, mit dem amerikanischen Atomknüppel seine Politik der Stärke gegen die Sowjets betreiben zu können – damals hat sein Außenminister Gerhard Schröder auf den Abschluß des Freundschaftsvertrages mit Frankreich gedrängt.
Allerdings war Gerhard Schröder – illusionslos und nüchtern, wie ein Außenminister zu sein hat – auch der erste, der die Wendung der Politik de Gaulles gegen Europa, gegen Amerika und gegen die Interessen der Bundesrepublik erkannte und der daraus die Konsequenzen zog: Er zeigte sich nicht bereit, die Partnerschaft mit Amerika gegen die Stellung eines Handlangers der französischen Vormachtinteressen zu vertauschen.
Nun besteht das Spiel der deutschen Gaullisten allerdings darin, diese französischen Hegemonie-Ansprüche einfach zu leugnen. Im Gegenteil, sagen sie, wenn es einmal hart auf hart kommt, dann sei auf das ferne Amerika kein Verlaß. Amerika sei ohnehin in Asien beschäftigt und eben wegen Asien auch daran interessiert, mit den Sowjets ein friedliches Auskommen zu finden. Eine amerikanisch-sowjetische Verständigung aber könne nur auf unsere Kosten gehen. So sei Frankreichs Atommacht die einzige Garantie gegen einen Überfall der Sowjets auf Berlin oder gar Hamburg.
Ungereimter geht es nun freilich nicht, und man darf es dem deutschen Außenminister nicht verargen, daß er in der Öffentlichkeit nicht gegen solchen Unsinn zu Felde zieht – auch wenn ihm die »Stuttgarter Zeitung« dieses Schweigen

als »Kontaktarmut und Geheimniskrämerei« auslegt.
Was dem Außenminister die Staatsräson verbietet, dem Journalisten ist es erlaubt. So hat der STERN in den vergangenen Monaten mit vielen führenden französischen Politikern und Publizisten gesprochen. (Siehe STERN Nr. 25/65 »Was kommt nach de Gaulle?« und André François-Poncet in STERN Nr. 37/65 »De Gaulle und Europa«.) Und wenn auch einige sich nicht zitieren lassen wollten und andere nicht alles zitiert sehen mochten, was sie im Gespräch äußerten – es blieb genug übrig, um unsere Skepsis gegenüber dem Bundesgenossen de Gaulle zu rechtfertigen. Frankreichs ehemaliger Ministerpräsident Guy Mollet brachte es auf die kürzeste Formel: »De Gaulle hat gesagt, daß die französische Atombombe zur Verteidigung Frankreichs da ist. Es ist Irrsinn anzunehmen, daß sie jemals eingesetzt werden wird, um Deutschland zu verteidigen.«
Allerdings würden wir wohl auch Gerhard Schröders entschiedensten Gegner Franz Josef Strauß unterschätzen, wollten wir annehmen, daß sein Gaullismus viel mehr ist als ein Vorwand für persönliche Machtansprüche. Strauß ist intelligent genug, um das einfache Rechenexempel anzustellen, aus dem sich ergibt, daß allein Amerika an Deutschlands Wiedervereinigung interessiert sein kann. Denn
○ die Engländer können sie nicht wollen, weil wir dann noch mehr Volkswagen herstellen und exportieren würden,
○ die Franzosen können sie nicht wollen, weil nur einer die Führung in Europa haben kann.
Allein die Vereinigten Staaten müssen in Europa ein starkes deutsches Gegengewicht gegen Sowjetrußland wünschen. Und wenn Strauß und Adenauer sagen, Amerika wolle sich mit den Sowjets auf unsere Kosten einigen, um in Asien Luft zu bekommen, so heißt das die Dinge umdrehen: Sobald Amerika in Berlin und Helmstedt weich würde, bekäme es die ganze Macht der Sowjets in Vietnam und Korea zu spüren. Denn dort hat Moskau Prestige an Peking zu verlieren. Allerdings, daß jemals ein Vater in Dallas oder Detroit seinen Sohn opfern würde, um den Deutschen das Überschreiten von Oder und Neiße zu ermöglichen, das glauben weder Schröder noch Strauß. Nur gilt das ebenso für die Väter in Besançon und Boulogne.
Gerhard Schröder hat es sich vorwerfen lassen müssen, daß er alle diese Überlegungen nicht auf dem öffentlichen Markt anstellte wie seine Widersacher. Wir meinen, daß er dafür eine Anerkennung verdient hätte. Daß es in seiner Außenpolitik Rückschläge gab – wer wollte es leugnen. Aber die Erfolge überwogen.
Selbst wer die deutsche Ostpolitik auf den primitiven Nenner bringt, daß der Bundesrepublik alles nützt, was Ulbricht ärgert, müßte Gerhard Schröder seine Reverenz erweisen. Denn nichts hat Ulbricht so verbittert wie die von Schröders Außenamt betriebene Entkrampfung der Beziehungen zwischen Bonn und Warschau, zwischen der Bundesrepublik und Rumänien. Übrigens hat uns das niemand anders als de Gaulle vorgemacht, und eben ist der italienische Staatspräsident Saragat dabei, auch für sein Land Nutzen aus der Erkenntnis zu ziehen, daß der kommunistische Block kein monolithisches Gebilde mehr ist.
Nur Konrad Adenauer spricht von einer sowjetisch-französischen Einkreisung der Bundesrepublik, der wir offenbar nur durch noch größere Willfährigkeit gegenüber de Gaulle entgehen könnten, und Franz Josef Strauß malt wie eh und je den bolschewistischen Teufel an alle Wände. Er tut es nicht weniger aus Gründen der politischen Machterhaltung als die kommunistischen Führer einschließlich Ulbrichts, die den »westdeutschen Militarismus und Revanchismus« immer dann beschwören, wenn sie um ihre eigene Macht fürchten müssen. Diesmal hätte es ihn dabei fast erwischt. Er drohte Ludwig Erhard mit der Auflösung der Fraktionsgemeinschaft zwischen CSU und CDU.
Hätte er's doch getan! Die Gründung eines Landesverbandes Bayern und eines Landesverbandes Franken der CDU hätten ihn in die politische Isolation des Führers einer nationalistischen Bayernpartei verwiesen. Und was der Bundesbürger von solchen Parteien hält, das hat er am 19. September unmißverständlich bekundet.

Die Lüge der Flüchtlingsfunktionäre

Wann immer ich in den Monaten vor der Bundestagswahl mit deutschen Politikern über die Probleme unserer Ostpolitik sprach, habe ich ihnen die gleiche Frage gestellt:
Können Sie sich Umstände denken, unter denen eine polnische Regierung in der Lage wäre, die Gebiete jenseits von Oder und Neiße freiwillig an Deutschland zurückzugeben? Und wenn ja, wie stellen Sie sich solche Umstände vor?
Es hat mir keiner die Frage beantworten können. Ludwig Erhard nicht und Erich Mende nicht, und auch Willy Brandt gab zu, daß eine polnische Regierung wohl zum Selbstmord entschlossen sein müßte, ehe sie das wagen könnte.
Man kann es sich einfach vorrechnen: Polen verlor, als Hitler und Stalin sich darüber hermachten, genau 181 000 Quadratkilometer seines Staatsgebietes an die Sowjetunion. Nach dem Kriege war es dann, wie Churchill sagt, »ein Akt der Gerechtigkeit, daß Polen auf Kosten Deutschlands im Norden und Westen entschädigt werden muß«. Es erhielt mit Zustimmung Englands, Frankreichs, der Vereinigten Staaten und der Sowjetunion 103 000 Quadratkilometer deutsches Land, die Deutschen wurden daraus vertrieben.
Nun ist es möglich, darüber zu streiten, was dies für eine Gerechtigkeit sei. – Es ist einfach das Recht des Siegers. Die Alliierten hatten den Krieg gewonnen, die Deutschen hatten ihn verloren. Also behielten die Sowjets ihre Beute, und damit der polnische Staat lebensfähig bliebe, verschob man die Grenzen einfach nach Westen. Immerhin war diese »Entschädigung« um 78 000 Quadratkilometer geringer als der Verlust, den Polen im Osten erlitten hatte.
Zwar, die Alliierten stellten das deutsche Land jenseits von Oder und Neiße zunächst nur unter polnische Verwaltung und stimmten im Potsdamer Protokoll vom 2. August 1945 überein, »daß die endgültige Festlegung der Westgrenze Polens bis zur Friedensregelung zurückgestellt werden soll«, aber das waren doch ganz offensichtlich nur Worte – denn seit wann besteht eine Entschädigung darin, daß man vorübergehend anderer Leute Gut verwalten darf. Die Absicht war eindeutig: Polen sollte dieses Land behalten.
Wie die Dinge nun liegen, braucht man keinen Gedanken an die Frage zu verschwenden, ob etwa die Sowjets den Polen die ihnen weggenommenen ostpolnischen Gebiete jemals zurückgeben werden. Aus jenem Teil, der 46,3 Prozent des polnischen Staatsgebietes von 1937 ausmachte, sind die Polen vertrieben, dort wohnen heute ukrainische und russische Sowjetbürger. Würden die Polen die Oder-Neiße-Linie aufgeben und im Westen auf die Grenzen von 1937 zurückgehen, dann bliebe ihnen wenig mehr als die Hälfte ihres Landes. Wer kann das einem Staat zumuten, der den Krieg nicht angefangen und ihn auch nicht verloren hat.
Aber Zumutung her, Gerechtigkeit hin, keine polnische Regierung wird das jemals tun, und also ist das Versprechen deutscher Politiker an die Vertriebenen, sie würden eines Tages »friedlich wieder in ihre Heimat zurückkehren«, nichts als eine fromme Lüge.
Zur unfrommen Lüge aber wird dieses Versprechen, wenn Flüchtlingsfunktionäre wie der christlich-demokratische Seebohm oder der sozialdemokratische Wenzel Jaksch damit die Ostpolitik der Bundesregierung blockieren wollen. Als jetzt die Evangelische Kirche mit ihrer Denkschrift einen entscheidenden Beitrag zur Versachlichung der Diskussion leistete, schlug ihr von den Berufsflüchtlingen unverhohlener Haß entgegen. Die Kirche habe »pharisäerhaft gehandelt«, hieß es in einer Erklärung des Bundes der Vertriebenen: Die Landsmannschaft Schlesiens fragte, ob denn das Recht auf die Heimat nicht ein gottgegebenes Recht sei, das auch von der Kirche respektiert werden müsse.
Aber so einfach sind die Dinge dann doch nicht. In den ehemals deutschen

Gebieten wohnen heute Polen, und mehr als 60 Prozent dieser Polen sind dort geboren und aufgewachsen. Haben sie also nicht ein Recht auf Heimat in diesem Land? Das Recht auf die Heimat ist im Völkerrecht nirgends verankert, es gilt als ein natürliches Recht des einzelnen Menschen. Und es gilt für einen Polen so gut wie für einen Deutschen.
Nur als Vorwand für andere Interessen eignet es sich nicht. Und deshalb sollten wir uns ganz klarmachen, was dahinter steht, wenn die Vertriebenenverbände auf den Grenzen von 1937 beharren, als sei inzwischen nichts gewesen.
Nach sorgfältigen Umfragen würden nur 18 Prozent der Vertriebenen zurückkehren, selbst für den ganz und gar unwahrscheinlichen Fall, daß ihre ostdeutsche Heimat wieder zu einem nichtkommunistischen Deutschland käme.
Dies ist der nüchterne Beweis dafür, daß die Vertriebenen selbst das Problem mit sehr viel weniger Emotionen betrachten, als ihre Funktionäre es wahrhaben möchten. Grund genug für die Bundesregierung, das versöhnliche Gespräch mit den Polen zu beginnen, ohne innenpolitische Rückwirkungen befürchten zu brauchen.

Müssen wir noch sagen, daß jede Entspannung im Osten die Situation Berlins erleichtert und die Glaubwürdigkeit unseres Anspruches auf Wiedervereinigung erhöht?

7. Dezember 1965

Wenn meine Mutter mir einen Wintermantel kaufte

Wenn meine Mutter mir einen Wintermantel kaufte, pflegten wir zu Max Schulmann & Co. in der Neutorstraße 47 in Emden zu gehen. Pflegten zu gehen – das klingt, als hätte ich jedes Jahr oder doch mindestens alle zwei Jahre einen neuen Mantel bekommen, aber ich glaube, es ist während meiner Schulzeit nur ganze zwei Male passiert. Bis zur Untertertia nämlich wurden Hosen und Mäntel für meinen Bruder und mich aus den abgelegten Uniformstücken meines polizeibeamteten Vaters geschneidert, meine Tanten besorgten das vorzüglich, wenn auch zu unserem Ärger immer ein wenig auf Zuwachs. Aber an den Wintermantel, den ich als Unterprimaner mit meiner Mutter kaufen ging, erinnere ich mich genau, er hat mich noch einige Semester ins Studium begleitet, denn er war von bestem Zwirngewebe und trug unter dem Aufhänger ein seidenglänzendes Etikett mit der kunstvoll gewebten Marke »Eisenfest«. Der eisenfeste Mantel hatte, just in meiner Größe, bei Max Schulmann & Co. im Schaufenster gestanden, er war meiner Mutter ins Auge gefallen, und sie hatte mir gesagt, ich solle ihn mir doch einmal ansehen, wenn ich abends auf den »Bummel« ginge – jeden Abend von sechs bis kurz nach sieben pflegten wir jungen Leute die Neutorstraße auf und ab zu flanieren, jeweils zu zweit und nach Geschlechtern getrennt, aber natürlich hatte das Ganze keinen anderen Sinn, als daß wir auf diese Weise immer wieder Gelegenheit hatten, dem Mädchen unserer Träume beim Entgegenkommen und Vorbeigehen ins Auge zu sehen.
Aber zurück zu dem Mantel. Er gefiel mir, und auf dem Preisschild stand 89,50 Mark. Das war viel Geld, denn obwohl man nicht darüber sprach und schon gar nicht vor Kindern, hatte ich gelegentlich mitbekommen, daß mein Vater 370,– Mark im Monat verdiente, das war für einen Haushalt mit vier Personen und einigen Verpflichtungen gegenüber den Tanten nicht eben viel. Ob meine Mutter das Preisschild nicht gelesen hatte?

Sie hatte es gelesen, aber sie war immer der Meinung, daß »billig« und »preiswert« zwei verschiedene Dinge seien. Sie wollte keinen Schund kaufen, und diesem Mantel mochte sie es wohl angesehen haben, daß er von Dauer sei. So ging sie am frühen Nachmittag mit mir zu Max Schulmann & Co. Der Laden war noch leer. Herr Seeligmann, der Inhaber, ein kleiner beflissener Mann mit einem Kneifer, dem ein gütiges Geschick es bescherte, daß er wenige Wochen vor der »Kristallnacht« starb und nicht mehr miterleben mußte, wie auch sein Schaufenster zertrümmert und der Inhalt geplündert wurde – Herr Seeligmann also bediente selbst.
Er tat es mit leichter Verbeugung und einladender Handbewegung, und seine Frage hieß, was denn der gnädigen Frau wohl zu Diensten stehe. Nun war meine Mutter, eine bescheidene Beamtenfrau, durchaus keine »Gnädige«, aber das war damals eben noch so. Verkäufer und Kellner bedienten den Kunden in des Wortes eigentlicher Bedeutung, sie standen nicht mürrisch herum, wie das heute zuweilen der Fall ist, bis sich der Kunde schließlich zögernd und mit einiger Entschuldigung bemerkbar macht. Nein, Herr Seeligmann war, obwohl sicher ein begüterter Geschäftsmann, noch von der dienenden Art.

Ein Mantel also sollte es sein, ein Wintermantel für den Herrn Sohn, nun, der sei ja schon ein richtiger junger Herr geworden, und da habe man eine reichhaltige Auswahl soeben hereinbekommen. Aber meine Mutter hatte ihr Ziel im Auge, die Auswahl nahm sie nur kurz zur Kenntnis. Herr Seeligmann hatte den Mantel »Eisenfest« nicht umsonst ins Schaufenster gestellt. Zwar gab es schikkere, modischere, aber nicht so leicht einen besseren, darauf verstand sich meine Mutter. Herr Seeligmann holte den Mantel aus dem Fenster – und siehe, er saß wie angegossen. Meine Mutter fragte nach dem Preis, ich weiß noch heute, wie ich ein wenig erschrak ob dieser scheinheiligen Frage, denn sie kannte den Preis doch genau. Aber Herr Seeligmann war nicht weniger scheinheilig, er tat, als müsse er erst nachsehen, und sagte dann: »Er ist mit 89,50 Mark ausgezeichnet, aber ich würde ihn einer so guten Kundin ausnahmsweise für 85 lassen.«
Das mit der guten Kundin war wohl nichts als eine liebenswürdige Redensart, denn dank der hausschneidernden Tanten, einer eifrig strickenden Oma und des vom Staat uniformierten Haushaltsvorstandes durfte man den Textilverbrauch unserer Familie wohl als minimal bezeichnen. Meine Mutter tat denn auch, als habe sie das Kompliment nicht gehört. »Was, 80 Mark sagen Sie?« und es lag etwas von Fassungslosigkeit in ihrer Frage, das dann aber gleich in resignierte Bestimmtheit umschlug. »Nein, das ist mir zu teuer, mehr als 60, 70 Mark wollte ich nicht anlegen.«
Herr Seeligmann eilte an eines seiner Regale, schlug ein großes olivfarbenes Tuch zur Seite, und da waren noch mehr Mäntel, freskogewebte und flauschige, die meisten in grauen und braunen Tönen, einige hatten, was damals gerade aufkam, ein großes Karomuster. Da waren natürlich Mäntel minderer Preisklasse dabei, aber meine Mutter, die hier einen Ärmel, dort einen Saum anfaßte, spürte gleich auch die mindere Qualität, und nach einigen bedauernden »Hm's« und »Ach nein, es soll schon etwas Durables sein« bedeutete sie mir, daß wir vielleicht doch einmal anderswo nachfragen sollten.
Das war nun Herrn Seeligmann durchaus nicht recht, und so machte er einen weiteren Abschlag. »Achtzig Mark«, sagte er, und seine Hände deuteten den ersten Grad von Verzweiflung an, aber das sei das Äußerste, mehr könne er nicht ablassen, schließlich müsse er ja auch ein wenig verdienen, und bei achtzig Mark sei kaum noch etwas darin. »Aber ich bitte Sie«, tröstete nun meine Mutter den »lieben Herrn Seeligmann«, selbstverständlich sähe sie das völlig ein, und »ich will Ihnen doch nichts Unmögliches zumuten«, aber mehr als siebzig Mark sei auch für sie ganz und gar unmöglich, und so müßten wohl alle Beteiligten einsehen, daß es nun fürs erste nichts sei mit dem Mantelkauf. Und sie wandte sich zum Gehen.
Herr Seeligmann eilte hinterher, nicht etwa, um ihr die Tür zu öffnen, auch nicht gerade, um sie ihr mit seinem Körper zu verstellen – unhöflich war Herr

Seeligmann in keinem Augenblick, nein, er hatte eine Art, meine Mutter festzuhalten, die man nicht einmal als aufdringlich bezeichnen könnte, er sprach jetzt nicht mehr von sich und seinem geringen Verdienst, sondern von der außerordentlichen Qualität des Mantels, den in Emden kein anderes Geschäft führe, und daß er selbstverständlich auch noch ein Paar gefütterte Lederhandschuhe dazugeben wollte.

Meine Mutter verhielt den Schritt, ein Paar gefütterte Lederhandschuhe kosteten an die fünf Mark, aber eigentlich waren ja die alten Handschuhe noch ganz brauchbar, nein, sie hatte nun den Handel wohl auch satt, und darum blieb sie kurz vor der Ladentür stehen und sagte mit Freundlichkeit und durchaus auch mit Würde: »Ich glaube, Herr Seeligmann, Sie verstehen mich falsch. Ich will doch nicht mit Ihnen handeln. Sie müssen für den Mantel achtzig Mark haben, das ist Ihr gutes Recht. Und sicher ist der Mantel das auch wert. Aber ich kann nur siebzig Mark ausgeben, ich muß mit dem Geld rechnen. Und Schulden machen wir nicht.«

Wie ein Diktum stand es im Raum vor der Ladentür, da war nicht zu widersprechen – sie wollte nicht handeln, sie war eine Hausfrau, die rechnen mußte. »Ein Lump ist, wer mehr ausgibt, als er hat« war eine ihrer Spruchweisheiten, und ich merkte genau, daß ihr das Gespräch längst peinlich geworden war, aber was sollte sie machen, sie hätte doch den schönen Mantel so gern für mich gehabt.

Und sie bekam ihn. Herr Seeligmann kapitulierte, zwar rang er einen Augenblick die Hände und beteuerte, mit siebzig Mark sei kaum sein Einkaufspreis gedeckt, aber ebenso rasch fing er sich auch wieder und bedankte sich für den Besuch, bat um eine Empfehlung an den Herrn Gemahl und die Frau Großmama, und als wir daheim den Mantel auspackten, fehlten auch die Handschuhe nicht, derlei kleine Zugaben gehörten bei Herrn Seeligmann zum Geschäftsprinzip.

Nun werden Sie mich, lieber STERN-Leser, gewiß fragen, weshalb ich denn diese Geschichte erzähle, die doch so gar keine überraschende Pointe hat. Ich erzähle sie, weil heute auf einmal überall von den steigenden Preisen die Rede ist. Und da fiel mir ein, daß ich vor ein paar Monaten mit meinem Sohn Christian einen Mantel kaufen ging. Und der kostete – ich bitte um Verzeihung, aber es war ein besonders guter Mantel, und schließlich macht der Christian zu Ostern sein Abitur –, also der kostete 360 Mark. Ich gestehe, daß ich recht erschrocken war, aber zu sagen, daß mir das einfach zu teuer sei, habe ich mich nicht getraut. Vor dem Verkäufer nicht und vielleicht auch nicht vor Christian, damit er mich nicht für geizig hält.

Und wenn ich nun höre, daß man überall über die steigenden Preise schimpft, und wenn die Sachverständigen mir sagen, daß die Löhne und Gehälter im Verhältnis mehr gestiegen seien als die Preise, daß die Preise aber durchaus nicht so sprunghaft klettern müßten, wenn wir nicht alle ein wenig zu großzügig und zu anspruchsvoll wären und zu wenig »preisbewußt«, dann muß ich an den Wintermantel denken, den meine Mutter mir bei Herrn Seeligmann kaufte. Wer weiß, hätte sie die 89,50 Mark ohne weiteres bezahlt, der Herr Seeligmann hätte sich – ich will ihm nicht zu nahe treten –, er hätte sich im nächsten Jahre vielleicht nicht gescheut, ihn auf 98,50 heraufzusetzen, immerhin war das ja noch keine dreistellige Zahl.

Nun muß man wohl nicht gleich so weit gehen wie der Wirtschaftsminister von Nordrhein-Westfalen, Herr Kienbaum, der einem vorweihnachtlichen Einkaufsboykott das Wort redete, aber solange in einem Laden das Kilo Schweinekotelett 10,20 Mark kostet, und zwei Straßen weiter kostet es 8,40 Mark, sind alle diejenigen, die 10,20 Mark bezahlen, nicht zu bedauern, sondern selber schuld. Amerikanische Hausfrauen, sagt mein Kollege Egon Vacek, der eben von drüben kommt und eine Amerikanerin geheiratet hat – amerikanische Hausfrauen gucken morgens in die Zeitung und sehen nach, wo's am billigsten ist. Und kaufen dort. Und genieren sich nicht, einen Laden zu verlassen, wenn ihnen etwas zu teuer ist. Wie meine Mutter.

Neulich hat mir ein Herr von einem Meinungsforschungsinstitut etwas erzählt. Da wollte eine bekannte Firma ihr Produkt um zehn Pfennig verteuern und gleichzeitig die Verpackung ändern.

Aber vorher machten sie eine Umfrage, um zu erfahren, ob die Leute das Produkt dann noch kaufen würden. 79 Prozent der Befragten antworteten, zehn Pfennig mehr sei ihnen das Produkt nicht wert, sie würden dann lieber darauf verzichten. Nun, ist das nicht ein Beweis für das wache Preisbewußtsein unserer Hausfrauen?

Aber dann machten die Leute eine zweite Umfrage und fragten, wieviel denn eigentlich das Produkt koste. Und da wußten nur 19 Prozent der befragten Hausfrauen auf Anhieb den Preis zu nennen. Da machten die Leute die neue Verpakkung und schlugen zehn Pfennig drauf, und es wurde hinfort nicht eine Packung weniger verkauft.

14. Dezember 1965

»Jugend forscht« am Start

Endlich eine Zeitung, die nicht über den Bildungsnotstand lamentiert, sondern dazu beiträgt, ihn zu beheben – das war die Meinung des jungen Bundesministers für wissenschaftliche Forschung Gerhard Stoltenberg zu dem Vorhaben, das der STERN auf den nächsten Seiten ankündigt. Und mit dem Minister wünschten Nobelpreisträger, Industriemanager und Universitätsprofessoren Glück zur *Olympiade der jungen Forscher*, zu der nun auch die Jungen und Mädchen in der Bundesrepublik aufgerufen sind.

In Amerika gehört diese *Science Fair* der Jugend bereits zum festen Bestand des wissenschaftlichen Lebens, führende Chemiker und Physiker sind aus ihr hervorgegangen, auch der Astronaut John Glenn war ein »Landessieger« seines Heimatstaates Ohio in dem naturwissenschaftlichen Wettbewerb.

Junge Forscher – klingt das nicht ein wenig hochtrabend? Natürlich müssen die Jungen und Mädchen, die an dieser *Olympiade der jungen Forscher* teilnehmen, keine epochalen Entdeckungen vorweisen. Die saubere Darstellung naturwissenschaftlicher Zusammenhänge kann durchaus eine wettbewerbsfähige Leistung sein. Dennoch verzeichnet die Geschichte der *Science Fairs* erstaunliche Ergebnisse: Die 18jährige Beverly Ann Shoenberger isolierte aus einer besonders schnell wachsenden Unkrautpflanze das Wachstumshormon, mit dem man das Unkraut schließlich zum »Überwachstum« und damit zum »biologischen Selbstmord« brachte. Der 17jährige Oberprimaner David Lunsford konstruierte einen elektronischen Ei-Durchleuchter, mit dem sich das Alter von Hühnereiern feststellen läßt. Daß deutsche Jungen und Mädchen nicht weniger gescheit sind, lesen Sie auf der nächsten Seite. Der STERN will nun das Seine tun, diesen naturwissenschaftlichen Nachwuchs zu fördern.

Kennen Sie Claus von Amsberg?

In diesem Heft beginnt die Amsberg-Geschichte, und da Leo Sievers sie schreibt und Jochen von Lang sie recherchiert hat, glaube ich, Ihnen nicht nur vorzüglich dokumentierte Informationen, sondern auch einen besonderen Lesegenuß versprechen zu dürfen.

Was dieser Claus von Amsberg für ein Mensch ist – ein kühler Rechner, der das große Spiel seines Lebens spielt und dabei nicht gestört sein will – oder einfach ein Liebender, der mit den Gefühlen seines Herzens in Ruhe gelassen sein möchte, nicht anders als jeder andere Jungverlobte, dessen Auserwählte nicht eben eine zukünftige Königin ist – wir werden es zu ergründen suchen.

Fest steht jedenfalls, daß Claus von Amsberg bisher keiner Zeitung einen Einblick in seine Gedanken gewährt hat und daß er herzlich wenig von dem hält, was die Presse über ihn und seine Prinzessin zu berichten wußte. In einem Brief an Bundesinnenminister Paul Lücke beschwert er sich über die Journalisten: »Da die Tatsachen offenbar zu wenig hergeben, müssen sie einfach erfinden, und erfinden heißt hier: Skandale konstruieren, Familienzwiste erfinden und dann alles mit einer dicken Sauce aus Gefühl und Spießerromantik übergießen.«

Und dann läßt er mir durch Minister Lücke ausrichten, daß er sich »besonders freuen würde, wenn auch einmal ein Artikel mit Niveau erschiene« und daß er folglich gegen eine Serie im STERN nichts habe, »wenn sie sich wohltuend von den Erzeugnissen anderer Zeitschriften unterscheidet«.

Nun, wir werden unser Bestes versuchen.

Allerdings, unser Bestes ist nicht unbedingt ein Hofbericht. Es ist ein STERN-Bericht, und das heißt, daß wir niemandem anders die Ehre geben wollen als der Wahrheit. Autor und Rechercheur unserer Geschichte sind keine Lakaien, sie sind Chronisten, die erzählen, was sie herausgefunden haben, ob's den Dargestellten nun freut oder es ihn reut.

Leute, die es weniger freut, haben denn auch schon einige Minen gegen unseren Bericht gelegt. In Holland meldeten die Zeitungen, wir hätten Frau Gosta von Amsberg, der Mutter des künftigen Prinzgemahls, 100 000 Mark für die Amsberg-Geschichte gezahlt. Und in Hitzacker, wo Claus geboren wurde, solle demnächst mit STERN-Geldern ein Kinderspielplatz gebaut werden, weil der dort als Landrat amtierende Onkel Julius uns interessante Familieninterna verraten habe.

Nichts von alledem. Wir haben mit unserer Geschichte bis heute gewartet, weil wir sorgfältig wie die Historiker und spürsam wie die Detektive recherchieren mußten. Unsere Informationen haben wir nicht erkauft, sondern erarbeitet. Und es kann sehr wohl sein, daß wir nun über die Geschichte der Amsbergs mehr wissen als mancher Amsberg selbst.

Einen Schleudersitz für den Minister!

Nun wissen wir's also: Die Katastrophe der Starfighter ist im wesentlichen auf menschliches Versagen zurückzuführen. So jedenfalls hat es der Inspekteur der Luftwaffe, Generalleutnant Werner Panitzki, dem Verteidigungsausschuß des Bundestages erklärt.
26 Flugzeuge des Typs F 104 G stürzten im letzten Jahr ab. 15 junge Flugzeugführer fanden den Tod. Sie haben menschlich versagt.

Nicht versagt hat also der ehemalige Verteidigungsminister Strauß, der diesen unter dem blauen kalifornischen Himmel konstruierten Abfangjäger in ein »Mehrzweck-Waffensystem« (Jäger, Jagdbomber und Aufklärer für Allwetterbedingungen) umbauen ließ. Die Gewichtszunahme um 1,6 Tonnen bei gleichgebliebener Motorenleistung konnte nur mit einem erhöhten Sicherheitsrisiko erkauft werden.
Die toten Flugzeugführer waren diesem Risiko nicht mehr gewachsen. Sie haben menschlich versagt.
Nicht versagt hat offenbar der amtierende Verteidigungsminister von Hassel, der das viel zu kompliziert gewordene Flugzeug weiter einsetzte, obwohl er heute zugeben muß, daß die Luftwaffe nicht genügend technisches Personal zur Wartung der Maschinen hat und daß die Flugsicherungsanlagen mangelhaft sind, weil es an Geld und Erfahrungen fehlt. General Panitzkis Manuskript, in dem Herr von Hassel allzu peinliche Einzelheiten eigenhändig gestrichen hat, enthält eine groteske Formulierung:
Die Konsequenzen des Personalmangels für die Sicherheit im Flugbetrieb sind jedoch nicht unmittelbar spürbar, sondern wirken sich nur mittelbar aus. Die ungenügende Besetzung der technischen Stellen bewirkt lediglich eine Verringerung der Flugstundenkapazität und nur sekundär eine Beeinträchtigung der Flugsicherheit, da das geringe Flugstundenaufkommen nicht ausreicht, eine kontinuierliche fliegerische Ausbildung durchzuführen.
Man muß diesen Absatz zweimal lesen, um zu begreifen, daß »lediglich« und »nur sekundär« die ungenügende fliegerische Ausbildung den Absturz von 26 Flugzeugen und den Tod von 15 Flugzeugführern verschuldet hat.
Sieht man vom Menschlichen ab – denn da haben die getöteten Flieger ja versagt –, so macht das einen Verlust von 182 Millionen Mark an Material und 18,7 Millionen Mark an Ausbildungskosten aus.
Herr von Hassel ist rechtzeitig gewarnt worden. Im ersten STERN des Jahres 1965 kritisierte Peter Stähle das unzuverlässige Navigationssystem des Starfighters. Unmittelbar darauf schrieb der stellvertretende Vorsitzende des Verteidigungsausschusses, der SPD-Abgeordnete Karl Wienand, im STERN, der Starfighter sei nur noch »bedingt einsatzfähig«. Das führte am 20. und 21. Januar 1965 im Bundestag zur schärfsten Wehrdebatte seit Jahren. In einer donnernden Rede fegte der Bundesverteidigungsminister die Vorwürfe vom Tisch.
Im Oktober 1965, nachdem der neue Bundestag sich konstituiert hatte, häuften sich die Abstürze, bei denen die Piloten nicht überlebten. Wieder deckte der STERN eine entscheidende Schwäche des Starfighters auf: den komplizierten und ungenügend funktionierenden Schleudersitz C 2 der Firma Lockheed. »Wann stürzt der nächste ab?« hieß die Überschrift des Artikels. Der nächste stürzte eine Woche später ab.
Nun erst, nach einem Jahr massierter Starfighter-Verluste, gibt das Verteidigungsministerium kleinlaut die tödlichen Mängel des Waffensystems und die Versäumnisse in der Wartung, der Versorgung und der fliegerischen Ausbildung zu.

Wäre Herr von Hassel Verteidigungsminister in einer klassischen Demokratie, in der politische Verantwortung ernst genommen wird, so hätte er die Konsequenzen zu ziehen. Aber bei uns sind in Ministersessel leider keine Schleudersitze eingebaut.

Der Starfighter und die Illustrierten-Demokratie

Als die Bundesregierung und der »Spiegel« von einer Starfighter-Affäre noch nichts ahnten, steht es schon im STERN. Im Mai 1962 warnt STERN-Redakteur Robert Pendorf davor, den amerikanischen Schönwetterjäger F 104 zu einem »Allwetter-Mehrzweckflugzeug« umzukonstruieren. Wer einen Abfangjäger unter erschwerten Flugbedingungen als Jagdbomber einsetzen will, kann das nur auf Kosten der Sicherheit tun.
Im Juni 1962 offenbart General Kammhuber, damals Generalinspekteur der Luftwaffe, dem STERN-Redakteur Pendorf, daß die geplante deutsche Starfighter-Flotte im Ernstfall dazu dienen soll, den ersten atomaren Gegenschlag zu führen. Ob die Maschinen danach noch einsatzfähig sind, ist laut Kammhuber »nicht so wichtig«. Wichtig ist, daß die Maschinen ihr Ziel überhaupt erreichen. Aber eben dieses ist sehr zweifelhaft.
STERN-Redakteur Peter Stähle deckt auf, was das Verteidigungsministerium sorgsam zu vertuschen sucht: Das Navigationsgerät Litton LN 3 des Starfighters ist so unzuverlässig, daß die deutschen Piloten im Ernstfall ihre Atombomben bis zu 40 Kilometer neben dem Ziel abladen würden. Denn dieses in amerikanischen Atom-U-Booten bewährte Navigationssystem ist ebenfalls auf Wunsch der Bonner Verteidigungsplaner dem Starfighter angepaßt worden. In den U-Booten hat das Gerät die Größe eines Kleiderschrankes, für die deutsche Starfighter-Version mußte es auf Schuhkastenformat verkleinert werden.
Dennoch ist die deutsche Sonderanfertigung des Starfighters immer noch um etwa anderthalb Tonnen schwerer als die Originalkonstruktion. Die F 104 G – G steht für Germany – ist zudem komplizierter und deshalb empfindlicher. Und während Franz Josef Strauß im Bundestag vom »sichersten aller verfügbaren Flugzeuge« spricht und sein Nachfolger im Amt und in der Wahrheitsliebe, Herr von Hassel, die Kritik am Starfighter als »im höchsten Maße verantwortungslos« abtun möchte, greift der STERN diese katastrophale Fehlplanung in rollenden Einsätzen an:
Die Kosten der Maschine sind mindestens doppelt so hoch wie erwartet. Die Starfighter-Steuerung hat einen Konstruktionsfehler, der seit 1964 bekannt ist, in Belgien wird er abgestellt, bei uns nicht. Der Schleudersitz – im Falle des Absturzes die letzte Rettung des Piloten – ist eine veraltete Konstruktion, an der nur wegen einer gedankenlos unterschriebenen Vertragsklausel festgehalten wird. Die Wartung der Maschinen, von der Industrie angeboten, wird von unzureichend ausgebildeten Soldaten besorgt. Und so weiter.
Das Verteidigungsministerium aber dementiert und nebelt sich ein. Offiziere, die ihre Meinung über den Starfighter sagen, werden zwangsversetzt. Piloten, die Auskünfte geben, erhalten Flugverbot. Der General der Luftwaffengruppe Süd nimmt vom Grundrecht der Informationsfreiheit einfach keine Notiz und verbietet den ihm unterstellten Offizieren und Mannschaften jeden Kontakt mit STERN-Redakteuren.
Aber alle vierzehn Tage stürzt ein Starfighter vom Himmel. Und gäbe es keinen anderen Beweis, dann stehen die Kreuze auf den Gräbern der Piloten, deren Anzahl und Namen das Verteidigungsministerium lange verschweigt – wie einst Hitler die Veröffentlichungen von Gefallenenlisten sperrte –, sie stehen dafür, daß der STERN nicht leichtfertig Kritik an der Amtsführung des Verteidigungsministers geübt hat.
Wie denn, ist die Redaktion des STERN eine Versammlung von Luftwaffenexperten? Maßt sie sich an, besser orientiert zu sein als der Verteidigungsausschuß des Bundestages? Die Sache ist einfacher: Der STERN hat die Mittel und die Unabhängigkeit, auch komplizierten Tatbeständen auf den Grund zu gehen. Uns interessiert die Meinung des Herrn Trautloft nicht, solange die amerikanischen Starfighter-Konstrukteure uns bereitwillig erklären, warum die Bonner

Umbauwünsche auf Kosten der Flugsicherheit gehen. Wir können auf Herrn von Hassels unpräzise Ausflüchte verzichten, wenn der belgische Verteidigungsminister Moyersoen und das Nato Starfighter Management Office konkrete Angaben über die Zielgenauigkeit des Starfighters machen. Uns wird niemand von 3 Prozent Lizenzgebühren reden dürfen, wo sich mit Adam Rieses bewährter Methode aus den Verträgen zehn Prozent errechnen lassen.
Minister von Hassel hat dem Verteidigungsausschuß des Bundestages Einsicht in diese Lizenzverträge verweigert. Er hält mit eindeutigen Angaben über den Gesamtumfang der personellen und materiellen Opfer noch immer zurück. Wie viele deutsche Starfighter gingen bei der Ausbildung in den USA oder bei Übungsflügen über Sardinien und Portugal zu Bruch, und gab es dabei Tote oder Verletzte?
Langsam beginnt sich die Opposition zu rühren. Als der Abgeordnete Karl Wienand (SPD) im Januar 1965 zuerst im STERN und dann im Bundestag die »ganz große Verschwendung« des Verteidigungsetats aufdeckt, paßt diese Reihenfolge allerdings auch Herrn Wehner nicht.
Das böse Wort von der Illustrierten-Demokratie geht um.
Und so gibt die SPD ihren Abgeordneten Wienand der Wut eines Verteidigungsministers preis, den Wehner heute selbst einen »bedenkenlosen Knüppelschwinger« nennt. Damals, vor der Bundestagswahl, paßte der wehrpolitische Michael Kohlhaas eben nicht ins Konzept einer nach der Großen Koalition schielenden SPD.

Helmut Schmidt hat es in einem Interview mit nackter Deutlichkeit gesagt: »Das war schlimm. Da haben unzählige Leute sofort gesagt: ›Da sieht man's wieder, die SPD ist eben doch militärfeindlich!‹ Und das ein paar Monate vor den Wahlen!«
Der Koalitionshandel ist perfekt: Die Regierungspartei deckt ihren Verteidigungsminister, und die Opposition will nicht als militärfeindlich gelten. Und derweil stürzt alle vierzehn Tage ein Starfighter vom Himmel, weil nach wie vor komplizierte Maschinen auf ungeschützten Abstellplätzen von nicht genügend qualifiziertem Bedienungspersonal betreut werden.
Da lobe ich mir allerdings die Illustrierten-Demokratie.

1. März 1966

Ein DDR-Roman im STERN

In diesem Heft beginnt ein Roman, der seit Monaten der Bestseller in der DDR ist. Der Autor heißt Dieter Noll, ist 39 Jahre alt und lebt in Ostberlin. Sein Buch hat drüben eine Auflage von 250 000 Exemplaren erreicht, der Film läuft jeden Abend in den Städten und Dörfern des anderen Deutschland vor ausverkauften Kinos. Buch und Film tragen den Titel »Die Abenteuer des Werner Holt«.
Warum druckt der STERN diesen Roman? Ist der Verfasser etwa ein geheimer Parteigänger des Westens, wie man es von Boris Pasternak annehmen mochte? Hat die DDR in Dieter Noll ihren Dudinzew gefunden, dessen »Der Mensch lebt nicht vom Brot allein« vor Jahren alle Gemüter erregte?

Nein. Dieter Noll ist Kommunist, und es besteht kein Grund, an seiner Linientreue zu zweifeln. Im übrigen schließt die in seinem Roman erzählte Geschichte mit dem Kriegsende ab; die deutsche Teilung und der ideologische Gegensatz zwischen Ost und West spielen darin keine Rolle.

Aber wenn 250 000 Deutsche da drüben das Buch gekauft haben, weil es ihnen ans Herz geht, wenn Millionen vor der Leinwand in dem Schicksal des Werner Holt ihr eigenes erkennen – dann wird dieses Schicksal wohl auch von dem unseren nicht ganz so verschieden sein. Fangen Sie einmal auf Seite 57 zu lesen an. Sie können ja jederzeit wieder aufhören.

27. März 1966

So lebte und starb Hemingway

In diesem Heft beginnt der Abdruck eines Manuskriptes, dessen Erscheinen mit allen juristischen Mitteln verhindert werden sollte. Klägerin vor dem obersten Gerichtshof des Staates New York war Mary Hemingway, die Witwe des Schriftstellers Ernest Hemingway, der am 2. Juli 1961 starb – durch einen Unglücksfall, wie Mary Hemingway bis vor einigen Tagen behauptete. Hemingways alter Freund Aaron E. Hotchner wußte es anders, und er meinte, daß die Welt ein Anrecht auf die Wahrheit habe.

»Hotchner bemächtigt sich schamlos meines Privatlebens . . .«, argumentierte Mary Hemingway, die vierte und letzte Frau des Schriftstellers, vor Gericht und beantragte, die Veröffentlichung von Hotchners Buch »Papa Hemingway« zu verbieten. Aber das Gericht lehnte ab, und noch ehe es gedruckt ist, wurde das Buch in Amerika zum »Buch des Monats« erklärt. Und es gehört nicht viel dazu, die Prophezeiung zu wagen, daß es das Buch des Jahres werden wird. Denn Ernest Hemingway war ein Schriftsteller und ein Mann, wie unsere Generation keinen zweiten aufzuweisen hat.

Sein wildes buntes Leben hat keine Höhen und Tiefen ausgelassen. Er war Reporter und Stierkämpfer, Landarbeiter und Boxtrainer. Sein Weltkriegsbuch »In einem andern Land« brachte ihm den ersten großen Erfolg, und der Roman über den Spanischen Bürgerkrieg »Wem die Stunde schlägt« erschien in Millionenauflagen. Er pirschte durch Afrikas Steppen, flog Nachtangriffe über der Normandie, er soff und liebte und bekam den Nobelpreis, jagte Haie in der Karibischen See und schrieb das großartige Buch »Der alte Mann und das Meer«.

Und dann erschoß er sich.

»Ich wollte es mir nicht eingestehen, ich habe mich gewehrt zuzugeben, daß es kein Unfall war«, sagte Mary Hemingway in der vorvergangenen Woche der italienischen Reporterin Oriana Fallaci. »Der Wahrheit ins Gesicht zu sehen, das hätte mir die Nerven zerrissen. Aber es war wohl so, daß Ernest nicht der Typ war, im Bett an einer Krankheit zu sterben. Er hat sich erschossen. Punkt und basta.«

Nun liegt Aaron E. Hotchners Bericht über das Leben und Sterben Hemingways vor. Der Bericht eines Freundes und dennoch ein Bericht von höchster Objektivität. Und ein Bericht von atemberaubender Spannung. Zum zweiten Male in diesem Jahr kann der STERN ein bedeutendes Manuskript drucken, ehe es irgendwo anders erschienen ist. Truman Capotes im STERN vorabgedruckter Roman »Die Schatten der Mörder« ist eben dabei, ein literarischer Welterfolg zu werden. Hotchners Buch »Papa Hemingway« wird ihm nicht nachstehen.

Lieber Herr von Hassel!

Als Ihr General Panitzki in der letzten Woche seinen Abschied nahm, war ein Teil dieses Heftes schon im Druck. Wäre das nicht der Fall gewesen, dann hätte ich den auf Seite 24 beginnenden Bericht über die verfaulten, verrosteten und veralteten Schiffe der Bundesmarine noch herausgenommen.

Nicht, weil irgend etwas daran nicht stimmte. Leider stimmt alles. Aber politische Leichenschändung liegt mir nicht. Und politisch sind Sie nun doch wohl tot, Herr von Hassel – oder?

Vielleicht bleiben Sie dennoch auf Ihrem Ministersessel sitzen. Den Fliegerdolch des Mannes im Rücken, der Ihnen vier Jahre wacker geholfen hat, ein falsches Rüstungskonzept zu kaschieren, indem er die Abstürze seiner Starfighter-Kameraden auf »menschliches Versagen« zurückführte. Bis es ihm nun einfiel, die Anschaffung dieses Flugzeugtyps als »politische Entscheidung« abzutun. Wenn ein Soldat das sagt, meint er, es sei eine Entscheidung ohne Sachverstand gewesen.

Aber Sie, Herr von Hassel, haben den Starfighter ja nicht angeschafft. Das tat Franz Josef Strauß. Und vielleicht wissen Sie nicht einmal, daß es in Ihrer Luftwaffe noch einen weiteren Totenvogel gibt, dem bis heute zwölf Piloten und Flugschüler zum Opfer fielen – die »Fouga Magister«. Die Maschine hat überhaupt keinen Schleudersitz, obwohl seit zwei Jahren ein exakt funktionierendes vollautomatisches Rettungsgerät für diesen Typ vorhanden ist. Es wurde nur nicht eingebaut.

Sie, Herr von Hassel, haben ja auch die Schiffe nicht gebaut, mit denen die Bundesmarine im Ernstfall kläglich baden gehen würde. Auch die hat Franz Josef Strauß noch auf Kiel gelegt. Hat Ihr Flotteninspekteur, der Admiral Zenker, Ihnen wenigstens gesagt, welcher Schrott da unter deutscher Flagge fährt? Oder wird er, wie sein Kollege Panitzki, eines zu späten Tages erklären, das Verteidigungsministerium sei falsch organisiert und es bedürfe eines »modernen Managements wie in den USA«, um eine einsatzbereite Marine zu schaffen?

Unten hat sich diese Erkenntnis schon seit Jahren durchgesetzt. »Wenn das hier ein Privatbetrieb wäre, der wäre längst pleite«, sagte mir resignierend der Kommandant eines Zerstörers, der mehr in der Werft als auf dem Wasser liegt.

Wenn denn die Militärs schon zu solchen Einsichten kommen, woran fehlt es bei der Regierung? Daß immer nur von einer Kabinettsumbildung die Rede ist, und Franz Josef Strauß schon wieder ante portas steht?

Sie könnten getrost sitzenbleiben, Herr von Hassel, Sie wären nicht die einzige Leiche im Gruselkabinett des Professors Erhard. Und es ist im Grunde völlig gleichgültig, wer da den Selbstverteidigungsminister spielt, solange man nicht begriffen hat, daß eine moderne Armee weder mit verdienten Generälen noch mit in der Ochsentour hochgedienten Beamten aufzubauen ist. Sondern nur mit einer technisch-industriellen Organisation, die nach betriebswirtschaftlichen Grundsätzen geführt wird.

Vielleicht kann Berthold Beitz es ja versuchen, und Sie managen so lange die Firma Krupp. An Alfried Krupps Stelle würde ich dann allerdings eine hohe Risikoversicherung abschließen.

Schleppen und Abschleppen sind zweierlei

Den Satz »Am Deutschen Wesen soll die Welt genesen« hat man allzulange nur hinter der vorgehaltenen Hand zitieren dürfen. Und doch, welch tiefe Wahrheit liegt darin. Generäle treten zurück, der Bundeskanzler wankt, und die Börsenkurse stürzen – aber das Deutsche Wesen läßt sich nicht lumpen. Der Essener Amtsgerichtsrat Klaus Kurig hat es in der vergangenen Woche dem Fremdarbeiter Alois Krajn vorexerziert.
Besagter Alois Krajn – der arme Mensch ist Jugoslawe – hatte sich ein Auto gekauft. Ein altes natürlich. Ein ganz und gar gebrauchtes und nunmehr kaum noch brauchbares für nicht mehr als sechshundert Mark. Der Wagen war bei Steuer und Versicherung längst abgemeldet.

Krajn Alois fand eine Werkstatt, die ihm das Auto herrichten wollte. Und er fand einen Arbeitskollegen, den Maschinenschlosser Karl Brusch, der bereit war, ihn mit seinem Pkw zu dieser Werkstatt zu schleppen. Bruschs Hilfsbereitschaft wurde ihm zum Verhängnis. Denn kaum hatte sich das Abschleppseil zwischen beiden Autos gestrafft, Brusch vorn und Krajn hinten, da erschien die Polizei.
Wieso der geschleppte Wagen kein Nummernschild habe, wollte sie wissen. Und ob Karl Brusch einen Führerschein der Klasse II für mehrachsige Fahrzeuge besitze. Und wo die Sondergenehmigung des Straßenverkehrsamtes für die Überführung eines Kraftfahrzeuges sei. Was? Fehlanzeige? Nun, dann müsse man eben Anzeige erstatten. Man erstattete Anzeige, und es kam zur Gerichtsverhandlung. Als Angeklagter erschien der Maschinenschlosser Karl Brusch. Als Zeuge sein jugoslawischer Arbeitskollege Alois Krajn. Und es erschien als Richter der Amtsgerichsrat Klaus Kurig, und der Staatsanwalt Arnold war auch dabei, und dazu ein Gerichtsdiener, der die Zeugen aufrief, und die Polizisten erschienen, die Mütze unterm Arm und den Diensteid zwischen den Lippen. Und der Protokollführer führte das Protokoll.
Niemand leugnete. Die Sache war völlig klar, der Angeklagte war geständig. Allerdings wußte selbst der Staatsanwalt, der die Anklage zu vertreten hatte, zunächst gar nicht, was da eigentlich Strafbares geschehen sei. Der Staatsanwalt Arnold war nämlich nur der Sitzungsvertreter, und die Anklage war von seinem Kollegen, dem Sachbearbeiter für Verkehrsstrafsachen, ausgearbeitet. Und so erfuhr es der Staatsanwalt Arnold aus den Akten und trug es dem Hohen Gericht vor, daß Schleppen keineswegs gleich Abschleppen sei. Abschleppen sei, »wenn ein Wagen nach einem Unfall oder infolge eines Defektes von der Straße gebracht wird, um den Verkehrsfluß nicht zu behindern«. Dazu brauche man weder einen »Führerschein für mehrachsige Fahrzeuge« noch eine »Sondergenehmigung des Straßenverkehrsamtes«. Aber dieses Abschleppen habe denn auch äußerstens bis zum nächsten Abstellplatz zu erfolgen und nicht etwa bis zur Garage des Unfallwagens. Hier aber, zwischen dem Deutschen Brusch und dem Jugoslawen, handele es sich um die »Überführung eines Kraftfahrzeugs« und dazu bedürfe es der . . . nun, wir haben es schon aufgezählt.
Keiner der Beteiligten hatte das gewußt, und wie gesagt auch der Staatsanwalt nicht, aber Unkenntnis schützt bekanntlich nicht vor Strafe, nicht die Unkenntnis des Staatsanwaltes und schon gar nicht die des Täters. Und so wurde der Maschinenschlosser Karl Brusch zu 80 Mark Geldstrafe verurteilt, damit dem Gesetz Genüge geschehe. Das Verfahren gegen Alois Krajn aber wurde abgetrennt. Es ist damit zu rechnen, daß seinetwegen noch einmal der Amtsrichter Kurig aufgeboten wird, dazu ein Staatsanwalt und ein Gerichtsdiener und die Polizisten mit Mütze und Diensteid, vom Protokollführer ganz zu schweigen.
Damit wir es wieder offen bekennen können vor aller Welt, und besonders vor den armen Jugoslawen und Griechen

und Spaniern und Türken, daß die Welt nur am Deutschen Wesen genesen kann. Und deutsch sein heißt nun einmal, eine Sache um ihrer selbst willen übertreiben.
PS. Die Tatsache, daß die Zahl von der Polizei aufgeklärter Kapitalverbrechen jährlich um 3 Prozent sinkt – bei Morden werden nur noch 32 Prozent, bei Einbrüchen 28 Prozent der Täter gefaßt –, hat mit obiger Sache nichts zu tun.

11. Oktober 1966

Schirach im STERN – warum?

Ein Fernsehmann, der bei der Jagd nach Schirach und Speer einen schlechten Platz erwischte, hat die Behauptung verbreitet, der STERN habe für Schirachs Memoiren eine sechsstellige Summe bezahlt. Im »Spiegel«, der sich um die Geschichte Albert Speers bewarb, war von »etwa einer halben Million« die Rede. In einem Telegramm wurde ich gefragt, ob ich nach den Madonnenräubern nun auch noch die Nazimörder bezahlen wolle.
Das alles ist barer Unsinn. Der STERN hat, als er die Madonna von Volkach freikaufte, ein großes Kunstwerk vor der sicheren Zerstörung bewahrt. Und weder Speer noch Schirach gehören zu den Nazimördern. Sie sind Hitler gefolgt, sie waren ihm verfallen, der eine im Rausch des Bauens und Organisierens, der andere im Glanz der Fahnen und Fanfaren. Und als der Glanz erlosch und als sie die Schuld erkannten, in die sie sich verstrickt hatten, da war es spät und zu spät. Die Deutschen sind keine Revolutionäre, alliierte Richter haben ihnen die erste Säuberung abgenommen. Schirach und Speer haben ihre Strafe abgesessen, zwanzig Jahre Gefängnis. Einem Volk, das seinen Hitler mit mehr als 90 Prozent aller Stimmen gewählt hat – und dessen Bundespräsident den Vorwurf, er habe an Zwangsarbeitslagern mitgebaut, nicht widerlegen will –, steht es schlecht an, die Entlassenen zu schmähen.
Es trifft zu, daß wir Schirach für einen Bericht unter Vertrag genommen haben. Das Honorar richtet sich nach dem Verkaufswert der Weltrechte. Das von amerikanischen, englischen, französischen und italienischen Verlagen bekundete Interesse läßt eine hohe Ziffer als möglich erscheinen. Und es trifft auch zu, daß der STERN sich weiterhin um einen zeitgeschichtlichen Beitrag aus der Feder von Albert Speer bemüht.
Als Speer sich nach seiner Entlassung der Presse stellte und einen Satz mit den Worten begann: »Ich möchte dazu noch sagen . . .«, soll nach einem Bericht der »Bild-«Zeitung ein junger Journalist ihm zugerufen haben: »Herr Speer, Sie haben uns nichts mehr zu sagen!« Ich halte das für eine recht dümmliche Bemerkung. Unsere skeptische junge Generation hat noch nicht beweisen müssen, wie sie sich in der politischen Situation um 1933 verhalten hätte. Als nach Jahren des Hungers und der Arbeitslosigkeit einer kam, der Arbeit und Brot versprach. Und der Arbeit und Brot schaffte. Dem die Staatsmänner der Welt ihre Reverenz erwiesen, obwohl sie besser als die meisten Deutschen wußten, was hinter der Fassade geschah. Wenn ich heute in Studentenzeitungen blicke, bin ich nicht mehr so sicher, daß unsere Jugend in einer Wirtschaftskrise gegen den politischen Verführer gefeit wäre.
Um das Wesen des Verführers zu erkennen, mag es nützlich sein zu lesen, was Schirach und Speer zu berichten haben. Das Bild Hitlers ist in seinen wahrhaft dämonischen Zügen bisher kaum sichtbar geworden. Wer ihn als ein teppichbeißendes Monstrum abtut, weiß nichts vom Wesen des Bösen. Hat er am Anfang das Gute gewollt? Das subjektiv Gute – wenn auch das Falsche? Wurde er durch die Macht korrumpiert und

schließlich zum Verbrecher? Oder war er böse von Grund auf?
Ein ganzes Volk mit seinen Soldaten und Kaufleuten, seinen Ärzten und Künstlern, seinen Arbeitern und Gelehrten ist diesem Hitler auf dem Weg zum Abgrund gefolgt. Wie ist das zu erklären? Ein hochintelligenter Mann, der auch ohne Hitler ein guter Architekt geworden wäre und jedenfalls eine »Führungskraft der Wirtschaft«, und ein Mann, der ohne Hitler heute vielleicht zur Gruppe 47 gehörte (wenn es die ohne Hitler gegeben hätte), sollten versuchen, die Faszination zu analysieren, der sie erlegen sind.
Denn, leider, nur selten erscheint das Verhängnis in häßlicher Gestalt.

22. November 1966

Kanzlerkrisen sind normal

Keine Zeitungsrotation rotiert so schnell wie das Kanzlerkarussell in Bonn. Was am Nachmittag noch als todsicherer Tip galt, entlockt den Auguren am Abend nur noch ein müdes Lächeln. Was politisch einleuchtend zu sein scheint, ist in Wahrheit höchst zwielichtig.
Schröder sei abgeschlagen? »Na, warten Sie nur ab!« Kiesinger heißt der Kanzlerkandidat der CSU? »Gewiß, aber Strauß hat ihn doch nur für die Bayernwahl nach vorne geschoben, damit er der NPD einen eigenen Nazi entgegensetzen kann!« Dann wird also die SPD mit der FDP koalieren, um das Gespräch mit dem Osten in Gang zu bringen? »Na, hören Sie, sollen die Sozialdemokraten sich wieder als vaterlandslose Gesellen beschimpfen lassen? Der Abbau der erfolglosen Politik der Stärke läßt sich doch nur mit dem Segen Adenauers vollziehen?«
Also, dann doch die Große Koalition? »Ja, aber nicht mit Kiesinger!« Mit wem denn, mit Schröder? »Nun, da gibt's ja auch noch Lücke. Der kann nicht nur mit der SPD, sondern auch mit den Gewerkschaften.« Und Barzel? Ach, Barzel . . .
In Würzburg hat Kiesinger versprochen, Strauß mit ins Kabinett zu nehmen. Und weil das Fernsehen den Satz nicht mitbekommen hat, spricht er ihn nachher noch einmal in die Kamera. »Aber blenden Sie's so ein, daß man es nicht merkt!« sagt er.
Und ehe wir's merken, ist es schon geschehen. Ein neuer Mann im Palais Schaumburg, eine neue (alte) Koalition – und eine neue Politik? Ich mußte in diesen Tagen an ein Plakat denken, das im März 1933 an allen Wänden meiner Heimatstadt Emden erschien. »Schluß mit dem Mist, wählt Nationalsozialist!« stand darauf. Und so geschah es. Die Leute hatten den Kuhhandel der Parteien einfach satt.
Aber Schluß mit dem Mist? Ach nein, der Mist kam erst. Zunächst zwar ließ sich alles recht ordentlich an. Man stritt nicht mehr darum, was richtig sei in der Politik und was falsch. Es wurde alles viel bequemer. Der Führer befahl, und wir brauchten nur zu folgen.
Und dann, am Ende, nach nur zwölf Jahren – die Bundesrepublik besteht immerhin schon siebzehn! –, nach zwölf Jahren Nationalsozialismus war alles vorbei. Die Städte zerstört, Millionen ermordet und gefallen, und Deutschland gab es nicht mehr.
Wer immer sich vom Kuhhandel der Parteien angewidert fühlt, möge daran denken. Die parlamentarische Demokratie ist keine makellose Herrlichkeit. Sie ist unter all den unzulänglichen Methoden, mit denen Menschen sich zu arrangieren oder gegeneinander auszuspielen versuchen, nur das kleinste Übel. Jede andere Staatsform, die einer Klasse, einer Clique oder einem Führer die Macht gibt, ist tausendmal übler. Ihre Ordnung wäre

die Unterordnung, ihre Herrschaft wäre Gewalt, und ihre Ruhe wäre die Friedhofsruhe.
Als ob wir das alles nicht am eigenen Leib erlebt hätten!
Was ist dagegen eine Kanzlerkrise! Der alte hat versagt, es muß ein neuer her. Ist es im Geschäftsleben anders? Als vor sieben Jahren die Bayerischen Motorenwerke in die roten Zahlen gerieten, wurden die alten Manager nach Hause geschickt und ein neuer Vorstand bestellt. Heute florieren die BMW wie eh und je. Und als die Engländer meinten, das alte Schlachtroß Churchill zöge den politischen Karren nicht mehr so recht, schirrten sie es ab. Was heute in Bonn geschieht, ist ein normaler demokratischer Vorgang. Der bringt unseren Staat nicht in Gefahr. Die Dänen haben soeben das gleiche erlebt, und die Holländer suchen schon seit sechs Wochen nach einer neuen Regierung.

Was uns fehlt, sind nur etwas bessere Nerven.

11. Dezember 1966

Kurt Willy Kiesebrandt

Wir haben wieder eine Regierung. Das Wort »Eine Hand wäscht die andere« wird künftig die Richtlinien der deutschen Politik bestimmen. Es wird keine Affären mehr geben, sondern die zweifelhafte Sauberkeit des gegenseitigen Nachsehens und Vertuschens. Es wird keine Debatten im Parlament mehr geben, sondern Regierungserklärungen mit akklamanter Zustimmung. Die glänzenden Redner, die florettfechtenden oder die mit dem schweren Säbel, werden verstummt sein. Nur Erich Mende wird manchmal seine Stimme vor sich hertragen, und der Freiherr von Kühlmann-Stumm wird auf den Beifall von 49 Abgeordneten der FDP lauschen. Neunundvierzig gegen vierhundertachtundsechzig.
Auf einen schwarzen Beamten wird ein roter kommen, und auf einen roten ein schwarzer. Es wird an keiner Stelle einen oder drei oder sieben Verantwortliche geben, sondern stets zwei oder vier oder acht. Weil die Verantwortung sich so leichter teilen läßt. Leichter teilen und leichter gegeneinander aufwiegen. Das Beispiel der Großen Koalition in Österreich hat es gezeigt: plus eins und minus eins ergibt null. Nichts geht mehr.

Aber wir haben einen neuen Bundeskanzler. Er heißt nicht Willy Brandt, wie er nach dem Zusammenbruch der bisherigen Regierungspolitik hätte heißen können. Herbert Wehner weiß, warum daraus nichts geworden ist. Wehner hat das Trauma, einmal Kommunist gewesen zu sein, nicht überwunden.
Er hätte fürchten müssen, bei jedem Gespräch mit dem Osten mit seiner Vergangenheit konfrontiert zu werden. Und er glaubte wohl auch, daß der sensible Willy Brandt es nicht durchstehen würde, wenn ihm bei jedem Schritt über die Mauer das Geschrei der Springer-Presse in den Ohren geklungen hätte. Männer, die ihr Vaterland so lieben wie Willy Brandt und die es unter Schmerzen verließen, als Mord und Terror sich darin breitmachten, sind empfindlich gegen das Schimpfwort Vaterlandsverräter.

Brandt, wir wissen es aus seinem eigenen Mund, glaubte sich dennoch stark genug, das Neue zu wagen. Aber er glaubte es wohl nur, die Entwicklung hat es gezeigt. Und so wird ihn der liebenswerte Herr Kiesinger an die Hand nehmen, und der kann dabei gleich seinen braunen Schatten loswerden. Minus eins und plus eins ergibt null. Kurt Willy Kiesebrandt.

Haben Sie daran gedacht, daß Schwarz und Rot allzu leicht Braun ergibt? Heute stellt die NPD noch den Prozentsatz an Unbelehrbaren dar, der jedem Volk erlaubt ist. Was aber, wenn die oft genug dargelegten Widersprüche der beiden Koalitionspartner die Regierung zur Unbeweglichkeit verurteilen? Was, wenn die im Parlament verstummte Opposition sich draußen im Land den Scharfmachern und Demagogen zuwendet? Wenn der Ruf nach dem starken Mann wieder laut wird, der es »denen in Bonn einmal gründlich besorgt«?

Willy Brandt hat gesagt, wir müßten jetzt alle Kräfte zusammenfassen, und die Große Koalition sei nur eine Sache auf Zeit. Wie denn, will die SPD sich im Parlament dadurch profilieren, daß sie bei jeder Regierungsvorlage verkündet, sie hätte es ganz anders gemacht, wenn sie nur allein zu bestimmen hätte? Woher soll der Wähler wissen, wer das Gute und wer das Schlechte gewirkt hat in dieser Koalition? Er wird über den »Bonner Saustall« schimpfen, und am Ende könnten wir ganz froh sein, wenn der starke Mann dann nur Franz Josef Strauß heißt. Nein, es ist kein Grund, fröhlich zu sein. Und doch hätte auch für diese Regierung das Wort gegolten »give him a chance«. Bei aller Skepsis hätte sie eine Chance verdient, wenn sie es nicht schon in ihrer Geburtsstunde unternommen hätte, durch ein neues Wahlrecht die Opposition im Parlament völlig mundtot zu machen. So können wir ihr nur versprechen, was unseres Amtes ist: Solange uns kein Polizist die Feder aus der Hand nimmt, werden wir als unabhängige Journalisten sagen, was ist. Werden der öffentlichen Hand auf die Finger sehen und uns nicht scheuen, unter Ministersesseln Feuer zu machen, wann immer es nötig ist. Wir werden Korruption Korruption nennen und den Mantel der Nächstenliebe anheben, sobald es darunter zu stinken beginnt.

Nicht aus Lust am Skandal. Sondern aus Liebe zu unserem Land.

10. Januar 1967

Manchesters Kennedy-Bericht wird nicht gekürzt

Im November des vergangenen Jahres wurde den großen Zeitungen der westlichen Welt ein Manuskript angeboten, wie es bisher noch keines gegeben hatte: William Manchester legte seinen Bericht »Der Tod des Präsidenten« vor. Zum erstenmal hatte ein Historiker Gelegenheit gehabt, mehr als tausend unmittelbare Zeugen der letzten Tage John F. Kennedys zu befragen und die Geschichte seiner Ermordung wie einen Augenzeugenbericht zu schreiben. Der Report der Warren-Kommission mag als die Beweisaufnahme des Tages von Dallas gelten, William Manchesters Buch ist das Urteil.

Und da die überlebende Hauptfigur der Tragödie, Mrs. Jacqueline Kennedy, dem Autor nicht nur in einem mehr als zehnstündigen Tonbandgespräch alle ihre Wahrnehmungen, ihre Worte und Gefühle offenbarte, sondern darüber hinaus ihre Freunde nachdrücklich bat, diesem von ihr selbst ausgewählten Historiker – und nur ihm allein – alles zu sagen, was sie wüßten, was sie gesehen, gehört und gesprochen hätten, gewann Manchesters Bericht eine solche Hautnähe und Intensität und zugleich eine so unangreifbare Wahrhaftigkeit, daß man in der Historie vergeblich nach seinesgleichen sucht.

Dennoch hat es um diesen Bericht in den letzten Wochen vor seinem Erscheinen heftige Auseinandersetzungen gegeben. Und nun war es Jacqueline Kennedy selbst, die den Verfasser beschuldigte, er sei ihr zu weit in ihre privateste Sphäre vorgedrungen und habe enthüllt, was nicht an die Öffentlichkeit gehörte. Die

Kennedys bemühten ihre Anwälte, um in letzter Minute den Vorabdruck des Manuskriptes in der amerikanischen Zeitschrift »Look«, im französischen »Paris Match«, in der Londoner »Sunday Times«, der italienischen »Epoca« und im STERN zu verhindern.
Der amerikanische Verlag, der für die Abdruckrechte 665 000 Dollar – das sind mehr als zweieinhalb Millionen Mark – gezahlt hatte, willigte schließlich in die Streichung von insgesamt 1600 Wörtern ein. Der STERN hingegen unterwirft sich dieser Zensur nicht und wird den Bericht ungekürzt drucken.
Was sind die Hintergründe? Nimmt der STERN weniger Rücksichten auf die Gefühle einer Frau, ist er skrupellos auf eine Sensation versessen, auf die das amerikanische Blatt vornehm verzichtet?
Nichts von alledem.
Mrs. Jacqueline Kennedy, die vor der Warren-Kommission bat, ihre Vernehmung auf zwanzig Minuten zu beschränken – weil das Thema sie zu sehr errege –, hatte schon vorher zehneinhalb Stunden lang in Manchesters Mikrophon gesprochen, um, wie sie sagte, »die Wahrheit und das Andenken des Präsidenten vor jeglicher Entstellung zu bewahren«. Sie ist eine Frau, die weiß, was sie tut. Und sie wußte es auch in diesem Augenblick.
Als William Manchester seinen Bericht fertiggestellt hatte, übergab er das Manuskript der Familie Kennedy. Senator Robert Kennedy las es. Und fünf Freunde der Familie lasen den Bericht, darunter der Historiker und engste Berater des ermordeten Präsidenten, Arthur M. Schlesinger, dessen Kennedy-Biographie vor zwei Jahren im STERN erschien. Sie baten um ein paar geringfügige Korrekturen, in die Manchester sofort einwilligte. Im übrigen waren sie tief beeindruckt von der Authentizität dieser packenden Schilderung. Schlesinger nannte sie »einfach überwältigend«, und Bobby Kennedy sagte, dies sei »wahrhaftig ein großes Buch«.
Aber dann, wenige Wochen vor dem Erscheinen, trat Mrs. Kennedy auf den Plan und behauptete, Manchesters Bericht enthalte »Geschmacklosigkeiten und Ungenauigkeiten« – und sagte im selben Atemzug, sie selbst habe das Buch nicht gelesen, sie könne es einfach nicht über sich bringen. Senator Robert Kennedy schloß sich ihrem Protest an.
Für die wenigen, die das Manuskript gelesen haben, liegt des Rätsels Lösung offen zutage.
Bobby Kennedy, einst Justizminister in der Regierung seines Bruders und heute demokratischer Senator des Staates New York, will 1972 Präsident der Vereinigten Staaten werden. Er hat diese Chance nur, wenn der Demokrat Johnson 1968 noch einmal für vier Jahre gewählt wird.
Diese Wahl stand bisher außer Frage.
Der nicht endende Krieg in Vietnam, die Bombardierung von Wohngebieten in Hanoi und andere politische Mißlichkeiten aber ließen Johnsons Popularität in den letzten Monaten auf einen Tiefstand sinken, der seine Wiederwahl ernstlich gefährdet. Manchesters Bericht, so sagen die Eingeweihten, könnten Johnsons Aussichten vollends zunichte machen.

Jacqueline und Robert Kennedy sind nämlich in ihrer Offenheit gegenüber William Manchester in der Tat zu weit gegangen – wenn man die Sache von der politischen Zweckmäßigkeit her betrachtet. Die intime Feindschaft der Kennedys gegenüber Präsident Johnson hat ihnen Wahrheiten über die Zunge kommen lassen, die Lyndon B. Johnsons Verhalten in Dallas recht zweifelhaft und unsympathisch erscheinen lassen. Würde diese Schilderung veröffentlicht, dann dürfte LBJ die Wahl 1968 verlieren. Ein Republikaner würde die Demokraten ablösen und nach aller geschichtlichen Erfahrung 1972 wiedergewählt werden. Damit hätte Robert Kennedy das Nachsehen.

So ist es denn nichts als politisches Kalkül, was die Kennedys in letzter Minute auf den unglücklichen Gedanken brachte, Manchesters Bericht zu zensieren. Und nichts als politisches Kalkül ließ den der Familie Kennedy nahestehenden Verlag von »Look« in diese Zensur einwilligen.
Der STERN ist an dieses Abkommen nicht gebunden. Enthielte das Manuskript wirklich Geschmacklosigkeiten, verletzte es die Intimsphäre Jacqueline Kennedys – wir würden es nicht abdruk-

ken. Die Verehrung für John F. Kennedy verböte es uns, den Gefühlen seiner Witwe und seiner Kinder zu nahezutreten. Aber Rücksichtnahme auf eine politische Karriere war uns noch nie ein Grund, die historische Wahrheit nicht unverkürzt und unzensiert zu veröffentlichen.

17. Januar 1967

Robert Kennedys Telegramm

Sie werden in den Zeitungen gelesen haben, daß Senator Robert F. Kennedy mir in letzter Minute ein Telegramm schickte, in dem er bat, der STERN möge – wie die amerikanische Zeitschrift »Look« – aus William Manchesters Bericht »Der Tod des Präsidenten« einige Passagen streichen. Es handele sich nicht um Stellen von historischer Wichtigkeit, sondern um private Dinge, deren Veröffentlichung Mrs. Kennedy und die Familie Kennedy in Bedrängnis bringen würde. *It would cause distress to Mrs. Kennedy and entire Kennedy family* – heißt es im englischen Text.

Ich habe dieser Bitte des Senators Kennedy nicht entsprechen können, weil ich meine, daß hier politische Absichten mit privaten Gefühlen kaschiert werden sollen. Die Animosität zwischen den Kennedys und den Johnsons ist nicht unsere Sache, der Karriere von Bobby Kennedy sehen wir mit Bewunderung zu, aber die Sorge um ihr Gelingen verleitet uns nicht zur Nachrichtenunterdrückung. Im übrigen ist nun so viel Geheimnis um Manchesters Bericht gemacht worden, daß jede Kürzung den Eindruck verstärken müßte, als sollte hier etwas verschwiegen, als sollte die Wahrheit manipuliert werden.

Dem STERN bleibt in dieser Situation gar nichts anderes übrig, als die unzensierte Version zu veröffentlichen. Ihnen, den STERN-Lesern, steht das Urteil zu, ob dieser Bericht die Grenzen menschlicher Rücksichtnahme überschreitet. Daß er das politische Gefüge der USA bewegt, ist schon heute sicher.

5. Februar 1967

Rücksicht auf Jackie Kennedy

An Jacqueline Kennedy habe ich in den letzten Wochen immer nur mit ein wenig Rührung denken können. Nicht wegen der zu Herzen gehenden Botschaft, in der sie mich bat, die ihr unerwünschten Stellen aus William Manchesters Manuskript »Der Tod des Präsidenten« wegzulassen. Das mochte ihr ein geschickter Anwalt aufgesetzt haben, und er hat dabei wohl die Gefühle seiner Auftraggeberin und den »unschuldigen Schmerz zweier kleiner Kinder« ein bißchen überstrapaziert. Aber ich gehörte zu dem knappen Dutzend Zeitungsleuten in Europa, die das ganze Manuskript gelesen haben. Ich kannte Mrs. Kennedys Kürzungswünsche und was davon noch übriggeblieben war, und jeden Morgen konnte ich in der Weltpresse lesen, welche Sensationen man hinter diesen »deletions« vermutete. Das war merkwürdig und rührend zugleich.

Merkwürdig, weil die betriebsame Ungeschicklichkeit, mit der vor allem Senator Robert Kennedy in dieser Sache taktierte, so gar nicht dem politischen Stil dieser hervorragenden Familie entsprach. Glaubte er wirklich, er könne die ganzen Querelen zwischen dem Kennedy-Clan und den Johnson-Anhängern aus Manchesters Bericht hinwegmanipulieren – nur damit ihm Johnson den Präsidentenstuhl noch vier Jahre warmhielte? Nun wohl, er muß es geglaubt haben, denn er forderte vom Chefredakteur der amerikanischen Zeitschrift »Look« die Weglassung von gut 7000 Wörtern. Und als mein Kollege William Attwood sich weigerte, in politische Kürzungen einzuwilligen, bekam er nicht einmal eine Weihnachtspostkarte von Bobby Kennedy mehr. Wer in Amerika lebt, weiß, was das bedeutet – Bill Attwood war ein alter Freund der Familie gewesen.

Aber der Verlag von »Look« machte schließlich seinen Frieden mit dem Senator Robert Kennedy, von den 7000 Wörtern blieben am Ende 1600 übrig. Darunter ein paar politische Passagen, ein paar persönliche Schilderungen, ein bißchen personifizierte Politik oder politische Personalien – wie immer man's nennen mag. Jedenfalls nichts, was nach objektiven Maßstäben die Gefühle eines der Beteiligten hätte verletzen können. Und somit nichts, was der STERN noch kürzen konnte, seit die Kennedys anfangs mit politischem Druck und dann mit juristischen Drohungen auf uns einzuwirken begannen.

Soweit merkwürdig, und nun kommt das Rührende.

War es wirklich so schrecklich, was da in Manchesters Manuskript stand und nach Jackies Willen nicht gedruckt werden sollte? Berührte es ihre »Intimsphäre«? Stimmte das, was man in vielen Zeitungen lesen konnte: daß Jackie sich hysterisch mit der Operationsschwester prügelte, daß sie ihr blutverkrustetes Kostüm heimlich versteckte, um es eines Tages dem Rivalen Johnson vor die Füße zu werfen? Ging es um das Kissen ihres Bettes, das sie im Schmerz der ersten Nacht nach dem Mord zerriß? Wer hätte einer Frau den Wunsch abschlagen können, solche Passagen nicht veröffentlicht zu sehen? Aber all das sind Spekulationen von Leuten, die das Manuskript nicht gelesen haben.

Doch da war eine Falte, die sie in ihrem Gesicht entdeckte – die erste. Und die sollte getilgt werden. »Sie fand, daß sie müde aussah«, sollte die Stelle jetzt heißen. Als ihre Sekretärin Mary Gallagher den Inhalt von Jackies Handtasche auskramte – Lippenstift, Kamm, Taschentuch, Sonnenbrille und Zigaretten –, da möchte Jacqueline Kennedy nun, daß die Zigaretten unerwähnt bleiben. Und während sie William Manchester in ihrem Interview noch erzählt hatte, daß sie »eine gute Stunde vor dem Spiegel zugebracht« hat, soll jetzt das farblose »sie brauchte lange, ehe sie mit allem fertig war« daraus werden. Lächerlich? O nein, sie ist doch eine Frau wie andere auch, diese Jackie Kennedy, nur daß ein unmenschliches Schicksal sie in eine Situation gestellt hat, wo sie offenbar glaubt, nicht mehr menschlich reagieren zu dürfen. Und allzu menschlich, allzu weiblich will sie jetzt ihren Kopf durchsetzen und gesellt ihre rührenden Einsprüche den ehrgeizigen ihres Schwagers zu, des Senators Robert F. Kennedy, der seiner Familiendynastie um jeden Preis wieder auf den Präsidentenstuhl verhelfen will. Politische Gründe, persönliche Gründe – es möge mir keiner verübeln, daß ich mich diesem vermischten Ansinnen widersetzen muß, so gern ich Mrs. Kennedy meine Reverenz erwiesen hätte.

Die Reaktion war sehr verschieden. Aus Amerika erhielt der STERN fast ausschließlich Zustimmung. Dafür sahen bundesrepublikanische Parlamentarier die deutsch-amerikanischen Beziehungen zusammenbrechen. Leser strömten über vor Mitleid mit Jackie und ihren Kindern – sie mußten wohl Schreckliches ahnen. Die Scheinheiligen in der Redaktion von »Christ und Welt« beklagten laut, daß Fairness nun einmal keine deutsche Nationaltugend sei, und die »Hannoversche Presse« bedauerte es, daß dieser Henri Nannen eben »leider kein Herr« sei. Was half es, daß ich beteuerte, es sei am besten, alles zu veröffentlichen, um so zu zeigen, daß der von John F.

Kennedy hoch geschätzte William Manchester nirgends die Grenzen menschlicher Rücksichtnahme überschritten hatte.
Da kamen mir die Kennedys zu Hilfe, sie gingen vor Gericht. Das heißt, sie gingen nicht selbst, sie schoben »Look« mit dem Antrag vor, dem STERN den weiteren Abdruck des ungekürzten Berichtes »Der Tod des Präsidenten« zu verbieten. Die Kennedy-Anwälte agierten im Hintergrund. Ich hatte, um mit William Manchester zu sprechen, »dem politischen Tier ins Auge zu sehen«.
Aber das Tier war blind. Das Landgericht Hamburg lehnte am 23. Januar ab, der Familie Kennedy eine Zensur über den STERN zuzubilligen. Der Antrag wurde zurückgewiesen, die Kosten – 26 000 DM für eine Sitzung – wurden der Gegenseite auferlegt.
Nun endlich. Frei von politischem Druck und von keiner Prozeßdrohung bedrängt, kann ich Mrs. Kennedy freiwillig den Wunsch erfüllen, den sie glaubte, erzwingen zu müssen:
Zwar wird der STERN auch in den nächsten Folgen ungekürzt und unverändert diesen Bericht drucken, einschließlich der politisch und historisch interessanten Passagen, die Senator Robert F. Kennedy gestrichen haben möchte. Einige wenige Stellen aber, in denen Jacqueline Kennedy ihre privaten Anliegen dem Autor offenbarte, werden wir auf ihren Wunsch weglassen – 122 Zeilen von insgesamt siebentausendneunhundertelf. Doch wir haben uns nicht so lange jeder politischen Zensur widersetzt, um uns jetzt leichtfertig ins Zwielicht willkürlicher Zugeständnisse zu begeben. Ich habe William Manchesters Manuskript einer unabhängigen und unbestechlichen Jury vorgelegt. Der Historiker Professor Dr. Golo Mann, der Politiker Kurt Birrenbach (CDU-MdB) und der Journalist Werner Höfer haben ein eindeutiges Urteil gefällt: Dem Leser wird nichts vorenthalten. So bleibt es bei dem, was ich von Anbeginn erklärt habe: Wir wollen die Gefühle von Mrs. Kennedy und ihren Kindern nicht verletzen. Und hier wollen wir nicht Richter in eigener Sache sein. Aber nichts wird uns daran hindern, auch in den kommenden Folgen die politisch wichtigen Passagen zu drucken, die auf Wunsch der Familie Kennedy gekürzt werden sollten und die weder in Amerika noch in Europa an anderer Stelle erscheinen.

7. Februar 1967

Die Zumutung Heinrich Lübke

Die Zumutung, Heinrich Lübke auf dem Stuhl des Bundespräsidenten zu sehen, ist immer schwerer zu ertragen. Ich weiß, die meisten Deutschen haben Mitleid mit ihm, aber seit wann gilt das Mitleid eines Volkes als Qualifikation für das höchste Staatsamt?
Daß er der »Witwe« des französischen Dichters Cocteau ein Beileidstelegramm schickt, obwohl es diese Witwe nicht gibt – es sei denn, Jean Marais hätte sich für das Telegramm empfangsberechtigt gefühlt –, kann noch hingehen.
Auch wenn Lübke bei seinem Staatsbesuch in Tananarive, der Hauptstadt Madagaskars, die Frau des madagassischen Staatspräsidenten Tsiranana mit »Sehr geehrte Frau Tananarive« anredet, mag man der Sache noch einige Komik abgewinnen. Als Bundespräsident hat er auf seinen vielen Reisen Gott sei Dank Begleiter, die ein Goldenes Buch diskret verschwinden lassen, wenn Heinrich Lübke die falsche Hauptstadt eingetragen hat – noch dazu die Hauptstadt eines den Gastgebern feindlich gesinnten Nachbarlandes. Und wenn er in Helmstedt spricht und plötzlich vergessen hat, wo er sich befindet, dann wird ihm keiner die hilfreichen Zurufe aus der Menge mißgönnen. Hier nicht und nicht in Es-

sen, wo er bei der Eröffnung der Gartenbauausstellung zungenringend nach dem Namen » . . . des Zwerges, . . . des Gottes« aus Carl Maria von Webers eben gespielter Ouvertüre zu »na, ich komm doch nicht drauf« sucht, bis ihm der mitleidige Chor das erlösende »Oberon« zuruft.

Ein Bundespräsident muß kein Literaturkenner sein, und besondere Intelligenz wird von ihm nicht verlangt. Aber an Würde und Anstand sollte er es nicht fehlen lassen.

Beides zu zeigen war ihm Gelegenheit gegeben, als kürzlich Frankreichs Staatspräsident de Gaulle der deutschen Professorin Klara Marie Fassbinder für ihre Übersetzung der Werke Paul Claudels den Orden »Palmes académiques« verleihen wollte. Zum Empfang eines ausländischen Ordens aber bedarf es nicht des Verdienstes allein, es ist dazu auch die Genehmigung des Bundespräsidenten vonnöten. Heinrich Lübke verweigerte sie der 78jährigen ohne Angabe von Gründen, und man darf das wohl als einen Beweis mangelnder Souveränität ansehen. Wie aber wäre Würde ohne Souveränität vorstellbar?

Lübke ließ es dabei nicht bewenden. Während Bundespräsidialamt und Innenministerium es vornehm ablehnten, gegenüber dem Deutschen Bundestag Angaben über den Fall zu machen – weil solche Auskunft nicht im Interesse der Betroffenen liegen könne –, mochte Herr Lübke es sich bei einem Gespräch mit Journalisten in seinem Berliner Amtssitz nicht versagen, die von de Gaulle einer hohen, wenn auch unpolitischen Auszeichnung für würdig befundene Dame der »kaum zu überbietenden Falschheit« zu bezichtigen. Sie habe den katholischen Dichter Claudel nur übersetzt, um damit ihre »kommunistischen Absichten zu vernebeln«.

Nun mag die Professorin Klara Fassbinder – sie wird wegen ihrer Zugehörigkeit zur DFU und anderen pazifistischen Organisationen östlicher Provenienz gern das »Friedens-Klärchen« genannt – in den Augen Heinrich Lübkes eine rechte Törin sein. Immerhin war sie es schon unter den Nazis, die sie wegen ihrer katholischen Gesinnung 1935 aus dem Schuldienst entließen, genau neun Jahre bevor der Einsatzleiter Heinrich Lübke mit Häftlingen Baracken für Zwangsarbeiter baute.

Es ist dem Mitläufer wie du und ich Heinrich Lübke daraus in diesem Blatt nie ein Vorwurf gemacht worden. Um so deutlicher sollten wir jetzt feststellen, daß seine ebenso dummen wie abwertenden Bemerkungen gegenüber einer alten Dame dem Amte des Bundespräsidenten nicht anstehen. Wenn Sprache einen Sinn haben soll, ist Heinrich Lübkes Verhalten schlicht als nicht anständig zu bezeichnen.

14. Februar 1967

Der STERN kostet eine Mark

Deutschlands größte Illustrierte wird nun auch Deutschlands teuerste sein: Der STERN kostet ab heute eine Mark.

Soll ich Ihnen vorrechnen, warum das so sein muß? Seit der STERN 80 Pfennig kostet, sind die Löhne im Grafischen Gewerbe um rund 14 Prozent gestiegen. Oder soll ich über die Postgebühren lamentieren, die allein in diesem Jahr um 1,4 Millionen mehr ausmachen und die den STERN ganz besonders treffen, weil er um ein gutes Drittel mehr wiegt als seine gewichtigste Konkurrenz.

Ich meine, es gibt überzeugendere Argumente.

Das überzeugendste brauche ich kaum noch zu erklären – denn wüßten Sie es nicht längst, warum wohl wäre der STERN mit einer Auflage von 2 Millio-

nen 200 000 Exemplaren inzwischen die größte Illustrierte Europas geworden? Der STERN ist einfach besser, das ist es. Er ist gründlich und zuverlässig, vielseitig und unterhaltsam – und es steht soviel mehr drin im STERN.
Das ist nur mit einer Mannschaft erstklassiger und hochbezahlter Journalisten und Fotoreporter zu machen. Sehen Sie einmal ins Impressum auf Seite 169, und Sie werden die besten Namen dort finden. Namen, die früher einmal den großen überregionalen Tageszeitungen zum Schmuck gereichten. Der STERN mit seinen vielen Auslandsredaktionen, seinen unbeschränkten Nachrichtenverbindungen, seiner Dokumentation und der Perfektion seines technischen Apparates kann diesen Journalisten Möglichkeiten bieten, wie sie anderswo nicht so leicht zur Verfügung stehen.
Und wo hätte eine Zeitung für die Abdruckrechte etwa von William Manchesters »Tod des Präsidenten« die nötigen 290 000 Mark aufbringen können? Wo wäre es einer Redaktion möglich, in medizinische Veröffentlichungsreihen, historische Berichte oder auch in eine Serie wie »Deutschland, deine Kripo« die Arbeit von Jahren zu investieren? Kein Wunder, daß manches Blatt sich Seitenhiebe gegen den STERN nicht verkneifen mag – der Neid ist nun mal kein wohlwollender Beobachter.
So wären wir also mit uns selbst zufrieden?
Keine Rede davon! Nirgends könnte es mehr Kritik am STERN geben als im STERN. Aber nicht alle Hürden lassen sich mit Fleiß und Sorgfalt oder mit journalistischem Können allein überwinden. Eben sind wir dabei, in unsere Druckerei 30 Millionen mit Hilfe von Bankkrediten zu investieren, um den STERN noch aktueller drucken zu können. Eben werden für Moskau und für Tokio eigene Redaktionsvertretungen geplant. Und die Agenturen Europas und Amerikas sollen wissen, daß der STERN auch weiterhin für einmalige Bilder und einmalige Berichte einmalige Honorare zahlt.
Für Sie, für die STERN-Leser, darf uns so bald nichts zu teuer sein. Sie haben sich für Deutschlands größte Illustrierte entschieden, also haben Sie Anspruch darauf, daß der STERN auch Deutschlands beste Illustrierte bleibt. Wenn Sie vergleichen, was eine Kinokarte heute kostet oder ein Buch, wenn Sie prüfen, was sonst für eine Mark zu haben ist, dann wird Ihnen der STERN diese Mark gewiß wert sein.

21. Februar 1967

Onanie mit dem Ritterkreuz

Es hat in unserer Redaktion heftige Debatten darüber gegeben, ob wir Ihnen den konzentrierten Schmutz vorsetzen sollten, den Sie in diesem STERN finden. Es handelt sich um die Leserbriefspalten dieses Heftes. Und es handelt sich um den Film „Katz und Maus“, in dem Willy Brandts Sohn Lars nicht gerade respektierlich mit einem Ritterkreuz umgeht.
Eines vorweg: Daß der Vorsitzende der SPD und jetzige Bundesaußenminister seinem Sohn erlaubte, mit dem »Dingslamdei« zu spielen und das jugendliche Laster der Selbstbefriedigung mit jener Kriegsauszeichnung zu dekorieren, halte ich schlicht für unbegreiflich.
Gewiß, dieser Orden wurde von einem Mann gestiftet, für dessen Wahnvorstellungen Millionen ihr Leben gelassen haben. In dem Krieg, als dessen höchste Dekoration das Ritterkreuz verliehen wurde, sind Dinge geschehen, deren sich die Deutschen noch auf unabsehbare Zeit schämen werden. Dennoch haben in diesem Krieg Soldaten in der Überzeugung gekämpft, für ihr Vaterland und damit für eine gute Sache einzustehen.
Diese Überzeugung mag falsch gewesen sein; sie ist nicht unehrenhaft.

Willy Brandt ist in diesem Krieg nicht Soldat gewesen. Er hat früh erkannt, wohin Hitler unser Volk führen werde, und er hat aus dieser Erkenntnis die Konsequenz gezogen. Er ist ins Ausland gegangen, von wo er wirksamer gegen den nationalsozialistischen Ungeist kämpfen und der Welt beweisen konnte, daß nicht alle Deutschen Judenmörder sind. Ich kenne Willy Brandt, ich weiß, daß an seiner Gesinnung zu keiner Zeit etwas Unehrenhaftes war. Er war ein deutscher Patriot auch in der Emigration.

Heute ist er ein deutscher Politiker, der sich die Aufgabe gesetzt hat, die Überbleibsel des Bösen in unserem Volk zu überwinden und den guten Willen der Welt wieder für die Sache der Deutschen zu mobilisieren. Dazu muß er überzeugen, nach innen wie nach außen. Er hätte wissen sollen, daß eine Verächtlichmachung des Ritterkreuzes niemanden überzeugt. Im Gegenteil, daß auf diese Weise das Böse nur verhärtet, der Haß gesteigert und der Geifer zum Schäumen gebracht wird.

Dieser Geifer schäumt nun in Hunderten von Briefen an den STERN. Wenn man sie liest, läuft es einem kalt den Rücken hinunter. Da ist von »ausweisen« die Rede, von »in die Fresse schlagen«, von »einsperren« und von »sterilisieren« – als wären die letzten 22 Jahre nicht gewesen. Hat das böse Tier am Ende nur geschlafen? War es eingelullt vom Wirtschaftswunder und von dem wohligen Selbstbewußtsein, mit dem wir unseren Weg aus dem Nachkriegselend gemacht haben?

Wacht das böse Tier in uns auf, sobald man es reizt? Lebt Hitler immer noch in uns?

Die Briefe sind geschrieben. Ob wir sie nun abdrucken oder nicht. Vielleicht ist es gut zu wissen, wie wir mit uns dran sind. Wie dünn die Haut der demokratischen Toleranz ist über den Abgründen deutscher Unduldsamkeit.

Vielleicht ist es aber auch gut, unseren demokratischen Politikern zu zeigen, daß es mit dem Verbot des Irrtums so wenig getan ist wie mit seiner Verteufelung. Und mit der Verspottung schon gar nicht. Wer sich seines Heldentums im Kriege so gern erinnert, den muß man davon überzeugen, daß es nicht weniger ehrenvoll ist, für das Vaterland zu leben. Still und zäh an der Überwindung des Mißtrauens zu arbeiten. Sich einzuordnen in eine Welt, die nur im Miteinander überleben wird und nicht im Gegeneinander.

Wie aber wollte man Menschen überzeugen, wenn man ihren Mut nicht achtet, auch wenn dieser einmal schändlich mißbraucht worden ist.

28. Februar 1967

Italiens Bürokratendschungel

Es ist immer mißlich, aus eigenen Erlebnissen auf allgemeine Zustände zu schließen. Gleichwohl, was anders als seine Erfahrungen hat man zur Verfügung, wenn man die Welt beurteilen will?

Als der britische Premierminister Wilson und sein Außenminister Brown in Bonn waren, um den Beitritt ihres Landes zur EWG zu erörtern, und als die »Bild«-Zeitung lauthals verkündete, mit einem Außenminister, der gelbe Socken trägt, lasse sich keine Politik machen, stand ich auf dem Bahnhof in Salerno, um ein Eilfrachtpaket in Empfang zu nehmen. Salerno liegt in Süditalien, etwa auf halbem Wege zwischen Rom und Sizilien.

Es war der vorletzte Tag eines kurzen Urlaubs, und ich stand hier zum drittenmal. Beim erstenmal, drei Wochen zuvor, waren zwar die Begleitpapiere des Pakets dagewesen, nicht aber das Paket. Mehrere Personen, Hilfssekretäre, Unterabteilungsleiter, Abteilungsleiter, Direktoren und der »Capostazione« waren sehr bemüht, dem Fremden zu helfen – aber wie konnten sie's, am Ende gab es ein vielfaches Achselzucken, vom Paket keine Spur.

Mein Urlaubsort Positano liegt gut anderthalb Autostunden von Salerno. Ich brauchte das Paket dringend, wer beschreibt meine Freude, als nach gut einer Woche ein Formular eintraf, das die Ankunft signalisierte. Nächsten Tag war ich da, nur ließ sich weder das Paket noch auch der Absender jener Benachrichtigung ermitteln. Er war in Urlaub gefahren, warum sollte er auch nicht, und sein Vertreter konnte das Duplikat nicht finden. Alle versprachen, ihr Allermöglichstes zu tun.

Nun, am Ende der dritten Woche, bin ich wieder hier. Aber vergebens – das Paket ist schon beim Zoll, und der liegt am anderen Ende der Stadt am Hafen. Ich überlege, ob ich meinen Wagen nehmen soll oder ein Taxi. Salerno mit seinem Gemüsehinterland, wo dreimal im Jahr geerntet wird – gucken Sie mal bei Ihrem Gemüsehändler in die Salatkisten – ist eine reiche Stadt, in der Parkplätze seltener sind als in Hamburg. Ich lasse also meinen Wagen am Bahnhof, und das Taxi setzt mich pünktlich 14 Minuten vor zwölf beim Zoll ab. Dort wird mir bedeutet, daß um zwölf geschlossen wird, es habe also keinen Zweck mehr, ich möchte um 14 Uhr wiederkommen.

Im Hafen liegt ein Schiff aus Finnland. Nicht daß es aus Finnland ist, scheint mir bemerkenswert, sondern daß es das einzige Schiff im Hafen ist. Er hätte nämlich mindestens für vier Platz. Nun ja, dafür steht am Eingang ein mächtiger Palast aus Marmor, die »Capitaneria di Porto«, davor patrouillieren ein halbes Dutzend Polizisten, das heißt sie patrouillieren nicht, sie stehen in der Sonne, die hier schon im Februar scheint. Winzige weißbejackte Kellnerjungen eilen mit Espresso-Tabletts hin und her. Zu den Polizisten gesellt sich etwa die gleiche Menge Finanzpolizisten. Und nicht zu vergessen die weißmarineuniformierten Angehörigen der Capitaneria, vom Leutnant auf mit immer mehr Gold – der Hafenkapitän selbst würde bei uns für einen Admiral durchgehen.

Es ist zwei Uhr, und mein Paket ist da. Ich muß mich auf dem »Ufficio visite« melden. Der Beamte erbittet meinen Paß. Er geht damit zu seinem Vorgesetzten, dem »Capo dell' Ufficio visite«. Nach zehn Minuten ist er zurück. Das mit dem Paket sei so eine Sache, meint er, es sei nämlich beschädigt gewesen, und ob ich denn eine Inhaltsliste hätte und eine Rechnung. Nein, die hatte ich nicht. Nun, dann werde man das Paket öffnen, und darüber müsse ein Protokoll gefertigt werden, auf einer »Carta bollata« versteht sich, auf einem amtlichen Bogen, den ich für 400 Lire (2,56 DM) zu erwerben habe.

Die Öffnung müsse in Gegenwart des »Segretarios« vom »Sottosegretario«, dem Untersekretär, vorgenommen werden. Der Segretario ist beschäftigt, ein Schiff sei angekommen, wie ich wohl wisse, aus Finnland. Ob ich auch aus Finnland käme? Ich bleibe freundlich. Mit Erfolg, wie man bemerken wird, denn nach dreiviertel Stunden ist der Segretario da.

Das Paket wird geöffnet. Sorgfältig wird jeder Knoten gelöst, jede Umhüllung entfernt. Dazu holt man sich ein Faktotum, dessen Dienstrang mir nicht klar wird. Schließlich fällt die letzte Hülle – heraus kommt meine alte Reiseschreibmaschine. Ich hatte sie zu Hause vergessen, und, man möge mir verzeihen, auf anderen Schreibmaschinen fällt mir nichts ein. Die Maschine ist unversehrt. Aber darüber muß ein neues Protokoll gefertigt werden. Wieder auf einer „Carta bollata« für vierhundert Lire. Aber ich sollte mich wohl nicht aufregen, denn inzwischen habe ich einen Leidensgefährten erhalten, einen Deutschen, der in Amalfi ein Ferienhaus baut. Er nimmt für 368 DM aus Deutschland geschickte Gegenstände für sein Badezimmer in Empfang: Wasserhähne, Handtuchhalter, Seifenschalen.

Vor vier Tagen, als er die Benachrichtigung erhalten hatte, war er schon einmal dagewesen. Nachmittags um vier Uhr. Da hatte man eine halbe Stunde nach der Sendung gesucht, und als man sie fand, hieß es, um fünf Uhr schließe das Büro, und bis dahin sei die Prozedur wohl nicht zu bewältigen. So hatte man ihn wieder

weggeschickt, und diesmal war er pünktlich um zwei Uhr erschienen.
Außer uns gibt es an diesem Tage noch einen einheimischen Besucher. Was sonst herumsteht oder mit Akten, Kaffeetassen oder Handtüchern eilig über die Gänge läuft, gehört zur Dienststelle. Ich schätze ein rundes Dutzend Beamte auf jeden Klienten.
Dem Paket meines Landsmannes mit den Badezimmer-Utensilien liegt eine EWG-Bescheinigung bei, also zahlte er nur 3,6% Zoll. Aber das Paket hat ja nun vier Tage beim Zoll gelegen, macht pro Tag 100 Lire. Und dann darf er noch 4% Umsatzausgleichssteuer entrichten. Und 3,5% Nachschaugebühr, und schließlich 7% mit einer Bezeichnung, für die meine Italienischkenntnisse nicht ausreichen. Und auch die Zustellgebühr vom Bahnhof zum Zollamt. Und eine Kleinigkeit für die Benachrichtung des Empfängers. Schließlich zahlt er auf den Warenwert von 368 DM insgesamt 76 DM Gebühren. Aber damit er sein Paket bekommt, werden die Gegenstände sorgfältig geprüft, ob ihr profaner Verwendungszweck nicht darüber hinwegtäuschen soll, daß sich unter der Verchromung an Stelle von Messing etwa Gold oder Platin verbergen.
Und über alles gibt es Protokolle auf amtlichem Papier, den Bogen für 400 Lire.
Gemeinsam ziehen wir zum »Direttore«, der alles noch einmal begutachtet und sich die letzte Unterschrift vom »Direttore superiore« besorgt. Um zwanzig vor fünf sind wir draußen, er mit seinen Wasserhähnen, ich mit meiner Schreibmaschine.
Wir haben dann noch einen Espresso miteinander getrunken, und ich kaufte eine Zeitung. Darin stand ein Artikel, in dem über die Bürokratie geklagt wurde und darüber, daß es so schwer sei, ihr zu Leibe zu gehen, weil so viele verdiente Beamte darunter zu leiden hätten. Und ich lese, daß zum Beispiel die Angehörigen der Arbeitsämter das doppelte Gehalt beziehen wie die übrigen Staatsbeamten. Und daß der Präsident eines Provinzarbeitsamtes nach dreißig Jahren mit einer Abfindung von 600 000 DM in Pension geht und bis zu seinem Lebensende etwa 10 000 DM monatlich bezieht. Und an einer anderen Stelle der Zeitung steht, daß die Kommunisten wieder einen neuen Wahlsieg errungen hätten.
Ich muß nicht betonen, daß ich Italien trotzdem sehr liebe. Wegen seines Klimas, seiner Sonne und auch wegen des Charmes seiner Bewohner. Aber warum Italien in der Europäischen Wirtschaftsgemeinschaft ist und England nicht, das werde ich wohl so bald nicht verstehen. Auch wenn der britische Außenminister in Bonn mit gelben Socken erscheint.

7. März 1967

Die Fiktion vom Alleinvertretungsanspruch

Wenn's um die Demokratie geht, schauen unsere Lehrmeister gern über die Grenzen. Nach England zum Beispiel, wo das Zweiparteiensystem angeblich die Stetigkeit der Regierung gewährleistet. Also weg mit der FDP, jenem kleinen Haufen, der immer nur das Zünglein an der Waage sein möchte und selbst doch gar nichts zu bieten hat.
Wie war's denn in England? Da sitzen noch ganze 12 Abgeordnete der einst so stolzen liberalen Partei im Parlament. Immerhin, die liberale Idee hat ihre Schuldigkeit getan: Konservative sind nicht länger nur kapitalistische Ausbeuter, Labour keine sozialistischen Revoluzzer mehr, sie alle sind mit einem Tropfen liberalen Öls gesalbt. Der Liberalismus hat sie vermenschlicht, versachlicht, sie können miteinander umgehen. In Notzeiten regieren sie gemeinsam, in normalen Zeiten wechselt der Wähler sie von Zeit zu Zeit ab.

Wie denn, wäre es bei uns anders? Wohin die Zeiten, da Kurt Schumacher seinen Gegner Adenauer den Bundeskanzler der Alliierten schimpfte, wohin der ideologische Fluch des Altkanzlers, eine Regierung der Sozis sei Deutschlands Untergang. Zusammen sitzen sie auf der Regierungsbank, der Gehrock steht Herrn Wehner nicht schlechter als Herrn Höcherl, von Ballonmütze keine Spur mehr, von schwarzen Scheuklappen ebensowenig.

Wozu also die liberalen Störenfriede? Hat Helmut Schmidt nicht recht, wenn er in seinem Interview auf Seite 66 dieses Heftes meint, die FDP habe ihre Schuldigkeit getan, sie möge gehn?

Ach, wir sind nicht England. Und Sachlichkeit in der Politik ist nicht unser Teil. Zwar meint Herr Wehner, man könne mit der DDR mal reden, und sein Kanzler Kiesinger fährt ihm nicht über den Mund, sondern findet solche Gedankengänge immerhin interessant. Und daß hinter den Bergen auch Leute wohnen, gilt inzwischen nach Osten wie nach Westen. Vorbei die Zeit, wo der Regierende Bürgermeister Willy Brandt ein Gespräch mit Chruschtschow im letzten Augenblick absagen mußte, weil ihm die ideologische Verteufelung durch die CDU drohte.

Und dennoch, wo die SPD sich nicht mehr vor der CDU und die CDU sich nicht mehr vor der SPD zu fürchten braucht, da ist den beiden ein neuer Popanz entstanden: die öffentliche Meinung, oder das, was sie nach der Lektüre der »Bild«-Zeitung dafür halten. Und so wagt man den Schritt zur Versöhnung mit den roten Rumänen nur, indem man gleichzeitig verkündet, auf eben diese Weise werde Herr Ulbricht aufs Kreuz gelegt. Die antikommunistische Gesinnung ist jedenfalls gerettet, wenn damit auch der Preis für ein ähnliches Arrangement mit Prag und Budapest steigen wird. Und wenn der britische Außenminister meint, die Oder-Neiße-Grenze sei wohl nicht mehr zu diskutieren, dann bemerken rote wie schwarze Mitglieder der Bundesregierung, da müsse man doch ernsthafte Überlegungen anstellen, ob ein solcher Verbündeter noch ein rechter Verbündeter sei. Herr Strauß schließlich, wer anders auch, haut auf die nationale Pauke und nennt den Atomsperrvertrag der Amerikaner und Russen »ein neues Versailles, und zwar eines von kosmischen Ausmaßen«.

Soll doch keiner glauben, die schwarzrote Koalition sei ein Haufen von Erfüllungspolitikern, die sich durch die NPD die deutsche Butter vom Brot nehmen ließen!

In diesem Augenblick bricht bei einigen Politikern der FDP der Mut der Verzweiflung aus. Sie haben nicht mehr viel zu verlieren, also lassen sie die Rücksicht auf vermeintliche Wählerressentiments fallen und legen einen neuen Deutschlandplan vor, dessen Kernpunkte Sie in diesem STERN auf Seite 20 lesen können. Einen Plan ohne Anführungszeichen, ohne falsche Illusionen, ohne »als ob«. Sie sehen nicht mehr des Kaisers neue Kleider, sie sehen den nackten Mann und machen sich ernsthafte Gedanken, wie man seine Blöße decken könnte.

Alleinvertretungsanspruch der Bundesrepublik? Eine Fiktion, für die sich meine Schwester in Leipzig nichts kaufen kann. Anerkennung der DDR? Einverstanden, wenn ich dann meinen Vetter in Erfurt besuchen kann wie meine Kusine in Amsterdam. Wirtschaftliche Zusammenarbeit? Her damit, wenn's meinem Freund in Magdeburg dann besser geht als heute. Und Ulbricht und Willi Stoph und die »Machthaber von Pankow«? Nun, wir haben sie in zwanzig Jahren nicht hinweg-ignorieren können, also setzen wir uns mit ihnen zusammen wie mit dem schönen Manescu aus Bukarest. Mir scheint, in diesem Plan kommt mehr freiheitlich-demokratisches Selbstbewußtsein zum Ausdruck als in allen Hallstein-Doktrinen zusammen. Mehr Nüchternheit und mehr Glaube an die eigene Sache.

Mag sein, daß nicht alle Blütenträume dieses Plans reifen. Mag sein, daß die anderen, wenn wir mit ihnen aufs Spielfeld gehen, mit Fouls und Rempeleien nicht sparen. Aber ist unsere Kondition so schlecht, daß wir uns davor fürchten sollten? Probieren geht über Studieren, auch hier, und wer nicht wagt, der nicht gewinnt.

Und gewonnen wäre schon viel, wenn die Deutschen im anderen Teil unseres

Vaterlandes sähen, daß wir sie nicht auf dem Altar ideologischer Rechthaberei opfern wollen. Wenn ihnen deutlich gemacht würde, daß unser Zusammengehörigkeitsgefühl sich nicht in mitleidigen Päckchenaktionen erschöpft. Wenn aber Herr Ulbricht ablehnt und unerfüllbare Forderungen stellt, was wäre verloren? Allenfalls ein paar Illusionen mehr. Darunter die, daß eine Partei ungestraft ihren Mut erst dann entdekken kann, wenn sie im Abseits steht.

14. März 1967

Wir brauchen eine Bundeskriminalpolizei

In den alten Märchen konnten die Unholde zur Tarnkappe greifen, wenn sie sich verfolgt fühlten. Den Verbrechern in der Bundesrepublik genügt ein Rundreisebillett der Bundesbahn. Einer, der bei Landshut in Bayern ein Mädchen vergewaltigt – und dazu nicht im Auto, sondern mit einem Fahrrad vorfährt –, gilt als »örtlicher Täter«. Die Bayerische Landpolizei wird das Ihrige tun, aber über Bayerns Grenzen geht die Fahndung so leicht nicht hinaus.

Denn die Polizei ist Ländersache, und eifersüchtig wachen die Innenminister der deutschen Länder darüber, daß ihnen kein fremder Beamter in ihre Kompetenzen fährt.

In jeder Stunde werden 120 Bundesbürger bestohlen. Jeden Tag werden 17 Frauen, Mädchen und Kinder vergewaltigt. An jedem Werktag wird eine Bank oder Sparkassenfiliale überfallen. Die Kriminalität wächst dreimal so schnell wie die Bevölkerung.

Schon schlägt die rechtsradikale NPD aus dieser Entwicklung Kapital: »Wir fordern, daß die deutsche Frau wieder ohne Furcht über die Straße gehen kann.« Unsere Regierung aber hält am föderalistischen Aufbau der Kriminalpolizei fest. Denn so steht es im Grundgesetz. Wahlrechtsmanipulationen, Notstandsgesetze – dazu kann man die Verfassung unbedenklich ändern. Aber wenn es um den inneren Notstand, um die Sicherheit des Bürgers vor dem Verbrechen geht, dann hält man am Erbe der Siegermächte fest, die nach dem Kriege die Reichskriminalpolizei zerschlugen, weil sie fürchten mußten, daß eine zentral geführte Kripo die Regierung zum Machtmißbrauch verleiten würde.

Bruno Fabeyer raubte und schoß in Niedersachsen. An seinem Heimatort Osnabrück wurde eine Sonderkommission gebildet. Bruno Fabeyer verschwand. Auf Grund einer Sondervereinbarung konnte die Kommission gerade noch nach Nordrhein-Westfalen hineinfahnden. Als er sich nach Süden absetzte, mußten die mit den Gewohnheiten des Verbrechers vertrauten Beamten in Osnabrück Däumchen drehen. Als die Kripo-Serie im STERN erschien, kam eine Leserin auf Fabeyers Spur.

Drei Mörder wurden entdeckt, weil der STERN ihre Steckbriefe wirksam über die ganze Bundesrepublik verbreiten konnte. Wann endlich wird der Kriminalpolizei möglich sein, was einer nicht an Ländergrenzen gebundenen Zeitschrift gelang?

Es gibt keine Ausflüchte, wir brauchen eine Bundeskriminalpolizei!

Offener Brief an eine kleine Partei

Wenn hierzulande einer auszieht, politische Karriere zu machen, dann täte er gut daran, es bei der CDU oder der SPD zu versuchen. Denn die haben mehr Planstellen. Klein darf eine Partei nur sein, wenn sie gleichzeitig oho ist. Klein, aber – oho!

Bei den großen Parteien hängt die Größe von der Zahl ihrer Mitglieder oder Wähler ab. Deshalb müssen sie alles daran setzen, einander im Wettbewerb um die Gunst der Leute auszustechen. Sie müssen schöne Worte machen und Illusionen verkaufen, eine rosiger als die andere.

Eine kleine Partei kann es sich leisten, ehrlich zu sein. Ihre Mitglieder und Wähler sind ja nicht jene, die mit dem Strom schwimmen und mit den Wölfen heulen. Es sind die Verständigen im Lande, welche die schmerzliche Wahrheit der angenehmen Lüge vorziehen. Das Schicksal einer kleinen Partei ist es, Sauerteig zu sein und Beweger des Fortschritts in unserer Welt.

Eine kleine Partei, die anfinge, den Leuten nach dem Munde zu reden, würde dadurch nicht groß, sie würde höchstens überflüssig.

Die Delegierten des Bundesparteitages der FDP in Hannover wissen, daß jetzt das Schicksal ihrer Partei entschieden wird. Indem sie über die Deutschlandpolitik Beschluß fassen, bestimmen sie darüber, ob es morgen noch eine liberale Partei in Deutschland geben wird. Eine kleine Partei, die Großes bewirken könnte, wenn sie sich vor unbequemen Einsichten nicht scheut und wenn sie drei Dinge konsequent aus ihren Überlegungen ausschaltet:

1. die nichtssagenden nationalen Phrasen, mit denen ein politischer Karrieremacher wie Rainer Barzel jede realistische Deutschlandpolitik als »national würdelos« diffamieren möchte. National sein heißt doch wohl, das Beste für sein Land wollen. Wie aber könnte das eine Deutschlandpolitik sein, die zu einer immer mehr fortschreitenden Entfremdung zwischen den Deutschen diesseits und jenseits der Trennungslinie führte?

2. Keine Rolle spielen sollte die Frage, mit welcher Politik die FDP bei den nächsten Landtagswahlen ein paar Stimmen gewinnen oder verlieren könnte. Die politischen Wirkungsmöglichkeiten einer kleinen Partei liegen nicht in der Quantität, sondern in der Qualität.

Im übrigen: Was eine kleine Partei durch die Unbestechlichkeit ihrer Aussage an politischem Strandgut verliert, das wächst ihr an echter Substanz vielfach zu. Je mehr nämlich die Wähler merken, wie sehr CDU/CSU und SPD in der Furcht agieren, wer wohl nach dem Ende der Großen Koalition den Sieg davontragen werde, desto mehr fühlen sie sich von einer illusionslosen konsequenten Politik angezogen.

3. Und schließlich sollte sich ein Politiker nicht zuallererst fragen, was er dafür bezahlt bekommt, wenn er das Richtige tut. Als wir diplomatische Beziehungen mit Polen noch ohne Bedingungen haben konnten, forderten die Vertreter der Politik der Stärke ein polnisches Bekenntnis zur deutschen Wiedervereinigung und eine zumindest stillschweigende Distanzierung Polens von der DDR. Heute wäre der Preis für die Normalisierung der Beziehungen von uns zu zahlen. Und er umfaßt neben der Anerkennung der Oder-Neiße-Grenze auch die Respektierung der staatlichen Existenz der DDR.

Die Preise sind gestiegen, und es gibt kein Zeichen dafür, daß sie in absehbarer Zeit fallen. Um so mehr als unsere westlichen Verbündeten nicht daran denken, für deutsche Querelen auch nur einen Cent zu zahlen oder uns zuliebe auf die Entspannung zwischen Ost und West zu verzichten.

Und das sollte uns recht sein. Denn was niemand vom Osten erpressen kann, und was keine noch so raffiniert geplanten Isolationsmanöver der deutschen Ostpolitik bisher zuwege brachten, das könnte durch eine Entkrampfung der Beziehun-

gen auch zur D D R am ehesten eingeleitet werden: das wirtschaftliche Aufblühen des anderen deutschen Staates, das Miteinander-Handeln und -Reden, die Erleichterung des Reiseverkehrs und das, was John F. Kennedy den »Wandel durch Annäherung« nannte.
Ob es gelänge – wer weiß es?
Aber eines wissen wir mit Sicherheit: daß unsere bisherige Deutschlandpolitik nichts, aber auch gar nichts als eine deklamatorische Abwertung der »sogenannten DDR« erbracht hat. Und wehe uns, wenn die Deutschen da drüben eines Tages durch unsere Schuld diese Abwertung auf sich, auf i h r e n Staat, auf i h r e Regierung beziehen. Denn kein Volk kann auf die Dauer ohne Selbstbewußtsein leben. Kein Volk kann auf die Dauer in der Negation seiner staatlichen Lebensform verharren. Und wer häufiger drüben ist, der weiß, mit wieviel mehr Selbstverständnis man die Formel »unsere Regierung« dort heute gebraucht, als dies noch vor wenigen Jahren geschah.
Man kann nicht ungestraft Politik durch Gänsefüßchen ersetzen. Herr Ulbricht ist gewiß kein Mann nach unserem Geschmack. Aber Politik ist weniger eine Frage des Geschmacks als des Verstandes.
Allerdings: »Verstand ist stets bei wenigen nur gewesen«, heißt es in Schillers Trauerspiel »Demetrius«. Nicht bei den vielen, nicht bei der Masse.
Sollten da nicht der Auftrag und die Chance einer kleinen Partei liegen?

21. Mai 1967

Zu Schirachs Memoiren

In diesem Heft beginnt nun die Geschichte Baldur von Schirachs. Ich weiß, einige Leute werden sich das Maul zerreißen. Sollen sie.
Hier spricht ein Mann aus der unmittelbaren Umgebung Adolf Hitlers. Ein Mann, der an ihn geglaubt hat, der ihn geliebt hat. »Wenn alle untreu werden, trag' ich die Fahne wankend und allein«, heißt es in einem seiner Gedichte. Heute hört sich das Pathos so sentimental an, wie sich in alten Wochenschauen die Breecheshosen Hitlers und Görings lächerlich ausnehmen.
Damals war alles bitterer Ernst.
Schirach hat an seinen Führer geglaubt, und dann hat er ihn doch hassen und verachten gelernt. »Es ist meine Schuld, daß ich die Jugend erzogen habe für einen Mann, der ein millionenfacher Mörder gewesen ist«, bekannte der Reichsjugendführer in Nürnberg.
Aber, was sollen uns diese Geschichten heute?
Die Gefahr, der Baldur von Schirach und seine Generation erlagen, ist nicht nur einer bestimmten geschichtlichen Situation zugeordnet. Und sie ist auch nicht die Gefahr eines einzigen Volkes allein.
Man muß nicht erst auf die NPD-Wahlen in Hessen, in Bayern und anderswo hinweisen. Die Gefahr steckt in gewissen Erscheinungsformen des Gaullismus, sie ist in Amerika latent, sie lebt in Griechenland und Spanien. Und wer sagt uns denn, daß sie bei uns nicht eines Tages wieder ihr Haupt erheben könnte? Noch haben wir keine sechs Millionen Arbeitslose. Gott möge verhüten, daß wir sie jemals wieder haben werden.
Schirach hat in seinem Interview mit dem amerikanischen Fernsehen gesagt, es gebe »historische und hysterische Tatsachen«. Historisch sei Deutschlands Teilung als Ergebnis des von uns begonnenen und verlorenen Krieges. Historisch sei die Oder-Neiße-Grenze als Kriegsfolge. Eine historische Tatsache sei aber auch, daß die überwältigende Mehrheit der Deutschen gelernt habe, in einer neuen Demokratie zu leben – mit den historischen Tatsachen ihrer Umwelt. Zur

Hysterie zu rechnen aber sei es, wenn einige Demagogen mit dem Versprechen, sie könnten durch den Kriegsausgang gegebene Tatsachen ändern, noch immer die Menschen erregen könnten. Niemand werde diese Tatsachen ändern, ohne einen neuen Weltkrieg heraufzubeschwören.
Das sagt ein ehemals führender Nationalsozialist. Man sieht, was Erfahrung bewirken kann.
Als wir über den Titel von Schirachs Memoiren nachdachten und uns bewußt wurde, wie mancher, der damals begeistert mitlief, heute die Nase rümpfen möchte, fiel mir die Zeile ein » . . . der werfe den ersten Stein«.
Schirach war gegen diesen Titel. Das Wort heißt schließlich »Wer unter euch ohne Schuld ist, der werfe den ersten Stein«. Schirach gab zu bedenken, dies setze die Schuld der Verführten mit der Schuld der Verführer gleich. Er bekennt sich dazu, einer der Verführer gewesen zu sein.
Der Stein, den er getragen hat, war 21 Jahre Haft schwer. Seine juristisch faßbare Schuld sei damit gesühnt, meint er – aber die moralische Belastung werde er nicht los. Er wird also wohl bis an sein Ende mit ihr leben müssen. Als der Sechzigjährige seine Geschichte zu schreiben begann, fürchtete ich, er würde nun diese Schuld wie eine Fahne vor sich hertragen, der Romantiker Schirach, der ein Dichter werden wollte und den das Verhängnis einen Politiker werden ließ.
Ich habe mich geirrt. Schirach berichtet, was ihm widerfuhr und was er anderen hat widerfahren lassen. Sein Hitler ist kein irrer Teppichbeißer, seine SA keine simple Mörderbande, seine Hitler-Jugend kein Rüpelhaufen. Denn das ist die eigentliche Gefahr: Nur selten erscheint das Böse in häßlicher Gestalt.
Wer Schirachs Bericht liest, wird – wenn je er den Demagogen auf den Leim geht – nicht mehr mit der Entschuldigung gehört werden können, er habe doch das Gute gewollt.

9. Juli 1967

Zum Tode Paul Sethes

Paul Sethe ist tot. Worte sind so nutzlos, wenn so etwas geschieht. Trauerformeln eignen sich für Staatsbegräbnisse. Nachrufe auf bedeutende Zeitgenossen hat eine gute Redaktion in der Schublade, man hält sie auf dem laufenden, und wenn das Ereignis dann eintritt, braucht man nur die Todesstunde hineinzusetzen und ein paar aktuelle Worte dazu.
Aber dann geschieht es im eigenen Haus. Und es verschlägt einem das Begreifen und die Sprache. Paul Sethe saß mir gegenüber, wir redeten über diesen STERN, der nun vor Ihnen liegt, besonders über den Beitrag »Ist die Bundeswehr zu nichts nütze?«. Er hatte mir eine Hausmitteilung dazu geschrieben, weil er besorgt gewesen war, daß dem Autor zuviel süffisante Ironie in seinen Textentwurf geflossen sei. »Macht euch nicht lustig über einen unfähigen Politiker«, sagte Paul Sethe, »das ist eine verdammt bittere Sache. Und wer die Leute, die er kritisiert, nicht ernst nimmt, der bewirkt nicht, daß sich etwas ändert.« Den Wortlaut dieser Hausmitteilung, die nun das letzte geschriebene Wort von Paul Sethe geworden ist, lesen Sie auf der nächsten Seite.
Der Tod kam ohne jede Vorwarnung zu Paul Sethe. Wir machten noch Pläne miteinander, er wollte uns für den Herbst eine Serie über die russische Oktoberrevolution schreiben, und da sich im nächsten Jahr der Zusammenbruch des deutschen Kaiserreiches zum fünfzigsten Male jährt, fragten wir uns, ob wohl die Figur Wilhelms des Zweiten den heutigen Leser noch interessieren möchte – immer

war es der Blick in die Geschichte, mit dem der große Journalist und Historiker Paul Sethe Maßstäbe für die Beurteilung unserer gegenwärtigen Welt zu setzen wußte.
Ein paar Worte noch über die halbherzige Ostpolitik der Großen Koalition, erschreckend hellsichtig und sehr resignierend – Sie lesen Sethes Meinung über den Schönredner Kiesinger und über Wehners verhängnisvolle Politik in seiner letzten Hausmitteilung, wenn Sie umblättern –, und dann erhob er sich, der schwere Mann mit der gewaltigen Stirn, an sein Vorbild Bismarck gemahnend die Erscheinung, aber seltsam scheu in seinen Bewegungen, im ganzen ein Bild eindrucksvollster Zurückhaltung, der Doyen des deutschen Journalismus. Machte sich auf, ein Körbchen mit Erdbeeren in der Hand, seinen erkrankten Kollegen Kurt Becker von der »Zeit« zu besuchen, brach im Garten des Krankenhauses zusammen und war tot.
Worte sind so nutzlos, wenn so etwas geschieht.
Dennoch hat es an Nachrufen für Paul Sethe nicht gefehlt. Und weil man über Tote nur Gutes redet, nehmen sich Sethes unbequeme Art, seine geistige Unbestechlichkeit und die Unabdingbarkeit seiner Überzeugung nun als schmückende Allerweltstugenden aus. Wobei es manche Autoren trefflich verstehen, das Gute, das sie dem Toten nachrufen, vornehmlich auf sich selbst zu beziehen.

Paul Sethe gehörte zu den fünf Begründern der »Frankfurter Allgemeinen Zeitung«. Und also bescheinigt Mitbegründer Karl Korn dem Toten, dank seinem politischen Willen habe »diese Zeitung das ausgeprägte Gewicht des Kommentars und der Meinung bekommen«. Liest sich's bis dahin wie der Werbebrief einer Agentur für Public Relations, so gerät Karl Korn mit der deutschen Sprache in verräterischen Konflikt, wenn es gilt, Paul Sethes Weggang von der »FAZ« zu motivieren: »Sethes Entscheidung im Hinblick auf die durch den damaligen Kanzler Konrad Adenauer bezeichnete Politik wich in wesentlichen Dingen von den Auffassungen ab, die die Mehrheit seiner Kollegen vertrat. Die Entscheidung wurde zur Scheidung.«
Nun ja, daß Paul Sethe schon damals der Meinung war, die Ideologie des Antikommunismus sei kein ausreichender Ersatz für wohlverstandene Staatsräson, und der rheinische Patriot Konrad Adenauer sei im Begriff, die deutsche Wiedervereinigung eben dieser Ideologie und der West-Integration zu opfern – das ist die eine Sache. Die andere ist, wie die Mitherausgeber der »FAZ« das manipulierten, was Karl Korn heute Sethes »glücklosen Weggang« von dieser Zeitung nennt. Bei vier Herausgebern entfällt eben auf jeden ein größeres Stück von dem Kuchen als bei fünfen. Korn sagt über Sethes Haltung in dem Streit: »Er war ein Ehrenmann, und er hat nie einen Zweifel darüber gelassen, daß er es mit seinesgleichen zu tun hatte. Das ist alles.«
Es ist aber noch nicht alles, wenn es um die eitle Selbstdarstellung der »Frankfurter Allgemeinen Zeitung« geht: Korn ruft dem ausgeschiedenen Sethe nach, er habe »sein Bestes nach seinem Weggang von der ›FAZ‹ in seinen historischen Büchern gegeben«. Vom Journalisten Paul Sethe kein Wort mehr.
Paul Sethe ging 1955 zur »Welt«, die sich damals noch mit Recht eine »unabhängige Tageszeitung für Deutschland« nannte. Aber er brach mit Axel Springer, als dieser Verleger – dessen Charme und Erfolg den Journalisten Sethe durchaus faszinierten – sich zum Wortführer im Kalten Krieg aufwarf. Mit Sethe gingen viele, die nicht Schaden nehmen wollten an ihrer journalistischen Selbstachtung. Der wendige Bernd Nellesen allerdings, schon auf dem Absprung, ließ sich durch Titel und Bezüge eines Chefreporters zurückhalten und klagt heute in seinem Nachruf, daß der einstige Leitartikler der »Welt« Paul Sethe nach seinem Weggang »nun, ein wenig resignierend, immer seltener seine großen Kommentare schrieb«. So wäre denn der Journalist Paul Sethe zweimal verstummt, ehe er starb.
STERN-Leser aber werden sich erinnern, aus seiner Feder neben historischen Serien über den Ersten Weltkrieg, über Skagerrak und die letzten 100 Tage des Zweiten Weltkriegs zahlreiche politische Kommentare gelesen zu haben. Im STERN hat Paul Sethe unser Verhältnis

zu den Engländern untersucht, hat schon im Februar 1966 dem Kanzler Erhard vorausgesagt, daß er die vier Jahre nicht durchstehen würde, und hat zuletzt gefragt, ob Kiesinger wirklich regiert.

Aber ein Mann wie Sethe bedeutet für eine Zeitung und ihre Leser mehr, als sich in Zeilen abmessen läßt. Sein Brief auf den nächsten Seiten macht deutlich, wie sehr er unserer Redaktion ein Mentor, wie er den jüngeren Kollegen ein kritischer väterlicher Freund geworden war. Wir werden uns damit abfinden müssen, daß es seinen Rat nun nicht mehr gibt. Um so häufiger wird es in unseren Redaktionskonferenzen heißen: »Was hätte Paul Sethe dazu gesagt?«

13. August 1967

Swetlana Stalin: Mein Vater

Das kapitale Wild, das dem STERN in der letzten Woche vor die Flinte lief, erwies sich bei näherem Hinsehen als ein zahmes Kaninchen: Auf meinem Tisch liegt ein Manuskript, das den Anspruch erhebt, die russische Originalfassung von Swetlana Stalins Memoiren zu sein. Die 307 eng beschriebenen Seiten wurden uns in Moskau zugespielt, das Deckblatt trägt die Aufschrift: »Mein Leben mit Vater – Zwanzig Briefe an einen Freund.«
Noch vor wenigen Monaten waren europäische und amerikanische Verleger bereit, für Swetlanas Manuskript ihr Vermögen zu riskieren: 3,2 Millionen Dollar beträgt nach Angaben des literarischen Agenten Hilary Rubinstein die investierte Vertragssumme. Man kann es leicht ausrechnen, es macht einhundertunddreißig Mark für jedes Wort, das Swetlana geschrieben hat. Ein Publikationsunternehmen, das selbst William Manchesters »Tod des Präsidenten« in den Schatten stellt.
Kein Wunder, denn weder aus Lenins noch aus Stalins oder Chruschtschows Familie war je ein Angehöriger nach draußen gelangt, um dort zu erzählen, wie es sich am Hofe des Roten Zaren lebt. Ein halbes Jahrhundert Sowjetherrschaft, in dem der Westen aufs Hörensagen angewiesen war, auf Erzählungen aus zweiter Hand, Kammerdienergeschwätz, bei dem man überdies nicht wußte, welcher Geheimdienst bei der Abfassung solcher Berichte seine Hand im Spiel gehabt haben mochte. Nun würde Stalins leibhaftige Tochter sprechen. Und ausgerechnet zum fünfzigsten Jahrestag der Oktoberrevolution sollten Swetlanas Erzählungen auf den Markt kommen.
Kein Wunder denn auch, daß die Jubiläumsfreude der Sowjets von einiger Nervosität getrübt wurde. Als Arthur M. Schlesinger, Mitarbeiter und Biograph des ermordeten Präsidenten Kennedy, Anfang Juli durch die Sowjetunion fuhr, nahmen ihn in Moskau die Parteioberen beiseite und baten ihn, all seinen Einfluß in Washington geltend zu machen, damit die Veröffentlichung der Swetlana-Geschichte wenigstens hinausgeschoben würde. Und noch vor wenigen Wochen beschwor Rußlands Außenminister Gromyko in New York den Geist der Gipfelkonferenz von Glassboro: Die beginnende sowjetisch-amerikanische Entspannung könne durch den »unfreundlichen Akt« dieser Veröffentlichung einen empfindlichen Rückschlag erleiden.

Ein Sprecher des US-Außenministeriums gab daraufhin am 24. Juli zu bedenken, daß in den Vereinigten Staaten die Regierung keinen Einfluß auf solche Veröffentlichungen habe. Immerhin sei es »nicht ausgeschlossen, daß dieses Problem in Kontakten auf offizieller Ebene zwischen Moskau und Washington besprochen werden kann«.

Wie denn, es kann etwas auf offizieller Ebene besprochen werden, worauf die amerikanische Regierung – anders als bei totalitären Regimen – schließlich doch keinen Einfluß hat? Man spürt jedenfalls, auch Washington ist die ganze Sache ein wenig peinlich. So wie man die amerikanische Unsicherheit spürte, als Swetlana Allilujewa Stalin, bereits vom US-Botschafter in Indien mit einem Einreisevisum für die Staaten ausgestattet, dann doch in Rom zur Zwischenlandung veranlaßt und mit Hilfe amerikanischer Diplomaten für eine Weile in die Schweiz überstellt worden war.
Mag sein, daß die Sowjets die Möglichkeiten solcher offiziellen Regierungskontakte in Sachen Swetlana geringer und die Pressefreiheit in Amerika höher einschätzen als der Sprecher des US-Außenministeriums – jedenfalls entschlossen sie sich in der vergangenen Woche zur Flucht nach vorn: Sie spielten das Swetlana-Manuskript (oder das, was sie dafür ausgeben) mit offensichtlich gezielter Indiskretion in den Westen. Ich höre, daß eine Kopie in London sein soll, ein Manuskript befindet sich in meiner Hand, die letzten Seiten sind eben in der Übersetzung.
Und wie gesagt, es ist ein zahmes Kaninchen.
Wer immer geglaubt hatte, Aufschluß über einen Mann zu erhalten, der ein aus jahrhundertelangem Schlaf erwachtes Riesenreich zur Weltmacht hochgepeitscht hat, dem werden rührende Familiengeschichten von Onkel Aljoscha und Tante Maria Anisimowna erzählt. Wer hinter die Stirn eines Diktators blikken wollte, der Feinde und Freunde ins Grab räumte, wenn sie seiner Alleinherrschaft im Wege standen, der muß erfahren, daß dieser Jossif Wissarionowitsch Dschugaschwili, genannt Stalin, ein liebender Vater und guter Mensch war.
Kein Wort von Politik als dies: Er habe nie jemanden umgebracht. Nur wenn Berija, dieses Monstrum, gekommen sei und berichtet habe, da liege ein Geständnis von dem Genossen Soundsojewitsch vor, er habe Beziehungen zu Ausländern unterhalten, dann habe der gute Papa Stalin ja wohl nicht anders gekonnt, als ihn der Gerechtigkeit zu überlassen – und wenn der Kerl nicht gestanden habe, na ja, dann um so schlimmer für ihn.
Aber Tanten, Großtanten, Vettern und Kusinen herrschen vor, und was man über Stalin selbst, seinen Tod und den Selbstmord seiner Frau liest, das hat man ebenso – unter anderem im STERN – schon längst gelesen. Und das alles ist geschrieben mit russischer Weitschweifigkeit, einer Unzahl von unbekannten Namen und Orten – nicht weniger schwer zu lesen als manches von Dostojewskij und Turgenjew, wenngleich einem die Erwähnung dieser Namen angesichts der naiven Schreibe Swetlanas wie eine Gotteslästerung erscheinen muß.
Von Seite zu Seite habe ich mich verwunderter gefragt, warum man über diese dünne Familienschnulze (ach wär's das nur! Aber dafür ist es wieder viel zu trokken) so viel Wesens gemacht hat, warum Verleger Millionen investierten, warum die Sowjets erst zu inhibieren versuchten und warum sie uns nun das Manuskript zuspielen. Was den Westen angeht, scheint die Sache klar zu sein: Der Run auf Swetlana führte dazu, daß die amerikanischen und europäischen Verleger die Katze im Sack kaufen mußten. Obwohl das 1963 in der Sowjetunion abgeschlossene Buch in Russisch vorlag, überstürzten sich die Angebote von Zeitungen, Zeitschriften und Buchverlagen nach Swetlanas Flucht so rasch, daß kein westlicher Verleger Zeit fand, das Manuskript übersetzen zu lassen und zu prüfen, bevor er seine Konkurrenten überbot. Ich weiß es aus eigener Erfahrung, denn auch der STERN hat kräftig mitgehalten bei diesem Rennen.
Für die Handlungsweise der Sowjets aber gibt es verschiedene Erklärungen:
Moskau kannte das Manuskript nicht und mußte befürchten, daß es Kreml-Geheimnisse enthielte. Dafür spricht eine vom 22. Mai aus Moskau datierte Meldung der Deutschen Presse-Agentur, wonach davon gesprochen wurde, daß Freunde der Stalin-Tochter ihr Kopien von Geheimdokumenten aus sowjetischen Staatsarchiven besorgt hätten. Unter diesem Gesichtspunkt wurde Schlesinger in Moskau eingespannt und Gromyko in New York vorstellig, um die Veröffentlichung zu verhindern oder wenigstens hinauszuschieben.

Erst nach diesen vergeblichen Versuchen könnte es den Moskauer Sicherheitsbehörden gelungen sein, eine der in der UdSSR verbliebenen Kopien des Manuskriptes in die Hand zu bekommen (Swetlana selbst hat erzählt, daß sie ein Exemplar nach Indien geschafft habe, zwei weitere befänden sich noch in der Sowjetunion). Als Moskau nun die Ungefährlichkeit des Berichtes erkannte, entschloß es sich, das Manuskript in den Westen gelangen zu lassen, um die naive Unwissenheit Swetlanas aufzudecken und allen weiteren Spekulationen das Wasser abzugraben. Eine in Moskau geäußerte Besorgnis, daß der amerikanische Geheimdienst Swetlanas Hand führen könnte, ähnlich wie das bei den Penkowski-Papieren geschehen sei, mag erklären, warum die sowjetische Regierung daran interessiert ist, daß das harmlose Originalmanuskript – es wurde nach Swetlanas eigenen Worten 1963 in der Sowjetunion abgeschlossen – rechtzeitig im Westen bekannt wird.
Endlich ist die Möglichkeit nicht auszuschließen, daß es sich bei dem zu uns gelangten Manuskript um eine von den sowjetischen Sicherheitsbehörden »gereinigte« Fassung handelt, mit der dem im Oktober erscheinenden Buch die Schau gestohlen werden soll. Oder schlichtweg um eine Fälschung. Allerdings würde eine solche Handlungsweise den sowjetischen Meinungsmachern ein ziemliches Armutszeugnis ausstellen, denn diese Lüge hätte allzu kurze Beine – immerhin schreiben wir schon den August. Wie dem auch sei, der STERN wird das in seiner Hand befindliche Manuskript nicht einfach abdrucken – dem stehen weniger urheberrechtliche Gründe im Wege als Rücksicht auf Sie, die STERN-Leser, die sich sicher nicht mit Onkel Aljoscha und Tante Maria Anisimowna langweilen wollen. Der Analyse dieser angeblichen Swetlana-Memoiren aber wird man überraschend neue Aspekte abgewinnen können. Sie lesen also die »Geschichte der Geschichte«, auf Seite 20 dieses Heftes beginnend.

Um die eigentliche Sensation nicht zu vergessen: Die Fotos auf diesen Seiten stammen aus Swetlanas Familienalbum, das sie nicht mit nach Amerika nehmen konnte. Solche Fotos wurden im Westen bisher nicht gesehen.

22. August 1967

Vor Swetlana bewahrt

Der »Spiegel« – politisch fromm geworden – verlegt sich neuerdings aufs Prozessieren. In der vorvergangenen Woche ließ er dem STERN durch eine einstweilige Verfügung des Landgerichtes Hamburg verbieten, die Memoiren der Stalin-Tochter Swetlana »in einer Artikel-Serie wiederzugeben«. Zu diesem Zeitpunkt verfügten weder der »Spiegel« noch das Gericht über ein Manuskript dieser Memoiren. Die Katze, die der »Spiegel« für 480 000 Mark gekauft hatte, befand sich immer noch im Sack.
Landgerichtsdirektor Engelschall meinte denn auch, es sei schwierig, den komplizierten Tatbestand im Eilverfahren zu entscheiden. Er fragte, ob der STERN nicht einfach drei Wochen mit seiner Veröffentlichung über Swetlana aussetzen könne – bis dahin würde man gewiß klarer sehen. Aber wir mochten so lange nicht warten, und das um so weniger, als wir wußten, daß unsere Veröffentlichung sich im Rahmen dessen hielt, was das Urheberrecht erlaubt. So entschied das Gericht, was keinem weh tat: Es verbot dem STERN *einstweilig* die »Wieder-

gabe« jener Memoiren. *Einstweilig*, das will sagen: bis zur Klärung in einem ordentlichen Gerichtsverfahren.
Nun weiß, wer meinen Brief im STERN Nr. 33 gelesen hat, daß uns nichts ferner lag, als den Text der Stalin-Tochter »wiederzugeben«. Nur diejenigen, die (wie »Spiegel« und »Observer«) allzuviel Geld dafür bezahlt haben, rücken diese weitschweifige Familiengeschichte in die Nähe von Tolstoj und Turgenjew. Wer politische Sensationen erwartet hatte, muß sich von Swetlana selbst belehren lassen: »Ich schreibe nur, was ich weiß und was ich selbst gesehen habe« und »Ich mache erneut den Vorbehalt, daß Politik nicht meine Sache ist und daß ich nicht über Politik schreibe, obgleich niemand in unserer Familie auch nur eine Stunde ohne Politik gelebt hat«.
Wie denn, sie schriebe die Geschichte einer politischen Familie ohne Politik? So dürfte man wenigstens erwarten, daß in ihrer Erzählung die menschlichen Hintergründe aufgelichtet würden, vor denen sich das Leben ihres Vaters Josef Stalin abspielte? Aber ach, die arme Swetlana schreibt auch nur, was sie versteht. Und das ist nicht eben viel.

Da gibt es zum Beispiel den Onkel Aljoscha und die Tante Marusia. Der Onkel hieß mit richtigem Namen Alexander Semjonowitsch Swanidse und war der Bruder von Stalins erster Frau. Onkel Aljoscha und Tante Marusia gehörten also zur engsten Familie. Swetlana berichtet denn auch, daß Stalin den beiden »große Zuneigung entgegengebracht« habe. Sie besuchten die Stalins auf ihrer Datscha in Subalowo, und Swetlana war von Onkel Aljoschas Knien gar nicht herunterzubringen, während Tante Marusia hinter das Sofa kroch und über der Lehne dieses Sitzmöbels mit Handpuppen den »Othello« aufführte und Romanzen dazu sang.
Und was geschah mit diesen lieben Verwandten?
Hier muß ich – zum Zwecke der Textkritik und mit liebenswürdiger Genehmigung des Londoner Verlages Hutchinson, bei dem inzwischen die autorisierte Ausgabe der Swetlana-Memoiren erschienen ist – die Stalin-Tochter wörtlich zitieren:

Es kann durchaus sein, daß es politische Meinungsverschiedenheiten gegeben hat und daß mein Vater eine Auseinandersetzung mit Onkel Aljoscha hatte, aber ich weiß davon nicht das geringste, ich kann weder Beweise noch Tatsachen anführen. Jedenfalls wurden Onkel Aljoscha und Tante Marusia 1937 verhaftet. Wie konnte das passieren?
Wie konnte mein Vater das zulassen? Ich weiß nur eines: Der Gedanke kam sicher nicht von ihm. Aber wenn ihm mit heimtückischer List ein übler Schmeichler (wie Berija) einflüsterte, daß »diese Leute gegen ihn waren«, daß man »kompromittierende Dokumente« gefunden hatte, daß es »gefährliche Verbindungen« gäbe, etwa Reisen ins Ausland usw. – mein Vater könnte das geglaubt haben . . .

Mein Vater war Berijas Machenschaften hilflos ausgeliefert, so läßt es sich erklären. Es ist erstaunlich, wie willenlos er gegenüber diesem schrecklichen Monstrum war! Es genügte, Papiere oder Protokolle herbeizuschaffen, in denen N. seine Schuld »gestand«, oder daß andere für ihn »gestanden« hatten, und wenn er »gestand«, dann war es noch schlimmer.
Onkel Aljoscha war ein Mann von großem Mut. Er gestand niemals irgendeine Schuld. Er bat auch nicht »um Vergebung«, das heißt, er schrieb keinen Jammerbrief um Hilfe an meinen Vater, wie viele es taten – fast immer ohne Erfolg.
Onkel Aljoscha bewies die Kraft und die Mannhaftigkeit eines echten Bolschewiken. Nicht anders hätte es zu ihm und zu seiner wunderbaren Erscheinung gepaßt. Und er bezahlte für seinen Stolz und für seine Standfestigkeit. Im Februar 1942 wurde er im Alter von 60 Jahren erschossen.
Als man Tante Marusia (sie war mit 10 Jahren Verbannung bestraft worden) das Todesurteil über ihren Mann mitteilte, starb sie am gebrochenen Herzen. Soll man sich darüber wundern?

Nein, wundern sollte sich der Leser dieser Memoiren nicht. Es sei denn, er könnte sich vorstellen, daß seine geliebten Onkel und Tanten auf Befehl des eigenen – nicht weniger geliebten, aber irregeführten – Vaters erschossen, eingekerkert oder zum Selbstmord getrieben

würden. Und er vermöchte an Tatsachen nicht mehr darüber zu berichten, als daß es in der Familie »möglicherweise« eine politische Meinungsverschiedenheit gegeben hätte.
»Spiegel«-Direktor Becker hat sich gerühmt, sein Blatt habe die Memoiren der Swetlana Stalin für weniger Geld zugeschlagen bekommen, als der STERN geboten hatte. Da sagt er schlicht die Unwahrheit, oder er wäre einem uralten Verkäufertrick aufgesessen. Zwar, geboten haben wir damals alle – denn niemand konnte ja die Katastrophe ahnen –, aber der STERN schied schon bei 250 000 Mark aus, weil die Stalin-Tochter verlauten ließ, dem STERN und der »Sunday Times« wolle sie die Memoiren auf keinen Fall geben, weil beide »abfällige Berichte über die Familie« gebracht hätten.
So hat uns weniger unsere Klugheit als ein mildtätiges Geschick davor bewahrt, heute zum Schutze unserer Finanzen Tolstoj und Turgenjew bemühen zu müssen. Daß die Trauben, die dem Fuchs unerreichbar waren, sich hernach tatsächlich als sauer erweisen, soll ja gelegentlich vorkommen.
Nun sitzt Herr Direktor Becker auf diesen Trauben. Nur freilich, ein Fuchs ist er deshalb noch nicht.

4. September 1967

Die tote Tante

Swetlana Stalins Tante Anna Sergejewna Allilujewa ist tot. Sie starb vor gut drei Jahren, so stand es letzte Woche im »Spiegel« zu lesen. Selten hat etwas das Deutsche Nachrichten-Magazin so in Entzükken versetzt wie der Tod der alten Dame. Denn dieses war geschehen: Der STERN hatte die tote Tante zitiert, er hatte gar von ihr behauptet, sie kenne die Intimsphäre der Familie Stalin sehr viel besser als des »Spiegels« Swetlana.
So also schien es zu sein: Der STERN sprach mit einer Leiche, wie es »Bild« nicht besser gekonnt hätte. Und weil aufgeklärte »Spiegel«-Redakteure an Spiritismus nun einmal nicht glauben, bot sich ihnen nur die eine Erklärung an: Der Autor unserer Stalin-Serie* hatte sich die von Anna Sergejewna berichteten Einzelheiten aus den Fingern gesaugt.
Nun ist zwar auch Trotzki tot, und dennoch wird aus seinen Schriften in diesem Herbst überall zitiert werden, wenn die Zeitungen des 50. Jahrestages der Oktoberrevolution gedenken. Sollte es der Dokumentation des »Spiegel« entgangen sein, daß die vom STERN erwähnten Memoiren der Tante Swetlanas unter anderem im Quellennachweis des immer noch klassischen Stalin-Biographen Isaac Deutscher aufgeführt sind?
Ein Anruf über die Hausleitung des Hamburger Pressehauses hätte unsere Freunde davon überzeugt, daß der STERN sich nicht auf die 1946 erschienenen und von Stalins Zensur zerzausten Memoiren der Tante Anna beschränken mußte: Der Mann, der uns – offenbar mit Wissen und Mitwirkung der sowjetischen Behörden – die Originalfassung der Swetlana-Memoiren zugespielt hat, ist schließlich keine tote Seele. Er heißt Victor Louis, und die deutschen Fernsehzuschauer konnten ihn in der letzten »Panorama«-Sendung leibhaftig sehen.
Dieser Victor Louis nun arbeitet seit sieben Jahren an einem Bericht über Stalin. Sein Buch wird sich in einem wesentlichen Punkt von den Stalin-Exegesen gewisser ins Archiv entsandter Sonderberichterstatter unterscheiden: Als erster Journalist hat Victor Louis mit vielen Mitarbeitern, Freunden, intimen Feinden und nahezu allen Verwandten Stalins gesprochen und sich über diese Gespräche Aufzeichnungen gemacht. Die-

* STERN-Mitarbeiter Jochen Steinmayr, früher Moskau-Korrespondent der »Süddeutschen Zeitung«

ses Material stand dem STERN zur Verfügung, darunter auch Gespräche mit Anna Sergejewna Allilujewa.
Und da diese Aufzeichnungen sich in der gleichen Kassette befanden, in der Film- und Tonbandaufnahmen mit Chruschtschow sowie ein vor vier Wochen aufgenommenes Interview mit den Kindern Swetlanas lagen, hat der bearbeitende STERN-Redakteur es versäumt, in Victor Louis' Zeitplan nachzusehen und festzustellen, daß die Gespräche mit Anna Sergejewna Allilujewa im Sommer 1962 geführt wurden.

Das ist gewiß ein Fehler, den ein Journalist sich nicht verzeihen sollte. Ich möchte es dennoch für ihn tun, weil ich weiß, welche ungeheuren Mengen an Material es zu sichten, zu prüfen und zu vergleichen galt, um diesen Bericht über Josef Stalin zu schreiben. Daß etwas an diesem Bericht sachlich unrichtig sei, mochte denn auch der »Spiegel« bisher nicht behaupten, er müßte sonst seine Swetlana Lügen strafen, die nichts anderes zu berichten weiß, und dies nicht einmal so präzise und so ausführlich wie die Zeugen des Victor Louis.
Fände der »Spiegel« seinen Eulenspiegel, er möchte wohl einen Preis aussetzen für Leser, die in den Swetlana-Memoiren etwas ausfindig machen, was nicht schon längst bekannt wäre. So bleibt allein die Aussicht, das Altbekannte mit der Kraft Tolstojs und der Zartheit Turgenjews vorgetragen zu bekommen.
Aber die beiden sind schließlich auch schon lange tot.

24. Oktober 1967

Kiesinger und die Ostgrenzen

Der STERN war schon an allen Kiosken, als Bundeskanzler Kurt Georg Kiesinger in der letzten Woche mein Interview mit Außenminister Willy Brandt las und darin seine eigenen Worte zur Anerkennung der DDR und der polnischen Westgrenze wiederfand. Zu spät erkannte der Regierungschef, daß dieser Text nicht ganz in die Sprachregelung paßte, auf die sich die Koalitionspartner CDU/CSU und SPD für die außenpolitische Debatte des Bundestages geeinigt hatten. Vor fast leeren Bänken hieß es: Anerkennung niemals! Im STERN las es sich ein wenig anders: Die Anerkennung der politischen Realitäten würde unserer Außenpolitik Erleichterung nach Westen wie nach Osten schaffen, sie könne aber wegen der Gefahr eines neuen Rechtsradikalismus in der Bundesrepublik nicht gewagt werden.
Getreu dem Grundsatz, wonach es nur die Presse ist, die das edle Einvernehmen und die politische Glaubwürdigkeit der Großen Koalition zerredet, ließ der Kanzler alsbald die Dementiermaschine anwerfen. Der stellvertretende Bundespressechef Conrad Ahlers erklärte, es habe sich um ein »Privatgespräch« zwischen dem Bundeskanzler und mir gehandelt, aus dem ich »unlegitimiert und leider auch noch falsch« zitiert hätte.
Dazu ist viererlei zu sagen:
1. Das Gespräch mit dem Bundeskanzler war kein Privatgespräch. Es kam auf Anregung des Kanzlers zustande und wurde in Anwesenheit des stellvertretenden Bundespressechefs und des Leiters der Bonner STERN-Redaktion Peter Stähle geführt. Daß es sich nicht um eine vertrauliche Unterhaltung handelte, geht schon daraus hervor, daß STERN-Fotograf Hilmar Pabel dabei fotografierte. Seine Bilder waren nicht für das Familienalbum des Kanzlers, sondern zur Veröffentlichung bestimmt. Soweit Bundeskanzler Kiesinger Teile des Gesprächs ausdrücklich als »off the record« (vertraulich) bezeichnete, ist dies selbstverständlich respektiert worden.
2. Den Anlaß zur Wiedergabe des Kiesinger-Zitats gab Bundesaußenminister Willy Brandt, als er in seinem Interview

auf eine Unterhaltung zwischen dem Bundeskanzler und General de Gaulle hinwies. Der französische Staatschef hatte dem Bundeskanzler die Anerkennung der Oder-Neiße-Linie dringend empfohlen. Auf die Frage des Kanzlers an de Gaulle, ob nicht ein Mann seines Kalibers nötig gewesen wäre, um die Trennung Algeriens von Frankreich zu vollziehen, habe der General geantwortet: »Ja, aber auch ich konnte diesen Schritt nur vollziehen, nachdem die Mehrheit meines Volkes ihn innerlich schon vollzogen hatte.« Der Bundeskanzler gab mir zu bedenken, daß er in einer ähnlichen Lage sei. Ich frage mich nur, woher er weiß, daß die Mehrheit unseres Volkes immer noch an die friedliche Rückgewinnung der ehemals deutschen Ostgebiete glaubt.

3. Das Kanzlerzitat ist von mir wörtlich und korrekt wiedergegeben worden. Peter Stähle und Hilmar Pabel bezeugen es. Und selbst das regierungsamtliche »Dementi« sagt nichts anderes – wenngleich unter Hinzufügung einiger nebelhafter Sätze. So habe der Kanzler »in einer historischen Perspektive ausgeführt, daß er es für falsch halte, Geschichte zu antizipieren«. Antizipieren heißt vorwegnehmen, die Bundesregierung möchte also *heute* nicht tun, was ihr in einigen Jahren ohnehin nicht erspart bleibt. Conrad Ahlers meint bescheiden: ». . . der Bundeskanzler . . . hat Herrn Nannen auseinandergesetzt, . . . daß eine Anerkennung der Oder-Neiße-Grenze *zu diesem Zeitpunkt* nicht in Frage komme.« Später also doch? Willy Brandt sagt, vor zehn Jahren habe man mit den Polen noch über Grenzfragen reden können, heute sei es dazu zu spät. Wollen wir abwarten, bis es in einigen Jahren für *jede* Entspannung zu spät sein wird?

4. Der STERN mit dem Brandt-Interview und dem Kiesinger-Zitat wurde dem stellvertretenden Bundespressechef Conrad Ahlers vor Beginn der außenpolitischen Debatte am 13. Oktober morgens um 9 Uhr auf den Tisch gelegt. Zwei Stunden später bestätigte Herr Ahlers dem Leiter der Bonner STERN-Redaktion telefonisch, daß der Kanzler im STERN korrekt zitiert worden sei. Gegen die Wiedergabe seien keine Einwände zu erheben.
Drei Tage später sah sich Herr Ahlers zu seinem Dementi veranlaßt.

7. November 1967

Ebelseders Bettgeflüster in Sachen HS 30

In Bonn bemüht sich ein Untersuchungsausschuß des Bundestages, Licht in die Affäre »Schützenpanzer HS 30« zu bringen. Es geht um die Frage, ob der Verteidigungsminister in den Jahren 1956 bis 1959 bei der im Panzerbau völlig unerfahrenen Schweizer Rüstungsfirma Hispano-Suiza 10 680 Exemplare eines Schützenpanzers bestellt hat, der sich später im militärischen Einsatz als Versager erwies und dessen Nutzen allein darin bestanden habe, daß die CDU aus diesem Lieferauftrag mit Wissen des Bundeskanzlers und CDU-Vorsitzenden Konrad Adenauer rund 18 Millionen Mark Zuwendungen für ihren Wahlkampf erhielt. Notabene aus der Tasche des deutschen Steuerzahlers, denn Hispano-Suiza habe diese Bestechungssumme in ihren Preis einkalkuliert – zu verschenken hatten die Schweizer nichts. Ich möchte dem Bericht dieses parlamentarischen Untersuchungsausschusses nicht vorgreifen, wenngleich man es als mißlich ansehen darf, daß der Vorsitzende des Untersuchungsausschusses, Bundesminister a. D. von Merkatz, der CDU angehört – also über seine eigene Partei zu Gericht sitzt. Auch die SPD-Mitglieder des Ausschusses wissen, daß ein für die CDU peinliches Resultat den ohnehin angeschlagenen Frieden der Großen Koalition weiter gefährden würde.

Über ein erstaunliches Nebenergebnis der Untersuchung kann aber schon heute berichtet werden: Der STERN-Reporter Sepp Ebelseder, als Zeuge vernommen, wußte dem Ausschuß zu berichten, daß er in monatelanger Arbeit die seltsamen Verbindungen zwischen dem Verteidigungsministerium, der Firma Hispano-Suiza, dubiosen Rüstungsschiebern und dem unter mysteriösen Umständen verstorbenen Staatssekretär im Bundeskanzleramt, Otto Lenz, recherchiert hat. Er ließ sein Wissen dem vom damaligen Verteidigungsminister Franz Josef Strauß eingesetzten »Korruptionsdezernenten« Ministerialrat Schnell mitteilen und bat um weitere Auskünfte. Herr Schnell und seine Mitarbeiter, die sich in dieser Sache »vom langen Arm aus dem Bundeskanzleramt« bedroht fühlten, taten nicht nur nichts zur Aufklärung des Skandals, sie versuchten vielmehr, die Tätigkeit des STERN-Reporters auf eine bemerkenswerte Weise lahmzulegen:

- Ebelseder wurde verdächtigt, »Agent des sowjetzonalen Staatssicherheitsdienstes zu sein«;
- ihm wurde unterstellt, er habe mit einer Sekretärin des Bundeswehr-Beschaffungsamtes in Koblenz ein Verhältnis angefangen, um auf diese Weise an die Akten heranzukommen;
- man unterhielt sich darüber, ob es nicht tunlich sei, den in Österreich geborenen Sepp Ebelseder als »lästigen Ausländer« aus der Bundesrepublik ausweisen zu lassen.

Es erübrigt sich festzustellen, daß der STERN-Reporter Ebelseder weder SSD-Agent ist, noch daß er seine Recherchen im Bett einer Sekretärin des Beschaffungsamtes anstellte. Vor dem Ausschuß wollten denn auch die Ministerialräte Schnell und Witte nicht mehr zu diesen infamen Verdächtigungen stehen. Statt dessen ergab sich ein anderer Tatbestand, über den die gewiß nicht regierungsfeindliche »Frankfurter Allgemeine Zeitung« am 28. 10. dieses zu berichten wußte:

- *Ministerialrat Witte konnte nicht ausschließen, daß die von Ebelseder erhaltenen Informationen ihm geholfen haben, die Hispano-Suiza-Restforderungen von 80 Millionen Mark im Jahre 1960 bei der Schlußvereinbarung im Jahre 1965 auf 3,8 Millionen Mark zu drücken.*

Das ist also das erste Ergebnis des Untersuchungsausschusses: Der STERN-Reporter Ebelseder ersparte dem deutschen Steuerzahler durch seine Recherchen nach der Rechnung der »FAZ« 76,2 Millionen Mark. Was sich weiter ergab, lesen Sie in diesem Heft.

Sie, lieber STERN-Leser, werden es mir nicht verargen, wenn wir STERN-Redakteure stolz auf unseren Kollegen Ebelseder sind, um so mehr, als es nicht das erste Mal ist, daß er der öffentlichen Hand auf ihre nicht immer sauberen Finger geklopft hat. Er wird es auch weiter tun, und wir mit ihm. Denn wir sind in einer unbefangeneren Situation als die Journalisten der Springer-Presse, die hinfort einem Abgeordneten, einem Beamten oder einem Minister nicht mehr korruptes Verhalten vorwerfen könnten, nachdem ihr eigener Verleger Axel Springer den Vizepräsidenten eines deutschen Landesparlaments mit monatlich 2000 Mark korrumpieren ließ, damit er den Interessen seines Konzerns zu Diensten stehe. Auch darüber lesen Sie in diesem Heft.

Lenin und des Kaisers Kasse

Wenn es nach dem Ersten Botschaftssekretär Bogomolow geht, dann wurden die Beziehungen zwischen der Union der Sozialistischen Sowjetrepubliken und dem STERN am Donnerstag der vorvergangenen Woche abgebrochen.
Der Sowjetdiplomat empfing den Leiter der Bonner STERN-Redaktion, Peter Stähle, zu einem Gespräch von zehn Minuten, nachdem er ihn vierzig Minuten hatte warten lassen. Was dann folgte, kann schwerlich ein Gespräch genannt werden, es sei denn, Kasernenhoflautstärke und ein wütend durchs Zimmer geworfenes Feuerzeug gehörten zu den diplomatischen Umgangsformen eines Staates, der gerade in diesen Wochen Grund hätte, ein gelassenes Selbstbewußtsein zur Schau zu tragen.
Aus dem Gebrüll war dieses zu entnehmen: Der STERN habe in Sebastian Haffners Bericht über die Ereignisse des Jahres 1917 »ganze Kübel von Schmutz über die Sowjetunion ausgegossen«. Der Beitrag sei »unter dem Niveau der Springer-Presse« und der Bruch »irreparabel«. Der STERN brauche sich nun nicht mehr um die Akkreditierung eines Korrespondenten in der Sowjetunion zu bemühen, auch an ein Reporter-Visum für Moskau sei unter diesen Umständen nicht zu denken.
Nun unterschätzt Herr Bogomolow offenbar die Möglichkeiten unserer Redaktion, authentische Berichte aus seinem Land zu erhalten. Schon der nächste STERN mit Fotos, wie man sie im Westen noch nicht sah, wird ihn eines Besseren belehren.
Was aber hat es mit dem »Schmutzkübel« auf sich, von dem der Botschaftssekretär sprach?
Nun, es war in meinem Geleitwort zu Sebastian Haffners Serie vermerkt: Als ich im September Leningrad besuchte und einen bekannten sowjetischen Journalisten beiläufig fragte, ob er wohl wisse, unter welchen Umständen Lenin aus seinem Exil in der Schweiz durch das mit Rußland im Kriege befindliche Deutsche Reich nach Petersburg gelangt sei, mußte er mir die Antwort schuldig bleiben. Die historische Tatsache, daß Lenin einen »Teufelspakt« mit der deutschen Obersten Heeresleitung eingegangen war, die 1917 den letzten Widerstand der Russen durch die Einschleusung des bolschewistischen Revolutionärs zu brechen hoffte – diese historische Tatsache wird in der offiziellen sowjetischen Geschichtsschreibung ebenso verschwiegen wie der Umstand, daß die Bolschewiki sich im Revolutionsjahr 1917 vornehmlich mit Geld aus des deutschen Kaisers Kasse finanzierten. Ein Kübel Schmutz? Sebastian Haffner hat es anders gedeutet: »Dieses immer wie ein Schandfleck verheimlichte Einverständnis Lenins mit der deutschen Reichsleitung ist in Wahrheit seine höchste Ruhmestat; es zeigt im schärfsten Licht seinen vor nichts zurückschreckenden Realismus, seine geradezu demütige Unterwerfung unter das objektiv Notwendige und seine alles wagende Kühnheit!« Und an anderer Stelle: »Wenn Lenin zu diesem unnatürlichen Bündnis im März 1917 nicht bereit gewesen wäre, hätte die Oktoberrevolution nie stattfinden können, ja, er wäre nicht einmal vor Kriegsende nach Rußland gekommen.« Die gleichen Sowjets, die der Bundesrepublik heute mit einigem Recht vorwerfen, daß ihr die »demütige Unterwerfung unter das objektiv Notwendige« nicht gelingen will (weshalb ja die sogenannte neue Ostpolitik unserer Regierung nichts als ein neuer Versuch mit den alten untauglichen Mitteln bleiben muß), diese gleichen Sowjets messen ihren genialen Führer offenbar immer noch mit den kleinkarierten Maßstäben politischer Puritaner.
Gewiß, es ist ihnen nicht leichtgemacht worden. Ihre Revolution siegte, als das Land in seiner tiefsten Niederlage steckte. Sie hatten eine Idee, aber keine ausgebildeten Kräfte zu ihrer Verwirklichung – soweit sich politische Utopien überhaupt verwirklichen lassen. Und sie standen fünfzig Jahre lang einer Welt von Feinden gegenüber. Dennoch haben

sie aus einem technisch und wirtschaftlich um Jahrzehnte rückständigen Land eine Weltmacht geschaffen, wenngleich dieser Staat mit den Vorstellungen Lenins von der »klassenlosen Gesellschaft« nicht mehr viel gemein hat. Und es ist nicht ohne Tragik, daß Lenins Nachfolger Stalin sich zur Verwirklichung der höchst moralischen kommunistischen Idee ebenso höchst unmoralischer Mittel bedienen mußte, wobei er seinem Land die Weltmacht zwar gewann, sich von Lenins Kommunismus aber immer weiter entfernte.

Es muß wohl dieses Dilemma sein, das die merkwürdige Unsicherheit der politischen Führer des mächtigen Sowjetstaates bewirkt. In den sowjetischen Geschichtsbüchern werden die Namen derer nicht erwähnt, die mit Lenin die Revolution machten und später liquidiert wurden. Auf Fotos, die den Volkstribunen Lenin zusammen mit Trotzki zeigen, wurde Trotzki wegretuschiert. Und in den Reden, die zum 50. Jahrestag der Oktoberrevolution gehalten wurden, fehlten die Namen Stalins und Chruschtschows. Als am Ende der Festsitzung im Kreml Hunderte von jungen Pionieren in den Saal strömten, um die Delegierten und die ausländischen Gäste zu begrüßen, sprach ein schwarzhaariges Mädchen den Schwur der Pioniere: »Genosse Partei, vertraue den jungen Pionieren jeden Auftrag an, wir schwören, ihn kühn zu erfüllen!« Und im Chor wiederholte die ganze Schar: wir schwören, wir schwören.

»Genosse Partei«, das ist es, was bleiben wird, wenn eines Tages vielleicht auch von Kossygin und Breschnjew nicht mehr gesprochen werden darf. Denn die Partei ist identisch mit der Macht dieses Staates.

Wir werden diese Weltmacht nicht hinwegdisputieren, und jede Politik ist gefährlich, welche die Unsicherheit ihrer Führer verstärkt. Antikommunismus ist deshalb kein politisches Programm, soweit er sich nicht darauf beschränkt, jedem Übergriff der Sowjets gegen die freie Welt mit Entschlossenheit zu wehren. Aber die Ergebnisse des Zweiten Weltkrieges, den wir angefangen und den wir verloren haben, sollten wir mit jener demütigen Unterwerfung unter das objektiv Notwendige hinnehmen, die Sebastian Haffner mit Recht einen Beweis realistischer Kühnheit genannt hat.

Das Schicksal der Deutschen läßt sich ohne die ehrliche Verständigung mit der Sowjetunion nicht zum Besseren wenden. Mag Herr Bogomolow im Zorn sein Feuerzeug werfen, wir vergeben uns nichts, wenn wir es ihm lächelnd zurückreichen.

4. Februar 1968

Kein Wunder, wenn Studenten rebellieren

Der Aufstand der Studenten und die Tumulte Jugendlicher auf den Straßen haben das für unseren Staat erträgliche Maß überschritten. Aus dem berechtigten Verlangen nach der Hochschulreform ist auf breiter Front ein Angriff gegen unsere Gesellschaftsordnung geworden. Was in Köln und Bremen als Protest gegen die Erhöhung von Straßenbahngebühren anfing, wurde zum Krawall, bei dem Menschen verletzt, Autoreifen zerschnitten und Straßenbahnwagen umgeworfen wurden.

Dennoch, mit Verfassungsschutzspitzeln und Polizeiknüppeln kommt man dieser Unruhe nicht bei. Der Satz, den wir zu Nazizeiten hinter der vorgehaltenen Hand zu sprechen pflegten, ist wieder aktuell: Es liegt nicht am Volk, es liegt an der Leitung. Es ist die Verlogenheit unserer Staatsführung, aus der das Unbehagen erwächst.

Wir haben einen greisen Bundespräsidenten, der in seinen Mannesjahren am Bau von Unterkünften für KZ-Häftlinge beteiligt war. Man mag ihm das nachsehen, denn wer aus dieser Generation war nicht auf irgendeine Weise in die Machenschaften des Unrechtsstaates verstrickt, ohne in jedem Fall meßbare Schuld auf sich zu laden. Aber daß ein Bundespräsident seine Vergangenheit ableugnet, daß er Beweisdokumente als Fälschungen bezeichnet – und daß der Bundesminister des Innern ihm mit Polizeimitteln hilft, das Volk zu belügen –, das ist einfach unerträglich.
Wir haben einen Außenminister, der während des Dritten Reiches nach Norwegen ging, um seine persönliche Freiheit zu bewahren. Und einen Gesamtdeutschen Minister, der sich aus ähnlichen Gründen in Schweden aufhielt. Was wohl hätten Willy Brandt und Herbert Wehner von ihren Gastländern erwartet, wenn bei Nacht und Nebel ein paar Gestapoleute gekommen und sie gekidnappt hätten? Die neutrale Schweiz hat es gezeigt: Als die Nazis im März 1935 den jüdischen Schriftsteller Berthold Salomon aus Basel entführten, zwangen die Schweizer die deutsche Reichsregierung, den Mann herauszugeben. Aber heute sehen Willy Brandt und Herbert Wehner mit an, wie die Spitzel der südkoreanischen Marionettenregierung Menschen aus der Bundesrepublik entführen und sie wegen eines Vergehens zum Tode verurteilen, das in keinem freien Land strafbar ist.
Wir haben eine Große Koalition. Nach Jahren, in denen die Parteien mit materiellen und ideologischen Wahlgeschenken um die Gunst der Wähler buhlten, hatten sie nun endlich die Chance, notwendige, wenn auch unpopuläre Entscheidungen zu treffen. Aber in der Europapolitik laufen wir im Schlepptau de Gaulles, unsere Ostpolitik hat sich auf dem Bukarester Nebengleis festgefahren, und mit der DDR sind wir – abgesehen von Briefen an ein »Phänomen« – keinen Schritt weitergekommen. Statt dessen hält jeder der beiden Koalitionspartner den Wähler für beschränkt (Kiesinger: »Die Deutschen sind noch nicht soweit«), und CDU und SPD wetteifern im Hinblick auf die Wahlen von 1969 darin, sich dieser Beschränktheit würdig zu erweisen.
Wir haben eine freie Presse. Gewiß. Aber ein einziger Mann kontrolliert: 81,5% aller überregionalen Tageszeitungen und mehr als ein Drittel aller Zeitschriften in der Bundesrepublik. Die CDU ist ihm zu Willen, und die SPD fürchtet ihn. Wenn es Herrn Springer paßt, muß der Bundestag zusammentreten. Man kauft die Korrupten und bedroht die Standhaften, indem man Spitzel auf ihr Privatleben ansetzt. Rudolf Augstein hat als erster die Gefahr für unseren Staat erkannt. Aber er läßt seinen »Spiegel« bei Axel Springer drucken. Wenn das Geschäft es fordert, muß die Gesinnung wohl schweigen.
Ist es ein Wunder, wenn Rudi Dutschke meint, an einer solchen Gesellschaft könne man nichts mehr reformieren, man müsse sie umstoßen?
Wir haben ja nicht einmal mehr eine Kirche, die es wagen könnte, sich der Diskussion zu stellen. Die Denkschrift der EKD ist längst vergessen. Wenn es in der Berliner Gedächtniskirche zu Störungen kommt, in deren Verlauf Gläubige nach dem KZ für Studenten rufen, bleibt es ein paar Bremer Pfarrern überlassen, ihre Scham darüber zu äußern. Aber die zuständige Kirchenbehörde beeilt sich, die Einheit von Thron und Altar rasch wiederherzustellen. Und der Hamburger Theologieprofessor Thielicke bestellt sich Bundeswehrfähnriche in Zivil ins Gotteshaus, um sich vor Ungemach schützen zu lassen.

Das einzige, was fürs erste zu funktionieren scheint, ist die Konjunktur. Die Börsenkurse steigen, die Investitionen nehmen wieder zu. Aber glaubt einer, daß mit steigenden Börsenkursen die Unruhe in unserer Jugend besänftigt werden kann?

Eine Chance für Heinrich Lübke

Hätte Heinrich Lübke den STERN, der ihn der Lüge bezichtigt hat, doch verklagt! Hätte mich ein Richter wegen Verleumdung des Bundespräsidenten verurteilt – mir wäre wohler gewesen.

Denn daß ein Journalist sich einmal irrt, daß ihn das Gesetz trifft, weil er den Beweis für das noch so sorgfältig Recherchierte nicht erbringen kann, was tut's! Aber daß ein Bundespräsident es nicht wagen darf, vor Gericht zu gehen, weil dort nichts als seine peinliche Vergangenheit und seine noch peinlichere Gegenwart zutage treten müßten, das ist schier unerträglich.

Noch einmal: Es geht mir nicht darum, daß dieser Bundespräsident an Baracken mitgebaut hat, die KZ-Häftlingen als Unterkunft dienten. Es geht darum, daß er nicht den Mut fand, zu dieser Tatsache zu stehen. Daß Heinrich Lübke sein Amt auf Unwahrheit, Vertuschung und auf die Verleumdung, andere hätten seine Papiere gefälscht, aufgebaut hat.

Als vor einiger Zeit herauskam, daß die Frau des Bundespräsidenten mit Personalpapieren ausgestattet wurde, in denen ihr Alter um sieben Jahre herabgesetzt war, hat die Redaktionskonferenz des STERN beschlossen, davon keine Notiz zu nehmen. Immerhin ist es beachtlich, was diese Frau im Alter von 82 Jahren noch leistet! Und schließlich erschien es uns menschlich, daß sich die Erste Dame unseres Landes in ihrem Bemühen um eine etwas länger dauernde Jugend von vielen zweiten und dritten Damen nicht unterschied. Eine andere Zeitung hat es dann für richtig gehalten, das Geheimnis zu lüften.

Was dem STERN aber nachzutragen bleibt, ist dies: daß Heinrich Lübke sein Amt als Bundespräsident mißbraucht hat, um überall – aus Meldebüchern, Archiven, Schulstatistiken etc. – die Hinweise auf das wahre Alter von Wilhelmine Lübke verschwinden zu lassen. Und daß er mich zum Abendessen einzuladen versuchte, als er erfuhr, daß der STERN dahintergekommen war, aber noch nicht wußte, daß wir uns für das Alter von Damen nicht interessieren.

Nein, Herr Heinrich Lübke, Sie sind deswegen weder ein »KZ-Baumeister« noch ein »Dokumentenfälscher«, das alles sind zu große Worte für die bedauernswerte Figur, die Sie in Ihrem Amt bieten. Sie sind ganz einfach kleinkariert. Und selbst das wäre Ihre Privatsache, wenn nicht der Staat, den Sie zu repräsentieren haben, an allen Ecken um seine Glaubhaftigkeit ringen müßte.

Studenten greifen diesen Staat an, der ihnen zum erstenmal die Freiheit gibt, ohne Gefahr an Leib, Leben oder Fortkommen »dagegen« zu sein. Die jugendlichen Demonstranten tragen die Embleme eines Regimes vor sich her, das ihnen keine Sekunde erlauben würde, in seinem Machtbereich Opposition zu üben. Wir hätten dieser unausgegorenen Unruhe so gern etwas entgegenzusetzen, einen sauberen Staat, eine glaubhafte Politik mit klaren Einsichten, aber ohne große Worte, *suaviter in modo, fortiter in re*, das gilt nach Osten wie nach Westen, und es gilt auch nach innen. Lassen Sie mich's etwas ausführlicher übersetzen: In der Selbsterkenntnis streng und daher nichts fordernd, was wir selbst verspielt haben. In Kleinigkeiten großzügig, in der Form tolerant und ohne unnötige Provokation. In der Sache aber unbeirrbar. Und um so unbeirrbarer, wenn wir wüßten, daß wir diese Sache dann mit Recht und reinem Herzen vertreten könnten. Und verwechseln wir da nicht Recht mit Anspruch!

Die jungen Leute auf den Straßen leiden an der Verlogenheit dieses Staates. Sie tragen die Bilder von »Che« Guevara und Ho Tschi-minh vor sich her. Sollten wir ihnen mit dem Bildnis Heinrich Lübkes entgegentreten? Vorläufig prangt dieses Bild noch zusammen mit dem Schwarz-Rot-Gold unseres Staates auf den Hüllen von Schallplatten, auf denen trottelhafte Reden des Herrn Lübke zu hören sind. Nein, es ist nicht länger erträglich.

Darum treten Sie zurück, Herr Lübke. Tun Sie es sofort. Sie haben die Chance, Ihrem Land endlich einen wirklichen Dienst zu erweisen. Es könnte der erste Schritt zu einer Gesundung unseres Staates sein.

10. März 1968

Die Illusionen der Ostpolitik

Ich habe die Frage drei Kanzlern gestellt. 1957 Konrad Adenauer, 1965 Ludwig Erhard und im August 1967 Kurt Georg Kiesinger.

»Herr Bundeskanzler«, habe ich Konrad Adenauer gefragt, »Sie und ich wissen genau, daß Breslau heute Wroclaw heißt und daß sich daran zu unseren Lebzeiten nichts ändern wird. Es ist gewiß ein Unrecht, aber keine polnische Regierung könnte jemals ohne Gewalt zur Aufgabe dieser Gebiete gezwungen werden. Nun kann niemand von uns einen neuen Krieg wünschen. Warum also sagen Sie den Leuten nicht die Wahrheit, warum halten Sie die Illusion von einer ›friedlichen Heimkehr‹ der Deutschen nach Breslau und Königsberg aufrecht?«

Konrad Adenauer hob den Zeigefinger der rechten Hand, legte den Kopf ein wenig schief und sprach mit der eindringlichen Nachsicht des alten Häuptlings: »Illusionen«, sagte er, »meinetwegen nennen Sie es Illusionen, vielleicht haben Sie ja recht, aber wat jlauben Sie wohl, lieber Herr Nannen, wat für eine Rolle Illusionen so in der Weltjeschichte spielen!«

»Herr Bundeskanzler«, so fragte ich den Nachfolger Ludwig Erhard, »Sie und ich wissen genau, daß keine polnische Regierung – ohne politischen Selbstmord zu begehen – die Gebiete jenseits von Oder und Neiße freigeben könnte. Aber da sitzen Sie und Herr Brandt und Herr Mende nun bei den Flüchtlingsveranstaltungen in der ersten Reihe. Warum stehen Sie nicht auf und sagen: ›Meine lieben Schlesier, ich hätte es so leicht, euch die friedliche Rückkehr in eure Heimat zu versprechen. Aber euer Schicksal ist mir zu ernst, als daß ich euch anlügen möchte. Wir haben den Krieg begonnen, und wir haben ihn verloren, und wir werden ihn bezahlen müssen. Nun lassen Sie uns miteinander versuchen, die Bundesrepublik, die unsere neue gemeinsame Heimat ist, in Ordnung zu bringen!‹«

Erhard sog an seiner Zigarre, einmal, zweimal, schnaubte den Rauch aus und wischte ihn mit der Hand aus der Luft. »Glauben Sie, daß ich da lebend wieder herauskäme?« war sein Kommentar. Nun ist er inzwischen auch mit weniger Einsatz aus dem politischen Leben geschieden.

Und dann saß ich im August 1967 mit Kanzler Kiesinger im Garten des Stuttgarter Gästehauses beisammen und erzählte ihm die beiden Antworten. »Nun, Sie wissen, Herr Bundeskanzler«, fügte ich hinzu, »daß keiner unserer westlichen Verbündeten bereit wäre, uns bei der Wiedergewinnung der verlorenen Ostgebiete zu helfen. De Gaulle hat Sie beschworen, die Oder-Neiße-Linie anzuerkennen, außerdem liegt die DDR ohnehin zwischen der Bundesrepublik und den polnischen Gebieten, und schließlich glaubt uns keiner die neue Ostpolitik, wenn wir immer wieder die Grenzen in Frage stellen, die nicht ohne unser Zutun so eng geworden sind.«

Kurt Georg Kiesinger lehnte sich zurück, breitete die Arme schräg nach oben und bewegte sie vorwärts, als wolle er die Wolken verschieben, die übers Tal kamen: »Aber warum denn diese Eile, wer zwingt uns denn? Warum diese sterile Aufgeregtheit, wie Max Weber es nennen würde. Was wissen wir denn, was in zehn, in zwanzig Jahren sein wird. Wer wußte vor zehn Jahren, welche Rolle die Chinesen einmal spielen würden, wer weiß, in welcher Lage die Sowjets in zehn Jahren sein werden?«

»Aber möchten Sie nicht, Herr Bundeskanzler, daß man Ihrer neuen Ostpolitik j e t z t glaubt? Und hat nicht die Zeit bisher gegen uns gearbeitet? Solange die Polen uns fürchten und die Sowjets uns nicht trauen, ist auch keine Wiedervereinigung denkbar. Haben wir es da am Ende nicht eiliger als die Polen?«

Der Kanzler legte die Fingerspitzen zusammen und den Kopf zur Seite. »Lassen Sie mich Ihnen eine Geschichte erzählen. Ich habe kürzlich den General de Gaulle gefragt, ob nicht ein Mann seines Kalibers notwendig war, um die Franzosen davon zu überzeugen, daß Algerien nicht mehr zu halten sei. Da hat mir de Gaulle gesagt: ›Ja, aber auch ich konnte die Trennung zwischen Frankreich und Algerien nur vollziehen, nachdem die Mehrheit meines Volkes diesen Schritt innerlich schon vollzogen hatte!‹«

Und dann kam das Fazit: »Die Deutschen sind eben noch nicht soweit. Sicher würde die Anerkennung unsere Außenpolitik nach Osten wie nach Westen erleichtern, aber sie könnte in der Bundesrepublik eine Welle des Rechtsradikalismus heraufbeschwören. Diese Gefahr will ich nicht eingehen.«
Drei Kanzler und im Grunde eine Antwort: der Glaube an die faktenbildende Kraft der Illusion und die Befürchtung, das Volk sei für die Wahrheit noch nicht reif.
Der STERN hat es unternommen, dieses Volk zu befragen. Mit der Umfrage wurde das Institut für Demoskopie Allensbach beauftragt, das auch für die Bundesregierung arbeitet. Nur daß die Bundesregierung bisher offenbar nicht auf den Gedanken gekommen ist, danach zu fragen, wieviel Wirklichkeitssinn sie ihren Bürgern zutrauen kann.
Das Ergebnis zeigt, daß die Bürger viel illusionsloser sind, als die Politiker glauben. Die Mehrheit der Deutschen hat die Trennung von den Gebieten jenseits von Oder und Neiße innerlich längst vollzogen. Hätte Kiesinger den Führungswillen de Gaulles, er würde nicht zögern, daraus die politischen Konsequenzen zu ziehen.

17. März 1968

Der arme alte Lübke

Dem Bundespräsidenten gebührt Respekt bis zur äußersten Toleranzgrenze. Sie ist erreicht, wenn das Staatsoberhaupt selbst die Integrität seines Amtes in Frage stellt. Heinrich Lübke hat diese Grenze überschritten. Er mag Mitgefühl verdienen, Respekt gebührt ihm nicht mehr.
Der STERN hat den Bundespräsidenten nicht wegen seiner Vergangenheit im Dritten Reich angegriffen. Die von Ostberlin vorgelegten Dokumente, in denen Heinrich Lübke sich als Erbauer von KZ-Baracken erweist, müssen ihn nicht unbedingt belasten. Der Bäcker, der Brot für Häftlinge buk, der Schuhfabrikant, der Arbeitsschuhe für ein KZ lieferte, ist nicht schon deshalb ein Kriegsverbrecher. Selbst eine Verfügung der Staatspolizeileitstelle Stettin, die Heinrich Lübke der Gestapo in Swinemünde als Vertrauensmann für den Arbeitseinsatz vorschlägt, braucht nicht zu bedeuten, daß er sich in dieser Tätigkeit unehrenhaft verhalten hätte.
Es lag an Heinrich Lübke, diese Fragen zu klären. Statt dessen verhielt er sich

nun als Bundespräsident nicht ehrenhaft. Er bestritt seit 1964 ohne jede Einschränkung, die Unterschriften geleistet zu haben, von denen er inzwischen sagt, er könne sich nur nicht mehr an sie erinnern. Als höchster Urkundsbeamter der Bundesrepublik ließ er seine ehemaligen Mitarbeiter Sander und Mahs nachweisbar falsche eidesstattliche Erklärungen abgeben. Und er ließ es zu, daß der Bundesinnenminister den Polizeiapparat der Bundesrepublik mißbrauchte, um mit diesen falschen Zeugen und mit einem lediglich nach Fotokopien der Dokumente angefertigten Gefälligkeitsgutachten die Person Heinrich Lübkes reinzuwaschen.

Das Amt des Bundespräsidenten erlitt dabei schweren Schaden. Die Persilschein-Aktion des Innenministers brach unter der Beweislast neuer Dokumente rasch zusammen.

Derweil unterlag der Präsident einem mit erschreckender Geschwindigkeit fortschreitenden Altersabbau. Er begann die Namen von fremden Staatsoberhäuptern mit denen ihrer Hauptstädte zu verwechseln, behandelte Botschafter taktlos, als hätten sie sich nicht gewaschen, redete zum 17. Juni in Helmstedt und sagte: »Wenn ich hier heute in . . . in . . . na . . .« – die Menge rief »Helmstedt!« – »ach ja, in Helmstedt spreche, dann hat das seine ganz besondere Bedeutung.«

Mochte das alles einem Serenissimus noch anstehen und auch anderswo möglich sein – wenngleich ich mir kein Land vorstellen kann, in dem Schallplatten mit den intellektuellen und sprachlichen Fehlleistungen des Staatsoberhaupts zu jedermanns Belustigung verkauft werden –, so begann nun etwas, was wohl nur mit dem Verdrängungskomplex der Deutschen erklärt werden kann:

Überall begann man über Heinrich Lübke zu spotten. Die Witze, liebenswürdig zuerst, gediehen zu makabren Grotesken. Kaum ein Bürger, kaum eine Zeitung, die den Bundespräsidenten noch ernst nahmen. Als sollte die Lächerlichkeit das Unbehagen vertreiben, es könne hinter diesem bieder glanzlosen Mann am Ende doch etwas von der Erbärmlichkeit jener Zeit verborgen sein, in der wir alle keine Helden waren, und manche waren Schinder und Mörder.

Von Heinrich Lübke kam kein klärendes Wort. Da wandte sich der Rowohlt-Verlag an den schweizerischen Schriftsachverständigen Frei-Sulzer mit der Bitte, die gegen Heinrich Lübke vorgelegten Dokumente zu prüfen. Aber die Bundesregierung beeilte sich, über die schweizerischen Behörden Druck auf den beamteten Sachverständigen auszuüben. Frei-Sulzer mußte die schon begonnene Untersuchung abbrechen.

Handelt so eine Regierung, die von der Integrität ihres Staatsoberhauptes überzeugt ist? Läßt das ein Präsident zu, der weiß, daß die gegen ihn vorgebrachten Papiere nichts als Fälschungen sind?

Nun, dieser Präsident hatte schon aus nichtigerem Grund durch seine Frau Druck ausüben lassen: Als Wilhelmine Lübke sich 1961 einer mittelbaren Falschbeurkundung schuldig gemacht hatte, bedrohte sie den Pfarrer ihres Geburtsortes mit Strafe, wenn er gewisse ihr unbequeme Dokumente offenlege. Dazu der Tübinger Staatsrechtler Professor Eschenburg: »Das ist mittelbare Falschbeurkundung und Falschbeurkundung im Amt. Die Straftat ist zwar verjährt, aber auf Verjährung sollte sich ein Bundespräsident wohl nicht berufen.«

Nachdem der amerikanische Schriftsachverständige J. Howard Haring nun festgestellt hat, daß Lübkes Unterschriften unter den Plänen von KZ-Baracken echt sind, und nachdem der Bundespräsident diese Möglichkeit immerhin zugegeben hat, bleibt mir nur noch die Verpflichtung, zwei Fragen meiner Leser zu beantworten, nämlich:

1. ob es denn nötig war, die Krise um Heinrich Lübke jetzt auf die Spitze zu treiben, um so mehr, als seine Amtszeit im nächsten Jahr zu Ende geht, und

2. ob es zur Klärung unbedingt dieser harten, ja geradezu beleidigenden Form bedurft hat.

Zu 1: Wenn dieser Staat, der freiheitlichste, aber auch der gefährdetste Staat, den die Deutschen je hatten, nicht unglaubwürdig werden soll, dann dürfen wir das Amt seines höchsten Repräsentanten nicht noch ein Jahr neuen Belastungen aussetzen. Vor allem aber müssen wir den Politikern mit äußerster

Deutlichkeit klarmachen, daß sie bei der Neuwahl des Bundespräsidenten dieses Amt nicht wieder als einen Versorgungsposten für eine Regierungspartei betrachten.
Schon heute meine ich sagen zu dürfen: Eine Verlegenheitswahl wie die Heinrich Lübkes wird nach der Krise um diesen Bundespräsidenten nicht mehr möglich sein.
Zu 2: Die in der Ablehnung Lübkes noch so deutlichen, aber in der Form zurückhaltenden Vorstellungen fast aller bedeutenden deutschen Zeitungen, die Kritik von Politikern und Ministern – zu welchem Ergebnis hatten sie geführt?
Was muß denn in diesem Lande alles passieren, damit endlich etwas passiert? Bei soviel vornehmer Sachlichkeit auf der einen und soviel verlogener Dickfelligkeit auf der anderen Seite muß man im Lande Luthers dann wohl ein deutliches Wort sagen können.
Immerhin, der Intendant des WDR, Klaus von Bismarck, der sich unter Druck veranlaßt sah, in einer Erklärung die von mir gewählte Form zu kritisieren, bestätigte darin doch, daß ich »für einen ernst zu nehmenden Teil der Bevölkerung« spräche. Abgeordnete von CDU und SPD fühlten sich veranlaßt, mich durchs Telefon zu trösten. Die Frau eines Ministers beschwor mich, nicht weich zu werden. Und Kollegen, die sich in ihren Blättern über mich entrüsten, ließen mir sagen, sie müßten leider so schreiben, weil ihre Verleger politisch gebunden seien.
Sollten diese Verleger am Ende nicht wissen, was die Politiker der Regierungsparteien wirklich denken? Werner Höfer ahnte es wohl, als er zum Schluß des Frühschoppens meinte, die Politiker pflegten uns Zeitungsleute gern zu desavouieren, während wir ihre Arbeit besorgten.
Der arme Heinrich Lübke, von Kurt Georg Kiesinger und Paul Lücke vor der Fernsehkamera im Stich gelassen und nur mit der dritten Politikergarnitur der Heck, Jaeger und Wienand versehen, hat heute in Bonn kaum noch einen Freund. Den Kanzler nicht und nicht mehr einen seiner Minister. Sie alle möchten ihn am liebsten heimlich abräumen und dann mit einem Schrei der Empörung auf uns zeigen und rufen: »Seht hin, die haben ihn umgebracht!«

26. März 1968

Der Spaß, beim STERN zu sein

Unabhängig sein. Niemandem verantwortlich als dem eigenen Gewissen. Sich in aller Welt an Ort und Stelle informieren können und dann aussprechen, was ist. Nicht Büttel einer Partei sein oder Erfüllungsgehilfe eines sendungsbewußten Verlegers. Keinem Verwaltungsrat hörig und keinem Lokalblattdrucker, der vor dem Supermarkt und dem Kino um Anzeigen zittern muß. In diesen Wochen haben wir es wieder erlebt, daß es Spaß macht, STERN-Redakteur zu sein.
Der einzige Journalist, der mit Doktor Blaiberg unter einem Dach wohnt und schildern kann, wie der Mann mit dem fremden Herzen lebt, ist STERN-Reporter Max Scheler. STERN-Redakteure klärten die Umstände auf, unter denen Stalins Sohn starb. Und am Fall des »Konsuls« Weyer zeigen sie, daß jede Gesellschaft von den Hochstaplern heimgesucht wird, die sie verdient.
Aussprechen, was ist. Der Kanzler meint zwar, die Deutschen seien noch nicht soweit. Aber sein Außenminister fragt schon, ob nicht »manche Unsicherheit im Lande daher rührt, daß den Menschen unbequeme Wahrheiten vorenthalten wurden«. Wohl, wohl, es gibt wenig, was einen Staat mehr korrumpiert als die bequemen Lügen. Und was be-

merkenswerter ist: Sie machen nicht einmal Auflage.

Politik ist noch immer die Kunst des Möglichen, daran hat sich seit Bismarck nichts geändert. Nur herausfinden sollte man, was wirklich möglich ist. Die »friedliche Rückkehr« nach Breslau und Danzig war es zu keiner Zeit, das schrieb Golo Mann im STERN schon vor vier Jahren. Und nun glaubt es wohl auch Willy Brandt, denn er will die Oder-Neiße-Linie anerkennen »bis zur friedensvertraglichen Regelung«.

Die Mehrheit der Bundesbürger ist längst seiner Meinung. Mit ihren Antworten schlug der STERN vor drei Wochen den stalinistischen Scharfmachern des Ostens die Trümpfe aus der Hand: nichts von westdeutschem Revanchismus – nur 18 Prozent der Bevölkerung der Bundesrepublik glauben, daß die Grenze in einem Friedensvertrag nach Osten gerückt würde.

Inzwischen hat der STERN eine weitere unbequeme Wahrheit ans Licht geholt: Deutschlands führende Demoskopin, Prof. Elisabeth Noelle-Neumann, nennt das Ergebnis »eine wirklich einmalige Erforschung der Meinungen eines großes Teils der Bevölkerung der westlichen Welt«. Es dürfte dem letzten Vertriebenenfunktionär den Schneid abkaufen: Keiner unserer Nato-Freunde gibt uns Breslau zurück. Nicht einmal die beiden Teile Deutschlands möchte der Westen wiedervereinigt sehen, und weil Politik das Unmögliche ausschließt, wird am Ende auch nichts anderes übrigbleiben, als die DDR anzuerkennen.

Mag der Kanzler sich dagegen wehren, daß sein Gewaltverzichtsvertrag schon ein erster Schritt zu dieser Anerkennung ist. Helmut Schmidt wird schwerlich erklären können, warum er die von ihm vorgeschlagenen Generalbevollmächtigten in Bonn und Ostberlin nicht gleich Botschafter nennt. Muß er fürchten, auszusprechen, was ist?

Aussprechen, was ist, auch wenn die Wahrheit bedrückend ist – wie das, was Peter Neuhauser und Hilmar Pabel in den letzten Wochen aus Huë und Saigon berichteten. Oder wie das Gespräch, das Rolf Winter in Detroit mit dem Mann führte, der im kommenden heißen Sommer den Negeraufstand in die weißen Viertel der amerikanischen Städte tragen will, dem schwarzen Rechtsanwalt Milton R. Henry.

Ob Minister Heck, der CDU-Generalsekretär, dann wieder versuchen wird, den STERN zu verbieten, weil diese Wahrheit »verrohend wirkt«? Oder ob Gerhard Stoltenberg, der Bundesminister für Wissenschaftliche Forschung, dann noch einen Grund dafür weiß, daß er die STERN-Aktion »Jugend forscht« plötzlich schneidet – weil »die Angriffe des Herrn Nannen gegen den Bundespräsidenten einen so starken Unwillen in der Bevölkerung hervorgerufen haben, daß für die Mitglieder der Bundesregierung zu einer bestimmten Zurückhaltung gegenüber Veranstaltungen des STERN Anlaß besteht«.

Sind Minister so wenig darüber informiert, gegen wen sich der Unwille der Bevölkerung richtet?

9. April 1968

Lyndon B. Johnson will nicht mehr

Wenn ich jemals stolz darauf war, Lyndon B. Johnson persönlich begegnet zu sein, dann bin ich es jetzt. Ein amerikanischer Präsident, immer noch auf der Höhe der Macht und seiner Wiederwahl nahezu sicher, verzichtet darauf. Bei allem politischen Ungemach: welch ein Staatsmann! Denn er tut es nicht nur aus Resignation, weil seine Vietnampolitik gescheitert ist. Er tut es zunächst, weil er dieses Scheitern e i n s i e h t – ganz

im Gegensatz zu vielen anderen Politikern, die, je mehr sich ihre Politik als falsch erweist, desto unbeirrter darauf beharren. Und er tut es, um für den Rest seiner Amtszeit frei zu sein in seinen Entscheidungen. »Meine persönliche Maxime war es immer, daß ich ein freier Mann bin, ein Amerikaner, ein Diener der Öffentlichkeit und ein Mitglied meiner Partei«, sagte Johnson in seiner Rede, und er legte Wert auf die Reihenfolge.
Ich wünschte, auch unsere Politiker wären zunächst freie Männer, dann Deutsche und Diener der Öffentlichkeit und zuletzt Parteipolitiker. So würden sie nicht schon jetzt wie gebannt auf die Wahlen von 1969 sehen, jeder in dem Bemühen, sich möglichst wenig Feinde zu schaffen. So würde ihre Politik weniger vom Wohlwollen der Vertriebenenfunktionäre, der Bauernverbandspräsidenten und all der anderen Gruppeninteressenten bestimmt sein und mehr vom Wohle unseres Landes.
Mag sein, daß Johnsons Entschluß, die Bombenangriffe auf Nordvietnam einzustellen, die Kommunisten zunächst dazu veranlaßt, ihre Forderungen höher zu schrauben. Amerika wird ihnen um so eher widerstehen können, weil seine Politik vor der Welt nun wieder glaubhafter geworden ist. Mag sein, daß eine realistische deutsche Politik, die Polens Westgrenzen und die DDR anerkennt und auf atomare Bewaffnung verzichtet, zunächst neue und sogar unverschämte Forderungen Ostberlins zur Folge hätte. Unser Widerstand dagegen wäre um so wirksamer, je mehr wir die pure Notwendigkeit der Freiheit verteidigen und nicht die alten Illusionen.

Der Mann aus Texas hat das Notwendige getan, ohne zu befürchten, daß er dabei sein Gesicht verlöre. Wie lange werden wir darauf warten, daß solche Furchtlosigkeit auch in Bonn als Kriterium des Staatsmannes gilt.

28. April 1968

Mit dem Knüppel gegen die Studenten?

Wenn in Prag und in Warschau die Studenten demonstrieren, dann erwärmt sich des deutschen Bürgers Herz. Denn Demonstrationen in Warschau und Prag, so denkt er sich, schaden dem Kommunismus. Und was dem Kommunismus schadet, kann nur von Nutzen sein. Denn der Kommunismus, so hat er gelernt, ist das Böse schlechthin. So einfach ist das.
Auch die Regierung in Warschau ist geneigt, die Sache so einfach zu sehen. Die Studenten, die sich da zu Sit-ins, Teachins und ähnlichen von westlicher Dekadenz zeugenden Veranstaltungen zusammenfinden, sind selbstverständlich eine Minderheit gesellschaftsfeindlicher Rowdys, von zionistischen Juden verführt und – wie könnte es anders sein – vom amerikanischen Monopolkapital bezahlt.
In Prag, da ist es schon ein wenig differenzierter. Da hat man nämlich eingesehen, daß die unruhigen jungen Leute weniger den sozialistischen Staat gefährden als ihn aus seiner stalinistischen Unmenschlichkeit erlösen wollten. Und so haben die alten Apparatschiks das Feld räumen müssen, jüngere Leute sind an ihre Stelle getreten – natürlich, Kommunisten auch sie, aber doch unbelastet vom Mord und von der Vergewaltigung des Rechts und der Humanität. Schon beginnt man an den Grenzen der ČSSR die Stacheldrahtsperren abzubauen, schon gestattet man den Bürgern Reisen ins Ausland, und während die Zeitungen frei von der Leber weg ihre Meinung sagen, möchten die neuen Minister möglichst bald mit westlichen Regierungen – auch mit der Bundesrepublik – ins Gespräch kommen. Sozialismus in Freiheit, das ist nach mehr als zwanzig Jahren dok-

trinärer Erstarrung gewiß kein einfaches Experiment.
Dafür ist es bei uns wiederum ganz einfach. Wer hier demonstriert, ist selbstverständlich ein Feind unserer »freiheitlich demokratischen Grundordnung«. Wer hier der Veränderung das Wort redet, gefährdet die Sicherheit unseres Staates. Wahrscheinlich ist er ein Kommunist wie dieser Rudi Dutschke. Und wie man mit den Dutschkes umgeht, das wußte Springers »Bild«-Zeitung schon im Dezember 1966: »Polizeihiebe auf Krawallköpfe, um den möglicherweise doch vorhandenen Grips lockerzumachen.«
Wundert man sich, wenn der Kopf des Studenten Benno Ohnesorg diese polizeiliche Behandlung nicht aushielt? Wundert man sich, daß ein Verrückter auf Rudi Dutschke schoß, den er tatsächlich für einen Kommunisten hielt? Konnte der Attentäter wissen, daß dieser Rudi Dutschke in der DDR seinen Wehrdienst verweigert hatte und deshalb flüchten mußte? Daß er nie auch nur eine Mark von den Kommunisten drüben genommen hat, weil er auch Ulbricht für einen Verräter an seinem utopischen Sozialismus hielt?
Nicht Springers Blätter allein sind schuld am Aufkommen eines Klimas, in dem die Schüsse auf Rudi Dutschke nicht der letzte politische Mordanschlag bleiben werden. Ein Bundeskanzler, der angesichts der demonstrierenden Studenten ohne Scham davon spricht, daß sich »Gegenaktionen aus der Bevölkerung entwickeln könnten«, ein Innenminister, der meint, es könnte notwendig werden, »die freiheitlich gesinnte Bevölkerung zum Schutz der verfassungsgemäßen Ordnung aufzurufen für den Fall, daß sich die polizeilichen Mittel als nicht ausreichend erweisen«, sie begeben sich selbst außerhalb jeder rechtsstaatlichen Ordnung. Der Aufruf zum Bürgerkrieg – und nichts anderes ist es, was der forsche Herr Benda hier betreibt – ist in unserem Grundgesetz an keiner Stelle vorgesehen.
Wundert man sich, daß die Studentendemonstrationen zu Gewalttätigkeiten eskalieren, wenn Kanzler und Minister, die sich bisher in der Abwertung dieser »von einer verschwindenden Minderheit ausgehenden Krawalle« nicht genugtun konnten, nun plötzlich die Nerven verlieren?
Des Kanzlers Pressesprecher Conrad Ahlers rief sogar nach dem Bundesgrenzschutz, um die innere Sicherheit unseres Staates zu gewährleisten. 1962, als »Spiegel«-Redakteur, dachte er noch realistischer. Da hielt der engagierte Wehrpolitiker Ahlers die Bundeswehr und den Bundesgrenzschutz nur für »bedingt abwehrbereit« und meinte, die Sowjets könnten, wenn sie wollten, in sieben Tagen am Rhein sein. Seitdem man ihn mit einem Regierungsamt korrumpiert hat, preist Herr Ahlers die gleiche Gewalt, die ihn damals wegen Landesverrat einsperren ließ.
Ja, es ist wahr, die große Verlogenheit, unter der dieses Land leidet, hat in Bonn ihren Ursprung. Der Staat, den wir uns nach dem Zusammenbruch gemeinsam aufgebaut haben, steht unter der freiheitlichsten Verfassung, unter der Deutsche je lebten. Aber er steht auch unter der Hypothek des verlorenen Krieges. Und solche Hypothek läßt sich nicht mit Gesundbeterei ablösen.
Noch immer, nach 23 Jahren, ist dieser deutsche Staat nicht der Staat aller Deutschen. Weder die »Politik der Stärke« noch der »Alleinvertretungsanspruch« noch der Ersatz jeglicher Politik durch einen blinden Antikommunismus haben uns der Wiedervereinigung einen Schritt nähergebracht. Sie ist heute ferner denn je. Und doch redet man von ihr wie von des Kaisers neuen Kleidern. Man redet von friedlicher Heimkehr in die Gebiete jenseits von Oder und Neiße und weiß genau, daß niemand von uns sie erleben wird. Man ist mit de Gaulle verbündet, der jene Gebiete offiziell den Polen zuerkannt hat; aber ein Deutscher, der diese schmerzliche Realität anerkennt, weil eine Aussöhnung mit Polen uns mehr nützt als eine ohnehin unvorstellbare neue Umsiedlung, wird als Verzichtpolitiker verteufelt.
Alles dies, und dazu ein Bundespräsident, der sein Volk belügt; ein Innenminister, der mit falschen Zeugen operiert; eine Regierung, die unsere Soldaten mit wertlosen Schützenpanzern ausstattet, weil dabei Geld für irgendwen abfällt; eine Wissenschaftspolitik, die uns gegen-

über den Amerikanern und den Japanern auf den Stand eines Entwicklungslandes absinken läßt – wie sollte es junge Menschen nicht zur Empörung treiben. Es mag wohl sein, daß die Eskalation der Gewalt alles zerstören könnte, was wir uns in harter Arbeit aufgebaut haben, den demokratischen Staat und die florierende Wirtschaft. Aber mit dem Polizeiknüppel retten wir sie nicht. Nur indem wir uns selber wieder ehrlich und unseren Staat auch für junge Menschen glaubhaft machen, werden wir ihn bewahren können.

11. August 1968

Griechenland heute – kein Land für mich

In diesem Jahr habe ich meinen Urlaub in Griechenland verbracht, nun weiß ich, das ist kein Land für mich.
Es begann mit der Frage, ob man überhaupt dahin fahren dürfe, wo die Diktatur des Heft in der Hand hält. Hatte Thomas Mann nicht Wilhelm Furtwängler vorgeworfen, daß seine Konzerte den Nazis geholfen hatten, ihre Kulturfassade aufrechtzuerhalten? Eine deutsche Yacht in griechischen Gewässern – wäre das nicht so etwas wie eine private Anerkennung des Militärregimes, das die Grundrechte der Freiheit suspendiert und seine Gegner auf den Inseln Jaros und Leros konzentriert hat?
Ich wählte den Weg des geringsten Widerstandes und nahm mich selbst nicht allzu ernst. Schließlich litten unter dem Rückgang des Tourismus weniger die Obristen der Militärjunta als das Volk der kleinen Leute, die Yachten festmachen, sie mit Wasser und Proviant versorgen, die Restaurateure, Kellner, die Fremdenführer in den antiken Heiligtümern und die Schuhputzer. Was hatten sie mit Herrn Papadopoulos zu tun?
Ich fuhr also. Schließlich war das die beste Methode, die Wahrheit kennenzulernen – wenn man schon Melina Mercouris Mischung von politischer Erotik und persönlichem Schaugeschäft nicht ganz traute. Und siehe da, es war denn auch ganz anders.
In Deutschland hatte ich oft vom Fleiß und von der Tüchtigkeit griechischer Gastarbeiter gehört. In Frankfurt sah ich sie demonstrieren: politisch bewußte Widerstandskämpfer, den Idealen einer aufgeklärten Demokratie verschworen. Nun mußte ich glauben, daß dieses Volk eine Elite von Ausnahmegriechen zu uns geschickt hatte. Hier in den Dörfern und Landstädten Attikas, des Peloponnes oder Kretas kamen auf jeweils drei arbeitende Männer sieben Kaffeetrinker und dazu noch ein halbes Dutzend Beamte, von denen nie festzustellen war, was sie eigentlich taten. Zöllner, die einen Ausgang bewachten, während zwei andere offenstanden, Polizisten, die den Verkehr beobachteten, Amtsvorstände, die vor leeren Schreibtischen ihre Zeitung lasen, allerdings ganz leer war so ein Schreibtisch nie, die obligate schmale Tasse Kaffee Medium stand darauf und das Glas Wasser, das alle Stunde von einem ältlichen Bürokellner erneuert wurde.
Auskünfte, die man von solchen Beamten erhielt, waren freundlich und nichtssagend, die Versprechungen erweckten zwar die schönsten Hoffnungen – aber es blieben eben Hoffnungen. Das Zauberwort hieß avrio, und das bedeutet soviel wie morgen.
Mein Skipper – als wir in einer deutschen Zeitung lasen, daß es in Athen wieder Verhaftungen gegeben hatte, und als wir über die demokratischen Freiheiten sprachen, welche die Diktatur ihren Untertanen vorenthält –, mein Skipper sagte, ach was, diese Leute brauchen keine Freiheiten, die brauchen einen, der ihnen in den Hintern tritt, damit sie arbeiten.

Und dasselbe sagte, wenngleich mit gesitteteren Worten, ein junger Grieche, der uns in Lindos ansprach, unter der herrlichen Akropolis, um welche die Kreuzritter ihre mächtige Burg gebaut haben. Weit geht der Blick von dort über Meer und Küste, über Buchten und Berge und tief hinein in die vom Dunst der Hitze verhangenen Täler, o ja, es ist schon ein Land, in das zu fahren sich lohnt.

Der junge Grieche, dunkel, schmal und mit einem Gesicht von sportlicher Nervosität, war Architekt. Er hatte in Aachen studiert und sich von dort seine Verlobte mitgebracht, ein sehr junges Mädchen mit blondem Flaum auf den braungebrannten Armen. Die beiden lebten in einer alten Mühle am Ortsrand von Rhodos. Halbtags arbeitet unser Freund in der Baubehörde, und er belehrte uns, daß der Eindruck, den wir von den griechischen Beamten gewonnen hatten, längst überholt sei. Auf dem Lande möge es hier und da noch so sein, aber in den Städten sei das schon Vergangenheit. In seiner Behörde zum Beispiel habe man früher bis zu zwei Jahren auf eine Baugenehmigung warten müssen, es sei denn, man habe es vorgezogen, die Wartezeit durch diskrete Beilage größerer Geldscheine zu den Anträgen abzukürzen. Nun, seitdem die Revolution gesiegt habe, sei das anders. Seine Behörde habe strengste Anweisung, die Antragsteller binnen einer Woche zu bescheiden, sei es mit Ja oder mit Nein, aber entschieden müsse sein. Und wehe, wenn einer Geld nehme, er verliere seinen Posten sofort und komme dazu ins Gefängnis.

Vorausgesetzt natürlich, er werde erwischt, schränkt unser Freund ein, ob es der Regierung ganz gelingen werde, die Korruption auszurotten – wer wisse es. Die Griechen seien nun einmal jahrhundertelang unterjocht gewesen, noch dazu von den Türken, da habe man sich aufs Finassieren und auf Bakschisch schon verstehen müssen, das sei so leicht nicht aus den Leuten herauszubringen.

Immerhin, das erfuhren wir auch später, in Athen und Korinth und Patras: Die Züge fuhren pünktlich, die Post hatte im vorigen Jahr zum erstenmal die Paketflut zu Weihnachten bewältigt (und nicht erst spät im Februar) – was wollen Sie, sagte mir in Kalamata ein Ölkaufmann, die neue Regierung hat Griechenland viel weiter auf dem Weg nach Europa geführt als der ganze parlamentarische Klüngel der letzten Jahre. Wir sind immer noch ein Entwicklungsland, sehen Sie in unsere Schaufenster, was wird schon in Griechenland produziert, fast alles müssen wir importieren. Das ändern Sie nicht mit Reden im Parlament, das braucht seine eigenen harten Gesetze. Denken Sie daran, daß Mussolini die Pontinischen Sümpfe trockengelegt und das Land des »dolce far niente« zu einem modernen Industriestaat gemacht hat. Und muß ich Ihnen das sagen? Wer hat denn in Deutschland die Autobahn gebaut?

Da also war es, was mir schon mehrfach bitter in den Sinn gekommen war: die Effizienz der Diktatur. Weiß Gott, da wurde nicht lange geredet, da wurde etwas geschafft, gründlich, pünktlich und ohne Fackeln.

Nur, auch die Züge nach Dachau und Mauthausen waren pünktlich gefahren, über die Autobahnen waren unsere Panzer hinaus- und später die russischen hereingerollt, und bei Anzio-Nettuno, unweit der Pontinischen Sümpfe, hatte es meinen besten Freund erwischt. Diktatoren mögen gute Straßen bauen, aber wie leicht führt unkontrollierte Macht in den Händen einzelner zu Elend und Verbrechen. Im Prozeß von Athen berichteten die Angeklagten, daß sie auf einem Kriegsschiff unter Foltern verhört worden seien. Peitschen ins Gesicht, Knebel an Armen und Beinen – was wiegt dagegen pünktlich beförderte Weihnachtspost? Verhaftungen bei Nacht und Nebel, kein Recht auf richterliches Gehör, hilflos gefangen unter der glühenden Sonne von Jaros – gibt es denn keine anderen Mittel, um ein bißchen Mißwirtschaft und ein bißchen Schlamperei abzuschaffen? Nein, so sehr ich den Alexis Sorbas liebe, im Augenblick ist Griechenland kein Land für mich.

Allerdings sagen selbst die Kritiker des griechischen Militärregimes, es habe da kaum eine Alternative gegeben, so sehr sei der Parlamentarismus korrumpiert gewesen. Da hätte denn der deutsche Beobachter Grund, mit einigem Stolz nach Bonn zu blicken, wäre ihm nicht in Athen der Bundestagsabgeordnete Siegfried Zoglmann begegnet, stellvertretender Fraktionsvorsitzender der FDP, und mit ihm der bayerische FDP-Rechtsaußen Josef Ertl und sein Fraktionskollege Kubitza und dazu die CDU-Abgeordneten Dr. Toussaint, Dr. Lambert Huys und Dr. Stecker. Sie fuhren nach Athen, um die Wahrheit über das Regime des Herrn Papadopoulos zu erfahren, und zu diesem Zweck ließen sie sich von ihm einladen.

Über die englische Public-Relations-Agentur Maurice Fraser & Associates bezahlte das Athener Regime den deutschen Volksvertretern Hotel und Verpflegung, Unterhaltung und Transport. Und mit den Abgeordneten kamen deren Damen – bei Zoglmann war's der Herr Sohn –, und die Damen wurden eigens nach Rhodos geflogen, und die Herren wurden bewirtet, wie es Liebedienern zukommt, denn wem's gut schmeckt, dem wird's wohl auch gefallen.

Und so mag es sein, daß Sie demnächst im deutschen Bundestag eine Meinung über Griechenland vernehmen, die von der hier vorgetragenen ganz und gar abweicht.

1. September 1968

Dies ist nicht die Stunde der Kalten Krieger

Als uns in der Nacht zum letzten Mittwoch die Nachricht vom Einmarsch der Sowjets in die Tschechoslowakei aufschreckte – als wir in den Morgenstunden telefonisch noch nach Prag durchkamen und Freunde weckten, die nicht wußten, daß die sowjetischen Panzer schon vor ihren Häusern standen –, als das Radio der DDR mit zynischer Verlogenheit beteuerte, die Truppen des Warschauer Paktes seien »vom tschechoslowakischen Brudervolk zu Hilfe gerufen« worden –, als klar wurde, daß wieder einmal deutsche Soldaten dort einmarschierten, deutsche Soldaten nach Lidice, nach Theresienstadt –, da kroch die kalte Wut in mir hoch.

Ungarn, das hatte ich noch verstanden. Da war eine Revolution gewesen, eine blutige Abrechnung mit den kommunistischen Machthabern. Was anders hätte die Sowjetunion tun sollen, wenn sie sich nicht selbst aufgeben wollte. Da stand sie vor der Frage, ob sie sich für ein paar Jahre die Verachtung der Welt zuziehen oder ob sie den totalen Zusammenbruch des kommunistischen Systems riskieren mochte. Kann man von Machthabern, gleich welcher Couleur, ernsthaft erwarten, daß sie zum politischen Selbstmord bereit sind?

Was Bismarck Realpolitik nannte, ist dies: sich in die Lage des anderen versetzen und überlegen, was man selbst in dieser Lage tun würde. Die Amerikaner in Vietnam haben nicht anders gehandelt als die Russen in Ungarn, und die Engländer in Biafra tun es ohne Notwendigkeit. Wer würfe den ersten Stein?

Aber die Tschechoslowakei, das war anders. Kein Dubček, kein Smrkovský wollte den Sozialismus zum Einsturz bringen. Im Gegenteil. Vor wenigen Tagen hatten wir im STERN eine Gruppe von Chefredakteuren aus der ČSSR zu Gast. Von Aufweichung, von bürgerlichem Revisionismus war da nichts zu spüren. »Wir werden den Sozialismus erst attraktiv machen«, sagte einer, »denn wahrer Sozialismus ist ohne die Freiheit des Menschen nicht denkbar.«

Und nun rasselten die sowjetischen Panzer durch Prag. Das war nicht »die Sorge um die sozialistischen Errungenschaften des Brudervolkes«, das war nackter sowjetischer Nationalismus. Nach China, Jugoslawien und Albanien, nach den außenpolitischen Eigenmächtigkeiten der Rumänen nun ein humanistischer demokratischer Sozialismus der Tschechen und Slowaken – das hatte die russische Hegemonie in Frage gestellt. Und nun reagierte Moskau wie eine imperialistische Großmacht: Jäh rutschte ihm die Maske der internationalen Solidarität vom Gesicht. Und die Speichellecker von Pankow waren die ersten, die den brutalen Machtwillen der sowjetischen Zentrale zum »Kampf für die Sache des Friedens« umfälschten.

Die kalte Wut kroch in mir hoch. Wer hätte anders reagiert. Und die Verzweiflung, daß nun alle Entspannungspolitik umsonst gewesen war. So hatte die Politik der Härte am Ende doch recht gehabt! Also kein Atomsperrvertrag mehr, Nixon gewählt, und was uns anging: keine Verhandlungen mit Pankow – wer könnte es unter diesen Umständen noch ertragen, daß Bundeswirtschaftsminister Schiller mit dem »Zonenminister« Sölle spräche? Nein, dies schien die Stunde der Kalten Krieger zu sein.

Aber gemach! »Hütet euch davor zu glauben, man könnte Weltmächte zurückwerfen, wenn man nur recht schneidig auftrete.« Der das sagte, war der Realpolitiker Bismarck, und er steht wohl nicht in dem Verdacht, ein politischer Weichling gewesen zu sein. Also kalten Kopf statt kalter Wut.

Was wäre dann geschehen, hätte der Westen die Politik der Stärke konsequent betrieben und alle kommunistischen Staaten wie einen monolithischen Block behandelt, mit dem man nicht spricht? Tito wäre in Moskaus Arme getrieben worden. Ungarn wäre nicht passiert – und Ungarn nach dem niedergeschlagenen Aufstand ist immerhin nicht das Ungarn von vorher. Ebenso wie die Tschechoslowakei von morgen nicht die Tschechoslowakei von vorgestern sein wird. Rumänien hätte keine eigene Außenpolitik. Und Moskau hätte sich nicht decouvriert.

Lohnt das weitere Entspannungsbemühungen? Es lohnt sie allein deshalb, weil uns andere Möglichkeiten gar nicht zur Verfügung stehen. »Man gewinnt nie etwas damit, einen Gegner bloß durch Worte zu reizen, wenn man nicht mehr als Worte bei der Hand hat.« Auch dies ist ein Satz von Bismarck. Und es ist ein Satz der politischen Vernunft.

Wie leicht, wie populär, wie billig wäre es jetzt, nur in den Chor der Empörung einzustimmen. Und welchen Dienst erwiese man Herrn Ulbricht damit. Denn keine Internationale ist so mächtig wie die Internationale der Kalten Krieger.

Machen wir uns deshalb nichts vor. Deutschland ist gespalten, die DDR ist eine Realität, die weder mit starken Worten noch mit kalter Verachtung aus der Welt zu schaffen ist. Es ist an uns, keinen Zoll unserer demokratischen Freiheit preiszugeben und dennoch mit der anderen Seite geduldig im Gespräch zu bleiben. Und wenn nichts dabei herauskäme als dies: daß unsere freiheitliche Demokratie stark genug ist, die Konfrontation nicht zu scheuen.

8. September 1968

Die gefährlichen Journalisten

»Diesen Zeitungsschmierern sollte man das Handwerk legen!« – wie leicht geht dem Bürger dieser Satz von den Lippen, wenn er sich ärgert über etwas Geschriebenes. Hier hat einer »das eigene Nest beschmutzt«, dort hat ein anderer es an der Ehrfurcht vor Papst oder Präsident fehlen lassen – und das alles unter Berufung auf die »sogenannte Pressefreiheit«.

Da diese Freiheit leicht mißbraucht werden kann – so schließt der Bürger mes-

serscharf –, sollte man sie besser einschränken.
Den tschechoslowakischen Zeitungsschmierern ist nun das Handwerk gelegt. So sieht von Moskau her die Einigung mit den Politikern der ČSSR aus. Der Präsident Svoboda durfte bleiben, der Parteichef Dubček – eben noch als Konterrevolutionär verhaftet und beschimpft – durfte bleiben. Aber die Presse, so tönt es aus allen Kommuniqués, soll wieder unter Kuratel. Kein böses Wort mehr über die Bruderparteien, deren Soldaten tschechisches Blut vergossen, kein böses Wort über die große Sowjetunion, die Mutter aller Werktätigen, die sich soeben als eine imperialistische Großmacht alten Stils decouvriert hat.
Ein bewegenderes Kompliment hätte sie der Presse nicht machen können als dies: daß freie Journalisten für die Machtgierigen dieser Welt gefährlicher sind als Politiker und Militärs. Denn wo die gegensätzlichen Meinungen in Freiheit aufeinanderprallen, da können sich Lüge und Gesinnungsterror auf die Dauer nicht halten.
Was die Freiheit der Presse bedeutet, haben unsere tschechoslowakischen Kollegen in den wenigen Monaten des Prager Frühlings gezeigt. Ohne sie hätten die einmarschierenden Russen leichtes Spiel gehabt. Ohne sie hätte auch der STERN auf den nächsten Seiten nicht zeigen können, wie es im Herzen dieses tapferen, leidgeprüften Volkes wirklich aussieht.

22. Oktober 1968

Sport ohne Alleinvertretungsanspruch

Die erste Goldmedaille in Mexiko ging an die DDR: Das Internationale Olympische Komitee sprach ihr das Recht zu, 1972 mit eigener Flagge und eigener Nationalhymne an den Start zu gehen. Die Entscheidung fiel mit 44 gegen 4 Stimmen. Hatte man noch daran gezweifelt, so weiß man nun, daß auch unsere westlichen Verbündeten nicht viel von dem Alleinvertretungsanspruch Bonns halten.
Wer Realitäten nicht rechtzeitig als gegeben hinnimmt, muß sich mit der Rolle dessen begnügen, der zeternd den Ereignissen hinterdreinläuft. 1972 in München wird unser Bundespräsident der schwarzrotgoldenen »Spalterflagge« mit Hammer und Zirkel seine Reverenz erweisen müssen – oder die Olympiade wird nicht stattfinden. Aber seien Sie unbesorgt, sie w i r d stattfinden.
Erinnern wir uns: Es ist erst vier Jahre her, da wurden die Briefe des sogenannten Staatsratvorsitzenden der sogenannten DDR von Herrn Erhard ungeöffnet zurückgeschickt. Dann scheiterten Passierscheingespräche, weil man sich über Amts- und Ortsbezeichnungen nicht einigen konnte. Und als im Juni 1967 Bundeskanzler Kiesinger an Willi Stoph schrieb, wollte ihm außer der Anrede »Sehr geehrter Herr Vorsitzender« nichts aus der Feder. Die DDR, zuerst nicht existent, dann »sogenannt« genannt, war eben erst zum »Phänomen« gediehen. Heute – nach Prag – sieht der gleiche Bundeskanzler Kiesinger keine Hinderungsgründe für Gespräche mit der DDR auf Wirtschaftsminister-Ebene. Nur »anerkennen« will er den anderen deutschen Staat natürlich nicht. Da müssen wohl wieder erst die Ereignisse über ihn kommen – wie diesmal in Mexiko.
Dabei hätte der Kanzler von Willi Daume erfahren können, welchen Nutzen es bringt, den alten Geßlerhut endlich von der Stange zu hauen. »Nun wird«, so meinte unser NOK-Präsident, »wohl endlich ein innerdeutscher Sportverkehr möglich sein, nachdem die von Ostberlin immer wieder geforderten normalen Be-

ziehungen hergestellt sind.« Wobei anzumerken wäre, daß dieser innerdeutsche Sport erst gar nicht zum Erliegen gekommen wäre, wenn Bonn früher erkannt hätte, daß mit Anführungsstrichen keine Politik zu machen ist.
Und noch ein Zweites könnte Bonn von unseren Sportlern lernen. Die siegen nämlich, wenn sie höher springen, schneller laufen oder besser Fußball spielen. Die Bundesrepublik sollte etwas mehr auf ihre Kondition vertrauen und den Wettkampf gegen Ulbrichts System mit gerechterer Einkommensverteilung, besseren Schulen und vorbildlichen Sozialleistungen führen.
Die Freiheit dazu haben wir. Wozu hätten wir sie sonst?

29. Oktober 1968

Jackie und das Ende einer Illusion

Nun wird es noch den Kennedy-Airport geben und das Kap Kennedy und den Kennedy-Platz in Berlin – und was übrigbleibt – ist ein schaler Geschmack. Als Jacqueline Kennedy den 62jährigen Levantiner Aristoteles Onassis heiratete, schrieb eine deutsche Tageszeitung, die junge Witwe John F. Kennedys habe damit »ihre in der Illustriertenromantik unaufhörlich mißverstandene Rolle« ausgespielt.
Illustriertenromantik – so wäre es den politischen Tugendwächtern denn schon suspekt, wenn in unseren Tagen jemand an die Moglichkeit einer sich erneuernden Welt zu glauben vermag? John F. Kennedy war schließlich das Symbol für eine solche Chance. Da war ein junger Mann, den die Götter ohne jeden Zweifel liebten. Sie machten ihn zum Präsidenten des mächtigsten Staates dieser Erde. Und ehe es sich recht gezeigt hatte, ob er halten konnte, was Jugend und Begabung in ihm versprachen, oder ob nicht auch er zerbrechen würde an den Konventionen und am bösen nun schon Althergebrachten, nahmen ihn die Götter zu sich. So blieb das Schönste, was ein Mann hinterlassen kann: die Hoffnung, die er in den Herzen der Menschen angezündet hatte.
Und es blieben eine schöne junge Frau und zwei Kinder. Niemand wird je vergessen können, wie diese Frau hinter dem Sarg ihres Mannes aus dem Flugzeug stieg, das Kleid noch befleckt vom Blut des Ermordeten. Niemand, den ihr Schmerz nicht gerührt hätte, wie sie mit versteinertem Gesicht dem toten Präsidenten folgte, die kleine Caroline neben sich. Und den noch unwissenden John-John, wie er mit der Hand am Schopf das Flaggentuch grüßte, das sie über den Sarg des Vaters gebreitet hatten.
»Diese glänzende Kennedy-Familie«, so schrieb vor wenigen Tagen die »Herald Tribune«, »diese glänzende, reiche, tragische Familie der Kennedys ist in den vergangenen Jahren dem Begriff einer ›königlichen Familie‹ so nahegekommen, wie es in Amerika – der republikanischsten aller Republiken – überhaupt möglich ist. Und das hat die Witwe des Präsidenten und die beiden Kinder sozusagen zum Besitz der Nation gemacht, es gab ihnen einen einzigartigen Platz im Herzen des amerikanischen Volkes.«
Sie haben diesen Platz – ich scheue mich nicht, es zuzugeben – auch in meinem Herzen gehabt. In einer Welt, die von den Johnsons und den Breschnjews, den Nixons und de Gaulles beherrscht wird, und in der selbst Heinrich Lübke noch eine Rolle zu spielen vermochte – sollte das Bild der Kennedys da nicht die Verheißung einer erneuerten Gesellschaft bedeuten dürfen? Eine Welt, in der Geist und Macht nicht mehr auseinanderstreben.
Nun, da Jacqueline Kennedy sich dem internationalen Jet-Set eines Onassis an-

heim gegeben hat, mag es billig sein, das alles als eine Illusion abzutun. Schon hört man Stimmen in Washington, die behaupten, die kurze Periode von Kultur und Kunst im Weißen Haus sei im wesentlichen Kennedy-Berater Ted Sorensen zuzuschreiben gewesen und nicht Jacqueline Kennedy, die den Unterschied zwischen Cardin und Courrèges früher begriffen habe als den Unterschied zwischen van Gogh und von Braun, und die Pablo Casals zunächst für einen Stierkämpfer gehalten habe.

Mag sein. Dann war es eben eine Illusion. Aber wiegt der Verlust einer Illusion weniger schwer als das Ende einer Liebe?

5. November 1968

Jedem Abwehrdienst sein Spionagefall

Die deutschen Länder sind eine feine Sache, wenn es um die Erhaltung von Volkstrachten geht, um Strohdächer in Niedersachsen und Zwiebeltürme in Bayern. Als nicht weniger nützlich erweist sich diese Länderwirtschaft für Diebe, Mörder und Spione. In unserer Serie »Deutschland, deine Kripo« haben wir erzählt, wie ein Kinderschänder nur mit dem Fahrrad von Weinheim nach Bensheim zu fahren brauchte, um als »reisender Täter« letztlich in der Kartei der hessischen Landeshauptstadt Wiesbaden zu landen, so daß man ihn zu Hause in Baden-Württemberg gar nicht suchte.

Von Land zu Land halten wir's denn auch mit den Spionen ganz verschieden. Verschwindet hier eine Sidewinder-Rakete, wird dort ein Nato-Stützpunkt heimlich fotografiert, und schüttet andernorts einer Sand ins Triebwerk eines Starfighters – bei uns ist dafür gesorgt, daß jeder Fall seine eigene Zuständigkeit hat.

Es ist ja nicht, als ob wir nichts hätten. Wir haben: ein Bundesamt für Verfassungsschutz unter der Dienstaufsicht des Bundesministers des Innern, elf Landesämter für Verfassungsschutz, jedes seinem Innenminister unterstellt und je nach dessen politischer Couleur eingesetzt. Ein »Militärischer Abschirmdienst« wärmt sich unter den Fittichen des Verteidigungsministers. Dazu kommen die Politischen Kriminal-Kommissariate der Länder und die dem Generalbundesanwalt zur Verfügung stehende »Sicherungsgruppe Bonn«. Wen wundert es da noch, daß alle diese Gruppen mit der Abgrenzung ihrer Zuständigkeiten allzu beschäftigt sind, als daß sie auch noch Zeit hätten, Spione zu fangen. Hat aber einer dieser Abwehrdienste seinen Spionagefall, dann hütet er ihn wie ein goldenes Ei, um daraus höhere Etats und schnellere Karrieren für seine Beamten auszubrüten.

Und warum haben wir keinen schlagkräftigen, zentral gelenkten Bundesabwehrdienst? Aus Furcht, es könnte daraus am Ende wieder so etwas wie eine Gestapo werden. Wie die Väter unseres Grundgesetzes das Amt des Bundespräsidenten auf Repräsentation beschränkten, um keinen neuen Hindenburg zu ermöglichen, der einen neuen Hitler ermächtigen könnte, so hat die Angst vor den Geistern unserer Vergangenheit überall dort Barrieren aufgerichtet, wo die Gefahr besteht, daß der Druck auf einen zentralen Knopf die gleichen Wirkungen in Ostfriesland wie im Bayerischen Wald haben könnte. Nur die Amerikaner fühlten sich frei genug, nach dem Modell des früheren deutschen »Reichskriminalpolizeiamtes« ihr FBI aufzubauen.

Die Zunahme der Gewaltverbrechen in der Bundesrepublik wie die Häufung der Spionagefälle verlangt gebieterisch nach einer zentral gelenkten Abwehr. Wer diese Zentrale aus politischen Ressentiments fürchtet, dürfte mit dem gleichen Recht die Zerstörung der Autobahnen fordern, nur weil auf ihnen auch Panzer rollen können.

Heinemann – der beste aller Kandidaten

Wenn mich einer fragt, welchen Sinn denn nun meine Argumentation gegen das Erscheinungs- und Charakterbild Heinrich Lübkes gehabt habe – nun, da er ganze drei Monate vor Ablauf seiner Amtsperiode zurückzutreten bereit sei –, dann meine ich, es sei schon genug, wenn die Parteien nicht noch einmal mit der gleichen Leichtfertigkeit wie bei der Wahl Lübkes die Würde des höchsten Staatsamtes dem politischen Kuhhandel opfern.

Gewiß, das Wahlsystem ist nun einmal so beschaffen, daß es ohne die Stimmen der Freien Demokraten nicht geht, ja, daß diese kleine Partei sogar den Ausschlag gibt, wenn die großen Koalitionsparteien ihre Kandidaten gegeneinander aufstellen. Verzeihlich drum, wenn ein wenig dabei auch an die künftigen Regierungsmöglichkeiten gedacht wird, wenn die einen ihrer FDP den Weg zu einer neuen Kleinen Koalition mit der CDU nicht verbauen, die anderen von der SPD eine Zusage einhandeln wollen, daß nicht ein neues Wahlrecht die FDP aus dem Bundestag hinauskatapultiert.

Könnte man das eine wie das andere ausrechnen, so ließen sich die Chancen trefflich wägen. Da aber die Bundestagswahl durchaus noch offen ist und da Wähler wie mögliche Regierungspartner die Standfestigkeit der FDP am Ende mehr schätzen als ihre Willfährigkeit, täten die Freien Demokraten gut daran, ihre Zusage wahrzunehmen und »dem besten Mann« ihre Stimmen zu geben.

Ohne den Favoriten aus der Reihe der möglichen CDU/CSU-Bewerber um das Amt des Bundespräsidenten jetzt schon zu kennen, kann man sagen, daß der von den Sozialdemokraten nominierte Dr. Gustav Heinemann der beste aller möglichen Kandidaten ist. Denn zum Bundespräsidenten, so sehr das Amt auch von den Vätern des Grundgesetzes von der Ausübung wirklich politischer Macht ferngehalten wurde – zum Bundespräsidenten bedarf es nicht so sehr der politischen Agilität, des staatsmännischen Gehabes, der großen rhetorischen Attitüde –, zum Bundespräsidenten gehört etwas mehr: die Ehrfurcht, die man dem Amt und dem Mann entgegenbringt.

Gustav Heinemann ist, das darf man ohne Abstriche sagen, ein Mann, der diese Ehrfurcht verdient. Nicht, weil er der Generation der Väter angehört oder ein Mann der Kirche ist, nicht allein, weil er als doppelter Doktor über ein gestandenes Maß an Bildung und als Politiker über einen liberalen weltoffenen Sinn verfügt, und nicht nur, weil ihm aus seiner Vergangenheit kein Makel anhaftet. Dr. Gustav Heinemann verdient Ehrfurcht und Respekt, weil er zu den in diesem Lande seltenen Männern gehört, die den falschen Glanz nicht brauchen, weil sie nicht mehr sein wollen, als sie sind. Die Überschrift, die wir dem Portrait dieses Mannes auf den nächsten Seiten gegeben haben, ist deshalb durchaus nicht vordergründig, sondern als ein von Herzen kommender Wunsch gemeint: Heinemann, geh du voran.

Brief an einen Geohrfeigten

Lieber Herr Bundeskanzler! Als der Schwiegervater von Beate Klarsfeld in Auschwitz vergast wurde, waren Sie in der Partei, und ich hatte zwei Artikel geschrieben, in denen der Führer ein großer Staatsmann war. Sie und ich haben kein Verbrechen begangen, wir haben niemanden verfolgt und zu niemandes Verfolgung aufgerufen, und doch: Wir haben dem Unrecht wenigstens zeitweise unsere Hand geliehen.
Das ist mehr als 30 Jahre her, und ich meine, es reichte nicht aus, Sie von der Regierung der Bundesrepublik und mich von der Leitung des STERN auszuschließen. Aber vor Menschen wie Beate Klarsfeld habe ich das Gefühl einer tiefen Scham nie ganz verloren. Nicht als ob ich die Ohrfeige, deren Opfer Sie wurden, auch nur einen Augenblick gutheißen wollte. Ohrfeigen sind keine Argumente, vor allem keine antifaschistischen. Aber was sagt das über Ihre und meine Vergangenheit?

Beate Klarsfeld wollte, das hat sie ausdrücklich gesagt, Ihnen nicht wehtun. Sie hält Sie für einen Nazi – sie würde gewiß auch mich dafür halten –, und sie meint, dieses Deutschland könne nicht gesund werden, solange Leute wie wir am Ruder sind. Dagegen wollte sie protestieren, und das wäre, hätte sie das rechte Maß nicht verfehlt, ihr gutes Recht gewesen. Unser Recht ist es, den politischen Irrtum, die allzu menschliche Feigheit oder die Notlüge für uns in Anspruch zu nehmen und zu meinen, ein Volk könne auch dann nicht gesunden, wenn es denen, die gefehlt haben, für immer die Gnade des Vergessens versagt. Wie aber, wenn diejenigen, die auf dieses Vergessen so selbstverständlich zählen, ihrerseits nicht imstande sind, Unrecht einzustecken? Nun konnten Sie wohl nicht wissen, als Sie Strafantrag gegen Frau Klarsfeld stellten, daß ein obrigkeitsbeflissener Richter die Kanzlerbeleidigung mit einem Jahr Gefängnis ahnden würde. Dennoch hätten Sie den Strafantrag besser nicht gestellt, und auch die eitel-süffisante Bemerkung von der »körperlichen Attacke einer jungen Frau« hätten Sie lieber für eine passendere Gelegenheit aufbewahren sollen, vorausgesetzt, daß Sie mit solchen Gelegenheiten noch rechnen.

Unsere Gesetze lassen in diesem Fall die Rücknahme des Strafantrags in der Berufungsinstanz nicht zu. Das mag gut sein, damit Ihnen niemand den Vorwurf machen kann, Sie scheuten eine Erörterung Ihrer Vergangenheit in dieser Verhandlung. Aber ich bin sicher, Herr Bundeskanzler, daß Sie vor dem Berufungsrichter Ihr Wort für die Angeklagte einlegen werden. Entweder ist dann das Gericht wiederum obrigkeitshörig und folgt der Bitte des Kanzlers um Verständnis für die Angeklagte, oder die Richter zeigen gesunden Bürgersinn – dann werden sie die 29jährige Frau wegen eines Backenstreiches für den Regierungschef nicht auf dreihundertfünfundsechzig Tage ihrem Mann und ihrem drei Jahre alten Jungen entziehen.

26. November 1968

Der Oberleutnant war vom STERN

Die Bundeswehr kostet unser Geld. Was leistet sie dafür? Schreckt sie den möglichen Gegner ab und sichert so den Frieden? Wird sie für diesen Zweck entsprechend ausgebildet? Diese Fragen wurden in der STERN-Redaktion laut, als unsere Reporter die aufregenden Bilder der nächsten Seiten mit nach Hause brachten. Wir zeigten die Fotos im Verteidigungsministerium in Bonn und baten darum, in deutschen Kasernen, auf deutschen Exerzierplätzen und in deutschen Manövergebieten nachsehen zu dürfen. Nicht nach militärischen Geheimnissen, sondern nach der Methode, mit der unser Geld dort ausgegeben wird. Bonn ließ sich lange drängen.

Am liebsten hätte man uns wohl Potemkinsche Musterkompanien vorgeführt. Aber die beiden STERN-Reporter Heiko Gebhardt (»ungedienter Mann«) und Ulrich Maurach (Oberleutnant der Reserve) hatten schon auf eigene Faust zu recherchieren begonnen. Und da zeigte sich immerhin bereits ein wesentlicher Erfolg deutscher Ausbildungsmethoden: der unkritische Gehorsam. Nachdem der Reporter Maurach sich am Telefon mit seinem Dienstgrad als Oberleutnant gemeldet hatte, genügte das einem Unteroffizier, sogleich genaue Angaben über den Gefechtsstand einer geheimen Nato-Übung zu machen. Als Maurach mit den ihm anvertrauten Gefechtsunterlagen im Morgennebel beim Korps-Gefechtsstand vorfuhr, war den Stabsoffizieren für diesen Tag die Lust an ihrem geheimen Sandkastenspiel verdorben.

Die bemerkenswerten Fotos, die den STERN auf die Ausbildung der Bundeswehr neugierig machten, und was unsere Reporter bei ihren Recherchen erfuhren, finden Sie auf den nächsten Seiten. Sehr beruhigend ist es leider nicht.

10. Dezember 1968

Jaeger schießt auf Heinemann

Wäre es wahr, was der CSU-Abgeordnete Richard Jaeger über den SPD-Kandidaten für das Amt des Bundespräsidenten Dr. Gustav Heinemann behauptet hat: daß er als Justizminister auf eigene Faust mit Kommunisten geredet, daß er gar die »Feinde dieses Staates beraten habe« – wäre das wahr, dann möchte es in einem Land, in dem Antikommunismus als Ersatz für politischen Verstand gilt, die Kandidatur Dr. Heinemanns für das höchste Staatsamt wohl beeinträchtigen. Das ist die Infamie dieses Angriffs, daß er auf Vorurteile zielt und auf Dummheit. Einem Anwalt, der den Blutrichter Rehse verteidigt, vorzuwerfen, er mache sich mit Verbrechern gemein – keiner käme auf die absurde Idee. Aber bei uns ist ja auch der Nazirichter Rehse allemal ein feinerer Mann als jeder Kommunist.

Das ist es, worauf Herr Jaeger spekuliert.

Aber was er behauptet, stimmt ebensowenig wie die aus der gleichen Richtung kommenden und in die gleiche Richtung zielenden Angriffe gegen Egon Bahr, den Mitarbeiter des Bundesaußenministers Willy Brandt. In diesem STERN durchleuchtet Sebastian Haffner auf Seite 136 die politischen Hintergründe dieser Wahlkampfmethoden. Seine Kolumne heißt nicht von ungefähr »Wird Strauß Bundeskanzler?«

Hier sei nur viererlei festgehalten:
1. Was Dr. Heinemann tat, als er dem Ausschuß für die Wiederzulassung der KPD Auskünfte gab, war seines Amtes und geschah im Einvernehmen mit den Fraktionsvorsitzenden aller im Bundestag vertretenen Parteien.
2. Was der CSU-Abgeordnete und Bundestagsvizepräsident Richard Jaeger besorgte, ist nur eine miese kleine Ehrabschneiderei.
3. Welche Chance für Dr. Heinemanns Rivalen, den CDU-Bundespräsidentschaftskandidaten Dr. Gerhard Schröder, sich öffentlich von solchen Methoden zu distanzieren!
4. Gerhard Schröder nutzte diese Chance nicht.

31. Dezember 1968

Karl Schiller, Mann des Jahres

Der Mann des Jahres 1968 war ohne Zweifel Alexander Dubček. So, wie Christiaan Barnard der Mann des Jahres 1967 und John F. Kennedy der Mann von 1963 war.
Damals, um die Jahreswende 1963/64, kam der STERN in arge Verlegenheit. Über Kennedy hatten wir die einzigen authentischen Bilder vom Ablauf des Attentats veröffentlicht. William Manchesters Buch »Der Tod des Präsidenten« stand uns ins Haus. Alles, was über den toten Präsidenten zu sagen war, hatte kurz zuvor im STERN gestanden, die minuziöse Schilderung seiner Ermordung war unseren Lesern sicher. Eine andere, alle übrigen überragende Persönlichkeit des Jahres 1963 gab es nicht. So ließen wir von unserem Brauch ab und erschienen im ersten Januarheft 1964 ohne »Mann des Jahres«.
Diesmal also Dubček. Aber auch das hatte seine Not. Ein Mann des Jahres, mit dem man zur Zeit kein Gespräch führen kann, dem man durch die Veröffentlichung in einer westlichen Zeitung eher schadet, das verbot sich von selbst. Außerdem hat der STERN vor wenigen Wochen in sechs Folgen das genaue Tagebuch der ČSSR-Besetzung veröffentlicht, siebzehn Reporter hatten es recherchiert, und inzwischen erscheint dieser STERN-Bericht als die authentische Schilderung der Dubček-Tragödie in aller Welt.
So wäre Karl Schiller also nur ein Lückenbüßer?
Nein. Der Verzicht auf eine erneute Würdigung Dubčeks machte uns erst klar, daß auch Journalisten gern in die Ferne schweifen, wenn das Gute nahe liegt. Es liegt in unseren eigenen Brieftaschen: höhere Löhne, weniger Arbeitslosigkeit und der Beginn einer neuen Wirtschaftsblüte. Und der Mann, dem wir das in erster Linie verdanken, heißt Karl Schiller. Gewiß, ein zunächst spröde erscheinender Mann. Ohne den Glanz des schönen Wolkenschiebers Kiesinger. Ohne die erotische Beziehung zur Macht, die seinem Koalitionspartner Franz Josef Strauß zu eigen ist.

Aber zwei Dinge zeichnen diesen Professor Schiller aus: Er setzte seine wirtschaftspolitischen Ideen gegen die heftigen Bedenken seiner eigenen sozialdemokratischen Genossen durch, und während unter Erhards »naiver Marktpolitik« die Bundesrepublik in den fünfziger Jahren verharrte, haben mit Schillers »aufgeklärter Marktpolitik« bereits die siebziger Jahre begonnen.
Und er ist – im Lande der politischen Popanze – ein Mensch mit seinem Widerspruch, ein Professor, der leidenschaftlich Beat tanzt, ein Musikfreund, dem Bach nicht ferner liegt als die »konzertierte Aktion« zwischen Unternehmern und Gewerkschaften.

Und was für einen Wirtschaftsminister das Wichtigste ist: Es klingelt wieder in unseren Kassen.

Ludwig Erhard for IOS?

Wer eine Zeitung macht, hat den Ehrgeiz, seinen Lesern interessante Informationen als erster zu bieten. Das kann bei einem Magazin, dessen Auflage (STERN: 2,1 Millionen) weder in einer Nacht zu drucken noch an einem Tage zu verbreiten ist, gelegentlich seine liebe Not haben. So, wenn ein Ereignis just am Tage des Redakionsschlusses passiert und Informationen oder Bilder trotz Flugzeug und Funk nicht rechtzeitig herankommen.

Das ist die Ursache, weshalb Magazine wie STERN und »Spiegel« ihre Aufmerksamkeit vornehmlich den Hintergründen der Ereignisse zuwenden. Sie haben die Zeit und die Mittel dazu, und sie können mehr als die Tagespresse Sorgfalt anwenden, um aufzuspüren, was hinter der Nachricht steckt.

Die Meldung, daß Mitglieder des Parteivorstandes der CDU in der letzten Woche mit dem Altbundeskanzler und Ehrenvorsitzenden der CDU Ludwig Erhard über den bevorstehenden Wahlkampf sprachen, wäre denn auch alles andere als interessant, wenn man nicht erführe, was bis zu diesem Zeitpunkt ziemlich exklusiv der STERN wußte – wenngleich ihn das exklusive Wissen fast den Titel dieser Nummer gekostet hätte.

Wenige Stunden vor Redaktionsschluß zögerte nämlich Ludwig Erhard, die von ihm zugesagte Unterschrift unter den Vertrag mit seinem neuen Arbeitgeber IOS-Boß Bernie Cornfeld zu setzen. Der clevere Amerikaner, dem mit Erich Mende der Einbruch ins deutsche Geschäft gelang, zählt inzwischen ehemalige Landes- und Bundesminister* und den ausgedienten Heeresinspekteur der Bundeswehr Generalleutnant Moll zu seinen Mitarbeitern. Die Zigarre Ludwig Erhards – so befand Cornfeld –, die viele Jahre der Inbegriff wachsenden bundesrepublikanischen Wohlstands gewesen war, sollte nun zum vertrauenerweckenden Markenzeichen des neuen deutschen IOS-Fonds werden.

Als aber am letzten Montag der Vertrag zur Unterschrift bereit lag und das Titelbild dieses STERN schon im Andruck war, befiel die CDU-Oberen Sorge, es könne ihrer Partei im Wahlkampf schaden, wenn eine Symbolfigur wie Ludwig Erhard sich von Bernie Cornfeld fürs nackte Geld schanghaien ließe. In letzter Minute boten sie dem Altbundeskanzler einen gleich dotierten Ersatzposten an, und da bis zum Abfahren unseres Titelbildes das Tauziehen noch nicht entschieden war, blieb dem STERN nichts anderes übrig, als den Überdruck »noch nicht« in die bereits geätzte Form einzuschneiden.

Cornfeld immerhin kann sich rühmen, ein Problem angepackt zu haben, dessen Lösung unserem Staat bisher nicht gelang: die Versorgung abgetretener Kanzler und Minister mit Arbeit und Einkommen erster Klasse. Spräche es sich herum oder gäbe es gar mehr Cornfelds in unserem Lande, vielleicht brauchten wir dann keinen Grund mehr zur Sorge zu haben, daß einer länger an seinem Sessel klebt, als unserer Demokratie guttut.

* Dr. Victor-Emanuel Preusker, FDP-Bundeswohnungsbauminister von 1953 bis 1957 (jetzt CDU); Friedrich Zietsch (SPD), bayerischer Finanzminister von 1951 bis 1957

28. Januar 1969

Zwei Millionen Auflage: Ist das Macht?

Im Fernsehen fragte mich Klaus Harpprecht, wie ich's mit der Macht hielte. Zwei Millionen Auflage, jeder vierte Deutsche ein STERN-Leser, wäre das keine Versuchung?
Nun gut. Wir hatten in der Woche zuvor den Fall Gerstenmaier aufgedeckt. Aus den druckfeuchten Exemplaren des STERN erfuhr die Tagespresse, daß der Bundestagspräsident sich von der Bundesrepublik den Gewinn auszahlen ließ, den ihm die Nazis angeblich vorenthalten hatten: einen Professorentitel und 281 107 Mark. Die Zeitungen fanden heraus, daß die gesetzlichen Vorschriften, nach denen solches möglich war, eigens auf den Antragsteller zugeschnitten wurden. Eine »Lex Gerstenmaier« also, zu Nutz und Frommen des Herrn Präsidenten zurechtgezimmert.
Nun frage ich, wer hat da Macht ausgeübt, und wer ist der Versuchung nicht Herr geworden?

Eine Woche später vermeldete der STERN, daß Ludwig Erhard in die Dienste des IOS-Chefs Bernard Cornfeld treten wollte. Dann aber hatten ihn die Wahlstrategen der CDU im Verein mit zwei Großbanken durch ein Gegenangebot in letzter Minute davor zurückgehalten, den fertig ausgehandelten IOS-Vertrag zu unterschreiben.
Was ist das? Eine Nachricht, möchte man meinen. Weit gefehlt, es ist, so CDU-Sprecher Dr. Arthur Rathke, »eine tieffliegende Luftmine« oder, so sein Fraktionskollege Dr. Eduard Ackermann, »der Versuch, führende Politiker der Unionsparteien zu diffamieren«.
So wäre es also diffamierend, Erhard bei der gleichen Firma zu wissen, die den Alt-Vizekanzler Mende beschäftigt? Ist ihm die Gesellschaft des früheren Wohnungsbauministers Preusker nicht zuzumuten? Oder die des ehemaligen Bundeswehr-Inspekteurs Generalleutnant Moll? Mag ja sein, daß es bei denen weniger fein zugeht als bei dem amerikanischen Hühnerschlachter Bauer, dem Professor Erhard in Bonn gelegentlich seine Dienste lieh. Aus purer Freundschaft, versteht sich.
Ach nein, was eine Nachricht ist, möchten die Herren schon selber bestimmen. Was nicht ins selbstgewählte »Image« paßt, ist Diffamierung, Manipulation oder – siehe oben – »Mißbrauch publizistischer Macht«.
Apropos: Von dem, was der STERN berichtet, braucht er kein Wort zurückzunehmen.

16. März 1969

Trotzköpfchens Wachtparade in Berlin

Die Frage, wer Bundespräsident werde, war schließlich fast gleichgültig geworden. Wie weit man's mit den Sowjets treiben könne, ob sie es wohl wagen würden, den Luftverkehr zu stören, wer denn hier am längeren Hebel säße. Herr Ulbricht mit den Russen im Rücken oder wir mit Nixon im Kreuz – das war nun die Frage.
Ging es nicht darum, wer für die nächsten fünf Jahre unser Staatsoberhaupt würde? Allerdings: zu denken, daß die Studenten statt der Bilder von Ho Tschiminh und Mao künftig das Konterfei des neuen Bundespräsidenten vor sich hertragen würden – das war von allem Anfang an nicht drin bei einem Volk, das sich selbst so wenig gut ist. Aber Heine-

manns selbstverständliche Würde könnte das von Lübke strapazierte Amt wieder aufwerten und am Ende den Randalierern wenigstens die Schamröte ins Gesicht treiben.
Da stand ein Mann zur Wahl, dem die Fähigkeit, sich zu verstellen, ganz und gar abgeht, kein Staatssymbol, kein Repräsentant, ein Mann, der auf die Frage, ob er diesen Staat liebe, antwortet: Nein, er liebe seine Frau, der Staat sei nur eine notwendige und daher schützenswerte Form menschlichen Zusammenlebens. Ein Mann, dem die Macht nicht schmeckt und nicht das trickreiche Spiel der Politiker, der in sich selbst ruht und dem die Unruhe der jungen Generation deshalb so begreiflich ist, daß er sie – wenn's denn überhaupt noch möglich ist – auffangen könnte als moralische Figur, als menschliches Vorbild.
Und ihm gegenüber der Mann mit dem ausgeprägten Sinn für die Staatshoheit, Gerhard Schröder, der wohl bald nach Polizei und Bundeswehr rufen würde, wenn sein »intakter Staat« in Gefahr geriete. Dem die Notstandsgesetze nicht streng genug waren, und der einmal die Verfassungsschutzämter in Staatssicherheitsämter umbenennen und ihnen Exekutivgewalt verleihen wollte. Wenn es immer noch wahr ist, daß Druck Gegendruck erzeugt, so läßt sich leicht voraussehen, wohin diese Art von Autorität uns führen muß.
Die also standen zur Wahl. Und eine Partei stand vor der Wahl, ob sie ihr politisches Selbstverständnis wiederfinden oder sich als verläßlicher Faktor der deutschen Politik für alle Zukunft ausschalten würde, die FDP.
Aber zuletzt zählten weder der Kandidat noch die, die ihn zu wählen hatten. Zuletzt zählte nur noch der Ort der Wahl. Die bundesdeutsche Politik, im Umgang mit Anführungsstrichen seit jeher geübter als mit der Erfassung von Realitäten, ließ Trotzköpfchens Wachtparade in Berlin aufziehen. Und als die Sowjets im Verein mit Walter Ulbricht die Verbindungswege zu blockieren drohten, ging Conrad Ahlers zu Recht davon aus, daß Deutsche sich schon immer irgendwie durchschlagen würden.
Nun sind – Gott sei's geklagt – auch die »anderen« Deutschen schließlich ebensolche Deutsche. Und da deutsch sein allemal soviel heißt, wie eine Sache um ihrer selbst willen zu übertreiben, werden es die Berliner denn wohl noch zu spüren bekommen, was diese überflüssigste aller deutschen Querelen uns eingebracht hat.
Soviel jedenfalls ist sicher: Ostberlin gerät bei Moskau ins Debet, und wir werden uns bei den Amerikanern in puncto Stationierungskosten wohl nicht mehr lange zieren dürfen.

Und sicher ist auch, daß ein in Berlin gewählter Bundespräsident um kein Haar besser oder schlechter ist, als wäre er in Bonn oder Frankfurt gewählt worden. Wozu also diese Umstände?

23. März 1969

Kanzler Kiesingers Alptraum

Daß Kiesinger ein schlechter Verlierer sein würde, war vorauszusehen. Da hat es nun einer zum Kanzler gebracht und hält sein Tagewerk für Regierungskunst, und die Große Koalition ist das Haus, in dem er bleiben will, und nun sitzen die Nachtmahre schon wieder auf dem First: Gustav Heinemanns Wahl zum Bundespräsidenten ist in der Tat »ein Stück Machtwechsel«, denn Macht wurde seit Bestehen der Bundesrepublik von der CDU/CSU ausgeübt und fallweise in ihrem Schatten von schwächeren Koalitionspartnern. In diesem Schatten gedieh am 5. März kein politisches Geschäft mehr. Wenn das die Wähler bis zur Bundestagswahl im September recht

begriffen haben, und wenn sie Schillers Wirtschaftspolitik und Walter Scheels Standhaftigkeit honorieren, dann könnte sich eine SPD/FDP-Koalition abzeichnen mit Willy Brandt als Kanzler.
Bliebe es aber etwa bei der bisherigen Sitzverteilung und kühlte sich das nach Heinemanns Wahl jäh abgeschreckte Klima zwischen den Partnern der Großen Koalition noch weiter ab, so wäre der ungeliebte Schröder nun wieder frei als Kanzler einer Kleinen Koalition zwischen CDU/CSU und FDP.
Wenn es den Unionsparteien jedoch gelänge, aus dem sowjetischen Einmarsch in die Tschechoslowakei politisches Kapital zu schlagen wie einst aus dem Überfall auf Ungarn, und kämen Moskau oder Ostberlin durch neue Provokationen unseren Kalten Kriegern dabei noch zu Hilfe, so wäre eine absolute Mehrheit von CDU/CSU denkbar, und dann hieße der Kanzler zweifellos nicht Kiesinger – denn was wäre das für eine Antwort auf den Ruf der Wähler nach dem starken Mann –, sondern Franz Josef Strauß.

So erklärt Kiesingers Angst vor dem politischen Altenteil denn auch, weshalb der Kanzler eilfertig die Gelegenheit benutzte, seinen unbequemen Justizminister Gustav Heinemann wegen des der »Stuttgarter Zeitung« gegebenen Interviews zum Rapport zu befehlen, denn »noch ist ja Herr Heinemann nicht Bundespräsident«. Und ihn also zu belehren: »Es kann gar keinen Zweifel darüber geben, daß in diesem Land die Politik von der Bundesregierung gemacht wird, und daß die Richtlinien der Politik vom Bundeskanzler und von niemand sonst bestimmt werden. Ich bin überzeugt, das weiß der künftige Bundespräsident, und daran wird er sich in Zukunft auch halten.«
Was dem redseligen König Silberzunge so zu schaffen machte, war allerdings weniger die Zukunft der Bundespolitik als die politische Vergangenheit Gustav Heinemanns, die zu verzerren ausgerechnet jene CDU nicht müde wird, die uns Heinrich Lübke für das höchste Staatsamt zu präsentieren wagte.
Heinemann habe »seine Gesinnung gewechselt«, er sei ein »Neutralist«, und er habe ein »gestörtes Verhältnis zur Bundeswehr« – das sind die Stereotypen der Kampagne, mit der die schlechten Verlierer den gewählten Präsidenten auch nach der Wahl noch ins Gerede bringen möchten. Hielt man den Dr. Heinemann für ein politisches Neutrum, daß man ihm verwehren wollte, diese Anwürfe zurückzuweisen, bevor er sich die Zurückhaltung seines hohen Amtes auferlegt?
»Bild«, Kiesinger und Strauß – und wie die Kumpanei, so ist auch die Methode: Da wird der künftige Präsident mit dem sowjetischen Clown Oleg Popow abgebildet, den er angeblich »in Bonn unterbringen soll«.
Da droht Herr Kiesinger, noch sei der Zeitpunkt nicht gekommen, wo er mit Heinemann in eine öffentliche Polemik eintreten werde – »warten Sie den Tag ab, wo ich das für nötig halte!«
Und da zitiert Franz Josef Strauß verkürzt aus einem Interview, das er im Wortlaut nicht kennt, Heinemann habe »Bundeswehr und Nato in Frage stellen wollen«, weil sie der Wiedervereinigung im Wege stünden.
Nun denn, Heinemanns Antworten, die jeder STERN-Leser im ungekürzten Interview auf Seite 244 dieses Heftes lesen kann, kreisen weniger um künftige Möglichkeiten als um verpaßte Gelegenheiten. Inzwischen wissen wir nämlich alle, was der CDU-Innenminister Dr. Gustav Heinemann 1950 ahnte, als er aus Protest gegen Adenauers Wiederbewaffnungspolitik sein Ministeramt zur Verfügung stellte:

Nato, Warschauer Pakt, Ulbrichts Volksarmee und unsere Bundeswehr haben in dreiundzwanzig Nachkriegsjahren die beiden Teile Deutschlands einander nicht angenähert. Die Bildung der beiden Machtblöcke, deren Grenze mitten durch unser Land geht, hat die deutsche Spaltung immer härter zementiert. Zu denken, daß eine wie auch immer geartete Zusammenfügung unseres Volkes möglich wäre, solange ein Teil unter dem Kommando des sowjetischen Marschalls Jakubowski und der andere unter dem Oberbefehl des US-Generals Lemnitzer steht, ist purer Unsinn. Das hat sogar Adenauer gewußt, als er am 6. April 1960 vor dem Bundestag sagte: »Wenn

wir eines Tages zu einer Verständigung mit Sowjetrußland kommen – und ich hoffe, daß wir dies mit viel Geduld erreichen werden –, werden Warschauer Pakt und Nato der Vergangenheit angehören.«
Heinemann, zum Unterschied von Adenauer, wollte die Möglichkeit einer Vereinigung Deutschlands prüfen, bevor die Bundesrepublik sich mit einer eigenen Armee in den Westen integrierte und bevor Volksarmisten an jener Grenze auftauchten, die damals noch eine Demarkationslinie war. Ob sie politisch zu überwinden gewesen wäre, läßt sich heute mit letzter Sicherheit nicht mehr sagen. Aber für das Geschichtsverständnis unseres Volkes ist es unerläßlich zu wissen, daß Konrad Adenauer 1952 selbst den Versuch eines Ausgleichs mit der Sowjetunion verhindert hat, weil er glaubte, im Rahmen des westlichen Bündnisses von den Sowjets mehr zu erreichen. Daß diese »Politik der Stärke« die Teilung Deutschlands besiegelte, ist unbestritten. Wohin ihre Folgen uns noch führen werden, das liegt weiter im Ungewissen.
Aber sollte ein Bundespräsident uns nicht zum Nachdenken darüber auffordern dürfen?

Bei aller ausgleichenden Zurückhaltung, die dem Inhaber des höchsten Staatsamtes in politischen Tagesfragen wohl ansteht, wird man sich daran gewöhnen müssen, daß dem Bundespräsidenten Gustav Heinemann die Gabe der Verstellung nicht gegeben ist. Wer anders aber könnte das Gewissen unseres Staates und uns allen ein Vorbild sein als endlich ein Mann, der sagt, was er denkt.

30. März 1969

Im STERN steht mehr

Wenn es Sonntag Krieg gibt«, sagte STERN-Auslandschef Egon Vacek, als er am Freitagabend ins Wochenende fuhr, »wenn's Krieg gibt, sind wir gerüstet, unsere Leute sind in allen drei Hauptstädten.« STERN-Reporter Jochen Steinmayr und STERN-Fotograf Bob Lebeck landeten in Tel Aviv, um Israels Grand Old Lady Golda Meïr zu besuchen. STERN-Redakteur Randolph Braumann versuchte in Kairo dahinterzukommen, ob die ägyptischen Feuerüberfälle am Suez mehr bedeuteten als martialische Begleitmusik zur Begegnung Nassers mit dem im Mittelmeer kommandierenden Sowjet-Flottenadmiral Boris Petrow. Und STERN-Reporter Gordian Troeller wartete in Amman auf den heimkehrenden Jordanierkönig Hussein.
Der Krieg kam nicht in Nah-Ost, er kam in Fern-Ost am Ussuri. An einer Grenze, an der Russen und Chinesen einander seit 1967 beschimpfen, wurde plötzlich scharf geschossen, zum zweitenmal in vierzehn Tagen. Der sowjetische Oberleutnant Iwan Strelnikow, Kommandant des Grenzpostens Nischnij Michailowsk, verblutete im Kugelhagel der Chinesen. Ein sowjetischer Soldat fotografierte, in Moskau nahm STERN-Korrespondent Dieter Steiner die ersten Abzüge in Empfang und funkte sie in die Hamburger Redaktion.
In Houston in Texas steckte an diesem Sonntag STERN-Redakteur Nicolaus Geretshauser die ersten sensationellen Farbfilme vom Koppelmanöver der »Apollo 9«-Astronauten in die Luftfracht nach Deutschland. Und in Köln wischte sich Frühschöppner Werner Höfer die Schminke ab, weil er für den STERN noch eine Verabredung mit Herbert Wehner und Pastor Martin Niemöller hatte zu dem Streitgespräch »Darf man bei uns seine politische Meinung wechseln?«
Mond und Meinung finden Sie im nächsten Heft.
Es war ein Wochenende wie jedes andere. In der »Welt am Sonntag« verbreitete

sich ein Herr Zimmermann über die eben aus Vietkonggefangenschaft heimgekehrte Krankenschwester Renate Kuhnen und wußte aus Schwelm zu berichten: *Verwandte, die sich im Wohnzimmer zu einem Begrüßungskaffeeklatsch eingefunden haben, werden in die kleine Küche ausquartiert. Die gute Stube verwandelt sich in ein Auktionshaus, Herren mit inhaltsschweren Stahlköfferchen nehmen auf dem Sofa unter der schrägen Wand Platz: Es sind die Vertreter von Illustrierten und Verlagsfirmen, die das »Mädchen, das aus dem Dschungel kam« exklusiv einkaufen wollen. In drei Stunden sind die Gebote von 75 000 auf 90 000 Mark hochgeschnellt.*
Man denke, in »kleiner Küche« und unter »schräger Wand« solche Summen? In anderen Gazetten steigen die Beträge gar auf 250 000 Mark an.
Was jedem Politiker erlaubt ist: seine Memoiren zu schreiben und sie exklusiv an den Verlag zu verkaufen, der ihm den höchsten Preis zahlt – und das, obwohl er als Kanzler, Präsident oder Minister vom Steuerzahler längst entlohnt wurde –, der kleinen Krankenschwester, die ein Jahr lang nicht erfuhr, ob sie jemals wieder nach Hause käme, der nimmt man's übel. Und so greifen denn die Springerblätter und verwandte Zeitungen und selbst das Fernsehmagazin »Report« (die alle von Renate Kuhnen so gut wie nichts erfuhren) zur primitivsten aller Verdächtigungen: »Hat sie sich gegenüber den Vietkongs zum Schweigen verpflichten müssen?« »Wurde sie umgedreht?« »Hat man ihr am Ende das Gehirn gewaschen?« Doch die »Herren mit den inhaltsschweren Stahlköfferchen« – kennt man bei Springer den bargeldlosen Verkehr mit Scheck und Überweisung nicht? – existieren nur in der Phantasie der »Welt am Sonntag«. Jedenfalls machte das Rennen um Renate für den STERN eine eher mütterliche Frau, die in Athen zu Renate Kuhnen ins Flugzeug stieg: die Münchner STERN-Redakteurin Johanna Drewniok. Sie geleitete Renate Kuhnen ins heimatliche Schwelm, und bei allen Angeboten, die auf das zierliche Mädchen einstürmten, wußte sie immer: Der STERN zahlt mehr.
So hoch allerdings, wie die Schlüssellochgucker zu berichten wußten, stieg der Kurs nicht an. Der STERN erwarb die deutschen Exklusivrechte an Renate Kuhnens Geschichte für bare 50 000 Mark. Die großen Auslandszeitungen sollten der Krankenschwester noch einmal die gleiche Summe einbringen.
Es war, wie gesagt, ein Wochenende wie jedes andere.
Im vietnamesischen Kontum recherchierte STERN-Redakteur Heinrich Jaenecke die Hintergründe der plötzlichen Freilassung des Mädchens, für das die Vietkongs noch vor drei Wochen zwölf Millionen Lösegeld und ein Schuldbekenntnis der Bundesregierung gefordert hatten. In Schloß Tremsbüttel bei Hamburg ließ sich STERN-Reporter Erich Kuby Jahr für Jahr und Monat für Monat die Geschichte der Heidelberger Studenten erzählen, von denen die bundesdeutsche Presse jahrelang schrieb, sie seien in der Sowjetunion unschuldig wegen Spionage verurteilt worden. Nun erzählen sie im STERN, wie, wann, für wen und was sie spionierten. In Dearborn bei Detroit in den USA jagte B. Busch als erster Journalist, noch vor seinen amerikanischen Kollegen, den von Ford als Anti-VW konstruierten »Maverick« über die Piste. Seinen Test lesen Sie nächste Woche.
Das Inhaltsverzeichnis finden Sie auf der nächsten Seite, es wird Sie überzeugen, daß noch einiges mehr passiert ist bis zu diesem Wochenende, das ein Wochenende war wie jedes andere.

Von der Freiheit eines Zeitungsmenschen

Dem »Spiegel«, einem ebenso erfolgreich wie autoritär geführten Magazin, wurde Gelegenheit gegeben, durch Rudolf Augstein zu erklären: Mehr Demokratie als in seiner Redaktion könne es schlechterdings nicht geben. Man war fast versucht, dem verunsicherten Alleinverleger Schützenhilfe gegen seine Redakteure anzubieten. »Spiegel«-Wirtschaftschef Leo Brawand griff denn auch in der »Panorama«-Sendung am vergangenen Montag nicht den Latifundienbesitzer Rudolf Augstein an, sondern gab dem ausgeschiedenen Mitverleger Richard Gruner süffisante Ratschläge, was der mit seinen leicht gewonnenen Millionen anfangen solle. Hätte derselbe Gruner sein Geld, das er als Drucker verdient hat, durch die »Spiegel«-Affäre verloren – Brawand dürfte wohl auch dafür einen Rat gewußt haben.

Die Fernsehleute, denen statt der Eigentümer die Parteifunktionäre im Nacken sitzen, richteten sich dafür mit sichtlicher Befriedigung an dem Beifall auf, den sie selbst dem angeblichen Aufstand der STERN-Redakteure gegen ihre Verleger spendeten. Dabei stellten sie Verbindungen her, die nicht existieren, und verfremdeten das Gespräch mit der STERN-Redaktion durch willkürliche Schnitte zu einer Art journalistischem Ostermarsch. Zu behaupten, die verschiedenen Blätter unseres Hauses* würden von einer unsichtbaren Hand »unterschwellig« gelenkt, während man gleichzeitig von Spannungen zwischen den drei Verlegern spricht, ist wohl ein wenig naiv.

Was also war geschehen?

Der Mitverleger auch des STERN, Richard Gruner, hatte – aus einer gerechtfertigten oder ungerechtfertigten Verärgerung, das sei dahingestellt – seine Anteile am Unternehmen verkaufen wollen. Das ist ein in der kapitalistischen Wirtschaft üblicher Vorgang, und es ist auch in der Presse nichts dagegen einzuwenden, solange nicht ein Käufer auftritt, bei dem die journalistische, politische und, um derentwillen, die finanzielle Unabhängigkeit des Blattes gefährdet wäre – ein solcher Anbieter trat in diesem Falle a u f, und die Redaktion des STERN verhinderte mit einem eindeutigen Willensakt, daß er als Käufer e i n - treten konnte.

Dieser Mann, dem die Millionen übrigens von der »Bank für Gemeinwirtschaft« – dem Geldinstitut der Gewerkschaften also, die die Mitbestimmung zwar erfunden haben, sie aber im eigenen Hause nur ungern praktizieren – finanziert werden sollten, dieser Mann blieb somit draußen vor der Tür. Die Weigerung von 132 STERN-Redakteuren, sich von ihm kaufen zu lassen, erwies sich als wirksame Waffe gegen seine Usurpationsgelüste.

Was die Kollegen vom Fernsehen aus dem »Panorama«-Gespräch mit den STERN-Redakteuren herausschnitten, war dies: daß der Aufstand der Redaktion gegen diese Form von Besitzwechsel logischerweise eine Vertrauenserklärung für die bisherigen Verleger bedeutet. Widerstand gegen eine Veränderung des jetzigen Zustandes wäre ja unsinnig, befände sich diese Redaktion nicht längst im Zustand einer wirklichen Unabhängigkeit. Der in der Fernsehsendung zitierte große deutsche Publizist Paul Sethe (»Pressefreiheit ist die Freiheit von zweihundert reichen Leuten, ihre Meinung zu verbreiten«) hat in seinen letzten glücklichen Lebensjahren den Redaktionen von STERN und »Zeit« angehört, und er hat dieses Verlagshaus »eine der letzten Oasen journalistischer Freiheit« genannt. Wozu also ein Redaktionsstatut? Und wozu die in dem »Panorama«-Beitrag geforderten »Gratisaktien« in Journalistenhand?

Nun, keiner von uns hat solche Gratisaktien gefordert. Und gäbe man sie uns, die wir den ideellen und damit auch den materiellen Wert des STERN entscheidend mitgeschaffen haben – bei guten Gehäl-

* In unserem Hause erscheinen: STERN, DIE ZEIT, CAPITAL, JASMIN, CONSTANZE, BRIGITTE, TWEN, SCHÖNER WOHNEN, PETRA, ELTERN und ES

tern freilich –, so wäre das Wort »gratis« ganz sicher fehl am Platze. Richtig ist, daß die STERN-Redakteure dem Verlag angeboten haben, sich auch finanziell am Risiko des Unternehmens zu engagieren – obwohl sich mit BASF-Aktien gewiß bessere Geschäfte machen lassen.
Das Statut aber sollte sichern helfen, was die Journalisten dieses Blattes sich gemeinsam mit den Verlegern erarbeitet haben: die Freiheit der Redaktion, wie bisher zu schreiben, was sie meint, ohne daß einer deshalb wirtschaftliche oder andere Nachteile befürchten müßte. Und es soll auch für die Zukunft verhindern, daß finanzielle Transaktionen diese Grundvoraussetzung unserer Arbeit in Frage stellen könnten.
Freilich, der STERN bedürfte dazu keiner kodifizierten Satzung, seine Redakteure sind auch ohne Statut niemals unter die Botmäßigkeit von Parteien, Wirtschaftsgruppen oder sonstigen Interessenten geraten. Zudem mag es nützlich sein, in diesem Zusammenhang darauf hinzuweisen, daß Gerd Bucerius, der sich in der Fernsehsendung mit Verve für die Unabhängigkeit des Journalisten einsetzte, kein Redakteur ist, sondern der Eigentümer der »Zeit« und einer der Verleger des STERN.
Aber vielleicht ziemt es denen, die solche Unabhängigkeit genießen, nun etwas dafür zu tun, daß sich das Grün der von Paul Sethe zitierten Oase journalistischer Freiheit auch ein wenig über die andere zunehmend verdorrende Presselandschaft der Bundesrepublik ausbreitet. Und am Ende mögen dann auch unsere Kollegen von den proporzbeherrschten öffentlichen Fernsehanstalten mit darauf weiden.

Von unserem Saatgut jedenfalls wollen wir zu diesem Zweck gern etwas abgeben.

29. April 1969

Kranke am Lenkrad

In München brachte ein reizender älterer Herr eine 34jährige Mutter von vier Kindern um. Der ältere Herr gilt wirklich als besonders liebenswert, er ist noch von der alten Schule: höflich gegenüber Damen, hilfsbereit gegen jedermann, und besonders die Kinder in seiner Nachbarschaft lieben ihn. Sie werden es auch weiter tun, denn die vier, denen er die Mutter nahm, wohnen weit weg in einem anderen Stadtteil.
Man wird dem reizenden älteren Herrn wohl auch nichts anhaben können, denn er benutzte zu jener Bluttat kein Messer, keine Pistole und auch sonst keine Waffe, sondern sein Auto, einen aufs beste gepflegten durchaus verkehrssicheren Mercedes 280. Der TÜV hatte den Wagen zwei Wochen vorher geprüft und ihn ohne jede Beanstandung gefunden.
Nicht geprüft hatte der TÜV – oder irgendeine andere, am besten ärztliche, Überwachungsstelle – den älteren Herrn selbst. Denn so was ist bei uns nicht vorgeschrieben. Wäre es das, dann hätte man rechtzeitig erkannt, daß der ältere Herr an zerebralen Durchblutungsstörungen leidet, die gelegentlich zu sekundenlanger Bewußtlosigkeit führen. Der behandelnde Arzt hatte seinen Patienten vor dem Fahren gewarnt, aber da war der ältere Herr eigensinnig gewesen: Er würde das Herannahen eines solchen Blackouts schon rechtzeitig spüren und dann für eine Weile am Straßenrand abwarten. Mehr als warnen konnte der Arzt nicht, das verbot ihm die Schweigepflicht.
Die ärztliche Schweigepflicht machte es auch dem Heidelberger Psychiatrie-Professor Hans-Joachim Rauch unmöglich, einen unter schizophrenen Schüben leidenden Patienten vom Steuer fernzuhalten. Eines Tages versuchte der Kranke,

auf der Autobahn von Karlsruhe nach Heidelberg auf der Gegenfahrbahn zu fahren, weil er glaubte, seinem vermeintlichen Verfolger so besser ins Auge sehen zu können. Da erst griff ihn sich die Polizei.
In Hamburg stellte ein Augenarzt bei einem Berufskraftfahrer nach einem Unfall Blindheit auf dem einen und bis zu 30 Prozent reduzierte Sehfähigkeit auf dem anderen Auge fest. Er redete dem Patienten zu, seinen Führerschein abzugeben. Aber der Lkw-Fahrer wollte nicht seine einzige Erwerbsquelle verlieren. Der Arzt mußte schweigen.
Solche und ähnliche Vorfälle gibt es in Deutschland Legion. Etwa drei bis fünf Prozent aller Unfälle im Bundesgebiet werden durch mangelnde Sehfähigkeit verursacht. 10 Prozent kommen auf das Konto des Alkohols. Indes: Jährlich werden über 80 000 Führerscheine wegen Trunkenheit am Steuer entzogen, aber nur 1000 wegen körperlicher Mängel des Führerscheininhabers.
Vor einigen Wochen hat ein Ärztekollegium des ADAC sich gegen die Schweigepflicht in Fällen ausgesprochen, in denen Krankheit einen Autofahrer fahruntauglich macht. Wenige Tage darauf lamentierte der »Verband der niedergelassenen Ärzte Deutschlands«, er betrachte mit Sorge die Tendenzen verschiedener Stellen, die Schweigepflicht des Arztes aufzuweichen.
Was hier aufgeweicht wird, ist in Wahrheit der gesunde Menschenverstand und das Verantwortungsbewußtsein gegenüber der Allgemeinheit. Die Meldepflicht bei Verkehrsuntauglichkeit wäre nichts anderes als das logische Gegenstück zur gesetzlich längst festgelegten Meldeflicht bei epidemisch ansteckenden Krankheiten.

Der Einwand, regelmäßig etwa mit der TÜV-Prüfung der Kraftfahrzeuge zu verbindende Untersuchungen des Führerscheininhabers auf Fahrtauglichkeit seien organisatorisch nicht zu bewältigen, ist zu unsinnig, als daß man sich mit ihm auseinandersetzen müßte. Seh- und Reaktionstest lassen sich in wenigen Minuten durchführen. In Verbindung mit einer sinnvoll abgestuften ärztlichen Meldepflicht würden solche Prüfungen, die jeder Führerscheininhaber vom 55. Lebensjahr an alle drei Jahre und vom 65. jährlich wiederholen müßte, ein wirksameres Mittel gegen den Verkehrstod als Autofallen, Verkehrssünderkarteien und Wälder von Verbotsschildern. Nur, den Komplex, daß hier ein Eingriff in die Privatsphäre erfolgte, der an die Nazi-Erbgesundheitsuntersuchungen erinnert, den sollte man sich abschminken. Denn die Intimsphäre hat dort ihr Recht verwirkt, wo der Mensch aus Fahrlässigkeit zum Mörder seiner Mitmenschen werden kann.

6. Mai 1969

Butter, Käse und der Senf von heute

Müssen Sie denn jede Woche Ihren eigenen Senf dazutun? Können Sie unserer Regierung nicht die Butter auf dem Brot lassen?« So schrieb mir vor wenigen Wochen »Ein STERN-Leser, der dennoch CSU wählt«.
Der Poststempel wies Landshut als Absendeort des ansonsten leider anonymen Schreibens aus. So kann ich auch nichts dazu tun, daß der verärgerte Leser das vorliegende Heft in die Hand bekommt, in dem ausdrücklich von Butter und nicht von Senf die Rede sein soll.
Daß diese Butter sich infolge einer falschen Agrarpolitik bei uns zu Bergen türmt, ist so wenig neu, daß ich erst gar nicht davon reden will. Sondern vom Abbau dieses Butterberges. 6000 Tonnen gehen verbilligt an sozial Bedürftige.

Aber was sind schon 6000 Tonnen, und welcher sozial Bedürftige kann sich die Schuhsohlen leisten, die er zur Erlangung der notwendigen Formulare und dann zum Auffinden der Verteilungsstellen ablaufen müßte.
So ist denn unserem wackeren Ernährungsminister Hermann Höcherl eine weitere Möglichkeit eingefallen, vom bundesrepublikanischen Buttergebirge 2000 Tonnen abzutragen und sie dahin zu verfrachten, wo man solche Butter dringend braucht: in die Schweiz.
Die Schweizer ihrerseits haben nämlich ihre liebe Last mit dem Käse, genauer gesagt »mit qualitativ nicht ganz befriedigenden Käsen, für die seitens der westdeutschen Schmelzkäseindustrie rege Nachfrage besteht« – so der schweizerische landwirtschaftliche Informationsdienst. Und damit der Käse mit den kleinen Fehlern – vielleicht sind die Löcher darin viereckig, denn um nichts als um einen Schönheitsfehler kann es sich handeln –, damit also dieser »qualitativ nicht ganz befriedigende Käse« nicht am Ende mehr EWG-Zoll kostet, als er wert ist, wickelt man das Geschäft über das Interzonenhandelsabkommen mit der DDR ab.
Die Schweizer also bekommen Butter von uns. Dafür liefern sie den Käse in die DDR. Dort wird der Käse in Stücke geschnitten und durch diese Verarbeitung »nationalisiert«, so daß er mit dem Ursprungszeugnis DDR auf dem Wege des »innerdeutschen Handels« in die Bundesrepublik gelangen und hier zu Streichkäse eingeschmolzen werden kann.
Dieser wirtschaftliche Tatbestand, durch Höcherls Staatssekretär Neef im Bundestag bestätigt, läßt politisch allerdings die Frage offen, ob das Käsegeschäft den Alleinvertretungsanspruch der Bundesrepublik nicht im wahrsten Sinne des Wortes »durchlöchert«, um so mehr, als es sich auch hier um einen qualitativ nicht ganz befriedigenden Anspruch handelt.
Und die Moral von der Geschicht'? Weder Wirtschaft noch Politik lassen sich gegen alle Realitäten betreiben. Eine Regierung, die um der Wählerstimmen willen vor der Gesundschrumpfung unserer Landwirtschaft zurückschreckt, muß mit Butterbergen rechnen. Da geschieht ihr's denn ganz recht, wenn sie sich eines »Phänomens« oder »Gebildes« wie der DDR bedienen muß, um den ganzen Käse zu nationalisieren.
Meinen das am Ende unsere Politiker, wenn sie sagen, die DDR dürfe für uns unter keinen Umständen Ausland werden?
Das wäre jedenfalls der Senf von heute.

13. Mai 1969

Opfern für die Wiedervereinigung?

Ich habe in meinem Hause zwei Vertriebene: meine Frau und meine Schwiegermutter. Sie stammen aus Siebenbürgen in Rumänien, und hätte der Krieg sie nicht zu mir vertrieben, wer weiß, ob ich so glücklich verheiratet wäre. Sicher hätte ich, Gott sei's geklagt, bei meiner ostfriesisch heimatlichen Küche bleiben müssen, nie hätte ich Palatschinken kennengelernt und Mititei und Wiener Luft – wahrhaft köstliche Dinge, schreiben Sie mir, wenn Sie die Rezepte haben wollen. Ich lasse sie Ihnen gern abziehen.
Auch in der STERN-Redaktion gibt es viele Vertriebene. Mein Freund und Stellvertreter Victor Schuller ist einer (im Vertrauen: Er stammt auch aus Siebenbürgen), Winfried Maaß, der Chef des Magazinteils „Diese Woche", stammt aus Pommern, und Franz Kliebhan, der die graphische Gestaltung des

STERN besorgt, ist aus Eger im Sudetenland. Und dann sind da noch Ostpreußen, Schlesier, ein Mecklenburger, der über die Mauer kam, und sogar von der Wolga hat es einen zu uns vertrieben. Sie alle unterscheiden sich weder im Anzug noch im Auftreten von den Hiesigen, sie beziehen weder ein geringeres Gehalt noch haben sie ein Zeichen auf der Stirn. Ihr Anteil am Volkseinkommen, an Autos, Urlaubsreisen und Bausparverträgen entspricht genau ihrem Bevölkerungsanteil. Kein Wunder, denn sie sind ja auch um nichts weniger tüchtig und fleißig als bundesrepublikanische Eingeborene. Was ein Vertriebener ist – in meiner Umgebung habe ich erst herumfragen müssen, um es zu erfahren.
Übrigens: Auch mein Sohn Christian ist wenigstens zur Hälfte ein Vertriebener. Wir wußten das bis vor wenigen Wochen nicht, denn Krischan ist vor 23 Jahren in Tölz in Oberbayern geboren, aber aus einer Denkschrift des Bundes der Vertriebenen habe ich entnommen, daß »das Heimatrecht und damit auch die Vertriebeneneigenschaft vererbbar sind«.
Und nachdem der Pressereferent des Vertriebenenministeriums Hans-Hermann Schneider erklärt hat, daß die Landsmannschaften der Vertriebenen »natürlich auch Eheleute mit aufnehmen«, werde ich mir bald überlegen müssen, ob ich mich auf diese Weise nicht zu den Siebenbürger Sachsen schlagen sollte, wodurch mein Sohn dann wieder als ganzer Vertriebener in der Statistik erschiene.
Da wäre es denn wohl an der Zeit, im Namen aller dieser Vertriebenen dem Bundesaußenminister Willy Brandt zu danken, daß er in Bonn versicherte, es würde für ihn »keine Politik hinter dem Rükken der Vertriebenen« geben.
Auch Herrn Strauß sollten wir es bei der Bundestagswahl nicht vergessen, daß er unseren »wertvollen Beitrag zum Wiederaufbau und zur gedeihlichen Fortentwicklung Bayerns und der Bundesrepublik« gehörig würdigte.

Nun frage ich mich bloß, wo denn Herr Scheel bleibt. Sollte er glauben, im September auf uns verzichten zu können? Seine Wahlplattform und die Pünktchen hinter dem F. und dem D. und dem P. werden ihm wenig nützen, wenn er uns nicht ein bißchen Königsberg und Breslau dazu verspricht und ein Quentchen Hoffnung auf Böhmen und Mähren.

Denn so dumm sind wir offenbar, daß wir die Bonner Politiker nicht daran messen, was sie zur Sicherung unserer neuen Heimat tun – nämlich der Bundesrepublik, in der wir leben –, sondern daß wir sie zu Gärtnern unserer Träume von der Vergangenheit machen. Was schert uns die Aussöhnung mit den Tschechen (zumal jetzt, wo Dubček nicht mehr an ihrer Spitze steht), wer ist denn schon an gutnachbarlichen Verhältnissen mit Polen interessiert oder daran, daß die Russen Vertrauen zu uns gewinnen, wenn wir dafür auf unsere liebgewordenen Illusionen verzichten müssen?
Zwar, daß die Polen Stettin nicht wieder herausgeben und die Russen Elbing nicht, das wissen wir im Grunde ganz genau. Aber warum sollten wir es nun auch noch zugeben?
Und wenn dann einer kommt und sagt, wir könnten nicht einmal damit rechnen, daß unsere westlichen Freunde für unser östliches Heimatrecht auch nur einen Finger krumm machten, und also sei es besser, die Dinge zu sehen, wie sie sind, und von dieser nüchternen Erkenntnis aus Politik zu betreiben – so frage ich mich, was soll dann wohl aus den Führern unserer Vertriebenenverbände und Landsmannschaften werden. Hat an die denn keiner gedacht?

Zwar haben Umfragen ergeben, daß selbst unter den über 50jährigen Vertriebenen keine acht Prozent mehr in ihre alte Heimat zurückgehen würden. Und eine Untersuchung, die nach der Opferbereitschaft der Bundesdeutschen für Wiedervereinigung und Rückgewinnung der verlorenen Gebiete fragt, kommt zu der Feststellung, daß nur wenige ihren jährlichen Italienurlaub opfern würden und kaum einer zehn Prozent seines Jahresgehalts dafür ausgeben würde – aber was sollen schon diese dummen Realitäten! Solange unser Vertriebenen-Präsident Reinhold Rehs und seine Berufsflüchtlinge es fordern, tun unsere Politiker gut daran, keine Politik hinter deren Rücken zu betreiben. Auge in Auge sollen sie uns

vorlügen, woran sie selbst schon lange nicht mehr glauben.
Anerkennung? Oder-Neiße? DDR? Wer gibt uns etwas für solche Anerkennung, und was gibt man uns dafür? Wer anerkennt, daß auf den Sonntag der Montag folgt, sollte doch wohl etwas dafür fordern dürfen!

Nur – ob er es auch bekommt?

20. Mai 1969

Die Post und ihr Monopol

In einer leeren Wohnung steht ein Mann und telefoniert. Er steht da ganz allein, es gibt da weder Tisch noch Schrank, keine Gardine hängt vor dem Fenster, durch das man die Möbelpacker im Garten hantieren sieht. Im Zimmer sind nur der Mann und das fertig installierte Telefon.
Das Ganze ist ein Farbfoto auf einer Anzeigenseite im »New Yorker«, und darunter steht: Der erste Freund in einer neuen Nachbarschaft, dein Telefon, du hörst es schon tuten. BELL TELEPHONE SYSTEM.
BELL macht's möglich, ehe man eingezogen ist. Wer morgens bestellt, hat schon am gleichen Nachmittag Telefon, spätestens am nächsten Morgen. Denn wenn BELL es nicht schaffen würde, dann wären da noch A.T.T., G.T.E. und andere private Telefongesellschaften. Und Konkurrenz hebt das Geschäft, den Nutzen hat davon der Kunde.
In der Bundesrepublik sind für die Einrichtung von Telefonanschlüssen neuerdings offenbar die Gerichte zuständig, denn die Bundespost schafft es nicht allein. In Neuenhaßlau im Kreis Gelnhausen hatte der Zwischenmeister Horst Wachsmuth am 14. Juni 1965 einen Telefonanschluß beantragt. Die Post hat ihn vier Jahre lang damit vertröstet, sie hätte entweder keine Leitung oder keinen Bautrupp oder keine Rufnummer frei. Und wie Horst Wachsmuth warten heute noch 230 000 Antragsteller auf ihr Telefon, davon einige tausend länger als zwei Jahre.
Der pfiffige Wachsmuth, Zwischenmeister über vierzig Heimarbeiter für eine Gummiwarenfabrik, ging zu Gericht. Wenn die Post, so argumentierte er, ein Monopol auf die Einrichtung von Fernsprechanschlüssen beansprucht, dann muß sie dafür sorgen, daß ein Bürger, der telefonieren will, auch telefonieren kann. Für einen Geschäftsmann vor allem kann die Verzögerung oder Verweigerung eines Anschlusses erhebliche Nachteile bringen; die postalische Unfähigkeit sei geradezu geeignet, die dem Staatsbürger garantierten Grundrechte der freien Wohnungswahl und der freien Berufsausübung aufzuheben.
Dem VI. Senat des Hessischen Verwaltungsgerichts leuchtete das ein: Er verurteilte die Bundespost, dem Kläger bis zum 5. November dieses Jahres ein Telefon anzuschließen. Wer ein Monopol ausübe, so befanden die Richter, müsse in »angemessener Frist« imstande sein, seine Kunden zu bedienen. Als angemessen sieht der Senat drei Jahre an.
Drei Jahre in Deutschland – und das erst mit Hilfe der Gerichte –, drei Stunden in New York, drei Tage in der Schweiz; in Dänemark, Schweden, Holland und Belgien nicht viel mehr. Die Bundesrepublik, von der man gern sagt, sie sei zwar politisch ein Zwerg, wirtschaftlich aber ein Riese, scheint postalisch ein Contergankind zu sein: In der Fernmeldedichte steht sie mit zehn Anschlüssen auf hundert Einwohner am sechzehnten Platz – hinter Luxemburg, Australien, Finnland, Österreich und anderen Weltmächten. In Schweden haben 38 von hundert Bürgern Telefon.
Wie das kommt? Nun, haben Sie schon einmal gehört, daß ein Oberpostrat ohne Pension gefeuert wurde, weil in seinem Bereich zu viele Leute zu lange auf ihr

Telefon warten mußten? Was wir am Wirtschaftssystem der sozialistischen Länder kritisieren, in unseren Staatsbetrieben kultivieren wir es selbst: das Laisser-faire, die Gleichgültigkeit, die Verantwortungsmüdigkeit, die jeden beschleicht, der seine Existenz unabhängig von seiner Leistung gesichert weiß. Ein Privatunternehmer, der seine Kunden so behandelt, wäre längst pleite, die Kunden wären zur Konkurrenz abgewandert.
Die Post aber ist ohne Konkurrenz und von unangreifbarer Selbstherrlichkeit.
Es sei denn, wir besännen uns auf unsere demokratischen Rechte und überlegten vor der Bundestagswahl nicht nur, wer Kanzler, Außen- oder Wirtschaftsminister, sondern auch wer Postminister ist. Es könnte ja sein, daß der sich ein wenig mehr anstrengt, wenn er sich kontrolliert fühlte.
1967, in der Rezession, als in der Elektroindustrie einige tausend Fachkräfte ihre Arbeit verloren, schob die Bundespost mehr als 200 000 angeblich nicht zu bewältigende Telefonanträge vor sich her. In der Schweiz kommt der nächste Elektriker und schließt das Telefon an. Ja, ja, in der Schweiz.

27. Mai 1969

Das Recht wird uns nicht ins Haus geliefert wie frische Brötchen

Einen Redakteur, der Frau und Kind zu versorgen hat, mag schon das Fürchten ankommen, wenn er in die bundesrepublikanische Presselandschaft blickt.
Gewiß, im Grundgesetz steht es: Die Presse ist frei, und niemand darf verfolgt werden, weil er seine Überzeugung frei äußert. Wie aber ist die Wirklichkeit?
»Pressefreiheit ist die Freiheit von zweihundert reichen Leuten, ihre Meinung zu verbreiten«, hat Paul Sethe gesagt und bitter hinzugefügt: »Journalisten, die diese Meinung teilen, finden sie immer.«
So wäre denn die Pressefreiheit nur eine Verlegerfreiheit und der Journalist seinem Arbeitgeber untertan. Und da die Pressekonzentration zwar zu immer größeren, aber auch zu immer weniger Zeitungshäusern führt, möchte es zwar viele Überzeugungen geben, die zu äußern der Journalist frei wäre – aber wo sollte er?
Wenn es noch knapp ein Dutzend große Presseunternehmen gibt, da wird einer schon vorsichtig, ehe er es auf eine Meinungsverschiedenheit mit seinem Verleger ankommen läßt. Ein Redakteur, der heute in einem Blatt Axel Springers unangenehm auffällt, dem sind gleich 39,2 Prozent der Tagespresse verschlossen. Und der Mut hört bekanntlich da auf, wo der Selbstmord beginnt.
So wäre es denn wohl die Aufgabe des Gesetzgebers gewesen, die innere Pressefreiheit herzustellen und zu garantieren, indem er das Recht des freien Journalisten gegenüber den mächtigen Zeitungskonzernen kodifiziert hatte. Aber bei uns haben ja die Politiker noch mehr Angst vor den großen Verlegern als die Journalisten. Wer da etwas erwartet, wird wohl lange warten müssen.
Und die journalistischen Berufsverbände? Ach je, mit ihnen ist es wie mit allen Berufsverbänden, in denen die Funktionäre den Ton angeben – jene, die im Beruf nicht recht reüssierten. Wer in seinem Beruf Erfolg hat, hat meistens keine Zeit für die Verbands-Gschaftlhuberei.
Da denn der »freiheitliche Rechtsstaat«, oft zitiert und nie erreicht, uns nicht von oben verordnet wird, müssen wir ihn wohl von unten her aufbauen. Deshalb haben die STERN-Redakteure aufgeschrieben und in neun Artikel gefaßt, was in unserer Redaktion seit langem schon der Brauch war.

United Press International nennt es ein »Redaktionsstatut, das in der Sicherstellung der redaktionellen Unabhängigkeit weit über das hinausgeht, was bislang von den journalistischen Berufsverbänden und den Parteien vorgeschlagen worden ist«. Die Verleger des STERN, Dr. Gerd Bucerius und John Jahr, haben dieses Statut unterschrieben, die Vollversammlung der STERN-Redakteure – 155 an der Zahl – hat es einstimmig gebilligt.
So, und nun wollen wir weiter ein interessantes Blatt machen, Ihnen zur Freude, uns zur Freude und getreu dem Satz des großen Friedrich: »Gazetten, wenn sie interessant seyn sollten, müßten nicht genirет werden.«

Und da wir gerade beim Zitieren sind, sei noch eine Bemerkung erlaubt, mit der die »Neue Zürcher Zeitung« in ihrer ersten Ausgabe vom 12. Januar 1780 gegenüber dem geneigten Leser ein journalistisches Unvermögen zugab, an dem auch unser Redaktionsstatut leider nichts ändern kann:
»Es wird den Herausgebern nicht möglich sein, die Weltereignisse früher anzuzeigen, als sie geschehen sind.«

17. Juni 1969

Keine Liebe für arme Matrosen

Die deutsche Hure forcht' sich nit. Es wäre ja auch gelacht, wenn auf dem Liebesmarkt der Hamburger Herbertstraße die gleichen Unsitten einrissen wie im Gemeinsamen Markt der EWG, wo Frankreichs Bauern sich auf unsere Kosten sanieren, nur weil unsere Regierung den Herrn de Gaulle so fürchtete.
Nicht so die »Liebesdamen« von St. Pauli. Springers »Bild«-Zeitung wußte es zu berichten: »Frankreichs schwimmende Truppen gehören zu den schlechtest bezahlten Kriegsmarine-Soldaten der westlichen Welt . . .«
Und weil dem so ist, gelang es ihnen beim Besuch eines französischen Flottenverbandes in Hamburg auch nicht, »50 Mark für ein Viertelschäferstündchen in der Straße der Roten Laterne lockerzumachen«, worauf – so Deutschlands größte Zeitung – »die Gunstgewerblerinnen empört Fenster und Jalousien schlossen«.
Nach einigen fotografisch belegten Teilrechnungen wie der, daß 50 Mark »gerade für ein Küßchen auf die Wange« des Freudenmädchens Evelyn (24) reichen, entläßt die moralische Anstalt der Bundesrepublik (Springers Motto: Seid nett zueinander) ihre Leser mit der tröstlichen Geschichte: Ein junger Franzose kam dennoch zu seinem Recht. »In mütterlicher Fürsorge nahm sich die älteste Dame des Gewerbes (63) des jungen Mannes an.« Anscheinend kostenlos.
Kein Zweifel, nachdem dieser de Gaulle gefallen ist, werden wir den Franzosen schon zeigen, was eine Freundschaft ist. Wer fordert, muß zahlen. Und wer nichts zahlen kann, darf höchstens einmal einen Ladenhüter umsonst haben. Wie den Rat unseres Bundeskanzlers, der dem großen Charles doch sonst so oft zu Willen war und nun nicht umhin konnte, den Franzosen den Rat zu geben, sie möchten doch Poher wählen.
Diese unerwünschte Einmischung ist dem Poher zwar nicht gut bekommen, aber die Franzosen werden mit der Zeit schon merken, was sie an uns haben.
Wo doch dieser de Gaulle endlich weg ist, vor dem wir uns halt immer ein wenig geforchten haben.

Sieben Fragen zur Wahl

Wenn Ihnen in diesen Wahlkampftagen die Politiker das Blaue vom Himmel versprechen, dann tun Sie gut daran, immer ein paar Fragen zur Hand zu haben.

Erstens: Handelt es sich bei diesen Wahlen wirklich um eine Schönheitskonkurrenz oder einen Sympathiewettbewerb? Daß Kurt Georg Kiesinger ein schöner Herr ist – wer wollte es bezweifeln. Daß sein silbernes Haar und seine glatte Zunge manchem gut eingehen, ist unbestritten. Aber Sie müssen es wissen, ob Sie zu den Leuten gehören, die, wenn sie einen Anzug kaufen, auf den Verkäufer sehen oder auf Stoff und Schnitt. Nehmen Sie die Ware prüfend in die Hand? Dann machen Sie's bei politischen Angeboten nicht anders.

Zweite Frage: Wenn einer jetzt etwas zu tun verspricht, warum verspricht er es gerade jetzt und hat es nicht längst getan? Kürzlich hat der Bundeskanzler vor den »Bild«-Lesern einen generösen Plan für die Alten ausgebreitet. So nach dem Motto: »Keiner soll im Alter hungern, keiner soll frieren, keiner soll einsam sein.«

Ein schöner Plan fürwahr. Aber warum bietet er ihn gerade jetzt vor den Wahlen an? Warum hat er ihn nicht längst in Angriff genommen? Er war doch an der Macht. Er ist bald drei Jahre Kanzler, und seine Partei hat gut zwanzig Jahre lang das Feld beherrscht. Ist Großmütterchen dem Kanzler erst zur Wahl ans Herz gewachsen?

Drittens: Wenn einer was verspricht, so lohnt sich's immer zu fragen, was er bei früheren Wahlen versprochen und ob er es auch gehalten hat.

Die Devise der CDU unter Adenauer und Erhard hieß, wenn ich mich recht erinnere: »Wohlstand für alle.« Nun, wir hatten ihn erreicht. Durch den Fleiß unserer Bürger und – zugegeben – durch Erhards kluge Wirtschaftspolitik. Aber der Kanzler Erhard hielt nicht, was der Wirtschaftsminister Erhard versprochen hatte, und so trieben wir unaufhaltsam in die Krise von 1966/67. Eine halbe Million Bundesbürger verlor ihren Arbeitsplatz. Diese Wirtschaftskrise hat – daran gibt es wiederum keinen Zweifel – Professor Karl Schiller aufgefangen und zum Besseren gewendet.

Daß die CDU/CSU es nicht schätzt, wenn im Wahljahr von dieser Leistung eines undogmatischen Sozialdemokraten zu laut gesprochen wird, ist verständlich. Wenn aber Herr Schmücker, der letzte CDU-Wirtschaftsminister im Kabinett Erhard, heute meint, man habe diese Wirtschaftskrise ja eigentlich gewollt, um die faul gewordenen Deutschen an die Arbeit zu kriegen, so ergibt sich daraus gleich die

vierte Frage: »Werden bei uns solche Unverschämtheiten einem Politiker am Wahltag nicht heimgezahlt?«

Es könnte ja sein, daß die CDU/CSU, die nach der absoluten Mehrheit strebt, uns diesen Herrn Schmücker wiederum als Wirtschaftsminister präsentieren möchte. Im Vertrauen gesagt: Sie hat keinen anderen. Und vielleicht sind wir Herrn Schmücker dann wieder zu faul geworden, und er läßt uns aus pädagogischen Gründen wieder in eine Krise gleiten, in der Hunderttausende von Bundesbürgern um ihre Stellung fürchten müssen, um ihren verdienten Wohlstand und um die Sicherheit im Alter.

Übrigens, wir sind schon auf dem Wege dazu. Die Aufwertung der D-Mark, vom SPD-Professor Schiller gefordert, ließ sich gegen Franz Josef Strauß und Kurt Georg Kiesinger im Kabinett nicht durchsetzen. Kiesinger hatte aus Bevölkerungsumfragen erfahren, daß die meisten Deutschen eine Aufwertung der D-Mark als Manipulation mit dem Geld und daher als Gefahr für unsere Währung ansehen. Der Fachmann weiß: Das Umgekehrte ist der Fall. Die Aufwertung der D-Mark hätte unser Geld wertvoller gemacht (daher der Name Aufwertung!), sie hätte die Überhitzung unserer Konjunktur und damit das bevorstehende Ansteigen der Preise verhindert.

Nun pflegt doch ein Arzt seine Kranken nicht zu befragen, welche Arzneien er ihnen verordnen soll. Der Doktor ist es, der die Medizin studiert hat, er wird da wohl besser Bescheid wissen als Onkel Hans und Tante Lenchen. So ergibt sich denn gleich

Frage Nummer fünf: Sollte man nicht skeptischer sein gegen Politiker, die durch Umfragen ermitteln, welche Vorstellungen die von wirtschaftlicher Sachkenntnis nicht belasteten Wähler haben, und die diesen Wählern dann einfach nach dem Mund reden?

Schiller hat durch die Ankurbelung der stagnierenden Wirtschaft eindeutig bewiesen, daß er sein Handwerk versteht. Er ist – da stimmen Industrielle und Gewerkschaftler miteinander überein – im Augenblick der beste aller denkbaren Wirtschaftsminister in der Bundesrepublik. Will man ihn behalten, wird man wohl SPD wählen müssen, auch wenn einem mancher und manches an dieser Partei nicht gefallen mag.

Die sechste Frage schließlich lautet: Wird auch der Mißerfolg einem Politiker bei uns am Wahltag nicht in Rechnung gestellt?

Da hat die CDU/CSU noch seit mehr als zwanzig Jahren erzählt, man müsse nur heftig genug an die deutsche Wiedervereinigung glauben, dann werde sie schon kommen. Da hat man Jugoslawien erst mit dem Abbruch der diplomatischen Beziehungen bestraft, weil Tito die DDR anerkannte, später hat Bonn gemerkt, daß dies ein Schnitt in den eigenen Finger war, und einen neuen Botschafter nach Belgrad geschickt. Da hat man Kambodscha mit »Einfrieren« der diplomatischen Beziehungen gedroht, bis wir dort kurzerhand hinausgeworfen wurden, und eben passiert uns in Kairo ein ähnliches Mißgeschick.

Das von der CDU/CSU propagierte Alleinvertretungsrecht der Bundesregierung verkehrt sich so in sein Gegenteil: Bald sind in einem großen Teil der Welt die Deutschen allein durch einen DDR-Botschafter vertreten. Alles nach dem Motto: Es geschieht meinem Vater ganz recht, wenn ich mir die Hände erfriere, warum kauft er mir keine Handschuhe.

Da wäre dann nur noch siebtens zu fragen, warum SPD-Bundesaußenminister Willy Brandt seine bessere Einsicht im Kabinett nicht durchsetzen konnte. Im Osten wie im Westen verfügt er schließlich über mehr außenpolitischen Kredit als irgendein CDU-Bundesaußenminister vor ihm.

Worauf es eine Antwort gibt: Weil Sie und ich bei der letzten Bundestagswahl nicht SPD gewählt haben. Aber das ließe sich ja am 28. September korrigieren.

2. Oktober 1969

Bangemachen gilt nicht für Walter Scheel

Die Wahlnacht schien es zu beweisen: Bangemachen gilt noch etwas in unserem Land. Von Adenauers »Sieg der Sozialdemokraten bedeutet Untergang Deutschlands« bis zu den infamen Zeitungsanzeigen am Tag vor der Wahl »Macht die SPD unsere Wirtschaft kaputt?« (das »kaputt« in riesigen Blockbuchstaben) führt eine gerade Linie. Die Angst, man könne das Ersparte verlieren, die Furcht vor Russen, Chinesen, wilden Streiks, Sittlichkeitsverbrechern und DM-Aufwertung ließ noch das letzte Mütterchen an die Wahlurne schlurfen. So blieben die Verluste der CDU/CSU stark und die Gewinne der SPD geringfügig hinter der Voraussage der Demoskopen zurück.

Bangemachen gilt. Das hätte die FDP wissen sollen, als sie ihren Wahlkampf unter die Parole »Sie können Deutschland verändern« stellte. Der Deutsche will nicht verändern, er will bewahren, die Zukunft verunsichert ihn, sie ist bestenfalls die Taube auf dem Dach.

Bangemachen gilt. Es galt für Erich Mende, der nach den ersten Hiobsbotschaften für die FDP sofort die Nerven verlor und eine kleine Koalition zwischen SPD und FDP ausschloß. Nun ja, nachdem auch die IOS verloren hat – mein Gott, was soll aus Mende werden?
Bangemachen galt nicht für Willy Brandt. Er ließ mir in der Wahlnacht keinen Zweifel, daß er die Regierungsbildung mit der gesundgeschrumpften FDP wagen wolle. Und ich glaube, er wagt es, da bin ich nicht so skeptisch wie Sebastian Haffner in seinem Kommentar auf Seite 230.
Bangemachen gilt auch nicht für Walter Scheel. Als ich mit ihm in der Nacht zum Montag telefonierte, blieb er eindeutig bei der Absicht, die er in den letzten Tagen vor der Wahl deutlich machte: Ablösung der zwanzigjährigen CDU-Herrschaft durch eine sozial-liberale Koalition.
Alles andere hieße, den Willen der Wähler verkennen. Den Willen der absoluten Mehrheit von SPD und FDP wie den der 5,8 % FDP-Wähler allein. Wem unter den Liberalen die Richtung Scheels nicht paßte, der hat ohnehin CDU gewählt. Den bei der FDP verbliebenen Getreuen nun einen abermaligen Wechsel in Richtung CDU zuzumuten, würde den sicheren Selbstmord für die Freien Demokraten bedeuten.
So gesehen ist die Koalition zwischen SPD und FDP nicht einmal eine Frage von Bangemachen oder Mut, sondern nur noch ein Gebot der Vernunft.

12. Oktober 1969

Die Wahl und der Wählerwillen

Was ein »falscher Fuffziger« ist, muß nicht erklärt werden. Ursprünglich war damit ein gefälschtes Fünfzig-Pfennig-Stück gemeint, heute zielt das Wort auf den, der mit solcher Münze zahlt.
Was ein falscher Siebziger ist, wissen wir, seit Kurt Georg Kiesinger gefälschte Wechsel auf die 70er Jahre vorlegt. Aber die Sache ist zu ernst für polemische Überspitzungen, beschränken wir uns deshalb auf die Dokumentation:

1. Die Währung
»Solange ich Kanzler dieser Regierung bin, wird die D-Mark nicht aufgewertet«, erklärte Kiesinger am 22. 11. 1968. Noch am Vorabend der Wahl wußte er im Fernsehen plastisch zu schildern, wie die von Professor Karl Schiller geforderte Aufwertung »eine ernste Gefahr für unsere Wirtschaft heraufbeschwören würde«. Gefragt, woher er solche Sachkenntnis habe, berief Kiesinger sich auf das »Einvernehmen mit dem Bundesbankpräsidenten«.
Das war drei Tage vor der Wahl.

Am Tage nach der Wahl leitete Kiesingers Bundesregierung die Aufwertung der D-Mark durch Freigabe der Devisenkurse ein.
Der von Kiesinger falsch zitierte Bundesbankpräsident Karl Blessing wehrte sich: Er habe seit langem »einen geänderten Wechselkurs als einzige Alternative zu beschleunigten Preissteigerungen im Inland angesehen«. Und: »Hätte man rechtzeitig gehandelt, dann wäre es wahrscheinlich erst gar nicht zu wilden Streiks gekommen.«

2. Die Preise
Die Warnungen Professor Schillers, wenn nicht aufgewertet würde, liefen die Preise davon, wurden von Kiesinger und Strauß als »unverantwortliches Gerede« abgetan.
Auf meinem Tisch liegt ein Bündel von Zitaten, in denen Strauß den Bundeswirtschaftsminister unter anderem einen »aufgeblasenen Professor« nennt, wäh-

rend Kiesinger doziert, die Preisbewegung werde sich auch nach der Wahl »im Rahmen der derzeitigen Steigerungsrate von 2,7 Prozent halten, die durch Lohnerhöhungen mehr als wettgemacht wird«.

Das war vor der Wahl.

Unmittelbar nach der Wahl kündigt das Weltwirtschafts-Archiv für die Bundesrepublik kräftige Preissteigerungen an. Die Aufwertung der D-Mark sei leider »so spät erfolgt, daß der Prozeß der Preis- und Kostenanpassung nur noch abgemildert werden kann«. Und das Präsidium des Einzelhandels wie der Ifo-Konjunkturtest erwarten bis Weihnachten »Preiserhöhungen zwischen 3 und 20 Prozent je nach Branche«.

3. Die neue Regierung
Kiesinger und Strauß erklären ein übers andere Mal, es bedeute eine »Verfälschung des Wählerwillens«, wenn SPD und FDP gegen die »stärkste Partei« – nämlich die CDU/CSU – eine Regierung bilden.

So heißt es nach der Wahl.

Vor der Wahl, als es darum ging, Sendezeiten im Fernsehen zu beanspruchen, traten CDU und CSU getrennt auf und kassierten doppelt. Und doppelt kassierten sie auch vom Steuerzahler den Sockelbetrag zur Wahlkampf-Finanzierung. So streng ward hier geschieden, daß bei Reinhard Appels Fernsehdiskussion neben Brandt (SPD) und Scheel (FDP) zwei Vorsitzende für CDU und CSU auftreten konnten: Kiesinger und Strauß. Da hier nicht Doppelkopf gespielt wurde, muß man also wohl von zwei Parteien ausgehen.

Deshalb ist die SPD mit 224 Sitzen die stärkste Partei vor der CDU (193), CSU (49) und FDP (30).

4. Der Wählerwille
Ihn zu interpretieren darf man nicht den Beteiligten überlassen. Der unparteiische Professor Wildenmann hat festgestellt, daß die Wähler einerseits mehr gefühlsmäßig nach dem Persönlichkeitsbild der Kandidaten, andererseits nach politischen Präferenzen entscheiden.
Bei der Frage Kiesinger oder Brandt führte der mit dem Öl der Kanzlerwürde gesalbte Kiesinger eindeutig vor Willy Brandt. Fragte man die Wähler aber, was ihnen die wichtigsten Aufgaben einer neuen Regierung zu sein scheinen und welche Partei sie am besten anpakken könne, so ergab sich diese Reihenfolge:

Wohlstand und stabile Preise
SPD 59 CDU/CSU 32 FDP 11

Ruhe und Ordnung
CDU/CSU 49 SPD 43 FDP 22

Bessere Schulen und Bildung
SPD 55 CDU/CSU 37 FDP 27

Frieden und Verständigung
SPD 70 CDU/CSU 41 FDP 37

Kein Zweifel also, daß der politisch akzentuierte Wählerwille auf eine von der SPD geführte Regierung zielt. Und sicher wäre die Entscheidung zahlenmäßig noch deutlicher ausgefallen, hätten die Wähler gewußt, was sie heute wissen: daß der Wahlkämpfer Kiesinger seine vor dem 28. 9. ausgestellten Wechsel schon am Tage danach samt und sonders platzen ließ.

5. Die 70er Jahre
Wozu der Verlierer Kurt Georg Kiesinger aber fähig ist, das zeigte sich so recht erst in der vergangenen Woche, als der Koalitionszug von SPD und FDP ohne ihn abfuhr: Er bot der FDP eine »umfassende Zusammenarbeit für die gesamten 70er Jahre an«.
Der gleiche Kiesinger, der die FDP seit eh und je mit dem Mehrheitswahlrecht auslöschen wollte, hielt ihr nun einen Wechsel unter die Nase, in dem er den Freien Demokraten eine Überlebensgarantie und Ministersitze in Bund und Ländern nicht etwa nur für die kommende Regierungsperiode, sondern »für die gesamten 70er Jahre« zusicherte.
Man wird, wenn die Turbulenz der Regierungsbildung vorüber ist, sehr genau überlegen müssen, was das bedeutet: Der amtierende Regierungschef eines

demokratischen Staates manipuliert, nur um an der Macht zu bleiben, die Grundrechte des Wählers für einen Zeitraum von zehn Jahren!

Jedenfalls hat eine einzige Wahlnacht genügt, um Kurt Georg Kiesinger den Rest seiner politischen Kreditwürdigkeit zu nehmen.

19. Oktober 1969

Sexualverbrecher

Wenn Sie eine sechsjährige Tochter hätten, ein hübsches fröhliches kleines Ding, das gerne lacht und gerne spielt, das alle Ihre Freunde gern haben und das den Erwachsenen mit kindlichem Vertrauen zugetan ist – und eines Abends kommt das Kind nicht mehr nach Hause. Sie warten Stunde um Stunde, rufen die Polizei. Sie warten die Nacht und den kommenden Tag und eine weitere Nacht voller Angst und ohne Schlaf und einen anderen Tag, und dann erscheint plötzlich ein Kriminalbeamter, fängt verlegen zu formulieren an, und dann wissen Sie es auf einmal – Ihr Kind ist tot, es wird nie mehr lachen, nie mehr seine kleine Hand nach Ihnen ausstrecken, nie mehr mit seinen Sorgen zu Ihnen kommen – und dann das Schrecklichste: Es war kein Verkehrsunfall, kein Unglück, kein rascher schmerzloser Tod. Ihr Kind ist einem Sittlichkeitsverbrecher in die Hände gefallen. Wenn Ihnen das geschähe, wer wollte Ihnen die ohnmächtige Wut verargen, die Sühne heischt, die den Mörder ausgelöscht wissen will, daß seine Hände nie mehr nach einem Kind greifen können, nie wieder . . .

Jedes Jahr geschehen in der Bundesrepublik zehn solcher scheußlichen Verbrechen. Zehn Mütter und zehn Väter stehen vor dem Unfaßbaren, aber Hunderttausende von Eltern lesen es in den Zeitungen. Die Angst geht um und der Abscheu, der Zweifel an Polizei und Justiz. Können sie unsere Kinder denn nicht schützen vor solchen Bestien, sind nicht die Strafen zu gering, kommen da nicht immer wieder die psychiatrischen Sachverständigen, die alles erklären können: Der Täter war für sein Tun nicht verantwortlich, unzurechnungsfähig, ein Triebtäter, der im Sexualrausch mordete, ein bedauernswerter kranker Mensch, also mildernde Umstände, ein paar Jahre Zuchthaus, Humanitätsduselei, und dann wird er wieder losgelassen auf die Menschheit.

Was kann man tun?

Politiker wissen um diese Sorge. Und nicht wenige schlagen Kapital aus dieser Angst. »Sicherheit durch Recht und Ordnung« heißt ihre Parole, und sie meinen damit drastische Erhöhung der Strafen, lebenslanges Zuchthaus, besser noch die Todesstrafe.

Was kann man tun, um unsere Gesellschaft vor Triebverbrechern wirksam zu schützen?

Die Frage ist zu ernst, als daß man sie nur gefühlsmäßig diskutieren sollte. So verständlich die Erregung der Öffentlichkeit ist, mit Erregung allein wurde noch kein Problem gelöst. Wozu haben wir Wissenschaftler, wenn wir nicht zuerst an sie diese Frage stellen sollten.

Was kann man tun?

Wir STERN-Redakteure – und mehr als die Hälfte von uns haben Kinder im Alter der Opfer von Jürgen Bartsch –, wir STERN-Redakteure wollten es ebenso wissen wie Sie. Deshalb lud der STERN 70 Wissenschaftler aus sechs Ländern zu einem Kongreß nach Hamburg ein.

Die Todesstrafe, das ist die erste eindeutige Feststellung der Wissenschaftler, schreckt den Triebverbrecher nicht ab. Die Zahl der Sexualmorde in Staaten, in denen der Henker das letzte Wort hat, ist nicht geringer als in den Ländern, welche die Todesstrafe abgeschafft haben. Wer

nicht nur rächen, sondern Untaten verhüten will, dem gibt der Scharfrichter keine gültige Antwort.
Denn Triebtäter sind sexuell abnorm veranlagte und abnorm reagierende Menschen. Diese Feststellung entschuldigt ihr Tun nicht, aber sie erklärt, warum der Sittlichkeitsverbrecher im Augenblick der Tat weder an seine Entdekkung noch gar an die Strafe zu denken vermag.
Die Tatsache, daß die Zahl der schweren Sittlichkeitsverbrechen in der Bundesrepublik von Jahr zu Jahr nicht zu-, sondern stetig abgenommen hat, und die Erkenntnis, daß im vergangenen Jahr zehn Kinder die Opfer von Triebtätern wurden, während etwa 2000 Kinder im Straßenverkehr zu Tode kamen, kann das Problem zwar relativieren, löst es aber nicht. Denn jedes Sittlichkeitsverbrechen an Kindern ist scheußlich, auch wenn das Opfer mit dem Leben oder gar nur mit dem Schrecken davonkommt, denn die Folgen für die kindliche Psyche sind oft nicht abzusehen.
Da liegt die Forderung nach drastischer Erhöhung der Freiheitsstrafen sehr nahe.
Aber auch hier gilt die Erfahrungstatsache: Den abnorm reagierenden Täter schreckt nicht der Gedanke an Zuchthaus und Gefängnis. Und die Meinung, je länger der Unsittliche in seiner Zelle eingesperrt sei, um so sicherer bewahre man die Menschheit vor seinem Tun, hat einen Denkfehler. Denn je länger der sexuell Gestörte unter den abnormen Verhältnissen einer Haft und damit der Abschnürung von jedem normalen Leben zubringt, um so mehr fixiert sich seine krankhafte Veranlagung, und desto größer ist die Gefahr, daß er nach seiner Entlassung rückfällig wird und sich ein neues Opfer sucht.

Welcher Strafanstaltsdirektor wüßte nicht von Gefangenen zu berichten, die wegen verhältnismäßig harmloser Unzuchtshandlungen hinter Gefängnismauern kamen und deren künstlich aufgestauter Trieb sie nach ihrer Entlassung zu wirklichen Kriminellen werden ließ? Und welcher Strafvollzugssachverständige wußte nicht, daß im Zuchthaus mehr Homosexualität gezüchtet, mehr Menschen verleitet werden als an irgendeinem anderen Platz.
Die Rache der Gesellschaft am straffällig gewordenen Menschen ist uneffektiv, und sie kostet im ganzen gesehen den Steuerzahler mehr Geld als die Heilung und Resozialisierung der Täter.
Daß es möglich ist, sexuelles Fehlverhalten zu korrigieren und Sittlichkeitstäter geheilt wieder in die menschliche Gesellschaft einzufügen, beweisen vor allem langjährige Erfahrungen in Dänemark und Schweden. Hier wurden Anstalten geschaffen, in denen medizinische und sozialerzieherische Maßnahmen Hand in Hand gehen.
Wir werden den natürlichen Abscheu vor den Triebtätern überwinden müssen, wenn wir ihnen und damit unserer Gesellschaft helfen wollen. Die skandinavischen Erfahrungen haben eines klar bewiesen: Je kontinuierlicher die therapeutische Behandlung der Täter durchgeführt wird, je mehr sie unter normalen Lebensbedingungen in menschenwürdiger Umgebung erfolgt – wobei neben psychiatrischer Behandlung und hormoneller Triebdämpfung vor allem sinnvolle Arbeit mit tariflicher Entlohnung, berufliche Fortbildung und sorgfältig gesteuerte Kontakte mit der Außenwelt eine entscheidende Rolle spielen –, desto geringer ist die Rückfallquote.
Wer immer auch sich nicht bereit finden will, im Triebtäter den kranken Mitmenschen zu sehen, der wird sich einem nicht verschließen können: Je weniger Entlassene rückfällig werden, desto wirksamer ist der Strafvollzug.
Der Direktor des amerikanischen Instituts für Sexualwissenschaften an der Indiana University, Prof. Paul H. Gebhard, scheute sich nicht, die Konsequenz dieser Erkenntnis auszusprechen: »Wir werden Männer mit ernsten sexuellen Störungen nicht allein durch Psychotherapie heilen, wenn wir sie von der natürlichen Partnerin des Mannes, der Frau, isolieren. Ich weiß, daß die Öffentlichkeit und die staatlichen Autoritäten sich dieser Einsicht noch verschließen. Aber wenn wir die Gesellschaft wirksam schützen wollen, so bleibt uns nur die Wahl zwischen mittelalterlichen und erwiesenermaßen unwirksamen Methoden oder der Revolution unseres Strafvollzugs.«

Das – unter anderem – waren die Ergebnisse des Hamburger Kongresses. Und noch in einem weiteren Punkt waren sich die Wissenschaftler, darunter ein Ordinarius für katholische Moraltheologie, einig: Gehemmte Sexualität führt zum Verbrechen, während die Liberalisierung und Entspannung des Sexualverhaltens die Zahl der Sexualdelikte absinken läßt. In Dänemark und Schweden, wo die Sexualerziehung begann, längst ehe man in der Bundesrepublik einen Sexualkunde-Atlas für die Schulen verfaßte, wo das menschliche Zusammenleben von vielen Verboten und Tabus befreit wurde, sind die Triebverbrechen um fast die Hälfte zurückgegangen.

Mir scheint, man sollte diese Fragen mit kühlem Kopf diskutieren. Mit moralischer Entrüstung allein lassen sie sich nicht lösen.

2. November 1969

Die Apo als Schreckgespenst

Als die Pariser Konferenz zu Ende war, sagte ein französischer Kollege zu Erich Kuby: »Da sehen Sie, Ihr Strauß ist eben doch ein Demokrat – er hat wenigstens nichts angezündet.«
Kuby verstand nicht gleich.
»Na, stellen Sie sich einmal vor, drei Wochen vor der Wahl hätte die Paulskirche in Frankfurt gebrannt. Die Polizei hätte am Tatort irgendeinen imbezilen Hinterwäldler geschnappt, aus dem nichts anderes herauszubringen gewesen wäre, als daß Cohn-Bendit und seine Freunde von der Apo ihm die Brandfackel in die Hand gedrückt hätten. Strauß hätte verkündet, daß dieser Paulskirchen-Brand das Fanal zum Aufstand sein sollte. Meinen Sie nicht, daß es bei der Bundestagswahl einen Stimmenrutsch zugunsten von CDU/CSU als den Garanten von Recht und Sicherheit gegeben hätte?«
Zweifellos ein faszinierendes, wenn auch makabres Gedankenspiel. Eine Karikatur, die die Situation von 1933 deutlicher kennzeichnet als die von 1969.
Aber wie war es denn vor sechsunddreißig Jahren, als der Reichstag brannte und sein Feuerschein die eigentliche Geburtsstunde der Hitlerschen Diktatur erleuchtete:
Noch war ja Hitler nicht der Mann mit unbeschränkter Machtfülle. Noch waren die SPD mit 121, die KPD mit 100, das Zentrum mit 70 Abgeordneten im deutschen Parlament vertreten. Noch gab es preußische Polizeibeamte, und die Richter in Deutschland waren noch nicht gleichgeschaltet.
Hitler selbst hatte immer betont, daß er legal mit dem Stimmzettel an die Macht kommen wolle. In französischen Zeitungen hatte man ihn deshalb spöttisch »Adolf Légalité« genannt. Seine NSDAP hatte den Zenit ihrer Wahlerfolge bereits überschritten, sie war von 230 Abgeordneten im Juli 1932 auf 196 Mandate im November 1932 heruntergekommen, nicht mehr als ein Drittel der 584 Reichstagssitze. Nun stand eine neue Wahl bevor. Termin war der 5. März.
Hitler wußte, daß ihm dieser Tag, würde er normal verlaufen, nicht den Einparteienstaat und damit die persönliche Herrschaft bescheren würde. Er brauchte den Versuch eines Staatsstreichs von links, um die Opposition wenigstens mit einem Anschein von Legalität abwürgen zu können.
Da ging am Abend des 27. Februar 1933 der Deutsche Reichstag in Flammen auf. Alsbald erschien die von diesem Ereignis völlig überraschte Reichs- und Parteiführung an der Brandstätte, und nun mußte selbstverständlich etwas zur Rettung von Ordnung und Recht getan werden. Der armselige kleine Holländer van der Lubbe, den man am Tatort verhaftete,

konnte den riesigen Bau, in dem es wenig brennbares Material gab, nicht binnen zehn Minuten in eine lodernde Riesenfackel verwandelt haben. Er mußte Hintermänner haben. Wer sie waren, schien eindeutig, denn van der Lubbe war ein Schwärmer mit kommunistischen Neigungen, also mußten ihn die Kommunisten als Werkzeug benutzt haben. Wer wollte etwas dagegen sagen, wenn Hitler nun die Parteien, die offensichtlich hinter diesem Verbrechen standen, kurzerhand ausschaltete. Der Notstand war gegeben, der Retter trat auf.

Parallelen zwischen 1933 und 1969 sind gewiß nicht erlaubt. Dennoch sollte uns die Geschichte zu denken geben. Auch in unseren Tagen hat man versucht, mit angeblichen Untaten von Apo-»Tieren« und dem Ruf nach Recht und Ordnung Stimmung zu machen. Herr von Thadden muß gewußt haben, daß es sein eigener Sicherheitsbeauftragter war, der in Kassel geschossen hat, aber er schiebt die Schüsse den »Provokateuren der Apo« in die Schuhe. Und Franz Josef Strauß erfand in seinen Wahlversammlungen jene Bamberger Apo-Leute, die vor Kindern den Geschlechtsverkehr vollzogen und die in Ebrach das Gefängnis mit ausgerissenen Grabkreuzen bombardierten. Eine Geschichte, die nichts als eine Wahl-Zwecklüge war.

Es spricht für die politische Reife der Bundesdeutschen, daß sie sich durch dieses Schreckgespenst nicht entscheidend verunsichern ließen. Daß durch solche Manipulationen dennoch ein paar Prozent der Wählerstimmen auf die Mühlen der vermeintlichen Sicherheitsgaranten CDU und CSU geleitet wurden, wer will das bezweifeln.

Doch zurück zum Reichstagsbrand. Daß die Kommunisten die Täter waren, ließ sich selbst 1933 vor dem Reichsgericht nicht beweisen. Aber die von Hitler entfesselte Volkswut hatte ihren Zweck schon erfüllt. KPD und SPD waren aus dem parlamentarischen Leben verschwunden. Der Versuch der Kommunisten, im Ausland einen Antiprozeß zu veranstalten, mußte mißlingen. Abgeschnitten vom Tatort verfügten sie weder über die Dokumente noch über die Zeugen.

So blieb die Inszenierung des Reichstagsbrandes lange Zeit eines der ungelösten Rätsel der neueren Geschichte.

Bis im Oktober 1959 der Amateurhistoriker Fritz Tobias im »Spiegel« seine Untersuchung veröffentlichte, die das Geheimnis überraschend zu entschleiern schien: Marinus van der Lubbe hatte keine Hintermänner, weder Nazis noch Kommunisten, er war es ganz allein gewesen, der arme, ein wenig wunderliche Anarchist aus Holland. Die Beweise schienen eindeutig, und der sonst so skeptische »Spiegel« identifizierte sich in ungewöhnlicher Weise mit Tobias' Darstellung. Und nicht nur der »Spiegel«, sondern so gut wie die ganze Zeitgeschichtsschreibung fiel darauf herein.

Nun, genau zehn Jahre später, legt das »Europäische Komitee zur wissenschaftlichen Erforschung der Ursachen und Folgen des Zweiten Weltkrieges« Dokumente und Zeugenaussagen vor, welche die Legende von der Alleinschuld van der Lubbes völlig in Frage stellen. Ja, das Komitee spricht sogar von »dokumentarisch nachweisbaren Fälschungen« in der Darstellung von Tobias.

Das Komitee, in dessen Ehrenpräsidium neben Willy Brandt der ehemalige französische Kulturminister André Malraux und der luxemburgische Parlamentspräsident Pierre Grégoire sitzen – ein Komitee also, das über den Verdacht der Manipulation erhaben sein dürfte –, ließ durch seinen Sprecher, den Direktor des Historischen Seminars der Universität Bern, Prof. Dr. Walther Hofer, unter anderem erklären:

1. Der Auftrag, den Brand durchzuführen, kam von höchster Stelle der Partei.

2. Nur eine kleine Zahl von Parteifunktionären war in die Operationsplanung eingeweiht.

3. Planung, technische Vorbereitung und kriminalistische Absicherung wurden von SS-Stellen übernommen.

Die Untersuchungen des Komitees befassen sich nicht nur mit der Vorbereitung und Durchführung des Reichstagsbrandes sowie mit seinen politischen Folgen, sie erstrecken sich auch auf die Beseitigung aller Spuren durch die nationalsozialistischen Machthaber einschließlich der Ermordung ihrer Mitwisser. Auf Seite 70 dieses Heftes beginnt Erich Kubys Bericht über diese Dokumentation.

13. November 1969

Scheels Angst vor der eigenen Courage

Mir scheint, die neue Regierung hat schon Angst vor ihrer eigenen Courage bekommen. Man wird ihr also helfen müssen. Zum Beispiel, indem man Herrn Scheel daran erinnert, daß seine Partei im Wahlkampf einen Generalvertrag mit der DDR gefordert hat. Generalverträge schließt man doch wohl nur mit souveränen Partnern ab – oder?

Die Anerkennung der DDR also, die der Politiker Scheel längst für überfällig hält, möchte der Außenminister Scheel nun vom Wohlverhalten der Ostberliner Regierung abhängig machen. Nur wenn Ostberlin auf unsere Bemühungen um ein »geregeltes Nebeneinander« eingeht, läßt sich – so Minister Scheel – die »zwischen der Bundesregierung und den drei Westmächten gemeinsam festgelegte Grundhaltung zur Anerkennung der DDR überprüfen«. Und was Mali, Kambodscha und den Kongo (Brazzaville) angeht, so möchte die Bundesregierung »die Frage der Außenbeziehungen der DDR als Mittel zur Förderung eines innerdeutschen Modus vivendi nutzbar machen«.

»Als Mittel« steht da, nicht »als Druckmittel« – aber es kommt auf das gleiche heraus. Wenn Ostberlin nicht will, wie wir wollen, werden wir Niger durch Drohung mit dem Entzug von Entwicklungshilfe daran hindern, die Ostberliner Regierung anzuerkennen. Soll sich die DDR ihre Anerkennung erst einmal verdienen!

Da wird man freilich lange warten müssen. Denn eben diese Erpressermethode war es doch, die bisher noch jeden Versuch zunichte machte, überhaupt einmal zu klären, ob Ostberlin an einem geregelten Nebeneinander und an einer Entspannung wirklich interessiert ist oder ob Ulbricht den Popanz der angeblich militaristischen und friedengefährdenden Bundesrepublik auch weiterhin dringend nötig hat, um seine politischen Schäfchen beieinander zu halten. Diktaturen brauchen so etwas bekanntlich wie Nero die Christen und Hitler die Juden.

Umgekehrt aber wird ein Schuh daraus. Wenn wir die DDR anerkennen als das, was sie ist – ein Staat nämlich –, und wenn wir ihrer internationalen Anerkennung keine Steine mehr in den Weg legen, dann erst wird sich zeigen, ob wir mit diesem anderen Deutschland einen Modus vivendi, eine »Form des Zusammenlebens« finden.

Und wenn nicht? Wenn wir dann trotz Anerkennung der DDR unsere Verwandten in Leipzig nicht ebenso besuchen dürfen wie unsere Verwandten in Zürich oder Amsterdam, was wäre für uns damit verloren? Nichts, was wir nicht längst verloren haben. Nur die DDR wäre dann vor aller Welt ins Unrecht gesetzt. Und wenn Herr Barzel sagt, dann hätten wir die Einheit Deutschlands für weniger als ein Linsengericht, nämlich für gar nichts, verkauft, so ist das einfach nicht wahr. Nichts auf Erden ist endgültig, und die Weltgeschichte ist mit keinem Tag zu Ende.

Bundeskanzler Willy Brandt, der den ersten Schritt zur Wahrheit ging, als er vom Vorhandensein »zweier Staaten deutscher Nation« sprach, ist seitdem auf das Drahtseil geraten, das die Anerkennung der DDR als Staat von ihrer »völkerrechtlichen Anerkennung« trennt. Aber auch Willy Brandt ist uns eine Antwort auf die Frage schuldig geblieben, was denn den Unterschied zwischen der Anerkennung der DDR als Staat und ihrer Anerkennung als Völkerrechtssubjekt ausmache. Die Sache ist einfach: Es macht keinen Unterschied. Aber solange man sich mit solchen Spitzfindigkeiten wappnet, fühlt man sich sicherer vor dem *Bayernkurier* und vor der Diffamierung, ein Kanzler des Ausverkaufs deutscher Rechtspositionen zu sein.

Ach, diese deutschen Rechtspositionen! Nicht anders ist es ja mit der Oder-Neiße-Grenze. In tausend wohlformulierten Umschreibungen tastet man sich an die bittere Wahrheit heran, daß niemand, in Ost wie in West, eine Änderung dieser Grenze wünscht oder auch nur zulassen würde. Aber immer noch gibt es Leute, die meinen, man müßte etwas für die Anerkennung der Realitäten einhandeln. Nur, wer am Mittwoch anerkennt, daß Mittwoch ist, wird dafür nichts bekommen.

Jene Leute, die seit Jahren jeden Tag für einen potentiellen Sonntag ausgeben, haben kein Recht, eine nüchternere Betrachtungsweise als »Erfüllungspolitik« zu verteufeln.

Und die gleiche CDU/CSU, die sich im Jahre 1952 – und wann immer danach sich eine Chance ergab – weigerte, die Möglichkeiten der Wiedervereinigung auch nur zu testen, weil sich im wiedervereinigten Deutschland eine SPD-Mehrheit hätte ergeben können, diese CDU/CSU hat kein Recht, die neue Regierung als eine Regierung des nationalen Ausverkaufs zu schmähen, wenn sie endlich das tut, was aus Gründen der politischen Hygiene getan werden muß: anerkennen, daß die DDR ein souveräner Staat ist, in dessen Politik wir uns so wenig einmischen werden, wie wir eine Einmischung der DDR in unsere Politik zulassen. Anerkennen, daß die Westgrenze Polens an der Oder und Neiße verläuft.

Und einsehen, daß nur die Anerkennung der bestehenden Grenzen uns die Möglichkeit gibt, gegen jede Veränderung dieses Status quo im Sinne kommunistischer Machtausweitung entschieden Widerstand zu leisten.

20. November 1969

Meine Schwiegermutter und der ungarische Student

Was hier zu erzählen ist, hat mit großer Politik nichts zu tun. Aber mit der Politik ist es – wenn die Wahlen erst einmal vorüber sind – wie mit der Ehe nach dem siebten Jahr: Eher an den kleinen Aufmerksamkeiten als an den großen Schwüren läßt sich ablesen, ob man richtig gewählt hat.

Die Geschichte beginnt bei mir zu Hause. Zeit: Ende 1956 kurz nach der Ungarn-Krise. Es läutete, und meine Schwiegermutter ging an die Tür. Draußen stand ein junger Mann, schmalgesichtig, nicht unsympathisch, dunkelhaarig, glattrasiert: »Bitte sährr, gnädigste Frau, verzeihen Sie gütigst die Steerung«, verbeugte sich der Besucher, »bin ich ungarischer Student, hab missen flichten aus meine Heimat«, radebrechte er und gab zu bedenken, daß für ihn das nächste Medizin-Semester gesichert sei, wenn er 150 Jahresabonnements »Christ und Welt« abgeschlossen habe. »Bin ich bei hundertfinfunddreißig, brauche ich noch finfzehn, wenn gnädigste Frau vielleicht selber . . . Ist sährr gutes Zeitung, und vielleicht wollen gnädigste Frau für ein Bekannten oder ein Altersheim noch ein Abonnement spendieren . . .?« Die bittenden Augen in dem jungen Gesicht rührten meine Schwiegermutter. »Magyarországnak melyik részéröl származik ön?« fragte sie den Fremden. Sie müssen wissen, meine Schwiegermama stammt aus Marienburg in Siebenbürgen, und sie ist als Kind noch auf eine ungarische Schule gegangen. »Aus welchem Teil Ungarns stammen Sie denn?« lautet die Übersetzung ihrer Frage. Der also angesprochene Fremde verdrehte zunächst den Kopf und dann die Augen. »Wie bittä, was meinen gnädigste Frau?« Nun, es stellte sich rasch heraus, daß er kein Wort Ungarisch konnte. Die Gruppe von Zeitungswerbern, der er angehörte, war von ihrem cleveren Anführer einfach auf »ungarische Studenten« programmiert worden, weil man damals auf diese Weise am ehesten Mitleid erwekken konnte.

Was meine Schwiegermutter angeht, so war sie über den unerwarteten Erfolg ihrer Frage so erschrocken, daß sie gleich zwei Abonnements von »Christ und Welt« bestellte, eines für sich und eines für ein Altersheim, das wahrscheinlich gar nicht existierte.

Vor ein paar Monaten flatterte eine »Einladung zu einem Hausfrauennachmittag« in unser Haus. In einem nahe gelegenen Kino würde ein »bekannter Gesundheitspädagoge« über das Thema »Vorbeugen ist besser als heilen« sprechen. Außerdem sollten »wertvolle Gesundheitspreise« verlost werden.

Unser Mädchen – wir nennen sie »Schwester Susanne«, vielleicht weil sie früher einmal eine Stelle als Kinderschwester gehabt hat – ging hin. Als sie wiederkam, hatte sie ein Briefchen mit Hühneraugenpflaster gewonnen, erzählte aber viel Interessantes und auch, daß der Veranstalter die Anwesenden für den übernächsten Sonntag zu einer »Kaffeefahrt ins Grüne« eingeladen habe. »Schwester Susanne« hatte die Einladungsliste unterschrieben.

Was sie wirklich unterschrieben hatte, zeigte sich nach wenigen Tagen, als man ihr mitteilte, die Fahrt müsse aus technischen Gründen leider ausfallen, die bestellte »Patent-Rheumadecke« zum vereinbarten Preis von 85,– DM das Stück würde aber prompt und per Nachnahme geliefert.

Es kostete mich einige Mühe, »Schwester Susanne« davon zu überzeugen, daß sie wahrscheinlich mit der Anmeldung zur Kaffeefahrt einen Kaufvertrag unterschrieben habe und daß eine Annahmeverweigerung oder ein Prozeß die Sache nur verteuern würden.

Wer nun meint, dies sei ein Sonderfall von Dummheit, dem möchte ich gerne Einsicht geben in die Flut von Briefen, die unsere Leserbrief-Redaktion jede Woche erreicht, in denen geschildert wird, wie Hausfrauen ein »sicherer Nebenverdienst von 500,– DM wöchentlich« versprochen wird, worauf die auf diese Weise neugierig gemachten sich »wenigstens die Prospekte zuschicken lassen« wollten, und schon hatten sie sich für 1946,– DM zur Teilnahme an einem »Computer-Fernlehrgang« verpflichtet. Oder wie man einen eben aus Schlesien übergesiedelten Schlosser für 2000,– DM, zahlbar mit monatlich 100,– DM, zu einem Fahrlehrerkursus animierte, bis der arme Mann erfuhr, daß er sich für diesen Beruf einer medizinisch-psychologischen Prüfung unterziehen muß, die er wegen eines Augenfehlers mit Sicherheit nicht bestehen würde.

Und nun wären wir wieder bei der Politik: Im letzten Bundestag wurde gegen Ende der Legislaturperiode von der SPD ein Reformentwurf zu dem genau fünfundsiebzig Jahre alten Abzahlungsgesetz von 1894 eingebracht. Diese Gesetzesvorlage sollte den Käufer vor Überrumpelung schützen. Sie sah vor, daß alle Teilzahlungsverträge nur schriftlich abgeschlossen werden dürfen, daß sowohl der Barpreis als auch der Teilzahlungspreis angegeben werden, so daß der Käufer die Verteuerung durch die Teilzahlung erfährt und schließlich, daß für Klagen aus Abzahlungsgeschäften – von wenigen Ausnahmen abgesehen – der Wohnort des Käufers auch Gerichtsstand ist.

Soweit, so gut. Aber in dem vom Bundestag schließlich angenommenen Gesetz fehlte ein Absatz, der im Entwurf der Antragsteller noch gestanden hatte. Er lautete: »Ist der Käufer durch mündliche Verhandlungen außerhalb der ständigen Geschäftsräume des Verkäufers

dazu bestimmt worden, eine auf Abschluß eines Abzahlungsgeschäfts gerichtete Willenserklärung abzugeben, so ist er an diese Erklärung nur gebunden, wenn er sie nicht dem Verkäufer gegenüber binnen einer Frist von einer Woche schriftlich widerruft.«
Dieses Rücktrittsrecht, das nicht gelten sollte, wenn der Käufer entweder im Laden gekauft oder sich den Vertreter einer Firma selber in die Wohnung bestellt hat, wurde im Bundestag von Interessenvertretern der CDU/CSU aus der Gesetzesvorlage herausmanipuliert. So wurde ein Gesetz verabschiedet, das die beabsichtigte Schutzfunktion kaum erfüllen dürfte.

Nun hat die hessische Landesregierung gegen dieses verwässerte Gesetz den Bundesrat mobilisiert, so daß der Fall demnächst vor dem Parlament noch einmal verhandelt wird. Da wird es denn wohl an juristisch verbrämten Einreden geschäftlich interessierter Kreise wieder nicht fehlen. Nur – wie wollen sie mit dem Argument fertig werden, daß es in Österreich, in der Schweiz, in England und in den Vereinigten Staaten dieses befristete Rücktrittsrecht gibt? Und damit, daß der gleiche Bundestag, der die SPD-Vorlage verwässerte, im Falle von Investmentkäufen an der Haustür ein solches Rücktrittsrecht ausdrücklich etablierte?
An der Abstimmung über dieses Gesetz zum Schutze des Verbrauchers wird man mehr als an den Abstimmungen über die Fragen der großen Politik erkennen können, welche Partei das Interesse ihrer Lobbyisten und Finanziers stellt. Deshalb empfehle ich die Beratungen der Aufmerksamkeit meiner Leser.
Apropos: Natürlich werden vom werbenden Zeitschriftenhandel auch STERN-Abonnements von Haus zu Haus angeboten. Das soll uns nicht hindern, für jeden Besteller, der sich überredet oder übervorteilt fühlt, ein Rücktrittsrecht zu fordern.

18. Dezember 1969

Der Richter und die Krähen

»Vergessen Sie nicht, bislang ist noch kein deutscher Richter verurteilt worden.«
Der Mann, der dies sagte, heißt Fabian von Schlabrendorff und ist Richter am Bundesverfassungsgericht. Er war in die STERN-Redaktion gekommen, um zu verhindern, daß eine Veröffentlichung über seinen Richterkollegen Eugen Hering erschiene.
Hering, Senatspräsident am Bundesverwaltungsgericht in Berlin, soll während des Krieges als Landrat im besetzten Polen an Hinrichtungen beteiligt gewesen sein und einen Polen mit eigener Hand erschossen haben. Kollege Schlabrendorff hatte ihn als Anwalt vertreten, das Verfahren gegen Hering wurde eingestellt.
Nun liegt dem STERN Material vor, das – wenn es zutrifft – Herings weiteres Verbleiben in der deutschen Justiz ausschließen müßte. Mit erschreckender Deutlichkeit haben polnische Zeugen geschildert, wie der damalige Landrat Hering bei willkürlichen Erhängungen die Todesliste verlesen habe und wie er einen Polen, der ein paar Pakete Waschpulver gestohlen hatte, mit der Maschinenpistole erschossen haben soll.
Fabian von Schlabrendorff, inzwischen vom Anwalts- in den Richterstand hinübergewechselt, hätte Gelegenheit gehabt, seine Akten auf den Tisch zu legen – wenn sich aus diesen Akten die Unschuld seines Freundes Hering ergäbe. Statt dessen versuchte er es zunächst mit Beschwörungen, später mit unverhüllten Drohungen.
Fabian von Schlabrendorff selbst war im Dritten Reich ein politisch integrer Mann. Aber als Richter am Bundesver-

fassungsgericht kann er sich wohl nicht vorstellen, daß ein deutscher Richter einen deutschen Richter im Stich lassen könnte. Kein Wunder: KZ-Wärter, Polizisten, SS-Leute – aus allen Sparten haben Naziverbrecher vor Gericht gestanden und wurden verurteilt. Aber Richter, die Todesurteile gegen Unschuldige fällten, gingen immer noch straflos aus. Sollte es so etwas am Ende gar nicht gegeben haben? Oder gilt auch hier nur der Satz, daß eine Krähe der anderen kein Auge aushackt?

Die Geschichte über den ehemaligen Landrat und heutigen Senatspräsidenten am Bundesverwaltungsgericht, Eugen Hering, finden Sie in diesem STERN.

8. März 1970

Wer Springer nicht ehrt, ist Deutschlands nicht wert

Daß Journalisten Zeitungen schreiben, um ihre Leser zu informieren – dem Axel Cäsar Springer will's nicht in den Sinn. Er ist es nun einmal gewöhnt, seine journalistischen Fußtruppen in Kampagnen zu schicken, sei es gegen die Erhöhung der Telefongebühren, sei es gegen die Ostpolitik der Regierung Brandt.
Und weil er den Journalismus so offensichtlich als Vertretung handfester Interessen betreiben läßt – eine Erhöhung der Telefongebühren trifft nämlich den Springerkonzern empfindlicher als die »Bild«-Leser mit eigenem Telefon –, deshalb vermutet er in jeder Kritik an der Haltung seiner Blätter gleich auch den »Versuch, die wirtschaftliche, politische und geistige Grundlage des Unternehmens zu zerstören«.
So liest man es in einer »Erklärung von Axel Springer« am letzten Samstag in der »Welt«.
Wes geistige Grundlage so leicht zu zerstören ist, der tut natürlich gut daran, sich mit schützenden Tabus zu umgeben. Der Hamburger Verleger, der sich seit jeher mit den Ordnungsmächten dieser Welt identifizierte, geht nun in seiner »Welt«-Lamentatio noch einen Schritt weiter:
Wer darin, daß Axel Springer über 32 Prozent aller Tages- und 90 Prozent aller Sonntagszeitungen gebietet, eine Gefahr für die freie Meinungsbildung sieht, der kann nur ein Feind des freien Unternehmertums sein. Er will »unser erprobtes Wirtschaftssystem austauschen gegen bewiesenermaßen schlechtere, unfähigere und ungerechtere Systeme«.
Wer die Schlamm-Tiraden der »Welt am Sonntag« gegen die Verhandlungen in Moskau, Warschau und Ostberlin nicht mehr lesen mag, der »verewigt die deutsche Teilung«.
Und wer den Freund Israels Axel Cäsar Springer in Frage stellt, der will eben einfach »nicht mehr für das Volk der Juden und die jüdischen Mitbürger eintreten«.
Wem solche Schlußfolgerungen abenteuerlich dünken, der mag sie in Springers eigener Erklärung nachlesen. Mir fiel dabei nur der Witz von dem Juden ein, der ohne Koffer im Schlafwagenabteil reist und sich von seinem Mitreisenden nacheinander Pantoffeln, Kamm und Rasierapparat borgt, und als ihm der hilfsbereite Nachbar die Zahnbürste schließlich verweigert, sagt er: »Ich hab's ja gleich gewußt, Sie sind ein Antisemit.«

STERN, »Spiegel« und der Staatssekretär Ahlers sind also auf dem Kreuzzug gegen Springers geistige Grundlagen. Ahlers warf der Springerpresse Nachrichtenfälschung vor. Axel Springer nennt solchen Vorwurf »unqualifiziert und unbeweisbar« und behauptet kühn: »Dem Presseamt selbst gelang es nicht, für die von Ahlers aufgestellten Behauptungen die notwendigen Beweise zu finden.«

Nun, das war wohl auch nicht nötig, denn die 24. Zivilkammer des Landgerichts Hamburg hatte solche Beweise schon am 10. Mai 1968 gefunden. Damals hatte die »Zeit« behauptet: »Springers Zeitungen verfälschen die Wahrheit« und mehrere Beweise für diese Behauptungen erbracht.
Das von Springer angerufene Gericht verurteilte die Berichterstattung der »Bild«-Zeitung prompt als »eine journalistisch unvertretbare Verfälschung der tatsächlichen Gegebenheiten«. Zwei Jahre also bevor dem Staatssekretär Ahlers der regierungsamtliche Kragen platzte, attestierten bereits die Hamburger Richter dem Springerkonzern »den typischen Fall einer Nachrichtenmanipulation«.
Nun, da Springer an Bertelsmann verkaufte und sich möglichst ohne Aufsehen zurückziehen wollte, »weil Deutschland mir meinen Einsatz doch nicht dankt«, hat ihm der Bericht des STERN über die geplanten Transaktionen offenbar den Zeitplan vermasselt. Schon bäumt sich der Getroffene auf und versichert pathetisch: »Was für mein berufliches Leben bisher Wunsch und Hoffnung war, ist nun zur Pflicht geworden. Sollte es in der Bundesrepublik keine ›andere Stimme‹ mehr geben dürfen, dann werden unsere Zeitungen die andere Stimme sein.«
Spürt der Narziß – der dem Staatssekretär Ahlers das »miserable Vokabular des Dritten Reiches« vorwirft –, spürt er nicht die geistige Verwandtschaft seines Schwurs mit jenem Vers, den einst Baldur von Schirach von sich gab: »Wenn alle untreu werden, trag' ich die Fahne wankend und allein«? Es geht um die Fahne, nicht um den Springer, der sie trägt, und schon gar nicht um seine »geistigen und wirtschaftlichen Grundlagen«. Die Fahne des Kalten Krieges, die Fahne des Vertriebenen-Ressentiments und der Intoleranz.
Manchmal scheint's, als wisse Springer nicht, wovon er redet. »Die Redakteure dieser Blätter werden fortfahren zu loben, was sie lobenswert finden«, beteuert er, aber da müssen wir wohl einschränken: »es sei denn, sie lobten den Bundespräsidenten Heinemann.« Das und einiges andere nämlich hat ihnen »Welt«-Chefredakteur Herbert Kremp mit »deutlichen Anmerkungen« verboten. Und wer nicht tanzen will, wie Kremp nach Springers Partitur pfeift, dem »steht es jederzeit offen, die Konsequenzen zu ziehen«.

Journalisten, die ihre Leser wahrheitsgemäß informieren und die, wenn sie eine Meinung äußern, nur ihrem Gewissen folgen – solche Journalisten vor den wirtschaftlichen Pressionen eines allmächtigen Pressekonzerns zu schützen, das ist nicht nur ein Anliegen der Zeitungsleute, das kommt letzten Endes der Freiheit und der Demokratie in Deutschland zugute.

29. März 1970

Brief an Willy Brandt

Ich will Ihnen danken für die noble Gelassenheit, mit der Sie in Erfurt die Interessen unseres Landes vertreten haben. Gelassenheit, meine ich, ist eine Tugend, mit der wir Deutschen nicht eben verschwenderisch bedacht worden sind.
Deutsch sein heißt allzuoft: eine Sache um ihrer selbst willen übertreiben. Natürlich ist unsere Bundesrepublik der einzige deutsche Staat, in dem das Volk durch eine frei gewählte Regierung repräsentiert wird. Aber daraus das Alleinvertretungsrecht Bonns für alle Deutschen herzuleiten ist eine Übertreibung des demokratischen Prinzips an der Wirklichkeit vorbei. Sie haben dieser Übertreibung schon widersprochen, als

man mit solchem Widerspruch noch Wähler verlieren konnte.
Als Sie das Wort von den beiden deutschen Staaten sprachen und dann doch erklärten, eine völkerrechtliche Anerkennung der DDR stünde nicht auf Ihrem Programm, habe ich Ihnen an dieser Stelle Angst vor der eigenen Courage vorgeworfen. Ich hatte mich mit Ihnen einig geglaubt in der nüchternen Erkenntnis, daß wir um diese Anerkennung am Ende nicht herumkommen werden. Und ich meinte, nun sei ein rascher, wenn auch schmerzlicher Abschied von Illusionen besser als die bedachtsame Politik der kleinen Schritte.
Aber Sie hatten wohl recht, als Sie angesichts der kleinen parlamentarischen Mehrheit Ihrer Regierung auch in diesem Punkt gelassen blieben. Was richtig sein mag, ist dennoch oft noch nicht möglich. Politik ist nicht nur die Kunst des Richtigen, sie ist immer auch die Kunst des Möglichen.
Als das Treffen in Berlin vorbereitet wurde und der in dieser Kunst seit zwanzig Jahren erfolglose Franz Josef Strauß Sie des Ausverkaufs deutscher Interessen und der Kapitulation bezichtigte, da haben Sie die Grenze genau dort gezogen, wo sie die Freiheit von der Gewalt trennt: nicht vor Canossa, sondern vor Westberlin. Starke Worte und große Gesten haben Sie den anderen überlassen. Protokollarische Rechthaberei ist Ihre Sache nicht.
Sie mußten damit rechnen, daß die Ansprache des Herrn Stoph Töne anschlagen würde, die unter dem von der DDR so gern beanspruchten »Weltniveau« liegen. Da wurde von »Griffen in die Taschen der DDR« gesprochen und vom »westdeutschen Kapitalistenstaat«, da verlangten ausgerechnet jene Leute »Wiedergutmachung«, die sich bisher noch immer vor jeder Verantwortung für das Unrecht, das im deutschen Namen geschehen ist, zu drücken wußten.
Sie haben das alles souverän hingenommen und nicht mit dem politischen Kleingeld dieser Leute zurückgezahlt. Und als draußen vor dem »Erfurter Hof« die Menschen durch die Absperrungen brachen und im Chor riefen »Willy Brandt ans Fenster!«, da schienen Sie eher ein wenig erschrocken und wehrten dem Jubel mit einer nachdenklichen Handbewegung.
Wer sich hier den Triumph versagte, der mochte auch gelassen bleiben, als später die rasch herbeigekarrten Betriebsdelegationen den Haß skandierten, mit dem sie sich an Ihnen dafür zu rächen suchten, daß Ihre Vorgänger in zwanzig Jahren »gesamtdeutscher« Politik alle Vorschläge der DDR entweder gar nicht oder mit Demütigungen beantwortet haben.

Sie haben rechtzeitig vor der Illusion gewarnt, Erfurt könne gleich zu greifbaren Erfolgen führen. Nun, ein Ergebnis scheint mir jedenfalls mit Händen zu greifen: Zum erstenmal seit Stresemann haben wir einen deutschen Staatsmann, der Beharrlichkeit nicht mit Sturheit verwechselt, der Uneinsichtigkeit nicht für ein Zeichen von Würde hält und der seinen gelassenen Mut nicht verliert, wenn der Weg der Geschichte ein Stück durch vermintes Gelände führt.
Dafür möchte ich Ihnen danken.

Geheimdemagogie

An Demagogie werden wir fürs erste keinen Mangel haben. Was die Opposition tun kann, um die Regierung Brandt/Scheel in Schwierigkeiten zu bringen, das wird sie tun. Gelingt es ihr bei den drei Landtagswahlen am 14. Juni nicht, so bliebe 1973 der allerletzte Termin. Gewinnt Willy Brandt auch dann die Bundestagswahl, so dürften CDU und CSU für die nächsten zehn Jahre draußen bleiben.

Strauß und Barzel wären dann über ihre besten Jahre hinaus, und so wie sie gebaut sind, fürchten sie nichts mehr als die machtlose, die schreckliche Zeit. Also setzen sie alles auf eine Karte. Notfalls auch die Interessen der Bundesrepublik. Das Geschrei um den Brief von Willy Brandt an Wladislaw Gomulka ist das beste Beispiel. Niemand zweifelt im Ernst an den lauteren Absichten der Deutschlandpolitik des Kanzlers. Wer die Zukunft sichern will, kann das nicht vom schwankenden Boden der Illusionen aus tun. Der andere deutsche Staat – ob er uns paßt oder nicht – ist Wirklichkeit. Die polnische Westgrenze an Oder und Neiße ist Wirklichkeit. Unsere eigenen Verbündeten Amerika, England und Frankreich gehen von dieser Wirklichkeit aus.

Und so wirklichkeitsfremd ist ja auch die CDU nicht. Ihr stellvertretender Vorsitzender, der frühere Forschungsminister Gerhard Stoltenberg, sagte vor kurzem im persönlichen Gespräch mit einem führenden polnischen Journalisten, er habe sich gewundert, daß Brandt in seiner Regierungserklärung in bezug auf die Oder-Neiße-Grenze nicht viel weiter gegangen sei. Er hätte sie ohne großes Risiko anerkennen können. Und Rainer Barzel zu einem polnischen Gesprächspartner: »Das Problem Oder-Neiße ist durch, da machen Sie sich gar keine Sorgen!«

So also reden sie hinter der vorgehaltenen Hand. Wenn aber Brandt und Scheel das gleiche sagen, dann ist es der »Ausverkauf Deutschlands«.

Kein Wunder, daß in Warschau die Zweifel am Gelingen der deutsch-polnischen Verhandlungen wuchsen. In Gesprächen mit polnischen Politikern und Journalisten wurde der Verdacht laut, diese Verhandlungen hätten nur eine »Alibi-Funktion«. Sie sollten es der Bundesregierung, die allein auf eine Stärkung Westeuropas und auf den Ausgleich mit der Weltmacht Sowjetunion bedacht sei, ermöglichen, ihren guten Willen zu beweisen und der Bonner Europapolitik so den Rücken freihalten.

Polen ist ein Partner mit einer durchaus differenzierten innenpolitischen Situation. Es gibt starke Kreise, die unversöhnt und mißtrauisch nach Westen blikken, woher schon so viel Unheil und Leid für das polnische Volk gekommen sind. Sie haben Gomulkas Verhandlungsangebot an die Bundesrepublik nicht verstanden, und der zögernde Verlauf der Gespräche schien ihnen recht zu geben. Und in der vorvergangenen Woche begann sich auch bei Gomulkas Anhängern in der Partei und unter den Journalisten eine gewisse Nervosität zu zeigen: Schließlich wollte, wenn die Gespräche scheiterten, niemand zur Deutschland-Lobby gehört haben.

Ein solches Scheitern hätte mit Sicherheit zu einer dauernden Verhärtung zwischen Polen und der Bundesrepublik geführt. Und diese Verhärtung wäre weder in Moskau noch in Kassel ohne Folgen geblieben.

Nicht alle Probleme zwischen zwei Staaten lassen sich auf offenem Markt verhandeln. Vor allem nicht, wenn die Opposition aus parteipolitischen Gründen eher an einem Mißerfolg der Verhandlungen interessiert zu sein scheint. So gesehen ist der Brandt-Brief ein notwendiges und nützliches Mittel der Geheimdiplomatie und nicht zu verwechseln mit jener Geheimdemagogie, die Stoltenberg und Barzel in ihren doppelzüngigen Polengesprächen betrieben.

Gott bewahre uns vor dem Friedensvertrag

Eine Umfrage zur Oder-Neiße-Grenze, deren Ergebnisse unmittelbar vor Redaktionsschluß dieses Heftes eintrafen und die wir deshalb im vollen Umfang erst in der nächsten Woche veröffentlichen können, zeigt ein bemerkenswertes Ergebnis: 69 Prozent der Bundesbürger gestehen den Polen, die heute in den ehemals deutschen Gebieten jenseits von Oder und Neiße wohnen, ein Heimatrecht in diesem Land zu. 16 Prozent mochten kein Urteil abgeben, nur 15 von hundert meinen, die Polen hätten dort nichts zu suchen.

Und noch bemerkenswerter: Selbst unter den Vertriebenen, den unmittelbar Leidtragenden also, haben sich 61 Prozent mit der Erkenntnis abgefunden, daß dieses Land für die polnischen Neubürger, von denen fast die Hälfte dort schon geboren wurde, zur Heimat geworden ist.

Die Umfrage – vom Institut für Demoskopie Allensbach im Auftrag des STERN durchgeführt – beweist also, daß die Einsicht der Deutschen in die politische Realität viel weiter fortgeschritten ist, als manche Politiker argwöhnen. Der Versuch der Opposition, die Grenzfrage als Hebel zu benutzen, um die Regierung Brandt/Scheel in Schwierigkeiten zu bringen, mag bei der geringen Mehrheit im Parlament einige Aussicht auf Erfolg haben – in der Bevölkerung fänden solche parteipolitischen Manipulationen jedoch keinen Widerhall.

Nun wird es wohl auch unter denen, die eine Anerkennung der Oder-Neiße-Grenze als »Ausverkauf Deutschlands« bezeichnen, niemanden geben, der eine zwangsweise Aussiedlung der Polen aus diesen Gebieten befürwortet. Um so weniger, als die überwältigende Mehrheit der Vertriebenen kein Interesse mehr an einer Rückkehr in die alte Heimat bekundet. Auch das nämlich ergibt die Umfrage mit eindeutiger Klarheit. Dennoch scheint ein immer wiederkehrender Einwand gegen die Anerkennung der Grenze auf den ersten Blick überzeugend zu sein: »Warum warten wir nicht auf den Friedensvertrag«, meint einer der Befragten. Erst in einem solchen Friedensvertrag müßten die einzelnen Posten gegeneinander ausgehandelt werden, und es sei doch »ein höchst unkaufmännisches Verhalten«, wenn wir schon jetzt die Anerkennung aussprächen. Vielleicht könnte man in einem Friedensvertrag für den Verzicht auf die heute polnischen Gebiete von den Siegermächten andere Zugeständnisse erreichen.

Nun, abgesehen davon, daß man nicht auf etwas verzichten kann, was man seit 25 Jahren nicht mehr besitzt, enthält dieser Einwand die fatale Fehlrechnung, die Bundesrepublik hätte von einem Friedensvertrag mehr zu erwarten als von einer schrittweisen Normalisierung der Verhältnisse in Europa.

53 Staaten befanden sich mit uns im Kriegszustand. Daß unsere Hauptgegner Amerika und die Sowjetunion sich unmittelbar nach dem gemeinsamen Sieg veruneinigten, hat zur Spaltung Deutschlands, aber auch zum raschen Aufstieg der Bundesrepublik geführt. Wie immer man es beurteilen mag, wir sind die Nutznießer dieses Ost-West-Konfliktes geworden. Heute sind wir die Verbündeten des Westens. Zwischen Amerika, England, Frankreich – um nur die Hauptmächte zu nennen – und der Bundesrepublik gibt es keine Probleme mehr, weder territoriale noch materielle. Als Konrad Adenauer die Aussöhnung mit Frankreich einleitete, wies er darauf hin, daß Deutschland den Krieg verloren habe und daß keine Bundesregierung ihn nachträglich gewinnen könne. Das gilt ebenso für die Bemühungen Willy Brandts, den Ausgleich mit dem Osten zu finden. Selbst der Oppositionsführer Rainer Barzel, den wohl niemand der »Ausverkaufspolitik« verdächtigen kann, hat erklärt: »Wir sind bereit zu schmerzhaften Opfern, wenn diese zu Lösungen im Interesse aller Europäer führen.«

Es kommt also nur darauf an, wann und unter welchen Umständen wir diese Be-

reitschaft zum Opfern langgehegter Illusionen in die Tat umsetzen. Ich meine, daß heute, 25 Jahre nach Kriegsende, der Zeitpunkt gekommen ist, auch mit unseren östlichen Nachbarn pragmatische Lösungen zu finden. Diese allein noch ausstehende Friedensregelung würde einen formalen Friedensvertrag nämlich überflüssig machen.
Denn Gott bewahre uns davor, daß sich eines Tages 53 ehemalige Gegner des Deutschen Reiches an einen Tisch setzen und überlegen, wie und wo sie uns noch zur Ader lassen könnten. Wir hätten es dann nicht nur mit den inzwischen zu Freunden gewordenen Gegnern zu tun. Von San Marino über Paraguay, Äthiopien, Saudi-Arabien, Brasilien, Indien, Peru, den Libanon, Polen, die Türkei – aber erlassen Sie es mir, die 53 ehemaligen Feindstaaten alle namentlich aufzuzählen. Hinzu kämen viele Länder, die inzwischen ihre Selbständigkeit errungen haben, die aber während des Krieges als Kolonien und Protektorate in irgendeiner Form an den Kriegsanstrengungen der Alliierten beteiligt waren. Sie alle würden ihre Ansprüche geltend machen, und wir kämen aus dem Zahlen nie mehr heraus.
Und wenn sich diese Mammut-Konferenz über die Forderungen an den Besiegten noch einig werden könnte – für eine Wiedervereinigung Deutschlands würde sich ganz gewiß keine Mehrheit finden. Was aber die Gebiete jenseits von Oder und Neiße angeht, so haben selbst unsere Verbündeten – vor wenigen Tagen erst wieder Frankreich – ihre Meinung längst eindeutig geäußert: Niemand von ihnen ist bereit, die heutige Westgrenze Polens in Frage zu stellen.
Deshalb ist auch das Warten auf den Friedensvertrag kein Einwand mehr gegen die Politik Willy Brandts, hier und heute zu einer Verständigung mit dem Osten zu kommen, wie sie Konrad Adenauer einst mit dem Westen erfolgreich zustande gebracht hat. Und wie Rainer Barzel sagt: Ohne schmerzhafte Opfer geht es dabei nicht ab. Fünfundzwanzig Jahre nach Kriegsende ist es Zeit, die Illusion über Bord zu werfen und die Wirklichkeit nüchtern zu erkennen.

31. Mai 1970

Abschied von Mende

Als der einstige Vizekanzler der Bundesrepublik Deutschland Dr. Erich Mende vom IOS-Boß Bernie Cornfeld engagiert wurde, da geschah das zweifellos nicht wegen seines Sachverstandes in Investmentfragen, sondern in seiner Eigenschaft als Aushängeschild. Cornfelds clevere Verkaufsmethoden stießen in einem Land, in dem Banken so etwas wie säkularisierte Kirchen sind, nicht gerade auf Vertrauen. Mende, Chef einer bürgerlichen Partei, Kabinettsmitglied unter Adenauer und Erhard, genoß dieses Vertrauen, es war ihm vom Wähler verliehen worden. Und niemand mag bezweifeln, daß Erich Mende sich als gesamtdeutscher Minister Verdienste um Deutschland erworben hat.
Ich will nicht darüber rechten, ob ein Politiker solches Vertrauen zu seinem eigenen Nutz und Frommen verkaufen sollte. Mende hat es getan. Als er seinen lukrativen Vertrag mit dem Investmentfonds abschloß, hat er nicht einmal seine Parteifreunde vorher gefragt. Sei's drum.

Inzwischen haben zahlreiche Bundesbürger durch die Entwicklung bei IOS viel Geld verloren. Bürger, die auf den Namen Mende vertraut haben. Auch andere Aktienkäufer haben Geld eingebüßt, denn die Aktienmärkte sind in der ganzen Welt rückläufig. Aber wer spekuliert, muß das Risiko eingehen, es gibt Hausse und Baisse, und an der Börse wird bekanntlich nicht geklingelt, wenn

man einsteigen soll oder wenn man besser aussteigt.
Der Fall Mende liegt dennoch anders. Als der ehemalige Vizekanzler an die Spitze der deutschen IOS trat, klingelte es nämlich auch bei Sparern, die normalerweise das Risiko des Aktienkaufs nicht gelaufen wären. Sie stiegen ein, weil sie auf den Namen und das frühere Amt Erich Mendes bauten.

Und dieses Vertrauen ist getäuscht worden. Nichts mehr von den Zuwachsraten, die Erich Mende in seinen Vorträgen versprach – statt dessen Pleite auf der ganzen Linie. Nichts mehr von den IOS-Altersheimen, die Mende in ganzseitigen Anzeigen in den Tageszeitungen ankündigte. Und wer gar im Vertrauen auf Mende Aktien der IOS-Muttergesellschaft erwarb, besitzt kaum noch die Hälfte dessen, was er anlegte.

Bernie Cornfeld und sein Vertreter haben das Weite gesucht. Man schätzt den ausgeschiedenen IOS-Boß auf ein Vermögen von 400 Millionen Mark. Erich Mende bleibt vorerst Deutschland-Chef der IOS, und man sollte ihm raten, seine ganze Kraft einzusetzen, um die IOS-Kunden vor weiteren Verlusten zu bewahren.

Als Politiker aber sollte Erich Mende seinen Abschied nehmen und sein Bundestagsmandat noch vor den drei entscheidenden Landtagswahlen am 14. Juni niederlegen.

Das ist er zunächst seiner Partei schuldig, denn die von politischen Gegnern bereits angestellte Gleichung FDP = IOS wäre für die um ihr Überleben kämpfenden Liberalen fatal. Er ist es aber auch unserem Staat schuldig. Denn er hat das Vertrauen, das die Bürger zu einem Minister und Vizekanzler hatten, in ein persönliches Geschäft eingebracht, und dieses Geschäft ist schiefgegangen.
Der Weltkriegsmajor und Ritterkreuzträger Erich Mende, der auch in der Politik so gern den Ehrensäbel zog, hat nun die Gelegenheit zu beweisen, daß es ihm mit diesem Ehrbegriff ernst ist.

23. Juni 1970

Frage an Brandt und Barzel: Wie geht's weiter?

Daß der Kanzler Willy Brandt eines Tages am Menschen Willy Brandt scheitern wird, ist nicht mehr ganz auszuschließen.
Als Regierungschef mit knapper Mehrheit im Parlament muß er seine Pólitik nach allen Seiten absichern: gegenüber einer um demagogische Tricks nicht verlegenen Opposition, gegenüber dem schwachen und von Profilkämpfen geschüttelten Koalitionspartner FDP und nicht zuletzt gegen jene Kräfte der eigenen Partei, die sich schon wieder in der Rolle des sozialistischen Bürgerschrecks gefallen. Nicht zu reden von den Gewerkschaften, die von Mitbestimmung im Betrieb reden, während sie die Fremdbestimmung der Funktionäre meinen.

Notgedrungen muß ein Kanzler in einer solchen Situation ein Mann der einsamen Entschlüsse werden. Konrad Adenauer lag das von seiner Natur her. Er war im Grunde ein Menschenverächter, dem es leichtfiel, Einwände zu bagatellisieren und Gegenargumente mit ironischer Geste vom Tisch zu wischen. Er hatte Vergnügen an der füchsischen List, mit der er Gegner und Partner auszumanövrieren wußte.

Anders Willy Brandt. Er ist ein Mann, der überzeugen möchte. Er nimmt Partner und Gegner zu ernst, als daß es ihm Spaß machte, sie im Handstreich zu überrumpeln. Seine Stärke sind Geduld und Gelassenheit. Aber sie sind zugleich auch seine Schwäche.

Hätte Brandt gehandelt, als Kiesinger, Barzel und Strauß sich unversehens nach zwanzig Regierungsjahren in der Opposition wiederfanden, hätte er die politischen Illusionen und die wirtschaftlichen Gruppeninteressen unter den Teppich gekehrt, ehe die Opposition richtig Tritt gefaßt hatte – wir würden heute weder über Oder-Neiße noch über steigende Preise reden.
Wer sagt denn, daß die Deutschen unreifer sind als die Engländer, denen Churchill in der Stunde der Entscheidung nichts versprechen mochte als Blut und Tränen?
Statt dessen sprach Brandt von der Kontinuität der Außenpolitik, die mit der Friedensnote der Regierung Erhard begonnen hatte. Als hätte diese Friedensnote auch nur das Geringste bewirkt. Statt dessen ließ er sich gegen den Rat seines Wirtschaftsministers vom Partner Scheel den Aufwertungssatz von 10 Prozent auf 8,5 Prozent herunterhandeln.
Statt dessen versprach er Steuererleichterungen, die sich am Ende als unerfüllbar erwiesen. Statt dessen erkannte er zwar zwei Staaten auf deutschem Boden, baute aber im gleichen Augenblick den Popanz der völkerrechtlichen Nichtanerkennung wieder auf.
Mangel an Logik? Angst vor der eigenen Courage? Jedenfalls, nun hat er den Salat.
Hat er ihn wirklich?
Welche Faszination muß ein Kanzler ausstrahlen, dessen Politik trotz steigender Preise und obwohl man ihm den Dolch des »Ausverkaufskanzlers« in den Rücken zu bohren versuchte, in den Landtagswahlen des 14. Juni die Zustimmung von mehr als der Hälfte der Wähler fand! Weder die Umfaller der FDP noch ihre überklugen Taktiker haben dieses Vertrauen bisher zerstören können, der polternde Wehner nicht und nicht die ideologischen Kolbenfresser in der eigenen Parteimaschine.
Noch ist es die Stunde Willy Brandts.
In der SPD gibt es keine Alternative. Er könnte sie zur Räson zwingen, wenn er wirklich will. Der Gedanke, Barzel und Strauß würden sich auf die Dauer den besseren Argumenten nicht verschließen, ist ebenso unpolitisch wie menschlich rührend. Die Opposition wird die Regierung Brandt stürzen wollen, sobald sie einen unumstrittenen Kanzlerkandidaten und Aussicht auf eine tragfähige parlamentarische Mehrheit hat. Die ist mit ein paar FDP-Überläufern nicht zu schaffen, im übrigen wird es die FDP mit den stärkeren Bataillonen halten.
Die Gespräche, von denen wir auf diesen Seiten berichten, zeigen zwei noch nicht zum Letzten entschlossene Männer: Brandt und Barzel. Das politische Konzept Barzels unterscheidet sich in nichts von dem, was zwanzig Jahre lang weder zur Wiedervereinigung Deutschlands noch zur Entspannung in Europa geführt hat.
Aber was hülfe es Willy Brandt, wenn man eines Tages von ihm sagen müßte, er hätte zwar die besseren Einsichten gehabt, aber nicht die Entschlossenheit, diese Einsichten durchzusetzen oder mit ihnen zu fallen.

16. August 1970

Soll man die Polen wieder vertreiben?

Ich bin eine Weile mit von der Partie gewesen, als Erich Kuby und Fred Ihrt ihre Reportage »Nachbar Polen« machten. Wir legten in Häfen an, die Swinoujscie, Szczecin, Kolobrzeg, Ustka und Gdansk heißen – früher einmal waren sie für deutsche Zungen leichter auszusprechen: Swinemünde, Stettin, Kolberg, Stolpmünde und Danzig. Namen, die dort drüben keiner mehr kennt.
Am Strand von Darlowo (das l spricht sich wie uw, also »Daruwowo«) fragte unser Dolmetscher eine Gruppe von Siebzehnjährigen, was und wer hier frü-

her gewesen sei. Die jungen Leute – im Gegensatz zu den Alten, die vor 25 Jahren aus allen Teilen Polens in die neuen Westgebiete umgesiedelt wurden –, die jungen Leute, hier geboren und aufgewachsen, so daß der Name Darlowo ihnen Heimat bedeutet, während sie mit dem alten Namen Rügenwalde gar keine Vorstellung verbinden, sie reagierten auf die Frage etwa so, wie junge Leute in München reagieren, wenn man sie nach dem Dreißigjährigen Krieg fragt.
Das ist das erste Merkwürdige: die Selbstverständlichkeit, mit der die junge Generation jene einstmals deutschen Gebiete mit polnischem Leben ausfüllt, mit einem quirligen, vergnügten Leben. Nichts mehr von Provisorium, nichts mehr vom Pulverfaß, die Anerkennung der Oder-Neiße-Grenze durch die Bundesrepublik scheint ein Problem der Politiker zu sein, ein Problem der Großväter, denn nun sind schon 58 Prozent der Menschen hier geboren, sind hier selbst Väter und Mütter geworden, sie kennen es nicht anders: Sie sind hier zu Hause.
Das zweite Bemerkenswerte ist die heitere Gastfreundschaft, mit der die Polen dem westdeutschen Besucher begegnen. Noch vor Jahren, ließ ich mir sagen, seien die wenigen, denen es gelang, ein Visum zu erhalten, mit Argwohn angesehen worden, jeder ein potentieller Vertriebener, der nach seinem Eigentum und nach dem Rechten sehen wollte, jeder ein Ankläger gegen das letzte Glied in der Kette von Unrecht: die Austreibung der Deutschen.

Heute ist davon nichts mehr zu spüren. Freilich, der aus Pommern vertriebene deutsche Bauer, der nach seinen Feldern sehen wollte, würde an ihnen wenig auszusetzen haben: Das Land ist sorgfältig bebaut, und mit der Ernte steht es zum besten. Statistiken mögen lügen, aber der Forstmeister Mikoleit, den ich in Lötzen traf, hält die polnische Behauptung für zutreffend, wonach der landwirtschaftliche Ertrag Ostpreußens heute um mehr als 20 Prozent über dem Vorkriegsstand liegt.
Ach ja, Lötzen. Hier hatte Hindenburg sein Hauptquartier im Ersten Weltkrieg, und Hitlers Wolfsschanze ist nicht weit. Wie lange ist das alles her. Lötzen heißt heute Gizycko, und wir machten von dort eine Fahrt mit dem Boot über die Masurischen Seen, über den Mauersee, an Nikolaiken vorbei, gut hundert Kilometer über Seen und durch Kanäle, bis nach Weissuhnen. Auf den Wiesen standen die Störche, weiter Blick über sattgrünes Land, heller blaßblauer Himmel, sanfte Hügel überschneiden den Horizont, und der See, über den die Flöße ziehen, von kleinen putzigen Dampferchen gezogen, der See ist umstanden von dunklem Wald. Die Landschaft ist von einer Stille, wie man sie aus Gedichten zu kennen glaubt, hierher ist es noch nicht gekommen, das hektische amerikanische Jahrhundert. Dies ist Natur in ihrer ganzen, großen unberührten Schönheit, ein herrliches Land.
Und plötzlich wurde mir klar, daß alle, die hier einmal gelebt haben, dieses Land nie vergessen können. »Anerkennung der Realitäten« – das sagt sich so leicht, wenn man selbst nicht betroffen ist. Fred Ihrt meinte an einem Abend, als wir am Ufer des Talter Gewässers die Beine ins Wasser hängen ließen, und die rotgoldene Sonne lag wie ein Feuerrad über dem bleiernen Spirdingsee: »Mein Gott, für einen Landkartendeutschen sind das vielleicht nur ein paar tausend Quadratkilometer wie andere auch. Aber wenn man hier geboren ist, kommt man wohl nicht davon los.«
Hatten wir STERN-Redakteure – Landkartendeutsche, die wir sind überhaupt ein Recht, die Hinnahme der Oder-Neiße-Grenze zu empfehlen, wie wir es seit Jahren tun, um des europäischen Friedens willen? Kann einer über etwas verfügen, das ihm zuinnerst nicht gehört?

Aber was wäre denn die Alternative? Eine erneute Vertreibung der Menschen, denen dieses Land inzwischen zur Heimat geworden ist. Soll man sie auf der Straße zusammentreiben und in Waggons verladen, jeder den Koffer mit seinen Habseligkeiten in der Hand, Männer, Frauen und Kinder, heraus aus ihren Wohnungen, aus ihren Gärten, aus den Zeltlagern an der Ostsee? Aus den Höfen, die sie zuerst notdürftig geflickt, und dann, als die Bleibe sicher schien, wiederaufgebaut haben? Aus den Fabriken, die auf den Ruinen des Krieges erstanden – aufs neue ein grauer verzweifelter Zug nach Osten?

Nein! So gewiß wie die Vertreibung der Deutschen aus diesem Land ein Unrecht war – denn den ostpreußischen Fischer, den schlesischen Bergmann und den pommerschen Bauer für Hitlers Wahnsinn allein zahlen zu lassen, während Bayern, Hessen, Schwaben, Friesen und wie sie alle heißen, ungeschoren davonkamen, wie könnte das Recht sein –, so gewiß wie die Vertreibung der Deutschen ein Unrecht war, so sicher wäre es ein neues Unrecht, die Polen aus Pommern und Ostpreußen und Schlesien zu vertreiben. Wer wüßte das besser als jene, die es am eigenen Leibe erlebten. Sollen wir uns von den deutschen Vertriebenen belehren lassen? Auf die Umfrage des STERN, ob die in den Oder-Neiße-Gebieten geborenen oder seit 25 Jahren lebenden Polen dort inzwischen ein Recht auf Heimat hätten, antworteten im letzten Mai 61 Prozent der Vertriebenen mit Ja.

Ich würde gegen mein journalistisches Gewissen handeln, verschwiege ich das dritte Bemerkenswerte: Die Polen wären ohne den Sozialismus besser dran. Weit davon entfernt, den Glückszustand eines Volkes nach den Auslagen in seinen Schaufenstern bemessen zu wollen, meine ich, daß auch Schaufenster dazu da sind, das Leben zu verschönern. Gewiß, die Polen verkaufen ihren materiellen Mißstand mit einigem Charme, und wie es die Frauen trotz der geringen Auswahl an Stoffen (man sieht immer wieder die gleichen Muster) verstehen, sich mit Chic zu kleiden, das allein verdient Bewunderung. Aber wo immer man bei uns für eine Arbeit einen Mann braucht, werkeln hier zwei oder drei – von ein paar industriellen Renommierbetrieben abgesehen. Und da jedem die Beschäftigung und der geringe Lohn sicher sind, strengt sich keiner mehr an, als er muß. Das Resultat ist denn auch danach: alle Schuhe über einen Leisten, alle Würste im gleichen Darm, Taschen aus Kunstleder, Möbel aus Sperrholz zusammengehauen, riesige Wohnmaschinen, von denen schon nach einem Jahr der Putz abblättert, und Autoveteranen, daß einem der Rücken weh tut. Nur dort, wo sie dem System auf die Hacken sehen, funktioniert's: siehe die »Tomaten von Warschau« in der heutigen Folge des Berichtes von Erich Kuby und Fred Ihrt in diesem STERN.

13. Oktober 1970

Nicht alle sind wie Mende

Mit Margot Mendes Morgengruß »Aufstehn, Erich, Karriere machen!« ist es nun wohl nichts mehr. Die Unionsparteien werden sich seiner für den Wahlkampf noch bedienen, und dann hat der Mohr seine Schuldigkeit getan. So gering sollte niemand die jungen Abgeordneten der CDU einschätzen, daß er ihnen unterstellen dürfte, sie würden sich den gescheiterten Investmentverkäufer vor die Nase setzen lassen. Die Frage ist allerdings, wie man den deutschen Wähler einschätzen darf. Leben wir denn in einem Land, in dem der Ruf »Münemann for president« politische Relevanz hätte? Was sind das für Leute, deren Namen seit Wochen Schlagzeilen machen: Starke, ein honoriger Mann, aber seit langem nervlich verschlissen. Zoglmann, der sich samt Familienanhang von den Athener Obristen eine Griechenlandreise bezahlen läßt, und Erich Mende, der sich schriftlich verpflichtete, beim Parteiaustritt sein Mandat niederzulegen, und dessen Wort nun soviel wert ist wie ein IOS-Papier. Makaber die Vorstellung, daß die Umtriebe solcher Polit-Defraudanten die Wahlentscheidung erwachsener Bürger beeinflussen sollten. So arm an Köpfen ist ja diese Bundesrepublik nicht: Willy Brandt und Helmut Kohl, der noble Gerhard Schröder und der dynamische Helmut Schmidt – das sind nur einige der möglichen Alternativen. Selbst Walter Scheel brauchte noch nicht zu verzagen, wenn er die Rolle der FDP nun so konsequent durchdenken würde, wie es Sebastian Haffner in seiner Kolumne »Kein Platz für Pendler« in diesem STERN tut. Der Umgang mit Mende und Zoglmann jedenfalls ist weniger ein politisches Problem als eine Frage der Hygiene.

1. Dezember 1970

Die Geschäfte des Herrn Bührle

Den Heinz Saworra, über dessen »Schüsse auf der Davidswache« wir vorige Woche berichteten, hat das Hamburger Schwurgericht zu 15 Jahren verurteilt. Ein Polizist angeschossen, einer tot, ob der Täter beim zweitenmal absichtlich schoß, ließ sich nicht klären. Die Zuschauer im Gericht protestierten, sie schrien »Mörder, Mörder!« – die 15 Jahre waren ihnen nicht genug.

Saworra war unehelich, sein Vater kam 1935 ins KZ, seine Mutter sah er nach dem dritten Lebensjahr nicht mehr. Das war's, was unsere Gesellschaft ihm bot: Fürsorgeerziehung, nie ein Zuhause – bis auf die elf Jahre Gefängnis, die im Laufe der Zeit so zusammenkamen. »Aber die haben wohl wenig genützt«, meinte der Schwurgerichtsvorsitzende Dr. Dr. Wilhelm Röhl, ehe er dem Saworra weitere 15 Jahre draufgab.

In der gleichen Woche stand in Lausanne der Waffenfabrikant Dieter Bührle – reichster Mann der Schweiz – vor seinen Richtern. Er hatte illegal Waffen in Kriegsgebiete geliefert, nach Ägypten wie nach Israel, nach Südafrika, in den Libanon, und während man auf den Straßen von Zürich und Lausanne für die hungernden Kinder in Biafra sammelte, lieferte Bührle den Nigerianern gegen gefälschte Zertifikate Kanonen und Munition. Sie schossen damit auf die Rote-Kreuz-Flugzeuge, töteten 27 Piloten, und am Suezkanal schossen mit den von Bührle gelieferten 2-cm-Oerlikon-Zwillingsgeschützen die Juden auf die Ägypter und die Ägypter auf die Juden, ebenso wie im letzten Krieg die Deutschen auf die Engländer und die Engländer auf die Deutschen mit Oerlikon-2-cm-Schnellfeuergeschützen geschossen haben.

Für rund 90 Millionen Franken brachte Herr Bührle unter die Leute: Kanonen, Raketen, Flugabwehrgeschütze und einige Millionen Schuß Munition – ein paar tausend Tote dürfte das schon ergeben haben, denn eine jede Kugel, die trifft ja nicht.

Herr Bührle, wie könnte es anders sein, ist ein freier Mann, und von den gefälschten Lieferscheinen und dem anderen Kleinkram, den er seinen Mitarbeitern überließ, hat der Konzernchef natürlich nichts geahnt. Fürs Nichtwissen bezog er im letzten Jahr 3,4 Millionen Franken Gehalt.

Der Schweizer Bundesanwalt hatte denn auch großes Verständnis für den Herrn Bührle. Wohin anders als in Krisengebiete sollte er denn auch liefern? Friedliche Menschen brauchen keine Oerlikon-Kanonen. So beantragte er neben acht Monaten mit Bewährung eine Geldstrafe von 200 000 Franken. Aber die Richter mochten Herrn Bührle nur 20 000 Franken abknöpfen, ein Trinkgeld, das der Multimillionär sicher aus der linken Westentasche bezahlen kann. Er wird schon gewußt haben, was er damit meinte, als er vor Gericht sagte: »Ich habe Zusagen von höchster Stelle, daß in diesem Prozeß nicht mehr als nötig gesagt wird.« Und so bleibt denn Herr Bührle, was er immer war, ein feiner und geehrter Herr, der sich mit einem Polizistenmörder wie dem Heinz Saworra natürlich nie an einen Tisch setzen würde.

13. Dezember 1970

So manipuliert das ZDF

Das ZDF Magazin brachte am 2. Dezember 1970 eine Sendung, in der dem Organisator der STERN-Aktionen »Jugend forscht« und »Jugend trainiert für Olympia«, Hans Weidemann, vorgeworfen wurde, er trage Verantwortung für die im Oktober 1944 erfolgte Hinrichtung von Partisanen in dem italienischen Ort Bevilacqua. Dazu habe ich dem Intendanten des ZDF folgenden Brief geschrieben.

HERRN
Prof. Dr. KARL HOLZAMER
ZWEITES DEUTSCHES FERNSEHEN
65 MAINZ
POSTFACH 4040

Sehr geehrter Herr Prof. Holzamer,
ich beschuldige Ihre Mitarbeiter Gerhard Löwenthal und Jürgen R. Meyer der vorsätzlichen Manipulation und Nachrichtenverfälschung zum Zwecke der politischen Diffamierung. Sie werden sich mit diesem Vorwurf auseinandersetzen müssen, um entweder in Ihrem Haus Konsequenzen zu ziehen oder um Ihre Mitarbeiter gegen diesen Vorwurf zu schützen.
Herr Löwenthal und Herr Meyer wußten vor der Sendung, daß weder Herr Weidemann noch ein Angehöriger seiner Einheit an den Verhören und an der Hinrichtung von italienischen Partisanen in Bevilacqua beteiligt waren. Das gleiche gilt für mich und die Angehörigen meines dem AOK 10 unterstellten Luftwaffen-Kriegsberichterzuges.
In Wahrheit wurde die Untersuchung der Brückensprengung bei Bevilacqua im Oktober 1944 von einem aus Este angereisten SD-Sonderkommando unter Führung eines Hauptmanns in Luftwaffenuniform durchgeführt. Verhört und hingerichtet wurden die Partisanen von einem Trupp der »Guardia Nazionale Repubblicana« unter Führung eines italienischen Leutnants. Das Kommando beschlagnahmte einen Flügel des Schlosses, in dem auch die Einheit »Südstern« und meine Einheit untergebracht waren. Der Teil des Schlosses, in dem die Verhöre stattfanden, wurde durch Posten abgesperrt.
Daß Weidemann an den Vorfällen weder beteiligt noch für sie verantwortlich war, ergibt klar die Aussage des italienischen Architekten Albano Martello vor der Kamera. Er sagt wörtlich, der italienische Kommandant der Schwarzhemden habe das Verhör geleitet, die deutschen Soldaten aber »kamen von auswärtigen Kommandos und nicht von denen von Bevilacqua«. Diese eindeutig entlastende Aussage wird in Ihrer Sendung nicht übersetzt. Das kennzeichnet den Wert der Sendung.
Für die Behauptung des ZDF Magazins, in Bevilacqua sei ein italienisches Mädchen hingerichtet worden, haben weder die Untersuchungen der Staatsanwaltschaft Stade noch die Feststellungen der italienischen Ermittlungsbehörden eine Bestätigung erbracht. Kein italienischer Zeuge erwähnt dieses Mädchen, auch der Gedenkstein in Bevilacqua kennt ihre Existenz nicht.

Von dem Plakat, das den Namen des Mädchens ebenfalls nicht nennt, ist Herrn Weidemann 24 Stunden vor der Sendung durch den ZDF-Reporter Meyer Mitteilung gemacht worden. Die Vorlage des Originals oder einer Fotokopie verweigerte Meyer. Wie Oberstaatsanwalt Dr. Artzt aus Ludwigsburg in der

Sendung sagte, war es üblich, daß der Ortskommandant »als Plakatierer« einer solchen Ankündigung in Anspruch genommen wurde. In diesem Plakat wird nur die Hinrichtung der beiden auf frischer Tat ertappten Partisanen Biscazzo und Rossin angezeigt – ein Verfahren, von dem Oberstaatsanwalt Dr. Artzt betont, daß es den Normen des gültigen Völkerrechts entspricht.
Ich versage es mir, in diesem Brief alle Unrichtigkeiten der Sendung darzustellen. Sie stimmt selbst in weniger wichtigen Einzelheiten nicht. So spricht Meyer von drei gesprengten Brücken, in Wahrheit war es eine. Er sagt, der taktische Wert der Brücke sei nicht groß gewesen – es war eine Brücke im Verlauf der Hauptstraße Verona-Padua, sie war für die deutschen Truppen entscheidend. Meyer nennt das »Unternehmen Wintermärchen« eines der »berüchtigten Partisanenbekämpfungsunternehmen«. In Wahrheit war es der Einsatz einer Propagandaeinheit der Waffen-SS im Oranienbaumer Kessel.
Im übrigen gibt der Bericht des ZDF Magazins die Aussagen der italienischen Zeugen unvollständig wieder. Er hat sie zum Teil in einen irreführenden Zusammenhang gestellt. Ein groteskes Beispiel dafür ist die Bekundung des italienischen Friseurs, Weidemann und ich seien wohl Freunde gewesen – woraus Meyer schließt, daß ich »von den Vorfällen Kenntnis gehabt haben muß«.
Die Fairneß hätte es geboten, daß das ZDF nach wochenlangen Recherchen Herrn Weidemann rechtzeitig und vollständig von den gegen ihn erhobenen Beschuldigungen Kenntnis gegeben hätte, so daß er durch Zeugen und Dokumente die falschen Behauptungen hätte widerlegen können. Statt dessen wurde Weidemann 24 Stunden vor der Sendung mit Teilergebnissen konfrontiert, so daß ihm jede wirksame Verteidigung unmöglich gemacht wurde.
Ich wiederhole, was ich in meinem Fernschreiben an Herrn Löwenthal sagte: Dieses erschreckt mich. Hat die Tatsache, daß staatsanwaltschaftliche Ermittlungen keinerlei Verdacht gegen Weidemann ergaben, den Moderator Gerhard Löwenthal zu solcher Nacht-und-Nebel-Aktion veranlaßt? Oder will er seine Sendung als journalistisches Standgericht verstanden wissen?
Weidemann hat inzwischen beim Oberstaatsanwalt des Landgerichts Hamburg Anzeige gegen sich selbst erstattet, um eine Wiederaufnahme des Verfahrens zu ermöglichen. Er hat die gleiche Anzeige gegen sich beim Procuratore des Tribunale di Verona erstattet und erklärt, er stehe jederzeit zur Verfügung der italienischen Ermittlungsbehörden.
Die Tatsache, daß Weidemann ein überzeugter und begeisterter Nationalsozialist gewesen ist – was er im Gegensatz zu vielen anderen nie bestritten hat –, ist für mich kein Grund, ihm heute die Mitarbeit an einem Projekt zu verweigern, das unserem Land nützt. Dies um so weniger, da ich ihn seit 26 Jahren als einen persönlich integren Mann kenne. Seine Tätigkeit ist im übrigen keine journalistische, sondern eine ausschließlich organisatorische Arbeit.

Inzwischen hat Weidemann gebeten, ihn bis zur Entkräftung der gegen ihn erhobenen Vorwürfe zu beurlauben. Ich respektiere diesen Entschluß.

Der Fall Löwenthal: Wem der Mord paßt

Es begann mit einem Mord. Begangen an einem jungen Mädchen, das nichts Schlimmeres getan hatte, als einem tapferen italienischen Partisanen Unterschlupf zu gewähren.
Der Partisan hatte in der Nacht zum 19. Oktober 1944 bei dem oberitalienischen Dorf Bevilacqua eine Brücke gesprengt und war wenige Stunden später festgenommen worden. Ihn am Ort seiner Tat hinzurichten, entsprach dem international gültigen Völkerrecht. Das Mädchen aber – so hieß es – sei an der Zerstörung der Brücke nicht beteiligt gewesen. Die Erhängung der Unschuldigen konnte nur Mord oder Totschlag sein.
Verantwortlich für den Tod des Partisanen und des Mädchens sei der ehemalige Ortskommandant von Bevilacqua gewesen, Hans Weidemann, heute STERN-Mitarbeiter. Und Henri Nannen, damals Leutnant der Luftwaffe im gleichen Bevilacqua, habe davon gewußt. Kein Wunder, daß er den Weidemann, der noch dazu der Waffen-SS angehört hatte, später beim STERN unterbrachte. Die beiden hatten wohl eine »gemeinsame Leiche im Keller«.
Der ZDF-Moderator Gerhard Löwenthal, dem die politische Linie des STERN seit langem nicht paßt, ließ den vermeintlichen Tatbestand dem Ludwigsburger Oberstaatsanwalt Dr. Artzt vortragen, und der sprach denn auch unverblümt von einem »Kriegsverbrechen«, von »Mord oder zumindest Totschlag«.
Im ZDF Magazin vom 2. 12. 1970 sah es dann schon anders aus: Da meinte der Zeuge Kindler – der einzige übrigens, der sich an ein erhängtes Mädchen zu erinnern glaubte –, daß auch dieses Mädchen bei der Sprengung mitgemacht habe und »dann nicht mehr weggekommen« sei. Auch diese Hinrichtung wäre also von dem, bei allen kriegführenden Nationen geltenden, Völkerrecht gedeckt gewesen. Löwenthal vermied es bewußt, auf diesen Widerspruch hinzuweisen.
Wenige Tage nach der Sendung stellte sich heraus: Es hatte das Mädchen nie gegeben. Moderator Löwenthal – von den Tatsachen in die Enge getrieben und von seinem »Zeugen« Kindler verlassen – mußte in seiner zweiten Sendung vom 9. 12. 1970 zugeben, daß wirklich kein Mädchen erhängt worden sei.
Aber dafür gab es nun einen jungen Mann: »kein Partisan übrigens«, wie Löwenthal sagte, um anzüglich hinzuzufügen: »und wenn Herr Nannen es wünscht, können wir ja in der nächsten Sendung darüber reden.«

Die nächste Sendung – das Streitgespräch vom 16. Dezember – bot wenig Gelegenheit, über den jungen Mann zu reden. Immerhin nannte Löwenthals Gehilfe Jürgen R. Meyer den Namen des zu Unrecht Erhängten: Pietro Sinigaglia. Da er angeblich kein Partisan gewesen war – Löwenthal nannte ihn sogar »eine unschuldige Geisel« –, stand der Mord wieder im Raum.
Der Höhepunkt dieses makabren Kriminalromans schien erreicht, als Sherlock Löwenthal und sein Dr. Watson Meyer mir am 28. Dezember vor dem Landgericht in Hamburg gegenübertraten, gewappnet mit einer »Dokumentation« und begleitet von dem Staranwalt Dr. Josef Augstein. Was hatten sie in ihrem Köcher?
Nichts als den Rückzugsplan.
Plötzlich wollte Löwenthal nie behauptet haben, daß Weidemann für Verhöre und Hinrichtungen in Bevilacqua verantwortlich oder daran verantwortlich beteiligt gewesen sei. Infolgedessen habe auch Nannen gegen solche »nie erhobenen Vorwürfe kein Rechtsschutzbedürfnis«. Von meiner angeblichen Mitwisserschaft an Mord und Totschlag war nun auf einmal keine Rede mehr.

Und der junge Mann, »der kein Partisan war«? Was hatte es nun mit Löwenthals »unschuldiger Geisel«, jenem zu Unrecht erhängten Pietro Sinigaglia auf sich?

Auch dieser Fall schien sich in nichts aufzulösen. Die Nachrichtenagentur »Associated Press« meldete nach der Verhandlung vom 28. Dezember unter der Schlagzeile »Auch der tote junge Mann entfällt« u. a. dies: »In einer mehrstündigen Gerichtsverhandlung vor der Pressekammer des Hamburger Landgerichts erklärte der Anwalt des ZDF, Josef Augstein, ›daß wir nicht wieder behaupten werden‹, der jetzige STERN-Mitarbeiter Hans Weidemann oder ein Angehöriger seiner Einheit stehe in irgendeinem Zusammenhang mit dem Tod eines ›unbeteiligten jungen Mannes, keines Partisans‹, der im Raum Bevilacqua erhängt worden sei.«

Aber das Hamburger Gericht, dem inzwischen die Dokumente des STERN vorlagen, wußte mehr. Nicht ohne Grund hatte es dem ZDF verboten, die Ermordung des Pietro Sinigaglia dem damaligen Ortskommandanten von Bevilacqua, Hans Weidemann, anzulasten. Und nicht ohne Grund waren Löwenthal und Meyer sogleich bereit gewesen, sich diesem Verbot zu fügen.
Denn Sinigaglia war tatsächlich unschuldig gewesen – und er war tatsächlich ermordet worden.
Elf Kilometer von Bevilacqua entfernt, in Borgo Frassine, war in der Nacht zum 19. Oktober 1944 ebenfalls eine Brücke in die Luft gegangen. Und obwohl man hier keinen Schuldigen erwischt hatte, wollte man dennoch einen hängen sehen. So fuhr man in die nahe Kreisstadt Este und besorgte sich jenen Pietro Sinigaglia, der dort seit zwanzig Tagen im Gefängnis saß. Er war vom italienischen Militär desertiert, beim Brand eines Gehöftes in der Nähe von Este aufgegriffen und eingesperrt worden. Dieser Sinigaglia, über den noch kein Gericht befunden hatte, wurde nun nach Borgo Frassine gebracht und an der zerstörten Brücke – mit deren Sprengung er nichts zu schaffen hatte – aufgeknüpft. Das hatte nichts mit dem Völkerrecht zu tun, das war glatter Mord.
Nur war es ein Mord, der Gerhard Löwenthal nicht mehr ins Konzept paßte.
Sinigaglias Mörder heißt nämlich nicht Weidemann. Und er ist auch nicht beim STERN tätig. Er eignet sich nicht dazu, mich politisch zu diffamieren. Der mutmaßliche Mörder Sinigaglias steht dem ZDF näher als dem STERN.
Wenn ich ihn den »mutmaßlichen Mörder« nenne, so ist das der Vorbehalt, auf den jeder Beschuldigte Anspruch hat, solange er nicht von einem ordentlichen Gericht verurteilt ist. Aber was diese Tat angeht, so lassen die Dokumente und die von uns heute abgedruckten eidesstattlichen Erklärungen keinen anderen Schluß zu, als daß jener ehemalige Sicherheitskommandant der Zone Padua-Süd, Hauptmann Willy Lembcke, dessen Bild Sie auf diesen Seiten noch einmal sehen, sowohl für die Hinrichtung des Partisanen Giulio Biscazzo in Bevilacqua als auch für die Ermordung des Pietro Sinigaglia an der Brücke von Borgo Frassine verantwortlich ist.
Da also hat Löwenthal den Mord, nach dem er suchte.

Aber inzwischen sitzen Löwenthal und das ZDF mit dem mutmaßlichen Mörder in einem Boot. Denn ihr Anwalt Josef Augstein hat sich nun auch Herrn Lembcke zugewandt. Aus dem Krankenhaus in Oldenburg, in das der ehemalige SD-Beauftragte Lembcke am 10. Dezember – einen Tag nach Löwenthals zweiter Sendung! – mit einem Herzinfarkt eingeliefert wurde, holte sich ZDF-Anwalt Josef Augstein eine Erklärung des Kranken ab, in der Lembcke sagt: »Ich kann mir nicht vorstellen, wie meine Unterschrift unter das Dokument gekommen ist.«

Das Dokument ist jenes »Avviso«, das am 20. 10. 1944 – dem auch von Löwenthal nicht mehr bestrittenen Todesdatum des in Bevilacqua hingerichteten Partisanen Biscazzo und des bei Borgo Frassine ermordeten Deserteurs Sinigaglia – ausgefertigt wurde. Darin wird von Hauptmann Lembcke »angeordnet«, daß an den zerstörten Brücken von Bevilacqua und Borgo Frassine zwei junge Männer gehenkt werden, daß man sie 48 Stunden hängen lasse und daß sie dann ohne Gefolge zu begraben sind. Als Lembcke dieses Dokument am nächsten Tag unterschrieb, wurde das Datum handschriftlich in 21. 10. 1944 weiterdatiert.

Das alles wußten Löwenthal und Meyer. In ihren eigenen Unterlagen befanden sich das Dokument und der Bericht der italienischen Partisanenzeitung »Voce Libera« (»Die freie Stimme«), worin der Vorfall geschildert wird. Aber der ZDF-Moderator Löwenthal, der so viel von journalistischer Sorgfaltspflicht redet, und sein Mitarbeiter Meyer verschwiegen das Dokument und den Bericht. Ja, sie verschwiegen die Existenz des Hauptmanns Lembcke überhaupt.

Statt dessen wedelten sie mit einem Flugblatt der Ortskommandantur Bevilacqua vom 19. Oktober, das die bevorstehende Hinrichtung der Partisanen Biscazzo und Rossin an der Brücke von Bevilacqua der Bevölkerung »zur Kenntnis bringt« und die faksimilierte Unterschrift des Ortskommandanten Weidemann trägt. Zu solcher »Bekanntmachung« war die Ortskommandantur verpflichtet.

Wie wenig der Ortskommandant allerdings mit dem Verfahren zu tun hatte und wie schlecht er unterrichtet war, beweist gerade dieses Flugblatt: Es kündigt nämlich die Hinrichtung der beiden nach der Brückensprengung von Bevilacqua gefaßten Partisanen Biscazzo und Rossin an. Aber Hauptmann Lembcke, der als Sicherheitskommandant auch hier zuständig war, hatte den Rossin aus bisher ungeklärten Gründen längst begnadigt und ins Gefängnis seines Standortes Este gebracht. In das gleiche Gefängnis, aus dem er später den Pietro Sinigaglia holte, um ihn ohne Gerichtsurteil an der Brükke von Borgo Frassine aufzuhängen.

Diesen Hauptmann Lembcke kennen wenige so gut wie sein ehemaliger Unteroffizier Herward Beschorner, der heute als Techniker in Berlin arbeitet. Beschorner hat damals viele Italiener vor der grausamen Verfolgung durch Lembcke retten können. Das »Befreiungskomitee« dankte ihm dafür mit einer Urkunde. Dennoch empfindet dieser Mann heute keinen Haß gegen seinen ehemaligen Vorgesetzten. Wäre es anders, er hätte ihn längst anzeigen können. Er tat es nicht.

Nun aber meldete sich Beschorner beim STERN mit einer Begründung, die Gerhard Löwenthal zu denken geben sollte: »Wie kann ich guten Gewissens gegen die Verbrechen in Vietnam und gegen das Unrecht von Burgos protestieren«, so schrieb Beschorner, »wenn ich zuließe, daß einem Unschuldigen ein Verbrechen zur Last gelegt wird, auch wenn der Beschuldigte ein ehemaliger Nazi wie dieser Weidemann ist.«

Ja, Weidemann war ein Nationalsozialist, Löwenthal sagt es richtig: kein kleiner PG, sondern ein Mann in führender Position. Gerhard Löwenthal stellte die Frage, ob der STERN ihn dennoch beschäftigen dürfe, ohne an Glaubwürdigkeit zu verlieren. Diese Frage muß diskutiert werden. Für mich zählt dabei weniger Weidemanns Parteibuchnummer als das, was der Mann getan hat und was er heute tut. Darin, so scheint mir, erkennt man das Wesen von Demokratie und Rechtsstaat, daß einer an seinen Taten gemessen wird. Und vor allem anderen: daß auch ein ehemaliger Nazi (oder ein Kommunist) sich gegen den Vorwurf eines Verbrechens verteidigen darf, das er nicht begangen hat.

Wie aber steht es nun um die Glaubwürdigkeit Löwenthals? Er ließ einen Mord konstruieren, den es nicht gab. Und er unterdrückte einen Mord, der ihm nicht paßte. Wäre Weidemann heute ein Kaufmann in Häcklingen und Lembcke wäre mein Mitarbeiter, die Sendung vom 2. Dezember hätte wohl anders ausgesehen, und die folgenden wären Ihnen sicher erspart geblieben.

Ein Flirt, ein »Mord« und zwölf Jahre Zuchthaus

Sie werden in diesem Heft eine Geschichte finden, die Sie einem Romanautor schwerlich abgenommen hätten. Da stirbt eine Frau, und der Arzt, der sie erst seit wenigen Monaten behandelt hat, diagnostiziert als Todesursache Schlaganfall.
Der Arzt weiß nicht, daß seine Patientin vorher bei einem Kollegen in Behandlung war, der plötzlich verstorben ist. Und er weiß deshalb auch nicht, daß in der Schublade dieses toten Kollegen unter unaufgearbeiteten Papieren das Krankenblatt liegt, auf dem vermerkt ist, daß seine Patientin an einem nicht mehr operierbaren Krebs gelitten hat. Auch die Patientin selbst hat davon nie etwas erfahren. Und auch der Ehemann weiß es nicht.

Drei Jahre später heiratet dieser Mann – er heißt Carl Käselau – eine Nachbarin, die ihren Mann im gleichen Jahr verlor, in dem Carl Käselau seine Frau begrub. Irgendwann fangen die Leute an, darüber zu reden. Hat Carl Käselau nicht schon zu Lebzeiten seiner Frau mit dieser Nachbarin geflirtet? Und wie war das noch, da hatte doch einer erzählt, der Frau Käselau seien in den letzten Wochen vor ihrem Tod die Haare ausgefallen. Hat man nicht oft genug gelesen, daß so etwas passiert, wenn jemand an Thallium, an Rattengift, stirbt? Verdächtig schien das schon. Und der Mann von Käselaus neuer Frau, war es bei dem nicht ähnlich gewesen?
Und das Gerücht wächst und wabert unter den Nachbarn in der kleinen Stadt Reinfeld, und es verbreitet sich. Schließlich kommt es auch dem Bruder der verstorbenen Frau Käselau zu Ohren. Der will es nicht glauben, ein Mörder in seiner Familie, nein, das kann einfach nicht sein.
Aber Gerüchte sind hartnäckig. Zwölf Jahre lang hält sich das Gerücht, ist nicht totzukriegen, und schließlich überwindet sich der Bruder der Toten, Käselaus Schwager, und schreibt an die Staatsanwaltschaft.
Was dann geschieht, lesen Sie in unserer Geschichte. Es geht ganz rasch, ein »tüchtiger« Kriminalist spielt dabei eine Rolle, so tüchtig, daß Carl Käselau schließlich gesteht, er habe seine Frau vergiftet. Er gesteht und widerruft, er gesteht es abermals und widerruft nochmals – nun, Sie sollen selber lesen, wie es dann kam, daß die Justiz den Carl Käselau schließlich für sein Leben lang ins Zuchthaus schickte. Zugegeben, daß einer einen Mord gesteht, den er nicht begangen hat, das will auch unsereinem nicht in den Kopf. Aber Staatsanwälte und Richter wissen, daß unter dem Einfluß übereifriger Kriminalisten solche Geständnisse zustande kommen. Es gibt dafür viele Beispiele – Richter und Staatsanwälte müßten es wissen.
Zwölf Jahre hat Carl Käselau im Zuchthaus gesessen, und er säße noch immer dort, hätte nicht im letzten Jahr STERN-Redakteur Günther Schwarberg eine Serie über die »Lebenslänglichen« zu schreiben gehabt und wäre er dabei nicht auf Käselau gestoßen. Ein Mitgefangener hatte ihn auf den stillen, alt gewordenen Mann aufmerksam gemacht: »Der da, der ist unschuldig.«
Nun sagt so etwas leicht einer von sich selbst. Aber daß ein Zuchthäusler nicht von seiner eigenen Schuldlosigkeit redet, sondern für einen anderen, das machte Günther Schwarberg hellhörig.

Ich will Ihnen nicht den ganzen Fall erzählen, den finden Sie auf Seite 50 dieses Heftes. Nur so viel: Der zu lebenslangem Zuchthaus verurteilte Carl Käselau hat immer beteuert, er sei unschuldig. Aber seine Briefe an das Gericht wurden abgetan mit dem Bemerken, er möge sich einen Anwalt nehmen, um die Wiederaufnahme seines Verfahrens zu betreiben.
Nun, woher sollte Carl Käselau das Geld nehmen, einen Anwalt zu bezahlen? Der hätte wohl unter einem Honorar von fünftausend Mark die Sache nicht in die Hand genommen, und Käselaus Lohn im Zuchthaus, die Unterhaltskosten abgezogen, betrug 50 Mark im Jahr.

STERN-Redakteur Günther Schwarberg arbeitete die Akten durch, der STERN beauftragte einen Anwalt, und zwei Tage vor Weihnachten kam der 74jährige Käselau aus dem Zuchthaus.
Heute sagt der Lübecker Oberstaatsanwalt Böttcher, es sei eigentlich »ganz unfaßbar«, daß das Krankenblatt der toten Frau Käselau bei der Urteilsfindung nicht berücksichtigt worden sei. Und der Staatsanwalt, der seinerzeit die Anklage vertrat, begreift nun selbst nicht mehr, daß er sich nur auf die Polizeiakten verlassen hat, daß er nicht mißtrauisch geworden sei, wenn ein Angeklagter gesteht und widerruft und gesteht und widerruft, und das dreimal.
Immerhin, drei Wochen zuvor, als das Krankenblatt der an Krebs verstorbenen Frau Käselau aufgetaucht war, hatte die Staatsanwaltschaft das Wiederaufnahmeverfahren noch abgelehnt. Heute sagt sie selbst, die Verurteilung wegen vollendeten Mordes werde sich wohl nicht aufrecht erhalten lassen.
»Richter und Staatsanwälte sind störrisch wie die Maulesel; wenn sie sich einmal eine Meinung gebildet haben, sind sie nicht so leicht davon abzubringen« – der Satz stammt nicht von mir, sondern von einem erfahrenen Juristen. Schreckliche Vorstellung, daß es Ihnen und mir passieren kann, in diese Mühle hineinzugeraten.
Ich meine, da muß etwas reformiert werden. Wenn Sie die Geschichte auf Seite 50 gelesen haben, werden Sie wohl auch meiner Meinung sein.

21. Februar 1971

Die Regierung redet zuviel

Willy Brandt sitzt nicht im Kreml, und Egon Bahr sitzt nicht auf Ulbrichts Stuhl. Das mag eine Binsenweisheit sein, aber man muß sie denen vorhalten, die in jeder Nervenattacke aus Moskau und in jeder Unverschämtheit aus Ostberlin den Beweis dafür sehen wollen, daß die Ostpolitik unserer Regierung falsch sei.
In der Politik ist es wie bei Geschäften: Nicht immer lassen sich die Reaktionen des Partners vorher genau berechnen. Also tut man, was man für richtig hält, und hofft, daß es Erfolg hat. Wenn nicht, so hat man das Seine getan. Die Gewißheit, alles versucht zu haben, ist schließlich auch etwas wert.
Die Kritiker Brandts werfen ihm vor, er setze die Präsenz der Bundesrepublik in Berlin leichtfertig aufs Spiel. Dabei war Brandt in fünfzehn Monaten Kanzlerschaft häufiger in Berlin als Kiesinger in drei Jahren. In den drei Geschäftswochen des Dezember gab es in Berlin eine CDU/CSU-Fraktionssitzung, zwei Kanzlerbesuche, die Länderkonferenz der SPD und einen Heinemann-Besuch. Im Januar tagte die FDP in Berlin.
Dafür gab es Schikanen an den Grenzen und Verzögerungen in den Botschafter-Verhandlungen über Berlin. Die DDR fühlte sich provoziert, und sie provozierte zurück. Man muß wissen, ob man das in Kauf nehmen will; lamentieren nützt da wenig.
Vor allem dann nicht, wenn die Opposition sich selbst entscheidende Versäumnisse vorzuwerfen hat:
Als Ulbricht die Mauer baute, forderte der Berliner Regierende Bürgermeister, die Bundesregierung solle Westberlin den Status eines Bundeslandes geben mit allen Rechten und Pflichten, ausgenommen die Stationierung von Bundeswehreinheiten. Kein Zweifel, daß ein so kühner Schritt die politische Landschaft verändert hätte. Aber die Bonner Regierung hatte mehr Angst als der Berliner Bürgermeister, sie lehnte ab. Der Regierende Bürgermeister war damals Willy Brandt, und der Bundeskanzler hieß Konrad Adenauer. Neun Tage nach dem Mauerbau ließ sich Kanzler Adenauer

erstmals in der abgeschnittenen Stadt Westberlin sehen.
Heute werfen die Zeitungen des Springerkonzerns dem Kanzler Brandt Nachgiebigkeit gegenüber den Sowjets vor und veröffentlichen genüßlich die Äußerungen sowjetischer Hintermänner aus Washington und Stockholm, wonach man in Moskau über die Ostpolitik der Regierung Brandt enttäuscht sei: Herr Brandt glaube wohl, die mächtige Sowjetunion habe es nötig, ihren Ostberliner Verbündeten Zugeständnisse abzufordern, ohne daß sich Bonn zum Einlenken bereit finde. Berlin sei auch für die Loyalität der Sowjetunion gegenüber ihren Bündnispartnern so etwas wie ein Testfall geworden.
Ist diese Erkenntnis für uns denn völlig neu? Hat bei uns einer ernsthaft geglaubt, die Sowjets würden uns Berlin freigeben, damit wir dort nach dem Motto »Berlin, ein Pfahl im Fleische des Ostens« fleißig Wandel durch Annäherung betreiben? Was in Stettin und Danzig geschah, nachdem die Unterzeichnung des Warschauer Vertrages das Selbstbewußtsein der Polen gestärkt hat, muß doch wohl auch in Moskau zu denken gegeben haben.
Man kann der Bundesregierung den Vorwurf nicht ersparen, daß sie den Testfall Westberlin zum Prestigefall hochstilisiert hat. Daß der Moskauer Vertrag nicht zu ratifizieren ist, wenn die Freiheit Westberlins nicht gesichert wird, hätte man der Sowjetregierung klarmachen können, auch ohne daß bei uns über das sogenannte Junktim allzuviel geredet wird.
Aber da spricht einmal Walter Scheel von einer Berlin-Regelung als »Voraussetzung für das Inkrafttreten des Moskauer Vertrags«, ein andermal begnügt er sich mit der »Hoffnung«, daß dieser Vertrag die Lage Berlins »positiv beeinflussen« möge. Willy Brandt wehrt sich einmal gegen die »Zwangsjacke«, in die man den Moskauer Vertrag und die Sicherung Berlins stecken will, um dann im Berliner Wahlkampf aus der Haut zu fahren: »Ich pfeife auf die Verträge, wenn es nicht zu Verbesserungen für Berlin kommt.« Das Orakel Herbert Wehner schließlich meint, man dürfe Ulbricht durch »dieses buchhalterische Junktim« nicht zum Weichensteller der deutschen Politik machen.
Und jede Woche hört man von irgendeinem Regierungsmitglied einen neuen Termin, zu dem das alles geregelt sein werde.
Da sich außerdem jeder hütet, klar zu definieren, was er unter einer »befriedigenden Berlin-Regelung« versteht, hat es der CDU-Abgeordnete Richard von Weizsäcker leicht, diese Politik eine »unglückliche Mischung von zu weit gehender sachlicher Konzessionsbereitschaft mit zu weit gehender provozierender Beunruhigung« zu nennen.
Die Opposition wird denn auch nicht müde zu behaupten, sie würde das alles in »neuen Verhandlungen mit Moskau« viel besser machen, wenn man sie nur ließe. Warum fragt Brandt die Opposition nicht konkret, ob und was sie den Sowjets weniger bieten, mehr bieten, oder ob sie etwa glauben machen will, daß man in Moskau mit Drohungen weiterkäme? Vielleicht erführe man dabei etwas Neues, nachdem frühere CDU-Regierungen nicht verhindern konnten, daß die Teilung Deutschlands immer endgültiger und die Lage Berlins immer bedrängter wurde.
Der Vorwurf, daß diese Regierung zuviel redet, gilt auch für die Wirtschaft. Da hört man, daß Schiller anderer Meinung ist als Möller, und Möller ist anderer Meinung als Schiller. Da werden Steuererhöhungen erwogen und wieder verworfen, da wird der Konjunkturzuschlag einmal morgen, dann erst übermorgen, und am Ende vielleicht gar nicht zurückgezahlt.
Schmerzliche Entscheidungen sind allemal besser als dieses dauernde Vor und Zurück, und eine begründete Steuererhöhung wäre leichter zu verkraften als die dauernde lähmende Furcht davor. Hat die Regierung Brandt den Mund zu voll genommen und bleibt ihr jetzt der Kloß im Halse stecken? Dagegen gibt es nur ein probates Mittel: Man sollte unerfüllbare Versprechungen schleunigst ausspucken.
Daß Sicherheit ohne Experimente letzten Endes trügerisch ist, hat zwar schon Ludwig Erhard erfahren. Aber die Industrie muß planen, und wer will es ihr verargen, wenn sie sich durch die auf offe-

nem Markt praktizierten Experimente der Sozialdemokraten zunehmend verunsichert fühlt. Für die Wirtschaft gilt, was für die Politik gilt: Wir wollen endlich wissen, woran wir sind.
Und wenn die FDP den Mut hatte, gegen den Widerstand der Gestrigen die nicht mehr haltbaren außenpolitischen Illusionen über Bord zu werfen, so sollte es der SPD nicht an dem Mut fehlen, sich gegen gewisse marxistische Illusionen der Vorgestrigen abzugrenzen, auch wenn diese Vorgestrigen noch jung an Jahren sind. Der polnische Dezember dürfte hier ein gutes Lehrstück sein. Und die Gewerkschaften sollten sich darüber klar werden, daß sie mit immer neuen Forderungen am Ende von Schillers Regen in die Traufe des Herrn Strauß geraten könnten.
Die Bundesregierung muß ihren Freunden und ihren Gegnern unmißverständlich klarmachen, wo die Grenzen des wirtschaftlich Möglichen liegen, und sie täte klug daran, die CDU/CSU auch in der Wirtschaftspolitik immer wieder konkret zu fragen, welche Reformen die Opposition will, wie sie solche Reformen zu finanzieren gedenkt, ob und welche Steuern sie senken oder erhöhen will.
Der Wähler wird's schon merken, wenn die Opposition nur kritisiert, ohne Alternativen zu bieten. Daß die Regierung zuviel versprochen hat, weiß er inzwischen.

4. April 1971

Kalter Kaffee in Berlin

Wenn man Axel Springers Zeitungen glauben darf, dann hätte Willy Brandt mit seiner Ostpolitik nichts anderes im Sinn, als für den Kommunismus den roten Teppich nach Westen auszurollen.
Wenn man der Wahrheit auf den Grund geht, waren es gerade die Sozialdemokraten, die nach dem Zusammenbruch dafür sorgten, daß die von Hunger und Demontage bedrohten Arbeiter der Westzonen nicht den Kommunisten in die Arme liefen – wobei freilich nicht ohne Bedeutung war, daß Hunderttausende deutscher Landser das kommunistische Arbeiterparadies mit eigenen Augen gesehen hatten.
Willy Brandt hat als Regierender Bürgermeister von Berlin neun Jahre die Freiheit dieser Stadt verteidigt. Als andere Politiker den Mittelpunkt Deutschlands am Rhein stabilisierten, gab Willy Brandt den Berlinern die Gewißheit, daß sie nicht auf verlorenem Posten stünden. Illusionen hat er freilich auch damals nicht aufkommen lassen: Als am 20. August 1962 nach der Ermordung des Bauarbeiters Peter Fechter fünftausend Westberliner gegen die Mauer vordrangen, verhinderte der Regierende Bürgermeister mit einer besonnenen Rede, daß der berechtigte Zorn der Westberliner in eine Konfrontation mit der bewaffneten Sowjetmacht und damit in eine Katastrophe führte.
Heute, da in manchen Zeitungen so viel von der »Bundespräsenz« in Berlin die Rede ist, geht es um eine nicht weniger nüchterne Abwägung der Möglichkeiten. Die DDR hat sich als zweiter deutscher Staat etabliert, zwanzig Jahre Adenauer-, Erhard- und Kiesinger-Regierung haben das nicht verhindern können, und die Westalliierten haben nichts dagegen getan, daß die DDR den östlichen Teil Berlins zu ihrer Hauptstadt gemacht hat. Sitzungen des Bundestages in Westberlin werden dagegen von der DDR mit der Blockade der Zugangswege beantwortet, und weder Franz Josef Strauß noch Rainer Barzel haben uns sagen können, was man gegen diese Schikanen tun kann.
Sobald aber ein Mann wie Walter Scheel sagt, solche mit Opfern der Berliner zu teuer erkaufte »Bundespräsenz« sei

nicht normal und man müsse sich überlegen, ob man nicht für den Verzicht auf Präsidentenwahlen und demonstrative Fraktionssitzungen in Berlin endlich einen Vertrag über die Freiheit Westberlins einhandeln könne, dann schreien Strauß und Barzel, hier werde die Zugehörigkeit Westberlins zur Bundesrepublik leichtfertig aufs Spiel gesetzt.
Daß Berlin kein Land der Bundesrepublik ist, haben gerade unsere westlichen Verbündeten immer wieder betont. Daß aber die Bindungen Westberlins an die Bundesrepublik und die Vertretungsbefugnis der Bundesrepublik für Westberlin endlich mit Zustimmung der Sowjetunion und der DDR vertraglich festgelegt werden – das und nichts anderes ist der Sinn der Verhandlungen, die zwischen den vier Botschaftern und zwischen den Beauftragten der Bundesrepublik und der DDR zur Zeit stattfinden.
Wenn der Bundespräsident künftig in Bonn gewählt werden muß, wenn der Bundestag und seine Ausschüsse dort tagen, wo Konrad Adenauer die Hauptstadt der Bundesrepublik wissen wollte, so scheinen mir solche Sorgen kalter Kaffee zu sein im Vergleich zu einer Berlin-Garantie, die von allen beteiligten Mächten, auch von der DDR und der Sowjetunion, unterschrieben wird.
Je kühler wir unser Verhältnis zum Osten sehen, um so weniger werden wir enttäuscht sein. Die DDR ist weder ein »Phänomen« noch ein »Gebilde«, wie es Kiesinger wahrhaben wollte, sie ist ein sozialistischer Staat mit all den Beschränkungen und Bedrückungen, die sozialistischen Staaten eigen sind. Hinter ihr steht die Sowjetunion, und es ist müßig zu betonen, daß diese Sowjetunion eine respektable Weltmacht ist.
Wir werden mit diesen Tatsachen leben müssen und uns mit unseren Nachbarn im Osten vertragen müssen. Vertragen heißt, daß man endlich gültige Verträge schließt, in denen die beiderseitigen Interessen gewahrt und die Anwendung von Gewalt ausgeschlossen werden.
Niemand von uns will, daß die Bundesrepublik oder Westberlin kommunistisch wird. Niemand will unser Bündnis mit dem Westen in Frage stellen. Die verantwortlichen Politiker in England, Frankreich und den Vereinigten Staaten haben diese realistische Ostpolitik der Bundesregierung begrüßt, sie sind der formalistischen deutschen Querelen ebenso überdrüssig wie wir. Und wir haben keinen Grund anzunehmen, daß sie deshalb in der Sache weniger fest wären. Ebensowenig Grund haben wir allerdings, auf die Einwendungen gewisser US-Strategen des Kalten Krieges zu hören, die in der Bundesrepublik und vor allem in Westberlin immer noch den »Stachel im Fleische der Sowjets« sehen möchten. Stachel haben es nämlich an sich, daß sie manchmal abbrechen.
Diese gelassene Einstellung gegenüber der Sowjetunion und ihren Verbündeten sollte uns aber nicht hindern, die sozialistische Wirklichkeit jenseits unserer östlichen Grenzen kritisch zu betrachten. STERN-Reporter Rolf Winter hatte deshalb den Auftrag, eine Reportage über die Sowjetunion heute zu schreiben. Rolf Winter hat vor einem Jahr im STERN ein kritisches Amerikabild gezeichnet, das in der Bundesrepublik und in den USA Aufsehen erregte und das von vielen Blättern ungefragt nachgedruckt wurde.
Der Gedanke, daß Rolf Winter die Sowjetunion nicht weniger kritisch betrachten würde, ist dem KGB wohl etwas zu spät gekommen: Am 10. Februar verhaftete die sowjetische Geheimpolizei Rolf Winter und seinen fotografierenden Kollegen Robert Lebeck in Taschkent, verhörte die beiden stundenlang, beschlagnahmte die letzten Filme und wies die STERN-Reporter aus. Wie das vor sich ging, konnten Sie im STERN der letzten Woche lesen.
Was aber Rolf Winter und Robert Lebeck bis dahin erlebt, gesehen, fotografiert und auf Tonbändern, an Notizen und Filmen rechtzeitig nach Hause geschickt hatten, das lesen Sie in der Reportage, die in diesem Heft beginnt.

Die Bombe des Jagdfreundes

Intelligenz, Behutsamkeit und Erfahrung bescheinigt Franz Josef Strauß im STERN-Gespräch auf Seite 32 dieses Heftes seinem früheren Rivalen Gerhard Schröder, der sich um die Kanzlerkandidatur der CDU/CSU bewirbt. Sich selbst nennt Strauß »einen Menschen von bescheidener Webart«, der nie Kanzler werden wollte.

STERN-Gespräche werden auf Tonband aufgezeichnet. Da solche Unterhaltungen oft über Stunden geführt werden, muß die schriftliche Übertragung um sprachliche und gedankliche Exkursionen gekürzt werden. Das redigierte Manuskript wird dem Interviewpartner zur Abzeichnung vorgelegt. Verweigert er seine Zustimmung, dann unterbleibt die Veröffentlichung. Der Leser kann deshalb sicher sein, daß STERN-Gespräche die Äußerungen des Interviewten korrekt wiedergeben.

Daß ein in der gleichen Woche geführtes Interview mit dem Kommandeur der 7. Panzergrenadierdivision, Generalmajor Eicke Middeldorf, in diesem Heft nicht erscheint, hat einen anderen Grund: Generalmajor Middeldorf ließ dem STERN durch seinen »Jagdfreund« und juristischen Berater, Rechtsanwalt Dr. Gerhard Hartstang aus Essen, ein Gespräch über die Aktion der 30 Bundeswehrhauptleute anbieten, die auf Anraten des Generalmajors Middeldorf ein Arbeitspapier über angebliche Mängel in der Bundeswehr verfaßt hatten.

Der Jagdfreund des Bundeswehrgenerals versprach dem STERN eine »brisante Bombe«. Aber da die Bundesregierung sich »nach dem Scheitern ihrer Ostpolitik und ihrer Konjunkturpolitik« eine »Wehrkrise nicht mehr leisten« könne, müsse Generalmajor Middeldorf damit rechnen, daß Bundesverteidigungsminister Helmut Schmidt ihn ohne Beförderung zum Drei-Sterne-General »feuern würde«, sobald das Interview im STERN erschienen sei. Dieser Gefahr mochte sich der General, der seinen Hauptleuten Mut gemacht und sie vor Unbill zu schützen versprochen hatte, selber nicht aussetzen. Sein »bevollmächtigter Rechtsvertreter« Dr. Hartstang verlangt deshalb vom STERN »100 000 Mark (in Worten: Hunderttausend), zu zahlen auf ein von Herrn Generalmajor Eicke Middeldorf mitzuteilendes Konto, falls Herr Generalmajor Eikke Middeldorf vor Vollendung seines 60. Lebensjahres, ohne zuvor zum Drei-Sterne-General befördert worden zu sein, aus dem aktiven Dienst der Bundeswehr ausscheidet«.

Der STERN glaubt nach diesem balkanesischen Angebot zu wissen, wo die wirklichen Mängel in der Bundeswehr liegen. Dennoch widerstrebt es uns, dem Dr. Hartstang bei diesem Blattschuß auf seinen Jagdfreund Middeldorf die Flinte zu laden. Das Interview bleibt deshalb unveröffentlicht, die näheren Umstände lesen Sie in diesem STERN.

Hier irrt der Kardinal

Wenn Wiener Kardinäle Politik machen, dann wachsen die Fettnäpfchen auf ihrem Weg offenbar zur Größe von Badewannen. Da reiste in der vorletzten Woche der Wiener Erzbischof Franz Kardinal König als offizieller Vertreter des Vatikans nach Polen, um mit seinem polnischen Amtsbruder Stefan Kardinal Wyszynski über die Eingliederung der ehemals ostdeutschen Bistümer in die polnische Kirchenverwaltung zu sprechen.

Das ist an sich ein löbliches Unterfangen, denn wer wollte heute noch einen Sinn darin sehen, daß nach offiziellem Kirchenreglement etwa das frühere ostpreußische Bistum Ermland unter der Exiladresse »Münster, Ermlandweg 22« residiert, während das Erzbistum Breslau heute offiziell in Görlitz (DDR) beheimatet ist.

Wenn das auch keine Bedeutung für die seelsorgerische Praxis hat, so behagt es doch dem polnischen Selbstbewußtsein schon lange nicht. Seit Jahren fordert Kardinal Wyszynski, daß die »apostolischen Administratoren« der einst deutschen Diözesen – die nicht ihm, sondern dem Vatikan direkt unterstellt sind – zu ordentlichen polnischen Bischöfen ernannt werden.

Aber in diesem Punkt hielt es die römische Kurie bisher mit der Hartnäckigkeit deutscher Vertriebenenverbände: keine polnische Diözesenverwaltung, solange nicht »die deutsche Regierung« die neuen Grenzen völkerrechtlich anerkannt hat. Denn so steht's im Konkordat, das der Vatikan 1933 mit Hitler abgeschlossen hat.

Selbst als im November 1969 der SPD-Fraktionsführer Herbert Wehner und der praktizierende Katholik und Bundesverkehrsminister Georg Leber nach Rom reisten und Papst Paul VI. bedeuteten, die »deutsche Regierung« des Konkordats von 1933 existiere ja nun nicht mehr und das Kabinett Brandt/Scheel habe keine Bedenken gegen polnische Bischöfe jenseits von Oder und Neiße, blieb dennoch alles beim alten. Lebers Argument: »Im Konkordat steht auch, daß der Vatikan den zuständigen Reichsstatthalter – sprich NSDAP-Gauleiter – fragen muß, wenn er einen Bischof einsetzt. Ich bin nicht sicher, ob er das heute noch kann.«

Heute, da der Wiener Kardinal König mit neuer Botschaft durch Polen reiste, muß man sich allerdings fragen, ob sein Auftreten wirklich eine Wende zur Normalisierung bedeutet oder ob die Polen nicht eher mit Elogen abgespeist werden sollen, die diesmal nicht nur auf Kosten der historischen Wahrheit, sondern auch der deutsch-polnischen Verständigung gehen.

Im Dom von Breslau, das jetzt Wroclaw heißt, las der Kardinal König die Messe und rief den Gläubigen zu: »Ich habe euer Land betreten, euer westliches Land, ihr habt bewiesen, daß es euch gehört, daß es die Heimat eurer Arbeit, eure eigene Heimat und die eurer Kinder ist.«

Und im pommerschen Kolberg (Kolobrzeg) verstieg sich der Wiener Kardinal zu der Formulierung: »Ich begrüße euch in dem uralten und polnischen Heiligtum.«

Solche Reden des Kardinals sind nun freilich nicht nur Geschichtsklitterei, sondern auch eine besonders peinliche Art von wienerischer Anbiederung, und es mag einem Blatt, das seit langem für die Anerkennung der Oder-Neiße-Grenze eingetreten ist, erlaubt sein, dies deutlich zu sagen.

Der STERN ist für die Anerkennung dieser Grenze eingetreten, weil er darin ein Gebot der politischen Vernunft sieht. Die Vertreibung der ostdeutschen Bevölkerung aus ihrer Heimat bleibt dennoch ein Unrecht. Das größere Unrecht aber war der deutsche Überfall auf Polen, den sechs Millionen Polen mit ihrem Leben bezahlen mußten und der die Polen schließlich unter die sowjetische Vorherrschaft brachte.

Keine polnische Regierung – ob kommunistisch oder nicht – könnte nach den Verlusten an Menschenleben, nach den Zerstörungen und den Gebietsverlusten

im Osten es wagen, auf die ihr im Westen zugefallenen Gebiete zu verzichten. Freiwilliger Verzicht wäre politischer Selbstmord. Kein deutscher Vertriebener aber würde wollen, daß um seine Heimat erneut ein Krieg geführt wird. Der Beweggrund für unseren Verzicht auf Pommern, auf Ostpreußen und Schlesien ist die schmerzliche Einsicht in eine nicht mehr revidierbare geschichtliche Entwicklung. Um des Friedens willen, um der Menschen willen und aus Gerechtigkeit gegen das leidgeprüfte polnische Volk sollten wir den Warschauer Vertrag, der diese Einsicht besiegelt, bald ratifizieren.
Dem redseligen Kardinal König aus Wien aber wäre anzuraten, sich der Rolle seines Vorgängers Kardinal Innitzer zu erinnern, der im März 1938, als in Wien die Sprechchöre »Ein Volk, ein Reich, ein Führer« nicht abrissen, die feierliche Erklärung der österreichischen Bischöfe veranlaßte, in der diese »aus innerster Überzeugung und mit freiem Willen« dem Führer Adolf Hitler ihre Reverenz erwiesen, weil sie darauf bauten, »daß durch die Wirkung der nationalsozialistischen Bewegung die Gefahr des alles zerstörenden gottlosen Bolschewismus abgewehrt werde«.
Zerstört wurde zuerst Polen, dann die halbe Welt und schließlich Deutschland. Zerstört von Hitler, dem die Wiener Bischofserklärung »ihre besten Segenswünsche« erteilt hatte. Und der größte Teil der Beute, darunter Polen, fiel dem »gottlosen Bolschewismus« zu.

So können Kardinäle sich irren.

10. August 1971

Das Münchner Geiseldrama

Wer schießen will, muß wissen, wann und wohin er zu schießen hat. Und vor allem: Er muß auch schießen können.
Wer schießen läßt, muß vorher nachdenken.
In München gab es zwei Gesichtspunkte.
Erstens: Unschuldige durften nicht gefährdet werden.
Zweitens: beinahe – aber eben nur beinahe – ebenso wichtig: Die Täter durften nicht davonkommen. Und dies nicht wegen der zwei Millionen, sondern weil ihr Erfolg mit Sicherheit Nachahmer gefunden und damit neue Gefahr für Menschen bedeutet hätte.
Voraussetzung für jeden Befehl mußte die Analyse des Täterverhaltens sein. Dazu hatten die Spitzenleute von Polizei und Staatsanwaltschaft acht Stunden Zeit und durch Telefongespräche mit den Gangstern auch unmittelbare Gelegenheit.
Ergab eine solche Analyse, daß es sich um unberechenbare Täter handelte, denen es letzten Endes nicht darum gehen würde, die Millionenbeute für sich in Sicherheit zu bringen, sondern irgendeine politisch oder anders motivierte Wahnsinnstat zu begehen – und das Ultimatum der Gangster gab für eine solche irrationale Verhaltensweise einige Anhaltspunkte –, dann bedeuteten diese Täter in jedem Augenblick eine Gefahr für das Leben ihrer Geiseln. In diesem Fall konnte der Entschluß gerechtfertigt scheinen, die Täter zum frühesten Zeitpunkt »am unmittelbaren Tatort auszuschalten« – so der für den Schießbefehl an die Polizei verantwortliche Oberstaatsanwalt Dr. Sechser.
Gab es eine andere Möglichkeit als den Schießbefehl, so mußte man allerdings wissen, wann und wohin zu schießen sei. Darauf gibt es nur eine Antwort: Man mußte erst dann schießen, wenn man beide Täter im Visier hatte. Und man durfte nicht auf die Beine, sondern man mußte auf den Kopf schießen, denn ein angeschossener Täter, der eine Maschi-

nenpistole in der Hand hat, ist die todsicherste Gefahr überhaupt.
Schließlich mußte der, der den Befehl gab, über hinreichend ausgebildete und ausgerüstete Scharfschützen verfügen, die die Täter mit je einem Schuß ausschalten konnten.
Weder der Finger am Abzug, noch die Hand, die den Schießbefehl schrieb, durfte zittern.
Statt dessen ließ Oberstaatsanwalt Sechser schießen, als der Gangster Dimitri Todorov noch mit vier Geiseln in der Bank war und sie angesichts seiner eigenen aussichtslosen Lage hätte umbringen können. Den aus der Bank herauskommenden Täter Rammelmayr aber ließ man sechs Sekunden über die Straße laufen, so daß ihn zwar die Fotografen abschießen konnten, aber die Polizei schoß erst, als er schon am Fluchtwagen war. Statt eines gezielten Treffers gab es eine fast zwei Minuten dauernde Ballerei – die im Auto sitzende Ingrid Reppel mußte zwangsläufig mit dem Täter sterben.
Dr. Sechsers Schutzbehauptung: »Wir mußten erst sicher sein, daß die vermummte Gestalt auch wirklich einer der Täter und nicht eine vorgeschobene Geisel war, deshalb wurde so spät geschossen«, ist nicht überzeugend. Der Mann trug eine MP, die Polizei wußte von den freigelassenen Geiseln, daß es die einzige Maschinenpistole der Täter war. Hätten sie ausgerechnet die wirksamste Waffe aus der Hand geben sollen?
Auch das inzwischen mitgeteilte Obduktionsergebnis, wonach Ingrid Reppel durch Geschosse aus dem Smith & Wesson-Revolver des Bankräubers getötet worden sein soll, ist belanglos. Denn der halbherzige Schießbefehl des Oberstaatsanwalts (nicht töten, sondern nur kampfunfähig machen), das Zögern der polizeilichen Scharfschützen und das wahllose Dazwischenknallen seiner nervös gewordenen Kollegen haben diesen Mord geradezu provoziert. Nicht auszudenken, was geschehen wäre, wenn Rammelmayr statt des Revolvers seine Maschinenpistole hochgerissen hätte, wo es der Polizei nicht einmal gelungen war, die Neugierigen aus der Schußlinie herauszuhalten.
Daß der erst zehn Minuten später in der Bank überwältigte Todorov kein Blutbad anrichtete, verdanken seine Gefangenen jedenfalls nicht der Polizei oder dem forschen Oberstaatsanwalt, sondern wohl eher jener merkwürdigen Kumpanei, die sich zwischen Gangstern und Geiseln in den dramatischen acht Stunden entwickelt hatte. Nicht von ungefähr empfing die 21jährige Monika Schmitz bei der Festnahme Todorovs einen Schlag mit der Polizeipistole, als sie sich vor den Bankräuber stellte: »Schießt nicht auf ihn, er hat uns ja auch nichts getan!« Selbst Ingrid Reppel hatte sich wohl dem Charme der Räuber und der Scheine nicht entziehen können. »Als wir sie auf den Operationstisch legten, fiel uns das Geld nur so entgegen«, berichtet der Notarzt.
Eines jedenfalls ist gewiß: Wäre Todorov in aussichtsloser Lage entschlossen gewesen, seine Geiseln zu töten, so könnten heute Oberstaatsanwalt Dr. Sechser und Polizeipräsident Dr. Schreiber nicht bestreiten, daß sie dem Täter Anlaß, Zeit und Gelegenheit zu diesem Blutbad verschafften.
Aber eine nüchterne Analyse des Täterverhaltens hätte mit hoher Wahrscheinlichkeit ergeben, daß die Bankräuber es darauf angelegt hatten, mit der Beute und dem Leben davonzukommen. Warum hätten sie das Ultimatum, das sie zunächst auf 22 Uhr befristet hatten, sonst wohl verlängert? Auch die in den Telefongesprächen von den Tätern geäußerten Forderungen ließen auf ein höchst rationales Verhalten schließen.
Wenn aber die Täter ihre Haut und ihre Beute retten wollten, so brauchten sie dazu die Geiseln. Und zwar lebende Geiseln, die sie als Schild vor sich herschieben konnten. Nichts wäre für die aufs Entgegenkommen bedachten Ganoven sinnloser gewesen, als ihre Geiseln selbst zu ermorden.
Und irgendwann – so simpel und banal das klingen mag: Irgendwann wäre die Flucht zu Ende gewesen. Denn man darf ja wohl nicht annehmen, daß die Polizei eines modernen Industriestaates, die acht Stunden Zeit hat, alle Grenzen zu schließen, Hubschrauber einzusetzen, das Fluchtauto mit einem leicht zu ortenden Sender zu präparieren, die Zündfolge an einem Zylinder zu unterbrechen etc. – man darf doch wohl nicht anneh-

men, daß eine solche Polizei die Fliehenden aus den Augen verloren hätte.
Im südfranzösischen Toulouse, vor einem halben Jahr, bedrohten vier zum äußersten entschlossene Bankräuber mehr als zwanzig Stunden lang das Leben von vierzehn Geiseln. Die französische Polizei behielt die Nerven: Sie lieferte das Geld, sie hielt den Fluchtweg frei (sogar die Straßenbeleuchtung im Bankenviertel wurde auf Verlangen der Täter ausgeschaltet). Erst als die letzte Geisel freigelassen war, eröffnete die französische Polizei das Kesseltreiben. 48 Stunden später waren die Gangster hinter Gittern. Und in Zürich, wo vor wenigen Monaten ein Erpresser eine Geisel festhielt, hungerte die Polizei den Mann in aller Ruhe aus.
Aber Ruhe ist bei uns wohl nicht die erste Polizistenpflicht. Der Chefredakteur der Fernsehzeitschrift »Gong«, Helmut Markwort, der einem der uniformierten Ballermänner zurief: »Um Gottes willen, schießen Sie doch nicht drauflos, Sie gefährden ja Unschuldige«, erhielt die Antwort: »Ich habe hier noch sechs Schuß, das langt für Sie, wenn Sie nicht die Schnauze halten.«
So wenig wahrscheinlich es ist, daß unbeteiligte Menschen zu Tode gekommen wären, wenn Justiz und Polizei sich besonnener gezeigt und die Täter nicht unter Schießzwang gesetzt hätten, solange die Geiseln noch in ihren Händen waren – mit Sicherheit auszuschließen war diese Lebensgefahr natürlich nicht.
Worauf es ankam, war allein, daß ein im letzten unkalkulierbares Risiko nicht durch ein kalkulierbares Opfer ersetzt werden darf. Daß es in München an Stelle von zwei Erschossenen nicht sechs Todesopfer gab, ist ohnehin nichts als ein Wunder.

12. September 1971

Die Klugheit des Doktor Barzel

Als ich zur Schule ging, zählten unsere Zeugnisnoten von 1 bis 5. 1 hieß soviel wie »sehr gut« oder »ausgezeichnet“, 2 war »gut«, 3 stand für »befriedigend«, erst 4 galt als »mangelhaft«, und 5 bedeutete »ungenügend«.
Das Berlin-Abkommen – an dieser Skala gemessen – hätte gewiß weder eine Eins noch eine Zwei verdient.
1 = »sehr gut« wäre gewesen, wenn der Mann, den meine Generation den »Führer« zu nennen pflegte, keinen Krieg begonnen hätte. Noch »ausgezeichneter« freilich – gewissermaßen 1 plus –, wenn wir diesem Führer erst gar nicht gefolgt wären. Mit Sicherheit gäbe es dann in Berlin heute keine Sowjets, keine Mauer und keinen Schießbefehl. Aber dieser Friede ist vorbei, unabänderlich.
2 = »gut« wäre es gewesen, wenn unsere westlichen Verbündeten in der Morgenfrühe des 13. August 1961, als Ulbricht die Vier-Mächte-Stadt mit Stacheldrahtrollen zu teilen begann, diesen Stacheldraht einfach beiseite geräumt hätten. Daß es deswegen Krieg gegeben hätte, glaubt ernsthaft kein Mensch. Auch diese Chance wurde vergeben.
Was seither war, kann ohne Umschweife als »mangelhaft« und »ungenügend« angesehen werden: Blockade, Schikanen an den Übergängen, die Westberliner vom Ostteil der Stadt ausgeschlossen, und die »Rechte« des Westens standen nicht einmal auf dem Papier. Denn es gab kein Papier über Berlin, das die gültige Unterschrift aller Sieger und der beiden Deutschlands getragen hätte.
Sieht man es so nüchtern, dann hat das Berlin-Abkommen der Botschafter die Note 3 = »befriedigend« wohl verdient. Kein Grund zum Jubeln, eben nur ein »befriedigend«, wer mehr erwartet hatte, sollte nach fünfundzwanzig Jahren eigentlich klüger sein.

Es zeigt sich denn auch, daß der Doktor Barzel ein gutes Stück klüger ist als der Doktor Strauß. Während der Bayer apodiktisch meinte, in Berlin würden nun »die Flaggen eingezogen«, mochte sich Barzel so weit von der Wirklichkeit nicht entfernen: »Berlin wird sicherlich für die Menschen etwas Besseres haben«, stellte er fest.

Und je näher ein CDU-Mann an Berlin sitzt, desto mehr fällt für ihn das »Befriedigende« an der Berlin-Regelung ins Gewicht. Berlins CDU-Vorsitzender Lorenz: »Ich erwarte, daß wir für die nächsten Jahre besser leben werden in Westberlin als zuvor.«

Daß eine »befriedigende« Berlin-Regelung getroffen sein müßte, ehe der Moskauer und der Warschauer Vertrag im Bundestag ratifiziert würden, dies galt als eine der wenigen politischen Gemeinsamkeiten von Regierung und Opposition.

Nun wird der Kanzleraspirant Barzel beweisen müssen, daß ihm die Staatsräson über die parteipolitische Eitelkeit geht. Versagt nämlich die Opposition den Ostverträgen jetzt noch ihre Zustimmung, so hätte sie die Verantwortung dafür zu tragen, wenn Moskau das Berlin-Abkommen und damit »das Bessere für die Menschen in Berlin« schließlich doch noch annullieren würde.

10. Oktober 1971

Lob der Geheimdienste

Bei einem Hamburger Überseekaufmann, dessen großes Haus an der Elbe leersteht, seitdem er sich's in einer Mietwohnung im Alstertal bequem gemacht hat, läutete kürzlich ein Besucher, der sich als Angehöriger des BND zu erkennen gab.

Da mein Gewährsmann mit der Abkürzung zunächst nichts anzufangen wußte (als er mir's später erzählte, meinte er entschuldigend, ihm seien nun einmal BRT* geläufiger als BND), nannte der Unbekannte den Namen des Generals Gehlen. Und obwohl die Memoiren des Spionage-Generals damals noch nicht angekündigt waren, wußte mein Bekannter nun Bescheid.

Was aber wollte der Bundesnachrichtendienst ausgerechnet von ihm?

»Sie haben«, so sagte der Besucher, »doch ein Haus an der Elbe, das zur Vermietung ausgeschrieben ist.« Ob denn die Sowjets sich etwa schon nach dem Haus erkundigt hätten.

»Die Sowjets?«

Nun ja, die Sowjets würden ein Generalkonsulat in Hamburg einrichten, wie die Bundesrepublik eines in Leningrad erhalte. Und da seien die Sowjets auf der Suche nach einem geeigneten Haus.

Mein Bekannter konnte dem BND nicht dienen, bei ihm hatten die Sowjets sich noch nicht gemeldet.

Immerhin, was nicht sei, könne ja noch kommen, meinte der Besucher, und für diesen Fall wäre der BND dankbar, wenn man ihm Gelegenheit geben würde, das Haus vor dem Einzug der neuen Bewohner noch kurz zu visitieren.

Mein Gewährsmann, obwohl in BRT besser zu Hause als im BND, brauchte nicht lange zu überlegen; soviel weiß heute jeder Zeitungsleser: daß bei Botschaften und Generalkonsulaten in gewissen Staaten die Wände Ohren haben, weil dort vorher die Geheimdienste der Gastgeber Mikrophone und Kleinsender einbauen, im Branchenjargon »Wanzen« genannt.

Der Hamburger Kaufmann – naiv genug, geglaubt zu haben, daß solches nur in kommunistischen Staaten üblich sei – zog es vor, sein Haus unverwanzt zu lassen. Er werde es nicht an die Sowjets vermieten.

Die Geschichte fiel mir ein, als ich in Springers »Welt« las, daß die Engländer

* Bruttoregistertonnen

105 sowjetische Spione auf einen Schlag ausgewiesen haben und daß diese Spionagetätigkeit Moskaus wohl das beste Argument gegen Willy Brandts Ostpolitik sei: Mit Leuten, die so unverfroren spionieren, könne man eben keine Verträge schließen. Und wenn es eines Beweises bedurft hätte, daß Moskau noch immer die Weltherrschaft wolle, bitte sehr, hier ist er!

Mir schien solche moralische Entrüstung wahrhaftig zum Lachen zu sein, um so mehr, als man in der gleichen »Welt« lesen konnte, wie vorzüglich der Nachrichtendienst der Bundesrepublik in der Sowjetunion, im ganzen Ostblock und vor allem in der DDR zu spionieren weiß: Schon in Stalins »Kriegsrat« habe der treffliche General Gehlen einst seinen V-Mann gehabt, und ein veritabler Minister der DDR habe den späteren Chef des Bundesnachrichtendienstes Gehlen mit Meldungen aus Ulbrichts Nähkästchen versorgt.

Such is life – solange kein Aufklärungssatellit zu vermelden weiß, was in den Kabinetten und Generalstäben der Warschauer-Pakt-Staaten geplant wird, solange werden wir wohl einen Geheimdienst brauchen. Und ich hoffe zu Gott, daß er erfolgreicher ist als jener Hamburger Wanzenzüchter.

Mit Moral hat das alles ebenso wenig zu tun, wie es ein Beweis für bestimmte politische Absichten ist. Sicher ist nur, daß die Politiker ohne Geheimdienste häufig aufs Margeritenzupfen oder Knöpfezählen angewiesen wären, wenn sie die Interessen ihres Staates mit den Interessen des Verhandlungspartners zu koordinieren versuchen.

Je besser der sowjetische Geheimdienst in der Bundesrepublik arbeitet, desto überzeugter wird Moskau sein, daß die Deutschen keine Revanchisten sind und daß auch die Opposition nicht aus lauter Ostlandreitern besteht.

Dank der Wachsamkeit unseres Bundesnachrichtendienstes wiederum wußten Bonn und unsere Verbündeten beim Einmarsch der Sowjets in die Tschechoslowakei, daß hier kein dritter Weltkrieg bevorstand, sondern daß die Sowjets sich lediglich anschickten, das zu verhindern, was den USA in Korea, Kuba und Vietnam außer Kontrolle geriet und was sie in anderen südamerikanischen Staaten mit bezahlten Militärjuntas verhindern: daß die eigene Machtsphäre verletzt und so das Gleichgewicht der Kräfte gestört wird. Hätte Dubček gesiegt, wäre Polen gefolgt. Wer den Sowjets den politischen Selbstmord nicht zumutet, konnte sich über den Einmarsch nicht verwundern – such is life.

So haben denn auch Geheimdienste ihre Bedeutung für den Frieden. Niemand weiß, ob nicht die Welt in Brand geraten wäre, wenn die Sowjets gewartet hätten, bis die Flamme des Aufruhrs von Prag auch in Warschau und Bukarest gezündet hätte. Und niemand vermag zu sagen, was geschehen wäre, wenn ein aus Unsicherheit über die sowjetischen Absichten nervös gewordener Westen am 17. Juni 1953 in Berlin, beim Aufstand in Ungarn 1956 oder beim Einmarsch in die ČSSR im August 1968 zu den Waffen gegriffen hätte.

Ebenso dürfte das Einlenken Moskaus in den Vier-Mächte-Verhandlungen über Berlin zum guten Teil den Erkundungen des sowjetischen Geheimdienstes zu verdanken sein, die keinen Zweifel darüber zuließen, daß die Westberliner zur Bundesrepublik gehören wollen und daß die Nato Berlin gegen jeden Übergriff verteidigen würde.

Wollen die Springer-Blätter ihre Leser wirklich glauben machen, Willy Brandt hätte auf die Ostpolitik gesetzt und die verbündeten Regierungen von Amerika über England bis zu Frankreich stimmten dieser Entspannungspolitik zu, wenn nicht auch das »Feindbild«, das die westlichen Geheimdienste von Moskau zeichnen, eine Veränderung erfahren hätte?

Sollten Nixon, Heath und Pompidou denn dümmer sein als Springer, Barzel und Strauß?

Dem nun seit Jahr und Tag im Ruhestand lebenden General Gehlen will das nicht mehr in den Sinn. Solange er Dienst tat, betrachtete er »den Kommunismus als eine tödliche Gefahr und lehnte sein Gedankengebäude vollkommen ab« (Gehlen über Gehlen in der »Welt«). Groß geworden ist er in einer Zeit, da man glaubte, »das bolschewistische Untermenschentum mit der Wurzel ausrotten« zu können. Daß es damals nicht geklappt hat, ist Gehlens Schuld gewiß nicht.

Nun hat der alternde Jagdhund, auf Rotwild abgerichtet, die Fährte längst verloren. Wer will es ihm verargen, daß er bellt, wenn Springers Kalte Krieger blasen.

24. Oktober 1971

Korruption auf sozialdemokratisch

Korruption auf sozialdemokratisch hatte bisher einen Ruch von Erdverbundenheit. Vom ehemaligen SPD-Fraktionschef Boljahn in Bremen über den Gladbecker SPD-Ex-OB Kalinowski bis zum Homberger SPD-Baulöwen Kun ging es stets um Grundstücke. Dem Bonner SPD-Fraktions-Geschäftsführer Karl Wienand blieb es vorbehalten, in die Luft zu gehen: Bis zur Stunde ist der Verdacht nicht ausgeräumt, daß Wienand die Fluggesellschaft »Paninternational« begünstigt und dafür Geld genommen hat.
Nun sei es erlaubt, den Ausdruck »Korruption« sogleich auf die Bedeutung festzulegen, die ihm der Große Brockhaus an erster Stelle zuweist: »Sittenverfall« steht dort – und parlamentarischer Sittenverfall scheint es mir denn auch zu sein, wenn vom Volk gewählte und bezahlte Abgeordnete ihr Amt dazu benutzen, im Interesse des eigenen Geldbeutels tätig zu werden.
Was heißt es schon, wenn Wienand versichert, er habe nichts »Ehrenrühriges« getan? Daß er wegen seiner Aktivität für die schlampige Fluggesellschaft am Tode der 22 mit »Paninternational« verunglückten Urlauber mitschuldig sei, konnte nur Franz Josef Strauß behaupten. Und nur der dünnhäutige Herbert Wehner konnte diesen Unsinn eines Dementis für wert halten.
Als allzu dünnhäutig erwies sich noch mancher der hier Betroffenen. Karl Wienand selbst ließ sich die Fakten nur unter Tränen aus der Nase ziehen – und immer nur so weit, wie er sie nicht mehr leugnen konnte. »Paninternational«-Geschäftsführer Dr. Trommer beschwor eindringlich »die Sorge um das Schicksal unserer Mitarbeiter« – als habe der STERN, der die Unsauberkeit aufdeckte, das Unternehmen zu Fall gebracht und nicht Trommers hanebüchene Geschäftsführung. Der SPD-Fraktions-Pressesprecher Jansen schließlich beteuert in einem Brief an mich, die »Affäre, von der Trommers Frau nichts wissen durfte und die Wienand mit einem fünfstelligen Betrag bereinigte«, sei seiner, des Fraktions-Pressesprechers, Phantasie entsprungen – er habe gemeint, das Unbegreifliche an Karl Wienand sei nur so zu erklären. Aber klar wird auf diese Weise nichts, und die Phantasie reicht so leicht nicht aus, um sich zwischen den Schutzbehauptungen, den Gefälligkeitsdementis und den offensichtlichen Lügen hindurchzufinden:
Erst bestritt Wienand, den Namen »Paninternational« vor dem Hamburger Flugzeugunglück überhaupt gekannt zu haben. Nun will er dem »Paninternational«-Geschäftsführer Dr. Trommer lange davor einen Betrag geliehen haben, den dieser auf 60 000 Mark beziffert.
Erst sagte Wienand: »Mir ist von einem Beratervertrag absolut nichts bekannt, das will ich hier mit aller Deutlichkeit feststellen«, aber dann stellte sich heraus, daß der Vertrag von ihm nur nicht unterschrieben wurde, wohl aber von Dr. Trommer.
Erst hatte Wienand »niemals Geld von der ›Paninternational‹ bekommen« – als der STERN ihm dann die auf ein »Paninternational«-Konto bei der Deutschen Bank in München, Filiale Dachauer Straße, ausgestellten Schecks vorhielt, räumte er plötzlich ein, »fünf oder sechs

Schecks« als Rückzahlung jenes mysteriösen Privatdarlehens erhalten zu haben.
Was wird Karl Wienand nun noch einfallen, wenn er in diesem STERN den Brief vom 14. Oktober 1970 findet, in dem Dr. Trommer den Verrechnungsscheck an Wienand expressis verbis als »Ihr Honorar für den Monat September« bezeichnet.
Nein, klar ist nur eines: Karl Wienand selbst hat das Zwielicht verbreitet, in dem er heute steht. Seine Partei täte gut daran, ihren Fraktions-Geschäftsführer so lange aus dem Verkehr zu ziehen, bis aufgeklärt ist, was Wienand von »Paninternational« bekam und was er dafür leistete.
Denn auch hier wurde bisher vornehmlich mit Nebel geschossen.
Einmal will Wienand »weder beim Verkehrsminister noch beim Luftfahrt-Bundesamt in Fragen der Luftsicherheitsbestimmungen zugunsten dieser Firma interveniert« haben. Schon aber steht fest, daß der Abgeordnete zusammen mit dem Leiter des Braunschweiger Luftfahrt-Bundesamtes, Paul Ossenbühn, bei der Überprüfung der »Paninternational« in München aufkreuzte.

Wienand meint, er habe »aus menschlicher Fürsorge und nicht als Abgeordneter« Fürsprache für »Paninternational« im Bundesverkehrsministerium seines Genossen Georg Leber gehalten. Aber wie mag der Ministerialrat Hans-Werner Paas, stellvertretender Leiter der Abteilung Luftverkehr in Lebers Ministerium, wohl erkannt haben, wer da zur Tür hereinkam: der Abgeordnete Wienand oder der Mensch Wienand?
Auch die von Wienand auf seiner Pressekonferenz vorgebrachte Tatsache, er »habe Dr. Trommer sogar zum Einbau zusätzlicher Navigationsinstrumente in die Maschine bewogen«, könnte sich leicht als Bumerang gegen den Abgeordneten erweisen. Wußte er am Ende, daß die »Paninternational« mit ungeeignet ausgerüsteten Flugzeugen und unzureichender Besatzung zu weite Strecken im Nonstopflug bediente?
Der Große Brockhaus von 1955 sagt: »Wenn Korruption bei den Amtsträgern eines Staates einreißt, so ist das gewöhnlich die Folge unzureichender wirtschaftlicher Versorgung.«
Dem ist wenig hinzuzufügen.
Ein Staat, der seine Volksvertreter wie Industrie-Manager bezahlte, würde damit nicht nur erreichen, daß ein Abgeordnetenmandat auch für wirkliche »Führungskräfte« attraktiv wird. Dieser Staat könnte es sich dann auch leisten, den Lobbyismus, das heißt die bezahlte Wahrnehmung von Wirtschafts-, Industrie- und Gruppeninteressen durch Abgeordnete, grundsätzlich zu verbieten. Und dazu ist es höchste Zeit.

21. November 1971

Ein wenig Sozialismus gefällig?

Der Dreh des SPD-Geschäftsführers Wischnewski verfängt nicht: »Die Beschlüsse des SPD-Parteitages«, so hat er gesagt, »binden weder die Regierungskoalition noch den Bundeskanzler.« Das ist nun freilich eine Binsenwahrheit. Soweit, daß der Bundeskanzler ein imperatives Parteimandat ausübt, sind wir noch nicht. Und soweit werden wir hoffentlich auch nicht kommen, ganz gleich, welche Partei den Kanzler stellt. Bei der gegenwärtigen Koalition ist ja schließlich auch die FDP im Spiel. »Ihre negative Entscheidung (zu Postulaten des SPD-Parteitages) würde die Koalition nicht berühren«, meint Wischnewski großzügig.
Aber das alles entbindet die SPD – Regierungspartei, die sie ist – natürlich

nicht von der Verpflichtung, dem Wähler zu sagen, wohin sie steuern will. Sie stellt den Kanzler. Die Schizophrenie, daß der das Steuer in eine bestimmte Richtung dreht, während die Zielvorstellungen seiner Partei in eine andere gehen, ist auf die Dauer nicht denkbar.

Die SPD – um es auf eine kurze Formel zu bringen – wird sich entscheiden müssen, ob sie eine sozial-demokratische Partei sein will oder eine sozialistische Klassenkampf-Partei. Ob sie pragmatisch das unter den gegebenen Verhältnissen Mögliche tun will, um den Wohlstand des Volkes zu mehren und ihn gerechter zu verteilen, oder ob sie der Utopie des »sogenannten Guten« nachjagen will, auch wenn dabei, wie Gerhard Szczesny es formuliert, »der Mensch erst geopfert werden muß, bevor er erlöst werden kann«.

Durchaus denkbar, daß es eine Wirtschaftsordnung gibt, die menschlicher und gerechter wäre als das, was wir ein wenig vage »die freie Marktwirtschaft« nennen. Ein System, das zu immer größeren privaten Reichtümern führt, während in den Krankenhäusern die Patienten auf den Fluren liegen und 50 Kinder sich in einer Schulklasse drängen, ist gewiß nicht der Weisheit letzter Schluß. Aber dieses System opfern um einer Utopie willen, das ist doch wohl eine andere Sache.

»Gemeinnutz geht vor Eigennutz«, haben auch die Nazis gesagt, und es klang edel und gut. Aber die Verhältnisse, die sind nicht so, und die Menschen sind es leider auch nicht. Es ist nun einmal das Streben des Menschen nach dem eigenen Nutzen, das die Wirtschaft vorantreibt. Was der Staat tun kann, ist dies: dafür sorgen, daß dieses legitime Streben nach Eigennutz nicht auf Kosten derer betrieben wird, die durch Herkommen, Krankheit, Alter und andere unverschuldete Umstände im Existenzkampf benachteiligt sind. Daß die Faulen benachteiligt werden, halte ich für kein Übel.

Mein Kollege Peter Koch hat im vorigen und in diesem STERN (siehe nächste Seite) den schmerzlichen Weg der SPD von der Sozialistischen Arbeiterpartei bis zur Volkspartei mit Regierungsverantwortung geschildert. Nun muß sich zeigen, ob diese Schmerzen nur Anpassungs- oder gar Tarnungsschwierigkeiten oder wirkliche Entwicklungsschmerzen waren. Ist das Godesberger Programm der SPD nur ein Tarnnetz, unter dem die sozialistische Ideologie verbissen weiterbohrt, oder hat die SPD in Godesberg erkannt, daß man mit Reformen an unserem Wirtschaftssystem eher weiterkommt als mit dem Traum von der Revolution? Daß es gescheiter ist, die Kuh zu melken, als sie auf dem Altar der Ideologie zu verbrennen.

Ich will die Vorurteile nicht unterschätzen, die den Sozialdemokraten das Leben schwermachen. Die Verleumdung, sie seien »vaterlandslose Gesellen«, weil sie sich weigerten, Kapital und Kirche als ihr Vaterland anzusehen. Die Angst des Kleinbürgers, es ginge um sein Einfamilienhaus, wann immer ein Sozialdemokrat gesetzliche Maßnahmen gegen den Mißbrauch des Eigentums, gegen Bodenwucher und Grundstücksspekulation fordert.

Aber die SPD muß auch wissen, daß die Allergie der deutschen Wähler gegen sozialistische Experimente nicht nur ein Vorurteil ist. Wo immer der Sozialismus herrscht, wo immer der Unternehmer durch den Funktionär ersetzt wurde: In der Sowjetunion, in der DDR, in allen Satellitenstaaten und auch in Jugoslawien, überall ist der Arbeiter schlechter dran als bei uns, muß er länger arbeiten, um ein Brot, ein Paar Schuhe, ein Auto oder eine Urlaubsreise bezahlen zu können. Ganz abgesehen von der Freiheit dahin zu fahren, wohin es ihn gelüstet, und den Mund aufzumachen, wann immer ihm danach ist.

Die Sozialdemokraten, die in der Deutschland- und in der Ostpolitik mit den Illusionen aufgeräumt haben, werden sich auch in der Wirtschafts- und Gesellschaftspolitik an den Realitäten orientieren müssen, wenn sie weiterhin etwas bewirken wollen.

Wer dagegen den Umsturz unseres Wirtschaftssystems betreibt – sei es offen und unverblümt schon heute, sei es als Zielvorstellung und nur auf Zeit getarnt –, der gefährdet das Bemühen der SPD/FDP-Regierung, dieses in seiner Effizienz bisher nicht übertroffene System Schritt für Schritt zu vermenschlichen, es durchsichtiger und gerechter zu

machen im Sinne der Forderung »Jeder nach seinen Fähigkeiten, jedem nach seinen Bedürfnissen«.
Freilich, daß jeder auch die Chance haben muß, seine Fähigkeiten in wirtschaftlicher Unabhängigkeit zu bilden, damit er seine Bedürfnisse erfüllen kann, das sollten auch die Unternehmer als einen wesentlichen Bestandteil unserer am Leistungsprinzip orientierten Gesellschaft erkennen.
Das Festhalten an feudalistischen Strukturen, die Negierung der sozialen Verpflichtung des Eigentums, die Behauptung des unternehmerischen Herr-im-Hause-Standpunktes und der Glaube »Wer Geld hat, findet auf den Bahamas nicht nur high life, sondern auch exquisite Kapitalanlagen« (so der Prospekt einer Investitionsgesellschaft) führen rascher und mit größerer Sicherheit zum Zusammenbruch unserer Wirtschaftsordnung als ein paar Juso-Anträge, die auf dem SPD-Parteitag diskutiert und mit Vernunft und Sachlichkeit in die praktische Politik integriert werden.
Im Vordergrund dieser Diskussion steht die Steuerpolitik. Die Opposition wird nicht zögern, das große Bangemachen damit zu beginnen. Was mich angeht: Ich gehöre zu denen, die heute gut verdienen. Und ich würde gern höhere Steuern zahlen, wenn ich mit ihnen ein System reformieren und damit erhalten kann, das mich auch in fünf Jahren noch gut verdienen läßt.

27. Januar 1972

Dementis, Dementis, Dementis ...

Ein Journalist, der keiner Parteiräson unterworfen ist, wird mit Dementis leben müssen.
Als der STERN im Januar 1971 meldete, das japanische Kaiserpaar werde die Bundesrepublik besuchen, dementierte das Bundespräsidialamt: »Reine Spekulation, frei erfunden.« Inzwischen macht Hirohito längst Gedichte über seine Rheinreise.
Als der STERN dem Bundestagsabgeordneten Wienand ein Beraterverhältnis mit den Charterfliegern der »Paninternational« anlastete, erklärte SPD-Wienand unschuldsvoll, er habe den Namen der Gesellschaft erstmalig bei der Hamburger Flugzeugkatastrophe gehört. Inzwischen ergibt sich aus den Vernehmungen des Parlamentarischen Untersuchungsausschusses, daß die 22 Toten von Hamburg wahrscheinlich noch am Leben wären, hätte der Abgeordnete Wienand seinen politischen Einfluß nicht mißbraucht, um die schlecht ausgerüstete, schlampig organisierte und verantwortungslos geführte Chartergesellschaft vor dem Entzug ihrer Fluglizenz zu bewahren. Wienands Dementi war falsch.

Als vor sechs Wochen im STERN stand, die Sowjets planten einen Flottenbesuch in Hamburg, beeilte sich das Bundesverteidigungsministerium mitzuteilen, ihm sei von solchen Absichten nichts bekannt. Wirklich nicht? Dann wußte der STERN offenbar mehr als die Hardthöhe. Inzwischen bestätigte die britische Nachrichtenagentur Reuter, was das Bonner Verteidigungsministerium dementiert hatte. »Vorerst dementiert« sollte man künftig besser sagen, weil Dementis oft zu kurze Beine haben.

Auch die Berliner SPD-Abgeordneten Bartsch und Seume haben dementiert, daß sie der Springer-Presse Informationen gaben, die dort im Kampf gegen die Ostpolitik der Bundesregierung eingesetzt wurden. Und auch mit diesem Dementi werden wir zu leben wissen. Wenn erst ein ordentliches Gericht alle Beteiligten unter ihrem Eid vernimmt, wird sich die Wahrheit schon herausstellen, und wir können sie dann unter der Rubrik »Es stand im STERN« wiederholen. Aber da wir gerade dabei sind, folgt hier noch eine Meldung, die morgen gewiß auch dementiert werden wird, obwohl sie stimmt: Als Rainer Barzel aus Moskau zurückkam, hat er seinen CSU-Freunden Franz Josef Strauß und Richard Stücklen berichtet, er habe die feste Überzeugung gewonnen, daß Moskau im Falle einer Ablehnung der Ostverträge unter keinen Umständen zu neuen Verhandlungen bereit sein werde. Dann sei mit einer Ost-West-Verhärtung zu rechnen, welche die Bundesrepublik auch gegenüber den entspannungswilligen Amerikanern in eine schwierige Lage bringen könne. Deshalb müsse die CDU/CSU sich am Ende wohl mit den Verträgen abfinden. Damit die Opposition das Gesicht nicht verliere, solle die politische Auseinandersetzung mit der Bundesregierung bis eine Minute vor zwölf getrieben werden, dann aber gelte der Satz: »Ablehnen, wenn Annahme gesichert«. Keinesfalls, so Barzel, dürfe das Bundesverfassungsgericht angerufen werden.

Drei waren dabei: Barzel, Strauß und Stücklen. Einer hat's weitererzählt, und nun werden sie es morgen gewiß alle drei dementieren.

13. Februar 1972

Die Lebenslüge der Ulrike Meinhof

Daß dies nicht die beste aller denkbaren Welten ist, muß auch einem CDU-Mann einleuchten. Selbst wenn das C ihn nicht schon verpflichtet, diese Erde als ein Jammertal anzusehen.
Aber daß in unserer Gesellschaft die Ungerechtigkeit herrscht, daß es wenige Mächtige gibt und viele Ohnmächtige, daß die Leidtragenden von Konjunkturrückgängen immer noch eher die Arbeiter als die Unternehmer sind, daß Besitz frei macht und Armut unfrei – wer wollte das ernsthaft bestreiten?
Leere Worte sind das nicht. Denken Sie doch einmal darüber nach, wieviel leichter es ist, seinen Urlaub einzurichten, seine Frau zu den besten Ärzten und seine Kinder in die beste Schule zu schikken. Oder sehen Sie nach unten, ob Ihre Untergebenen nicht in engeren Zimmern wohnen als Sie, ob sie nicht mehr Angst haben müssen, ihren Job zu verlieren und wie sie sich im Alter werden einschränken müssen.
Und wer wollte bestreiten, daß unsere Gesetze dazu dienen, das Bestehende zu bewahren, die Herrschenden vor den Beherrschten zu schützen, den Besitz vor dem Zugriff der Besitzlosen und die Mächtigen vor dem Aufstand der Ohnmächtigen?
Also hätte der ehemalige Rechtsanwalt Horst Mahler recht, der aus dem Gefängnis schrieb, die Baader-Meinhof-Gruppe bekenne sich zur Illegalität und zu krimineller Gewalt? Da man die bestehende Ungerechtigkeit mit Resolutionen und Stimmzetteln nicht ändern könne, müsse man die Konventionen und Gesetze der bürgerlichen Gesellschaft über Bord werfen. Denn wer diese Gesetze befolgt, ermöglicht durch seine Willfährigkeit den Völkermord in Asien und die Unterdrückung in Afrika, er fördert die Ausbeutung der Fremdarbeiter, macht einer auf Profit bedachten Industrie die weitere Zerstörung der Umwelt möglich, die Verwüstung unserer Städte durch immer mehr Autos und immer

mehr Bauspekulation, er trägt die Verantwortung für die Unterdrückung der Frau und verschließt sich der Lebensnot der aus dem Arbeitsleben ausgeschiedenen Alten.
»Menschlich handeln« – so Horst Mahler – »heißt heute gegen die Legalität der kapitalistischen Bereicherungssucht kämpfen und die bürgerliche Ordnung zerstören.« Deshalb also schießen die Baader-Meinhof-Leute auf Polizisten, deshalb rauben sie Banken aus, deshalb wollen sie »unter allen Umständen die Nervenzentren des Kapitalismus durcheinanderbringen und dürfen nicht darauf warten, bis ihm jene die Zähne ausgebrochen haben, die gerade gefressen werden«.

Kein Zweifel, zwischen den Motiven des Kölner Bankräubers Vicenik und denen des Anwalts Mahler ist ein Unterschied. Ulrike Meinhof ist nicht die Banklady Gisela Werler, denn »während die übliche Kriminalität« – so wiederum Horst Mahler – »unmittelbar das Interesse privater Bereicherung beziehungsweise Befriedigung verfolgt, hat die Kriminalität der Revolutionäre die Verwirklichung gesellschaftlicher Bedürfnisse zum Inhalt. Sie richtet sich gegen die Mächtigen und Reichen und schont die Besitzlosen und Unterdrückten«.
Das klingt ganz einleuchtend, und wer die Kriegsgreuel in Vietnam als abendliche Fernsehunterhaltung betrachtet und sich mit der Existenz von Atombomben, Napalm und Pestwaffen abgefunden hat, der sollte sich über Ulrike Meinhof und ihre Gefolgschaft so leicht nicht moralisch erheben.

Dennoch erscheint es mir lächerlich, wenn dieses Verständnis für die Motive der Baader-Meinhof-Gruppe dazu führt, daß einige Leute sich scheuen, diese Gruppe eine »Bande« zu nennen. (Wer sich zur Kriminalität so eindeutig bekennt, hat auf den Titel »Bande« geradezu einen Anspruch.) Und dennoch meine ich, daß diese Bande von Überzeugungskriminellen mit allen rechtlichen Mitteln aufgespürt und verfolgt werden muß. Und wenn einer der Gesuchten die Pistole zieht, dann hoffe ich, daß der Polizist schneller ist.

Aus zwei Gründen:
Einmal, weil es für Raubüberfälle keine wie immer geartete politische Rechtfertigung geben darf. Und da soll mir keiner kommen und sagen, revolutionäre Gewalttaten seien nur so lange verabscheuungswürdig, wie die Revolution nicht gesiegt hat, später werde man einsehen, daß sie die Grundlage der neuen Ordnung gelegt hätten.
Daß es hier nämlich nicht um eine neue Ordnung geht, ist der zweite Grund. Es geht nur um die alte Hierarchie mit neuen Hierarchen. Die Philosophie der Ulrike Meinhof und ihres Anwalts Horst Mahler ersetzt nur die bestehende Unfreiheit durch eine neue, die herrschende Ungerechtigkeit durch eine andere, und die »Freiheit«, für die Mahler und seine Freunde die »bürgerliche Ordnung« zerstören möchten, ist nur eine armselige Freiheit in Anführungszeichen.

Denn so sind die Menschen nun einmal nicht, daß sie ganz ohne Ordnung leben könnten. Die Annahme, daß der Mensch gut sei und daß man ihn nur gewähren lassen müsse, um »das größte Glück der größten Zahl« zu erreichen, hat sich längst widerlegt. Der Mensch ist egoistisch auf Kosten seines Nebenmenschen, er ist rücksichtslos im Durchsetzen der eigenen Interessen, und das menschliche Zusammenleben bedarf der ordnenden Macht, sei diese Macht vererbt, sei sie durch Besitz oder durch Wahl und Auftrag zustande gekommen.

Und das scheint mir schon die Reihenfolge zu sein, für die sich Revolutionen gelohnt haben: Vererbung, Besitz, Wahl. Die Macht der Fürsten und Feudalherren, die sich auf ihre Nachfolger ohne Ansehen ihrer Würdigkeit und Fähigkeit vererbte, mußte der Macht des Besitzbürgertums weichen – aber Besitz wollte immerhin erworben werden und war dem dauernden Risiko ausgesetzt, allzu lange haben sich Vermögen und die damit verbundene Macht in unfähigen Händen nie gehalten.
Das an den Besitz nicht mehr gebundene allgemeine freie und geheime Wahlrecht war dann der erste Schritt auf dem Wege zur Demokratisierung unserer Gesellschaft. Zugegeben, wir sind noch nicht

am Ende dieses Weges, und jeder weitere Fortschritt (wie die Mitbestimmung am Arbeitsplatz) muß mühsam erkämpft werden. Wer aber unsere bürgerliche Ordnung durch die Allmacht der Funktionäre ersetzen will, der geht zurück in eine geistige Feudalherrschaft, deren Beispiel in den sozialistischen Staaten uns schrecken sollte.
Daß Macht böse macht, daß sie zur Willkür und Unterdrückung verführt, ist eine Binsenweisheit. Die Macht eines Unternehmers orientiert sich immerhin am Wohl des Unternehmens, das Unterdrückung und Willkür eher ausschließt als die Selbstherrlichkeit von Funktionären, die sich allein einer politischen Ideologie verschrieben haben.
Wer die Menschen zu einem utopischen Glück zwingen will, indem er Andersdenkende verfolgt, Zeitungen verbietet, die Freizügigkeit beschränkt, Mauern errichtet und kritische Geister in Irrenhäuser einsperrt, dem sollten wir bis zum Letzten Widerstand entgegensetzen.
Die Ordnung, die wir zu verteidigen haben, ist gewiß nicht die beste aller denkbaren Ordnungen. Aber so schlecht ist sie denn doch nicht, daß wir vor den ideologischen Freischärlern der Baader-Meinhof-Bande die Waffen strecken müßten.

19. März 1972

Axel Springers »deutsche Gefahr«

Übers Jahresende hatte der deutsche Zeitungsverleger Axel Springer (»Welt« und »Bild«) den letzten Rest an nationaler Würde verloren: Im »Daily Telegraph« vom 21. Dezember lamentierte er über die Ostverträge der Bundesregierung unter der Überschrift »Deutschland und die Gefahr für Europa«.
Wer den Artikel las, mußte in dieser Überschrift einen Druckfehler vermuten, offenbar sollte sie lauten »Deutschland ist die Gefahr für Europa«.
Denn am Ende seines Aufsatzes schrieb Springer: »Überall in der westlichen Welt scheinen die Menschen gegenüber dieser Gefahr blind zu sein, wie ihre Väter vor mehr als 30 Jahren blind waren. Wo findet sich ein Churchill, der warnen und die Gefahr wenden könnte?« Axel Springer hatte es schon immer mit den Großen dieser Welt.
1958 hatte er bei Chruschtschow antichambriert. Noch heute rühmt Springer sich: »Ich bin selten in einem Land mit soviel Aufwand empfangen worden wie 1958 in Rußland« (»Die Welt« vom 8. 3. 1972). Und damit niemand denkt, er habe dem Sowjetmenschen nicht gezeigt, was eine Harke ist, fügt der »Bild«-Verleger hinzu: »Es war das . . . lauteste politische Gespräch, das ich je geführt habe.«
Allerdings, es kam nichts dabei heraus. Aufwand und Lautstärke waren umsonst gewesen.
Nicht weniger umsonst war Springers peinliche Gleichsetzung der Machtergreifung Hitlers mit der Vertragspolitik Willy Brandts im »Daily Telegraph«. Englands Regierung und Englands Opposition sehen in den Ostverträgen der Bundesregierung nach wie vor einen entscheidenden Beitrag zum Frieden in Europa.
Auch bei unseren amerikanischen Verbündeten konnte der Herr über »Welt« und »Bild« nichts ausrichten. Präsident Kennedy hatte einst gefragt, als Springer sich um eine Audienz bemühte: »Springer, who is Mr. Springer?« Was dem Präsidenten die »Bild«-Schlagzeile »Wird Deutschland jetzt verkauft?« einbrachte. Nun, im Oktober 1971, versuchte Axel Springer dem National Press Club das Umgekehrte einzureden: Willy Brandt sei mit seiner Ostpolitik dabei, amerikanische Interessen zu verkaufen.

Amerika ging zur Tagesordnung über. An der Zustimmung von Präsident Nixon zur Ostpolitik der Bundesregierung hat sich nichts geändert. Nixon: »Das ist eine Politik, die dem Frieden nützt.«
Aus Israel, wo Axel Springer zahlender Dauergast ist, kam eine Einladung an Willy Brandt. Frankreichs Staatschef Pompidou erklärte wiederholt seine »völlige Übereinstimmung« mit der Ostpolitik des Kanzlers. In Skandinavien war nie ein Deutscher so beliebt wie Brandt. In Teheran feierte die Presse den »Mann des Friedens«, und die im Iran vertretene deutsche Großindustrie begrüßte Willy Brandt in ganzseitigen Zeitungsanzeigen. Der Kanzler einer Bundesregierung, deren Gesellschaftspolitik von manchem Industrievertreter zu Hause mit Skepsis angesehen wird, hatte ideologische Bedenken beiseite geschoben und die Interessen der Bundesrepublik und der deutschen Wirtschaft in Teheran würdig vertreten. Die Industrie dankte es ihm. Nur Axel Springer redet im Ausland weiterhin schlecht über Willy Brandt.
So ungehört Springers Lamentationen in England und USA verhallten, so besteht doch kein Zweifel: Beim kleinen Mann in der Bundesrepublik gelang seinen Blättern eine erhebliche Verunsicherung. Nicht nur unter den Lesern seiner Zeitungen, sondern auch auf den Hinterbänken des Parlaments, wo einige Koalitionsabgeordnete, die damit rechnen müssen, bei Neuwahlen nicht wieder ins Parlament zu kommen, bis in ihre Träume von der Parole »Rette sich, wer kann« verfolgt werden.
Hupka und Seume von der SPD, der IOS-Defraudant Mende und Sigi Zoglmann von der FDP werden nicht die letzten sein. Schon zögert Herr von Kühlmann-Stumm (FDP), schon fragt sich der niedersächsische Landwirt Helms (FDP), ob eine Anerkennung der Grenzen wohl eine Grenzanerkennung sei, und der Unternehmensberater Kienbaum (FDP) sieht die Chance, seiner Klientel zuliebe die sozialliberale Koalitionsregierung zu Fall zu bringen. Sie reden von Überzeugungen und meinen Kattun.
Der Mann auf der Straße aber, der »Bild«-Leser, ist zunehmend verängstigt, weil Axel Springer ihn mit einigem Erfolg für dumm verkauft.
Es begann mit der Legende von den sowjetischen Reparationsforderungen. Sie traf die Bundesbürger mitten in die Brieftasche. Dabei wissen Springers Redakteure ganz genau, daß Moskau keine Reparationen fordert. Aber sie wissen eben auch, daß »Bild«-Leser ihre Brieftasche über dem Herzen tragen.
Die Wahrheit ist, daß die Bundesrepublik im Londoner Schuldenabkommen von 1953 sich verpflichtet hat, bis zu einem Friedensvertrag mit ganz Deutschland keine Reparations-Sonderregelung mit einzelnen früheren Kriegsgegnern zu treffen. Da die Ostverträge ausdrücklich sagen, daß bestehende Abkommen und Bindungen beider Partner nicht angetastet werden, könnte die Bundesrepublik selbst dann keine Reparationen an die Sowjetunion zahlen, wenn Moskau sie verlangte. Amtliche Moskauer Stellen haben denn auch die Reparationsforderungen als eine »böswillige Erfindung« bezeichnet.
Anders ist es mit der persönlichen Wiedergutmachung für die Folgen medizinischer Versuche, die von NS-Ärzten an wehrlosen Opfern durchgeführt wurden. Die Zahl der Überlebenden ist ohnehin begrenzt, und Axel Springer sollte nichts dagegen haben, wenn auch einer Russin oder Polin, die im KZ mit Typhus infiziert, zwangssterilisiert oder amputiert wurde, die Pflegekosten von denen bezahlt werden, die sich so gern als »die alleinigen Rechtsnachfolger des Deutschen Reiches« bezeichnen.

Wem bis dahin die Angst nicht in die Brieftasche fuhr, dem sollte sie nun in die Hosen fahren:
Seit Wochen berichten die Springer-Zeitungen über angebliche sowjetische Drohungen für den Fall, daß die Verträge nicht ratifiziert werden. Da wird die »Prawda« zitiert, die dann für das deutsch-sowjetische Verhältnis schwarzsieht, und da tritt als »Kronzeuge« der sowjetische Diplomat Valentin Michailowitsch Bereschkow auf, der einen neuen Kalten Krieg voraussieht und, falls die Verträge im Bundestag scheitern, selbst den »heißen Krieg« nicht ausschließen möchte.

Darauf gibt es – je nach Temperament des Lesers – nur zwei Arten von Reaktionen: Angst oder Trotz. Beides ist Springer recht. Wer wird schon merken, daß auch hier seine Fälscher am Werk waren. Bereschkow hat die Wahrheit gesagt: »Wenn man die Grenzen nicht anerkennen will, dann bedeutet dies, daß in Europa wieder ein Kalter Krieg beginnen könnte. In dem Fall allerdings, daß jemand die existierenden Grenzen durch Gewalt zu ändern versuchen sollte, könnte es sogar zu einem heißen Krieg kommen.«
Herr Bereschkow sollte niemanden nervös machen. Auch die Sowjets werden nach der Lektüre des »Bayernkurier« nicht gleich die Mobilmachung anordnen. Und da selbst Axel Cäsar Springer mit Gewalt keine Grenzen verändern will, dürfte es mit dem heißen Krieg auch nichts werden.
Wenn dagegen die »Prawda« erklärt, daß es zu den unterschriebenen Ostverträgen keine echte Verhandlungsalternative gibt, weil die Sowjetunion die Grenzen Polens und der DDR natürlich nicht in Frage stellen läßt, so ist das die sowjetische Antwort auf die Rede des früheren CDU-Außenministers Gerhard Schröder, der für eine CDU/CSU-Regierung neue Verhandlungschancen zu sehen glaubte.
Warum, so wird man fragen dürfen, hat denn die CDU/CSU in zwanzig Jahren Regierungszeit keinen Modus vivendi mit den Sowjets gefunden? Warum ist die Spaltung Deutschlands unter CDU-Kanzlern von Jahr zu Jahr schmerzlicher geworden, warum mußten die Fahrzeuge an den Autobahn-Kontrollpunkten halbe Tage warten, warum blieben die Berliner in ihrer Stadt eingesperrt und abgeschnitten von ihren Verwandten in der DDR? Dank der Schikanen, in denen sich Moskau und Ostberlin so lange einig wußten. Richtig! Aber nun haben die Alliierten eine Vier-Mächte-Vereinbarung über Berlin geschaffen. Die Staatssekretäre Bahr und Kohl haben dieses Rahmenabkommen mit konkreten Erleichterungen für Berlin ausgefüllt, und zu Ostern sollen erstmalig wieder Deutsche von Deutschland nach Deutschland reisen dürfen, auch wenn – oder gerade weil die deutschen Staaten ihre unterschiedliche Existenz inzwischen anerkannt haben. Was hat sich für die Sowjets gewandelt, wenn nicht die Politik der Bundesregierung, die flexibler und realitätsbezogener denkt als frühere CDU-Regierungen?
Spätestens an dieser Stelle würde Kurt Georg Kiesinger seine Hände erheben und »China, ich sage nur China!« rufen. Und hier folgt auch in der Argumentation der Springer-Presse auf die Peitsche der Angst um Geld und Leben das Zuckerbrot einer neuen Hoffnung.
Nixons China-Reise, so heißt es, werde die Sowjetunion isolieren und für neue Zugeständnisse weichmachen. Deshalb gälte es, die Ostverträge auf Eis zu legen und einen günstigeren Zeitpunkt abzuwarten.
Aber mir scheint, die Lehre aus Nixons China-Reise heißt ganz anders: Ein amerikanischer Präsident, der den verbündeten Tschiang Kai-schek auf dem Altar der Entspannung in Asien geopfert hat, könnte sich am Ende auch der deutschen Querelen kurzerhand entledigen, wenn damit die Spannungen zwischen dem von seinen eigenen Sorgen geplagten Amerika und der Sowjetunion gelöst würden.
Endlich hat eine deutsche Regierung die Geschicke unseres Landes selbst in die Hand genommen. Eine Opposition, die sie ihr wieder aus der Hand schlägt, wird sich nicht wundern dürfen, wenn Berlin das Schicksal von Formosa erleidet, aus dem Amerika seine Truppen mehr und mehr zurückzieht.
Am 22. Mai fährt Nixon nach Moskau. Nichts deutet darauf hin, daß er dort – wie Axel Springer in eitler Selbstüberschätzung – das »lauteste Gespräch« seiner politischen Karriere führen will. In der Politik werden harte Geschäfte gemacht. Wer nicht selber handelt, kann leicht zum Kleingeld werden, mit dem die Großen zahlen.

Der General und die Wahrheit

Im letzen STERN wurde eine Erklärung zum Fall des Bundeswehrgenerals Middeldorf veröffentlicht. Sie war von Juristen formuliert und deshalb mißverständlich.

Dies ist der Tatbestand:

Im März 1971 bat der STERN den General Eicke Middeldorf, Kommandeur der 7. Panzergrenadierdivision in Unna, um ein Interview. Anlaß war die Denkschrift der 30 Hauptleute von Unna, die am Führungsstil der Bundeswehr heftig Kritik geübt hatten.

General Middeldorf erklärte sich zum Interview bereit. Als die STERN-Redakteure Jörg Andrees Elten und Helmut Kahn am 31. März 1971 am Urlaubsort des Generals in Bad Pyrmont eintrafen, wurden sie von dem Rechtsanwalt Dr. Gerhard Hartstang empfangen. Dr. Gerhard Hartstang gab sich als Rechtsberater und langjähriger Jagdfreund des Generals aus. In einem halbstündigen Gespräch legte Dr. Hartstang die Bedingungen dar, unter denen der General das Interview geben würde.

Wesentlicher Punkt dieser Bedingungen sollte die finanzielle Absicherung des Generals Middeldorf durch den STERN sein. Was der General zu erzählen hatte – so Hartstang –, sei eine politische Bombe. Es müsse damit gerechnet werden, daß Middeldorf nach Veröffentlichung des Interviews pensioniert werde, ohne den dritten Generalsstern zu bekommen. Das bedeute eine finanzielle Einbuße, für die der STERN den General entschädigen müsse. Rechtsanwalt Dr. Hartstang nannte die Summe von 100 000 Mark.

Die STERN-Redakteure sahen sich außerstande, eine finanzielle Zusage in dieser Höhe vorwegzunehmen. Sie schlugen vor, das Interview mit dem General auf Tonband aufzuzeichnen, es aber nicht eher zu veröffentlichen, bis zwischen General Middeldorf und dem Chefredakteur des STERN über die Bedingungen Einigkeit erzielt worden sei.

Um den Zahlungsmodus ganz klar zu machen, gab Dr. Hartstang den STERN-Redakteuren einen Vertragsentwurf. Darin war die Überweisung des Honorars »auf ein von Herrn General Middeldorf mitzuteilendes Konto« festgelegt. Auch an sein eigenes Honorar hatte der Anwalt des Generals gedacht. Die vom STERN an ihn zu zahlende Anwaltsgebühr sollte sich nach einem Geschäftswert von 100 000 Mark richten.

Nachdem dies so besprochen war, stellte Dr. Hartstang den General zum Interview. Er holte ihn aus seinem Hotelzimmer und kümmerte sich selbst um Einzelheiten: Auf sein Anraten schickte der in Zivil urlaubende General seinen Fahrer noch in der Nacht nach Unna, um die Generalsuniform zu holen, in der Middeldorf sich am nächsten Morgen für den STERN fotografieren ließ.

Niemand hätte damals dem Dr. Hartstang abgenommen, daß er die Honorarzahlung mit seinem Auftraggeber nicht abgesprochen habe. Schließlich sollte Middeldorf das Konto angeben und – wohl im Hinblick auf die Steuer – auch die Ratenzahlungen bestimmen. So stand es im Vertragsentwurf des Dr. Hartstang.

Der Anwalt schickte denn auch schon am nächsten Tag ein Fernschreiben nach Hamburg, worin er noch einmal sagte, daß erst gedruckt werden dürfe, wenn die Bedingungen erfüllt seien.

Ich bin auf diesen unwürdigen Handel nicht eingegangen und glaubte, den STERN-Lesern das Urteil über diesen General überlassen zu sollen, einen General, der seine Hauptleute tollkühne Denkschriften verfassen läßt, sich den eigenen Mut aber mit 100 000 Mark bezahlen lassen möchte.

Dagegen haben Middeldorf und Dr. Hartstang die Gerichte bemüht. Beide behaupten nun, Anwalt Hartstang habe die Geldforderungen aus eigenen Stükken gestellt, der General habe davon nichts gewußt. Dieser Einlassung ist das Landgericht Essen gefolgt. Die »Lebenserfahrung«, mit der deutsche Richter so

gern operieren, wurde dabei offensichtlich nicht bemüht, es sei denn, die Lebenserfahrung von Richtern in diesem Lande läßt sich auf den simplen Nenner bringen: Generäle sagen die Wahrheit, Journalisten lügen.
Nun, was nicht zu beweisen ist, darf nicht mehr behauptet werden. Und da niemand beweisen kann, was der General und sein Anwalt zwischen den vier Wänden ihres Hotelzimmers besprachen, wird die Öffentlichkeit sich damit abzufinden haben, daß hier ein Bevollmächtigter ohne Vollmacht gehandelt habe. So will es der General, so das Landgericht Essen.
Und noch etwas wünscht die Koalition aus Justiz und Militär: Es sollte hinfort nicht mehr der Eindruck erweckt werden, der General Middeldorf sei vom Bundesverteidigungsminister wegen der Geldforderung gefeuert worden. Diesen Zusammenhang zu konstruieren ist freilich auch nicht nötig. Die Affäre Middeldorf hat viele Facetten. Zusammengesetzt ergeben sie jedesmal das Bild eines Generals, der seine Untergebenen in die Schlacht schickt, sich selbst aber hinter Ausflüchten verbirgt.
In einem Brief vom 27. Mai 1971 hält der Bundesminister für Verteidigung, Helmut Schmidt, dem Generalmajor Middeldorf vor, daß selbst »Ihre Untergebenen Ihre Ausführungen schließlich nicht mehr ernst nehmen. Diese Einbuße an Glaubwürdigkeit und Autorität beruht auf zumindest fahrlässigen Verstößen gegen Ihre Dienstpflicht«.
Fürs Landgericht in Essen hat die Autorität des Generals freilich noch ausgereicht, aber die Glaubwürdigkeit vermochten ihm auch die Essener Richter nicht zurückzugeben.
Als Bundesverteidigungsminister Helmut Schmidt dem Herrn Middeldorf eröffnete, daß er entschlossen sei, ihn in den Ruhestand zu versetzen, zählte er Middeldorfs »Dienstpflichtverletzungen und schwerwiegende Führungsfehler« in fünf Absätzen auf, um dann lapidar zu schließen: »Für diesen Entschluß spielt im übrigen der im Zuge der Ermittlungen zutage getretene Vorgang der Abgabe einer Dienstreisekostenabrechnung mit unzutreffender Begründung, den ich mißbilligen muß, keine Rolle mehr.«
Man sieht, wenn es ums Geld ging, war der General so pingelig nicht.

13. April 1972

Ausland auf Probe?

Wir haben in der Redaktion lange überlegt, ob wir die auf der nächsten Seite beginnende Reportage vom Besuch der Westberliner im Ostteil ihrer Stadt und in der DDR unter die Überschrift »Deutschland auf Probe« stellen sollten. Daß es den Regierenden in Ostberlin nicht um Deutschland als Ganzes geht (es sei denn um ein kommunistisches Gesamtdeutschland), ist spätestens seit der Abgrenzungsrede Erich Honeckers vom 17. Dezember 1971 klargeworden, als der Nachfolger Ulbrichts erklärte, das Verhältnis von zwei Staaten habe »nichts damit zu tun, ob man eine Tante oder einen Onkel im Ausland hat, zum Beispiel in der Schweiz, in der Bundesrepublik, in Österreich, Frankreich oder in den USA«. Die Bundesrepublik sei somit »Ausland, und noch mehr: sie ist imperialistisches Ausland«.

Was nun zu Ostern geschah, und was auch der STERN als eine Geste des guten Willens der DDR registriert hat, ist an den westlichen Grenzen der Normalzustand. Wer nach Frankreich, nach Holland oder Belgien, in die Schweiz oder nach Dänemark reist, kennt die Schikanen nicht, die an den »Zonenübergängen« bisher die Regel waren.

Aber eben hier liege ja die Ursache aller Schwierigkeiten, argumentiert die Ostberliner Regierung: daß in der Bundesrepublik immer noch von der »Zone« gesprochen werde, daß man die DDR nicht als eigenen Staat und ihre Grenze nicht als Grenze anerkennen wolle. Wie es sein werde, wenn die Ostverträge in Kraft treten und mit ihnen das Berlin-Abkommen (in dem die DDR – wie immer man es drehen und wenden mag – die Anerkennung als souveräner Staat erfährt), das habe die vorweggenommene Besuchsregelung zu Ostern gezeigt.
Also hieße unsere Überschrift besser »Ausland auf Probe«?
Sieht man allein die völkerrechtliche Situation, so besteht darüber kein Zweifel. Auch Österreich ist für uns Ausland, aber wer hätte sich je darüber zu beklagen gehabt, daß die menschlichen Beziehungen zwischen München und Salzburg so gestört und verkrampft wären wie die zwischen Hannover und Magdeburg?
27 Jahre haben wir die staatsrechtliche Illusion vom ungeteilten Deutschland aufrechterhalten, aber der Graben ist immer tiefer geworden. Nun, da wir uns von der Illusion abwenden, als könnte das Beharren auf Rechtsstandpunkten staatliche Wirklichkeit schaffen, scheint die menschliche Wirklichkeit »Deutschland« wieder in erreichbarer Nähe.
Auch wenn die österliche Generalprobe nichts als ein Lockmittel der DDR-Regierung gewesen ist, damit der Bundestag die Verträge von Moskau und Warschau ratifiziert, so wird doch das Stück, das nach dieser Ratifizierung in Deutschland gespielt wird, nicht anders aussehen können als diese Generalprobe. Schließlich trägt das Drehbuch außer den deutschen Unterschriften die Siegel der vier Mächte, von denen drei unsere westlichen Verbündeten sind.
Für eventuelle Ostberliner Illusionen, man könnte durch dieses Spiel die Bundesrepublik kommunistisch unterwandern, ist dabei ebensowenig Platz wie für den Wunderglauben, es könne der Wandel durch Annäherung so weit gehen, daß eines Tages die DDR um Aufnahme in die Nato bitten würde.
Wandeln müssen wir uns wohl beide, die BRD wie die DDR, in Richtung auf ein geordnetes und entkrampftes Nebeneinander zweier deutscher Staaten. Daß in diesen Staaten verschiedener Gesellschaftsordnung dennoch keine verschiedenen Völker leben, das hat die österliche Begegnung der Deutschen unzweideutig gezeigt.

21. Mai 1972

Der Sündenfall des Parlaments

Man muß der Legende rechtzeitig entgegentreten, als hätten Regierung und Opposition bei der Behandlung der Ostverträge staatsmännisches Format bewiesen und als hätte sich das parlamentarische System dabei ohne Einschränkung bewährt.
Wer um Leute wie Helms und Kienbaum und Kühlmann-Stumm bangen mußte, der war zum Finassieren wohl gezwungen, um so mehr, da eine unfaire Opposition vom »Ausverkauf Deutschlands« sprach, wo die Regierung nur die Rechnung für eine Zeche anzuerkennen hatte, die sie nicht selbst gemacht hat. Und Finassieren mußte die Regierung um so mehr, als das Grundgesetz auf die Frage »Wie sag' ich's meinem Volke?« eine ehrliche Antwort nahezu ausschloß.
Der Warschauer Vertrag war von vornherein ein Grenzvertrag, und jeder wußte das. Da aber das Grundgesetz für Gebietsverträge eine Zweidrittelmehrheit des Parlaments fordert und da man annehmen mußte, daß eine solche Mehrheit unter den gegebenen Verhältnissen nicht zu erreichen war, kleidete man die

Anerkennung der Oder-Neiße-Grenze in den Mantel des Gewaltverzichts.
Schließlich hatte schon Kiesinger in seiner Regierungserklärung eingeräumt, daß Polen einen Anspruch darauf habe, in »gesicherten Grenzen zu leben«, und in einem Gespräch, das er als Bundeskanzler im August 1967 mit mir führte, hatte der damalige CDU-Vorsitzende erklärt, daß ihn nur die Sorge vor einer nationalistischen Protestwelle daran hindere, die längst bezahlte Rechnung für den verlorenen Krieg abzuzeichnen und im Rechnungsbuch der deutschen Geschichte abzuheften. Denn um mehr handelte es sich nicht. Man konnte nichts »verschenken«, was man schon seit Hitlers Abgang nicht mehr besaß. Auch de Gaulle habe, so täuschte sich Kiesinger damals, die algerische Frage erst lösen können, als das französische Volk reif gewesen sei für den schmerzlichen Verzicht.
Je mehr aber Kiesingers Nachfolger in der CDU-Führung, Rainer Barzel, in die Abhängigkeit seines bayrischen Stiefbruders Franz Josef Strauß geriet und je lauter dieser vom »Verzicht auf die unveräußerlichen Rechte der Nation« zu reden pflegte, desto mehr schien sich auch Willy Brandt an Charles de Gaulle zu halten. Denn ganz im Gegenteil zu Kiesingers Erinnerung hatte der große Franzose keineswegs darauf gewartet, daß sein Volk die Reife für solche Einsicht zeige – er hatte es für diese Einsicht erst reif gemacht. Merke: Staatsmänner sind Täter und keine Notare.
De Gaulle war mit dem Bekenntnis »Algérie française!« an die Macht gekommen. Aber kaum hatte er die Macht, da befreite er Frankreich von der algerischen Bürde und richtete den Blick der im Beharren auf Rechtsstandpunkten gelähmten Franzosen nach vorn.
Nun verfügt freilich Willy Brandt nicht über den Zynismus eines de Gaulle. Und also zog er nicht mit dem Ruf in die Schlacht »Breslau war deutsch, Breslau ist deutsch, und Breslau wird wieder deutsch werden«, von Königsberg ganz zu schweigen, denn auch an die Sowjets galt es, Gebiete förmlich abzutreten, wenn man die Beziehungen »normalisieren« wollte. Denn es ist ja nicht normal, wenn der gegenseitige Besitzstand einerseits auf Wegnahme von Gebieten und andererseits auf Nichtanerkennung dieser Wegnahme beruht.
Daß Russen und Polen uns nichts weggenommen hätten, wenn wir nicht den Krieg angefangen und den Polen wie den Russen unermeßliches Leid zugefügt hätten, darüber kann es unter erwachsenen Menschen ebensowenig Streit geben wie darüber, daß Russen und Polen die nach unserer Niederlage vereinnahmten Gebiete nicht ohne Gewaltanwendung wieder zurückgeben würden – zumal die Polen nicht den nationalen Selbstmord auf ihre Fahnen geschrieben haben.
Und da nicht sein darf, was nicht sein kann – nämlich Gewaltanwendung der Bundesrepublik gegen die Weltmacht Sowjetunion plus Polen plus Warschauer-Pakt-Staaten –, nannten Brandt und Scheel den Vertrag, mit dem sie das Ende des Krieges besiegelten und ein neues Verhältnis der Deutschen auch zu ihren östlichen Nachbarn begründen wollten, einen »Gewaltverzichtsvertrag«. Keinem konnte verborgen bleiben, was gemeint war, denn wo sonst sollte wohl Gewalt angewendet werden als an Grenzen, deren Rechtsgrundlagen man bestreitet.
»Gewaltverzicht« hieß Verzicht auf die unfriedliche Revision dieser Grenzen, hieß Verzicht auf die Einrede gegen ihre Rechtsgrundlagen. Im Verein mit der Feststellung, daß man nichts abtreten kann, was man de facto nicht mehr besitzt, wäre das eine Methode gewesen, mit der man ohne Schaden für die parlamentarische Demokratie das Hindernis der für einen Grenzvertrag nötigen Zweidrittelmehrheit umgehen konnte.
Vorausgesetzt, man wußte genau, was man wollte, und man machte sich selbst und den eigenen Freunden darüber nichts vor, und vorausgesetzt, man hatte wenigstens eine gesicherte einfache Mehrheit, um diese Politik durchzustehen.
Je weniger das der Fall war, da man auf unsichere Kantonisten wie Hupka, Seume, Schulz und Müller in der SPD Rücksicht zu nehmen hatte, und da neurotische Figuren wie Helms, Kienbaum und Kühlmann-Stumm in der FDP einer Sondertherapie bedurften, um so mehr mußten Brandt und Scheel diesen Leuten Beruhigungspillen verabreichen, an deren

Unschädlichkeit sie im Ernst selber nicht glauben konnten.
Nun hieß es auf einmal, die Verträge, die doch den anomalen Zustand des nicht förmlich beendeten Krieges aufheben und die Lage »normalisieren« sollten – diese Verträge hielten »die deutsche Frage weiterhin offen«. Der Vertrag von Warschau, der doch geschlossen wurde, um den Polen die schon von Kiesinger zugesagten sicheren Grenzen zu garantieren, sollte nun plötzlich nur einen »Modus vivendi« herbeiführen und einen »vorläufigen Zustand beschreiben«, ohne für die polnische Westgrenze eine »Rechtsgrundlage« zu schaffen. Im übrigen werde einem Friedensvertrag nicht vorgegriffen – einem Friedensvertrag, vor dem uns der Himmel bewahren möge, weil dann 53 ehemalige Feindstaaten einschließlich Brasiliens und Paraguays auf der anderen Seite des Tisches sitzen würden, und wer möchte da wohl leer ausgehen?
War man erst so weit gekommen mit der innerdeutschen Vernebelungspolitik, so konnte es nicht mehr weit sein bis zu dem Sündenfall, den die gemeinsame Erklärung des Bundestages zu den Ostverträgen darstellt. Daß es der Opposition damit ermöglicht werden sollte, den Verträgen zuzustimmen, ohne sich mit der Verantwortung für eine »Verzichtpolitik« zu belasten, ist ebensowenig tragisch wie die Tatsache, daß die Regierung nun ihre eigenen Beruhigungspillen schlukken mußte. Tragisch allein wäre es, wenn das Opiat dieser Pillen die politische Atmosphäre der nächsten Jahre vergiften würde, wenn mit dieser Erklärung die alten Illusionen wachgehalten würden, als könne man einen verlorenen Krieg am Ende doch noch gewinnen, und sei es im Friedensvertrag am St. Nimmerleinstag. Breslau heißt heute Wroclaw, Königsberg heißt Kaliningrad, und die DDR ist ein Staat, auf dessen Gebiet wir keine Macht auszuüben und mit dem wir uns friedlich zu arrangieren haben. Das ist die Wirklichkeit, und das ist auch der Inhalt der Verträge, so bitter es uns schmecken mag.
Daß eine freiwillige friedliche Wiedervereinigung der beiden deutschen Staaten durch die Verträge nicht ausgeschlossen wird, hat grundsätzliche, wenngleich kaum praktische Bedeutung für die absehbare Zukunft. Daß Westberlin frei ist, die Zugangswege zum erstenmal vertraglich gesichert und Reiseerleichterungen zwischen beiden deutschen Staaten in Aussicht gestellt sind, ist mehr, als wir noch vor zwei Jahren hoffen konnten. Die Regierung Brandt/Scheel hat ihre Schuldigkeit getan.
Ob sie nun gehen kann, sollten baldige Wahlen zum Bundestag entscheiden. Das bestehende Stimmenverhältnis im Parlament macht sachliche Entscheidungen unmöglich. Weitere Täuschungsmanöver könnten wir uns bei den notwendigen Reformen unserer Gesellschafts- und Wirtschaftspolitik ebensowenig leisten wie in der Außenpolitik.
Damit aber die parlamentarische Demokratie vor weiterem Schaden bewahrt bleibt, möge der Bundestag endlich beschließen, daß Überläufer ihr Mandat zurückzugeben haben. Wer seine politische Karriere oder materielle Vorteile über den Willen der Wähler stellt, hat in diesem Parlament nichts zu suchen.

Spielt Warschau falsch?

Sagen Sie dem Kanzler: Polen sind Gentlemen.« Der Satz, mit dem der polnische Außenminister Stefan Jedrychowski am 14. April 1970 unser zweistündiges Gespräch abschloß, klingt mir noch heute im Ohr.

Es war kurz vor der dritten Warschauer Verhandlungsrunde des AA-Staatssekretärs Duckwitz. Die Gespräche über eine Aussöhnung zwischen der Volksrepublik Polen und der Bundesrepublik Deutschland schienen in ein Stadium der Nervosität geraten zu sein; Warschau mochte nicht mehr länger auf die Anerkennung der Oder-Neiße-Grenze warten, die Bundesrepublik wartete noch immer auf ein polnisches Entgegenkommen in der Umsiedlungsfrage. Bonn mußte auch nur den Anschein einer Kapitulation vermeiden. »Was heißt Kapitulation«, fragte der Minister gereizt, »sind nicht sechs Millionen tote Polen mehr als eine Vorleistung?«

Was als Interview für den STERN geplant war, wurde auf Jedrychowskis Wunsch ein Informationsgespräch unter vier Augen.

Der Außenminister bestritt, daß es in Polen noch ein deutsches Minderheitenproblem gäbe. Ich wollte nicht um Begriffe streiten, unzweifelhaft leben innerhalb der heutigen Grenzen Polens Menschen, die sich als Deutsche fühlen und die zu ihren Angehörigen in die Bundesrepublik auswandern möchten. Wie soll einer im Westen verstehen, daß ein Staat solches verhindert – wer von Hamburg nach Amsterdam ziehen will, kann jeden Tag fahren. Wollte man in Warschau nicht begreifen, daß Willy Brandt die polnische Westgrenze nicht besiegeln konnte, wenn nicht sichtbar würde, daß hier beide Seiten geben und nehmen? Adenauer hatte die deutschen Kriegsgefangenen aus Moskau mitgebracht, wo blieb das Adenauer-Äquivalent für Willy Brandt?

»Wir sind nicht bereit, uns die Anerkennung der Realitäten zu erkaufen«, sagte Stefan Jedrychowski. Außerdem seien polnische Bürger keine Kriegsgefangenen.

Kannte denn der Minister die traumatische Situation der deutschen Sozialdemokraten nicht? Hatte er nie das Wort von den »vaterlandslosen Gesellen« gehört? Hitler hatte unangefochten auf Südtirol verzichten können. Niemand nannte Konrad Adenauer einen »Verzichtspolitiker«, als er sich über das Saargebiet mit Frankreich arrangieren wollte. Einem sozialdemokratischen Kanzler aber, der sich anschickte, die Bilanz eines Krieges zu ziehen, der nicht von Sozialdemokraten angezettelt, aber von uns allen schmachvoll verloren war, diesem Kanzler warf Franz Josef Strauß ungeniert den »Ausverkauf Deutschlands« vor.

»Politiker der CDU, die Warschau besuchten, haben in Gesprächen mit uns die polnische Westgrenze nicht in Frage gestellt«, warf der Minister ein. Er schien nicht auf die Idee gekommen zu sein, daß in Warschau gewonnene Einsichten von CDU-Abgeordneten der innenpolitischen Polarisierung in der Bundesrepublik denn doch nicht standhielten. In Bonn verliefen die Fronten anders, wer die CDU wieder an die Regierung bringen wollte, der bekämpfte notfalls gegen seine bessere Einsicht die Ostpolitik Willy Brandts.

Stefan Jedrychowski wurde konkreter. Auch in Polen habe man innenpolitische Rücksichten zu nehmen. Wer glaube, Warschau brauche nur zu entscheiden und dann »sei der Fisch gegessen«, der kenne sich nicht aus. Schon würde in Parteiversammlungen gefragt, »ob der alte Schlosser sich denn von den Deutschen wieder übertölpeln lassen wolle«. Der »alte Schlosser« Wladyslaw Gomulka hatte mit seiner Rede vom 17. Mai 1969 den Anstoß zu den deutsch-polnischen Verhandlungen gegeben.

Das also war es. Kalte Krieger wachten auf beiden Seiten, ungefährdet begab sich weder die polnische noch die deutsche Regierung auf das Verhandlungsparkett. »Familienzusammenführung«

und »menschliche Erleichterungen« waren da wohl unverfänglichere Begriffe als »Minderheit« und »Heimatrecht«. Jedrychowski stellte in Aussicht, daß Warschau in menschlichen Fragen nicht kleinlich sein werde. Als ich nach einer vertraglichen Formulierung fragte, gab der Minister mir auf den Weg: „Sagen Sie dem Kanzler: Polen sind Gentlemen."

Das Verhalten der polnischen Regierung vor und nach der Vertragsunterzeichnung war mehr als eine Erfüllung dieser Zusage. Die Zahl der deutschen Umsiedler stieg sprunghaft an. Seit nun aber der Warschauer Vertrag vom Bundestag ratifiziert ist, machen die Polen unerwartete Schwierigkeiten. Während 1971 noch 25 243 Deutsche das polnische Staatsgebiet verlassen durften, waren es im ersten Halbjahr 1972 nur mehr 6339.

Ein Journalist, der die Versöhnungspolitik der Regierung Brandt vorbehaltlos unterstützt hat, kann diese Entwicklung nur mit Sorge sehen: Was die Reporter Jörg Andrees Elten und Fred Ihrt auf den Seiten 16 bis 23 dieses Heftes berichten, läßt bittere Schlußfolgerungen zu: Polen hat die Anerkennung der Oder-Neiße-Grenze erreicht, nun kann es seine Zusagen ungestraft vergessen.

Auf die Regierung Brandt braucht Warschau keine Rücksicht zu nehmen. Am Ende ist den Polen ein Kanzler Barzel bequemer, denn Barzel hat den Warschauer Vertrag als »die Beschreibung eines vorübergehenden Zustandes« bezeichnet, also ist die polnische Regierung ihm zu nichts verpflichtet. An der völkerrechtlichen Wirksamkeit des Vertrages ändern Barzels Vorbehalte ohnehin nichts.

Dennoch werden wir begreifen müssen, daß für Polens Wirtschaft die Abwanderung von jungen ausgebildeten Fachkräften keineswegs problemlos ist. Wer in Polen weiter sah, ließ sich durch die Euphorie bei der Vertragsunterzeichnung über die kommenden Schwierigkeiten nicht täuschen. »Wenn sich in einer Fabrik mit 500 Arbeitern 70 Deutsche melden, und es bleiben nach Aussonderung von, sagen wir, 20 ›Volkswagen-Emigranten‹ noch 50 Ausreiseberechtigte übrig, dann sind das nicht die letzten Hilfsarbeiter – so untüchtig seid ihr Deutschen ja nicht –, sondern größtenteils tüchtige Facharbeiter. Und zurück bleiben 450 Leute, die auf diese Weise erfahren haben, daß man Deutscher sein muß, um in den ›goldenen‹ Westen ziehen zu können.« So Polens damaliger Ministerpräsident Cyrankiewicz in einem Gespräch nach Willy Brandts Abreise aus Warschau.

Mag sein, daß Wladyslaw Gomulka, der in seinem Leben nie in Oberschlesien war, wo die meisten Deutschen leben, das Problem in seiner ganzen Tragweite nicht erkannt hatte. Ihm hatten die Provinzbürokraten wohl immer nur gemeldet, daß die Einschmelzung der Masuren, Kaschuben und ehemaligen Deutschen in das polnische Volkstum abgeschlossen sei. Der neue Parteichef Gierek, der in Kattowitz residiert hat, weiß es besser. In einzelnen Industrieregionen haben sich bis zu 30 Prozent der Bevölkerung um ein Ausreisevisum beworben. Wie soll Polens Wirtschaft damit fertig werden?

Hinzu kommt, daß in den Vertragsverhandlungen offenbar weder über die Definition der »deutschen Volkszugehörigkeit« noch über die Zahl der Ausreisewilligen noch über den Zeitplan Einvernehmen erzielt wurde. Leichtsinnige Verhandlungsführung von seiten der Bundesregierung? Wer einen besseren Weg zur Aussöhnung gewußt hätte, mag es so nennen.

Der Bericht der STERN-Reporter Elten und Ihrt verschweigt nicht, daß es bei den Deutschen in Polen oft illusionistische Wunschvorstellungen über das Leben in der Bundesrepublik gibt. Mancher würde bleiben, wenn er wüßte, was ihn hier erwartet.

Deshalb sollte die Bundesregierung dem neuen polnischen Außenminister Olszowski, der im Herbst nach Bonn kommt, um über den Austausch von Botschaftern zu verhandeln, einen Vorschlag machen, der beiden Seiten nützen könnte: zeitlich begrenzte Besuchervisa für ausreisewillige Deutsche und ihre in der Bundesrepublik lebenden Verwandten. Wer die Möglichkeit hat, seine Angehörigen in der Bundesrepublik jedes Jahr für zwei oder drei Wochen zu besuchen oder ihren Besuch zu empfangen,

wird es sich eher überlegen, ob er seinen Hof oder seinen Arbeitsplatz aufgibt.
Wer die Situation der polnischen Regierung zu verstehen sucht, hat bisher keinen Grund, ihr vorzuwerfen, daß sie ohne Not ein falsches Spiel triebe. Wer nicht alle Möglichkeiten der verständnisvollen Verhandlung auszuschöpfen bereit ist, oder wer nun etwa das Thema der Deutschen in Polen als Wahlkampfmunition gegen die Regierung Brandt/Scheel verwendet, der schadet zuerst den Deutschen, die in Polen auf ihre Ausreise warten.

16. August 1972

Gerhard Schröders Spiel

Täuscht euch nicht, der Mann ist noch fit, wenn uns schon die Augen zufallen« – diese Bemerkung über Gerhard Schröder, 61, fiel in der STERN-Redaktion nicht erst nach seiner China-Reise. Im Februar 1971 diskutierten die STERN-Redakteure Manfred Bissinger, 31, und Peter Koch, 34, zwei halbe Nächte in Seefeld in Tirol mit dem Mann, der als Adenauers und Erhards Außenminister schon versucht hatte, die festgefahrene »Politik der Stärke« durch eine flexiblere Ostpolitik zu ersetzen. Der dann als Verteidigungsminister der Großen Koalition auf Tauchstation gegangen war, um nach einem Kreislaufkollaps schließlich zum prominentesten Schweiger des Bundestages zu werden.
Damals, im Februar 1971, als jeder glaubte, Gerhard Schröder sei endgültig vom Fenster der großen Politik verschwunden, vermeldete der STERN als erste Zeitung, daß er seinen Führungsanspruch keineswegs aufgegeben hatte. Meinungsumfragen des STERN im Juli 1971 und im Mai 1972 ergaben denn auch, daß ein Kanzlerkandidat Schröder gegenüber Willy Brandt größere Chancen hätte als der Kandidat Barzel.
Nur Schröders Rivalen sprachen beharrlich von Schröders Krankheit. Böswillige dichteten ihm sogar einen Herzschrittmacher an, und Franz Josef Strauß fand gleich die probate Formel, um seine beiden Intimfeinde auf einen Streich abzuwerten: »Barzel?« – verachtungsvolle Pause – »a g'sunder Schröder, das wär' schon was anderes!«

Nun steht Schröder als Außenminister auf Barzels Kabinettsliste. An seiner Gesundheit zweifelt niemand mehr. Aber ist er politisch »was anderes«?

Kritische Beurteiler hatten den Außenminister Schröder schon bei seiner ostpolitischen Aktivität von 1962 im Verdacht, er wolle nur deshalb mit einigen sozialistischen Satellitenstaaten anbandeln, um die DDR zu isolieren und Moskau zu unterlaufen. Seine Sondierungen in Rumänien, Ungarn und Bulgarien legten den Verdacht nahe, der Taktiker Schröder wolle nur dort aktiv werden, wo es nichts als Geld kostete. Kreditzusagen sind nun einmal weniger schmerzhaft als etwa Anerkennung der Oder-Neiße-Grenze.

Jetzt, da Gerhard Schröder diplomatische Beziehungen zu China fordert, fällt es ein wenig schwer zu glauben, daß ihm diese »Normalisierung« ein spontanes Herzensbedürfnis ist. Als die Regierung Brandt/Scheel daran ging, in Moskau, Warschau und Ostberlin ernsthaft reinen Tisch zu machen, hielt Gerhard Schröder diese Politik für »übereilt und hektisch«. Nach seiner vierzehntägigen Reise durch Maos Reich (Kiesinger beschwor noch im Wahlkampf 1969 deutsche Urängste: »Ich sage nur China, China, China!«) verlangt der gleiche Gerhard Schröder,

daß der Botschafteraustausch noch möglichst vor den Bundestagswahlen beschlossen wird.
Spielt Schröder jetzt die chinesische Karte gegen Willy Brandts Ostpolitik? Wird die Rivalität zwischen den beiden kommunistischen Weltmächten Sowjetunion und China am Ende doch noch im bundesdeutschen Wahlkampf ausgetragen werden? Wir haben Gerhard Schröder diese und andere Fragen gestellt. Seine Antwort steht in diesem STERN.

14. September 1972

Wir sind im Krieg

Ich kann es nun nicht mehr hören: dieses pathetische Schicksalsgewinsel, das deutsche Selbstmitleid und die Beteuerung, es sei die Hand eines Höheren gewesen, die das heitere Olympia zur Tragödie gewendet habe. Die Mörder von München sind keine Fabelwesen, sie sind ein erkannter Feind. Gegen ihn werden wir uns zu wehren haben. Basta.
Die Bundesrepublik befindet sich im Krieg. Mit den arabischen Terroristen und mit den Regierungen jener Länder, in denen sie ihre Mordpläne ungehindert aushecken können. Wer einwendet, es gebe keine Kriegserklärung, der wird vielleicht warten wollen, bis demnächst neue Geiseln genommen werden, um den drei festgenommenen Politgangstern zur Freiheit zu verhelfen. Angekündigt hat es der Bandenchef in Beirut schon in einem Interview mit STERN-Reporter Randolph Braumann.
Derweil prüft man bei uns, ob die Kugeln von München sich nicht als Wahlkampfmunition eignen. Angefangen hatte damit Axel Springer, der an Golda Meïr telegrafierte, er sei verzweifelt über »die Unfähigkeit der deutschen Behörden, kraftvoll diese schreckliche Situation zu meistern«. Damals kannte der »Bild«-Verleger noch so gut wie keine Fakten. Er hatte den Münchner SPD-Polizeipräsidenten Dr. Schreiber und den FDP-Bundesinnenminister Genscher im Visier. Als Springer erfuhr, daß Bayerns CSU-Innenminister Merk den Einsatz geleitet hatte, ließ er den eklatanten Satz in den noch nicht ausgedruckten Zeitungen seines Konzerns tilgen, verbot seinen Redaktionen jede weitere Erörterung des Telegramms und sorgte dafür, daß auch die Anwesenheit von Franz Josef Strauß beim Krisenstab heruntergespielt wurde.
Die Suche nach den Versagern von München mag der Gerechtigkeit dienen, sie schützt uns nicht vor neuen Überfällen. Ob Herr Merk, Herr Schreiber oder Herr Genscher ihren Hut nehmen, ist weniger wichtig, als daß die nächsten Attentäter erst gar nicht in die Bundesrepublik hineinkommen oder daß man sie hinausbefördert, ehe sie ihre Maschinenpistolen durchgeladen haben.
Es ist Zeit zum Handeln:
Der Bundestag sollte schnellstens in einer Sondersitzung den deutschen Kirchturmföderalismus beiseite schieben und beschließen, daß dem Bundeskriminalamt eine Kommandotruppe ausgebildeter Nahkampfspezialisten angegliedert wird, die ohne Rücksicht auf die Polizeihoheit der Länder bei Geiselnahmen einzusetzen ist.
Da niemand von uns prüfen kann, welche Araber friedlich und welche verkappte Terroristen sind – einer der Münchner Attentäter soll im Olympischen Dorf gearbeitet haben –, sind alle Staatsangehörigen jener arabischen Staaten, die das Treiben der palästinensischen Terrororganisationen fördern, fristlos aus dem Bundesgebiet auszuweisen. Leider werden davon auch Unschuldige betroffen. Aber der Satz, daß es besser ist, zehn Schuldige davonkommen zu lassen als einem Unschuldigen Un-

recht zu tun, gilt nur im Frieden. Im Krieg gilt der umgekehrte Satz.
Entwicklungshilfe und Handelskredite sollten keinem arabischen Staat gewährt werden, der auf seinem Gebiet Terrorgruppen duldet. Für den Oktober sind Verhandlungen mit Ägypten angesetzt, bei denen es um ein Darlehen von 100 Millionen Mark geht. Keinen Pfennig, solange in Kairo Zeitungen und ein Sender der Fedajin zu neuen Gewalttaten aufrufen!
Länder, die Flugzeugentführern Asyl bieten, sind von der deutschen Lufthansa nicht mehr anzufliegen. Den Fluggesellschaften solcher Staaten sind die Landerechte in der Bundesrepublik sofort zu entziehen. Ich weiß, das schadet dem Geschäft. Lieber zahlt man fünf Millionen Dollar für eine entführte Lufthansamaschine, und schon hat Herr Scheel gemeint, die Beziehungen zu den arabischen Staaten dürften durch München nicht getrübt werden. Begreift er nicht, daß kein Geschäft der Welt den moralischen und auch den wirtschaftlichen Schaden gutmachen kann, den das Massaker von München der Bundesrepublik zufügte? Und was sind das für Beziehungen, bei denen wir den Strick auch noch bezahlen, mit dem man uns aufhängt?

Nein, es ist höchste Zeit, an die Stelle des Lamentierens die Entschlossenheit zum Handeln zu setzen.

21. September 1972

Was den STERN so teuer macht

Der STERN ist um 30 Pfennig teurer geworden. Ich könnte Ihnen jetzt eine überraschende Rechnung aufmachen: Vor 24 Jahren, als der STERN zum erstenmal erschien, hatte er 16 Seiten und kostete 40 Pfennig. Sieht man von jeder Teuerung ab, dann müßten die 232 Seiten des vorliegenden Heftes rein rechnerisch nicht 1,80 Mark, sondern 5 Mark und 70 Pfennig kosten.
Aber lassen wir solche Zahlenspiele. Ein Magazin finanziert sich ja nicht allein aus dem Verkaufspreis, sondern aus dem Erlös der Anzeigen. Unsere Inserenten wissen, daß STERN-Leser ein aufgeschlossenes, aktives Publikum sind, kritischer, gebildeter und auch kaufkräftiger als die Leser von Sex-Postillen und Heimchen-am-Herd-Blättern. Deshalb inserieren sie im STERN, und deshalb konnten und können wir unser Magazin zu einem Preis verkaufen, der weit unter den Kosten für Redaktion, Papier, Druck und Versand liegt.
Die Druckerlöhne sind gestiegen, Post und Bahn verlangen mehr Geld, aber wesentlicher ist ein anderer Punkt: Wenn in München palästinensische Terroristen zuschlagen, dann kann eine Illustrierte sich darauf beschränken, über Sinn und Unsinn der Polizeimaßnahmen zu spekulieren und die Fotos der Bildagenturen zu drucken, die man auch anderswo sehen konnte. Das ist billig – *oder* ein Magazin hat einen Stab eigener Reporter und Fotografen am Ort, und die Redaktion schickt noch in der gleichen Nacht eigene Reporter nach Kairo, Beirut und Tel Aviv, um ihren Lesern alle Einzelheiten des Attentats schildern zu können und die Hintergründe aufzuklären. Das ist sehr viel teurer.

Wenn ein wildgewordener Staatspräsident von Uganda zum Rassenkrieg in seinem Land aufruft, dann läßt man sich von dem »ins Archiv entsandten Sonderberichterstatter« eine fabulöse Geschichte schreiben und reichert sie mit gekauften Fotos an – was nicht viel kostet – *oder* ein Reporterteam fliegt nach Uganda, fotografiert den Mann in seiner Umgebung und berichtet über Anlaß und Umstände und findet heraus, was dahintersteckt.

Man kann auch mehrere Seiten lang darüber lamentieren, warum ein wohlhabender Industriestaat wie die Bundesrepublik nicht über genug Kindergärten verfügt –
oder eine Redaktion setzt zwei fachlich vorgebildete Redakteure ein Vierteljahr an die Aufgabe, nicht nur herauszufinden, worin der Mangel an Kindergärten in der Bundesrepublik begründet ist, sondern auch, wie man ihm abhelfen kann.
Da medizinische Themen auf ein besonderes Leserinteresse stoßen, beschäftigen manche Redaktionen einen »abgebrochenen Medizinstudenten«, der von Zeit zu Zeit über ebenso sensationelle wie wirkungslose Krebsheilmittel berichtet. Das ist zwar verantwortungslos, aber es kostet nicht viel –
oder ein Magazin – wie der STERN – steht ständig in Kontakt mit einem Stab von 16 Fachärzten aller Richtungen, darunter Professoren, Forscher, Lehrer und Praktiker, so daß kein Satz ins Blatt kommt, der nicht fundiert wäre. Das kostet Mühe, Zeit und Geld.
Ich könnte mit dieser Darstellung, wie man ein Blatt machen kann und wie wir den STERN machen, noch eine Weile fortfahren. Besser ist es, Sie sehen sich diese und die nächsten Hefte genau an. Und da Sie ein anspruchsvoller Leser sind, werden Sie gewiß zu der Überzeugung kommen, daß der STERN seine 1,80 Mark wert ist.

26. November 1972

Für Fälscher kein Pardon

Jetzt hat es sich bewahrheitet: Wir können stolz sein auf unser Land. Nicht, weil Willy Brandt nun Kanzler bleibt. Sondern weil dieses Volk sich nicht hat irremachen lassen durch Angst und Drohungen, durch Fälschung und Verrat.
Angst vor den »Systemveränderern«. Aber wer anders hätte dieses System der freiheitlichen Demokratie mehr pervertiert als jene, die Millionen aufwandten, um mit anonymen Anzeigen den Sinn des Wählers zu vernebeln? Wer anders hätte es mehr beschmutzt als Springers »Welt« und »Bild«, die mit ihren Dreckfluten den Kanzler vor der Wahl übergossen?
In 800 000 Flugblättern warf man Willy Brandt einen Mord vor, für den ein Geisteskranker als Zeuge herhalten mußte. »Rut Brandt will sich scheiden lassen – sie wartet nur die Wahl ab«, hieß es. In Baden-Württemberg klebten gefälschte DGB-Plakate, in denen zum Generalstreik für den Fall eines CDU-Sieges aufgerufen wurde. Egon Bahr habe, so wußte die »Welt« zu melden, zum Erstaunen seiner Ostberliner Verhandlungspartner die Tötungsmaschinen an der Grenze in Kauf genommen, um nur den Grundvertrag rechtzeitig unter Dach und Fach zu bringen.
Nichts war zu perfide, nichts war zu dumm, um nicht verbreitet zu werden – nur, es wurde nicht geglaubt, die Deutschen erwiesen sich als mündige Bürger und kritische Wähler.

Rainer Barzel, der als Verlierer im Fernsehen eine überraschend respektable Figur machte, wird sich für das Fiasko der CDU bei Axel Springer zu bedanken haben. Und bei dem professionellen Fälscher an der Redaktionsspitze der »Welt«, der die erfundene Meldung vom Austritt des Bundesbankpräsidenten Karl Klasen aus der SPD genüßlich kommentierte, obwohl er längst wußte, daß sie falsch war. Dem rechtsradikalen französischen Blatt »Minute« wurde die Behauptung zugespielt, Willy Brandt leide an einer schweren Lebererkrankung. Springers Zeitungen zitierten den Schmarren auf der ersten Seite.

Und dann zitierte die »Welt« den Kanzler selbst: »›Die Nation ist mir Wurst.‹ Willy Brandt in der Fernsehdiskussion am Mittwochabend.« Fälscher halten ihre Leser für dumm. Brandt hatte wörtlich gesagt: »Und die Nation, von der halte ich gar nichts, wenn sie nur verstanden wird als ein schönes Wort in Feiertagsreden.«
Aber sie haben es nicht geschafft, ihre Leser für dumm zu verkaufen. Die Fälscher in Springers Redaktionsstuben nicht und auch der große Angstmacher Franz Josef Strauß nicht und auch der eitle Professor Schiller nicht.
Wir aber können stolz sein auf die Urteilsfähigkeit unserer Bürger und wieder an die Arbeit gehen. An die Arbeit gehen, als ob nichts gewesen wäre?
Ich weiß: Großmütig und edel ist es, dem geschlagenen Gegner nach dem Kampf die Hand zu reichen. Aber meine Generation weiß auch, daß in Deutschland schon einmal eine Demokratie an der Großmut gegenüber ihren Feinden zugrunde gegangen ist. Angst vor Systemveränderern? Jawohl, ich bekenne mich zu dieser Angst um unseren freiheitlichen Staat.

Deshalb darf nicht vergessen sein, was in diesem Wahlkampf geschah. Vor allem die CDU darf es nicht vergessen. Sie ist eine demokratische Partei, die sich mit den Nachfolgern Hugenbergs und Goebbels' nicht mehr gemein machen sollte.
Verständlich, daß Sozialdemokraten jetzt daran denken, einer neuen Auflage der Springerschen Verleumdungskampagnen durch die Verschärfung des Presserechts vorzubeugen. Aber nach dem Gesetz und nach der Polizei ruft der Journalist zuallerletzt. Die Freiheit der Presse, ihre Meinung ungehindert zu sagen, gehört zu den ersten Vorrechten der Demokratie. Wer dieses Vorrecht erhalten will, der muß sich dem Mißbrauch wirtschaftlicher und publizistischer Macht entschieden in den Weg stellen.
Für Fälscher kann es Pardon nicht länger geben.

3. Dezember 1972

Scheidung auf christdemokratisch

Der Schrecken, der vielen nichtsozialistischen Wählern in die Glieder fuhr, als am vergangenen Wochenende das Scheidungsgerücht CSU gegen CDU aufkam, war in jedem Fall voreilig.
Denkt man die Sache nämlich einmal zu Ende, dann läßt es sich für einen, der soziale Gerechtigkeit und moderne Politik für unerläßlich, den Sozialismus aber für eine gefährliche Illusion hält, gar nicht so schlecht an.
Um zu verstehen, was ich meine, müssen wir noch einmal kurz auf die Wahlkatastrophe der Unionsparteien eingehen. Läßt man die obligate Barzelschändung aus, dann werden zwei Hauptursachen für dieses Fiasko erkennbar:
die vor allem von den Zeitungen des Springer-Konzerns bewirkte einseitige Profilierung der CDU/CSU als Unternehmerpartei;
der Flurschaden, den die maßlosen deutschnationalen Reden des CSU-Vorsitzenden Strauß nördlich der Mainlinie angerichtet haben.

Eine Aufkündigung des Fraktionsbündnisses zwischen CSU und CDU würde zwangsläufig zu der von Strauß wiederholt angedrohten Ausbreitung der CSU auf Bundesebene führen. Wir hätten dann eine bundesweite, von Franz Josef Strauß unumstritten geführte, eindeutige Rechtspartei. München könnte wieder Hauptstadt einer Bewegung werden,

und Alfred Dregger wäre ihr erster Gauleiter in Hessen.
Eine von der CSU befreite CDU aber dürfte sich um so eher regenerieren, als besonders ihre jungen Vertreter die gesellschaftspolitischen Notwendigkeiten unseres Jahrzehnts längst eingesehen haben. »Wir brauchen unser Godesberg. Diese Partei muß wieder glaubwürdig werden«, so der neugewählte Abgeordnete und Hauptgeschäftsführer der CDU-Sozialausschüsse Norbert Blüm.

Eine von der CSU nicht länger belastete CDU könnte auch in der Deutschland- und Außenpolitik wieder Tritt fassen. Was in der parteiinternen Debatte über die Ostverträge durch Franz Josef Strauß unterdrückt wurde und sich dann im Bundestag nur zum »Jein« durchrang, dürfte sich in freier Diskussion zu einer unverkrampften konservativen Einstellung entwickeln. Schließlich gibt es ja einiges, was des »Konservierens«, also des Bewahrens wert ist: die Rechtsstaatlichkeit der Bundesrepublik, die Freiheit für jeden, seine Meinung ungehindert zu sagen und die so oft zitierte »soziale Marktwirtschaft«, die gewiß nur von denen zu bewahren ist, die das »soziale« nicht nur als schmückendes Beiwort verstehen.

Übrigens wächst auch in der CDU die Erkenntnis, daß solche Vorzüge unserer Demokratie um so wirkungsvoller ausstrahlen, je normaler und entspannter die weltpolitische Lage ist. Nicht wir sind es, die bei einem friedlichen Miteinander mit den Staaten des sozialistischen Systems die Ansteckung zu befürchten hätten.

Eine CDU, die auf diese Weise für breite Wählerschichten, auch für Arbeitnehmer und junge Menschen wieder attraktiv würde, hätte durchaus die Chance, eine moderne konservative Volkspartei zu werden.
Vor allem aber wäre diese CDU wieder koalitionsfähig. Für eine Machtergreifung der sozialen Doktrinäre in der SPD gibt es zwar vorläufig nur verbale Anzeichen. Der »Sternmarsch auf Bonn«, den Juso-Chef Wolfgang Roth im neuen »Spiegel« ankündigt, um »politische Forderungen zu politischen Kontroversen in der Bundesrepublik (zu) erheben«, scheint mir ebensowenig ernst zu nehmen zu sein wie das Feldgeschrei des Linksauslegers »Konkret«: »Die Schonfrist fürs SPD-Establishment ist um, Genossen, auf sie mit Gebrüll!«
Allein die latente Koalitionsmöglichkeit zwischen einer regenerierten CDU und der FDP wäre gegen solche politischen Abenteurer von links ein probateres Mittel als die vereinte Kraftmeierei von Strauß und Springer. Daß eine Koalition von SPD und FDP den Abenteurern von rechts die Stirn bieten kann, hat der 19. November bewiesen.
Selbst für den unwahrscheinlichen Fall wäre gesorgt, daß gelänge, was einige an der CDU irre gewordenen Großunternehmer jetzt versuchen möchten: die FDP wieder unter die Fernsteuerung durch das Große Geld zu locken. Willy Brandts SPD und eine erneuerte CDU könnten dagegenhalten.
Man sieht: Zum Erschrecken ist vorerst kein Anlaß. Es sei denn, die Scheidungsgerüchte hätten nur dazu gedient, die CDU um so fester an die Kette der CSU zu legen.

Es lebe die Regierung

Nun sind sie gewählt, ernannt und vereidigt, nun werden wir ihnen das Leben schwermachen. Denn auf ein leichtes Leben hat keine Regierung Anspruch.

Wer den STERN für die »Bildzeitung« der sozial-liberalen Koalition hielt, der hat sich geirrt, wir sind keine Jubelpartner der Regierung. Was wir ihr schuldig sind, ist Lebenshilfe. Und Lebenshilfe für eine Regierung bedeutet allemal Kritik.

Die Kritik am ersten Akt des zweiten Kabinetts Brandt/Scheel beginnt bei der Nominierung Annemarie Rengers als Bundestagspräsidentin. Die ehemalige Sekretärin Kurt Schumachers erhielt diese Rolle nicht, weil sie die geeignetste Kandidatin gewesen wäre. Sondern weil Willy Brandt zwar außer der unbestreitbar tüchtigen Ministerin Katharina Focke noch eine Konzessionsfrau in sichtbarer Position haben wollte, auf Annemarie Renger im Kabinett aber lieber verzichtete. Ihr besserwisserisches »Kurt Schumacher hätte das so gemacht« wäre dem Kanzler auf die Nerven gegangen. Nun werden die Nerven des Parlaments herhalten müssen.

Die Teilung des ohnehin kleinen Wissenschaftsministeriums in einen Bildungsbereich für Klaus von Dohnanyi und ein Forschungs- und Technologieministerium für Horst Ehmke ist nichts als ein ohne Scham vollzogener Versorgungsakt für den glücklosen Ehmke. Den Steuerzahler kostet's jährlich drei Millionen.

Hans-Jochen Vogel, Münchens Olympia-Oberbürgermeister, für den Umweltschutz mehr als ein schönes Wort in Eröffnungsreden ist, wird mit dem Rumpfministerium für Städtebau, Raumordnung und Bauwesen abgespeist, weil Genscher den Umweltschutz nicht abgeben will.

Was denn – außer der Rücksicht auf die konservativen »Kanalarbeiter« in der SPD-Fraktion – mag Willy Brandt bewogen haben, den glanzlosen Egon Franke im Ministerium für innerdeutsche Beziegungen zu belassen? Wenn dieses Ministerium schon nötig war, wäre es nicht besser mit Egon Bahr besetzt, der das Koexistenz-Vehikel »Grundvertrag« konstruierte und es nun auch fahren sollte? Oder braucht der Kanzler auch künftig Egon Bahr wie Nixon seinen Kissinger? Damit es bei Verhandlungen mit dem Osten auch weiterhin heißen kann »müssen wir Egon Bahr schicken, oder genügt es, wenn der Außenminister kommt«?

Da hätte Walter Scheel ruhig klare Verhältnisse schaffen sollen. Ein weiterer FDP-Minister (Maihofer) ohne Geschäftsbereich ist nur eine Verlegenheitslösung – auch wenn dieser Professor Maihofer mit Sonderaufgaben wie Vermögensbildung und Mitbestimmung die eigentlich zuständigen Ressortminister der SPD bedenklich in Verlegenheit bringen könnte.

Muß man Gerhard Jahn noch erwähnen? Einen Justizreformer, der immer im letzten Augenblick Angst vor der eigenen Courage bekommt? Nein, man muß ihn nicht erwähnen, weil von ihm auch künftig nichts zu erwarten ist.

So werden wir uns denn wohl mit dem Gerücht abzufinden haben, wonach Willy Brandt sein Kabinett um die Mitte der Legislaturperiode umbilden will. Will er es dann verbessern? Und warum denn nicht jetzt?

Brandts Rede vor dem Parteirat, seine entschiedene Abrechnung mit den Spinnern von links und den Bremsern von rechts ließ aufhorchen. Brandts Kabinettsbildung macht nur schläfrig.

Nun denn, die Presse, die sich für die Wahl dieses Kanzlers engagiert hat, wird wieder eine Aufgabe haben. Die Regierung soll leben. Wir Journalisten werden darauf achten müssen, daß sie sich das Leben nicht zu leicht macht. Uns haben die Wahrung des SPD/FDP-Proporzes im Kabinett und der offenbar gelungene Drahtseilakt persönlicher Rivalitäten und Eitelkeiten bei der Regierungsbildung weniger zu interessieren als ein ausgewogenes Verhältnis zwischen Wahlversprechen und Regierungserfüllung.

Fragen an Rudolf Augstein

Lieber Rudolf Augstein!

Als Du mich im November fragtest, ob ich Dir ein bißchen beim Wahlkampf in Paderborn helfen würde, habe ich ohne Zögern ja gesagt. Das war nicht die einst von Konrad Adenauer berufene »Hamburger Kumpanei« – wann hätte die schon funktioniert –, ich hielt Dich einfach für einen Mann, dessen Intelligenz (das heißt zu deutsch: Einsichtsfähigkeit) dem Parlament guttäte, und ich halte die FDP für eine ganz probate Partei.

Aber kaum hatte ich nicht gezögert, da zögerte ich auch schon. Was konnte es sein, das Dich nach Bonn trieb? Wer in diesem Lande etwas bewegen will, hatte als Journalist, zumal an der Spitze des »Spiegel«, doch wohl andere Möglichkeiten als auf den Hinterbänken des Bundestages.

Zwar: Die sogenannte Macht der Presse, das wissen wir beide, besteht vorrangig darin, daß einige Leute an sie glauben, und warum sollten wir die eines Besseren belehren. Der »Spiegel« hat mit seiner Kampagne den unheilvollen Einfluß von Franz Josef Strauß auf die deutsche Politik nicht einfach ausschalten können, und der STERN hat vorerst ganz umsonst nachgewiesen, daß der Parlamentarische Geschäftsführer der SPD, Karl Wienand, sich von den Charterfliegern der »Paninternational« korrumpieren ließ. So ist es also nicht, daß wir Journalisten die allmächtigen Drahtzieher des Geschehens wären.

Wir sind schließlich auch nicht von der Art jener Pressezaren, daß wir unsere Blätter zur Abreagierung von Komplexen gebrauchten oder als Sprachrohr zur Selbstbestätigung. Ich erinnere mich an gemeinsame Zeiten in Hannover, wo Dein Theaterstück »Die Zeit ist nahe« von der Landesbühne uraufgeführt wurde, kein gutes Stück, und es wurde denn auch zuerst im »Spiegel« verrissen. Im »Spiegel« hat manches gestanden, was Dir contre cœur ging, und der STERN wird nie mein »Sprachrohr« sein, so viel innere Pressefreiheit haben wir unseren Mitarbeitern immer gelassen, daß niemand ohne oder gar gegen seine Überzeugung zu schreiben brauchte. Gleichschalterei macht ein Blatt langweilig und tot.

Dennoch meine ich, daß »Spiegel« und STERN und »Süddeutsche Zeitung« und »Frankfurter Rundschau« und manche andere Zeitung dazu beigetragen haben, die politische Landschaft in der Bundesrepublik zu verändern, und daß sie dies mit jeder Nummer tun. Nicht auf spektakuläre Weise, sondern ganz langsam, Zentimeter für Zentimeter auf einem mühsamen und langen Weg. Wer das nicht glauben mag, wäre besser Schausteller geworden und kein Journalist. Zeitungsleute verändern nicht so sehr durch Kommentare und Leitartikel als durch die Informierung ihrer Leser.

Unsere eigene Einstellung zu den Problemen dieses Landes und seiner Gesellschaft ist ja auch nicht durch Selbstzeugung entstanden, sondern bildet sich an Hand der Informationen, die uns zugänglich sind, und allein indem wir diese Informationen unseren Lesern ungeschminkt weitergeben, bewegen wir sie in unserem Sinne.

Aber Du hattest Dich nun einmal entschieden, den Verschiebebahnhof der Informationen Deinen Chefredakteuren Günter Gaus und Johannes K. Engel zu überlassen, und auch im Stellwerk des Kommentators sah man an Stelle von Rudolf Augstein immer häufiger Günter Gaus. Von dem allerdings wußten wir alle – oder wußtest Du's nicht –, daß bei ihm die Würde eines Staatssekretärs höher angesiedelt ist als die lustvolle Plage des Journalisten, der sich seine Meinung täglich neu bilden muß, um sie frei sagen zu können.

Nun, ich habe danach nicht gefragt, als ich Dir in Paderborn zusammen mit Marion Gräfin Dönhoff und Thilo Koch und Theodor Eschenburg ein wenig Schützenhilfe gab. Aber jetzt, da Du noch vor der Regierungserklärung Dein Mandat niederlegen und es einem nicht eben progressiven 64jährigen überlassen willst,

bist Du uns und vor allem Deinen Wählern und Deinen Lesern doch wohl einige Antworten schuldig.
Was, meinst Du, sollen »Spiegel«-Leser künftig davon halten, wenn der Journalist Augstein die Politik der FDP kritisiert, die der Abgeordnete Augstein im Parlament vertreten hätte. Oder wird die FDP im »Spiegel« nun ausgeklammert?
Was willst Du einwenden, wenn Politiker, die unter der täglichen Last von Plenum, Ausschußsitzungen, Wahlkreisbetreuung und Postbeantworten einmal außer Tritt geraten, dem journalistischen Kritiker entgegenhalten, er hätte gut zu reden, da er das politische Mandat wie einen Teddybären behandelt habe, mit dem man spielt, wenn man gerade nichts anderes zu tun hat, und den man wegwirft, wenn die eigenen Interessen rufen?
Der Bundeskanzler und sein Koalitionspartner wußten doch, daß Du der Meinung warst, es könne nur einer vom »Spiegel« in die Politik gehen, also entweder Augstein oder Gaus? Du sagst, Du hättest Dich erst entschieden, nachdem sicher war, daß Gaus nicht Regierungssprecher werden würde. Mein Gott, dann hätte Dich der gute Mensch von Bonn am Ende ganz ohne Not in den Verdacht gebracht, Du hättest leichtfertig Deine Wähler verladen – und die Partei Walter Scheels dazu.
Nein, das alles ist keine gute Sache. Für die Regierung nicht und nicht für den »Spiegel«. Wir Journalisten können uns allenfalls auf konsequente Fortentwickler berufen wie Egon Bahr und Herbert Wehner und Willy Brandt, die ja auch einmal Zeitungsleute waren. Und auf Journalisten, die es bleiben wollen: von keinem Kanzler abhängig, keinem Parteichef hörig, keinem Fraktionszwang unterworfen.

Für kein Amt und kein Geld in der Welt würde ich diesen Beruf hergeben.

18. April 1973

Keine Inquisitionslösung!

Gäbe es ein Gesetz, das der Abtreibung Einhalt geböte und gleichzeitig dafür sorgte, daß jedes geborene Kind unbeschadet aufwächst, unbeschadet und mit Liebe umsorgt – ich würde nicht zögern, diesem Gesetz zuzustimmen. Gäbe es eine Indikationslösung, vor der alle Frauen, reiche und arme, gebildete und ungebildete, gleich wären, und gäbe es die Gewähr, daß die von der Ärztekommission zum Austragen und Gebären bestimmten Frauen dennoch glückliche Mütter von glücklichen Kindern würden – wer sollte sich dagegen auflehnen? Solche Parolen wie »Mein Bauch gehört mir« sind doch wirklich nur unangemessenes und hilfloses Geschwätz.
Hilflos, denn die Verhältnisse, die sind nicht so. Daß der § 218 die Abtreibung nicht verhindert, sondern sie nur in das kriminelle Dunkel der Kurpfuscher und Engelmacher verlagert hat, geben inzwischen selbst die Kirchen zu.
Aber wie steht es denn mit der Indikationslösung, der Herr Jahn und angeblich mit ihm inzwischen schon 30 SPD-Genossen zuneigen? Denken denn die Leute nicht nach?
Da bemerkt ein Mädchen oder eine Frau, daß die Regel ausbleibt. Sie will oder sie kann nicht (oder nicht schon wieder) Mutter werden. Die Wohnung reicht nicht für ein weiteres Kind, das Geld langt nicht, der Vater hat sich verdrückt, oder die Gesundheit der Mutter läßt sie's nicht durchstehen. Alles gute Gründe für die Jahnsche Indikationskommission, wie?
Aber wird die werdende Mutter diese Kommission aufsuchen? Vielleicht hat sie Angst, daß sie sich nicht richtig aus-

drücken kann. Vielleicht findet sie, daß man ihre Gründe nicht verstehen wird, vielleicht schämt sie sich nur. Auf jeden Fall weiß sie, daß es – wenn sie einmal vor der Kommission erschienen ist, und diese abgelehnt hat – keinen Ausweg mehr gibt. Denn nun hat sie sich gemeldet, nun steht sie unter Kontrolle.

Also geht sie erst gar nicht zur Kommission, sondern gleich zu einem, der es macht. »Wer seine Abtreibung haben will, der bekommt sie«, das ist auch heute die Wirklichkeit. Nur fragt nicht, wie und unter welch dreckigen und entwürdigenden Umständen. Und gewiß nicht von einem Facharzt in einer ordentlichen Klinik.

Nein, die Indikationskommission, vor der die geschickt artikulierende Patientin andere Chancen hat als die verschämte ungebildete Frau von nebenan oder das oft zitierte »gefallene Mädchen« – sie ist keine Lösung. Die Fristenlösung, die nach einer eingehenden Beratung zwischen der Frau und ihrem Arzt den Schwangerschaftsabbruch in den ersten drei Monaten zuläßt, ist ehrlicher.

Wenn der § 218 fällt und die Unterbrechung der Schwangerschaft endlich entkriminalisiert wird, dann erst hat eine Frau die Möglichkeit, sich ihrer Umwelt ohne Angst mitzuteilen. Dann kann sie mit ihrer Freundin, mit ihrem Arzt oder meinetwegen auch mit dem Pfarrer sprechen, und wieviel größer ist die Chance, daß deren Beistand sie zu der Erkenntnis bringt: Ein Kind kann Lebensglück bedeuten, auch wenn die Umstände schwierig sind. Muß sie aber befürchten, dadurch jede Möglichkeit zu einem legalen Abbruch der Schwangerschaft einzubüßen – es sei denn, die Inquisitionskommission erlaubt sie, und wie sollte sie dessen sicher sein –, dann ist sie schon auf dem Wege zur Engelmacherin.

Nein, eine ehrliche Lösung wäre das nicht. Keine Frau wird durch die Legalisierung des Schwangerschaftsabbruchs in den ersten drei Monaten zum leichtsinnigen Flittchen – schließlich gibt es ja die Pille. Aber wenn es dennoch zur Schwangerschaft kommt, dann sollten nicht Angst und Verzweiflung, sondern ein Gespräch zwischen Arzt und Patientin die Entscheidung fällen.

Die Abgeordneten des Deutschen Bundestages wissen das so gut wie unsere Frauen. Aber wie viele von ihnen werden ihre Stimme der Vernunft geben, und wie viele lassen sich durch die Furcht verschrecken, man könne sie für unmoralisch halten? Die Moral – siehe den Anfang – ist keine Frage von Gesetzen, sondern, parbleu, eine Frage von Moral. Wer sich um seiner Ideologie willen die Verhältnisse zurechtlügt, beweist Unmoral.

16. August 1973

Breschnjew soll nicht sterben

Deutsch sein heißt eine Sache um ihrer selbst willen übertreiben. Daß man bei uns auch den »freiheitlichen Rechtsstaat« übertreiben kann, zeigt der Fall Götz.

Volker Götz ist ein Gerichtsassessor in Düsseldorf, den der SPD-Justizminister Dr. Diether Posser zum Richter machen wollte, obwohl Herr Götz Vorsitzender der DKP im Düsseldorfer Stadtteil Garath ist. Denn die DKP ist eine erlaubte Partei, auch wenn sie nach Ansicht des Bundesinnen- und Verfassungsministers Hans-Dietrich Genscher »verfassungsfeindliche Ziele verfolgt«. Kommunisten wollen bekanntlich die parlamentarische Mehrparteien-Demokratie durch die Diktatur des Proletariats ersetzen.

Aber – so meinen Minister Posser und die sogenannten fortschrittlichen Kräfte in SPD und FDP – solange eine Partei nicht vom Bundesverfassungsgericht verboten ist, solange dürfe auch keinem ihrer Mitglieder aus seiner Mitgliedschaft ein Schaden entstehen. Parteien zweiter Klasse sind im Grundgesetz nicht vorgesehen, die Rechte eines Staatsbürgers können nur durch ein Urteil beschränkt werden.

Dies alles klingt sehr logisch und ist dennoch in höchstem Maße unpolitisch gedacht. Denn politisch kann es durchaus opportun (und damit unserem Lande nützlich) sein, eine verfassungsfeindliche Partei nicht zu verbieten. Man schafft keine Märtyrer, man kann die Kämpfer im Tageslicht besser erkennen und bekämpfen als im Dunkel des Untergrunds.

Wo aber steht geschrieben, daß man militante Kommunisten deshalb zu Richtern und Lehrern machen muß? Von einem Staatsbediensteten in so verantwortlicher Stellung muß man erwarten, daß er den demokratischen Rechtsstaat nicht nur duldend hinnimmt, sondern daß er sich aktiv für ihn einsetzt. Herr Götz mag seinem Justizminister erzählt haben, was er will: Entweder ist er Kommunist, dann kann er die verfassungsrechtliche Ordnung unseres Staates mit konkurrierenden Parteien und dem Recht auf Opposition nicht bejahen – oder er bejaht sie wirklich, dann wäre er wohl nur aus Versehen in die DKP geraten. Ein fliegender Fisch ist dieser Volker Götz nicht, er muß sich schon entscheiden, in welches Element er gehört.

Minister Posser hat sich die Entscheidung sicher nicht leichtgemacht. Wer ihm vorwirft, er lasse bewußt zu, daß die Kommunisten den Staat unterwandern, der kennt den moralischen Rigoristen Posser nicht. Seine Ansicht, man dürfe ein DKP-Mitglied nicht benachteiligen, solange die DKP nicht verboten ist, entspricht wohl der reinen Lehre vom Recht – aber die Verhältnisse, die sind nun mal nicht so. Wer die Hitler-Serie von Joachim Fest im STERN liest, wird feststellen können, daß die Nazis im demokratischen Rechtsstaat von Weimar streng legal an die Macht gekommen sind. Wollen wir noch einmal unsere Freiheit aufs Spiel setzen, nur um einem abstrakten Rechtsbegriff Genüge zu tun? Mir jedenfalls soll keiner zumuten, mit einem Partner streng nach den Regeln Schach zu spielen, wenn ich weiß, daß er nur auf den Augenblick wartet, wo er mir das Schachbrett über den Kopf hauen kann.

»Breschnjew würde sich totlachen, wenn er hörte, daß wir Kommunisten zu Richtern machen«, hat Willy Brandt gesagt. Und Breschnjew soll nicht sterben.

22. November 1973

Ich bitte um Hilfe

Ich bitte Sie um Ihre Hilfe. Im Norden Äthiopiens ist eine Hungersnot ausgebrochen. Mehr als eine halbe Million Menschen werden sterben, wenn ihnen nicht ohne Verzug geholfen wird. Mit Nahrung, mit Medikamenten und mit Ärzten.

Täglich werden in den äthiopischen Provinzen Wollo und Tigre zwischen zwölfhundert und fünfzehnhundert Tote gezählt. Die meisten sind Kinder. Sie sterben an den beiden Schotterstraßen, zu denen sich nur die Kräftigsten noch hinschleppen können. Was im Innern des Landes geschieht, in den Dörfern, die viele unwegsame Kilometer voneinander entfernt liegen, weiß niemand. Das Hungergebiet ist doppelt so groß wie die Schweiz. Es hat nur diese beiden Straßen.

Hungersnot und Krankheiten sind die Folge einer Dürre, die das Land in den

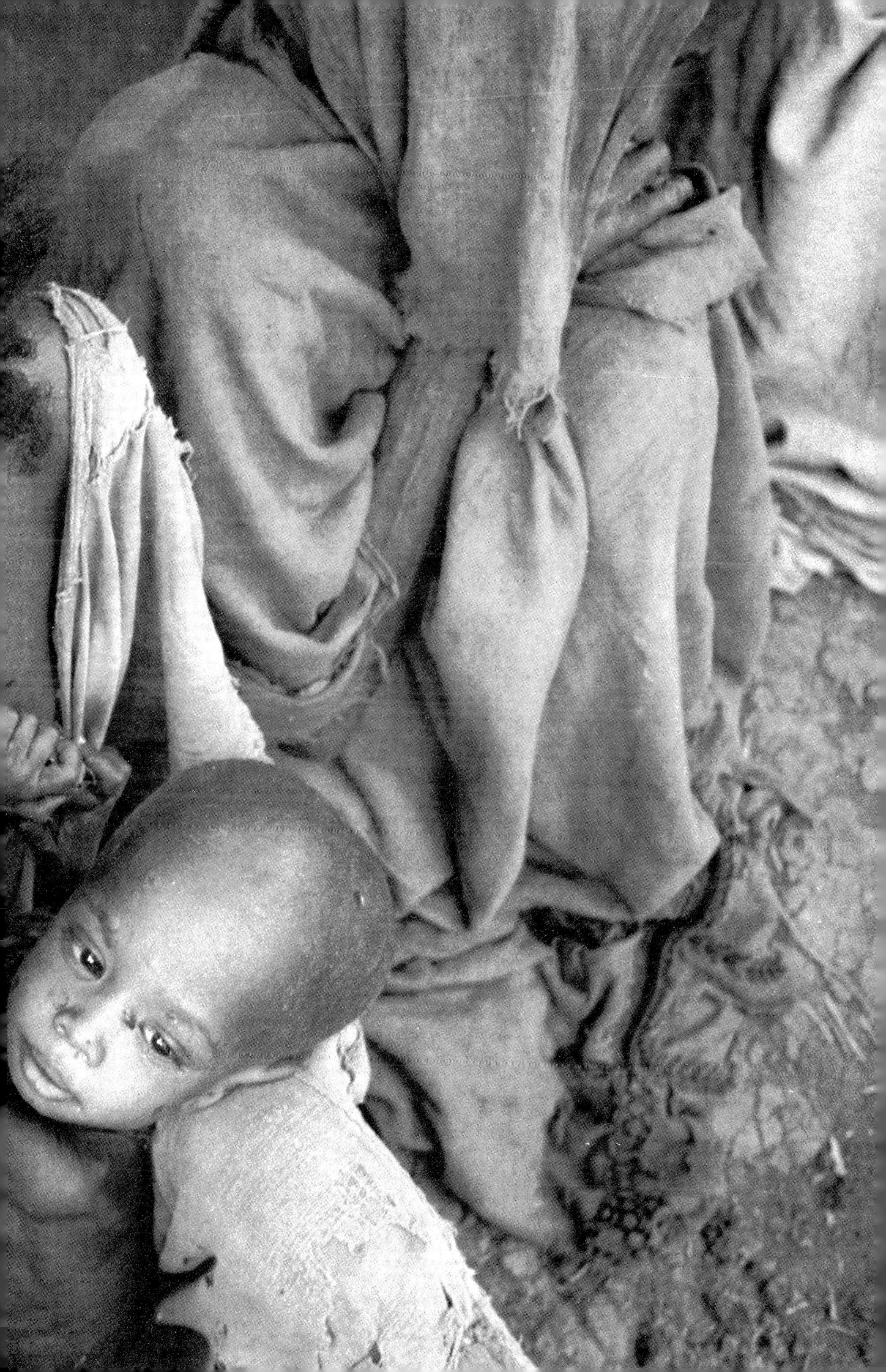

letzten Jahren heimgesucht hat. Drei Ernten sind ausgeblieben, die Weiden sind verdorrt, das Vieh ist an Futtermangel und Wassernot eingegangen.
Sie sehen auf den nächsten Seiten Bilder aus den Auffanglagern. Als die STERN-Reporter Heiko Gebhardt und Thomas Höpker ihren Bericht und ihre Fotos nach Hamburg brachten, hat der STERN sich entschlossen, eine Soforthilfe zu starten. Wir haben dafür 500 000 Mark zur Verfügung gestellt. Das Haus Bertelsmann und seine Mitarbeiter haben weitere 500 000 Mark gegeben.
Die von mir informierte Bundesregierung, das Deutsche Rote Kreuz und die von mir angesprochenen Industriefirmen haben unbürokratisch und rasch gehandelt. Die Bundeswehr stellt Transportmaschinen zur Verfügung, Hamburgs Gesundheitsbehörde half mit Tropenärzten aus – so können noch in dieser Woche fünf »Boeing 707« und zwei »Transall«-Flugzeuge mit 11 Ärzten, zwei »Mercedes-Unimogs«, zwei VW-Bussen und 100 Tonnen Nahrungsmitteln, Decken und Medikamenten zur ersten Hilfsaktion nach Äthiopien starten.
Aber wo Hunderttausende zu verhungern drohen, ist das nur ein Tropfen auf den heißen Stein. Deshalb bitte ich Sie, den auf den Seiten 28 und 29 abgedruckten Brief des deutschen Arztes Dr. Dietrich Schmoll zu lesen. Er ist einer von zehn Ärzten, die drei Millionen Äthiopier betreuen. Dr. Schmoll sagte mir, daß man mit 10 Mark ein Kind zwei Wochen lang ernähren kann. Und es gibt in diesem Gebiet Hunderttausende von hungernden Kindern.
Wir müssen neben Medikamenten, Dekken und ärztlichem Gerät Milchpulver und Kindernahrung kaufen. Selbst die ausgemergelten Mütter und die hungernden Männer sind so weit geschwächt, daß sie fürs erste nur Babynahrung bei sich behalten können.
Ich übernehme die Verantwortung dafür, daß keine Mark für Verwaltung draufgeht und daß nichts gekauft wird, was nicht unbedingt nötig tut. In Addis Abeba werden die Hilfsgüter von Vertretern des Deutschen Entwicklungsdienstes und des STERN in Empfang genommen. Dieses Komitee wird dafür sorgen, daß alles dahin gelangt, wo es am dringendsten gebraucht wird.
Wenn Sie helfen wollen, finden Sie im Anschluß an unseren Bericht gegenüber Seite 36 eine Zahlkarte.

29. November 1973

Zwischenbericht

Ich habe zu danken. Die Erfahrung, die wir nach unserem Aufruf zur Hungerhilfe für Äthiopien gemacht haben, läßt uns hoffen.
Da gab es plötzlich keine Parteien mehr, da stellte sich der Vorsitzende der CDU, Dr. Helmut Kohl, dem sozialdemokratischen Minister Eppler und dessen FDP-Koalitionspartner Genscher an die Seite. Rentner schicken Beträge von fünf und zehn Mark, Schulklassen sammeln, und ich weiß es sehr wohl, daß dies nicht weniger bedeutet als die großzügigen Spenden der Industrie.
Wie gut zu erfahren, daß es die Solidarität des Herzens bei uns noch gibt.

Seit einer Woche gleicht die STERN-Redaktion einem Katastrophenstab. Reporter sind als Einsatzleiter in den Hungergebieten Äthiopiens, Verlagsmitarbeiter sortieren Decken und Nahrungsmittel, das Medizinressort stellt mit dem Hamburger Tropeninstitut lange Medikamentenlisten auf, und über die Fernschreiber unserer Nachrichtenredaktion tickern die Beladungspläne für die Flugzeuge der Bundesluftwaffe.

Und es gab keine Bürokraten. Ob Bundesministerium der Verteidigung, ob Auswärtiges Amt, ob Krisenstab des Innenministeriums, ob Deutsches Rotes Kreuz, ob staatlich oder privat – niemand pochte auf Kompetenzen, kein Papierkrieg wurde entfacht, jeder hilft, wo er kann. Auch das ist eine gute Erfahrung im Lande der sonst so sorgsam abgegrenzten Zuständigkeiten.
Dennoch kann das alles nur ein Anfang sein. Um Hunderttausende vor dem Hungertod zu retten, bedarf es unser aller Anstrengung.
Wenn Sie den auf Seite 18 beginnenden Bericht sehen, blicken Sie dem Hunger unmittelbar ins Gesicht.
Lassen Sie es nicht bei diesem Blick bewenden. Auch die geringste Spende auf das Postscheckkonto 60-600 beim Postscheckamt Frankfurt/Main hilft uns, die Hungernden zu retten.

Ich danke Ihnen.

6. Dezember 1973

Mit Vergnügen Gutes tun

Als der STERN vor wenigen Wochen 25 Jahre alt wurde, hat STERN-MUSIK auf zwei Langspielplatten einen akustischen Report der Jahre 1948–1973 zusammengestellt. Auf den beiden Platten dieses Doppelalbums kommen die Großen der Politik wie Konrad Adenauer, Charles de Gaulle, Nikita Chruschtschow und John F. Kennedy zu Wort, dazwischen singen und spielen die Weltstars der Musik, von Louis Armstrong über Marilyn Monroe und Juliette Gréco bis zu Hildegard Knef, den Rolling Stones und den Les Humphries Singers.
Mehr als 100 Künstler und deren Schallplattenfirmen mußten ihr Einverständnis geben, damit »Die blaue Mauritius der Schallplatte« zustande kam – ein einmaliges, unverkäufliches Sammlerobjekt in limitierter Auflage.
Wir wollten dieses Zeitdokument im Jubiläumsjahr des STERN den Freunden unseres Hauses zu Weihnachten schenken. Nun, da die Hungerkatastrophe in Äthiopien die Festesfreude überschattet, stellen wir den »STERN-REPORT 1948–1973« in den Dienst der Aktion »Rettet die Hungernden«.
Unter den Spendern der Hungerhilfe werden wir noch zu Weihnachten 1000 Doppelalben auslosen. Wir hatten uns einen Augenblick überlegt, ob wir die beiden kostbaren Platten nicht für eine Mindestspende von 100 DM hergeben sollten. Aber das wäre nicht gerecht gewesen, denn für manchen Leser sind 10 Mark sicher ein ebenso großes Opfer wie für den anderen 100 Mark. Und ich sagte es schon: Für 10 Mark kann ein hungerndes Kind 14 Tage am Leben erhalten werden.
Sie konnten auf den vorigen Seiten sehen, mit welcher unbürokratischen Schnelligkeit der STERN in Zusammenarbeit mit dem Katastrophenstab des Bundesinnenministeriums und der Bundesluftwaffe die ersten Hilfssendungen auf den Weg gebracht hat. Aber noch ist unendlich viel zu tun. Neben Medikamenten und Nahrung muß für über eine halbe Million Mark Saatgut gekauft werden, damit in den Hungerprovinzen wieder etwas wachsen kann. Jetzt hat es in Äthiopien geregnet. Die Saat muß noch im Januar in die Erde, Eile tut also not, damit nicht noch Zehntausende von Menschen elend zugrunde gehen. Und nochmals: Keine Mark wird für Spesen und Verwaltung draufgehen, was immer Sie spenden, kommt den Hungernden zugute.

So bitte ich Sie denn noch einmal, Ihr Herz sprechen zu lassen. Und wenn Sie dann zu denen gehören, die dabei die kostbare Jubiläumsgabe des STERN gewinnen, werde ich mich mit Ihnen freuen.

Die Hilfe kommt an

Die Energiekrise erreichte Äthiopien, nachdem die elfte Boeing 707 der Luftwaffe vollbeladen mit Überlebensdiät, Medikamenten und Wolldecken in Addis Abeba gelandet war. »Wir haben kein Benzin mehr«, entschuldigte sich Captain Abebe von der Flughafenleitung. »Wir können die Boeings für den Rückflug nach Deutschland nicht mehr auftanken.«

STERN-Reporter Jürgen Petschull besprach die Sache mitten in der Nacht mit Sozialminister Mulatu Debebe. Der Minister fuhr im Morgengrauen zur Privatwohnung des Chefs der Shell-Ethiopia. Ergebnis: Die Gesellschaft stellte ihre »stillen Reserven« zur Verfügung und forderte für die deutschen Düsenriesen den Treibstoff-Nachschub aus dem Rotmeerhafen Dschibuti an. Einen Tag später schwebte Boeing Nr. 12 in Addis Abeba ein.

Die zwei Transall-Maschinen vom Lufttransportgeschwader Rendsburg und die Hubschrauber der Bundeswehr und des Bundesgrenzschutzes hatten nie Treibstoff-Probleme. In zwei Wochen machten die Transalls 59 Versorgungsflüge in die Hungerprovinzen Wollo und Tigre. Von Dessie, dem Hauptort der Provinz Wollo, starten die Hubschrauber, um die Camps zu beliefern, die von den deutschen Ärzten mitten in der unwegsamen Steppe angelegt worden sind.

6,5 Millionen Mark waren bis Ende der letzten Woche auf dem Konto der STERN-Aktion »Rettet die Hungernden«. Die Verwaltung besorgt der STERN gemeinsam mit dem Katastrophenstab des Bundesinnenministeriums. Spendengelder werden dafür nicht verwendet. Für den Transport kommt die Bundesregierung auf. Auch für Zoll- und Lagergebühren ist in Äthiopien nicht ein einziger Spendenpfennig ausgegeben worden.

260 Tonnen Nahrungsmittel, Medikamente und technisches Gerät sind bisher aus der Bundesrepublik nach Äthiopien geflogen worden – auf spezifizierte Anforderung der Ärzteteams vor Ort. Grundsatz: Es wird nur in solcher Dosierung geschickt, daß die Verteilung draußen in der Steppe immer kontrolliert werden kann.

Während noch die Boeings fliegen, wird in Hamburg schon die »Rabenfels« beladen. Mit 430 Tonnen Hilfsgütern an Bord wird sie Mitte Januar im äthiopischen Hafen Assab eintreffen. Die »Rabenfels« wird sicher nicht das letzte Schiff sein, das lebensrettende Nahrung aus Deutschland nach Äthiopien bringt. Denn eines ist allen, die das Elend mit eigenen Augen gesehen haben, klar: Es wäre nichts getan, wenn wir den Menschen das Leben um ein paar Monate verlängerten. Wir müssen den Anschluß an die neue Ernte schaffen und die Überlebenden so weit wieder gesund machen, daß sie ihre Felder bestellen und die Ernte im Juni einbringen können.

Danke!

Dank den Hamburger Polizeibeamten. Sie spendeten Blut und überwiesen ihr Honorar dafür auf das Konto der STERN-Aktion »Rettet die Hungernden«. Dank dem zu lebenslangem Gefängnis Verurteilten in der Strafanstalt Werl, der sein »Rücklagenkonto« auflöste und 400 Mark gab. Dank den Kindern von etwa 200 Schulklassen, die zusammen mehr als 180 000 Mark aufbrachten, indem sie sammelten, musizierten, Stücke aufführten und auf ihre Geschenke verzichteten. In Krankenhäusern legten die Schwestern ihr Weihnachtsgeld zusammen, in vielen Städten wurden Basare abgehalten, in Vlotho gab es einen Spenden-Demonstrationszug, und in der Stadt Schwabach rief der Bürgermeister die Firmen und seine Bürger zur Aktion »Schwabach hilft Äthiopien« auf.
So hatten wir die Deutschen nicht gekannt. Wer immer gemeint hatte, die Menschen dächten heute nur an sich selbst, der wurde eines anderen, eines Besseren belehrt. Firmen verdreifachten das beachtliche Sammelergebnis ihrer Mitarbeiter, die Landesregierung Baden-Württemberg gab 200 000 Mark, und der Ausbrecherkönig Bernhard Rubinke schickte aus Hamburg 10 Mark. (»Ich kann beurteilen, was Hunger ist. Die Jahre nach 1945, die ich in Hbg.-Fu. verbringen mußte bei täglich 75 Gramm Maisbrot und einem sehr dünnen Süppchen, werde ich nie vergessen.«)

Daß Ordensbrüder und Strafgefangene, sozialistische Studentengruppen und Industriezirkel, Kindergärten und Altersheime sich zusammenfanden im tätigen Mitleid für die Hungernden, daß in Kirchen und Beatschuppen gespendet wird – ein Pfarrer, der nicht genannt sein will, rundete das Ergebnis der Kollekte von 2843,70 Mark aus eigener Tasche auf 5000 Mark auf, ein Rocker verkaufte sein Motorrad für 780 Mark »ehe ich das Geld verjuxe, nehmt mal fünfhundert davon für Äthiopien« –, das alles hat es in diesem Land wohl noch nicht gegeben. So kamen bis Jahresende 14 Millionen Mark zusammen.
Es ist ein Betrag, der uns nicht nur stolz macht. Er ist zugleich eine schwere Bürde. Nicht, als ob das Geld schon ausreichte, alle Not in dem von der STERN-Aktion betreuten Hungergebiet zu beheben. Aber da ich die Verpflichtung übernommen habe, dafür zu sorgen, daß jede Mark ohne Abzug von Verwaltungskosten die Hungernden auch erreicht, bedarf es einer Anstrengung, die unsere Kräfte längst übersteigen würde, hätten sich nicht Helfer gefunden.
Da ist die Bundesstelle für Entwicklungshilfe, die das Spendenkonto Frankfurt 60-600 verwaltet. »Verwalten« liest sich so leicht, aber für das peinlich genaue Registrieren und Bearbeiten vieler hunderttausender Einzelbelege mußten die Mitarbeiter dieser Behörde ihre persönlichen Festvorbereitungen schon in den Schnee schreiben – und dann sammelten sie auch noch und legten 3822 Mark dazu.
Daß die Bundesstelle für das Ausschreiben der Spendenbescheinigungen noch einige Zeit brauchen wird, sollte keinen Spender verärgern, die Steuererklärung für 1973 hat ja noch bis März Zeit. Im übrigen gilt bei einer Spende bis zu 100 Mark der Einzahlungsabschnitt jeder Zahlkarte als Spendenbescheinigung.
Dank dem Hamburger Tropeninstitut und dessen Leiter Prof. Mohr, der die Ärzte für unsere Camps in der Hungerprovinz Wollo aussucht, die Auswahl der Medikamente besorgt, die Nahrungsmittel und das Gerät bestimmt, so daß nichts nach Äthiopien geht, was nicht dringend benötigt wird.
Dank dem Katastrophenstab des Bundesinnenministeriums, der die Besorgung von Zelten, Wasserbohrgeräten, von Notstromaggregaten und Wasserpumpen und der tausend großen und kleinen Dinge übernimmt, die zu dieser größten privaten Hilfsaktion gehören.
Dank auch der Bundesluftwaffe, die die ersten 280 Tonnen Hilfsgüter mit ihren Boeings 707 nach Äthiopien flog, sie mit

Transalls an die Schwerpunkte der Katastrophe schafft und sie dann zusammen mit dem Bundesgrenzschutz in Hubschraubern dahin bringt, wohin keine Straße führt und wo die Hungernden ohne diese Hilfe elend umkommen würden.
Ein chinesisches Sprichwort sagt: »Wenn du einen Mann für einen Tag satt machen willst, so gib ihm einen Fisch. Wenn du ihn immer satt machen willst, mußt du ihm ein Netz geben.«
Das ist auch die Devise unserer Aktion: Wir müssen den Anschluß an die nächste Ernte gewinnen, wir müssen den Menschen zu Saatgut und Zugochsen verhelfen, mit denen sie das Land wieder bearbeiten können. Denn was hülfe es, wenn wir ihnen das Überleben für ein paar Monate ermöglichten, und sie hätten dann nichts, dieses Leben zu fristen.
Um diese Aufgabe zu lösen, hat die STERN-Aktion ein Gebiet in der am ärgsten betroffenen Provinz Wollo und in der Danakil-Steppe gewählt, wo jetzt in Abständen von 60 bis 80 Kilometern 4 Hauptstützpunkte mit Ärzten, Schwestern und Helfern etwa 60 000 Menschen erreichen. Die Zahl der Stützpunkte wird im Januar und Februar auf 8 erhöht werden, dazu kommen 16 Ambulanzen und Unterverteilungsstellen, so daß unsere Aktion dann etwa 150 000 Menschen betreuen kann.
Glücklicherweise sind wir nicht allein. Die christlichen Missionen der verschiedenen Glaubensbekenntnisse haben sich zum Christian Relief Committee zusammengeschlossen, sie helfen uns bei der Verteilung. Die Engländer sind da und die Amerikaner. Sie tauften unsere Aktion mit spöttischer Anerkennung »the German Blitzkrieg« und übernahmen dann unsere Arbeitsmethoden.
Lassen Sie uns nicht erlahmen. Es bleibt noch viel zu tun – für viele Monate.

7. Februar 1974

Pech mit Solschenizyn

Ich weiß: zu behaupten, daß auch Alexander Solschenizyn gelegentlich einen Wind läßt – das kommt heute einer Heiligenschändung gleich. Von Märtyrern erwartet man hierzulande nur Wahres und Wohlriechendes.
Der STERN hat sich mit Solschenizyn schon beschäftigt, als man in vielen Redaktionen noch nicht einmal den Namen des Dichters schreiben konnte. Das lag in unserer Tradition: Der allererste sowjetische Schriftsteller, der das Moskauer Regime öffentlich kritisierte, tat es im STERN. Wladimir Dudinzews Roman »Der Mensch lebt nicht vom Brot allein« erschien im Nannen-Verlag, ehe das Buch weltberühmt wurde. Und das war 1957.
1958, als man in Moskau noch Haken schlagen mußte, um die Beschatter vom KGB loszuwerden, habe ich Dudinzew in seiner Wohnung besucht. Der STERN berichtete darüber und über Boris Pasternak aus Peredelkino. Die erschütternden Fotos vom Prozeß gegen die Bürgerrechtler Jakir und Krasin fanden sich im STERN, und der vom Kreml verfemte Atomwissenschaftler Andrej Sacharow wird gewußt haben, weshalb er den STERN-Reporter Jörg Andrees Elten in seiner Wohnung empfing.
Nur, wie gesagt, mit Solschenizyn hatten wir einmal Pech. 1971 besuchte STERN-Reporter Dieter Steiner Solschenizyns Tante Irina Scherbak auf seiner Rückreise von der Brandt-Breschnjew-Konferenz in Oreanda. In den Erzählungen der Tante erschien Alexander Solschenizyn als ein Mensch mit seinem Widerspruch. Und dann war die Rede davon, daß die Solschenizyns einmal zu den begüterten Bauern gehörten, die in der Zarenzeit sogar einen Rolls-Royce gefahren hatten.

Das nun war das Stichwort für die Moskauer »Literaturnaja Gaseta«. Solschenizyn als den Abkömmling von Großgrundbesitzern zu bezeichnen, worauf der in die Enge getriebene Dichter leugnete, daß der STERN mit seiner Tante Irina überhaupt gesprochen haben könnte. Im August 1971 hätten vielmehr sowjetische Journalisten die Tante besucht und ihr ein Manuskript und Dokumente gestohlen. Die seien dann wohl dem STERN vom KGB zugespielt worden.
Solschenizyn hätte das besser nicht gesagt. Denn was immer im August 1971 geschehen sein mag, STERN-Reporter Dieter Steiner besuchte die Tante am 23. September 1971, und das ist nachweisbar. Tante Irina Scherbak ließ sich mit Steiner fotografieren, sie gab ihm einen Brief an mich mit, und auch Solschenizyns Behauptung, der Wohnort der Tante sei für Fremde gesperrt, ist leicht zu widerlegen: Der Ort Georgijewsk liegt im Intourist-Angebot für westliche Touristen.
Was muß das noch immer für ein System sein, in dem ein Mann wie Alexander Solschenizyn zu solchen Ausflüchten greifen muß, weil selbst die simple Wahrheit seiner großbäuerlichen Abkunft ihm gefährlich werden kann. Droht ihm neue Gefahr, wenn die Moskauer Behörden nun in der Münchner Illustrierten »Quick« vom 17. 1. 1974 lesen, Solschenizyns Eltern hätten »nur ein paar hundert Hektar Land besessen«? Ein Hektar sind immerhin 10 000 Quadratmeter, und wer rechnen kann, kommt bei ein paar hundert Hektar dann ja wohl auf ein paar Millionen Quadratmeter.
Oder sollte Solschenizyn glauben, daß bei uns ein Dichter, über dessen Flegeljahre seine Tante Menschliches berichtet, an Image einbüßt?
Daß allerdings die »Quick« den Fall aufgreift, um den STERN der Heiligenschändung an dem gefährdeten Nobelpreisträger zu bezichtigen, hat weniger sowjetische als deutsche Bezüge.
Der »Quick«-Redaktionsleiter van Nouhuys nämlich wurde vom STERN vor ein paar Monaten als Doppelagent für den Staatssicherheitsdienst der DDR und für den Bundesnachrichtendienst entlarvt. Die von seinem Prozeßbevollmächtigten verbreitete Behauptung, die Bundesanwaltschaft habe inzwischen festgestellt, daß gegen Nouhuys nichts vorliege, hat sich rasch als Irreführung herausgestellt. Und die angedrohte Klage gegen den STERN auf 20 Millionen Mark Schadensersatz ist für jeden juristisch Versierten leicht als Theaterdonner zu erkennen.
So setzt man dann auf kritiklose Leser und bringt den STERN in den Verdacht, er arbeite mit dem KGB zusammen gegen Solschenizyn.
Wenn das nicht wirkt!
Auf die Zivilkammer 24 des Hamburger Landgerichts wirkte es nicht. Sie hat der »Quick« am 31. Januar bei Meidung einer vom Gericht für jeden Fall der Zuwiderhandlung festzusetzenden Geldstrafe oder Haftstrafe bis zu sechs Monaten verboten, zu behaupten oder den Eindruck zu erwecken, der STERN schriebe Reportagen im Auftrag des Kreml.
Für STERN-Leser verstand sich das seit eh und je.

14. März 1974

Das Wunder von Ruga

Auf den Seiten 38 bis 57 dieses Heftes erleben Sie ein Wunder, das nicht nur wegen der Landschaft, in der es sich ereignet, an biblische Szenen erinnert. Da kommen die Mühseligen und Beladenen herbei, die Kranken und Aussätzigen werden von weither gebracht, und fast jede Geschichte beginnt mit Krücken oder auf einer Bahre. Am Ende stehen die Kranken auf, lassen Bahre und Krücken zurück und gehen heim zu ihren Hütten und auf ihre Felder. Der Mann, der diese Wunder tut, hat blondes schulterlanges Haar, heißt Dr. Jens Herrmann und ist ein 31 Jahre junger Hamburger Arzt. Ort des Geschehens ist Ruga in den äthiopischen Bergen am Rande der Danakil-Steppe. Außer Dr. Herrmann gibt es noch 58 andere deutsche Ärzte, Pfleger, Schwestern und Laboranten mit ihren äthiopischen Helfern. Und wie in Ruga geht es in sieben weiteren Camps der STERN-Aktion »Rettet die Hungernden« zu.

Das Wunder hat keinen doppelten Boden, das Wunder ist die medizinische Wissenschaft des 20. Jahrhunderts, die hier zu Menschen kommt, die noch im 13. Jahrhundert leben. Das Wunder heißt Baycillin oder Gamma-Globulin oder Cholera-Impfstoff, es heißt Humana oder Curate-Protein-Überlebensdiät. Und daß die Hungernden ihre Ödeme und die Kranken ihre Leiden loswerden, daß Kinder wieder lachen, das verdanken sie Ihnen, den STERN-Lesern.
18,1 Millionen Mark haben Sie gespendet, meist in Beträgen zwischen 20 und 50 Mark, zusammen mit den Sachspenden sind es eben über 20 Millionen Mark – das ist wohl die größte private Hilfsaktion der Geschichte.

Daß wir diese Gelder nicht mit der großen Gießkanne über das Land Äthiopien verteilt haben, sondern unsere Mittel in einem überschaubaren Raum der am schwersten getroffenen Hungerprovinzen Wollo und Tigre einsetzen, hat seinen guten Grund: Wer humanitäre Hilfe als Ablaß zur Erhaltung der eigenen Gewissensruhe betrachtet, mag sich damit begnügen, ein paar tausend Hungernde für ein paar Wochen oder Monate zu füttern. Die Aktion des STERN darf nicht aufgeben, bevor die von der Dürre geschlagenen Menschen sich wieder selber helfen können. Dazu müssen Wege gebaut, Wasser gebohrt, Saatgut und Zugochsen beschafft und die verdorrten Felder müssen wieder beackert werden. Würden wir uns vor Ende des Jahres zurückziehen, dann hätten wir den Hungertod für Hunderttausende nur um ein paar Monate hinausgeschoben.
Natürlich hat es an Besserwissern nicht gefehlt.
Da meldeten sich die Ideologen mit dem Vorwurf, unsere Hilfsaktion trage dazu bei, die Fassade des für die Katastrophe verantwortlichen feudalistischen Systems in Äthiopien aufrechtzuerhalten. Stürben jetzt noch ein paar Hunderttausend am Hunger, dann müsse das ausbeuterische Regime der Feudalherren um so eher zusammenbrechen, und in Zukunft könnten Millionen besser und freier leben.
Die Antwort fällt mir nicht schwer: Vor die Frage gestellt, ob ich Menschen verhungern lassen soll, weil ich die Sozialstruktur in ihrem Lande nicht ändern kann, würde ich mich immer für die Hilfe entscheiden. Im übrigen haben die Unruhen der letzten Wochen auf die Arbeit unserer Aktion gar keinen Einfluß gehabt.
Andere Kritiker empörten sich, daß für die Hilfsgelder Korn und Vieh von äthiopischen Grundbesitzern gekauft werden, um die Bauern in den Hungerprovinzen damit zu versorgen.

Nun wohl, in Teilen des Landes hat es eine knapp befriedigende Ernte gegeben. Hier leben die Bauern vom Verkauf ihres Korns. Würde man es ihnen wegnehmen, so erreichte man damit nur, daß dort niemand mehr anbaut, als er für den eigenen Bedarf nötig hat. Im übrigen sind die in Äthiopien angebauten Sorten Teff und Sorghum billiger und für die klimatischen Verhältnisse des Landes geeigneter als eingeführtes Getreide. Als Journalisten entdeckten, daß Äthiopien gar Lebensmittel in die Bundesrepublik ausführt, begann der Blätterwald erneut zu rauschen. Zu Unrecht, denn mit dem Kaffee und den geringen Mengen Ölsaaten, die Äthiopien ausführt, lassen sich Hungernde nicht satt machen. Für diese Güter erhält das Land – in Kalorien gemessen – einen sehr viel höheren Gegenwert an eiweißhaltigen Grundnahrungsmitteln.
Wenn es mir trotz aller Schwierigkeiten gelungen ist, mein Wort zu halten: daß kein Pfennig aus den Spendenmitteln für die Verwaltung und für Spesen draufgeht, so ist das vor allem der Bundesregierung zu danken. Sie trägt die Verwaltungskosten und sorgt auch für die Transportkapazität. Ohne die Boeings

und die Transall-Maschinen der Bundeswehr, ohne die Hubschrauber der Luftwaffe und des Bundesgrenzschutzes und ohne die logistische Erfahrung des Katastrophenstabes im Bundesinnenministerium wären wir in dem unwegsamen Land auf verlorenem Posten gewesen – wir hätten den Posten nicht einmal erreicht.
Die Sorge der nächsten Wochen wird Hunderten von Waisenkindern gelten, deren Eltern dem Hunger zum Opfer fielen. Viele STERN-Leser haben uns gefragt, ob sie Kinder adoptieren oder in Pflege nehmen könnten. Wir meinen, man sollte diese Kinder nicht aus ihrer Umwelt herausreißen, deshalb wird die STERN-Aktion jetzt darangehen, Kinderdörfer in der Nähe unserer Camps zu errichten.
Und wer uns helfen will, dem darf ich noch einmal die Kontonummer sagen: Bundesstelle für Entwicklungshilfe, Postscheckkonto Frankfurt 60-600.

28. März 1974

Man sieht, wie man sich irren kann

Als ich ihn das erste Mal zu Gesicht bekam, mit seinem Dschingis-Khan-Bart, den langen Haaren und den verwaschenen Jeans, habe ich mich einen Augenblick gefragt, wie ich wohl reagiert hätte, wenn er an mein Krankenbett getreten wäre.
Sie kennen das, man hat Schmerzen, ist ganz hilflos, und wenn man ein Hypochonder ist wie ich, dann denkt man auch gleich, daß es etwas Bösartiges sein könnte – hat nicht die Schwester eben ein sehr besorgtes Gesicht gemacht?
Und dann kommt der Arzt. Man erwartet einen Herrn in den Fünfzigern, genau in der Mitte zwischen Würde und Eleganz. Hochgeschlossener weißer Mantel mit dem etwas kokett offenstehenden Bündchen, das Stethoskop in der Brusttasche.
Man wartet darauf, weil man es bei früheren Krankheiten schon erlebt hat: Wenn die kühle Hand den Puls fühlt, beginnt die Angst zu weichen, nun ist man in guten Händen, die Krankheit bekommt einen Namen, die Schwester bekommt ihre Vorschriften für die Medikation, ein paar lateinische Worte, ein vertrauenerweckendes Lächeln hinter der goldgeränderten Brille – es wird schon wieder werden.
Nein, so ein Arzt ist dieser Dr. Uwe Brinkmann nicht. Er ist eher klein, und wenn sein Bart nicht wäre, würde man ihn wohl unscheinbar nennen, er hat auch kein sonores Organ, eher eine leise Stimme, immer ein wenig zögernd, überlegend, kein »den Finger drauf, das nehmen wir!«
Ich muß zugeben, wenn dieser Dr. Brinkmann an mein Krankenbett getreten wäre, ich hätte wohl eine Weile gebraucht, um mich bei ihm in guten Händen zu wissen.

Ich lernte Dr. Brinkmann nicht als Patient kennen. Sein Chef, Professor Mohr vom Hamburger Tropeninstitut, schickte ihn zu mir, als wir in Äthiopien anfingen, gegen den Hunger zu kämpfen. Dr. Uwe Brinkmann und seine Frau Agnes bauten eines der ersten Camps in der Katastrophen-Provinz Wollo auf. Da wurden nicht nur Hungernde gefüttert und Kranke behandelt, da richtete Dr. Brinkmann eine Spinnerei ein und eine Schneiderhütte, bestellte mit seinen äthiopischen Helfern einen Mustergarten, baute ein Backhaus, bohrte nach Wasser und richtete eine Schule ein. Und wie Dr. Brinkmann machte es sein Kollege Dr. Jens Herrmann. Sie haben ihn vor zwei Wochen im STERN sehen können, auch er eher ein Hippie mit schulterlangen blonden Haaren, kein Doktor, wie wir ihn aus dem Bilderbuch unserer Gesellschaft kennen.

Dr. Brinkmann war gerade in Hamburg, als die Nachricht aus Lagos in Nigeria kam, daß der junge deutsche Arzt Dr. Mandrella an dem gefährlichen Lassa-Fieber erkrankt sei. Gefährlicher als Pest und Pocken sei dieses Fieber, sagten die Sachverständigen, und ansteckender. Dr. Mandrella hatte sich infiziert, als er bei seinem Freund und Kollegen Dr. Sauerwald einen Luftröhrenschnitt gemacht hatte. Dr. Sauerwald, 29 Jahre alt, starb in Nigeria. Dr. Mandrella, 32 Jahre alt, brach wenige Tage später zusammen. Als die Nigerianer erkannten, was ihn zu Boden geworfen hatte, flüchteten sie bis auf eine schwarze Schwester aus der Nähe des Kranken.
Als Professor Mohr den ersten Funkspruch aus Lagos bekam, sagte Dr. Brinkmann: »Ich fahre hin.« Der Institutschef zögerte, er glaubte, die Ansteckungsgefahr dem Vater von zwei Kindern nicht zumuten zu dürfen. »Ach was«, sagte Uwe Brinkmann nun gar nicht mehr leise und gar nicht mehr zaghaft, »einer muß ja hinfliegen, und da fliege ich eben.«

Was immer später über die Ansteckungsgefahr gemutmaßt werden mag – als Dr. Brinkmann sich auf den Weg machte, war der Stand der medizinischen Erkenntnis so, daß seine Reise einem Todeskommando nicht unähnlich sah.
In der gleichen Woche, in der die Zeitungen den Namen des Dr. Brinkmann erwähnten, ging der Name eines anderen, berühmteren Arztes durch die Spalten: Professor Dr. Ernst Fromm, bis vor kurzem Präsident der Bundesärztekammer. Den Namen des Professors Fromm vermeldeten die Zeitungen, weil ihm das Bundeskartellamt ein Bußgeld von 25 000 Mark auferlegen mußte. Standesfürst Fromm hatte im Namen der Bundesärztekammer eine angesehene Pharma-Firma mit dem Boykott bedroht. Diese hatte Laboruntersuchungen zu Preisen angeboten, für die Herr Fromm und seine Fachkollegen das Dreifache zu liquidieren pflegen.
Professor Dr. Ernst Fromm, dessen Name ins Zwielicht kam, als er sich für eine zweifelhafte ärztliche Bau- und Steuerabschreibungsgesellschaft namens »pro medicis« betätigte, ist ein würdiger Herr in den Fünfzigern. Weißer Mantel, goldgeränderte Brille, ein Arzt, wie er im Buche steht (in Romanen von Simmel etwa oder Willi Heinrich) – und ich gestehe, auch an meinem Krankenbett hätte das Erscheinen dieses Professors Beruhigung verbreitet.
Man sieht, wie man sich irren kann.

16. Mai 1974

Willy Brandt und der Heiligenschein

Der König ist tot, es lebe der König! Helmut Schmidt ist der neue Bundeskanzler. Aber ich kann mir nicht helfen, mich bewegt das Schicksal des alten Kanzlers immer noch mehr. Vielleicht, weil es ebensoviel über uns aussagt wie über ihn.
Da war ein Mann, dem jedes politische Finassieren zuwider war. Er sprach aus, was jeder wußte und keiner sich zu sagen traute: Die DDR ist ein Staat, wir werden mit ihr und den Völkern des Ostens leben müssen. Und er machte die Bundesrepublik zum ersten deutschen Staat, der in der Welt geachtet wird, ohne daß man ihn fürchtet.

Aber ehe dieser Mann Kanzler werden konnte, mußte er durch einen Sumpf von persönlichen und politischen Verleumdungen. Seine uneheliche Geburt wurde ihm vorgeworfen, seine Emigration vor den Nazis nach Norwegen. Und – »da war auch ein Mädchen«. Schon 1961 erschien ein Pamphlet mit diesem Titel, und die alte miese Geschichte wird dadurch nicht besser, daß einige Gazetten sie jetzt wieder aufwärmen.

Willy Brandt hat das durchgestanden, und der Mann und Parteichef Brandt wird auch durchstehen, was jetzt auf ihn zukommt, das politische und das garstige Lied. Der Bundeskanzler Brandt aber konnte und wollte es nicht durchstehen. Eben weil ihm die politische Moral über die persönliche Empfindsamkeit geht.

Zunächst das politische Lied. Daß die mit seinem Namen am stärksten verbundene Ostpolitik gescheitert wäre, kann nur einer sagen, der west-östliche Wunder erwartet hat. Brandt hat nie mehr erwartet als einen kalten Frieden, aber der war ihm und sollte wohl auch uns lieber sein als der Kalte Krieg. Heute warten keine Lkw-Schlangen mehr in Helmstedt, heute muß Berlin nicht mehr in Angst leben.

Natürlich, die Preise steigen. Anderswo steigen sie mehr, in Frankreich mehr, in den USA mehr, Italien ist zahlungsunfähig, und das bis vor kurzem konservativ regierte England wird es demnächst sein. Vom Wagen der Weltwirtschaft kann keiner so leicht abspringen, man kann höchstens bremsen.

Aber warum trat Brandt dann zurück? Etwa wegen des garstigen Liedes, das nun in mehr oder minder schmuddeligen Andeutungen wieder gesungen wird? Ja, da war auch noch ein Mädchen oder meinetwegen auch mehrere.

Wer sind wir denn, Sie und ich, daß wir darüber zu richten hätten. Allerkatholischste Majestaten hatten Mätressen, Kardinäle hatten sie, Kennedy soll etwas mit der Monroe gehabt haben, und auch Präsident Pompidou war nicht eben ein Heiliger. Aber bei uns mokieren sich gerade diejenigen, die den »Heiligenschein« des Kanzlers dauernd verhöhnt haben, darüber, daß er ihn nachts gelegentlich ablegte. Daß Guillaume gedroht habe, er werde »über Willy Brandts Affären auspacken«, ist nicht wahr. Niemand hat den Kanzler erpreßt, niemand hat ihn bedroht, auch die Opposition nicht. Im Gegenteil, der Regierungschef Brandt hätte sich vor solchen »Enthüllungen« sicherer fühlen können, als es der Parteichef jetzt kann.

Aber vor einem war Willy Brandt wohl nicht gefeit – vor seinem eigenen Ekel über die Verlogenheit unserer Gesellschaft, in der die Moral seines politischen Handelns mit Bettgeschichten in Frage gestellt werden kann.

Und eines noch, er hat es gesagt: Der Kanzler wäre in dem anstehenden Gespräch mit DDR-Chef Erich Honecker, der ihm einen Spion an den Tisch gesetzt hat, nicht mehr unbefangen gewesen. Brandt: »In diese Lage darf ein Bundeskanzler nicht kommen.«

Eine gewisse Fahrlässigkeit im Umgang mit Guillaume, die seinem vertrauensbereiten Naturell entspricht, hat Willy Brandt voll auf seine Kappe genommen. Den Einwand, daß der zuständige und über alles informierte Sicherheitsminister Genscher ihn vor dieser Sorglosigkeit leicht hätte bewahren können – anstatt dem Kanzler anzuraten, daß er Guillaume mit nach Norwegen nimmt –, wischt Willy Brandt vom Tisch: „Der Bundeskanzler muß wissen, was er tut, und er muß es verantworten.«

Ohne Genscher wäre die Koalition und damit die Politik des äußeren und des inneren Ausgleichs nicht fortzuführen gewesen. Und Genscher wäre nicht Genscher, wenn er selbst auch nur einen Augenblick daran zweifelte, in jeder Sache zu jedem Zeitpunkt das Richtige getan zu haben. Kämen aber SPD-Wahlmänner auf den Gedanken, ihre Wut auf Genscher bei der Wahl des Bundespräsidenten Walter Scheel auszulassen, dann wäre die Koalition in Gefahr.

Willy Brandt weiß das. Er übt Staatsräson und trägt die Verantwortung allein. Er hat sich um die Demokratie verdient gemacht.

Verdammte Gastarbeiter!

Erst konnten wir nicht genug von ihnen bekommen, als das »Deutsche Wirtschaftswunder« den meisten von uns wie eine Sprechblase aus dem Munde quoll. Wir waren ja wieder wer, Krieg vergessen, Hunger vergessen, nun waren wir auf dem Weg, reich zu werden. Zum Reichwerden brauchte man Heloten. Wir hatten uns nicht gescheut, uns die Hände schmutzig zu machen, beim Zerstören nicht und nicht beim Wiederaufbauen; aber nun sollten das mal andere tun, Mindere, Unterentwickelte, Itaker, Jugoslawen, Spanier und was es da sonst noch so gab.
Nicht, daß wir sie drangsaliert hätten. Wir hatten ja auch die zwangsrekrutierten Ostarbeiter im Krieg nicht geprügelt, so sind wir ja nicht. Aber vorm Hochofen schwitzen, den ganzen Tag im Schlamm waten, sich in der Spritzkabine die Lunge kaputtmachen, Kohle brechen und Klos putzen, das war ja nun eigentlich keine deutsche Beschäftigung mehr, dafür hatten wir ja nun Türken, Griechen, Marokkaner und was es da sonst noch so gab.
Soll niemand sagen, daß wir fremdenfeindlich seien. Wenn wir mit Neckermann nach Griechenland fuhren, was gab's da für herrliche holzgeschnitzte Gesichter. Und wie romantisch war es mit Italienern in Italien. Selbst in Wolfsburg waren sie von Nutzen.
Wenngleich sie uns natürlich manchmal störten, so auf den Bahnhöfen, abends, wenn sie da, wo die Fernzüge abfahren, ihr Heimweh spazierenführten oder die Wärme des Rudels suchten. Da hielten wir unseren Koffer fester.

Und wenn sie sich an deutsche Mädchen heranmachten. Das ging natürlich nicht, und was waren das auch schon für Frauen, die sich mit Türken einließen, mit Griechen und Spaniern. Und was es da sonst noch so gab.
In früheren Zeiten, als deutsche Arbeiter ausgewandert waren nach Brasilien, nach Amerika, nach Siebenbürgen oder ins Banat oder nach dem Osten gar, da war das natürlich etwas anderes gewesen. Da haben wir die deutsche Kultur dorthin gebracht, sie sollten sich mal freuen, daß wir sie erst wirklich kultiviert haben.
Aber heute und umgekehrt?
»Ich habe einen Türken geheiratet«, schreibt eine junge Frau aus Berlin. »Aber er ist ein bißchen dunkel. Deshalb kann ich auch nicht meine Wohnung behalten, die billig ist. Wir schleichen immer nach Hause . . . Bei der Ausländerbehörde hat man mir gesagt, ich soll mich drauf vorbereiten, ins Ausland zu gehen, bald braucht man keine Türken mehr in Deutschland. Stimmt das? Was kann ich nur machen, nur noch ein Jahr Aufenthalt, Möbel kaufen lohnt sich nicht, Kinder haben ist zu riskant. Alle sagen, ich habe einen Fehler gemacht. Wir haben viel Angst . . .«
Die Geschichte ist sicher nicht typisch. So sind wir nicht. Wir sind ja schließlich nicht fremdenfeindlich, und inzwischen gibt es viele Freundschaften zwischen Deutschen und Gastarbeitern.
Warten Sie mal ein paar Monate, wenn die Arbeitslosenzahlen weiter steigen. Dann wird es sich zeigen, ob die Ausländerbehörde recht bekommt, wenn sie sagt, Türken brauchen wir nicht mehr. Ob es dann gegen die Italiener und Griechen geht, gegen die Spanier und Jugoslawen und was es da sonst noch so gibt. Und nicht gegen die Faulen, gegen die Bummler und gegen diejenigen, die Ungelernte blieben, nur weil sie nichts lernen wollten.

19. Dezember 1974

Dank für die Äthiopien-Hilfe

Ein Jahr ist es her, daß in Äthiopien Hunderttausende am Hunger starben. Das war alles andere als ein vorweihnachtliches frohes STERN-Heft, mit dem ausgemergelten kleinen Jungen auf dem Titelbild und dem Hilfeschrei an Sie: »Dies dürfen wir nicht zulassen! Mit 10 Mark können Sie ein Kind zwei Wochen am Leben halten. Lassen Sie es nicht sterben!«

Ein Jahr ist es her, daß ich das Versprechen gab, ich würde die persönliche Verantwortung dafür übernehmen, daß kein Spendenpfennig für Verwaltung draufgehe und daß jede Mark für Medikamente, Nahrung und den unmittelbaren Kampf gegen den Hunger verwendet werde.

Mit einer Million Mark aus der eigenen Kasse begann der STERN im November 1973 seine Hilfsaktion. 17 995 000 DM haben Sie, die STERN-Leser, in diesem Jahr dazugetan. Mit Zinsen wurden es schließlich 20 Millionen und 295 000 Mark.

Kinder schlachteten ihre Sparschweine, Schulklassen veranstalteten Weihnachtsbasare, Theater gaben Sondervorstellungen, das ZDF ein Galakonzert, ganze Familien verzichteten auf Weihnachtsgeschenke, aus allen Kreisen unserer Bürger, aus der Industrie, selbst aus Gefängnissen kamen die Spenden – ich habe eine solche Welle der Hilfsbereitschaft nicht für möglich gehalten.

Und am Ende konnte ich mein Versprechen wahr machen: Unter der Kontrolle eines Kuratoriums aus Wirtschaftlern und Politikern aller Parteien, mit der Unterstützung des Katastrophenstabes im Bundesinnenministerium, mit dem Sachverstand des Technischen Hilfswerks und den Transportstaffeln der Bundesluftwaffe kam die Hilfe dahin, wo sie am nötigsten war. Keine Mark verschwand in den dunklen Kanälen einer korrupten Bürokratie, keine Mark ging für Verwaltungskosten drauf, die trugen die Bundesregierung und der Verlag des STERN. Und während Haile Selassie, der Herrscher des ältesten afrikanischen Kaiserreichs, seinen Thron verlor und die Revolution das Land erschütterte, ging unsere Hilfsaktion in Äthiopien unbehindert weiter.

Nun lesen Sie auf den nächsten Seiten, wo Ihr Geld geblieben ist. Sie haben es nicht umsonst gegeben. Vielen tausend Menschen haben Sie das Leben gerettet. Dafür will ich Ihnen heute Dank sagen.

20. März 1975

Der Demagoge als Staatsmann

Baader, Meinhof, Strauß – es muß nun erlaubt sein, diese Namen in einer Reihe zu nennen. Was ist geschehen?

Baader, Meinhof und die Lorenz-Entführer terrorisieren diesen Staat, weil sie einen anderen wollen. Sie sagen: einen gerechteren. Dies so einfach vom Tisch zu wischen, weil Terror und Gerechtigkeit sich ausschließen, ist selbst Peter Lorenz nicht gelungen. Er hat nach seiner Freilassung gesagt, daß es sich bei den Terroristen »in ihrem Verständnis – um Idealisten handelt, die zwar zur letzten Konsequenz bereit waren, aber alles andere sind als Räuber, Mörder, Überfäller oder Gangster, für die keinerlei moralische Kategorien gelten, sondern daß sie ihren eigenen Ehrenkodex haben«. Auch Franz Josef Strauß will einen ande-

ren Staat. Einen von der CDU/CSU regierten. Er will ihn möglichst noch vor 1976, dem Termin der Bundestagswahl. Und seit letzter Woche wissen wir nun, daß auch Strauß zur letzten Konsequenz bereit ist. Wie sieht sein »Ehrenkodex« aus?
Auf einer Klausurtagung in Sonthofen hat Strauß an seine CSU-Gefolgsleute die neuen Kampfparolen ausgegeben. »Blödes Zeug«, sagt Strauß, sei es, »jetzt hier in demokratischer Gemeinsamkeit zu sagen, wir Demokraten in SPD/FDP und CDU/CSU, wir halten also jetzt nun zusammen, in dieser Situation, hier müssen wir den Rechtsstaat retten – das ist alles blödes Zeug!«
Zusammenhalten, politische Alternativen nennen, der Regierung mit konstruktiver Kritik den richtigen Weg weisen? Nicht also mit Strauß. Erst in der Krise, erst im Chaos sieht er seine Chance: »Wir können uns gar nicht wünschen, daß dies jetzt aufgefangen wird, sonst ist es ja nur eine Pause, und nach der Pause geht es doch in der falschen Richtung dann wieder weiter. Die Auflösung der jetzigen Bundesregierung ist das vorrangige Ziel. Und hier besteht die Möglichkeit, daß noch vor dem Jahre 1976 es zu einer Änderung kommt.« So Strauß.
Ja wie denn, wenn Baader, Meinhof, Pohle, Siepmann, Heißler und Genossen es mit Terror nicht schafften, und Franz Josef Strauß die demokratischen Spielregeln als »blödes Zeug« abtut? Will er den Überterror?

An Entführung, Bankraub und Mord mag ein Staatsmann wie Strauß natürlich nicht denken. Er hat's subtiler und gröber zugleich: Er will den wirtschaftlichen und politischen Zusammenbruch der Bundesrepublik, er will den Staatsbankrott. Was erfrechen sich Leute wie Helmut Kohl, die, so Strauß wörtlich, »im Laufe der letzten Wochen mehrfach ihre Bereitschaft erklärt haben, mit der Bundesregierung konstruktiv zur Überwindung der Krise zusammenzuarbeiten. All dieses Gerede hat keinen Sinn«. Und an anderer Stelle wieder wörtlich »all das macht nicht die Wahlergebnisse für morgen aus, sondern die Emotionalisierung der Bevölkerung, und zwar die Furcht, die Angst und das düstere Zukunftsbild sowohl innenpolitischer wie außenpolitischer Art«.
Zwar: Baader, Meinhof, Pohle, Heißler und Genossen haben auf Menschen geschossen, Lorenz' Entführer wären bereit gewesen, ihr Opfer zu ermorden – wie also kann man Strauß mit ihnen vergleichen? Ein Staatsmann befaßt sich nicht mit Individual-Terror. Schreibtischtäter schießen nicht. Sie haben es subtiler und gröber zugleich. Strauß: »Lieber eine weitere Inflationierung, weitere Steigerung der Arbeitslosigkeit, weitere Zerrüttung der Staatsfinanzen in Kauf nehmen« und »Es muß noch tiefer sinken, bis wir Aussicht haben, politisch mit unseren Vorstellungen, Warnungen, Vorschlägen gehört zu werden«.
Wie diese Vorstellungen aussehen, sagt Strauß an anderer Stelle in seiner Sonthofener Klausurrede: »Und wenn wir hinkommen und räumen so auf, daß bis zum Rest dieses Jahrhunderts von den Banditen keiner es mehr wagt, in Deutschland das Maul aufzumachen. Selbst wenn wir es nicht ganz halten können. Aber den Eindruck müssen wir verkörpern.«

Das also ist es: den Rechtsstaat als »blödes Zeug« abtun, die Inflation schüren, die Arbeitslosigkeit steigern, den Leuten Furcht einflößen, Angst machen und sie mit »düsteren Zukunftsbildern« verunsichern. Und dann den Wähler belügen und so tun, also hätte man ein Rezept. »Selbst wenn wir es nicht ganz halten können, aber den Eindruck müssen wir verkörpern.«
Baader, Meinhof, Strauß – die Reihung scheint deshalb erlaubt zu sein. Die Demagogie ist nicht die Gegenspielerin des Terrors, sie ist dessen legitime Schwester.

Die Baaders und Meinhofs wollen einen anderen Staat. Sie nehmen dabei keine Rücksicht auf andere, auch nicht auf ihr eigenes Leben. Franz Josef Strauß will nur die Macht. Und er möchte sie wie einen seidenen Mantel über den Metzgerkittel werfen, in dem er sein politisches Handwerk bis zur Machtergreifung betreibt.
Ein Staat, der sich gegen Terror nicht mit allen Mitteln des Rechts zur Wehr setzt,

hat seine Existenzberechtigung verloren. Baader, Meinhof und Genossen gehören daher hinter Schloß und Riegel. Aber ab heute wird man sich fragen müssen, was für ein Rechtsstaat das wäre, in dem der zum Staatsmann aufgemöbelte Demagoge Strauß wieder ein öffentliches Amt bekleiden dürfte.

24. April 1975

Die Sonthofener Auslassungen

Eine »Gegendarstellung« muß – so will es das Pressegesetz – abgedruckt werden ohne Rücksicht darauf, ob ihr Inhalt wahr ist oder nicht. Wer in einer Zeitung angegriffen wird, soll Gelegenheit haben, die Tatsachen aus seiner Sicht darzustellen. So ist es gut.

Allerdings will das Gesetz eine »Gegendarstellung« auf die Darstellung von Tatsachen beschränkt wissen. Was Franz Josef Strauß auf der gegenüberliegenden Seite schreibt, ist dagegen eine nachträgliche Auslegung seiner Sonthofener Politanweisungen. Die Tatsachen finden Sie auf Seite 196–202 dieses Heftes. Sie sind auch von Strauß – es ist die Sonthofener Rede selbst.

Immerhin bestätigt Strauß heute zum erstenmal die Richtigkeit des Stenogramms, indem er selbst daraus zitiert. Noch am 10. 3. stritt die CSU alles ab, so daß Helmut Kohl gutgläubig sagen konnte: »Warum sollen wir uns mit einer Rede befassen, die inzwischen von der CSU dementiert worden ist.«

Wer die Sonthofener Auslassungen des CSU-Chefs unvoreingenommen liest, muß zu dem Schluß kommen, daß Franz Josef Strauß den Niedergang unserer Wirtschaft und damit Arbeitslosigkeit und Leid für Hunderttausende von Familien in Kauf nehmen will, um die jetzige Bundesregierung zu stürzen und selbst an die Macht zu kommen.

Strauß wörtlich:

»Die Auflösung der jetzigen Bundesregierung ist das vorrangige Ziel, und hier besteht durchaus die Möglichkeit, daß noch vor dem Jahr 1976 es zu einer Änderung kommt.«

Wie aber will Strauß vor den verfassungsgemäßen Bundestagswahlen den Sturz der Regierung Schmidt/Genscher bewirken?

Er sagt es wörtlich:

»Wir müssen sie so weit treiben, daß sie . . . den Staatsbankrott erklären müssen oder drastische Steuererhöhungen mit abermals einschneidenden negativen Folgen für die Wirtschaft.«

Strauß offenbarte in Sonthofen ohne Skrupel, was er zu wissen glaubt: daß nicht konstruktive Kritik oder konkrete Alternativen der Opposition Stimmen bringen, »sondern die Emotionalisierung der Bevölkerung, und zwar die Furcht, die Angst und das düstere Zukunftsbild sowohl innenpolitischer wie außenpolitischer Art«.

Franz Josef Strauß hat sich in den Deutschen geirrt. Wo immer er im Wahlkampf um Schleswig-Holstein die Krisenfurcht zu schüren versuchte, hatte die CDU Verluste.

In seiner Gegendarstellung sagt Strauß, er wolle keinen anderen Staat. Aber wäre die Bundesrepublik unter einem Kanzler Franz Josef Strauß noch die gleiche Bundesrepublik?

Die französische Zeitung »Le Monde« schrieb am 16./17. März 1975:

„Zweifellos träumt Herr Strauß nicht, wie es einige naive Gegner verkünden, von einem rechtsextremistischen Regime. Er wird vielmehr *innerhalb* des Systems die Nachteile seiner starken, aber beunruhigenden Persönlichkeit zum Tragen kommen lassen. Als Kanzler wird er sich vor den Ressentiments des Volkes verbeugen und ihm schmeicheln, anstatt die Nation aufzuklären. Er wird mit den Vorrechten der Länder recht leichtfertig umgehen, um den ›starken Staat‹, von dem er träumt, aufzubauen. In der Außenpolitik werden Bluff und Drohungen an die Stelle einer abgewogenen Diplomatie treten, und man muß fürchten, daß Herr Strauß die Elemente, die Deutschland die Wertschätzung des Auslands eingebracht haben, kompromittieren wird.«

Nach den letzten Wahlergebnissen wird »Le Monde« sich korrigieren müssen: Die Deutschen sind gegenüber Krisenbeschwörern vom Schlage des Franz Josef Strauß ein gut Teil kritischer geworden. Bangemachen gilt bei uns nicht mehr.

19. Juni 1975

Die Abhör-Affäre

Ich glaube, wir sind es Helmut Kohl und Kurt Biedenkopf nun doch schuldig, daß wir ihr Telefongespräch vom 3. Oktober im Wortlaut abdrucken. Nach allem, was bisher in den Zeitungen stand, könnten sonst die Mutmaßungen über dieses Gespräch gefährlicher werden als der Text selbst. Schon äußert der »Spiegel« den Verdacht, der belauschte Kohl könne »in seiner politischen Handlungsfähigkeit beeinträchtigt sein« und müsse sich fragen, »ob er nicht klüger daran täte, etwaigen Pressionsversuchen durch Verzicht auf die Kanzlerkandidatur zuvorzukommen – nach dem Vorbild Willy Brandts«.

»Offenbar nach dem Vorbild Nixons« – so heißt es anderwärts – habe sich »Helmut Kohl einer Fäkalsprache bedient, die nicht die Sprache eines Kanzlerkandidaten ist«.

Hier muß nun mal halblang gemacht werden!

Mit dem Telefonat vom 3. Oktober – wer immer es abgehört haben mag – ist jedenfalls niemand zu erpressen, und was Kohl und Biedenkopf vorher oder nach her telefoniert haben (und was natürlich sonst noch abgehört worden sein könnte), das wissen nur Kohl und Biedenkopf allein. Wenn aber Helmut Kohl Journalisten, die für seinen Geschmack zu gut informiert sind, als »menschliche Schweine« tituliert, so sei ihm das nachgesehen; wer weiß denn, in welchem Zustand der CDU-Chef sich an jenem 3. Oktober befand. So amüsant ist es ja auch nicht, wenn einem der eigene Hausmeier »politische Führungsschwäche« bescheinigt.

Daß es zu Mutmaßungen über Kohl kam, ist dem nervösen Krisenmanagement der CDU zuzuschreiben. Erst konnte es dem Professor Biedenkopf nicht rasch genug gehen, daß der STERN mit der Abhör-Affäre herauskam, dann meinte er, unter Berufung auf § 201 des Strafgesetzbuches, die Veröffentlichung des Textes verhindern zu können. Als sich erwies, daß dieser Paragraph – der den persönlichen Lebens- und Geheimnisbereich schützen soll – wohl auf den Abhörer, nicht aber auf den STERN anwendbar ist, verlegte sich Biedenkopf aufs pure Drohen.

Da meinten wir, es nun auch uns selber schuldig zu sein, den Wortlaut zu drukken. Sollte später etwa einer sagen, unser Vertrauen in den Rechtsstaat sei so gering, daß wir befürchtet hätten, es würde uns eine Hundertschaft Polizei vor die Druckerei rücken, um die Auslieferung des STERN zu verhindern? Oder sollte einer spekulieren, der STERN habe solches nicht befürchten müssen, da seine Druckerei in der Stadt Itzehoe – also im Land des Kohl-Rivalen Stoltenberg – liegt?

Nicht gut für den STERN und nicht gut für die CDU.

Lassen wir sie also ans Licht, die Maus, die der kreißende Berg geboren hat. Sie präsentiert sich auf Seite 12.

Es war die Woche der Pharisäer und Scheinheiligen

Herr, ich danke Dir, daß ich nicht bin wie dieser Zöllner«, so wurde in der letzten Woche bei deutschen Tageszeitungen, Rundfunkanstalten und Fernsehstationen gebetet. Herr, ich danke Dir, daß ich ein anständiger, wenn auch schlechter informierter Journalist bin als diese Reporter des Satans bei STERN, »Spiegel« und »Panorama«. Wenn meine Verleger auch mit Spesen sparen und mich nicht nach Portugal reisen lassen, um über Portugal zu schreiben, was soll sich einer auch beim Recherchieren die Hände schmutzig machen, wo doch der Fernschreiber der »Deutschen Presse-Agentur« im Nebenzimmer steht, und Behörden und Parteien mir ihre Nachrichten auf Pressekonferenzen mit warmen Würstchen und Sekt garnieren, Herr, ich danke Dir!

Der STERN hatte in dieser Woche »das widerliche Bubenstück fertiggebracht« (»Rheinpfalz«), sich »zum Komplicen der Abhörtäter zu machen« (»Abendpost«), er hatte sich »vom sowjetischen Geheimdienst KGB mißbrauchen lassen« (»Die Welt«), Biedenkopf und Kohl »arglistig getäuscht, damit die STERN-Taler in der Kasse klingeln« (»Südwest-Presse«), und »Henri Nannen lügt« las man's in riesigen Buchstaben über die ganze Seite der »Bild«-Zeitung. Es war die Woche der großen Worte und der ganz großen Scheinheiligen.

Am lautesten empörten sich die Springer-Blätter, die im Juli 1970 gejubelt hatten, als journalistische Heckenschützen die Bahr-Papiere, die Moskauer Vertragsunterlagen und andere geheime Staatspapiere veröffentlichten und damit die Verhandlungsposition der deutschen Bundesregierung gegenüber den Sowjets entscheidend schwächten.

Es empörten sich die Kolumnisten der Tageszeitungen, deren Nachrichtenredaktionen beim STERN antichambriert hatten, um Abschriften, Fotokopien oder auch nur »ein paar Teilinformationen« aus dem Abhörprotokoll des Kohl-Biedenkopf-Gesprächs zum Abdruck zu bekommen. Sie alle wollten an dem vermeintlichen »Knüller« teilhaben. Nun waren sie leer ausgegangen und entrüsteten sich.

Der Chefredakteur eines großen Blattes hatte meinen Kollegen Peter Koch arg bedrängt, er möge ihm doch das Abhörprotokoll zur Veröffentlichung geben – der STERN werde ja sicher durch eine »einstweilige Verfügung« am Abdruck gehindert werden. Der Verlagsdirektor dieses Blattes saß später im »Deutschen Presserat« über den STERN mit zu Gericht. Und als der Presserat sein vorgefaßtes Urteil gesprochen hatte, fragte das Blatt scheinheilig: »Und wer stand im Dunkel?« Antwort: Henri Nannen.

Selten haben ernsthafte Tageszeitungen mit der Regenbogenpresse so erfolgreich gewetteifert wie in dieser vergangenen Woche. Die Geschichte von dem Pförtner des STERN, der herausstürzte, um dem Gerichtsvollzieher die einstweilige Verfügung an sein Auto zu kleben, hätte Stoff für einen Fernsehkrimi hergegeben – allein sie stimmte nicht (siehe Seite 17 C).

Das hinderte den Deutschen Richterbund in Düsseldorf freilich nicht, ohne Anhörung der Beteiligten von »Tricks« zu reden, »die einem faulen Schuldner würdig seien«. Fürwahr, ein um die Wahrheitsfindung unbesorgter Richterbund und ein der deutschen Sprache ohnmächtiger dazu, denn bei uns regiert »würdig« immer noch den Genitiv. »Eines deutschen Richters nicht würdig« also.

Als um so würdiger erwies sich der Kolumnist der »Süddeutschen Zeitung« Ernst Müller-Meiningen, der in seiner Zeitung »die vom STERN geplante Indiskretion einfach schamlos« genannt hatte und dann in Werner Höfers Frühschoppen mein Gesprächspartner wurde. Als »moraltheologischer Betrachter«, wie er selber sagte. Hätte er sein ei-

heit
arität
htigkeit

genes Blatt etwas genauer betrachtet, so hätte er darin einige Tage vor der »schamlosen Indiskretion« des STERN bereits wesentliche Teile des abgehörten Kohl-Biedenkopf-Telefonats lesen können, und zwar, wie die »Süddeutsche Zeitung« selbst schreibt: »nicht vom STERN, sondern aus einer anderen, nicht minder eingeweihten Quelle«.
Die Quelle floß in Bonn, wo inzwischen ein zweites Abhörprotokoll aufgetaucht war, aus dem der Staatssekretär im Innenministerium Hartkopf (FDP) Mitgliedern des Innenausschusses amüsiert vorgelesen hatte, ohne daß einer der Herren die Hände gehoben und entsetzt Einhalt geboten hätte, weil hier die »verbrecherisch angezapfte Intimsphäre« der Herren Kohl und Biedenkopf bloßgelegt wurde.
So sickerten, längst ehe der STERN die Veröffentlichung des vollen Wortlauts in Erwägung zog, immer mehr Einzelheiten des Abhörprotokolls in die Öffentlichkeit. Schon fragten »Bild« und »Spiegel« in seltener Einmütigkeit, ob der abgehörte Helmut Kohl denn nun wohl erpreßbar geworden und zum Kanzlerkandidaten nicht mehr tauglich sei. Und schon munkelten die Auguren, der STERN werde nichts abdrucken, weil er sich sonst selbst belasten müsse.
Der Münchner Zeitungswissenschaftler Professor Wolfgang Langenbucher sieht das so: »Die Frage, was dieses Gespräch für unsere gesamtpolitische Landschaft, für das Verhältnis der CDU zur CSU, für das Problem der Kanzlerschaft bedeutete, das war zum Gegenstand von öffentlichen Spekulationen geworden. Und zwar nicht durch den STERN. Die einzige Chance, das nun wieder auf eine reale Basis zu bringen, bestand ja darin, daß das Gespräch öffentlich zugänglich wurde.«
Und Ulrich Blank, der Chefkommentator des Westdeutschen Rundfunks, fragte in seinem Morgenkommentar vom 20. Juni: »Wie hätte beim STERN in Hamburg das Unterdrücken und Geheimhalten des brisanten Materials eigentlich vonstatten gehen sollen, noch dazu bei einem Text, in dem über den STERN selbst nicht gerade Freundliches gesagt wird, den zu verheimlichen dem Hamburger Magazin also mit Recht als eigennützige Manipulation angekreidet worden wäre?«
So druckte denn der STERN, was in der letzten Woche die moralischen Zeigefinger der Pharisäer erigieren ließ. Es wurde die Woche der scheinheiligen Heuchler, die gierig nach den STERN-Exemplaren griffen, um das Abhörprotokoll für ihre eigenen Leser auszuflöhen und sich dann über den »hundsföttischen Hintertreppenjournalismus des STERN« (»Rheinpfalz«) oder über sein »Profitstreben und politisches Beitreibertum« (»FAZ«) zu entrüsten. Und auch Professor Biedenkopf, Generalsekretär einer Partei, die mit Recht einer auf Gewinn orientierten Wirtschaft das Wort redet, fiel in frühmarxistische Vorurteile zurück: »Der Nannen macht das ja nur zum Geldverdienen.«
Nun, der Nannen hatte daran diesmal nicht gedacht, und er ist nicht verlogen genug, um nicht hinzuzufügen »leider!« Sonst hätte er nämlich ein paar hunderttausend Exemplare mehr gedruckt, und der STERN wäre nicht einen Tag nach Anlieferung ausverkauft gewesen – sehr zum Leidwesen der Leser, die auf diese Weise nicht mehr zu ihrem STERN kamen und denen nun eine Fortsetzung ihres Romans oder des Knef-Berichtes fehlte. Diese Leser um Entschuldigung zu bitten liegt mir am Herzen.
Wie aber das Satyrspiel der Griechischen Tragödie folgt, so folgte der Abhör-Affäre die Sitzung des »Deutschen Presserats«. Dieser Presserat ist ein auf dem Wege des Ämtertausches zusammengetretenes Gremium von selbsternannten Sittenrichtern, denen die demokratische Legitimation durch allgemeine Wahl fehlt. Hier urteilen Konkurrenten über Konkurrenten, nur wer im Rate sitzt, sitzt angenehm.
Dennoch waren mein Kollege Peter Koch und ich bereit, auch diesem Gremium Rede und Antwort zu stehen. Aber unsere Anträge, die Verhandlung nicht im Eilverfahren an einem Vormittag durchzuziehen – noch dazu in einer emotionalisierten Atmosphäre –, sondern eine ordentliche Beweisaufnahme durchzuführen und dazu auch Professor Biedenkopf zu hören;
durch Zeugenvernehmung Beweis zu erheben, ob der STERN Professor Bieden-

kopf arglistig getäuscht habe oder ob nicht vielmehr Biedenkopf zu jeder Stunde wußte, daß der STERN sich vorbehielt, das Protokoll zu drucken, wurden kurzerhand abgelehnt.
Daß sie befangen seien, bestritten die Mitglieder des Presserats, obwohl unter ihnen Verleger saßen, deren Redaktionen den STERN händeringend und vergeblich um das Abhörpapier gebeten hatten, und andere, die in ihren Blättern den STERN mit Verbalinjurien bereits verurteilt hatten. Dennoch waren Peter Koch und ich zur Verhandlung bereit, wenn der Presserat wenigstens die Bonner Korrespondenten der großen deutschen Tageszeitungen hätte teilnehmen lassen, um insoweit die Öffentlichkeit des Verfahrens herzustellen.
Abermals lehnte der Presserat ab unter Berufung auf seine Geschäftsordnung, die er in der gleichen Sache bereits viermal zuungunsten des STERN durchbrochen hatte.
»Nannen rannte raus«, schrieb nächsten Tages »Bild« – wieder eine Nachrichtenfälschung. Höflich baten wir den Presserat »um Verständnis dafür, daß wir uns nicht zu Statisten eines Verfahrens machen möchten, bei dem die Verurteilung von vornherein feststeht«.

Als zwei Stunden später der Sprecher des Presserats das Urteil bekanntgab, unterlief ihm eine Freudsche Fehlleistung. »Das Wichtigste unserer heutigen Sitzung war die Angelegenheit STERN«, so sagte der 75jährige Altverleger Hans Dürrmeier, »und dazu werden wir Ihnen unseren Beschluß – für den STERN natürlich negativ – in Abschrift übergeben.«

»*Natürlich* negativ«, da war es heraus, und es nützte nichts mehr, daß der Generalsekretär den Sprecher darauf aufmerksam machte, daß er sich dieses »natürlich« besser gespart hätte.

10. Juli 1975

Angriff aus dem Dunkel

Ich war immer stolz darauf, in einem Land zu leben, in dem niemand verurteilt werden kann, er hätte denn zuvor seinen fairen Prozeß gehabt.
Wo ein Angegriffener nicht erfährt, was man ihm vorwirft, wo dem Beschuldigten kein rechtliches Gehör gewährt wird, wenn politische Cliquen ihn hängen sehen wollen, da beginnt der Unrechtsstaat.
Sind wir schon wieder soweit?
Seit der Veröffentlichung des Kohl-Biedenkopf-Gesprächs wird mit dunklen Verdächtigungen eine Kampagne gegen den STERN geführt. Es gäbe da, so heißt es, einen Bericht des britischen Secret Intelligence Service, wonach dem STERN vom sowjetischen Geheimdienst KGB Mitteilungen zur Veröffentlichung zugespielt worden seien.
Dieser Bericht lag seit einem Jahr beim Bundesamt für Verfassungsschutz. Man hielt ihn wohl für nicht sehr überzeugend, denn der Verfassungsschutz weiß so gut wie jeder Journalist, daß alle Geheimdienste in allen Hauptstädten versuchen, ihnen genehme Meldungen (und Falschmeldungen) bei den Korrespondenten der großen Zeitungen zu »pflanzen«.
Für den Journalisten aber heißt die Frage nur: Ist diese Meldung für meine Leser interessant und stimmt sie? Ist sie wahr und interessant dazu, dann wird sie gedruckt. »All the news that's fit to print« heißt es im Zeitungskopf der ehrwürdigen „New York Times" – alle Nachrichten, die für den Druck geeignet sind.
Unter den Nachrichten, die der STERN druckte, schien auch der Verfassungsschutz keine „Desinformation" des KGB entdeckt zu haben – sonst hätte er den Geheimdienstbericht aus England sicher nicht unbeachtet liegen lassen,

sondern eigene Ermittlungen angestellt. Vielleicht war ja auch den Verfassungsschützern aufgefallen, daß dieser vom Secret Intelligence Service gelieferte Bericht so gar keine Züge britischer Herkunft aufwies. Da fanden sich längst widerlegte Behauptungen über den STERN, die das Hamburger Landgericht bereits der »Quick« verboten hatte (»Reportagen im Auftrag des Kreml«), da fanden sich Lügen, die der ZDF-Moderator Gerhard Löwenthal nach seiner Sendung über den Leutnant Nannen in Bevilacqua öffentlich hatte widerrufen müssen, und auch aus Springers »Welt« und »Bild« waren die Falschmeldungen der letzten Jahre über den STERN sorgfältig zusammengetragen. Der Verdacht, hier sei in bundesrepublikanischen Töpfen etwas zusammengekocht und dann dem britischen Geheimdienst auf die Speisekarte gesetzt worden, lag auf der Hand.
Die Vorspeise gab es, als CDU und Springer-Presse die Abhör-Affäre zu einer Verleumdungskampagne gegen den STERN umfunktionierten. In »Bild am Sonntag« hieß es, der STERN habe »schon gelegentlich Artikel veröffentlicht, die nach Ansicht westlicher Nachrichtendienste zumindest nicht gegen den Willen des KGB zustande gekommen sein können«.

»Welt«-Chefredakteur Herbert Kremp servierte nach, und dann war die Runde rasch beisammen: Der CDU-Abgeordnete Reddemann unterstellte dem STERN in Fragen an die Bundesregierung ein »Zusammenspiel mit dem KGB«, und prompt erschien der Vizepräsident des Verfassungsschutzes und CDU-Erfüllungsgehilfe Bardenhewer vor dem Vertrauensmänner-Gremium des Bundestages und las mit wichtiger Miene den angeblich britischen Geheimbericht vor – den gleichen Bericht, der ein Jahr lang in seinem Amt geruht hatte, weil niemand ihm irgendeinen Wert zugemessen hatte.
Und obwohl die Sitzungen des Vertrauensmänner-Gremiums vertraulich sind, lieferten Mitglieder des vertraulichen Gremiums, das seine Geschwätzigkeit hier nicht zum erstenmal bewies, eilfertig die Munition gegen den STERN.
Springers »Welt« lud ihre Kanonen.
Der erste Schuß erwies sich als gewaltiger Rohrkrepierer. Eine STERN-Veröffentlichung über den deutschen Botschaftsrat und Entspannungsgegner Hartlieb, der sich auf einer sowjetischen Kolchose betrank und dann dumme Reden führte, hatte der STERN nicht vom KGB bekommen, sondern vom Moskauer Korrespondenten der »Welt«, Heinz Schewe. Unsere Leser sollten sich die Geschichte über diesen »Bumerang aus Moskau« auf Seite 126 dieses Heftes nicht entgehen lassen.
Und dann veröffentlichte die »Welt« ein Detail nach dem anderen aus dem angeblich britischen Geheimbericht. Nur Falschmeldungen des STERN waren nicht dabei. Dennoch, für unkritische Leser mochte das alles den Eindruck eines Zusammenspiels zwischen STERN und KGB erwecken. Und die Desinformanten der CDU taten das ihre, um diesen Eindruck zu verstärken.
Wir sind also wieder soweit.
Der den Briten unterschobene Geheimbericht, aus dem alle diese stinkenden Gerüchte aufsteigen, liegt beim Verfassungsschutz, der keinen Anlaß sieht, gegen den STERN zu ermitteln, obwohl ich den Bundesinnenminister als Dienstherrn des Verfassungsschutzes dringend um eine gründliche Prüfung gebeten habe. Aber was soll er auch prüfen, wenn das Papier nur vage Verdächtigungen und nicht ein einziges Beweisangebot enthält.
Das hindert indes weder die Springer-Presse noch Gerhard Löwenthal daran, sich aus dieser Kloake zu bedienen und eine Verdächtigung nach der anderen zu äußern – wohl wissend, daß dabei etwas hängenbleibt, um so mehr, als der STERN sich immer erst eine Woche später wehren kann.
Nach den Scheinheiligen bestimmen nun Fälscher und Verleumder die Szene. Der STERN wird auch mit ihnen fertig werden.

Die Affäre Nouhuys

Im Oktober 1973 hat der STERN den Redaktionsdirektor der Münchner Illustrierten »Quick« van Nouhuys einen »Doppelagenten« genannt, der gleichzeitig für den Bundesnachrichtendienst und für den Staatssicherheitsdienst der DDR gearbeitet habe. In der vergangenen Woche hat das Münchner Landgericht dem STERN diese Behauptung untersagt. Wir werden uns an dieses Urteil halten, bis es aufgehoben ist.

Was waren die Hintergründe?

Als zu Beginn der siebziger Jahre Willy Brandt und Walter Scheel die Entspannung des deutsch-sowjetischen Verhältnisses anpackten, so wie einst Konrad Adenauer die deutsch-französische »Erbfeindschaft« auf den Müllhaufen der Geschichte verbannt hatte, da gab es laufend Tiefschläge gegen diese Politik aus dem Lager der Kalten Krieger. Die Münchner Illustrierte »Quick« veröffentlichte geheime Papiere aus Egon Bahrs Verhandlungsunterlagen, publizierte veraltete Vertragsentwürfe und schwächte damit entscheidend die Verhandlungsposition der Bundesregierung gegenüber dem Osten.

Die Versuche der Bundesanwaltschaft, dem Diebstahl der geheimen Papiere auf die Spur zu kommen, schlugen fehl. Da entschloß sich der STERN, nach den Motiven des »Quick«-Redaktionsdirektors zu forschen. Sie konnten nur in seiner weitgehend ungeklärten Vergangenheit liegen.

Am 25. Oktober 1973 erschien unser Bericht »Der Doppelagent«. Der STERN veröffentlichte Fotos und Dokumente.

Die Vorstellung, daß ausgerechnet ein ehemaliger DDR-Agent gegen die deutsch-sowjetische Entspannung agiere, war einleuchtend, denn Ostberlin war noch immer der schärfste Gegner einer Normalisierung des Verhältnisses zwischen Bonn und Moskau. Die DDR mußte mit Recht fürchten, daß ihre Verteufelung der Bundesrepublik als revanchistischer Staat dadurch unterlaufen würde.

Als die STERN-Veröffentlichung erschien, beantragte der Verlag der »Quick« mit einer in mehreren Punkten falschen »eidesstattlichen Versicherung« von Nouhuys bei Gericht eine »einstweilige Verfügung«, zog den Antrag, in dem uns verboten werden sollte, Nouhuys einen Doppelagenten zu nennen, aber noch am selben Tag wieder zurück.

Statt dessen klagte Nouhuys nun in München auf Unterlassung der STERN-Vorwürfe, und der Verlag der »Quick« ging vor eine andere Münchner Kammer mit der abstrusen Behauptung, der STERN habe seinen »Doppelagenten-Bericht« nicht wegen des allgemeinen politischen Interesses veröffentlicht, sondern um seiner »Konkurrenz« geschäftlich zu schaden. Der Verlags-Prozeß schwebt noch, der Nouhuys-Prozeß ist in der 1. Instanz gelaufen, und zwar gegen den STERN.

Denn was der STERN für wahr hält, sah das Gericht nicht als bewiesen an. Das Urteil stellt zwar nicht fest, daß Nouhuys »kein Doppelagent« gewesen ist, aber es verbietet dem STERN, ihn so zu nennen.

Da das Gericht nur einen Teil der angebotenen Beweise ausgeschöpft hat, wird der STERN gegen das Urteil Berufung einlegen.

Einfacher wäre es für den STERN gewesen, wenn er seine Informanten preisgegeben hätte. Aber ein Journalist, der etwas auf sich hält, nennt seine Informanten nicht, auch wenn er selbst dadurch Nachteile in Kauf nehmen muß. Das ist nicht nur eine Frage der Moral, sondern auch der Intelligenz, denn wer einmal einen Informanten preisgibt, der erfährt so bald nichts mehr. Und auf Informationen ist die Presse angewiesen.

Als wir den Nouhuys-Bericht »Der Doppelagent« veröffentlichten, wußten wir, daß wir die entscheidenden Informanten nicht preisgeben würden. Das jüngst von Bundestag und Bundesrat verabschiedete »Zeugnisverweigerungsrecht« des Journalisten deckt diese Entscheidung.

Was immer Sie deshalb in diesen Tagen an Vermutungen über die Informanten

des STERN lesen mögen – es ist pures Auf-den-Busch-Klopfen und spekuliert darauf, daß wir uns aus der Reserve lokken lassen.
Wir können deshalb nur soviel sagen: Unsere Recherchen hatten ergeben, daß der Bundesnachrichtendienst über Nouhuys voll informiert sein mußte. Der STERN fragte deshalb den für den BND zuständigen Staatssekretär des Bundeskanzleramtes Horst Grabert, ob Beamte des Pullacher Geheimdienstes Aussagegenehmigung erhalten würden. Staatssekretär Grabert entschied: Da hier die Sicherheitsinteressen der Bundesrepublik nicht berührt sind, wird diese Aussagegenehmigung erteilt.
Als es im Prozeß zum Schwur kam, hielt das Kanzleramt diese Zusage nicht ein. Statt dessen gab es aus Bonn zwei gewundene schriftliche Erklärungen, die dem Richter als Beweis nicht genügten. Das Bundeskanzleramt wird dafür seine Gründe gehabt haben, wir haben diese Gründe zu respektieren. Die für uns negative Entscheidung zeigt immerhin, was von dem Unsinn zu halten ist, der STERN sei »ein regierungsnahes Blatt«.
Inzwischen hat Losecaat van Nouhuys – der auch nach dem Münchner Urteil noch eine »zwielichtige Figur« genannt werden darf – in seinem Blatt einen Kübel persönlicher Verleumdungen gegen mich entleert. Darunter: ich hätte 1955 ein Foto gefälscht, das mich beim Adenauer-Besuch im Kreml in einer Reihe neben Chruschtschow, Konrad Adenauer und Bulganin zeigte. Und 1973 hätten Koch und ich uns im Kreml »nur so aufnehmen lassen«, als ob wir mit Leonid Breschnjew gesprochen hätten, in Wirklichkeit habe es nur ein vorgefertigtes »getürktes« Interview gegeben.
Die Zivilkammer 24 des Landgerichts Hamburg hat der »Quick« und ihrem Nouhuys diese Behauptung untersagt und ihnen für den Fall der Zuwiderhandlung eine Geldstrafe bis zu 500 000 Mark oder eine Haftstrafe bis zu zwei Jahren angedroht.

9. Oktober 1975

Offiziere gehören in Kasernen

Der Fall des hochdekorierten Jagdfliegers Günther Rall zeigt, daß Tapferkeit vor dem Feind einen Mangel an ziviler Intelligenz nicht ausgleichen kann.
Rall, im Kriege für 275 Luftsiege mit Ritterkreuz, Eichenlaub und Schwertern ausgezeichnet, stieg in der Bundeswehr bis zum Drei-Sterne-General und Inspekteur der Luftwaffe auf. Als ihn Verteidigungsminister Leber in der vergangenen Woche zum Rücktritt zwang, war Generalleutnant Rall Repräsentant der Bundesrepublik im Militärausschuß der Nato.
Entlassungsgründe: Rall hatte 1974 ohne Wissen seines Ministers eine militärische Staatsvisite in Südafrika gemacht. Seine Vertuschungsmanöver führten dazu, daß der damalige Parlamentarische Staatssekretär im Verteidigungsministerium Berkhan den Bundestag und der Pressesprecher des Ministeriums die Öffentlichkeit wiederholt falsch informierten.
Man muß sich einmal vorstellen, was geschehen ist:
Da setzt sich einer der ranghöchsten Offiziere der Bundeswehr mit dem Bonner Botschafter einer fremden Macht zusammen und kungelt einen Plan aus, von dem die eigene Regierung nichts erfahren darf. Der General, der monatliche Bezüge von 11 000 Mark hat, möchte mit seiner Frau möglichst billig in Urlaub fahren. Dorthin, wo die Sonne scheint. In Südafrika scheint die Sonne, wenngleich nicht auf weiße und schwarze Bürger gleichermaßen. Wegen dieser Rassendiskriminierung wird Südafrikas Politik von der Nato abgelehnt, von der gleichen Nato, bei der der General Rall die Bundesrepublik vertritt. Noch vor weni-

gen Tagen hat der deutsche Außenminister Genscher vor der UN-Vollversammlung das südafrikanischen System deutlich verurteilt.
Den Bundeswehrgeneral Rall ficht so was nicht an. Dem südafrikanischen Botschafter Donald B. Sole muß es hingegen einiges wert sein, wenn er einen so hohen Nato-Offizier für die Sache seines Landes gewinnen kann. Also bietet er Herrn Rall an, daß die südafrikanische Regierung die Reisekosten für den General nebst Gattin zahlt. Und selbstverständlich wird der General, wo immer er es wünscht, über die Annehmlichkeiten verfügen können, die einem Staatsgast zustehen.
Aber nun haben die beiden Herren noch ein Problem: Der deutsche General muß die Reise gegenüber der Bundesregierung möglichst verheimlichen, der südafrikanische Botschafter aber muß sie bei seiner Regierung möglichst hochspielen. Und so berichtet denn Herr Sole nach Pretoria, daß Minister Leber von der Reise Ralls wisse und daß dieses Unternehmen wegen der Position Ralls in der Bundeswehr und in der Nato »besonderer Bemühungen wert ist«, während Rall seinerseits mit dem Botschafter einen Plan ausheckt, wie man sowohl die deutsche Regierung als den Bundestag als auch die deutsche Öffentlichkeit hinters Licht führen kann.
Und wie geplant, so getan. Sherlock Holmes hätte seine Freude daran gehabt: Das Ehepaar Rall verwandelt sich in Mr. und Mrs. Rall, und die Republik Südafrika rollt den roten Teppich aus. Staatskarossen rollen, Essen werden gegeben, Hände werden geschüttelt, und schließlich wird auch ein Atomzentrum besucht, das den Namen Pelindaba trägt. »Pelindaba« ist ein Wort aus der Bantusprache, das soviel bedeutet wie: Man spricht nicht darüber.
Als das Ehepaar Rall wieder nach Hause kommt, spricht der General denn auch mit keinem Menschen darüber. Statt dessen schreibt er dem fremden Botschafter einen Dankesbrief und bekennt darin: »Leider ist ein solcher Besuch ja immer noch ein brisantes Unternehmen auf Grund unserer offiziellen politischen Stellung.«
Wie das? Ist die von Außenminister Genscher vertretene Südafrikapolitik nur eine »offizielle«? Betreiben Bundeswehrgeneräle ihre eigene Politik? Und handelt es sich dabei am Ende um die Politik des »gesunden Volksempfindens«? Wären wir schon wieder soweit?
Daß Georg Leber von der politischen Exkursion des Generals Rall ebensowenig gewußt hat, wie er im Mai dieses Jahres voraussehen konnte, daß der Heeresinspekteur General Hildebrandt sich in Madrid bei einer Militärparade auf Francos Ehrentribüne postieren würde, ist dem Minister zu glauben.
Dennoch werfen die Illoyalität hoher Generäle gegenüber ihrem Oberbefehlshaber, ihr taktisches Unvermögen und die Mißachtung demokratischer Spielregeln ein merkwürdiges Licht auf die Maßstäbe, nach denen hierzulande militärische Führungspositionen besetzt werden. Insofern – und nur insofern – ist der Fall Rall auch ein Fall Leber.
Der Minister sollte es sich abgewöhnen, die Eigenmächtigkeiten seiner Militärs mit blauäugigen Vokabeln wie »politische Unerfahrenheit« oder »vielleicht hat er die Tragweite seiner Reise nicht erkannt« zu bemänteln. Dann könnte sich sein Pressesprecher hinterher auch würdelose Bemerkungen ersparen wie die über den General Rall, für den »die Besichtigung einer Molkerei wahrscheinlich durchsichtiger gewesen wäre als der Besuch eines Atomforschungszentrums« oder »Rall hat vor allem die Sauberkeit der Anlagen hervorgehoben«. Da fragt man sich allerdings: Wie wird so etwas bei uns General?
Im übrigen: Wir leben in der Bundesrepublik Deutschland und nicht in Portugal. Bei uns gehören die Offiziere in die Kasernen. Die Politik aber wird durch das Parlament bestimmt, das vom Volke gewählt ist. Wo da noch Zweifel herrschen, sollten diese sofort ausgeräumt werden.
Noch was unklar?

30. Oktober 1975

Mündige Abgeordnete

Helmut Schmidt verteidigt die freie Marktwirtschaft gegen staatliche Reglementierung. Man darf ihm glauben, daß er es nicht nur dem FDP-Grafen Lambsdorff zuliebe tut. Die Münchner Jusos kleben in diesen Tagen Plakate, auf denen die Abschaffung der Marktwirtschaft proklamiert wird. Dennoch sind der Kanzler und die linken Systemveränderer in der gleichen Partei.
Der Industrielle und VW-Aufsichtsratsvorsitzende Hans Birnbaum (CDU) ficht für die paritätische Mitbestimmung, die vom Wirtschaftsrat der CDU – dem Birnbaum angehört – ebenso leidenschaftlich abgelehnt wird, wie die SPD sie fordert. Trotzdem hat man nichts davon gelesen, daß Birnbaum inzwischen zur SPD übergewechselt sei.
Hört man Franz Josef Strauß, so sollte man meinen, die neuen Polen-Verträge würden den vom CSU-Chef oft beschworenen »Ausverkauf Deutschlands" fortsetzen. Deshalb sei er – so Strauß – sich mit Helmut Kohl in der Ablehnung der Verträge einig. Kohl hingegen will sich's mal durch den Kopf gehen lassen, und der frühere CDU-Außenminister und Vorsitzende des Auswärtigen Ausschusses, Gerhard Schröder, will mit einigen Parteifreunden »aus höherer Verantwortung« sogar für das Abkommen mit den Polen stimmen. Eine Spaltung der CDU ist dennoch nicht zu erwarten.
Im STERN-FORUM dieses Heftes finden Sie ein Beispiel für die Meinungsvielfalt, die in den großen »Volksparteien« heute möglich ist: CDU-Altvater Ludwig Erhard und CDU-Jungmann Norbert Blüm schreiben über den Reizbegriff unserer Tage: »Investitionslenkung«.
Der an innerparteiliche »Sprachregelung« gewöhnte Leser mag darob zusammenzucken, ich hingegen bin der Meinung, daß die Demokratie attraktiver wird, wenn man das Denken nicht den Programmatikern in den Parteivorständen allein überläßt.

Vom »mündigen Bürger« ist so oft die Rede gewesen. Siehe da, nun haben wir auch mündige Abgeordnete.

5. Januar 1976

War die Ostpolitik umsonst?

Ich bin sicher, ein Mann namens Erwin Langosch ist Ihnen bisher weder in »heute« noch in der »Tagesschau« begegnet. Auch von Halina Kempinska, Studentin, 22 Jahre alt und in Szczecin, dem früheren Stettin, wohnhaft, haben Sie im Fernsehen oder im Rundfunk noch nichts gehört.
In den »Medien«, so sagt man ja wohl, da spielen Kanzler, Parteiführer und Außenminister ihre Rollen. Da machte Willy Brandt in Warschau »den Frieden ein Stück sicherer«, da verhandelte Hans-Dietrich Genscher mit seinem polnischen Amtskollegen Stefan Olszowski über den menschlichen Gegenwert von 2,3 Milliarden D-Mark, und da pöbelte Herbert Wehner die CDU an, als mache er Wahlkampf in Altona und hielte nicht eine Tischrede im Warschauer Hotel »Bristol« vor polnischen Notabeln.

Ob Brandt, ob Genscher, ob Olszowski – wenn Staatsmänner im Bilde sind, wird meist etwas »feierlich unterzeichnet«. Und wer dabeigewesen ist, meint den Hauch der Geschichte verspürt zu haben.

Mit solcher Art Weltgeschichte hat das Problem des Erwin Langosch und der Halina Kempinska immerhin so viel zu tun, als es ein Stück vom konkreten Inhalt dieser Geschichte verkörpert, den historischen Alltag sozusagen. Erwin Langosch ist Deutscher, und Halina Kempinska ist Polin, und obwohl sie auf diese Weise verschieden sind, lieben sie einander doch, sie wollen heiraten. Und da durch die Bemühungen der Staatsmänner – der deutschen wie der polnischen – der Friede zwischen unseren Völkern ein Stück sicherer gemacht und der alte Graben des Hasses fast zugeschüttet ist, steht einer deutsch-polnischen Heirat denn auch kein grundsätzliches Hindernis mehr entgegen.

Bis auf eines, aber das scheint zunächst kein grundsätzliches, sondern nur ein bürokratisches Hindernis zu sein: Erwin Langosch braucht nämlich ein »Ehefähigkeitszeugnis«, in dem beglaubigt wird, daß der Heiratskandidat nicht schon anderweitig ehelich gebunden ist.

So bescheinigt denn das Standesamt Hamburg-Nord dem deutschen Staatsangehörigen Erwin Josef Langosch, geboren am 22. März 1941 in Goslawice (Ehrenfeld), nunmehr wohnhaft in Hamburg, daß seiner Eheschließung mit Halina Kempinska, geboren am 21. März 1953 in Szczecin (Stettin) und dort auch wohnhaft, nach deutschem Recht kein bekanntes Hindernis entgegensteht.

Aber eben diese Bescheinigung entpuppt sich für die Liebenden nun als unüberwindliches Hindernis. Die Polen stört, daß da hinter den polnischen Ortsbezeichnungen noch die alten deutschen Namen in Klammern stehen, und die deutschen Behörden dürfen, so will es Bonn, auf diese Zusätze nicht verzichten. Denkt man einen Moment ohne Leidenschaft darüber nach, so wird man verstehen können, daß die Polen keinen Sinn darin sehen, bei einem 1953 geborenen Mädchen den Geburtsort in deutscher Sprache vermerkt zu sehen, denn für sie hieß Stettin damals lange schon Szczecin. Der Krieg lag acht Jahre zurück, die Deutschen hatten ihn verloren, 6 Millionen von 34 Millionen polnischen Staatsbürgern waren ermordet oder gefallen – was früher Stettin war, ist für Polen seit Kriegsende Szczecin, ein kleines Stück Wiedergutmachung, als ließen sich sechs Millionen Tote überhaupt wiedergutmachen.

Aber als Erwin Langosch 1941 geboren wurde, da gab es ganz gewiß noch kein Goslawice, da hieß das deutsche Dorf »Ehrenfeld«, und wenn heute eine deutsche Behörde ein Zeugnis ausstellt und als Ortsnamen schon Goslawice vermerkt, dann sollte man es ihr wohl nicht verwehren, wenn sie den Namen Ehrenfeld hinzufügt, der damals galt.

Bei deutschen Reisepässen gibt es zwischen der Bundesrepublik und Polen seit 1970 eine ganz vernünftige Regelung: Ist der Paßinhaber vor 1945 geboren, so lassen die Polen bei der Einreise den bundesdeutschen Paß mit ausschließlich deutscher Geburtsortsbezeichnung gelten. Ist der Paßinhaber nach 1945 geboren, so verlangen sie den polnischen Ortsnamen, stören sich aber nicht daran, wenn die alte deutsche Bezeichnung in Klammern hinzugefügt wird.

Nur: Was bei Reisepässen recht ist, ist bei Ehefähigkeitszeugnissen offenbar nicht billig. So erweist sich die deutsche Bestätigung, daß der Ehe zwischen Erwin Langosch und Halina Kempinska kein Hindernis entgegensteht, als das Hindernis selbst. Und ich meine, es ist nicht nur ein bürokratisches, sondern ein grundsätzliches Hindernis.

Weder den STERN noch mich könnte Herbert Wehners Vorwurf treffen, wir hätten jemals »vom Geist eines antipolnischen Chauvinismus getragene Tiraden« von uns gegeben. Im Gegenteil, wir haben die Ostverträge in der bundesdeutschen Öffentlichkeit mit durchgesetzt. Aber deshalb nehmen wir uns auch das Recht, sie ohne Illusionen anzusehen. Und wenn jemals ein Quentchen Sentimentalität dabei war, ein Stück Hoffnung, diese Verträge möchten nicht nur die Abschlußbilanz eines von uns mutwillig begonnenen und verdient verlorenen Krieges sein, sondern es möge über diese Verträge mit der Sowjetunion und mit Polen zu einem »Wandel durch Annäherung«, vielleicht sogar zu einer echten Freundschaft kommen, so ist es jetzt wohl an der Zeit, solcher Illusion ade zu sagen.

In diesen Wochen, da sich jeder gern auf Konrad Adenauer beruft und da Willy Brandt meint, der große Alte hätte nach der Versöhnung mit Frankreich wohl auch den Ausgleich mit unseren östlichen Nachbarn angestrebt, und den sozial-liberalen Wegbereitern der neuen Ostpolitik habe es gelegentlich große Mühe gemacht, den ihnen sozusagen von Adenauer hinterlassenen ostpolitischen Auftrag gegen den Widerstand der CDU durchzusetzen, sei mir hier eine persönliche Erinnerung erlaubt:
Nachdem meine Kollegen Joachim Heldt und Eberhard Seeliger 1957 mit mir eine lange Autoreise durch die Sowjetunion gemacht und mit Politikern, Journalisten und dem berühmten »Mann auf der Straße« geredet hatten, ließ Konrad Adenauer sich von uns ausführlich Bericht erstatten. Eines konnte er: zuhören.
Nach fast zwei Stunden beendete Konrad Adenauer das Gespräch mit ein paar laut dahingedachten Sätzen über die Möglichkeit einer eigenen deutschen Ostpolitik, von denen ich mir dies am gleichen Tage notiert habe: »Man muß es wohl versuchen«, sagte der Kanzler, »man muß es wohl tun, um mit sich selbst ins reine zu kommen. Aber ob was dabei herauskommt? Das ist ja nicht wie bei den Franzosen. Ich glaube fest an die deutsch-französische Freundschaft. Aber bei den Sowjets ist die ganze Ideologie dazwischen. Die zwingt sie ja zur Expansion. Und die Polen können ja nicht, wie sie wollen.«
Man mußte es versuchen, »um mit sich selbst ins reine zu kommen« – das allein rechtfertigt auch für mich die Ostpolitik der Regierung Brandt/Scheel. Sie war ein Gebot der politischen Hygiene. Aber wir sollten doch wohl aufhören, daran zu glauben, daß am Ende »etwas dabei herauskommt«.
Wenn alle Grenzfragen gelöst, alle getrennten Familien zusammengeführt und die Gräben, wenn schon nicht mit gutem Willen, so doch mit D-Mark-Krediten gefüllt wären, würde die Spannung zwischen Ost und West dennoch bleiben, weil das kommunistische System nicht funktioniert, weil man zu allen Arbeiten, die bei uns zwei Leute erledigen, drüben fünf braucht, weil niemand im sozialistischen System Verantwortung übernimmt – er ist ja ohnehin, wenn auch ärmlich, versorgt. Wie sollten Politiker die Spannungen lösen, die sich auf die menschlichste Weise manifestieren, zwischen Ländern, in denen der Reichtum ungerecht, und Ländern, in denen die Armut gerecht verteilt ist? Zwischen Staaten, in denen jeder den Mund aufmachen und seine Meinung sagen, in denen er reisen kann, wohin er will, und einem System, das den Menschen diese Freiheiten vorenthält, weil es sie fürchten muß?
Im Prager Frühling hatte man geglaubt, es gebe so etwas wie einen »menschlichen Kommunismus«. Aber die Verhältnisse und die Menschen – sie sind nicht so. Die logische Folge von Prag wäre der Zusammenbruch des Systems gewesen, und wer in Polen oder Ungarn oder Rumänien die Zügel lockerte, dem gingen die Pferde durch, und die Fuhrleute gerieten dabei unter die Hufe.

War sie also ganz umsonst, die Ostpolitik Willy Brandts und Walter Scheels? Nein, sie war nicht nur nicht umsonst, sie war notwendig um unserer Selbstachtung willen, »um mit sich selbst ins reine zu kommen«, wie es Konrad Adenauer nannte. Mit Illusionen ist man niemals im reinen.
Dem Erwin Langosch und seiner Halina Kempinska wird diese Einsicht allerdings wenig helfen.

Aufschrei der Beutelschneider

Die Bundesärztekammer und die Kassenärztliche Bundesvereinigung wollen gegen den STERN wegen »Kollektivbeleidigung der Ärzte« Strafantrag gestellt haben. Begründung: Unser kritischer Bericht über die Honorarforderungen gewisser Mediziner sei als »gezielte Aktion bestimmter politischer Kreise« zu werten. Das ist eine Fehldiagnose, denn der STERN dient nicht »gewissen Kreisen«, sondern der Information seiner Leser mit Fakten. Gegen die Fakten unseres Beitrags »Die Beutelschneider« haben die ärztlichen Standesvertretungen bisher nichts vorgebracht. Auch nicht in einer ganzseitigen Anzeige »Hexenjagd auf Ärzte«, die sie für 20 048,– DM in der »Welt« erscheinen ließen.

Ich wüßte auch nicht, warum wir eine solche Hexenjagd veranstalten sollten. Ärztlicher Kunst verdanke ich mein Leben, als ich mit einem perforierten Blinddarm in letzter Minute ins Krankenhaus eingeliefert wurde. Ärzten verdanke ich das Leben meiner Frau, die rechtzeitig zur Krebsvorsorgeuntersuchung ging und gerettet wurde.

Aber stellt das den ärztlichen Stand von jeder Kritik frei? Müssen wir vor den Medizinmännern kuschen, nur weil wir ihnen »letzten Endes« alle einmal ausgeliefert sind?

Als der frühere Präsident der Bundesärztekammer Prof. Dr. Ernst Fromm und sein Kollege Prof. Dr. Stockhausen mit unerlaubten Mitteln und aus eigennützigen Beweggründen verhinderten, daß Laboruntersuchungen billiger würden, da hat keine ärztliche Berufsvereinigung protestiert. Das Bundeskartellamt und das Berliner Kammergericht mußten erst kommen, um den beiden je 10 000,– DM und ihrer Bundesärztekammer 15 000,– DM Geldbuße aufzuerlegen.

Es hätte den medizinischen Standesherren so gut angestanden, wenn sie die vom STERN veröffentlichten Fakten mit stichhaltigen Argumenten hätten widerlegen können. Sind emotionell aufgemachte Zeitungsanzeigen, Massenversammlungen im Hamburger Congress Centrum und in der Dortmunder Westfalenhalle dazu die rechten Mittel? Der STERN hätte seine Spalten einer sachlichen Entgegnung der Ärzte nicht verschlossen. Die Westfalenhalle faßt 24 000 Besucher, der STERN erreicht in jeder Woche achteinhalb Millionen Leser. Hic Rhodos, hic salta.

Aber Rhodos oder Dortmund – es will ja gar keiner springen. In Wahrheit meinen Ärzte immer noch, ihr Verhalten stehe für keinen Laien zur Diskussion. Dabei hätten sie von anderen einst ebenso tabuisierten Berufsständen lernen können, daß mehr Diskussion und mehr Transparenz durchaus von Nutzen sein können.

Noch vor ein paar Jahren klagten die Unternehmer, daß sie von der Presse verteufelt würden. Inzwischen haben sie sich mit Argumenten zur Wehr und von einigen schwarzen Schafen in den eigenen Reihen abgesetzt. Heute meinen nur noch ein paar Ideologen, daß unsere Wirtschaft ohne unternehmerische Initiative funktionieren kann. Nur: Helmut Horten, Richard Gruner und Gunter Sachs gehören halt nicht mehr dazu.

Und gab es einen Stand, der unantastbarer im Elfenbeinturm lebte als Ordinarien deutscher Universitäten? Inzwischen ist der Muff von 1000 Jahren aus den Talaren herausgeblasen, und in den Universitäten wird mehr und fruchtbarer gearbeitet als zuvor.

Blieben übrig die Richter und die Ärzte. Die einen haben nie ein Fehlurteil gefällt – es gibt nicht einen einzigen wegen seiner Urteile im Dritten Reich bestraften Richter –, und die anderen begehen grundsätzlich keine Kunstfehler. Die einen dienen nur dem Recht, die anderen ausschließlich der leidenden Menschheit. Ein Schelm, wer nicht daran glaubt. Immerhin, die Richterrobe hat keine Taschen, der weiße Kittel hat sie, und nicht nur für das Stethoskop.

Unser Gesundheitswesen ist krank. Die Beitragssätze der Krankenkassen steigen unaufhaltsam. Dennoch blieb die Feststellung des Geschäftsführers des Bun-

desverbandes der Betriebskrankenkassen, Dr. Kurt Friede, unwidersprochen: »Der tiefe Griff in die Kassen hat den Ärzten 1975 ein Plus von über einer Milliarde Mark beschert.« Eine Milliarde sind tausend Millionen.
Darüber wäre zu diskutieren. Aber was hatte das mit Hexenjagd zu tun?

18. März 1976

Das Gerede von der Humanität

Die Älteren unter uns werden sich erinnern: Mit dem »Marsch der Deutschen in Polen« fing alles an. Jeden Abend in den Augusttagen des Jahres 1939 dröhnte aus den Volksempfängern die gleiche Melodie. Wem die Meldungen über polnische Greueltaten gegen Volksdeutsche noch nicht die blanke Wut ins Gedärm getrieben hatten, dem sollte es die martialische Musik besorgen.
37 Jahre ist das her. Wird nun der Marsch der Deutschen aus Polen alles Gewesene auslöschen? Bedeutet diese Umsiedlung den endgültigen Sieg der Humanität?
Mir scheint, die Probleme liegen alle noch vor uns.
Als mein Kollege Manfred Bissinger und ich in der Nacht nach der Unterzeichnung des Warschauer Vertrages vom Dezember 1970 in der Wohnung des damaligen polnischen Ministerpräsidenten Cyrankiewicz saßen, machte der uns eine einfache Rechnung auf:
»Nehmen Sie an«, sagte der Ministerpräsident, »da gibt es in Oppeln eine Fabrik mit 500 Arbeitern. Davon melden sich 200 als aussiedlungswillige Deutsche. 50 davon sind Volkswagen-Auswanderer, die möchten einfach in den Goldenen Westen, die zwischen Polen und der Bundesrepublik vereinbarten Kriterien treffen bei ihnen nicht zu. Bleiben 150. Bei 20 bestehen vielleicht noch Zweifel; bleiben 130, die wir dann ausreisen lassen.
Nun, wer sind diese 130 Aussiedler? Ihr Deutschen seid ja tüchtige Leute, die Dümmsten werden es also wohl nicht sein, die meisten werden qualifizierte Facharbeiter sein. Der Effekt ist: Die Fabrik kommt in Schwierigkeiten, und 370 polnische Arbeiter – die ganz genau wissen, daß die wirtschaftlichen Verhältnisse im Westen angenehmer sind – sagen sich: ›Deutscher müßte man sein. Zu *dem* Volk müßte man gehören, dessen Soldaten unser Land erobert haben, dessen SS unsere geistige und technische Intelligenz ausgerottet hat.‹ Sechs Millionen Polen sind tot, die wenigsten davon gefallen, die meisten ermordet.«
Und dann fragte Cyrankiewicz nachdenklich: »Meinen Sie, daß wir das politisch durchstehen?«
Wer immer sich beschwert, daß die polnischen Behörden die Ausreiseanträge seitdem schleppend behandelten, darf an diesem Problem nicht vorbeisehen.
Auch daran sollte jeder denken, der heute über deutsche Politik gegenüber Polen zu entscheiden hat: Je weniger Verständnis wir den Polen entgegenbringen, desto enger treiben wir sie in die sowjetische Umarmung. Kein Wunder, daß man in Moskau und in der DDR über die Annahme der Polen-Verträge im Bundesrat so wenig erbaut war, daß die Zeitungen nur in ganz kurzen Meldungen davon Notiz nahmen.
Die Liste der deutschen Aussiedler aus Polen in den Jahren 1971–1975 zeigt, daß für den polnischen Staat die von Cyrankiewicz aufgezeigte Problematik weiter besteht. Fast 60 Prozent der Aussiedler waren im arbeitsfähigen Alter zwischen 15 und 60 Jahren. Und von 100 Aussiedlern waren knapp die Hälfte noch nicht geboren, als das Land polnisch wurde. Sie sind in polnische Schulen gegangen, haben polnische Freunde und Arbeitskollegen gehabt, sie lebten in einem so-

zialistischen System, das jeden einzelnen in die Gesellschaft einbindet – die meisten sprechen kaum die deutsche Sprache.

Nun kommen sie zu uns, wo jeder auf sich selbst gestellt ist und wo die Arbeitsplätze inzwischen knapp geworden sind. Aus ihren Wohnungen, ihren Höfen, aus ihrer Heimat – denn wer wollte behaupten, daß drüben nicht ihre Heimat sei – kommen sie ins Lager, in die Mühle der Bürokratie, in den Leistungsstreß, soweit sie nicht als Arbeitslose dahinvegetieren müssen.

Als der STERN vor drei Wochen eine Umfrage machte, waren denn auch 34 Prozent der befragten Bundesbürger der Meinung, man solle die Polen-Deutschen lieber dort lassen, wo sie sind, anstatt daß sie uns die Arbeitsplätze wegnehmen. Und es waren mehr CDU/CSU-Anhänger, die so urteilten, als SPD-Sympathisanten.

Ach, es ist so viel von Humanität geredet worden in diesen Wochen und Monaten, da es um die Polen-Verträge ging. Mir scheint, es ging vielen mehr um Rechthaberei, um Koalitionspolitik, um das Kalkül der Macht. Die Humanität werden wir erst jetzt zu beweisen haben, die Polen und die Deutschen.

Und es ist kein Zweifel daran, daß die Polen da vor größeren Problemen stehen als wir.

29. April 1976

Die italienische Lehre

Wenn ich es so bedenke, sind STERN-Leser eigentlich recht gut informiert: Da ist vor einigen Wochen STERN-Reporter Peter Koch der Frage nachgegangen, ob Italiens Kommunisten – kämen sie jetzt in die Regierung – nach Moskaus Pfeife tanzen oder sich demokratisch integrieren würden, wie sie das in Kommunal- und Regionalverwaltungen schon seit Jahren tun.

Dann hat STERN-Reporter Jörg Andrees Elten die seit 30 Jahren in Rom regierenden Christdemokraten auf Herz und Nieren untersucht. Diagnose: Das Herz ist müde, und die Nieren sind auch nicht mehr so ganz in Ordnung. Ursachen: Machtverschleiß und wachsende Korruption.

Vor zwei Wochen meinte der ehemalige stellvertretende US-Außenminister George Ball, jeder Pfennig für die korrupte Democrazia Cristiana sei hinausgeworfenes Geld. Am Gründonnerstag sagte Bundeskanzler Helmut Schmidt im Fernsehen, daß überall dort die Kommunisten stark würden, wo es keine funktionierende sozialdemokratische Partei gebe und wo der Mangel an moderner Reformpolitik dazu geführt habe, daß die sozialen Verhältnisse nicht in Ordnung seien. Als Beispiel nannte Helmut Schmidt Italien.

Das hat dem Kanzler eine mäßig beleidigte Reaktion aus Rom eingebracht und – da bei uns ja Wahljahr ist – eine zur weltpolitischen Empörung hochstilisierte Reaktion der CDU/CSU. So könne man doch mit einem EG-Verbündeten nicht umgehen, meinten die außenpolitischen Experten der CDU wie Carstens, von Hassel und Reddemann.

Der CDU-Generalsekretär Professor Biedenkopf, der gerade aus Amerika kam, erklärte sogleich mit Würde, Kanzler Schmidt habe mit seiner Kritik an Italien »wichtige Wege zu Europa verbaut«. An der innenpolitischen Misere Italiens sei dann auch gar nicht die Democrazia Cristiana schuld – da fehlten dem Kanzler offenbar die Geschichtskenntnisse –, vielmehr sei das wahre Problem Italiens das Fehlen einer vernünftigen sozialdemokratischen Partei. Die italienischen Sozialisten hätten sich vielmehr immer wieder gespalten und keine Alternative zur Democrazia Cristiana gebildet, deshalb seien die Christdemokraten, so Professor Biedenkopf wörtlich, »30 Jahre zum Regieren verdammt« gewesen.

Der Professor Biedenkopf (CDU) ist ein kluger Mann, und Helmut Schmidt wird es ihm zu danken wissen, wenn er öffentlich erklärt, daß Sozialdemokraten sich etwas solidarischer verhalten sollten und daß man Christliche Demokraten besser nicht »zum Regieren verdammt«.
Weil überall dort, wo man diesen Ratschlag nicht beherzigt, die Chancen der Kommunisten wachsen. So konstatierte es Professor Biedenkopf, so hat es Helmut Schmidt gesagt, und so war es vor vier Wochen im STERN zu lesen.
Eine bemerkenswerte Koalition, fürwahr.

20. Mai 1976

»Buci« wurde 70

Gerd Bucerius, Verleger der »Zeit« und über mehr als zwei Jahrzehnte auch des STERN, wurde 70. Muß ich die oft mißbrauchte Formel bemühen, daß mir diese Ziffer bei einem so jungen Mann kaum vorstellbar erscheint? Ja, ich muß, der körperlich wie geistig gleich agile Springinsfeld »Buci« läßt mir keine andere Wahl.
Bis 1962 war der leidenschaftliche Politiker Bucerius – er hatte schon seit 1947 dem Zwei-Zonen-Wirtschaftsrat angehört – Bundestagsabgeordneter der CDU. Und da Bucerius, wo immer er steht, mit rascher und heftiger Überzeugung agiert, hatten wir Journalisten es nicht immer leicht, mit ihm zu diskutieren. Denn dem vielseitig gebildeten und juristisch ausgebildeten Mann stehen bei seiner Argumentation ein blitzgescheiter Intellekt und ein beträchtliches Beharrungsvermögen zur Verfügung.
Aber mit ihm zu leben war und ist allezeit leicht. Zunächst: weil es einfach Vergnügen macht, einen Partner zu haben, von dem so viele kritische Anregungen zum Weiterdenken kommen; sodann: weil Bucerius einer der wenigen wirklichen Liberalen ist. Liberal genug, daß er nicht nur bei anderen, sondern auch bei sich selbst widersprüchliche Meinungen gelten läßt.
Einmal, als wir Redakteure uns entschlossen hatten, zur Bundestagswahl 1965 unsere Wahlentscheidung im STERN öffentlich zu treffen (Peter Grubbe: SPD, ich: FDP), fragten wir Bucerius, ob er nicht mit von der Partie sein wolle. »Zähneknirschend CDU« lautete die Überschrift seiner kritischen Kolumne.
Ein andermal, als ihn Konrad Adenauer im Parlament rügen wollte, weil der CDU-Abgeordnete Bucerius als Verleger des STERN zugelassen hatte, daß ich zu Adenauers Pokern mit der Bundespräsidentschaft einen bösen Artikel geschrieben hatte, lief »Buci« auf den Alten zu, zog irgendein Blatt Papier aus der Tasche, hielt es hoch und sagte: »Herr Bundeskanzler, dies ist der Vertrag meines Chefredakteurs. Ich bin stolz, Verleger eines Blattes zu sein, dessen Journalisten nicht nach der Pfeife ihres Verlegers tanzen müssen. Es gibt neben der äußeren Pressefreiheit auch eine innere!« Ich müßte mich täuschen, wenn Bucerius nicht der Erfinder dieses Ausdrucks »innere Pressefreiheit« wäre. Ich täusche mich nicht, wenn ich behaupte, daß er diese Freiheit eines Zeitungsmenschen über mehr als 20 Jahre immer geachtet hat.

Nahezu ein Vierteljahrhundert gemeinsamen Weges. Ich wüßte keinen, von dem ich mehr gelernt hätte, keinen, über den ich mich häufiger geärgert hätte, niemanden, mit dem ich in herzlicher Zuneigung auch künftig lieber streiten möchte.

Der Verdacht der Verdächtigen

Wer einem Verdächtigen auf der Spur ist, der darf keine Scheu haben, sich auch in der Unterwelt zu bewegen, das gilt für Journalisten wie für Kriminalisten.

Als dem STERN im Frühjahr 1973 von sachkundigen Bonner Politikern gesagt wurde, der damalige »Quick«-Redaktionsdirektor, der Holländer Heinz Losecaat van Nouhuys, der als Störmanöver gegen die Ostpolitik der Regierung Brandt/Scheel Geheiminformationen aus unbekannten Quellen veröffentlichte, sei früher nicht nur für den Bundesnachrichtendienst (BND), sondern auch für den Staatssicherheitsdienst der DDR tätig gewesen, da hat der STERN getan, was journalistische Sorgfaltspflicht gebietet: Er ist allen Spuren in West und Ost nachgegangen.

Daß der STERN bei seinen Nachforschungen in Ostberlin so rasch fündig wurde, hat uns nur so lange gewundert, bis man uns kalt und klar sagte, Losecaat van Nouhuys sei kein Überzeugungstäter, er habe für Geld gearbeitet. Im übrigen habe er auf beiden Schultern getragen, und solche Leute zu schützen, sehe man keine Veranlassung.

Der wahre Grund für die ungewohnte Auskunftsbereitschaft mag ein anderer gewesen sein: In Ost und West gab und gibt es »Falken« und »Tauben«, Gegner und Befürworter des endlich in Gang gekommenen Gesprächs zwischen den beiden deutschen Staaten. Auf beiden Seiten gab es Kräfte, die den Entspannungsgegner Nouhuys und seine die neue Ostpolitik diffamierende »Quick« mit Geheimpapieren und Desinformationen versorgten, und es gab in Ostberlin wie in Bonn Anhänger der Entspannung, die den zwischen Deutschland-West und Deutschland-Ost intrigierenden Holländer zu entlarven versuchten.

Für den STERN gab es in dieser Situation nur eine einzige Maxime: den wahren Sachverhalt zu recherchieren. Daß es sich bei dem Verdächtigen um den Redaktionsdirektor der »Quick« und Herausgeber des deutschen »Playboy« handelte, war eher lästig, es brachte ein paar Dummköpfe auf die absurde Idee, hier werde ein geschäftliches Konkurrenz-Manöver mit politischem Einsatz gespielt. Der Bauer-Verlag, der beide Blätter verlegt, entzog diesen Spekulationen inzwischen selbst die Grundlage, er enthob Losecaat van Nouhuys sämtlicher Posten.

Folgt man der Argumentation von »Bild am Sonntag«, die am vergangenen Wochenende unter der Balkenüberschrift »›Stern‹ unter schwerem Verdacht« von einem »Zusammenspiel« zwischen dem STERN, dem Staatssicherheitsdienst der DDR und der Bundesregierung spricht, so dürfte man im vorliegenden Heft auch von einem Zusammenspiel zwischen den polnischen Kommunisten, dem STERN und Helmut Schmidt reden, denn der Chef der Polnischen Vereinigten Arbeiterpartei Edward Gierek besucht in der nächsten Woche den Bundeskanzler, und deshalb hat der STERN mit Gierek in dessen Landhaus in Spala bei Warschau ein Gespräch geführt. In diesem Sinn haben wir schon mit Chruschtschow und Breschnjew, mit italienischen und französischen Kommunistenführern »zusammengespielt« – aber auch mit englischen Konservativen, französischen Gaullisten, mit Kennedy, Johnson, Kissinger und Präsident Ford. Journalisten fragen, Politiker antworten, das ist bei ernst zu nehmenden Zeitungen so der Brauch, nur »Bild am Sonntag« blieb es letzte Woche vorbehalten, seinen Aufmacher aus den Fingern zu saugen.

Der Versuch der Springerpresse, die Bundesregierung in diesen »Skandal« einzubeziehen, ist im Wahlkampf nicht so überraschend. Auch daß es dem Herrn van Nouhuys in erster Instanz gelang, dem STERN verbieten zu lassen, ihn einen »Doppelagenten« zu nennen, kann nur den wundern, der den Hergang dieses Gerichtsverfahrens nicht kennt, in dem nur ein Teil der angebotenen Beweise ausgeschöpft wurde, zugesagte Aussagegenehmigungen für wichtige

Zeugen aus Sicherheitsgründen zunächst nicht erteilt und überdies alle an der Nouhuys-Entlarvung beteiligten STERN-Redakteure in den Beklagtenzustand versetzt wurden, so daß sie aus formaljuristischen Gründen als Zeugen ausschieden.
Jetzt hat der STERN in einem Schriftsatz an das Oberlandesgericht München die Karten auf den Tisch gelegt, selbstverständlich ohne seine Informanten preiszugeben. Der STERN hat die Echtheit der Nouhuys belastenden Dokumente durch Gutachten international anerkannter Wissenschaftler bewiesen und minuziös dargelegt, mit welcher Sorgfalt er den Fall Nouhuys recherchiert hat.
Und nun, meine ich, können wir die Sache getrost den Gerichten überlassen. Was im STERN steht, muß stimmen. Glaubwürdigkeit ist unser größtes Kapital bei unseren Lesern. Wir werden es wegen eines geflogenen Holländers nicht verschleudern.

15. Juli 1976

Tür zu ist besser als Kopf ab

Die vier Terroristinnen sind weg, der Berliner Justizsenator Oxfort ist zurückgetreten, und nun meinen die Leute wohl, die Sache sei in Ordnung. Die Leute, die das meinen, sind der Berliner Senat mit dem Regierenden Bürgermeister Klaus Schütz an der Spitze und der FDP-Chef Hans-Dietrich Genscher. Ich erlaube mir, anderer Meinung zu sein: Nichts ist in Ordnung.
Als Justizsenator Hermann Oxfort abtrat, weil er einen Mißtrauensantrag der CDU zu befürchten hatte und sich der Unterstützung seiner SPD-Koalitionsfreunde nicht ganz sicher fühlte, hat er eine bezeichnende Erklärung abgegeben.
Er sei, so sagte Oxfort, als Justizsenator davon unterrichtet gewesen, daß alles Menschenmögliche zur sicheren Verwahrung der Häftlinge getan worden sei. Und dann, fügte Oxfort hinzu, habe er rasch ein neues Frauengefängnis bauen wollen, doch die SPD-Senatskollegen hätten die Mittel nicht bewilligt.
Aber wie denn, warum überhaupt ein neues Gefängnis, wenn im alten doch »alles Menschenmögliche zur sicheren Verwahrung der Häftlinge geschah«? Oder war das »Menschenmögliche« in Berlin so unzulänglich, weil die Verhältnisse eine sichere Verwahrung gar nicht zuließen?
Muß wohl so sein. Denn Oxfort berichtet ja auch, er habe immer wieder versucht, die gefährlichsten Häftlinge nach Bayern und Baden-Württemberg verlegen zu lassen. Aber die dortigen CDU/CSU-Justizminister hätten sie nicht haben wollen.

So saß denn der Herr der Berliner Justiz, Hermann Oxfort, auf seinem Senatssessel und wußte, daß in seinen Gefängnissen Terroristen saßen, die man nicht würde halten können, wenn sie den Drang nach Freiheit verspürten. »Der Ausbruch«, so sagt heute Oxforts Senatskollege Riebschläger (SPD), »ist die logische Folge einer unverantwortlichen Struktur innerhalb unserer Haftanstalten.«
Das alles also wußte Oxfort und stellte nicht die Alternative: »Entweder das wird sofort geändert, oder ihr macht euren Dreck alleene!«
Und dann kommt eines Tages auch noch ein anonymer Anruf, der vor dem Ausbruch von Inge Viett und Genossinnen warnt. Aber Telefonwarnungen dieser Art, so meint der Herr Senator, seien für ihn nichts Ungewohntes gewesen, und so hat er »diesem Vorgang keine besondere Bedeutung zugemessen«.
Erst als die vier gefährlichsten Insassinnen des Berliner Frauengefängnisses spurlos verschwunden sind, fängt man an zu »messen«.

Und zwar mit dem Koalitionsmaß. Denn nicht, was nun zu tun sei, fragen sich die Berliner und die Bonner Politiker zuerst, sondern: wie man im Wahljahr am schnellsten und am ungeschorensten aus der Sache herauskommen kann. Die CDU ist selig, daß ihr das Schicksal diesen Beweis sozial-liberaler Unfähigkeit beschert hat. Die SPD ist ein bißchen gespalten, ob man den ohnedies zu weit rechts stehenden Liberalen Oxfort bei dieser Gelegenheit kippen soll oder ob ein durch mangelnde SPD-Waffenbrüderschaft bewirkter Rücktritt nicht ärgerliche Folgen in Bonn haben könnte. Nur Schnelldenker Hans-Dietrich Genscher meint zunächst, man müsse das alles herabspielen und durchstehen. Denn der Chef der koalitionsentscheidenden Klein-aber-oho-Partei lebt politisch ohnehin nach dem Wahlspruch »Hol fast, wat du hest, und nimm, wat du kriegen kannst«.

Wer aber, zum Teufel (der sitzt übrigens auch in Berlin), wer denkt denn daran, wie man weitere Ausbrüche verhindert? Die FDP hätte allen Grund, auf dieses Problem einige Gedanken zu verwenden, denn sie ist ja die Partei, die sich seit Jahren nachdrücklich für einen menschlichen Strafvollzug einsetzt. Was aber in Berlin geschehen ist, droht den Argumenten jener Leute Nachdruck zu geben, die den Rechtsstaat am besten dadurch gesichert sehen, daß man »Terroristen möglichst gleich abknallt, damit man hinterher keine Scherereien mit ihnen hat«.

Unterschätzen wir die Zahl dieser Kopf-ab-Apologeten nicht. Es sind die gleichen, die dem »Husarenstück« der Israelis nur deshalb zujubelten, weil sie allen Peng-bumm-Husarenstücken zujubeln, auch der Befreiung Mussolinis vom Gran Sasso durch den SS-Führer Skorzeny. Diese Leute werden kaum begreifen, daß das Husarenstück der Israelis in Entebbe von anderer Qualität war. Israel wußte, daß das Kommandounternehmen, zu dem es sich in letzter Notwendigkeit entschloß, noch die menschlichste Lösung war. Selten hat mich ein Satz mehr beeindruckt als der eines jungen Offiziers des israelischen Kommandotrupps: »Ich hatte große Angst, aber wir mußten es tun, sonst gibt es immer mehr Opfer.«

»Ich hatte Angst, aber . . .« – welche Größe liegt in diesem Eingeständnis.

Die um Wahlstimmen und Koalitionshandel so besorgten Politiker sollten rasch einiges tun, den Rechtsstaat Bundesrepublik Deutschland und seine Liberalität vor den nun wieder auftrumpfenden Kopf-ab-Jägern zu bewahren.

Was aber wäre wirklich zu tun?

Soll mir doch keiner sagen, es wäre technisch nicht möglich, eine Strafanstalt optimal zu sichern, ohne ihre Insassen menschlich zu entwürdigen. Die Frage ist nicht, ob man Häftlinge hart oder weich behandelt, die Frage ist, welchen politischen Stellenwert man dem Terroristenproblem zumißt. Das Maß unserer Freiheit wird nicht zuletzt dadurch bestimmt, wie energisch wir diese Freiheit sichern. Wir werden in die Auswahl, die Ausbildung und die Bezahlung unserer Strafvollzugsbeamten mehr Mittel einsetzen müssen, damit diese Leute lernen, daß auch Strafgefangene auf die Würde ihrer Persönlichkeit, auf korrekte, ja menschenpartnerschaftliche Behandlung Anspruch haben, nicht aber auf Zellenschlüssel, Sägeblätter und Pistolen.

Und damit wir nicht dem Rudolf-Heß-Syndrom verfallen und für jeden einzelnen Häftling eine eigene Anstalt unterhalten müssen, ließe sich der Föderalismus vielleicht so weit pragmatisieren, daß die Bundesrepublik Deutschland ein oder zwei zentrale Anstalten für besonders gefährliche Verbrecher einrichtet.

Zwar ist der Strafvollzug bei uns Ländersache, aber die Terroristen halten sich, soweit mir bekannt ist, nicht an dieses Prinzip.

Das alles wegen Wehner?

Mag sein, das Ihnen Herbert Wehner nicht behagt. Immerhin haben ihn 76 025 Bürger unseres Landes mit ihrer Stimme in den Bundestag gewählt. Ob Ihre oder meine Stimme dabei war – Herbert Wehner ist ein gewählter Vertreter unseres Volkes. Er ist es so gut wie Helmut Kohl, Wolfgang Mischnick oder Franz Josef Strauß.

Dieser Herbert Wehner war einmal Kommunist. Wer ihn kennt, darf davon ausgehen, daß er damals überzeugt war, die kommunistische Idee diene dem Menschen und damit auch unserem Volk. Wehner hat eingesehen, daß diese Überzeugung ein Irrtum war, er hat aus dieser Erkenntnis seine Konsequenz gezogen. Als sozialdemokratischer Abgeordneter hat er seit 1949 seiner Partei und unserem Lande gedient, auch wenn gewisse Leute nie aufgehört haben, ihn wegen seiner Vergangenheit mit Verdächtigungen zu verfolgen. Einen ernsthaften Zweifel an der politischen Lauterkeit Herbert Wehners können selbst politische Gegner nicht geltend machen – wie sonst hätte der CDU-Bundeskanzler Kiesinger ihn zum Minister für gesamtdeutsche Fragen in seinem Kabinett der Großen Koalition machen können.

Das Recht auf politischen Irrtum steht dem Abgeordneten zu, wie es jedem Bürger zusteht. Auch wer aus Überzeugung Nazi war und seinen Irrtum eingesehen hat, ist heute wählbar, es sei denn, er hätte Andersdenkende verfolgt oder gar Blut an seinen Händen.

Hans-Ulrich Rudel, höchstdekorierter Fliegeroffizier des 2. Weltkriegs, war ein Soldat von unbestrittener Tapferkeit. Er hat viele Male sein Leben eingesetzt für sein Land und für die nationalsozialistische Idee, an die er glaubte. Wer ihm daraus einen Vorwurf machen wollte, wäre ein Heuchler. Ob Rudel damals gewußt hat, daß im Namen dieser nationalsozialistischen Idee nicht nur Kriege gegen bewaffnete Gegner geführt wurden, sondern daß Millionen Wehrlose eingekerkert, mißhandelt, erschossen oder vergast wurden, wird heute schwerlich festzustellen sein. Deshalb gibt es keinen Grund, den Staatsbürger Rudel wegen seiner Vergangenheit zu ächten. Auch Flieger-As General Steinhoff war ein Offizier Hitlers, und doch hat niemand daran Anstoß genommen, daß er nach dem Kriege Inspekteur der Bundesluftwaffe und Vorsitzender des Militärausschusses der Nato geworden ist.

Was aber Rudel von seinen alten Fliegerkameraden unterscheidet, ist dies: Er blieb auch dann noch ein Nazi, als er wissen mußte, welche Verbrechen im Namen jenes Systems verübt worden sind. Rudel kandidierte für die neonazistische »Deutsche Reichspartei«, nachdem er zunächst die »Sozialistische Reichspartei« propagiert hatte, die vom Bundesverfassungsgericht als Nachfolgeorganisation der NSDAP qualifiziert und verboten wurde. Rudel macht bis in die jüngste Zeit in Vorträgen und Büchern Propaganda für nazistische Ideen, Rudel ist nach wie vor ein Anhänger des »Führerprinzips« und damit ein Gegner der parlamentarischen Demokratie, in der das Volk der alleinige Souverän ist.

Diesem Volk allein ist auch die Bundeswehr verpflichtet. Sie hat unsere freiheitliche demokratische Ordnung im Ernstfall nach außen zu verteidigen, und es sollte nicht zweifelhaft sein, daß innere Feinde dieser demokratischen Ordnung in der Bundeswehr nichts zu suchen haben. Die Einladung Rudels zu einem Traditionstreffen des Geschwaders Immelmann war also zumindest eine politische Dummheit. Sie ist der einladenden Generalität und dem für die Genehmigung zuständigen SPD-Staatssekretär im Bundesverteidigungsministerium Hermann Schmidt gleichermaßen anzulasten.

Die Dummheit wurde zur Unverschämtheit, als die Generale Franke und Krupinski ihr instinktloses Verhalten vor Journalisten damit zu rechtfertigen suchten, daß man einen Mann wie Rudel ruhig einladen könnte, »solange ehemalige Kommunisten wie Wehner im Bundes-

tag sitzen«. Herbert Wehner ist ein vom Volke legitimierter Abgeordneter, er wurde in Kenntnis seiner bewältigten Vergangenheit gewählt. Das gleiche Volk hat die rechtsradikalen Parteien, für die Herr Rudel Propaganda macht, in freien und geheimen Wahlen zur politischen Impotenz verurteilt. Da fehlte es gerade noch, daß Generale der Bundeswehr dem Rechtsradikalismus durch die Hintertür von Traditionstreffen wieder Eingang verschaffen und einem Mann wie Rudel Gelegenheit geben, in unseren Kasernen seine nazistischen Ideen zu vertreten und seine antidemokratischen Bücher zu signieren.
Die Älteren unter uns haben nicht vergessen, welche zersetzende Rolle große Teile des Offizierskorps der Reichswehr in der Weimarer Republik gespielt haben. Unsere Bundeswehr ist Gott sei Dank kein Staat im Staate, unsere Offiziere wie unsere Soldaten sind Staatsbürger, sie haben die gleichen Pflichten und die gleichen Rechte wie jeder Bürger, wie jeder Abgeordnete. Wer mit Feinden unseres Grundgesetzes paktiert – und sei es aus falsch verstandener Kameraderie –, hat in der Bundeswehr keinen Platz.

Der Bundesminister der Verteidigung Georg Leber hatte deshalb keine andere Wahl, als die Generale Krupinski und Franke zu entlassen. Das hat mit der Person Herbert Wehners gar nichts zu tun. Das ist vielmehr eine Frage der politischen Hygiene unseres demokratischen Staates und der Selbstachtung seiner Bürger, die sich von den Rudels keinen neuen »Führer« aufschwatzen lassen wollen.

6. Januar 1977

Schreib das auf, Kisch!

Auf Seite 42 dieses Heftes beginnt eine Reportage über das Berliner Sechstagerennen. Die wenigsten von Ihnen werden je ein solches Spektakel miterlebt haben. Aber wenn Sie lesen, was Egon Erwin Kisch im Jahre 1923 darüber schrieb, dann sind Sie dabeigewesen. Dann spüren Sie den Atem der Arena, über deren Oval die Radrennfahrer jagen, Runde auf Runde, Stunde um Stunde, sechs Tage lang. Dann riechen Sie Angst und Ehrgeiz, den Geruch von heißen Würstchen und den Duft des Parfüms aus den Pelzen der Damen, den Mief und den Schweiß der Meute – was soll ich es Ihnen beschreiben, Kisch konnte das besser als irgendeiner vor ihm und nach ihm.
Dabeisein, miterleben, selber betroffen sein, verstört oder beglückt, nachvollziehen, was da vorgeht, sich identifizieren mit den Akteuren – das vermittelt dem Leser allein die Reportage.
Gescheite Artikel hat mancher geschrieben, große Reporter hat unser Land nicht allzu viele gehabt. Egon Erwin Kisch, der »rasende Reporter«, war der aufregendste und anregendste unter ihnen. Gewiß braucht der STERN sein Licht nicht unter den Scheffel zu stellen; wenn Sie auf Seite 129 im Impressum die Liste der STERN-Reporter durchgehen, dann werden Sie manchen Namen finden, mit dem Sie ein Leseerlebnis verbindet. Eva Windmöllers Reportage über das Leben in der DDR, Heinrich Jaeneckes Bericht über den Spanischen Bürgerkrieg, Kai Hermanns »Aufstand in Ungarn« und viele andere mehr.

Dennoch: Wer von Berufs wegen deutsche Zeitungen liest, wird das Gefühl nicht los, als träte die Reportage hinter der journalistischen Klugscheißerei der Kommentatoren bedenklich zurück. »Der Reporter«, setzt Egon Erwin Kisch dagegen, »der Reporter hat keine Tendenz, hat nichts zu rechtfertigen oder anzugreifen. Er hat unbefangen Zeugenschaft zu liefern.«

Die genannten STERN-Reporter und ihre Kollegen wie etwa Hans Ulrich Kempski (»Süddeutsche Zeitung«) und Hermann Schreiber (»Spiegel«) sind Einzelerscheinungen in der deutschen Presselandschaft. Mancher, der sich als »Reporter« geriert, ist doch nur ein simpler Aufschreiber ohne Phantasie. »Bedarf die Schilderung der Wahrheit keiner Phantasie?« fragt Egon Erwin Kisch und gibt die Antwort: »Es ist wahr, die Phantasie darf sich hier nicht entfalten, wie sie lustig ist: Nur der schmale Steg zwischen Tatsache und Tatsache ist ihr zum Tanze freigegeben, und ihre Bewegungen müssen mit den Tatsachen in rhythmischem Einklang stehen.« Und an anderer Stelle: »Nichts ist verblüffender als die einfache Wahrheit, nichts exotischer als unsere Umwelt, nichts ist phantastischer als die Wirklichkeit.«

Damit diese phantastische Wirklichkeit wieder mehr zum Mittelpunkt journalistischer Bemühungen wird, stiftet der STERN nun einen deutschen Reportage-Preis, der den Namen von Egon Erwin Kisch tragen soll. Er wird in jedem Jahr von einer unabhängigen Jury für die drei besten Reportagen verliehen – gleichgültig, in welcher deutschsprachigen Zeitung sie erschienen sind. Die Bedingungen und die Namen der Juroren finden Sie auf Seite 47.

13. Januar 1977

Wem gehört Vati wirklich?

Wie man sich irren kann. Ich hatte gedacht, wir hätten Helmut Schmidt gewählt, und der Bundeskanzler bestimme die Richtlinien der Politik. Nun scheint es gelegentlich, als hieße der Bundeskanzler Heinz-Oskar Vetter, und für die Richtlinien sei der Deutsche Gewerkschaftsbund zuständig.

Da erhebt zunächst der DGB-Chef den Anspruch, bei der Auswahl des Arbeitsministers ein entscheidendes Wort mitzusprechen. Dann will er, wenn das vom Parlament beschlossene Mitbestimmungsgesetz in der Praxis den Wünschen des DGB nicht entspricht, »betriebliche Reaktionen« nicht ausschließen. Und Heinz Kluncker von der ÖTV weist den Gewerkschaften ganz unverblümt die Rolle der »außerparlamentarischen Opposition« zu. Heißt das am Ende Arbeitskampf zur Durchsetzung politischer Forderungen? Ich möchte wissen, was die Gewerkschaftsbosse sagen würden, wenn etwa die Arbeitgeber der Automobilindustrie auf den Gedanken kämen, mit der Androhung von Produktionsstopp oder Aussperrung ihren Kandidaten für den Posten des Wirtschaftsministers durchzusetzen. Es wäre das Ende der Demokratie.

Gewiß, mehr als eine Million Arbeitslose sind ein Problem, das gelöst werden muß. Man löst es nicht, indem man den technischen Fortschritt bremst und die Maschinen stürmt, an denen heute ein Mann die gleiche Arbeit schafft, zu der früher fünf Handarbeiter nötig waren. Es scheint, als seien wir an einer industriellen Zeitenwende angelangt. Bisher haben Technik und Automation zwar Arbeitsplätze wegrationalisiert, dafür aber neue Arbeitsmöglichkeiten eröffnet. Nun sieht es zum erstenmal so aus, als sei dieser Mechanismus gestört; der bescheidene Konjunkturaufschwung der letzten Monate hat die Zahl der Arbeitslosen kaum verringert.

Neue Arbeitsplätze können nur durch neue Investitionen geschaffen werden. Die Industrie investiert nur, wenn die Nachfrage nach ihren Produkten kräftig steigt und wenn sie sich Gewinne verspricht, denn Verluste lassen sich nicht investieren. Nun meinen die Klunckers und Loderers, man brauche nur die Löhne kräftig anzuheben, dann steige auch die Inlandsnachfrage. Die Wirklichkeit sieht anders aus: In Krisenzeiten fließen höhere Löhne nicht in den Markt, sondern auf die Sparkonten. Sicher ist sicher, meinen die Arbeitnehmer und nehmen den Geldwertschwund eher in Kauf, als daß sie das Geld ausgeben.

Soll man es den Unternehmen verdenken, wenn sie nicht anders reagieren? In der Rezession haben sie gemerkt, wie schwer und mit welchen Kosten Entlassungen zu bewerkstelligen sind. Nun zögern sie die Einstellung neuer Arbeitskräfte so lange wie möglich hinaus. Unser straff gespanntes Sozialnetz, so sinnvoll es im Interesse der Arbeitnehmer ist, hat eben zwei Seiten. Die gängige Formel, wonach Sozialpolitik allein auf den Arbeitnehmer als den schwächeren Tarifpartner ausgerichtet sein müsse, ist nicht zu Ende gedacht: Dem Arbeitnehmer nützt kein höherer Tariflohn, wenn seine Firma pleite geht und keine andere ihn einstellt.

Schließlich beeinträchtigen Lohnerhöhungen über den Standard der westlichen Industriemächte hinaus unsere Konkurrenzfähigkeit auf dem Weltmarkt. Wenn Automobilarbeiter in Wolfsburg mehr verdienen als ihre Kollegen in Detroit, dann darf sich niemand wundern, daß VW einen Teil seiner Produktion nach USA verlegt. Warum sollten die Amerikaner den »VW Golf« kaufen, wenn ihnen für weniger Geld ein »Chevrolet« geboten wird. Am Ende haben die deutschen Arbeiter das Nachsehen.

Daß eine sozialdemokratisch geführte Bundesregierung die Tarifpartner zum Maßhalten bei den Lohnverhandlungen auffordert, kann also wohl kein Bubenstück des Monopolkapitalismus sein. Solche Unterstellungen mögen kommunistische Wahlplakate schmücken, wer wirtschaftlich denken kann, weiß, daß auch Unternehmensgewinne in Tresoren schrumpfen und deswegen in die Investition drängen, also neue Arbeitsplätze schaffen. Und wer rechnen kann, möge es nachprüfen: Die persönlichen Gewinne aller Unternehmer und Gehaltsempfänger über monatlich 5000 Mark ergäben umgelegt auf sämtliche Beschäftigten der Bundesrepublik lächerliche 18 Mark im Monat.

Nun gibt DGB-Chef Vetter auf die Frage, ob eine Verkürzung der Arbeitszeit und längerer Urlaub nicht taugliche Mittel zur Bekämpfung der Arbeitslosigkeit seien, eine interessante Antwort: »Wenn man die Arbeitszeit verkürzt, um wenig Arbeit auf viele zu verteilen, ist das praktisch das letzte Mittel, das die Arbeitnehmer haben.« Und auf die Frage, ob das nicht auch Lohneinbußen bedinge, sagt der Gewerkschaftsführer: »Wenn man den Arbeitnehmern klarmacht, daß diese Solidarität nötig ist, werden sie sie auch leisten.«

Ein staatsmännisches Wort.

Eine Richtlinie der Arbeitspolitik?

Aber da hatte Vetter nicht mit den Chefs der mächtigen Einzelgewerkschaften gerechnet. Im Chor lehnten sie eine solche Zumutung ab. Wenn schon kürzere Arbeitszeit, dann doch zum gleichen Lohn! Womit die Industrieprodukte natürlich noch teurer würden, im Inland wie auf dem Weltmarkt.

»Samstags gehört Vati mir!« so lautete die Devise, als die Gewerkschaften für die 40-Stunden-Woche kämpften. Der Samstag wurde frei, die Löhne stiegen, sie stiegen mehr als die Preise, jeder lebt heute besser als vor zehn Jahren. Wenn er Arbeit hat! Wem gehört Vati denn nun wirklich? Er gehört weder dem Arbeitgeber noch der Gewerkschaft, er gehört der Familie. Das heißt, er muß Arbeit haben, damit er die Familie ernähren kann und nicht in der Küche herumsitzt.

Vollbeschäftigung ist deshalb die erste Aufgabe der Wirtschaftspolitik. Aber Politik ist die Kunst des Möglichen. Sie kann den Unternehmer nicht zum Investieren zwingen. Sie kann Arbeitnehmer nicht zu Solidarität und Einsicht zwingen. Und sie wäre schlecht beraten, wenn sie die technisch bedingte Arbeitslosigkeit mit der Zerschlagung von Maschinen und Computern bekämpfen wollte.

Der technische Fortschritt wird immer mehr Handarbeit überflüssig machen. Das bringt Gewinn an Zeit und Geld. Was nötig tut, ist ein neues, sachliches Klima, in dem ohne ideologische Voreingenommenheit darüber gesprochen wird, wie diese Gewinne sinnvoll unter den Tarifpartnern aufgeteilt werden.

Beides, mehr Zeit und mehr Geld, wird keiner beanspruchen können.

Mörder ist nicht gleich Mörder

Der Kerl muß seiner gerechten Strafe zugeführt werden. »Rübe ab!« sagt der Taxifahrer, »wo kommen wir sonst hin, man kann seine Frau abends ja nicht mehr allein auf die Straße lassen.«
Gerechte Strafe. Was ist das? Muß der Mörder unter dem Henkerbeil sterben, damit Gerechtigkeit walte? Bloße Vergeltung, Böses mit Bösem, Auge um Auge, Zahn um Zahn?
Ich gebe zu, wenn wieder einer entführt wird, ein Kind gar oder eine Frau, die man nachher tot in einem Keller findet, dann kommt auch in mir die Wut hoch, das Bedürfnis nach Rache. Dann ist es mir zum Kotzen, das Gerede der psychologischen Sachverständigen, die für jeden Mörder eine Entschuldigung finden, die schreckliche Kindheit, eine verständnislose Umwelt oder mangelnde Zurechnungsfähigkeit. Andere haben auch eine schwere Kindheit gehabt und sind nicht zum Mörder geworden. Gerechte Strafe muß sein, zumindest sollte man sie lebenslang einsperren und die Gesellschaft vor ihnen schützen.
Ist das wirklich die gerechte Strafe?
In Hamburg-Fuhlsbüttel saß ich sieben »Lebenslänglichen« gegenüber:
Der erste, ein Junge von 29, sitzt seit acht Jahren. Er hat in der Anstalt sein Abitur gemacht und nun an der Fernuniversität Hagen das Studium der Wirtschaftswissenschaft belegt. Die Klausurarbeiten kann er im Gefängnis machen, aber wenn im nächsten Herbst die Zwischenprüfung kommt, dann müßte er für ein paar Wochen an die Universität. Das läßt die Vollzugsordnung nicht zu. Was dann? Und wozu das alles – wird er nicht 50 sein, wenn er herauskommt, und mit fünfzig ein alter, von der Haft zerstörter Mann?
Er hat ein offenes, von der Gefängniskost ein wenig aufgedunsenes Gesicht und lebhafte braune Augen. Er ist verlobt mit einer jungen Lehrerin, die zu ihm hält. Aber was heißt das? Kann man 20 oder mehr Jahre verlobt sein? Noch ist er ein gesunder junger Mann.
Was hat er getan?
Er hat als 21jähriger seine Adoptivmutter erschlagen. Die hatte ihn wie ein lästiges Übel behandelt und den leiblichen Vater dazu. Eines Tages ist es mit dem Jungen durchgegangen. Da er die Frau von hinten erschlug, lag das Tatbestandsmerkmal der »Heimtücke« vor. Der Richter konnte nicht anders, er mußte ihn nach § 211 zu lebenslanger Freiheitsstrafe verurteilen.
Nun bezahlen Sie und ich mit unseren Steuergeldern dafür, daß an diesem jungen Mann die »gerechte Strafe« vollstreckt wird. Daß ein Mensch, dem in einer einmaligen Situation die Sicherung durchgebrannt ist, der als freier Mensch mit an Sicherheit grenzender Wahrscheinlichkeit niemals wieder zum Verbrecher würde, daß dieser 29jährige Mann in der Haft verkümmert, daß er vielleicht eines fernen Tages durch die Gnade seines Ministerpräsidenten wieder auf freien Fuß gesetzt wird – möglicherweise als menschliches Wrack, ohne Zuhause, ohne Bezug zur Realität, ohne Hoffnung.
Da ist ein anderer. Kaltblütig hat er drei Menschen erschossen. Natürlich sei er kein Mörder, die Umstände seien schuld gewesen. Sagt er. Er argumentiert intelligent und mit großem Selbstbewußtsein, aber ich spüre dahinter die unverhaltene Aggressivität. Ich möchte mit ihm nicht in Streit geraten, wenn ich mit ihm allein wäre. Aber wie wird er sein, wenn er 20 Jahre Haft hinter sich hat. Sicher nicht anders als nach zwölf Jahren. Warum gibt es keine richterliche Instanz, die nach zwölf Jahren prüft, ob dieser Mann noch eine Gefahr für andere Menschen sein kann? Und wenn er es wäre, dann allerdings sollte man die Gesellschaft vor ihm schützen und ihn in Sicherungsverwahrung nehmen.

Ich habe kein Mitleid mit den Mördern. Mein Mitleid gilt den Opfern. Und ich meine, es gibt nichts, das berechtigter wäre als das Bedürfnis der Bevölkerung nach Sicherheit.

Aber da ist ein dritter. Er hat im Streit um ein Mädchen, dessen Liebe er sich sicher fühlte, auf seinen Nebenbuhler eingestochen. Der hatte ihn tätlich angegriffen. In einem Café, in dem man sich aussprechen wollte. Neben dem Angegriffenen stand ein Tisch mit Tellern, Gabeln und Messern. Er faßte nach einem Messer und stach zu. Nicht einmal, mehrere Male. Als der Verletzte starb, war der Täter zum Mörder geworden. Der Richter schrieb in die Urteilsbegründung hinein, daß der Angeklagte wohl nie wieder in einer ähnlichen Situation so reagieren würde. Er ist seiner Anlage nach kein Mörder, aber nach den Tatbestandsmerkmalen des § 211 ist er nun doch einer. 32 Jahre ist er heute, sein Vater ist ein hoher Polizeibeamter, er kommt also aus dem, was man bei uns eine »gute Familie« nennt. Seine Eltern halten zu ihm. Aber was wird in 12, in 15, in 20 Jahren sein? Die Eltern am Ende gestorben, die Familie kaputt, der Delinquent kaputt . . .?

Viele Fragen, wenig Antworten.

Nur eins: Mörder ist nicht gleich Mörder. Die meisten sind Täter, die im Affekt gehandelt haben, in einer einmaligen, unwiederholbaren Situation. Bei keinem Verbrechen ist die Rückfallquote so gering wie bei Mord.
Aber: Manche sind wirkliche Verbrecher. Gefährlich, unberechenbar, bei ihnen war der Mord nur die letzte Konsequenz einer konsequenten Verbrecherlaufbahn.
Aber alle werden sie über einen Kamm geschoren. Über den Kamm des Mordparagraphen 211. Die Tür des Gefängnisses schließt sich hinter ihnen. Laßt alle Hoffnung fahren.

So kann Gerechtigkeit nicht aussehen. Wir haben mit Strafrechtslehrern, Richtern, Anstaltsleitern, Ärzten und Politikern darüber zwei Tage lang diskutiert. Das Ergebnis lesen Sie auf der nächsten Seite.

10. März 1977

Die Hamburger Kumpanei

In der letzten Woche stellten sich die Freien Demokraten bedenkenlos vor ihren Minister Maihofer und bewiesen damit, daß ihnen Partei und Posten wichtiger sind als liberale Prinzipien.
Helmut Schmidt scheint einen Augenblick gezögert zu haben, als er durch den Regierungssprecher Bölling zunächst nur »ein gewisses Verständnis« für Maihofers Verfassungsbruch bekunden ließ. Dann schien auch beim SPD-Kanzler die Koalitionsräson zu siegen; man möchte mit der FDP gemeinsam an der Macht bleiben.
Das Dilemma der CDU/CSU war von besonderer Art: Zwar meinte Alfred Dregger, die Opposition solle die Panne der Regierungskoalition zum Angriff nutzen, doch dann gewannen auch hier machtpolitische Überlegungen die Oberhand. Man möchte an die Regierung kommen, und das glauben die kurzatmigen Taktiker der Christdemokraten auf absehbare Zeit nur mit Hilfe der FDP schaffen zu können.
So mußte auf der Strecke bleiben, was der einst liberale Professor und jetzige Bundesinnenminister Maihofer bei der Amtseinführung seines obersten Verfassungsschützers Meier als Prinzip verkündet hatte: »Im Zweifel für die Freiheit.«
Aber da gab es den »Spiegel«, dem die Akten des Verfassungsschutzes zugespielt wurden und der nicht gezögert hatte, den grundgesetzwidrigen »Lauschangriff« des Bundesinnenministers gegen den Atomphysiker Dr. Traube vor der Öffentlichkeit bloßzustellen. Und das, obwohl der »Spiegel«-Herausgeber Ru-

dolf Augstein der gleichen FDP angehört wie Werner Maihofer.

Und da gibt es den STERN, der nun aufdeckt, daß der Abhörfall Dr. Traube keineswegs ein so singuläres Vorkommnis war, wie Minister Maihofer es bis heute behauptet. Auf Seite 26 dieses Heftes erfahren Sie, daß Verstöße gegen das Grundgesetz längst zur läßlichen Routine der Verfassungsschützer geworden sind. Sollten wir das verschweigen, nur weil der STERN über viele Jahre der sozial-liberalen Regierung mit kritischer Sympathie zur Seite gestanden hat?

Zu Recht nannte die liberale Hamburger »Zeit« den Sündenfall des Bundesinnenministers einen Sturz, bei dem Maihofer sich nur deshalb nicht gleich das Genick brach, weil Bonner Politiker allenfalls in das nachgebende Geflecht machtpolitischer Verfilzungen fallen.

War da also wieder einmal die »Hamburger Pressekumpanei« am Werk? Ach nein, wenn hier nach Kumpanen gefragt wird, ergibt sich eine ganz andere Brüderschaft.

In der Woche, in der dies alles geschah, besuchten mich Journalisten aus dem zwar blockfreien, aber doch kommunistischen Jugoslawien. Die Genossen zeigten sich entsetzt und ratlos. Wollten denn STERN und »Spiegel« einer sozialliberalen Regierung Schwierigkeiten machen, am Ende gar die Koalition gefährden? Bereiteten ihre Veröffentlichungen nicht der CDU/CSU den geraden Weg zur Macht?

Wie verwandt ist diese kommunistische Argumentation, wonach die eigene Partei – right or wrong – immer recht hat, wie verwandt ist sie den Ansichten von CDU- und CSU-Politikern, die forderten, man müsse zunächst einmal untersuchen, wie denn das Aktenmaterial des Verfassungsschutzes zum »Spiegel« gekommen sei. Hier läge doch die eigentliche Bedrohung unseres Staates.

Als ob Journalisten dazu berufen wären, eine Partei oder eine Regierung um jeden Preis, auch um den der Unterdrükkung von Informationen, entweder zu salvieren oder zu stürzen.

Kein Zweifel: Nichts Schrecklicheres wäre denkbar, als wenn Terroristen vom Schlage Baader, Klein und Böse sich in den Besitz nuklearer Zerstörungsgewalt setzen könnten. Und wäre der Dr. Traube der gefährliche Mann gewesen, für den ihn der Verfassungsschutz ausgab – und hätte der »Lauschangriff« ihn etwa mitten in den Vorbereitungen zu einer Tat von unabsehbaren Konsequenzen überführt –, dann möchte das Aufatmen über die gebannte Gefahr die Sorge um das mißhandelte Grundgesetz fürs erste wohl gedämpft haben.

Aber so? Außer Verfassungsbruch nichts gewesen?

Wir wissen heute, daß die von Maihofer beschworene »brisante Gefahr« in Wahrheit nicht bestand, als der Minister den Einbruch und die Anbringung eines Abhörmikrophons bei Dr. Traube billigte. Und es trifft den Kern, was »Die Deutsche Zeitung - Christ und Welt« schreibt: »Vor dem Terrorismus schützt uns nichts besser als das Recht und das Gesetz. Wäre es anders, wir müßten zum Faustrecht zurückkehren.« Folgerichtig forderte denn auch diese konservative Zeitung Werner Maihofer auf, »sich zu opfern«, weil anders er seine liberalen Überzeugungen der Willkür opfern würde.

Mir scheint, der in einen Rechtfertigungsnotstand geratene Minister hat seine Grundsätze längst geopfert. Während die Bundesanwaltschaft am 6. Juli schriftlich bekundete, daß gegen den Atomphysiker kein Verdacht vorliege, nicht einmal ein Ermittlungsverfahren lief oder laufe, während Bundesanwalt Kaul dem Dr. Traube anbot, »Sollte es aus Gründen Ihres beruflichen Fortkommens notwendig werden, bin ich bereit, anfragenden Stellen dies ausdrücklich zu bestätigen«, munkelte Minister Maihofer vor der Bundespressekonferenz etwas von »nicht ausgeräumtem Verdacht« und sprach vieldeutig davon, daß Traube mit subversiven Personen bekannt, ja in diese Bekanntschaft »verstrickt« gewesen sei.

»Verstrickt sein« bedeutet im deutschen Sprachgebrauch »in eine Sache bewußt verwickelt sein«. Hatte Minister Maihofer, als er diese Beschuldigung aussprach, Beweise dafür? Wenn ja, warum legte er sie nicht auf den Tisch? Gilt etwa für einen zum Minister gewordenen Rechtsprofessor der rechtsstaatliche Grundsatz nicht mehr, daß einer als un-

schuldig zu gelten hat, solange ihm seine Schuld nicht nachgewiesen ist?
Nein, der sich da in Ungesetzlichkeiten, falsche Sachdarstellung und Widersprüche verstrickte, heißt Werner Maihofer. Und nicht so sehr seinen eigenen Überzeugungen als der Glaubwürdigkeit unserer Demokratie tut er einen Dienst, wenn er nun die persönlichen Konsequenzen zieht.

Mag sein, daß wir Deutschen da besonders empfindlich sind. Wir haben die Zeit der Bespitzelung, der Denunziation und des »deutschen Blicks« zur Genüge erlebt.
Und wir sollten auch nicht in die Kumpanei mit Moskau geraten, wo Männer wie Andrej Sacharow natürlich als »Staatsfeinde« gelten. Wer einer Regierung erlaubt, verfassungswidrige Methoden anzuwenden, der darf sich nicht wundern, wenn Regierungen zur Stabilisierung ihrer Macht schließlich Andersdenkende überwachen, als Sicherheitsrisiko denunzieren und vernichten. Regierungen können wechseln; was stabil bleiben muß, sind Recht und Gesetz.

24. März 1977

Franz Josef Strauß läßt grüßen

Der Einwand, daß die Opposition um kein Haar besser sei, ist nicht länger ein Grund, diese sozial-liberale Regierung im Amt zu belassen. Wenn es denn wahr wäre, was die Bonner Kumpanei behauptet, daß wir seit Jahren im »übergesetzlichen Notstand« leben, in einem so bedrohlichen Notstand offenbar, daß nicht einmal die Notstandsgesetze dafür ausreichen, dann fragt sich doch, warum man nicht diejenigen regieren läßt, die seit eh und je auf die »Stunde der Exekutive« warten. Das kann Franz Josef Strauß allemal besser als Werner Maihofer. Wer das Gesetz mit zitternder Hand bricht, darf sich nicht wundern, wenn ihn die Splitter verletzen.
Wahr ist, daß man dem Terrorismus mit frommen Sprüchen nicht beikommt. »Im Zweifel für die Freiheit«, das spricht sich gut, aber was meint es? Für die Freiheit des Terroristen etwa, der unser aller Freiheit bedroht? Oder für die Sicherheit, die unsere Freiheit erst möglich macht – und dann am besten gleich präventiv und pauschal mit zuschlagen, einsperren und unschädlich machen, wobei schon der Verdacht genügt?
Wahr ist, daß die Baader-Meinhof-Häftlinge noch aus den Gefängnissen versucht haben, neue Attentate zu organisieren. Und wahrscheinlich ist, daß ihnen Anwälte dabei geholfen haben, indem sie Anweisungen aus den Gefängniszellen nach draußen schmuggelten.
Der Bundestag als Gesetzgeber hat deshalb 1974 bestimmt, daß Verteidiger, die der Komplicenschaft mit ihrem Mandanten überführt sind, vom Verfahren ausgeschlossen werden können. CDU und CSU hatten darüber hinaus gefordert, daß in Terroristenverfahren bei jedem Anwaltsbesuch in der Haftanstalt ein Richter anwesend sein solle. Die Koalitionsparteien haben sich dem widersetzt. Das freie Gespräch zwischen dem Beschuldigten und dem Anwalt seines Vertrauens sei ein unveräußerlicher Bestandteil der Strafrechtspflege. Hätte man es anders, wie wollte man sich dann noch erregen über kommunistische und faschistische Staaten, die ihren Dissidenten solches Menschenrecht versagen.
Schöne Worte. Gesagt, aber nicht getan. Die einen im CDU-regierten Baden-Württemberg gehen hin und besorgen das, was sie im Gesetz nicht durchsetzen konnten, nun unter dem Vorwand des »übergesetzlichen Notstandes«. Dabei war dieser Notstand doch bekannt, als das gesetzgebende Parlament die Ge-

sprächsüberwachung ausschloß. Und noch einen drauf: Da die schwäbischen CDU-Landesminister keinen Richter finden, der ihnen beim Ausspionieren zu Diensten ist, lassen sie den »Lauschangriff« durch die Polizei besorgen. Ist es auch mieser Stil, so hat es doch Methode. Die anderen aber, die sozial-liberalen Hüter der Rechtsordnung, stehen Schmiere dabei. Direkt aus dem Allerscheinheiligsten, aus dem Bundeskanzleramt des Sozialdemokraten Helmut Schmidt, gibt der sozialdemokratische Staatssekretär Manfred Schüler an die ihm unterstellten Geheimdienste die Weisung zur technischen Beihilfe beim Gesetzesbruch. Franz Josef Strauß läßt grüßen.

Und ganz im Stile des großen Vorbildes wird dann das Parlament belogen. Als der CSU-Abgeordnete Spranger den Innenminister in der Traube-Debatte fragt, ob es noch weitere Fälle gäbe, wo »Wanzen« in Räumen installiert wurden, bestreitet Werner Maihofer das entschieden für seinen Verantwortungsbereich und fügt hinzu: »Ich kann aber über meinen Verantwortungsbereich hinaus – das kann sich meinem Wissen entziehen – hier selbstverständlich nichts Verbindliches sagen.«

Er hätte es gekonnt, es hatte sich seinem Wissen nicht entzogen. Maihofer wußte zu dieser Stunde genau, was in Stammheim geschehen war. Und er wußte, daß der Verfassungsschutz – sein Verantwortungsbereich also – die Hand im Spiele hat. Und der Bundeskanzler, der die ganze Zeit stumm auf seinem Stuhle saß, wußte es auch. Als Spranger den SPD-Fraktionsvorsitzenden Herbert Wehner verdächtigte, auch er wisse offenbar mehr, als hier zugegeben werde, wandte sich der Abgeordnete Professor Friedrich Schäfer (SPD) zornig an den in der Debatte ebenfalls schweigenden Oppositions-Chef Helmut Kohl: »Herr Kohl, Sie lassen verleumden!« Der Umstand, daß nur die unmittelbar Beteiligten in dieser Debatte wirklich wußten, daß Traubes Wanze nicht »der einmalige Fall in einer exzeptionellen Situation« war, als den Maihofer ihn hinstellte, bewahrte den Mitwisser Helmut Schmidt vor der Frage: »Lassen Sie lügen, Herr Bundeskanzler?«

Ein ahnungsloses Parlament, zu einem Viertel nur besetzt, auf Regierungsbank und Rednertribüne ein gespenstisches Spiel mit verteilten Rollen – das also ist die Verfassungswirklichkeit dieser Bundesrepublik, der Willy Brandt einmal versprochen hatte: »Wir wollen mehr Demokratie wagen. Wir werden unsere Arbeitsweisen öffnen und dem kritischen Bedürfnis nach Information Genüge tun.«

Die Wirklichkeit sieht anders aus: gezinkte Information zur Rentensituation, von Woche zu Woche wechselnde Angaben über den Energiebedarf, Lauschangriff auf einen angeblich »brisant gefährlichen« Atomwissenschaftler, dem der Innenminister dann vor dem Parlament einen Persilschein ausstellen muß. Und die Wanzen in den Haftzellen, wem nützen sie? Am Ende nur den Terroristen, weil sie den Fortgang des Strafverfahrens nun fraglich erscheinen lassen.

Ist es ein Wunder, wenn die Bürger sich von den Politikern der Parteien nicht mehr vertreten fühlen und zu Bürgerinitiativen Zuflucht suchen?

Höchste Zeit, daß dieser Staat und seine Regierung ihre Glaubwürdigkeit zurückgewinnen. Als Herbert Wehner in der »heute«-Sendung am 18. 3. gefragt wird: »Liegt hier nicht politisches Fehlverhalten vor, für das jemand die Verantwortung übernehmen muß, notfalls mit seinem Rücktritt?«, antwortet Wehner nur mit einem Wort: »Ja.«

Dieses Wort in Gottes Ohr!

»Sonderbehandlung« in Israel

Gegen den Terrorismus gibt es drei Dinge: einen intelligenten Nachrichtendienst, eine rasch zupackende Polizei und die ganze Härte des Gesetzes.

Nach den Gesetzen der Bundesrepublik ist das Foltern verboten, das einfache Verschwindenlassen von Verdächtigen in Geheimhaft ist unzulässig, jeder Beschuldigte hat Anspruch auf seinen Prozeß und seinen Verteidiger. Ein Staat, der die Menschenrechte verficht, muß sie zuvörderst selbst beachten.

Als am 30. März bekannt wurde, daß in Israel zwei als Terroristen verdächtige Deutsche seit 14 Monaten inhaftiert sind, habe ich den israelischen Ministerpräsidenten Itzhak Rabin und den deutschen Botschafter in Tel Aviv, Dr. Per Fischer, nach den Umständen der Verhaftung gefragt und danach, wann die Bundesregierung erstmalig erfahren habe, daß die beiden Staatsbürger der Bundesrepublik in Kenia festgenommen, von dort nach Israel verbracht und mehr als ein Jahr lang an einem geheimen Ort festgehalten wurden, ohne daß sie Gelegenheit hatten, mit einem Anwalt zu sprechen und ohne daß ihren Angehörigen eine offizielle Nachricht zuging. Der israelische Ministerpräsident verweigerte jeden Kommentar. Israel ist ein aufs höchste gefährdetes Land. Wenn seine Regierung nach dem Grundsatz handelt, daß Not kein Gebot kennt, ist das nicht unsere Sache, solange Bundesbürger davon nicht betroffen sind.

Der deutsche Botschafter, dem seit November Anfragen der Familien Schulz und Reuter vorlagen, erklärte, er habe auf wiederholte Anfragen von der israelischen Regierung nur negative Auskünfte erhalten: Man kenne weder die vermißte 25jährige Brigitte Schulz noch den 24jährigen Thomas Reuter. Erst unmittelbar vor dem Israelbesuch des Bundesaußenministers Genscher am 16. März hätten die israelischen Behörden eingeräumt, daß die beiden Deutschen sich in ihrer Gewalt befänden. Außenminister Hans-Dietrich Genscher zum STERN: »Da bin ich hochgegangen wie eine Rakete.«

Dies alles ist nur die halbe Wahrheit. Was die Recherchen des STERN ergeben haben, lesen Sie auf Seite 257 dieses Heftes. Wahr ist immerhin, daß der israelische Außenminister Jigal Allon von einem Protest Genschers nichts gehört haben will, und außerdem sei das Bundesamt für Verfassungsschutz in Köln von Anfang an durch den israelischen Geheimdienst unterrichtet gewesen – wenn der deutsche Verfassungsschutz seine eigene Regierung nicht informiere, sei das den Israelis nicht vorzuwerfen.

Wahr aber ist vor allem, daß Brigitte Schulz und Thomas Reuter auch nach dem Genscher-Besuch bis auf unabsehbare Zeit in Geheimhaft sitzen würden, hätten nicht »feindliche Elemente in Deutschland« (so die offizielle Verlautbarung der israelischen Regierung) das Büro des Ministerpräsidenten gezwungen, am 30. März wenigstens die Tatsache der Verhaftung bekanntzugeben und einen Prozeß gegen die Beschuldigten – allerdings vor einem Militärgericht unter Ausschluß der Öffentlichkeit – anzukündigen.

Die »feindlichen Elemente« waren niemand anders als die inzwischen von den Israelis benachrichtigten Eltern der Brigitte Schulz, die damit drohten, sie würden, falls ihrer Tochter nicht endlich ein Verteidiger gestellt würde, das Schweigegebot brechen, das ihnen ein Vertreter der Bonner israelischen Botschaft auferlegt hatte: »Wenn Sie an die Öffentlichkeit gehen, werden Sie Ihre Tochter so bald nicht wiedersehen.«

Hat Bonns Außenminister Genscher, als er bei dem Besuch am 16. März auf einen formellen Protest verzichtete und nicht auf einem ordnungsgemäßen Gerichtsverfahren mit ordnungsgemäßer Verteidigung bestand, den Israelis einen Blankoscheck für die weitere Behandlung des Falles ausgestellt? Israels Regierung jedenfalls will es so aufgefaßt haben. Niemand konnte schließlich zu diesem Zeitpunkt wissen, daß die Eltern der Schulz sich nicht länger unter Druck halten ließen. Der offizielle Protest der Bundesregierung wurde denn auch erst am 30. 3., als sich nichts mehr vertuschen ließ, durch Botschafter Dr. Fischer gegenüber dem Staatssekretär des israelischen Außenministeriums, Prof. Schlom Avineri, ausgesprochen. Hinterher setzten sich die Protest-Gesprächspartner zu einem seit längerem verabredeten Mittagessen zusammen.

Brigitte Schulz und Thomas Reuter werden verdächtigt, mit arabischen Terroristen zusammengearbeitet zu haben, die einen Raketenangriff auf ein Flugzeug der El Al in Nairobi planten. Der Plan wurde verraten, das Quartier von kenianischen und israelischen Geheimpolizisten umstellt. Es darf als sicher gelten, daß sie den Auftrag hatten, die aus neun Arabern und den beiden Deutschen bestehende Terroristengruppe kurzerhand niederzumachen und verschwinden zu lassen. Ein israelischer Sicherheitsbeamter: »Das wäre die sauberste Lösung gewesen, sie hätte auch dem Präsidenten von Kenia Scherereien mit den arabischen Staaten erspart.« Da angeblich sechs Arabern die Flucht gelang, wollen die Israelis darauf bestanden haben, den Rest lebend zu fangen. Unter Foltern gaben die arabischen Terroristen die Namen ihrer Komplicen sofort preis. Der israelische Geheimdienstler: »Bei den Deutschen hat es etwas länger gedauert. Aber natürlich haben wir Methoden, solche Leute zum Sprechen zu bringen.«

Für die »Sonderbehandlung« der Brigitte Schulz und des Thomas Reuter gibt es nach israelischen Quellen nur zwei Erklärungen: Entweder wollte man die Häftlinge ohne Prozeß für einen späteren Austausch gegen israelische Spione »auf Eis legen«, oder man hoffte, aus ihnen noch weitere Informationen herauszubringen. Was allerdings aus einem Gefangenen nach 14 Monaten Einzelhaft noch herausgeprügelt werden kann, entzieht sich meiner Vorstellungskraft.

Ebensowenig begreiflich erscheint es mir, daß der Verfassungsschutz des »liberalen« Abhörministers Maihofer das Auswärtige Amt nicht informiert hat und daß der liberale Außenminister Hans-Dietrich Genscher aus Tel Aviv abreiste, ohne die Bekanntgabe der Verhaftung der beiden Deutschen und die Zusage eines ordentlichen Gerichtsverfahrens erwirkt zu haben.

Da wird man wohl um Auskunft bitten dürfen.

28. Juli 1977

Ist Jimmy Carter wirklich naiv?

Die Engländer, seit jeher Meister der Diplomatie, haben ein nützliches Sprichwort: »If you can't beat them, join them«, zu deutsch: Wenn man seinen Gegner nicht bezwingen kann, muß man sich mit ihm arrangieren.

Nichts anderes ist die Philosophie der Ostpolitik unserer Regierung. Da niemand die Sowjets zur Herausgabe Ostpreußens und die Polen zur Herausgabe Pommerns und Schlesiens zwingen kann, da wir von Erich Honecker nicht einmal die Wiedervereinigung unseres geteilten Landes erzwingen können, haben wir uns arrangiert und versuchen, aus dem leider Unvermeidlichen noch das Beste zu machen. Niemand wird bestreiten wollen, daß die sechseinhalb Millionen westdeutschen DDR-Besucher des letzten Jahres besser sind als gar nichts; ein Visum nach Polen ist heute keine Hürde mehr; die Familienzusammenführung läuft besser, als mancher von uns befürchtete, und die wartenden Autoschlangen an den Grenzübergängen von Helmstedt und Hof gehören der Vergangenheit an.

Allerdings: Die Mauer ist nicht eingerissen, der Schießbefehl nicht aufgehoben, und die Menschenrechte, wie wir sie verstehen, gibt es drüben nicht. Es gibt sie allerdings auch in Südamerika nicht überall, in Südafrika schon gar nicht, wo man nicht einmal ein »Dissident« zu sein braucht, sondern nur schwarz, um als Mensch zweiter Klasse zu gelten, auf den im Zweifelsfall geschossen werden darf. Sind also die Menschenrechte ein so ungenauer Begriff? Offenbar nicht für Jimmy Carter. Dem ist der Kreuzzug für die Menschenrechte wohl das, was man bei uns ein »echtes Anliegen« nennt.

Oder gibt es auch »unechte« Anliegen? Könnte es sein, daß die Menschenrechtskampagne des US-Präsidenten am Ende nur eine Waffe im wiederauflebenden Kalten Krieg wäre? Immerhin, die Waffe zeigt Wirkung: Moskau ist offensichtlich verunsichert. Der französische Staatspräsident Giscard d'Estaing stellte nach dem Breschnjew-Besuch in Paris lapidar fest: »Der Mann im Kreml ist verwirrt.« Wie sollte er auch nicht verwirrt sein, wenn bei ihm die Regimegegner Aufwind verspüren, weil Jimmy Carter ihnen Mut macht? Giscard äußerte sogar die Befürchtung, daß das Erwecken von falschen Hoffnungen im Osten wieder Revolten nach ungarischem oder Prager Beispiel auslösen könnte, ohne daß der Westen im Ernstfall mehr tun könnte als Visa für die Flüchtlinge auszustellen, die noch davonkommen. Wäre der Mut, den Jimmy Carter den aufmüpfigen Satelliten Moskaus macht, am Ende also nur ein Todesmut? Ein »Warschauer Frühling« nach dem Muster des »Prager Frühlings« würde den Sowjets schon ans Eingemachte gehen.

Aber wäre das für uns denn nicht eine hoffnungsvolle Perspektive? Sollten wir nicht zufrieden sein, wenn Carters Menschenrechte als ideologische »Cruise Missiles« den Sowjetblock ins Wanken bringen?

Nun, auch für Carters Kampagne gilt der Satz, daß Druck allemal Gegendruck erzeugt. Und wenn die Breschnjews, Giereks und Kádárs zum Gegendruck nicht radikal genug entschlossen wären, dann könnte es sehr gut sein, daß an die Stelle entspannungswilliger Politiker in der kommunistischen Welt wieder die »Falken« treten: Stalinisten, die schon auf ihre Stunde warten.

Schließlich wird man auch in Moskau bemerkt haben, daß der US-Präsident ein gar so blauäugiger Moralprediger nicht ist, als der er sich gern gibt. Auch bei Amerikas Verbündetem Südkorea, auch in Uruguay, Chile, Bolivien und Brasilien werden die Menschenrechte mit Füßen getreten. Und wenn Carter zwar einigen Sündern die amerikanische Militärhilfe beschneidet, seinen Außenminister Vance aber vor dem Senatskomitee für Auswärtige Angelegenheiten verkünden läßt, man werde »strategisch wichtige Alliierte natürlich weiter unterstützen ungeachtet ihrer Handhabung der Menschenrechte«, dann wird man wohl an dieser selektiven Naivität Jimmy Carters einige Zweifel anmelden dürfen.

Als im Juni bei der Konferenz der Organisation amerikanischer Staaten (OAS) auf der Karibikinsel Grenada die Menschenrechtspolitik des US-Präsidenten zur Diskussion stand, fürchtete der englischsprachige »Buenos Aires Herald« denn auch, daß Carters Kreuzzug »die Leiden, die die Lateinamerikaner einander aus politischen Gründen antun, noch vergrößert«. Am Ende werde es noch dahin kommen, »daß Folter als eine patriotische Tat erscheint und die Folterknechte sogar glauben, daß sie ›Uncle Sam‹ eins auswischen, wenn sie ihre unglücklichen Opfer quälen«.

Auch in der kommunistischen Welt könnte eines Tages die Standfestigkeit eines Politikers daran gemessen werden, wie nachdrücklich er sich der »unerhörten amerikanischen Einmischung in die inneren Angelegenheiten anderer Staaten« – so das sowjetische Regierungsblatt »Iswestija« – widersetzt. Und dann würden es eben diejenigen zu büßen haben, für deren Menschenrechte Jimmy Carter und seine Regierung zu Felde ziehen. Im übrigen: Was hat Carters Kampagne denn bisher erreicht? Hat man gehört, daß Moskau inzwischen behutsamer mit seinen Dissidenten umgeht? Die Ausbürgerung Solschenizyns und Bukowskis (die bei Stalin noch spurlos verschwunden wären) liegt vor Carters Zeitrechnung. Sitzen in Bautzen heute weniger politische Gefangene? Allerdings, nur hat nicht Carter deren Freilassung erzwungen, sondern die Bundesregierung hat sie freigekauft.

Die Erfolge der Entspannungspolitik Willy Brandts und Walter Scheels geben sicher keinen Anlaß zum Jubel. Aber wir sind doch ein Stück weitergekommen. Mag auch sein, daß Frankreichs Giscard d'Estaing vor allem die wirtschaftlichen Interessen seines Landes im Auge hat, wenn er vor den Kreuzzugsideen Jimmy Carters warnt. In jedem Fall tut Helmut Schmidt gut daran, eine ausschließlich deutsche Ostpolitik zu betreiben, das heißt den mühsamen Weg der Entspannung weiterzugehen. Amerikas Präsident, der die Neutronenbombe in Auftrag gibt, die zwar die Abschreckung glaubhafter, aber zugleich auch den Atomkrieg auf deutschem Boden wahrscheinlicher macht, dieser Jimmy Carter gibt nach wie vor zu viele Rätsel auf, als daß wir uns nur als Satellit Amerikas sicher fühlen könnten.
Wie es mit der Sicherheit von Satelliten bestellt ist, zeigt der Abzug amerikanischer Truppen aus Südvietnam. Sind wir denn sicher, daß sie für immer in Berlin verbleiben? Wer solche Zweifel für unerlaubt hält, der braucht nur nach Taiwan zu blicken. Einst war Tschiang Kaischeks »Nationalchina« die Speerspitze Amerikas gegen Mao. Heute, da die gleichen Amerikaner Rotchina als Gegengewicht gegen Moskau entdeckt haben, lassen sie Taiwan wie eine heiße Kartoffel aus ihren Händen fallen.

15. September 1977

Baaders Traum

Man sollte die Terroristen gleich an die Wand stellen, dann gäbe es auch nichts mehr zum Austauschen.« »Bei Geiselnahmen jede Stunde einen von den Stammheimern erschießen, dann wäre der Spuk bald vorbei.« Nein, Volkesstimme ist nicht Gottesstimme. Sie ist nicht einmal die Stimme der Vernunft.
Wer sich fragt, was in den Köpfen derer vorgeht, die bomben und schießen – es ist genau dieses: Sie wollen einen Staat, in dem jeder dem anderen mißtraut, in dem Kritik als staatsgefährdend, Bespitzelung als selbstverständlich und am Ende auch Folter als erlaubt gelten. Dem Schweizer Fritz René Allemann rutschte es am Sonntag im Frühschoppen heraus: »Überall in Südamerika, wo man zur Folter gegriffen hat, ist der Terrorismus verschwunden.«
Wer die Verhältnisse in Stammheim kennt, der weiß, daß alles Gerede von Folterhaft barer Unsinn ist. Aber wer sich auf den Straßen umhört, wird schnell gewahr, daß man dort die »Laschheit der Justiz« längst nicht mehr versteht und nach härteren Maßnahmen ruft: »Man muß die Leute so behandeln, wie sie ihre Opfer behandeln.« Das ist es, was die Terroristen wollen.
Es irrt, wer die Baaders, Sonnenbergs, Haags und Genossen als normale Kriminelle einstuft und ihren Taten die politische Motivation abspricht. Diesen Leuten geht es nicht um Tötung als Selbstzweck, um Befriedigung der Mordlust. Es geht ihnen um die Zerstörung unserer parlamentarischen Demokratie.
Zugegeben, diese Demokratie ist höchst unvollkommen. Das Parlament ist nicht die Auslese der Besten; nur wer sich anpaßt, macht Parteikarriere, und die personelle Zusammensetzung des Bundestages wird zuerst von den Parteivorständen, dann erst vom Volk bestimmt. Zugegeben, unsere Regierung macht Fehler, und die Opposition versucht nicht, sie zu korrigieren, sondern sie auszunutzen. Aber die parlamentarische Demokratie ist dennoch von allen unvollkommenen Staatsformen die am wenigsten unvollkommene. Denn jede politische Macht, die dieses System verleiht, unterliegt der Kontrolle. Das freie Spiel der Kräfte, so widerwärtig es sich im politi-

schen Parteienkampf oft ausnimmt, verhindert dennoch die Kumulation von Macht in wenigen Händen oder gar in einer Hand.
Denn Macht macht böse. Wer sie einmal hat, will sie nicht mehr abgeben. Um sie zu behalten, wird er im äußersten Fall zur Diktatur greifen. Und ob es die Diktatur eines faschistischen »Führers« oder die »Diktatur des Proletariats«, das heißt die Diktatur von Funktionären, wäre, das macht nur einen graduellen Unterschied. Und auch wenn die Macht denen zufiele, die allein zu wissen glauben, was dem Volke nützt – am Ende stünde immer die Einkerkerung und Vernichtung derer, die dann als »Volksfeinde« gelten, nur weil sie eine andere Vorstellung vom Wohl des Volkes haben.

Jeder von uns weiß, daß diese unvollkommene Bundesrepublik Deutschland der freieste und liberalste Staat ist, den die Deutschen je hatten. Meinungsfreiheit, Redefreiheit, Reisefreiheit, die höchsten Reallöhne der Welt und selbst im Falle der Arbeitslosigkeit ein Netz sozialer Sicherungen, gut, da ist noch manches zu tun, aber mit welchem anderen Staat sollten die Bundesbürger tauschen wollen?

Die Terroristen wissen, daß gegen diesen Staat keine Revolution zu machen ist. Darum wollen sie ihn verändern. Der Staat, von dem Andreas Baader träumt, ist ein Obrigkeitsstaat, der reglementiert, Andersdenkende verdächtigt, wahllos Wohnungen durchsucht, Demonstrationen zusammenknüppelt. Baader und Genossen wollen einen Staat, der den Bürger erst verängstigt und ihn dann aufsässig macht. Sie wollen die »vorrevolutionäre Phase«.

Es irrt auch, wer nun meint, dieser Staat dürfe sich aus lauter Furcht vor Mißdeutungen von drinnen und draußen seiner Haut nicht mehr wehren. Die Weimarer Republik hat Hitler legal an die Macht kommen lassen. Die Franzosen, die sich heute über die Terroristenbekämpfung aufregen, nannten Hitler damals spöttisch »Adolf Légalité«. Die liberalen und sozialdemokratischen Politiker sollten das nicht vergessen, wenn es darum geht, wirksame Gesetze und eine Strafvollzugsordnung zu schaffen, die es ausschließen, daß die in Stammheim und anderswo einsitzenden Terroristen als Befehlszentrale ihrer Genossen im Untergrund fungieren. Liberalität ist kein Wert an sich, Freiheit ist zuallererst die Freiheit vor Terror und Angst.

Es irrt aber auch die CDU/CSU, wenn sie glaubt, die sozial-liberale Regierung habe durch Lauheit den Terror gefördert. Wer anders als die CDU/CSU hat denn den Föderalismus so weit getrieben, daß es heute keine einheitliche Verbrechensbekämpfung in der Bundesrepublik gibt und daß der Präsident des Bundeskriminalamtes Horst Herold fürchten muß, es werde noch drei Jahre dauern, bis diese zentrale Fahndung verwirklicht werden könne. Härtere Strafen nützen nichts, denn auch für Karlsruhe gilt: »Sie hängen keinen, sie hätten ihn denn.« Eines aber nützt den Terroristen vor allem anderen: wenn jetzt von der Opposition das Problem des Terrorismus zum Wahlkampfschlager gemacht wird. Demokratische Parteien, die sich gegenseitig verdächtigen, anstatt sich ihren Feinden geschlossen entgegenzustellen, das wäre der erste große Erfolg, den die Terroristen zu verzeichnen hätten.

Und auch Frau Schleyer, der unser ganzes Mitgefühl gilt, irrte, als sie meinte, man dürfe das Leben eines einzelnen nicht der Autorität oder dem Strafanspruch des Staates opfern. Es geht hier nicht um abstrakte Staatsautorität. Es geht um Schleyers Leben oder um das Leben der nächsten Opfer. Denn daß die freigepreßten Terroristen wieder zuschlagen und daß die Zahl der Toten dann unaufhörlich wachsen würde, ist eine schreckliche und doch ganz unabweisbare Tatsache.

Der Bonner Krisenstab, dem Politiker aus Regierung und Opposition angehören, hat kühle Vernunft bewiesen. Würden die politischen Parteien in den kommenden Wahlkämpfen die gleiche Solidarität der Demokraten gegenüber den Feinden unserer Freiheit bewahren, dann hätte der Terrorismus bei uns auf Dauer keine Chance.

Schleyer: Bonn zwischen zwei Niederlagen?

Spätestens wenn das Schicksal Hanns-Martin Schleyers entschieden ist – so oder so –, spätestens dann könnte sich herausstellen, daß die Terroristen gesiegt haben. Schon einen Monat nach dem Attentat geht die Bonner Diskussion weniger um Schleyers Leben als darum, wie man dem politischen Gegner die Schuld am Terrorismus in die Schuhe schieben kann. Wer derart angegriffen wird, reagiert zunächst mit der verbalen Abschwörung jeder Gewalt, um dann im Schweinsgalopp Gesetze durchzupeitschen, die dem Zauberbesen gleichen, den man – hat man ihn erst einmal gerufen – so bald nicht wieder loswird.
Schleyers Brief, geschrieben am 31. Tage seiner Gefangenschaft, entlarvt den bisherigen Krisenzauber der Bonner Stäbe als pure Ratlosigkeit. Sie ist niemandem anzulasten, denn auch die Besonnenen, die der Hexenjagd auf angebliche »Sympathisanten« entgegentreten und davor warnen, rechtsstaatliche Garantien in einer Art Mobilmachungshysterie abzubauen – auch die Besonnenen wissen keinen Rat, wie der Fall gelöst werden soll.
Allerdings: Sollte die Fahndung überraschend zu einem Erfolg führen und sollte es gelingen, den Gefangenen lebend herauszuhauen, dann wäre die von Schleyer (unter dem Druck seiner Bewacher?) als »nicht mehr verständliches Hinhalten« kritisierte Taktik der Bundesregierung glänzend gerechtfertigt. Auch die Bonner Nachrichtensperre hätte dann ihren Sinn gehabt. Helmut Schmidt und seine Berater allein wissen, wie die Chancen für diesen Überraschungscoup stehen.
Ansonsten hätte die Bundesregierung wohl nur die Wahl zwischen zwei Niederlagen:

Erstens: Bonn verweigert die Freilassung der Baader-Meinhof-Häftlinge, und Schleyer stirbt, weil auch die vage Hoffnung nicht in Erfüllung geht, daß die Terroristen sich noch einen Rest von Menschlichkeit bewahrt haben, der sie hindert, einen Mann zu töten, mit dem sie über fünf Wochen zusammengelebt haben. Nach den bisherigen Erfahrungen ist schon heute vorauszusehen, daß es dann Oppositionspolitiker geben wird, die der Bundesregierung vorwerfen, sie hätte Schleyer »kaltblütig geopfert«. Äußerungen des CSU-Abgeordneten Spranger lassen da kaum noch Zweifel zu.
Die Argumente für eine solche Kampagne sind in Schleyers Brief schon vorformuliert. Da schreibt der Arbeitgeberpräsident die Entscheidung Tokios, seine Terroristen nach Algerien auszufliegen, der »konsequenten Haltung« der japanischen Regierung zu, »nach der sie sich als mitverantwortlich für die Entführung bezeichnete und Maßnahmen erst nach der unblutigen Abwicklung dieses Vorgangs ergreifen wird«.

Ob Schleyers eigene Meinung oder das Diktat seiner Bewacher, die deutsche Analogie heißt: Da die Bundesregierung mitverantwortlich ist für das Kölner Attentat, wäre es nur konsequent, vor der Forderung der Entführer zu kapitulieren. Anti-Terror-Gesetze kann man hinterher machen. Und der Appell von Frau Schleyer in »Bild am Sonntag« macht ganz klar, was hier gemeint ist: »Versäumnisse der Vergangenheit können nicht durch den Hinweis auf die das Opfer eines einzelnen verlangende Staatsräson ungeschehen gemacht werden.«

Daß solche »Versäumnisse« von der Opposition einseitig den Regierungsparteien zugeschoben würden, ist so sicher wie das Amen in der Kirche.
Der tote Schleyer als Waffe im Wahlkampf? Schrecklich – aber leider sehr wohl auszudenken.
Zweitens: Die Bundesregierung gibt der Terroristenerpressung nach, entläßt 11 Häftlinge, den Kern der Baader-Mein-

hof-Bande, nach Algerien oder in den Süd-Jemen, und Schleyer ist frei.
Dem dann zu erwartenden Vorwurf, die Bundesregierung habe sich schlapp gezeigt oder die Staatsräson – was immer das sein mag – sei verletzt worden, könnte Helmut Schmidt gelassen entgegensehen. Was aber, wenn Schleyers Rettung den Tod einer heute noch nicht abzusehenden Zahl neuer Terroropfer bedeutete?
Denn die Erfahrung hat bewiesen, daß freigelassene Terroristen weder im Süd-Jemen noch in Algerien bleiben. Die gegen den entführten Berliner CDU-Politiker Peter Lorenz ausgetauschten Häftlinge Rolf Pohle, Verena Becker, Rolf Heißler, Ingrid Siepmann und Gabriele Kröcher-Tiedemann sind sehr bald wieder in Aktion getreten. Ingrid Siepmann und Gabriele Kröcher-Tiedemann haben mutmaßlich beim Überfall auf die Erdöl-Minister in Wien einen Polizisten erschossen. Verena Becker wird verdächtigt, beim Mord an Siegfried Buback beteiligt gewesen zu sein. Als sie verhaftet werden sollte, schoß sie auf die Polizisten. Der Name Heißler taucht in der Schleyer-Fahndung auf.

Mit an Sicherheit grenzender Wahrscheinlichkeit ist anzunehmen, daß auch Andreas Baader, Jan-Carl Raspe, Gudrun Ensslin und ihr Anhang in die Bundesrepublik zurückkehren würden. Wäre dann die nächste Geiselnahme mit anschließender Erpressung fällig? Und wann und wie sollte das enden? Daß es gegen todesbereite Terroristen keinen Schutz gibt, haben Politiker und Polizisten wiederholt versichert. Zudem haben die Todesschüsse auf Siegfried Buback und Jürgen Ponto gezeigt, daß Terroristen nicht in jedem Fall ihren Opfern oder einem Krisenstab die Wahl lassen zwischen Erpressung und Mord.
Spätestens wenn Bonn gezwungen würde, sich für die eine oder andere Lösung zu entscheiden, dürfte sich auch die Nachrichtensperre als ein zweischneidiges Schwert erweisen. Klar, daß über Fahndungsmaßnahmen jetzt nicht berichtet werden kann. Aber je länger die Meinungsbildung im Krisenstab unter absoluter Klausur betrieben wird, um so größer wird die Gefahr, daß die schließliche Entscheidung auf eine uninformierte Öffentlichkeit trifft, daß sie böswillig interpretiert und im politischen Kampf mißbraucht werden könnte.
Die im Krisenstab bisher beachtete Solidarität der Demokraten (Helmut Schmidt: »Alle bisherigen Entscheidungen wurden ohne Gegenstimme gefällt«) ist außerhalb der Sitzungen dieses Stabes schon bedenklich ins Wanken geraten. Deshalb wird alles darauf ankommen, daß auch die letzte Entscheidung von Regierung und Opposition gemeinsam getroffen und daß sie auch nach außen hin von beiden getragen und verantwortet wird.
Der Kanzler hat vor dem Parlament geschworen, er werde seine Kraft »dem Wohle des deutschen Volkes widmen, seinen Nutzen mehren, Schaden von ihm wenden . . . und Gerechtigkeit gegen jedermann üben«. Ich zweifle nicht daran, daß der Führer der Opposition Helmut Kohl und CSU-Chef Franz Josef Strauß sich der gleichen Verpflichtung bewußt sind.
Handeln sie danach, dann würde unsere Demokratie, auch wenn ihr im Fall Schleyer nur die Wahl zwischen zwei Niederlagen bliebe, den Kampf gegen Terror und Gewalt am Ende doch durchstehen.

Der Skandal um die Stammheimer Selbstmorde

Hanns-Martin Schleyer ist tot. Von seinen vier ermordeten Begleitern kennen wir kaum noch die Namen. Wären aus dem Mercedes ein paar Combatschützen vom Kommando GSG 9 herausgesprungen und nicht die nur in einem Schnellkurs ausgebildeten Polizisten, dann wäre mit Sicherheit einiges anders gekommen. Wir haben das vor sechs Wochen geschrieben; nach dem GSG-9-Einsatz in Mogadischu wird man daran nicht mehr zweifeln dürfen.

Für Schleyers Schutz war die baden-württembergische Landesregierung des Ministerpräsidenten Filbinger verantwortlich. Ihr Innenminister Schieß wußte, daß die GSG 9 zur Verfügung stand. Er hätte nur seinen Bonner Kollegen Maihofer um Unterstützung bitten müssen. Aber was ein deutscher Landes-Innenminister ist, der bittet nicht in Bonn, der sieht auf seine Landeskompetenz. Schleyer und seine Begleiter haben dafür bezahlt. Mit ihrem Leben.

Jetzt gibt es Tote auch in Stammheim. Da möge, wer immer es für richtig hält, seine Betroffenheit über den Selbstmord von Baader, Ensslin und Raspe heucheln – was mich betroffen hat, ist viel mehr das Versagen der Regierung Filbinger. Da tritt ein artikulationsunfähiger Justizminister namens Traugott Bender vor die Presse und weiß von nichts. Er weiß nicht, womit sich die Ensslin erhängte, er weiß nicht, wie Waffen in die Zellen von Baader und Raspe gelangt sind, und er weiß auch nicht, ob die Gefangenen vom Ausgang der Mogadischu-Aktion informiert waren. Und als ein Journalist den Minister fragt, ob nach diesem Skandal an persönliche Konsequenzen, etwa an eine Kabinettsumbildung, gedacht werde, da antwortet der Minister erstaunt: »Daran denken wohl nur Sie!«

Nun wird man bei dem Intelligenzgrad dieses Ministers wohl annehmen dürfen, daß er regelmäßiger Leser der »Bild«-Zeitung ist. In der Sonntagsausgabe dieses Blattes vom 16. Oktober hätte er lesen können, daß in den Stammheimer Zellen »Triumphgeschrei« ausgebrochen sei, als die Gefangenen von der Entführung der Lufthansa-Maschine erfuhren. Eine »freudige Männerstimme« hätte gerufen: »Der Kampf ist unser! Bald kommen wir raus!«

Wieso dieser Jubel, wenn nicht die Gefangenen trotz des Kontaktsperre-Gesetzes, aber dank der Schlampigkeit des Herrn Bender über detaillierte Informationen verfügten? Inzwischen wissen wir es: Die Häftlinge konnten Radio hören. Sie konnten über einen umgebauten Thermostaten Morsezeichen senden, und sie konnten diese Morsezeichen mit Kopfhörer empfangen. Man darf annehmen, daß Baader, Ensslin und Genossen in den letzten Wochen ebenso wie Sie und ich auf die Abendnachrichten gewartet haben. Und während in uns die Bedrückung stetig wuchs, erhitzte sich in den Zellen von Stammheim die Stimmung bis zum offenen Triumphgeschrei.

Daß diese Euphorie nach den Ereignissen in Mogadischu umschlagen mußte und zu Verzweiflungstaten führen könnte – oder zu einem Fanal für neuen Terror –, hat das der Minister nicht bedacht? Dabei war sein eigener Verstand nicht einmal gefordert. Bundesjustizminister Vogel hatte schon am 23. September, als in Baaders Zelle eine Minox-Kamera gefunden worden war, den Stuttgarter Kollegen Bender gebeten, doch dafür zu sorgen, daß nicht »solche oder ähnliche Gegenstände unbeobachtet in die Zellen dieser Gefangenen gelangen können«. Filbingers Bender antwortete, in Baaders Zelle herrsche »wegen der Vielzahl der zur Verfügung stehenden Gegenstände eine große Unordnung, die eine erfolgreiche Durchsuchung außerordentlich erschwert«.

Erst nachdem Baader und Raspe ihre Pistolen aus dem Versteck geholt und sich erschossen hatten, die Ensslin sich mit einem Plattenspielerkabel erhängt und Irmgard Möller sich »das in allen Zellen verwendete Brotmesser« (Bender) in die Brust gestoßen hatte, wurden die Unterkünfte der »Kontaktgesperrten« genau gefilzt. Gefunden wurden nicht nur die Pistolenverstecke, der Morse-Thermostat und die Kopfhörer, gefunden wurden auch 270 Gramm Ammonsalpeter, gut anderthalb Handgranaten-Ladungen, mit dem die Häftlinge ihre Zellen hätten in die Luft sprengen können.

Da endlich erklärte Justizminister Bender, er sei sich zwar keiner Schuld bewußt, aber da »der objektive Sachverhalt« nun einmal in seinen politischen Verantwortungsbereich falle, werde er zurücktreten, obwohl er sein Amt »trotz allem« gern wahrgenommen habe. Ministerpräsident Filbinger nahm auf Drängen Helmut Kohls den Rücktritt Benders an, »mit Bedauern«, wie er hinzufügte, denn er und sein CDU-Kabinett seien »bereit gewesen, auch weiterhin zu Bender zu stehen«.

Dieser Ministerpräsident Filbinger scheint bis heute nicht begriffen zu haben, was da geschehen ist. Die internationale Solidarität, die der Bundesrepublik nach der Entführung Schleyers und während des Lufthansa-Geiseldramas zugewachsen war, schlug nun sofort um. Baader hatte durch seinen Genickschuß, die Ensslin durch dunkle Andeutungen über eine von ihr gefürchtete »Hinrichtung« längst die Legende begründet, der Selbstmord von Stammheim sei in Wahrheit Mord.

Die Legende breitete sich wie ein Lauffeuer über Europa aus. In Paris, Rom und Athen brannten deutsche Niederlassungen, in Amsterdam und Maastricht wurden deutsche Konsulate angegriffen, und bei Genua kippten junge Leute das Auto eines deutschen Touristen einfach ins Meer. STERN-Reporter Heinrich Jaenecke, der in Madrid ein Mitglied der spanischen Caravelle-Crew interviewte, die in der entführten Lufthansa-Maschine mitgeflogen war, wurde von der Mutter des spanischen Piloten beiseite genommen und gefragt: »Aber mußte das sein, daß ihr die Gefangenen in Stuttgart erschossen habt? Das ist ja wie bei Franco.«

»Der Schaden, den das Land Baden-Württemberg angerichtet hat«, so schrieben die »Stuttgarter Nachrichten«, »ist von einer Dimension, die den Regierungschef dieses Landes ins Rampenlicht zwingt. Da steht dann ein Ministerpräsident, der jahrelang als der starke Mann durch die Republik zog und die innere Sicherheit kritisierte, während seine eigene Landespolizei personell mit am schlechtesten besetzt war, der die Bundesregierung regierungsunfähig nannte, ohne zu sehen, auf welch schwachen Beinen seine eigene Mannschaft stand. Der Regierungschef hat seinen Justizminister Bender abgeschirmt, als dieser wider besseres Wissen die Privilegien der Terror-Häftlinge in Stammheim bestritt. Der Regierungschef hat das Notwendige nicht getan, als sein Innenminister Schieß Anfang September die mit Bonn vereinbarte Vertraulichkeit im Entführungsfall Schleyer brach . . . und zu einem Sicherheitsrisiko wurde. Über die Scherben, die in Stuttgart angerichtet wurden, darf der Regierungschef dieses Landes für lange Zeit nur noch mit ganz leisen, ganz bescheidenen Schritten gehen.« Soweit die »Stuttgarter Nachrichten«.

Aber mit leisen Schritten ist es nun wohl nicht mehr getan. Hier geht es um mehr als das Ansehen der Bundesrepublik. Wo die Filbingers regieren, muß der Rechtsstaat zur Farce werden. Diese verlogene Farce von Law and order ist es, die den Terrorismus begünstigt. Der Ministerpräsident trägt die politische Verantwortung. Wenn Verantwortung noch Verantwortung ist, hat er zurückzutreten.

Hier und heute hätte Herr Filbinger Gelegenheit, sich um unseren Staat verdient zu machen.

Der STERN ein Nestbeschmutzer?

Man hat dem STERN gelegentlich vorgeworfen, daß er die Verhältnisse im Westen mit einer schärferen Lupe betrachtet als die Entwicklungen im Osten. Der Berliner Psychologie-Professor Otto Haseloff, der sich über den STERN einen Wälzer von 995 Seiten abgequält hat, meint denn auch, diese Redaktion stehe der westlichen Demokratie offenbar kritischer gegenüber als den Staaten sozialistischer Prägung.

Recht hat er. Aber seine Schlußfolgerung, wir fühlten uns im freiheitlichen, marktwirtschaftlich orientierten Rechtsstaat nicht ganz zu Hause, ist dennoch von vordergründiger Einfalt. Gerade weil diese Bundesrepublik – so wie sie ist, mit allen ihren großen Freiheiten und ihren großen Schwächen –, gerade weil sie unsere Heimat ist, deshalb ärgert uns jede Unsauberkeit im eigenen Haus mehr als der Dreck im Hause unserer Nachbarn. Gilt auch für den Professor Haseloff jeder als »Nestbeschmutzer«, der selbstkritisch zur Schaufel greift, um den Schmutz aus dem eigenen Nest hinauszubefördern? Der Professor hat wohl nicht begriffen, daß Kritik eine besondere Form der Liebe sein kann.

Was für unser Land im Vergleich zu anderen Staaten gilt, das sollte hierzulande auch für die Parteien gelten, denen wir näher- oder die uns fernerstehen.

Ein Beispiel: Hätte Franz Josef Strauß für seine CSU von der amerikanischen Flugzeugfirma Lockheed Geld genommen – er hat es nicht! –, dann hätte uns das geärgert, wenngleich nicht sehr gewundert. Aber natürlich hätte der STERN härter zuschlagen müssen als im Falle des niederländischen Prinzgemahls Bernhard – was geht uns das schon an. Wo aber die sozial-liberale Koalition in Affären verwickelt ist, trifft uns das um so schmerzlicher, denn von der moralischen Integrität derer, die »Deutschland verändern« wollten, hat dieses Blatt einmal große Stücke gehalten.

Daß Willy Brandt, der in meinen Augen immer noch ein Staatsmann von europäischem Zuschnitt ist, als Privatmann ein paar Weibergeschichten hatte, ficht mich nicht an. Der Skandal um die Hessische Landesbank und den SPD-Ministerpräsidenten Osswald und die nicht eben koscheren Spendenpraktiken des Frankfurter SPD-Oberbürgermeisters Rudi Arndt wogen da schon schwerer. Daß Heinz Kühn, der sozialdemokratische Ministerpräsident von Nordrhein-Westfalen, in der Affäre Poullain offenbar die Öffentlichkeit belogen hat, ist in unseren Augen ein unerhörter Vorgang.

Ludwig Poullain, Chef der Westdeutschen Landesbank, hat krumme Geschäfte gemacht, die zu einem staatsanwaltschaftlichen Ermittlungsverfahren führten. NRW-Finanzminister Halstenberg (SPD) und Ministerpräsident Heinz Kühn haben von diesem Ermittlungsverfahren gewußt, als am 2. 12. 1977 der Vertrag des Bankiers um weitere fünf Jahre verlängert wurde. Sobald es brenzlig wurde, trat Poullain zurück. Nach seinem Auflösungsvertrag hat er bis 1984 jährlich 420 000 Mark zu bekommen. Auf Kosten der Steuerzahler. Kaum wird dies bekannt, da teilen der SPD-Finanzminister Halstenberg und FDP-Wirtschaftsminister Horst-Ludwig Riemer mit, eine von ihnen angeordnete Sonderprüfung habe weitere »grobe Pflichtverletzungen« Poullains ergeben, deshalb soll an Stelle des Auflösungsvertrages für den Bankier nun eine fristlose Kündigung treten.

Um Poullain ist mir nicht bange, der wird sein Schäfchen im trockenen haben. Aber wie steht es um die Rechtschaffenheit einer Landesregierung, die im bösen Glauben einen Vertrag mit dem verdächtigen Bank-Chef verlängerte, um sich nun mit einer fristlosen Kündigung aus der Affäre zu ziehen?

Heinz Kühn hat sich um sein Land und um die Bundesrepublik vielfach verdient gemacht. Mag sein, daß die Routine des Regierens ihn in den letzten Jahren gelegentlich dazu verführte, die Zügel schleifen zu lassen. Was aber jetzt geschehen ist, rührt an die Glaubwürdigkeit der sozial-liberalen Koalition in Nordrhein-Westfalen. Und nimmt man es mit den hessischen Vorgängen zusammen, dann fragt man sich ernsthaft, ob die Genossen denn wohl einen Nachholbedarf an materieller Selbstbefriedigung haben. Wenn Heinz Kühn und sein Finanzminister aus ihrem Versagen nicht die Konsequenzen des Rücktritts ziehen, dann wäre es an den Wählern, ihnen die Antwort zu geben.

26. Januar 1978

Groß-Israel

Unter allen weltpolitischen Vorgängen nach 1945 haben zwei uns Deutsche am nachhaltigsten berührt: Vietnam und der Konflikt zwischen Israel und den Arabern.

In Vietnam büßten wir eine Illusion ein, die uns den Zusammenbruch Deutschlands von 1945 hatte erträglich erscheinen lassen. Dieser Zusammenbruch war ja zugleich eine Befreiung gewesen, auch wenn wir uns nicht aus eigener Kraft zu befreien vermocht hatten. Die Befreiung kam von außen. Plötzlich waren wir erwacht und sahen, was hinter uns lag: ein System frei gewählter Knechtschaft, Millionen ermordeter Mitbürger, die wir wegen ihrer Rasse zu »Untermenschen« gestempelt hatten. Nun war Hitler tot, trotz aller Scham durften wir aufatmen.

Dennoch gab es kein langes politisches Vakuum. Die Teilung Deutschlands ließ uns rasch wieder Partei ergreifen; wir wußten, wofür zu leben es sich lohnt: für die Freiheit. Die hatte der Westen auf seine Fahnen geschrieben, während sich im Osten die Unfreiheit unter anderem Vorzeichen fortsetzte. Die Führungsmacht des Westens war Amerika. So wurde Amerika zum Idol der Deutschen. Vietnam stieß dieses Idol von seinem Sockel.

Nun zeigte sich, daß es auch in USA Kriegsverbrecher gab, und daß deren Protektoren auch dort an höchster Stelle saßen. Die Frustration der deutschen Politik, die beginnende Auflehnung der Studenten, die Apo und schließlich der Terrorismus sind ohne Vietnam nicht denkbar.

Auch Israel war so etwas wie ein deutsches Idol. Zunächst erklärbar aus unserem Schuldgefühl. An diesem Staat konnten wir ein wenig wiedergutmachen von dem unendlichen Leid, das wir den Juden angetan hatten. Wie sollten wir nicht lieben, was unser Gewissen zu entlasten schien?

Und als dann die Israelis im Sechs-Tage-Krieg bewiesen, was an Tapferkeit in ihnen steckte, da wurde aus der scheuen Anteilnahme fast so etwas wie stolze Kameraderie. Araber hatten gedroht, die Juden ins Meer zu treiben. Nun war es damit vorbei. Niemand bei uns, der dem Volk Israel nicht gegönnt hätte, in sicheren Grenzen zu leben. Wer je auf den Golanhöhen gestanden hat, kann verstehen, daß Israel keine Stunde Ruhe hätte, wenn dort wieder syrische Artillerie aufzöge. Daß ein palästinensischer Staat im Westjordanland ein permanenter Unruheherd für Israel und Jordanien sein würde, ist unbestritten. Auch Jerusalem ist viel zu sehr mit religiösen und politischen Gefühlen belastet, als daß es dort eine Patentlösung geben könnte.

Aber ebenso eindeutig ist, daß die Politik eines Groß-Israel nicht zum Frieden führen kann. Ägyptens Präsident Sadat hat gezeigt, daß ein mutiger Mann den ersten Schritt tun kann. An Israels Ministerpräsident Begin ist es jetzt, ihm entgegenzukommen. Der Israeli aber will eher zurücktreten als darauf verzichten,

im Gaza-Streifen neue israelische »Wehrdörfer« zu bauen. Ist es weniger das Bedürfnis nach Frieden als der Wille zur israelischen Vormachtstellung, der Menachem Begin treibt?
Den Israelis mag es gleichgültig sein, wenn wir Deutschen wieder einmal um eine Hoffnung ärmer würden. Aber wir sollten unmißverständlich klarmachen, daß unser Schuldgefühl gegenüber den Juden kein ausreichender Grund sein kann, einen Staat zu unterstützen, der seine hegemonialen Ansprüche kaum noch kaschiert.

10. März 1978

»Neues Deutschland – Ausgabe West«?

Nun gibt es den STERN wieder in alter Dicke und hoffentlich auch in alter Frische. Dennoch ist inzwischen etwas passiert, woran unsere Volkswirtschaft zu knabbern haben wird, wenn die Verantwortlichen nicht noch Einsicht zeigen.
Wohin sind die Zeiten, da die Gewerkschaften dafür kämpften, daß der Arbeitnehmer am stetig wachsenden Sozialprodukt seinen gehörigen Anteil bekam: mehr Lohn, höhere soziale Sicherheit, mehr Freizeit, humanere Arbeitsplätze. Im Druckerstreik kämpfte die IG Druck vornehmlich mit dem Ziel, ihren Mitgliederbestand zu halten: Sie wollte den durch die neue Technik überholten Berufsstand der Setzer einfach verewigen.
Für die von der Computer-Revolution betroffenen Menschen war Vorsorge zu treffen. Das hätte sich diesmal noch ohne Arbeitskampf bewerkstelligen lassen, wenn die Gewerkschaftsführung die technische Entwicklung nur rechtzeitig vorausgesehen hätte. Im Verlag des STERN hatten Vorstand und Betriebsräte das Problem längst gelöst: durch ein Rationalisierungs-Schutzabkommen, das Umschulung und wirtschaftliche Absicherung der Setzer vorsah.
Der Streikleitung in Stuttgart aber ging es vorrangig um das Überleben der IG Druck, deren Kernmannschaft die Setzer bilden. Allein darum sollten Setzer Setzer bleiben, auch wenn Bleisetzmaschinen schon seit einem Jahr nicht mehr produziert werden und der Satzcomputer von jeder Sekretärin bedient werden kann. Dem ideologischen Einpeitscher des Streiks aber, dem jungen Juristen Dr. Detlef Hensche im Vorstand der IG Druck, ging es, wie er freimütig erklärte, noch um etwas anderes: um die Beendigung der privatwirtschaftlichen Struktur der Presse, die er für »verfassungswidrig« hält.
Zugegeben, die oft beschworene »Macht von ein paar reichen Leuten, durch Herausgabe von Zeitungen ihre eigene Meinung zu verbreiten« (Paul Sethe) wäre kein idealer Zustand. Aber diese »Verlegermacht« ist ja auch gar nicht die Wirklichkeit der Bundesrepublik, in der die Meinungsvielfalt geistig unabhängiger Journalisten noch etwas gilt.
Geld und Macht haben schließlich auch die Gewerkschaften. Im Bankwesen machen sie durch die gewerkschaftseigene »Bank für Gemeinwirtschaft« den privaten Geldinstituten fleißig Konkurrenz, und im Bauwesen hat die gewerkschaftseigene »Neue Heimat« einen Spitzenplatz erobert. Wohlgemerkt, in einer freien, von Konkurrenz bestimmten Marktwirtschaft – ohne Vernichtungsstreiks gegen die private Bank- und Bauwirtschaft.
Aber Zeitungmachen ist nun einmal eine eigene Sache, ohne die Freiheit des Geistes ist da wenig auszurichten. Und unter Funktionären ist diese Freiheit offenbar nicht zu Hause – das Schicksal von meinungsgebundenen Parteizeitungen spricht da eine beredte Sprache. Will der Herr Dr. Hensche etwa ein »Neues Deutschland – Ausgabe West«? Die Leser jedenfalls wollen es nicht.

Wohin sind die Zeiten, da ein Streik – wenn er sich denn schon als nötig erwies – gegen die gesamte Unternehmerschaft einer Branche in einer Region gerichtet war? Diesmal nahm sich die IG Druck fünf Geiseln, fünf einzelne Zeitungsverlage. Die wollte sie mit Schwerpunktstreiks unter möglichster Schonung der Gewerkschaftskasse in die Knie zwingen. Dann wären die nächsten fünf drangekommen. Und so weiter, bis der »Gegner« zusammengebrochen wäre.
Daß diesmal die Unternehmer solidarisch mit Aussperrung reagierten, ist allein die Folge dieser IG-Druck-Strategie. Was anderes hätten sie tun sollen, wenn sie sich dem Diktat des Dr. Hensche nicht einfach beugen wollten? Wäre es demokratisch oder auch nur fair, wenn in einem verfassungsrechtlich garantierten Arbeitskampf der eine mit Fäusten, der andere nur in Fesseln kämpfen dürfte? Daß der Journalist Willy Brandt und der Journalist Egon Bahr dem Dr. Hensche sekundierten, macht verständlich, warum die Sozialdemokraten sich mit dem Zeitungmachen so schwertun.
Der Sündenfall der Gewerkschaften begann, als sie die wirtschaftliche Mitbestimmung forderten, ohne dafür gesorgt zu haben, daß es in jedem Großbetrieb ausgebildete Arbeitnehmervertreter gab, die über Einsicht in betriebswirtschaftliche Zusammenhänge verfügten. So mußte aus der Mitbestimmung der Arbeitnehmer im Betrieb eine Fremdbestimmung durch Gewerkschaftsfunktionäre werden. Das ist der Anfang zur Sozialisierung. Wenn bei Tarifgesprächen die Gewerkschaftsvertreter der Arbeitnehmer den Vertretern eines von der Gewerkschaft paritätisch mitbestimmten Unternehmens gegenübersäßen, wäre die »Tarifpartnerschaft« bald nur noch eine Farce, und die Marktwirtschaft wäre am Ende.
Wenn man das will, soll man es sagen. Aber dann sollte man uns auch erzählen, in welchem sozialistischen System es dem Arbeiter besser geht als in unserer vorläufig immer noch ziemlich freien Marktwirtschaft.
Höchste Zeit, daß Unternehmer und Gewerkschaften sich zusammensetzen und der technischen Entwicklung einen menschlichen Anzug schneidern. Immer mehr Automation bedeutet selbst bei Wachstum immer weniger Muskelarbeit. Diese verbleibende Arbeit gerecht zu verteilen und den sozialen Besitzstand der arbeitenden Menschen zu sichern, das ist das Problem der Zukunft.
Mit Streik und Aussperrung ist es auf die Dauer nicht zu lösen.

6. Juli 1978

Die Lustobjekte

Die Titelbilder des STERN, wie könnte es anders sein, haben nicht immer und nicht allen Lesern gefallen. Aber nach Zensur und Polizei hat deshalb noch keiner gerufen. Das blieb den freudlosen Graurökken um die Feministin Alice Schwarzer vorbehalten.
Zehn Damen, die streitbare Schwarzer voran, haben den STERN verklagt. Ihm soll gerichtlich verboten werden, »auf den Titelbildern Frauen als bloße Objekte sexueller Lust abzubilden«. Ausgelöst wurde diese »Erste Sexismus-Klage in der BRD« (Schwarzer) durch das Titelbild von STERN Nr. 24. In diesem Heft hatte Wilhelm Bittorf eine sehr differenzierte Reportage über »St. Pauli – das deutsche Reich der Sinne« geschrieben.

Warum sollte ich's verschweigen: Im Gegensatz zu Bittorfs Bericht im Heft erschien mir persönlich das Titelbild so wenig geschmackvoll, daß ich es, von einer

Dienstfahrt zurückgekehrt, mitten im Druck wechselte.
Mein Einwand hatte vor allem handwerklich-journalistische Gründe. Die anreißerische Darstellung eines Vorgangs, den als »Liebesakt« zu bezeichnen sich mir die Feder sträubt, ist in Wirklichkeit ein Plakat, das an einem Striptease-Schuppen auf der Reeperbahn hängt. Hätte man es aus einigem Abstand, vielleicht mit ein paar Betrachtern davor, fotografiert, wäre erkennbar gewesen: So und nicht anders ist die Szene auf St. Pauli, Realität als STERN-Titel – das sollte wohl erlaubt sein.
In unserem Fall aber mußte der Leser den Eindruck haben, als hätte der STERN jenem obszönen Primitivzeichner die Gestaltung seines Titelbildes überlassen. Das schien mir nicht erlaubt zu sein.
Aber ein Fall für Gericht und Polizei? Der Ruf nach staatlicher Zensur? Der Herausgeberin des Feministinnenblattes »Emma« dies zu unterstellen, fällt mir nicht leicht. Alice Schwarzer sollte zu intelligent sein, um nicht zu wissen, daß eine solche Klage – hätte sie denn Erfolg – ins eigene Fleisch ginge. Pressefreiheit ist wie jede Freiheit unteilbar, sie schließt die Freiheit zu gelegentlichen Geschmacklosigkeiten nicht aus.
Aber Alice Schwarzer und ihren Mitstreiterinnen geht es ja auch gar nicht um den Geschmack. Und so hat sie in ihre bei Gericht eingereichte Verbotsklage denn auch ein paar STERN-Titelbilder aufgenommen, die ich mit wahrer Lust verteidigen werde. Mit sexueller Lust? Ich bin nicht so heuchlerisch, das rundweg zu bestreiten:
Da sitzt ein Mädchen am Strand, und auf dem knackigen Popo hat der Sand ein lustiges Muster hinterlassen. Das Mädchen sitzt auf dem Titelfoto des STERN, und es sitzt auf dem Titel des Londoner »Sunday Times Magazine«, fürwahr keine schlechte Gesellschaft.
In Alice Schwarzers Emanzenpostille aber liest es sich so: »Da wird uns mal wieder ein praller Frauenhintern entgegengestreckt . . . sandbedeckt an den entscheidenden Stellen.«
Wie denn, mißgönnt uns »Emma« den Anblick der »entscheidenden Stellen«? Da streitet das Feministinnenblatt unentwegt für die sexuelle Befreiung der Frau (»Mein Bauch gehört mir«) und veröffentlicht spaltenweise Kleinanzeigen, in denen lesbische Frauen zur Gruppenbildung animiert werden (»Lesben, kommt her, wir tun uns zusammen!«), und nun diese Töne? Sollen die Emanzen doch tun, wozu sie lustig sind, aber wenn sie es meinen, dann mögen sie es auch sagen: »Dieser Popo gehört uns!« Wir könnten das Titelmädchen ja mal fragen, bei wem es sich als Lustobjekt wohler fühlen würde. Eine Klage vor dem Landgericht kann das wohl nicht entscheiden.
Wie jämmerlich muß es um das Selbstbewußtsein der emanzipierten Klageweiber bestellt sein, daß offenbar keine auf den Gedanken kommt, sie könnte auch einmal Subjekt und nicht nur Objekt der Lust sein. Muß ausgerechnet ein Mann ihnen Mut dazu machen?
Ach ja, er muß es wohl. Denn was Alice Schwarzers Mitkämpferin Margarete Mitscherlich in »Report« über die Lippen kam, läßt mich Schlimmes befürchten.
Die Psychotherapeutin Dr. Margarete Mitscherlich im Originalton: »Wir haben ja alle für die sexuelle Freiheit der Frau gekämpft. Aber nun ist die sexuelle Befreiung der Frau eigentlich keine Befreiung der Frau geworden, sondern die Befreiung des Mannes. Indem es die Pille gibt und die Frau jetzt sexuell leben darf wie der Mann, tut sie es (dennoch) nicht, sondern sie muß jetzt genau wieder das tun, was der Mann will. Also wenn er will, daß sie sexuell frei ist, das heißt, ihm jederzeit zur Verfügung steht, dann hat sie die Tendenz, in dieser von Männern beherrschten Gesellschaft, dem auch nachzukommen.«
Allerdings – die sexuelle Befreiung der Frau habe auch ich mir anders vorgestellt als diese Zwangsfixierung aufs Objektsein. Will Margarete Mitscherlich uns denn wirklich weismachen, daß die Pille den »Gebrauchsgegenstand Frau« nur handlicher und ungefährlicher für den Mann gemacht hat? Dann sollte sie häufiger den STERN lesen, wo mehr als einmal geschrieben stand, daß die sexuelle Freiheit der Frau mit ihrer intellektuellen, wirtschaftlichen und finanziellen Befreiung beginnt: Gleiche Bildungschancen für gleiche Arbeit, Beseitigung des

diskriminierenden § 218, Gleichberechtigung in der Ehe und ein modernes Scheidungsrecht – das alles macht die Frau zur souveränen Partnerin des Mannes, die sich nicht gleich hinlegen muß, wenn es der Mann will, nur weil sie sonst um ihre Existenz zu fürchten hätte.
Warum wir dann nicht einen nackten Mann aufs Titelblatt brächten, wenn wir schon für Partnerschaft seien, hat Alice Schwarzer mich gefragt. Und ich habe flapsig geantwortet: Der würde sich schlechter verkaufen. Männlicher Zynismus? Am Ende doch die »Vermarktung der Frau«?
Nun, da wären wir dann wieder in keiner schlechten Gesellschaft. Lucas Cranach, Botticelli, der Meister von Fontainebleau, Goya, Manet, Renoir, Corinth, Heckel, Kirchner – zu allen Zeiten haben die Maler und die Bildhauer den Körper der Frau dem des Mannes vorgezogen. Nur bei den Griechen hielten Aphrodite und Apoll sich die Waage, aber das war denn auch eine eher homoerotische Gesellschaft.
Die Titelbilder des STERN werden auch in Zukunft nicht immer und nicht allen Lesern gefallen. Auch vor geschmacklichen Ausrutschern werden wir nie ganz sicher sein. Als der STERN vor einigen Monaten wirklich mit einem nackten Mann auf dem Titel erschien, da war es eine Fotomontage nach dem Vorbild des »Denkers« von Rodin. Der nackte Männerkörper trug den Kopf von Helmut Schmidt. Von »höchst witziger Einfall« bis zu »unerhörte Beleidigung des Kanzlers« und »bodenlose Geschmacklosigkeit« reichten die Kommentare. Kanzlerfrau Loki blieb beim Anblick ihres verfremdeten Lustobjekts gelassen. »Vielleicht solltest du etwas mehr im Garten arbeiten«, sagte sie und reichte das Blatt lachend ihrem Helmut, »du bist nämlich in Wirklichkeit dicker.«

3. August 1978

Alices Klage

Die Klage der Feministinnen gegen den STERN ist vom Gericht zurückgewiesen, wir könnten zur Tagesordnung übergehen. Zur Tagesordnung wie gehabt? Nein, so einfach wollen wir's uns nicht machen. Zwar: Der STERN war der falsche Beklagte, und das Gericht war der falsche Ort. Nach wie vor sollten Journalisten und nicht Staatsanwälte oder Richter unsere Zeitungen machen, und die Leser sollten darüber bestimmen, ob sie sie kaufen. Aber dennoch wollen wir die Argumente der Klägerinnen nicht einfach vom Tisch wischen.
Das Mißverständnis, der STERN streite zwar in seinem Inhalt für die Gleichberechtigung der Frau, scheue auf Titelbildern vor der »Vermarktung weiblicher Sexualobjekte« nicht zurück, hat uns nachdenklich gemacht. Mag Alice Schwarzer dieses Mißverständnis auch gewollt haben, um mit ihrer Aktion mehr Aufsehen zu erregen, am Ende haben wir ihr wohl den Vorwand geliefert.
Daß STERN-Titel – ob nackt oder bekleidet – in einem journalistischen Denkprozeß entstehen, zeigt die Titelgeschichte auf Seite 82 A. Wer denkt, lernt auch dazu. Doch auch in Zukunft gilt: Der Prüderie wird kein Pardon gegeben. »Vermarktet« wird in diesem Heft das erste Retortenbaby der Welt (Seite 50). Die deutschen Exklusivrechte haben den STERN viel Geld gekostet. Ein Teil des Geldes geht an die Eltern, die nun aus einer Sozialwohnung in eigene vier Wände umziehen. Der größte Teil des Geldes aber wird die Forschung fördern, deren Ergebnisse allein in der Bundesrepublik etwa hunderttausend Frauen zum Glück eines eigenen Kindes verhelfen können. Mir scheint, mit diesem Geld ist den Frauen mehr gedient als mit Gerichtskosten, die wir für einen verlorenen Prozeß hätten zahlen müssen.

30 Jahre STERN

Dreißig Jahre STERN, das ist kein Grund zum Feiern, wohl aber ein Grund zur Besinnung. Haben sie sich gelohnt, die zehntausend Arbeitstage, die langen Nächte in der Redaktion, die Reportagereisen in alle Gegenden der Erde, die Gefahren in Kriegen und Revolutionen, die ungezählten Gespräche mit den Mächtigen und den Ohnmächtigen dieser Welt? Entscheiden muß es der Leser.
Als der STERN fünfundzwanzig Jahre alt wurde, telegrafierte Walter Scheel: »Sie haben dazu beigetragen, Deutschland zu verändern.« Haben wir geholfen, es zum Besseren zu verändern? Oder stimmt es, wenn Kritiker sagen, der STERN sei allzuoft ein negatives Blatt?
Als im August 1948 der erste STERN erschien, gab es die Bundesrepublik noch nicht. Als die meisten deutschen Zeitungen sich in Wohlverhalten gegenüber den Besatzungsmächten übten, griff der STERN die alliierten Demontagen an. »Hoppla, wir leben auf Besatzungskosten« lautete die beißende Überschrift einer Reportage, mit der wir nachwiesen, wie sowjetische, britische, französische und selbst amerikanische Militärs unser Land ausplünderten. Der STERN wurde für zwei Wochen verboten. Dann wurde Deutschland endgültig geteilt, und aus »Trizonesien« wurde die Bundesrepublik.
»Gegen den Übermut der Ämter und Behörden« hieß für lange Zeit eine der Rubriken des STERN. Wo immer es nötig war, klopften wir der »öffentlichen Hand« auf die Finger, zündeten Feuer an unter den Sesseln von Politikern, die das Ministeramt als Möglichkeit zur Selbstdarstellung und die Bürger als Kulisse ihrer Macht ansahen. Ist das negativ? Gewiß, es ist die Negation der Trägheit des Gewissens, die Negation der unkontrollierten Macht. Daß sich dabei, wie Helmut Schmidt uns diese Woche schrieb, auch einiger »Meteoritenstaub auf den STERN legte« – wen sollte es wundern. Auch Journalisten sind Menschen mit Fehlern und Unzulänglichkeiten. Aber die offene Diskussion, die in diesem Lande wieder möglich wurde, hat den Staub doch immer wieder weggeblasen.
Mit Konrad Adenauer und Kurt Schumacher, mit Ludwig Erhard und Willy Brandt, mit Franz Josef Strauß, Herbert Wehner und Helmut Kohl und mit ungezählten anderen deutschen Politikern haben wir diskutiert. Unseren Lesern ist die Politik auf diese Weise transparent gemacht worden, denn STERN-Redakteure waren für ihre Interviewpartner niemals Stichwortgeber, sie haben frech gefragt und sich mit schönen Worten nicht begnügt. Sie richteten ihr Spotlight hinter die Kulissen, und dabei zeigte sich, daß die Küchen und Kammern der Politik nicht immer so sauber und aufgeräumt waren, wie es die Fassaden vermuten ließen.
Heile Welt? Nein, die »heile Welt« hat der STERN lieber den Verlautbarungsjournalisten und Hofsängern der Politik überlassen und denen, die der Meinung sind, der Leser ziehe es vor, sich vom schönen Schein blenden als sich notfalls auch einmal die Wahrheit wie einen nassen Lappen ins Gesicht klatschen zu lassen. Seid nett zueinander? Nein, seid ehrlich zueinander!
Was uns trieb, war alles andere als Negation. Es war das positivste Anliegen, das einen Bürger dieses Landes bewegen kann: die Sorge um die Bundesrepublik. »Das Recht«, hat der erste Präsident dieser Bundesrepublik Theodor Heuss gesagt, »das Recht wird uns nicht frei Haus geliefert wie frische Brötchen, wir müssen es uns jeden Tag neu erkämpfen.« STERN-Redakteure tun es, indem sie das Unrecht aufspüren, wo und von wem immer es begangen wird. Und wir halten unser Nest sauber, indem wir uns nicht scheuen, den Dreck, wo immer er sich zeigt, aus diesem Nest hinauszuschaufeln. Auch auf die Gefahr, daß wir uns dabei gelegentlich die Finger schmutzig machen.
»Ist der STERN nicht ein Enthüllungsblatt?« fragte mich vor ein paar Tagen ein Rundfunk-Kollege im »Kurier am

Morgen«. Ja, sollte er denn ein Verhüllungsblatt sein? Ein Blatt, das mit Politikern nach dem Grundsatz verfährt, daß eine Hand die andere wäscht? In der anglo-amerikanischen Presse ist der Begriff »investigative journalism« ein Ehrentitel. Ohne die Watergate-Enthüllungen hätte Amerika wohl noch heute einen Präsidenten, der sich unter der Investigation der angesehenen »Washington Post« als ein trüber Ganove entpuppte. Die Länder, in denen sich Korruption breitmacht, die Staaten, wo Politiker sich an Macht und Geld bereichern, die Systeme, von denen die Menschenrechte mit Füßen getreten werden – es sind immer jene, in denen es keine freie Presse und keinen »Enthüllungsjournalismus« gibt.

Ist der STERN ein Sensationsblatt? Wenn damit gemeint ist, daß Zeitungsschreiber heute die Hochzeit der Tina Onassis feiern, um morgen Herrn Kausow als KGB-Agenten mit Giftpistole zu entlarven – ehe sie auch nur den Schatten eines Beweises dafür haben –, wenn in Balkenüberschriften eines Boulevardblattes als neueste Sensation ohne jede Quellenangabe berichtet wird, Andreas Baader habe seine Komplicin Ingeborg Barz durch Genickschuß ermordet – was vor Monaten schon einmal vage vermutet, bis heute aber nicht geklärt wurde –, dann überläßt der STERN solche »Sensationen« gerne der »Bild«-Zeitung. Aber wenn es gilt, unsere Wohlstandsgesellschaft für die Nöte der Dritten Welt, für den Hunger in Äthiopien und für die Verletzung der Menschenwürde in kommunistischen und faschistischen Staaten zu sensibilisieren, dann wollen wir uns auch als Sensationsblatt bekennen. Ist es am Ende keine Sensation, wenn bei uns mehr als 80 000 Jugendliche dem Rauschgift verfallen sind, wenn jährlich 500 Schüler in der Bundesrepublik Selbstmord begehen und wenn – wie auf den nächsten Seiten zu sehen ist – die Sucht nach Gewalt schon unsere Kinder in ihren Bann zieht?

Die Sorge um die Bundesrepublik und ihre Bürger wird uns auch weiterhin nicht loslassen. Nicht weil wir der Meinung wären, daß es anderswo eine bessere Gesellschaft, ein gerechteres System gäbe. Wir wollen unseren Staat und seine Verfassung schützen, weil diese Verfassung die freiheitlichste ist, unter der Deutsche je leben durften. Aber wir müssen auch davor warnen, wenn die Schutzmechanismen sich selbständig und selbstherrlich machen, wenn aus der bewachten Freiheit ein Überwachungsstaat wird, wenn die Obrigkeit in jedem Bürger einen möglichen Verfassungsfeind und in jedem kritischen Geist einen Sympathisanten des Terrors zu sehen beginnt.

Diskussion mit Andersdenkenden ist das Wesen der Demokratie, Gleichschaltung der Gehirne ist ihr Tod. So schwach, so unsouverän ist diese Bundesrepublik nicht, daß wir aus Angst vor Konflikten zu einer Nation von Duckmäusern, Angepaßten und maulfaulen Karrieristen werden sollten.

Und daß ich's nicht vergesse: Es darf auch mal gelacht werden. Denn welchen Sinn hätte Politik, wenn nicht den, die Menschen glücklicher zu machen. Deshalb werden Sie im STERN auch künftig die Freude nicht vermissen. Die Freude am Schönen, am Unterhaltsamen, am Humor und an allem, was das Leben erst lebenswert macht.

5. Oktober 1978

Blick hinter die Kulissen

Es mag gut fünfzehn Jahre her sein, und ich weiß nicht mehr, ob es der Londoner »Observer« oder der »Manchester Guardian« war, in dem ich eine Serie fand, die den simplen Titel trug »What are you really doing?« – zu deutsch: Was machen Sie eigentlich?

Was macht ein Regierungschef, wenn er regiert? Gibt er von früh bis spät Anweisungen, mit wem berät er sich, wen empfängt er, und wen läßt er draußen?

Was unternimmt ein Unternehmer, dem einige zehntausend Arbeiter zur Verfügung stehen (stehen sie ihm »zur Verfügung«?) und dem ein paar tausend Aktionäre im Genick sitzen (sitzen sie ihm »im Genick«?). Wie leben Modeschöpfer oder der Staatspräsident, Kapitäne, Opernstars oder Diplomaten?

Journalist sein heißt neugierig sein, neugierig im Auftrag des Lesers. Nichts, so meine ich, kann einen Leser so faszinieren, als wenn er für die Spanne eines Buches oder einer Reportage heraustritt aus seinem Alltag und hineinschlüpft in die Rolle eines anderen, dessen Leben ihm schon immer interessant erschien und dessen Treiben ihm bis dahin dennoch unbegreiflich war.

Ich gestehe, wir haben diesen Plan, der weder auf den Marktplatz der Sensationen noch ins Boudoir der Intimitäten zu führen braucht, schon einige Male vergebens in Angriff genommen. Vielleicht bedurfte es der Sensibilität einer Frau, um herauszubekommen, was jene Menschen antreibt, deren Wirken unser aller Leben mitbestimmt und von deren Tun wir eigentlich kaum etwas wissen.

Meine Kollegin Wibke Bruhns beginnt auf Seite 64 dieses Heftes, die Kulissen wegzuschieben, die uns das Leben der Wichtigen und Mächtigen verstellen. Sie tut es nicht in der Absicht, um jeden Preis menschliche Schwächen und Unzulänglichkeiten zu enthüllen, und schon gar nicht, um unkritische Heldenbilder zu zeichnen.

Aber was erzähle ich Ihnen, was eine Journalistin wie Wibke Bruhns »wirklich tut«? Lesen Sie ihre erste Geschichte über Alfons Goppel, das »weißblaue Schmusetier«, das Bayern seit 16 Jahren regiert und sich nun in wenigen Wochen zurückzieht, um Franz Josef Strauß Platz zu machen.

27. Dezember 1978

Taiwan und die deutsche Realität

Hätte es die Ostpolitik von Willy Brandt und Walter Scheel nicht gegeben – Aufschließung nach Osten und Versöhnung mit den Völkern der Sowjetunion, mit Polen und den Staaten des Warschauer Pakts unter Abstützung auf das Nordatlantische Bündnis mit dem Westen –, wären wir, wie die CDU/CSU es wollte, allein der »Politik der Stärke« gefolgt, einer Stärke, die wir uns von Amerika geborgt hätten –, das Schicksal von Taiwan möchte uns heute wohl wie ein Menetekel an eigener Wand erscheinen. Der Mohr hat seine Schuldigkeit im Kalten Krieg der Supermächte getan, der Mohr kann gehen.

Im Jahr 1969 hatte mich der amerikanische Journalistenverband gebeten, auf seiner 50-Jahr-Feier in Colonial Williamsburg zu sprechen. Das Thema meiner Rede hieß: »We are journalists, not politicians, let's tell it, like it is.« Frei übersetzt: »Wir sind Journalisten und

keine Politiker, laßt uns die Dinge beim Namen nennen.«
1969 war der Kalte Krieg noch auf seinem Höhepunkt. In der Bundesrepublik zweifelte man daran, ob die Olympiade zustande komme, weil angeblich keine Bundesregierung es sich leisten könne, bei einem DDR-Sieg in München die ostdeutsche Fahne mit Hammer und Zirkel zu hissen. Und die USA nahmen Peking nicht zur Kenntnis, wie Bonn Ostberlin nicht zur Kenntnis nahm. Eben hatte Amerika einen neuen Beistandspakt mit Tschiang Kai-schek, dem Führer der »Nationalchinesen«, abgeschlossen.
Erlauben Sie mir, einen Satz aus meiner damaligen Rede zu zitieren: »Es mag für die amerikanische Regierung opportun sein, sich so zu verhalten, als sei die Insel Taiwan mit ihrem Führer Tschiang Kaischek die Großmacht China, während in Peking keine Chinesen von Belang existieren. Für einen Journalisten darf es solchen politischen Opportunismus niemals geben. Eine Zeitung muß sagen können, was real ist: daß Tschiang Kaischek ein Fossil aus vergangenen Zeiten ist und daß Mao und Peking – ob wir sie nun lieben oder fürchten oder auch verabscheuen – die Realität China verkörpern.«
Die Reaktionen des Auditoriums: Beifall von den Journalisten, eisiges Schweigen unter den Politikern, die der Festversammlung beiwohnten. Und in einem Bericht der deutschen Botschaft an das Bonner Auswärtige Amt wurden denn auch Bedenken angemeldet, daß »derartige Äußerungen von politisch nicht verantwortlicher Seite Zweifel darüber aufkommen lassen könnten, ob die Bündnisverpflichtung der Bundesregierung von der öffentlichen Meinung auch getragen wird. Dies um so mehr, als Nannen die Beziehungen der USA zu China exemplifikatorisch auf die Beziehungen Bonns zu Moskau übertrug«.
Allerdings, das tat der »politisch nicht verantwortliche« Journalist. Denn obwohl der damalige Bundeskanzler Kiesinger die DDR noch als ein bloßes Phänomen bezeichnete und obwohl kaum ein führender deutscher Politiker es wagte, öffentlich zuzugeben, daß die Gebiete jenseits der Oder und Neiße verloren waren – die Zeit war längst reif geworden für die Erkenntnis, daß die Bundesrepublik nur in einer entspannten Welt eine Zukunft haben würde und daß diese Entspannung allein mit der Einsicht in die politische Realität zu erreichen war. Breslau hieß nun Wroclaw, Königsberg hieß Kaliningrad, und wenn die deutschen Querelen nicht bald aufhörten, dann hätte es wohl sein können, daß die Supermächte USA und UdSSR sich eines Tages über unsere Köpfe hinweg geeinigt hätten. So wie die USA sich jetzt mit China einigten und Taiwan aus ihren Händen fallen ließen wie eine heiße Kartoffel.
Neun Jahre nachdem der Journalist in Colonial Williamsburg die ketzerische Behauptung wagte, daß nicht Tschiang Kai-schek und Taiwan, sondern Mao und Peking die chinesische Realität verkörpern, nennt der amerikanische Präsident Carter die Anerkennung Pekings durch Washington und den Abbruch der diplomatischen Beziehungen zu dem seit 30 Jahren mit Amerika verbündeten Taiwan »eine historische Vereinbarung, die nur die Realität anerkennt«. Und Carters Sicherheitsberater Zbigniew Brzezinski sagt in einem Fernsehinterview: »Was wir tun, ist die Beendigung einer Fiktion, nämlich daß die Regierung von Taiwan die Regierung von einer Milliarde Chinesen sei.«
Wer es noch nicht wußte, hat es jetzt erfahren: Politik ist keine moralische Sonntagsschule, sondern ein Spiel realer politischer Kräfte.
Wer allerdings, wie Franz Josef Strauß, für bare Münze nimmt, was die chinesischen Führer zur deutschen Wiedervereinigung sagen, der setzt erneut auf die Karte der Illusionen. Die freundlichen Worte der Herren Hua und Teng zur Einheit der deutschen Nation sind nichts anderes als die Kehrseite des Blattes, auf dessen Vorderseite die Rivalität Pekings gegen Moskau sich immer stärker abzeichnet.
Mag Jimmy Carter diese chinesische Karte gegen Moskau ziehen – uns Deutschen eröffnet sich damit kein neues Spiel. Es bedurfte nicht erst des ernüchternden Artikels in der »Herald Tribune«, die noch am 1. Dezember schrieb, daß auch keine westliche Macht an der deutschen Wiedervereinigung in-

teressiert sei, um uns zu beweisen, was deutsche Realität ist. Die »Tribune« wörtlich: »Niemand außerhalb Deutschlands hat ein Interesse an der deutschen Wiedervereinigung. Im Gegenteil: Jeder Betroffene – die Deutschen ausgenommen – hat Interesse daran, daß die Teilung weiterbesteht.«
Schließlich zeigt ein Blick auf die Weltkarte, daß Peking weit und Moskau ein gutes Stück näher liegt.
Ich glaube, wir haben allen Grund, der Bundesregierung zu vertrauen, daß sie ihre Bemühungen ungeachtet aller Rückschläge auf das Zusammenwachsen Europas und auf die Entspannung in diesem Erdteil konzentriert. Die deutsche Wiedervereinigung wird erst dann möglich sein, wenn sie im Grunde kaum noch nötig ist. Sowenig wie heute ein Anschluß Österreichs an Deutschland noch nötig wäre.

1. Februar 1979

Ja, ich war damals zu feige

Habt ihr das gewußt?« lautet die Frage unserer Kinder und Enkelkinder, seit »Holocaust« am letzten Freitag zu Ende ging. »Und wenn ja, wie konntet ihr es zulassen?«
Ich sehe förmlich, wie Sie sich gewunden haben unter dieser Frage. Sie hatten doch nie etwas gegen die Juden gehabt. Sie haben kein Blut an den Händen, Sie haben ihren Nachbarn Josef Weiss nicht denunziert. Sie haben ihn – wenn gerade niemand hinsah – sogar noch gegrüßt, als er Ihnen, gezeichnet mit dem gelben Judenstern, auf der Straße begegnete.
Und was heißt hier schon »gewußt«? Stimmt es denn überhaupt, was dieser in Teilen bis zur Rührschnulze verkitschte US-Film uns da vorgesetzt hat? Wenn schon die Kragenspiegel an den SS-Uniformen falsch sind, wenn es schon in Heydrichs Umgebung keinen Typ wie diesen servilen Herrn Dorf gab, wenn schon – wie in den amerikanischen Kriegsfilmen – die Deutschen nur als dumme Teufel, perfide Technokraten und geile Stiernacken mit Namen Müller auftreten –, wenn schon dieser Film über ein so schreckliches Thema nicht auf ein einziges Hollywood-Klischee verzichten kann –, stimmt dann vielleicht auch anderes nicht? Waren es am Ende gar nicht sechs Millionen Gemordeter, sondern doch nur fünf oder vier oder gar nur drei?
O Gott, wozu ist der Mensch imstande, wenn es gilt, der Schuld davonzulaufen! Als ob es da auf ein paar Hunderttausende weniger Erschlagene, Erschossene oder Vergaste ankäme, auf ein paar tausend Säuglinge mehr oder weniger, die man ihren Müttern wegriß und ins Feuer warf, als ob damit das Verbrechen kleiner, zufälliger, entschuldbarer würde.
Nein, es hätte dieses US-Schinkens »Holocaust« nicht bedurft, um zu beweisen, daß diese »Endlösung der Judenfrage« allein eine Sache der Deutschen ist. Jawohl, eine Sache aller Deutschen meiner Generation, denn schließlich haben ja Hitler, Himmler und Heydrich das blutige Geschäft nicht mit eigenen Händen bewerkstelligt, und sie hätten es auch mit ihren »Einsatzgruppen« nicht besorgen können – ohne uns, ohne Sie und mich.
Denn wenn schon der Sieg über Polen ein deutscher Sieg war und nicht nur der Sieg der Heeresgruppen Bock und Rundstedt, und der Sieg bei Dünkirchen ein deutscher Sieg und nicht nur der Erfolg der 18. Armee, und die Schlacht bei Tobruk ein deutscher Sieg und nicht nur Rommels Privatsache – dann ist der Mord an den Juden auch ein deutscher Mord.
Nein, die peinlichen Übertreibungen in der Rahmenhandlung von »Holocaust«, die unglaubwürdigen Vergewaltigungsszenen, die von den ewigen Verdrängern

wollüstig als Vorwand benutzten sachlichen Unrichtigkeiten des Films ändern nichts daran, daß die Wahrheit schlimmer war, als »Holocaust« sie zeichnen konnte.
Die Mörder waren nicht nur Tölpel und Sadisten, nicht nur Schläger und Karrieristen, sie waren meist leidenschaftslose, gläubige, von der Notwendigkeit ihres Handelns zum Nutzen der deutschen Nation überzeugte und deswegen mit äußerster Zuverlässigkeit mordende deutsche Männer und Frauen.
Und Sie und ich, haben wir es denn gewußt?
Nun, wir wollten es jedenfalls nicht wissen. Obwohl wir es hätten wissen müssen.
Nicht, weil die SA schon seit 1933 grölte: »Wenn erst das Judenblut vom Messer spritzt« – das hätte man noch als propagandistischen Klamauk eines politischen Pöbels abtun können. Aber sahen wir denn nicht, wie sich das Straßenbild unserer Städte veränderte? Gellte uns das Geklirr der Fensterscheiben in der Kristallnacht nicht in den Ohren? Nahmen wir es ganz beiläufig zur Kenntnis, daß unsere jüdischen Mitbürger auf Parkbänken nicht mehr ausruhen durften, daß Josef Weiss sich »Josef Israel Weiss« nennen mußte und daß jede jüdische Frau gezwungen wurde, den Namen »Sara« zu führen? Wurden uns Begriffe wie Mischling ersten Grades, Mischehe, privilegierte Ehe zu puren Selbstverständlichkeiten? Und »Rassenschande« zu einem angemessenen Begriff für die Liebe zwischen zwei Menschen, von denen der eine Jude war?
Nach der ersten »Holocaust«-Folge fing meine Frau mitten im Gespräch zu weinen an. »Erinnerst du dich: Berlin, Meinekestraße, ein kleines Lebensmittelgeschäft, in dem ich einkaufte. Und ich ging, keine 20 Jahre alt, vorbei an den alten Damen mit dem Judenstern und ließ mich bedienen, denn ›Arier‹ hatten den Vortritt. Mein Gott, was war mit uns los, daß wir es zuließen?«
Und als man sie dann abholte, die Weiss', die Levis, die Cohns und die mit dem deutschen Namen Windmüller und Visser und Glöss und wie in meiner Heimatstadt Emden die Juden hießen, wohin kamen sie? Haben Sie wirklich geglaubt, man bereite denen, die man da vor Ihren Augen auf Lastwagen lud und in Viehwaggons sperrte, irgendwo im Osten als »Umsiedler« eine neue Heimat?
Theresienstadt, Auschwitz, Treblinka, Majdanek – hielt einer das für Landverschickungsheime für »Andersrassige«? Aussonderungsrampen auf den Endbahnhöfen in Polen, die einen, weil noch bei Kräften, zur Arbeit, die anderen gleich ins Gas – das sollte sich nicht bis in die Heimat herumgesprochen haben? So genau freilich nicht, dank der Diskretion, mit der die Mordmaschine lief. Aber wer sich nicht Augen und Ohren zuhielt und das Gehirn abschaltete, dem blieb nicht verborgen, daß hier das perfekteste Verbrechen seinen Weg nahm.
Wir hätten es wissen müssen, wenn wir es nur hätten wissen wollen. Wer Soldat im Osten war, dem konnten die Judenerschießungen, die Massengräber und beim Rückzug die ausgebuddelten und verbrannten Leichenberge nicht verborgen bleiben, ich jedenfalls, ich habe gewußt, daß im Namen Deutschlands wehrlose Menschen vernichtet wurden, wie man Ungeziefer vernichtet. Und ohne Scham habe ich die Uniform eines Offiziers der deutschen Luftwaffe getragen. Ja, ich wußte es, und ich war zu feige, mich dagegen aufzulehnen.
Ob ich damals noch etwas hätte tun können? Das ist nicht die Frage. Die verdammte Frage ist, ob es eines amerikanischen Filmes bedurfte, um uns klarzumachen: Holocaust ist überall. Auch heute, auch nach 40 Jahren noch.
Und ob wir wiederum zu feige sind, uns dagegen aufzulehnen.
Es war ein junger Hamburger Staatsanwalt, der im August letzten Jahres die Anzeige eines jüdischen Mitbürgers abwies, dem ein Nachbar einen an die »dreckige Judensau« adressierten Brief geschrieben hatte. Unter dem Aktenzeichen 54 Js 309/78 ließ der Staatsanwalt Arn Osterloh den Juden wissen: »Die Beleidigungen sind zwar überaus häßlicher Natur, stören aber den Rechtsfrieden über Ihren Lebenskreis hinaus nicht.«
Was da nach staatsanwaltschaftlicher Beurteilung den Rechtsfrieden nicht störte, lautet im Originalton 1978: »Juda

verrecke! Du dreckiger Jidde, riech Gas! Judenschwein! Erinnere dich an 1933! Die Kopfhaut einer Judenstirn, das gibt 'nen prima Lampenschirm.«
Erinnern Sie sich an die kaum faßbare Gleichgültigkeit, mit der die Polizisten im Film »Holocaust« zusahen, als die SA den alten jüdischen Buchhändler Palitz zusammenschlug? Genauso geht er vorbei 1978, der junge Herr Staatsanwalt Osterloh, und hört nicht hin, und dabei ist er doch keiner von uns Älteren, die wir verseucht sind von unserer unbewältigten Vergangenheit.
Holocaust ist an keine Generation gebunden und an kein Volk. Holocaust ist überall. Und überall bieten sich die Opfer an: Juden, Neger, Langhaarige, Vietkong, Kommunisten, Dissidenten, Terroristen, Schah-Gegner, Radikale – jagt sie, prügelt sie, schafft sie uns vom Hals, am besten, ihr schlagt sie tot. Denn wir wollen unsere Ruhe haben, unseren Rechtsfrieden, unsere Friedhofsruhe, unseren Rechtsfriedhof.
Aber damit es nicht eines Tages wieder unsere Kinder und Enkel sind, die sagen können, sie hätten nicht gewußt, wohin die Verachtung der Andersdenkenden, die Unduldsamkeit und schließlich der Haß führen können, zeigen wir die Bilder und Dokumente auf den nächsten Seiten.
Wer mir schreiben will, die alliierten Luftgangster über Dresden, die Amerikaner in Vietnam, die Sowjets in Ungarn, die Israelis im Libanon, die Kommunisten in Kambodscha, sie seien ja alle nicht anders – der sollte sich das Porto sparen. Das Verbrechen der anderen entschuldigt das eigene nie.

Erst, wenn wir nicht mehr zu feige sein werden, unserer eigenen Schuld ins Gesicht zu sehen, und erst, wenn wir bereit sind, ohne Feigheit aufzustehen gegen die ersten Zeichen jeglicher Intoleranz – erst dann mögen wir zumindest für unsere Kinder die Gnade des Vergessens in Anspruch nehmen.

15. März 1979

Die Posse vom schuldlosen Lügen

Wie's aussieht, werden wir demnächst einen Bundespräsidenten haben, von dem jedermann ungestraft sagen kann, er habe vor einem Untersuchungsausschuß des Bundestages die Unwahrheit gesagt. Der Vorwurf, er habe das Parlament belogen, brachte im November 1962 den damaligen Verteidigungsminister Franz Josef Strauß um sein Ministeramt. Für Karl Carstens, der ins höchste Staatsamt strebt, wurde dieser Vorwurf jetzt kurzerhand aus dem Wege gemauschelt.
Wie's aussieht, werden wir demnächst einen Bundespräsidenten haben, gegen den der Berliner Justizsenator Meyer öffentlich den Verdacht äußert, dieser Bundespräsident sei an einer Straftat beteiligt gewesen, und die Staatsanwaltschaft habe es pflichtwidrig versäumt, den Verdacht zu bestätigen oder ihn auszuräumen.
Der CDU-Politiker Karl Carstens wird als Bundespräsident der Bundesrepublik Deutschland, wenn das Gespräch auf diesen Punkt seiner Vergangenheit kommt, nur zwei Ausreden zu seiner Verteidigung haben: Er kann sich auf Unzurechnungsfähigkeit zum Zeitpunkt der Tat berufen, oder er schützt einen Gedächtnisnotstand à la Filbinger vor.
Die Unionschristen, die uns einst in der Großen Koalition mit den Sozialdemokraten die zweite Amtsperiode Heinrich Lübkes bescherten, dessen kleinkarierte Reden auf Schallplatten gepreßt zur Belustigung bei Bierabenden abgespielt wurden, die bringen nun – wie wir bald sehen werden – mit klammheimlicher

Unterstützung der gleichen SPD einen mutmaßlichen Straftäter auf den Präsidentenstuhl.

Was ist geschehen?
Karl Carstens, damals Staatssekretär im Bundeskanzleramt bei Kurt Georg Kiesinger, hatte – wie von ihm abgezeichnete Dokumente ohne jeden Zweifel beweisen – Kenntnis davon gehabt, daß der ihm unterstellte Bundesnachrichtendienst (BND) während der sechziger Jahre in dubiose und gegen das Gesetz verstoßende Waffengeschäfte verstrickt war. Als Carstens, inzwischen Fraktionsvorsitzender der CDU/CSU im Bundestag, vor dem parlamentarischen Untersuchungsausschuß zum Fall Guillaume danach gefragt wurde, antwortete er wörtlich:
»Ich habe in der Zeit, als ich die Aufsicht über den Bundesnachrichtendienst führte, über den Waffenhandel des BND nie etwas gehört, ich habe über andere Waffenhändler einiges gehört, aber nicht darüber, daß der BND am Waffenhandel beteiligt gewesen ist, und ich muß sagen, daß ich davon heute zum erstenmal höre.«
Diese Antwort war, so hat das höchste deutsche Gericht inzwischen festgestellt, objektiv unwahr. Carstens hat nicht nur von Waffengeschäften gewußt, bei denen unter Umgehung des Außenwirtschaftsgesetzes deutsches Kriegsgerät in Spannungsgebiete geliefert wurde, er hat als Chef des Kanzleramtes sogar einen Regierungsdirektor aus dem BND zum Dienst in der Geschäftsleitung einer solchen Waffenhandelsfirma »beurlaubt«. Daß Carstens vor dem Guillaume-Ausschuß »schuldlos« die Unwahrheit gesagt habe, zieht der Bundesgerichtshof durchaus in Zweifel: Immerhin, so meint er, gab es für »die subjektive Tatseite einer Falschaussage erhebliche Anhaltspunkte«. So sei die Einschleusung eines hohen BND-Funktionärs in eine Waffenhandelsfirma doch wohl »ein außergewöhnlicher Vorgang gewesen, der als solcher nicht ohne weiteres dem Gedächtnis entschwindet«.
Vor den Bundesgerichtshof war der Fall gekommen, weil Carstens den früheren stellvertretenden Fraktionsvorsitzenden der SPD Günther Metzger verklagt hatte, der dem inzwischen zum Bundestagspräsidenten avancierten CDU-Politiker öffentlich vorgeworfen hatte, er habe vor dem Guillaume-Ausschuß die Unwahrheit gesagt.
Vor zwei Gerichten, dem Landgericht in Bonn sowie dem Oberlandesgericht Köln, war es Carstens gelungen, Metzger den Mund verbieten zu lassen. Bis neue Dokumente auftauchten, und da erging es dem Karl Carstens wie seinem Parteifreund Hans Karl Filbinger, der gegen den Schriftsteller Hochhuth geklagt hatte: Nicht der Beklagte, der Kläger erwies sich als schuldig. Nachdem der Bundesgerichtshof das Kölner Urteil gegen Metzger aufgehoben und den Fall an das Oberlandesgericht zurückverwiesen hatte, stand dort am 7. März Termin an.
Inzwischen hatten CDU und CSU Karl Carstens zum Kandidaten für das Amt des Bundespräsidenten gekürt, und je mehr der Streit um ihn entbrannte, desto trotziger schlossen sich die Christdemokraten um ihren Mann. Zwei Tage vor dem Gerichtstermin sprachen sie ihm in einer Probewahl das gesammelte Vertrauen aus, und einen Tag zuvor warf Walter Scheel, der eben noch eine Abstimmungsniederlage als einen durchaus üblichen Vorgang bezeichnet hatte, dem sich ein aufrechter Demokrat jederzeit zu stellen habe, das Handtuch. Scheel war sich als zweiter Sieger im Wettkampf gegen Carstens offenbar doch zu schade. Wußte Scheel, daß der Gerichtstermin vom 7. März dem Kandidaten Carstens nichts mehr anhaben konnte?

Er konnte nicht, weil er nicht durfte. Die SPD hatte ihren Ex-Abgeordneten Metzger zurückgepfiffen. Den Sozialdemokraten war nämlich unmißverständlich signalisiert worden, daß auch Helmut Schmidt und seine Bundesregierung ins Gerede kommen würden, weil sie – entgegen feierlicher Beteuerungen auf internationalem Parkett – es zugelassen haben, daß auf den Schlachtfeldern unserer Tage Weiße und Schwarze mit deutschen Waffen aufeinander schießen, daß die Bundesregierung Kriegsgerät exportiert wie Badewannen und daß es SPD- wie CDU-Politiker gleich wenig kümmert, wenn in Zaire, in Pakistan, im Iran und in Rhodesien munter gestorben wird, solange der deutsche Waffenhandel nur floriert.

»Die Sache muß vom Tisch«, entschied der Kanzler, und was drei Gerichte nicht geschafft hatten, das bewirken nun die gemeinsamen politischen Leichen aus den Kellern der Großen Koalition und der heimlichen Kumpanei. Metzger und Carstens schlossen einen faulen Vergleich. Carstens zog seine Klage zurück, und Metzger erklärte, er habe niemals sagen wollen, der Bundespräsidentenkandidat und frühere CDU/CSU-Fraktionsvorsitzende Carstens habe »schuldhaft« vor dem Guillaume-Ausschuß die Unwahrheit gesagt.
So blieb unter der Decke, was beim Aufdecken jedem der Beteiligten gestunken hätte, und nichts steht mehr im Wege, daß ein Mann Bundespräsident wird, dem das höchste deutsche Gericht das Odium der Lüge und der strafbaren Handlung nicht nehmen mochte. So also sieht sie aus, die Wirklichkeit der »real existierenden Demokratie«, die nicht einmal ihren Bahro hat.
Wundert sich da noch einer, wenn junge Leute an diesem Staat keinen Spaß haben?

19. April 1979

Tod in Uganda

Das Wunder, auf das wir immer noch gehofft hatten, blieb aus. Am Mittwoch letzter Woche kam aus dem ugandischen Außenministerium die Bestätigung der Nachricht, daß vier europäische Journalisten – die Regierung nannte sie »Söldner« – in der Polizeistation von Kisoga hingerichtet worden seien. Die vier jüngsten Opfer des ugandischen Diktators Idi Amin sind die schwedischen Journalisten Carl Bergman vom »Svenska Dagbladet« und Arne Lemberg von der Stockholmer Zeitung »Expressen« sowie die beiden STERN-Reporter Hans Bollinger und Wolfgang Stiens. Alle vier waren gerade um die Dreißig. Journalisten, die ihren Beruf, das Aufspüren der Wahrheit, nicht nur als Schreibtischarbeit verstanden.
Wolfgang Stiens war als Afrika-Korrespondent des STERN im letzten Herbst nach Kenia gegangen. Als Spezialist für die Dritte Welt berichtete er insbesondere über die Machtverschiebungen im südlichen Afrika. Hans Bollinger hatte schon viele Kriege und Konflikte für den STERN fotografiert. Die Etappe war nicht seine Sache.
Stiens und Bollinger verstanden sich stets als Beobachter, nicht als Akteure. Es ist nichts als ein mieser, leicht durchschaubarer Rechtfertigungsversuch, wenn das bankrotte Amin-Regime die Morde, die weltweit Empörung auslösten, als »Hinrichtung bewaffneter und uniformierter Söldner« darstellt.

War es notwendig, Bollinger und Stiens den Auftrag zu erteilen, vom Kampf zwischen Tansania und Uganda zu berichten? Ist es überhaupt notwendig, Reporter in die Krisengebiete zu schicken, wo Kugeln von Polizisten keinen Unterschied zwischen Demonstranten und Journalisten machen – Beispiel Teheran – oder wo eine wildgewordene Soldateska Presseausweise als Schutzbrief nur verlacht – Beispiel Nicaragua?
Jeder Journalist, der die Erfüllung seines Berufes nicht in der Kommentierung von Bonner Verlautbarungen sieht, kann in Situationen geraten, in denen sein Leben gefährdet ist. Je ernsthafter er sich bemüht, an die Quelle der Nachricht zu kommen, desto risikoreicher wird es für ihn. Regime, die merken, daß man ihre Propaganda-Fassade nicht als Wahrheit

akzeptiert, sondern versucht, hinter die Kulissen zu sehen, scheuen oft vor Folter und Mord nicht zurück. Die Generäle in Argentinien lassen Jahr für Jahr Dutzende in- und ausländischer Journalisten verschwinden.
Es gehört zu den Herausforderungen unseres Berufes, daß häufig Mut und Risikobereitschaft nötig sind, wenn der Journalist die Wahrheit aufdecken will. STERN-Fotograf Fred Ihrt charterte sich vor zwölf Jahren eine einmotorige Maschine, um im Sturzflug die Insel Jaros anzufliegen, wo das griechische Obristen-Regime seine politischen Gefangenen eingekerkert hatte. Die Bilder von der KZ-Insel gingen um die Welt und stellten das Gesicht der Diktatur bloß. Hätten wir unserem Kollegen Ihrt diesen wagemutigen Flug verbieten sollen? Fred Ihrt entschloß sich zu diesem Flug aus eigenem Willen, so wie auch Bollinger und Stiens allein den Entschluß faßten, zusammen mit ihren schwedischen Kollegen ein Boot zu chartern und über den Viktoria-See nach Uganda vorzudringen.
Auf Seite 20 dieser Ausgabe berichtet der STERN über den Bürgerkrieg in Afghanistan. Um sich ein eigenes Bild vom Hintergrund dieses Konfliktes zu machen, schlossen sich die STERN-Reporter Bernd Dörler und Klaus Meyer-Andersen in Pakistan Opium-Schmugglern an, die sie zu den Aufständischen im pakistanisch-afghanischen Grenzgebiet brachten. Dörler und Meyer-Andersen waren sich darüber im klaren, was es bedeutet hätte, wären sie den Regierungstruppen in die Hände gefallen.

12. Juli 1979

Strauß ante portas

Als Ludwig Erhard, wenige Wochen bevor er gegen Konrad Adenauers Widerstand endlich Kanzler wurde, sich bei seinem Hamburger Parteifreund Gerd Bucerius beschwerte, daß der Alte ihn so schlecht behandele, antwortete ihm Bucerius: »Herr Erhard, einen Staatsmann erkennt man daran, daß er sich nicht schlecht behandeln läßt, sondern daß er andere schlecht behandelt.«
Wenn diese zynische Antwort den Nagel trifft, dann hätte Franz Josef Strauß in der vergangenen Woche sein Staatsmanns-Examen mit Glanz bestanden. Nicht nur, daß er die CDU und ihren Kanzler-Kandidaten Kohl sowie den Kandidatur-Kandidaten Albrecht seit Monaten schlecht behandelte – am Ende hat er die Partei ganz einfach erpreßt. Zu keinem Zeitpunkt waren Strauß und seine CSU bereit zuzugestehen, daß sie die Abstimmung der Fraktion ungeachtet ihres Ergebnisses als verbindlich anerkennen würden. Und zu keinem Zeitpunkt war Strauß bereit, definitiv zu erklären, daß er auch für den Fall, daß Ernst Albrecht siegen würde, auf die bundesweite Ausbreitung der CSU oder auf ein Zusammenspiel der CSU mit Fredersdorfs Bürgerpartei verzichten würde.
Die Abstimmung, vor die sich die Unionsfraktion schließlich gestellt sah, hieß denn auch gar nicht Strauß oder Albrecht, sie hieß »Strauß oder die Trennung der Unionsparteien«. Was Wunder, daß sich die meisten Abgeordneten für die Einheit der Partei an Stelle des politischen Selbstmordes entschieden, denn es läßt sich leicht ausrechnen, wie viele der Abstimmenden um ihr Mandat fürchten müßten, wenn beim nächsten Wahlgang CDU und CSU getrennt marschieren würden. Wie sollte man nicht für die Einheit und damit für die eigenen Pfründe stimmen, zumal wenn man außer »Politiker« nichts gelernt hat. Daß man gleichwohl auch den besseren Mann

gewählt hat, bewies der unterlegene Ernst Albrecht noch am selben Tage. Er gratulierte seinem Widersacher »aufrichtig«, und wer das noch für pure Höflichkeit gehalten hatte, wurde gleich eines Besseren belehrt, als der noch vor Wochen so selbstsichere Hannoveraner in einem Interview mit der »Bild«-Zeitung seufzte: »Sie können mich dazu persönlich beglückwünschen, mir ist eine Last von den Schultern genommen.« Da kann man wohl nur von Glück reden, daß es erst das Hemd der Kandidatur und nicht schon der Mantel der Kanzlerschaft war, was hier von den allzu schmalen Schultern glitt.

Folgerichtig soll denn auch CSU-Vize Fritz Zimmermann nach der fast sieben Stunden währenden Entscheidungsschlacht seinen bereits schlafengegangenen Meister mit den Worten geweckt haben: »Franz Josef, du hast die Nerven von Adenauer . . .« Was immer man von Legenden halten mag, die Bundestags-Wahlergebnisse, vor deren Auszählung Adenauer schlafen zu gehen pflegte, gehören der Vergangenheit an, in Zukunft wird's spannender.

Denn nun ist wahr geworden, was Helmut Schmidt uns in einem STERN-Interview am Abend nach der Hessenwahl sagte: »Strauß ist der eigentliche Führer der Unionsparteien. Deshalb wäre es aus Gründen demokratischer Hygiene angemessen, wenn Herr Strauß im Bundestagswahlkampf 1980 auch als Kanzlerkandidat aufträte.« Dazu bemühte Altphilologe Franz Josef Strauß dieser Tage die Welthistorie: »Von dem Geschwätz, ich sei als Kandidat der Wunschgegner von Helmut Schmidt, halte ich überhaupt nichts. Für Napoleon war Blücher auch der Wunschgegner, aber nur bis 1815.«

Ob Napoleon Schmidt von Marschall Strauß 1980 geschlagen werden kann, liegt dennoch im weiten Feld. Noch gelten die Zahlen der STERN-Umfrage, die den Unionsparteien mit Strauß ein schlechteres Wahlergebnis prophezeiten als mit dem liberalen Lächler Albrecht. Aber schon sieht es auch danach aus, als könne 1980 ein Jahr der großen Krisen werden, vorab der Energiekrise. Und es wird alles darauf ankommen, ob Helmut Schmidts Image als Krisenkanzler sich bis zum Wahltermin bewahren läßt oder ob unvorhergesehene Entwicklungen dieses Image so verschleißen, daß man dann nach dem Krisenkanzler Strauß ruft. »Ohne ein Dünkirchen kommt der nicht an die Macht«, hatte 1970 der damalige Münchner Oberbürgermeister Hans-Jochen Vogel im STERN geschrieben, und Strauß selbst meinte noch im Mai 1971: »Ich hoffe, es geht dem deutschen Volk nie so schlecht, daß es glaubt, mich zum Bundeskanzler wählen zu müssen.«

In jedem Fall wird es nun ein aufregendes Jahr werden. Und mehr denn je wird es auf den Kampf der Matadore hinauslaufen, auf einen personalisierten Wahlkampf, wie wir ihn wohl noch nie hatten. Wobei es durchaus zur Entscheidung beitragen mag, ob die CDU den bei ihr weithin ungeliebten Strauß voll mitträgt und ob Helmut Schmidt sich als Integrationskanzler für linke Sozialisten und rechte Sozialdemokraten bewährt.

Die FDP wird es dabei schwer haben. Genscher ist in der sich mehr und mehr polarisierenden Szene nicht der Mann, an dem sich die Geister scheiden oder um den sie sich scharen. Und Scheel dürfte »unter den obwaltenden Umständen« wieder nicht zur Verfügung stehen. Würde allerdings aus dem »Obwalter« noch einmal ein Walter, hoch auf dem blaugelben Wagen der Liberalen, dann wäre der Sieg einer Schmidt-Scheel-Koalition durch den Schlachtruf »Strauß ante portas« eher zu besiegeln als zu erschüttern.

Muß der STERN teurer werden?

Ich könnte es mir einfach machen. Ich könnte schreiben: »Erstmals seit fünf Jahren muß der Verkaufspreis des STERN den steigenden Produktionskosten in der Bundesrepublik angeglichen werden. Von heute an kostet ein Heft drei Mark.« Eigentlich müßten Sie dann sagen: »Donnerwetter, fünf Jahre haben die den Preis gehalten!« Und ich hoffe, Sie würden zu dem Urteil kommen, daß der STERN diese drei Mark wert ist.

Aber so leicht will ich's mir nicht machen. Sie, unser Leser, der Sie Ihr Geld hart verdienen müssen, haben ein Recht auf eine ausführlichere Begründung.

Der STERN hat in den vergangenen Jahren ohne Rücksicht auf Kosten und Mühen versucht, seinen Lesern das Wissen und die Information zu geben, die ihnen andere nicht vermitteln konnten. Denken Sie an die Serie über Christiane F., die erste ganz hautnahe Dokumentation der Drogentragödie unserer Jugend. Erinnern Sie sich an unseren Bericht über den langsamen Weg in den Unrechtsstaat, als die Fernsehserie »Holocaust« lief. Oder daran, daß STERN-Reporter in zwei eigens gecharterten Maschinen der entführten Lufthansa-Boeing bis nach Mogadischu auf der Spur waren, um dann als erste das Drama der Geiselbefreiung in Wort und Farbfotos minuziös zu schildern. Sie werden die dramatischen Folgen über die Ballon-Flüchtlinge im Gedächtnis haben, die inzwischen in Japan und USA, England und Frankreich, Schweden und Holland nachgedruckt wurden. Zwei Jahre gab der STERN einem seiner Redakteure, Paul-Heinz Koesters, Zeit, um die Serie »Deutschland deine Denker« zu schreiben, die uns das Kompliment einbrachte, dies sei »die erste spannend geschriebene Einführung in die deutsche Philosophie«.

Ich möchte, daß es auch weiterhin so bleibt. In diesem Heft fängt eine Veröffentlichung an, in der Ärzte und Patientinnen über die Praxis nach der Liberalisierung des § 218 diskutieren (Seite 86). Im übernächsten Heft beginnt ein Bericht über den israelischen Geheimdienst Mossad – nie haben Sie ein so aufregendes Stück politischen Abenteurertums gelesen.

Und weiter: An dem Tag, an dem ich dies schreibe, sind fünf STERN-Reporter in Lake Placid. Ein Team des STERN reist durch Indira Gandhis Indien, das durch die ungeschickte Politik der Amerikaner an die Seite der Russen getrieben wird, ein anderes Team kommt eben aus der Türkei zurück, die wir mit unseren Steuergeldern als Nato-Verbündete aufbauen. Weitere Teams arbeiten in Südamerika, in Persien, in der Pathologie einer Münchner Klinik, in Rhodesien.

In fast allen Hauptstädten der Welt hat der STERN eigene Korrespondenten, die direkt von den Schauplätzen des Geschehens berichten. 39 Reporter und Fotografen sind ununterbrochen für Sie unterwegs. Und annähernd 300 Redakteure, Rechercheure und Dokumentatoren sorgen dafür, daß von der Abenteuergeschichte über die Lovestory bis zum wissenschaftlichen Bericht alles stimmt.

Wir könnten es uns leichtmachen. Wir könnten Ihnen erzählen, daß Aspirin dem Herzinfarkt vorbeugt, und die Geschichte zu einer medizinischen Sensation aufpusten, obwohl die seriöse Forschung inzwischen bewiesen hat, daß es sich hier um eine voreilige Hoffnung handelte. Wir könnten unsere Texte aus Nachrichtendiensten und Zeitungen zusammenschreiben, wir könnten auf die Nachprüfung an Ort und Stelle verzichten.

Das alles wollen wir nicht, wir wollen, daß der STERN an journalistischer Qualität zunimmt und nicht verliert. Und dies alles kostet Geld, viel Geld. Der STERN, stolz auf seine Unabhängigkeit, stolz auf seinen kritischen Standpunkt, muß dieses Geld selber verdienen.

Natürlich: Da gibt es die Inserate, die dem Verlag Geld bringen. Aber gäbe es die nicht, dann würde der STERN bei gleichem Umfang am Kiosk nicht 3,00 Mark, sondern etwa 8,40 Mark kosten

(vergleichen Sie nur den Preis von Büchern mit etwa dem gleichen Papiergewicht).
Sie werden es beim täglichen Einkauf gemerkt haben, wie in den letzten fünf Jahren alle Waren in kleinen Schritten teurer geworden sind. Ich habe mir einmal willkürlich die seit 1975 erfolgten Preiserhöhungen aus verschiedenen Bereichen zusammengestellt. Bohnenkaffee wurde um 31,2 Prozent teurer, Zigaretten stiegen um 27,1 Prozent, der Friseur legte fürs Haarschneiden gleich 39,1 Prozent zu, die Hallenbäder verteuerten sich um 28,4 Prozent. Das sind die Zahlen des Statistischen Bundesamtes. Zur gleichen Zeit kletterte der Brutto-Stundenverdienst eines Industrie-Arbeiters um 9,85 auf 13,37 Mark.
Bitte glauben Sie mir, mein Ja zur Preiserhöhung ist mir schwergefallen. Aber ein wenig haben mich diese letzten Zahlen getröstet, denn sie heißen in der Praxis: Der Industrie-Arbeiter – und das gilt wohl auch für alle anderen Berufsgruppen – muß für das drei Mark teure STERN-Heft nicht länger arbeiten als vor fünf Jahren für das Heft zu 2,50 Mark. Statistisch gesehen sogar zwei Minuten weniger.

Wir Journalisten denken – oft zum Kummer unserer Verleger – nicht in erster Linie ans Geldverdienen. Wir denken daran, ein spannendes, unterhaltsames, informatives Magazin zu machen. So ist der STERN zur Nummer 1 auf dem internationalen Zeitschriftenmarkt geworden. Diesen Platz soll er behaupten. Wir wollen auch in den 80er Jahren unseren Lesern eine Zeitschrift bieten, wie sie weder Franzosen noch Italiener, weder Amerikaner noch Engländer in ihren Ländern erwerben können.

11. September 1980

Die Polenkrise und die Claqueure

Wer sich den Unterschied zwischen staatsmännischem Verhalten und politischer Schaumschlägerei so recht sinnfällig vor Augen führen wollte, der hatte während der Polenkrise die beste Gelegenheit dazu.
Niemand wird daran zweifeln, daß die Sympathien des Bundeskanzlers Helmut Schmidt auf seiten der streikenden Arbeiter waren. Dennoch: In der Öffentlichkeit hielt der Kanzler sich zurück, und keinem Interviewer gelang es, ihm spektakuläre Äußerungen zu entlocken. Nicht anders verhielt sich Giscard d'Estaing, und selbst Jimmy Carter schien gelernt zu haben, daß verbale Kreuzzüge gegen Ein-Parteien-Regierungen den Weg zu mehr Menschenrechten für die Regierten eher blockieren.
Nur Helmut Kohl und Franz Josef Strauß wurden nicht müde, den Kanzler zu einer »klaren Stellungnahme« zu mahnen und ihm den österreichischen Sozialisten Bruno Kreisky als Vorbild zu empfehlen. Daß Kreisky mit seinem Getöne über den »Bankrott des Kommunismus« von dem Korruptionsskandal beim Bau des Wiener Allgemeinen Krankenhauses ablenken wollte, mögen seine deutschen Lobredner wohl nicht bedacht haben. Aber auch von Kohl und Strauß selber gab es Jubelgeschrei im besten »Bild«-Zeitungsstil, und wer ihm glaubte, dem schien das Ende des Warschauer Paktes und der Vormachtstellung der Sowjetunion greifbar nahe.

Ich frage mich, ob diese politischen Bramarbasse keinen Augenblick daran gedacht haben, daß sie sich hier quasi als eine Alarmanlage des kommunistischen Systems betätigten. Man braucht sich nur in die Situation Breschnjews zu versetzen und nachzudenken, wie lange die Sowjetunion dieses westliche Siegesgeschrei noch hinnehmen konnte, ohne militärisch einzugreifen, um nicht vor ihren

Satelliten und vor aller Welt als ein machtloser Papiertiger dazustehen.
Und erst die polnische Regierung! Wollten die Falken im Westen sie zwingen, das Gesicht zu verlieren?
Es gab doch nur zwei Möglichkeiten: Entweder man hielt Gierek und die polnische Regierung für eine skrupellose Clique von Leuten, die ihre Macht, ihre Privilegien, ihre Datschas, Dienstwagen und ihre bevorzugten Einkaufsmöglichkeiten um keinen Preis verlieren wollten. Dann wäre es klar, daß sie eher die sowjetischen Bajonette zu Hilfe gerufen hätten, als den Bankrott ihres Systems zu erklären. Oder man glaubte der polnischen Regierung und Parteiführung, daß ihr das eigene Volk doch noch ein Stück nähersteht als der große Nachbar im Osten. Da sollte man jeden polnischen Schritt zu mehr Freiheit für die Menschen mit zurückhaltender Freude begrüßen und nicht durch lautes Geschrei bei den Moskauer Machthabern als Verrat am Sozialismus denunzieren.
In der »Welt am Sonntag« konnte man lesen, der deutsche Bankkredit an Polen möge am besten durch Grundschuldverschreibungen auf pommerschen und schlesischen Boden abgesichert werden. Weiß der Dummkopf, der solches schreibt, denn nicht, daß derartige Gebietsforderungen am ehesten geeignet sind, jenes deutsche Feindbild wieder aufzurichten, dessen Fortfall die freiheitlichen Regungen in Polen eigentlich erst ermöglicht hat?
In Werner Höfers Frühschoppen-Runde waren sich die sechs Journalisten aus fünf Ländern noch einig gewesen, daß der Friede der Welt auf der Unantastbarkeit der gegenwärtigen Machtverhältnisse in Europa beruhe. So bitter die Feststellung sei: Die Polen, Tschechen, Ungarn, Rumänen, Bulgaren und nicht zuletzt die Deutschen in der DDR hätten mit ihrer Unfreiheit fur diesen Frieden zu zahlen. Selbst ein dem Sozialismus so fernes Blatt wie die »Süddeutsche Zeitung« schrieb: »Das Herz möchte jubeln angesichts des polnischen Freiheitsdranges. Aber die Freude über diesen Triumph wird, wenn sich der Kopf einschaltet, augenblicklich zur Qual. Guten Gewissens darf niemand Polen wünschen, was jedermann ihm gerne wünschen möchte.«
Nun ist, wenn alles gutgeht, das Wunder dennoch geschehen: Der Sozialismus in Polen zeigt ein menschlicheres Gesicht. Und was wir dazu beitragen können, das sollten wir wahrhaftig ohne Überheblichkeit tun.
Strauß und Stoltenberg haben gemeint, die deutschen Banken sollten ihren Kredit nicht dem kommunistischen Regime in Warschau, wohl aber dem polnischen Volk gewähren. Auch das ist ein Beispiel, wie man seine Wähler für dumm verkaufen möchte. Soll das Geld entweder über die Brotläden oder die Milchhandlungen verteilt werden, oder wie stellen sich die Wahlredner der CDU/CSU einen direkten Kredit an das polnische Volk denn wohl vor? Wir sollten uns auch hüten, Bedingungen an den Kredit zu knüpfen, deren Einhaltung wir ohnehin nicht überwachen könnten. Oder wollen Strauß und Stoltenberg den BND dafür einsetzen?
Nein, nicht nur die polnischen Arbeiter haben Mut und Disziplin bewiesen. Einsicht zeigte auch die polnische Regierung. Und selbst wenn sie sich schwer damit getan hat, sollten wir es ihr jetzt um so leichter machen, die den tapferen Arbeitern gegebenen Versprechungen auch zu erfüllen. Und wir sollten alles vermeiden, was Moskau auf den Gedanken bringen könnte, unser Kredit diene nicht der Vermenschlichung, sondern der Zerstörung des Systems.
Die Fairneß gebietet es allerdings, aus den Ereignissen in Polen noch eine andere Lehre zu ziehen. Offensichtlich hat der Westen doch recht daran getan, den sowjetischen Einmarsch in Afghanistan mit solchem Nachdruck zu verurteilen. Ich habe das ohnehin nutzlose amerikanische Getreideembargo und den Olympia-Boykott an dieser Stelle abgelehnt. Nun muß ich mich fragen, ob Moskau in der Polenkrise stillgehalten hätte, wenn die westliche Welt über Afghanistan mit einem Achselzucken hinweggegangen wäre und nicht ein deutliches Signal gesetzt hätte. Denn die stereotypen Anklagen der sowjetischen Presse gegen »antisozialistische Umtriebe in Polen« zeigen, daß jedenfalls bei den alten Männern im Kreml der Sozialismus mit menschlichem Antlitz noch immer als Schreckgespenst angesehen wird.

Stimmenfang mit Toten

Die Toten lagen noch auf der Straße, als Franz Josef Strauß schon anfing, das Massaker vom Münchner Oktoberfest für seinen Wahlkampf auszuschlachten. Mit Sohn Maxi Josef, 21, und Tochter Monika, 18, erschien der Kanzlerkandidat am Freitagabend in der Einsatzleitung, wo sein Finanzminister Streibl das Stichwort bereits ausgegeben hatte: Schuld sei nur die Unfähigkeit des FDP-Bundesinnenministers Baum. Den für die Feuerwehr zuständigen FDP-Stadtrat Manfred Brunner fuhr Streibl an: »Ich sehe keinen Grund dafür, daß ein Mitglied der FDP hier Erklärungen abgibt. Die FDP ist doch mitverantwortlich für das, was hier passierte.«
Noch ging man davon aus, daß Linksterroristen die Bombe gelegt hatten. Und am Sonnabend tönte denn auch Franz Josef Strauß im Familienkreis: »Man müßte jetzt ein Flugblatt verfassen, das nur eines zeigt: Baum im Gespräch mit Mahler.«

Niemals ist einer tiefer in die Grube gestürzt, die er einem anderen graben wollte, als der Kanzlerkandidat von Sonthofen. Einen Tag später wußte man, daß diesmal der Terror von rechts zugeschlagen hatte. Bundesinnenminister Baum, den Strauß jetzt eine »Skandalfigur« nennt, hatte vor eben diesem rechtsradikalen Terror der »Wehrsportgruppe Hoffmann« wiederholt gewarnt und die Gruppe schließlich verboten. Von seiten des Herrn Strauß und seiner Freunde aber gibt es eine ganze Reihe dokumentarisch belegter Bagatellisierungsversuche.

Franz Josef Strauß:
»Hier wird mit propagandistischen Mitteln eine Hysterie gegen einen angeblichen Rechtsradikalismus betrieben, der jedoch in Umfang und an Heftigkeit mit dem Linksradikalismus überhaupt nicht zu vergleichen ist.«
(»Welt am Sonntag« vom 28. Januar 1979)

CDU-MdB Gerhard Reddemann:
»Eine wirkliche Gefahr von rechts besteht gegenwärtig nicht.«
(Pressedienst der CDU/CSU-Bundestagsfraktion vom 19. 4. 1978)

CDU-Generalsekretär
Heiner Geißler:
»Es geht um das Problem des Linksradikalismus, des Kommunismus, des Eurokommunismus und bestimmter Formen des Sozialismus. Dies sind die eigentlichen Formen der Gefährdung unserer Demokratie, nicht die wenigen versprengten und politisch nicht ernst zu nehmenden Rechtsradikalen.«
(Südwestfunk am 6. 8. 1978)

Dr. Alfred Seidl (CSU):
»Für besondere Maßnahmen zum Schutz Andersdenkender vor Übergriffen der ›Wehrsportgruppe Hoffmann‹ sieht das Staatsministerium des Innern keinen Anlaß.«
(Bayerischer Landtag am 25. 8. 1978)

Der STERN hatte zum erstenmal im März 1974 die Umtriebe der in Bayern agierenden »Wehrsportgruppe Hoffmann« aufgedeckt und später mehrfach darüber berichtet. Dazu der damalige

Innenminister Dr. Seidl (CSU):
»Im übrigen bin ich der Meinung, daß die ›Wehrsportgruppe Hoffmann‹ eine solch massive ›Aufwertung‹, wie sie sie durch die Presse erfährt, nicht verdient.«
(Bayerischer Landtag am 25. 8. 1978)

CDU-Landesvorsitzender
Alfred Dregger:
»Der Rechtsextremismus hat weiter verloren. Die politische Bedeutung des Linksextremismus ist dagegen erheblich gewachsen.«
(CDU-Pressedienst vom 13. 8. 1980)

Bayerns Innenminister
Gerold Tandler (CSU):
»Wer die Lage kennt, der weiß, daß es zwar einen Rechtsextremismus gibt, daß

aber die eigentlichen großen Gefährdungen von seiten des Linksextremismus kommen. Man soll nicht ein Schattenreich aufbauen, eine Schattengefahr aufbauen über das hinaus, was existiert.« (Deutschlandfunk am 4. September 1980)

Das alles hat Franz Josef Strauß nicht gehindert, in »Bild am Sonntag« dem FDP-Innenminister Baum zwar »keine unmittelbare Verantwortung für dieses Attentat« anzulasten, ihm aber doch »schwere Schuld« wegen der »Verharmlosung des Terrorismus und wegen der Verunsicherung der Sicherheitsdienste« aufzuladen.
Ob Innenminister Baum diplomatisch gehandelt hat, als er in der Zeit vor den Wahlen mit dem ehemaligen Terroristen Mahler diskutierte, mag man bezweifeln, wenn man den Bürger grundsätzlich für denkunfähig hält. Was Baum wollte, war jedem Einsichtigen klar: Er wollte mit Mahler, der seine Strafe verbüßt und dem Terrorismus abgeschworen hat, die Sympathisantenszene aufweichen. Einen wirksameren Zeugen als Mahler hätte er dafür wohl nicht finden können.
Mancher, der in diesem Land politische Verantwortung trägt, hat in den letzten Wochen bei dem Gedanken gezittert, ein Attentat der RAF oder des »2. Juni« könnte dem Law-and-order-Kandidaten Strauß noch Aufwind verschaffen. Wer allen Ernstes behaupten konnte, die Sowjets wären nicht in Afghanistan einmarschiert, wenn er nur an der Macht gewesen wäre, der würde auch glauben machen wollen, er könnte den Terrorismus austreten wie eine Zigarettenkippe. »Verstand ist stets bei wenigen nur gewesen«, heißt es bei Schiller. Auf die vielen, denen das Nachdenken zu mühsam ist, hätte Strauß wohl setzen können.
Daß er nun den blutigen Terror einer Gruppe, die er und seine Freunde selber systematisch verharmlost hatten, für sich auszuschlachten versucht, das zeigt den ganzen Abgrund im Charakter des Franz Josef Strauß. Man muß Helmut Schmidt und Hans-Dietrich Genscher nicht mögen. Man muß die Politik der sozial-liberalen Koalition nicht für der Weisheit letzten Schluß halten. Niemand wird einem überzeugten Anhänger der Unionsparteien den Respekt versagen. Hätten sie Ernst Albrecht oder Gerhard Stoltenberg aufgestellt, dann hätte der Wähler eine ehrenhafte Alternative gehabt.
Aber ein politischer Leichenfledderer wie Franz Josef Strauß darf nicht Kanzler der Bundesrepublik werden.

20. November 1980

Dies ist die Stunde des Kanzlers

Der STERN hat, wem sag ich's, vor der Bundestagswahl Helmut Schmidt und die sozial-liberale Koalition nach Kräften unterstützt. Wir taten das vor allem aus außenpolitischen Gründen. Auch bei den sich abkühlenden Beziehungen zwischen Ost und West gibt es zu einer illusionslosen und dennoch geduldigen Entspannungspolitik keine Alternative. Die Rückkehr zur »Politik der Stärke« ist uns verwehrt, der Westen verfügt nicht über eine militärische Überlegenheit, die jedes eigene Risiko ausschließt. Und wenn der neue US-Präsident Reagan das Wettrüsten wieder beginnen sollte, werden es ihm die Sowjets nachtun. Wäre es sein Plan, die Russen bis zu deren wirtschaftlichem Kollaps totzurüsten, so ließen sich Kurzschlüsse nicht mehr ausschließen. Dümmer als Reagan sind die Leute im Kreml zwar nicht, möglicherweise sind sie dank Afghanistan und Polen nervöser.
Vor allem aber zählt eines: Wenn Ronald Reagan, wie er angekündigt hat, die diktatorischen Law-and-order-Regime in Süd- und Mittelamerika und in der Dritten Welt für Garanten westlicher Sicherheit hält, dann werden die USA wieder mal auf die falschen Pferde setzen.

Wer spricht heute noch von Amerikas Favoriten Tschiang Kai-schek, Syngman Rhee, Trujillo, Batista, Somoza und dem Schah von Persien? Wenn Helmut Schmidt den neuen alten Mann im Weißen Haus trifft, täte er gut daran, ihm zu sagen, daß der Westen rechtzeitig auf die jungen Pferde setzen sollte, anstatt sie den Sowjets zuzutreiben.
Aber das nützt im Augenblick wenig zur Lösung unserer innerdeutschen Probleme, die von Staatsverschuldung, negativer Leistungsbilanz und dem Zwang zum Sparen bestimmt sind. Die letzten Versuche des Bundesfinanzministers haben gezeigt, daß der Geist willig, das Fleisch aber sehr empfindlich ist. Überall, wo Matthöfer etwas abzwacken will, schreien die Gebeutelten auf, die Beamten, die Bauern und die übrigen Subventionsempfänger. Was aber schlimmer ist: Innerhalb der Koalition scheint die Angst vor der eigenen Courage ausgebrochen zu sein. Keiner möchte den Buhmann abgeben. So haben SPD und FDP sich in den Koalitionsverhandlungen gegenseitig den Schneid zu einem wirksamen Sparkonzept abgekauft. Was die FDP den Beamten und Bauern nicht antun möchte, wagt die SPD den Gewerkschaften nicht abzuverlangen. Dabei könnte die Regierungskoalition dank ihrer Mehrheit im Bundestag zumindest da rigoros vorgehen, wo Sparmaßnahmen der Zustimmung des von der CDU/CSU majorisierten Bundesrates nicht bedürfen. Hier bestimmt allein der Kanzler die Richtlinien der Politik, also ist dies seine Stunde. Versäumte er sie, dann würde das bedenklich an die Führungsschwäche Willy Brandts erinnern, der sich 1973/74 vom ÖTV-Chef Kluncker ausmanövrieren ließ.

Erst wenn die Koalitionsparteien SPD/FDP sich nicht länger als Lobbyisten ihrer Wähler-Klientel verstehen, sondern im Interesse des Gesamtwohles den Mut zu wirksamen, wenn auch unpopulären Maßnahmen finden, könnten sie auch die Opposition in die Pflicht nehmen. CDU und CSU, die sich vor der Wahl am lautesten über die Staatsverschuldung ereifert haben – nicht ohne den Wählern ihrerseits neue Versprechungen zu machen –, würden ihre Glaubwürdigkeit vollends verlieren, wenn sie heute bei einem vernünftigen Sparkonzept auf die Bremse träten.
Aber der Kanzler ist nun mal der Kanzler. Deshalb heißt es für Helmut Schmidt: Hannemann, geh du voran.

15. Januar 1981

Das Gerede um die DDR-Staatsbürgerschaft

Sowenig es eine halbe Schwangerschaft gibt, ebensowenig gibt es einen Staat ohne Staatsbürgerschaft. Wenn deshalb die Bundesrepublik – im Gegensatz etwa zu Großbritannien oder Österreich – eine eigene Staatsangehörigkeit der DDR nicht wahrhaben will, so erinnert das fatal an die Zeiten, in denen der damalige Bundeskanzler Kurt Georg Kiesinger die DDR noch als »Phänomen« bezeichnete. Inzwischen haben wir den anderen deutschen Staat anerkannt, und nichts sollte uns hindern, den Bürger von Leipzig oder Magdeburg einen DDR-Staatsangehörigen zu nennen. Einen DDR-Staatsbürger »deutscher Nationalität« – so formuliert es das Staatsbürgerschaftsgesetz der DDR von 1967 selbst.
Aber das ist ja nicht der Punkt, um den es Herrn Honecker geht. Vor unserem Grundgesetz sind alle Deutschen gleich. Der DDR-Bürger hat demnach bei uns die gleichen Rechte wie ein Bundesdeutscher: Jedes Konsulat der Bundesrepublik im Ausland hat ihm diplomatischen Schutz zu gewähren, die Bundesrepublik ist für ihn ein Land der offenen Tür, ein Deutscher aus Leipzig oder Magdeburg kann sich bei uns bewegen wie ein Deut-

scher aus München oder Köln. Für uns gibt es nur die deutsche Staatsbürgerschaft nach dem Reichs- und Staatsangehörigkeitsgesetz von 1913.
Und die möchte Herr Honecker seinen Bürgern nehmen, denn – wie er vor DDR-Soldaten auf Rügen sagte – die Bundesrepublik ist nicht nur Ausland, sondern noch dazu imperialistisches Ausland. Und natürlich paßt es ihm nicht, wenn ein DDR-Bürger etwa als Rentner beim Besuch der Bundesrepublik nur zur Polizei oder als Seemann oder Monteur im Ausland nur auf ein Konsulat der Bundesrepublik zu gehen braucht, und schon hat er einen deutschen Paß, mit dem er reisen kann, wohin er will.
Käme es der DDR-Regierung nur auf ihr Prestige an, dann wäre überhaupt nicht einzusehen, warum wir uns gegen die Anerkennung der DDR-Staatsangehörigkeit wehren sollten. Aber wollten wir, die wir die Freizügigkeit genießen, es auf uns nehmen, sie den Deutschen aus der DDR vorzuenthalten, etwa indem wir eine eigene bundesdeutsche Staatsangehörigkeit schaffen? Wobei notabene Westberlin durch die Ritze fiele und zum dritten deutschen Staat würde, denn auch die westlichen Alliierten erkennen Berlin ja nicht als Land der Bundesrepublik an, wohl aber respektieren sie die alte deutsche Staatsbürgerschaft der Berliner.
Nun könnten wir sagen: Nach Artikel 16 des Grundgesetzes kann die deutsche Staatsbürgerschaft nicht entzogen werden. Aber dieses Grundgesetz gilt nur für die Bundesrepublik und Westberlin, wenngleich auch die DDR-Bürger von 1981 ebenso wie wir Nachfahren und Staatsbürgerschaftserben der Deutschen von 1913 sind. Aber möge von uns aus die souveräne DDR-Regierung anders verfahren und für ihre Bürger nur die DDR-Staatsangehörigkeit von 1967 anerkennen. Dem würden wir folgen, obwohl das Bundesverfassungsgericht in seinem Grundlagenvertragsurteil dies ausdrücklich untersagt hat – immerhin wäre eine Abänderung des Grundgesetzes theoretisch ja nicht ausgeschlossen.
Damit aber den Deutschen der DDR durch solche Anerkennung die Freizügigkeit und der diplomatische Schutz der Bundesrepublik nicht genommen würde, könnten wir ein Asylrecht für alle Deutschen etablieren. Wer immer aus Gera oder Halberstadt zu uns käme, könnte sich als Bürger der Bundesrepublik registrieren lassen.
Nur: Das ist es nicht, was Herr Honecker möchte, denn dann hätte sich ja gegenüber heute nichts geändert. Nach wie vor hätten DDR-Bürger bei uns die gleichen Rechte wie Bundesbürger. Bis auf eine völkerrechtlich fatale Konsequenz: Wir müßten allen nichtdeutschen Ausländern, mit deren Regierungen wir Verträge mit einer sogenannten Meistbegünstigungsklausel abgeschlossen haben und die wir deshalb nicht schlechter behandeln dürften als »deutsche Ausländer«, ebenfalls Asyl gewähren. Millionen Türken, Griechen und Marokkaner stünden morgen vor unserer Tür.
Der Streit um die DDR-Staatsangehörigkeit ist also eine reine Spiegelfechterei, solange wir nicht die Bürger der DDR in das Getto einer Staatsbürgerschaft einsperren wollen. Und will das einer?
Ich glaube, nicht einmal der Staatsratsvorsitzende Honecker will das im Ernst. Denn die Tatsache, daß die DDR für uns eben kein Ausland ist, macht Ostberlin indirekt auch zum Mitglied der EG. Der Handel zwischen beiden deutschen Staaten gilt nämlich zollrechtlich als Binnenhandel. Kaum anzunehmen, daß die DDR auf die großen wirtschaftlichen Vorteile dieser Regelung verzichten will.
Was also bedeutet es, wenn Herr Honekker nicht müde wird, vor den »Träumen am gesamtdeutschen Kamin« zu warnen? Es ist nur ein weiterer Akt des Abgrenzungsschauspiels, mit dem die Regierung der DDR sich als treuer Vasall Moskaus zu profilieren sucht, seitdem die Polen ihre eigene Identität entdeckt haben.
Wenn Herr Ronneburger von der FDP den DDR-Bürgern die eigene Staatsangehörigkeit zuerkannt wissen will, so ist das eine Binse, solange er ihnen nicht die gesamtdeutsche Staatsbürgerschaft bestreitet. Schließlich gibt es auf dieser Welt Millionen von Menschen, die eine doppelte Staatsbürgerschaft haben. Die eine haben sie von ihren Eltern geerbt, die andere haben sie durch den Staat, in dem sie geboren wurden, automatisch erworben. Wenn dagegen die »FAZ«

meint, die Bundesrepublik dürfte eine eigene DDR-Staatsangehörigkeit keineswegs anerkennen, so ist das völkerrechtlich unsinnig, schließlich ist der DDR-Paß kein unbedrucktes Stück Papier. Das ganze Gerede um die DDR-Staatsbürgerschaft ist also nichts als ein Wind vor der Hoftür. Die DDR-Bürger haben die gleichen Rechte wie wir, nur mit den Pflichten, etwa der Militärdienstpflicht, dürfen wir sie nicht überziehen.

3. März 1981

Wo bleibt die Bundesregierung?

Stellen Sie sich vor, daß über die Behandlung von Krebs- und Kreislauferkrankungen – an denen mehr als 70 Prozent aller Deutschen sterben – künftig nicht mehr in Kliniken und Forschungslaboratorien entschieden würde, sondern in Parteibüros, in Wahlversammlungen, vor Verwaltungsgerichten und schließlich in Massendemonstrationen vor den Werktoren der deutschen Pharmakonzerne. Unvorstellbar?

Nun, warum sollte in der Gesundheitspolitik unmöglich sein, was in der Energiepolitik längst eingetreten ist: die geradezu fanatische Ideologisierung von Problemen, die für Leben und Gesundheit unserer und der folgenden Generationen von entscheidender Bedeutung sind und die eigentlich nur mit naturwissenschaftlichen Methoden, mit kühlem Verstand und politischer Verantwortung gelöst werden können.

Wissen Sie und weiß ich, ob Kernenergie unumgänglich notwendig ist, ob sie beherrschbar oder gefährlich oder am Ende ganz und gar des Teufels ist? Wir wissen es nicht. Die Parteien wissen es auch nicht, sonst könnten nicht Helmut Schmidt entschieden für und Erhard Eppler leidenschaftlich gegen Atomkraftwerke stimmen. Beide sind Sozialdemokraten – die Frage nach Nutzen und Gefahr der Kernenergie ist von Parteiprogrammen offenbar nicht zu beantworten.

Der FDP-Graf Lambsdorff malt den Untergang der deutschen Wirtschaft für den Fall an die Wand, daß nicht ohne Verzug mit dem Bau von Kernkraftwerken auf breiter Front begonnen werde, dagegen fordert der Hamburger Landesverband der FDP, daß der Senat der Hansestadt sofort aus dem Brokdorf-Projekt aussteigt.

Nur in der CDU/CSU fällt mir kein prominenter Kernkraft-Kritiker ein – nicht eben ein Zeichen für politischen Verstand und politisches Verantwortungsgefühl, wenn hier die Antworten auf Lebens- und Überlebensfragen der Nation offensichtlich von der Parteiräson diktiert werden.

Und da wundert sich der Bundeskanzler, »daß die Probleme um Brokdorf ideologisch überhöht und dogmatisch zugespitzt werden«, und lamentiert darüber, daß die Auseinandersetzungen »manchmal pseudoreligiösen Charakter annehmen«?

So blauäugig kann doch Helmut Schmidt nicht sein, daß er nicht wüßte, daß der Glaubenstrieb immer da beginnt, wo der feste Boden der Erkenntnis und der Information verlassen wird, daß Ideologisierung und Fanatisierung allemal aus tiefer Verunsicherung herrühren.

Was aber tut die Bundesregierung zur Information des Bürgers? Wo bleibt ihre Aufklärung? Der Kanzler hat sich geweigert, dem Volke geistige oder gar philosophische Leitlinien zu geben, das sei nicht Sache der Politiker. Aber heißt das auch, daß eine Regierung nicht mehr regiert, und das bedeutet im Fall der Energieversorgung, daß sie sich hinter der Zuständigkeit der Länder versteckt, anstatt ihr Ja zur Kernenergie vor den Bürgern zu begründen und diese einleuchtend zu informieren? Sind unsere Minister denn nur noch Verwalter und der Kanzler eine Art Oberbuchhalter?

In diesem STERN wird auf Seite 222 ein Thema angesprochen, das wie der Bau von Kernkraftwerken eines Tages die Bürger verunsichern und aufbringen könnte: die Versorgung der Bevölkerung mit lebenswichtigen Medikamenten. Da behauptet der Diplompsychologe Dr. Hans Weiss, er hätte sich als eine Art Medizin-Wallraff bei der deutschen Pharmaindustrie verdingt und herausbekommen, auf welch skandalöse Weise unsere Kranken nicht zu ihrem Heil, sondern zum Wohle der Industrie und einiger ärztlicher Nutznießer mit einigen hochwirksamen Pillen und Ampullen vollgepumpt würden.
Da ist von manipulierten Gutachten und von der Bestechung medizinischer Kapazitäten die Rede, vom Bar-Scheck, Kaffeeservice und Feldstecher bis zum Jagdmantel für den Chefarzt. Da werden Ärzte mit den Damen ihres Herzens zum Kongreß-Urlaub an südliche Gestade eingeladen, nur damit sie ihren Kranken die notabene teuren Herzmittel des großzügigen Gastgebers verordnen. Wenn das mit allen Nebenwirkungen zutrifft, dann würde es nicht nur den Patienten buchstäblich an Herz und Nieren gehen, sondern überdies auch die Kostenexplosion unseres Gesundheitswesens erklären, die das Leben Tausender gefährdet.

Wir geben diesen Bericht mit allem Vorbehalt wieder – immerhin werden Dr. Weiss und drei Mitautoren in einem bei Kiepenheuer & Witsch erscheinenden Buch eine umfangreiche Dokumentation für ihre Behauptungen vorlegen. Der deutschen Pharmaindustrie bietet der STERN hiermit ausdrücklich die Möglichkeit zu einer Entgegnung. Aber stünde dann nicht am Ende wieder, wie bei der Kernenergiediskussion, Aussage gegen Aussage? Wozu haben wir einen Bundesminister für Gesundheit, wenn sein Ministerium nicht in der Lage wäre, objektiv festzustellen, was Sache ist, und dann daraus die gesetzgeberischen Konsequenzen zu ziehen und den Bürger zu informieren?
Die Ausgangslage ist bei beiden Themen fast identisch.
Die ersten Energie-Bedarfsrechnungen kamen von der Industrie, die daran interessiert ist, den Bedarf hoch zu veranschlagen und entsprechende Reaktoren zu bauen. Die Wissenschaftler standen größtenteils im Dienste dieser Industrie – wes Brot sie aßen, des Lied sie sangen. Aber inzwischen will eine aus anerkannten Fachleuten gebildete Enquete-Kommission des Bundestages festgestellt haben, daß wir, um bessere Erkenntnisse über Bedarf und Entsorgung zu gewinnen, den Einstieg in die große Kernenergiewirtschaft getrost bis zum Jahre 1990 aufschieben könnten. Und neue Untersuchungen, darunter der Harvard Energy Report, die Studie des »Internationalen Instituts für Angewandte Systemanalyse« sowie der »Bericht für den Präsidenten« sind, wie die »Süddeutsche Zeitung« berichtet, »zu dem überraschenden Ergebnis gekommen, daß bis zum Jahre 2000 Erdöl und Gas die wichtigsten Energieträger bleiben, daß dann die Kohle die Hauptlast übernimmt und erst von 2030 an die Kernenergie einen nennenswerten Beitrag leisten kann«. Außerdem sei es dringend erforderlich, mehr Mittel zur Entwicklung des Hochtemperaturreaktors bereitzustellen, dessen Abwärme zur Fernheizung dienen kann. Schließlich werden 70 Prozent unseres Energiebedarfs für Wärme gebraucht. Die jetzt eingesetzten Leichtwasserreaktoren aber blasen ihre Abwärme nutzlos in die Luft oder heizen unsere Flüsse damit auf, um dann die zur Heizung unserer Wohnungen benötigte Wärme auf dem teuren Umweg über den Strom wieder zu substituieren.

Wozu, so frage ich, haben wir einen Bundesforschungsminister, wenn er uns nicht unmißverständlich sagen kann, was es mit dieser Frage auf sich hat und ob etwa zutrifft, was die »Süddeutsche Zeitung« mutmaßt: daß die interessierte Industrie im Verein mit Unions-Parteien dabei ist, diesen Bericht der Enquete-Kommission kurzerhand unter den Tisch zu bügeln?
Die Bundesregierung ist also gefordert. In der Gesundheitspolitik so gut wie in der Energiepolitik. Versagt sie sich, dann darf sie sich nicht wundern, wenn sich die Interessenten, die Ideologen und schließlich die Straße dieser Probleme bemächtigen.

Die Analphabeten von Bonn

Die Hilflosigkeit, mit der die Bonner Koalitionspartner ihre größtenteils selbstgebohrten Haushaltslöcher zu stopfen versuchen, droht in blanke Primitivität umzuschlagen. Da haben sie nun vor jeder Wahl mit der Gießkanne ihre Wohltaten über Bedürftige und Nichtbedürftige ausgegossen – soweit sie nur als Wähler interessant waren. Und nun scheuen sie sich, selbst die Mißbräuche dieses Wohlfahrtsstaates abzustellen.

Da sitzen Gutverdienende in Sozialwohnungen, da beziehen Drückeberger auf Kosten der wirklich Arbeitslosen Unterstützungsgelder, da bekommen Beamte »Kletterzulagen, wenn sie im Dienst Leitern ersteigen müssen«, da beziehen Sekretärinnen und Chauffeure von Ruhrgebietsmagnaten die fast doppelte Knappschaftsrente, die den hart unter Tage arbeitenden Bergleuten wahrhaftig zusteht. Da werden sogar Großverdienern Kindergeld und Kriegsopferrenten nachgeworfen, die sich im Vergleich zu ihrem Einkommen wie Trinkgelder ausnehmen. Und das alles geschieht mit einem Verwaltungsaufwand, der in die zig Millionen geht.

Und da wird Geld ausgegeben nach dem gleichen Gießkannenprinzip. Straßen werden aufgerissen für den Wasserleitungsbau, wieder zugeschüttet und nach ein paar Wochen wieder aufgebuddelt für die Abwasserleitung, weil in den Behörden einer vom anderen nichts weiß. Da werden für Milliarden der Elbe-Seiten-Kanal gebaut, auf dem heute nur die Surfer segeln, und ein Rhein-Donau-Kanal, von dem jetzt schon jeder weiß, daß ihn keiner braucht. Straßenbrücken stehen als Bauruinen in der Landschaft, weil die geplanten Straßen sich später als unnötig erwiesen. Jedes bessere Dorf schmückt sich mit einem kaum benutzten Hallenbad, dafür gibt es zuwenig Kindergärten und Chirurgie-Zentren für Herzkranke.

»Es wird grausam werden«, hat Helmut Schmidt verkündet, als der gelernte Volkswirt zu spät die Ebbe in der Staatskasse bemerkte. Und dann ging er auf Urlaub. Derweil gerieten sich seine Bonner Flickschuster in die Haare, wo man denn nun wohl sparen könne. Und jeder war bemüht, seine eigene Wählerklientel vor der Grausamkeit zu schützen. Die SPD bekam es mit den Gewerkschaften zu tun, die FDP mit ihren Beamtenwählern. Und die Ersatzkanzler von CDU und CSU vermieden es peinlich, nun ihrerseits Sparvorschläge zu machen. Sollen doch die Regierenden ihre Suppe selber auslöffeln, was schert Kohl und Strauß das gemeinsame Wohl der Nation.

Sonthofen läßt grüßen.

Doch halt, nun haben sie's gefunden. Die Herren Matthöfer, Ehrenberg und Graf Lambsdorff erspähten ein Opfer, das über keine ernsthaft zu fürchtende Lobby verfügt: die Kultur. Die Verleger von Büchern, Wochenzeitungen und Zeitschriften sollen künftig mit der auf den Normalsatz von 13 Prozent verdoppelten Mehrwertsteuer zur Kasse gebeten werden. Allein die Tageszeitungen sind auszusparen. Da wird also die »Bild«-Zeitung geschont, aber »Zeit«, »Sonntagsblatt« und »Rheinischer Merkur« werden bestraft. Und STERN und »Spiegel« natürlich auch. Wohl weil sie weniger zur Meinungsbildung des »mündigen Bürgers« beitragen als »Bild«?

STERN und »Spiegel« werden es verkraften können, aber die Kulturzeitschriften, die mit geringen Auflagen eben ihr Auskommen haben, werden an den Rand des Ruins getrieben. Und welcher Buchverlag arbeitet heute noch mit Gewinn? Wenige. Also werden die Bücher teurer, viele kleine Buchhandlungen werden schließen müssen, und junge Autoren haben kaum noch eine Chance.

Das alles geschieht in einer Zeit, da die Papierpreise seit 1972 um 112,5 Prozent gestiegen sind, während der elektronische Transport von Information und Unterhaltung via Rundfunk und Fernsehen immer billiger wird.

Da werden wir dann also noch länger vor der Glotze sitzen und »Heiteres Berufe-

raten« betreiben, anstatt zu lesen und uns über Hintergründe zu informieren. Journalisten werden nicht mehr an den Ort des Geschehens fahren können, sich in Revolutionen und Kriegen herumschlagen, mit Staatsmännern und Bürgern, Tätern und Opfern reden und mit großen Mühen und Kosten aufdecken, wo etwas faul ist im Staate. Sie werden der öffentlichen Hand nicht mehr auf die Finger klopfen und kein Feuer mehr unter Ministersesseln anzünden können, weil den Verlegern die Kohle ausgeht.
Wie wär's, sollte nicht das Bundespresseamt eine Einheitszeitung für die ganze Bundesrepublik verfassen, regierungsfromm, unkritisch und so, wie es den Herren in Bonn gefällt? Da ließe dann das »Neue Deutschland« grüßen.
»Mehr Demokratie wagen«, hatte Willy Brandt in seiner ersten Regierungserklärung verkündet. Zum Tag des Buches am 10. Mai hatte Helmut Schmidt noch versprochen, daß an der steuerlichen Begünstigung des Buches, »um die uns viele Ausländer beneiden«, nicht gerüttelt werden dürfe. »Dieses gut verzweigte Netz geistiger Tankstellen«, so der Kanzler, »wollen wir uns erhalten. Sonst stiege die Gefahr eines neuen Analphabetismus!«
Demokratie setzt Information des Bürgers voraus. Hintergrundinformation über die Tagesnachrichten hinaus. Politische Meinungsbildung setzt Lesen voraus. Aber nun werden selbst die Schulbücher teurer.
Ade, du Volk der Dichter und Denker.

7. Januar 1982

Ein Lump, wer in Sachen Polen heuchelt

Die Heuchelei in Sachen Polen hängt mir zum Hals heraus.
Sie begann damit, daß Leute, die bei uns jeden Arbeitskampf als ein Verbrechen gegen die freiheitlich-demokratische Grundordnung ansehen, über jede Streikmeldung aus Polen in helles Entzücken gerieten. Als im März 1981, nachdem die polnischen Arbeiter sich bereits ein Maß an Freiheiten erkämpft hatten, das in kommunistischen Staaten ohne Beispiel ist, als am 30. März ein von der katholischen Kirche vermitteltes Abkommen zwischen der polnischen Regierung und der Gewerkschaft »Solidarität« den drohenden Generalstreik im letzten Augenblick verhinderte – und wir wissen heute, daß die Sowjets für diesen Fall zum Einmarsch bereitstanden –, da konnten die Stammtischstrategen von Wuppertal bis zum Weißen Haus ihre Enttäuschung nur mühsam verbergen.
Ging es um mehr Freiheiten in einem unverändert sozialistischen System? Nein, es ging darum, Polen zum Brandherd des Sowjetimperiums zu machen. Das kommunistische Machtgebilde sei am Zerfallen, verkündete der amerikanische Präsident Ronald Reagan, nun wollte man der Kreml-Hierarchie – nein, nun sollten die Polen ihr den entscheidenden Stoß versetzen.
Geben wir doch zu, daß bei uns nicht wenige am Morgen die Zeitungen aufschlugen mit der genüßlichen Erwartung, daß wieder ein Stahlwerk, wieder eine Kohlengrube, wieder eine Werft von streikenden Arbeitern besetzt sei. Daß nicht wenige auf die ersten blutigen Zusammenstöße warteten, weil Druck immer mehr Gegendruck erzeugt, weil der berstende polnische Kessel am Ende den roten Bären so verbrühen möchte, daß er handlungsunfähig werde.
Und während sich die Polen mit Todesmut Stück um Stück ihre Freiheit erkämpften, achteten die Zeitungsleser im Westen nicht der tragischen Doppelbedeutung des Wortes Todesmut, das auch den Tod als mögliche Konsequenz enthält. Von uns brauchte ja keiner zu

kämpfen, es sei denn vor den gefüllten Warenhausregalen beim Weihnachtseinkauf – für die vielzitierte Freiheit *ließen* wir kämpfen. Von Menschen, die hungerten und denen die Streiks nicht nur immer wieder ein Stückchen Freiheit, sondern auch ein gutes Stück Hunger mehr einbrachten.
Heuchelei war es, nicht sehen zu wollen, daß auch bei der »Solidarität« zunehmend extreme Kräfte am Wirken waren, die den Bezug zur Realität verloren hatten, die das Mittelstück der Wurst mit beiden Enden begehrten und die drauf und dran waren, den sowjetischen Einmarsch geradezu herbeizustreiken. War es denn nicht ein Fanal, daß der zur Mäßigung mahnende Lech Walesa in Danzig nur noch 55 Prozent der Stimmen erhielt?
Heuchelei war es, darauf zu setzen, daß es den Polen gelingen könnte, sich gewissermaßen aus dem Warschauer Pakt herauszustreiken und eine Demokratie westlichen Zuschnitts zu errichten. Wo doch die Siegermächte in Jalta nicht nur mit der Unterschrift Stalins, sondern auch mit den Unterschriften des amerikanischen Präsidenten Roosevelt und des britischen Premierministers Churchill die Welt in eine östliche und eine westliche Einflußzone aufgeteilt hatten. Und Polen liegt nun einmal in jenem Teil der Welt, den die Westalliierten den Sowjets konzedierten.
Heuchelei war es, sich nicht klarzumachen, was im umgekehrten Falle bei uns passieren würde. Man stelle sich nur vor, in einer sich dramatisch entwickelnden Wirtschaftskrise würden sich in der Bundesrepublik die Grünen, die Alternativen, Hausbesetzer, Atomkraftgegner, Pazifisten, Startbahngegner, meinetwegen auch Kommunisten zu einer organisierten antiparlamentarischen Opposition mit mehr als 20 Millionen Mitgliedern formieren. (Zum Vergleich: Polen hat etwa die Hälfte unserer Einwohnerzahl, und »Solidarnoœc« gab an, 10 Millionen Mitglieder zu zählen.) Stellen Sie sich weiter vor, diese machtvolle antiparlamentarische Opposition würde zunächst moderate, ökologische und gesellschaftspolitische Forderungen stellen, dann aber, vom gesamten Ostblock mit ideologischer und materieller Unterstützung bedacht, auf einem Volkskongreß in Dortmund beschließen, die Verfassung der Bundesrepublik außer Kraft zu setzen. Und damit jeder auch wisse, was die Stunde geschlagen habe, würde nach wilden Arbeitsniederlegungen bei Mannesmann, in Leverkusen, auf der Bremer Vulkanwerft, bei Krupp in Essen, VW in Wolfsburg, BMW in München schließlich der Generalstreik für die ganze Bundesrepublik ausgerufen.
Wissen Sie, was dann geschehen würde? Sie können es nachlesen im Bonner »Vertrag über die Beziehungen zwischen der Bundesrepublik Deutschland und den Drei (West-)Mächten« vom 26. Mai 1952, der in Artikel 2 die Alliierten Vorbehaltsrechte und in Artikel 5 den Notstand behandelt. Danach hätte die Bundesregierung bei einer »schweren Störung der öffentlichen Sicherheit und Ordnung« zunächst ihre Polizeikräfte einzusetzen, und wenn sie damit der Lage nicht Herr würde und zudem »nach der Auffassung der Drei Mächte« die Streitkräfte der Westalliierten gefährdet wären, könnten die Militärbefehlshaber Großbritanniens, Frankreichs und der USA in der Bundesrepublik »die angemessenen Schutzmaßnahmen (einschließlich des Gebrauchs von Waffengewalt) unmittelbar ergreifen, die erforderlich sind, um die Gefahr zu beseitigen«.
Merke: Auch der »ernstlich drohende Eintritt einer umstürzlerischen Störung der freiheitlich demokratischen Grundordnung« genügt für die Erklärung des Notstandes.
Die am 30. Mai 1968 vom Bundestag beschlossenen Notstandsgesetze haben diese Prozedur zwar modifiziert, aber in der Sache hat sich nichts geändert: Bei einem in der Bundesrepublik ausbrechenden Aufstand, der die Verfassung und die Bindung an die Nato bedrohte, hätten wir morgen die amerikanische Intervention im Land.
Welche Heuchelei ist es dann, die Sowjets für so schwach oder so leichtfertig zu halten, daß sie ein aufständisches Polen zwischen sich und der DDR dulden würden?
Denn genau zu diesem Punkt waren die Verhältnisse in Polen gediehen, als die »Solidarität« am 12. Dezember in Dan-

zig die Abstimmung über ihr Referendum forderte, das mit dem Generalstreik eine westlich demokratische und in ihrer Substanz zweifellos antikommunistische Gesellschaftsordnung in Polen erzwingen sollte. Moskau war für diesen Fall zum Eingreifen fest entschlossen.

In diesem Augenblick spielte der polnische General Jaruzelski die letzte Karte der polnischen Souveränität aus: Er verhängte das Kriegsrecht über Polen. Jaruzelski wußte, daß die Sowjets die Erneuerungen in Polen mit zusammengebissenen Zähnen hingenommen hatten, solange ihre Militärmacht nicht unmittelbar gefährdet war. Jaruzelski wußte, daß Moskau eingesehen hatte, es könne die polnische Entwicklung nur in einem blutigen Kampf zurückdrehen: Denn anders als in Ungarn und der Tschechoslowakei war die Evolution in Polen nicht eine Sache der Führungskader gewesen, sie war eine Volksbewegung, und das ganze Volk einschließlich großer Teile der Armee würde kämpfen. Jaruzelski wußte: Das bedeutete den Bürgerkrieg in Polen. Dieses Blutbad galt es zu verhindern.

Ich kenne den polnischen Vizepremier Mieczyslaw Rakowski seit 12 Jahren. In den Tagen, als es galt, das Mißtrauen zwischen unseren Völkern abzubauen, war der Journalist Rakowski Chefredakteur der Warschauer »Polityka«. Damals sind wir Freunde geworden.

Rakowski hat mich nie angelogen. Und deshalb vertraue ich dem, was er mir in einem zweistündigen Gespräch in der Nacht nach seinem Bonner Besuch sagte:

○ Die Verhängung des Kriegsrechts war die letzte Karte der polnischen Souveränität innerhalb des Warschauer Paktes. Die Regierung Jaruzelski, die sich auf das im Volke ungebrochene Ansehen der Armee verlassen konnte, handelte aus eigener Verantwortung, nicht im Auftrage der Russen.

○ Meldungen über 40 000 bis 50 000 Internierte, die bei 27 Grad Kälte in Zelten vegetieren mußten, sind ebenso falsch wie Meldungen über Folterungen und Erschießungen. Die Zahl der Internierten lag zu Beginn der Aktion knapp über 5000, die Gefangenen werden menschenwürdig behandelt, wenngleich niemand ausschließen kann, daß es gelegentlich zu Übergriffen von beiden Seiten gekommen ist, die von der aus vier Generälen und vier Zivilisten gebildeten Militärregierung verurteilt werden. Daß es in Kattowitz 7 Todesopfer gegeben hat, als Streikende sich mit Äxten und Eisenstangen auf die Soldaten stürzten, und daß in Danzig eine Frau ihren Verletzungen erlag, hat die Regierung selbst gemeldet.

○ Die seit August 1980 erkämpften Erneuerungen, die freie Gewerkschaft »Solidarität« als unabhängige Arbeitervertretung, wenngleich nicht als politische Oppositionspartei, der Dialog mit der katholischen Kirche – all das wird bestehen bleiben und weiter entwickelt werden.

○ Die für Polens Elend verantwortlichen kommunistischen Führer werden ebenso zur Verantwortung gezogen wie jeder, der heute aus dem Untergrund zu weiteren Streiks aufruft, damit zur Verschärfung der Wirtschaftskrise beiträgt und schließlich das sowjetische Eingreifen heraufbeschwören könnte.

Ich habe meinem Freund Rakowski nicht verschwiegen, daß seine Regierung an den Gerüchten im Westen nicht unschuldig sei, weil sie sämtliche Nachrichtenverbindungen gekappt hatte. Inzwischen hat Polen dem Internationalen Roten Kreuz Zugang zu den Internierten gestattet. Vizepremier Rakowski wird sich dafür einsetzen, daß der STERN schon in der nächsten Woche Gelegenheit erhält, aus Polen authentisch über die weitere Entwicklung zu berichten.

Freiheit – was ist das?

Militärregierungen sind von Übel, ganz gleich, ob es sich um die rechte Junta in der Türkei handelt oder um den Militärrat in Polen. In einem freien Staat ist das Volk der Souverän, und der Soldat steht im Dienste des Bürgers. Wo immer der Dienende sich zum Regenten hochputscht, bleiben die Bürgerrechte auf der Strecke. Dennoch muß die Frage erlaubt sein, ob es nicht Situationen gibt, in denen ein Militärregime das kleinere Übel sein kann.

In der Türkei starben, bevor die Generäle die Macht ergriffen, an jedem Tag zwanzig bis dreißig Menschen bei politischen Attentaten. Die korrupten Parteien erwiesen sich als unfähig, das Chaos zu beenden. Nun hat das Militärregime auf seine Weise für Ordnung gesorgt. Tausende verloren ihre bürgerlichen Freiheiten, ein paar hundert nur die zweifelhafte Freiheit, von politischen Desperados erschossen zu werden. Wiegt eine Freiheit die andere auf?

Immerhin, aus dem Nato-Staat Türkei gibt es verläßliche Nachrichten über Folterungen. Aus Polen gibt es sie nicht. In den vier Tagen, in denen meine Kollegen und ich in Warschau auch mit Mitgliedern der »Solidarität« sprachen, ist uns kein solcher Fall zu Ohren gekommen. Brutalitäten hat es bei der Inhaftierung der fünftausend sicher gegeben, inzwischen bemüht sich das Militär offensichtlich um ein freundliches Gehabe. Aber Freiheit? Die Bürgerfreiheit ist auch unter den polnischen Militärs suspendiert.

Dagegen hat unsere Bundesregierung mit Recht protestiert. Und mit Recht hat sie betont, daß es ohne sowjetischen Druck niemals zum 13. Dezember in Polen gekommen wäre. Aber wo war an diesem 13. Dezember die Alternative? Wäre es nach dem schon beschlossenen Generalstreik zum Einmarsch der Sowjets und damit zu einem blutigen Bürgerkrieg gekommen – was anders hätten die Polen vom Westen zu erwarten gehabt als papierne Sympathiebezeugungen? »Trauerlieder vom Londoner Rundfunk« hatten sie gehört, als polnische Ulanen gegen Hitlers Panzerkolonnen in den Tod geritten waren, sagte uns der polnische Vizepremier Mieczyslaw Rakowski in dem Interview, das Sie auf den nächsten Seiten lesen.

Der STERN hat dem Stellvertretenden Ministerpräsidenten keine Frage geschenkt. Dieses Interview ist ein Dokument. Seine Antworten verpflichten den Repräsentanten des polnischen Militärrates, wahr zu machen, was er verspricht: daß es für Polen kein Zurück gibt hinter den Beginn der Reformen im August 1980. Nur ein Zurück der Armee in die Kasernen.

Wären die Polen dann frei? Ihre geopolitische Lage zwischen der Sowjetunion und der DDR wird sich nicht ändern. Freiheit ist im real existierenden Sozialismus ein relativer Begriff. Und gehört zur Freiheit nicht auch die Freiheit von Angst und von Not? Ist es dann Freiheit, wenn die Bürger New Yorks bei Dunkelheit ganze Stadtviertel meiden müssen, wenn sie nicht zusammengeschlagen und beraubt werden wollen? Sind die Menschen in El Salvador frei, ist Chile frei? Sind die Kinder von Soweto frei?

Wir Bürger der Bundesrepublik sind freie Menschen. Sind es auch unsere 1,7 Millionen Arbeitslosen?

Freiheit – was ist das?

Kluger Kopf und miese Gesinnung

»Dahinter steckt immer ein kluger Kopf« – so lautet seit vielen Jahren der Werbeslogan der »Frankfurter Allgemeinen Zeitung«. Daß dahinter gelegentlich auch eine miese Gesinnung stecken kann, beweist die »FAZ« in ihrer Ausgabe vom 25. Januar.

Da bemüht sich der Leitartikler Ernst-Otto Maetzke darum, seinen Lesern klarzumachen, weshalb Militärregime in Nato-Staaten, Folterungen weit in der Türkei und Völkermord in Mittel- und Südamerika, begangen von Regierungen, die sich des Wohlwollens der USA erfreuen, nicht ganz so schlimm seien wie das Militärregime des Generals Jaruzelski in Polen.

Und um sich nicht allzu deutlich Hitlers Theorie vom »lebensunwerten Leben minderrassiger Völker« zu eigen zu machen, reduziert Maetzke die Moral auf eine Frage der räumlichen und zeitlichen Entfernung des Betrachters vom Tatort. Aber lassen Sie mich nicht polemisieren, sondern den »FAZ«-Leitartikler zitieren: »Schon Kinder wissen aus ihren Indianerbüchern, daß sie über das Martern an fernen Marterpfählen nicht ganz so entsetzt sein müssen wie über das Foltern in nahen Folterkammern. Und Erwachsene wissen, daß ein Genozid (Völkermord), begangen von einem Turkvolk im Ersten Weltkrieg, ein wenig verzeihlicher ist als ein Holocaust, organisiert von einem europäischen Volk im Zweiten. Das hat eine Art von Richtigkeit; man darf sich über (den türkischen Militärdiktator) Evren eher beruhigen als über Jaruzelski.«

Soweit die »FAZ«. Daß in der Türkei Hunderte wegen ihrer Gesinnung gefoltert und hingerichtet werden, während Jaruzelski dem Internationalen Roten Kreuz Zugang zu den Internierungslagern gewährt und aus Polen bisher kein Fall von Folterung und Todesstrafe bekannt wurde – das alles ficht den »FAZ«-Kommentator nicht an. Der Mord am gewählten chilenischen Präsidenten Allende, das Abschlachten ganzer Dorfbevölkerungen in El Salvador, die Verbrechen der mit Amerika verbündeten Diktatoren Batista, Trujillo, Somoza und Konsorten – für die »Frankfurter Allgemeine« ist das allenfalls ein Stück Karl May, über das man »je nach Standpunkt und Eigeninteresse Zorn, Bedauern, Erleichterung, Genugtuung oder gar klammheimliche Freude« empfinden mag.

Ein amerikanischer Kollege, mit dem ich über die Zweckmäßigkeit von Sanktionen gegen das polnische Militärregime stritt, kritisierte den Beschluß des Europäischen Ministerrats, die Verbilligung von Lebensmittellieferungen an Polen zu streichen und das dadurch freiwerdende Geld für private Hilfsaktionen zur Verfügung zu stellen. Auch private Hilfe, so meinte der Amerikaner, fördere Jaruzelskis Militärdiktatur, weil nur ein hungerndes Polen zum Widerstand gegen das Militärregime motiviert sei. Als ich den amerikanischen Kollegen an die Care-Pakete erinnerte, mit denen sein Land den hungernden Deutschen geholfen habe, war seine Antwort: »Ja, aber zuerst haben wir euch gebombt, und erst als Hitler weg war, haben wir euch gefüttert.«

Eine zynische Antwort? Oder nur eine pragmatische?

Pragmatiker wissen, daß Sanktionen noch nie die Geschichte gewendet haben. Von der Kontinentalsperre Napoleons über die Sanktionen des Völkerbundes gegen Mussolini während des Abessinienkriegs bis zu Carters Getreideembargo gegen die Sowjetunion nach dem Einmarsch in Afghanistan erwiesen sie sich jedesmal als ein Schlag ins Wasser. Sie treffen immer zuerst die Bevölkerung, die Militärs hungern stets als letzte. Der Kriegszustand in Polen kann durch Hunger nur verschärft werden; je eher Polen aus seiner wirtschaftlichen Notlage befreit wird, desto größer werden auch die Chancen der Freiheit für das polnische Volk.

Deshalb sollten wir alle die Aktion des Deutschen Roten Kreuzes »Dein Paket für Polen« unterstützen. Der Winter dauert an, die Vorräte erschöpfen sich von Tag zu Tag. Seit der größten privaten Spendenhilfe, die der STERN im Jahre 1974 mit 20 Millionen Mark bei der Dürrekatastrophe in der Sahel-Zone organisierte, habe ich persönliche Erfahrung in solchen Hilfsaktionen. Ich kenne den Präsidenten des Deutschen Roten Kreuzes Walter Bargatzky, sein Wort ist das Wort eines Ehrenmannes. Er hat die Garantie dafür übernommen, daß jedes Paket für Polen dorthin gelangt, wo der Hunger am größten ist. Und ich weiß, daß man sich auf dieses Wort verlassen kann. Die Zusammenstellung eines Musterpakets finden Sie auf Seite 212 dieses Heftes.

Lieber STERN-Leser, wie immer Ihre politische Beurteilung der Vorgänge in Polen sein mag, packen Sie noch heute Ihr Paket, um den Menschen eines Volkes zu helfen, denen wir Deutschen unendliches Leid zugefügt haben. Es gibt noch heute keine polnische Familie, die nicht einen Angehörigen durch Deutsche verloren hat. Es sollte keine polnische Familie geben, die nicht erfährt, daß wir nicht mehr die Deutschen des Jahres 1939 sind.

25. März 1982

Nicht alle Amis heißen Reagan

Wer nicht wie Franz Josef Strauß dem amerikanischen Präsidenten Ronald Reagan aus der Hand frißt und ihm für seinen Deutschland-Besuch gleich zwei Ergebenheitskundgebungen andient, wer sich nicht als Satellit der USA, sondern als ihr kritischer Partner verhält, wer Aufrüstung nicht als Religionsersatz, sondern wer militärische Verteidigungsbereitschaft als ein in unserer Welt leider notwendiges Übel betrachtet, dem wird heute rasch die Plakette »Antiamerikanismus« ans Hemd geklebt.

Nun bedarf es keiner besonderen politischen Weisheit, um zu erkennen, daß die Bundesrepublik einem politischen oder gar militärischen Druck aus dem Osten – wenn es ihn denn gäbe – ohne das Bündnis mit den Vereinigten Staaten nicht widerstehen könnte. Ich zögere deshalb nicht, ein Bekenntnis zu Amerika abzulegen und zu jenen Amerikanern, die es immer noch gibt: den freiheitlich Gesinnten, unhysterischen Realpolitikern Amerikas, die sich der moralischen Verantwortung für das Überleben unserer Gesellschaft verpflichtet wissen. Es gibt sie in wachsender Zahl und in einflußreichen Positionen, auch wenn das Hollywood-Ballyhoo der Reagan-Administration uns den Blick dafür gelegentlich trübt. Nicht jeder amerikanische Politiker oder Militär ist ein Western-Held wie Ronald Reagan oder ein High-pressure-salesman der Rüstungsindustrie wie Herr Weinberger, die einerseits die Sowjetmacht schon zusammenbrechen sehen, um andererseits hinzuzufügen, der Westen müsse nun alles tun, damit dieser Zusammenbruch »nicht mit einem Knall, sondern mit einem Winseln erfolgt«.

Man muß diesen Satz nicht zweimal lesen, um zu begreifen: Wer so redet, der möchte die Sowjetunion, die nach drei katastrophalen Mißernten in wirtschaftlichen Nöten und nach den Debakeln in Afghanistan und Polen (vom Nahen Osten und Afrika gar nicht zu reden) in politischen Schwierigkeiten steckt, mit einem US-Militär-Budget von 258 Milliarden Dollar am liebsten totrüsten.

Aber zum Glück: Nicht alle Amerikaner heißen Reagan oder Weinberger.

Da gibt es den erfahrenen, früheren Vorsitzenden des Außenpolitischen Senatsausschusses, William Fulbright, der letzte Woche vor einem Ausschuß des Repräsentantenhauses sagte: »Dieses Budget wird die Vereinigten Staaten mindestens arm machen, wenn es nicht gar zum Krieg führt. Reagans Haushalt hat zusammen mit der Propaganda, mit der er der Öffentlichkeit und dem Kongreß verkauft werden soll, die Wirkung, daß er das Schwergewicht unserer Politik von der Abschreckung darauf verlagert, einen Atomkrieg zu wagen und zu gewinnen. Dieser Verteidigungshaushalt ist so groß, die Betonung der Nuklearwaffen so stark und der Redeschwall über die sowjetische Bedrohung so extrem, daß man dem Gefühl nicht widerstehen kann, daß wir uns darauf vorbereiten, einen Atomkrieg zu führen und zu gewinnen.«

Der ehemalige US-Außenminister Muskie warf zur gleichen Zeit dem Präsidenten Ronald Reagan vor, er betreibe »eine Politik der rhetorischen Abschreckung, die zu einem Krieg führen könnte«. Die bisherige Politik der Rüstungskontrolle sei, so Muskie, praktisch gestorben und von einer weltweiten Propagandaschlacht abgelöst worden. Das könne zwischen den USA und der UdSSR zu einer ähnlichen Konfrontation führen wie bei der kubanischen Raketenkrise im Jahre 1962. In diesem Fall gäbe es allerdings keine politische Grundlage für einen Kompromiß.

Und nicht minder eindrucksvoll klang die Abschiedsrede des legendären Admirals Rickover vor dem Kongreß. Derselbe Mann, der um der glaubwürdigen Abschreckungspolitik willen – die uns unbestritten 30 Jahre lang den Frieden gesichert hat – die amerikanische Atom-U-Boot-Flotte geschaffen hat, bekannte in seinem 83. Lebensjahr: »Ich würde sie am liebsten alle versenken. Denn die Geschichte lehrt, daß Staaten am Ende jede Waffe benutzen, die sie besitzen.«

Politiker wie Fulbright und Muskie und Soldaten wie Admiral Hyman Rickover stehen nicht allein. Amerikanische Kirchenführer erheben ihre Stimme, Wissenschaftler, Ärzte und zunehmend mehr Politiker wie Edward Kennedy und der ehemalige Vizepräsident Walter Mondale warnen vor Ronald Reagan. Nahum Goldmann, der ehemalige Präsident des Jüdischen Weltkongresses, nannte ihn einen »zweitklassigen Schauspieler, der einen drittklassigen Präsidenten erstklassig spielt«.

Wie lange noch? Nach einer Umfrage der »New York Times« und der Fernsehgesellschaft CBS sinkt Reagans Popularitätskurve schneller als die seiner Amtsvorgänger: Nur 43 Prozent der befragten Amerikaner befürworten die Politik des Präsidenten. Fast gleich viele, nämlich 42 Prozent, lehnen sie ab. In Amerika wächst die Friedensbewegung von Tag zu Tag. James Reston, Kommentator der »New York Times«, sagt, noch sei diese Bewegung »ein vages Grummeln, wie ferner Donner vor dem Sturm«. Aber der Sturm wird kommen.

Wenn dieser Präsident Anfang Juni anläßlich der Nato-Konferenz die Bundesrepublik besucht, sollten wir deshalb Franz Josef Strauß die Peinlichkeit seiner Ergebenheitsadressen nicht verwehren.

Dagegen könnten Protestdemonstrationen gegen Reagan leicht das genaue Gegenteil ihrer Absicht bewirken. Wohin wäre unser Demokratie-Verständnis entartet, wenn Staatsmänner verbündeter Nationen auf deutschem Boden nicht mehr ungestört konferieren können. Warum sollten ausgerechnet wir die Selbstheilungskräfte der amerikanischen Nation in Frage stellen, indem wir ihre Bürger durch lärmende Kundgebungen gegen den Präsidenten mit einem Mann solidarisieren, der den Zenit seiner Macht ebenso überschritten hat wie sein bayrischer Liebediener.

Wurde Erich Mende erpreßt?

Nun wissen wir's also: Die sozialliberale Koalition von SPD und FDP ist nicht durch Bundestagswahlen an die Regierung gekommen, sondern durch eine vom STERN angeführte Mafia der veröffentlichten Meinung. Die neue Ostpolitik von Brandt und Scheel, die an die Stelle frommer Wunschträume wie »Breslau wird wieder deutsch« und »Königsberg wird wieder deutsch« die illusionslose Einsicht in bittere Realitäten setzte, war nichts anderes als das Teufelswerk eines Erpressers, und der hieß Henri Nannen.

So steht es landauf, landab in den Gazetten: »Bunte« und »Bild«, »Welt« und »Berliner Morgenpost« lassen den ehemaligen FDP-Vorsitzenden Erich Mende »auspacken«, und dessen Geschichte liest sich in Auszügen so:

Mende: Am 1. Dezember 1966 (war) die Große Koalition aus CDU/CSU und SPD gebildet worden. Die FDP hatte danach eine undankbare und schwierige Rolle. Sie war parlamentarisch am Rand der Bedeutungslosigkeit. In dieser Situation nahm Henri Nannen Verbindung mit mir auf . . .

Frage: Was sagte Nannen?

Mende: Er entwickelte eine völlig neue Konzeption. Es war die Konzeption einer radikalen Opposition, einer radikalen Kehrtwendung. Das war die Anerkennung der DDR als zweiter deutscher Staat, die Anerkennung der Oder-Neiße-Linie als endgültige Ostgrenze. Kurzum: eine völlig veränderte deutschlandpolitische Position. Die FDP unter meiner Führung sei, so meinte Henri Nannen, eher als die CDU/CSU und die SPD in der Lage, eine Wende herbeizuführen.

Frage: Was sagten Sie dazu?

Mende: Ich erklärte Nannen, das, was er da verlange, könne ich nicht machen. Ich könnte doch nicht das Gegenteil dessen tun, was ich bisher immer gepredigt hatte: Selbstbestimmungsrecht für alle Deutschen, Anspruch auf einen Friedensvertrag.

Frage: Was meinte Nannen dazu?

Mende: Er sagte: »Das ist eine Frage der Führung, des Entschlusses.« Wenn ich das nicht könnte, würden es andere machen müssen. Nannen sagte sehr hart: »Dann müssen Sie eben Ihren Platz als Parteivorsitzender räumen.« Seine Alternative war: »Entweder Sie, Mende, machen diese neue Linie mit, oder Sie sind als Parteivorsitzender weg vom Fenster.«

Soweit, aufs wesentliche verkürzt, im Originalton Erich Mende, der immerhin einmal Vizekanzler in Ludwig Erhards Regierung war. Und wer war ich, daß ich diesen Staatsmann so einfach hätte erpressen können? Major a. D. Mende, der in diesem Zusammenhang gleich noch dezent auf sein Ritterkreuz hinweist, hat dafür seine eigene strategische Erklärung: Ich hätte, so schildert er unser Gespräch, kurzerhand ein halbes Dutzend anderer Medien meinem Kommando unterstellt, um Mende in Bedrängnis zu bringen. Nicht nur den STERN, auch den »Spiegel«, »Die Zeit«, die »Süddeutsche Zeitung«, »Frankfurter Rundschau« und das Deutsche Fernsehen hätte ich aufmarschieren lassen. So sei es schließlich in Hannover zu »einem der turbulentesten Parteitage der deutschen Nachkriegsdemokratie« gekommen. Des Parteimajors Resümee: »Der hannoversche Parteitag war ein Meisterstück der Hintergrundregie von Henri Nannen mit seinen Truppen . . .«

Wie aber war es wirklich?

Die deutschlandpolitische Situation war 1966/67 vor allem durch das Bemühen der Westalliierten unter Führung Amerikas um eine weltweite Entspannung bestimmt. Man war allgemein der »deutschen Querelen« überdrüssig geworden. Keine Macht des Westens war bereit, sich etwa für die Zurückgewinnung der verlorenen deutschen Ostgebiete oder auch nur für eine deutsche Wiedervereinigung einzusetzen. François Mauriac, französischer Nobelpreisträger für Literatur, formulierte seine Einstellung zum Deutschlandproblem gleichsam stellvertretend für die westliche Welt so: »Ich

liebe Deutschland, ich liebe es so sehr, daß ich sehr zufrieden darüber bin, daß es gleich zwei Deutschland gibt.«
Die Bundesrepublik drohte somit zwischen alle Stühle zu geraten. Willy Brandt, der die Notwendigkeit einer neuen Realpolitik durchaus sah, war durch die doktrinäre Haltung seines Regierungspartners Kiesinger paralysiert. Allein in der FDP artikulierte sich ein neues Profil der deutschen Ostpolitik. Der spätere Wirtschaftsminister Hans Friderichs, damals Bundesgeschäftsführer der FDP, Wolfgang Schollwer, ihr Referent für Außen- und Deutschlandpolitik, und der Schatzmeister der FDP, Hans Wolfgang Rubin, waren die Vordenker.
Allein Erich Mende, der Parteivorsitzende, konnte – obwohl er sich den Argumenten der Neuerer nicht verschloß – sein Herz nicht über die Hürde werfen. Arnulf Baring sagt in seinem sehr aufschlußreichen Buch »Machtwechsel« über Erich Mende: »Sein ganzes ostpolitisches Engagement damals war zögernd und widerspruchsvoll. Kein Wunder. Mende wollte früh etwas Neues, spürte es vage kommen. Aber er wußte . . . nicht genau, was überhaupt möglich sein würde, und er wagte nicht, offen über das zu sprechen, was sich abzeichnete.«
Das war's – nicht ungewöhnlich: Dem ausgezeichneten Militär Mende mangelte es an Zivilcourage. Zweimal habe ich ihn in seiner Wohnung besucht, das erste Mal lud er mich zu einem Abendessen mit dem sowjetischen Botschafter Zarapkin ein. Ich war ein aufmerksamer Zuhörer, Mendes bemerkenswert aufgeschlossene Haltung gegenüber seinem sowjetischen Gesprächspartner gab mir zu denken. So suchte ich ihn ein zweites Mal auf. Ich wollte wissen, warum er nicht wagte, sich zu seinen Einsichten zu bekennen. Da sprach Mende seinen Schlüsselsatz: »Ich fürchte, daß ich das politisch nicht überleben würde.«
Arnulf Baring hat bei seiner Schilderung unseres Gesprächs meine angebliche Drohung leider ungeprüft von Erich Mende übernommen. Die Drohung war in Wirklichkeit eine Tröstung. Ich sagte Mende, daß die deutschen Wähler offenbar sehr skeptisch gegenüber den großen Worten ihrer Politiker geworden seien, und ich versuchte, ihm klarzumachen, daß außer dem STERN eine ganze Reihe ernst zu nehmender Zeitungen ihm helfen würden, wenn er politischen Illusionen absagen, die Realität des Unvermeidlichen einsehen und Politik als die Kunst des Möglichen begreifen würde. Von Drohung keine Spur.
Er hat es nicht begriffen, und nur deshalb hat er politisch auch nicht überlebt. So ist denn die Bonität seiner Erinnerungen offenbar nicht anders zu bewerten als jene wertlosen IOS-Zertifikate, mit denen Erich Mende, der einstige Vizekanzler und spätere Beauftragte des Finanzjongleurs Bernie Cornfeld, am Ende seiner Karriere noch viele ahnungslose Sparer um ihr Vermögen gebracht hat.

26. August 1982

Laßt die AEG doch pleite gehen!

Wenn die AEG endlich Konkurs angemeldet hat – und früher oder später muß es wohl dazu kommen –, dann wird es mit der Rundumverteidigung losgehen. Die Banken werden die Manager schelten, die Manager werden das Debakel auf die überhöhten Lohnforderungen der Arbeiter schieben, die Betriebsräte werden von Ausbeutung reden, und alle miteinander werden sie auf die Regierung schimpfen, die den Unternehmen ihre »wirtschaftlichen Rahmenbedingungen« beschnitten hat. Getreu nach der Stamokaptheorie möge nun der Staat als Reparaturbetrieb des Kapitalismus

fungieren. Denn es gilt doch, um jeden Preis die Arbeitsplätze zu erhalten.
Arbeitsplätze, die offenbar zu nichts anderem gedient haben als dazu, überflüssige Güter zur falschen Zeit in nicht marktgerechter Ausstattung bei zu hohen Kosten zu produzieren. Mir scheint, es ist höchste Zeit, diese heilige Kuh endlich zu schlachten. Aber nehmen wir's der Reihe nach:
Die Banken sind als Großaktionäre die eigentlichen Eigentümer der AEG. Herr Friderichs von der Dresdner Bank ist seit Januar 1980 Vorsitzender des AEG-Aufsichtsrats, und neben ihm sitzen da seine Kollegen von der Deutschen Bank, der Commerzbank, der Westdeutschen Landesbank und der Berliner Handels- und Frankfurter Bank.
Nun hat man Banken gelegentlich mit Instituten zum Verleih von Regenschirmen verglichen: Sie betreiben dieses Geschäft gern und mit Gewinn, solange draußen die Sonne scheint; sobald es aber zu regnen beginnt, ziehen sie ihre Schirme ein, damit die nicht zu Schaden kommen. Mancher mittelständische Unternehmer, der vorübergehend in Schwierigkeiten geriet, wurde in den Konkurs getrieben, weil seine Hausbank, als sich die ersten Wolken am Himmel zeigten, den Mut zur Courage verlor. Selbst einen Großunternehmer wie den Hamburger Werftbesitzer Schlieker ließen nervös gewordene Bankiers im Regen stehen, als er 1962 in Liquiditätsschwierigkeiten geriet.
Bei der AEG, in der die Banken das Sagen hatten und wo die unternehmerische Fehlplanung seit Jahren sichtbar war, blieben die Schirme aufgespannt, als sich längst herausgestellt hatte, daß hier kein vorübergehender Niederschlag, sondern ein Dauerregen runterging.
Der Kanzler wird's schon richten, dürfte sich Hans Friderichs gedacht haben, welche Regierung könnte sich den Zusammenbruch des Elektroriesen mit seinen 124 000 Beschäftigten denn auch leisten. Und AEG-Vorstand Heinz Dürr stilisierte sein Sanierungskonzept sogar zu einem »Testfall für das Funktionieren der sozialen Marktwirtschaft« hinauf: ein Sanierungskonzept mit Bundesbürgschaften in Milliardenhöhe, wohlgemerkt mit den Geldern der Steuerzahler.
Was war das bloß für ein Vorstand, der unter »sozialer Marktwirtschaft« offenbar die private Abschöpfung von Gewinnen nebst hohen Vorstandsgehältern, aber die Sozialisierung von Verlusten verstand? Was war das für ein Vorstand, der eine Hausgerätefabrik nach der anderen aufkaufte, und das zu einer Zeit, als der Bedarf schon spürbar zu sinken begann?
Hatte der Aufsichtsrat das etwa nicht bemerkt? Blieb denen, die den Vorstand beaufsichtigen sollten und dafür ihre Gelder bezogen, über all die Jahre verborgen, daß Bosch und Siemens und Miele bei den gleichen wirtschaftlichen Rahmenbedingungen bessere Produkte zu marktgerechteren Preisen und mit einem prompter funktionierenden Service anboten? Was waren das für Aufsichtsgremien, die nicht dahinterkamen, daß die Manager der AEG-Tochter »Olympia Werke« über ihren Schreibmaschinen jahrelang den technischen Fortschritt verschliefen, aber ganz schön wach waren, wenn es darum ging, die eigenen Tantiemen mit Luftgeschäften zum Schaden der Firma hochzuhalten? Und wußten die Herren Aufsichtsräte nicht, daß die AEG ihren Mitarbeitern großzügige Pensionszusagen gemacht hatte, ohne dafür auch nur einen Pfennig zurückzustellen, so daß nun die gesunden und effektiv geführten Unternehmen für den Pensionssicherungsfonds der deutschen Industrie bluten müssen?
Höchste Zeit, sagen die Gewerkschaften, daß endlich die paritätische Mitbestimmung eingeführt wird, damit die unternehmerische Willkür ein Ende hat und die Arbeiter nicht die alleinigen Leidtragenden sind. Aber im Aufsichtsrat der AEG saßen doch neun gewerkschaftliche Arbeitnehmervertreter, darunter ein veritabler Professor von der IG Metall. Und schließlich haben gewerkschaftliche Unternehmerdarsteller bei der »Neuen Heimat« erst vor wenigen Monaten die Beschränktheit ihres wirtschaftlichen Sachverstandes unzweideutig unter Beweis gestellt.
Wer anders als die AEG-Betriebsräte hatte denn gefordert, es dürften bei dem Elektrokonzern unter keinen Umständen Arbeitsplätze »vernichtet« werden?

Möglichst nicht ein einziger von 21 000 Arbeitsplätzen allein im Haushaltsbereich der AEG sollte wegrationalisiert werden – obwohl Bosch und Siemens mit 14 000 Beschäftigten annähernd den gleichen Umsatz in »Weißer Ware« schaffen. Fast die Hälfte der AEG-Arbeitsplätze also nur um der Arbeitsplätze willen? Da wäre ja noch das Material gespart, wenn man jeweils 50 Prozent der Belegschaft bei vollem Lohnausgleich umschichtig nach Mallorca geschickt hätte.
Noch in den letzten Wochen, als die britische „General Electric Company" (GEC) sich anbot, Teile der AEG zu kaufen und zu sanieren, sträubten sich den Gewerkschaftsbossen die Haare, weil der GEC-Chef Lord Weinstock darauf bestand, den kranken Riesen gesundzuschrumpfen.
So wird denn die AEG, wenn nicht noch ein Wunder geschieht, kurz vor ihrem 100. Geburtstag pleite gehen, wie die Kühlschrankgebrüder Bauknecht pleite gingen, wie die Kamerafabrik Rollei pleite ging und der »Knirps«-Hersteller Bremshey und dazu noch etwa 15 000 andere Firmen allein in diesem Jahr.
Und das ist gut so.
Denn würde der Staat allen diesen Fußkranken noch Krücken zur Verfügung stellen, dann kostete es unser aller Geld, ohne daß die Wirtschaft wirklich wieder auf Trab käme. Nur Produkte, die wirklich gebraucht, die rationell hergestellt und zu marktgerechten Preisen im Inland verkauft oder ins Ausland exportiert werden, schaffen auf Dauer Arbeitsplätze.
Firmen, die keine Gewinne machen, können weder investieren noch innovieren, das heißt neue Produkte und damit neue Arbeitsplätze schaffen. Die Jahre des großen Wachstums sind vorbei. Inkompetente Manager, die auf der Welle einer prosperierenden Konjunktur noch vergnüglich oben schwammen, werden jetzt unweigerlich absaufen. Selbst tüchtige Unternehmer werden, wenn sie nichts verdienen können, sehr bald von Unternehmern zu Unterlassern, weil ihr Kapital auf Festgeldkonten bessere Erträge bringt. Arbeitnehmer aber, die mit Arbeitslosenunterstützung, Umschulungsexperimenten, gelegentlichem Krankfeiern und ein bißchen Schwarzarbeit ganz gut über die Runden kommen, wird man zu produktiver Arbeit kaum motivieren können.
Heißt das, einem sozialpolitischen Catch-as-catch-can das Wort reden? Keineswegs. Unsere Arbeitsgesetzgebung schiebt der Ausbeutung des Arbeitnehmers einen wirksamen Riegel vor. Gegen Unglück und unverschuldete Not hat die Gesellschaft einzustehen. Und die Wirtschaftsgesetzgebung soll ruhig dafür sorgen, daß unfähige und leichtfertige Unternehmer die Folgen ihres Tuns und Unterlassens in der eigenen Brieftasche zu spüren bekommen. In der sozialen Marktwirtschaft dürfen weder Faulheit noch Dummheit oder Leichtsinn belohnt werden.

Die wirtschaftliche Gesamtlage – und bei uns ist sie immer noch besser als in den meisten anderen Industrieländern – wird uns alle zwingen, den Gürtel enger zu schnallen. Daran werden sich auch Beamte und Ärzte und Zahnärzte gewöhnen müssen und auch die Aufsichtsräte und Bankvorstände und Vorstandsmitglieder und die besser verdienende Klientel der Herren Strauß, Genscher und Lambsdorff (den Herrn Kohl wollen wir mal außen vor lassen, nachdem er sich neuerdings den Gewerkschaften andient).
Und wenn Herr Börner in Hessen eine verkehrspolitisch umstrittene Startbahn West allein um der Arbeitsplätze willen baut, dann tut auch er nichts anderes als die AEG, die ihre Kühlschränke, ihre Zanker-Waschmaschinen und Neff-Herde auf Halde stapelte.
Laßt sie also pleite gehen, jene, die nichts Brauchbares zuwege bringen, ob Manager oder Politiker oder Betriebsratsvorsitzende – ein Vakuum wird dadurch nicht entstehen. Was gebraucht wird, wird auch produziert, und wenn es kostendeckend und marktgerecht produziert wird, dann findet es auch seine Käufer. Zur Kostendeckung gehören sowohl Unternehmergewinn als auch Arbeitnehmerlöhne. Stehen sie in einem ausgewogenen Verhältnis zueinander, dann werden Nachfrage und Kaufkraft die Produktion von ganz alleine stimulieren. So einfach ist das.

Heilige Kuh Arbeitsplatz

Wenn ich in meinem Brief zur Lage der AEG (»Laßt sie doch pleite gehen«, STERN Nr. 35/1982) geschrieben habe, man sollte unrentable Betriebe lieber schließen, als sie mit Steuergeldern weiterwursteln zu lassen, dann heißt das beileibe nicht, ich wäre dafür, Arbeitsplätze leichtfertig aufs Spiel zu setzen. Sichere Arbeitsplätze gibt es aber nur da, wo Produkte oder Dienstleistungen geschaffen werden, die wirklich gebraucht und zu konkurrenzfähigen Bedingungen abgesetzt werden können. Alles andere mag beschäftigungstherapeutische Wirkungen haben, mit Arbeit im volkswirtschaftlichen Sinn hat das nichts zu tun.
Subventionen des Staates können einem Betrieb Starthilfe geben, sie können vorübergehend Konjunkturtäler überbrükken oder Standortnachteile ausgleichen. Werden Subventionen aber einem auf Dauer leistungsschwachen Unternehmen gewährt, dann führen sie ebenso zum Niedergang wie ein Sozialnetz, in dem sich leistungsunwillige Arbeitnehmer schaukeln können. Künstlich aufgepfropfte »Beschäftigungsprogramme« für Tätigkeiten, die der Markt weder fordert noch durch Steigerung des Sozialproduktes honoriert, helfen da nicht weiter. Politiker, die das nicht auszusprechen wagen, belügen ihre Wähler.
Ein Wort zum Unternehmergewinn. Wer ihn als Ausbeuterprofit verteufelt, setzt auf Emotionen und nicht auf Vernunft. Wenn Sie einmal genau wissen möchten, wie es sich bei uns mit den vielzitierten Unternehmerprofiten verhält, muß ich Sie bitten, mit mir eine nicht sehr komplizierte Rechnung durchzugehen. Es ist ein Beispiel, das auf Angaben der Industrie- und Handelskammer Koblenz beruht, die auch von den Gewerkschaften nicht bestritten werden können. Stellen Sie sich vor, Sie wären ein gesunder mittelständischer Unternehmer mit einem Eigenkapital von einer Million Mark und Bankkrediten von vier Millionen Mark, und nehmen Sie an, mit diesen Betriebsmitteln von fünf Millionen Mark würden Sie einen jährlichen Umsatz von zehn Millionen Mark erreichen. Dann hätten Sie Ihre Bankkredite mit 12 Prozent zu verzinsen und die Kosten für Material, Mieten, Arbeitslöhne, Sozialabgaben und Gewerbesteuern zu tragen – alles in allem 9,8 Millionen Mark. Es bliebe Ihnen, wenn alles gutgeht, ein Gewinn von 200 000 Mark übrig. Davon zahlen Sie 56 Prozent Steuern = 112 000 Mark. Bei einer Million eingesetztem Eigenkapital hätten Sie also bestenfalls einen Unternehmergewinn von 88 000 Mark, das sind 8,8 Prozent von Ihrem Eigenkapital.
Würde derselbe Unternehmer gar nichts tun als für eine Million Mark etwa festverzinsliche Wertpapiere in den USA kaufen, so hätte er bei den heutigen Zinssätzen einen Gewinn von 130 000 Mark. Das wären 57 200 Mark nach Steuern.
Nun frage ich Sie, warum sollte einer zum Unternehmer werden, wenn er mit dem Einsatz seiner Arbeit, mit seinen Sorgen um marktgerechte Produkte, mit dem Risiko von Fehlplanungen, den Querelen mit Finanzämtern und Gewerkschaften am Ende nur 30 800 Mark mehr verdient, als wenn er die Hände in den Schoß legt und vom Unternehmer zum Unterlasser wird.
Dabei hat die Rechnung unseres Unternehmers noch einen gewaltigen Haken: Sie sieht keinen Pfennig für Neuinvestitionen vor. Ein Unternehmer aber, der nicht in neue Produkte und Techniken investiert, wird von der Konkurrenz rasch überholt. Er gefährdet nicht nur seinen Gewinn, sondern am Ende seine Existenz und damit die Arbeitsplätze seiner Mitarbeiter.

Nun werden Sie einwenden, dann müsse am System unserer Wirtschaft doch wohl etwas falsch sein. Es beginne ja schon mit der Ungerechtigkeit, daß der eine über die Million verfügt, der andere aber gar kein Geld und somit auch keine Startchancen habe. Im übrigen: Woher kommen denn die Luxusvillen, die Luxus-

yachten und die großen Kapitalansammlungen in wenigen Händen?
Natürlich ist das System höchst unvollkommen. Aber wo ist die Alternative? Würde man den Reichtum aller Kapitalisten, die mindestens eine Million Mark Vermögen angesammelt haben, auf alle Bürger in der Bundesrepublik verteilen, so erhielte jeder einmalig etwa 2740 Mark. Aber wer würde dann als Unternehmer übrigbleiben? Doch nur der Staat mit volkseigenen Betrieben, die uns allen gehören, für uns alle produzieren und von Funktionären geleitet würden. So wie in den Staatswirtschaftsländern, mögen sie nun UdSSR, DDR, Polen, Rumänien, Cuba oder auch Jugoslawien heißen. Es dürfte sich doch wohl herumgesprochen haben, daß die Löhne in sozialistischen Wirtschaftssystemen nicht einmal mit unserer Arbeitslosenunterstützung konkurrieren können. Von den Versorgungsschwierigkeiten in diesen Ländern, die weniger die Funktionäre als die Arbeitnehmer treffen, ganz zu schweigen. Kommunismus und Sozialismus mögen menschheitsbeglükkende Ideen sein, funktionieren tun sie nicht. Selbst in den sozialistisch regierten EG-Staaten Frankreich und Griechenland hat sich gezeigt, daß man damit auf keinen grünen Zweig kommt. Polen ist längst zahlungsunfähig und das sozialistische Mexiko so pleite, daß es die kreditgebenden amerikanischen Banken leicht in seinen Strudel hineinreißen könnte.
Der Motor, der den Menschen treibt, ist nun einmal sein Streben nach Gewinn. Allein das Gewinnstreben schafft neue Produkte auf neuen Märkten und damit eine Verbesserung der Lebensqualität für alle Bürger. Der Motor des Klassenkampfes aber ist der Neid, er bewirkt nichts als den allgemeinen großen Frust. Und was der Staat als Unternehmer leistet, wird an einem Beispiel aus der vergangenen Woche überdeutlich:
Da hat im Auftrag von Hans Apel eine unabhängige Prüfungsgesellschaft das Bundesverteidigungsministerium auf seinen wirtschaftlichen Nutzeffekt untersucht. Nach der Milliarden-Panne beim Tornado-Flugzeug war das höchste Zeit. Das Ergebnis der Prüfung ist eine einzige Katastrophe: Da liegen in den Depots der Bundeswehr für Milliarden Mark angeschaffte Güter, die überhaupt nicht benötigt werden. Da gibt es weder jährliche Bestandsaufnahmen, aus denen der Nachschubbedarf errechnet werden kann, noch weiß die Führung, wann und wo bestimmte Güter gebraucht werden. Und was die Arbeitsplätze angeht, so stellte sich bei 1000 geprüften Dienstpositionen heraus, daß 400 überflüssig sind. Würde man die restlichen 4200 Dienstpositionen des Ministeriums und dazu diejenigen der nachgeordneten Behörden auch noch untersuchen, so käme man leicht auf eine Division von Leuten, die nur Akten hin- und herschieben.
Nun will Minister Apel ein »umfassendes Kontrollsystem« einrichten, das für die Zukunft solche Fehlplanungen von Material verhindert. Was aber die Arbeitsplätze angeht, so meinte Minister Apel, er nähme diese Vorschläge »zur Kenntnis« – aber Entlassungen würde es nicht geben, und selbstverständlich würden die Rechte der Personalvertretungen gewahrt. Wehe, wer es wagt, die heilige Kuh anzutasten. Wer je beim Militär war, findet den alten Spruch bestätigt: »Wenn der Kommiß ein Privatbetrieb wäre, er hätte längst Pleite gemacht.«
So also ist das mit den Arbeitsplätzen, die in Wahrheit nur Beschäftigungsplätze sind. Und das gilt für die Wirtschaft nicht anders als fürs Militär. Nochmals: Nur wo Produkte hergestellt werden, die ihren Markt finden, weil sie gebraucht oder gewünscht werden, nur wo Unternehmer durch Gewinne zu neuen Investitionen angereizt und Arbeitnehmer durch gerechte Löhne zu kaufkräftigen Konsumenten werden, und nur wo unsere Wirtschaft international konkurrenzfähig bleibt, weil Leistungswille vor Anspruchdenken rangiert, nur dort werden wirkliche Arbeitsplätze gesichert.

Liberale – das Salz in der Suppe

Nun hilft kein Jammern und auch kein Schimpfen. Wir haben eine neue Regierung, und wir werden uns mit ihr zu arrangieren haben bis zur nächsten Wahl, die mit Sicherheit nicht vor 1984 stattfinden wird. Alles Gerede über den 6. März 1983 können wir vergessen. Dabei spielen die verfassungsrechtlichen Bedenken weniger eine Rolle als die Interessen der Hauptbeteiligten.

Hans-Dietrich Genscher muß baldige Wahlen fürchten wie der Teufel das Weihwasser. Sein Image ist auf dem Tiefstpunkt angelangt. Gar so kurz ist das Gedächtnis der Wähler nicht.

Die CDU kann an baldigen Wahlen nicht interessiert sein, denn, wie die Dinge laufen, würden Wahlen im März zu Hamburger oder hessischen Verhältnissen auch in Bonn führen. Statt der »herauskatapultierten« FDP wären dann die Grünen das Zünglein an der Waage. Und wer weiß schon, wer die Grünen wirklich sind und was sie wirklich wollen. Nur: Für die Christdemokraten sind sie mit Sicherheit kein Partner.

Die ersten unsicheren Schritte der neuen CDU/CSU-FDP-Koalition zeigen, daß Versprechungen kurze Beine haben. Rainer Barzel nannte in seiner Bundestagsrede unseren Staat ein »krisengeschütteltes Land« und vergaß dabei, daß es anderswo viel schlechter aussieht. Er sprach von einer 13jährigen katastrophalen Mißwirtschaft. Will er uns erzählen, daß der »neue Anfang« die Lage in knapp fünf Monaten wenden kann? Franz Josef Strauß hat recht: Die Arbeitslosenzahlen werden die »Übergangsregierung Kohl/Genscher« überholen.

Die deutsche Wirtschaft muß auf den 6. März starren wie das Huhn auf den Kreidestrich. Wer soll denn in neue Arbeitsplätze und neue Güter investieren, wenn sich im Frühjahr die von Großintegrator Willy Brandt beschworene »Mehrheit links von der CDU« im Parlament manifestiert? Also wartet die Wirtschaft weiter ab, und da beißt sich die Katze in den Schwanz: Weiteres Abwarten verschlimmert die Situation, und die schlimmere Situation verschlechtert die Wahlaussichten der Regierungsparteien, die nun CDU/CSU und FDP heißen.

Selbst wenn Helmut Kohl in der ersten Euphorie seiner Kanzlerschaft für den 6. März eine absolute Mehrheit der Unionsparteien für möglich hielte – dann hätte er statt des gefügigen Genscher an seiner Hand den bayrischen Löwen Franz Josef Strauß im Genick.

Also Wahlen erst 1984. Bis dahin fließt einiges Wasser die Isar und den Rhein hinunter. Bis dahin könnte sich die politische Landschaft neu strukturieren.

Aber wie?

Die entscheidende Frage ist, wie sich die Grünen entwickeln werden. Heute sind sie eine heterogene Bewegung von Umweltschützern, Friedensfreunden und Fundamentaloppositionellen. Petra Kelly in Ehren, aber alles deutet darauf hin, daß die radikal antiparlamentarischen Protestler in dieser Bewegung die Oberhand gewinnen werden. Sie haben weder ein wirtschaftspolitisches noch ein außenpolitisches Konzept, mit dem reale Politik zu betreiben wäre. Der Wähler wird das bald merken, schon bei der Hessen-Wahl blieben die Grünen hinter den demoskopischen Voraussagen zurück. Die geduldigen und zähen Verhandlungen des Hamburger Bürgermeisters Klaus von Dohnanyi mit den Grünen haben gezeigt, daß sich mit Leuten, die keine Verantwortung tragen wollen, nicht regieren läßt.

Bleiben aber die Grünen, die sich selbst als »Antipartei« verstehen, weiterhin politisch unberechenbar – und darauf deutet alles hin –, dann werden sie vergehen wie einst die Poujadisten in Frankreich.

Was aber bleibt und sich mit Sicherheit verstärken wird, ist die Entschlossenheit der Wähler, der Zerstörung unserer Umwelt Einhalt zu gebieten. Was bleiben und wachsen wird, ist die Sehnsucht nach einem gesicherten Frieden und nach dem Ende des Rüstungswahns. Was bleiben muß, ist der Rechtsstaat, der die Eigen-

verantwortlichkeit und den geistigen Freiraum des Menschen vor der immer stärker werdenden Vermassung und vor der Gängelung durch Ämter und Behörden schützt.
Und was sich durchsetzen wird, ist die Einsicht, daß der totale Versorgungsstaat den Leistungswillen unserer Wirtschaft – und das gilt für Unternehmer nicht weniger als für Arbeitnehmer – immer mehr lähmt. Chancengleichheit für alle Bürger, Hilfe für Kranke und Schwache, angemessene Unterstützung für die wirklichen Arbeitslosen und Investitionsanreize für gesunde Unternehmen sind die Voraussetzung für eine soziale Marktwirtschaft. Subventionen für fußkranke Betriebe, ein Sozialnetz, das auch Aussteiger und Faulpelze nicht durch seine Maschen fallen läßt, können wir uns nicht länger leisten.
Die großen Parteien, an Gruppeninteressen gebunden, in ihrer Organisation verfilzt und immer nur nach dem Wähler schielend, haben Schwierigkeiten, unpopuläre, aber notwendige Entscheidungen zu treffen. Sie möchten es mit niemandem verderben, weil sie niemanden verlieren wollen.
Deshalb brauchen wir eine neue liberale Partei. Nicht die Wackelpartei des Herrn Genscher mit Abgeordneten, von denen nicht wenige nur deshalb bei der Stange geblieben sind, weil sie um ihre Abgeordnetenpension fürchten. Was wir brauchen, sind junge Liberale, die für sich selbst nichts mehr zu verlieren, aber alles für unser Land zu gewinnen haben. Es gibt sie. Namen wie Gerhart Rudolf Baum, Ingrid Matthäus-Maier, Günter Verheugen, Helga Schuchardt, Andreas von Schoeler stehen für eine neue Generation liberaler Politiker. Aber Liberalität ist keine Frage des Lebensalters. Der schleswig-holsteinische Landesvorsitzende Uwe Ronneburger ist ein Mann mit Erfahrung, auf den man sich verlassen kann. Und Hildegard Hamm-Brücher, die am 1. Oktober im Bundestag die bewegendste Rede hielt, sollte konsequent bleiben: Wenn ihr hoher moralischer Anspruch sich in der FDP nicht durchsetzen läßt – dann hätte ihre Sorge nicht der Geschlossenheit einer abgewirtschafteten Partei, sondern der Aufgeschlossenheit für eine neue liberale Partei zum Wohle der Bundesrepublik zu gelten.
Die großen ideologisch verkrusteten Parteien würden ohne das liberale Korrektiv in Unbeweglichkeit erstarren. Sollen die neuen Liberalen also antreten! Es wird kein leichter Marsch sein. Und nur, wenn sie ihren Idealen treu bleiben, der abgewogenen Friedenssicherheit, dem Schutz unserer Umwelt, der Freiheit des Individuums und einer auf Leistung bedachten Wirtschaft – nur dann können Liberale mit dem Salz der Vernunft die von Tag zu Tag schaler schmeckende Bonner Tagessuppe für uns alle wieder genießbar machen.

4. November 1982

Zweimal lesen

Man muß es zweimal lesen, will man die ganze Tragweite dessen erkennen, was der Nato-Oberbefehlshaber, der amerikanische General Bernard Rogers, am 26. Oktober vor Hamburger Journalisten gesagt hat. »Wir können keinen langen Krieg führen«, sagt Rogers, »wir haben zu wenig Munition, Panzer und Haubitzen eingelagert, und die US-Armee hat zu wenig Soldaten, weil sie keine Wehrpflicht hat. Weil wir diese Versäumnisse im konventionellen Bereich haben, müssen wir im Konfliktfall sehr schnell Atomwaffen einsetzen.«
Mit dürren Worten heißt das, gegen einen sowjetischen Angriff hilft nur der Atomschlag. Da der von General Rogers

offenbar für möglich gehaltene Krieg sich aber weder in Australien noch in Neuseeland ereignen würde, sondern auf deutschem Boden, würde das nichts anderes als die Auslöschung unseres Volkes bedeuten.

Nun mag man sich fragen, welche rationalen Gründe Moskau bewegen sollten, sich Europas zu bemächtigen, wo doch die alten Herren im Kreml nicht einmal mit Afghanistan, mit Polen und mit den wirtschaftlichen Schwierigkeiten im eigenen Lande fertig werden. Dennoch: Kommunismus ist eine sendungsbewußte Ideologie, und nichts könnte die sowjetischen Machthaber eher zur Verzweiflung und damit zu irrationalem Handeln veranlassen als die von Präsident Reagan geäußerte Absicht, die Sowjetunion durch wirtschaftliche Kampfmaßnahmen in die Ecke zu treiben. Caspar Weinbergers Ausspruch, die USA müßten dafür sorgen, daß das Ende des Sowjetkommunismus sich »nicht mit einem Knall, sondern mit einem Winseln vollziehe«, muß den Kreml um so nervöser machen, als nun auch noch die Drohung mit Mittelstreckenraketen in Europa und demnächst mit der von Frankreich gebauten Neutronenbombe hinzukommt.

Wären die Russen wirklich so aggressiv und atomar überlegen, wie die US-Propaganda sie hinstellt – sie dürften eigentlich keinen Tag warten, um dieser Drohung zuvorzukommen. Ein sowjetischer Präventivschlag wäre fast zwingend.

Nun geht die glaubwürdige Argumentation der Nato dahin, daß der Westen lediglich zur Verteidigung rüste. Aber überzeugt das auch die sowjetischen Führer? Und kann es sie überzeugen angesichts der bramarbasierenden Reden des Reagan- und Weinberger-Clans? Wäre es ein Wunder, wenn bei dem bevorstehenden Wachwechsel im Kreml die Falken das Sagen bekämen?

General Rogers jedenfalls hält den Krieg nicht für ausgeschlossen. Aber wären dann in der Bundesrepublik stationierte Pershing-2-Raketen und Cruise missiles die einzigen Garanten gegen einen sowjetischen Verzweiflungsangriff?

Wir sollten uns nicht täuschen in der Hoffnung, die Bundesrepublik könne mit Raketen *verteidigt* werden. Ein begrenzter Atomkrieg ist ein Widerspruch in sich selbst. Die Nuklearwaffe ist nun einmal das unwiderruflich letzte Mittel. Wer sollte denn das Inferno beenden, und wie und wo sollte es gestoppt werden, wenn in einem mit Raketen gespickten Europa die Atombomben von vieltausendfacher Hiroshima-Gewalt explodieren?

Und lesen Sie auch diesen Satz zweimal: Kein amerikanischer Präsident wird im Falle eines Atomkriegs New York für Lübeck opfern. Der Satz stammt nicht vom General Rogers, sondern von mir, aber er ist darum nicht weniger richtig.

Wenn denn der Soldat Rogers mit seiner Geringschätzung der konventionellen Verteidigungskraft Europas recht hat, so gibt es daraus nur eine Schlußfolgerung: Wir sollten den Plänen zur atomaren Aufrüstung mit landgestützten Raketen noch heute abschwören und dafür sorgen, daß die konventionelle Verteidigungskraft Europas, vor allem der Bundeswehr, auf den wirkungsvollsten Stand gebracht wird.

Solange England und Frankreich über Atomwaffen verfügen, und solange in der Luft die fliegenden Atomfestungen der Amerikaner und in den Meeren die Atom-U-Boote der Nato präsent sind, bleibt das Risiko eines atomaren Angriffs für die Sowjets unkalkulierbar. Einen konventionellen Angriff aber – wenn er denn käme – könnte nur eine mit Verteidigungswaffen lückenlos ausgerüstete Bundeswehr abwehren. Und wenn Amerika eine verläßliche Schutzmacht für Europa sein will, dann sollte der Nato-General Rogers eben für mehr Munition, mehr Haubitzen und für die Einführung der allgemeinen Wehrpflicht in den USA sorgen. Denn auch darüber gibt es keinen Zweifel: Würde Europa von den Sowjets überrannt, dann wäre die amerikanische Position in der ganzen Welt aufs höchste gefährdet.

Noch einmal: Das Szenarium stammt vom Nato-Oberbefehlshaber Rogers und nicht von mir. Ich glaube nicht an den sowjetischen Krieg, solange der Kreml nicht bis aufs Blut gereizt wird und um sein politisches Überleben fürchten muß. Die Sowjets wissen, daß sie, wenn sie Europa fressen wollten, daran ersticken müßten.

Wenn die Sowjets bei den Genfer Abrüstungsverhandlungen zu der Überzeugung kämen, daß es den Amerikanern mit der atomaren Abrüstung wirklich ernst ist, dann könnte Moskau eher seine marode Wirtschaft sanieren als für viele Milliarden weitere SS-20 zu installieren. Die von Präsident Reagan ausdrücklich aufrechterhaltene Option auf einen atomaren Erstschlag der USA hingegen könnte Moskau leicht zu einer verhängnisvollen Fehlreaktion verleiten. Und wäre solche Panik erstaunlich angesichts der 1,9 Billionen Dollar, die Reagan in den nächsten sechs Jahren vornehmlich für die Nuklearrüstung veranschlagt hat? Eine Zahl, die erst begreifbar wird, wenn man ausrechnet, daß Amerika in jeder Stunde 36 Millionen Dollar in die Rüstung stecken will.
Die neue deutsche Bundesregierung täte gut daran, wenn sie diese Entwicklung sehr sorgfältig beobachtet, ehe sie unkritisch an der Automatik des Nato-Doppelbeschlusses festhält. Wollen wir denn die Raketen in der Bundesrepublik Ende 1983 aufstellen, ohne zu fragen, welche Seite für das mögliche Scheitern der Genfer Verhandlungen die Verantwortung trüge?
Wer die Sowjets zum Winseln bringen möchte, mag dafür das Risiko eingehen. Uns jedenfalls bliebe dann zum Winseln kaum noch Zeit.

18. November 1982

Auf Breschnjews Schreibtisch

Breschnjew ist tot. Und nun soll ich über ihn schreiben, weil ich ihn gekannt habe, weil ich ihn als erster westlicher Journalist zweieinhalb vollgepackte Stunden erlebt habe, nahezu hautnah, bis ich schließlich auf der Kante seines Schreibtisches saß und er mir Geschichten über Geschichten erzählte, so daß ich kaum zum Fragen kam.
Aber kennt man einen Mann nach zweieinhalb Stunden? Nein, laßt das die Kreml-Astrologen besorgen, in allen Zeitungen werden sie ihn inzwischen analysiert haben. Erwarten Sie deshalb von mir keinen gescheiten Artikel über Wesen und Grundlagen des kommunistischen Systems, das sich in der Person Breschnjews als eines Partei- und Volksführers offenbarte, der gewiß kein Beweger der Welt war wie Lenin, kein Despot wie Stalin, kein ungestümer und bauerngewitzter Revolutionär wie Chruschtschow, sondern eher ein Macher, ein Technokrat des Systems und schließlich doch so etwas wie eine Vaterfigur für die Bürger der sowjetischen Nationen, deren Streitmacht noch vor wenigen Tagen vor dem 75jährigen paradierte, einem kranken Greis inzwischen, der kaum noch die Hand zum Gruß halten konnte.
War dieser Mann wirklich ein geborener Führer, ein Staatenlenker, oder war er am Ende doch nur die Gallionsfigur einer Machtgruppe im allmächtigen Politbüro? Aber da bin ich schon beim Beurteilen, beim Spekulieren, wer anders als ein Kreml-Insider sollte das wirklich wissen. Ich weiß es nicht und sollte deshalb beim Erzählen dessen bleiben, was ich in jenen zweieinhalb Stunden im Mai 1973 erlebt habe.
Breschnjews erster Bonn-Besuch stand bevor, Willy Brandt war noch Bundeskanzler, und die beiden hatten sich zwanzig Monate zuvor auf der Krim in erstaunlich aufgelockerter Atmosphäre getroffen. Es war in Breschnjews Urlaubsdatscha in Oreanda; bei aller Angespanntheit der politischen Situation muß es doch etwas von Urlaubsatmosphäre gegeben haben. Sie hatten die Jacken ausgezogen, weil's so heiß war, sie waren zusammen Boot gefahren, und ich kann mir so recht vorstellen, wie Leonid

Breschnjew seinem Gast die Schönheiten der Küste begeistert zeigte, als hätte nicht Gott, sondern der Sowjetkommunismus all diese Herrlichkeit der Natur geschaffen.
Im Mai 1973 nun machte Breschnjew seinen Gegenbesuch am Rhein, und wie das bei Gipfeltreffen üblich ist, gaben beide Partner der anderen Seite vorher ein Interview. Brandt der »Iswestija« und Breschnjew dem STERN – Politiker wissen, was Auflage bedeutet, und Breschnjews Außenminister Gromyko hatte sich vorher erkundigt, ob es auch stimme, daß der STERN von zwölf Millionen Bundesbürgern gelesen wird.
Der Tag, an dem das Interview stattfinden sollte, war der 13. Mai. Breschnjew war in Ostberlin, verhandelte mit seinem DDR-Satelliten, nahm Paraden ab, und niemand konnte sagen, wann er im Kreml zurück sein werde. Wir Journalisten, meine Kollegen Manfred Bissinger, Peter Koch, unser Fotograf Fred Ihrt und ich, warteten im Hotel Rossija. Man würde uns verständigen.
Gegen Mittag wurde ich ins sowjetische Außenministerium gebeten. Dort saß ich vier Herren gegenüber, ihre Namen blieben unverständlich, ihre Anzüge waren korrekt und dunkel und ihre Mienen ernst. Der Funktion nach waren zwei von ihnen stellvertretende Außenminister – davon gibt es ja eine ganze Anzahl –, einer sprach ein hartes Deutsch wie ein Balte. Er begrüßte mich, sprach von der »historischen Stunde« und von dem bedeutenden Auftrag des Genossen Generalsekretär, von der Sehnsucht der Völker nach Frieden, dem dieser Besuch gelten sollte. Und dann überreichte er mir das fertig diktierte Interview. Ich muß wohl einen Augenblick verblüfft gewesen sein, denn das in Deutsch eng getippte Manuskript begann mit meiner ersten Frage, einer Frage, die ich nie gestellt hatte: »Herr Generalsekretär, in einigen Tagen werden Sie der BRD einen offiziellen Besuch abstatten. Was können Sie uns über die Ziele dieses Besuches sagen?« Dann kam Breschnjews wohlformulierte Antwort, dann eine neue Frage von mir, die Antwort Breschnjews usw. »Herr Minister«, sagte ich, »das ist mir in meiner journalistischen Laufbahn allerdings noch nie passiert, daß ich ein Interview mit einem Mann geführt haben soll, den ich noch nicht einmal gesehen und dem ich keine einzige Frage gestellt habe.«
Die vier Herren blickten weiter ernst drein. Dann erklärte mir der Wortführer, man habe doch alle Fragen bedacht, die uns wahrscheinlich interessieren würden, und ich möge das ganze Manuskript noch einmal in Ruhe lesen, selbstverständlich bekämen wir einen Fototermin am Abend, wenn der Generalsekretär »aus der Hauptstadt der DDR Berlin« zurück sei. Aber der Zeitpunkt sei leider noch nicht abzusehen, wir möchten uns doch ab 19 Uhr im Hotel bereithalten, natürlich könne es sich nach den Anstrengungen des Tages für Breschnjew nur um einen Termin von etwa einer Viertelstunde handeln. Einen Augenblick kam mir der Gedanke, das nutzlose Unternehmen gleich abzusagen, aber dann fiel mir ein, womit ich den Viertelstunden-Termin würde ausdehnen können. Ich erzähle es gleich.
Gegen 19.30 Uhr holten uns zwei schwarze Sil-Limousinen vom Hotel ab. Zwei neue Begleiter in schwarzen Mänteln und schwarzen Hüten. Wir fuhren durchs Borowitzki-Tor, die Wachen grüßten, wir hielten vor dem Regierungspalast, dem Sitz Breschnjews. Ein hochdekorierter Major öffnete meine Wagentür, trat zwei Schritte zurück, riß die Hand an den Mützenschirm, rasselte eine Meldung herunter, oder war es nur eine militärische Begrüßung, mir klang es, als meldete er den Kreml einsatzbereit für das Interview mit dem STERN. Eine große Treppe führte bis in den dritten Stock, mit roten Plüschläufern belegt, darüber ein graumelierter Schonbezug, ein geräumiger langer Flur, zur Linken hohe Fenster mit Gardinen verhangen, die man früher bei uns »Wolkenstores« nannte, dann und wann ein Spucknapf, zur Rechten mächtige zweiflügelige Eichentüren.
Der Major und seine beiden Begleiter führten uns in einen größeren achteckigen Raum, da saßen wieder die vier Herren von heute mittag, man bedauerte, der Genosse Generalsekretär sei noch in Berlin, würde aber gleich abfliegen. Aus einem altertümlichen Radiomöbel hörte man die Zeremonie des Abschieds, mili-

tärische Kommandos, dazwischen die russischen Worte des Reporters, die Hymnen der UdSSR und der DDR, das Anlaufen der Triebwerke. Nun würde es noch zwei Stunden dauern. Was redet man in zwei Stunden mit vier schwarzen Herren und drei Kollegen?
Da gab es zunächst das Protokoll. Hinter dem achteckigen Raum, so bedeutete uns der Deutschsprechende, befände sich der Sitzungssaal des Politbüros, daran schlösse sich das Arbeitszimmer des Generalsekretärs an, und wenn es soweit sei, würden die Türen von beiden Seiten geöffnet, der Generalsekretär würde uns entgegenkommen, »und Sie, Herr Nannen, gehen mit Ihren Herren dem Generalsekretär bis zur Mitte des Saals entgegen, dann erfolgt die offizielle Begrüßung, aber bedenken Sie, daß Sie sich auf eine Viertelstunde beschränken«.
Nun, wir würden sehen. Aus den zwei Stunden Warten wurden zweieinhalb. Fred Ihrt, der Fotoreporter, fragte, ob man ihm den Saal nicht vorher zeigen möge, damit er wisse, von wo er am besten fotografieren könnte. Das wurde nach einigem Palaver erlaubt. Aus den zweieinhalb Stunden wurden drei. Der Smalltalk war versiegt, wir schwiegen. Plötzlich entfuhr mir der Satz: »Nun fliegt ein Engel durchs Zimmer.« Was das zu bedeuten habe, fragte einer, ich erklärte, das sei so eine Redensart, wenn das allgemeine Schweigen den Raum erfülle. »Oh, da haben wir Russen auch ein Sprichwort, wenn alles schweigt, dann sagt man bei uns: ›Nun wird ein Polizist geboren.‹«
Typisch für das sowjetische System? Ach nein, man beeilte sich hinzuzufügen, daß dieses Sprichwort doch schon aus der Zarenzeit stamme.
Plötzlich wurde Unruhe spürbar, und dann geschah alles ganz rasch. Die Türen öffneten sich, einer der vier schwarzen Herren schob mich förmlich hinein, Manfred Bissinger und Peter Koch hinterher, unserem Fotografen Fred Ihrt wurde vom Gang her eine Seitentür geöffnet, Breschnjew, gefolgt von seinem Dolmetscher Iwan Kurpakow, den Sie aus allen Begegnungen im Fernsehen kennen, kam an der Seite des mit langen Stuhlreihen besetzten Tisches auf uns zu, mein erster Eindruck: Breschnjew ist viel kleiner und zarter, als man ihn von Bildern her kennt. Dann ergriff er mit zwei Händen meine Rechte, schüttelte sie und überschüttete mich mit einem Überschwang von Herzlichkeit, es sei wirklich höchste Zeit, daß wir uns einmal sähen und all die Schwierigkeiten und das Leid zwischen unseren Völkern begraben könnten, er freue sich auf Bonn. Und dann zog er mich den Saal entlang zum Vorzimmer seines Arbeitszimmers, nicht ohne darauf hinzuweisen, daß in dem Saal, durch den wir gingen, das Politbüro zu tagen pflege, wies auf den Stuhl am Kopfende der Tafel hin und sagte lachend: »Das ist mein Platz, da reden wir miteinander und diskutieren, und wenn dann einer zu lange redet, dann haue ich mit der Hand auf den Tisch und sage: ›Nun ist Schluß, nun wollen wir entscheiden!‹« Mir schien es unzweifelhaft, daß er die Entscheidung selber fallen würde.
An den Saal schloß sich ein weiteres Oktogon an, das Vorzimmer zu Breschnjews Arbeitsraum, in der Mitte ein runder Tisch, Breschnjew voran, mich immer wieder an der Rechten weiterziehend, in der Linken trug ich meine Geheimwaffe, mit der ich aus dem vorher angekündigten kurzen Fototermin ein etwas ausführlicheres Gespräch zu machen hoffte. Ich legte sie auf den Tisch, es war ein pompöses, in rotes Leder eingebundenes Fotoalbum, in das wir die schönsten Fotos der Brandt/Breschnjew-Begegnung von Oreanda in seitengroßen Abzügen eingeklebt hatten.
Das Mittel wirkte. Breschnjew setzte sich sofort hin, blätterte Seite um Seite, wies auf verschiedene Personen hin, fragte nach anderen Namen, lachte über ein komisches Bild von sich selbst und wußte zu jeder Seite etwas zu erzählen. Seine Begleitmannschaft machte heftige Abwehrbewegungen, als Peter Koch ein Tonbandgerät auf den Tisch stellte, aber Breschnjew störte das nicht, »die können ruhig hören und aufnehmen, was ich hier sage«, und er erzählte und erzählte, zum Fragen kamen wir zunächst gar nicht. Er erzählte, wie er in der Ukraine gearbeitet habe und fest überzeugt gewesen sei, daß Russen und Deutsche, wann immer sie zusammenhielten, für beide Völker das Beste vermocht hätten, wie damals die

50 ЛЕТ

Getreidezüge aus der Sowjetunion nach Westen gerollt seien, »wir waren doch keine Feinde, und die Sowjetunion erfüllte pünktlich alle ihre Verpflichtungen. Und dann am 22. Juni 1941 der Überfall auf die Sowjetunion, wir waren völlig unvorbereitet, ganz ahnungslos, ich konnte es nicht glauben, und dann der Krieg, dieser sinnlose Angriff, ein Meer von Toten . . . « Die Tränen standen ihm im Gesicht.

Ich weiß, nun wird man wieder sagen, der Nannen versentimentalisiere den Kreml-Diktator, er vermenschliche ihn sozusagen, aber was soll's? Ein böser Mensch, ein guter, ich wage es nicht zu entscheiden, ein Mensch in jedem Falle, und ich meine allerdings, ein Mensch, dem der Frieden am Herzen lag, mag er die Wege dazu auch anders gesehen haben, als wir sie zu sehen vermögen.

Und dann – wir hatten schon eine gute halbe Stunde über dem Fotoalbum gesessen – wollte auch Breschnjew uns etwas zeigen. Er führte uns in sein Arbeitszimmer vor eine Staffelei, darauf stand ein großes Intarsienbild mit der Ansicht von Moskau, eingelegt mit Hunderten von verschiedenfarbigen Hölzern – ein Künstler aus der russischen Sowjetrepublik hatte es ihm zum Geschenk gemacht, und drumherum standen andere Freundschaftspräsente, und er erklärte jedes einzelne, und immer wieder kam er auf den Frieden zu sprechen, den unsere Völker so nötig hätten. Er sei überzeugt, auch Willy Brandt wolle nichts anderes, und schon Konrad Adenauer habe am Ende seiner Regierungszeit im Bundestag gesagt, er sei überzeugt, daß auch die Sowjetunion den Frieden wolle.

Fred Ihrt wieselte um uns herum, um seine Fotos zu machen, und plötzlich fiel mir ein, Breschnjew nach dem Roten Telefon zu fragen, der Direktleitung zwischen Moskau und Washington, die im Konfliktfall das letzte Verständigungsmittel sein könne. Breschnjew hob den Plexiglasdeckel links neben seinem Schreibtisch hoch, das Telefon war wirklich rot, »aber das darf ich ja jetzt nicht anfassen«, sagte er lachend, und dann wollte er uns doch etwas vorführen: »Da, hier habe ich ein anderes Telefon, mit dem ich gleichzeitig die Parteichefs der Staaten des Warschauer Paktes anrufen kann, aber das geht ja jetzt auch nicht, denn einige schlafen ja längst, Sie wissen, wegen der Zeitverschiebung, so groß ist die Sowjetunion.« »Und hier ist noch ein weiteres wichtiges Telefon«, sagte er, »das verbindet mich mit den Mitgliedern des Politbüros, ich habe ja hier den Regierungssitz und im alten Gebäude des ZK noch mein Büro als Chef der KPdSU, das wollen wir jetzt mal probieren.« Hob den Hörer auf, meldete sich und sagte: »Walja, die Deutschen sind da, da staunst du wohl, aber keine Angst, es sind keine bösen Deutschen, die gibt es ja nicht mehr, es sind gute Freunde, mach's gut, Walja.« Ich lauschte dem Dolmetscher, der mit unglaublicher Geläufigkeit übersetzte, und plötzlich merkte ich, daß Fred Ihrt, unser Fotokollege, dabei war, seinen Film zu wechseln – er hatte die Szene mit dem Roten Telefon nicht draufgekriegt. Verdammt, was tun? Man konnte Breschnjew doch nicht zum Schauspieler degradieren und ihn um die Wiederholung der Szene bitten.

Der Generalsekretär hatte sich inzwischen an seinen Schreibtisch gesetzt, er erkundigte sich, wie es Willy Brandt gehe. Der habe das Rauchen aufgegeben, sagte ich ihm, aber er sei dabei dicker geworden. »Ha«, sagte Breschnjew, »mir sagen sie ja auch immer, ich solle nicht rauchen, weil's dem Herzen nicht bekommt. Und dicker werden darf ich auch nicht. Aber dann steht der Genosse Hunger neben mir, und ich sage: ›Weg! Weg!‹ Aber der geht nicht weg, und dann muß ich eine rauchen.«

Da fiel mir ein, daß der amerikanische Multimillionär Armand Hammer, der Lenin noch gekannt und seither viele Geschäfte mit der Sowjetunion gemacht hat, seinem Freund Breschnjew eines Tages ein Zigarettenetui mit einer eingebauten Uhr geschenkt hatte. Das Etui ließ sich nur in eingestellten Zeitabständen öffnen. Ich fragte Breschnjew, ob er das Etui noch habe, er lachte und sagte: »Ja, muß mal suchen«, bückte sich und fand es in einer unteren Schreibtischschublade, zog die Uhr auf und wollte mir das Etui ans Ohr halten – ich hörte nichts und setzte mich auf seine Schreibtischkante –, inzwischen hatte Fred Ihrt seine Kamera parat, und so kam das de-

spektierliche Foto zustande: zwei Interviewpartner, die vergessen hatten, daß der eine der mächtigste Mann der östlichen Welt, der andere nur ein Zeitungsschreiber war, der seinen Lesern zu schildern hatte, wie dieser Breschnjew sich verhielt, »wie er sich räusperte, wie er spuckte«.
Nicht einmal den Ruheraum mit der von einem weißen Laken bezogenen Couch, auf der er sein Mittagsschläfchen zu halten pflegte, enthielt er uns vor, und in der Ecke stand ein weißer Toilettentisch mit Kamm und Bürste und einem Töpfchen Vaseline.
Weiß ich nun, wer Breschnjew war? Natürlich nicht. Wir haben einen Mann getroffen, der uns herzlich und offen entgegenkam, was dahintersteckt, muß die Geschichte erweisen.

13. Januar 1983

Entschieden muß sein

Nun erweist er sich vor aller Öffentlichkeit als der fragwürdige Charakter, der er ist. Hans-Dietrich Genscher hat den Wahlslogan des gescheiterten Kanzlerkandidaten von 1980 Franz Josef Strauß einfach übernommen: »Freiheit statt Sozialismus«. Was Genschers FDP damals im Wahlkampf als »demagogische Perfidie« bezeichnete, das ist dem Übertaktierer jetzt gerade gut genug, um seine »Wende« zu rechtfertigen. Nur, daß er's heute mit dem Fremdwort aus dem Lateinischen formuliert: »Es geht um die Entscheidung zwischen Liberalismus und Sozialismus.«
Für wie dumm und vergeßlich muß dieser Mann seine Wähler halten. 1980 brachte er es auf 10,6 Prozent der Stimmen, weil er »mit Schmidt gegen Strauß« antrat und damit auch traditionelle CDU-Wähler gewann, die dem Bayern mißtrauten. Wird nun der »offensive Wahlkampf«, den Genscher für den 6. März ankündigt, dadurch gekennzeichnet, daß er die Parolen von Strauß kurzerhand für sich vereinnahmt?
Ach nein, so eindeutig geht es in der FDP ja nicht mehr zu. Da wird von der schrecklichen »Erblast« der alten Koalition geredet, als sei Graf Lambsdorff nie Wirtschaftsminister des Kanzlers Schmidt gewesen. Aber er war es in der Tat, bis Helmut Schmidt ihn und seinen Parteichef am 17. September höchst eigenhändig vor die Tür setzte. Hätten Genscher und Lambsdorff im April 1982 nach den Münchner Parteitagsbeschlüssen der SPD, denen ein sozialistischer Geruch nicht abzusprechen war, gesagt: »Bis hierher und nicht weiter!« – man hätte ihnen die Wende wohl abnehmen müssen.
Ist es denn nicht wahr, daß am 1. August 1982, also gut drei Monate nach dem SPD-Parteitag, Hans-Dietrich Genscher und Frau Barbara mit Helmut Schmidt und Loki Schmidt im Garten des Kanzlerhauses am Neubergerweg spazierengingen und daß der Vizekanzler seinem Kanzler die Treue signalisierte, während derselbe Genscher längst vorher auf der Geburtstagsparty einer Industriellengattin mit seinem Duzfreund Helmut Kohl den genauen Zeitplan seines Stellungswechsels zur CDU abgesprochen hatte?
Es ist wahr, und es ist sogar beweisbar. Wenn die deutsche Sprache noch einen Sinn haben soll, dann nennt man dies schlicht Verrat, und Herr Genscher möge mich verklagen, wenn er den Mut und die Zeugen dazu findet.
Aber was sollen die alten Geschichten, wenn es neue zur Genüge gibt, die beweisen, daß die Genscher-Strauß-Kohl-Koalition bereits in dem gleichen desolaten Zustand ist, in dem die Koalition Schmidt-Genscher zu Ende ging. Man

liebt den Verrat, aber nicht den Verräter, und so werden wir Hans-Dietrich Genscher nach dem 6. März wohl in der Robe des Rechtsanwalts in Bremen statt in der Pose des weltreisenden Außenministers erleben.

Was soll man denn davon halten, wenn schon in der Übergangsregierung Kohl-Genscher über Zwangsanleihe, Vermögensabgabe, Arbeitsmarktabgabe für Beamte, höhere Einkommens-, Körperschafts- und Grundsteuer diskutiert wird – lauter Dinge, die der neue Wirtschaftsminister Graf Lambsdorff, als der noch der alte Wirtschaftsminister Graf Lambsdorff war, Instrumente aus der »Folterkammer des Sozialismus« nannte.

Was soll man davon halten, wenn Genscher und Lambsdorff ihrem alten Kanzler Schmidt die Staatsverschuldung ankreiden, um dann dem neuen Kanzler Kohl eine weit höhere Kreditaufnahme zu empfehlen, was der neue Finanzminister Stoltenberg mit der Feststellung rechtfertigt, die Bundesrepublik bilde »keine Ausnahme im internationalen Vergleich der wachsenden Staatsverschuldungen«. Die Bundesrepublik liegt denn auch mit ihrer Staatsverschuldung unter den führenden elf westlichen Industriestaaten gemessen am Bruttosozialprodukt an drittletzter und gemessen an der Pro-Kopf-Verschuldung an vorletzter Stelle.

Was soll man davon halten, wenn Genscher der SPD eine Aufweichung ihrer Sicherheitspolitik vorwirft und die Abrüstungsvorschläge des sowjetischen Parteichefs Andropow als »sowjetischen Monopolanspruch auf Mittelstreckenraketen« zunächst in Bausch und Bogen ablehnt, während der FDP-Abgeordnete Olaf Feldmann zusammen mit dem SPD-Sicherheitsexperten Egon Bahr denselben sowjetischen Vorschlag als einen »Schritt in die richtige Richtung« bezeichnet und den von Genscher mit Zähnen und Klauen verteidigten Nachrüstungsbeschluß der Nato »wegen der mehrheitlich ablehnenden Haltung der Bevölkerung« zur Diskussion stellen will.

Und was soll man davon halten, wenn der Landesvorsitzende der baden-württembergischen FDP Jürgen Morlok sein Mandat niederlegen will für den Fall, daß Franz Josef Strauß wieder Minister in Bonn wird, und wenn Morlok folgerichtig darauf besteht, daß der künftige Bundesinnenminister wieder Gerhart Rudolf Baum heißen müsse, während auf derselben Veranstaltung, dem Landesparteitag in Stuttgart, der FDP-Vordenker Ralf Dahrendorf meint, ein Freier Demokrat sei als Innen- und damit als Polizeiminister eigentlich ein Widerspruch in sich selbst? Verwirrender geht's nicht. Soll das heißen, daß der liberale Rechtsstaat einen autoritären Rechten als Wahrer seiner Identität braucht?

Nein, die Zeiten, da die FDP das liberale Korrektiv der jeweiligen Regierungspartei war, scheinen fürs erste dahin zu sein; so weit hat es Genscher gebracht. Diese Partei braucht eine Erneuerung in der Opposition. Erst die übernächste Bundestagswahl sei für die FDP »das entscheidende Datum«, sagte Dahrendorf. Der Beifall, mit dem die Delegierten des Parteitags seine Rede quittierten, zeugt von gesunder Selbsterkenntnis.

Der liberale Wähler, solchermaßen alleingelassen, wird sich zwischen den Unionsparteien und den Sozialdemokraten entscheiden müssen, will er nicht seine Stimme der chancenlosen FDP vergebens opfern. Die Grünen sind keine Alternative, noch sind sie nichts als die Katze im Sack.

Keine leichte Entscheidung, nachdem Helmut Kohl notgedrungen das meiste von dem in Gang setzt, was er in der Opposition seinem Vorgänger Schmidt vorgeworfen hat. Keine leichte Entscheidung, nachdem Hans-Jochen Vogel in der Opposition die Sparmaßnahmen, die Mieten-Politik und die Bafög-Kürzungen anprangert, die sein Lehrmeister Helmut Schmidt als Regierungschef bereits in Gang gesetzt hatte, auch er der Not gehorchend, nicht dem eigenen Triebe. Wählen wir also zähneknirschend CDU oder zähneknirschend SPD, und vertrauen wir darauf, daß es liberale Elemente in beiden Parteien gibt. Denn entschieden muß sein, und vier Jahre sind schließlich keine Ewigkeit.

In eigener Sache

Das Bundesarchiv in Koblenz hat eine Anzahl der Bände, die der STERN als »Tagebücher Adolf Hitlers« abzudrucken begann, nach einer vom STERN veranlaßten Prüfung zu Fälschungen erklärt. Auch wenn die Untersuchung weiterer Bände in der Schweiz und in den USA noch nicht abgeschlossen ist, muß aus dem Koblenzer Urteil gefolgert werden, daß es sich bei dem gesamten Fund um eine mit teils eindeutig echten, teils ebenfalls zweifelhaften Dokumenten angereicherte Fälscherarbeit handelt.

Die Chefredakteure des STERN Peter Koch und Felix Schmidt haben inzwischen ihren Rücktritt erklärt. Ich habe ihnen zu danken für eine langjährige gute und freundschaftliche Zusammenarbeit. Daß meinen Mitarbeitern Fahrlässigkeit in der Darstellung der Geschichte des Dritten Reichs vorzuwerfen wäre, kann nur jemand behaupten, der die kommentierende Einbettung der Zitate in die historischen Zusammenhänge nicht wahrgenommen hat.
Denn in einem Punkt zumindest haben auch die dem Bundesinnenminister Friedrich Zimmermann unterstellten Koblenzer Archivare vorschnell geurteilt: So plump und einfach als Fälschung zu durchschauen waren die 60 Bände nicht, sonst hätte es den wochenlangen Streit der Experten und Historiker über die Tagebücher wohl nicht gegeben. Daß Sachverständige vom STERN getäuscht oder falsch zitiert worden wären, ist barer Unsinn.

Eine kompliziertere Sache ist der Fall des Reporters Gerd Heidemann. Dieser Mann, der seine Fähigkeit zum Aufspüren und Recherchieren viele Male unter Beweis gestellt hat und dessen Aufklärung des Absturzes der »Führermaschine« bei Börnersdorf unbestritten ist, wurde offenbar ein Opfer seiner journalistischen Besessenheit.
Inzwischen besteht der dringende Verdacht, daß Heidemann die STERN-Redaktion im weiteren Verlauf seiner Recherche bewußt irregeführt hat. Die Geschichte dieser Recherche wird geschrieben werden, sobald sie restlos aufgeklärt ist. Um das zu beschleunigen, habe ich die Staatsanwaltschaft eingeschaltet. Ich weiß, welche Verantwortung ich gegenüber einem Kollegen damit auf mich nehme, aber die Verantwortung des STERN gegenüber seinen Lesern wiegt schwerer. Hier darf nichts vertuscht und nichts verschwiegen werden. Bei aller Schwere des Verdachts hat auch Heidemann Anspruch auf den Rechtsgrundsatz: Solange ihm Schuld nicht nachgewiesen ist, hat er als unschuldig zu gelten.

In der STERN-Redaktion war mit den »Tagebüchern« nur ein kleines Arbeitsteam befaßt. Aus Gründen strengster Geheimhaltung waren andere Ressorts nicht informiert. Daß es in einer Redaktion, die ihre Glaubwürdigkeit als höchstes Gut ansieht, deshalb Zorn und Empörung gegeben hat, werde ich auf mich nehmen müssen.

Die Schadenfreude und der Hohn allerdings, mit denen Besserwisser, Neider und Gegner den STERN überschütten, treffen mich nicht. Denn wer austeilt, muß auch einstecken können.

Gegen die dem STERN vorgehaltene Verdächtigung, die Tagebücher stammten aus rechtsextremistischen Quellen, spricht allein der Inhalt. Denn der Hitler der »Tagebücher« ist kein weißgewaschener oder harmloser Geselle. Neonazis hätten an ihm keine Freude gehabt. Dennoch: Dem STERN ist eine Wunde geschlagen worden, die noch lange schmerzen wird. Wir trösten uns nicht mit der Feststellung, daß dies in 35 Jahren der erste Fall dieser Art ist. Wir trösten uns auch nicht damit, daß andere Zeitungen – darunter Weltblätter wie »Life« und »Washington Post« – raffinierten Fälschungen aufgesessen sind. Aber es möge uns doch niemand für so

Frankfurter Rundschau

dumm halten, daß der STERN eine vorübergehende Auflagensteigerung angestrebt und dabei fahrlässig das Risiko des Rückschlags in Kauf genommen hätte. Wer glaubt, es lohne sich, seine Leser für dumm zu verkaufen, der versteht nichts vom journalistischen Geschäft.
Über den Fortgang unserer Ermittlungen werden wir Sie unverzüglich informieren.

19. Mai 1983

Hochkonjunktur für Scheinheilige oder: die Kritik der reinen Unvernunft

Zugegeben: Die Vernunft blieb draußen, jede kritische Distanz ging verloren, aber ein pures Tölpelspiel war es nicht, wie die »Hitler-Tagebücher« dem STERN zugespielt wurden. Es war ein »Psycho-Krimi« von suggestiver Raffinesse, der sich erst im nachhinein als Posse darstellt. Und wer immer von uns eine Rolle dabei spielte, macht keine gute Figur.
Wir alle haben uns täuschen lassen: der Verlagsvorstand, die Chefredakteure, ich als Herausgeber des STERN und die beiden Kollegen Dr. Walde und Leo Pesch. Vor allen anderen der Reporter Gerd Heidemann, dessen Tüchtigkeit uns immer wieder imponiert hatte und dessen Rolle bis zu dieser Stunde nicht restlos geklärt ist. Es scheint, als sei er am Ende der betrogene Betrüger geworden; man wird es wohl erst wissen, wenn die Staatsanwaltschaft ihre Ermittlungen abgeschlossen hat.
Nur *die* STERN-Redaktion hat mit der ganzen Sache nichts zu tun. Sie war bis zum Beginn der Veröffentlichungen nicht einmal informiert. Informantenschutz und strengste Geheimhaltung waren oberstes Gebot, und es ist sehr wohl möglich, daß es diese Bunkermentalität war, die unsere Kritikfähigkeit beeinträchtigt hat.
Nun herrscht Hochkonjunktur für die Scheinheiligen, die alles schon vorher gewußt haben und denen eine solche Affäre nie passiert wäre. Aber auch sie machen, sieht man genau hin, keine gute Figur.
Das beginnt mit dem Präsidenten des Koblenzer Bundesarchivs, Professor Hans Booms, der die »Tagebücher« angeblich in drei Tagen entlarvte und dann den STERN wegen der »plumpen Primitivität dieser Fälschung« mit Hohn und Spott übergoß.
Hatte denn nicht der Präsident Professor Booms im Namen des Bundesinnenministers, und dieser im Namen der Bundesrepublik Deutschland, schon am 8. April 1983 einen schriftlichen Vertrag mit dem Reporter Gerd Heidemann abgeschlossen, der Heidemann das alleinige Recht der »publizistischen Verwertung« an den »unveröffentlichte(n) handschriftliche(n) und maschinengeschriebene(n) Unterlagen Adolf Hitlers« genehmigte?
Wörtlich im Vertrag: »Es wird sich dabei zum überwiegenden Teil handeln um Unterlagen politischen und historisch bedeutsamen Inhalts. Ein Teil dieser Unterlagen ist von Gerd Heidemann mit erheblichen Fremdmitteln bereits angekauft worden.« Bis zum Ablauf einer Sperrfrist von zehn Jahren übertrug das Bundesarchiv dem Vertragspartner Heidemann die Verwertungsrechte dieser schon im Besitz Heidemanns oder seines Kreditgebers befindlichen Hitler-Originale. Als Gegenleistung sollten die Dokumente dann in Booms' Archiv überwechseln.

Vertragspartner also die Bundesrepublik Deutschland und der Reporter Gerd Heidemann – befanden wir uns in so schlechter Gesellschaft?

Bis zum 29. April stand der Bundesrepublik ein Rücktrittsrecht an diesem Vertrag offen. Aber der im Auftrag des Präsidenten schon am 14. April damit befaßte Archivdirektor Dr. Oldenhage korrigierte nur das Rubrum des Vertrags: Es mußte »Bundesminister des Inneren« heißen und nicht »Bundesinnenminister«. Und dann dankte der Präsident des Bundesarchivs dem Anwalt des STERN »und allen dort beteiligten Herren für das Verständnis, das Sie archivfachlichen Belangen gegenüber gezeigt haben«.

Sorglosigkeit? Fahrlässigkeit einer Behörde, die Fälschungen angeblich innerhalb drei Tagen aufklären kann?

War am Ende auch die »Süddeutsche Zeitung« gefälscht, die noch am 27. April unter der Schlagzeile »Bundesarchiv hat keine Zweifel« eine Reuter-Meldung verbreitete: »Das Bundesarchiv in Koblenz hat nach den Worten seines Präsidenten keinen Zweifel an der Echtheit der ihm vom Magazin STERN zur Prüfung vorgelegten mutmaßlichen Dokumente Adolf Hitlers . . . Bei dem Schriftstück aus den Tagebüchern habe es sich um den Entwurf einer parteiamtlichen Verlautbarung zur Flucht von Heß nach Großbritannien gehandelt.«

Ist der Brief des amerikanischen stellvertretenden Chefanklägers im Nürnberger Prozeß und heutigen Anwalts Dr. Kempner gefälscht, der am 25. 4. 1983 an den »lieben Herrn Heidemann« schrieb: »Mit großem Interesse verfolge ich die Hitler-Aufzeichnungen. Daß Heß mit Hitlers Wissen nach England flog, habe ich seit dem Jahre 1947 gewußt . . . Ich glaube, ich hatte Sie bei Ihrem Besuch vor ca. 1½ Jahren schon darauf aufmerksam gemacht. Mit den besten Wünschen Robert M. W. Kempner.«

Der STERN in schlechter Gesellschaft? Doch wohl nicht.

Drei Schriftsachverständige von internationalem Ruf hatten dem STERN bestätigt, daß niemand anders als Adolf Hitler die den Prüfern übergebene Seite aus einem der Tagebücher geschrieben habe. Und wenn sich das Landeskriminalamt Rheinland-Pfalz heute von der Mitverantwortung drückt, weil es »nie Hitler-Tagebücher geprüft« habe, so ist die Erklärung höchst einfach: Keinem der Sachverständigen war gesagt worden, um was für ein Dokument es sich bei der vom STERN überreichten Schriftseite handelt. Die Frage lautete nur: Ist das die Schrift Adolf Hitlers? Alle Gutachten fielen positiv aus. Vom eindeutigen »Ja« bis zum »Es spricht nichts dagegen«. Und alle Sachverständigen hatten als Vergleichsmaterial fünf unzweifelhaft echte Handschriften Hitlers aus dem Bundesarchiv in Koblenz auf dem Tisch.

Rechtfertigt das unsere Veröffentlichung? Natürlich nicht. Und schon gar nicht entschuldigt es den Mangel an politischer Sensibilität, mit der die erste Folge der »Tagebücher« präsentiert wurde, das großmäulige Wort vom »Umschreiben der Geschichte«, das man von dem britischen Historiker Trevor-Roper übernahm.

Aber wir alle, Amerikaner, Engländer, Franzosen – wir standen unter dem Bann der Echtheit eines »historischen Dokuments«. Niemand zweifelte mehr daran, selbst die Papierproben aus dem Heß-Band bezeichnete der öffentlich bestellte und vereidigte Sachverständige für Papieruntersuchungen Dr. Arnold Rentz am 21. 4. 1983 als »Blätter, die vor oder während des II. Weltkrieges gefertigt wurden«.

Reichten diese Prüfungen aus? Will ich den größten Flop der deutschen Pressegeschichte damit begründen? Nein, als kritische Journalisten hätten wir mehr tun müssen, und dies hätten wir früher erkennen sollen. Pardon wird dafür nicht gegeben.

Und daß wir zu drucken begannen, ohne Heidemanns Quelle genau zu kennen, ist vollends unverzeihlich. Auch wenn der Reporter dafür eine nahtlose Legende erfunden hat, die uns plausibel erschien. War der Mittelsmann in der Bundesrepublik, der Gerd Heidemann die »Tagebücher« lieferte, wirklich der Bruder eines korrupten Volksarmee-Generals der DDR, der den Börnersdorfer »Fund« gehütet hatte und ihn nun verkaufen wollte – hätten wir diesen Mann dem Staatssicherheitsdienst ans Messer liefern dürfen? Heidemann weigerte sich jedenfalls, die Identität seines Lieferanten preiszugeben, er bot die Auflösung seines Vertrages an, schwor beim Leben seiner Kinder, daß er den Mann kenne und daß der Weg der Tagebücher vom (übrigens unbestrittenen) Absturz der »Führermaschine« bei Börnersdorf bis in seine Hand keine Lücke aufweise. Wir fielen darauf herein.

Als Heidemann – zu spät – unter dem Eindruck der schon hereingebrochenen Katastrophe schließlich den Namen des Volksarmee-Generals Fischer nannte, entpuppte sich der als ein Gepäckträger in Köthen, und dessen Bruder Fischer alias Konrad Kujau wurde als ein Militaria-Höker bei Stuttgart entlarvt.

Auf die Tragödie war prompt das Satyrspiel gefolgt.

Und die Historiker? Auch unter ihnen machte nicht jeder eine gute Figur. Respekt vor dem Leiter des Münchner Instituts für Zeitgeschichte, Professor Martin Broszat. Als er den Rat gab, ein internationales Gremium von Historikern einzuberufen, war es freilich zu spät. Auch wir hatten diese Idee schon vor der Veröffentlichung erwogen, wir hatten sie verworfen, weil die Exklusivität für den STERN und seine internationalen Verhandlungspartner »Newsweek«, »Sunday Times« und »Paris Match« nicht mehr gesichert gewesen wäre.

»Hitler-Forscher« Professor Werner Maser, mit Heidemann auf du und du, ist wohl nur noch für den »Spiegel« eine Autorität. Als er uns anbot, eine Fälscherwerkstatt bei Potsdam aufzudecken (er verfüge über alle Einzelheiten, sagte er mir), blieb er trotz des zugesagten Honorars von einer halben Million Mark jeden Beweis schuldig. Diese Geschichte, hätte Maser sie anbringen können, wäre ihr Geld weiß Gott wert gewesen.

Der britische Hitler-Biograph Hugh Trevor-Roper – heute Lord Dacre of Glanton – prüfte die Tagebücher in Zürich und trat im ZDF als Kronzeuge für ihre Echtheit auf. Am letzten Sonntag entschuldigte er sich in der »Sunday Times«, er habe nur zwei Stunden zur Prüfung Zeit gehabt. Wer beschnitt ihm denn die Zeit? Wir jedenfalls nicht. Von uns aus hätte er tagelang prüfen können.

Und die Journalisten, die den Stoff kannten? Will einer wirklich behaupten, die großen englischen, amerikanischen, französischen und italienischen Blätter wären bereit gewesen, einer »Verharmlosung Hitlers« das Wort zu reden? Sie hielten wie wir die »Tagebücher« für ein »Dokument von höchstem zeitgeschichtlichen Interesse« (»Sunday Times«) und begannen zu drucken – wie wir.

Respekt vor meinem Freund Rudolf Augstein, der mich im letzten »Spiegel« prügelt, weil ich die Prüfung und die Entscheidung den Chefredakteuren des STERN Peter Koch und Felix Schmidt überließ, die das Material länger kannten als ich. Daß ich ihnen und den beiden Redakteuren Dr. Thomas Walde und Leo Pesch vertraute und nicht selbst in alle Details einstieg – mea culpa, mea maxima culpa.

Der Öffentlichkeit habe ich lückenlose Aufklärung versprochen. Der gesamten Öffentlichkeit und nicht nur den STERN-Lesern. Das letzte Wort hat nun der Richter.

Ernst Ludwig Kirchner
Gordon
Prestel
E.L. KIRCHNER
ERNST LUDWIG KIRCHNER
KOKOSCHKA

EL LISSITZKY
OTTO MUELLER
BUCHHEIM

Themenregister

A

B

K

L

M

W

Z

Namenregister

A

B

C

D

E

F

G

V

W

Z

Bildlegenden

S. 14/15 In der Düsseldorfer chirurgischen Klinik trifft die erste amerikanische Herz-Lungen-Maschine ein (1958).
Foto: AP.

S. 42/43 Impression von der Amerikareise der STERN-Mitarbeiter Günter Dahl und Eberhard Seeliger (1958).
Foto: Seeliger.

S. 64/65 „Unheimliches China". Uniformierte Chinesen vor einem Schaufenster mit westlichen Luxusgütern. Impression von der Chinareise der STERN-Mitarbeiter Rolf Gillhausen und Joachim Heldt (1959).
Foto: Gillhausen.

S. 96/97 Nikita und Nina Chruschtschow (1959).
Foto: Paris Match.

S. 139/40 Das zerstörte Hiroshima (1945).
Foto: Hayashi.

S. 154/55 Lilian Harvey. Aus der Portraitserie, die der STERN-Fotograf Kurt Will in Antibes aufnahm (1960).

S. 200/1 Gary Cooper (mit Grace Kelly) in „Zwölf Uhr mittags" (1961).
Foto: Filmfoto.

S. 214/15 Am Tag, an dem in Berlin die Mauer gebaut wurde (1961).
Foto: AP.

S. 234/35 Die geraubte „Madonna im Rosenkranz" von Tilman Riemenschneider wird der Gemeinde Volkach zurückgegeben (1962).
Foto: STERN.

S. 248/49 Fertighaus-Ausstellung in Quickborn (1963).
Foto: Heggemann.

S. 274/75 Aus Lennart Nilssons Fotoserie, die die Entwicklung des Embryos im Mutterleib zeigt (1965).

S. 292 Henri Nannen in einer Redaktionskonferenz des STERN (1967).
Foto: Scheler.

S. 296/97 Trümmer eines abgestürzten Starfighters (1966).
Foto: Wagenknecht.

S. 320/21 Paul Sethe (1967).
Foto: Heggemann.

S. 346/47 Einmarsch der Sowjets in Prag. Ein Demonstrant reißt vor einem Panzer sein Hemd auf (1968).
Foto: DPA.

S. 372/73 Die Wahlsieger Willy Brandt und Walter Scheel treten vor die Presse (1969).
Foto: Ruetz.

S. 398/99 Henri Nannen bei einem Fernseh-Streitgespräch mit Gerhard Löwenthal (1971).
Foto: Goettert.

S. 440/41 Hungersnot in Äthiopien (1973).
Foto: Höpker.

S. 458/59 Helmut Kohl, Kurt Biedenkopf und Heiner Geißler beim CDU-Parteitag (1978).
Foto: Jacobi.

S. 484/85 Franz Josef Strauß am Rednerpult (1977).
Foto: Ludwig.

S. 520/21 Helmut Schmidt und Erich Honecker bei einem Zusammentreffen anläßlich einer privaten DDR-Reise Schmidts (1983).
Foto: Darchinger.

S. 526/27 Gottesdienst vor der besetzten Danziger Lenin-Werft (1980).
Foto: Gamma.

S. 546/47 Leonid Breschnjew im Gespräch mit Henri Nannen (1973).
Foto: Ihrt.

S. 552/53 Henri Nannen mit dem amerikanischen Historiker Gerhard Ludwig Weinberg (1983).
Foto: STERN.

S. 558/59 Zu seinem 70. Geburtstag stiftete Henri Nannen seiner Vaterstadt Emden eine Kunsthalle mit einer Malschule für Kinder.
Foto: Lebeck.

Herausgeber: Rolf Winter
Lektorat: Dr. Joachim Köhler,
Sigrid Dahlhaus, Ernst Artur Albaum
Gestaltung: Herbert Suhr, Norbert Kleiner
Umschlaggestaltung: Dietmar Meyer,
Ekkhart Blunck
Produktion: Druckzentrale G+J
Satz: Gruner + Jahr
Druck: Mohndruck, Gütersloh

1. Auflage 1984
ISBN 3-570-05673-2